Handbook of Statistics 14

Statistical Methods in Finance

Edited by

G.S.Maddala and C.R.Rao

ファイナンス統計学

ハンドブック

小暮厚之

森平爽一郎

監訳

朝倉書店

Handbook of Statistics

Volume 14

Statistical Methods in Finance

Edited by

G. S. Maddala

Ohio State University

and

C. R. Rao

The Pennsylvania State University

監訳者まえがき

本書はその書名どおり，ファイナンスと統計学・計量経済学をまたぐ多様な論題を，広範囲かつ集中的にとりあげ，これらのうちで特定の23の分野を，35人の研究者が700ページ以上を費やして展望した大著である．編著者のG. S. MaddalaとC. R. Raoは計量経済学と統計学の分野における大家であり，ファイナンス研究における統計学の利用にあたって，その全般を俯瞰する立場としてもっとも適切な研究者である．また，各章の執筆を担当した35名の研究者は，それぞれの分野を代表する学界の権威であるといってよい．

ファイナンス研究において，マルコビッツの効率的フロンティア，トービンの分離定理，シャープ・リントナー・モッシン等による資本資産価格決定理論(CAPM)，ロスの裁定評価理論，そしてブラック，ショールズ，マートンによるオプション価格決定理論(OPM)などさまざまな理論が構築されてきた．しかし，理論が理論のままであるわけでなく，本ハンドブックの第I部で示されているように，ファイナンス理論はさまざまな統計手法と実際のデータに基づく厳しい検証を通じて，基本モデルの拡張が試みられ，その結果が実際の資産運用やトレーディングに活かされてきたといってよい．

また，そうしたことが可能になったのは，株，債券，為替などの実際の資産の取引や企業財務などのリアルタイムかつ大規模なデータベースが構築されるようになってきたことも見逃すことはできないであろう．ファイナンス・データベースの構築が進んだことにより，データの中に潜む複雑な因果関係を見つけ出そうとするさまざまな統計手法のファイナンスへの応用が進んだ．その成果は本ハンドブック第VI部で示されているさまざまなデータマイニング手法にみることができる．

ファイナンスは経済学の一分野であるが，経済学の他の分野に比べ，理論，実証，応用が相互に密接な関連をもってこれほど進み，またそうした試みが成功した分野はないといってよい．

このことはこの20年ほどのあいだに，ファイナンスあるいはその関連分野が数多くのノーベル経済学賞を輩出したことを見てもわかる．とくに，統計手法のファイナンスへの応用に関しては，2003年度におけるノーベル経済学賞が本ハンドブックの第III部において議論されている確率的ボラティリティ・モデルや共和分検定の創始者であるエンゲルと，本書の多くの箇所で触れられている因果関連検定やVARの創始者であるグレンジャーに与えられたことは，統計学とファイナンスとが密接な関係をもって，相互に発展してきたことを物語っている．

いまや，ファイナンス理論そのもの，そして，投資論，不動産，保険・年金などの応用ファイナンス分野の研究者や実務家にとって，統計学や計量経済学の知識なくして理論とその実際を理解することは不可能である．しかし，そのためには，ファイナンス理論と統計・計量経済学を別々に学ぶのでは達成されない．この2つに共通してあらわれる問題点を理解する必要がある．

従来，この目的のために，ファイナンス理論と統計学・計量経済学の相互にわたるさまざまな分野についての研究成果を一冊の本によって概観できるものはなかったといってよい．

ファイナンス理論とその応用分野が高度に進化し，多様になるにつれ，大学や研究所などにいる専門研究者でさえ，自分の分野以外についての過去と最新の研究成果について触れ，理解する機会がますます困難になっている現在，本ハンドブックがファイナンス研究をめざす研究者，学生，実務家にとってきわめて有用であることは疑いの余地がない．

本ハンドブックの翻訳は，ファイナンスと統計学研究にわたるそれぞれの学会・実務界における新進気鋭の若手研究者が担当した．原著が，大部かつ多分野にわたることもあり翻訳作業は困難を極めた．若手研究者ゆえ，また監訳者の能力ゆえ，理解が足りない点から適切な翻訳でない点も多々あることと思われるが，今後ご叱正を賜れば幸いである．

2004年8月

小 暮 厚 之
森平爽一郎

序　文

本書は，実証ファイナンスにおける基盤および補足的な参考文献を与えることをその役割とする．今日ではファイナンスを専門とする多くの大学院生や研究者が高度な統計手法を利用しているが，この研究領域に関する包括的な参考文献は現時点では存在しない．この空白を埋めることが本書の目的である．

第I部は資産価格付けを扱う．その第1章では，Ferson and Jagannathan が資産価格付けの計量経済学的評価に関する文献を包括的に展望している．Harvey and Kirby による第2章では，資産価格付けの潜在変数モデルにおける操作変数法の問題が議論されている．Lehmann によるその次の第3章は，資産価格付けモデルのセミ・パラメトリック法を概観している．また，Shanken による23章もこの資産価格付けの範疇に属する．

金利の期間構造を扱う第II部は，Pagan, Hall and Martin による論文のみからなる．この第4章では，当該分野の計量経済学およびファイナンスの両面の文献を概観し，2つのアプローチの類似性と相違点を示している．異なるモデルの適切さを評価する上で有用となるデータ上の特徴的な事実も提供している．

第III部では，ボラティリティのさまざまな側面を取り上げる．Ghysels, Harvey and Renault による第5章は確率的ボラティリティ・モデルという重要問題の包括的な展望論文である．これらのモデルは数理ファイナンスと計量ファイナンスの両方に端を発するものあり，すでに普及している ARCH モデルに代わる注目すべきモデルである．LeRoy による第6章はマーケットの効率性に対する分散限界検定に関する批判的な考察を与えている．Palm によるその次の第7章は，株式価格ボラティリティの GARCH モデルに関する最近の展開を概観している．この論文では，最近発表されたいくつかの ARCH モデルに関する展望論文を引用し，これらの展望論文発表以降の展開を概観している．

第IV部は，予測問題を扱う．Diebold and Lopez による第8章は予測評価の統計的方法を扱っている．Kaul による第9章は株式収益率の予測可能性に関する文献を概観している．この分野は，金融市場でビジネスに携わる人々だけでなく，学者たち―その興味の関心は金融市場でお金持ちになれるか否かの研究にあるとは思うが―をも魅了し続けてきた．Lahiri による第10章は，景気循環の予測量としての金利スプレッドに関する統計的証拠を概観している．この分野には概観すべき文献は多くないため，Lahiri は新たな結果を提示している．

第V部は，ファイナンスにおける代替的な確率モデルを扱っている．Brock and de Lima による第 11 章は，「複雑性の理論」の範疇に含まれるいくつかの分野を概観している．この中には，カオス理論，非線形時系列モデル，長期記憶モデル，非対称情報のモデルが含まれる．Cameron and Trivedi による第 12 章はファイナンスにおけるカウント・データの分野を概観している．ファイナンスの研究には，従属変数が非負の整数を取るカウントとなるものもある．McCulloch によるその次の第 13 章は，安定分布に関する文献を概観する．Mandelbrot の研究の影響により，1960 年代初期にはこの領域は非常に盛んだったが，その後は，安定分布への最近の新たな関心の高まりが起こるまでは，ほとんど関心が寄せられることはなかった．McDonald による第 14 章は，ファイナンス・データの統計分析に従来から利用されているものから今後利用可能なものまで，さまざまな確率分布を概観している．

第VI部は，専門的な統計手法のファイナンスへの応用を扱っている．(各章で考察したすべてのモデルに対する) 汎用的な適用可能性をもちながら，他の章では十分に説明しきれない重要な統計手法を扱う．Maddala and Li による第 15 章は，ブートストラップを扱う．Rao による第 16 章では，裁定価格評価理論 (APT) をはじめとしてファイナンス研究で広く利用されている主成分分析と因子分析の分野がカバーされる．Maddala and Nimalendran による第 17 章は，ファイナンスに応用されている観測上の誤差があるモデルの分野を概観している．ファイナンスにおけるほとんどどすべての変数が観測上の誤差の問題をもつ．Qi による第 18 章はファイナンス研究における人工ニューラルネットワークの応用を概観している．これらは，一般的なノンパラメトリック非線形モデルである．Maddala による第 19 章はファイナンス研究における制限従属変数モデルを概観する．

第VII部は，それ以外のさまざまな問題の概観を行う．Bates による第 20 章はオプション価格付けモデルの検定に関する文献を概観している．Evans による第 21 章はファイナンス文献において「ペソ問題」として知られている問題を議論している．Hasbrouck による第 22 章は，ファイナンス研究における現在進行中の分野である市場のミクロ構造を取り扱っている．この章では，この分野における時系列の研究が議論されている．Shanken による最後の第 23 章は，ポートフォリオの効率性の検定に関する包括的な展望を与える．

本書で取り扱われなかった重要な分野のひとつは，ファイナンスにおけるベイズ法の利用である．本書のいくつかの章で議論されたすべての問題は基本的にはベイジアンの視点から分析可能である．しかし，その多くは今後の課題として残した．

G. S. Maddala
C. R. Rao

監訳者・翻訳者一覧

監訳者

小暮厚之　慶應義塾大学総合政策学部・教授 (9, 13, 15)

森平爽一郎　慶應義塾大学総合政策学部・教授 (4, 20, 23)

翻訳者

大森裕浩　東京大学大学院経済学研究科・助教授 (12, 19)

上坂卓郎　獨協大学経済学部・教授 (18)

佐藤賢一　メリルリンチ日本証券・調査部 (23)

高山俊則　元オリックス証券 (5, 6)

竹内惠行　大阪大学大学院経済学研究科・助教授 (21)

照井伸彦　東北大学大学院経済学研究科・教授 (11, 17)

徳永俊史　南山大学経営学部・助教授 (3, 8)

永原裕一　明治大学政治経済学部・助教授 (14, 16)

西埜晴久　千葉大学法経学部・助教授 (7, 10)

平木多賀人　関西学院大学商学部・教授 (22)

堀本三郎　滋賀大学経済学部・教授 (1, 2)

＊ ( ) は担当章

原著執筆者一覧

D. S. Bates, *Department of Finance, Wharton School, University of Pennsylvania, Philadelphia, PA 19104, USA* (Ch. 20)

W. A. Brock, *Department of Economics, University of Wisconsin, Madison, WI 53706, USA* (Ch. 11)

A. C. Cameron, *Department of Economics, University of California at Davis, Davis, CA 95616-8578, USA* (Ch. 12)

P. J. F. de Lima, *Department of Economics, The Johns Hopkins University, Baltimore, MD 21218, USA* (Ch. 11)

F. X. Diebold, *Department of Economics, University of Pennsylvania, Philadelphia, PA 19104, USA* (Ch. 8)

M. D. D. Evans, *Department of Economics, Georgetown University, Washington DC 20057-1045, USA* (Ch. 21)

W. E. Ferson, *Department of Finance, University of Washington, Seattle, WA 98195, USA* (Ch. 1)

E. Ghysels, *Department of Economics, The Pennsylvania State University, University Park, PA 16802* and *CIRANO (Centre interuniversitaire de recherche en analyse des organisations), Université de Montréal, Montréal, Quebec, Canada H3A2A5* (Ch. 5)

A. D. Hall, *School of Business, Bond University, Gold Coast, QLD 4229, Australia* (Ch. 4)

A. C. Harvey, *Department of Statistics, London School of Economics, Houghton Street, London WC2A 2AE, UK* (Ch. 5)

C. R. Harvey, *Department of Finance, Fuqua School of Business, Box 90120, Duke University, Durham, NC 27708-0120, USA* (Ch. 2)

J. Hasbrouck, *Department of Finance, Stern School of Business, 44 West 4th Street, New York, NY 10012-1126, USA* (Ch. 22)

R. Jagannathan, *Finance Department, School of Business and Management, The Hong Kong University of Science and Technology, Clear Water Bay, Kowloon, Hong Kong* (Ch. 1)

G. Kaul, *University of Michigan Business School, Ann Harbor, MZ 48109-1234* (Ch. 9)

C. M. Kirby, *Department of Finance, College of Business & Mgm., University of Maryland, College Park, MD 20742, USA* (Ch. 2)

K. Lahiri, *Department of Economics, State University of New York at Albany, Albany, NY 12222 USA* (Ch. 10)

B. N. Lehmann, *Graduate School of International Relations, University of California at San Diego, 9500 Gilman Drive, LaJolla, CA 92093-0519, USA* (Ch. 3)

S. F. LeRoy, *Department of Economics, University of California at Santa Barbara, Santa Barbara, CA 93106-9210* (Ch. 6)

H. Li, *Department of Management Science, The Chinese University of Hongkong, 302 Leung Kau Kui Building, Shatin, NT, Hong Kong* (Ch. 15)

J. A. Lopez, *Department of Economics, University of Pennsylvania, Philadelphia, PA 19104, USA* (Ch. 8)

G. S. Maddala, *Department of Economics, Ohio State University, 1945 N. High Street, Columbus, OH 43210-1172, USA* (Chs. 15, 17, 19)

V. Martin, *Department of Economics, University of Melbourne, Parkville, VIC 3052, Australia* (Ch. 4)

J. H. McCulloch, *Department of Economics and Finance, 410 Arps Hall, 1945 N. High Street, Columbus, OH 43210-1172, USA* (Ch. 13)

J. B. McDonald, *Department of Economics, Brigham Young University, Provo, UT 84602, USA* (Ch. 14)

M. Nimalendran, *Department of Finance, College of Business, University of Florida, Gainesville, FL 32611, USA* (Ch. 17)

A. R. Pagan, *Economics Program, RSSS, Australian National University, Canberra, ACT 0200, Australia* (Ch. 4)

F. C. Palm, *Department of Quantitative Economics, University of Limburg, P.O. Box 616, 6200 MD Maastricht, The Netherlands* (Ch. 7)

M. Qi, *Department of Economics, College of Business Administration, Kent State University, P.O. Box 5190, Kent, OH 44242* (Ch. 18)

C. R. Rao, *The Pennsylvania State University, Center for Multivariate Analysis, Department of Statistics, 325 Classroom Bldg., University park, PA 16802-6105, USA* (Ch. 16)

E. Renault, *Institut D'Économie Industrielle, Université des Sciences Sociales, Place Anatole France, F-31042 Toulouse Cedex, France* (Ch. 5)

J. Shanken, *Department of Finance, Simon School of Business, University of Rochester, Rochester, NY 14627, USA* (Ch. 23)

P. K. Trivedi, *Department of Economics, Indiana University, Bloomington, IN 47405-6620, USA* (Ch. 12)

J. G. Wang, *AT&T, Rm. N460-WOS, 412 Mt. Kemble Avenue, Morristown, NJ 07960, USA* (Ch. 10)

[所属は刊行時点のもの]

目　　次

I.　資産格付け

III.　ボラティリティ

IV. 予測問題

V.　代替的な確率モデル

VI.　専門的な統計手法の応用

1

計量分析的方法による資産価格決定モデルの評価*

Economic Evaluation of Asset Pricing Models

Wayne E. Ferson and Ravi Jagannathan

一般化モーメント(積率)法(generalized method of moment, GMM)に基づく統計的手法，および，資本資産価格決定モデル(capital asset pricing model, CAPM)の評価に利用されてきたいくつかの手法を概観する．まず，CAPMと多重ベータ・モデルを取り上げ，それらのモデルの計測に用いられてきた2段階回帰法について説明する．次に，一般的資産価格決定モデルの表現式であるプライシング・カーネル(pricing kernel，価格決定カーネル)について述べる．この表現式は，資産価格決定モデルが条件付きであれ，あるいは無条件の形式であれ，ほとんどの資産価格決定モデルの計測にGMMの利用を容易に可能ならしめているものである．また，こうしたモデル分析においてより進んだ解明をもたらす診断法についても検討する．

1.1 はじめに

資産市場を観測すれば，いろいろな金融資産がそれぞれ異なった平均収益率を有していることが知れる．なぜそうであるのかという疑問の解明に，ファイナンス研究の多くが向けられてきた．たとえば，アメリカ証券市場では，1926年1月～1991年12月の平均年間収益率は11.94%であった．それに対し，アメリカ財務省証券の収益率はわずか3.64%にすぎなかった．同期間のインフレ率は(Ibbotson Associates (1992)によれば)3.11%とのことであった．

こうした平均収益率の違いの大きさがいくばくかを確認するために次のような設定を考えてみよう．1926年，ニューヨークでカップルがディナーを楽しむのに10ドルかかったとする．もしその10ドルをアメリカ財務省証券に投資していれば，1991年の年末には，その投資成果は110ドルになっていたことになる．それでも，そのカップルにとってのすばらしいディナーには充分な額かもしれない．しかし，ここでもし株式に投資されていたならば，なんと6756ドルにまでその成果が膨らんでいたのである．大切なことは，金融資産における平均収益率の相違というものは必ず存在する

* FersonはワシントンTン大学(Univ. of Washington)でPigoott-PACCARプロフェッサーシップから，Jagannathanは国立科学財団(SBR-9409824)から，それぞれ研究助成金を受けた．本章における記述は著者2人に帰するものであり，Federal Reserve Bank of MinneapolisもしくはFederal Reserve Systemとは独立なものである．

ものであるし，また経済的観点からも重要である，ということである．

さまざまな資産価格決定モデルがこうした現象を説明するために提唱されてきた．資産価格決定モデルとは，将来のペイオフに対する請求権の価格が証券市場においていかに決定されるかを述べているモデルである．言い換えれば（より具体的には），資産価格決定モデルは，株式，債券，先物，オプション等の金融資産の期待収益率を説明するモデルとして捉えられる．そうした資産価格決定モデルの相違は，それぞれのモデルにおける諸仮定の相違から生じてくるものである．すなわち，投資家の選好，賦存量，生産そして情報集合（金融市場におけるニュースの到着を規定する確率過程など），さらには，実物市場そして金融市場において許容される摩擦のタイプ等についてである．

確かに，資産価格決定モデルのそれぞれには相違が存在するが，重要な共通性も存在する．それは，以下に述べる3つの中心的な概念である．そして，すべての資産価格決定モデルは3つの中心的概念のうちの1つもしくは複数の概念に基礎を置いているものである．まず第1の概念は一物一価の法則である．この法則は，将来のペイオフが同一である2つの請求権の価格は同一でなければならないというものである．この一物一価の法則は，第2の概念である無裁定条件を具現化したものでもある．無裁定条件が示唆することは，裁定機会を排除するような市場のもろもろの力が金融資産の価格決定に際して働くということである．今，資産の売りと買いで構成された費用0のポートフォリオを考えてみよう．このポートフォリオの保有によってもたらされる損失の可能性は0であり，逆にある正の確率で利益が得られるような場合，裁定機会が生じることになる．こうした裁定機会は，金融市場での取引により排除されるという性質を有している．投資家がこのような裁定機会を利用しようとしても，すばやく価格調整がなされるからである．たとえば，証券Aの価格があまりにも低いために裁定機会が存在することになれば，そのとき取引者はその証券を購入しようとし，その結果，証券Aの価格は上昇することになろう．将来のペイオフが同一である2つの請求権の売り買いが可能なとき，無裁定条件から一物一価の法則が導かれる．もし2つの請求権が同一の価格ではなく，取引費用がそれらの価格差より小さいならば，裁定機会が生じることになるからである．裁定評価理論（APT；Ross (1976)）は裁定原理に基づくもっともよく知られた資産評価モデルの1つである．

資産価格決定モデルの背後にある3番目の中心的概念は，金融市場均衡である．投資家が望む各金融資産の保有量は最適問題から導出される．摩擦のない市場における金融市場均衡のための必要条件は，投資家の最適問題の1階の条件が満足されるということである．すなわち，投資家の資産保有量のわずかな変化は限界的には無差別である，という解が要求される．均衡資産価格決定モデルは，投資家のポートフォリオ選択問題の1階の条件と市場清算条件から導出されることになる．市場清算条件とは，投資家の計画資産保有量を各資産ごとに合計すれば，証券の供給量を合計した市場ポートフォリオの総量に等しくならねばならないことを述べているものである．

最初に提示された均衡資産価格決定モデルは，1960年代前半に展開されたSharpe-Lintner-Mossin-Black型の資本資産価格決定モデル(CAPM)であった．CAPMは，資産の期待収益率がその資産のベータの線形関数によって与えられることを述べている．ベータは市場ポートフォリオに対する各資産の回帰係数という形で計測される．Merton (1973)は，単一期間モデルであるCAPMを，経時的に繰り返し，投資家が消費，貯蓄そして投資の意思決定をする経済環境の想定にまで拡張した．計量分析的には，Mertonのモデルは，単一のベータ値を有するモデルから多重ベータ・モデルへとCAPMを一般化していることになる．多重ベータ・モデルとは，資産の期待収益率がいくつかのベータの線形関数として表現されるモデルをいう．RossのAPTも多重ベータ資産価格決定モデルのもう1つの例ということになる．ただし，APTにおいては，期待収益率は適当ないくつかのベータの線形関数として近似的に表現されるだけである．

本章においては，(それだけというわけではないが)一般化モーメント法(GMM；Hansen (1982))を用いての資産価格決定モデルの計量分析的評価を強調する．すなわち，われわれはGMMに着目するものである．その理由は，われわれの見解においては，過去15年間でのファイナンスの実証方法において，GMMがもっとも重要な新機軸であると判断されるからである．手法は簡単で，柔軟性があり，一般的な統計的仮定のもとで成立し，そしてしばしばファイナンス分野への適用において効力を発揮している．GMMが「一般的」である1つの理由として，ファイナンスや他の分野において使用されてきた多くの実証分析法が，GMMのスペシャル・ケースに該当するとみなされることが挙げられる．

この論文の以下の構成は次のようになる．1.2節においてCAPMと多重ベータ・モデルを紹介し，これらのモデルの計測にこれまで使用されてきた旧来の2段階回帰法を検討する．この中での議論は，旧来の資産価格決定モデルの実証分析における統計的議論を紹介するものでもあり，また，多変量推定法の必要性を動機付けるものでもある．1.3節においては，GMMの利用を容易にする資産価格決定モデルの別の表現式について述べる．さらに，ほとんどの資産価格決定モデルが確率的割引ファクターの形式を用いて表現されることを示す．1.4節においては，GMMの手法と条件付また無条件資産価格決定モデルの推定および検定方法について記す．1.5節においては，統計的棄却に対して追加的洞察を与え，そしてモデル想定誤差の評価に役立つモデル診断について検討する．多くの記号が使用されることを避けるため，異なった節においては同じ記号が別のものを意味する形で使用されるかもしれない．記号の定義は内容的に明らかになるべく努めた．最後に，1.6節において結論を記す．

1.2　ベータ価格決定モデルの検定のためのクロス・セクション回帰法

本節においては，まずCAPMを導出し，多重ベータ・モデルを含む形で実証的特定化を一般化する．次に，Black, Jensen and Scholes (1972；略して BJS と記す) により最初に使用された，直観的わかりやすさを有するクロス・セクション回帰法について述べ，そしてその問題点について検討する．

1.2.1　資本資産価格決定モデル

CAPM は，最初の均衡資産価格決定モデルであった．そして，現在においてもファイナンスの基本理論の1つである．そのモデルは，Sharpe (1964)，Lintner (1965)，Mossin (1966) そして Black (1972) らによって展開されてきた．理論式の導出のために必要な仮定をリファインし，CAPM を導出している膨大な理論的文献がある．ここでは，その理論についての簡単な一望から始めることにしよう．

粗収益率 $R_{it}(i=1, 2, \cdots, N)$ は t 期における資産 i の収益率プラス1を表すものとする．R_{mt} は経済におけるすべての資産からなる市場ポートフォリオの t 期における粗収益率であるとしよう．一般的には，理論によって描かれた市場ポートフォリオの収益率は観測不能なものである．そのため，CAPM の実証分析においては，通常次の仮定がなされることになる．すなわち，市場ポートフォリオの収益率は観測可能な普通株からなるポートフォリオの厳密な線形関数として表現される，という仮定である[1]．このとき，CAPM に従い，

$$\mathrm{E}(R_{it})=\delta_0+\delta_1\beta_i \tag{1.2.1}$$

と表される．ここで，

$$\beta_i=\mathrm{Cov}(R_{it}, R_{mt})/\mathrm{Var}(R_{mt})$$

である．

CAPM の教えるところによれば，収益率 R_{mt} を有する市場ポートフォリオは最小分散フロンティア上に存在する．同一の期待収益率を有するポートフォリオのうち，最小のリスクを有するポートフォリオは最小分散フロンティア上に位置する，と呼ばれる．投資家が危険回避型であるならば，CAPM によれば，R_{mt} は正の接線勾配を有する最小分散フロンティア上に位置することになり，その結果，係数 $\delta_1>0$ が導かれる．式 (1.2.1) において，$\delta_0=\mathrm{E}(R_{0t})$ である．ここで，収益率 R_{0t} は，$\mathrm{Cov}(R_{it}, R_{mt})=0$ となるため，R_{mt} に対するゼロ・ベータ資産の収益率と呼ばれている．

ここで，CAPM を導出するために，投資家は時点 $t-1$ で次の1期間に関する目的関数

$$V[\mathrm{E}(R_{pt}|I), \mathrm{Var}(R_{pt}|I)] \tag{1.2.2}$$

を最大化するべく資産の保有量を選択するものと仮定しよう．式 (1.2.2) における R_{pt} は，時点 t において最適に選択されたポートフォリオの収益率を表すものとす

---

[1] この仮定が満たされないとき，代理市場誤差を導入することになる．この誤差の源泉については，Roll (1977)，Stambaugh (1982)，Kandel (1984)，Kandel and Stambaugh (1987)，Shanken (1987)，Hansen and Jagannathan (1994)，そして Jagannathan and Wang (1996) らによって研究されている．ここでは，代理誤差はないものとして議論を進める．

る．また，$\mathrm{E}(\cdot|I)$ と $\mathrm{Var}(\cdot|I)$ はそれぞれ時点 $t-1$ での投資家の情報集合に条件付けられた収益率の期待値と分散である．選好関数 $V[\cdot,\cdot]$ は期待値に関して増加かつ凹であり，分散に関しては減少関数であると仮定する．さらに，経時的に不変であると仮定する．当座，情報集合 I は資産の収益率の無条件積率情報のみを含むものとし，記号 I を簡単化のため省略する．上記の最適問題の解に対する1階の条件から，

$$\mathrm{E}(R_{it})=\mathrm{E}(R_{0t})+\beta_{ip}\mathrm{E}(R_{pt}-R_{0t}) \tag{1.2.3}$$

が，すべての資産 $i=1,2,\cdots,N$ に対して成立せねばならないことが導出される．ここで，R_{pt} は最適ポートフォリオの収益率であり，R_{0t} は R_{pt} との共分散が0となる資産の収益率であり，$\beta_{ip}=\mathrm{Cov}(R_{it},R_{pt})/\mathrm{Var}(R_{pt})$ である．

式(1.2.3)において記されている，投資家の最適問題に対する1階の条件からCAPMを導くためには，最小分散フロンティア —— 所与の期待収益率に対して，最小の分散を有するポートフォリオ収益率の集合 —— のいくつかの特性を理解しておくことが有益である．投資家の最適ポートフォリオが最小分散フロンティア上に位置するものであるということは容易に立証可能なものである．

最小分散フロンティアの1つの特性は，それがポートフォリオの構成について閉じているということである．すなわち，フロンティア上にあるポートフォリオからなるポートフォリオは，それもまたフロンティア上にあるということである．いま，すべての投資家は同じ予想の確率分布を有しているものとしよう．このとき，あらゆる投資家の最適ポートフォリオは同じフロンティア上に存在することになる．それゆえ，経済におけるすべての資産からなる市場ポートフォリオ —— あらゆる投資家にとっての最適ポートフォリオのポートフォリオである —— もフロンティア上にあることになる．R_{pt} がフロンティア上にある収益率に，そして R_{0t} がそれに対応するゼロ・ベータ収益率に置き換えられたとしても，式(1.2.3)がいまだ成立することはよく知られている(Roll (1977))．よって，式(1.2.1)によって与えられるCAPMを得るためには，式(1.2.3)の投資家の最適ポートフォリオを市場ポートフォリオの収益率で置き換えればよいことになる．

1.2.2 CAPMの検証可能命題

1つの関心のある資産の集合が与えられたものとしよう．もし，それらの期待収益率と市場ポートフォリオから計算されるベータ値 β_i が知れるならば，CAPMの成立を調べる自然な方法は，期待収益率とベータ値の間の実証関係式を推定し，その関係式が線形であるか否かをみることであろう．しかしながら，ベータ値も期待収益率も計量分析者にとっては直接観測可能なものではない．ともに推定されねばならないものである．ファイナンス実証分析の初期の文献においては，まず時系列アプローチ，そして次にクロス・セクション・アプローチという2段階法を用いることにより，この問題に取り組んだ．

式(1.2.1)において与えられる母集団関係式に対して標本レベルでの対応関係式

$$R_i = \delta_0 + \delta_1 b_i + e_i, \quad i = 1, \cdots, N \tag{1.2.4}$$

を考えてみよう．式(1.2.4)は b_i の上への R_i のクロス・セクション回帰であり，回帰係数は δ_0 および δ_1 である．また，式(1.2.4)における R_i は資産 i の標本平均収益率であり，b_i は定数値であり，市場インデックスの収益率 R_{mt} の上の R_{it} の時系列回帰式からの勾配係数推定値(単純最小2乗推定値)である．今，$u_i = R_i - \mathrm{E}(R_{it})$, $v_i = \beta_i - b_i$ としよう．式(1.2.1)における $\mathrm{E}(R_{it})$ と β_i にこれらの式を代入すれば式(1.2.4)となり，誤差項は $e_i = u_i + \delta_1 v_i$ なる合成誤差として構成される．これは，クロス・セクション回帰式(1.2.4)における回帰変数 b_i が誤差をもって測定されるという，古典的変量誤差の問題を生じさせることになる．b_i の推定値として有限個の時系列標本値を用いるならば，たとえ無限個のクロス・セクション標本値があるとしても，回帰式(1.2.4)は δ_0 と δ_1 の不一致推定値をもたらすことになる．しかしながら，時系列標本サイズ T (ベータ係数 β_i の推定値を得るために第1段階で使用される)が無限に大きくなるとき，クロス・セクション回帰は係数の一致推定値を与えることになる．これは第1段階での β_i の推定値が一致性を有することになるためであり，したがって T が大きくなるにつれ，第2段階での変量誤差問題は消滅することになる．

ベータ値における測定誤差は個々の証券については大きい値をとる可能性がありうる．しかし，ポートフォリオについてはその誤差は一般的により小さくなる．この事実に着目し，初期の研究においてはポートフォリオのベータ値がより正確に推定される証券のポートフォリオ構成に焦点が当てられた．それゆえ，変量誤差問題の1つの解決法は個々の証券の代わりにポートフォリオを使用して実証研究するということになった．このことは別の問題を生じさせることになる．任意に選択された証券からなるポートフォリオについては，それらのベータ値における散らばりがほとんどなくなる傾向を有するというものである．もし，計量分析者に利用可能なすべてのポートフォリオが同じベータ値を有するならば，式(1.2.1)はクロス・セクション関係式としてなんらの実証的内容をも有さないことになる．Black, Jensen, and Sholes (1972)はこの障害を克服するために魁となるべく革新的解決法を提示した．それは，クロス・セクション回帰を走らせるたびごとに，過去のデータを基に個別証券のベータ値を推定し，推定されたベータ値の大きさに基づいて証券の並べ替えを行い，そして個々の証券をそれぞれのベータ・グループに割り当てる，という方法であった．これでポートフォリオのベータ値が必ず散らばりを有することになる．それ以降，同様なポートフォリオ構築法がファイナンスの実証分析における標準手続き(算法)ということになった．

いま，変量誤差モデルを付随的問題として考えられる程度のポートフォリオが構築可能なものとしよう．それでも，われわれはCAPMが成立するか否かを評価する方法を決定せねばならないことになる．文献から知れる標準的アプローチは，資産の期待収益率を決定している変数について特定の代替的仮説を考えることである．CAPMによれば，いかなる資産の期待収益率もベータ値のみからなる線形関数として表現される．それゆえ，1つの自然な検証法は，任意の他のクロス・セクション変量が式(1.2.1)からの乖離を説明する能力を有しているか否かを調査してみることであろう．これがFama and MacBeth (1973)の戦略であった．彼らはクロス・セクション回帰式における追加的変量としてベータ値の2乗と非市場(すなわち時系列残差)分散の測定値を組み入れた．より最近の実証分析においては，株式の市場価値によって測られた企業の相対的サイズ，株式の市場価値に対する簿価比率，さらには，関連するその他の変量が使用されてきている[2)]．たとえば，次のようなモデルが特定化される．

$$\mathrm{E}(R_{it})=\delta_0+\delta_1\beta_i+\delta_{\mathrm{size}}LME_i \tag{1.2.5}$$

ここで，LME_iは企業iの株式資本の総市場価値の自然対数である．以下においては，まずこうした考えが容易に一般的な多重ベータ・モデルへと拡張されるものであることを示す．そして，そのモデルのもとでのクロス・セクション回帰推定量の標本理論を展開する．

1.2.3　多重ベータ価格決定モデルとクロス・セクション回帰法

CAPMによれば，資産の期待収益率は市場ベータの線形関数として表されることになる．一方，多重ベータモデルは，期待収益率がいくつかのベータの線形関数として表されることを主張する．すなわち，

$$\mathrm{E}(R_{it})=\delta_0+\sum_{k=1,\cdots,K}\delta_k\beta_{ik} \tag{1.2.6}$$

である．ここで，$\beta_{ik}\,(k=1,\cdots,K)$は経済全体に浸透している$K$個のリスク・ファクター$f_k(k=1,\cdots,K)$の上への資産$i$の収益率の多重回帰係数である．係数$\delta_0$は，$k=1,\cdots,K$に対して$\beta_{0k}=0$となる資産の期待収益率である．つまり，ゼロ・(多重)ベータ資産の期待収益率である．k番目のファクターに対応する係数δ_kに対しては，次のような解釈がなされる．すなわちそれは，$\beta_{ik}=1$かつ$j\neq k$のすべてのjについて$\beta_{ij}=0$となるポートフォリオに対しての，ゼロ・ベータ資産の超過期待収益率の形式で測定された期待収益率すなわちプレミアムである．言い換えれば，リスク・ファクターkについての1単位のベータ・リスクに対するプレミアムとしての期待収益率である．Ross (1976)は式(1.2.6)の近似式が無裁定経済において成立することを示した．Connor (1984)は，無限個の資産が存在する経済において，一般均衡の形で式(1.2.6)が精密に成立するための十分条件を提示した．この形式の多重ベータ・モデルもしくは精密APTはファイナンスにおいて幅広い注目を浴びてきた．いくつかのファクターf_kが計量分析者によって観測されるとき，クロス・セクション回帰は多重ベータ・モデルの計測に利用されることになる[3)]．たとえば，企業のサイズが期待収益率に関連しているという仮説は，ファクターに対応するベータ値が与えられるなら

---

[2] こうしたアプローチによる近年のすぐれた論文としてFama and French (1992)がある．また，Berk (1995)は，期待収益率の尺度として市場価値に対する簿価比率を用いることの正当化を与えている．

ば，式(1.2.5)と同様に，K 個のファクター・ベータ値と LME_i の上の収益率のクロス・セクション回帰を行い，さらに係数 δ_{size} の有意性検定を検討すればよいことになる．

1.2.4 係数推定量の標本分布：2段階クロス・セクション回帰法

本項においては，Shanken (1992) そして Jagannathan and Wang (1993, 1996) に従い，クロス・セクション回帰法を用いて推定された係数の漸近分布を導出する．標本理論を展開するために，式(1.2.6)を一般化した次式について検討する．

$$\mathrm{E}(R_{it})=\sum_{k=0}^{K_1}\gamma_{1k}A_{ik}+\sum_{k=1}^{K_2}\gamma_{2k}\beta_{ik} \tag{1.2.7}$$

ここで，$\{A_{ik}\}$ は企業 i の観測可能な特性値であり，誤差なしで測定されているものと仮定する($k=0$ に対応する最初の特性値は定数1である)．特性値の1つはサイズ変量 LME_i であろう．β_i は，市場インデックスの収益率を含む K_2 個の経済共通リスク・ファクターの上への回帰ベータである．式(1.2.7)は行列表記を用いて，コンパクトに

$$\boldsymbol{\mu}=\boldsymbol{X\gamma} \tag{1.2.8}$$

と表される．ここで，$\boldsymbol{R}_t=(R_{1t},\cdots,R_{Nt})'$, $\boldsymbol{\mu}=\mathrm{E}(\boldsymbol{R}_t)$, $\boldsymbol{X}=(\boldsymbol{A}:\boldsymbol{\beta})$ であり，行列 $\boldsymbol{A}$ と $\boldsymbol{\beta}$ そしてベクトル $\boldsymbol{\gamma}$ の定義は式(1.2.7)に従うものである．

クロス・セクション法は2つの段階からなる手続きである．第1段階では，リスク・ファクターと定数の上への R_{it} の時系列回帰により $\boldsymbol{\beta}$ が推定される．その推定値は $\boldsymbol{b}$ と記されるものとする．$\boldsymbol{x}=(\boldsymbol{A}:\boldsymbol{b})$ と表記し，そして $\boldsymbol{R}$ は収益率ベクトル $\boldsymbol{R}_t$ の時系列平均であるとする．$\boldsymbol{g}$ は回帰式から得られる係数ベクトルの推定量

$$\boldsymbol{g}=(\boldsymbol{x}'\boldsymbol{x})^{-1}\boldsymbol{x}'\boldsymbol{R} \tag{1.2.9}$$

である．ここで，行列 $\boldsymbol{x}$ の階数は $1+K_1+K_2$ であると仮定する．もし，$\boldsymbol{b}$ と $\boldsymbol{R}$ がそれぞれ $\boldsymbol{\beta}$ と $\mathrm{E}(\boldsymbol{R}_t)$ に確率収束するものとすれば，$\boldsymbol{g}$ は $\boldsymbol{\gamma}$ に確率収束することになる．Black, Jensen, and Sholes (1972) は，以下のような方法で推定量 $\boldsymbol{g}$ の標本誤差を推定することを提示した．まず，各時点 t での $\boldsymbol{x}$ の上の $\boldsymbol{R}_t$ の回帰を行い，$\boldsymbol{g}_t$ を得る．

$$\boldsymbol{g}_t=(\boldsymbol{x}'\boldsymbol{x})^{-1}\boldsymbol{x}'\boldsymbol{R}_t \tag{1.2.10}$$

である．$T^{1/2}(\boldsymbol{g}-\boldsymbol{\gamma})$ の共分散行列の BJS 推定値は，

$$\boldsymbol{v}=T^{-1}\sum_t(\boldsymbol{g}_t-\boldsymbol{g})(\boldsymbol{g}_t-\boldsymbol{g})' \tag{1.2.11}$$

によって与えられる．ここで，$\boldsymbol{g}$ は $\boldsymbol{g}_t$ の標本平均値であるという事実を用いている．式(1.2.10)において与えられた $\boldsymbol{g}_t$ に関する式を，式(1.2.11)において与えられる $\boldsymbol{v}$ の式に代入すれば，

---

[3] いくつかの追加的補助仮定のもとでファクター実現値が観測可能である場合のモデルの推定および検定に関する議論については，Chen (1983), Connor and Korajczyk (1986), Lehmann and Modest (1987) そして McElroy and Burmeister (1988) を参照されたい．

$$\boldsymbol{v}=(\boldsymbol{x}'\boldsymbol{x})^{-1}\boldsymbol{x}'\left[T^{-1}\sum_t(\boldsymbol{R}_t-\boldsymbol{R})(\boldsymbol{R}_t-\boldsymbol{R})'\right]\boldsymbol{x}(\boldsymbol{x}'\boldsymbol{x})^{-1} \tag{1.2.12}$$

となる．BJS 共分散行列推定量を分析するために，平均収益率ベクトル $\boldsymbol{R}$ について，

$$\boldsymbol{R}=\boldsymbol{x\gamma}+(\boldsymbol{R}-\boldsymbol{\mu})-(\boldsymbol{x}-\boldsymbol{X})\boldsymbol{\gamma} \tag{1.2.13}$$

と表す．この $\boldsymbol{R}$ の式を式 (1.2.9) の $\boldsymbol{g}$ を表す式に代入すれば，

$$\boldsymbol{g}-\boldsymbol{\gamma}=(\boldsymbol{x}'\boldsymbol{x})^{-1}\boldsymbol{x}'[(\boldsymbol{R}-\boldsymbol{\mu})-(\boldsymbol{b}-\boldsymbol{\beta})\boldsymbol{\gamma}_2] \tag{1.2.14}$$

を得る．$\boldsymbol{b}$ は $\boldsymbol{\beta}$ の一致推定値であり，$T^{1/2}(\boldsymbol{R}-\boldsymbol{\mu})\to_d\boldsymbol{u}$，そして $T^{1/2}(\boldsymbol{b}-\boldsymbol{\beta})\to_d\boldsymbol{h}$ と仮定しよう．ただし，$\boldsymbol{u}$ と $\boldsymbol{h}$ は非退化な確率分布であり，$\to_d$ は分布収束を意味する．このとき

$$T^{1/2}(\boldsymbol{g}-\boldsymbol{\gamma})\to_d(\boldsymbol{x}'\boldsymbol{x})^{-1}\boldsymbol{x}'\boldsymbol{u}-(\boldsymbol{x}'\boldsymbol{x})^{-1}\boldsymbol{x}'\boldsymbol{h}\boldsymbol{\gamma}_2 \tag{1.2.15}$$

となる．式 (1.2.15) の右辺第 1 項は，$\boldsymbol{\mu}$ に代わり標本平均 $\boldsymbol{R}$ を用いたことから生じる標本誤差を構成するものである．第 2 項は $\boldsymbol{\beta}$ に代わりその推定値 $\boldsymbol{b}$ を用いたことによる標本誤差の構成部分である．

$\boldsymbol{u}$ の漸近分散に対して通常利用される一致推定値は，

$$T^{-1}\sum_t(\boldsymbol{R}_t-\boldsymbol{R})(\boldsymbol{R}_t-\boldsymbol{R})' \tag{1.2.16}$$

によって与えられる．それゆえ，式 (1.2.15) の第 1 項の分散の一致推定値は，

$$(\boldsymbol{x}'\boldsymbol{x})^{-1}\boldsymbol{x}'\left[T^{-1}\sum_t(\boldsymbol{R}_t-\boldsymbol{R})(\boldsymbol{R}_t-\boldsymbol{R})'\right]\boldsymbol{x}(\boldsymbol{x}'\boldsymbol{x})^{-1}$$

によって与えられる．これは式 (1.2.12) で与えられた推定係数の共分散行列 $\boldsymbol{v}$ の BJS 推定値式と同一である．したがって，推定されたベータ値の利用から生ずる標本誤差を無視するならば，BJS 共分散推定量は推定量 $\boldsymbol{g}$ の分散の一致推定値を与えることになる．しかしながら，ベータ値に関連する標本誤差が小さくないならば，そのとき BJS 共分散推定量はバイアスを有することになる．一般的にはそのバイアスの大きさを決定することは不可能であるが，Shanken (1992) は追加的な仮定のもとでバイアスを評価する方法を提示した[4]．

定数と k 番目の経済ファクターの上への資産 i の収益率に関する次のような単一変量時系列回帰式

$$R_{it}=\alpha_{ik}+\beta_{ik}f_{kt}+\varepsilon_{ikt} \tag{1.2.17}$$

を考えることにしよう．式 (1.2.17) の誤差項について次の 3 つの仮定を加える．① 誤差 ε_{ikt} は，経済ファクター f_k の時系列の条件付きで，その平均は 0 である．② ファクター時系列が与えられるとき，ε_{ikt} と ε_{jlt} の条件付共分散は定数値 σ_{ijkl} をとる．$\{\sigma_{ijkl}\}_{ij}$ からなる行列を $\boldsymbol{\Sigma}_{kl}$ と表記する．最後に，③ ファクターについての標本共分散行列が存在し，(k, l) 要素に Ω_{kl} を有する定数の正定値行列 $\boldsymbol{\Omega}$ に確率収束する．

---

[4] Shanken (1992) においては多重回帰から計算されるベータが利用されている．以下の導出においては，説明の簡単化のため単回帰から計算されるベータを用いている．これら 2 組のベータは逆行列を有する線形変換によって関係付けられる．またそれに代わるものとして，一般性を失うことなくファクターを直交化させることも考えられるであろう．

【定理 1.2.1】 (Shanken, 1992/Jagannathan and Wang, 1996)

$T^{1/2}(\boldsymbol{g}-\boldsymbol{\gamma})$ は，平均 0，共分散行列 $\boldsymbol{V}+\boldsymbol{W}$ の正規分布に法則収束する．ここで，$\boldsymbol{V}$ は式 (1.2.12) において与えられる行列 $\boldsymbol{v}$ の確率極限である．そして，

$$\boldsymbol{W}=\sum_{l,k=1,\cdots,K_2}(\boldsymbol{x}'\boldsymbol{x})^{-1}\boldsymbol{x}'\{\gamma_{2k}\gamma_{2l}(\Omega_{kk}^{-1}\boldsymbol{\Pi}_{kl}\Omega_{ll}^{-1})\}\boldsymbol{x}(\boldsymbol{x}'\boldsymbol{x})^{-1} \tag{1.2.18}$$

であり，$\boldsymbol{\Pi}_{kl}$ は付録において定義されているものである．

【証明】 付録をみよ．

定理 1.2.1 は，BJS の 2 段階推定量 $\boldsymbol{g}$ の共分散行列の一致推定値を得るために，まず，BJS 法を用いて $\boldsymbol{v}$ ($\boldsymbol{V}$ の一致推定値) を推定し，次に，標本値で置き換えることにより $\boldsymbol{W}$ を推定すればよいことを教えている．

クロス・セクション回帰法は直観的に非常にわかりやすいものであるが，上記の議論によれば，一連のパラメータ推定量の標本誤差を計算するためには，いくつかの強い仮定を必要とするということである．加えて計量分析者は，そのモデルの帰無仮説に対してある特定の対立仮説を想定するという立場をとらねばならない．1.4 節以降で検討される一般的アプローチは，いくつかの長所を有するが，とりわけより緩い統計的仮定と特定化された対立仮説あるいは非特定化の両者を取り扱うことができるという長所を有している．

1.3 資産価格決定モデルと確率的割引ファクター

事実上，すべての金融資産価格決定モデルは，粗収益率 $R_{i,t+1}$ と市場全体に共通なある確率変数 m_{t+1} の積の条件付期待値が定数となるということを意味している．つまり，

$$\mathrm{E}_t\{m_{t+1}R_{i,t+1}\}=1, \qquad \text{all} \quad i \tag{1.3.1}$$

である．記号 $\mathrm{E}_t\{\cdot\}$ は，市場における情報集合を所与とするとき，その条件付期待値の表記として用いられる．市場情報の部分集合 Z_t に条件付けられた期待値 —— $\mathrm{E}(\cdot|Z_t)$ と記す —— を考えることも有用である．たとえば，Z_t が計量分析者に利用可能なパブリックな情報集合に対しての操作変数ベクトルを意味することもありうるであろう．Z_t が空の情報集合であるとき，無条件期待値は $\mathrm{E}(\cdot)$ と表記される．

確率変数 m_{t+1} は文献においてさまざまな呼び名が存在する．確率的割引ファクター，同値マーチンゲール測度，ラドン-ニコディム微分，もしくは異時点間限界代替率として知られている．ここでは，式 (1.3.1) を満足する m_{t+1} を正当な確率的割引ファクターと呼ぶことにする．この名称の利用のきっかけは次の観察から生じたものである．式 (1.3.1) は，

$$P_{it}=\mathrm{E}_t\{m_{t+1}X_{i,t+1}\}$$

と表される．ここで，$X_{i,t+1}$ は時点 $t+1$ での資産 i のペイオフ (市場価値+現金支払) であり，$R_{i,t+1}=X_{i,t+1}/P_{it}$ である．式 (1.3.1) は，将来のペイオフに確率的割引

ファクターを掛け，その期待値をとれば，将来のペイオフの現在価値を得ることができることを語っている．

式(1.3.1)を満足する m_{t+1} の存在は，同一のペイオフをもたらすすべての資産は同一価格を有すること(すなわち，一物一価の法則)を述べている．m_{t+1} が狭義に正の値をとる確率変数という制約条件を付ければ，式(1.3.1)は無裁定条件と同等となる．その条件は，決してペイオフが負になることはなく，正の確率で正のペイオフをもたらすあらゆるポートフォリオは正の価格を有さねばならない，というものである．

市場が完備でないならば，無裁定条件は m_{t+1} を一意に識別するものではない．完備市場とは，証券市場において，時点 $t+1$ での自然の状態の数と同じ数の線形独立なペイオフをもたらす証券が存在するということを意味する．ここで，確率的割引ファクターと無裁定条件についてより進んだ理解を得るために，いま市場は完備であるものと仮定しよう．完備市場においては，裁定機会を排除するためには正の状態価格が要求される[5)]．時点 $t+1$ で自然の状態が s であるときのみに1単位支払われる証券の時点 t での価格を q_{ts} と記すことにしよう．このとき，時点 $t+1$ での $\{X_{i,s,t+1}\}$ 単位の支払い——それは自然の状態 s の関数であるが——を約束する証券の時点 t での価格は次式によって与えられる．

$$\sum_s q_{ts}X_{i,s,t+1}=\sum_s \pi_{ts}(q_{ts}/\pi_{ts})X_{i,s,t+1}$$

ここで，π_{ts} は時点 $t+1$ での状態 s が生起することについて時点 t で評価される確率である．式(1.3.1)と上式を比較すれば，市場が完備であるという仮定のもとで，$m_{s,t+1}=q_{ts}/\pi_{ts}$ が状態 s に対する確率的割引ファクターの値となることが知れる．確率は正であるから，$\{m_{s,t+1}\}$ によって定義される確率変数が狭義に正の値をとるという条件は，すべての状態価格が正であるという条件と同値である．

式(1.3.1)は資産価格決定モデルの計量経済的手法による検証を展開させるのに都合よくできている．$\boldsymbol{R}_{t+1}$ を計量分析者が観測する N 個の資産の粗収益率ベクトルであるとしよう．このとき，式(1.3.1)は，

$$\mathrm{E}\{\boldsymbol{R}_{t+1}m_{t+1}\}-\mathbf{1}=\mathbf{0} \tag{1.3.2}$$

とも表される．$\mathbf{1}$ は要素が1からなる，$\mathbf{0}$ は0からなる N 次の列ベクトルである．式(1.3.2)において与えられた N 個の方程式は，一般化積率法を用いての検証の基本をなすものとなるであろう．方程式に実証的内容を与えるのは，そのモデルに含蓄されている m_{t+1} の特有な形式ということになる．

1.3.1 CAPMの確率的割引ファクターと多重ベータ資産価格決定モデル

式(1.2.1)によって与えられるCAPM

5 完備市場のモデルについては，Debreu (1959) そして Arrow (1970) を参照されたい．また，よりいっそうの理論的展開については，Beja (1971)，Rubinstein (1976)，Harrison and Kreps (1979) そして Hansen and Richard (1987) を参照されたい．

$$E(R_{it+1})=\delta_0+\delta_1\beta_i$$

を考えよう．ここで，

$$\beta_i=\mathrm{Cov}(R_{it+1}, R_{mt+1})/\mathrm{Var}(R_{mt+1}\}$$

である．CAPM もまた，ある確率的割引ファクターの特定化により，式(1.3.1)の形に表現することが可能である．このことを確認するために，式(1.3.1)における積の期待値を期待値の積と共分散の和の形に展開する．この式を整理すれば，

$$E(R_{it+1}\}=1/E(m_{t+1})+\mathrm{Cov}(R_{it+1}, -m_{t+1}/E(m_{t+1})) \qquad (1.3.3)$$

となる．式(1.2.1)と(1.3.3)の対応する各項ごとに等しくおけば，式(1.2.1)のCAPMが式(1.3.1)の1つのバージョンになっていることがわかる．すなわち

$$E\{R_{it+1}m_{t+1}\}=1$$
$$m_{t+1}=c_0+c_1R_{mt+1}$$
$$c_0=[1+E(R_{mt+1})\delta_1/\mathrm{Var}(R_{mt+1})]/\delta_0$$
$$c_1=\delta_1/[\delta_0\,\mathrm{Var}(R_{mt+1})] \qquad (1.3.4)$$

とすればよいことになる．式(1.3.4)はもともと Dybvig and Ingersoll (1982) によって導出されたものであった．

次に，式(1.2.6)において与えられる多重ベータ・モデル

$$E(R_{it+1})=\delta_0+\sum_{k=1,\cdots,K}\delta_k\beta_{ik}$$

を考えてみよう．このモデルが以下の確率的割引ファクター表現を意味することは，代入することにより容易に確認される．すなわち，

$$E(R_{it+1}m_{t+1})=1$$
$$m_{t+1}=c_0+c_1f_{1t+1}+\cdots+c_Kf_{Kt+1}$$
$$c_0=\left[1+\sum_k\{\delta_kE(f_k)/\mathrm{Var}(f_k)\}\right]/\delta_0$$
$$c_j=-\{\delta_j/\delta_0\,\mathrm{Var}(f_j)\},\qquad j=1,\cdots,K \qquad (1.3.5)$$

である．CAPM と多重ベータ・モデルに対しての以上の結果は，資産の無条件期待収益率についての陳述として解釈される．また，これらのモデルは，既報の公表情報に基づいて，その期待値が条件付けられる状況での検証における，条件付期待値についての陳述としても解釈される．本節の分析のすべては，表記における適切な変更がなされるならば，条件付期待値の形式で解釈されうることをみてきた．この場合，パラメータ c_0, c_1, δ_0, δ_1，その他は時点 t の情報集合の関数となる．

1.3.2　確率的割引ファクターの他の例

均衡資産価格決定モデルにおいては，式(1.3.1)は消費者-投資家の最適問題に対する1階の条件として生じてくるものである．投資家は消費に関する生涯効用関数(おそらく相続人に対しての遺産も含めて)を最大化することになる．この効用関数を $V(\cdot)$ で表すことにしよう．もし，消費と資産投資への資源配分が最適であるならば，その配分を変更することにより，より高い効用を得ることは不可能である．差し控え

られた消費の時点 t での効用コストは，消費支出の限界効用 ―― $(\partial V/\partial C_t)>0$ ―― に，消費支出と同額の資産の価格 P_{it} を乗じたものである．時点 $t+1$ で株式を売却し，消費することからの期待効用の増加は，

$$\mathrm{E}_t\{(P_{i,t+1}+D_{i,t+1})(\partial V/\partial C_{t+1})\}$$

と計算される．ここで，$D_{i,t+1}$ は時点 $t+1$ でのキャッシュ・フローもしくは配当支払である．もし，消費-投資への配分が期待効用を最大化するものであれば，

$$P_{it}\mathrm{E}_t\{(\partial V/\partial C_t)\}=\mathrm{E}_t\{(P_{i,t+1}+D_{i,t+1})(\partial V/\partial C_{t+1})\}$$

が成立せねばならない．この異時点間オイラー式は，

$$m_{t+1}=(\partial V/\partial C_{t+1})\mathrm{E}_t\{(\partial V/\partial C_t)\} \tag{1.3.6}$$

とおけば，式(1.3.1)と同等のものとなる．式(1.3.6)における m_{t+1} は，代表的消費者の異時点間限界代替率(IMRS)である．本項の残りでは，たとえば，m_{t+1} が式(1.3.6)で定義されるように，いかに多くの資産価格決定モデルが式(1.3.1)の特殊ケースであるかを提示する[6]．

代表的消費者の生涯効用関数 $V(\cdot)$ が時間分離(time-separable)であるならば，時点 t での消費の限界効用 $(\partial V/\partial C_t)$ は，時点 t での変数のみに依存することになる．Lucas (1978) そして Breeden (1979) は効用関数が時間分離で加法的である

$$V=\sum_t \beta^t u(C_t)$$

を仮定し，消費依存型(consumption-based)資産価格決定モデルを導出した．ここで，β は時間割引率パラメータであり，$u(\cdot)$ は現在の消費 C_t について増加かつ凹関数である．$u(\cdot)$ の1つの簡便な特定化は，

$$u(C)=[C^{1-\alpha}-1]/(1-\alpha) \tag{1.3.7}$$

である．式(1.3.7)において，α は期間効用関数の凹性を表すパラメータである．この関数においては，一定の相対的危険回避度が α に等しくなる[7]．こうした仮定に基づき，総消費データを用いて，消費依存型資産価格決定モデルの検証について多くの実証研究がなされてきた[8]．

Dunn and Singleton (1986) そして Eichenbaum, Hansen, and Singleton (1988) は，本質的に耐久性を有する消費支出をモデル化した．耐久性は時間軸上での非分離性を導入することになる．なぜなら，今期の消費サービスのフローは消費者の前期支出に

6　いくつかの資産価格決定モデルは，証券の収益率を集計されたマクロ変量に関係付けることに焦点を当てている．したがって，集計された変量のタームによる均衡表現式を得るためには，個人に関するオイラー式を集計する必要がある．集計されたマクロ変量の使用を正当化する理論的条件については，Gorman (1953)，Wilson (1968)，Rubinstein (1974)，Constantinides (1982)，Lewbel (1989)，Luttmer (1993)，そして Constantinides and Duffie (1994) において検討されている．

7　消費に対する相対的危険回避度は $-Cu''(C)/u'(C)$ と定義され，絶対危険回避度は $-u''(C)/u'(C)$ である．ただし，プライム記号は偏微分を表している．Ferson (1983) においては，絶対危険回避度一定の消費依存型資産価格決定モデルについて検討がなされている．

8　式(1.3.6)に(1.3.7)を代入すれば，$m_{t+1}=\beta(C_{t+1}/C_t)^{-\alpha}$ であることが確認される．このモデルの実証研究として，Hansen and Singleton (1982, 1983)，Ferson (1983)，Brown and Gibbons (1985)，Jagannanthan (1985)，Ferson and Merrick (1987)，そして Wheatley (1988) が挙げられる．

依存することにり，効用もサービス･フローの上で定義されることになるからである．現在の支出は，もしその支出が耐久財に対するものであるならば，サービスに関して消費者の将来の効用を増加させることになる．消費者はこうした一連の支出 C_t について最適化をするわけであるから，このとき耐久性は，限界効用 $(\partial V/\partial C_t)$ が時点 t 以外の時刻を有している変数に依存することを意味することになる．

効用関数が習慣性 (habit persistence) を表象するならば，もう 1 つの時間非分離性の形が生じる．習慣性は引き続く 2 時点での消費が補完的であることを意味する．たとえば現在の消費の効用は過去に消費されたものとの相対値という形で評価される．そのようなモデルは，Ryder and Heal (1973)，Becker and Murphy (1988)，Sundaresan (1989)，Constantinides (1990)，Detemple and Zapatero (1991)，そして，Novales (1992) 等により導出されている．

Ferson and Constantinides (1991) は，消費支出の耐久性と消費サービスにおける習慣性の両者を取り入れてモデル化している．彼らはその 2 つが反対効果をもたらす組み合わせであることを示した．効果が 1 期遅れで切断される例では，支出の派生的効用は，

$$V=(1-\alpha)^{-1}\sum_t \beta^t (C_t+bC_{t-1})^{1-\alpha} \tag{1.3.8}$$

と表現される．時点 t での限界効用は，

$$(\partial V/\partial C_t)=\beta^t (C_t+bC_{t-1})^{-\alpha}+\beta^{t+1} b\mathrm{E}_t\{(C_{t+1}+bC_t)^{-\alpha}\} \tag{1.3.9}$$

である．係数 b は正であり，その財が耐久財でありかつ習慣性が存在しないならば，原価償却率の尺度となるものである．もし，習慣性が存在し，財が非耐久財であるならば，遅れを有した消費支出が負の効果 $(b<0)$ をもつことになる．

Ferson and Harvey (1992)，そして Heaton (1995) は，季節性を強調する時間非分離型を考えた．この効用関数は，

$$(1-\alpha)^{-1}\sum_t \beta^t (C_t+bC_{t-4})^{1-\alpha}$$

であり，消費支出の意思決定は 4 半期ごとになされるものと仮定している．そして，(習慣性が存在する場合の) 生活水準もしくは (耐久財の場合の) 消費サービスのフローは，前年度の同じ四半期における消費支出に依存するものと仮定されている．

Abel (1990) は，習慣性についてのある定式化を検討している．それは，消費者である彼もしくは彼女が外生的として捉えている前期の総消費との比較で，今期の消費を評価するという想定である．「習慣ストック (habit stock)」bC_{t-1} が総消費に関連するということを除けば，効用関数は式 (1.3.8) に似た形になる．基本的考えは，消費者が「隣人に負けないように見栄を張る」ことに関心があるということである．Campbell and Cochrane (1995) も，習慣ストックが消費者に外生的として捉えられているモデルを提示している．このアプローチはより単純で，より扱いやすいモデルを提示するという結果になっている．なぜなら，消費者の最適化において，将来の習慣ストックに関する現在の意思決定への効果を考慮する必要がないからである．

Epstein and Zin (1989, 1991) は，$V_t=F(C_t, CEQ_t(V_{t+1}))$ として表されるあるクラスの再帰的選好関数について検討している．$CEQ_t(\cdot)$ は，将来の生涯効用 V_{t+1} に対する時点 t での「確実性等価 (certainty equivalence)」を表すものである．関数 $F(\cdot, CEQ_t(\cdot))$ は生涯消費の通常の期待効用関数を一般化したものであり，時間非分離でもある．

Epstein and Zin (1989) は，再帰的選好モデルのうち，選好関数が

$$V_t=[(1-\beta)C_t^p+\beta\mathrm{E}_t(V_{t+1}^{1-\alpha})^{p/(1-\alpha)}]^{1/p} \tag{1.3.10}$$

と表されるケースについて検討している．そして，$p\neq 0$ かつ $1-\alpha\neq 0$ のとき，代表的消費者の IMRS が

$$[\beta(C_{t+1}/C_t)^{p-1}]^{(1-\alpha)/p}\{R_{m,t+1}\}^{((1-\alpha-p)/p)} \tag{1.3.11}$$

となることが示されている．ここで，$R_{m,t+1}$ は市場ポートフォリオの粗収益率である．消費の不確実性についての相対的危険回避度は α であり，消費についての異時点間の代替弾力性は $(1-p)^{-1}$ となる．$\alpha=1-p$ のとき，そのモデルは時間分離型べき乗型効用モデルに，また，$\alpha=1$ のとき，Rubinstein (1976) の対数効用型モデルに還元される．

まとめれば，多くの資産価格決定モデルは式 (1.3.1) のスペシャル・ケースということになる．データとモデルにある適当な関数を想定すれば，それぞれのモデルにおけるそうした関数は確率的割引ファクターとなる．次に，式 (1.3.1) に戻り，そのモデルの推定問題に目を向けることにしよう．

1.4　一般化モーメント法

本節においては，一般化モーメント法 (GMM) の展望とそれに関連する漸近的検定統計量について概観する．資産価格決定モデルのさまざまな特定化モデルを推定および検定するためにどのように GMM が用いられているかを提示する．

1.4.1　資産価格決定モデルにおける GMM の展望

$\boldsymbol{x}_{t+1}$ を観測可能なベクトル変量であるとしよう．$m_{t+1}=m(\boldsymbol{\theta}, \boldsymbol{x}_{t+1})$ を特定化するモデルが与えられるならば，Hansen (1982) によって開発され，Hansen and Singleton (1982)，そして Brown　and　Gibbons (1985) らによってその効力が例証された GMM を用いることにより，緩い仮定のもとでパラメータ $\boldsymbol{\theta}$ の推定や検定を行うことが可能となる．次のようなモデルとして誤差項

$$u_{i,t+1}=m(\boldsymbol{\theta}, \boldsymbol{x}_{t+1})R_{i,t+1}-1 \tag{1.4.1}$$

を定義する．式 (1.3.1) により，すべての i について，$\mathrm{E}_t\{u_{i,t+1}\}=0$ が成立する．N 資産そして T 期間の標本が与えられるならば，行ベクトル $\boldsymbol{u}'_{t+1}$ を要素とする $T\times N$ 行列 $\boldsymbol{u}$ に式 (1.4.1) からの誤差項を結び付ける．そのモデルはすべての i と t に対して (時点 t での情報集合における任意の Z_t に対して)，$\mathrm{E}(u_{i,t+1}|Z_t)=0$ となり，

それゆえ繰り返し期待値の法則により，すべての t について，$\mathrm{E}(\boldsymbol{u}_{t+1}Z_t)=0$ が成立する．条件 $\mathrm{E}\{u_{t+1}Z_t\}=0$ は，u_{t+1} が Z_t に直交することを述べている．またそれゆえ，直交条件と呼ばれている．これらの直交条件はGMMを用いての資産価格決定モデルの検証の基礎になるものである．

若干の点が強調に値する．まず，資産価格決定モデルの推定および検定は，時点 t での情報集合に属する任意の Z_t について，$\mathrm{E}(u_{i,t+1}|Z_t)=0$ の成立がその出発点ということになる．しかしながら，実際の推定においては，ある1組の操作変数が与えられるとき，より緩い条件となる $\mathrm{E}(\boldsymbol{u}_{t+1}\boldsymbol{Z}_t)=0$ が利用されている．したがって，資産価格決定モデルのGMM検定は理論の予測のすべてを利用しているわけではない．理論の含蓄をより深く利用すべくさらなる精緻化が有益であると考えられる．

資産価格決定モデルに関する実証研究は合理的期待に依存している．そこでは，モデルにおける期待値演算子が数学的条件付期待値を意味するという仮定として解釈されている．たとえば，式(1.3.1)における期待値すなわち $\mathrm{E}(\cdot|Z)$ とか $\mathrm{E}(\cdot)$ の計算をするために数学的期待値が利用されるとき，合理的期待の仮定が用いられることになる．観測される実現値とモデルにおける期待値との差はその期待値が条件付けられる情報とは無関係であるはずだ，という意味を合理的期待は内包している．

式(1.3.1)は，m_{t+1} と $R_{i,t+1}$ の積の条件付期待値が定数1になることを述べている．それゆえ，時点 t での利用可能な情報が利用されるとき，式(1.4.1)における誤差項 $1-m_{t+1}R_{i,t+1}$ は予測上0とは異ならないことになる．操作変数 $\boldsymbol{Z}_t$ を用いて予測可能となる収益率 $R_{i,t+1}$ が経時的に変動するとしても，$R_{i,t+1}$ に適切な確率的割引ファクター m_{t+1} によって乗ぜられるとき，予測可能性がなくなることをそのモデルは意味している．資産収益率における予測可能な変動を「説明する」ために条件付資産価格決定モデルが求められる意味がここにある．この考えは株価の「ランダムウォーク(酔歩)」モデルを一般化している．そこでは，株式収益率は完全に予測不可能であることが述べられている．そのようなモデルは，リスク中立性から導かれるある特殊ケースに該当する．リスク中立性のもとではIMRSは定数値となる．この場合，式(1.3.1)における収益率 $R_{i,t+1}$ が予測上定数値と異ならないことを意味している．

GMM推定は，標本平均の直交化条件を表す $N\times L$ 行列，$\boldsymbol{G}=(\boldsymbol{u}'\boldsymbol{Z}/T)$ を定義し，$\boldsymbol{g}=\mathrm{vec}(\boldsymbol{G})$ とおくことから始まる．ここで，$\boldsymbol{Z}$ は $T\times L$ の観測された操作変数からなる行列であり，時点 t での利用可能な情報の部分集合 $\boldsymbol{Z}_t{}'$ を行の要素とする[9]．$\mathrm{vec}(\cdot)$ 演算子は行列の列ベクトルへの変換を意味するものである．行列 $\boldsymbol{G}$ をそれぞれ長さ L の行ベクトルに分割する．$\boldsymbol{G}'=(\boldsymbol{h}_1, \boldsymbol{h}_2, \cdots, \boldsymbol{h}_n)$ とするとき，ベクトル $\boldsymbol{h}$ を，直交化条件式の数 NL 個にその長さが等しくなるまで順次列ごとにぶら下げれば，ベクトル $\boldsymbol{g}$ が作成される．Hansen(1982)の $\boldsymbol{\theta}$ についてのGMM推定値は，$NL\times$

---

[9] 本節においては，同一の操作変数が各資産式ごとに使用されることを仮定する．一般的には，記号が煩雑になるが，各資産式ごとに異なった組の操作変数が使用されることを想定することも可能であろう．

NL の加重行列 $\boldsymbol{W}$ について2次形式 $\boldsymbol{g'Wg}$ を最小化するパラメータ値を見出すことにより得られる．

多少ともより一般的な表現で，N 次元の確率ベクトル $\boldsymbol{R}_{t+1}m(\boldsymbol{\theta}, \boldsymbol{x}_{t+1})-\boldsymbol{1}$ を $\boldsymbol{u}_{t+1}(\boldsymbol{\theta})$ で表記し，$\boldsymbol{g}_T(\boldsymbol{\theta})=T^{-1}\sum_t(\boldsymbol{u}_t(\theta)\otimes\boldsymbol{Z}_{t-1})$ と定義しよう．$\boldsymbol{\theta}_T$ を2次形式 $\boldsymbol{g}_T'\boldsymbol{A}_T\boldsymbol{g}_T$ を最小化するパラメータ値であるとしよう．そこでの $\boldsymbol{A}_T$ は標本に依存する $NL\times NL$ の正値定符号行列である．さらに，2次形式 $\boldsymbol{g}_T'\boldsymbol{A}_T\boldsymbol{g}_T$ の最小値を J_T で記す．Jagannathan and Wang (1993) は，J_T が加重カイ2乗分布に従うことを示している．この統計量は，式 (1.3.1) が成立するという仮説を検定するために使用される．

【定理 1.4.1】　(Jagannathan and Wang, 1993)

今，行列 $\boldsymbol{A}_T$ は一定の正値定符号行列 $\boldsymbol{A}$ に確率収束するものとしよう．$\sqrt{T}\boldsymbol{g}_T(\boldsymbol{\theta}_0)\to{}_d\boldsymbol{N}(\boldsymbol{0}, \boldsymbol{S})$ も仮定する．ここで，$\boldsymbol{N}(\cdot, \cdot)$ は多変量正規分布を表し，$\boldsymbol{\theta}_0$ は真のパラメータ値であり，$\boldsymbol{S}$ は正値定符号行列であるとする．

$$\boldsymbol{D}=\mathrm{E}[\partial\boldsymbol{g}_T/\partial\boldsymbol{\theta}]|_{\boldsymbol{\theta}=\boldsymbol{\theta}_0}$$

とし，さらに

$$\boldsymbol{Q}=(\boldsymbol{S}^{1/2})(\boldsymbol{A}^{1/2})[\boldsymbol{I}-(\boldsymbol{A}^{1/2})'\boldsymbol{D}(\boldsymbol{D}'\boldsymbol{A}\boldsymbol{D})^{-1}\boldsymbol{D}'(\boldsymbol{A}^{1/2})](\boldsymbol{A}^{1/2})(\boldsymbol{S}^{1/2})$$

とする．ここで，$\boldsymbol{A}^{1/2}$ および $\boldsymbol{S}^{1/2}$ はそれぞれ $\boldsymbol{A}$ と $\boldsymbol{S}$ の Cholesky 分解による上三角行列である．行列 $\boldsymbol{Q}$ は NL-dim$(\boldsymbol{\theta})$ 個の正の固有値を有することになる．そしてこれらの固有値を $\lambda_i, i=1, 2, \cdots, NL\text{-dim}(\boldsymbol{\theta})$，と記す．このとき，$J_T$ は，

$$\lambda_1\chi_1{}^2+\cdots+\lambda_{NL\text{-dim}(\boldsymbol{\theta})}\chi^2{}_{NL\text{-dim}(\boldsymbol{\theta})}$$

に収束する．ここで，$\chi_i^2, i=1, 2, \cdots, NL\text{-dim}(\boldsymbol{\theta})$ はそれぞれ独立な自由度1のカイ2乗分布に従う．

【証明】　Jagannathan and Wang (1993) を参照のこと．

行列 $\boldsymbol{A}$ が $\boldsymbol{S}^{-1}$ であるとき，行列 $\boldsymbol{Q}$ はランク $NL-\mathrm{dim}(\boldsymbol{\theta})$ のべき等行列となる．それゆえ，$\boldsymbol{Q}$ の非ゼロ固有値は1になる．この場合，漸近分布は自由度 NL-dim$(\boldsymbol{\theta})$ の通常のカイ2乗分布ということになる．これは，J_T 統計量の漸近分布を導出した Hansen (1982) によって考えられたスペシャル・ケースである．J_T 統計量とその拡張は，定理 1.4.1 においてみられるように，GMM による推定モデルの適合度検定を提供することになる．

Hansen (1982) は，任意の固定 $\boldsymbol{W}$ に対し，$\boldsymbol{g'Wg}$ を最小化する $\boldsymbol{\theta}$ の推定量は一致性を有し，漸近的に正規分布に従うことを提示した．もし，加重行列 $\boldsymbol{W}$ として，直交化条件の共分散行列 $\boldsymbol{S}$ の一致推定値の逆行列が選択されるならば，そうして計算される推定量は，固定 $\boldsymbol{W}$ について $\boldsymbol{g'Wg}$ を最小化する推定量のクラスの中で漸近的有効推定量となる．パラメータ・ベクトルに関するこの最適 GMM 推定量の漸近共分散行列は，

$$\widehat{\mathrm{Cov}}(\boldsymbol{\theta})=[\mathrm{E}(\partial\boldsymbol{g}/\partial\boldsymbol{\theta})'\boldsymbol{W}\mathrm{E}(\partial\boldsymbol{g}/\partial\boldsymbol{\theta})]^{-1} \qquad (1.4.2)$$

と与えられる．ここで，$\partial\boldsymbol{g}/\partial\boldsymbol{\theta}$ は $NL\times\mathrm{dim}(\boldsymbol{\theta})$ の導関数行列である．直交化条件の標本平均についての漸近共分散の一致推定値が実際上用いられている．すなわち，式

(1.4.2) の $\boldsymbol{W}$ に代わり $\widehat{\mathrm{C}}\mathrm{ov}(\boldsymbol{g})^{-1}$ を，そして $\mathrm{E}(\partial \boldsymbol{g}/\partial \boldsymbol{\theta})$ に代わりその標本値で置き換えればよい．Hansen (1982) は，最適加重行列の一致推定値の 1 つの例として，

$$\widehat{\mathrm{C}}\mathrm{ov}(\boldsymbol{g})=\left[(1/T)\sum_t\sum_j(\boldsymbol{u}_{t+1}\boldsymbol{u}'_{t+1-j})\otimes(\boldsymbol{Z}_t\boldsymbol{Z}'_{t-j})\right] \tag{1.4.3}$$

を提示した．ここで，⊗ はクロネッカー積を表すものである．しばしば有益であることが知られている 1 つのスペシャル・ケースは，直交化条件が系列相関を有しないときに生じる．その場合，最適加重行列は，

$$\widehat{\mathrm{C}}\mathrm{ov}(\boldsymbol{g})=\left[(1/T)\sum_t(\boldsymbol{u}_{t+1}\boldsymbol{u}'_{t+1})\otimes(\boldsymbol{Z}_t\boldsymbol{Z}_t')\right] \tag{1.4.4}$$

の逆行列になる．

最初に Hansen (1982) によって提案された GMM 加重行列はいくつかの短所を有している．その推定量について正値定符号行列が保証されないとか，いくつかのアプリケーションにおいては貧弱な有限標本特性を有しているとかである．GMM 加重行列の代替的推定量について多くの研究がなされてきた．Newey and West (1987a) による傑出した提案は，非負定符号行列を得るために，式 (1.4.3) の自己共分散を Bartlett ウエイトで加重付けるというものであった．また，有限標本特性の改良のためのいっそうの精緻化が，Andrews (1991)，Andrews and Monahan (1992)，そして Ferson and Foerster (1994) によってなされてきている．

1.4.2 GMM による仮説検定

先に記したように，モデルが過剰識別であるとき，J_T 統計量は GMM によって推定されたモデルの適合度検定統計量として利用される．Hansen の J_T 統計量は，GMM を利用してきたファイナンス分野での検定において，定番として使用されている．GMM に基づく他の標準的統計検定も，資産価格決定モデルの検証のためにファイナンス分野において使用されてきた．1 つは，Wald 検定の一般化であり，もう 1 つは，尤度比検定の GMM 版である．GMM に基づくその他の検定統計量については，Newey (1985)，そして Newey and West (1987b) によってレビューされている．

Wald 検定については，まず検定仮説として，M 次 ($M\leq \dim(\boldsymbol{\theta})$) ベクトル式 $\boldsymbol{H}(\boldsymbol{\theta})=\boldsymbol{0}$ を考える．$\boldsymbol{\theta}$ の GMM 推定量は，漸近的に平均 $\boldsymbol{\theta}$，共分散行列 $\widehat{\mathrm{C}}\mathrm{ov}(\boldsymbol{\theta})$ の正規分布に従う．標準的な正則条件のもとで，$\boldsymbol{H}$ の推定値 $\hat{\boldsymbol{H}}$ は，漸近的に平均 $\boldsymbol{0}$，共分散行列 $\hat{\boldsymbol{H}}_{\boldsymbol{\theta}}\widehat{\mathrm{C}}\mathrm{ov}(\boldsymbol{\theta})\hat{\boldsymbol{H}}_{\boldsymbol{\theta}}'$ の正規分布に従うことになる．ここで，添え字は偏微分を意味する．また，2 次形式

$$T\hat{\boldsymbol{H}}'[\hat{\boldsymbol{H}}_{\boldsymbol{\theta}}\widehat{\mathrm{C}}\mathrm{ov}(\boldsymbol{\theta})\hat{\boldsymbol{H}}_{\boldsymbol{\theta}}']^{-1}\hat{\boldsymbol{H}}$$

は漸近的にカイ 2 乗 (χ^2) 分布に従い，すなわち，標準的ワルド (Wald) 検定統計量が与えられたことになる．

尤度比型検定については，Newey and West (1987b)，Eichenbaum, Hansen, and Singleton (1998, appendix C)，そして Gallant (1987) によって述べられている．

Newey and West (1987b) はこの検定を D 検定と呼んでいる．帰無仮説は直交化条件 $\mathrm{E}(\boldsymbol{g}^*)=\mathbf{0}$ が成立するものとし，一方，対立仮説として，部分集合 $\mathrm{E}(\boldsymbol{g})=\mathbf{0}$ が成立するものと仮定する．たとえば，$\boldsymbol{g}^*=(\boldsymbol{g}, \boldsymbol{h})$ と表されるであろう．帰無仮説のもとでモデルを推定するとき，2 次形式 $\boldsymbol{g}^{*\prime}\boldsymbol{W}^*\boldsymbol{g}^*$ を最小化すればよい．$\boldsymbol{W}_{11}{}^*$ を $\boldsymbol{W}^*$ の上方左側ブロックであるとする．すなわち，それを帰無仮説のもとでの $\mathrm{Cov}(\boldsymbol{g})^{-1}$ の推定値としよう．この行列が固定されているものとするとき，対立仮説のもとでは，そのモデルは $\boldsymbol{g}'\boldsymbol{W}_{11}{}^*\boldsymbol{g}$ を最小化することにより推定される．2 つの 2 次形式の差

$$T[\boldsymbol{g}^{*\prime}\boldsymbol{W}^*\boldsymbol{g}^*-\boldsymbol{g}'\boldsymbol{W}_{11}{}^*\boldsymbol{g}]$$

が，帰無仮説が成立するとき，漸近的に自由度 M の χ^2 分布に従う．Newey and West (1987b) においては，これらの検定のバリエーションについても論じられている．

1.4.3 例示：GMM を用いての条件付 CAPM の検証

CAPM は資産収益率の 1 次と 2 次のモーメントの上に非線形の過剰識別制約式を課している．これらの制約式は計量分析的検定の基礎を構成する．より明確にこれらの制約式をみるために次のことに留意されたい．すなわち，もし計量分析者が $\mathrm{Cov}(R_{it}, R_{mt})$，$\mathrm{E}(R_{mt})$，$\mathrm{Var}(R_{mt})$，そして $\mathrm{E}(R_{0t})$ を知っているか，もしくは推定することができるならば，式 (1.2.1) を用いて CAPM から $\mathrm{E}(R_{it})$ を計算することが可能である，という点についてである．$\mathrm{E}(R_{it})$ の標本推定値が与えられれば，期待収益率については過剰識別ということになる．ここでは，資産の期待収益率がモデルから計算される期待収益率と異なっているか否かを問うことにより，CAPM の検定を構成するべく過剰識別を利用することが可能となる．本項においては，従来のリターン・ベータ関係式と確率的割引ファクターによる CAPM 表現式の両者を用いて，そうした検定を例示する．

1.4.3.1 静的もしくは無条件 CAPM

CAPM における各項の期待値が無条件期待値を意味するものと仮定するならば，CAPM の無条件バージョンを手にすることになる．式 (1.3.1) と (1.3.4) において与えられる確率的割引ファクター表現式を用いれば，CAPM の無条件バージョンを推定し，検定することは簡単である．確率的割引ファクターは，

$$m_{t+1}=c_0+c_1R_{mt+1}$$

と表される．ここで，c_0 と c_1 は定数パラメータである．無条件期待値のみを用いれば，そのモデルは，

$$\mathrm{E}\{(c_0+c_1R_{mt+1})\boldsymbol{R}_{t+1}-\mathbf{1}\}=\mathbf{0}$$

となる．ここで，$\boldsymbol{R}_{t+1}$ は粗収益率ベクトルである．このとき，標本直交条件のベクトルは，

$$\boldsymbol{g}_T=\boldsymbol{g}_T(c_0, c_1)=(1/T)\sum_t\{(c_0+c_1R_{mt+1})\boldsymbol{R}_{t+1}-\mathbf{1}\}$$

と表される．資産数 N が2より大きければ，直交条件の数は N そしてパラメータ数は2であるから，J_T 統計量の自由度は $N-2$ となる．確率的割引ファクターを用いての無条件CAPMの検証は，Carhart *et al*.(1995) と Jagannathan and Wang (1996) において行われた．彼らは，アメリカの戦後の月次データを用いて，そのモデルを棄却するという結果を報告している．

無条件CAPMの検証は，式(1.2.1)の線形リターン・ベータ式とGMMを用いても行うことが可能である．$\boldsymbol{r}_t=\boldsymbol{R}_t-R_{0t}\mathbf{1}$ の超過収益率ベクトルを考える．ここで，R_{0t} はある基準資産の粗収益率であり，$\mathbf{1}$ は要素が1からなる N 次ベクトルである．また，$\boldsymbol{u}_t=\boldsymbol{r}_t-\boldsymbol{\beta}r_{mt}$ とする．$\boldsymbol{\beta}$ は市場ポートフォリオで測られた超過収益率のベータからなる N 次ベクトルであり，$r_{mt}=R_{mt}-R_{0t}$ は市場ポートフォリオの超過収益率である．モデルは，

$$\mathrm{E}(\boldsymbol{u}_t)=\mathrm{E}(\boldsymbol{u}_t r_{mt})=\mathbf{0}$$

と表される．今，操作変数を $\boldsymbol{Z}_t=(1, r_{mt})'$ とすると，このとき標本直交条件は，

$$\boldsymbol{g}_T(\boldsymbol{\beta})\,T^{-1}\sum_t(\boldsymbol{r}_t-\boldsymbol{\beta}r_{mt})\otimes\boldsymbol{Z}_t$$

となる．直交条件の数は $2N$ であり，パラメータ数は N である．したがって，モデルは過剰識別となり，J_T 統計量を用いて検定されることになる．

リターン・ベータ式を用いるモデルを検証する別の方法は，期待収益率がCAPMの予測値と $\boldsymbol{\alpha}$ だけ乖離しているという仮説のもとで，そのモデルを推定することである．$\boldsymbol{\alpha}$ はJensenのアルファと呼ばれている．$\boldsymbol{u}_t=\boldsymbol{r}_t-\boldsymbol{\alpha}-\boldsymbol{\beta}r_{mt}$ と再定義すれば，そのモデルは $2N$ 個のパラメータと $2N$ 個の直交条件を有することになり，正確に識別される．$\boldsymbol{\alpha}$ と $\boldsymbol{\beta}$ のGMM推定量がOLS推定量と同一であることは容易に確認される．そして，式(1.4.4)はWhite (1980)の不均一分散・一致推定値の標準誤差となる．CAPMはWald検定，もしくは先に述べた D 統計量を用いても検定されることになる．

線形リターン・ベータ式を用いての無条件CAPMの検証は，MacKinlay and Richadson (1991)においてGMMにより行われた．彼らは月次のアメリカのデータを用いて，そのモデルを棄却している．

1.4.3.2　条件付CAPM

証券の収益率分布における予測可能な変動の証拠を積み重ねるばかりでなく，無条件CAPMを棄却した実証研究は，1980年代初期においてCAPMの条件付バージョンへと旅立たせることになった．条件付資産価格決定モデルにおいては，モデルにおける期待値演算子は，あらかじめ決められた操作変数 Z_t のベクトルによって表現される，すべての投資家に利用可能な，情報集合のもとでの条件付きとして計算される．Merton (1973) そして Cox, Ingersoll and Ross (1985) の多重ベータ・モデルは，条件付期待値を組み入れるべく意図されたものである．Merton (1973, 1980) と Cox, Ingersoll and Ross (1985) はまた，CAPMの条件付バージョンが彼らの異時点

間モデルの特殊ケースとして導出されることも示した．Hansen and Richard (1987) は，平均-分散効率性の条件付そして無条件バージョンの間の理論的関係について述べている．

条件付資産価格決定モデルの初期の実証上の定式化は潜在変数モデルであった．それは，Hansen and Hodrick (1983) そして Gibbons and Ferson (1985) によって始められ，後に Campbell (1987) そして Ferson, Forester, and Keim (1993) によってリファインされてきた．これらのモデルにおいては可変 (time-varing) 期待収益率を認めていたが，条件付ベータが一定の値をとるパラメータであるという仮定は維持されていた．ここで，これらの仮定のもとで CAPM の線形リターン・ベータ式を考えてみよう．それを書き表せば，$\mathrm{E}(\boldsymbol{r}_t|\boldsymbol{Z}_{t-1})=\boldsymbol{\beta}\mathrm{E}(r_{mt}|\boldsymbol{Z}_{t-1})$ となる．収益率は無危険資産の超過という形で測定されている．r_{1t} を 0 でない β_1 をもつある基準資産としよう．このとき，

$$\mathrm{E}(r_{1t}|\boldsymbol{Z}_{t-1})=\beta_1\mathrm{E}(r_{mt}|\boldsymbol{Z}_{t-1})$$

であり，これを $\mathrm{E}(r_{mt}|\boldsymbol{Z}_{t-1})$ について解き，それを代入すれば，

$$\mathrm{E}(\boldsymbol{r}_t|\boldsymbol{Z}_{t-1})=\boldsymbol{C}E(r_{1t}|\boldsymbol{Z}_{t-1})$$

を得る．ここで，$\boldsymbol{C}=(\beta./\beta_1)$ であり，./ は各要素ごとの割算を表す．この代入式については，市場ポートフォリオ・リスク・プレミアムの期待値がモデルにおける潜在変数 (latent variable) ということになる．なお，$\boldsymbol{C}$ は N 次元ベクトルのパラメータである．誤差項を $\boldsymbol{u}_t=\boldsymbol{r}_t-\boldsymbol{C}r_{1t}$ とすれば，そのモデルは $\mathrm{E}(\boldsymbol{u}_t|\boldsymbol{Z}_{t-1})=\boldsymbol{0}$ を意味し，GMM を用いてモデルの推定と検定をすることが可能となる．Gibbons and Ferson (1985) は，潜在変数モデルは真の市場ポートフォリオを測定することの困難性を考えるとき魅力的であると主張し，一方 Wheatley (1989) は，観測できない市場ポートフォリオに関して測定されるベータの比率が定数パラメータであると仮定する必要がいまだ存在することを強調している．

Campbell (1987) そして Ferson and Foerster (1995) は，単一ベータ潜在変数モデルがアメリカのデータにおいて棄却されることを示した．この発見は，(条件付) 最小分散ポートフォリオについて，このポートフォリオに関する条件付ベータの比率が固定的パラメータであるという仮説を棄却することになる．それゆえ，条件付資産評価モデルは，① 経時的可変ベータか，もしくは，② 各資産に関する多重ベータ，のどちらかのモデルとコンシスタントであることを述べている[10)]．

定数ベータの条件付多重ベータ・モデルについては，Ferson and Harvey (1991), Evans (1994), そして Ferson and Korajczyk (1995) によって実証的な検討がなされている．彼らは，通常の統計的検定により，そのようなモデルを棄却している．けれ

[10] 複数の固定ベータとリスク・プレミアムの経時的変動を有するモデルは，一般的には，経時的に変動する単一ベータ・モデルと矛盾するものではない．たとえば，固定ベータの 2 ファクター・モデルを考えるとき，経時的に変動するリスク・プレミアムについて，その経時的変動からなる 2 つのファクターのポートフォリオが最小分散ポートフォリオになる，ことを仮定すればよい．

ども同時に，多重ベータ・モデルが，株式および債券の経時的収益率の予測可能性の大きな部分を捕捉していることも報告されている．経時的可変ベータについてみれば，これらの研究は，ベータにおける経時的変動は期待収益率の経時的変動の比較的小さな貢献しか果たしていないことが報告されている．この発見についての直観的説明は次のような近似を考えることによってなされるであろう．期待超過収益率における経時的変動が $\mathrm{E}(\boldsymbol{r}|Z)=\boldsymbol{\lambda\beta}$ と表されるものとしよう．ここで，$\boldsymbol{\lambda}$ はファクターに対する経時的可変リスク・プレミアムのベクトルであり，$\boldsymbol{\beta}$ は経時的可変ベータからなる行列である．テーラー展開を用いれば，近似式として

$$\mathrm{Var}[\mathrm{E}(\boldsymbol{r}|Z)]\approx\mathrm{E}(\boldsymbol{\beta})'\mathrm{Var}[\boldsymbol{\lambda}]\mathrm{E}(\boldsymbol{\beta})+\mathrm{E}(\boldsymbol{\lambda})'\mathrm{Var}[\boldsymbol{\beta}]\mathrm{E}(\boldsymbol{\lambda})$$

を得る．2つの和に分解されたうちの，第1項はリスク・プレミアムの経時的変動の貢献を反映したものであり，第2項はベータの経時的変動を反映している．平均ベータ $\mathrm{E}(\boldsymbol{\beta})$ は，月次データにおいては1.0のオーダーであり，一方，平均リスク・プレミアム $\mathrm{E}(\boldsymbol{\lambda})$ は典型的には0.01以下であるから，第1項が第2項を凌駕していることになる．このことは，期待資産収益率における予測可能な変動をモデル化するという観点からすれば，条件付ベータの経時的変動は期待リスク・プレミアムの経時的変動ほど重要でないことを意味する．

資産収益率における予測可能な経時的変動をモデル化するという観点からは，条件付ベータの経時的変動は期待リスク・プレミアムの経時的変動ほど重要ではないということになるが，このことは，ベータ変動が実証的に重要でないということを意味するものではない．資産収益率の期待値におけるクロス・セクション的変動をモデル化するという観点からは，経時的ベータ変動は非常に重要なものであろう．このことを調べるためには，モデルから得られる無条件期待超過収益率

$$\mathrm{E}\{\mathrm{E}(\boldsymbol{r}|Z)\}=\mathrm{E}(\boldsymbol{\lambda\beta})=\mathrm{E}(\boldsymbol{\lambda})\mathrm{E}(\boldsymbol{\beta})+\mathrm{Cov}(\boldsymbol{\lambda},\boldsymbol{\beta})$$

を考えればよいことになる．上式をクロス・セクション関係式として捉えれば，$\mathrm{Cov}(\boldsymbol{\lambda},\boldsymbol{\beta})$ 項は時間を固定した資産のクロス・セクションにおいて，かなりの相違があるものと考えられる．それゆえ，無条件期待収益率のクロス・セクションに対するCAPMの条件付バージョンの意味するところは，ベータと市場ポートフォリオの期待リスク・プレミアムにおける共通の経時的変動に大きく依存することになる．Jagannathan and Wang (1996) の実証検定は，まさにこのケースを提示している．

Harvey (1989) は，定数ベータの仮定に代え，市場ポートフォリオの条件付分散に対する期待市場プレミアムの比率が固定的パラメータであるとの仮定をしている．すなわち，

$$\mathrm{E}(r_{mt}|\boldsymbol{Z}_{t-1})/\mathrm{Var}(r_{mt}|\boldsymbol{Z}_{t-1})=\gamma$$

である．資産の条件付期待収益率は条件付CAPMに応じて，

$$\mathrm{E}(\boldsymbol{r}_t|\boldsymbol{Z}_{t-1})=\gamma\,\mathrm{Cov}(\boldsymbol{r}_t,r_{mt}|\boldsymbol{Z}_{t-1})$$

と書き表される．条件付CAPMのHarvey版は，リスクの市場価格と呼ばれる比率 γ が，均衡においては代表的投資家の相対的危険回避度に等しくなるというMerton

(1980) のモデルを出発点とするものであった．Harvey はさらに，市場ポートフォリオの条件付期待リスク・プレミアム (そして，所与の固定 γ に対する市場ポートフォリオの条件付分散) が操作変数の線形関数，すなわち，

$$\mathrm{E}(r_{mt}|\boldsymbol{Z}_{t-1})=\boldsymbol{\delta}_m'\boldsymbol{Z}_{t-1}$$

として表現されることを仮定した．ここで，$\boldsymbol{\delta}_m$ は係数ベクトルである．誤差項を $v_t=r_{mt}-\boldsymbol{\delta}_m'\boldsymbol{Z}_{t-1}$，そして $\boldsymbol{w}_t=\boldsymbol{r}_t(1-v_t\gamma)$ と定義する．このとき，そのモデルは積み上げられた誤差項 $\boldsymbol{u}_t=(v_t, \boldsymbol{w}_t)$ が $\mathrm{E}(\boldsymbol{u}_t|\boldsymbol{Z}_{t-1})=\boldsymbol{0}$ を満足するので，GMM を用いて直線的にモデルの推定と検定を行うことができる．Harvey (1989) はアメリカにおける月次データを用いたとき，条件付 CAPM のこのバージョンを棄却している．また，Harvey (1991) においても，世界市場ポートフォリオと主要 21 カ国の月次株式収益率データを用いて同じ枠組で適用したとき，そのモデルは棄却されている．条件付 CAPM は，式 (1.3.4) $m_{t+1}=c_{0t}-c_{1t}R_{mt+1}$ によって与えられる確率的割引ファクターの表現を用いても検定される．この場合には，c_{0t} と c_{1t} は情報集合 Z_t の測定可能関数であり，モデルを実証的に計測するためには，c_{0t} と c_{1t} の関数形を特定化せねばならない．式 (1.3.4) からわかるように，これらの係数は市場ポートフォリオの条件付期待収益率と条件付分散の非線形関数となっている．いまのところ，関数形を特定化する何らかの理論的指針は存在しない．Cochrane (1996) は，線形関数を用いての係数近似を提案している．そして，Carhart *et al.* (1995) はこのアプローチに従い，月次アメリカ・データに対して条件付 CAPM を棄却している．

Jagannathan and Wang (1993) は，条件付 CAPM が無条件 2 ファクター・モデルとして表現されることを示した．彼らは，次式

$$m_{t+1}=a_0+a_1\mathrm{E}(r_{mt+1}|I_t)+R_{mt+1}$$

が，$\mathrm{E}(R_{i,t+1}m_{t+1})=1$ を満足するという意味において，正当な確率的割引ファクターであることを提示した．ここで，I_t は投資家に利用可能な情報集合を表し，a_0 と a_1 は固定パラメータである．1 組の観測可能な操作変数 Z_t を用い，$\mathrm{E}(r_{mt+1}|Z_t)$ が Z_t の線形関数であると仮定し，無条件期待収益率のクロス・セクションの説明について，彼らのバージョンが CAPM の無条件バージョンよりパフォーマンスが高いことを報告している．Bansal, Hsieh, and Viswanathan (1993) においては，非線形モデルと線形モデルのパフォーマンスを比較し，各国の株式，債券そして通貨の収益率を用いたとき，非線形モデルのパフォーマンスがよりよいことが報告されている．確率的割引ファクター表現を用いての条件付 CAPM そして多重ベータ・モデルについてのさらなる実証検定が文献に現れ始めている．こうした研究が，さまざまな実証特定化の間の関係をよりいっそう精緻化させるものと期待される．

1.5 モデル診断法

特定の理論的資産評価モデルに対応する確率的割引ファクターのいくつかの例につ

いて検討し，そして，これらのモデルが金融資産に対して正当な期待収益率を割り当てているか否かを検定する方法を示してきた．これらのモデルに対応する確率的割引ファクターは計量分析者によって観測されるデータからなる特定のパラメトリックな関数という形をとる．これらのパラメトリック・アプローチに基づく実証研究は興味ある洞察をもたらしているが，そうしたアプローチは想定する経済についてより強い仮定を必要としている．本節においては，資産価格決定モデルについてのそうした問題に対するいくつかの代替的計量分析アプローチを検討する．

1.5.1　モーメント不等式制約

Hansen and Jagannathan (1991) は，できる限り構造的仮定をすることなしに，資産価格決定モデルからの制約式を導出している．ただし，資産市場が一物一価の法則に従い，裁定機会が存在しないという仮定をしている．式 (1.3.1) を満足する確率的割引ファクター (無裁定条件が成立するならば，確率 1 で正の値をとる) の存在を意味するためにはこれらの仮定で十分である．もし，確率的割引ファクターが退化した確率変数 (すなわち定数) であるならば，そのとき式 (1.3.1) はすべての資産が同じ期待収益率を有することを述べていることになる．逆に，各資産が異なった期待収益率を有することは，確率的割引ファクターが定数値をとりえないことを意味する．言い換えれば，資産の期待収益率のクロス・セクション内での相違は，式 (1.3.1) を満たす正当な確率的割引ファクターの分散の意味するところへと目を向けさせることになる．Hansen and Jagannathan (1991) は，こうした考え方により確率的割引ファクターのボラティリティの下界を導出した．Shiller (1979, 1981), Singleton (1980), そして Leroy and Porter (1981) らも，それぞれのモデルにおいて関連するボラティリティ境界 (volatility bound) を導出し，そして実証分析において，彼らの提示する簡単なモデルに内包されている確率的割引ファクターが資産間ごとの期待収益率を説明するのに十分なほど変動していないことを示した．Hansen and Jagannathan (1991) は，一般的診断装置としてボラティリティ境界を利用する方法を提示している．

以下においては，Hansen and Jagannathan (1991) 境界と実証適用について検討する．説明を簡単化するために，無条件期待値のみを用いる無条件版の境界に焦点を当てる．仮想的な無条件無危険資産の収益率は，$R_f=\mathrm{E}(m_{t+1})^{-1}$ であると仮定する．R_f の値，すなわち $\mathrm{E}(m_{t+1})$ は，境界を描くとき，変わりうるパラメータとして考える．

一物一価の法則は，式 (1.3.1) を満たす確率的割引ファクターの存在を保証する．そこで，任意の m_{t+1} の資産の粗収益率ベクトル $\boldsymbol{R}_{t+1}$ の上への次のような射影

$$m_{t+1}=\boldsymbol{R}'_{t+1}\boldsymbol{\beta}+\varepsilon_{t+1} \tag{1.5.1}$$

を考えよう．ここで，

$$\mathrm{E}(\varepsilon_{t+1}\boldsymbol{R}_{t+1})=\boldsymbol{0}$$

であり，$\boldsymbol{\beta}$ は射影係数ベクトルである．式 (1.5.1) の両辺に $\boldsymbol{R}_{t+1}$ を乗じ，式の両辺の期待値をとれば，$\mathrm{E}(\boldsymbol{R}_{t+1}\varepsilon_{t+1})=\boldsymbol{0}$ であるから，$\boldsymbol{\beta}$ について解ける表現へと至る．こ

れを式 (1.5.1) に代入すれば，射影の「理論値」

$$m^*_{t+1}=\boldsymbol{R}'_{t+1}\boldsymbol{\beta}=\boldsymbol{R}'_{t+1}\mathrm{E}(\boldsymbol{R}_{t+1}\boldsymbol{R}'_{t+1})^{-1}\mathbf{1} \qquad (1.5.2)$$

が与えられる．計算すればわかるように，式 (1.3.1) において m_{t+1} の代わりに m^*_{t+1} を用いてもその式が成立するという意味において，式 (1.5.2) によって与えられる m^*_{t+1} は正当な確率的割引ファクターであることが知れる．それゆえ，N 種類の所与の資産におけるある投資ポジションから生ずるペイオフでもある，確率的割引ファクター m^*_{t+1} が作成されたことになる．その投資ポジションのウエイトは，$\mathrm{E}(\boldsymbol{R}_{t+1}\boldsymbol{R}'_{t+1})^{-1}\mathbf{1}$ によって与えられる．このペイオフは，実行可能な資産ペイオフ空間における許容可能な確率的割引ファクターのうちで，ユニークな最小 2 乗近似となっている．

式 (1.5.1) における $\boldsymbol{R}'_{t+1}\boldsymbol{\beta}$ に代わり m^*_{t+1} を代入すれば，任意の確率的割引ファクター m_{t+1} は，

$$m_{t+1}=m^*_{t+1}+\varepsilon_{t+1}$$

と書き表される．ここで，$\mathrm{E}(\varepsilon_{t+1}m^*_{t+1})=0$ である．その結果，$\mathrm{Var}(m_{t+1})\geq\mathrm{Var}(m^*_{t+1})$ であることが導出される．この不等式が，m_{t+1} の分散に関する Hansen and Jagannathan 境界[11)]の基礎となるものである．m^*_{t+1} は N 種類の資産収益率の 2 次モーメント行列に依存することになる．ということは，上記の下界は，計量分析者にとって利用可能な資産のみに依存し，分析されている特定の資産価格決定モデルに依存しないことになる．資産収益率モーメントのタームにおいて分散制約の明示的表現式を得るために，式 (1.5.2) を代入すれば，

$$\begin{aligned}\mathrm{Var}(m_{t+1})&\geq\mathrm{Var}(m^*_{t+1})\\&=\boldsymbol{\beta}'\mathrm{Var}(\boldsymbol{R}_{t+1})\boldsymbol{\beta}\\&=[\mathrm{Cov}(m,\boldsymbol{R}')\mathrm{Var}(\boldsymbol{R})^{-1}]\times\mathrm{Var}(\boldsymbol{R})[\mathrm{Var}(\boldsymbol{R})^{-1}\mathrm{Cov}(m,\boldsymbol{R}')]\\&=[\mathbf{1}-\mathrm{E}(m)\mathrm{E}(\boldsymbol{R}')]\mathrm{Var}(\boldsymbol{R})^{-1}[\mathbf{1}-\mathrm{E}(m)\mathrm{E}(\boldsymbol{R})]\end{aligned} \qquad (1.5.3)$$

を得る．ここで，時間の添え字が記号節約のため省略されている．最下行の式は，$\mathrm{E}(m\boldsymbol{R})=\mathbf{1}=\mathrm{E}(m)\mathrm{E}(\boldsymbol{R})+\mathrm{Cov}(m,\boldsymbol{R})$ から導かれる．仮想値 $\mathrm{E}(m)=R_f^{-1}$ を変化させるとき，式 (1.5.3) は $\mathrm{E}(m)-\sigma(m)$ 空間において放物線の軌跡を描く．$\sigma(m)$ は m_{t+1} の標準偏差である．$\sigma(m)$ を y 軸に，$\mathrm{E}(m)$ を x 軸にとれば，Hansen and Jagannathan 境界はカップに似た形になる．そして，任意の正当な確率的割引ファクター m_{t+1} は，その平均と標準偏差の位置がそのカップ内に存在せねばならないことになる．

式 (1.5.3) によって与えられる確率的割引ファクターのボラティリティに関する下界は，ファイナンス分野において長い間利用されてきた標準的平均-分散分析に密接な関係を有している．このことをみるために，$r_i=R_i-R_f$ なる第 i 資産の超過収益率に対して，式 (1.3.1) より，

$$0=\mathrm{E}(mr_i)=\mathrm{E}(m)\mathrm{E}(r_i)+\rho\sigma(m)\sigma(r_i)$$

---

11 関連する制約式が，Kandel and Stambaugh (1987)，Mackinlay (1987, 1995)，そして Shanken (1987) において導出されている．

となることに留意すれば，$-1 \leq \rho \leq 1$ であるから，すべての i に対して不等式

$$\sigma(m)/\mathrm{E}(m) \geq \mathrm{E}(r_i)/\sigma(r_i)$$

が成立する．この式の右辺は資産 i のシャープ比となっている．シャープ比は，資産の超過期待収益率を超過収益率の標準偏差で除したものと定義される（この比に関する最近の議論については Sharpe (1994) を参照されたい）．N 種類の資産から構成されるあらゆるポートフォリオを，標準偏差（x 軸）-平均（y 軸）平面にプロットする．所与の平均収益率に対して最小の標準偏差を有するポートフォリオの集合は最小分散境界と呼ばれている．y 軸上の点 $1/\mathrm{E}(m)$ から最小分散境界への接戦を考える．このとき，その接点は 1 つのポートフォリオ（接点ポートフォリオ）であり，この接戦の傾きは，N 種類の資産と無危険利子率 $R_f=1/\mathrm{E}(m)$ が与えられたときの最大シャープ比となっている．また，この接戦勾配は，R_f に $\mathrm{E}(m)=R_f^{-1}$ と与えられたときの $\sigma(m)$ に関する Hansen-Jagannathan の下界を乗じたものに等しくなる．すなわち，所与の R_f に対して，

$$\sigma(m) \geq \mathrm{E}(m)|\mathrm{Max}[\mathrm{E}(r_i)/\sigma(r_i)\}|$$

が得られる．

これまでの分析は，一物一価の法則と同等な式 (1.3.1) に基づくものである．裁定機会が存在しない場合，m_{t+1} は正の値をとる確率変数ということになる．Hansen and Jagannathan (1991) は，裁定機会が存在しないという制約条件を用いて，より狭い境界を求める方法を示した．彼らは，また，条件付変数を分析に組み入れる方法についても提案している．Snow (1991) は，Hansen-Jagannathan 分析を資産収益率の高次のモーメントを含む分析にまで拡張した．彼の拡張は Holder の不等式に基づくものであり，

$$(1/\delta)+(1/p)=1$$

を満足する所与の δ と p に対して，

$$\mathrm{E}(mR) \leq \mathrm{E}(m^{\delta})^{1/\delta}\mathrm{E}(R^{p})^{1/p}$$

が成立する．Cochrane and Hansen (1992) は，所与の確率的割引ファクターと資産収益率ベクトルの間の相関についての情報を利用して，Hansen-Jagannathan 境界を精緻化した．これはもともとの境界より狭い集合の制約領域を提供するものであり，相関係数は 1 と 1 の間に存在しなければならないという事実を利用しているのみである．

1.5.2　モーメント不等式制約についての統計的推測

Cochrane and Hansen (1992)，Burnside (1994)，そして Cecchetti, Lam, and Mark (1994) は，確率的割引ファクターのある特定の候補が Hansen-Jagannathan 境界を満足しているか否かを調べるとき，標本誤差を考慮に入れる方法を提案している．以下においては，Cochrane and Hansen (1992) における議論に従って，標本誤差を考慮に入れる計算法を概略する．

計量分析者は確率的割引ファクターのある候補に関する T 個の時系列を有しているものとしよう．その時系列を y_t で，N 種類の資産収益率を $\boldsymbol{R}_t$ で表すことにする．N 種類の資産の中に無危険資産は存在しないことも仮定しておく．それゆえ，$v=\mathrm{E}(m)=1/R_f$ は推定されるべき未知パラメータということになる．ベクトル $\mathbf{1}$ と資産収益率の上の m_t の線形回帰 $m_t=\alpha+\boldsymbol{R}_t'\boldsymbol{\beta}+u_t$ を考えよう．母集団モーメント条件からなる次のような連立式

$$\begin{aligned}&\mathrm{E}(\alpha+\boldsymbol{R}_t'\boldsymbol{\beta})=v\\&\mathrm{E}(\boldsymbol{R}_t\alpha+\boldsymbol{R}_t\boldsymbol{R}_t'\boldsymbol{\beta})=\mathbf{1}_N\\&\mathrm{E}(y_t)=v\\&\mathrm{E}[(\alpha+\boldsymbol{R}_t'\boldsymbol{\beta})^2]-\mathrm{E}[y_t^2]\leq 0\end{aligned}\tag{1.5.4}$$

において回帰関数を用いる．1番目の式は $m_t\equiv\alpha+\boldsymbol{R}_t'\boldsymbol{\beta}$ の期待値が v に等しいことを，2番目の式は m_t に対する回帰関数が正当な確率的割引ファクターとなっていることを，3番目の式は v が検定しようと考えている確率的割引ファクターの特定の候補の期待値であることを，それぞれ述べている．最後の4番目の式は，Hansen-Jagannathan 境界が確率的割引ファクターのその特定の候補によって満たされていることを述べている．

式(1.5.4)の最後の不等式を等式として取り扱い，GMM を用いて $N+3$ 個の方程式から，パラメータ v，α，そして N 次ベクトル $\boldsymbol{\beta}$ を推定することができる．最後の式を等式として取り扱うことは，y_t の平均と分散が Hansen-Jagannathan 境界の上に位置するという帰無仮説に対応するものである．式(1.5.4)の最後の式が等式として成立するという帰無仮説のもとで，GMM 基準関数の最小値 J_T に T を乗じた統計量は自由度1の χ^2 分布に従うことが知られている．また Cochrane and Hansen (1992) は，片側検定を用いて不等式を検定する方法を提案している．

1.5.3 想定誤差制約

これまでずっと検討してきた方法は，計量分析者によって取り上げられる資産価格決定モデルがすべての資産について正しい価格(すなわち期待収益率)を割り当てているという帰無仮説のもとで，大部分展開されてきた．1つの代替案は，そのモデルは誤りであると仮定し，そのモデルの誤りをいかにして調べるかということになる．この項においては Hansen and Jagannathan (1994) に従い，モデルにおける誤りが何であるかを調べるための1つの可能な方法を検討し，モデルの想定過誤についてあるスカラー尺度を割り当てることにする[12)].

---

12 GMM に基づくモデル特定化検定は，Newey (1985) による一般的設定のもとで検討されている．他の関連した研究として，不等号の制約式が存在する場合の検定統計量の確率についての近似的境界を計算している Boudoukh, Richardson, and Smith (1993)，関連する方法を用いることにより市場統合のノンパラメトリックな尺度を開発した Chen and Knez (1992)，そして，空売り制約そして比例的取引費用等の市場摩擦が存在するときの想定誤差と分散制約式を計算する方法を提示した Hansen, Heaton, and Luttmer (1995) が挙げられる．

所与の資産価格決定モデルに対応する確率的割引ファクターの候補を y_t で表し，資産ペイオフの組み合わせとして先の項で作成されたユニークな確率的割引ファクターを m_t^* で表すことにする．ここで，$\mathrm{E}[y_t\boldsymbol{R}_t]$ は，各要素1からなる N 次ベクトル $\mathbf{1}_N$ に等しくない，すなわち，そのモデルはすべての粗収益率について正しく価格付けされているわけではない，と仮定する．N 種類の資産収益率の上の y_t の射影 $y_t=\boldsymbol{R}_t'\boldsymbol{\alpha}+u_t$ を，そして，資産収益率ベクトルの上の m_t^* の射影 $m_t^*=\boldsymbol{R}_t'\boldsymbol{\beta}+\varepsilon_t$ を考える．今，候補 y_t はすべての資産について正しく価格付けされているのではないから，このとき $\boldsymbol{\alpha}$ と $\boldsymbol{\beta}$ は同じではないことになる．確率的割引ファクターの候補 y_t に対する修正ペイオフとして $p_t=(\boldsymbol{\beta}-\boldsymbol{\alpha})'\boldsymbol{R}_t$ を定義する．明らかに，(y_t+p_t) は式(1.3.1)を満足する正当な確率的割引ファクターである．Hansen and Jagannathan (1994)は，修正ペイオフの大きさに基づくモデル想定検定法を導出している．そこでは，そのモデルの確率的割引ファクターの候補 y_t が正当な確率的割引ファクターとどの程度離れているかを測定する形でなされる．Hansen and Jagannathan (1994)はこの距離の尺度が，モデルの想定過誤に対して経済的解釈を可能にする $\delta=\mathrm{E}(p_t^2)$ により測定されることを示した．p_t に直交するペイオフは候補 y_t によって正しく価格付けられ，そして $\mathrm{E}(p_t^2)$ は，1単位の2次モーメントを有する正規化された任意のペイオフに対して y_t を用いることによる誤った価格付けの最大値になる．修正ペイオフ p_t は，また，y_t を正当な確率的割引ファクターにならしめるための最小の修正でもある．

Hansen and Jagannathan (1994)は，距離尺度 δ の推定量が

$$\delta_T=\mathrm{Max}_\alpha T^{-1}\sum_t[y_t^2-(y_t+\boldsymbol{\alpha}'\boldsymbol{R}_t)^2+2\boldsymbol{\alpha}'\mathbf{1}_N]^{1/2} \qquad (1.5.5)$$

なる最大化問題の解として与えられることを示した．もし，$\boldsymbol{\alpha}_T$ が式(1.5.5)の解であるとするならば，そのとき修正ペイオフの推定量は $\boldsymbol{\alpha}_T'\boldsymbol{R}_t$ となる．式(1.5.5)の1解の条件は，$\boldsymbol{\alpha}_T'\boldsymbol{R}_t$ が資産評価式(1.3.1)の標本で置き換えた式を満足することであり，そのことは容易に確認される．

推定値 δ_T に関する標本誤差の推定値を得るために，

$$u_t=y_t^2-(y_t+\boldsymbol{\alpha}'\boldsymbol{R}_t)^2+2\boldsymbol{\alpha}_T'\mathbf{1}_N$$

を考える．u_t の標本平均が δ_T^2 となる．Newey and West (1987a)もしくはAndrews (1991)において記されている周波数0スペクトラル密度(frequency zero spectral density)推定量を，時系列 $\{u_t-\delta_T^2\}_{t=1,\cdots,T}$ に適用することより，δ_T^2 の分散の一致推定量が得られる．そして，s_T を δ_T^2 の推定標準誤差とする．ここで，一般的仮定のもとで，$T^{1/2}(\delta_T-\delta)/s_T$ は漸近的に平均0，分散1の正規分布に収束することが知れている．それゆえ，デルタ法を用いれば，

$$T^{1/2}\frac{\delta_T}{2s_T}(\delta_T-\delta)\rightarrow{}_dN(0,1) \qquad (1.5.6)$$

を得る．

1.6 結　　論

本章においては，幅広い資産価格決定モデルの計量分析的検定について検討してきた．そこでのモデルは，一物一価の法則あるいは無裁定原理に基づくものであり，そして投資家の最適化による市場均衡モデルであった．最初の均衡資産モデル，CAPM の計測について概観し，動学的多重ベータそして無裁定価格決定モデルについても検討してきた．線形のリターン・ベータ式に述べられている資産価格決定モデルについての伝統的2段階推定量の漸近分布についていくつかの結果を提示した．Hansen (1982) の一般化モーメント法を用いての資産価格決定モデルの計量分析的計測についてとくに強調した．GMM アプローチの簡便さと融通性を例示してきた．多くの資産価格決定モデルは確率的割引ファクターの形において表現され，そこでは，直線的に GMM を適用することが可能となることを示した．最後に，GMM 検定における統計的棄却の理由について何らかの洞察を与え，そしてこれらのモデルの想定過誤の評価に役立つ，モデル診断法についても議論した．

付　　録

定理 1.2.1 の証明

以下の証明は，Jagannathan and Wang (1996) に従うものである．若干の記号を導入することから始めよう．$\boldsymbol{I}_N$ を N 次元単位行列，$\boldsymbol{1}_T$ は各要素1からなる T 次元ベクトルであるとしよう．式 (1.2.17) から

$$\boldsymbol{R}-\boldsymbol{\mu}=T^{-1}(\boldsymbol{I}_N\otimes\boldsymbol{1}_T')\boldsymbol{\varepsilon}_k,\ k=1,\cdots,K_2$$

となる．ここで，

$$\boldsymbol{\varepsilon}_k=(\varepsilon_{1k1},\cdots,\varepsilon_{1kT},\cdots,\varepsilon_{Nk1},\cdots,\varepsilon_{NkT})'$$

である．$\boldsymbol{b}_k$ の定義より，

$$\boldsymbol{b}_k-\boldsymbol{\beta}_k=[\boldsymbol{I}_N\otimes((\boldsymbol{f}_k'\boldsymbol{f}_k)^{-1}\boldsymbol{f}_k')]\boldsymbol{\varepsilon}_k$$

を得る．ここで，$\boldsymbol{f}_k$ はベクトル $\boldsymbol{\varepsilon}_k$ に整合的なファクター実現値からなるベクトルである．$\boldsymbol{f}_k$ で表記されているファクターの時系列が与えられるとき，ε_{ikt} と ε_{jlt} の共分散が定数 σ_{ijkl} になると仮定されていることより，

$$\begin{aligned}\mathrm{E}[(\boldsymbol{b}_k-\boldsymbol{\beta}_k)(\boldsymbol{R}_1-\boldsymbol{\mu}_1)|\boldsymbol{f}_k]&=T^{-1}[\boldsymbol{I}_N\otimes((\boldsymbol{f}_k'\boldsymbol{f}_k)^{-1}\boldsymbol{f}_k')]\mathrm{E}[\boldsymbol{\varepsilon}_k\boldsymbol{\varepsilon}_l'|\boldsymbol{f}_k](\boldsymbol{I}_N\otimes\boldsymbol{1}_T)\\&=T^{-1}[\boldsymbol{I}_N\otimes((\boldsymbol{f}_k'\boldsymbol{f}_k)^{-1}\boldsymbol{f}_k')]\boldsymbol{\Sigma}_{kl}(\boldsymbol{I}_N\otimes\boldsymbol{1}_T)\\&=T^{-1}\boldsymbol{\Sigma}_{kl}\otimes[(\boldsymbol{f}_k'\boldsymbol{f}_k)^{-1}\boldsymbol{f}_k'\boldsymbol{1}_T]=\boldsymbol{0}\end{aligned}$$

を得る．ここで，$\boldsymbol{\Sigma}_{kl}$ は $\{\sigma_{ijkl}\}_{ij}$ を要素とする行列を表している．最後の等式は $\boldsymbol{f}_k'\boldsymbol{1}_T=\boldsymbol{0}$ という事実から導出される．したがって，$(\boldsymbol{b}_k-\boldsymbol{\beta}_k)$ は $(\boldsymbol{R}-\boldsymbol{\mu})$ と無相関であることが示されたことになる．それゆえ，$\boldsymbol{u}$ と $\boldsymbol{h}\boldsymbol{\gamma}_2$ は無相関となり，式 (1.2.15) における $T^{1/2}(\boldsymbol{g}-\boldsymbol{\gamma})$ の漸近分散は，

$$(\boldsymbol{x}'\boldsymbol{x})^{-1}\boldsymbol{x}'[\mathrm{Var}(\boldsymbol{u})+\mathrm{Var}(\boldsymbol{h}\boldsymbol{\gamma}_2)]\boldsymbol{x}(\boldsymbol{x}'\boldsymbol{x})^{-1}$$

と与えられる．π_{ijkl} を $T\to\infty$ のときの $\mathrm{Cov}(\sqrt{T}\boldsymbol{f}_k'\boldsymbol{\varepsilon}_{ik}, \sqrt{T}\boldsymbol{f}_l'\boldsymbol{\varepsilon}_{jl})$ の極限値とし，要素 π_{ijkl} を有する行列について，その ij 番目の要素となる行列を Π_{kl} と表すことにしよう．ここで，ファクターの標本共分散行列は存在し，要素として Ω_{kl} を有する一定の正値定符号行列 Ω に確率収束するものと仮定する．$\sqrt{T}(b_{ik}-\beta_{ik})$ は確率変数 $\Omega_{kk}^{-1}\sqrt{T}\boldsymbol{f}_k'\boldsymbol{\varepsilon}_{ik}$ に分布収束するので，

$$\mathrm{Var}(\boldsymbol{h\gamma}_2)=\sum_{l,k=1,\cdots,K_2}\gamma_{2k}\gamma_{2l}\Omega_{kk}^{-1}\Pi_{kl}\Omega_{ll}^{-1}$$

そして

$$\begin{aligned}\boldsymbol{W}&=(\boldsymbol{x}'\boldsymbol{x})^{-1}\boldsymbol{x}'\mathrm{Var}(\boldsymbol{h\gamma}_2)\boldsymbol{x}(\boldsymbol{x}'\boldsymbol{x})^{-1}\\&=\sum_{l,k=1,\cdots,K_2}(\boldsymbol{x}'\boldsymbol{x})^{-1}\boldsymbol{x}'\{\gamma_{2k}\gamma_{2l}(\Omega_{kk}^{-1}\Pi_{kl}\Omega_{ll}^{-1})\}\boldsymbol{x}(\boldsymbol{x}'\boldsymbol{x})^{-1}\end{aligned}$$

を得る．ここで，行列 Π_{kl} の第 i, j 番目の要素は，$\mathrm{Cov}(\sqrt{T}\boldsymbol{f}_k'\boldsymbol{\varepsilon}_{ik}, \sqrt{T}\boldsymbol{f}_l'\boldsymbol{\varepsilon}_{jl})$ の $T\to\infty$ のときの極限値である．■

［堀本三郎・訳］

文　献

Abel, A. (1990). Asset prices under habit formation and catching up with the Jones. *Amer. Econom. Rev. Papers Proc.* **80**, 38–42.

Andrews, D. W. K. (1991). Heteroskedasticity and autocorrelation consistent covariance matrix estimation. *Econometrica* **59**, 817–858.

Andrews, D. W. K. and J. C. Monahan (1992). An improved heteroskedasticity and autocorrelation consistent covariance matrix estimator. *Econometrica* **60**, 953–966.

Arrow, K. J. (1970). *Essays in the Theory of Risk-Bearing*. Amsterdam: North-Holland.

Bansal, R. and S. Viswanathan (1993). No- arbitrage and arbitrage pricing: A new approach. *J. Finance* **8**, 1231–1262.

Bansal, R., D. A. Hsieh and S. Viswanathan (1993). A new approach to international arbitrage pricing. *J. Finance* **48**, 1719–1747.

Becker, G. S. and K. M. Murphy (1988). A theory of rational addiction. *J. Politic. Econom.* **96**, 675–700.

Beja, A. (1971). The structure of the cost of capital under uncertainty. *Rev. Econom. Stud.* **38**(8), 359–368.

Berk, J. B. (1995). A critique of size-related anomalies. *Rev. Financ. Stud.* **8**, 275–286.

Black, F. (1972). Capital market equilibrium with restricted borrowing. *J. Business* **45**, 444–455.

Black, F., M. C. Jensen and M. Scholes (1972). The capital asset pricing model: Some empirical tests. In: *Studies in the Theory of Capital Markets*, M. C. Jensen, ed., New York: Praeger, 79–121.

Boudoukh, J., M. Richardson and T. Smith (1993). Is the ex ante risk premium always positive? A new approach to testing conditional asset pricing models. *J. Financ. Econom.* **34**, 387–408.

Breeden, D. T. (1979). An intertemporal asset pricing model with stochastic consumption and investment opportunities. *J. Financ. Econom.* **7**, 265–296.

Brown, D. P. and M. R. Gibbons (1985). A simple econometric approach for utility-based asset pricing models. *J. Finance* **40**, 359–381.

Burnside, C. (1994). Hansen-Jagannathan bounds as classical tests of asset-pricing models. *J. Business Econom. Statist.* **12**, 57–79.

Campbell, J. Y. (1987). Stock returns and the term structure. *J. Financ. Econom.* **18**, 373–399.

Campbell, J. Y. and J. Cochrane (1995). By force of habit. Manuscript, Harvard Institute of Economic Research, Harvard University.

Carhart, M., K. Welch, R. Stevens and R. Krail (1995). Testing the conditional CAPM. Working Paper, University of Chicago.

Cecchetti, S. G., P. Lam and N. C. Mark (1994). Testing volatility restrictions on intertemporal marginal rates of substitution implied by Euler equations and asset returns. *J. Finance* **49**, 123–152.

Chen, N. (1983). Some empirical tests of the theory of arbitrage pricing. *J. Finance* **38**, 1393–1414.

Chen, Z. and P. Knez (1992). A measurement framework of arbitrage and market integration. Working Paper, University of Wisconsin.

Cochrane, J. H. (1996). A cross-sectional test of a production based asset pricing model. Working Paper, University of Chicago.

Cochrane, J. H. and L. P. Hansen (1992). Asset pricing explorations for macroeconomics. In: NBER *Macroeconomics Annual* 1992, O. J. Blanchard and S. Fischer, eds., Cambridge, Mass.: MIT Press.

Connor, G. (1984). A unified beta pricing theory. *J. Econom. Theory* **34**, 13–31.

Connor, G. and R. A. Korajczyk (1986). Performance measurement with the arbitrage pricing theory: A new framework for analysis. *J. Financ. Econom.* **15**, 373–394.

Constantinides, G. M. (1982). Intertemporal asset pricing with heterogeneous consumers and without demand aggregation. *J. Business* **55**, 253–267.

Constantinides, G. M. (1990). Habit formation: A resolution of the equity premium puzzle. *J. Politic. Econom.* **98**, 519–543.

Constantinides, G. M. and D. Duffie (1994). Asset pricing with heterogeneous consumers. Working Paper, University of Chicago and Stanford University.

Cox, J. C., J. E. Ingersoll, Jr. and S. A. Ross (1985). A theory of the term structure of interest rates. *Econometrica* **53**, 385–407.

Debreu, G. (1959). *Theory of Value: An Axiomatic Analysis of Economic Equilibrium.* New York: Wiley.

Detemple, J. B. and F. Zapatero (1991). Asset prices in an exchange economy with habit formation. *Econometrica* **59**, 1633–1657.

Dunn, K. B. and K. J. Singleton (1986). Modeling the term structure of interest rates under non-separable utility and durability of goods. *J. Financ. Econom.* **17**, 27–55.

Dybvig, P. H. and J. E. Ingersoll, Jr., (1982). Mean-variance theory in complete markets. *J. Business* **55**, 233–251.

Eichenbaum, M. S., L. P. Hansen and K. J. Singleton (1988). A time series analysis of representative agent models of consumption and leisure choice under uncertainty. *Quart. J. Econom.* **103**, 51–78.

Epstein, L. G. and S. E. Zin (1989). Substitution, risk aversion and the temporal behavior of consumption and asset returns: A theoretical framework. *Econometrica* **57**, 937–969.

Epstein, L. G. and S. E. Zin (1991). Substitution, risk aversion and the temporal behavior of consumption and asset returns. *J. Politic. Econom.* **99**, 263–286.

Evans, M. D. D. (1994). Expected returns, time-varying risk, and risk premia. *J. Finance* **49**, 655–679.

Fama, E. F. and K. R. French. (1992). The cross-section of expected stock returns. *J. Finance* **47**, 427–465.

Fama, E. F. and J. D. MacBeth (1973). Risk, return, and equilibrium: Empirical tests. *J. Politic. Econom.* **81**, 607–636.

Ferson, W. E. (1983). Expectations of real interest rates and aggregate consumption: Empirical tests. *J. Financ. Quant. Anal.* **18**, 477–497.

Ferson, W. E. and G. M. Constantinides (1991). Habit persistence and durability in aggregate consumption: Empirical tests. *J. Financ. Econom.* **29**, 199–240.

Ferson, W. E. and S. R. Foerster (1994). Finite sample properties of the generalized method of moments tests of conditional asset pricing models. *J. Financ. Econom.* **36**, 29–55.

Ferson, W. E. and S. R. Foerster (1995). Further results on the small-sample properties of the generalized method of moments: Tests of latent variable models. In: *Res. Financ.*, Vol. 13. Greenwich, Conn.: JAI Press, pp. 91–114.

Ferson, W. E., S. R. Foerster and D. B. Keim (1993). General tests of latent variable models and mean-variance spanning. *J. Finance* **48**, 131–156.

Ferson, W. E. and C. R. Harvey (1991). The variation of economic risk premiums. *J. Politic. Econom.* **99**, 385–415.

Ferson, W. E. and C. R. Harvey (1992). Seasonality and consumption-based asset pricing. *J. Finance* **47**, 511–552.

Ferson, W. E. and R. A. Korajczyk (1995). Do arbitrage pricing models explain the predictability of stock returns? *J. Business* **68**, 309–349.

Ferson, W. E. and J. J. Merrick, Jr. (1987). Non-stationarity and stage-of-the-business-cycle effects in consumption-based asset pricing relations. *J. Financ. Econom.* **18**, 127–146.

Gallant, R. (1987). *Nonlinear Statistical Models*. New York: Wiley.

Gibbons, M. R. and W. Ferson (1985). Testing asset pricing models with changing expectations and an unobservable market portfolio. *J. Financ. Econom.* **14**, 217–236.

Gorman, W. M. (1953). Community preference fields. *Econometrica* **21**, 63–80.

Hansen, L. P. (1982). Large sample properties of generalized method of moments estimators. *Econometrica* **50**, 1029–1054.

Hansen, L. P., J. Heaton and E. G. J. Luttmer (1995). Econometric evaluation of asset pricing models. *Rev. Financ. Stud.* **8**, 237–274.

Hansen, L. P. and R. Hodrick (1983). Risk averse speculation in the forward foreign exchange market: An econometric analysis of linear models. In: *Exchange Rates and International Macroeconomics*, J. A. Frenkel, ed., Chicago: University of Chicago Press.

Hansen, L. P. and R. Jagannathan (1991). Implications of security market data for models of dynamic economies. *J. Politic. Econom.* **99**, 225–262.

Hansen, L. P. and R. Jagannathan (1994). Assessing specification errors in stochastic discount factor models. NBER Technical Working Paper No. 153.

Hansen, L. P. and S. F. Richard (1987). The role of conditioning information in deducing testable restrictions implied by dynamic asset pricing models. *Econometrica* **55**, 587–613.

Hansen, L. P. and K. J. Singleton (1982). Generalized instrumental variables estimation of nonlinear rational expectations models. *Econometrica* **50**, 1269–1286.

Hansen, L. P. and K. J. Singleton (1983). Stochastic consumption, risk aversion, and the temporal behavior of asset returns. *J. Politic. Econom.* **91**, 249–265.

Harrison, M. and D. Kreps (1979). Martingales and arbitrage in multi-period securities markets. *J. Econom. Theory* **20**, 381-408.

Harvey, C. R. (1989). Time-varying conditional covariances in tests of asset pricing models. *J. Financ. Econom.* **24**, 289–317.

Harvey, C. R. (1991). The world price of covariance risk. *J. Finance* **46**, 111–157.

Heaton, J. (1995). An empirical investigation of asset pricing with temporally dependent preference specifications. *Econometrica* **63**, 681–717.

Ibbotson Associates. (1992). *Stocks, bonds, bills, and inflation. 1992 Yearbook*. Chicago: Ibbotson Associates.

Jagannathan, R. (1985). An investigation of commodity futures prices using the consumption-based intertemporal capital asset pricing model. *J. Finance* **40**, 175–191.

Jagannathan R. and Z. Wang (1993). The CAPM is alive and well. Federal Reserve Bank of Minneapolis Research Department Staff Report 165.

Jagannathan, R. and Z. Wang (1996). The conditional-CAPM and the cross-section of expected returns. *J. Finance* **51**, 3–53.

Kandel, S. (1984). On the exclusion of assets from tests of the mean-variance efficiency of the market portfolio. *J. Finance* **39**, 63–75.

Kandel, S. and R. F. Stambaugh (1987). On correlations and inferences about mean-variance efficiency. *J. Financ. Econom.* **18**, 61–90.

Lehmann, B. N. and D. M. Modest (1987). Mutual fund performance evaluation: A comparison of benchmarks and benchmark comparisons. *J. Finance* **42**, 233–265.

Leroy, S. F. and R. D. Porter (1981). The present value relation: Tests based on implied variance bounds. *Econometrica* **49**, 555–574.

Lewbel, A. (1989). Exact aggregation and a representative consumer. *Quart. J. Econom.* **104**, 621–633.

Lintner, J. (1965). The valuation of risk assets and the selection of risky investments in stock portfolios and capital budgets. *Rev. Econom. Statist.* **47**, 13–37.

Lucas, R. E. Jr. (1978). Asset prices in an exchange economy. *Econometrica* **46**, 1429–1445.

Luttmer, E. (1993). Asset pricing in economies with frictions. Working Paper, Northwestern University.
McElroy, M. B. and E. Burmeister (1988). Arbitrage pricing theory as a restricted nonlinear multivariate regression model. *J. Business Econom. Statist.* **6**, 29–42.
MacKinlay, A. C. (1987). On multivariate tests of the CAPM. *J. Financ. Econom.* **18**, 341–371.
MacKinlay, A. C. and M. P. Richardson (1991). Using generalized method of moments to test mean-variance efficiency. *J. Finance* **46**, 511–527.
MacKinlay, A. C. (1995). Mulifactor models do not explain deviations from the CAPM. *J. Financ. Econom.* **38**, 3–28.
Merton, R. C. (1973). An intertemporal capital asset pricing model. *Econometrica* **41**, 867–887.
Merton, R. C. (1980). On estimating the expected return on the market: An exploratory investigation. *J. Financ. Econom.* **8**, 323–361.
Mossin, J. (1966). Equilibrium in a capital asset market. *Econometrica* **34**, 768–783.
Newey, W. (1985). Generalized method of moments specification testing. *J. Econometrics* **29**, 229–256.
Newey, W. K. and K. D. West (1987a). A simple, positive semi-definite, heteroskedasticity and autocorrelation consistent covariance matrix. *Econometrica* **55**, 703–708.
Newey, W. K. and K. D. West. (1987b). Hypothesis testing with efficient method of moments estimation. *Internat. Econom. Rev.* **28**, 777–787.
Novales, A. (1992). Equilibrium interest-rate determination under adjustment costs. *J. Econom. Dynamic Control* **16**, 1–25.
Roll, R. (1977). A critique of the asset pricing theory's tests: Part 1: On past and potential testability of the theory. *J. Financ. Econom.* **4**, 129–176.
Ross, S. A. (1976). The arbitrage pricing theory of capital asset pricing. *J. Econom. Theory* **13**, 341–360.
Ross, S. (1977). Risk, return and arbitrage. In: *Risk and Return in Finance*, I. Friend and J. L. Bicksler, eds. Cambridge, Mass.: Ballinger.
Rubinstein, M. (1974). An aggregation theorem for securities markets. *J. Financ. Econom.* **1**, 225–244.
Rubinstein, M. (1976). The valuation of uncertain income streams and the pricing of options. *Bell J. Econom. Mgmt. Sci.* **7**, 407–425.
Ryder H. E., Jr. and G. M. Heal (1973). Optimum growth with intertemporally dependent preferences. *Rev. Econom. Stud.* **40**, 1–33.
Shanken, J. (1987). Multivariate proxies and asset pricing relations: Living with the roll critique. *J. Financ. Econom.* **18**, 91–110.
Shanken, J. (1992). On the estimation of beta-pricing models. *Rev. Financ. Stud.* **5**, 1–33.
Sharpe, W. F. (1964). Capital asset prices: A theory of market equilibrium under conditions of risk. *J. Finance* **19**, 425–442.
Sharpe, W. F. (1994). The Sharpe ratio. *J. Port. Mgmt.* **21**, 49–58.
Shiller, R. J. (1979). The volatility of long-term interest rates and expectations models of the term structure. *J. Politic. Econom.* **87**, 1190–1219.
Shiller, R. J. (1981). Do stock prices move too much to be justified by subsequent changes in dividends? *Amer. Econom. Rev.* **71**, 421–436.
Singleton, K. J. (1980). Expectations models of the term structure and implied variance bounds. *J. Politic. Econom.* **88**, 1159–1176.
Snow, K. N. (1991). Diagnosing asset pricing models using the distribution of asset returns. *J. Finance* **46**, 955–983.
Stambaugh, R. F. (1982). On the exclusion of assets from tests of the two-parameter model: A sensitivity analysis. *J. Financ. Econom.* **10**, 237–268.
Sundaresan, S. M. (1989). Intertemporally dependent preferences and the volatility of consumption and wealth. *Rev. Financ. Stud.* **2**, 73–89.
Wheatley, S. (1988). Some tests of international equity integration. *J. Financ. Econom.* **21**, 177–212.
Wheatley, S. M. (1989). A critique of latent variable tests of asset pricing models. *J. Financ. Econom.* **23**, 325–338.
White, H. (1980). A heteroskedasticity-consistent covariance matrix estimator and a direct test for heteroskedasticity. *Econometrica* **48**, 817–838.
Wilson, R. (1968). The theory of syndicates. *Econometrica* **36**, 119–132.

2

条件付ベータ価格決定モデルの操作変数法による推定

Instrumental Variables Estimation of Conditional Beta Pricing Models

Campbell R. Harvey and Chris Kirby

よく知られた数多くの資産価格決定モデルは，資産の期待収益率が1つもしくは複数のベータ係数からなる線形関数として表現されることを述べている．ここにいうベータ係数とは，分散化不可能なリスクの源泉に対する資産の感応度(sensitivity)の測定値である．本章は，操作変数法(instrument variable method)を用いた条件付資産評価モデルの計量分析的手法による計測について概観するものである．(条件付)単一ベータ・モデル，そして(条件付)多重ベータ・モデルの双方について，多数の例を提示する．実証分析者がベータ評価モデルの推定と検定を行う際，さまざまな選択肢が利用可能であることをこれらの例は教えるであろう．また条件付きの，ベータ，共分散，報酬-危険比率(reward-to-risk ratio)の時系列特性に関して，それぞれ異なる諸仮定を有するモデルについても検討する．本章で検討される計量的手法は，資産評価の分野のみならず他の分野においても応用可能なものである．

2.1 はじめに

資産価格決定モデルは，資産の期待収益率が市場全体に共通ないくつかのリスク・プレミアムの線形結合として表されることを述べている．すなわち，その線形結合における各項はベータ係数とリスク・プレミアムの積の形になり，ベータ係数は，分散化不可能なリスクの源泉に対する資産の感応度の測定値として計算される．リスクとリターンのトレード・オフを表現しているこのタイプのモデルとして，ファイナンス領域においてもっとも有名なものに，Sharpe (1964)-Lintner (1965) 型資本資産価格決定モデル(CAPM)，Black (1972) 型 CAPM，Merton (1973) の異時点間 CAPM，Ross (1976) の裁定評価理論(APT)，そして Breeden (1979) の消費型 CAPM などがあり，これらのモデルはいずれもベータ価格決定モデルという項目のもとで分類されうるものである．また，底流にある経済構造に関する諸仮定はそれぞれ異なるが，各評価式(pricing relation)が1つもしくは複数のベータからなる線形式として表現されるという点については共通である．

条件付ベータ価格決定モデル(conditional beta pricing model)と無条件ベータ価格決定モデル(unconditional beta pricing model)の基本的な相違は，投資家が予想形成するために利用する情報集合(information set)の特定化にある．無条件モデルによれば，投資家は将来の収益率についての無条件同時確率分布に基づき価格を予想することになる．そのようなシナリオのもとでは，投資家が予想する資産の期待収益率は過去の平均収益率を求めることによって推定することができる．一方，条件付モデルによれば，将来の収益率の同時確率分布に関しての投資家の予想が時間とともに変化することになる．資産の条件付期待収益率の推定値を得るためには，投資家が利用可能な $t-1$ 時点での情報を用いる必要がある．投資家はその情報に基づいて t 時点の収益の予想をするからである．

条件付モデルそして無条件モデルのどちらのモデルも，期待収益率のクロス・セクション間の変動を説明しようとするものである．無条件モデルにおいては，資産間のリスクにおける相違により，平均収益率の相違が決定されることになる．そこでは，期待収益率が時間を通じて一定であるという以外に時系列に関する言及は存在しない．条件付モデルもクロス・セクションについては同じことがいえる．つまり，条件付リスクの相違が条件付期待収益率の相違を決定するというものである．しかし，無条件モデルの時系列特性と異なり，条件付モデルは期待収益率についての時系列特性に関していくつかの含意を有している．たとえば，条件付期待収益率は，条件付リスクの変化あるいは市場に共通なリスク・プレミアムの変動に伴って変化するものと考えられる．こうした情報を利用することにより，理論的には，ある単一の資産を用いて条件付ベータ価格決定モデルを検証することも可能となる．

ベータ価格決定モデルの実証的検証は，平均-分散分析としてなじみのあるフレームワークで解釈されうるものである．無条件検証とは，あるポートフォリオが無条件平均-分散フロンティアの効率的位置に存在するか否かを決定しようとするものである．無条件フロンティアは，資産収益率の無条件の，平均，分散，共分散によって決定されるものである．一方，ベータ価格決定モデルの条件付検証も，同様な問題に対して解答しようとする．すなわち，あるポートフォリオが各時点での平均-分散フロンティアの効率的位置に存在するか否か，という問題である．無条件検証との相違は，条件付検証においては，平均-分散フロンティアが資産収益率の条件付きの，平均，分散，共分散によって決定される，ということである．

原則として，無条件平均-分散効率性の棄却は，条件付効率性の棄却を必ずしも意味するものではない．このことは，Dybvig and Ross (1985) そして Hansen and Richard (1987) の例からも容易に確認できる．いま月次データを用いて，30 日物財務省証券 (30-day Treasury bill) が無条件効率的であるか否かを検定する場合を想定しよう．無条件の世界においては，30 日物財務省証券は効率的フロンティア上には存在しないことになる．なぜなら無条件の場合，その証券の収益率が (リスクは低いけれど) 非ゼロの分散を有する単一の危険資産ということになるからである．この場合，適切に選択されたポートフォリオによって，その単一資産は優越されることになる．しかしながら，条件付きの世界では，結論は大きく異なってくる．条件付きでは，30 日物財務省証券はその名のとおり，リスクなしである．各月末の時点では，来月末までの収益率がいくらになるかについては確実にわかっている．つまり，30日物財務省証券の収益率の条件付分散は0となるから，条件付きの世界では効率的であらねばならない．

ベータ価格決定モデルの検証について，多くの異なった方法が提案されてきた．本章においては，とりわけ1つの方法すなわち操作変数法に焦点を当てていく．ここでいう操作変数とは，計量分析者によって特定化され，投資家が予想を形成するために用いる情報集合を代弁する1組のデータである．操作変数アプローチの主たる利点は，時間とともに変化するリスクと期待収益率を特徴付ける際に，非常に扱いやすい方法を提供するということである．操作変数法の利用に関する議論は，以下のような形で構成される．まず，2.2節では，Sharpe (1964)-Lintner (1965) 型CAPMの条件付バージョンを取り上げ，操作変数アプローチがいかにして条件付単一ベータ・モデルの推定と検定に利用されるかを説明する．2.3節では，2.2節での議論を条件付多重ベータ・モデルに拡張し，2.4節では，潜在変数 (latent variable) 法を導入する．2.5節において，推定方法を概観し，最後の2.6節では，最終的見解を簡単にまとめる．

2.2　単一ベータ・モデル

2.2.1　条件付CAPM

Sharpe (1964)-Lintner (1965) 型CAPMの条件付バージョンは，確かにもっとも広く研究された条件付ベータ評価モデルの1つである．このモデルに関する評価式は，

$$E[r_{jt}|\boldsymbol{\Omega}_{t-1}]=\frac{\mathrm{Cov}[r_{jt}, r_{mt}|\boldsymbol{\Omega}_{t-1}]}{\mathrm{Var}[r_{mt}|\boldsymbol{\Omega}_{t-1}]}E[r_{mt}|\boldsymbol{\Omega}_{t-1}] \tag{2.2.1}$$

と表される．ここで，r_{jt} は $t-1$ 時点から t 時点までのポートフォリオ j の収益率である．ただし，収益率は無危険資産収益率で差し引かれた超過収益率の形で測定されている．r_{mt} は市場ポートフォリオの超過収益率であり，$\boldsymbol{\Omega}_{t-1}$ は投資家が予想形成するために用いた情報集合を表している．$\mathrm{Cov}[r_{jt}, r_{mt}|\boldsymbol{\Omega}_{t-1}]/\mathrm{Var}[r_{mt}|\boldsymbol{\Omega}_{t-1}]$ は，ポートフォリオ j の条件付ベータである．ただし，$\mathrm{Cov}[r_{jt}, r_{mt}|\boldsymbol{\Omega}_{t-1}]$ はポートフォリオ j の収益率と市場ポートフォリオの収益率の条件付共分散であり，$\mathrm{Var}[r_{mt}|\boldsymbol{\Omega}_{t-1}]$ は市場ポートフォリオの収益率の条件付分散である．期待収益率に関するクロス・セクション変動は，条件付ベータ係数の相違のみに帰せられるものであることを語っている．

ところが，式 (2.2.1) に示される評価式のままでは，いまだ検証不可能である．それを検証可能にするためには，そのモデルの構造に追加的制約を課さねばならない．とりわけ条件付期待値に対して，ある種のモデル特定化が必要となる．その特定化が

なされたとき，式(2.2.1)の検証は，条件付CAPMと，条件付期待値に関する特定化の両者についての結合仮説検定ということになる．ここでの条件付期待値の特定化については，理論的には一応任意の関数系が利用可能である．いま $\boldsymbol{Z}$ を1組の操作変数(情報集合を代弁する変数)とするとき，条件付期待値を生成させる統計的モデルを $f(\boldsymbol{Z}_{t-1})$ で記すものとしよう．これまで，関数 $f(\cdot)$ として，線形回帰モデル，フーリエ型の柔軟な形(fourier flexible form；Gallant, 1982)，ノンパラメトリック・カーネル推定量(nonparametric kernel estimator；Silverman, 1986, Harvey, 1991, そしてBeneishu and Harvey, 1995)，セミ・ノンパラメトリック密度(seminonparametric density；Gallant and Tauchen, 1989)，ニューラルネット(neural net；Gallant and White, 1990)，エントロピー符号化(entropy encoder；Glodjo and Harvey, 1995)，あるいは多項式級数展開(polynomial series expansion；Harbey and Kirby, 1995)が提案されてきた．

条件付期待値演算子の適当な関数形が見出されるならば，条件付CAPMの検証モデルを直截的に構築することが可能となる．まず，r_{jt} についての条件付期待値の計算値(fitted value)を得るために $f(\cdot)$ を用いる．こうすることにより，式(2.2.1)における評価式の左辺の数値が定まることになる．次に，式(2.2.1)の右辺における3つの項に対する計算値を得るために，再び $f(\cdot)$ を適用する．それぞれの計算値を r_{mt} の条件付平均値，r_{jt} と r_{mt} の条件付共分散そして r_{mt} の条件付分散に代入すれば，式(2.2.1)の右辺の計算値を得ることができる．もし，条件付CAPMが成立しているならば，価格決定誤差(pricing error)——左辺の計算値と右辺のそれとの差——は小さくそして予測不可能ということになるであろう．これが，条件付ベータ価格決定モデルのすべての検証の背後にある考え方である．

以下においては，条件付期待値についての1つの特定化，すなわち線形モデルに着目する．線形モデルは非常に単純ではあるが，他の多くの非線形モデルよりも明らかに顕著な利点が存在する．線形モデルは取り扱い上非常に容易であり，さらにHarvey(1991)は，市場収益率の標本外予測において，非線形モデルに比して，線形モデルの予測能力が高いことを明らかにしている．加えて，線形の特定化は，通常考えられている以上に一般的性質を有しているものである．最近の研究は，多くの非線形モデルが有限次元線形モデルの展開列により十分に近似可能であることを示してきた．Harvey and Kirvy(1995)はこの事実を利用して，単一ベータ・モデルそして多重ベータ・モデルの分析的検証を行うための簡単な手続きを展開している．

2.2.2 線形条件付期待値

条件付期待値の線形特定化を肯定するもっとも簡単な方法は，資産収益と操作変数の同時分布が球状不変(spherically invariant)である，と仮定することである．このクラスの確率分布はVershik(1964)において分析されてきた．彼はそれが条件付期待値の線形性の十分条件となることを示した．そしてHarvey(1991)において，条件付 CAPM の検証に適用されてきた．ところで，Vershik (1964) は以下のような特徴付けを与えている．有限な 2 次積率を有している 1 組の確率変数 $\{x_1, \cdots, x_n\}$ を考えるとしよう．この集合によって張られる線形多様体を $\mathbf{H}$ で記すことにする．もし，線形多様体 $\mathbf{H}$ の中にある同一の分散を有するすべての確率変数が同一の分布に従うならば次のことがいえる．① $\mathbf{H}$ は球状不変な空間である．② $\{x_1, \cdots, x_n\}$ は，球状不変である．そして，③ $\mathbf{H}$ にある任意の変数のどの分布関数も球状不変な分布である．上記の性質は，たとえば，多変量正規分布そして多変量 t 分布においても成立している．

Vershik (1964) の定義に不都合さがあるとすれば，コーシー分布のような，分散が定義されない過程を取り込んでいないということである．Blake and Thomas (1968)，そして Chu (1973) は，それに対処する楕円分布族の定義を提案している．確率変数ベクトル $\boldsymbol{x}$ が楕円分布族であるための必要十分条件は，その密度関数 $p(\boldsymbol{x})$ が 2 次形式 $p(\boldsymbol{x})=f((1/2)\boldsymbol{x}'\boldsymbol{C}^{-1}\boldsymbol{x})$ として表されることである．ここで，$\boldsymbol{C}$ は正値定符号行列である．$\boldsymbol{x}$ の分散共分散行列が存在するとき，それは $\boldsymbol{C}$ に比例的であり，Vershik (1964)，Blake and Thomas (1968)，そして Chu (1973) の定義は同等となる[1]．しかし 2 次形式の密度関数はコーシー分布のような過程をも含み，そこでは，射影定数が固有行列に依存するような線形条件付期待値となる．

2.2.3　CAPM 検証の一般的フレームワーク

条件付期待値についての線形特定化を採用すれば，ポートフォリオ j の収益率は，

$$r_{jt}=\boldsymbol{Z}_{t-1}\boldsymbol{\delta}_j+u_{jt} \tag{2.2.2}$$

と表される．ここで，u_{jt} は t 時点でのポートフォリオ j の収益率予想における誤差であり，$\boldsymbol{Z}_{t-1}$ は l 個の操作変数からなる行ベクトルである．そして，$\boldsymbol{\delta}_j$ は時間について不変な $l\times 1$ のウエイト・ベクトルである．式 (2.2.1) に (2.2.2) を代入すれば，制約式

$$\boldsymbol{Z}_{t-1}\boldsymbol{\delta}_j=\frac{\boldsymbol{Z}_{t-1}\boldsymbol{\delta}_m}{\mathrm{E}[u_{mt}^2|\boldsymbol{Z}_{t-1}]}\mathrm{E}[u_{jt}u_{mt}|\boldsymbol{Z}_{t-1}] \tag{2.2.3}$$

が得られる．ここで，u_{mt} は市場ポートフォリオ収益率の予測誤差であり，上式における分散項 $\mathrm{E}[u_{mt}^2|\boldsymbol{Z}_{t-1}]$，そして共分散項 $\mathrm{E}[u_{jt}u_{mt}|\boldsymbol{Z}_{t-1}]$ はともに $\boldsymbol{Z}_{t-1}$ で条件付けられている．この式 (2.2.3) の形での評価式は 1 つの近似式として捉えられるべきものである．というのは，真の条件付共分散の期待値が $\boldsymbol{Z}_{t-1}$ に条件付けられた共分散とは異なるからである．両者の関係は $\mathrm{E}[\mathrm{Cov}(r_{jt}, r_{mt}|\boldsymbol{\Omega}_{t-1})|\boldsymbol{Z}_{t-1}]=\mathrm{Cov}(r_{jt}, r_{mt}|\boldsymbol{Z}_{t-1})-\mathrm{Cov}(\mathrm{E}[r_{jt}|\boldsymbol{\Omega}_{t-1}], \mathrm{E}[r_{mt}|\boldsymbol{\Omega}_{t-1}]|\boldsymbol{Z}_{t-1})$ と表される．同様な関係式は，r_{mt} の真の条件付分散と $\boldsymbol{Z}_{t-1}$ で条件付けられた分散についてもいえる．もともと，真の情報集合 $\boldsymbol{\Omega}$

---

[1] Chu (1973) の定義においては，暗黙的に密度関数の存在が仮定されている．Kelker (1970) は特性関数を用いての別のアプローチを提供している．Devlin, Gnanadesikan, and Kettenring (1976) も参照されたい．

が観測不能である限り，評価制約式の最初のバージョン(2.2.1)の検定を構築する方法は存在しないのである．

式(2.2.3)の両辺に市場ポートフォリオ収益率の条件付分散を掛ければ，制約式

$$\mathrm{E}[u_{mt}^2 \boldsymbol{Z}_{t-1}\boldsymbol{\delta}_j | \boldsymbol{Z}_{t-1}] = \mathrm{E}[u_{jt}u_{mt}\boldsymbol{Z}_{t-1}\boldsymbol{\delta}_m | \boldsymbol{Z}_{t-1}] \tag{2.2.4}$$

を得る．市場ポートフォリオとポートフォリオ j の両者の条件付期待値が期待値演算子の中に移されていることに注意しよう．これは，これらの変量がともに $\boldsymbol{Z}_{t-1}$ の上で条件付けられていることによるものである．その結果，条件付分散および条件付共分散に対して明示的モデルを特定化する必要がないことになる．帰無仮説のもとでは，攪乱項

$$e_{jt} \equiv u_{mt}^2 \boldsymbol{Z}_{t-1}\boldsymbol{\delta}_j - u_{jt}u_{mt}\boldsymbol{Z}_{t-1}\boldsymbol{\delta}_m \tag{2.2.5}$$

は平均0であり，操作変数と無相関であることが知れる．e_{jt} を市場収益率の条件付分散で割れば，その結果は，そのモデルによって予測された収益率と観測された収益率の乖離として解釈される．e_{jt} は，まさに価格決定誤差ということになる．負の価格決定誤差は，そのモデルが過大な価格付けをしていることを意味し，正の価格決定誤差は，そのモデルが過小な価格付けをしていることになる．

2.5節で詳細な検討がなされる一般化モーメント(積率)法(GMM)は，上記の制約式を検定するための直接的方法を提供する．いま，n 個の資産を有しているものとしよう．式(2.2.2)の攪乱項と式(2.2.5)の評価誤差項を積み重ね，$(2n+1)\times 1$ ベクトル

$$\boldsymbol{\varepsilon}_t \equiv (\boldsymbol{u}_t \ u_{mt} \ \boldsymbol{e}_t)' = \begin{bmatrix} [\boldsymbol{r}_t - \boldsymbol{Z}_{t-1}\boldsymbol{\delta}]' \\ [r_{mt} - \boldsymbol{Z}_{t-1}\boldsymbol{\delta}_m]' \\ [u_{mt}^2 \boldsymbol{Z}_{t-1}\boldsymbol{\delta} - u_{mt}\boldsymbol{u}_t\boldsymbol{Z}_{t-1}\boldsymbol{\delta}_m]' \end{bmatrix} \tag{2.2.6}$$

を考える．ここで，$\boldsymbol{u}$ は $(1\times n)$ の条件付平均におけるイノベーション(innovation)からなる行ベクトルであり，$\boldsymbol{e}$ は $(1\times n)$ の価格決定誤差からなる行ベクトルである．条件付CAPMは $\boldsymbol{\varepsilon}_t$ が $\boldsymbol{Z}_{t-1}$ と無相関であることを意味している．そこで，$\boldsymbol{\varepsilon}_t$ と操作変数ベクトルのクロネッカー積

$$\boldsymbol{\varepsilon}_t \otimes \boldsymbol{Z}_{t-1}' \tag{2.2.7}$$

を構成し，条件付期待値をとれば，直交条件ベクトル

$$\mathrm{E}[\boldsymbol{\varepsilon}_t \otimes \boldsymbol{Z}_{t-1}'] = 0 \tag{2.2.8}$$

が与えられる．いま，n 個の資産の場合，条件付平均について $n+1$ 列のイノベーションと n 列の評価誤差がある．したがって，l 個の操作変数を考えるとき，$l(2n+1)$ 個の直交条件を有することになる．一方，推定すべきパラメータの数は $l(n+1)$ 個である．このことから，nl 個の過剰識別の制約式が存在することになる[2]．

---

[2] この形の計量分析的特定化は，Harvey (1989)，そして Huang (1989) におけるニューヨーク証券市場の収益率について，さらには，Harvey (1991) における17カ国の株式収益率，Harvey, Solnik, and Zhou (1995) における国際的市場における各国の債券収益率について，そして，Harvey (1995) における新興国の株式収益率について検討されてきた．

2次形式の目的関数

$$J_T \equiv \boldsymbol{g}_T{}' \boldsymbol{S}_T^{-1} \boldsymbol{g}_T \tag{2.2.9}$$

を最小化することにより，$n \times l$ 係数行列 $\boldsymbol{\delta}$ と $l \times 1$ の係数ベクトル $\boldsymbol{\delta}_m$ の一致推定値を得ることができる．ここで，

$$\boldsymbol{g}_T \equiv \frac{1}{T} \sum_{t=1}^{T} \boldsymbol{\varepsilon}_t \otimes \boldsymbol{Z}'_{t-1} \tag{2.2.10}$$

であり，そして，$\boldsymbol{S}_T$ は，

$$\boldsymbol{S}_0 \equiv \sum_{j=-\infty}^{\infty} \mathrm{E}[(\boldsymbol{\varepsilon}_t \otimes \boldsymbol{Z}'_{t-1})(\boldsymbol{\varepsilon}_{t-j} \otimes \boldsymbol{Z}'_{t-j-1})'] \tag{2.2.11}$$

の一致推定値を表す．もし，条件付CAPMが真であるならば，$T \times$(目的関数の最小値)が自由度 nl のカイ2乗(χ^2)分布に確率収束することが知られており，モデルの適合度の尺度として，この基準を用いることが可能である．

2.2.4　条件付ベータ一定モデル

式(2.2.6)において示された計量分析的特定化は，すべての条件付積率 —— 平均，分散そして共分散 —— が経時的に変化することを仮定している．もし,.これらの積率のうちいくつかが一定であるならば，この追加的構造を課することにより，条件付CAPMのより有効な検定法を構築することが可能となる．もともとCAPMの検証は，資産の期待収益率がベンチマーク・ポートフォリオの収益率に比例的であるか否かに焦点を当ててきた．われわれは条件付評価式のフレームワークで，同じタイプの検証を構築することができる．この場合，特定化される式は，

$$\boldsymbol{\varepsilon}_t = (\boldsymbol{r}_t - r_{mt}\boldsymbol{\beta})' \tag{2.2.12}$$

と表される．ここで，$\boldsymbol{\beta}$ は n 個のベータ係数からなる行ベクトルであり，各ベータ係数 β_j は，ポートフォリオ j の収益率とベンチマーク・ポートフォリオ収益率との条件付共分散を，ベンチマーク・ポートフォリオ収益率の条件付分散で除したものである．

一般的には，r_{mt} を市場ポートフォリオの代理ポートフォリオとして考えるわけであるが，式(2.2.12)におけるベータ係数については，なんらの制約も課していないことに留意することが大切である．すなわち，式(2.2.12)は単一ファクターの潜在変数モデルの検定としても解釈されうるものである[3]．潜在変数のフレームワークにおいては，β_j は，ポートフォリオ j の収益率と観測不能なファクター収益率との条件付共分散を，ベンチマーク・ポートフォリオ収益率とこのファクター収益率との条件付共分散で除したものとなる．検証可能な命題は，$\mathrm{E}[\boldsymbol{\varepsilon}_t | \boldsymbol{Z}_{t-1}] = 0$ ということであり，$\boldsymbol{\varepsilon}_t$ は条件付ベータ一定モデルに関する評価誤差のベクトルということになる．nl 個の直交条件と n 個の推定すべきパラメータが存在し，したがって，$l(n-1)$ 個

[3] たとえば，Hansen and Hodrick (1983)，Gibbons and Ferson (1985)，Ferson (1990) を参照されたい．

の過剰識別制約式を有することになる．

もちろん，特定化の変更により，条件付ベータ係数に関する制約式の組み入れが容易に可能になる．このとき，

$$\boldsymbol{\varepsilon}_t=(\boldsymbol{u}_t\ u_{mt}\ \boldsymbol{b}_t\ \boldsymbol{e}_t)'=\begin{pmatrix}[\boldsymbol{r}_t-\boldsymbol{Z}_{t-1}\boldsymbol{\delta}]' \\ [r_{mt}-\boldsymbol{Z}_{t-1}\boldsymbol{\delta}_m]' \\ [u_{mt}^2\boldsymbol{\beta}-u_{mt}\boldsymbol{u}_t]' \\ [\boldsymbol{r}_t-r_{mt}\boldsymbol{\beta}]'\end{pmatrix} \tag{2.2.13}$$

であり，$\boldsymbol{b}$ は条件付ベータ一定の仮定に関する攪乱項ベクトルである．この特定化に基づく検証は，条件付ベータ一定の仮定の妥当性の検証を可能とするものとなる．いま，n 個の資産があるとき，条件付平均における $n+1$ 個のイノベーションからなる列ベクトルと $\boldsymbol{b}$ における n 次列ベクトル，そして $\boldsymbol{e}$ に関する n 次列ベクトルがある．したがって，$l(3n+1)$ 個の直交条件が存在し，推定すべきパラメータの数は $l(n+1)$ であるから，$n(2l-1)$ 個の過剰識別制約式が存在することになる．

2.2.5 条件付報酬-危険比率一定モデル

条件付CAPMのもう1つの定式化は，条件付報酬-危険比率(reward-to-risk ratio)が一定との仮定をすることである．条件付報酬-危険比率，$\mathrm{E}[r_{mt}|\boldsymbol{\Omega}_{t-1}]/\mathrm{Var}[r_{mt}|\boldsymbol{\Omega}_{t-1}]$ とは，簡単にいえば，共分散リスクの価格である．条件付CAPMのこのバージョンは，Campbell (1987) と Harvey (1989) において検討されてきた．そのモデルに対する評価誤差ベクトルは，

$$\boldsymbol{e}_t=\boldsymbol{r}_t-\lambda\boldsymbol{u}_t u_{mt} \tag{2.2.14}$$

と表される．λ は市場ポートフォリオの条件付期待値をその条件付分散で除したものである．計量分析的特定化を完成させるためには，条件付平均についてのモデルを含む必要があり，そうしたとき，体系式全体は，

$$\boldsymbol{\varepsilon}_t=(\boldsymbol{u}_t\ u_{mt}\ \boldsymbol{e}_t)'=\begin{pmatrix}[\boldsymbol{r}_t-\boldsymbol{Z}_{t-1}\boldsymbol{\delta}]' \\ [r_{mt}-\boldsymbol{Z}_{t-1}\boldsymbol{\delta}_m]' \\ [\boldsymbol{r}_t-\lambda(u_{mt}\boldsymbol{u}_t)]'\end{pmatrix} \tag{2.2.15}$$

となる．n 個の資産について，条件付平均におけるイノベーションの $n+1$ 列そして $\boldsymbol{e}$ に関する n 列がある．したがって，l 個の操作変数については，$l(2n+1)$ 個の直交条件があり，パラメータの数は $1+(l(n+1))$ 個ということになる．過剰識別制約式数は $nl-1$ 個である．

式(2.2.15)における推定を簡単化させる1つの方法は，$\mathrm{E}[u_{mt}u_{jt}|\boldsymbol{Z}_{t-1}]=\mathrm{E}[u_{mt}r_{jt}|\boldsymbol{Z}_{t-1}]$ に注目することである．この式は次のようにして導出されたものである．

$$\begin{aligned}\mathrm{E}[u_{mt}u_{jt}|\boldsymbol{Z}_{t-1}]&=\mathrm{E}[u_{mt}(r_{jt}-\boldsymbol{Z}_{t-1}\boldsymbol{\delta}_j)|\boldsymbol{Z}_{t-1}]\\&=\mathrm{E}[u_{mt}r_{jt}|\boldsymbol{Z}_{t-1}]-\mathrm{E}[u_{mt}\boldsymbol{Z}_{t-1}\boldsymbol{\delta}_j|\boldsymbol{Z}_{t-1}]\\&=\mathrm{E}[u_{mt}r_{jt}|\boldsymbol{Z}_{t-1}]-\mathrm{E}[u_{mt}|\boldsymbol{Z}_{t-1}]\boldsymbol{Z}_{t-1}\boldsymbol{\delta}_j\\&=\mathrm{E}[u_{mt}r_{jt}|\boldsymbol{Z}_{t-1}]\end{aligned}$$

その結果として，n 個の条件付平均の式を落とすことが可能となる．したがって，より節約的な体系として，

$$\boldsymbol{\varepsilon}_t=(u_{mt}\ \boldsymbol{e}_t)'=\begin{pmatrix}[r_{mt}-\boldsymbol{Z}_{t-1}\boldsymbol{\delta}_m]'\\ [\boldsymbol{r}_t-\lambda(u_{mt}u_t)]'\end{pmatrix} \tag{2.2.16}$$

を得る．ここでは，$n+1$ 個の式と $l(n+1)$ 個の直交条件が存在し，$l+1$ 個のパラメータがあるから，$(nl-1)$ 個の過剰識別制約式を有することになる．式 (2.2.15) と (2.2.16) において提示された特定化は両者とも漸近的に同等であるが，式 (2.2.16) は計算上の操作性がより高いものとなっている．

式 (2.2.15) と (2.2.16) における特定化は，条件付分散に対する条件付共分散の比率である $\boldsymbol{\lambda}$ に関して制約式を課していない．これについての制約式を加えれば，

$$\boldsymbol{\varepsilon}_t=(\boldsymbol{u}_t\ u_{mt}\ m_t\ \boldsymbol{e}_t)'=\begin{pmatrix}[\boldsymbol{r}_t-\boldsymbol{Z}_{t-1}\boldsymbol{\delta}]'\\ [r_{mt}-\boldsymbol{Z}_{t-1}\boldsymbol{\delta}_m]'\\ [u_{mt}^2\lambda-\boldsymbol{Z}_{t-1}\boldsymbol{\delta}_m]'\\ [\boldsymbol{r}_t-\lambda(u_{mt}\boldsymbol{u}_t)]'\end{pmatrix} \tag{2.2.17}$$

となる．ここで，m は報酬-危険比率一定の仮定に関する攪乱項である．この特定化での検証は，共分散リスクの価格が一定であるという仮定の妥当性の検証に役立つことになる．n 個の資産については，$\boldsymbol{u}$ についての n 列，u_m について 1 列，m について 1 列，そして $\boldsymbol{e}$ について n 列ある．したがって，$l(2n+2)$ 個の直交条件，$l(n+1)+1$ 個のパラメータが存在するので，$l(n+1)-1$ 個の過剰識別制約式を有することになる．

2.2.6　線形条件付ベータ・モデル

Ferson and Harvey (1993, 1994) は，条件付ベータが操作変数の線形関数として表されるモデルについて検討している．たとえば，

$$\begin{aligned}
u_{1it}&=r_{it}-\boldsymbol{Z}_{t-1}^{i,w}\boldsymbol{\delta}_i\\
u_{2t}&=r_{mt}-\boldsymbol{Z}_{t-1}^{w}\boldsymbol{\delta}_m\\
u_{3it}&=[u_{2t}^2(\boldsymbol{Z}_{t-1}^{i,w}\boldsymbol{\kappa}_i)'-r_{mt}u_{1it}]'\\
u_{4it}&=\mu_i-\boldsymbol{Z}_{t-1}^{i,w}\boldsymbol{\delta}_i\\
u_{5it}&=(-\alpha_i+\mu_i)-\boldsymbol{Z}_{t-1}^{i,w}\boldsymbol{\kappa}_i(\boldsymbol{Z}_{t-1}^{w}\boldsymbol{\delta}_m)'
\end{aligned} \tag{2.2.18}$$

のような計量分析的体系を特定化することができる．ここで，$\boldsymbol{Z}^{i,w}\boldsymbol{\kappa}_i$ の要素は，ポートフォリオ i についての条件付ベータの計算値であり，μ_i はポートフォリオ i の平均収益率，そして α_i は制約なしの平均収益率と条件付 CAPM の評価制約式を組み入れた平均収益率との間の差である．式 (2.2.18) は 2 組の操作変数を用いていることに注意しよう．1 組の操作変数，$\boldsymbol{Z}^{i,w}$ はポートフォリオ i の条件付平均収益率と条件付ベータを推定するために用いられ，資産 (i) に固有のものと市場全体で共通なもの (w) の両者を含んでいる．市場ポートフォリオの条件付平均収益率は市場全

体に関する操作変数のみを用いて推定される．このことがまさに正確に識別される方程式体系をもたらすことになる[4]．

式(2.2.18)の体系式が意味するところは以下のごとく簡単なものである．まず，最初の2つの式は，線形条件付期待値の仮定から導かれるもので，期待収益率についての統計的モデルを表している．3番目の式は条件付ベータの定義

$$\beta_{it}=(\mathrm{E}[u_{2t}^2|\boldsymbol{Z}_{t-1}^w])^{-1}\mathrm{E}[r_{mt}u_{1it}|\boldsymbol{Z}_{t-1}^{i,w}] \tag{2.2.19}$$

によるものである．式(2.2.18)における条件付ベータは，その資産に固有な情報と市場全体についての情報をともに含む線形関数としてモデル化されている．最後の2つの式は，条件付CAPMの平均的価格決定誤差を表すものである．μ_iは統計的モデルから計算された収益率の平均値ということになる．したがって，α_iは上記の統計的モデルから計算された収益率の平均値と条件付CAPMの評価式によって求められた収益率との差である．ちょうど，Jensenのアルファに類似している．ただし，現在の分析においては，ベータとリスク・プレミアムの両者が時間とともに変化するモデルを考えている．

上記の方程式体系の複雑さとサイズの大きさのため，同時に1つ以上の資産を用いて推定することは困難である．したがって，一般的には，条件付CAPMのクロス・セクションに関してのすべての制約式が課せられうるものでもないし，α_iが0に等しいか否かの多変量検定を報告することもできない．ただ，式(2.2.18)は1つの重要なクロス・セクションに関する制約式を課していることに注意されたい．その体系は正確に識別されているから，市場のリスク・プレミアム$\boldsymbol{Z}_{t-1}^w\boldsymbol{\delta}_m$はあらゆる資産について同一である．過剰識別制約式は存在しないから，モデルの検証は，個別に係数α_iが0と有意に異なるか否かに基づくことになる．攪乱項

$$u_{6it}=r_{it}-\boldsymbol{Z}_{t-1}^{i,w}\boldsymbol{\kappa}_i(\boldsymbol{Z}_{t-1}^w\boldsymbol{\theta})' \tag{2.2.20}$$

の時系列的特性を分析することにより，追加的考察が得られるものと期待される．帰無仮説のもとでは，$\mathrm{E}[u_{6it}|\boldsymbol{Z}_{t-1}^{i,w}]$は0に等しい．したがって，さまざまな情報変数のうえにu_{6it}を回帰させることによりいくつかの診断書の作成が可能となる．また，$\boldsymbol{Z}^{i,w}\boldsymbol{\kappa}_i$に関する係数推定値に基づき，時間とともに変化するベータについての検定も構築可能となる．

2.3 多重ベータ・モデル

2.3.1 多重ベータ条件付CAPM

条件付CAPMにおいては，複数のリスクの源泉を有するモデルへの一般化が容易

---

[4] 関連した体系式の分析として，Ferson (1990), Shanken (1990), Ferson and Harvey (1991), Ferson and Harvey (1993), Ferson and Korajzcyk (1995), Ferson (1995), Harvey (1995), そして Jagannathan and Wang (1996) を参照されたい．

になされる．たとえば，k-ファクター評価式については，

$$E[\boldsymbol{r}_t|\boldsymbol{Z}_{t-1}]=E[\boldsymbol{f}_t|\boldsymbol{Z}_{t-1}](E[\boldsymbol{u}'_{ft}\boldsymbol{u}_{ft}|\boldsymbol{Z}_{t-1}])^{-1}E[\boldsymbol{u}'_{ft}\boldsymbol{u}_t|\boldsymbol{Z}_{t-1}] \quad (2.3.1)$$

と表される．ここで，$\boldsymbol{r}$ は n 個の資産収益率からなる行ベクトル，$\boldsymbol{f}$ はファクター実現値からなる $1\times k$ のベクトル，$\boldsymbol{u}_f$ はファクターの条件付平均におけるイノベーションからなるベクトル，そして $\boldsymbol{u}$ は収益率の条件付平均におけるイノベーションからなるベクトルである．式 (2.3.1) の右辺第 1 項は，ファクター実現値の条件付期待値を表し，その次元は $1\times k$ である．第 2 項は，$k\times k$ のファクターの条件付分散-共分散行列の逆行列である．最後の項は，ファクターと資産収益率との条件付共分散を測定するものであり，その次元は $k\times n$ である．

式 (2.3.1) に示される多重ベータ評価式は，単一ベータの場合と同じ方法では検証できない．単一ベータ・モデルの分析においては，評価式の左辺に市場収益率の条件付分散を移動させることが可能であり，その結果，期待値演算子の中にある条件付平均からの解放が可能となった．しかしながら，多重ベータ特定化のもとでは，このことが可能でない．そこで，前節において検討されてきたいくつかの特定化と同じ形で多重ベータ・モデルの特定化に焦点を絞れば，この問題を解決することができる．まず，条件付ベータが操作変数の線形関数に限定される特定化から考えることにしよう．

2.3.2　線形条件付ベータ・モデル

式 (2.2.18) において示された線形条件付ベータ特定化の多重ベータ版は，

$$\begin{aligned}
u_{1it}&=r_{it}-\boldsymbol{Z}^{i,w}_{t-1}\boldsymbol{\delta}_i\\
\boldsymbol{u}_{2t}&=\boldsymbol{f}_t-\boldsymbol{Z}^{w}_{t-1}\boldsymbol{\delta}_f\\
\boldsymbol{u}_{3it}&=[\boldsymbol{u}'_{2t}\boldsymbol{u}_{2t}(\boldsymbol{Z}^{i,w}_{t-1}\boldsymbol{\kappa}_i)'-\boldsymbol{f}_t{}'u_{1it}]'\\
u_{4it}&=\mu_i-\boldsymbol{Z}^{i,w}_{t-1}\boldsymbol{\delta}_i\\
u_{5it}&=(-\alpha_i+\mu_i)-\boldsymbol{Z}^{i,w}_{t-1}\boldsymbol{\kappa}_i(\boldsymbol{Z}^{w}_{t-1}\boldsymbol{\delta}_f)'
\end{aligned} \quad (2.3.2)$$

のようになる．ここで，$\boldsymbol{Z}^{i,w}\boldsymbol{\kappa}_i$ の要素は k 個のリスク源泉に関する条件付ベータの計算値であり，$\boldsymbol{f}$ はファクター実現値からなる行ベクトルである．先と同様に，その方程式体系は正確に識別され，条件付ベータのベクトルは，

$$\boldsymbol{\beta}_{it}=(E[\boldsymbol{u}'_{2t}\boldsymbol{u}_{2t}|\boldsymbol{Z}^{w}_{t-1}])^{-1}E[\boldsymbol{f}_t{}'u_{1it}|\boldsymbol{Z}^{i,w}_{t-1}] \quad (2.3.3)$$

と表され，操作変数の線形関数，$\boldsymbol{Z}^{i,w}\boldsymbol{\kappa}_i$ としてモデル化される．この特定化は，評価誤差の統計的有意性を評価するとともに，攪乱項

$$u_{6it}=r_{it}-\boldsymbol{Z}^{i,w}_{t-1}\boldsymbol{\kappa}_i(\boldsymbol{Z}^{w}_{t-1}\boldsymbol{\delta}_f)' \quad (2.3.4)$$

が操作変数に対して直交しているか否かを確認することにより，検証される．上記の公式化の主たる利点は，リスク・プレミアム，期待収益率そして条件付ベータの計算値が得られるということである．したがって，モデルのパーフォマンスに焦点を絞った診断が容易になされることになる．一方，不利なことは，かなりきついパラメータ化を必要とすることである．

2.3.3　条件付報酬-危険比率一定モデル

Harvey (1989) は，多重ベータ評価式の検証をするために他のアプローチを提案している．それは，各ファクターについての条件付報酬-危険比率が一定という仮定をすることである．この結果，式 (2.2.15) に示される特定化の多重ベータ版

$$\boldsymbol{\varepsilon}_t=(\boldsymbol{u}_t\ \boldsymbol{u}_{ft}\ \boldsymbol{e}_t)'=\begin{pmatrix}[\boldsymbol{r}_t-\boldsymbol{Z}_{t-1}\boldsymbol{\delta}]'\\ [\boldsymbol{f}_t-\boldsymbol{Z}_{t-1}\boldsymbol{\delta}_f]'\\ [\boldsymbol{r}_t-\boldsymbol{\lambda}(\boldsymbol{u}'_{ft}\boldsymbol{u}_t)]'\end{pmatrix} \tag{2.3.5}$$

が得られる．ここで，$\boldsymbol{\lambda}$ は k 個の時間について不変な報酬-危険比率の尺度からなる行ベクトルである．上記の体系は，

$$\boldsymbol{\varepsilon}_t=(\boldsymbol{u}_{ft}\ \boldsymbol{e}_t)'=\begin{pmatrix}[\boldsymbol{f}_t-\boldsymbol{Z}_{t-1}\boldsymbol{\delta}_f]'\\ [\boldsymbol{r}_t-\boldsymbol{\lambda}(\boldsymbol{u}'_{ft}\boldsymbol{r}_t)]'\end{pmatrix} \tag{2.3.6}$$

と簡単化される．ここでは，単一ベータの特定化の際，先に議論された簡単化の方法と同じアプローチが成立する[5]．

2.4　潜在変数モデル

Hansen and Hodrick (1983)，そして Gibbons and Ferson (1985) によって導入された潜在変数法は，期待収益率を説明するために仮定される線形特定化の係数に関する階数についての制約を提供する．ある1つの資産についての条件付ベータを取り上げ，それを別の資産の条件付ベータで除した比率が一定であることを仮定する．こうした状況のもとで，k-ファクター条件付ベータ価格決定モデルは，期待収益率の変動のすべてが k 個の条件付リスク・プレミアム（k 次元潜在変数）における変化によって説明されることを述べている．ここでも，条件付平均の推定値として，l 次元ベクトルの操作変数上への収益率の射影を考えることができる．しかし，もし期待収益率における変動のすべてが k 個のリスク・プレミアムにおける変化によって説明されるものとすれば，後にみるように，n 個の資産収益率における時間的変動を特徴づけるための nl 個の射影係数すべてを必ずしも必要とするわけではない．ともかく，潜在変数法の基本的考え方は，射影係数行列 $(l\times k)$ の階数 (k) についての検定ということにある．

2.4.1　条件付ベータ比率一定モデル

まず，ポートフォリオの超過収益率からなるベクトルを考え，次のようなベクトル

5　Kan and Zhang (1995) は，条件付報酬-危険比率を操作変数の線形関数としてモデル化することにより，こうした公式化を一般化している．彼らのアプローチは資産特有の操作変数の必要性を除去し，ポートフォリオを用いての評価式の結合推定を認めているものである．しかし，線形条件付ベータ・モデルを破棄することによるいくつかの診断，たとえば期待収益率，ベータ等の計算値は，もはや利用可能でないことになる．

の分割

$$\boldsymbol{r}_t = (\boldsymbol{r}_{1t} \vdots \boldsymbol{r}_{2t}) \tag{2.4.1}$$

を行う．ここで，$\boldsymbol{r}_{1t}$ は $1\times k$ の基準資産 (reference assets) の収益率ベクトルであり，$\boldsymbol{r}_{2t}$ は $1\times(n-k)$ の検定資産 (test assets) の収益率ベクトルである．この分割に応じて，多重ファクター評価モデルに関する条件付ベータ係数行列を分割する．すなわち，

$$\boldsymbol{\beta} = (\boldsymbol{\beta}_1 \vdots \boldsymbol{\beta}_2) \tag{2.4.2}$$

である．ここで，$\boldsymbol{\beta}_1$ は $k\times k$，$\boldsymbol{\beta}_2$ は $k\times(n-k)$ である．このとき，多重ベータ・モデルの評価式は，それぞれ

$$\mathrm{E}[\boldsymbol{r}_{1t}|\boldsymbol{Z}_{t-1}] = \boldsymbol{\gamma}_t\boldsymbol{\beta}_1 \tag{2.4.3}$$

そして，

$$\mathrm{E}[\boldsymbol{r}_{2t}|\boldsymbol{Z}_{t-1}] = \boldsymbol{\gamma}_t\boldsymbol{\beta}_2 \tag{2.4.4}$$

と表される．ここで，γ_t は時間とともに変化する市場全体に共通な $1\times k$ のリスク・プレミアム・ベクトルである．式 (2.4.3) を，$\boldsymbol{\gamma}_t = \mathrm{E}[\boldsymbol{r}_{1t}|\boldsymbol{Z}_{t-1}]\boldsymbol{\beta}_1^{-1}$ と変形し，式 (2.4.4) に代入すれば評価制約式

$$\mathrm{E}[\boldsymbol{r}_{2t}|\boldsymbol{Z}_{t-1}] = \mathrm{E}[\boldsymbol{r}_{1t}|\boldsymbol{Z}_{t-1}]\boldsymbol{\beta}_1^{-1}\boldsymbol{\beta}_2 \tag{2.4.5}$$

が得られる．上式は，検定資産の条件付期待収益率が基準資産の条件付期待収益率に比例的であることを語っている．その比例定数は条件付ベータの比率によって決められることになる．

式 (2.4.5) における評価式は，先に検討されたモデルとおおよそ同じ方法で検証されうることになる[6]．唯一の実質的相違は，もはやファクターを推定する必要がないということである．1つの可能な特定化は，

$$\boldsymbol{\varepsilon}_t = (\boldsymbol{u}_{1t}\ \boldsymbol{u}_{2t}\ \boldsymbol{e}_t)' = \begin{pmatrix} [\boldsymbol{r}_{1t} - \boldsymbol{Z}_{t-1}\boldsymbol{\delta}_1]' \\ [\boldsymbol{r}_{2t} - \boldsymbol{Z}_{t-1}\boldsymbol{\delta}_2]' \\ [\boldsymbol{Z}_{t-1}\boldsymbol{\delta}_2 - \boldsymbol{Z}_{t-1}\boldsymbol{\delta}_1\boldsymbol{\Phi}]' \end{pmatrix} \tag{2.4.6}$$

であり，ここで，$\boldsymbol{\Phi} \equiv \boldsymbol{\beta}_1^{-1}\boldsymbol{\beta}_2$ である．$\boldsymbol{u}_{1t}$ は k 列，$\boldsymbol{u}_{2t}$ は $n-k$ 列，そして $\boldsymbol{e}_t$ は $n-k$ 列からなる．したがって，$l(2n-k)$ 個の直交条件を有し，それに対しパラメータ数は $ln+k(n-k)$ 個である．このとき，$(l-k)(n-k)$ 個の過剰識別制約式が残ることになる．操作変数の数そして資産数の両者ともファクター数より大きくなければならないことに留意されたい．

2.4.2 線形条件付共分散比率モデル

式 (2.4.6) の重要な短所は，条件付ベータの比率 $\boldsymbol{\Phi} \equiv \boldsymbol{\beta}_1^{-1}\boldsymbol{\beta}_2$ が一定であるとの仮定である．潜在変数モデルを一般化する1つの方法は，$\boldsymbol{\Phi}$ の要素が操作変数の線形関数として表現されることを仮定することである[7]．この仮定は，線形条件付ベータの

6 Harvey, Solnic, and Zhou (1995)，そして Zhou (1995) は，潜在変数モデルの検証法を提示している．

仮定に課せられた先の特定化から自然に生じてくる発想である．その結果，潜在変数モデルの体系式は，

$$\boldsymbol{\varepsilon}_t=(\boldsymbol{u}_{1t}\ \boldsymbol{u}_{2t}\ \boldsymbol{e}_t)'=\begin{pmatrix}[\boldsymbol{r}_{1t}-\boldsymbol{Z}_{t-1}\boldsymbol{\delta}_1]'\\ [\boldsymbol{r}_{2t}-\boldsymbol{Z}_{t-1}\boldsymbol{\delta}_2]'\\ [\boldsymbol{Z}_{t-1}\boldsymbol{\delta}_2-\boldsymbol{Z}_{t-1}\boldsymbol{\delta}_1(\boldsymbol{\iota}\otimes\boldsymbol{Z}^*_{t-1})\boldsymbol{\Phi}^*]'\end{pmatrix} \tag{2.4.7}$$

となる．ここで，$\boldsymbol{\iota}$ は1からなる $k\times1$ のベクトルである．もともとの操作変数の組と同じであれば，積率条件の最後の組にある $\boldsymbol{\Phi}^*$ の次元は $l\times(n-k)$ となり，このとき，その体系式は識別不能となる．したがって，分析者はもともとの操作変数のある部分集合 $\boldsymbol{Z}^*$ を特定化せねばならない．その操作変数の組が推定に際して利用されることになり，その次元は $l^*(<l)$ である．

最後に，式(2.4.6)と(2.4.7)のパラメータ化は，3番目の式のブロックを2番目の式に代入することによりパラメータの節約が可能となる．たとえば，

$$\boldsymbol{\varepsilon}_t=(\boldsymbol{u}_{1t}\ \boldsymbol{e}_t)'=\begin{pmatrix}[\boldsymbol{r}_{1t}-\boldsymbol{Z}_{t-1}\boldsymbol{\delta}_1]'\\ [\boldsymbol{r}_{2t}-\boldsymbol{Z}_{t-1}\boldsymbol{\delta}_1\boldsymbol{\Phi}]'\end{pmatrix} \tag{2.4.8}$$

となる．この体系式においては，$\boldsymbol{\delta}_2$ を推定する必要がなくなる．

2.5　一般化モーメント推定法

ファイナンス領域における現在の実証研究においては，広い範囲の計量分析的方法がしばしば利用されている．とりわけ，資産価格決定モデルの推定と検定の領域においては，一般化モーメント(積率)法(GMM)が非常に有益な方法であることがわかってきた．本節においては，その一般化モーメント法について概観する．古典的積率法の簡単な例を用いてGMMの背後にある考え方を説明することから始めよう．ここでは，いくつかのキーとなる分布結果を確認しながら，推定および検定について，GMMアプローチの底流にある仮定に関する簡単な検討をすることへと続くことになる．GMM推定量に関する一致性と漸近的正規性の詳細な証明については，Hansen (1982), Gallant and White (1988), そしてPotscher and Prucha (1991a, b)を参照されたい．

2.5.1　古典的積率法

GMMの背後にある考え方を説明するためのもっとも容易な方法は，古典的積率(モーメント)法(CMM)による推定に関する簡単な例を考えることである．確率密度関数 $f(x;\boldsymbol{\theta})$ の分布から抽出された T 個の確率標本観測値 $x_1, x_2, \cdots, x_T$ を手にしているものとしよう．ここで，$\boldsymbol{\theta}\equiv[\theta_1, \theta_2, \cdots, \theta_k]$ は $k\times1$ の未知パラメータである．これらのパラメータを推定するためのCMMアプローチは，一般的に表現すれば，確

[7] Ferson, Foerster, and Keim (1993)を参照されたい．

率変数 x に関する j 次の原点母集団積率

$$m_j \equiv \mathrm{E}[x^j] \tag{2.5.1}$$

が $\boldsymbol{\theta}$ の既知の関数として表されることに注目した．CMM を適用するために，まず，x の原点標本積率

$$\hat{m}_j = \frac{1}{T}\sum_{i=1}^{T} x_i^j \tag{2.5.2}$$

を計算する．このとき，j 次の標本積率を，$j=1, 2, \cdots, k$ について対応する母集団積率に等しいとおけば，

$$\begin{aligned} \hat{m}_1 &= m_1(\boldsymbol{\theta}) \\ \hat{m}_2 &= m_2(\boldsymbol{\theta}) \\ \vdots\ &\ \vdots\ \vdots \\ \hat{m}_k &= m_k(\boldsymbol{\theta}) \end{aligned} \tag{2.5.3}$$

となる．k 個の未知数について k 個の方程式が存在するので，式(2.5.3)を解くことにより未知パラメータ・ベクトル $\boldsymbol{\theta}$ の推定値を得ることができる．以上みたように，CMM の背後にある基本的アイデアは母集団積率を標本積率に置き換えることにより $\boldsymbol{\theta}$ を推定するということにある．

上記の例について，より具体的なものを考えてみよう．$x_1, x_2, \cdots, x_T$ を平均 μ，分散 σ^2 の正規分布から抽出された確率標本としよう．古典的積率法による μ と σ^2 の推定値を得るために，$\sigma^2 = m_2 - (m_1)^2$ であることに留意しよう．このとき，積率方程式体系は，

$$\begin{aligned} \frac{1}{T}\sum_{i=1}^{T} x_i &= \mu \\ \frac{1}{T}\sum_{i=1}^{T} x_i^2 &= \sigma^2 + \mu^2 \end{aligned} \tag{2.5.4}$$

となる．この結果，平均と分散の推定量として，

$$\begin{aligned} \hat{\mu} &= \frac{1}{T}\sum_{i=1}^{T} x_i \\ \hat{\sigma}^2 &= \frac{1}{T}\sum_{i=1}^{T} x_i^2 - \left(\frac{1}{T}\sum_{i=1}^{T} x_i\right)^2 \end{aligned} \tag{2.5.5}$$

を得る．これらはまた μ と σ^2 の最尤推定量でもあることに気付かれるであろう．

2.5.2　一般化モーメント法(GMM)

古典的積率法は Hansen (1982) によって展開された GMM の特殊ケースに当たる．GMM は，広範囲のさまざまな動的経済モデルの分析に利用可能な推定と仮説検定の一般的枠組を提供するものである．たとえば，条件付積率制約式

$$\mathrm{E}_t[\boldsymbol{u}_{t+\tau}] = \boldsymbol{0} \tag{2.5.6}$$

を生成するモデルのクラスを考えてみよう．ここで，$\mathrm{E}_t[\cdot]$ は t 時点での情報集合の上で条件付けられる期待値演算子であり，$\boldsymbol{u}_{t+\tau} \equiv \boldsymbol{h}(\boldsymbol{X}_{t+\tau}, \boldsymbol{\theta}_0)$ は $n \times 1$ の攪乱項ベクト

ル，$\boldsymbol{X}_{t+\tau}$ は $s\times 1$ の観測可能な確率変数ベクトル，そして $\boldsymbol{\theta}_0$ は $m\times 1$ の未知パラメータ・ベクトルである．GMM の背後にある基本的アイデアは，式 (2.5.6) の積率制約式を考案し，標本値からなる目的関数を作成し，その関数を最小化する未知パラメータ・ベクトル $\boldsymbol{\theta}_0$ を推定値として採用すれば，その推定値は漸近正規一致推定値となる，ということである．

しかしながら，そうした目的関数を構成するには，データ生成過程の性質についていくつかの仮定をする必要がある．$l\times 1$ の観測可能な操作変数ベクトルの t 時点での実現値を $\boldsymbol{Z}_t$ と記すことにしよう．Hansen (1982) に従って，ベクトル過程 $\{\boldsymbol{X}_t, \boldsymbol{Z}_t\}_{t=-\infty}^{\infty}$ は狭義の意味において定常性かつエルゴード性を満足するものとする．決定的な (deterministic) トレンド，単位根そして無条件不均一分散等の，経済データになじみの多くの特徴を除外している．ただしその仮定は，多くの普通の条件付不均一分散モデルとは適合的であり，その適用において過度に制約的とも考えられないものである．

モデルに応じてデータ生成過程の適切な制約式を考えれば，GMM 目的関数の構成に取り掛かることができる．最初にクロネッカー積

$$\boldsymbol{f}(\boldsymbol{X}_{t+\tau}, \boldsymbol{Z}_t, \boldsymbol{\theta}_0)\equiv \boldsymbol{u}_{t+\tau}\otimes \boldsymbol{Z}_t \tag{2.5.7}$$

を作成する．$\boldsymbol{Z}_t$ は t 時点での情報集合の中にあるので，モデル (2.5.6) は

$$\mathrm{E}_t[\boldsymbol{f}(\boldsymbol{X}_{t+\tau}, \boldsymbol{Z}_t, \boldsymbol{\theta}_0)]=\boldsymbol{0} \tag{2.5.8}$$

を意味することに留意されたい．式 (2.5.8) に繰り返し期待値の法則を適用することにより，無条件制約式

$$\mathrm{E}[\boldsymbol{f}(\boldsymbol{X}_{t+\tau}, \boldsymbol{Z}_t, \boldsymbol{\theta}_0)]=\boldsymbol{0} \tag{2.5.9}$$

を得る．式 (2.5.9) は 1 組の nl 個の母集団直交条件を表している．$\mathrm{E}[\boldsymbol{f}(\boldsymbol{X}_{t+\tau}, \boldsymbol{Z}_t, \boldsymbol{\theta})]$ を標本で置き換えた

$$\boldsymbol{g}_T(\boldsymbol{\theta})\equiv\frac{1}{T}\sum_{t=1}^{T}\boldsymbol{f}(\boldsymbol{X}_{t+\tau}, \boldsymbol{Z}_t, \boldsymbol{\theta}) \tag{2.5.10}$$

は，GMM 目的関数の基礎になる式である．$\boldsymbol{\theta}$ の所与の値に対して，$\boldsymbol{g}_T(\boldsymbol{\theta})$ はちょうど確率変数ベクトル $\boldsymbol{f}(\boldsymbol{X}_{t+\tau}, \boldsymbol{Z}_t, \boldsymbol{\theta})$ の T 個の実現値の標本平均となっていることに気付かれるであろう．$\boldsymbol{f}(\cdot)$ が連続で，$\{\boldsymbol{X}_t, \boldsymbol{Z}_t\}_{t=-\infty}^{\infty}$ が狭義に定常かつエルゴード性を有するならば，大数法則により，

$$\boldsymbol{g}_T(\boldsymbol{\theta}) \xrightarrow{p} \mathrm{E}[\boldsymbol{f}(\boldsymbol{X}_{t+\tau}, \boldsymbol{Z}_t, \boldsymbol{\theta})] \tag{2.5.11}$$

となる．したがって，もし今考えている経済モデルが成立するならば，多数の観測数でもって計測されるとき，ベクトル $\boldsymbol{g}_T(\boldsymbol{\theta}_0)$ は 0 に近い値をとることが予想される．この結果，$\boldsymbol{\theta}_0$ の GMM 推定量は，$\boldsymbol{g}_T(\boldsymbol{\theta})$ の 0 からの全体的乖離を最小化する $\boldsymbol{\theta}$ の値を選択することによって得られることになる．$\mathrm{E}[\boldsymbol{f}(\boldsymbol{X}_{t+\tau}, \boldsymbol{Z}_t, \boldsymbol{\theta})]$ が $\boldsymbol{\theta}$ について連続である限り，この推定量が一般的な正則条件 (regularity condition) のもとで一致性を有することが知られている．

そのモデルが正確に識別される ($m=nl$) ならば，GMM 推定量は標本積率を 0 と

おいた方程式体系を解くことにより得られる $\boldsymbol{\theta}$ の値である．多くの場合モデルは過剰識別 ($m<nl$) であり，標本積率のすべてを0に等しいとおくことによりパラメータ・ベクトルの一意解を求めることは不能である．しかしながら，nl 個の標本積率条件からなる m 個の線形結合式を0に等しいとおくならば，$\boldsymbol{\theta}$ の値を見出すことが可能である．$m\times nl$ の行列 $\boldsymbol{A}_T$ について，$\boldsymbol{A}_T\boldsymbol{g}_T(\boldsymbol{\theta})=\boldsymbol{0}$ が非自明な1組の解を有するものとするとき，この方程式体系を解いた $\boldsymbol{\theta}$ の値が，GMM 推定量である．加重行列 $\boldsymbol{A}_T$ の選択にはかなりの自由度があるわけであるが，Hansen (1982) は，$\boldsymbol{A}_T$ を $\boldsymbol{D}_T\boldsymbol{S}_T^{-1}$ に等しいとおくことにより推定量の分散-共分散行列が最小化されることを提示した．ここで，$\boldsymbol{D}_T$ と $\boldsymbol{S}_T$ はそれぞれ

$$\boldsymbol{D}_0\equiv \mathrm{E}\left[\left.\frac{\partial \boldsymbol{h}(\boldsymbol{X}_{t+\tau},\ \boldsymbol{\theta})}{\partial \boldsymbol{\theta}'}\right|_{\boldsymbol{\theta}_0}\otimes \boldsymbol{Z}_t\right],\qquad \boldsymbol{S}_0\equiv \sum_{j=-\infty}^{\infty}\boldsymbol{\Gamma}_0(j) \tag{2.5.12}$$

の一致推定値であり，さらに，$\boldsymbol{\Gamma}_0(j)\equiv \mathrm{E}[\boldsymbol{f}(\boldsymbol{X}_{t+\tau},\ \boldsymbol{Z}_t,\ \boldsymbol{\theta}_0)\boldsymbol{f}(\boldsymbol{X}_{t+\tau-j},\ \boldsymbol{Z}_{t-j},\ \boldsymbol{\theta}_0)']$ である．この結果の導出方法を検討する前に，あらかじめ GMM 推定量の漸近的正規性について述べておかねばならない．

2.5.3　GMM 推定量の漸近的正規性

式 (2.5.10) を再掲すれば，

$$\sqrt{T}\,\boldsymbol{g}_T(\boldsymbol{\theta})\equiv \frac{1}{\sqrt{T}}\sum_{t=1}^{T}\boldsymbol{f}(\boldsymbol{X}_{t+\tau},\ \boldsymbol{Z}_t,\ \boldsymbol{\theta}) \tag{2.5.13}$$

とも表される．標準的な正則条件に加えて，$\{\boldsymbol{X}_t,\ \boldsymbol{Z}_t\}_{t=-\infty}^{\infty}$ が定常かつエルゴード性を有するものと仮定すれば，中心極限定理が成立し，漸近分布

$$\sqrt{T}\,\boldsymbol{g}_T(\boldsymbol{\theta}_0)\ \xrightarrow{d}\ N(\boldsymbol{0},\ \boldsymbol{S}_0) \tag{2.5.14}$$

を得る．ここで，$\boldsymbol{S}_0$ は式 (2.5.12) によって与えられるものである．この結果は，GMM 推定量 $\boldsymbol{\theta}_T$ の極限分布の導出を約束するものとなる．まず，次のような仮定をすることにしよう．

①推定量 $\boldsymbol{\theta}_T$ は $\boldsymbol{\theta}_0$ に確率収束する．

②加重行列 $\boldsymbol{A}_T$ は $\boldsymbol{A}_0$ に確率収束し，$\boldsymbol{A}_0$ のランクは m である．

③$\boldsymbol{D}_T$ を次のように定義する．

$$\boldsymbol{D}_T\equiv \frac{1}{T}\sum_{t=1}^{T}\left(\left.\frac{\partial \boldsymbol{h}(\boldsymbol{X}_{t+\tau},\ \boldsymbol{\theta})}{\partial \boldsymbol{\theta}'}\right|_{\boldsymbol{\theta}_T}\otimes \boldsymbol{Z}_t\right) \tag{2.5.15}$$

このとき，$\boldsymbol{\theta}_T\ \xrightarrow{p}\ \boldsymbol{\theta}_0$ となる任意の $\boldsymbol{\theta}_T$ に対して，行列 $\boldsymbol{D}_T$ はランク m の $\boldsymbol{D}_0$ に確率収束する．そして，平均値の定理を適用すれば，

$$\boldsymbol{g}_T(\boldsymbol{\theta}_T)=\boldsymbol{g}_T(\boldsymbol{\theta}_0)+\boldsymbol{D}_T^*(\boldsymbol{\theta}_T-\boldsymbol{\theta}_0) \tag{2.5.16}$$

と表される．ここで，$\boldsymbol{D}_T^*$ は式 (2.5.15) の $\boldsymbol{\theta}_T$ を $\boldsymbol{\theta}_T^*$ で置き換え評価された行列であり，$\boldsymbol{\theta}_T^*$ は両端点 $\boldsymbol{\theta}_T$ と $\boldsymbol{\theta}_0$ の区間内に存在する．$\boldsymbol{\theta}_T$ は方程式体系 $\boldsymbol{A}_T\boldsymbol{g}_T(\boldsymbol{\theta})=\boldsymbol{0}$ の解であることを想起すれば，式 (2.5.16) の両辺に前から $\boldsymbol{A}_T$ を掛けることにより，

$$\boldsymbol{A}_T\boldsymbol{g}_T(\boldsymbol{\theta}_0)+\boldsymbol{A}_T\boldsymbol{D}_T^*(\boldsymbol{\theta}_T-\boldsymbol{\theta}_0)=\boldsymbol{0} \tag{2.5.17}$$

を得る．$(\boldsymbol{\theta}_T-\boldsymbol{\theta}_0)$ について式 (2.5.17) を解き，$\sqrt{T}$ を前から掛ければ，

$$\sqrt{T}(\boldsymbol{\theta}_T-\boldsymbol{\theta}_0)=-[\boldsymbol{A}_T\boldsymbol{D}_T{}^*]^{-1}\boldsymbol{A}_T\sqrt{T}\boldsymbol{g}_T(\boldsymbol{\theta}_0) \tag{2.5.18}$$

となる．そして，スルツキーの定理により，

$$\sqrt{T}(\boldsymbol{\theta}_T-\boldsymbol{\theta}_0)\overset{d}{\to}-[\boldsymbol{A}_0\boldsymbol{D}_0]^{-1}\boldsymbol{A}_0\times(\sqrt{T}\boldsymbol{g}_T(\boldsymbol{\theta}_0)\text{の極限分布}] \tag{2.5.19}$$

となり，この結果，GMM 推定量の極限分布として，

$$\sqrt{T}(\boldsymbol{\theta}_T-\boldsymbol{\theta}_0)\overset{d}{\to}N(\boldsymbol{0},(\boldsymbol{A}_0\boldsymbol{D}_0)^{-1}\boldsymbol{A}_0\boldsymbol{S}_0\boldsymbol{A}_0'(\boldsymbol{A}_0\boldsymbol{D}_0)^{-1\prime}) \tag{2.5.20}$$

を得る．いまや，GMM 推定量の極限分布が与えられたのであるから，次に加重行列 $\boldsymbol{A}_T$ の最適選択問題の解を得ることが可能となる．この選択問題の基準となるものは式 (2.5.20) で示された分布の分散共分散行列である．すなわち，GMM 推定量の極限分布の分散-共分散行列を最小化する $\boldsymbol{A}_T$ を選択すればよいことになる．

2.5.4　漸近効率的加重行列

効率的加重行列の決定における最初のステップは，$\boldsymbol{S}_0$ が対称で正値定符号行列であることを確認することである．このとき $\boldsymbol{S}_0$ は，ある非特異な $\boldsymbol{P}$ を用いて，$\boldsymbol{S}_0=\boldsymbol{PP}'$ と表され，式 (2.5.20) における分散-共分散行列は，

$$\begin{aligned}\boldsymbol{V}&\equiv(\boldsymbol{A}_0\boldsymbol{D}_0)^{-1}\boldsymbol{A}_0\boldsymbol{S}_0\boldsymbol{A}_0'(\boldsymbol{A}_0\boldsymbol{D}_0)^{-1\prime}\\&=(\boldsymbol{A}_0\boldsymbol{D}_0)^{-1}\boldsymbol{A}_0\boldsymbol{P}((\boldsymbol{A}_0\boldsymbol{D}_0)^{-1}\boldsymbol{A}_0\boldsymbol{P})'\\&=(\boldsymbol{H}+(\boldsymbol{D}_0'\boldsymbol{S}_0{}^{-1}\boldsymbol{D}_0)^{-1}\boldsymbol{D}_0'(\boldsymbol{P}')^{-1})(\boldsymbol{H}+(\boldsymbol{D}_0'\boldsymbol{S}_0{}^{-1}\boldsymbol{D}_0)^{-1}\boldsymbol{D}_0'(\boldsymbol{P}')^{-1})'\end{aligned} \tag{2.5.21}$$

となる．ここで，

$$\boldsymbol{H}\equiv(\boldsymbol{A}_0\boldsymbol{D}_0)^{-1}\boldsymbol{A}_0\boldsymbol{P}-(\boldsymbol{D}_0'\boldsymbol{S}_0{}^{-1}\boldsymbol{D}_0)^{-1}\boldsymbol{D}_0'(\boldsymbol{P}')^{-1}$$

である．一見，この形式で $\boldsymbol{H}$ を定義するのは奇異に思えるかもしれないが，実は，それが $\boldsymbol{A}_T$ の効率的選択を見出すという問題の簡単化をしていることになる．このことが真実であることを確認するためには，

$$\begin{aligned}\boldsymbol{HP}^{-1}\boldsymbol{D}_0&=(\boldsymbol{A}_0\boldsymbol{D}_0)^{-1}\boldsymbol{A}_0\boldsymbol{PP}^{-1}\boldsymbol{D}_0-(\boldsymbol{D}_0'\boldsymbol{S}_0{}^{-1}\boldsymbol{D}_0)^{-1}\boldsymbol{D}_0'(\boldsymbol{P}')^{-1}\boldsymbol{P}^{-1}\boldsymbol{D}_0\\&=\boldsymbol{I}-\boldsymbol{I}\\&=\boldsymbol{0}\end{aligned} \tag{2.5.22}$$

が成立することに留意すればよい．この結果，式 (2.5.21) は，

$$\boldsymbol{V}=\boldsymbol{HH}'+(\boldsymbol{D}_0'\boldsymbol{S}_0{}^{-1}\boldsymbol{D}_0)^{-1} \tag{2.5.23}$$

と簡単化される．$\boldsymbol{H}$ はランク m の $m\times nl$ 行列であるから，$\boldsymbol{HH}'$ は正値定符号となることが知れる．したがって，$(\boldsymbol{D}_0'\boldsymbol{S}_0{}^{-1}\boldsymbol{D}_0)^{-1}$ は GMM 推定量の漸近的分散-共分散行列に関する下限ということになる．$\boldsymbol{A}_0=\boldsymbol{D}_0'\boldsymbol{S}_0{}^{-1}$ を選択すればこの下限が達成されることを，直接代入することにより容易に確認することができる．

GMM 推定量の分布理論についての確認はこれで完了することになる．次に，GMM 推定の実際的側面のいくつかと経済モデルに包含された制約式の検定をいかにして実行していくかについて検討したいと思う．GMM 手順の実行段階での方策から始めることにしよう．

2.5.5 推定手順

未知パラメータ・ベクトル $\boldsymbol{\theta}_0$ の推定値を得るためには，方程式体系

$$\boldsymbol{A}_T\boldsymbol{g}_T(\boldsymbol{\theta})=\boldsymbol{0}$$

を解かねばならない．上式に加重行列の最適選択を代入すれば，

$$\boldsymbol{D}_T'\boldsymbol{S}_T^{-1}\boldsymbol{g}_T(\boldsymbol{\theta})=\boldsymbol{0} \quad (2.5.24)$$

となる．ここで，$\boldsymbol{S}_T$ は行列 $\boldsymbol{S}_0$ の一致推定値である．式(2.5.24)が

$$\min_{\theta} J_T(\theta)\equiv\boldsymbol{g}_T(\boldsymbol{\theta})'\boldsymbol{S}_T^{-1}\boldsymbol{g}_T(\boldsymbol{\theta}) \quad (2.5.25)$$

という問題のちょうど1階条件となっていることは明らかである．$\boldsymbol{S}_0$ の一致推定値が与えられるならば，式(2.5.25)において示される2次形式を最小化することにより，$\boldsymbol{\theta}_0$ のGMM推定量を得ることが可能となる．

$\boldsymbol{\theta}_0$ を推定するためには，$\boldsymbol{S}_0$ の一致推定値を得る必要がある．ところが，一般的には $\boldsymbol{S}_0$ は $\boldsymbol{\theta}_0$ の関数である．この矛盾に対する解答は2段推定法を行うことである．最初に，$\boldsymbol{S}_T$ を単位行列とおき，最小化を行うことにより第1段の $\boldsymbol{\theta}_0$ についての推定量を得る．この推定量は漸近的効率性を満たさないが，一致性は有している．そこで，この推定値を $\boldsymbol{S}_0$ の一致推定値として利用することが可能となる．$\boldsymbol{S}_0$ の一致推定値が得られれば，式(2.5.25)の2次形式を最小にすることにより，$\boldsymbol{\theta}_0$ の2段目の推定値を得ることになる．

われわれが2段推定法を実行し，パラメータ・ベクトル $\boldsymbol{\theta}_0$ の効率的GMM推定値を得たものとしよう．ものの順序でいえば，次に観測されたデータがそのモデルにどの程度フィットしているかを計測する方法をもちたいと思うであろう．そのような適合度の尺度を得る1つの方法は，過剰識別制約の検定を構築することである．

2.5.6 過剰識別制約の検定

いま考えているモデルが過剰識別 $(m<nl)$ であるとしよう．そのような状況下では，モデルの全体的適合度の検定を展開することができる．平均値の定理より，$\boldsymbol{g}_T(\boldsymbol{\theta}_T)$ は，

$$\boldsymbol{g}_T(\boldsymbol{\theta}_T)=\boldsymbol{g}_T(\boldsymbol{\theta}_0)+\boldsymbol{D}_T^*(\boldsymbol{\theta}_T-\boldsymbol{\theta}_0) \quad (2.5.26)$$

と表現される．式(2.5.26)に $\sqrt{T}$ を掛け，式(2.5.18)を $\sqrt{T}(\boldsymbol{\theta}_T-\boldsymbol{\theta}_0)$ に代入すれば，

$$\sqrt{T}\boldsymbol{g}_T(\boldsymbol{\theta}_T)=(\boldsymbol{I}-\boldsymbol{D}_T^*(\boldsymbol{A}_T\boldsymbol{D}_T^*)^{-1}\boldsymbol{A}_T)\sqrt{T}\boldsymbol{g}_T(\boldsymbol{\theta}_0) \quad (2.5.27)$$

を得る．$\boldsymbol{A}_T$ に代わり最適選択行列を代入すれば，

$$\sqrt{T}\boldsymbol{g}_T(\boldsymbol{\theta}_T)=(\boldsymbol{I}-\boldsymbol{D}_T^*(\boldsymbol{D}_T'\boldsymbol{S}_T^{-1}\boldsymbol{D}_T^*)^{-1}\boldsymbol{D}_T'\boldsymbol{S}_T^{-1})\sqrt{T}\boldsymbol{g}_T(\boldsymbol{\theta}_0) \quad (2.5.28)$$

となり，スルツキーの定理により，

$$\sqrt{T}\boldsymbol{g}_T(\boldsymbol{\theta}_T)\xrightarrow{d}(\boldsymbol{I}-\boldsymbol{D}_0(\boldsymbol{D}_0'\boldsymbol{S}_0^{-1}\boldsymbol{D}_0)^{-1}\boldsymbol{D}_0'\boldsymbol{S}_0^{-1})\times N(\boldsymbol{0},\boldsymbol{S}_0) \quad (2.5.29)$$

が得られる．$\boldsymbol{S}_0$ は対称で正値定符号行列であるから，非特異な $\boldsymbol{P}$ により，$\boldsymbol{S}_0=\boldsymbol{P}\boldsymbol{P}'$

と分解される．このとき式(2.5.29)は，

$$\sqrt{T}\boldsymbol{P}^{-1}\boldsymbol{g}_T(\boldsymbol{\theta}_T) \xrightarrow{d} (\boldsymbol{I}-\boldsymbol{P}^{-1}\boldsymbol{D}_0(\boldsymbol{D}_0'\boldsymbol{S}_0^{-1}\boldsymbol{D}_0)^{-1}\boldsymbol{D}_0'(\boldsymbol{P}')^{-1})\times N(\boldsymbol{0},\boldsymbol{I}) \quad (2.5.30)$$

と表される．式(2.5.30)の正規分布の前に掛けられている行列はランク $nl-m$ のべき等行列である．それゆえ，過剰識別検定統計量

$$M_T\equiv T\boldsymbol{g}_T(\boldsymbol{\theta}_T)'\boldsymbol{S}_0^{-1}\boldsymbol{g}_T(\boldsymbol{\theta}_T) \quad (2.5.31)$$

は，自由度 $nl-m$ の χ^2 確率変数に収束することが知られている．$\boldsymbol{S}_0$ を一致推定値 $\boldsymbol{S}_T$ で置き換えても，M_T の極限分布は同一のままである．

多くの点において，過剰識別制約の検定は最尤推定におけるラグランジュ乗数検定に類似していることに気付くであろう．$\boldsymbol{\theta}_0$ の GMM 推定量は，nl 個の直交条件からなる $\boldsymbol{m}$ 個の線形結合式を 0 に等しいとおくことにより得られる．したがって，0 に等しくない $nl-m$ 個の線形独立な結合式が存在する．積率条件からなる $nl-m$ 個の線形結合式を考え，それらを $(nl-1)\times 1$ の未知パラメータ・ベクトル $\boldsymbol{\alpha}$ に等しいとしよう．その体系は適度識別であり，M_T は恒等的に 0 となる．そこで，$\alpha=0$ という制約条件をおけば，ラグランジュ乗数検定のスコアの GMM 版と考えられる $T\boldsymbol{g}_T(\boldsymbol{\theta}_T)'\boldsymbol{S}_0^{-1}\boldsymbol{g}_T(\boldsymbol{\theta}_T)$ に加えて，効率的 GMM 推定量を得ることができる．

過剰識別制約の検定は興味あるものであった．なぜなら，データがモデルにどの程度フィットしているかを測定する簡単な方法をその検定は提供しているからである．モデルのパラメータ・ベクトルに関する制約式の検定が可能であるという意味においても便利なものであろう．これからみるように，そのような検定は簡単な方法において構築されうることになる．

2.5.7 GMM における仮説検定

パラメータ・ベクトルに関する制約式

$$\boldsymbol{q}(\boldsymbol{\theta}_0)=\boldsymbol{0} \quad (2.5.32)$$

の検定に関心があるものとしよう．ここで，$\boldsymbol{q}$ は $p\times 1$ の既知の関数ベクトルである．$p\times m$ 行列 $\boldsymbol{Q}_0\equiv\partial\boldsymbol{q}/\partial\boldsymbol{\theta}'$ は $\boldsymbol{\theta}_0$ で評価された $\boldsymbol{q}(\boldsymbol{\theta})$ のヤコビアンを記すものとしよう．仮定により，$\boldsymbol{Q}_0$ のランクは p である．加重行列に最適選択がされるとき，GMM 推定量の極限分布は，

$$\sqrt{T}(\boldsymbol{\theta}_T-\boldsymbol{\theta}_0) \xrightarrow{d} N(\boldsymbol{0},(\boldsymbol{D}_0'\boldsymbol{S}_0^{-1}\boldsymbol{D}_0)^{-1}) \quad (2.5.33)$$

となることを既に知っている．一般的な正則条件のもとで，標準的大標本検定統計量は，その制約式が成立するとき，漸近的に自由度 p の χ^2 分布に従うことになる．

制約なしの推定量を $\boldsymbol{\theta}_T{}^u$，そして $\boldsymbol{q}(\boldsymbol{\theta})=\boldsymbol{0}$ の制約式のもとでの $J_T(\boldsymbol{\theta})$ を最小化することから得られる推定量を $\boldsymbol{\theta}_T{}^r$ と記すことにしよう．ワルド検定統計量は制約なしの推定量に基づくものであり，その統計量は，

$$W_T\equiv T\boldsymbol{q}(\boldsymbol{\theta}_T{}^u)'(\boldsymbol{Q}_T(\boldsymbol{D}_T'\boldsymbol{S}_T^{-1}\boldsymbol{D}_T)^{-1}\boldsymbol{Q}_T')^{-1}\boldsymbol{q}(\boldsymbol{\theta}_T{}^u) \quad (2.5.34)$$

となる．ここで，$\boldsymbol{Q}_T,\boldsymbol{D}_T$ そして $\boldsymbol{S}_T$ は $\boldsymbol{Q}_0,\boldsymbol{D}_0$ そして $\boldsymbol{S}_0$ の一致推定値であり，$\boldsymbol{\theta}_T$ を

用いて計算される．ラグランジュ乗数検定統計量は制約付推定量で評価された $J_T(\boldsymbol{\theta})$ の勾配を用いて構成される．その統計量は，

$$LM_T \equiv Tg_T(\boldsymbol{\theta}_T{}^r)'\boldsymbol{S}_T{}^{-1}\boldsymbol{D}_T(\boldsymbol{D}_T{}'\boldsymbol{S}_T{}^{-1}\boldsymbol{D}_T)^{-1}\boldsymbol{D}_T{}'\boldsymbol{S}_T{}^{-1}\boldsymbol{g}_T(\boldsymbol{\theta}_T{}^r) \qquad (2.5.35)$$

によって与えられる．ここで，$\boldsymbol{D}_T$ そして $\boldsymbol{S}_T$ は $\boldsymbol{D}_0$ そして $\boldsymbol{S}_0$ の一致推定値であり，$\boldsymbol{\theta}_T{}^r$ から計算される．尤度比検定統計量は，制約付推定量に対する過剰識別検定統計量と制約なしの推定量に対する検定統計量の差に等しくなり，

$$LR_T \equiv T(\boldsymbol{g}_T(\boldsymbol{\theta}_T{}^r)'\boldsymbol{S}_T{}^{-1}\boldsymbol{g}_T(\boldsymbol{\theta}_T{}^r) - \boldsymbol{g}_T(\boldsymbol{\theta}_T{}^u)'\boldsymbol{S}_T{}^{-1}\boldsymbol{g}_T(\boldsymbol{\theta}_T{}^u)) \qquad (2.5.36)$$

である．同一の推定値 $\boldsymbol{S}_T$ が2つの推定に対して使用されねばならない．

$\boldsymbol{S}_0$ の一致推定値が GMM アプローチによる推定と検定のキー要素の1つであることが，これからの議論から明らかになるであろう．実際には，$\boldsymbol{S}_0$ を推定する多くの異なった方法がある．そのうちどれが適切な方法かについては，考慮されているモデルの特徴にしばしば依存することになる．以下での議論は，不均一分散そして自己相関を導入したモデルの分散-共分散行列の一致推定法を提供する．より詳細については，Andrews (1991) に記されている．

2.5.8　分散-共分散行列の頑健な推定

$\sqrt{T}\boldsymbol{g}_T(\boldsymbol{\theta}_0)$ の分散-共分散行列は，

$$\boldsymbol{S}_0 \equiv \sum_{j=-\infty}^{\infty} \boldsymbol{\Gamma}_0(j) \qquad (2.5.37)$$

によって与えられる．ここで，$\boldsymbol{\Gamma}_0(j) \equiv \mathrm{E}[\boldsymbol{f}(\boldsymbol{X}_{t+\tau}, \boldsymbol{Z}_t, \boldsymbol{\theta}_0)\boldsymbol{f}(\boldsymbol{X}_{t+\tau-j}, \boldsymbol{Z}_{t-j}, \boldsymbol{\theta}_0)']$ である．定常性を仮定しているので，$\boldsymbol{\Gamma}_0(-j) = \boldsymbol{\Gamma}_0(j)'$ の関係式を利用して，この行列は，

$$\boldsymbol{S}_0 = \boldsymbol{\Gamma}_0(0) + \sum_{j=1}^{\infty}(\boldsymbol{\Gamma}_0(j) + \boldsymbol{\Gamma}_0(j)') \qquad (2.5.38)$$

とも表される．今，$\boldsymbol{S}_0$ の一致推定値をいかにして得るかの手順を考えているものとしよう．最初に，$\boldsymbol{f}(\boldsymbol{X}_{t+\tau}, \boldsymbol{Z}_t, \boldsymbol{\theta}_0)$ の系列相関が存在しない場合から考えていく．そのような状況のもとでは，式 (2.5.38) 右辺の第2項が落とされ，そして，

$$\boldsymbol{\Gamma}_T(0) \equiv (1/T)\sum_{t=1}^{T} \boldsymbol{f}(\boldsymbol{X}_{t+\tau}, \boldsymbol{Z}_t, \boldsymbol{\theta}_T)\boldsymbol{f}(\boldsymbol{X}_{t+\tau}, \boldsymbol{Z}_t, \boldsymbol{\theta}_T)'$$

が $\boldsymbol{S}_0$ の一致推定値となる．

次に，$\boldsymbol{f}(\cdot)$ が自己相関を有する場合はより複雑である．式 (2.5.38) の合計が無限の項数についてなされることに気付くであろう．これらの項の1つ1つを推定することは明らかに不可能である．前進させる1つの方法は，$\boldsymbol{f}(\cdot)$ をそれが有限の数の遅れ L について自己相関を有しているかのように取り扱うことである．そのような状況のもとでは，$\boldsymbol{S}_0$ についての自然な推定量は，

$$\boldsymbol{S}_T = \boldsymbol{\Gamma}_T(0) + \sum_{j=1}^{L}(\boldsymbol{\Gamma}_T(j) + \boldsymbol{\Gamma}_T(j)') \qquad (2.5.39)$$

であろう．ここで，$\boldsymbol{\Gamma}_T(j) \equiv (1/T)\sum_{t=1+j}^{T} \boldsymbol{f}(\boldsymbol{X}_{t+\tau}, \boldsymbol{Z}_t, \boldsymbol{\theta}_0)\boldsymbol{f}(\boldsymbol{X}_{t+\tau-j}, \boldsymbol{Z}_{t-j}, \boldsymbol{\theta}_0)'$ である．式 (2.5.39) における個々の $\boldsymbol{\Gamma}_T(j)$ が一致性を有している限り，標本サイズ T が増加

するにつれ適当な割合で L が増加するならば，推定量 $\boldsymbol{S}_T$ は一致推定量となる．ところが，式 (2.5.39) における $\boldsymbol{S}_0$ の推定量は半正値定符号であることが保証されないのである．このことが実証作業において問題を生じさせることになる．

この難事に対する解答は，$\boldsymbol{\Gamma}_T(j)$ の加重和として $\boldsymbol{S}_T$ を計算することである．しかも，そのウエイトは j の増加につれ，しだいに 0 に下降するものである．もしこのようなウエイトが適切に選択されるならば，そのとき $\boldsymbol{S}_T$ は一致性を有し，正定値符号となる．今，$nl(L+1)\times nl(L+1)$ の分割行列を，

$$\boldsymbol{C}_T(L)=\begin{bmatrix}\boldsymbol{\Gamma}_T(0) & \boldsymbol{\Gamma}_T(1)' & \cdots & \boldsymbol{\Gamma}_T(L)' \\ \boldsymbol{\Gamma}_T(1) & \boldsymbol{\Gamma}_T(0) & \cdots & \boldsymbol{\Gamma}_T(L-1)' \\ \vdots & \vdots & \ddots & \vdots \\ \boldsymbol{\Gamma}_T(L) & \boldsymbol{\Gamma}_T(L-1) & \cdots & \boldsymbol{\Gamma}_T(0)\end{bmatrix} \tag{2.5.40}$$

と定義する．行列 $\boldsymbol{C}_T(L)$ は $\boldsymbol{C}_T(L)=\boldsymbol{Y}'\boldsymbol{Y}$ と表現される．ここで，$\boldsymbol{Y}$ は $(T+L)\times nl(L+1)$ の分割行列である．たとえば，$L=2$ としよう．このとき行列 $\boldsymbol{Y}$ は，

$$\boldsymbol{Y}=\frac{1}{T}\begin{bmatrix} 0 & 0 & \boldsymbol{f}(\boldsymbol{X}_{1+\tau}, \boldsymbol{Z}_1, \boldsymbol{\theta}_T)' \\ 0 & \boldsymbol{f}(\boldsymbol{X}_{1+\tau}, \boldsymbol{Z}_1, \boldsymbol{\theta}_T)' & \vdots \\ \boldsymbol{f}(\boldsymbol{X}_{1+\tau}, \boldsymbol{Z}_1, \boldsymbol{\theta}_T)' & \vdots & \boldsymbol{f}(\boldsymbol{X}_{T+\tau}, \boldsymbol{Z}_T, \boldsymbol{\theta}_T)' \\ \vdots & \boldsymbol{f}(\boldsymbol{X}_{T+\tau}, \boldsymbol{Z}_T, \boldsymbol{\theta}_T)' & 0 \\ \boldsymbol{f}(\boldsymbol{X}_{T+\tau}, \boldsymbol{Z}_T, \boldsymbol{\theta}_T)' & 0 & 0 \end{bmatrix} \tag{2.5.41}$$

と与えられる．この結果から，$\boldsymbol{C}_T(L)$ が半正値定符号行列であることがわかる．次に，行列

$$\boldsymbol{S}_T(L)=[\alpha_0\boldsymbol{I}\ \alpha_1\boldsymbol{I}\cdots\alpha_L\boldsymbol{I}]\begin{bmatrix}\boldsymbol{\Gamma}_T(0) & \cdots & \boldsymbol{\Gamma}_T(L)' \\ \boldsymbol{\Gamma}_T(1) & \cdots & \boldsymbol{\Gamma}_T(L-1)' \\ \vdots & \ddots & \vdots \\ \boldsymbol{\Gamma}_T(L) & \cdots & \boldsymbol{\Gamma}_T(0)\end{bmatrix}\begin{bmatrix}\alpha_0\boldsymbol{I} \\ \alpha_1\boldsymbol{I} \\ \vdots \\ \alpha_L\boldsymbol{I}\end{bmatrix} \tag{2.5.42}$$

を考えてみよう．ここで，α_i はスカラーである．$\boldsymbol{S}_T(L)$ は半正値定符号行列における 2 次形式の形をした分割行列であるから，それもまた半正値定符号行列であらねばならない．式 (2.5.42) を再整理すれば，

$$\boldsymbol{S}_T(L)=(\alpha_0{}^2+\cdots+\alpha_L{}^2)\boldsymbol{\Gamma}_T(0)+\sum_{j=1}^{L}\left(\sum_{i=0}^{L-j}\alpha_i\alpha_{i+j}\right)(\boldsymbol{\Gamma}_T(j)+\boldsymbol{\Gamma}_T(j)') \tag{2.5.43}$$

となる．式 (2.5.43) の右辺の加重和は分散–共分散行列 $\boldsymbol{S}_0$ についての推定量の一般的な形式を有している．したがって，式 (2.5.43) におけるウエイトが L の減少関数であり，標本サイズの増加に対して適当に緩い割合で L が増加するように α_i が選択されるならば，$\boldsymbol{S}_0$ について一致性を有する半正値定符号推定量を得ることになる．

Newey and West (1987) によって提案された修正バートレット加重 (modified Bartlett weights) は実証研究において広く利用されてきた．分散–共分散行列の計算における $\boldsymbol{\Gamma}_T(j)$ におかれているウエイトを w_j としよう．修正バートレット加重のウエイト関数は

$$w_j=\begin{cases}1-\dfrac{j}{L+1}, & j=0,1,2,\cdots,L\\ 0, & j>L\end{cases} \tag{2.5.44}$$

の形で表現される．ここで，L はラグ切断パラメータ (lag truncation parameter) である．$i=0,1,\cdots,L$ について $\alpha_i=1/\sqrt{L+1}$ とおけば，上記のウエイトが得られることに気付くであろう．Newey and West (1987) は，L が $T^{1/3}$ に比例する割合で増加するならば，これらのウエイトに基づく $\boldsymbol{S}_T$ は $\boldsymbol{S}_0$ の一致推定量であることを示した．Newey and West (1987) によって提案されたウエイト関数はよく知られているが，最近の研究ではより好ましい他のウエイト関数が提案されている．Andrews (1991) はさまざまなそれぞれ異なったウエイト関数の理論的かつ実証的パフォーマンスについて調べている．彼の結果に基づけば，パルゼン・ウエイト (Parzen weights) が分析的取り扱いやすさと全体のパフォーマンスについてよい組み合わせを提供するように判断される．パルゼン・ウエイトのウエイト関数は，

$$w_j=\begin{cases}1-\dfrac{6j^2}{L^2}+\dfrac{6j^3}{L^3}, & 0\leq\dfrac{j}{L}\leq\dfrac{1}{2}\\ 2\left(1-\dfrac{j}{L}\right)^3, & \dfrac{1}{2}\leq\dfrac{j}{L}\leq 1\\ 0, & \dfrac{j}{L}>1\end{cases} \tag{2.5.45}$$

である．

われわれが強調せねばならない最後の問題は，式 (2.5.45) の遅れの切断パラメータ L の選択方法についてである．もっとも簡単な方法は Gallant の提案に従い，L を $T^{1/5}$ にもっとも近い整数にすることである．この代入 (plug-in) アプローチの主たる利点は，それがデータ・セットの標本サイズのみに依存する推定量をもたらすということである．一方，Andrews (1991) によって試みられた別の方法は，小標本においてよりよいパフォーマンスを示すようである．彼は次のようなデータ依存的 (data-dependent) アプローチを提案している．$\boldsymbol{\theta}_0$ の第1段階での推定値を用いて $\boldsymbol{f}(\boldsymbol{X}_{t+\tau}, \boldsymbol{Z}_t, \boldsymbol{\theta}_0)$ の標本値を計算する．次に，このベクトル $\boldsymbol{f}$ の各要素についての1階の自己相関モデルを推定する．残差分散に加えて自己相関係数も，推定量の漸近的切断平均2乗誤差を最小にする L の値を推定するために利用される．Andrews (1991) はモンテカルロ実験を行い，この方法によって計算された $\boldsymbol{S}_0$ の推定量が，多くの状況下で好ましい結果を上げていることを報告している．

2.6 結　　語

資産価格決定モデルは，資産の期待収益率が1つもしくは複数のベータ係数からなる線形関数として表現されることを述べている．ベータ係数とは，分散化不可能なリスクの源泉に対する資産の感応度の測定値である．リスクとリターンのこの線形的ト

レード・オフは，モデルとして直感的にわかりやすくそして分析的にも取り扱いやすいものとしている．ベータ価格決定モデルを推定し検定するべく多くの異なった方法が提案されてきた．なかんずく，操作変数法は多くの状況においてよりすぐれたアプローチである．操作変数アプローチの主たる利点は，それが時間とともに変化するリスクと期待収益率を特徴付ける高度に取り扱い可能な方法を提供することである．

本章においては，条件付そして無条件ベータ価格決定モデルの計量分析的手法による計測について１つの紹介がなされてきた．操作変数法がいかにしてさまざまなモデルに適用されるかを，多くの例を用いて提示してきた．Sharpe (1964)-Lintner (1965) 型 CAPM の条件付バージョンの議論から出発し，単一ベータ・モデルの推定と検定に用いられた操作変数アプローチについて例示を行った．次に，多重ベータ・モデルの分析に拡張し，そこでは潜在変数法の枠組みを紹介した．GMM による推定と検定について概観することも行われた．本章で展開されたすべての方法は資産評価の分野と同様，他の領域においても適用性を有しているものである．■

［堀本三郎・訳］

文　　献

Andrews, D. W. K. (1991). Heteroskedasticity and autocorrelation consistent covariance matrix estimation. *Econometrica* **59**, 817–858.

Bansal, R. and C. R. Harvey (1995). Performance evaluation in the presence of dynamic trading strategies. Working Paper, Duke University, Durham, NC.

Beneish, M. D. and C. R. Harvey (1995). Measurement error and nonlinearity in the earnings-returns relation. Working Paper, Duke University, Durham, NC.

Black, F. (1972). Capital market equilibrium with restricted borrowing. *J. Business* **45**, 444-454.

Blake, I. F. and J. B. Thomas (1968). On a class of processes arising in linear estimation theory. *IEEE Transactions on Information Theory* IT-14, 12–16.

Bollerslev, T., R. F. Engle and J. M. Wooldridge (1988). A capital asset pricing model with time varying covariances. *J. Politic. Econom.* **96**, 116–31.

Breeden, D. (1979). An intertemporal asset pricing model with stochastic consumption and investment opportunities. *J. Financ. Econom.* **7**, 265-296.

Campbell, J. Y. (1987). Stock returns and the term structure. *J. Financ. Econom.* **18**, 373–400.

Carhart, M. and R. J. Krail (1994). Testing the conditional CAPM. Working Paper, University of Chicago.

Chu, K. C. (1973). Estimation and decision for linear systems with elliptically random processes. *IEEE Transactions on Automatic Control* AC-**18**, 499–505.

Cochrane, J. (1994). Discrete time empirical finance. Working Paper, University of Chicago.

Devlin, S. J. R. Gnanadesikan and J. R. Kettenring, Some multivariate applications of elliptical distributions. In: S. Ideka et al., eds., *Essays in probability and statistics*, Shinko Tsusho, Tokyo, 365–393.

Dybvig, P. H. and S. A. Ross (1985). Differential information and performance measurement using a security market line. *J. Finance* **40**, 383–400.

Dumas, B. and B. Solnik (1995). The world price of exchange rate risk. *J. Finance* 445–480.

Fama, E. F. and J. D. MacBeth (1973). Risk, return, and equilibrium: Empirical tests. *J. Politic. Econom.* **81**, 607–636.

Ferson, W. E. (1990). Are the latent variables in time-varying expected returns compensation for consumption risk. *J. Finance* **45**, 397–430.

Ferson, W. E. (1995). Theory and empirical testing of asset pricing models. In: Robert A. J. W. T. Ziemba and V. Maksimovic, eds. North Holland 145–200

Ferson, W. E., S. R. Foerster and D. B. Keim (1993). General tests of latent variables models and mean-variance spanning. *J. Finance* **48**, 131–156.

Ferson, W. E. and C. R. Harvey (1991). The variation of economic risk premiums. *J. Politic. Econom.* **99**, 285–315.

Ferson, W. E. and C. R. Harvey (1993). The risk and predictability of international equity returns. *Rev. Financ. Stud.* **6**, 527–566.

Ferson, W. E. and C. R. Harvey (1994). An exploratory investigation of the fundamental determinants of national equity market returns. In: Jeffrey Frankel, ed., *The internationalization of equity markets*, Chicago: University of Chićago Press, 59–138.

Ferson, W. E. and R. A. Korajczyk (1995) Do arbitrage pricing models explain the predictability of stock returns. *J. Business*, 309–350.

Ferson, W. E. and Stephen R. Foerster (1994). Finite sample properties of the Generalized Method of Moments in tests of conditional asset pricing models. *J. Financ. Econom.* **36**, 29–56.

Gallant, A. R. (1981). On the bias in flexible functional forms and an essentially unbiased form: The Fourier flexible form. *J. Econometrics* **15**, 211-224.

Gallant, A. R. (1987). Nonlinear statistical models. John Wiley and Sons, NY.

Gallant, A. R. and G. E. Tauchen (1989). Seminonparametric estimation of conditionally constrained heterogeneous processes. *Econometrica* **57**, 1091–1120.

Gallant, A. R. and H. White (1988). A unified theory of estimation and inference for nonlinear dynamic models. Basil Blackwell, NY.

Gallant, A. R. and H. White (1990). On learning the derivatives of an unknown mapping with multilayer feedforward networks. University of California at San Diego.

Gibbons, M. R. and W. E. Ferson (1985). Tests of asset pricing models with changing expectations and an unobservable market portfolio. *J. Financ. Econom.* **14**, 217–236.

Glodjo, A. and C. R. Harvey (1995). Forecasting foreign exchange market returns via entropy coding. Working Paper, Duke University, Durham NC.

Hansen, L. P. (1982). Large sample properties of generalized method of moments estimators. *Econometrica* **50**, 1029–1054.

Hansen, L. P. and R. J. Hodrick (1983). Risk averse speculation in the forward foreign exchange market: An econometric analysis of linear models. In: Jacob A. Frenkel, ed., Exchange rates and international macroeconomics, University of Chicago Press, Chicago, IL.

Hansen, L. P. and R. Jagannathan (1991). Implications of security market data for models of dynamic economies. *J. Politic. Econom.* **99**, 225-262.

Hansen, L. P. and R. Jagannathan (1994). Assessing specification errors in stochastic discount factor models. Unpublished working paper, University of Chicago, Chicago, IL.

Hansen, L. P. and S. F. Richard (1987). The role of conditioning information in deducing testable restrictions implied by dynamic asset pricing models. *Econometrica* **55**, 587–613.

Hansen, L. P. and K. J. Singleton (1982). Generalized instrumental variables estimation of nonlinear rational expectations models. *Econometrica*, **50**, 1269–1285.

Harvey, C. R. (1989). Time-varying conditional covariances in tests of asset pricing models. *J. Financ. Econom.* **24**, 289–317.

Harvey, C. R. (1991a). The world price of covariance risk. *J. Finance* **46**, 111–157.

Harvey, C. R. (1991b). The specification of conditional expectations. Working Paper, Duke University.

Harvey, C. R. (1995), Predictable Risk and returns in emerging markets, Rev. Financ. Stud. 773–816.

Harvey, C. R. and C. Kirby (1995). Analytic tests of factor pricing models. Working Paper, Duke University, Durham, NC.

Harvey, C. R., B. H. Solnik and G. Zhou (1995). What determines expected international asset returns? Working Paper, Duke University, Durham, NC.

Huang, R. D. (1989). Tests of the conditional asset pricing model with changing expectations. Unpublished working Paper, Vanderbilt University, Nashville, TN.

Jagannathan, R. and Z. Wang (1996). The CAPM is alive and well. *J. Finance* **51**, 3–53.

Kan, R. and C. Zhang (1995). A test of conditional asset pricing models. Working Paper, University of Alberta, Edmonton, Canada.

Keim, D. B. and R. F. Stambaugh (1986). Predicting returns in the bond and stock market. *J. Financ. Econom.* **17**, 357–390.

Kelker, D. (1970). Distribution theory of spherical distributions and a location-scale parameter generalization. *Sankhyā*, series *A*, 419–430.

Kirby, C (1995). Measuring the predictable variation in stock and bond returns. Working Paper, Rice University, Houston, Tx.

Lintner, J. (1965). The valuation of risk assets and the selection of risky investments in stock portfolios and capital budgets. *Rev. Econom. Statist.* **47**, 13–37.

Merton, R. C. (1973). An intertemporal capital asset pricing model. *Econometrica* **41**, 867–887.

Newey, W. K. and K. D. West (1987). A simple, positive semi-definite, heteroskedasticity-consistent covariance matrix. *Econometrica* **55**, 703–708.

Potscher, B. M. and I. R. Prucha (1991a). Basic structure of the asymptotic theory in dynamic nonlinear econometric models, part I: Consistency and approximation concepts. *Econometric Rev.* **10**, 125–216.

Potscher, B. M. and I. R. Prucha (1991b). Basic structure of the asymptotic theory in dynamic nonlinear econometric models, part II: Asymptotic normality. *Econometric Rev.* **10**, 253–325.

Ross, S. A. (1976). The arbitrage theory of capital asset pricing. *J. Econom. Theory* **13**, 341-360.

Shanken, J. (1990). Intertemporal asset pricing: An empirical investigation. *J. Econometrics* **45**, 99–120.

Sharpe, W. (1964). Capital asset prices: A theory of market equilibrium under conditions of risk. *J. Finance* **19**, 425–442.

Silverman, B. W. (1986). *Density estimation for statistics and data analysis*. London: Chapman and Hall.

Solnik, B. (1991). The economic significance of the predictability of international asset returns. Working Paper, HEC-School of Management.

Vershik, A. M. (1964). Some characteristics properties of Gaussian stochastic processes. *Theory Probab. Appl.* **9**, 353–356.

White, H. (1980). A heteroskedasticity consistent covariance matrix estimator and a direct test of heteroskedasticity. *Econometrica* **48**, 817–838.

Zhou, G. (1995). Small sample rank tests with applications to asset pricing. *J. Empirical Finance* **2**, 71–94.

3

資産価格決定モデルに対するセミパラメトリック手法

Semiparametric Methods for Asset Pricing Models

Bruce N. Lehmann

この章は，一般化モーメント法(GMM)の枠組みの範囲内で，資産価格モデルに対するセミパラメトリック推定方法について議論する．GMMは，無条件の形で資産価格決定モデルに広く適用される．しかし，資産価格理論に含意される条件付平均の制約は，めったに利用されることはない．この論文の目的は，これら障害を取り除くようにいくつかの適度な手段を取ることにある．効率的なGMM推定の性質は，最大相関や最適ヘッジポートフォリオといった金融経済学者に親しみやすい言語で与えられる．同様に，ベータ価格決定モデル族は，資産価格決定の応用における効率性ゲイン(efficiency gain)の源泉を明らかにするための自然な設定を与える．筆者の望みは，このささやかな貢献が，達成可能な効率性ゲインのより日常的な利用に役立てば幸いである．

3.1 はじめに

摩擦のない市場における資産価格決定の関係は，本質的にセミパラメトリックである．すなわち，評価モデルが，追加的な分布上の仮定がなければ，条件付モーメント制約によって与えられることはごく普通である．したがって，自然な推定手順は，母集団の条件付モーメントを対応する標本モーメントで置き換えることである．言い方を変えれば，Hansen (1982)による一般化モーメント法の枠組みは，資産価格決定関係に対する経済学と計量分析を緊密に関連させる．

GMMの応用が資産価格決定の文献の中にあふれている一方で，実証研究者はGMMを十分に使いこなしていない．とくに，研究者は，資産価格決定モデルに含まれるモーメント条件に固有な効率性ゲインの一部しか利用していない無条件の手順を一般に採用する．これに対してはもっともらしい理由が2つ存在する．① 情報の要求は，その十分な利用を実行不可能と思わせるほど，しばしば威圧的である．② 効率的セミパラメトリック推定の文献は，かなり込み入っている．

この論文の目的は，これら障害を取り除くようにいくつかの手段を講じることにある．効率的なGMM推定の性質は，最大相関や最適ヘッジポートフォリオといった金融経済学者に親しみやすい言語で与えられる．同様に，ベータ価格決定モデルの族は，資産価格決定の応用における効率性ゲインの源泉を明らかにするために自然な設定を与える．筆者の望みは，このささやかな貢献が，達成可能な効率性ゲインのより日常的な利用を容易にすることである．

論文の構成は以下のとおりである．3.2 節は，資産価格モデルへの応用を目的として，GMM の基本について要点を述べる．3.3 節では，市場が裁定機会を許容しないときの資産価格の経済学と裁定の欠如が意味する条件付モーメント制約が与えられたときの資産価格モデル推定の計量経済学との結び付きの基礎を与える．これら 2 つの節で議論される一般的な効率性ゲインは，3.4 節で詳細に導き出される．最後の節では，いくつかの結論を述べる．

3.2　一般化モーメント法に関するいくつかの適切な見方

GMM と資産価格理論の結び付きを明らかにする前に，応用の視点から GMM の基礎を築くことは重要である．ただし取り上げる範囲は，決して完全ではない．たとえば，関連する大標本理論は，概要が述べられるだけである (厳密には行わない)．関連するものは，GMM とともに扱われる推定と推測の問題の一部のみである．より詳細な適用範囲や参考文献に興味のある読者は，3 つのサーベイ (Hall (1993), Newey (1993), Ogaki (1993)) を参照されたい．

GMM の出発点は，次のようなモーメント制約である．

$$\mathrm{E}[\boldsymbol{g}_t(\boldsymbol{\theta}_0)|I_{t-1}]=\mathrm{E}[\boldsymbol{g}_t(\boldsymbol{\theta}_0)]=0 \tag{3.2.1}$$

ここで，$\boldsymbol{g}_t(\boldsymbol{\theta}_0)$ は条件付平均 0 のランダムな $q\times1$ ベクトル，θ_0 は関連するパラメータの $p\times1$ ベクトル，I_{t-1} は，はっきりとは特定化されないが，少なくとも $\boldsymbol{g}_t(\boldsymbol{\theta}_0)$ のラグ付きの値を含む情報集合を表す．条件付平均確率変数の平均が 0 という制約は，$\boldsymbol{g}_t(\boldsymbol{\theta}_0)$ がマルチンゲール差分列に従う，すなわち，系列的に無相関であることを意味する[1)]．

よく目にする多くの計量モデルはこの形を取るのだが，たとえば，次のような線形回帰モデルを考えてみよう．

$$y_t=\boldsymbol{x}_t'\boldsymbol{\beta}_0+\varepsilon_t \tag{3.2.2}$$

ここで，y_t は被説明変数の t 番目の観測値，$\boldsymbol{x}_t$ は説明変数の $p\times1$ ベクトル，ε_t は誤差項を表す．このモデルにおいて，計量経済学者は $\mathrm{E}[\varepsilon_t|\boldsymbol{z}_{t-1}]=0$ であるベクトル $\boldsymbol{z}_t$ を観測すると仮定する．そうすると，このモデルは，次の条件付モーメント条件によって特徴付けられる．

$$\boldsymbol{g}_t(\boldsymbol{\beta}_0)=\varepsilon_t\boldsymbol{z}_{t-1},\qquad \mathrm{E}[\varepsilon_t\boldsymbol{z}_{t-1}|\boldsymbol{z}_{t-1}]=\mathrm{E}[\varepsilon_t\boldsymbol{z}_{t-1}]=\mathrm{E}[\varepsilon_t]\boldsymbol{z}_{t-1}=\boldsymbol{0} \tag{3.2.3}$$

$\boldsymbol{z}_{t-1}=\boldsymbol{x}_t$ のとき，これは場合によっては確率的となる説明変数をもつ線形回帰モデルである．その他のケースでは，これは操作変数推定量である．

GMM はこれらモーメント条件に対応する標本モーメントをできるだけ 0 に近付け

1　GMM 推定の振舞いは，大数の法則や中心極限定理が時系列平均に適用される限りにおいて，$\boldsymbol{g}_t(\boldsymbol{\theta}_0)$ が系列的に独立であるとき，容易に確立される．

るように設定する．もちろん，もし線形独立なモーメント条件の数が未知のパラメータの数を超えるなら，これらの条件がすべて0に設定できるはずはない．代わりに，GMMはこれらモーメント条件の p 個の線形結合を取り，これら線形結合が0となる $\boldsymbol{\theta}$ を探す．

第1に，モーメント条件の無条件の形を考える．すなわち，$\mathrm{E}[\boldsymbol{g}_t(\boldsymbol{\theta}_0)]=\mathbf{0}$ である．このモデルが特定化されるために，$\boldsymbol{g}_t(\boldsymbol{\theta}_0)$ は非特異な母集団共分散行列をもち，$\mathrm{E}[\partial\boldsymbol{g}_t(\boldsymbol{\theta}_0)'/\partial\boldsymbol{\theta}]$ は完全行ランク (full row rank) をもつと仮定する．GMM推定量は2つの方法で導かれる．Hansen (1982) に従うと，GMM推定量 $\hat{\boldsymbol{\theta}}_T$ は $\boldsymbol{g}_t(\boldsymbol{\theta}_0)$ の T 個の観測値に基づいた標本の2次形式を最小にするものとなる．正値定符号極限 $W(\boldsymbol{\theta}_0)$ へ確率収束する正値定符号ウエイト行列 $W_T(\boldsymbol{\theta}_0)$ が与えられれば，すなわち，

$$\min_{\boldsymbol{\theta}}\bar{\boldsymbol{g}}_T(\boldsymbol{\theta})'W_T(\boldsymbol{\theta}_0)\bar{\boldsymbol{g}}_T(\boldsymbol{\theta}),\qquad \bar{\boldsymbol{g}}_T(\boldsymbol{\theta})=\frac{1}{T}\sum_{t=1}^{T}\boldsymbol{g}_t(\boldsymbol{\theta}_0) \tag{3.2.4}$$

となる．この形の定義で，計量経済学者はGMM推定量が望ましい漸近特性をもつように $W_T(\boldsymbol{\theta}_0)$ を選択する．

一方，推定量 $\bar{\boldsymbol{\theta}}_T$ を単純に次の方程式の解として定義することもできる．

$$A_T(\boldsymbol{\theta}_0)\bar{\boldsymbol{g}}_T(\hat{\boldsymbol{\theta}}_T)=\frac{1}{T}\sum_{t=1}^{T}A_T(\boldsymbol{\theta}_0)\boldsymbol{g}_t(\hat{\boldsymbol{\theta}}_T)=\mathbf{0} \tag{3.2.5}$$

ここで，$A_T(\boldsymbol{\theta}_0)$ は，行ランク p をもつ極限 $A(\boldsymbol{\theta})$ に収束するような $p\times q$ の $O_p(1)$ 行列の列である．この定式化において，$A_T(\boldsymbol{\theta}_0)$ は推定量に望ましい漸近特性を与えるように選ばれる．この2つの形の定義に対する推定方程式は，

$$A_T(\boldsymbol{\theta}_0)\bar{\boldsymbol{g}}_T(\hat{\boldsymbol{\theta}}_T)=G_T\hat{\boldsymbol{\theta}}_TW_T(\boldsymbol{\theta}_0)\bar{\boldsymbol{g}}_T(\hat{\boldsymbol{\theta}}_T)=0$$

$$G_T(\boldsymbol{\theta})=\frac{\partial\bar{\boldsymbol{g}}_T(\boldsymbol{\theta}')}{\partial\boldsymbol{\theta}}=\frac{1}{T}\sum_{t=1}^{T}\frac{\partial\boldsymbol{g}_t(\boldsymbol{\theta}_0)}{\partial\boldsymbol{\theta}} \tag{3.2.6}$$

であるので，もちろん同一の形をしている．われわれの目的にとって，式(3.2.5)は，より示唆に富む定式化である．

$\hat{\boldsymbol{\theta}}_T$ に対する大標本の振舞いは，とくに，$\boldsymbol{g}_t(\boldsymbol{\theta}_0)$ がマルチンゲール差分列というこのケースにおいてそれほど複雑ではない[2)]．適切な大数の弱法則は，$\bar{\boldsymbol{g}}_T(\boldsymbol{\theta}_0)\xrightarrow{p}\mathbf{0}$ であることを保証する．これは，同定条件と組み合わせれば，$\hat{\boldsymbol{\theta}}_T\xrightarrow{p}\boldsymbol{\theta}_0$ であることを意味する．必要な時系列平均が，

$$S_T(\boldsymbol{\theta}_0)=\frac{1}{T}\sum_{t=1}^{T}\mathrm{E}[\boldsymbol{g}_t(\boldsymbol{\theta}_0)\boldsymbol{g}_t(\boldsymbol{\theta}_0)']\xrightarrow{p}S(\boldsymbol{\theta}_0)$$

$$|S(\boldsymbol{\theta}_0)|>0,\quad G_T\boldsymbol{\theta}_0\xrightarrow{p}G(\boldsymbol{\theta}_0) \tag{3.2.7}$$

のように収束する限り，スルツキー定理と結びつけられた標準的な1次のテイラー展開は，

$$\sqrt{T}(\hat{\boldsymbol{\theta}}_T-\boldsymbol{\theta}_0)\xrightarrow{p}-D(\boldsymbol{\theta}_0)\frac{1}{\sqrt{T}}\sum_{t=1}^{T}\boldsymbol{g}_t(\boldsymbol{\theta}_0)$$

2　この枠組みにおける推定と推測の標準的な参考文献は Hansen (1982) である．

$$D(\boldsymbol{\theta}_0)=[G(\boldsymbol{\theta}_0)W(\boldsymbol{\theta}_0)G(\boldsymbol{\theta}_0)']^{-1}G(\boldsymbol{\theta}_0)W(\boldsymbol{\theta}_0) \tag{3.2.8}$$

をもたらし，マルチンゲールに対する適切な中心極限定理は，

$$\sqrt{T}(\hat{\boldsymbol{\theta}}_T-\boldsymbol{\theta}_0)\overset{\mathscr{D}}{\to}N[\mathbf{0},D(\boldsymbol{\theta}_0)S(\boldsymbol{\theta}_0)D(\boldsymbol{\theta}_0)'] \tag{3.2.9}$$

を保証する．条件付分散不均一性に対してロバストである一致標準誤差推定値は，$\boldsymbol{\theta}_0$ を $\hat{\boldsymbol{\theta}}_T$ に置き換えることによってこの表現から計算される[3)]．

どの $A_T(\boldsymbol{\theta}_0)$ を選択することが最適であるのか．言い換えると，どの $W_T(\boldsymbol{\theta}_0)$ を選択することが最適であるのか．すべての固定されたウエイト推定量，すなわち，固定された T に対し各 $\boldsymbol{g}_t(\boldsymbol{\theta}_0)$ に等しい行列 $A_T(\boldsymbol{\theta}_0)$ を当てはめたものは，これまで説明してきた弱い正規条件のもとで一致推定量となる．したがって，推定量の漸近分散を比較することは自然である．これは，もちろん，超有効推定量を除外する通常の推定量のクラスに注意を制限することによってより公式に正当化される基準である．漸近的に最適な $A_T^0(\boldsymbol{\theta}_0)$ は，その結果，漸近共分散行列は $[G(\boldsymbol{\theta}_0)S(\boldsymbol{\theta}_0)^{-1}G(\boldsymbol{\theta}_0)']^{-1}$ となる．$W_T(\boldsymbol{\theta}_0)$ を $S_T(\boldsymbol{\theta}_0)^{-1}$ に等しくすることで獲得される．再び，$S_T(\boldsymbol{\theta}_0)$ は $\boldsymbol{\theta}$ を $\hat{\boldsymbol{\theta}}_T$ で置き換えることによって一致して推定される[4)]．

最適な無条件 GMM 推定量は，たとえ私たちがデータを生成する確率法則を知らなくても，最尤推定量 (MLE) と明白な関係をもつ．$\mathscr{L}_t(\boldsymbol{\theta}_0,\boldsymbol{\eta})$ を $\boldsymbol{g}_t(\boldsymbol{\theta}_0)$ の基礎となるデータの母集団条件付分布の対数とする．ここで，$\boldsymbol{\eta}$ は場合によっては無限次元となる局外パラメータの集合である．同様に，$\mathscr{L}'_t(\boldsymbol{\theta}_0,\boldsymbol{\eta})$ を真のスコア関数，すなわち，$\boldsymbol{\theta}$ に関して $\mathscr{L}_t(\boldsymbol{\theta}_0,\boldsymbol{\eta})$ を微分したベクトルとする．$\mathscr{L}'_t(\boldsymbol{\theta}_0,\boldsymbol{\eta})$ のモーメント条件 $\boldsymbol{g}_t(\boldsymbol{\theta}_0)$ への無条件母集団射影を考える．積分記号のもとでモーメント条件 $\mathrm{E}[\boldsymbol{g}_t(\boldsymbol{\theta}_0)]=\mathbf{0}$ の微分を許容するための十分な正規性が与えられるなら，$\mathrm{E}[\mathscr{L}'_t(\boldsymbol{\theta}_0,\boldsymbol{\eta}),\boldsymbol{g}_t(\boldsymbol{\theta}_0)']=-\boldsymbol{\Phi}$ は 0 であるので，

$$\begin{aligned}\mathscr{L}'_t(\boldsymbol{\theta}_0,\boldsymbol{\eta})&=\mathrm{Cov}[\mathscr{L}'_t(\boldsymbol{\theta}_0,\boldsymbol{\eta})\,\boldsymbol{g}_t(\boldsymbol{\theta}_0)']\,\mathrm{Var}\,[\boldsymbol{g}_t(\boldsymbol{\theta}_0)]^{-1}\boldsymbol{g}_t(\boldsymbol{\theta}_0)+\boldsymbol{v}_{\mathscr{L}ut}\\&=-\boldsymbol{\Phi}\boldsymbol{\Psi}^{-1}\boldsymbol{g}_t(\boldsymbol{\theta}_0)+\boldsymbol{v}_{\mathscr{L}ut}\\\boldsymbol{\Phi}&=\mathrm{E}\left[\frac{\partial\boldsymbol{g}_t(\boldsymbol{\theta}_0)'}{\partial\boldsymbol{\theta}}\right]\\\boldsymbol{\Psi}&=\mathrm{E}[\boldsymbol{g}_t(\boldsymbol{\theta}_0)\boldsymbol{g}_t(\boldsymbol{\theta}_0)']\end{aligned} \tag{3.2.10}$$

この表記で，無条件 GMM 推定量の漸近分散は $[\boldsymbol{\Phi}\boldsymbol{\Psi}^{-1}\boldsymbol{\Phi}']^{-1}$ である．

したがって，モーメント条件の最適な固定線形結合 $A_T^0(\boldsymbol{\theta}_0)$ は，有限標本において真であるが未知の条件付スコアともっとも大きな無条件相関をもつ．この事実は少な

---

[3] 自己相関は，$\boldsymbol{g}_t(\boldsymbol{\theta})$ が条件付ゼロ平均をもち，かつ，各期に対してたった 1 度だけサンプリングされる (つまり，データはオーバーラップしない) という仮説のもとでは存在しない．もしデータがオーバーラップするなら，モーメント条件は移動平均誤差構造をもつであろう．このケースにおける共分散行列推定の議論に関しては Hansen and Hodrick (1980)，より一般的な自己相関にふさわしい方法については Hansen and Singleton (1982) と Newey and West (1987) を参照のこと．

[4] $S_T(\boldsymbol{\theta})$ の可能な特異性は，要因構造仮定に対する正当化に関する一部として 3.4.3 項で間接的に議論される．筆者の焦点は仮説検定ではないが，自由度 p が $\boldsymbol{\theta}$ を推定するのに使われているので，モーメント条件と最適ウエイト行列に適した値による 2 次形式は検定統計量 $T\bar{\boldsymbol{g}}_T(\hat{\boldsymbol{\theta}}_T)'S_T(\hat{\boldsymbol{\theta}}_T)^{-1}\bar{\boldsymbol{g}}_T(\hat{\boldsymbol{\theta}}_T)\overset{\mathscr{D}}{\to}\chi^2(q-p)$ を与える．この過剰識別検定は Hansen の J 検定として知られている．

くとも2つの理由で有限標本の効率性の言明へ導かない．第1に，MLE 自身が，スコアが線形の型 $I(\boldsymbol{\theta}_0)(\hat{\boldsymbol{\theta}}-\boldsymbol{\theta}_0)$ を取るケースを除いて，有限標本において明らかな効率性特性をもたない．ここで，$I(\boldsymbol{\theta}_0)$ はフィッシャーの情報行列である．第2に，実行可能な最適推定量は $A_T^0(\boldsymbol{\theta}_0)$ の $\boldsymbol{\theta}_0$ を $\hat{\boldsymbol{\theta}}_T$ に置き換えたものであり，それからははっきりとした有限標本の効率特性をもつような一致推定量を得られない．しかしながら，大標本において最適固定ウエイト GMM 推定量はこの最適性特性を保持する．

次に，モーメント条件の条件付バージョンを考える．すなわち，$\mathrm{E}[\boldsymbol{g}_t(\boldsymbol{\theta}_0)|I_{t-1}]=0$ である．計量経済学者が利用可能な事前情報は，$\boldsymbol{g}_t(\boldsymbol{\theta}_0)$ がマルチンゲール差分列であるということである．したがって，計量経済学者は $t-1$ 時点で利用可能な情報に基づくウエイトと $\boldsymbol{g}_t(\boldsymbol{\theta}_0)$ の線形結合がゼロ平均をもつことだけを知っている．すなわち，マルチンゲール差分仮定が与えられただけならば $\boldsymbol{g}_t(\boldsymbol{\theta}_0)$ の非線形関数のモーメントは未知である．計量経済学者は時間とともに変化するウエイトを自由に使うことができるので，次のような推定量を考える[5)]．

$$\frac{1}{T}\sum_{t=1}^{T}A_{t-1}\boldsymbol{g}_t(\hat{\boldsymbol{\theta}}_T)=\mathbf{0},\qquad A_{t-1}\in I_{t-1}\tag{3.2.11}$$

ここで，A_{t-1} は計量経済学者によって選ばれた $p\times q$ の $O_p(1)$ 行列の列である．モデルを特定するために，$\boldsymbol{g}_t(\boldsymbol{\theta}_0)$ は非特異な母集団条件付共分散行列 $\mathrm{E}[\boldsymbol{g}_t(\boldsymbol{\theta}_0)\boldsymbol{g}_t(\boldsymbol{\theta}_0)'|I_{t-1}]$ をもち，$\partial\boldsymbol{g}_t(\boldsymbol{\theta}_0)/\partial\boldsymbol{\theta}|I_{t-1}$ は完全行ランクをもつと仮定する．

無条件のケースと条件付ケースにおける漸近的な最適推定と推測の基本的な原則は，条件付期待値 $\mathrm{E}[\bullet|I_t]$ の計算に関する困難さを無視すると驚くほど似ている[6)]．再び，先ほど述べた正則条件の適した条件付バージョンのもとでは以下のようになる．

$$\left[\frac{1}{T}\sum_{t=1}^{T}A_{t-1}\frac{\partial\boldsymbol{g}_t(\boldsymbol{\theta}_0)}{\partial\boldsymbol{\theta}'}\right]^{-1}\xrightarrow{p}\left[\frac{1}{T}\sum_{t=1}^{T}A_{t-1}\Phi_{t-1}\right]^{-1}\xrightarrow{p}D_C(\boldsymbol{\theta}_0),$$

$$\Phi_{t-1}=\mathrm{E}\left[\frac{\partial\boldsymbol{g}_t(\boldsymbol{\theta}_0)'}{\partial\boldsymbol{\theta}}\middle|I_t\right]$$

$$\frac{1}{T}\sum_{t=1}^{T}A_{t-1}\boldsymbol{g}_t(\boldsymbol{\theta}_0)\boldsymbol{g}_t(\boldsymbol{\theta}_0)'A_{t-1}'\xrightarrow{p}\frac{1}{T}\sum_{t=1}^{T}A_{t-1}\mathrm{E}[\boldsymbol{g}_t(\boldsymbol{\theta}_0)\boldsymbol{g}_t(\boldsymbol{\theta}_0)'|I_{t-1}]A_{t-1}'$$

$$\xrightarrow{p}S_C(\boldsymbol{\theta}_0)\tag{3.2.12}$$

標本モーメント条件 (3.2.11) は漸近的に線形である．すなわち，

$$\sqrt{T}(\hat{\boldsymbol{\theta}}_T-\boldsymbol{\theta}_0)\xrightarrow{p}-D_C(\boldsymbol{\theta}_0)\frac{1}{\sqrt{T}}\sum_{t=1}^{T}A_{t-1}\boldsymbol{g}_t(\boldsymbol{\theta}_0)\tag{3.2.13}$$

そして，

$$\sqrt{T}(\hat{\boldsymbol{\theta}}_T-\boldsymbol{\theta}_0)\xrightarrow{\mathcal{D}}N[\mathbf{0},D_C(\boldsymbol{\theta}_0)S_C(\boldsymbol{\theta}_0)D_C(\boldsymbol{\theta}_0)']\tag{3.2.14}$$

5　原則として，推定量はこれら時系列平均の非線形関数を含むが，漸近的な線形性はこれらの効果が A_{t-1} の中に吸収されることを意味する．

6　Hansen (1985), Tauchen (1986), Chamberlain (1987), Hansen, Heaton, and Ogaki (1988), Newey (1990), Robinson (1991), Chanerlain (1992), Newey (1993) は関連する状況の中で効率的 GMM 推定について議論している．

である．

計量経済学者はこの推定量の漸近的分散を最小にするウエイト行列 A_{t-1} を選択することができる．この意味で最適であるウエイト行列 A^0_{t-1} は，

$$A^0_{t-1}=\boldsymbol{\Phi}_{t-1}\Psi^{-1}_{t-1}, \qquad \Psi_{t-1}=\mathrm{E}[\boldsymbol{g}_t(\boldsymbol{\theta}_0)\boldsymbol{g}_t(\boldsymbol{\theta}_0)'|I_{t-1}] \tag{3.2.15}$$

によって与えられる．そして，その結果である最小漸近分散は，

$$\begin{aligned}\mathrm{Var}[\sqrt{T}(\hat{\boldsymbol{\theta}}_T-\boldsymbol{\theta}_0)] &\xrightarrow{p} \left[\frac{1}{\sqrt{T}}\sum_{t=1}^{T}\boldsymbol{\Phi}_{t-1}\Psi^{-1}_{t-1}\boldsymbol{\Phi}'_{t-1}\right]^{-1}\\ &\xrightarrow{p} [E(\boldsymbol{\Phi}_{t-1}\Psi^{-1}_{t-1}\boldsymbol{\Phi}'_{t-1})]^{-1}\end{aligned} \tag{3.2.16}$$

である．

A^0_{t-1} の評価は必ずしも自明ではなく，資産価格決定への応用におけるその評価が3.4節での最大の関心事である[7]．

最適条件付 GMM 推定量と MLE の関係は無条件のケースで出てきた関係に似ている．$\mathcal{L}'_t(\boldsymbol{\theta}_0, \boldsymbol{\eta})$ のモーメント条件 $\boldsymbol{g}_t(\boldsymbol{\theta}_0)$ への条件付母集団射影は，条件付モーメント条件 $\mathrm{E}[\boldsymbol{g}_t(\boldsymbol{\theta}_0)|I_{t-1}]=\boldsymbol{0}$ の微分や積分の順番を交換するための十分な正規条件が与えられるなら，$\mathrm{E}[\mathcal{L}'_t(\boldsymbol{\theta}_0, \boldsymbol{\eta})\boldsymbol{g}_t(\boldsymbol{\theta}_0)'+\partial\boldsymbol{g}_t(\boldsymbol{\theta}_0)'/\partial\boldsymbol{\theta}|I_{t-1}]$ が 0 であるので，

$$\begin{aligned}\mathcal{L}'_t(\boldsymbol{\theta}_0, \boldsymbol{\eta})&=\mathrm{Cov}[\mathcal{L}'_t(\boldsymbol{\theta}_0, \boldsymbol{\eta}), \boldsymbol{g}_t(\boldsymbol{\theta}_0)'|I_{t-1}]\mathrm{Var}[\boldsymbol{g}_t(\boldsymbol{\theta}_0)|I_{t-1}]^{-1}\boldsymbol{g}_t(\boldsymbol{\theta}_0)+\boldsymbol{v}_{\mathcal{L}ct}\\ &=-\boldsymbol{\Phi}_{t-1}\Psi^{-1}_{t-1}\boldsymbol{g}_t(\boldsymbol{\theta}_0)+\boldsymbol{v}_{\mathcal{L}ct}\end{aligned} \tag{3.2.17}$$

となる．したがって，有限標本においてモーメント条件の最適線形結合 A^0_{t-1} は真であるが未知の条件付スコアともっとも大きな条件付相関をもつ．ここでみてきたことは明らかな有限標本効率性の言明へ転換できないが，A^0_{t-1} に基づく GMM 推定量は漸近的に MLE ともっとも高く相関する．

最適な条件付・無条件 GMM 推定量の相対的な効率性を特徴付けることは簡単である．いつものように，最適な無条件・条件付 GMM 推定量の差の分散は，後者が前者に比べ効率的であるので，それぞれの分散の差となる．マルチンゲール増分 $\boldsymbol{g}_t(\boldsymbol{\theta}_0)$ に対して与えられた最適ウエイトの差は，

$$\begin{aligned}A^0_{t-1}-A^0_T(\boldsymbol{\theta}_0)&=[\boldsymbol{\Phi}_{t-1}-G_T(\boldsymbol{\theta})\Psi^{-1}_{t-1}+G_T(\boldsymbol{\theta})[\Psi^{-1}_{t-1}-S_T(\boldsymbol{\theta}_0)']\\ &\xrightarrow{p} [\boldsymbol{\Phi}_{t-1}-\boldsymbol{\Phi}]\Psi^{-1}_{t-1}+\boldsymbol{\Phi}[\Psi^{-1}_{t-1}-\Psi^{-1}]\end{aligned} \tag{3.2.18}$$

である．繰り返し期待値の法則は，組み合わせた A^0_{t-1} にではなく，$\boldsymbol{\Phi}_{t-1}$ と Ψ_{t-1} の両方に別々に適用する．そのため，$\mathrm{E}[A^0_{t-1}-A^0_T(\boldsymbol{\theta}_0)]$ は一般に 0 には収束しない．いかなる場合でも $\boldsymbol{\Phi}_{t-1}$ と Ψ_{t-1} の両方に著しい時間変動があるとき，条件付推定量の相対的な効率性はより高くなる．

最後に，GMM 手法の常套的な応用は無条件と条件付のケースの間にある．それは

---

7 この効率的推定量の提供は適切な条件付期待値を計算する能力があれば容易である．弱正則条件のもと，推定量は2つのステップで提供される．最初に，(たぶん無条件 GMM 推定量 (3.2.5) を使い) 初期一致推定を獲得し，この予備段階の推定を使い最適ウエイト行列 A_{t-1} を推定する．次に，効率的条件付 GMM 推定量のために式 (3.2.15) を解く．もちろん，反復の2段階推定量が漸近的に1次のオーダーと同値であるとはいえ，方程式 (3.2.11) と (3.2.15) は収束するまで繰り返される．

ゼロ条件付平均をもつ確率変数が情報集合の要素と無相関であるという観察に関係する．$Z_{t-1} \in I_{t-1}$ は先決変数の $r \times q(r \geq p)$ 行列とする．修正されたモーメント条件

$$\mathrm{E}[Z_{t-1}\boldsymbol{g}_t(\boldsymbol{\theta}_0)|I_{t-1}]=\mathrm{E}[Z_{t-1}\boldsymbol{g}_t(\boldsymbol{\theta}_0)]=\boldsymbol{0}, \qquad \forall Z_{t-1} \in I_{t-1} \tag{3.2.19}$$

を考える．先ほど議論した無条件 GMM 手法においては，Z_{t-1} は $q \times q$ の単位行列 I_q である．多くの応用において，同一の先決変数 $\boldsymbol{z}_{t-1}$ が $\boldsymbol{g}_t(\boldsymbol{\theta}_0)$ の各要素と掛け合わされる．すなわち，Z_{t-1} は $I_q \otimes \boldsymbol{z}_{t-1}$ の形式を取る．最後に，計量経済学者に利用可能な情報の異なる部分集合 $\boldsymbol{z}_{it-1} \in I_{t-1}$ は $\boldsymbol{g}_t(\boldsymbol{\theta}_0)$ の各要素に適用される．すなわち，Z_{t-1} は，

$$Z_{t-1}=\begin{bmatrix} \boldsymbol{z}_{1t-1} & \boldsymbol{0} & \cdots & \boldsymbol{0} \\ \boldsymbol{0} & \boldsymbol{z}_{2t-1} & \cdots & \cdots \\ \cdots & \cdots & \cdots & \cdots \\ \boldsymbol{0} & \boldsymbol{0} & \cdots & \boldsymbol{z}_{qt-1} \end{bmatrix} \tag{3.2.20}$$

によって与えられる．

最適条件付 GMM がこのケースに適用される一方で，この手法の最大のポイントは無条件 GMM を修正することである．前にも述べたように，$\mathscr{L}'_t(\boldsymbol{\theta}_0)$ のモーメント条件 $Z_{t-1}\boldsymbol{g}_t(\boldsymbol{\theta}_0)$ への無条件母集団写像は，積分符号のもとで微分を認める十分な条件が与えられるなら，$\mathrm{E}\{\mathscr{L}'_t(\boldsymbol{\theta}_0, \boldsymbol{\eta})\boldsymbol{g}_t(\boldsymbol{\theta}_0)'Z'_{t-1}\}=-\Phi_Z$ であるので，

$$\begin{aligned}
\mathscr{L}'_t(\boldsymbol{\theta}_0, \boldsymbol{\eta}) &= \mathrm{Cov}[\mathscr{L}'_t(\boldsymbol{\theta}_0, \boldsymbol{\eta}), \boldsymbol{g}_t(\boldsymbol{\theta}_0)'Z'_{t-1}]\,\mathrm{Var}\,[Z_{t-1}\boldsymbol{g}_t(\boldsymbol{\theta}_0)]^{-1}Z_{t-1}\boldsymbol{g}_t(\boldsymbol{\theta}_0)+\boldsymbol{v}_{\mathscr{L}_{\theta}Z_t} \\
&= -\Phi_Z \Psi_Z^{-1} Z_{t-1}\boldsymbol{g}_t(\boldsymbol{\theta}_0)+\boldsymbol{v}_{\mathscr{L}_{\theta}Z_t}
\end{aligned}$$

$$\Phi_Z=\mathrm{E}\left[\frac{\partial \boldsymbol{g}_t(\boldsymbol{\theta}_0)'}{\partial \boldsymbol{\theta}} Z'_{t-1}\right]$$

$$\Psi_Z=\mathrm{E}\{Z_{t-1}\boldsymbol{g}_t(\boldsymbol{\theta}_0)\boldsymbol{g}_t(\boldsymbol{\theta}_0)'Z'_{t-1}\} \tag{3.2.21}$$

を導き出す．ウエイト $\Phi_Z \Psi_Z^{-1} Z_{t-1}$ は，最適条件付ウエイト $A^0_{t-1}=\Phi_{t-1}\Psi^{-1}_{t-1}$ への線形近似として捉えることもできる．言い方を変えれば，もし Z_{t-1} が計量経済学者の見通しから適切に条件付けられてる情報であるなら，A^0_{t-1} は一般には Z_{t-1} の非線形関数となるであろう．

3.3 資産価格決定関係と計量的な含意

現代の資産価格決定理論は，市場が裁定機会を許さないときに起きる証券価格への制約から生じる．裁定の欠如が本質的な制約を意味するということはやや驚きである．国際経済学を除いて，取引コストがない場合には 2 つの卵が同一の価格で売られるはずであり，卵の価格に関する有意味な経済的制約がもたらされるという考えはありふれたものではない．結局，同じ等級で同じ新鮮さをもつ 2 つの卵は明らかに完全代替物である[8]．対照的に，無裁定仮定は，金融市場の密接な代替物の性質により，資産価格に経済的に意味のある制約をもたらす．異なる資産，あるいはより一般的

[8] これは Summers (1985, 1986) によって痛烈に批評されている．

に，資産のポートフォリオは，それらの確率的なペイオフで表現すると完全代替物であるかもしれない．しかし，それらの資産は表面上非常に異なるキャッシュフローに対する請求権を表しているかもしれないから，このことは入念にみても明白ではないかもしれない．

裁定の欠如に対して資産価格決定がもつ意味は，Rubinstein (1976)，Ross (1978b)，Harrison and Kreps (1979)，Chamberlain and Rothschild (1983)，Hansen and Richard (1987) を含む多くの論文によって解明された．$t-1$ (今日) と t (明日) という 2 時点における証券市場での取引を考える．市場には $i=1, \cdots, N$ で記された N 個の危険資産が存在するが，投資家によって利用可能な資産すべてを必ずしも網羅する必要はない．資産 i の今日の名目価格は P_{it-1} である．その明日の価値は，すなわち明日の価格に今日と明日の間で分配されるすべてのキャッシュフローを加えたものは，今日の見通しから不確実であり，明日のランダムな価値 $P_{it}+D_{it}$ をとる．したがって，その粗収益率 (つまり，そのパーセンテージ・リターンに 1 を加えたもの) は $R_{it}=(P_{it}+D_{it})/P_{it-1}$ によって与えられる．最後に，1 期間の無危険資産は，それが存在するなら，確実なグロスリターン $R_{ft}=1/P_{ft-1}$ をもつ．そして，$\boldsymbol{\iota}$ は適切に相応した 1 のベクトルを常に表す．

市場は 2 つの重要な要素をもつ．1 つは環境上のものであり，もう 1 つは行動上のものである．第 1 に，市場には摩擦がない．すなわち，税金，取引コスト，その他空売り制約等の規制がなく取引が発生する[9]．第 2 に，投資家はどんな裁定機会も活発に利用する．それは摩擦なしの仮定によって容易にされる行動である．すなわち，投資家はコストなしに何かを得ることを喜んで行い，彼らはコストなしにそうしようと試みることができる．

裁定の欠如に対して資産価格決定がもつ意味を描写するために，有限の起こりうる状態 $s=1, \cdots, S$ のいずれかが明日発生し，これらの状態で起こりうる証券価値が $P_{ist}+D_{ist}$ であると仮定する[10]．明らかに，線形独立なペイオフをもつポートフォリオはたかだか $\min[N, S]$ 個しかありえない．したがって，純粋条件付請求権 (pure contingent claims)，すなわち，状態 s が起きたとき 1 単位支払い，それ以外は 0 である証券の価格は，もし $N \geq S$ であるなら，そして，もし線形独立なペイオフをもつ少なくとも S 個の資産が存在するなら，一意に決定される．もし $N \leq S$ であるなら，このような請求権の価格は，資産ペイオフが線形独立であるなら，それらが N 次元部分空間にあるよう制約されるとはいえ，裁定の考え方のみにより一意に決められ

9 いくつかの摩擦は無裁定枠組の中に容易に組み込むことができる．しかし，一般の摩擦は自明でない複雑さをもたらす．比例する取引コストと空売り制約に適応化させている最近の研究に対して，Hansen, Heaton, and Luttmer (1993), He and Modest (1993), Luttmer (1993) を参照せよ．

10 2 つの日付に対する制約は，ほとんど一般性を失うことなく，観念上の状態と同じくらい簡単に異なる日付と状態の双方に番号を付けることができることを含む．加えて，いくつかの技術的な問題が連続取引の極限において発生するとはいえ，有限 S に対するほとんどの結果は無限次元のケースに持ち越す．Harrison and Kreps (1979) の議論を参照せよ．

れない.

ψ_{st-1}を，もし明日状態sが発生したら1単位を支払い，その他は0である純粋条件付請求権の価格とする．これら状態価格は，すべての投資家の信念に従い，各状態が正の確率で発生する限り，すべて正である．任意の資産の価格は状態ごとのペイオフの価値を合計したものである[11]．とくに，

$$P_{it-1}=\sum_{s=1}^{S}\psi_{st-1}(P_{ist}+D_{ist}), \qquad P_{ft-1}=\sum_{s=1}^{S}\psi_{st-1} \tag{3.3.1}$$

が成立する．これは，

$$\sum_{s=1}^{S}\psi_{st-1}R_{ist}=1, \qquad R_{ft-1}\sum_{s=1}^{S}\psi_{st-1}=1 \tag{3.3.2}$$

と同値である．

これらは非負であるので，これらが足して1になるように状態価格をスケーリングすることは，それらに確率のすべての性質を与える．したがって，これらリスク中立確率

$$\pi^*_{st-1}=\frac{\psi_{st-1}}{\sum_{s=1}^{S}\psi_{st-1}}=R_{ft}\psi_{st-1}=\frac{\psi_{st-1}}{P_{ft-1}} \tag{3.3.3}$$

は，リスク中立マルチンゲール測度を構成する．こう呼ばれる理由は，これら確率信念のもとで任意の資産の価格は，

$$P_{it-1}=P_{ft-1}\sum_{s=1}^{S}\pi^*_{st-1}(P_{ist}+D_{ist}) \tag{3.3.4}$$

つまり，その期待現在価値によって与えられるからである．リスク中立確率は裁定の欠如がもつ含意の1つの要約である．すなわち，これらが存在する必要十分条件は裁定が存在しないことである．

状態価格決定の問題に対するこの公式は派生請求権の価格決定を行うのにたいへん便利である．リスク中立マルチンゲール測度のもとでは，無リスクレートは，市場の範囲を変えず，そしてそのキャッシュフローと自然の状態の間に決定的な写像が存在するような任意の資産あるいはポートフォリオの期待リターンである．しかし，実証を目的としたときは便利な公式ではない．実際のリターンデータは真の(客観的な)確率測度に従い与えられる．つまり，実際のリターンは合理的な期待のもとに形成される．

したがって，I_{t-1}で表された時刻$t-1$で利用可能な任意の情報集合が与えられたとき，π_{st-1}を状態sが時刻tで発生する客観的確率とする．単位確率当たりの状態価格$q_{st-1}=\psi_{st-1}/\pi_{st-1}$に関して，価格決定関係(3.3.1)と(3.3.2)を再度定式化すると，

$$P_{it-1}=\mathrm{E}\left[\sum_{s=1}^{S}q_{st-1}(P_{ist}+D_{ist})|I_{t-1}\right]\equiv\mathrm{E}[Q_t(P_{it}+D_{it})|I_{t-1}]$$

11　摩擦のない市場を暗黙に仮定している．摩擦のある市場では，条件付請求権からなるポートフォリオのリターンは状態に対して構成する証券のリターンの加重平均にはならず，このポートフォリオにおいて負った取引コストや税金に依存する．

$$P_{ft-1}=\mathrm{E}\left[\sum_{s=1}^{S} q_{st-1}|I_{t-1}\right]\equiv\mathrm{E}[Q_t|I_{t-1}] \tag{3.3.5}$$

となる．あるいは同値ではあるが，期待リターンで表すと，

$$\mathrm{E}\left[\sum_{s=1}^{S} q_{st-1}R_{ist}|I_{t-1}\right]=\mathrm{E}[Q_tR_{it}|I_{t-1}]=1$$

$$\mathrm{E}\left[\sum_{s=1}^{S} q_{st-1}R_{ft-1}|I_{t-1}\right]=R_{ft-1}\mathrm{E}[Q_t|I_{t-1}]=1 \tag{3.3.6}$$

となる．このレベルまで一般性を高めると，これら条件付モーメント制約は，市場には摩擦がなく，市場価格は裁定の欠如によって特徴づけられるという仮説がもつ唯一の含意である．

資産価格決定理論は，潜在的な観測値によって表される価格決定カーネル Q_t に対するモデルを通して，これら条件付モーメント条件に実証的な内容を与える[12]．このようなモデルは，単位確率 q_{st-1} 当たりの状態価格すなわち状態 s で1単位を受け取る単位確率当たりコストを状態 s で1単位を受け取ることの限界報酬のある対応する尺度と同等視する[13]．たいていの均衡モデルはインフレを調整した Q_t を最適化を行う仮説的な代表的な投資家の異時点間の限界代替率と同等視する[14]．もっともよく用いられる定式化は，加法分離的 (additively　seperable) かつ相対的危険回避度一定 (constant relative risk aversion) の選好であり，その場合 $Q_t=\rho(c_t/c_{t-1})^{-\alpha}$ となる．ここで，すべて代表的エージェントに対して ρ は時間選好率，c_t/c_{t-1} は消費の成長率，α は相対的危険回避係数を表す[15]．

それに従って，$\boldsymbol{x}_t$ をある資産価格決定モデルにおけるこれら限界報酬を特徴付ける適切な観測値とする．したがって，価格決定カーネルモデルは次のような一般型を

12　価格決定カーネルを特定のポートフォリオのリターンを用いてノンパラメトリックに特定化することも可能である．たとえば，$\max \mathrm{E}\{\ln w'_{gt-1}\boldsymbol{R}_t|I_{t-1}\,;\ w_{gt-1}\in I_{t-1}\}$ を解く成長最適ポートフォリオのリターンは Q_t^{-1} に等しい．もちろん，パラメトリックな分布仮定なしにこの最大化問題を解くことは困難である．金利の期間構造への応用に関しては Bansal and Lehmann (1995) を参照せよ．観測値の追加は，ややセミパラメトリックの趣きにノンパラメトリック推定を与えながら，ペイオフに関連する状態を特定化するのに役立つ．違う言い方をすれば，計量経済学者は典型的に，どの状態が実現したのかについての情報なしにリターンの系列を観察する．ベクトル $\boldsymbol{x}_t$ は，同様な結果 (すなわち，単位確率当たりについて同様な状態確率をもつ状態) を同定するのを助けるような時点 t で実現されるペイオフに関連する自然の状態を示唆する．Bansal and Viswanathan (1993) はこの線に沿ってモデルを推定している．

13　この方程式の限界報酬は，それが時刻 $t-1$ における単位確率当たりの状態価格に等しいとき，Q_t に対する独特の日付習慣を合理的に説明する．

14　Q_t にインフレを埋め込むことは実質と名目の価格決定カーネルに対して別々の記号を用いることの必要性を除外する．つまり，Q_t は $Q_t^{\mathrm{real}}P_{ct}/P_{ct-1}$ に等しい．ここで，P_{ct} は，実質キャッシュフローと実質価格決定カーネル Q_t^{real} を名目キャッシュフローとカーネルに変換するための適切な指数である．

15　より一般的なモデルは，複数財と時間を通じてのあるいは異なる状態に対する消費の選好の非分離性とを許容する．それは，たとえば消費財における耐久性や習慣形成や非期待効用最大化から生ずる．Constantinids and Ferson (1991) は，理論的かつ実証的に耐久性と習慣形成の文献のほとんどを要約している．状態の分離性を課さない Q_t に対する同様なモデルに対しては Epstain　and　Zin (1991a) と Epstain and Zin (1991b) を参照せよ．Cochrane (1991) は生産者に対して対応する限界的な条件を利用する．

取る.

$$Q_t = Q(\boldsymbol{x}_t, \boldsymbol{\theta}_Q), \qquad Q_t > 0, \qquad \boldsymbol{x}_t \in I_t \tag{3.3.7}$$

ここで，$\boldsymbol{\theta}_Q$ は未知のパラメータのベクトルである．$\boldsymbol{R}_t$ と $\boldsymbol{x}_t$ の観測値だけを所与として，関数 $Q(\cdot)$ をノンパラメトリックに推定できるような設定では，パラメトリックな構成要素をさらに緩和することも確かに可能である．しかし，大半の文献は型 (3.3.7) のモデルに関連する[16].

方程式 (3.3.5)～(3.3.7) は，資産価格決定理論を本質的にセミパラメトリックにするものである[17]．これら資産価格決定関係のパラメトリックな成分は，価格決定カーネル $Q(\boldsymbol{x}_t, \boldsymbol{\theta}_Q)$ に対するモデルである．条件付モーメント条件 (3.3.6) は，Q_t に対してある未知のパラメータを同定し，追加的な分布に関する仮定なしにその過剰識別制約を検証するために使われる．資産価格決定理論の構造が計量の簡易化を与えることにも注意すべきである．変数 $Q_tR_{it}-1$ はマルチンゲール差分系列を構成し，したがって，系列的に無相関である．この事実は式 (3.3.6) で標本に対応する 2 次のモーメント計算を簡略化する．これは次に推定と推測を簡略化する[18].

さらに，これらの関係式の経済学は，条件付モーメント制約が推定と推測に対してどのように使われるかを制約する．Ross (1978b) は，摩擦のない市場において裁定機会の欠如だけが与えられたなら，ポートフォリオが，観測値，時間，原資産価値の関数としてだけで価格決定される唯一の派生資産であることを観察した．同様なことは計量経済学者に対しても真である．すなわち，与えられた資産に対して，計量経済学者はウエイト $\boldsymbol{w}_{t-1} \in I_{t-1}$ をもつポートフォリオの価格とペイオフのみを知っている．

したがって，時刻 $t-1$ で利用可能な情報に基づく条件付モーメント条件の線形結合のみがモデルを推定するのに使われる．それゆえに，分布に関する制約がない場合には計量経済学者は推定と推測を，

$$\frac{1}{T}\sum_{t=1}^{T} A_{t-1}[\boldsymbol{R}_t Q(\boldsymbol{X}_t, \hat{\boldsymbol{\theta}}_Q) - \boldsymbol{\iota}] = 0, \qquad A_{t-1} \in I_{t-1} \tag{3.3.8}$$

という形の推定量に基礎をおかなければならない．ここで，A_{t-1} は計量経済学者によって選ばれた $p \times N$ の $o_p(1)$ 行列の列であり，p は $\boldsymbol{\theta}_Q$ の要素の数である．行列 A_{t-1} は，$A_{t-1}\,\boldsymbol{\iota}$ 単位のコストを要するランダムペイオフ $A_{t-1}\boldsymbol{R}_t$ をもつ p 個のポートフォリオのウエイトとして解釈される．

---

16 例外には Bansal and Viswanathan (1993) と次の節で議論される観察できない $\boldsymbol{w}_{t-1}$ をもつような線形モデル $Q_t = \boldsymbol{w}'\boldsymbol{x}_t$ がある．

17 もちろん，計量経済学者は資産リターンに対する完全にパラメトリックな確率モデルを特定化することができる．このようなモデルは資産価格決定理論の中で顕著に現れる．例は，正規分布するリターンに基づいたとき資本資産価格決定モデル (CAPM) や価格が伊藤過程に従うと仮定されたとき連続時間異時点間資産価格決定モデルの族を含む．

18 もしリターンと Q_t が期間当たり 1 回以上標本を取られるなら，これは役に立たない．たとえば，2 期間のトータル(すなわち，中間キャッシュフローの全再投資をもつ)リターン $R_{it,t+1} = R_{it}R_{it+1}$ を考える．これは 2 期間のモーメント条件 $\mathrm{E}[Q_tQ_{t+1}R_{it,t+1}]=1$ を満足する．このケースにおいて，構築されたランダム変数 $Q_tQ_{t+1}R_{it,t+1}-1$ は 1 次の移動平均過程に従う．さらなる議論については，Hansen and Hodrick (1980), Hansen, Heaton, and Ogaki (1988) を参照せよ．

金融計量経済学者はどのように A^0_{t-1} を選択するのか．望ましい漸近特性として尤度法を好む計量経済学者は，真であるが未知の条件付スコアと最大の条件付相関をもつ p 個のポートフォリオを選好するかもしれない．この応用として，積分記号のもと，微分を許容するに十分な正規条件が与えられるなら，$\mathrm{E}\{\mathscr{L}'_t(\boldsymbol{\theta}_0, \boldsymbol{\eta})[\boldsymbol{R}_tQ(\boldsymbol{x}_t, \boldsymbol{\theta}_Q)-\boldsymbol{\iota}]'|I_{t-1}\}=-\boldsymbol{\Phi}_{t-1}$ であるので，$\mathscr{L}'_t(\boldsymbol{\theta}_0, \boldsymbol{\eta})$ の $[\boldsymbol{R}_tQ(\boldsymbol{x}_t, \boldsymbol{\theta}_Q)-\boldsymbol{\iota}]$ 上への条件付射影は，

$$\begin{aligned}\mathscr{L}'_t(\boldsymbol{\theta}_0, \boldsymbol{\eta})&=\mathrm{Cov}[\mathscr{L}'_t(\boldsymbol{\theta}_0, \boldsymbol{\eta}), \boldsymbol{R}_tQ(\boldsymbol{x}_t, \boldsymbol{\theta}_Q)'|I_{t-1}]\mathrm{Var}[\boldsymbol{R}_tQ(\boldsymbol{x}_t\boldsymbol{\theta}_Q)|I_{t-1}]^{-1}\\&\quad\times[\boldsymbol{R}_tQ(\boldsymbol{x}_t, \boldsymbol{\theta}_Q)-\boldsymbol{\iota}]+\boldsymbol{v}_{\mathscr{L}_cQ_t}\\&=-\boldsymbol{\Phi}_{t-1}\boldsymbol{\Psi}^{-1}_{t-1}[\boldsymbol{R}_tQ(\boldsymbol{x}_t,\boldsymbol{\theta}_Q)-\boldsymbol{\iota}]+\boldsymbol{v}_{\mathscr{L}_cQ_t}\\ \boldsymbol{\Phi}_{t-1}&=\frac{\partial\mathrm{E}[Q(\boldsymbol{x}_t, \boldsymbol{\theta}_Q)\boldsymbol{R}_t|I_{t-1}]}{\partial\boldsymbol{\theta}}\\ \boldsymbol{\Psi}_{t-1}&=\mathrm{E}\{[\boldsymbol{R}_tQ(\boldsymbol{x}_t, \boldsymbol{\theta}_Q)-\boldsymbol{\iota}][\boldsymbol{R}_tQ(\boldsymbol{x}_t, \boldsymbol{\theta}_Q)-\boldsymbol{\iota}]'|I_{t-1}\}\end{aligned} \tag{3.3.9}$$

によって与えられる．$\boldsymbol{\Phi}_{t-1}\boldsymbol{\Psi}^{-1}_{t-1}\boldsymbol{\iota}$ 単位の費用がかかるペイオフ $\boldsymbol{\Phi}_{t-1}\boldsymbol{\Psi}^{-1}_{t-1}\boldsymbol{R}_t$ をもつ p 個のポートフォリオは，いずれ投資家となるかもしれない人びとの観点からは明白な最適特性をもたない．しかし，それらは金融計量経済学者の観点からははっきりと最適である．すなわち，それらは真であるが未知の対数尤度関数の条件付スコアに対する最適ヘッジポートフォリオである．

言い方を変えると，経済学と計量経済学は，この点では一致する．計量経済学者は条件付モーメント条件の条件付線形結合だけを観察することができ，ペイオフが価格決定カーネル $Q(\boldsymbol{X}_t, \boldsymbol{\theta}_Q)$ のパラメータ情報を与えるポートフォリオを探す．最適ポートフォリオ・ウエイトは $\boldsymbol{\Phi}_{t-1}\boldsymbol{\Psi}^{-1}_{t-1}$ であり，ペイオフ $\boldsymbol{\Phi}_{t-1}\boldsymbol{\Psi}^{-1}_{t-1}\boldsymbol{R}_t$ は，$\boldsymbol{\Phi}_{t-1}\boldsymbol{\Psi}^{-1}_{t-1}\boldsymbol{\Phi}'_{t-1}$ の $\boldsymbol{\theta}_Q$ に関する情報への増加的な貢献に帰着する各観測値の情報量を最大にする．言い換えると，真のスコアに対するフィッシャーの情報行列は $\boldsymbol{\Phi}_{t-1}\boldsymbol{\Psi}^{-1}_{t-1}\boldsymbol{\Phi}'_{t-1}-C$ であり，正値半定符号行列 C は条件付モーメント条件の線形結合によって生成された最も小さな行列である．

この展開は条件付期待値の評価に関する多数の実行上の問題を隠す[19]．確かに，$\boldsymbol{\Phi}_{t-1}$ と $\boldsymbol{\Psi}_{t-1}$ は，$\boldsymbol{z}_{t-1}\in I_{t-1}$ に対する時間に対して不変な関数 $\boldsymbol{\Phi}(\boldsymbol{z}_{t-1})$ と $\boldsymbol{\Psi}(\boldsymbol{z}_{t-1})$ であるとき，ノンパラメトリック法によって推定できる．$\boldsymbol{R}_TQ(\boldsymbol{X}_t, \boldsymbol{\theta}_Q)-\boldsymbol{\iota}$ が系列的に無相関であるが時間に対して独立に分布していない，あるいは分散均一性ももたないこの現在の設定に対して Robinson (1987), Newey (1990), Robinson (1991), Newey (1993) らの方法の拡張は，容易であるようにみえる．しかし，A^0_{t-1} が $\boldsymbol{z}_{t-1}$ の時間に対して不変な関数である状況は，規則というよりはむしろ例外であるようにみえる．したがって，計量経済学者は，条件付モーメント制約に基づく効率的な推定

[19] 情報集合の性質自身はそれほど問題ではない．投資家が計量経済学者より多くの情報をもっているが，これは問題でない．なぜなら，繰り返し期待値の法則は $\mathrm{E}[R_{it}Q_t|I^{\mathcal{T}}_{t-1}]=1\,\forall I^{\mathcal{T}}_{t-1}\subseteq I_{t-1}$ であることを意味するからである．もちろん，このモーメント条件に含まれている条件付確率 $\pi^{\mathcal{T}}_{t-1}$ は，価格決定カーネル $Q^{\mathcal{T}}_t$（すなわち，$q^{\mathcal{T}}_{st-1}=\Psi_{st-1}/\pi^{\mathcal{T}}_{st-1}$）の関連する値とともに，$\mathrm{E}[R_{it}Q_t|I_{t-1}]=1$ に含まれているそれらとは一般には異なる．$Q^{\mathcal{T}}$ の $\pi^{\mathcal{T}}_{st-1}$ への従属性は，単位確率 q_{st-1} 当たりの状態価格を状態 s で1単位受け取ることの限界利益と同等視する Q_t に対するモデルにおいて打ち壊される．

を実行するために無裁定価格決定モデルにさらなる制約をおかざるをえない．これについては次の節で取り上げる．

こうした方法に代わり，計量経済学者は無条件モーメント制約のようなより弱いモーメント条件を用いることもできる．このケースの分析は，最適条件付GMMの分析と対応している．再び，式(3.2.10)からの固定されたウエイト行列 $A_T(\boldsymbol{\theta}_0)$ は，$A_T(\boldsymbol{\theta}_0)$ のコストがかかる確率的ペイオフ $A_T(\boldsymbol{\theta}_0)\boldsymbol{R}_t$ をもつ p 個のポートフォリオに対するウエイトである．前の節で注意したように，これらランダムペイオフの価格は，一般には $\mathrm{E}(A^0_{t-1})\boldsymbol{\iota}$ とは異なる $\boldsymbol{\Phi}\boldsymbol{\Psi}^{-1}\boldsymbol{\iota}$ である．これらポートフォリオは，真であるが未知の対数尤度関数の微分と最大の無条件相関をもつ固定されたウエイトモーメント条件を生成する．

もちろん，前の節で述べたように，伝統的なGMMは，最適な無条件GMM手法の範囲内にある条件付情報利用をする．$Z_{t-1}\in I_{t-1}$ を先決変数の $r\times N$ 行列とする．そして，修正されたモーメント条件

$$\mathrm{E}[Z_{t-1}(\boldsymbol{R}_tQ(\boldsymbol{x}_t,\ \boldsymbol{\theta}_Q)-\boldsymbol{\iota})|I_{t-1}]=\mathrm{E}[Z_{t-1}(\boldsymbol{R}_tQ(\boldsymbol{x}_t,\ \boldsymbol{\theta}_Q)-\boldsymbol{\iota})]=\mathbf{0}\ \forall Z_{t-1}\in I_{t-1} \tag{3.3.10}$$

を考える．前の段落において，Z_{t-1} は $N\times N$ の単位行列 I_N である．さもなければ，これは，前の節に与えられたような $\boldsymbol{R}_tQ(\boldsymbol{x}_t,\ \boldsymbol{\theta}_Q)-\boldsymbol{\iota}$ の各要素に適用されている投資家にとって利用可能な情報の同一のあるは異なる要素(すなわち，それぞれ $I_N\otimes\boldsymbol{z}_{t-1}$ の $\boldsymbol{z}_{t-1}$ と式(3.2.20)の $\boldsymbol{z}_{it-1}$)を反映する．

Hansen and Jagannathan (1991) や Hansen and Jagannathan (1994) に倣って，無条件モーメント条件(3.3.10)への $\boldsymbol{z}_{it-1}$ と $\boldsymbol{z}_{t-1}$ の導入は，推定と推測に取引戦略を喚起するものとして説明される．証券リターンが，活発な投資家に倣って，一時的に，そして，$\boldsymbol{z}_{it-1}\neq\boldsymbol{z}_{t-1}$ のとき，クロスセクションに異なるウエイトを与えられているので，この特徴付けが生じる．無条件GMMにおいて，このようにウエイト付けられたリターンは，情報が Z_{t-1} の追加的な成分の形で式(3.3.10)に追加されるように改良されたウエイトをもつ p 個のポートフォリオへ総計される．

再び，$Z_{t-1}(\boldsymbol{R}_tQ(\boldsymbol{x}_t,\ \boldsymbol{\theta}_Q)-\boldsymbol{\iota})$ に基づく改訂されたモーメント条件に対する最適な固定ウエイト・ポートフォリオ戦略が存在する．式(3.2.21)から，ポートフォリオ・ウエイト $\boldsymbol{\Phi}_Z\boldsymbol{\Psi}_Z^{-1}Z_{t-1}$ をもつアクティブ・ポートフォリオ戦略は，確率的なペイオフ $\boldsymbol{\Phi}_Z\boldsymbol{\Psi}_Z^{-1}Z_{t-1}\boldsymbol{R}_t$ と $\boldsymbol{\Phi}_Z\boldsymbol{\Psi}_Z^{-1}Z_{t-1}\boldsymbol{\iota}$ 単位のコストをもつ．結果として生じるモーメント条件は，あらかじめ決められた変数 Z_{t-1} の固定された線形結合であるウエイトをもつ時間とともに変化するポートフォリオのクラス内において，真であるが未知の無条件スコアと有限標本でもっとも大きな無条件相関をもつ．もちろん，最適条件付ウエイトは上記の式(3.3.9)の適切な再定式化から獲得される．しかし，このアプローチの趣旨は，最適手法への線形近似の実行が直接的であるということである．

3.4 代替的ベータ価格決定定式化に含まれる効率性ゲイン

モーメント条件 $\mathrm{E}[Q(\boldsymbol{x}_t, \boldsymbol{\theta}_Q)R_{it}|I_{t-1}]=1$ は，しばしばベータ価格決定モデルの形に直される．そのような名前が付けられたのは，資本資産価格決定モデル(CAPM)における期待リターン関係に類似しているからである．ベータ価格決定モデルは，現在の設定において別の目的を果たす．すなわち，それらモデルは，より効率的な推定と推測を容易にするために価格決定カーネルモデルに対する有益な制約が追加されうる特定の範囲を強調する．別の言い方をすると，ベータ価格決定モデルは A_{t-1}^0 の要素の一致推定を許容する仮定を指し示す．

したがって，危険資産リターン・ベクトル $\boldsymbol{R}_t$ の $Q(\boldsymbol{x}_t, \boldsymbol{\theta}_Q)$ への母集団射影

$$\boldsymbol{R}_t=\boldsymbol{\alpha}_t+\boldsymbol{\beta}_tQ(\boldsymbol{x}_t, \boldsymbol{\theta}_Q)+\boldsymbol{\varepsilon}_t, \qquad \mathrm{E}[\boldsymbol{\varepsilon}_t|I_{t-1}]=\mathbf{0}$$

$$\boldsymbol{\beta}_t=\frac{\mathrm{Cov}[\boldsymbol{R}_t, Q(\boldsymbol{x}_t, \boldsymbol{\theta}_Q)|I_{t-1}]}{\mathrm{Var}[Q(\boldsymbol{x}_t, \boldsymbol{\theta}_Q)|I_{t-1}]} \tag{3.4.1}$$

を考える．ここで，Var[●] と Cov[●] は (・) 内の変数に対する分散と共分散を表す．資産価格決定理論は，式 (3.4.1) をモーメント条件 (3.3.6) へ代入することによって得られるこの射影の切片ベクトル $\boldsymbol{\alpha}_t$ に制約をおく．すなわち，

$$\boldsymbol{\iota}=\mathrm{E}[\boldsymbol{R}_tQ(\boldsymbol{x}_t, \boldsymbol{\theta}_Q)|I_{t-1}]=\boldsymbol{\alpha}_t\mathrm{E}[Q(\boldsymbol{x}_t, \boldsymbol{\theta}_Q)|I_{t-1}]+\boldsymbol{\beta}_t\mathrm{E}[Q(\boldsymbol{x}_t, \boldsymbol{\theta}_Q)^2|I_{t-1}] \tag{3.4.2}$$

である．これは，式を整理しその結果を式 (3.4.1) へ代入すると，

$$\boldsymbol{R}_t=\boldsymbol{\iota}\lambda_{0t}+\boldsymbol{\beta}_t[Q(\boldsymbol{x}_t, \boldsymbol{\theta}_Q)-\lambda_{Qt}]+\boldsymbol{\varepsilon}_t, \qquad \mathrm{E}[\boldsymbol{\varepsilon}_t|I_{t-1}]=\mathbf{0}$$

$$\lambda_{0t}=\mathrm{E}[Q(\boldsymbol{x}_t, \boldsymbol{\theta}_Q)|I_{t-1}]^{-1}, \qquad \lambda_{Qt}=\lambda_{0t}\mathrm{E}[Q(\boldsymbol{x}_t, \boldsymbol{\theta}_Q)^2|I_{t-1}] \tag{3.4.3}$$

となる．もしも無危険資産が存在するなら，λ_{0t} の利益をもたらす．もしそうでなければ，λ_{0t} は Q_t と無相関のリターンをもつすべての資産の期待リターンである．前に述べたように，残差ベクトル $\boldsymbol{\varepsilon}_t$ における系列相関の欠如は計量経済学的に便利である．

式 (3.4.3) の双 1 次形式は，これらベータ価格決定モデルの大きな特徴である．別の言い方をすると，モーメント条件 (3.3.6) は，期待リターンが価格決定カーネルをもつリターンの共分散に関して線形であるように制約をおく．この線形構造は，摩擦のない市場における無裁定条件に基づくすべてのモデルで中心的な特徴をなす．つまり，Q_t ともっとも高い相関をもつポートフォリオは，条件付平均-分散効率的である[20]．したがって，これら資産価格決定関係は，λ_{Qt} や λ_{0t} のようなリスクプレミアムに対する制約においてセミパラメトリック多変量回帰モデルとは異なる[21]．

20　もしあるポートフォリオが (条件付) 平均リターンの与えられた水準に対して (条件付) 分散を最小にするなら，それは (条件付きに) 平均-分散効率的である．あるポートフォリオが資産の与えられた集合に対して (条件付きに) 平均-分散効率的である必要十分条件は，集合の中にあるすべての資産の (条件付) 期待リターンがポートフォリオとの (条件付) 共分散において線形であるということである．Merton (1972), Roll (1977), Hansen and Richard (1987) を参照のこと．

21　これらは少なくとも 1 つの別の点で異なる．すなわち，系列相関した誤差をもつたいていの回帰特定化は $\mathrm{E}[\boldsymbol{\varepsilon}_t|Q_t]=\mathbf{0}$ をもつ．これは式 (3.4.3) によって必ずしも満たされない．

これら無裁定モデルの多変量表現は，効率的GMM推定に対して，数学的には同値であるが，やや異なった記述を示す．その推定量はモーメント条件

$$\frac{1}{T}\sum_{t=1}^{T}A_{\beta t-1}\hat{\boldsymbol{\varepsilon}}_t=\mathbf{0},\qquad \hat{\boldsymbol{\varepsilon}}_t=\boldsymbol{R}_t-\boldsymbol{\iota}\hat{\lambda}_{0t}-\hat{\boldsymbol{\beta}}_t[Q(\boldsymbol{x}_t,\hat{\boldsymbol{\theta}}_Q)-\hat{\lambda}_{qt}] \tag{3.4.4}$$

に基づく．そして，λ_{0t} と λ_{Qt} に関して(とくに，$\mathrm{E}[Q(\boldsymbol{x}_t,\boldsymbol{\theta}_Q)-\lambda_{Qt}|I_{t-1}]=-\lambda_{0t}\mathrm{Var}[Q(\boldsymbol{x}_t,\boldsymbol{\theta}_Q)|I_{t-1}]$)解いた後，そして，積分記号のもと微分を許す十分な正規条件が与えられるなら，$A^0_{\beta t-1}$ の最適な選択は，

$$\begin{aligned}
A^0_{\beta t-1}&=\Phi_{\beta t-1}\Psi^{-1}_{\beta t-1}\\
\Psi_{\beta t-1}&=\Psi_{t-1}-\boldsymbol{\beta}_t\boldsymbol{\beta}_t'\mathrm{Var}[Q(\boldsymbol{x},\boldsymbol{\theta}_Q)|I_{t-1}]=\mathrm{E}[\boldsymbol{\varepsilon}_t\boldsymbol{\varepsilon}_t'|I_{t-1}]\\
\Phi_{\beta t-1}&=\mathrm{E}\left\{\frac{\partial\boldsymbol{\varepsilon}_t'}{\partial\boldsymbol{\theta}_Q}|I_{t-1}\right\}\\
&=\lambda_{0t}\left(\mathrm{Var}[Q(\boldsymbol{x}_t,\boldsymbol{\theta}_Q)|I_{t-1}]\frac{\partial\boldsymbol{\beta}_t'}{\partial\boldsymbol{\theta}_Q}+\frac{\partial\,\mathrm{Var}[Q(\boldsymbol{x}_t,\boldsymbol{\theta}_Q)|I_{t-1}]}{\partial\boldsymbol{\theta}_Q}\boldsymbol{\beta}_t'\right)\\
&\quad-\frac{\partial\lambda_{0t}}{\partial\boldsymbol{\theta}_Q}(\boldsymbol{\iota}-\mathrm{Var}[Q(\boldsymbol{x}_t,\boldsymbol{\theta}_Q)|I_{t-1}]\boldsymbol{\beta}_t)'\\
&=\lambda_{0t}\frac{\partial\,\mathrm{Cov}[Q(\boldsymbol{x}_t,\boldsymbol{\theta}_Q),\boldsymbol{R}_t|I_{t-1}]'}{\partial\boldsymbol{\theta}_Q}-\frac{\partial\lambda_{0t}}{\partial\boldsymbol{\theta}_Q}(\boldsymbol{\iota}-\mathrm{Cov}[Q(\boldsymbol{x}_t,\boldsymbol{\theta}_Q),\boldsymbol{R}_t|I_{t-1}])'
\end{aligned} \tag{3.4.5}$$

である．$\Phi_{\beta t-1}$ に対する式の最後の行は，前の節における式(3.3.9)との関係を表している．無リスクレートが存在するとすると $\partial\lambda_{0t}/\partial\boldsymbol{\theta}_Q$ を含む項を削除することができる[22]．

計量経済学者がリターンが従う確率プロセスについて追加的な仮定をおこうとしない限り，このベータ価格決定形式に無裁定モデルを設定することに対する一般的な利点は存在しない[23]．容易に理解できるように，ベータ価格決定モデルに以下の3つの有用な制約をおく．すなわち，①条件付ベータの振舞いへの制約，②モデル $Q(\boldsymbol{x}_t,\boldsymbol{\theta}_Q)$ への追加的な制約，③回帰残差への制約，である．われわれはそれぞれを3.4.1～3.4.3項の中で順番に議論する．これら構成要素は3.4.4項で結合される．

3.4.1　条件付ベータモデル

条件付ベータに対するモデルの恩恵は明白である．条件付ベータモデルは，それらに埋め込まれている共分散(すなわち，$\mathrm{E}[Q(\boldsymbol{x}_t,\boldsymbol{\theta}_Q)R_{it}|I_{t-1}]=\mathrm{Cov}[Q(\boldsymbol{x}_t,\boldsymbol{\theta}_Q),R_{it}|I_{t-1}]+\lambda_{0t}^{-1}\mathrm{E}[R_{it}|I_{t-1}]$)に対するモデルを使って一般的なモーメント制約(3.3.6)

22　危険中立価格決定のケースにおいて，$\mathrm{Var}[Q(\boldsymbol{x}_t,\boldsymbol{\theta}_Q)|I_{t-1}]$ は0であるので，$\Phi_{\beta t-1}$ は $-(\partial\lambda_{0t}/\partial\boldsymbol{\theta})\boldsymbol{\iota}$ になる．さらに，追加的に，もし計量経済学者が無リスクレートを観測できるなら0になる．

23　繰り返し期待値の法則は，これら多変量回帰モデルの2次のモーメントには適用できない．したがって，この表現だけでは無条件GMM推定を何一つ改良できない．追加的な共分散は，ベータ価格決定モデルの双1次形式により，条件付モーメントから無条件モーメントへの推移に当たって導入される．証券 i に対する無条件のモーメント条件は，$\mathrm{E}[\varepsilon_{it}\boldsymbol{z}_{it-1}|I_{t-1}]=\mathrm{E}[\varepsilon_{it}\boldsymbol{z}_{it-1}]=\mathbf{0}\ \forall\,\boldsymbol{z}_{it-1}\in I_{t-1}$ であり，2つの共分散の和 $\mathrm{Cov}\{\beta_{it}\mathrm{E}[Q(\boldsymbol{x}_t,\boldsymbol{\theta})-\lambda_{Qt}|I_{t-1}],\boldsymbol{z}_{it-1}\}+\mathrm{Cov}\{\beta_{it},Q(\boldsymbol{x}_t,\boldsymbol{\theta})-\lambda_{Qt}\}\mathrm{E}[\boldsymbol{z}_{it-1}]$ はさらなる制約なしに分離されることはない．

を明確にさせることによって，価格決定カーネルモデル $Q(\boldsymbol{x}_t, \boldsymbol{\theta}_Q)$ の推定を容易にする．これらはまた，資産価格決定関係の効率性に関連するいくつかの問題を和らげる．言い方を変えれば，計量経済学者は，このケースにおいて $\boldsymbol{\Phi}_{\beta t-1}$ のいくつかの要素を明示的にモデル化している．

計量経済学者は変数の集合 $\boldsymbol{z}_{t-1} \in I_{t-1}$ —— それらはおそらく $\boldsymbol{x}_t$ にも含まれる (すなわち，$\boldsymbol{z}_{t-1} \in \boldsymbol{x}_t$) —— を観測し，次のようなモデル

$$\boldsymbol{\beta}_t = \boldsymbol{\beta}(\boldsymbol{z}_{t-1}, \boldsymbol{\theta}_\beta), \qquad \boldsymbol{z}_{t-1} \in I_{t-1} \tag{3.4.6}$$

を特定化すると仮定しよう．ここで，$\boldsymbol{\theta}_\beta$ は $\boldsymbol{\beta}_t$ に対するモデルに含まれる未知のパラメータベクトルである．これらの状況において，ベータ価格決定モデルは

$$\boldsymbol{R}_t = \boldsymbol{\iota}\lambda_{0t} + \boldsymbol{\beta}(\boldsymbol{z}_{t-1}, \boldsymbol{\theta}_\beta)[Q(\boldsymbol{x}_t, \boldsymbol{\theta}_Q) - \lambda_{Qt}] + \boldsymbol{\varepsilon}_{\beta t} \tag{3.4.7}$$

となる．このモデルのもっともよく利用される形では，条件付ベータは一定，$\boldsymbol{z}_{t-1}$ は単にスカラー1，$\boldsymbol{\theta}_\beta$ はそれらに対応する一定の条件付ベータのベクトル $\boldsymbol{\beta}$ である．リターンのあらゆる系列相関は，一定の条件付ベータが与えられるならリスクプレミアムを通して調整される[24]．

条件付ベータに対するモデルは，

$$\begin{aligned}\boldsymbol{\Phi}_{\beta z t-1} = \mathrm{E}\left\{\frac{\partial \boldsymbol{\varepsilon}'_{\beta t}}{\partial \boldsymbol{\theta}}\middle| I_{t-1}\right\} &= \lambda_{0t}\biggl(\mathrm{Var}[Q(\boldsymbol{x}_t, \boldsymbol{\theta}_Q)|I_{t-1}]\frac{\partial \boldsymbol{\beta}(\boldsymbol{z}_{t-1}, \boldsymbol{\theta}_\beta)'}{\partial \boldsymbol{\theta}} \\ &\quad + \frac{\partial\, \mathrm{Var}[Q(\boldsymbol{x}_t, \boldsymbol{\theta}_Q)|I_{t-1}]}{\partial \boldsymbol{\theta}} \times \boldsymbol{\beta}(\boldsymbol{z}_{t-1}, \boldsymbol{\theta}_\beta)'\biggr) \\ &\quad - \frac{\partial \lambda_{0t}}{\partial \boldsymbol{\theta}}\Bigl(\boldsymbol{\iota} - \mathrm{Var}[Q(\boldsymbol{x}_t, \boldsymbol{\theta}_Q)|I_{t-1}]\boldsymbol{\beta}(\boldsymbol{z}_{t-1}, \boldsymbol{\theta}_\beta)\Bigr)'\end{aligned} \tag{3.4.8}$$

であるので，効率的な GMM 推定を最適ウエイト行列の改良によってより実行可能なものにする．ここで，前にも述べたように，観察された無リスクレートは式 (3.4.8) の最後の行を除去する．パラメータベクトル $\boldsymbol{\theta}$ は $(\boldsymbol{\theta}'_Q\boldsymbol{\theta}'_\beta)'$ であるので，式 (3.4.5) の $\boldsymbol{\Phi}_{\beta z t-1}$ と $\boldsymbol{\Phi}_{\beta t-1}$ は次の 2 点で異なる．

$$\begin{aligned}&\mathrm{E}\left\{\frac{\partial \boldsymbol{\varepsilon}'_t - \partial \boldsymbol{\varepsilon}'_{\beta t}}{\partial \boldsymbol{\theta}_Q}\middle| I_{t-1}\right\} \\ &\quad = \lambda_{0t}\left(\frac{\partial\, \mathrm{Cov}[Q(\boldsymbol{x}_t, \boldsymbol{\theta}_Q), \boldsymbol{R}_t|I_{t-1}]'}{\partial \boldsymbol{\theta}} - \frac{\partial\, \mathrm{Var}[Q(\boldsymbol{x}_t, \boldsymbol{\theta}_Q)|I_{t-1}]'}{\partial \boldsymbol{\theta}}\boldsymbol{\beta}(\boldsymbol{z}_{t-1}, \boldsymbol{\theta}_\beta)\right)' \\ &\mathrm{E}\left\{\frac{\partial \boldsymbol{\varepsilon}'_{\beta t}}{\partial \boldsymbol{\theta}_\beta}\middle| I_{t-1}\right\} = \lambda_{0t}\mathrm{Var}[Q(\boldsymbol{x}_t, \boldsymbol{\theta}_Q)|I_{t-1}]\frac{\partial \boldsymbol{\beta}(\boldsymbol{z}_{t-1}, \boldsymbol{\theta}_\beta)'}{\partial \boldsymbol{\theta}}\end{aligned} \tag{3.4.9}$$

分割された逆行列を使いながらの冗長な計算は，式 (3.4.9) の最初の行にある $\mathrm{Cov}[Q(\boldsymbol{x}_t, \boldsymbol{\theta}_Q), \boldsymbol{R}_t|I_{t-1}]$ の微分係数から $\mathrm{Var}[Q(\boldsymbol{x}_t, \boldsymbol{\theta}_Q)|I_{t-1}]$ の微分係数への推移にお

24　$\beta_{it} = \boldsymbol{\theta}'_{i\beta} S_{i\beta} \boldsymbol{z}_{t-1}$ のような線形モデルもありふれたモデルである．ここで，$S_{i\beta}$ は β_{it} に対して適切な $\underline{z}_{t-1}$ の要素を選ぶ選択行列である．条件付ベータに対する線形モデルは，APT が条件付きでも条件付きでなくても成立しているとき，自然に出てくる．(Lehmann (1992) を参照のこと)．いくつかの市販のリスク管理モデルは，$\boldsymbol{\theta}_{i\beta}$ が証券に対しても，時間に対しても可変であることを認める．初期の例については，Rosenberg (1974) と Rosenberg and Marathe (1979) を参照のこと．これら条件付ベータモデルの残差が操作変数 $\boldsymbol{z}_{t-1} \in I_{t-1}$ と直交しているとき，誤差項はモデルに付加できる．非線形モデルは，$\boldsymbol{\Phi}_{\beta t-1}$ の適切な成分の特定化として，計量経済学者によって考えられる．

ける次元の減少により，かつ，式(3.4.9)の第2行の条件付ベータモデルから発生する追加的なモーメント条件により，条件付ベータモデルを課した結果，$\boldsymbol{\theta}_Q$ の効率的GMM推定量の分散が小さくなることを立証する．

したがって，式(3.3.9)にあるリターンと価格決定カーネルの微分係数の共分散の推定を構築する問題は，これらモデルの微分係数に加えて，価格決定カーネルの条件付分散を推定するというやや簡単な問題に置き換えられる．両式とも $Q(\boldsymbol{x}_t, \boldsymbol{\theta}_Q)$ の条件付平均と λ_{0t} に関する微係数の推定を要求する．すなわち，無危険資産の観察によって除去される要求である．確率過程の仮定が $\mathrm{E}[Q(\boldsymbol{x}_t, \boldsymbol{\theta}_Q)|I_{t-1}]$, $\mathrm{Var}[Q(\boldsymbol{x}_t, \boldsymbol{\theta}_Q)|I_{t-1}]$，そしてこれらの微分係数の計算を要求される一方で，条件付ベータモデルと可能であれば無危険レートの観測は，効率的GMM推定を著しく簡潔にする[25]．

最適条件付ウエイト行列 $\boldsymbol{\Phi}_{\beta t-1}\boldsymbol{\Psi}_{\beta t-1}^{-1}$ が，前節におけるポートフォリオ解釈に似た解釈をもつことにも注意されたい．このケースのポートフォリオ解釈は金融計量経済学の伝統となっている．スケール・ファクターを無視することで，プレミアム λ_{Qt} の推定に関連したポートフォリオ・ウエイトは，$\boldsymbol{\beta}(\boldsymbol{z}_{t-1}, \boldsymbol{\theta}_\beta)$ に比例する．同様に，λ_{0t} の推定に関連したポートフォリオ・ウエイトは，計量経済学者が Q_t それ自体に対するモデル(以下で簡単に議論するケース)ではなく，Q_t と完全相関したポートフォリオ・リターンを観測した場合に適切であるように，$\mathrm{Var}[Q(\boldsymbol{x}_t, \boldsymbol{\theta}_Q)|I_{t-1}]$ を1に等しくなるようにスケーリングした後，$\boldsymbol{\iota}-\boldsymbol{\beta}(\boldsymbol{z}_{t-1}, \boldsymbol{\theta}_\beta)$ に比例する．このような手順は，一定のベータをもちながら，リターンが独立・同一に分布すると仮定することによってDouglas (1968) や Lintner (1965) によって始められ，Black, Jensen, and Scholes (1972), Miller and Scholes (1972), Fama and MacBeth (1973) の一般的な道具として完成された．Shanken (1992) は，独立・同一に分布するケースに対して現在における包括的で厳密な技術水準の説明を示している．

条件付ベータの決定要因に対するモデルには別の使い方がある．すなわち，それらは，価格決定カーネル Q_t に対する明示的なモデルなしに無裁定モデルの要素の確認を可能にする．$\boldsymbol{\beta}(\boldsymbol{z}_{t-1}, \boldsymbol{\theta}_\beta)$ だけが与えられれば，期待リターンは，

$$\mathrm{E}[\boldsymbol{R}_t|I_{t-1}]=\boldsymbol{\iota}\lambda_{0t}+\boldsymbol{\beta}(\boldsymbol{z}_{t-1}, \boldsymbol{\theta}_\beta)[\lambda_{pt}-\lambda_{0t}] \tag{3.4.10}$$

となる．潜在的には推定可能な条件付リスクプレミアム λ_{0t} と λ_{pt} は，条件付きで平均-分散効率的なポートフォリオの期待リターンである．なぜならば資産の期待リターンはそれらの条件付ベータと線形であるからである[26]．しかし，これらパラメータは，1単位の費用を支払い，それぞれ1か0の条件付ベータをもつポートフォリオ

[25] 式(3.4.8)における $\mathrm{Var}[Q(\boldsymbol{x}_t, \boldsymbol{\theta}_Q)|I_{t-1}]$ とその微分係数の存在は，式(3.4.6)が条件付共分散に対してではなく，条件付ベータに対するモデルであることから起きる．多くの応用において，条件付ベータモデルはよりふさわしい．

[26] CAPMはこの形式を取るもっともよく知られたモデルである．ここで，p はすべての危険資産の市場ポートフォリオである．市場ポートフォリオ・リターンは，一般にCAPMにおける(当該モデルにおける Q_t に比例している)総富と最大限に相関している．もし市場が完備であるなら，それは完全相関している．

の期待リターンでもある．与えられたベータをもつために構築されたポートフォリオは，しばしば，文献の中でミミッキング (mimicking) あるいはベーシス (basis)・ポートフォリオと呼ばれる[27]．

ミミッキング・ポートフォリオは，この場合，効率的な条件付 GMM 推定のポートフォリオ解釈の中で生じ，条件付ベータモデルだけから知ることができるものの範囲を限定する．ベータモデル (3.4.6) だけしか与えられないと，

$$\begin{aligned} \boldsymbol{R}_t &= \boldsymbol{\iota}\lambda_{0t} + \boldsymbol{\beta}(\boldsymbol{z}_{t-1}, \boldsymbol{\theta}_\beta)[\lambda_{pt} - \lambda_{0t}] + \boldsymbol{\varepsilon}_{\beta pt} \\ \Psi_{\beta pt-1} &= \mathrm{E}[\boldsymbol{\varepsilon}_{\beta pt}\boldsymbol{\varepsilon}'_{\beta pt}|I_{t-1}] \\ \Phi_{\beta pt-1} &= (\lambda_{pt} - \lambda_{0t})\frac{\partial \boldsymbol{\beta}(\boldsymbol{z}_{t-1}, \boldsymbol{\theta}_\beta)'}{\partial \boldsymbol{\theta}} + \frac{\partial \lambda_{0t}}{\partial \boldsymbol{\theta}}[\boldsymbol{\iota} - \boldsymbol{\beta}(\boldsymbol{z}_{t-1}, \boldsymbol{\theta}_\beta)]' \\ &\quad + \frac{\partial \lambda_{pt} - \lambda_{0t}}{\partial \boldsymbol{\theta}}\boldsymbol{\beta}(\boldsymbol{z}_{t-1}, \boldsymbol{\theta}_\beta)' \end{aligned} \tag{3.4.11}$$

もしわれわれが，各期のリスクプレミアムを未知パラメータとして扱うと，極限のパラメータ空間は無限次元になることに注意しよう．この明白な問題を無視すると，最適条件付モーメント制約は，

$$\sum_{t=1}^{T}\begin{bmatrix} (\lambda_{pt} - \lambda_{0t})\dfrac{\partial \boldsymbol{\beta}(\boldsymbol{z}_{t-1}, \boldsymbol{\theta}_\beta)'}{\partial \boldsymbol{\theta}_\beta} \\ \boldsymbol{\iota}' \\ \boldsymbol{\beta}(\boldsymbol{z}_{t-1}, \boldsymbol{\theta}_\beta)' \end{bmatrix} \Psi_{\beta pt-1}^{-1} \times [\boldsymbol{R}_t - \boldsymbol{\iota}\lambda_{0t} - \boldsymbol{\beta}(\boldsymbol{z}_{t-1}, \boldsymbol{\theta}_\beta)(\lambda_{pt} - \lambda_{0t})] = \boldsymbol{0} \tag{3.4.12}$$

によって与えられる．そして，各 λ_{0t} と $\lambda_{pt} - \lambda_{0t}$ に対する解は，

$$\begin{bmatrix} \hat{\lambda}_{0t} \\ \hat{\lambda}_{pt} - \hat{\lambda}_{0t} \end{bmatrix} = \left[(\boldsymbol{\iota\beta}(\boldsymbol{z}_{t-1}, \boldsymbol{\theta}_\beta))'\Psi_{\beta pt-1}^{-1}(\boldsymbol{\iota\beta}(\boldsymbol{z}_{t-1}, \boldsymbol{\theta}_\beta))\right]^{-1}(\boldsymbol{\iota\beta}(\boldsymbol{z}_{t-1}, \boldsymbol{\theta}_\beta))'\Psi_{\beta pt-1}^{-1}\boldsymbol{R}_t \tag{3.4.13}$$

である．これは，実際のところ，1 単位の費用を支払い，それぞれ 1 と 0 の条件付ベータをもつポートフォリオの期待ではなく，実現リターンである．

したがって，条件付ベータモデルだけしか与えられない場合，危険資産リターンから測定できるものに対して関連する 3 つの限界が存在する．第 1 に，条件付ベータモデルは，スケールまでしか同定できない．すなわち，$\boldsymbol{\beta}(\boldsymbol{z}_{t-1}, \boldsymbol{\theta}_\beta)(\lambda_{pt} - \lambda_{0t})$ は，任意の $\varphi \neq 0$ に対して $\varphi\boldsymbol{\beta}(\boldsymbol{z}_{t-1}, \boldsymbol{\theta}_\beta)(\lambda_{pt} - \lambda_{0t})/\varphi$ と観測上同値である．第 2 に，ポートフォリオリターン $\hat{\lambda}_{0t}$ と $\hat{\lambda}_{pt} - \hat{\lambda}_{0t}$ の期待リターンは λ_{0t} と $\lambda_{pt} - \lambda_{0t}$ である．しかし，期待

27　関連する議論については Grinblatt and Titman (1987), Huberman, Kandel, and Stambaugh (1987), Lehmann (1987), Lehmann and Modest (1988), Lehmann (1990), Shanken (1992) を参照のこと．計量経済学で表現すると，任意の行列 Γ をもつクロスセクション回帰モデルの中で暗黙のうちに発生するポートフォリオ・ウエイトは次の数理計画問題の解である．

$$\min_{\boldsymbol{w}_{\Gamma pt-1}} \boldsymbol{w}'_{\Gamma pt-1}\Gamma\boldsymbol{w}_{\Gamma pt-1}, \qquad \text{subject to } \boldsymbol{w}'_{\Gamma pt-1}\,\boldsymbol{\iota} = 1 \text{ and } \boldsymbol{w}'_{\Gamma pt-1}\boldsymbol{\beta}(\boldsymbol{z}_{t-1}, \boldsymbol{\theta}_\beta) = 1$$

$$\min_{\boldsymbol{w}_{\Gamma 0t-1}} \boldsymbol{w}'_{\Gamma 0t-1}\Gamma\boldsymbol{w}_{\Gamma 0t-1}, \qquad \text{subject to } \boldsymbol{w}'_{\Gamma 0t-1}\,\boldsymbol{\iota} = 1 \text{ and } \boldsymbol{w}'_{\Gamma 0t-1}\boldsymbol{\beta}(\boldsymbol{z}_{t-1}, \boldsymbol{\theta}_\beta) = 0$$

通常の最小 2 乗法は $\Gamma = I$，加重最小 2 乗法は $\Gamma = \mathrm{Diag}\{\mathrm{Var}[\boldsymbol{R}_t|I_{t-1}]\}$，一般化最小 2 乗法は $\Gamma = \mathrm{Var}[\boldsymbol{R}_t|I_{t-1}]$ に対応する．

リターンは $\mathrm{E}[\boldsymbol{R}_t|I_{t-1}]$ に対する明示的な時系列モデルによってのみ回復される[28]．第3に，価格決定カーネル Q_t はこのモデルから回復できない．Q_t と最大限の相関をもつ N 個の危険資産のポートフォリオ・リターンである R_{pt} だけが極限(つまり，$\boldsymbol{\beta}(\boldsymbol{z}_{t-1}, \hat{\boldsymbol{\theta}}_\beta) \xrightarrow{p} \boldsymbol{\beta}(\boldsymbol{z}_{t-1}, \boldsymbol{\theta}_\beta)$)において $\hat{\lambda}_{pt}$ から同定可能である．

3.4.2 マルチファクターモデル

推定と推測を容易にするもう1つのパラメトリックな仮定は，Q_t に対する線形モデルである．文献にみられる典型的な線形モデルは，価格決定カーネルに関する仮定を同時に強めたり弱めたりする．明らかに，線形性は，可能な非線形な関数形に比べ，より制限的である．しかしながら，一般に線形モデルは，そのウエイトが未知の変数として通常扱われるので，Q_t が未知のパラメータを除いて既知であるという仮定を弱めることを一般に意味する．

いくつかの均衡モデルは，Q_t をポートフォリオのリターンの線形結合(すなわちポートフォリオ)であるように制限している．異時点間資産価格決定理論では，これらのポートフォリオは投資機会の変動に対して，投資家たちにヘッジを行わせる(たとえば，Merton (1973) や Breeden (1979) を参照せよ)．関連結果は，ポートフォリオ分離定理から得られる．そこでは，ポートフォリオは，特定の選好 (Cass (1970) を参照) や特定のリターンの分布 (Ross (1978a) を参照) のもとで最適である．同様に，Ross (1976) と Ross (1977) の裁定価格決定理論 (APT) は，無裁定仮定と，Q_t に対する近似的な線形モデルをつくるための分散化の予想を記述する分布の仮定とを結び付けた[29]．

このような環境において，価格決定カーネル Q_t (典型的にはインフレーションに対して何の調整も行わない)は，線形モデル

$$Q_t = \boldsymbol{\omega}'_{xt-1}\boldsymbol{x}_t + \boldsymbol{\omega}'_{mt-1}\boldsymbol{R}_{mt}, \qquad Q_t > 0, \qquad \boldsymbol{\omega}_{xt-1}, \boldsymbol{\omega}_{mt-1} \in I_{t-1} \tag{3.4.14}$$

に従う．ここで，$\boldsymbol{R}_{mt}$ はポートフォリオリターンのベクトルであり，$\boldsymbol{x}_t$ は資産のリターン以外の変数のベクトルである．これらのモデルは一般には，時間 $t-1$ において利用できる情報に基づき，厳密に正の値である Q_t に帰着するという要求以外には，(観測されない)ウエイト $\boldsymbol{\omega}_{xt-1}$ と $\boldsymbol{\omega}_{mt-1}$ に制約をおかない[30]．言い方を換えると，モデルは $\boldsymbol{\omega}_{xt-1}$ と $\boldsymbol{\omega}_{mt-1}$ を $\boldsymbol{\omega}_x(\boldsymbol{z}_{t-1}, \boldsymbol{\theta})$ と $\boldsymbol{\omega}_m(\boldsymbol{z}_{t-1}, \boldsymbol{\theta})$ のようにパラメータ化するとき，より一般的な形式 $Q(\boldsymbol{x}_t, \boldsymbol{\theta})$ を取る．

以上より，線形条件付マルチファクターモデル

$$\boldsymbol{R}_t = \boldsymbol{\alpha}_t + B_x(\boldsymbol{z}_{t-1}, \boldsymbol{\theta}_{Bx})\boldsymbol{x}_t + B_m(\boldsymbol{z}_{t-1}, \boldsymbol{\theta}_{Bm})\boldsymbol{R}_{mt} + \boldsymbol{\varepsilon}_{Bt} \tag{3.4.15}$$

28　λ_{0t} と $\lambda_{pt}-\lambda_{0t}$ のモーメントは推定可能である．たとえば，$\hat{\lambda}_{0t}$ と $\hat{\lambda}_{pt}-\hat{\lambda}_{0t}$ の $\boldsymbol{z}_{t-1} \in I_{t-1}$ 上への写像は，大標本において λ_{0t} と $\lambda_{pt}-\lambda_{0t}$ の $\boldsymbol{z}_{t-1} \in I_{t-1}$ 上への無条件写像を回復する．

29　Ross (1976) と Ross (1977) により導出された APT は，Q_t を明らかにするための資産価格に十分な制約をおいていない．式 (3.4.14) を得るためには，分散可能なリスクが無リスクプレミアムをもたないように十分な制約が選好と投資機会のうえにおかれなくてはならない．

30　線形モデルにおいて正値制約を課すことはときどき非常に困難である．

を考える．モーメント条件(3.2.6)を課すと，切片ベクトルに対する関連する制約をもたらす．

$$\boldsymbol{\alpha}_t=[\boldsymbol{\iota}-B_m(\boldsymbol{z}_{t-1},\ \boldsymbol{\theta}_{Bm})\boldsymbol{\iota}|\lambda_{0t}-B_x(\boldsymbol{z}_{t-1},\ \boldsymbol{\theta}_{Bx})\boldsymbol{\lambda}_{xt}$$
$$\boldsymbol{\lambda}_{xt}=\lambda_{0t}[\mathrm{E}[\boldsymbol{x}_t\boldsymbol{x}_t'|I_{t-1}]\boldsymbol{\omega}_{xt-1}+\mathrm{E}[\boldsymbol{x}_t\boldsymbol{R}_{mt}'|I_{t-1}]\boldsymbol{\omega}_{mt-1}] \tag{3.4.16}$$

その結果，原則として $\boldsymbol{\omega}_{xt-1}$ と $\boldsymbol{\omega}_{mt-1}$ は $\boldsymbol{\lambda}_{xt}$ に対する式より反転しうる．最後に，この期待リターンの関係式をマルチファクターモデルへ代入すると，

$$\boldsymbol{R}_t=\boldsymbol{\iota}\lambda_{0t}+B_x(\boldsymbol{z}_{t-1},\ \boldsymbol{\theta}_{Bx})[\boldsymbol{x}_t-\boldsymbol{\lambda}_{xt}]+B_m(\boldsymbol{z}_{t-1},\ \boldsymbol{\theta}_{Bm})[\boldsymbol{R}_{mt}-\boldsymbol{\iota}\lambda_{0t}]+\boldsymbol{\varepsilon}_{Bt},$$
$$\mathrm{E}[\boldsymbol{\varepsilon}_{Bt}|I_{t-1}]=0 \tag{3.4.17}$$

の式をもたらす．

前と同様，残差ベクトルは，期待リターンが因子負荷行列 $B(\boldsymbol{z}_{t-1},\boldsymbol{\theta}_B)$ と1よりなる行列により張られるので条件付平均は0となる[31]．明白なことであるが，このモデルは，条件付平均ベクトルと共分散行列 $(\boldsymbol{x}_t'\boldsymbol{R}_{mt}')'$ 推定を必要とする．

式(3.4.17)の $\mathrm{E}[\boldsymbol{R}_{mt}|I_{t-1}]$ 上に何の制約もおかれないことに注意してほしい．計量経済学者が，Q_t に関する付加的な情報をもたずにリターン $\boldsymbol{R}_{mt}$ と値 $\boldsymbol{x}_t$ を観測するならば，$\boldsymbol{R}_{mt}$ を Q_t にリンクするモデルの欠如は，モーメント条件 $\mathrm{E}[\boldsymbol{R}_{mt}Q_t|I_{t-1}]=\boldsymbol{\iota}$ から起こる $\mathrm{E}[\boldsymbol{R}_{mt}|I_{t-1}]$ に関する制約を除去する．式(3.4.10)～(3.4.13)でポートフォリオ p のリターンが観測されるならば，同様な観測が成立するであろう．換言すれば，リターン $\boldsymbol{R}_{mt}$ やリターン R_{pt} の線形結合は，Q_t に対するスケールに依存しない代理を提供する．Q_t に対するデータやモデルが欠如している場合，資産価格の関係は，資産価格とリスクプレミアムのレベルではなく，相対的な資産価格と期待リターンを説明する．

条件付ベータモデルを課する場合と同様に，線形ファクターモデルは，必要情報を少なくすることにより推測と推測を簡単にする．価格決定カーネルの線形性は，前節の条件付ベータモデルと比べるとやや控えめではあるが，3つの利点を与える．すなわち，① $Q(\boldsymbol{x}_t,\boldsymbol{\theta}_Q)$ の条件付平均と分散の微分係数はもはや必要とされない．② $\boldsymbol{x}_t$ と $\boldsymbol{R}_{mt}$ を含む条件付共分散行列は未知のモデルパラメータを含まない($\mathrm{Var}[Q(\boldsymbol{x}_t,\boldsymbol{\theta}_Q)|I_{t-1}]$ と対照的に)．③線形モデルは，$\boldsymbol{\omega}_{xt-1}$ と $\boldsymbol{\omega}_{mt-1}$ が未知変数にとどまることを許容する．ということである．第3のポイントにはコストが伴う，すなわちモデルが資産価格とリスクプレミアムのレベルに何の制約もおかない．前と同様に，無リスクレートが観測されるならば，さらに簡単化される．

マルチファクターモデルは事前に特定化されたベータモデルの形式も取っている．これらのモデルの分析は，式(3.4.10)～(3.4.13)のシングルベータの場合と同様である．条件付因子負荷モデル $B(\boldsymbol{z}_{t-1},\boldsymbol{\theta}_B)$ は，スケールまでしか同定できない．せいぜ

[31] 上記で説明されたマルチファクターモデルは，Q_t によって表現されているので，$[\boldsymbol{\iota}-B_m(\boldsymbol{z}_{t-1},\boldsymbol{\theta}_{Bm}\boldsymbol{\iota}]$ は恒等的には0にならないだろう．Q_t とアンダーライング共通ファクターの間に明白なリンクをもたないマルチファクターモデルでは，これは1つの可能性として残っている．この論点の討議には Huberman, Kandel, and Stambaugh (1987) や Huberman and Kandel (1987), Lehmann and Modest (1988) などを参照せよ．

い，計量経済学者にできることは，1つの因子の負荷が1で，残りの因子の負荷が0である最小分散基底ポートフォリオのリターンを推定することだけである．シングル・ベータ表現からみると，時間依存的なウエイトをもつこれらの最適な基底ポートフォリオのポートフォリオは，Q_t との相関が最大であるリターンをもつ，あるいは同値なことであるが，事前に特定化されたマルチファクターベータモデルでは，$B(\boldsymbol{z}_{t-1}, \boldsymbol{\theta}_B)$ の線形結合は，条件付ベータ $\boldsymbol{\beta}_t$ と比例する．

3.4.3　分散化可能残差モデルと大規模クロスセクション推定

別の簡略化の仮定が，しばしばこれらのモデルに対しておかれる．それは残差ベクトルがクロスセクションでは弱く相関しているという仮定である．この制約は APT の基本的な仮定であり，それは，大規模でよく分散されたポートフォリオでは残差リスクが除去されうることを意味している．推定に対する残差の影響が，大規模なクロスセクションでは分散化を通じて除去されうるということは，同様の理由で計量経済学の観点からも便利である．

ベータ価格決定モデルの有効な推定という観点でいえば，この仮定は，有効な GMM ウエイト行列に残されている要素である $\Psi_{\beta t-1}$ の推定を容易にする．確かに有効な推定は，$\Psi(\boldsymbol{z}_{t-1})$ の形式である式 (3.4.7) の $\Psi_{\beta t-1}$ に対するモデルを仮定することで実行できたであろう．しかしながら，計量経済学者，とりわけセミパラメトリック手法を使用する者が，3.4.2 項のファクターモデルを除けば，この形式の信頼できる事前情報を手に入れることはほとんど起こりえないことである．

したがって，線形ファクターモデルを条件付ベータモデルへ追加することを考える．再度，射影[32)]

$$\boldsymbol{R}_t = \boldsymbol{\alpha}_t + \boldsymbol{\beta}(\boldsymbol{z}_{t-1}, \boldsymbol{\theta}_\beta)Q(\boldsymbol{x}_t, \boldsymbol{\theta}_Q) + B_x(\boldsymbol{z}_{t-1}, \boldsymbol{\theta}_{Bx})\boldsymbol{x}_t + B_m(\boldsymbol{z}_{t-1}, \boldsymbol{\theta}_{Bm})\boldsymbol{R}_{mt} + \boldsymbol{\varepsilon}_{\beta Bt} \tag{3.4.18}$$

と，切片ベクトルに対する価格決定関係の適用

$$\boldsymbol{\alpha}_t = [\boldsymbol{\iota} - B_m(\boldsymbol{z}_{t-1}, \boldsymbol{\theta}_{Bm})\boldsymbol{\iota}]\lambda_{0t} - \boldsymbol{\beta}(\boldsymbol{z}_{t-1}, \boldsymbol{\theta}_\beta)\lambda_{Qt} - B_x(\boldsymbol{z}_{t-1}, \boldsymbol{\theta}_{Bx})\boldsymbol{\lambda}_{xt} \tag{3.4.19}$$

を考える．ここで，項を並べ直し，式 (3.4.19) へ代入した後，

$$\begin{aligned}
\boldsymbol{R}_t &= \boldsymbol{\iota}\lambda_{0t} + \boldsymbol{\beta}(\boldsymbol{z}_{t-1}, \boldsymbol{\theta}_\beta)[Q(\boldsymbol{x}_t, \boldsymbol{\theta}_Q) - \lambda_{Qt}] + B_x(\boldsymbol{z}_{t-1}, \boldsymbol{\theta}_{Bx})[\boldsymbol{x}_t - \boldsymbol{\lambda}_{xt}] \\
&\quad + B_m(\boldsymbol{z}_{t-1}, \boldsymbol{\theta}_{Bm})[\boldsymbol{R}_{mt} - \boldsymbol{\iota}\lambda_{0t}] + \boldsymbol{\varepsilon}_{\beta Bt} \\
\lambda_{Qt} &= \lambda_{0t}\mathrm{E}[Q(\boldsymbol{x}_t, \boldsymbol{\theta}_Q)^2|I_{t-1}]; \\
\Psi_{\beta Bt-1} &= \mathrm{E}[\boldsymbol{\varepsilon}_{\beta Bt}\boldsymbol{\varepsilon}'_{\beta Bt}|I_{t-1}] \\
\boldsymbol{\lambda}_{xt} &= \lambda_{0t}\mathrm{E}[\boldsymbol{x}_t Q(\boldsymbol{x}_t, \boldsymbol{\theta}_Q)|I_{t-1}]
\end{aligned} \tag{3.4.20}$$

となる．これらの要素がすべてモデルの中に含まれるとき，1からなるベクトルは，$B_x(\boldsymbol{z}_{t-1}, \boldsymbol{\theta}_{Bx})$ あるいは $B_m(\boldsymbol{z}_{t-1}, \boldsymbol{\theta}_{Bm})$ の列ベクトルに張られる空間のどちらにもないと仮定する．

---

[32] もちろん，もし $(\boldsymbol{x}'_t, \boldsymbol{R}'_{mt})$ と $Q(\boldsymbol{x}_t, \boldsymbol{\theta}_0)$ が線形に従属しているなら，$(\boldsymbol{x}'_t, \boldsymbol{R}'_{mt})$ の1つの要素が落ちる．

この式は，これまでの各節のすべてのモデルを包含する．$B_x(\boldsymbol{z}_{t-1}, \boldsymbol{\theta}_{Bx})$ と $B_m(\boldsymbol{z}_{t-1}, \boldsymbol{\theta}_{Bm})$ が常に0であるなら，式(3.4.20)は条件付ベータモデル(3.4.7)をもたらし，価格決定カーネル $Q(\boldsymbol{x}_t, \boldsymbol{\theta}_Q)$ がないときは，あらかじめ特定化されたベータモデル(3.4.11)をもたらす．同様に，$\boldsymbol{\beta}(\boldsymbol{z}_{t-1}, \boldsymbol{\theta}_\beta)$ が常に0であるとき，式(3.4.20)は観測可能な線形ファクターモデル(3.4.17)をもたらし，$\boldsymbol{x}_t$ と $\boldsymbol{R}_{mt}$ に対する観測値がないなら，あらかじめ特定化されたベータモデルのマルチファクター版をもたらす．すべての成分が同時に含まれるとき，条件付ファクターモデルは，条件付ベータモデル(3.4.7)における残差 $\Psi_{\beta t-1}$ の条件付共分散行列に構造を付与する．

このファクターモデルは，単なるエレガントな別の表現以上のもの，すなわち，条件付分散行列 $\Psi_{\beta Bt-1}$ に事前の制約をおくことをもっともらしくする．条件付ベータモデル(3.4.7)では，残差共分散行列 $\Psi_{\beta t-1}$ は

$$\begin{aligned}\Psi_{\beta t-1} &= \Big(B_x(\boldsymbol{z}_{t-1}, \boldsymbol{\theta}_{Bx})B_m(\boldsymbol{z}_{t-1}, \boldsymbol{\theta}_{bm})\Big)\mathrm{Var}\Big[\begin{pmatrix}\boldsymbol{x}_t\\ \boldsymbol{R}_{mt}\end{pmatrix}\Big|I_{t-1}\Big]\begin{pmatrix}B_x(\boldsymbol{z}_{t-1}, \boldsymbol{\theta}_{Bx})'\\ B_m(\boldsymbol{z}_{t-1}, \boldsymbol{\theta}_{bm})'\end{pmatrix}+\Psi_{\beta Bt-1}\\ &\equiv B_{\beta Bt-1}V_{\beta Bt-1}B'_{\beta Bt-1}+\Psi_{\beta Bt-1} \qquad (3.4.21)\end{aligned}$$

によって与えられるこのモデルにおいて観測可能なファクター構造をもつ[33]．そして，その逆行列は，

$$\begin{aligned}\Psi^{-1}_{\beta t-1} &= \Psi^{-1}_{\beta Bt-1}-\Psi^{-1}_{\beta Bt-1}B_{\beta Bt-1}\Big(V_{\beta Bt-1}+B'_{\beta Bt-1}\Psi^{-1}_{\beta Bt-1}B'_{t-1}\Big)^{-1}\\ &\quad\times B'_{\beta Bt-1}\Psi^{-1}_{\beta Bt} \qquad (3.4.22)\end{aligned}$$

によって与えられる．したがって，ファクターモデルは，ベータ価格決定モデルの効率的な推定に必要な最終インプットを提供する．

Chamberlain and Rothchild (1983) は $\boldsymbol{\varepsilon}_{\beta Bt-1}$ のような残差に対する分散可能制約特性を与えている．彼らは，条件付残差共分散行列 $\Psi_{\beta Bt-1}$ の最大固有値が，資産が限りなく増えても，有界なままであると仮定する．この条件は大数の弱法則が適用されるのに十分である．なぜなら，$N\to\infty$ につれ $\sigma^2_{wt-1}=\boldsymbol{\omega}'_{t-1}\Psi_{\beta Bt-1}\boldsymbol{\omega}_{t-1}\leq\boldsymbol{\omega}'_{t-1}\boldsymbol{\omega}_{t-1}\xi_{\max}(\Psi_{\beta Bt-1})\to 0$ であるので，$1/N$ のオーダーのウエイト(すなわち，任意の $\boldsymbol{\omega}_{t-1}\in I_{t-1}$ に対して，$N\to\infty$ のとき $\boldsymbol{\omega}'_{t-1}\boldsymbol{\omega}_{t-1}\to 0$ となるもの)をもつポートフォリオの残差分散が0に収束するからである．ここで，$\xi_{\max}(\bullet)$ はその引数の最大固有値である．

残念なことに，この有界条件のもとで $\Psi_{\beta Bt-1}$ を推定する明白な方法が存在しない[34]．したがって，実践における分散化制約の要求は，一般に，厳密なファクター構造のより強い仮定，すなわち，$\Psi_{\beta Bt-1}$ が対角行列であるという仮定を意味する．もち

33　関連した条件付ベータがコンスタントである限り，観測不可能なファクターモデルを付与することも可能である．Chamberlain and Rothschild (1983), Connor and Korajczyk (1988), Lehmann and Modest (1988) での iid ケースに対して発展されたその手法が適用する．なぜなら，ここでの適用では残差が系列的に無相関だからである．Lehmann (1992) は系列的に相関するケースを議論している．

34　最近，Ledoit (1994) は固有値の収縮推定量を使って共分散行列を推定することを提唱している．つまりこれはここでも機能するアプローチである．

ろん，$\Psi_{\beta Bt-1}$ が分散化可能性条件 $\lim_{N\to\infty}\xi_{\max}(\Psi_{\beta Bt-1})<\infty$ を除いて制約されないケースでそうであるように，対角化という特定化が，一般化最小2乗法が適切であるとき，単位行列(つまり，通常の最小2乗)より高い効率性の推定量を導くという保証はない．実際には，加重最小2乗法が多くの応用で優位であるとはいえ，この特定化が誤りであると仮定して控え目な推測を行うこともできる．いずれにしても，計量経済学者は，対角化という特定化において，固有分散のたくさんの従属性を考慮することができる．

弱法則が残差に適用されると仮定しながら，GMM推定量に対する大規模クロスセクションの振舞いとは何であるか．N が大きいときの分析を容易にするために，添え字 N を残差 $\boldsymbol{\varepsilon}_{\beta BNt}$ と関連するパラメータのベクトルや行列 $\boldsymbol{\beta}_N(\boldsymbol{z}_{t-1}, \boldsymbol{\beta}_{\beta N})$，$B_{xN}(\boldsymbol{z}_{t-1}, \boldsymbol{\theta}_{BxN})$，$B_{mN}(\boldsymbol{z}_{t-1}, \boldsymbol{\theta}_{BmN})$，$\Psi_{\beta BNt-1}$ に付加する．そして，証券が資産一覧に加えられるように，ベクトルへ要素を加え，行列へ行を加えることによって N が制限なく大きくなるようにすべての極限を取る．任意の条件付GMM推定量は，

$$\frac{1}{NT}\sum_{t=1}^{T}A_{\beta BNt-1}\hat{\boldsymbol{\varepsilon}}_{\beta BNt}=\underline{0}$$
$$\hat{\boldsymbol{\varepsilon}}_{\beta BNt}=\boldsymbol{R}_t-\boldsymbol{\iota}\underline{\hat{\lambda}}_{0t}-\boldsymbol{\beta}(\boldsymbol{z}_{t-1}, \hat{\boldsymbol{\theta}}_{\beta N})[Q(\boldsymbol{x}_t, \hat{\boldsymbol{\theta}}_Q)-\hat{\lambda}_{Qt}]-B_{xN}(\boldsymbol{z}_{t-1}, \boldsymbol{\theta}_{BxN})[\boldsymbol{x}_t-\hat{\lambda}_{xt}]$$
$$-B_{mN}(\boldsymbol{z}_{t-1}, \hat{\boldsymbol{\theta}}_{BmN})[\boldsymbol{R}_{mt}-\boldsymbol{\iota}\hat{\lambda}_{0t}] \qquad (3.4.23)$$

から計算される．ここで，$A_{\beta BNt-1}$ は，$N\to\infty$ につれ $\xi_{\min}(A'_{\beta BNt-1}A_{\beta BNt-1})\to\infty$ であるようなフルの行ランクをもつ計量経済学者によって選ばれた $p\times No_p(1)$ 行列の数列である．ただし，$\xi_{\min}(\bullet)$ はその引数に対するもっとも小さな固有値である．この後者の条件は，ウエイトが証券間で分散化され，少数の資産だけに集中しないことを保証する．

推定方程式(3.4.23)を見れば，残差が分散可能であるときの大規模クロスセクションの利益は明白である．標本と母集団の残差は，

$$\hat{\boldsymbol{\varepsilon}}_{\beta BNt}=\boldsymbol{\varepsilon}_{\beta BNt}+\boldsymbol{\iota}(\lambda_{0t}-\hat{\lambda}_{0t})+\{\boldsymbol{\beta}(\boldsymbol{z}_{t-1}, \boldsymbol{\theta}_\beta)[Q(\boldsymbol{x}_t, \boldsymbol{\theta}_Q)-\lambda_{Qt}]$$
$$-\boldsymbol{\beta}(\boldsymbol{z}_{t-1}, \hat{\boldsymbol{\theta}}_{\beta N})[Q(\boldsymbol{x}_t, \hat{\boldsymbol{\theta}}_Q)-\hat{\lambda}_{Qt}]\}$$
$$+[B_{xN}(\boldsymbol{z}_{t-1}, \boldsymbol{\theta}_{BxN})-B_{xN}(\boldsymbol{z}_{t-1}, \hat{\boldsymbol{\theta}}_{BxN})]\boldsymbol{x}_t$$
$$+[B_{xN}(\boldsymbol{z}_{t-1}, \boldsymbol{\theta}_{BxN})\boldsymbol{\lambda}_{xt}-B_{xN}(\boldsymbol{z}_{t-1}, \hat{\boldsymbol{\theta}}_{BxN})\hat{\boldsymbol{\lambda}}_{xt}]$$
$$+[B_{mN}(\boldsymbol{z}_{t-1}, \hat{\boldsymbol{\theta}}_{BmN})-B_{mN}(\boldsymbol{z}_{t-1}, \boldsymbol{\theta}_{BmN})]\boldsymbol{R}_{mt}$$
$$+\{B_{mN}(\boldsymbol{z}_{t-1}, \hat{\boldsymbol{\theta}}_{BmN})\boldsymbol{\iota}\hat{\lambda}_{0t}-B_{mN}(\boldsymbol{z}_{t-1}, \hat{\boldsymbol{\theta}}_{BmN})\boldsymbol{\iota}\lambda_{0t}\} \qquad (3.4.24)$$

によって関連している．この最初の成分は母集団残差ベクトル $\boldsymbol{\varepsilon}_{\beta BNt}$ であり，残りの成分は母集団とモデルによって当てはめられた部分との差を表す．明らかに，$\boldsymbol{\varepsilon}_{\beta BNt}$ は分散を通して除去可能である．したがって，資産数が限りなく大きくなるにつれ，各資産へ次数 $1/N$ のウエイトを暗黙のうちにおくので，$A_{\beta BNt-1}$ の $\hat{\boldsymbol{\varepsilon}}_{\beta BNt}$ への適用は $\boldsymbol{\varepsilon}_{\beta BNt}$ を除去することになる．

しかし，分散化の利益は，母集団とモデルの適合する部分の間の差により，限界をもつ．たとえば，$Q(\boldsymbol{x}_t, \hat{\boldsymbol{\theta}}_Q)$, $\hat{\lambda}_{Qt}$, $\hat{\lambda}_{xt}$, $B_{xN}(\boldsymbol{z}_{t-1}, \hat{\boldsymbol{\theta}}_{BxN})$, $B_{mN}(\boldsymbol{z}_{t-1}, \hat{\boldsymbol{\theta}}_{BmN})$ の標本誤差は，

一般に，単一クロスセクションにおいて分散化されない．もちろん，$\hat{\boldsymbol{\varepsilon}}_{\beta BNt}$ のいくつかの成分は，いくつかのモデルにおいて分散化できる．たとえば，もし $\boldsymbol{\beta}(\boldsymbol{z}_{t-1}, \boldsymbol{\theta}_\beta)$ が常に 0 であり (すなわち，もし価格決定カーネル Q_t が $\boldsymbol{\omega}'_{xt-1}+\boldsymbol{\omega}_{mt-1}\boldsymbol{R}_{mt}$ によって与えられる)，$B_{xN}(\boldsymbol{z}_{t-1}, \boldsymbol{\theta}_{BxN})$ と $B_{mN}(\boldsymbol{z}_{t-1}, \boldsymbol{\theta}_{BmN})$ がともに線形であるなら，標本誤差 $B_{xN}(\boldsymbol{z}_{t-1}, \boldsymbol{\theta}_{BxN})-B_{xN}(\boldsymbol{z}_{t-1}, \hat{\boldsymbol{\theta}}_{BxN})$ と $B_{mN}(\boldsymbol{z}_{t-1}, \boldsymbol{\theta}_{BmN})-B_{mN}(\boldsymbol{z}_{t-1}, \hat{\boldsymbol{\theta}}_{BmN})$ は，原則として，分散化を通して除去できる．このケースにおいて，差 $\hat{\boldsymbol{\lambda}}_{xt}-\boldsymbol{\lambda}_{xt}$ は大規模時系列標本においてのみ除去されるので，単一クロスセクションから一致して推定できる唯一のリスクプレミアムは λ_{0t} である[35]．

3.4.4 ベータ価格決定モデルの実行可能 (ほぼ効率的) 条件付 GMM 推定

これらの予備知識を念頭において，私たちは複合条件付ベータモデル (3.4.20) に対する効率的条件付 GMM 推定を考える．このモデルにおいて，$A^0_{\beta Bt-1}$ の最適選択は $\Phi^{-1}_{\beta Bt-1}$ である．ここでこれらの行列は，

$$
\begin{aligned}
\Phi_{\beta Bt-1}=&-\frac{\partial\lambda_{0t}}{\partial\boldsymbol{\theta}}\Big\{\boldsymbol{\iota}-\mathrm{Var}[Q(\boldsymbol{x}_t, \boldsymbol{\theta}_Q)|I_{t-1}]\boldsymbol{\beta}(\boldsymbol{z}_{t-1}, \boldsymbol{\theta}_\beta)-B_x(\boldsymbol{z}_{t-1}, \boldsymbol{\theta}_{Bx})\\
&\times\mathrm{Cov}[\boldsymbol{x}_t, Q(\boldsymbol{x}_t, \boldsymbol{\theta}_Q)|I_{t-1}]\\
&-B_m(\boldsymbol{z}_{t-1}, \boldsymbol{\theta}_{Bm})\boldsymbol{\iota}\Big\}'+E[\boldsymbol{R}_{mt}-\boldsymbol{\iota}\lambda_{0t}|I_{t-1}]'\frac{\partial B_m(\boldsymbol{z}_{t-1}, \boldsymbol{\theta}_{Bx})'}{\partial\boldsymbol{\theta}}\\
&+\lambda_{0t}\Big\{\mathrm{Var}[Q(\boldsymbol{x}_t, \boldsymbol{\theta}_Q)|I_{t-1}]\frac{\partial\boldsymbol{\beta}(\boldsymbol{z}_{t-1}, \boldsymbol{\theta}_\beta)'}{\partial\boldsymbol{\theta}}\\
&+\frac{\partial\,\mathrm{Var}[Q(\boldsymbol{x}_t, \boldsymbol{\theta}_Q)|I_{t-1}]}{\partial\boldsymbol{\theta}}\boldsymbol{\beta}(\boldsymbol{z}_{t-1}, \boldsymbol{\theta}_\beta)'+\frac{\partial\,\mathrm{Cov}[\boldsymbol{x}_t, Q(\boldsymbol{x}_t, \boldsymbol{\theta}_Q)|I_{t-1}]'}{\partial\boldsymbol{\theta}}\\
&\times B_x(\boldsymbol{z}_{t-1}, \boldsymbol{\theta}_{Bx})'+\mathrm{Cov}[\boldsymbol{x}_t, Q(\boldsymbol{x}_t, \boldsymbol{\theta}_Q)|I_{t-1}]'\frac{\partial B_x(\boldsymbol{z}_{t-1}, \boldsymbol{\theta}_{Bx})'}{\partial\boldsymbol{\theta}}\Big\} \qquad (3.4.25)
\end{aligned}
$$

$$
\begin{aligned}
\Psi^{-1}_{\beta t-1}=&\Psi^{-1}_{\beta Bt-1}-\Psi_{\beta Bt-1}^{-1}B_{\beta Bt-1}\left(V_{\beta Bt-1}+B_{\beta Bt-1}\Psi^{-1}_{\beta Bt-1}B'_{t-1}\right)^{-1}\\
&\times B'_{\beta Bt-1}\Psi^{-1}_{\beta Bt-1}
\end{aligned}
$$

によって与えられる．オリジナルの定式化 (3.3.6)～(3.3.9) において，効率的推定は，$Q(\boldsymbol{x}_t, \boldsymbol{\theta}_Q)\boldsymbol{R}_t$ の条件付期待値の微分係数である Φ_{t-1} と $\boldsymbol{R}_tQ(\boldsymbol{x}_t, \boldsymbol{\theta}_Q)-\boldsymbol{\iota}$ の条件付共分散行列である Ψ_{t-1} を必要とした．式 (3.4.20) は，計量経済学者が効率的推定を可能にするために設定できるような仮定を反映している．条件付ベータモデルは

[35] このポイントはベータ価格決定の文献における多くの混乱の原因となっている．特定のポートフォリオに関して計算された個々の資産のベータ上のリターンのクロスセクション回帰から得られる推測の文献は数多い．これら，事前に特定化されたベータモデルのベータが効率的ポートフォリオに関して計算されるならば，(母集団ベータとリターン共分散行列の事前の知識があるとしても) 単一クロスセクションでできる最良なことは，効率的ポートフォリオのリターンを再生することである．3.4.1 項の p のようなポートフォリオのリスクプレミアムに関する情報は，時間を経なければ，回復できない．その一方，ポートフォリオ 0 のリターンは，$\Phi_{\beta pt-1}$ の母集団の値を所与とするとき，事前に特定化されたベータモデルの残差が分散化可能ならば，無リスクレートに収束する．Shanken (1992) は，標本誤差によって生ずるバイアスを適切に調整すれば，一定の条件付ベータと iid の固有誤差をもつモデルでは，このことが成立することを $\Phi_{\beta pt-1}$ の標本版を用いて証明している．Lehmann (1988) と Lehmann (1990) も参照せよ．

$\boldsymbol{\Phi}_{t-1}$ に対するベータ価格決定版の評価を容易にし，ファクターモデルの仮定は関連する $\boldsymbol{\Psi}_{t-1}$ に対応するものに構造を付与する．

$A^0_{\beta Bt-1}$ の一致推定は $B_{\beta Bt-1}$, $V_{\beta Bt-1}$, $\Psi_{\beta Bt-1}$ とともに多くの条件付モーメント，すなわち，λ_{0t}, $\mathrm{E}[\boldsymbol{R}_{mt}|I_{t-1}]$, $\mathrm{Var}[Q(\boldsymbol{x}_t, \boldsymbol{\theta}_Q)]|I_{t-1}$, $\mathrm{Cov}[\boldsymbol{x}_t, Q(\boldsymbol{x}_t, \boldsymbol{\theta}_Q)|I_{t-1}]$，そして，必要であれば，それらの微分係数の評価を要求する．これまでのところもっともよく用いられる戦略は，適切な条件付モーメントが利用可能な情報の時間に関して不変な関数であると単に仮定することである．この戦略は，この節を通して，条件付ベータと条件付因子負荷に対するモデルの中で取られた．$A^0_{\beta Bt-1}$ の評価に対して，このアプローチは計量経済学者が

$$
\begin{aligned}
&\lambda_0(\boldsymbol{z}_{t-1}, \boldsymbol{\theta})=\mathrm{E}[Q(\boldsymbol{x}_t, \boldsymbol{\theta}_Q)|\boldsymbol{z}_{t-1}]^{-1}\\
&\boldsymbol{\lambda}_m(\boldsymbol{z}_{t-1}, \boldsymbol{\theta})=\mathrm{E}[\boldsymbol{R}_{mt}|\boldsymbol{z}_{t-1}]=-\lambda_0(\boldsymbol{z}_{t-1}, \boldsymbol{\theta})(\boldsymbol{\iota}-\mathrm{Cov}[\boldsymbol{R}_{mt}, Q(\boldsymbol{x}_t, \boldsymbol{\theta}_Q)|\boldsymbol{z}_{t-1}])\\
&\sigma^2_Q(\boldsymbol{z}_{t-1}, \boldsymbol{\theta})=\mathrm{Var}[Q(\boldsymbol{x}_t, \boldsymbol{\theta}_Q)|\boldsymbol{z}_{t-1}]\\
&\sigma_{Qx}(\boldsymbol{z}_{t-1}, \boldsymbol{\theta})=\mathrm{Cov}[\boldsymbol{x}_t, Q(\boldsymbol{x}_t, \boldsymbol{\theta}_Q)|\boldsymbol{z}_{t-1}]\\
&V_{\beta B}(\boldsymbol{z}_{t-1}, \boldsymbol{\theta})=\mathrm{Var}\left[\begin{pmatrix}\boldsymbol{x}_t\\ \boldsymbol{R}_{mt}\end{pmatrix}\Big|\boldsymbol{z}_{t-1}\right]\\
&\Psi_{\beta B}(\boldsymbol{z}_{t-1}, \boldsymbol{\theta})=\mathrm{Var}[\boldsymbol{\varepsilon}_{\beta Bt}|\boldsymbol{z}_{t-1}] \qquad (3.4.26)
\end{aligned}
$$

の関係を仮定するように要求する．これは，$\boldsymbol{\theta}$ の初期一致推定値を使うことによって，$A^0_{\beta Bt-1}$ の一致推定を可能にする．

金融計量経済学者がこの形式の信頼できる事前情報をもつことを期待できることは少しも明白でない．たいていの資産価格決定の応用において，条件付２次モーメント $\sigma^2_Q(\boldsymbol{z}_{t-1}, \boldsymbol{\theta})$ と $\sigma_{Qx}(\boldsymbol{z}_{t-1}, \boldsymbol{\theta})$ についてのこのような情報をもっていることは，条件付平均の形における対応する条件付１次モーメントの特定化 $\lambda_0(\boldsymbol{z}_{t-1}, \boldsymbol{\theta})$ と $\boldsymbol{\lambda}_m(\boldsymbol{z}_{t-1}, \boldsymbol{\theta})$ の存在よりややありそうなことである．しかし，無リスクレートの観察は，$\lambda_0(\boldsymbol{z}_{t-1}, \boldsymbol{\theta})$ をモデル化する要求を排除する．$\mathrm{Cov}[\boldsymbol{R}_{mt}, Q(\boldsymbol{x}_t, \boldsymbol{\theta}_Q)|I_{t-1}]$ は，条件付２次モーメントに対する他のモデルより過酷な要求をするようにはみえない．多変量条件付共分散モデルの特定化が初期にあるとはいえ、条件付共分散行列 $V_{\beta B}(\boldsymbol{z}_{t-1}, \boldsymbol{\theta})$ もまたより問題が少ない．3.4.3 項での議論は，一般的な有界固有値条件を課することができないために，$\Psi_{\beta Bt-1}$ に対するこのようなもっともらしいモデルの利用可能性に関して一定の曖昧さを残した．そこで注意したように，もし $\Psi_{\beta Bt-1}$ が対角行列であるなら，固有分散の特定化は比較的容易である．最後に，控え目な推測は，式 (3.2.14) にある漸近共分散行列の使用を通して常に利用可能である．

式 (3.4.26) は，これら条件付モーメントに対するパラメトリックモデルあるいはセミパラメトリックやノンパラメトリック法によって推定可能な関数のいずれも表現できる．Robinson (1987)，Newey (1990)，Robinson (1991)，Newey (1993) は，ブートストラップ (bootstrap)，最近傍 (nearest neighbor)，式 (3.4.26) の中にみられるような級数による関数推定について議論している．これらすべての方法は次元数の呪い (curse of dimensionality) に悩んでいる．それゆえ，それらの使用は個々別々

に正当化されなければならない．この原因からの損傷をやや小さくする見込みのあるニューラルネットワーク近似を用いてもよいであろう[36]．

3.5 結　論

この論文は，資産価格決定関係に対する効率的なセミパラメトリック推定が，実務においてはそうでないにしても，原理的には容易であることを示している．効率性は，3.2 節で述べた最適 GMM 推定量の最大相関特性から導かれる．その特性は，資産価格決定理論の中で出てくる最適ヘッジポートフォリオに類似している．資産価格決定関係に対するセミパラメトリックという性質は，ベータ価格決定モデルにおいて，効率性ゲインの追求へと導く．

これらのモデルの構造は，効率的な推定がクロスセクション分析において大数の法則を満足する残差をもつ条件付ベータモデルやマルチファクターモデルを課することによって可能にできることを示唆する．そのようなモデルは，ベータ価格決定の文献においてさまざまな形で現れる．したがって，iid 環境の中で有効であることが証明された戦略は，非線形でことによるとノンパラメトリックであるかもしれないが，このより一般的な設定において自然な類似性をもつ．その詳細についてこの論文で詳しく論じた．可能な効率性ゲインの大きさについては何の証拠も提示していない一方で，論文は従来遂げられたよりも容易な解釈と実行をしっかりと指摘した．

残された課題は 2 つの方向においてこれら結果を拡張することである．この分析は最適条件付ウエイト行列を構成する条件付モーメントのより一般的な近似の開発を避けた，その微妙な点は，別の応用でしばしばなされる独立性仮定に対立するものとしての無裁定資産価格決定モデルの残差に対するマルチンゲール差分性質から発生する．第 2 の方向はよりパラメトリック性が弱まったセミパラメトリック推定量の考察に関する．資産価格決定の場において，これは価格決定カーネルと状態価格密度のセミパラメトリック推定，すなわち，より野心的でおそらくより興味深い課題に等しい．■

［徳永俊史・訳］

文　献

Bansal, R. and B. N. Lehmann (1995). Bond returns and the prices of state contingent claims. Graduate School of International Relations and Pacific Studies, University of California at San Diego.

Bansal, R. and S. Viswanathan (1993). No arbitrage and arbitrage pricing: A new approach. *J. Finance* **48**, pp. 1231–1262.

[36] Barron (1993) と Hornik *et al.* (1993) は，多次元のケースにおいて，ニューラルネットワークの優位な近似特性について議論している．

Barron, A. R. (1993). Universal approximation bounds for superpositions of a sigmoidal function. *IEEE Transactions on Information Theory* **39**, pp. 930–945.
Black, F., M. C. Jensen and M. Scholes (1972). The capital assest pricing model: Some empirical tests. In: M. C. Jensen, ed., *Studies in the Theory of Capital Markets*, New York: Praeger.
Breeden, D. T. (1979). An intertemporal asset pricing model with stochastic consumption and investment opportunities. *J. Financ. Econom.* **7**, pp. 265–299.
Cass, D. and J. E. Stiglitz (1970). The structure of investor preferences and asset returns and separability in portfolio allocation: A contribution to the pure theory of mutual funds. *J. Econom. Theory* **2**, pp. 122–160.
Chamberlain, G. (1987). Asymptotic efficiency in estimation with conditional moment conditions. *J. Econometrics* **34**, pp. 305–334.
Chamberlain, G. (1992). Efficiency bounds for semiparametric regression. *Econometrica* **60**, pp. 567–596.
Chamberlain, G. and M. Rothschild (1983). Arbitrage and mean-variance analysis on large asset markets. *Econometrica* **51**, pp. 1281–1304.
Cochrane, J. (1991). Production-based asset pricing and the link between stock returns and economic fluctuations. *J. Finance* **146**, pp. 207–234.
Connor, G. and R. A. Korajczyk (1988). Risk and return in an equilibrium APT: Application of a new test methodology. *J. Financ. Econom.* **21**, pp. 255–289.
Constantinides, G. and W. Ferson (1991). Habit persistence and durability in aggregate consumption: Empirical tests. *J. Financ. Econom.* **29**, pp. 199–240.
Douglas, G. W. (1968). *Risk in the Equity Markets: An Empirical Appraisal of Market Efficiency*. Ann Arbor, Michigan: University Microfilms, Inc.
Epstein, L. G. and S. E. Zin (1991a). Substitution, risk aversion, and the temporal behavior of consumption and asset returns: A theoretical framework. *Econometrica* **57**, pp. 937–969.
Epstein, L. G. and S. E. Zin (1991b). Substitution, risk averison, and the temporal behavior of consumption and asset returns: An empirical analysis. *J. Politic. Econom.* **96**, pp. 263–286.
Fama, E. F. and J. D. MacBeth (1973). Risk, return, and equilibrium: Empirical tests. *J. Politic. Econom.* **81**, pp. 607–636.
Grinblatt, M. and S. Titman (1987). The relation between mean-variance efficiency and arbitrage pricing. *J. Business* **60**, pp. 97–112.
Hall, A. (1993). Some aspects of generalized method of moments estimation. In: G. S. Maddala, C. R. Rao and H. D. Vinod, ed., *Handbook of Statistics: Econometrics*. Amsterdam, The Netherlands: Elsevier Science Publishers, pp. 393–418.
Hansen, L. P. (1982). Large sample properties of generalized method of moments estimators. *Econometrica* **50**, pp. 1029–1054.
Hansen, L. P. (1985). A method for calculating bounds on the asymptotic covariance matrices of generalized method of moments estimators. *J. Econometrics* **30**, pp. 203–238.
Hansen, L. P., J. Heaton and E. Luttmer (1995). Econometric evaluation of assest pricing models. *Rev. Financ. Stud.* **8** pp. 237–274.
Hansen, L. P., J. Heaton and M. Ogaki (1988). Efficiency bounds implied by multi-period conditional moment conditions. *J. Amer. Stat. Assoc.* **83**, pp. 863–871.
Hansen, L. P. and R. J. Hodrick (1980). Forward exchange rates as optimal predictors of future spot rates: An econometric analysis. *J. Politic. Econom.* **88**, pp. 829–853.
Hansen, L. P. and R. Jagannathan (1991). Implications of security market data for models of dynamic Economies. *J. Politic. Econom.* **99**, pp. 225–262.
Hansen, L. P. and R. Jagannathan (1994). Assessing specification errors in stochastic discount factor models. Research Department, Federal Reserve Bank of Minneapolis, Staff Report 167.
Hansen, L. P. and S. F. Richard (1987). The role of conditioning information in deducing testable restrictions implied by dynamic asset pricing models. *Econometrica* **55**, pp. 587–613.
Hansen, L. P. and K. J. Singleton (1982). Generalized instrumental variables estimation of nonlinear rational expectations models. *Econometrica* **50**, pp. 1269–1286.
Harrison, M. J. and D. Kreps (1979). Martingales and arbitrage in multiperiod securities markets. *J.*

Econom. Theory **20**, pp. 381–408.

He, H. and D. Modest (1995). Market frictions and consumption-based asset pricing. *J. Politic. Econom.* **103**, pp. 94–117.

Hornik, K., M. Stinchcombe, H. White and P. Auer (1993). Degree of approximation results for feedforward networks approximating unknown mappings and their derivatives. *Neural Computation* **6**, pp. 1262–1275.

Huberman, G. and S. Kandel (1987). Mean-variance spanning. *J. Finance* **42**, pp. 873–888.

Huberman, G., S. Kandel and R. F. Stambaugh (1987). Mimicking portfolios and exact asset pricing. *J. Finance* **42**, pp. 1–9.

Ledoit, O. (1994). Portfolio selection: Improved covariance matrix estimation. Sloan School of Management, Massachusetts Institute of Technology,

Lehmann, B. N. (1987). Orthogonal portfolios and alternative mean-variance efficiency tests. *J. Finance* **42**, pp. 601–619.

Lehmann, B. N. (1988). Mean-variance efficiency tests in large cross-sections. Graduate School of International Relations and Pacific Studies, University of California at San Diego.

Lehmann, B. N. (1990). Residual risk revisited. *J. Econometrics* **45**, pp. 71–97.

Lehmann, B. N. (1992) Notes of dynamic factor pricing models. *Rev. Quant. Finance Account.* **2**, pp. 69–87.

Lehmann, B. N. and David M. Modest (1988), The empirical foundations of the arbitrage pricing theory. *J. Financ. Econom.* **21**, pp. 213–254.

Lintner, J. (1965). Security prices and risk: The theory and a comparative analysis of A.T &T. and leading industrials. Graduate School of Business, Harvard University.

Luttmer, E. (1993). Asset pricing in economies with frictions. Department of Finance, Northwestern University.

Merton, R. C. (1972). An analytical derivation of the efficient portfolio frontier. *J. Financ. Quant. Anal.* **7**, pp. 1851–1872.

Merton, R. C. (1973). An intertemporal capital asset pricing model. *Econometrica* **41**, pp. 867–887.

Miller, M. H. and M. Scholes (1972). Rates of return in relation to risk: A reexamination of some recent findings. In: M.C. Jensen, ed., *Studies in the Theory of Capital Markets*, New York: Praeger, pp. 79–121.

Newey, W. K. (1990). Efficient instrumental variables estimation of nonlinear models. *Econometrica* **58**, pp. 809–837.

Newey, W. K. (1993). Efficient estimation of models with conditional moment restrictions. In: G. S. Maddala, C. R. Rao and H. D. Vinod, eds., *Handbook of Statistics: Econometrics*. Amsterdam, The Netherlands: Elsevier Science Publishers.

Newey, W. K. and K. D. West (1987). A simple, positive semi-definite, heteroskedasticity and autocorrelation consistent covariance matrix. *Econometrica* **55**, pp. 703–708.

Ogaki, M. (1993). Generalized method of moments: Econometric applications. In: G. S. Maddala, C. R. Rao and H. D. Vinod, eds., *Handbook of Statistics: Econometrics*, Amsterdam, The Netherlands: Elsevier Science Publishers, pp. 455–488.

Robinson, P. M. (1987). Asymptotically efficient estimation in the presence of heteroskedasticity of unknown form. *Econometrica* **59**, pp. 875–891.

Robinson, P. M. (1991). Best nonlinear three-stage least squares estimation of certain econometric models. *Econometrica* **59**, pp. 755–786.

Roll, R. W. (1977). A critique of the asset Pricing Theory's Tests – Part I: On past and potential testability of the theory. *J. Financ. Econom.* **4**, pp. 129–176.

Rosenberg, B. (1974). Extra-market components of covariance in security returns. *J. Financ. Quant. Anal.* **9**, pp. 262–274.

Rosenberg, B. and V. Marathe (1979). Tests of capital asset pricing hypotheses. *Research in Finance: A Research Annual* **1**, pp. 115–223.

Ross, S. A. (1976). The arbitrage theory of capital assest pricing. *J. Economic Theory* **13**, pp. 341–360.

Ross, S. A. (1977). Risk, return, and arbitrage. In: I. Friend and J.L. Bicksler, eds., *Risk and Return in Finance*. Cambridge, Mass.: Ballinger.

Ross, S. A. (1978a). Mutual fund separation and financial theory – the separating distributions. *J. Econom. Theory* **17**, pp. 254–286.
Ross, S. A. (1978b). A simple approach to the valuation of risky streams. *J. Business* **51**, pp. 1–40
Rubinstein, M. (1976). The valuation of uncertain income streams and the pricing of options. *Bell J. Econom. Mgmt. Sci.* **7**, pp. 407–425.
Shanken, J. (1992). On the estimation of beta pricing models. *Rev. Financ. Stud.* **5**, pp. 1–33.
Summers, L. H. (1985). On economics and finance. *J. Finance* **40**, pp. 633–636.
Summers, L. H. (1986). Does the stock market rationally reflect fundamental values? *J. Finance* **41**, pp. 591–600.
Tauchen, G. (1986). Statistical properties of generalized method of moments estimators of structural parameters obtained from financial market data. *J. Business Econom. Statist.* **4**, pp. 397–425.

4

期間構造モデリング

Modeling the Term Structure

A. R. Pagan, A. D. Hall, and V. Martin

4.1 はじめに

金利の期間構造モデルは金利派生証券の評価を行う必要から，最近その重要性がますます高まってきた．経済学者や計量経済学者たちは，長くこの問題に関心を抱いてきた．というのは，期間構造を決定する要因を理解することが，貨幣政策の影響とその波及メカニズムの解明にとって決定的に重要であると考えられてきたからである．ファイナンス文献で，主流であるアプローチは，期間構造の背後にあるいくつかの共通ファクターをみつけ出そうとするものであった．他方，この問題を経済あるいは計量経済から理解しようとすることは，今までほとんどなかったといってよい．逆もまた真である．つまりファイナンス文献で取り扱う問題について計量経済学者からのアプローチもまた少なかった．この論文の目的は，両者をともに検討することが，両方の陣営に対して有益な情報を提供できることであると考え，この問題に関する計量経済学とファイナンス文献の関係について展望しようとするものである．

この論文では，まず期間構造に関する標準的なデータについて説明することから始める．これから，利回りとそれらの間のスプレッドを説明する確率過程の特性についてのいくつかの「典型的な」事実が明らかにされる．そうした一連の事実は，元の期間構造データを再現することが可能ないくつかの期間構造モデリングアプローチの可能性を議論する場合に有効になろう．4.3節では，経済学とファイナンス文献の両方で用いられるいろいろなモデルについて要約し，さらにこうしたモデルを用いて，どのようにして「典型的な事実」を説明できるかを示す．4.4節で結論を述べることにする．

4.2 期間構造データの特性について

4.2.1 1変量特性

この論文で用いられるデータは，1946年12月～1991年2月の間に観察された，1, 3, 6, 9カ月そして10年満期のゼロクーポン債（割引債）の月次利回りである．この

表 4.1 自己相関係数の特性

	DF	ADF (12)	$\hat{\rho}_1$	$\hat{\rho}_2$	$\hat{\rho}_6$	$\hat{\rho}_{12}$	$\hat{\rho}_1(\Delta r)$
$r(1)$	−2.41	−2.02	0.98				0.02
$r(3)$	−2.15	−1.89	0.98				0.11
$r(6)$	−2.12	−1.91	0.99				0.15
$r(9)$	−2.12	−1.89	0.99				0.15
$r(120)$	−1.41	−1.53	0.99				0.07
$sp(3)$	−15.32	−3.37	0.38	0.33	0.21	0.38	
$sp(6)$	−11.67	−4.21	0.59	0.51	0.26	0.30	
$sp(9)$	−10.38	−4.38	0.66	0.55	0.27	0.26	
$sp(120)$	−5.60	−4.15	0.89	0.80	0.55	0.32	

データは McCulloch と Kwon (1993) によって推計されたものであり，McCulloch (1989) の改定バージョンである．

表 4.1 はこれらのデータの自己相関係数を示したものであり，$\hat{\rho}_j$ は j 番目の自己相関係数を示し，DF は Dickey–Fuller 検定を，ADF (12) は 12 カ月のラグをもつ拡張 Dickey–Fuller 検定を，$r_t(\tau)$ は残存期間が τ カ月のゼロクーポン債の利回りを，$sp_t(\tau)$ は $r_t(\tau)-r_t(1)$ のスプレッドを示している．この表で，すべての金利データに強い単位根が存在することの証拠を示すことができる．このことは，負の金利が生ずる可能性を示唆しているから，ファイナンスモデルの作成者は一般に単位根が存在しないとし，かつ金利は平均回帰するとしてきた．あるいはまた，連続時間での適切な金利モデルは，次のような確率微分方程式で記述できると考えてきた．

$$dr_r = \alpha dt + \sigma r_t d\eta_t$$

ここで，この論文を通じて，$d\eta_t$ はウィナー過程を意味する．金利変化のボラティリティに対する r_t の「水準 (level) 効果」のゆえに，このモデルは一定のボラティリティを有する $d\log r_t$ の式であると考えることができ，対数変換を行うことにより，r_t が常に正の値を取ることを保証する[1]．ここで指摘しておきたい重要な点は，金利は，少なくとも利用したデータ期間では，和分過程 (integrated process) に従うかのように振る舞うということである．実際には，自己回帰過程の根が 1 に完全に等しくはないが，ほぼ 1 であるのかもしれない．しかし，そのような和分に近い過程 (near integrated process) は，定常的な確率過程よりも，和分過程を取り扱う手法でよく処理できる．

利回りの代りに，フォワードレートの時系列特性を検討することもできる．フォワードレート $F_f^k(\tau)$ は残存期間 τ の債券を，現在を t 期としたとき，$t+k$ 期に買うことを現在約束する契約であり，その値は $F_t^k(\tau)=(1/\tau)[(\tau+k)r_t(\tau+k)-kr_t(k)]$ となる．1 期間のフォワード契約では，そのレートは $F_t^1(\tau)=F_t(\tau)=(1/\tau)[(\tau+1)r_t(\tau+1)-kr_t(1)]$ となる．後で明らかになるが，フォワード「スプレッド」$Fp_t(\tau,\tau-1)=F_t(\tau-1)-F_{t-1}(\tau)$ の特性を検討することも意味がある．これらフォワードレート

[1] もし r_t を r_t^γ で置き換えると制約条件 $\gamma>0.5$ は金利が正であることを保証するが，もし $\gamma=0.5$ とすると，$\sigma<2\alpha$ であることを必要とする．

表 4.2　フォワードレートとスプレッドの実際の値

	DF	ADF (12)	$\hat{\rho}_1$	$\hat{\rho}_2$	$\hat{\rho}_6$	$\hat{\rho}_{12}$	$\hat{\rho}_1(\Delta r)$
$F(1)$	−2.28	−1.92	0.98				0.07
$F(3)$	−2.18	−1.97	0.98				0.04
$F(6)$	−2.39	−1.91	0.98				0.09
$F(9)$	−2.14	−1.77	0.98				0.07
$Fp(0,1)$	−17.08	−4.07	0.29	0.18	0.11	0.18	
$Fp(2,3)$	−19.52	−5.17	0.16	0.06	0.01	−0.02	
$Fp(5,6)$	−20.61	−5.77	0.11	−0.12	−0.05	−0.03	
$Fp(8,9)$	−19.73	−4.69	0.15	−0.00	0.08	0.02	

DF および ADF 検定に対する 5%臨界値は −2.87 である．

とスプレッドの実際の値が表 4.2 に示されている．推定結果は表 4.1 の利回りとほぼ同じである．ただし，フォワードスプレッドには持続性がそれほどでなく，とくに，残存時間が長くなるにつれそうなることが見て取れる．

また表 4.1 に示されているように，短期の残存期間のスプレッドには持続性がみてとれる．$sp_t(3)$ に対し AR(2)) を当てはめると，12 カ月間ラグの系列相関の LM 検定は 80.71 となる．このスプレッド持続性は利回り系列を他の方法で変換したときにも見ることができる．たとえば，$\tau=3$ であるときの実現超過保有期間利回り $h_{t+1}(\tau)=\tau r_t(\tau)-(\tau-1)r_{t+1}(\tau-1)-r_t(1)$ は系列相関係数が，0.188 (ラグ 1)，0.144 (ラグ 8)，そして 0.111 (ラグ 10) であった．こうした過程は持続性を有するが，和分してはいない．というのは，$h_{t+1}(3)$ に対する ADF(12) の値が −5.27 であり，そうした結論が正しいことを示しているからである．Evance and Lewis および Hejazi (1994) らは，超過保有期間利回りは非定常過程に従うとしている．この結論は，Phillips- Hansen (1990) 回帰を用いたわれわれの研究でも $h_{t+1}(\tau)$ を $F_{t-1}(\tau)$ に回帰することから得られる．同じ方法を，われわれが用いたデータ (McCulloch のフォワードレート系列) に対して適用すると，$F_{t-1}(\tau)$ の係数の推定値は 0.11 であり，そのときの t 値が彼らの推定結果ときわめて似通っている．しかしこのことが非定常性の証拠であると解釈することは適切でないように思われる．確かにデータは，フォワードレート・データが示しているように，強い持続性を示し，かつ $I(1)$ 系列である．したがって，一方を他方に回帰させると多少の「相関」関係があることを期待することができるが，超過保有期間利回りが非定常であると結論づけることはまったく間違いである．定常である小数和分過程 (fracfionally integrated process) も $I(1)$ 系列とそのような関係を示す．実際スプレッドと超過利回りの自己相関関数は利回りの変化の 2 乗の自己相関関数を想起させる．それらは小数和分過程でモデル化されてきた．この点については Baillie *et al.* (1993) を参照されたい．しかし，スプレッドが大きな持続性を示すという点は期間構造モデリングにおける重要な研究テーマである[2)]．

よく知られているように，アメリカにおいては 1979 年 10 月以降，目標金利を設定

[2] この論文を通じて，期間構造データを実際に観察されたものに対応していると考える．実際はそうとはいえない．というのは，完全な期間構造は曲線の一部の点を補間して得られているからである．

表 4.3 自己相関係数の特徴(1979 年 10 月以前のデータ)

	DF	ADF (12)	$\hat{\rho}_1$	$\hat{\rho}_2$	$\hat{\rho}_6$	$\hat{\rho}_{12}$	$\hat{\rho}_1(\Delta r)$
$r(1)$	−0.76	−0.79	0.97				−0.14
$r(3)$	−0.64	−1.03	0.97				−0.07
$r(6)$	−0.52	−1.00	0.98				0.08
$r(9)$	−0.55	−0.89	0.98				0.11
$r(120)$	−0.14	0.33	0.99				−0.04
$sp(3)$	−11.99	−2.64	0.46	0.34	0.22	0.34	
$sp(6)$	−8.80	−2.89	0.70	0.56	0.39	0.38	
$sp(9)$	−8.20	−3.10	0.71	0.60	0.38	0.36	
$sp(120)$	−4.05	−4.30	0.90	0.84	0.59	0.23	

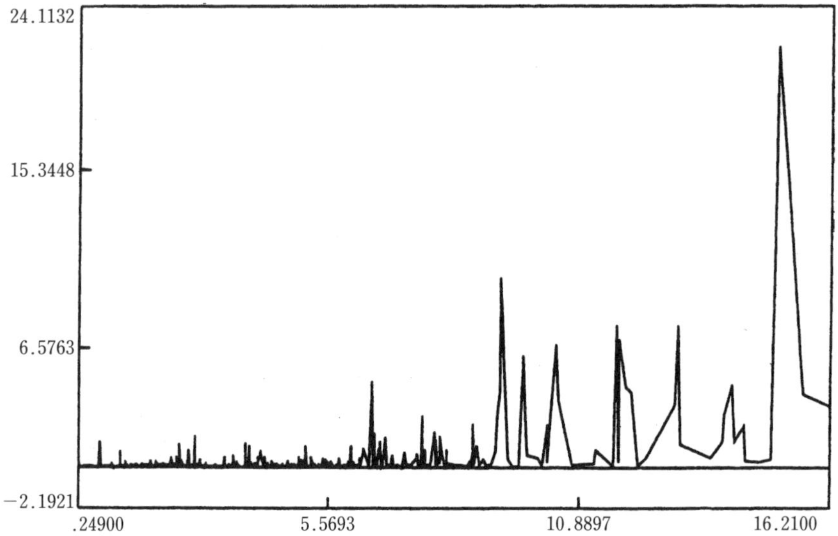

図 4.1 過去の利回りに対する 1 カ月物利回りの 2 乗変化

するという貨幣政策から離脱した．このことは，いかなる研究もこの間の変化を反映することのないように再度検証が行われるべきであることを意味している．表 4.3 は表 4.1 と同じことを示しているが，1979 年 10 月以前のデータを用いた結果を示している．結果は前とほとんど変わらないことが明らかであろう．

また，$\Delta r_t(\tau)$ の条件付分散が過去の金利に大きく依存しているという事実はよく知られているが，その正確な特性の分析はまだ十分行われてはいない．後で明らかになるように，もっと重要な問題点は，条件付分散 $\sigma^2_{\tau t}$ が水準効果も有するかどうかと

(2 のつづき) このようにすると，未知の大きさのバイアスを利回り間の関係に持ち込むことになる．McCulloch and Kwon (1993) は，スプライン関数を用いて補間を行っている．その他の研究では，たとえば，Gourieroux and Scaillet (1994) は補間の用いられる利回り曲線の形状を決めるために，ある種のファクターモデルを用いている．

いう点と，もしそうであったらどのような正確な関係が成り立っているかを検討することである．ここで，ボラティリティの「水準効果」，つまり $\sigma^2_{\tau t}$ が $r_t(\tau)$ に依存していることを示す証拠を，前に示した5つの利回りについて検討することにしよう．このレベル効果についての証拠は，いくつかの方法で検証できる．もっとも簡単な方法は，$(\Delta r_t(\tau)-\mu)^2$ を $r_{t-1}(\tau)$ に対してプロットしてみることであり，図 4.1 では $r_t(1)$ に関してその結果が示されている[3]．これから水準効果は非常に大きいことが見て取れる．他方，より構造的なアプローチは利回りに関する次のような拡散過程，

$$dr_t=(\alpha_1-\beta_1 r_t)dt+r_t^{\gamma_1}d\eta_t \tag{4.2.1}$$

のパラメータを推定し，その結果得られた γ_1 の係数の値を検討することである．この拡散過程を推定するためには何らかの近似法が必要になる．Chen *et al.* (1992) は $h=1$（ここで ht は離散時間ステップである）として，オイラー法を用い連続期間金利の離散化を試みた．

$$\Delta r_t=\alpha_1-\beta_1 r_{t-1}+\sigma r_{t-1}^{\gamma_1}\varepsilon_t \tag{4.2.2}$$

ただし，ここでこの論文を通じて，ε_t はたがいに独立に標準正規分布に従うものとする．

式 (4.2.2) は従属変数を $\Delta r_t r_{t-1}^{-\gamma_1}$，独立変数ベクトルを $\boldsymbol{x}_t=[r_{t-1}^{-\gamma_1}\quad r_{t-1}^{1-\gamma_1}]$ としたときの OLS で推定することができる．ただし，ここで，$\sigma\varepsilon_t$ は誤差項であり，互いに独立に $N(0,\sigma^2)$ に従う．

r_t の条件付平均が，α_1 と β_1 にのみ依存しているのに対し，$u_t=r_t-\mathrm{E}_{t-1}(r_t)$ の条件付分散 $\sigma^2 r_{t-1}^{2\gamma_1}$ はこれらのパラメータを含まないので，以下のような手続きを用いてパラメータの推定ができる

ステップ 1：Δr_t を従属変数とし，1 と r_{t-1} を独立変数とする回帰分析を行い，パラメータ $\hat{\alpha}_1$ と $\hat{\beta}_1$ を推定する．

ステップ 2：

$$\mathrm{E}_{t-1}[u_t^2]=\sigma^2 r_{t-1}^{2\gamma_1} \tag{4.2.3}$$

であるので，

$$u_t^2=\sigma^2 r_{t-1}^{2\gamma_1}+\nu_t \tag{4.2.4}$$

である．ここで，$\mathrm{E}_{t-1}(\nu_t)=\mathrm{E}[u_t^2-\mathrm{E}_{t-1}(u_t^2)]=0$ である．したがって，パラメータ γ_1 を非線形回帰プログラムで推定できる．

ステップ 3：$\Delta r_t r_{t-1}^{-\gamma_1}$ を従属変数とし，$r_{t-1}^{-\gamma_1}$ と $r_{t-1}^{1-\gamma_1}$ を独立変数として，加重回帰によりパラメータ α_1 と β_1 を再推定する．

こうした推定方法は，もし ε_t が平均 0，分散 1 の標準正規分布をすると仮定できるならば，最尤推定値に等しく，γ_1 の推定は γ_2 の条件付標準偏差を重みとする非線形回帰分析を式 (4.2.3) に対して行うことによって得られる[4]．Chan *et al.* (1992) は，以下のようなモーメント（積率）条件を課したときの $\alpha_1, \beta_1, \gamma_1$ と σ の推定を

[3] Marsh and Rosenfeld (1983) はこのような方法を試み，その間の関係についてコメントしている．

[4] Frydman (1994) は，β_1 の最尤推定値の分布は $\gamma_1=1/2$ のとき標準的なものでなく，ドリフトを

表 4.4　3つの異なった推定方法で得られた α_1, β_1 と γ_1

	$r_t(1)$	$r_t(3)$	$r_t(6)$	$r_t(9)$	$r_t(120)$
GMM					
α_1	0.106	0.090	0.089	0.091	0.046
	(2.19)	(1.82)	(1.80)	(1.87)	(1.77)
β_1	0.020	0.015	0.015	0.015	0.006
	(1.52)	(1.24)	(1.25)	(1.31)	(0.98)
γ_1	1.351	1.424	1.532	1.516	1.178
	(6.73)	(5.61)	(4.99)	(5.12)	(9.80)
MLE					
α_1	0.071	0.047	0.041	0.037	0.015
	(2.17)	(2.48)	(3.00)	(3.82)	(3.74)
β_1	0.012	0.007	0.005	0.004	−0.001
	(0.74)	(7.89)	(2.08)	(1.08)	(2.35)
γ_1	0.583	0.648	0.694	0.753	1.136
	(2.39)	(1.92)	(2.31)	(3.34)	(19.30)
EGARCH					
α_1	0.107	0.044	0.045	0.043	0.009
	(1.63)	(1.89)	(4.34)	(1.67)	(3.30)
β_1	−0.004	−0.010	−0.008	−0.008	−0.009
	(2.15)	(1.57)	(2.24)	(2.04)	(2.36)
γ_1	0.838	0.974	0.947	0.941	1.104
	(2.67)	(5.73)	(7.21)	(3.09)	(4.88)

GMM (一般化モーメント法) 推定法を用いて行った．

$$E[\varepsilon_t]=0, \quad E[r_{t-1}\varepsilon_t]=0, \quad E[\nu_t]=0, \quad E[r_{t-1}\nu_t]=0$$

彼らの方法は，上の式で最後のモーメント条件を $E[r_{t-1}^{\gamma}\nu_t]=0$ で置き換えることができるならばわれわれが行った方法と同じ結果をもたらす．これらの方法に共通した問題点は，もし β_1 が 0 に近い可能性があると，式 (4.2.2) と (4.2.4) の従属変数はほとんど $I(1)$ となり，ほぼ確実に正規分布に基づかない分布理論が GMM 推定量に対して適用される．

表 4.4 は 3 つの異なった推定方法で得られた α_1, β_1 と γ_1 の推定値を示している．表の最初の段の推定は $h=1$ とし，オイラー近似を行ったときの拡散過程

$$\Delta r_{th}=\alpha_1 h-\beta_1 h r_{(t-1)h}+\sigma h^{1/2} r_{(t-1)h}^{\gamma_1}\varepsilon_t \tag{4.2.5}$$

の推定に基づいている．この式は上で説明された GMM で推定された．その他の推定結果は，Goureieroux *et al*. (1993) と Gallant and Tauchen (1992) によって提案された間接法に基づいている．これらの方法で，h の値 (われわれの例では 1/100 とした) と $\theta'=(\alpha_1, \beta_1, \gamma_1, \sigma^2)$ としたときに，式 (4.2.5) に基づき K 組の観察値ベクトル $\tilde{\boldsymbol{r}}_{th}^{k}$ $(k=1, \cdots, K)$ をシミュレートし，$\sum_{t=1}^{T}\{K^{-1}\sum_{k=1}^{K}=d_\phi(\tilde{\boldsymbol{r}}_{th}^{k}\,;\,\hat{\phi})\}$ を 0 とするような θ の推定値を得る．ただし，ここで $\hat{\phi}$ は $\sum_{t=1}^{T}d_\phi(r_t\,;\,\hat{\phi})=0$ を解くことによって得られた補助モデルのパラメータ推定値である[5]．この推定方法のロジックは，もしモデ

もたない，としている．

[5] 式 (4.2.5) の推定に当たって，オイラー近似でなく，Mihlstein (1974) の方法を用いたが，ほとんど有意な差を見出すことができなかった．

ル(4.2.5)が真であるならば，$\hat{\phi}\rightarrow\phi^*$ となるということである．ここで，$\mathrm{E}[\sum_{t=1}^{T} d_\phi(r_t\,;\,\phi^*)]=0$ である．カギ括弧内の項は，シミュレーションによってこの期待値を推定する．間接推定量の一致性と漸近的な正規性は特定化を誤ったときの $\hat{\phi}$ の特性から生じる．補助モデルが正しい必要はないが，データをよく代表していなければならない，という点が重要である．そうでないと，間接的な推定方法は効率性が悪い．われわれは2つの補助モデルを用いた．それぞれに対し，d_ϕ はこれらのモデルの ϕ に対する評点である．最初のものでは，$h=1$ でかつ ε_t がたがいに独立に標準正規分布に従う(MLE)であることを仮定した．第2のものでは，r_t はGARCH(1, 1)誤差をもつAR(1)であるとした．推定されたパラメトリックモデルは図4.1をかなりよく説明しているが，推定結果にはかなりのバラツキがあることも確かである．この表でもっとも興味のある点は，γ_1 は残存期間とともに増加していくという事実であろう．間接推定法から得られた結果に基づいて，$\gamma=1/2$ とすることは短期債に関しては妥当であろう．それはCox *et al.*(1985)によるモデルに対応している．

水準効果を考えたモデルを当てはめたときの問題点は，データの条件付不均一分散がGARCH過程によってよく説明されており，その結果次のような点を検討しなければいけないことである．つまり，GARCH過程を取り除いた後で水準効果が存在するのか，あるいは水準効果を仮定することがGARCHモデルを仮定することより説明力が高いのか，という問題点である．この質問に答えるために，われわれは，EGARCHモデルを $\Delta r_t(\tau)=\mu+\sigma_{\tau t}\varepsilon_{\tau t},\ \varepsilon_{\tau t}\sim N(0,1)$ に対して当てはめることであった．

$$\log\sigma_{\tau t}^2=a_{0\tau}+a_{1\tau}\log\sigma_{\tau t-1}^2+a_{2\tau}\varepsilon_{\tau t-1}+a_{3\tau}\left(|\varepsilon_{\tau t-1}|-\sqrt{\frac{2}{\pi}}\right)+\delta r_{t-1}(\tau)\quad(4.2.6)$$

このような定式化を試みるのは，水準効果が生じているかどうかに関し診断テストを行うためであり，実際のボラティリティをこのモデルがよく表しているかどうかを意図するものではない．したがって，δ が0であるかどうかを示す t 統計量はより一般的な特定化，たとえば，$\delta g(r_{t-1}(\tau))$ で $\delta=0$ を検定するための正しい検定方法であろう．ただし，ここで $g(\cdot)$ はある関数であり，$r_{t-1}(\tau)$ は $g(r_{t-1}(\tau))$ と相関を有していると考える．表4.5はこの δ の推定値とその t 統計量を示している．10年以下の満期の利回りのレベル効果はそれほど大きくないが，ほとんどの場合水準効果を見出すことができた[6]．同様な結論は，フォワードレート間のスプレッド $Fp_t(\tau,\tau-1)$ にもいえる．満期が $\tau=1,3,6$ および9カ月の系列に対しEGARCH(1,1)を当てはめ，

---

[6] Ducjey-Fuller検定の分布は水準効果に依存していることは興味深い．この点を検討するために，ここで $\Delta r_t=0.001+0.01r_{t-1}^{\gamma}+\varepsilon_t$，モデルを考え，$\gamma$ が0と1のいずれかの値を取ったときの結果をシミュレートしてみた．ただし，ε_t はたがいに独立に標準正規分布に従うものとする．ドリフト項を，その効果はわずかであったが，考えてみた．$\gamma=0,1$ のいずれかであるときの1%，2.5%，5%有意水準に対する信頼限界は，それぞれ(−3.14, −6.41)，(−2.71, −4.97)，(−2.39, −4.03)である．明らかに，ボラティリティに水準効果が影響することは信頼限界がそうでないときよりも(絶対値で)大きくなることを意味し，表4.1が明らかにしているように，利回りに単位根があることを強調している．

表 4.5 水準効果に対する δ の推定値とその t 統計量

	$r_t(1)$	$r_t(3)$	$r_t(6)$	$r_t(9)$	$r_t(120)$
$\hat{\delta}$	0.050	0.025	0.023	0.021	0.019
t	3.73	3.51	3.42	3.04	2.42

さらに水準効果が $F_{t-1}(\tau)$ の関数であることを許容すると，係数が 0 であるという帰無仮説に対する t 値は，それぞれ 3.85，3.72，17.25，12.07 となる．

多くの研究がこうした点を検証しようとしている．われわれの研究以外でも，Chan *et al.* (1992)，Broze *et al.* (1993)，Koedijk *et al.* (1994)，そして Brenner *et al.* (1994) などはすべてこの問題を取り扱っている．他方，Vetzal (1992) と Kearns (1993) は確率的ボラティリティ，すなわち，σ_t^2 が過去の利回りだけの関数ではないモデルを考えた．たとえば Gallant *et al.* (1994) のような株式リターンの場合とは異なり，金利モデルについてたがいに比較するということがこれまでのところ行われていない．すべての研究は，ボラティリティについて強い水準効果を見出している．Brenner *et al.* (1994) は，ボラティリティ関数，σ_t^2 が GARCH (1, 1) 過程と水準効果の積である，つまり $\sigma_t^2=(a_0+a_1\sigma_{t-1}^2\varepsilon_{t-1}^2+a_2\sigma_{t-1}^2)r_{t-1}^{\gamma}$ であるようなボラティリティ関数をもつ離散化した GARCH/水準効果モデルの最尤推定値を得た．推定された γ は 0.5 の近辺にあり，十分に有意であった．Koedijk *et al.* (1993) は σ_t^2 が $\sigma_{t-1}^2\varepsilon_{t-1}^2$ でなく，ε_{t-1}^2 に依存して変化する点を除いて，同様な定式化を試みた．

回帰モデルにおける独立変数の 1 つが和分に近い過程であるという事実を考えると，「生の」t 値を有意水準の決定に当たって用いることに疑問を投げかけることができる．この効果を検討するために，推定モデル，つまり式 (4.2.6) の $r_t(1)$ からのデータをシミュレートした．ただし，この場合最尤推定法によって得られた推定値を真のパラメータ値であるとし，最尤推定法を用いて $\delta=0$ という仮説に対する t 値の分布をみつけようとした．その結果，t 値の分布は，両側検定の臨界値，2.90 (5%) と 2.41 (10%) としたときの正規分布より裾野が厚い分布であったが，結論が変わるわけではなかった．

4.2.2 多変量特性

4.2.2.1 イールドカーブの水準

序論で明らかにしたように，期間構造に関する多くの研究では，利回りが M 個のファクターによって変化するようなモデル

$$r_t(\tau)=\sum_{j=1}^{M}\beta_{j\tau}\xi_{jt}, \tag{4.2.7}$$

を考えている．もちろん，こうした定式化が実際をよく表しているかどうか検討することが重要である．多変量データに関する最近の計量経済学文献は，そうした定式化を可能にしていることを，ここであらためて認識することが有用であろう．利回りが

表 4.6 最大固有値検定法とトレース検定法による結果

	Max	Crit. Value (0.05)	Tr	Crit. Value (0.05)
5 vs 4 トレンド	273.4	33.5	586.9	68.5
4 vs 3 トレンド	184.7	27.1	313.5	47.2
3 vs 2 トレンド	95.6	21.0	128.8	29.6
2 vs 1 トレンド	30.9	14.1	33.3	15.4
1 vs 0 トレンド	2.4	3.8	2.4	3.8

$(n\times 1)$ のベクトル $\boldsymbol{y}_t$ で表され，$\boldsymbol{y}_t$ が VAR として表現できると仮定しよう．もし $\boldsymbol{y}_t$ が $I(1)$ であり，n 個の利回りにおいて k 個の共和分ベクトルが存在するならば，Stock and Watson (1988) は，利回りが次のような形で表現できることを示した．

$$\boldsymbol{y}_t = J\bar{\xi}_t + u_t$$
$$\bar{\xi}_t = \bar{\xi}_{t-1} + v_t \tag{4.2.8}$$

ここで，$\bar{\xi}_t$ は $n-k$ 個の共通のトレンドを示し，$E_{t-1}v_t$ である．式 (4.2.8) のような定式化は，通常，Beveridge-Nelson-Stock-Watson (BNSW) 表現と呼ばれている．もし，$(n-1)$ 個の共和分ベクトルが存在すると，利回りの「レベル」を決定する単一の共通ファクター ξ_{1t} が存在するであろう．ある利回りが他の利回りとどのような関係にあるかは $y_t - J\xi_{1t} = u_t$ によって決定する．つまり，利回り曲線は u_t の関数である．

いくつもの共和分ベクトルに対する Johansen (1988) 検定が，先に説明したデータに対して用いられた．表 4.6 は 5 つの利回りに対してこれまでにもっともよく用いられている 2 つの検定方法，すなわち最大固有値 (Max) 検定法とトレース (Tr) 検定法による結果を示している．ただし，次数 1 の VAR をこの場合考えている[7]．この表から 4 つの共和分ベクトル，つまり 1 つの共通トレンドが存在することがわかる．Johnson (1994)，Engsted and Tangaard (1994) そして Hall *et al*. (1992) は同様な結論に達した．Zhang (1993) は 3 つの共通トレンドがあると主張しているが，Johnson は Zhang が割引債とそうでない債券の利回りを混合して用いたことによることを指摘している．共通トレンドとはいったい何を意味するのであろうか．この質問に対する一意的な答はないが，1 つの解答はシステムの外部から決定される利回りをみつけることである．小国の場合は，それはユーロドル金利あるいはアメリカとドイツと日本の金利のいくつかの組み合わせである「世界金利」である可能性が高い．共通トレンドに擬せられるもう 1 つの可能性は利回りの平均である[8]．いずれの場合でも，われわれはこれを式 (4.2.7) の最初のファクター ξ_{1t} と考えることにする．

4.2.2.2 イールドカーブの形状

$\zeta_t = \alpha' y_t$ が $I(0)$ であるような k 個の共和分ベクトル $\boldsymbol{\alpha}$（ここで，$\boldsymbol{\alpha}$ は $(n\times k)$ の行列である）の存在は，$\zeta_t = \alpha' y_t$ についてベクトル回帰式 VAR が次のような ECM 形

---

[7] 次数を 4 次まで変えても結論はかわらなかったが，1 次にしたことによって理論的にもまた統計的にもよりよいフィットが得られた．

[8] その他の共通トレンドの可能性については，Gonzalo and Granger (1991) を参照せよ．

式を有していることを意味している.

$$\Delta y_t = \gamma\zeta_{t-1} + D(L)\Delta y_{t-1} + e_t \tag{4.2.9}$$

ここで, $\mathrm{E}_{t-1}(e_t)=0$ であり, $D(L)$ はラグ演算子の多項式を意味している. 式(4.2.8)の u_t が k 個の EC (誤差修正, error correction) 項 ξ_t の関数として書き表せること示すことができる. つまりこの点は, これらのものを式(4.2.7)の残りのファクター ξ_{jt} $(j=2, 3, \cdots, K)$ と考えることができることを示唆している. 以下の議論をより具体的にするために, 期間構造の期待仮説が成り立つことを仮定しよう. つまり, τ 期間利回りが将来の期待1期間利回りの加重平均であるとする. 割引債の場合, 重みは期待理論が述べているように,

$$r_t(\tau) = \frac{1}{\tau}\sum_{k=0}^{\tau-1}\mathrm{E}_t(r_{t+k}(1))$$

であるので, $1/\tau$ に等しい. もちろんこれは, きわめて合理的なものと思われるが, 仮説にすぎなく, 次のことを意味している.

$$\begin{aligned} r_t(\tau) - r_t(1) &= \left\{\frac{1}{\tau}\sum_{k=0}^{\tau-1}\mathrm{E}_t r_{t+k}(1) - \mathrm{E}_t r_t(1)\right\} \\ &= \left\{\frac{1}{\tau}\sum_{i=0}^{\tau-1}\sum_{j=0}^{i}\mathrm{E}_t \Delta r_{t+j}(1)\right\} \end{aligned}$$

さて, もし利回りが $I(1)$ 過程であるならば, 利回りスプレッド $r_t(\tau)-r_t(1)$ は $I(0)$ であり, $r_t(\tau)$ と $r_t(1)$ は共和分ベクトル $[1, -1]$ を有し, 共和分されているはずである. またスプレッドは EC 項になっている. したがって, この5つの利回りに対する期待仮説の検定を行うためには, 共和分ベクトルの行列が次の形をしているかどうか検定する必要がある.

$$\alpha' = \begin{bmatrix} -1 & 1 & 0 & 0 \\ -1 & 0 & 1 & 0 \\ -1 & 0 & 0 & 0 \\ -1 & 0 & 0 & 1 \end{bmatrix} \tag{4.2.10}$$

これに対する Johansen (1988) 検定では $\chi^2(4)$ が 36.8 であり, 期待仮説を強く棄却する. そうした結果は, Hall *et al*. (1992), Johnson (1994), そして, Engsted and Tanggaard (1994) によっても得られている.

なぜ期待仮説が棄却されたかについて, 検定統計量の大きさが間違っていたといった類の数多くの説明がこれらの論文で詳しくなされている. これは好みの問題ではあるが, この問題に対する別のアプローチは, Johansen の方法によって推定された共和分ベクトル $\hat{\boldsymbol{\alpha}}$ を検討し, これが仮定した値にどのくらい近いかを検証することである. しかし, 残念なことに, 共和分ベクトルはユニークではなく, 推定された値は真の値の線形結合である. したがって, ある種の構造情報が真の値を得るために必要になる. このために, $\alpha' = Aa$ という関係を考えてみよう. ここで, a は

$$\boldsymbol{a}=\begin{bmatrix} -\beta_3 & 1 & 0 & 0 \\ -\beta_6 & 0 & 1 & 0 \\ -\beta_9 & 0 & 0 & 0 \\ -\beta_{120} & 0 & 0 & 1 \end{bmatrix}$$

であり，方程式 $\hat{\boldsymbol{a}}=\hat{A}\hat{\boldsymbol{a}}$ を解く．ただし，ここで $\hat{A}$ は非特異な行列である．その結果，$\hat{\beta}_3=1.038$，$\hat{\beta}_6=1.063$，$\hat{\beta}_9=1.075$ かつ $\hat{\beta}_{120}=1.076$ が得られ，点推定値は期待理論によって予測された値にきわめて近くなる．また，β_τ を「完全情報」よりもむしろ「部分」情報に基づいて推定することも可能である．このために，Parzen カーネルを利用した Phillips-Hansen (1990) 検定が用いられ，長期の共分散行列を得るために 8 期のラグが用いられた．この結果，$\hat{\beta}_3=1.021$, $\hat{\beta}_6=1.034$ と $\hat{\beta}_9=1.034$ となった．10 年ものレートの場合を除き，いずれのデータを用いた場合も理論から予測された値を大きくはずれることはなかった．

式 (4.2.9) からなぜ仮説が棄却されたのか，その理由がわかる．共和分関係が成り立っており，Var(1) すなわち式 (4.2.9) で $D(L)=0$ であるので，利回りの変化は次の式 (4.2.12) で説明される．

$$\Delta r_t(\tau)=\sum_{j=2}^{5}\gamma_{j\tau}(r_{t-1}(j)-\beta_j r_{t-1}(1))+e_{\tau t} \qquad (4.2.11)$$

ここで，$j=2,\cdots,5$ は，要素 $\tau=3, 6, 9, 120$ への 1 対 1 対応関係を示している．もし期待仮説が正しく，つまり $\beta_j=1$ でありとすると，これは，

$$\Delta r_t(\tau)=\sum_{j=2}^{5}\gamma_{j\tau}(r_{t-1}(j)-r_{t-1}(1))+e_{\tau t}$$

となる．帰無仮説 $H_0(\beta_j=1)$ は尤度比統計量を計算することにより検定できる．こうした統計量は帰無仮説のもとで自由度 4 の χ^2 分布 $\chi^2(4)$ をしていることがよく知られている．

もし利回りが $I(0)$ であれば，$\beta_j=1$ であるかどうかのもっとも簡単な検定は式 (4.2.11) を次のように書き直して，

$$\Delta r_t(\tau)=\sum_{j=2}^{5}\gamma_{j\tau}(r_{t-1}(j)-r_{t-1}(1))+\left(\sum_{j=2}^{5}\gamma_{j\tau}(1-\beta_j)\right)r_{t-1}(1)+e_{\tau t} \qquad (4.2.12)$$

$\Delta r_t(\tau)$ の各式について，$r_{t-1}(1)$ の係数が 0 であるかどうか検定すればよい．

いくつかの理由で，この検定方法は上で述べた $\chi^2(4)$ 検定とは同じにならない．というのは，検定すべき係数として 5 つの係数があり，かつ $r_{t-1}(1)$ は $I(1)$ であるため，分布が標準的なものにはならない．それにもかかわらず，1 つ 1 つの式を分けて行った検定方法は依然として有用であろう．この場合，個々の式で $r_{t-1}(1)$ の係数が 0 であるという仮説に対する t 値は，それぞれ -4.05, -1.77, -0.72, -0.24, 0.55 であり，このことは，式 (4.2.10) の棄却は 1 カ月レートの振舞いが，すなわちスプレッドがこの動きを十分に勘案していないということを示している．Engsted and Tanggaard (1994) らは同様な結論に達している．$r_{t-1}(1)$ が式に取り入れられなかった変数の代理指標であるかもしれないし，文献では短期レートに対する非線形性の与

える効果の可能性が論じられている．Anderson (1994) はスプレッドの $\Delta r_t(1)$ に対する影響を非線形の形に定式化しているが，Pfann *et al.* (1994) は $r_t(1)$ の変動をもたらす確率過程を非線形の自己回帰としている．とくに後者は $r_t(1)$ に従って $I(1)$ であるような，いくつかの局面 (regimes) を許容するモデルを考えている．そのほかの可能性として，Conley *et al.* (1994) は連続時間モデルにおけるドリフト項が，$\sum_{j=-m}^{m} a_{-j}r_t^j$ の形をしており，Δr_t と r_{t-1} との間での関係に非線形性を生じるようなモデルを考えている．

平均値の特定化に誤りがある場合とは異なり，式 (4.2.10) の棄却は $e_{\tau t}$ の水準効果に依存しているかもしれない．先に述べたように，Dickey–Fuller 検定の棄却値はこの水準効果にきわめて過敏であり，$\Delta r_t(1)$ に関する式 (4.2.12) の $r_{1,t-1}$ の係数が 0 であるという点についての検定は，補助変数がスプレッドであるときには，実際には ADF 検定にほかならない．この点は，VAR の誤差項の水準効果に関し異なった仮定のもとで，式 (4.2.10) の Johansen 検定の小規模なモンテカルロシミュレーションを必要とする．その一例は上で述べたような体系のモデルの簡単な場合であり，y_{1t} と y_{2t} の 2 つの変数が共和分ベクトル $[1 \quad -1]$ を有し，かつ次の ECM ベクトルを基にしてその値が発生する．

$$\Delta y_{1t} = -0.8(y_{1t-1} - y_{2t-1}) + 0.1 y_{1t-1}^{\gamma} \varepsilon_{1t}$$
$$\Delta y_{2t} = -0.1(y_{1t-1} - y_{2t-1}) + 0.1 y_{1t-1}^{\gamma} \varepsilon_{2t}$$

共和分ベクトルが真であるという Johansen 検定の 95% の値によって異なる．つまり，3.95 ($\gamma=0$), 4.86 ($\gamma=0.5$), 5.87 ($\gamma=0.6$), 11.20 ($\gamma=0.8$), 23.63 ($\gamma=1$) である．明らかに，Johansen 検定の標本分布に影響を与える水準効果としては相当なインパクトであり，よりいっそうの検討が必要であろうが，式 (4.2.10) の棄却はあまりにも小さな臨界値をおいたせいであるかもしれないというのが考えられる理由である．

たとえ期待仮説から予想される共和分ベクトルを棄却するとしても，その証拠は $k=n-1$ 個の誤差修正項 (error correction terms) が存在するということである．式 (4.2.7) の残りの $M-1$ 個のファクターを (共通ファクターを除いた後で) EC 項に等しくおくことが自然かもしれない．しかしこの方法はそれほど有効でない．というのは，こうすることは，$M=n$，つまりファクターの数が利回りの数に等しいとおくことにほかならないからである．Hall *et al.* (1992) は式 (4.2.9) に関連して，ECM を用いた期間構造の予測の例を示している．この場合，期待理論から予想される共和分ベクトルに ζ_t の形の制約条件を課し，Δy_t を ζ_{t-1} と Δy_t に必要となるラグをつけたものに回帰させる．したがって，これらのモデルは，共通の傾向を表す単一ファクターでレベルを予測し，残りの $(n-1)$ 個のファクターで傾き (EC あるいはスプレッド項) を予測するモデルである．しかしながら，実際にはこれらのモデルは，γ の係数のあるものが 0 である，つまり利回りを決定するファクターの数が検討すべき満期とともに変化する，という制約条件を課したモデルになっている．$\Delta r_t(4)$ についてのモデル化はEC項をもたない，つまりそれはシステムの外部から決定され，先に述べたように「世界金利」の役割を演じているという点は興味深い．

傾向を表す以外のファクターを $n-1$ 以下に減らすために，$\Delta r_t(\tau)$ の決定要因として ζ_t について $(n-1)$ 個の項のうちで $m=M-1$ のみを仮定し，これで十分な数のファクターであるとする誘惑にかられるかもしれない．しかし，こうした制約条件を課することは，γ の m 個の列を0とすることであり，$\rho(\gamma)=n-1$ という階数条件を満たさなくなる．結果として，ファクターはEC項の「組合せ」であるべき必要があろう．さて，式(4.2.7)に左から $\boldsymbol{\alpha}'$ を掛けると，

$$\boldsymbol{\alpha}' y_t = \alpha' \sum_{j=1}^{M} \boldsymbol{b}_j \xi_{jt} \tag{4.2.13}$$

ここで，$\boldsymbol{b}_j'=\beta_{j1}, \cdots, \beta_{jn}$ は $1\times n$ ベクトルである．もし，最初のファクターが共通の傾向を表すものとすると $\alpha'\beta_1=0$ となるはずである．というのは，左辺はモデルの設定上 $I(0)$ であるからである．この点は次のことを意味する．

$$\zeta_t = \alpha' \sum_{j=2}^{K} b_j \xi_{jt} = \alpha' B \Xi_t \tag{4.2.14}$$

ここで，Ξ_t は $\zeta_{2t}, \cdots, \zeta_{Kt}$ を含む $(K-1)\times 1$ 個のベクトルであり，B は $\rho(B)=K-1$ の階数をもつ $n\times(K-1)$ の行列である．

式(4.2.14)からいろいろな興味ある結論を導くことができる．第1に，$\mathrm{Cov}(\Xi_t)$ の階数が $K-1$ ならば $\rho[\mathrm{Cov}(\varsigma_t)]=\min[\rho(\alpha), \rho(B)]$ である．$K\leq n$ であることは $K-1\leq n-1$ を意味するから，$\rho(B)\leq\rho(\alpha)$ であり，$\rho[\mathrm{Cov}(\zeta_t)]=K-1$ でなければならない．すなわち，期間構造における(共通トレンド項以外の)ファクターの「数」は，共和分している誤差の共分散行列の階数を検討することによってみつけることができるかもしれない．第2に，$C=\alpha' B$ は $\rho(C)=K-1, F_t=(C'C)^{-1}C'\zeta_t$ であり，したがって，ファクターはEC項の線形結合になっているであろう．スプレッド $sp_t(3)$, $sp_t(6)$, $sp_t(9)$, $sp_t(120)$ からなるデータに対し，主成分分析を適用すると，共分散行列の固有ベクトルは 4.1, 0.37, 0.02, 0.002 となる．この点は，これら4つのスプレッドが(最大で)3つの要素でよく説明できるという事実を示している[9]．これら3つの要素とは，

$$\phi_{1t}=0.32sp_t(3)-0.86sp_t(6)-0.37sp_t(9)+0.17sp_t(120)$$

---

[9] 主成分アプローチあるいはその変形が多くの論文で用いられている．たとえば，Litterman and Scheinkman (1991), Dybvig (1989) や Egginton and Hall (1993) である．この手法は利回りの線形結合の分散ができるだけ小さくなるような，線形結合をみつけようとする．したがって，y_t の i 番目の主成分は $\boldsymbol{b}_i' y_t$ になるであろう．ただしここで，$\boldsymbol{b}_i$ はウエイトの集合である．主成分にスケールファクターを掛けることができるから，$\boldsymbol{b}_i$ は $b_i' b_i=1$ であるように正規化される．この制約条件をおくと，b は $\mathrm{var}(y_i)$ の固有ベクトルになる．$\boldsymbol{b}_i$ が固有ベクトルであるので，$\boldsymbol{b}'\mathrm{var}(y_i)b=\Lambda$ であることは明らかである．ここで Λ は固有値 $\lambda_1, \cdots, \lambda_n$ を対角要素にもつ対角行列であり，$\mathrm{tr}[b'\mathrm{var}(y_t)b]=\sum_{i=1}^{n}\lambda_i$ である．λ_i の大きさに従って固有ベクトルを並び替えるのが便利であり，最初の主成分は最大の固有値をもっている．主成分と共通トレンドとの間に関連がある．ともに y_t の線形結合であり，多くの場合，そのうちの1つが共通トレンドであると解釈できる．たとえば，Egginton and Hall (1993) では，最初の主成分は金利の平均であり，上で述べた共通トレンド項と考えられる．

$$\phi_{2t} = -0.78sp_t(3) + 0.00sp_t(6) - 0.55sp_t(9) + 0.29sp_t(120)$$
$$\phi_{3t} = 0.54sp_t(3) + 0.52sp_t(6) - 0.58sp_t(9) + 0.37sp_t(120)$$

4.3　期間構造モデル

この節では，期間構造をモデル化する場合のいくつかの一般的な方法を説明する．モデルが実際の期間構造を説明できるかどうかを検討するために，モデルが予想する結果とデータとを比較するための方法を決定する必要がある．モデルが実際のデータをいくつかの点で，いかによく復元できるかを検証するための方法を明らかにしたいくつかの文献がある．しかし，一般的にいって，あるモデルを棄却した理由が明確でないことが多い．というのは，一度に数多くの特性をテストしなければならないからである．他方，この節では，「典型的な事実」を検証するための方法を取り扱うことにする．つまり，モデルからの予測結果を 4.2 節で要約したようなデータ特性と比較しようと思う．われわれはモデルが次のような点を予測できているかどうかを検討する．つまりモデルは，利回りがほとんど和分されているかどうか，ボラティリティの水準効果があるかどうか，特定の共和分ベクトルを有しているか，スプレッドに持続的傾向があるかどうか，そして期間構造が 2 つの (あるいは最大でも 3 つの) 要因と整合的であるかどうかを検討する[10]．

4.3.1　消費者のオイラー方程式からの解

予算制約のもとで，多期間にわたる期待効用を極大化しようとしている消費者を考えてみよう．

$$\max_{C_s} \mathrm{E}_t\left[\sum_{s=t}^{\infty} U(C_s)\beta^s\right]$$

ここで，β は割引ファクターであり，C_s は s 期の消費を示す．この最大化問題に対する 1 階の条件は，よく知られているように，

$$U'(C_t)v_t = \mathrm{E}_t\{\beta^{s-t}U'(C_s)v_s\}$$

である．ここで，v_t は消費財の単位で測った資産，あるいはポートフォリオの価値を表している．この条件を書き直すと，

$$\mathrm{E}_t\left[\left(\frac{v_s}{v_t}\right)\beta^{s-t}U'(C_s)/U'(C_t)\right] = 1 \tag{4.3.1}$$

が得られる．このとき資産が割引債であり，物価指数が固定されているとすると仮定しよう．$s = t + \tau$ とし $v_t = f_t(\tau)$ と考えよう．この方程式に対する解はすべての満期の割引債価格を与えることになる．式 (4.3.1) を次のように書き直すと便利である．

$$f_t(\tau) = \mathrm{E}_t[\beta^{\tau}U'(C_{t+\tau})/U'(C_t)] \tag{4.3.2}$$

---

[10] この論文では無視したそのほか数多くの，特性が考えられる．しかし，たとえば，利回りの変化あるいはスプレッドの分布の尖度などの点を説明することは挑戦的な検討課題である．

この条件は $f_t(t+\tau)=1$ という制約条件を課するので，満期に1ドルを支払う割引債の価格と，したがって期間構造を決定することができる．もし物価水準が固定されていないと，式(4.3.2)は次のように修正できる．

$$f_t(\tau)=\mathrm{E}_t[\beta^{\tau}P_tU'(C_{t+\tau})/(U'(C_t)P_{t+\tau})] \qquad (4.3.3)$$

ここで，P_t は t 期の価格水準である．

式(4.3.2)あるいは(4.3.3)から債券価格を求めようとするいくつかの試みがなされた．Canova and Marrinan (1993) そして，Boudoukh (1993) らは次のような条件のもとで，このことを行った．まず $c_t=\log(C_{t+1}/C_t)-1$ と $p_t=\log(P_{t+1}/P_t)-1$ が誤差項のボラティリティがVAR過程に従い，効用関数がCRAAであるような，つまり γ が危険回避係数であるときに $U(C_t)=C_t^{1-\gamma}/(1-\gamma)$ であるような効用関数を仮定して分析を行った[11]．

利回り $r_t(\tau)=-\tau^{-1}\log f_t(\tau)$ に対して式(4.3.3)を評価することが必要になる．

$$r_t(\tau)=-\frac{1}{\tau}\log \mathrm{E}_t[\beta^{T}(C_{t+\tau}/C_t)^{-\gamma}(P_t/P_{t+\tau})]=-\frac{1}{\tau}\log \mathrm{E}_t[\beta^{\tau}(1+c_{t\tau}^{-\gamma}(1+P_{t\tau})^{-1}]$$

ここで，

$$c_{t\tau}=C_{t+\tau}/C_t-1\simeq\log C_{t+\tau}-\log C_t$$
$$p_{t\tau}=P_{t+\tau}/P_t-1\simeq\log P_{t+\tau}-\log P_t$$

$\mathrm{E}_t(c_{t\tau})$ と $\mathrm{E}_t(p_{t\tau})$ のまわりで展開し，2次より高次の項と交差項を無視すると[12]，

$$\simeq -\log\beta-\frac{1}{\tau}\log\{[(1+\mathrm{E}_t(c_{t\tau}))^{-\gamma}(1+\mathrm{E}_t(P_{t\tau}))^{-1}] + a_{1\tau t}\,\mathrm{var}_t(c_{t\tau})+a_{2\tau t}\,\mathrm{var}_t(p_{\tau t})\} \qquad (4.3.4)$$

ここで，

$$a_{1\tau t}=\frac{1}{2}(1+\gamma)\gamma(1+\mathrm{E}_t(c_{t\tau}))^{-\gamma-2}(1+\mathrm{E}_t(p_{t\tau}))^{-1}$$
$$a_{2\tau t}=(1+\mathrm{E}_t(p_{t\tau}))^{-3}(1+\mathrm{E}_t(c_{t\tau}))^{-\gamma}$$

$$\simeq -\log\beta+\frac{\gamma}{\tau}\log(1+\mathrm{E}_t(c_{t\tau}))+\frac{1}{\tau}\log(1+\mathrm{E}_t(p_{t\tau})) -\frac{1}{\tau}\log\{b_{1\tau t}\,\mathrm{var}_t(c_{t\tau})+b_{2\tau t}\,\mathrm{var}_t(p_{\tau t})\} \qquad (4.3.5)$$

ここで，

$$b_{1\tau t}=\frac{1}{2}(1+\gamma)\gamma(1+\mathrm{E}_t(c_{t\tau}))^{-2}$$
$$b_{2\tau t}=(1+\mathrm{E}_t(p_{t\tau}))^{-2}$$

式(4.3.5)はインフレ率と消費の成長率の条件付モーメントによって生じる水準効

---

11 Canova and Marrinan (1993) は，物価水準 $P_t=M_t/Y_t$ にケンブリッジ方程式を用い，VAR過程は貨幣供給量，生産量，消費に現れている

12 $c_{t\tau}$ と $p_{t\tau}$ との間の条件付分散は無視できる．なぜかというと，一方は実質値で，他方は名目値で示されているからである．多くの一般均衡モデルでは，これは0としている．Boudoukh (1993) は期間構造を説明するに当たって重要であると議論している．

果をもつ期間構造の4要因モデルを示している．しかし，線形の場合と異なり，この結果を解釈するのは容易ではない．なぜなら，ボラティリティに対して付与された重みが条件付平均の関数でもあるからである．

条件付モーメントを評価するという問題が残っている．モデルが完全であるためには，$z_{1t}=p_{c1}$ と $z_{2t}=p_{t1}$ の推移についていくばくかのことを仮定する必要がある．これに関しては，一般に次のようなAR過程を想定することにする．

$$z_{jt}=\Phi_{0j}+\Phi_{1j}z_{jt-1}+e_{jt}$$

Canova and Marrinan (1993) は $\sigma^2_{jt+1}=\mathrm{var}_t(e_{jt+1})$ に関しGARCH過程を考えた．

$$\sigma^2_{jt+1}=a_{0j}+a_{1j}\sigma^2_{jt}+a_{2j}e^2_{jt}$$

ここで，Baillie and Bollerslev (1992) の公式を $\mathrm{E}_t(z_{jt\tau})$ と $\mathrm{E}_t(z_{jt\tau})$ の値を決めるために用いた．これに対し，Boudoukh (1993) は確率的ボラティリティ過程として $\sigma_j{}^2$ を考えている．GARCHモデルを用いる場合，$\mathrm{var}_t(z_{jt\tau})$ は σ^2_{j+1} の線形関数である．

このモデルがいかにして，期間構造に関して「典型的な」特性を再現できるのであろうか．利回りがほとんど単位根をもつためには，$\log(1+\mathrm{E}_t(p_t\tau))\simeq\mathrm{E}_t(p_\tau)$ がほぼ和分されていることが必要である．つまり，インフレがほぼ和分過程に従う必要がある．というのは，平均あるいは分散のいずれかで，そうした持続傾向があるのは，この2つの系列の1つのみであるからである．この点に関しては，Boudoukh (1993) のこの2つのデータの時系列特性に関する説明を参照されたい．

インフレ率は，期間構造において共通のトレンドを示し，スプレッドは消費の成長率と2つの変数のボラティリティに依存していると思われる．インフレあるいは消費のボラティリティに依存しているという証拠は，Boudoukhの検定統計量に示されているように，あまり強くない．他方このモデルで，スプレッドの持続性を示すことは困難である[13]．$\Delta\tau_t(\tau)$ の水準効果をモデルで説明することができるかどうかは明確ではない．Canova and Marrinanが用いたGARCH構造はその点を示すことができなかった．他方，Boudoukhの用いた確率的ボラティリティ構造では $\mathrm{var}_t(P_t)$ の水準効果を認めている．さらに，ボラティリティが一定であったとしても，条件付平均はボラティリティに対して付与された重みの中に取り込まれており，この依存性は $\Delta r_t(\tau)$ の水準効果を説明するのに役立っている．消費の成長率の自己相関が弱いため，$\mathrm{E}'_t(c_{t\tau})$ はほぼ一定の値であろうが，インフレ率には強い系列相関があり，インフレが共通トレンドとなっているため，予想された効果を見出すことが可能になるであろう（ただしこの点は著者によって指摘されているわけではない）[14]．

---

[13] BoudoukhはGARCHモデルを想定したときよりも，推定された確率ボラティリティを特定化したときに強い結果を得ている．

[14] 本質的に，これらは，「キャリブレート」されたモデルである．つまりあらかじめ決められたモデルを観察された事象を説明できるようにすることを強調したものである．したがって，モデルが予測した利回り $r_t^*(\tau)$ と観察結果である $r_t(\tau)$ との間の違いを区別する必要がある．この2つの間の食い違いはモデルが実際を説明できなかったことか，モデルの特定化エラーのいずれかによる．食い違いの特徴を検討することがきわめて重要である．

こうした枠組みを留保しながらも，やや異なった試みが Constantinides (1992) によって試みられている．彼は，式 (4.3.3) を

$$f_t(\tau)=\mathrm{E}_t[K_{t+\tau}/K_t]$$

とした．ここで，$K_t\equiv\beta^tU'(C_t)/P_t$ は「価格決定カーネル (pricing kernel)」といわれているものである．次に，K_t の変化に関し次のような仮定をおき，

$$K_t=\exp\left\{-\left(g+\frac{\sigma^2}{2}\right)t+z_{0t}+\sum_{i=1}^{N}(z_{it}-\alpha_i)^2\right\}$$

連続過程の世界のもとで，z_{0t} を Weiner 過程に従うとし，z_{1t} はパラメータ λ_i と分散 $\sigma_i{}^2$ をもつ Ornstein-Uhlenbeck 拡散過程に従うとした．2 つの拡散項 z_{it} はたがいに独立であるとした．こうした仮定のもとで次のような結果が得られた．

$$f_t(\tau)=\{\prod_{i=1}^{N}H_i(\tau)\}^{-1/2}\exp\left\{\left(-g+\sum_{i=1}^{N}\lambda_i\right)\tau+\sum_{i=1}^{N}H_i^{-1}(\tau)(z_{it}-\alpha_ie^{\lambda_i\tau})^2\right.$$
$$\left.-\sum_{i=1}^{N}(z_{it}-\alpha_i)^2\right\}$$

ここで，$H_i(\tau)=\sigma_i^2/\lambda_i+(1-\sigma_i^2/\lambda_i)e^{2\lambda_i\tau}$ である．この結果，$r_t(\tau)$ は次のような関数形を取る．

$$r_t(\tau)=\delta_{0\tau}+\sum_{i=1}^{n}\delta_{1i\tau}(z_{it}-\alpha_ie^{\lambda_i\tau})^2+\sum_{i=1}^{N}\tau^{-1}(z_{it}-\alpha_i)^2$$

$(z_{it}-\alpha_i)^2$ のような項は Ornstein-Uhlenbeck 過程における z_{it} の変化の「分散」が変数 z_{it} の水準に依存しているという事実を反映している．

Constantinides モデルは正しい結果を示していないという問題を抱えている．モデルを利回りベースに変換した後で，$I(1)$ であることを保証するファクターがない．この問題は，「価格決定カーネル」から生じている．式 (4.3.3) を評価するために用いた価格決定カーネルはインフレ率が $I(1)$ であるので，変数 P_t に関し $I(2)$ である．その結果，z_{0t} の存在を通じて価格決定カーネルが $I(1)$ になってしまうという Constantinides によって暗黙裡になされた仮定が彼のモデルの問題の根本である．

4.3.2　1 要因モデル

ファイナンス理論は，期間構造決定のためのファクターモデルを検討してきた．このモデルが，これまでに議論してきたモデルと共通していた点は多期間の最適化を取り扱ってきたことである．他方，異なる点としては，生産セクターを導入したことと，評価式が裁定取引の機会を許していない，つまり解が部分均衡モデルというよりも一般均衡モデルに近いことである．こうしたモデルの基になっている論文は Cox, Ingersoll and Ross (1985) (CIR) である．基本的に，彼らのモデルでは，資産の投資収益率に影響を与える多くのファクターによって成り立っている経済を提案した．こうしたファクターとしては，技術の変化や，(たぶん) インフレ要因などを考えることができる．ただ 1 つの状態ベクトル μ_t，たぶん全要素生産性 (TFP, total factor productivity) のみを考えたもっとも単純なケースを考えてみよう．この変数が次のよう

な拡散過程に従うと仮定しよう．

$$d\boldsymbol{\mu}_t=(b-\kappa\boldsymbol{\mu}_t)dt+\phi\boldsymbol{\mu}_t^{1/2}d\eta_t$$

こうした経済における資産市場の一般均衡で，瞬間的な金利変化は，

$$dr_t=(\alpha-\beta r_t)dt+\sigma r_t^{1/2}d\eta_t \tag{4.3.6}$$

となる．

いったん金利過程を特定化すると，期間構造全体 $f_t(\tau)$ は次の偏微分方程式によって決定される．

$$\frac{1}{2}\sigma^2 rf_{rr}+(\alpha-\beta_1 r)f_r+f_t-\lambda rf_r-rf=0 \tag{4.3.7}$$

ここで，$f_{rr}=\partial^2 f/\partial r/\partial r, f_r=\partial f/\partial r, f_r=\partial t/\partial t$，そして λrf_r はファクターの価格変化と最適ポートフォリオのパーセント変化との間の共分散に依存して決まる項であり，ファクターの「危険の市場価格」である．この偏微分方程式は期 $t+\tau$ に満期を迎えるデフォルトリスクのないゼロクーポン債が次の式に基づいて評価されなければならないという事実から導かれている．

$$f_t(\tau)=\mathrm{E}_t\left[\exp\left(-\int_t^{t+\tau}r(\psi)d\psi\right)\right] \tag{4.3.8}$$

債券の期待価格変化率は $r+\lambda rf_r/f$ で与えられるから，それは流動性プレミアムであるとも解釈できる．われわれは，$(\alpha-\beta rf_r)$ と $-\lambda rf_r$ をいっしょにすることができ，かつ問題を次の式によって生成される「仮定された」瞬間金利に基づいて債券の価格を決めるようにすることができる．

$$\begin{aligned}dr_t&=(\alpha-\beta r_t-\lambda r_t)dt+\sigma r_t^{1/2}d\eta_t\\&=(\alpha-\gamma r_t)dt+\sigma r_t^{1/2}d\eta_t\end{aligned} \tag{4.3.9}$$

式 (4.3.6) は真の確率測度で，式 (4.3.9) は「等価マルチンゲール測度」のもとで，金利が生成されているという違いがある．

CIR モデルにおける期間構造に対する解析解は次に与えられている (Cox *et al.* (1985, p. 393) を参照せよ)．

$$f_t(\tau)=A_1(\tau)\exp(-B_1(\tau)r_t)$$

ここで，

$$A_1(\tau)=\left[\frac{2\sigma\exp((\delta+\gamma)\tau/2)}{(\delta+\gamma)(\exp(\delta\tau)-1)+2\delta}\right]^{2\alpha/\sigma^2}$$

$$B_1(\tau)=\left[\frac{2(\exp(\delta\tau)-1)}{(\delta+\gamma)(\exp(\delta\tau)-1)+2\delta}\right]$$

$$\delta=(\gamma+2\sigma^2)^{1/2}$$

価格を利回りに変換すると，

$$r_t(\tau)=\{-\log(A_1(\tau))+B_1(\tau)r_t\}/\tau \tag{4.3.10}$$

これは瞬間的な金利を考えたときの 1 要因モデルである．もっと基本的な点を述べると，期間構造全体の変化を引き起こす「リターン」ファクター，つまり期間構造の「水準」がどの時点でも r_t の値に依存しているという特徴がある．利回り曲線の「傾

き」は危険の市場価格とともに金利の拡散方程式のパラメータに依存している．

こうした方法論で導かれたモデルの最大の問題は，観察された実際の利回り曲線をモデルが再現できないという点である．この点は実務化を大変悩ます原因になっている．この問題に対する1つの解決方法は，t と τ の変化に従って，α を変わりうるとすることである．このようにすることは，修正されたモデルが観察された利回り曲線に等しくなるように，モデルに「修正項」を付け加えることに等しい．したがって，r_{t+1} を予測し，期間構造を予測した後に，前の期に計算した「修正項」を付け加える．「修正項」の必要性は，期間構造の記述に当たり，CIR モデルには相当なミス・スペシフィケーションが存在することを示唆している．ちょうど，それはマクロ経済モデルを用いた予測で，「定数項修正」が必要になる場合になされると同様な解釈である．

Brown and Dybvig (1986) は，CIR モデルのパラメータを最尤法で推定し，その後観察された実際の債券価格 (f_t) とモデルからの予測値 (f_t^*) との間のギャップによって定義された残差を計算した[15]．「典型的な事実」に鑑みて CIR モデルを考えてみると，金利がほぼ和分された過程であり，かつ [1 −1] の間の利子率のいかなる組み合わせの間の共和分ベクトルと共和分している，つまりスプレッドが $I(0)$ という性格をデータは有していなければならない．疑問点は，CIR モデルはそうした予測を実現しうるかどうかという点である．解決しなければならない問題点は，CIR の債券評価式において，危険の市場価格 λ を数量化しなければいけないことである．CIR が指摘しているように，もしファクターが実質経済に何らの影響を与えなければ，$\lambda=0$ となる．このことは，たとえば，ファクターがインフレ率といった名目値であるときにいえる．したがって，このような解釈を受け入れると $\lambda=0$ とすることが許されるであろう．単位根を可能にするためには，β とし，さらにドリフト項を α とする．こうすると，

$$\delta=\sqrt{2}\sigma, \qquad A_1(\tau)=1, \qquad B_1(\tau)=\frac{2(\exp(\delta\tau)-1)}{\delta[\exp(\delta\tau)-1]+2\delta}$$

他方，スプレッド $sp_t\tau$ は，

$$r_t(\tau)-r_t(1)=[\tau^{-1}B_1(\tau)-B_1(1)]r_t$$

したがって，カギ括弧内の値が 0 でない限り，スプレッドが $I(0)$ であることがないであろう．一般的にいってそうしたことはありえない．$r_t(1)$ に対する GMM 推定値として得られた σ, β, α の実際の値はそれぞれ 0.049, 0.02 と 0.106 であった．これらの値を用いると，5つの満期に対して，$\tau^{-1}B_1(\tau)$ の値は，0.990, 0.967, 0.930, 0.890，そして，0.106 になった．$\tau\to\infty$ としたときには，$B_1(\tau)=2/\delta$ になるので，満期が長くなるにつれ，隣り合った利回りのスプレッドは 0 に近づく．

スプレッドが $I(0)$ ではないことの1つの理由は $\delta\neq0$ である．もし $\delta=0$ であれ

15　n 個の利回りがあるが，1つのファクターしかないので，尤度関数を計算するためには，f_t^* に関し非特異な分散共分散行列が存在する必要がある．そのため，モデルに対し誤差ベクトルを加える必要がある．

ば，ロピタルの定理により $B_1(\tau)=\tau$ となり，スプレッドは定義により 0 になる．σ を非常に小さくすることにより，スプレッドがきわめて $I(0)$ であるような結果を生み出すことができる．つまり，もし σ が正確に 0 ではないが，0 に十分近いとみなすことができると，スプレッドはほぼ和分されていないといえよう．ただし，スプレッドの満期が長くなるにつれ，そうしたことを観察することはなくなるであろう．

CIR モデルの問題を理解するもう 1 つの方法は，式 (4.3.8) で示された基本価格決定式の離散型 $f_t(\tau)=\mathrm{E}_t[\exp(-\sum_{j=t}^{t+\tau-1} r_j)]$ を見てみることである．r_t が正規分布をするようなマルチンゲール・イノベーションに従い，$I(1)$ であるとしよう．そうすると，$f_t(\tau)=\exp(-\tau r_t)\{\prod_{j=1}^{\tau-1}[(1/2)(\tau-j)^2\mathrm{var}_t(\sum_{j=t+1}^{t+\tau-1}\Delta r_{t+j})]\}$ である．もし，条件付分布が一定であるとすると，スプレッドは $I(0)$ でありうる．しかし，もしそれが瞬間的金利の「水準」に依存しているとすると，いかなる満期に対応するスプレッドは r_t の非線形関数になる．たとえば，CIR の「平方根」定式化を代入することにより，$sp_t(\tau)=\mathrm{cnst}-(1-1/\tau)\log r_t$ と $\mathrm{var}_t(\Delta r_{t+i})=\sigma^2 r_t$ を得る．つまり，データに示された条件付分散の特性を決定することが重要である．期間構造に関する多くの計量経済学モデルはこれらの条件付分散を GARCH 過程とみなす．このことは，条件付分散が Δr_{t-j} の関数であることを意味している．しかし，期間構造データを検討した節で明らかにしたように，条件付分散を GARCH で定式化した後でも水準効果は依然として明らかである．

第 2 節に示されたたがいに矛盾する結果をみると，CIR モデルとの比較で，別の共和分ベクトルを検討する必要があるかもしれない．一般に，CIR モデルは次のような形を取る共和分ベクトルを志向している．

$$r_t(\tau)=d(\tau)r_t(1)$$

ここで，$d(\tau)<1$ であり，τ とともに減少する．4.2 節で見たように，一例を除いて，Phillips-Hansen は $d(\tau)$ が $\hat{d}(\tau)>1$ であり，それが τ とともに増加していくような推定値を得ている．CIR タイプのモデルからの予測は，したがって実際のデータとはまったく異なる結果を示している[16]．

4.3.3　2 要因モデル

モデルに基づいた利回り曲線と実際のものとの食い違いを埋めようとすると，もっと複雑なモデルを追求しなければならない．瞬間金利とそれを動かすファンダメンタルな要因との間の関係を「迂回」しようとする文献を見出すことは，そうめずらしいわけではない．そうした文献は瞬間レートを単純な確率過程であると考え，結局すべての債券はこうした過程のもとでその価格が決定される．こうしたものの一例としては，Chen and Scott (1992) が挙げられる．彼らは，瞬間金利が 2 つのファクターの

---

[16] Brown and Schaefer (1994) は，CIR モデルが，イギリス国債指数にリンクした債券データから計算された「実質利回り」の期間構造によくフィットしていることを発見した．Johansen and Phillips-Hansen 推定量を決定する場合，切片が $A(\tau)$ 式において許されていることに注意しよう．

合計であると仮定する．

$$r_t=\xi_{1t}+\xi_{2t} \tag{4.3.11}$$

ここで，

$$d\xi_{1t}=(\alpha_1-\beta_1\xi_{1t})dt+\sigma_1\xi_{1t}^{1/2}d\eta_{1t}$$
$$d\xi_{2t}=(\alpha_2-\beta_2\xi_{2t})dt+\sigma_2\xi_{2t}^{1/2}d\eta_{2t}$$

であり，$d\eta_{jt}$ は互いに独立であると仮定する．したがって，2つのファクターは独立であり，債券価格は次のようになる．

$$f_t(\tau)=A_1(\tau)A_2(\tau)\exp\{-B_1(\tau)\xi_{1t}-B_2(\tau)\xi_{2t}\}$$

ここで，A_2 と B_2 は A_1 と B_1 と同じように定義されている．明らかに，こうした枠組みでは，独立性の仮定さえおけば，いくつものファクターをも考えることができる．

他のモデルとしては，Longstaff and Schwartz (1992) を考えることができる．このモデルでは2つのファクターが同様に考えられているが，これらのファクターは金利変動の基になっている収益率 μ_t に関連付けられており，瞬間金利そのものには直接関係がない．彼らはこれら2つのファクターは瞬間金利とその条件付分散の線形結合であるような定式化を試みた．このモデルはたいへん興味深い．というのは，2番目のファクター ξ は，μ_t の過程の条件付分散にのみ影響を与えるのに対し，両方のファクターはその条件付平均に影響を与えるようになっているからである．この点は，Scott and Chen のモデルでは ξ_{1t} と ξ_{2t} の両方が平均と分散に影響を与えるようになっている点と異なる．実証的に考えてみると，2つの要因は，短期レートとその条件付分散と考えることができ，後者は GARCH 過程で推定できる[17]．モデルの検証は，利回り変化の無条件付標準偏差をモデルが再現できるかどうかに依存しているため，制限がある．

その他，多くの2要因モデルがある．Brennan and Schwartz (1979) および Edmister and Madan (1993) は，たがいに相関をもつ短期と長期金利を考えた．「無裁定条件」を課し，長期金利は市場で取り引きされているという仮定のもとで，Brennan and Schwartz は長期レートを除外して考えることができるような瞬間的なリスクの価格をみつけ出した．その結果，2つのファクターは，瞬間短期利回りおよび短期利回りと長期利回りとの間のスプレッドになることを見出した．長期利回りリスクの市場価格を除去するとモデルは非線形になり，解を求めるために線形化が必要になるが，そうしても，CIR モデルの場合とは異なり，利回り曲線の解析解は得られない．もう1つの2要因モデルの可能性は，2つ目のファクターをボラティリティと考

17　ボラティリティは，式 (4.3.11) の r_t に影響を与えることにより期間構造を動かす．Shen and Starr (1992) はなぜボラティリティが価格に影響を与えなければならないのかという興味ある質問を提起した．というのは，もし債券が大きなポートフォリオの一部であるならば，その市場ポートフォリオとの間の共分散のみがプライシングされなければいけないはずである．ボラティリティが重要であるという観測事実を正当化するために，彼らは買値と売値との間のスプレッドがボラティリティの関数であり，利回りに直接の影響を与えると考えた．

えることである．Edmister and Madan はこのように考えたときの期間構造の閉じた解をみつけ出した．

Chen and Scott のモデルの最初のファクターが，「ほとんど $I(1)$」であり，第 2 のファクターが $I(0)$ であったとしよう．瞬間利子率は，したがって，共通の傾向を有する（式 (4.3.11) と式 (4.2.8) を比較し，J が単位ベクトルでありうることを確認しよう）．上の節で議論したような極端なケースを考え，最初のファクターに関しまったく同じパラメータ値を用いると，つまり，$\beta_1=0, \lambda_1=0, \sigma_1=0$ であるとすると，最初のファクターは，スプレッドから消えてしまい，次のようになる．

$$r_t(\tau)-r_t(1)=\log(A_2(1)/A_2(\tau))+[\tau^{-1}B_2(\tau)-B_2(1)]\xi_{2t}$$

したがって，いまやスプレッドは確率的になり，第 2 のファクターの性格を持ち合わせているようになる．スプレッドが持続傾向を示すためには，第 2 ファクターがこうした特性をもたなければならないのである．$r_t(\tau)-r_t(\tau-1)$ は $\tau\to 0$ になるにつれ，0 に近づくので，このモデルを長期の満期をもつ債券に適用することは適切でないことに注意しよう．

その結果，この 2 要因モデルは，EC 項が極く少数のファクターに分解できるという意味で，共和分の標準的な結果を再現できている．もちろんこのモデルでは，ファクターの係数が $\tau^{-1}B_2(\tau)\leq B_1(\tau)$ であるため，負になりうることも予想できる．負の重みが生じるという結果は，ファクターどうしが独立である場合に限るが，ファクターの数が多数になる場合にも依然として通用する．したがって，われわれが用いたデータセットで，非トレンド項を主成分に等しいとしたときに，ファクターの符号がどのようになるかを検討することは，興味がある．主成分/スプレッド関係とスプレッド/主成分関係との間の唯一つの変換はありえないが，スプレッドとファクターとの間の関係を知るための単純な方法は，個々のスプレッドを主成分に対して回帰させることである．そのようにすると，決定係数は，0.999, 0.999, 0.98 と 0.99 になり，この結果は，スプレッドは 3 つのファクターによってよく説明されていることを示している．回帰分析の結果は以下のようになる．

$$sp_t(3)=0.36\phi_{1t}-0.83\phi_{2t}+0.48\phi_{3t}$$
$$sp_t(6)=-0.76\phi_{1t}-0.09\phi_{2t}+0.42\phi_{3t}$$
$$sp_t(9)=-1.28\phi_{1t}+0.33\phi_{2t}+0.44\phi_{3t}$$
$$sp_t(120)=-1.44\phi_{1t}+1.84\phi_{2t}+2.12\phi_{3t}$$

ここで，ϕ_{jt} は最初の 3 つの主成分を示す．独立なファクターモデルは，正しい符号を示していないことが明白である．2 ファクターの価格決定モデルのファーマルな検証は，いまだに始まった段階である．Pearson and Sun (1994) と Chen and Scott (1993) はモデルのパラメータを最尤法で推定し，少なくとも 2 ファクターによって，期間構造の特性を適切に表している必要があるという証拠を明らかにしている．

2 ファクターモデルはまた期待仮説の妥当性に関するいくつかの文献を検討するに当たっても有用である．Campbell and Shiller (1991) は，もし流動性プレミアムが一定なら期待仮説は次の点を意味していることを指摘している．

$$r_{t+1}(\tau-1)-r_t(\tau)=\alpha_0+\frac{1}{\tau-1}[r_t(\tau)-r_t(1)] \quad (4.3.12)$$

彼らはこの制約条件はデータによって強く棄却されたことを見出した．McCulloch and Kwon のデータを用い，$\tau=3$ と，$r_{t+1}(2)-r_t(3)$ の $r_t(3)-r_t(1)$ に対する回帰分析では，係数の推定値は，0.09 であり，予測された値 0.5 からかなり離れている．もちろん流動性プレミアムが一定であることは間違いである．式 (4.3.8) で決定される債券価格は，離散化した場合，次のように表される．

$$\begin{aligned} f_t(\tau)&=\mathrm{E}_t\left[\exp\left(-\sum_{j=t}^{t+\tau-1}r_j\right)\right]\\ &\equiv\exp\left(-E_t\left(\sum_{j=t}^{t+\tau-1}r_j\right)\right)v_t\\ &=f_t^{\mathrm{E}}(\tau)v_t \end{aligned} \quad (4.3.13)$$

ここで，$f_t^{\mathrm{E}}(\tau)$ は期待仮説に基づく債券価格である．したがって，$r_t(\tau)$ が期待仮説によって予測される金利と $-\tau^{-1}\log v_t$ の項だけ異なる．その結果，それは Δr_t の条件付モーメントの関数になるであろう．この場合 Δr_t が条件付正規である限り，それは条件付分散依存し，式 (4.3.12) に対応する方程式は，このモーメントに依存する時間とともに変化する α_0 という特性をもつ．もし条件付分散負の係数をもつスプレッドに関係しているならば，このことは Campbell and Shiller の回帰式で，$r_t(\tau)-r_t(1)$ の係数が負の偏りをもつようにさせることの原因となる．この点が生じるような事態の1つは，条件付分布が，EGARCH でそうであったように，Δr_t に依存しているときである．したがって，利回りの間の共和分のゆえに，Δr_t はラグ付のスプレッドに置き換えることができ，負の係数を有することになるであろう．より一般的には，4.2 節で説明された，ファクターが期間構造に影響を与えるという事実により，ボラティリティはスプレッドの線形結合として表すことができる．期間構造をめぐるアノマリーはこうして説明できる可能性がある．

4.3.4　ファイナンスにおける非独立的多要因モデル

Duffie and Kan (1993) は，ファクターがたがいに独立でないような期間構造のマルチファクターモデルを示した．2 ファクターモデルに関していえば，瞬間レートが M 個のファクター（$M\times1$ のベクトル $\boldsymbol{\xi}_1$ にスタックされている）の線形関数であると仮定し，次のような拡散仮定に従って変化すると仮定する．

$$d\boldsymbol{\xi}_t=\mu(\boldsymbol{\xi}_t)dt+\sigma(\boldsymbol{\xi}_t)d\boldsymbol{\eta}_t$$

ここで，$d\boldsymbol{\eta}_t$ は標準ブラウン運動のベクトルを表し，$\boldsymbol{\mu}(\boldsymbol{\xi}_r)$，$\boldsymbol{\sigma}(\boldsymbol{\xi}_t)$ はドリフトとボラティリティ関数に対応するベクトルと行列である．こうした仮定を考えた後で，彼らは $\mu(\cdot)$ と $\sigma(\cdot)$ のいったいどのような関数形が，次のような指数アファイン変換型を有する $f_t(\tau)$, $\tau=1,\cdots,n$，期間債券価格に対する解をもたらすかを検討した．

$$f_t(\tau)=\exp[(A(\tau)+B(\tau)\boldsymbol{\xi}_t)]$$

$$=\exp\left[\left(A(\tau)+\sum_{i=1}^{M}B_i(\tau)\boldsymbol{\xi}_{it}\right)\right]$$

この結果，$\mu(\xi_t)$ と $\sigma(\xi_t)$ は ξ_t の線形(アファイン)関数でなければならない．したがって，$B(\tau)$ に対する解は常微分方程式を解くことによって得られる．

$$\dot{B}(\tau)=\boldsymbol{B}(B(\tau)),\qquad B(0)=0$$

多くの場合，$B(\tau)$ の数値解のみが得られる．Duffie and Kan は $\boldsymbol{\xi}_t$ の変化についていくつかの特別な場合を考えた．対角行列でない共分散行列 Ω をもつブラウン運動によって変化する結合拡散過程であるような場合，ファクターに対する重みは，正負の符号を取りうることがあるので，前の節で示した2要因モデルの主な欠点できる．今日に至るまで，こうしたモデルに関する実証分析は，$\boldsymbol{\xi}_t$ を一定のボラティリティをもつガウス過程と仮定した El Karoui and Lacoste (1992) による研究を除き，ほとんどないと思われる．

4.3.5 フォワードレート・モデル

最近，利回りよりもフォワードレート構造をモデル化することが一般的になってきた．たとえば，Ho and Lee (1986) や Heath, Jarrow, and Morton (1992) (HJM) などはその例である．フォワードレートは利回りの線形結合であるため，フォワードレート構造の特徴について特定化することは，利回り曲線の特徴についてある種の制約を課すことを意味する．利回りの動きについて知られているところに照らして，ここではフォワードレートについてよく知られているモデルが，実際の期間構造をどの程度再現できるかどうか検討することにしよう．以下では，HJM の枠組みに沿って，1期間フォワードレートを用いることにする．さらに，紙数を限定するためにフォワードレート曲線の変化を記述する確率微分方程式の単純なオイラー差分化のみを考えることにする．

このような方程式にはいろいろなものがあるが，いずれにも共通しているのは，フォワードレートの変化が次のような形を取ることである．

$$F_t(\tau-1)-F_{t-1}(\tau)=c_{t,\tau-1}+\sigma_{t,\tau-1}\varepsilon_{t,\tau-1}$$

ここで，$\varepsilon_{t,\tau-1}$ は $n.i.d\,(0,1)$ という性格を有する．異なったモデルの間での差異は，ボラティリティについてどのような仮定をおくかによっている．一例は，$c_{t,\tau-1}=a_0+\sigma_\tau^2$ と $\sigma_{t,\tau-1}=\sigma$ であるような一定のボラティリティをもつモデルであり，他方，$c_{t,\tau-1}=-\sigma F_t(\tau)\lambda+\sigma F_t(\tau)(\sum_{k=1}^{n}F_t(k))$ と $\sigma_{t,\tau-1}=\sigma F_t(\tau)$ であるような比例ボラティリティ・モデルも考えることができる．$c_{t,\tau-1}$ の特徴は無リスク裁定が不可能であるという無裁定条件を反映している．多少の変形を行った後に，結果は次のようになる．

$$F_t(\tau-1)-F_{t-1}(\tau)=\left[\frac{1}{\tau(\tau-1)}\right]sp_t(\tau)-\frac{\tau+1}{\tau}(r_t(\tau+1)-r_t(\tau))$$

$$+\frac{\tau+1}{\tau}\Delta r_t(\tau+1)-\frac{1}{\tau}\Delta r_t(1) \qquad (4.3.14)$$

したがって，ファワードレートの変化を示すHJMモデルの基になる方程式は，利回りの変化とスプレッドの両方を含む．このことは，共和分の考え方からすると，$\Delta r_t(\tau+1)$ はスプレッドに依存し，$F_t(\tau-1)-F_{t-1}(\tau)$ の特徴はスプレッドの特徴を示すことを明らかに示している(表4.2を見よ)．この結果，少なくともごく短い期間の τ に関しては，マルチンゲール差分を有するボラティリティ一定モデルは，実際のデータをよく説明できていない．これに対し，比例ボラティリティ・モデルでは，$c_{t,\tau-1}$ が $F_t(\tau)$ に依存しているがゆえに(後者はほとんど和分しているので)，データによく適合しているといえる．この点を検討するために，$n=9$ と危険の市場価格 λ のさまざまな値に対し，$F_t(2)-F_{t-1}(3)$ を $c_{t,2}$ と $sp_{t-1(3)}$ に回帰してみた．$\lambda=0$ のときには，sp_{t-1} の回帰係数の t 値は -4.37 であったが，λ の非常に大きな値に対しては，それは -4.70 であった．λ について他の値を考えたときの t 値は，この2つの極の間にあった．したがって，フォワードレートの条件付期待値は，HJMモデルで示された結果より，より複雑である．さらに，誤差 $\varepsilon_{t,\tau-1}$ の共分散行列の階数は期間構造におけるファクターの数を表していなければならないはずであった．このときに，ファクター数は，2つか3つであったから，たった1つの攪乱項がすべてのフォワードスプレッドを動かしているというよく用いられている仮定は正確でないように思われる．

HJMモデルを実際のデータと比較し，その適合性を検討するという研究が既にいくつもある．Abken (1993) と Thurston (1994) はHJMモデルをGMM法を用いてフォワードレート・データに当てはめた．他方，Amin and Morton (1994) はオプション価格データを用い，インプライド・ボラティリティの変化を，いくつかのよく知られているHJMモデルが想定するボラティリティ構造と比較した．Abken と Thurston はたがいに異なった結論に達した．しかし，この2人の実証結果はたがいに相反している．Abken は一定のボラティリティ構造が適切であることを見出した．他方，Thurston は，すべてのモデルをデータによって棄却したが，比例ボラティリティ構造に対しては好意的であった．したがって，ボラティリティに関する「典型的な事実」をよく観察して，その結果をモデルが意味するものと比較してみることが大事であろう．このためには，式(4.3.14)が役立つ．$\Delta r_t(k)$ のレベル効果が存在するということは既に検討したが，その場合，一定のボラティリティ構造を実現するためには，GARCHに関する文献でしばしば議論されているように，Bollerslev and Engle (1993) のいう共持続性 (co-persistence) に似た，「共レベル」効果といったものが存在する必要がある．すなわち，この点は，$\Delta r_t(k)$ が水準効果をもっていた場合であっても，その線形結合である $((\tau+1)/\tau)\Delta r_t(\tau+1)-(1/\tau)\Delta r_t(1)$ が水準効果を有してはいない，という効果を示している．この点は，変数の2乗と r_{t-1} との間の散布図が図4.1とほとんど同じであるという事実によって，容易に棄却される．したがって，こうした点から比例ボラティリティ・モデルが適切であるといえる．

4.4 結　　論

この章では，計量経済学とファイナンスの文献で示された期間構造モデリングの方法論を説明した．ファクター表現に基づくと，この2つの分野でのアプローチの間には，たがいに多くの似通った点があることを示すことができた．しかしながら，いくつかの相違点もあることがわかった．計量経済学の文献では，利回りは和分過程に従い，スプレッドは共和分関係をもっていると仮定することが一般的である．他方，ファイナンス文献では，利回りはほぼ和分されているが，定常であるという立場を取っている．しかし，ファイナンス文献で用いられているモデルで，もし定常性仮定を単位根の1つと置き換えたとしても，スプレッドが共和分誤差を示すことを予測できないということがわかった．こうした結果を得た理由は，利回りの条件付ボラティリティが利回り水準の関数であるという仮定から生じている．実証研究はこうした仮説を支持する傾向にあり，そうした関係が成立するという結論は期間構造についての諸命題を検証することでさらに深められる．また，利回りに関する一連のデータに基づき，数多くの典型的な事実を示した．この点について，期間構造の特徴を把握するために，ファイナンスで用いられている数多くのモデルの妥当性を評価することが有効であることを示した．■

［森平爽一郎・訳］

文　献

Abken, P. A. (1993). Generalized method of moments tests of forward rate processes. Working Paper, 93–7. Federal Reserve Bank of Atlanta.

Amin, K. I. and A. J. Morton (1994). Implied volatility functions in arbitrage-free term structure models. *J. Financ. Econom.* **35**, 141–180.

Anderson, H. M. (1994). Transaction costs and nonlinear adjustment towards equilibrium in the US treasury bill market. Mimeo, University of Texas at Austin.

Baillie, R. T. and T. Bollerslev (1992). Prediction in dynamic models with time-dependent conditional variances, *J. Econometrics* **52**, 91–113.

Baillie, R. T., T. Bollerslev and H. O. Mikkelson (1993). Fractionally integrated autoregressive conditional heteroskedasticity. Mimeo, Michigan State University.

Bollerslev T. and R. F. Engle (1993). Common persistence in conditional variances: Definition and representation. *Econometrica* **61**, 167–186.

Boudoukh, J. (1993). An equilibrium model of nominal bond prices with inflation-output correlation and stochastic volatility. *J. Money, Credit and Banking* **25**, 636–665.

Brennan M. J. and E. S. Schwartz (1979). A continuous time approach to the pricing of bonds. *J. Banking Finance* **3**, 133–155.

Brenner R. J., R. H. Harjes and K. F. Kroner (1994). Another look at alternative models of the short-term interest rate. Mimeo, University of Arizona.

Brown, S. J. and P. H. Dybvig (1986). The empirical implications of the Cox-Ingersoll-Ross theory of the term structure of intestest rates. *J. Finance* XLI, 617–632.

Brown, R. H. and S. M. Schaefer (1994). The term structure of real interest rates and the Cox, Ingersoll and Ross model. *J. Financ. Econom.* **35**, 3–42.
Broze, L. O. Scaillet and J. M. Zakoian (1993). Testing for continuous-time models of the short-term interest rates. CORE Discussion Paper 9331.
Campbell, J. Y. and R. J. Shiller (1991). Yield spreads and interest rate movements: A bird's eye view. *Rev. Econom. Stud.* **58**, 495–514.
Canova F. and J. Marrinan (1993). Reconciling the term structure of interest rates with the consumption based ICAP model. Mimeo, Brown University.
Chan K. C., G. A. Karolyi, F. A. Longstaff and A. B. Sanders (1992). An empirical comparison of alternative models of the short-term interest rate. *J. Finance* XLVII. 1209–1227.
Chen R. R. and L. Scott (1992). Pricing interest rate options in a two factor Cox-Ingersoll-Ross model of the term structure. *Rev. Financ. Stud.* **5**, 613–636.
Chen R. R. and L. Scott (1993). Maximum likelihood estimation for a multifactor equilibrium model of the term structure of interest rates. *J. Fixed Income* **3**, 14–31.
Conley T., L. P. Hansen, E. Luttmer and J. Scheinkman (1994). Estimating subordinated diffusions from discrete time data. Mimeo, University of Chicago.
Constantinides, G. (1992). A theory of the nominal structure of interest rates. *Rev. Financ. Stud.* **5**, 531–552.
Cox, J. C., J. E. Ingersoll and S. A. Ross. (1985). A theory of the term structure of interest rates. *Econometrica* **53**, 385–408.
Duffie, D. and R. Kan (1993). A yield-factor model of interest rates. Mimeo, Graduate School of Business, Stanford University.
Dybvig, P. H. (1989). Bonds and bond option pricing based on the current term structure. Working Paper, Washington University in St. Louis.
Edmister, R. O. and D. B. Madan (1993). Informational content in interest rate term structures. *Rev. Econom. Statist.* **75**, 695–699.
Egginton, D. M. and S. G. Hall (1993). An investigation of the effect of funding on the slope of the yield curve. Working Paper No. **6**, Bank of England.
El Karoui, N. and V. Lacoste, (1992). Multifactor models of the term structure of interest rates. Working Paper. University of Paris VI.
Engsted, T. and C. Tanggaard (1994). Cointegration and the US term structure. *J. Banking Finance* **18**, 167–181.
Evans, M. D. D. and K. L. Lewis (1994). Do stationary risk premia explain it all? Evidence from the term structure. *J. Monetary Econom.* **33**, 285–318.
Frydman, H. (1994). Asymptotic inference for the parameters of a discrete-time square-root process. *Math. Finance* **4**, 169–181.
Gallant, A. R. and G. Tauchen (1992). Which moments to match? Mimeo, Duke University.
Gallant, A. R., D. Hsieh and G. Tauchen (1994). Estimation of stochastic volatility models with diagnostics. Mimeo, Duke University.
Gonzalo, J. and C. W. J. Granger, (1991). Estimation of common long-memory components in cointegrated systems. UCSD, Discussion Paper 91–33.
Gouriéroux, C., A. Monfort and E. Renault (1993). Indirect inference. *J. Appl. Econometrics* **8**, S85–S118.
Gouriéroux, C. and O. Scaillet (1994). Estimation of the term structure from bond data. Working Paper No. 9415 *CEPREMAP*.
Hall, A. D., H. M. Anderson and C. W. J. Granger. (1992). A cointegration analysis of treasury bill yields. *Rev. Econom. Statist.* **74**, 116–126.
Heath, D., R. Jarrow and A. Morton (1992). Bond pricing and the term structure of interest rates: A new methodology for contingent claims valuation. *Econometrica* **60**, 77–105.
Hejazi, W. 1994. Are term premia stationary? Mimeo, University of Toronto.
Ho, T. S. and S-B Lee (1986). Term structure movements and pricing interest rate contingent claims. *J. Finance* **41**, 1011–1029.
Johansen, S. (1988). Statistical analysis of cointegrating vectors. *J. Econom. Dynamic Control* **12**, 231–

254.
Johnson, P. A. (1994). On the number of common unit roots in the term structure of interest rates. *Appl. Econom.* **26**, 815–820.
Kearns, P. (1993). Volatility and the pricing of interest rate derivative claims. Unpublished doctoral dissertation, University of Rochester.
Koedijk, K. G., F. G. J. A. Nissen, P. C. Schotman and C. C. P. Wolff (1993). The dynamics of short-term interest rate volatility reconsidered. Mimeo, Limburg Institute of Financial Economics.
Litterman, R and J. Scheinkman (1991). Common factors affecting bond returns. *J. Fixed Income* **1**, 54–61.
Longstaff, F. and E. S. Schwartz (1992). Interest rate volatility and the term structure: A two factor general equilibrium model. *J. Finance* XLVII 1259–1282.
Marsh, T. A. and E. R. Rosenfeld (1983). Stochastic processes for interest rates and equilibrium bond prices. *J. Finance* XXXVIII, 635–650.
Mihlstein, G. N. (1974). Approximate integration of stochastic differential equations. *Theory Probab. Appl.* **19**, 557–562.
McCulloch, J. H. (1989). US term structure data. 1946–1987, *Handbook of Monetary Economics* **1**, 672–715.
McCulloch, J. H. and H. C. Kwon (1993). US term structure data. 1947–1991. Ohio State University Working Paper 93-6.
Pearson, N. D. and T-S Sun (1994). Exploiting the conditional density in estimating the term structure: An application to the Cox, Ingersoll and Ross model. *J. Fixed Income* XLIX, 1279–1304.
Pfann, G. A., P. C. Schotman and R. Tschernig (1994). Nonlinear interest rate dynamics and implications for the term structure. Mimeo, University of Limburg.
Phillips, P. C. B. and B. E. Hansen (1990). Statistical inference in instrumental variables regression with I(1) processes. *Rev. Econom. Stud.* **57**, 99–125.
Shen, P. and R. M. Starr (1992). Liquidity of the treasury bill market and the term structure of interest rates. Discussion paper 92-32. University of California at San Diego.
Stock, J. H. and M. W. Watson (1988). Testing for common trends. *J. Amer. Statist. Assoc.* **83**, 1097–1107.
Thurston, D. C. (1994). A generalized method of moments comparison of discrete Heath-Jarrow-Morton interest rate models. *Asia Pac. J. Mgmt.* **11**, 1–19.
Vetzal, K. R. (1992). The impact of stochastic volatility on bond option prices. Working Paper 92-08. University of Waterloo. Institute of Insurance and Pension Research, Waterloo, Ontario.
Zhang, Z. (1993). Treasury yield curves and cointegration. *Appl. Econom.* **25**, 361–367.

5

確率的ボラティリティ・モデル*

Stochastic Volatility

Eric Ghysels, Andrew C. Harvey and Eric Renault

5.1 はじめに

確率的ボラティリティ (stochastic volatility : SV)・モデルのクラスは，数理ファイナンスおよびフィナンシャルエコノメトリックスに端を発している．実際，SV モデルの変種の中には，まったく異なった問題を解明するために生まれてきたものもある．たとえば，Clark (1973) は資産価格収益率を情報の到着の確率過程の関数としてモデル化することを提案した．このモデルは時間変形 (time deformation) アプローチと呼ばれており，資産価格収益率の時変ボラティリティ・モデルとなっている．その後 Tauchen and Pitts (1983) はこのモデルを改良し，情報の到着に時間依存性のある混合分布モデルとして資産価格収益率を定式化した．Hull and White (1987) は情報の到着を資産価格収益率と関連付けることを直接的には問題にしていないが，原資産が連続時間 SV モデルに従うと仮定したときのヨーロピアンオプションのプライシング (価格決定) に関心があった．彼らはボラティリティがある正の拡散過程に従うような資産価格の拡散過程を提案した．また，他のアプローチとしては Taylor (1986) がある．彼は自己回帰条件付不均一分散 (autoregressive conditional heteroskedasticity : ARCH) モデルの代替モデルの１つとして離散時間 SV モデルを定式化した．Taylor のモデルもしくは他の SV モデルは最近までその推定はほぼ不可能であった．しかし，近年の計量経済理論の発展により SV モデルの推定はかなり容易に行うことが可能となっている．その結果，SV モデルは魅力的なモデルのクラスとなり，ARCH 等他のモデルの代替モデルとなるに至った．

SV モデルに関する話題は数理ファイナンスや計量経済学の文献に見ることができる．そのため，われわれはきわめて多岐にわたる話題に直面することとなる．ARCH モデルに関しては近年 Bera and Higgins (1995)，Bollerslev，Chou and

* 筆者らは，Toben Andersen, David Bates, Frank Diebold, René Garcia, Eric Jacquier および Neil Shephard の諸氏より本論文の未定稿に対して有益なコメントをいただいたことに感謝する．第 1 著者は FCAR (Québec)，SSHRC (Canada) からの資金的援助ならびに CORE (Louvain-la-Neuve, Belgium) 滞在時に支援をいただいたことに謝意を表する．第 2 著者は ESRC から資金的援助を得たことに感謝したい．第 3 著者は Institut Universitaire de France, Fédération Française des Sociétés d'Assurance ならびに CIRANO, C.R.D.E. の資金的援助に感謝したい．

Kroner (1992), Bollerslev, Engle and Nelson (1994), Diebold and Lopez (1995) を含む優れたサーベイ論文が出されているので本論文ではほとんど触れないこととする．また，本論文は数理ファイナンス分野の話題は最小限にとどめた．ただし，オプション・価格決定に関する話題は必要に応じて触れている．実際 5.2 節はボラティリティの定義を扱っているが，そこでは Black–Scholes インプライド・ボラティリティに関する議論に多くの紙面を割いている．さらに，実証上の観察事実をまとめ，最後にボラティリティに関する統計学的モデリングに関して述べる．統計学的な考え方に大きな関心のある者は，よりファイナンス志向的な 5.2 節の最初の 3 項はスキップし，5.2.4 項から読み始める方がよいであろう．5.3 節は離散時間モデルを議論する．5.4 節は連続時間モデルを紹介する．SV モデルの統計的推測は 5.5 節で述べられる．5.6 節では結論を述べる．

5.2 金融市場におけるボラティリティ

ボラティリティは派生証券のプライシングにおいて中心的な役割を担っている．Black–Scholes モデルはヨーロピアンオプションのプライシングを行うものであるが，その基礎となる仮定が成立しないとわかっている場合であっても，もっともよく利用されている公式である．そこで 5.2.1 項では Black–Scholes モデルを指標とし，ボラティリティに関するいくつかの概念を述べる．ボラティリティならびにオプション価格に関する観察事実は 5.2.2 項で論じられる．どちらの節も 5.2.3 項で扱われる理論的な枠組への見通しを立てるものである．最後に 5.2.4 項では確率的ボラティリティの統計モデルを紹介する．

5.2.1 Black–Scholes モデルとインプライド・ボラティリティ

Bachelier (1900) の先駆的業績以後半世紀以上が経ち，連続時間確率過程は資産価格の振舞いを記述するための標準的なツールとなるに至っている．この点において，Black and Scholes (1973) および Merton (1990) の業績は大きな影響を与えた．5.2.1.1 目では，資産価格変動を拡散過程によりモデル化する際に必要ないくつかの仮定を概観する．とくに瞬時ボラティリティの考え方を中心に述べる．5.2.1.2 目ではオプション価格決定にモデルならびにインプライド・ボラティリティのさまざまな概念を述べることとする．

5.2.1.1 瞬時ボラティリティの概念

たとえば株式といったある金融資産を考え，今日 (時点 t) の市場価格を S_t と表す[2]．時点 t で利用可能な情報を I_t と記述することとし，I_t が与えられたもとで，期間 $[t, t+h]$ において資産を保有したときの収益率 S_{t+h}/S_t の条件付分布を考えるこ

[2] 本論文では今後株式オプションもしくは通貨オプションに焦点を当てる．金利の期間構造およびその派生証券に関する多くの文献はカバーしない．

ととする[3]．本章では一貫して I_t が与えられたもとで，資産価格収益率の条件付期待値は有限である．すなわち，

$$E_t(S_{t+h}/S_t)=S_t^{-1}E_t(S_{t+h})<+\infty \quad (5.2.1)$$

であることを仮定する．さらに，I_t が与えられたもとでの条件付分散についても同様の仮定をおく．すなわち，

$$V_t(S_{t+h}/S_t)=S_t^{-2}V_t(S_{t+h})<+\infty \quad (5.2.2)$$

連続複利期待収益率は $h^{-1}\log E_t(S_{t+h}/S_t)$ で特徴付けられる．このとき最初の仮定を次のように述べることができる．

【仮定 5.2.1.1.A】　連続複利期待収益率は，$h>0$ を 0 に近づけたとき，ある有限値 $\mu_S(I_t)$ にほぼ確実に (almost surely) 収束する．

この仮定により，$E_t(S_{t+h})-S_t\sim h\mu_S(I_t)S_t$ となる．もしくは微分表現では，

$$\left.\frac{d}{d\tau}E_t(S_\tau)\right|_{\tau=t}=\mu_S(I_t)S_t \quad \text{(almost surely)} \quad (5.2.3)$$

ここで，微分は右微分である．式 (5.2.3) は $E_t(dS_t)=\mu_S(I_t)S_tdt$ と大雑把に述べられることもある．次の仮定は条件付分散に関するものであり，以下のように記述される．

【仮定 5.2.1.1.B】　収益率の条件付分散 $h^{-1}V_t(S_{t+h}/S_t)$ は，$h>0$ を 0 に近づけたとき，ある有限値 $\sigma_S^2(I_t)$ にほぼ確実に (almost surely) 収束する．

再び，この微分表現は次のようになる．

$$\left.\frac{d}{d\tau}\mathrm{Var}_t(S_\tau)\right|_{\tau=t}=\sigma_S^2(I_t)S_t^2 \quad \text{(almost surely)} \quad (5.2.4)$$

これも $V_t(dS_t)=\sigma_S^2(I_t)S_t^2dt$ と大雑把に述べられることもある．

仮定 5.2.1.1.A および 5.2.1.1.B を用いれば，資産価格ダイナミクスは次の方程式で表現される．

$$dS_t=\mu_S(I_t)S_tdt+\sigma_S(I_t)S_tdW_t \quad (5.2.5)$$

ここで，W_t は標準ブラウン運動である．したがってどの時点においても資産価格変動は拡散方程式で記述され，また上式におけるいわゆる瞬時ボラティリティ過程 $\sigma_S(I_t)$ は必然的に以下のように定義できる．

$$\sigma_S(I_t)=\left[\lim_{h\downarrow 0}h^{-1}V_t(S_{t+h}/S_t)\right]^{1/2} \quad (5.2.6)$$

次目に入る前に，仮定 5.2.1.1.A および B の基礎について述べておこう．Bachelier (1900) がブラウン運動過程を株価変動を記述するモデルとして提案したのは既に述べた．現代的な用語を用いれば，これは資産価格のランダムウォーク理論に該当し，資産収益率は金融市場の情報効率性を理由として予測不能であることを述べていることとなる．したがってこの理論は連続した一定の時間間隔 $[t+k, t+k+1]$, $k=0, 2, \cdots, h-1$ で観測された収益率は独立 (かつ同一) の分布に従うことを仮定して

[3]　5.2.3 項において，情報集合に関するより厳密な議論を行う．注意すべきなのは，S_t は I_t に属するため，資産価格 S_{t+h} とその収益率 S_{t+h}/S_t の条件付分布を区別することなく用いる点である．

いることとなる．このことを念頭においておけば，連続複利収益率 $\log(S_{t+h}/S_t)$ の期待値ならびに分散は投資期間 h に比例すると考えるのが自然であろう．

明らかに資産価格の過程としてのブラウン運動は今や用いないが，仮定 5.2.1.1.A および B は無限小の投資期間 $[t, t+h]$ における期待収益率および（収益率の分散で測られた）2 乗リスクは h に比例することを意味するものであることに注意する．Sims (1984) は「局所予測可能性」の概念によって，両方の仮定の正当性を与えている．

本目を締めくくる前に，理論的展開において広く用いられる式 (5.2.5) のある特殊ケースを議論し，また暗黙の制約を明らかにしておく．$\mu_S(I_t)=\mu_S$ および $\sigma_S(I_t)=\sigma_S$ がすべての時間 t に関して一定とした場合には資産価格は幾何ブラウン運動となる．この確率過程は Black and Scholes (1973) がヨーロピアンオプションに関する有名な価格決定公式を導出するのに用いられた．$\sigma_S(I_t)$ は一定であるから，瞬時ボラティリティ過程は単一のパラメータ σ_S に帰着する．このことがオプションの価格決定を含む多くを単純にしている．第 2 点目に強調すべきは仮定 5.2.1.1.A および B は資産価格過程の離散的なジャンプの可能性を認めていることである．このようなジャンプは通常ポアソン過程で記述され，Merton (1976) の業績以降，オプション価格決定の文献においてしばしば用いられている．しかし原理的にはジャンプを認めながらも式 (5.2.5) には明示的には現れない．実際，本章では SV モデルを中心とし，標本パスの連続性に関する仮定はそのままとする一方，ジャンプの可能性は排除して議論を進める．

5.2.1.2　オプション価格とインプライド・ボラティリティ

序論において，SV モデルの一部はオプション・プライシング理論の分野に端を発していることは既に述べた．また過去 20 年の間にオプションや他の派生証券市場は目覚しい発展を遂げてきた．派生証券市場は「ボラティリティを取引する」市場と呼ばれることもある．本目ではそのような記述の妥当性を述べるとともに，いわゆるオプションのインプライド・ボラティリティと原資産収益率過程の瞬時ボラティリティ，平均ボラティリティの概念との関連を検討することとする．

Black-Scholes オプション価格決定モデルの基礎は原資産価格を対数正規モデルもしくは，以下の幾何ブラウン運動モデルで記述することを基礎としている．

$$dS_t=\mu_S S_t dt+\sigma_S S_t dW_t \tag{5.2.7}$$

ここで，μ_S および σ_S は固定パラメータである．権利行使価格 K，満期 $t+h$ のヨーロピアン・コールオプションは次のペイオフをもつ．

$$[S_{t+h}-K]^+=\begin{cases} S_{t+h}-K, & \text{if } S_{t+h}\geq K \\ 0, & \text{otherwise} \end{cases} \tag{5.2.8}$$

Black and Scholes (1973) の先駆的論文が発表されて以来，このような契約の価格決定公式を導出するさまざまな方法を提案する論文が出されるに至った．この文献を詳細にカバーすることは明らかに本書の範囲を超えている[4]．そこでボラティリティに関する概念を議論するのに必要最小限な知識を述べることとする.

無コストで連続的に取引することが可能な場合，Black-Scholes 経済において1つのコールオプションと空売り戦略を用いることで原資産のすべてのリスクを消去するポートフォリオを組成できる．このことは，なぜオプション価格が裁定の議論のみを用いてコールオプションを含んだ無リスクポートフォリオの市場収益率を無リスク金利に等しくさせることによって厳密に特徴付けられるかを示している．さらに，このような裁定理論に基づくオプション価格決定は個人の選好に依存しない[5].

これにより，Black-Scholes オプション価格決定公式が「リスク中立的世界」を用いてもっとも容易に導出されることがわかる．リスク中立的世界においては資産価格過程はある修正された確率測度，(第 5.4.2 項で説明される) いわゆるリスク中立的確率測度 Q により記述される．そして確率が一般にはデータ生成過程 (DGP) とは一致しないようなこの仮想的な世界は，客観的確率の設定において依然として有効なオプション価格の導出という目的のみに用いられる．リスク中立的世界においては，以下の式が成り立つ.

$$dS_t/S_t = r_t d_t + \sigma_S dW_t \tag{5.2.9}$$

$$C_t = C(S_t, K, h, t) = B(t, t+h)\mathrm{E}_t^Q(S_{t+h} - K)^+ \tag{5.2.10}$$

ここで，E_t^Q は測度 Q のもとでの期待値，$B(t, t+h)$ は時点 $t+h$ において1単位ペイオフをもつ割引債の時点 t における価格であり，

$$r_t = -\lim_{h\to 0}\frac{1}{h}\log B(t, t+h) \tag{5.2.11}$$

は無リスク瞬時金利である[6]．市場金利は非確率的 (W_t が唯一のリスクの源泉) であることを暗黙裡に仮定している．したがってこの割引債価格は，

$$B(t, t+h) = \exp\left[-\int_t^{t+h} r_\tau d\tau\right] \tag{5.2.12}$$

となる.

定義によりリスク中立性の枠組ではリスク・プレミアムは存在しない．したがって r_t は株式の瞬時期待収益率となり，コールオプション価格 C_t は式 (5.2.10) で記述されたように満期ペイオフ $(S_{t+h} - K)^+$ の割引現在価値となる.

S_t を所与としたときの S_{t+h} の分布が対数正規分布であることにより，式 (5.2.10) の期待値が時点 t におけるコールオプション価格の公式となる.

$$C_t = S_t\Phi(d_t) - KB(t, t+h)\Phi(d_t - \sigma_S\sqrt{h}) \tag{5.2.13}$$

4　オプションや他の派生証券に関するより包括的な文献として Jarrow and Rudd (1983), Cox and Rubinstein (1985), Duffie (1989), Duffie (1992), Hull (1993) もしくは Hull (1995) 等を見よ.

5　このことはしばしば選好に依存しないオプション・プライシング (preference free option pricing) と呼ばれる．この言葉は誤解を招きがちである．なぜなら個人の選好が株式や無リスク債券の市場価格決定において暗黙裡に考慮されているためである．しかし，オプション価格は株式や債券の市場価格を通じてのみ個人の選好に依存しているのである.

6　記述を簡単にするため，測度 P のもとでのブラウン運動 (5.2.1.7 目) W_t を測度 Q (5.2.1.9 目) のもとでの場合と同じ記法を用いている．実際ギルサノフの定理によりこれら2つの過程の間の関係が確立されている (Duffie (1992) および 5.4.2.1 目を参照).

ここで，Φ は標準正規分布の累積分布関数である．d_t はこの後ですぐに定義する．式(5.2.13)はいわゆるBlack-Scholesオプション価格決定式である．したがってオプション価格 C_t は株価 S_t，権利行使価格 K および割引率 $B(t, t+h)$ に依存している．

$$x_t = \log S_t/KB(t, t+h) \tag{5.2.14}$$

と定義すると次を得る．

$$C_t/S_t = \Phi(d_t) - e^{-x_t}\Phi(d_t - \sigma_S\sqrt{h}) \tag{5.2.15}$$

ここで，$d_t = (x_t/\sigma_S\sqrt{h}) + \sigma_S\sqrt{h}/2$ である．x_t が重要な役割を担っているのがわかるであろう．これはオプションのマネーネス(moneyness)と呼ばれる．

- もし $x_t = 0$ であれば現在の株価 S_t は権利行使価格 K の現在価値に一致する．言い換えれば，オプション契約は時点 t から時点 $t+h$ までの期間において株価の確率的変動を考慮していない人にはフェアなものとなる．この場合オプションはアット・ザ・マネーと呼ばれる．
- もし $x_t > 0$ $(x_t < 0)$ であれば，この場合オプションはイン・ザ・マネー(アウト・オブ・ザ・マネー)と呼ばれる[7]．

既に述べたことであるが，Black-Scholes式はその仮定が成立しないことがわかっていながら，実務家の間で広く利用されている．とくにボラティリティ σ_S が一定という仮定は現実的ではない(実証結果としては第5.2.2項を参照)．このことが契機となり，Hull and White (1987) はボラティリティ自身が W_t とは独立した状態変数であることを仮定し，確率的に分散が変動するもとでのオプション価格決定モデルを導入した[8]．

$$\begin{cases} dS_t/S_t = r_t dt + \sigma_{St} dW_t \\ (\sigma_{St})_{t\in[0,T]}, (W_t)_{t\in[0,T]} \text{ は独立なマルコフ過程} \end{cases} \tag{5.2.16}$$

式(5.2.16)は，r_t が株式の瞬時期待収益率に一致しているので依然として危険中立の枠組で記述されていることに注意する．一方，外生的なボラティリティ・リスクは直接取引されず，このためリスク中立確率測度が明確に定義されない．このことは5.4.2項で詳細に論じる．それにもかかわらず，(S_t, σ_{St}) が与えられたもとで (S, σ_S) のマルコフ過程の同時分布に関する期待値計算が可能でありさえすれば，オプション価格決定式である式(5.2.20)は依然として有効である[9]．その場合，式(5.2.10)は次のように書き直すことができる．

$$\begin{aligned} C_t &= B(t, t+h)\mathrm{E}_t(S_{t+h} - K)^+ \\ &= B(t, t+h)\mathrm{E}_t\{\mathrm{E}[(S_{t+h} - K)^+ | (\sigma_{S\tau})_{t\le\tau\le t+h}]\} \end{aligned} \tag{5.2.17}$$

7　ここでは通常の記法をわずかに修正したものを用いている．実際，$S_t = K/S_t > K/S_t < K$ のとき，それぞれアット・ザ・マネー/イン・ザ・マネー/アウト・オブ・ザ・マネーと呼ぶ方が普通である．経済学的観点からは，S_t と権利行使価格 K の現在価値を比較する方がより説得力がある．

8　Hull and White (1987) に類似した他の確率的分散変動モデルは，Johnson and Shanno (1987), Scott (1987), Wiggins (1987), Chesney and Scott (1989), Stein and Stein (1991), Heston (1993) 等に見られる．

9　ここでは利用可能な情報 I_t が過去の値 $(S_\tau, \sigma_\tau)_{\tau\le t}$ を含んでいることを暗に仮定している．本仮定に関しては5.4.2項で論じる．

ここで，括弧内の期待値は I_t およびボラティリティのパス σ_{S_τ}, $t\leq\tau\leq t+h$ のもとでの条件付確率分布に関して取る．しかしボラティリティ過程 σ_{S_τ} は W_t とは独立であるので，式(5.2.15)を用いて以下が得られる．

$$B(t, t+h)\mathrm{E}_t[(S_{t+h}-K)^+|(\sigma_{S_\tau})_{t\leq\tau\leq t+h}]=S_t\mathrm{E}_t[\Phi(d_{1t})-e^{-x_t}\Phi(d_{2t})] \quad (5.2.18)$$

ここで，d_{1t} および d_{2t} は次のように定義される．

$$\begin{cases} d_{1t}=\dfrac{x_t}{\gamma(t, t+h)\sqrt{h}}+\dfrac{\gamma(t, t+h)\sqrt{h}}{2} \\ d_{2t}=d_1-\gamma(t, t+h)\sqrt{h} \end{cases}$$

ここで，$\gamma(t, t+h)>0$ であり，

$$\gamma^2(t, t+h)=\frac{1}{h}\int_t^{t+h}\sigma_{S_\tau}^2 d\tau \quad (5.2.19)$$

である．

これがいわゆる Hull-White のオプション価格決定式

$$C_t=S_t\mathrm{E}_t[\Phi(d_{1t})-e^{-x_t}\Phi(d_{2t})] \quad (5.2.20)$$

である．ここで，期待値は σ_{S_t} のもとで $\gamma(t, t+h)$ の(リスク中立的確率測度の)条件付確率分布に関して取られる[10)]．

以降，本項では観察されるオプション価格は Hull-White 式(5.2.20)に従っているものと仮定する．するとオプション価格は，① 瞬時インプライド・ボラティリティ，② 平均インプライド・ボラティリティ，といった2種類のインプライド・ボラティリティの概念をもつこととなる．このことをより正確に述べるため，リスク中立確率分布はあるパラメトリックな分布属 P_θ, $\theta\in\Theta$ に含まれるものとする．すると，Hull-White オプション価格決定式はオプション価格をある関数

$$C_t=S_tF[\sigma_{S_t}, x_t, \theta_o] \quad (5.2.21)$$

で表現していることとなる．ここで，θ_o は真の未知パラメータである．式(5.2.21)は「オプション市場がボラティリティを取引する場である」と呼ばれる理由を表している(たとえば Stein (1989) を参照)．実際所与の (x_t, θ) のもとで $F(\cdot, x_t, \theta)$ が1対1関数であるならば，式(5.2.21)の逆関数を取ることができ，瞬時インプライド・ボラティリティは[11)]，

$$\sigma_\tau^{\mathrm{imp}}=G[S_t, C_t, x_t, \theta] \quad (5.2.22)$$

となる．

Bajeux and Rochet (1992) はオプション価格と瞬時ボラティリティの間には1対1の関係が成立し，ボラティリティ・リスクをヘッジするためにオプション市場を用いることが適切であることを論じている．θ_o の真の値が既知の場合もしくは少なくともかなり正確な推定値を得ることが可能な場合には式(5.2.22)の瞬時インプライド・

---

[10] σ_t に関して条件付ける．I_t から取られた適切な情報を要約しているからである(σ はマルコフ過程であり W とは独立である)．

[11] $F(\cdot, x_t, \theta)$ が1対1関数であることは，ある正則条件のもとでは σ_{S_t} の任意の拡散過程のモデルに対して示すことができる．Bajeux and Rochet (1992) を見よ．

ボラティリティが派生証券のプライシングやそれを用いたヘッジに有益な情報をもたらす.

しかしながら，確率的ボラティリティモデルを推定することは困難であるため，これまで長い間それが実証的な応用において幅広く用いられることはなかった．これまで実務家が Latane and Rendleman (1976) により導入された Black-Scholes インプライド・ボラティリティと呼ばれる別のインプライド・ボラティリティを好むことが多いのは，ほとんどがこのような理由によるものである．それは，次で定義される $\omega^{\mathrm{imp}}(t, t+h)$ である.

$$\begin{cases} C_t = S_t[\Phi(d_{1t}) - e^{-x_t}\Phi(d_{2t})] \\ d_{1t} = (x_t/\omega^{\mathrm{imp}}(t, t+h)\sqrt{h}) + \omega^{\mathrm{imp}}(t, t+h)\sqrt{h}/2 \\ d_{2t} = d_1 - \omega^{\mathrm{imp}}(t, t+h) \end{cases} \tag{5.2.23}$$

ここで，C_t は観察されるオプション価格である[12].

Hull and White のオプション価格決定モデルはこうすることの理論的基礎と考えることができる．式 (5.2.21) と式 (5.2.20) を比較すれば，Black-Scholes インプライド・ボラティリティ $\omega^{\mathrm{imp}}(t, t+h)$ はある平均インプライド・ボラティリティと解釈することが可能である．$\omega^{\mathrm{imp}}(t, t+h)$ は (観察されるオプション価格がHull- White 価格決定式に一致していると仮定すれば) $\gamma(t, t+h)$ の条件付期待値に似ているためである．より正確には，アット・ザ・マネーにおけるもっとも単純な場合を考えよう (一般の場合は 5.4.2 項で考察する)．$x_t=0$ より $d_{2t}=-d_{1t}$ となり，$\Phi(d_{1t})-e^{-x_t}\Phi(d_{2t})=2\Phi(d_{1t})-1$ が成立する．したがって $\omega_o^{\mathrm{imp}}(t, t+h)$ (添え字 o を付けたのはアット・ザ・マネー・オプションを考察しているのを明示するためである) は次のように定義される.

$$\Phi\left(\frac{\omega_o^{\mathrm{imp}}(t, t+h)\sqrt{h}}{2}\right) = \mathrm{E}_t\Phi\left(\frac{\gamma(t, t+h)\sqrt{h}}{2}\right) \tag{5.2.24}$$

累積標準正規分布関数は 0 近傍でほぼ線形であるので，(期間 h が小さい場合) 以下のようになる.

$$\omega_o^{\mathrm{imp}}(t, t+h) \approx \mathrm{E}_t\gamma(t, t+h)$$

これは Black-Scholes インプライド・ボラティリティ $\omega_o^{\mathrm{imp}}(t, t+h)$ が平均インプライド・ボラティリティ

$$\omega_o^{\mathrm{imp}}(t, t+h) \approx \mathrm{E}_t\left[\frac{1}{h}\int_t^{t+h} \sigma_{S\tau}^2 d\tau\right]^{1/2} \tag{5.2.25}$$

と解釈されることとなる.

5.2.2 確立されている観察事実

モデルの特定化ならびに選択は常に実証的に確立された観察事実に依拠している.

12　$\omega^{\mathrm{imp}}(t, t+h)$ と，C_t, S_t, x_t 等に関連する確率過程の間の従属性は明示的に議論しない．これは，単純化のためにこの種の従属性が $\omega^{\mathrm{imp}}(t, t+h)$ の記述に現れないようにするためである.

このような観察事実をモデルが再現できることが望ましい．たった1つのモデルでただちに実証的に観察されるすべての規則性を捉えようとはしないが，そのような観測事実を再現できないことはしばしば特定化を退ける規準である．ボラティリティに関する観察事実はARCHモデルの文献で詳細に述べられている．たとえばBollerslev, Engle and Nelson (1994) を見よ．派生証券やインプライド・ボラティリティに関し実証的に観察される規則性に関しても，たとえばBates (1995a) により広汎にカバーされている．本項では実証的に確立された観察事実を要約するとともに，これら文献でカバーされている話題を追加することとする．

5.2.2.1 裾の厚い分布

1960年代前半に主としてMandelbrot (1963), Fama (1963, 1965) により，資産収益率は急尖分布をもつことが見出された．その結果，多くの論文で資産収益率はパレート分布もしくはレヴィ分布といった裾の厚い分布からの無作為標本としてモデル化することが提案されてきている．

5.2.2.2 ボラティリティ・クラスタリング

金融時系列を見てみると，ボラティリティが高い時期と低い時期がそれぞれ連続していることがわかる．実際，ボラティリティ・クラスタリングと収益率分布の裾の厚さの間には深い関係がある．後者は静的な説明であるが，ARCHモデルで与えられた大きな洞察は，動的な(条件付の)ボラティリティ変動と(無条件)分布の裾の厚さが理論的に結び付けられたという点である．Engle (1982) により導入されたARCHモデルならびにその後の数多くのその拡張モデルはSVモデルとともに主としてボラティリティ・クラスタリングを捉えるために構築されている．ARCH効果は時間に関して集計すると消失することも数多く指摘されている．Diebold (1988) およびDrost and Nijman (1993) を見よ．

5.2.2.3 レバレッジ効果

Black (1976) によりレバレッジ効果と名付けられた現象は株価変動とボラティリティとの間に負の相関があることを示唆するものである．株価の下落は企業のレバレッジが増加することを意味し，これが不確実性すなわちボラティリティを増大させると考えられている．しかしBlack (1976), Christie (1982) およびSchwert (1989) らにより報告された実証結果によれば，レバレッジ単独では観察される株価変動の非対称性を説明するには小さすぎるというものであった．レバレッジ効果に関する他の実証結果は，Nelson (1991), Gallant, Rossi and Tauchen (1992, 1993), Campbell and Kyle (1993) およびEngle and Ng (1993) 等においても報告されている．

5.2.2.4 情報の到着

資産収益率は，日次，週次または月次といった，ある固定した時間間隔で測られた観測値に対して計測されまたモデル化がなされる．Mandelbrot and Taylor (1967) やClark (1973) 等の著者は資産収益率を情報の到着と明示的に結びつけることを提案している．事実，ClarkがSVモデルの例を最初に提示したことは既に述べた．情報の到着は時間を通じて一様ではなく，さらには直接的に観察不能である場合が多い．概念的には Z_t を指示(directing)過程として，資産価格変動を確率過程 $Y_t = Y^*_{Z_t}$ の実現値とすることが考えられる．この正かつ非減少な確率過程 Z_t は情報の到着と関連付けて考えることが可能である．この時間変形もしくは従属(subordinated)確率過程の考え方は Mandelbrot and Taylor (1967) が裾の厚い分布を説明するため，また Clark (1973) がボラティリティを説明するために用いており，その後 Ghysels, Gouriéroux and Jasiak (1995a) により大幅に拡張された．さらには，Easley and O'hara (1992) は時間変形を含むマイクロストラクチャーモデルを提案している．実際，市場ボラティリティと，① 取引高，② 注文の到着，③ 配当やマクロ経済指標の発表といった予測可能なイベント，④ 取引の終了，といった情報の到着に関連する他の多くの事象との直接的な関連が指摘されている．

取引高とボラティリティに関しては，多くの論文が，高い取引高が市場ボラティリティに深く関連しているという観察事実を報告している．たとえば，Karpoff (1987) および Gallant, Rossi and Tauchen (1992) を見よ[13]．ボラティリティと，たとえば注文の到着等で計測される売買活況度の日中のパターンもまた数多く報告されている．Wood, McInish and Ord (1985) や Harris (1986) はこのような現象を分析し，ボラティリティは通常市場の開始時ならびに終了時に高く，U 字形の形状となることを見出している．外国為替市場の取引では，24 時間市場が開いているため，市場活況度に密接に関連した明確なボラティリティの変動パターンが存在し，それは強い季節性を示す．外国為替市場の日中の変動パターンに関する分析は，たとえば Müller *et al*. (1990), Baillie and Bollerslev (1991), Harvey and Huang (1991), Dacorogna *et al*. (1993), Bollerslev and Ghysels (1994), Andersen and Bollerslev (1995), Ghysels, Gouriéroux and Jasiak (1995b) 等がある．オーバーナイトや週末の市場の閉場がボラティリティに与える影響に関しても，確立された観察事実が存在する．Fama (1965) および French and Roll (1986) は NYSE や AMEX 市場が閉じると，情報が集積される結果，週明けや休日明けに比べてボラティリティが上昇することを見出している．外国為替市場においても同様の特徴があることは Baillie and Bollerslev (1989) により報告されている．最後に，配当の発表 (Cornell (1978), Patell and Wolfson (1979, 1981)) やマクロ経済指標の発表 (Harvey and Huang (1991, 1992), Ederington and Lee (1993)) の前後に市場のボラティリティが上昇することを述べている数多くの論文が存在している．

5.2.2.5 長期記憶性と持続性

一般的にはボラティリティは高い持続性をもつ．とくに頻度の高いデータでは，条

[13] 取引高と資産収益率を関連付ける理論的・実証的モデルは非常に多く，詳細を議論することは避けることとする．それらの一部として，Foster and Viswanathan (1993a, b), Ghysels and Jasiak (1994a, b), Hausman and Lo (1991), Huffman (1987), Lamoureux and Lastrapes (1990, 1993), Wang (1993) および Andersen (1995) がある．

件付分散過程は単位根に近いという実証結果が報告されている．ARCH モデルに関する文献では，株式，商品，為替および他の資産価格系列に対する GARCH モデルの数多くの推定値が IGARCH モデルによる定式化と整合的である．同様に確率的ボラティリティ・モデルの推定結果も類似な高い持続性をもつ結果が得られている (たとえば Jacquier, Polson and Rossi (1994) を見よ)．これらの観測結果から，条件付分散過程の持続性のモデル化として単位根もしくは長期依存過程のいずれを用いるべきかという議論が生まれるに至っている．後者のアプローチは ARCH モデルおよび SV モデルに対して提案されてきた．Baillie, Bollerslev and Mikkelsen (1993), Breidt *et al*. (1993), Harvey (1993) および Comte and Renault (1995) を見よ．Ding, Granger and Engle (1993) は $|r(t, t+1)|^c$ の系列相関，ただし c は正数で，$r(t, t+1)$ はある投機的資産の 1 期間収益率，を分析している．彼らは $|r(t, t+1)|^c$ が長期にわたってきわめて高い系列相関をもち，さらに c の値が 1 に近いときにもっともその従属性が高いことを見出している．この結果は当初日次 S&P500 株価指数収益率系列に対して得られたが，同様の結果は他の株式市場指数，商品市場，為替レート系列にも見られている (Granger and Ding (1994) を見よ)．

5.2.2.6　ボラティリティの共変動

投機的市場が国際的に関連をもって変動していることに関しては膨大な文献がある．株式市場の国際化がボラティリティや収益率の相関を増大させているか否かに関しては，Fustenberg and Jean (1989), Hamao, Masulis and Ng (1990), King, Sentana and Wadhwani (1994), Harvey, Ruiz and Sentana (1992), Lin, Engle and Ito (1994) 等を含めた多くの研究がある．通常はファクターモデルを用いてボラティリティの国際間の共通成分をモデル化している研究が多い．これらには Diebold and Nerlove (1989), Harvey, Ruiz and Sentana (1992), Harvey, Ruiz and Shephard (1994) がある．またいわゆる共通の特性を説明しようとするものとしては，Engle and Kozicki (1993)．また共通トレンドを研究しているものに Bollerslev and Engle (1993) がある．

5.2.2.7　インプライド・ボラティリティの相関

確立された観察事実の報告は，モデルに依存しない実証結果であることが多い[14]．インプライド・ボラティリティは明らかにモデルベースのものであり，5.2.1.3 目で述べた Black-Scholes 式等のある特定の価格決定モデル式から計算される．インプライド・ボラティリティを日次で計算する場合，BS モデルはボラティリティ一定の仮定のもとで導出されていることから，明らかにこれは自己矛盾していることとなる．しかしオプション価格の多くは実際にインプライド・ボラティリティを通じて取

[14] たとえばマクロ経済データに関する場合，データのトレンドや季節性が調整されたものである場合には注意する必要がある．トレンドや季節性の調整はあるモデルをベースとしたものであるからである．トレンドの除去が観察事実に大きな影響を及ぼしうることもあることに関しては Canova (1992) を，また季節調整が実証的な規則性を生み出すこともあることに関しては Ghysels *et al*. (1993) を見よ．

引されているので，この時系列変動を研究するのは自然な成り行きであろう．複数のインプライド・ボラティリティを統合して測定することも行われる．この場合には，もっとも市場で取引の多いニア・ザ・マネーに対するウエイトを高めた加重方法が用いられることが多い[15]．

個別株式，株価指数，通貨のオプションから得られるインプライド・ボラティリティの時系列特性はかなり類似している．これらは定常で1次の自己回帰モデルでうまく記述される(株式オプションに関してはMerville and Pieptea (1989)およびSheikh (1993)，S&P100株価指数オプションに関してはPoterba and Summers (1986), Stein (1989), Harvey and Whaley (1992)およびDiz and Finucane (1993)，また通貨オプションに関してはTaylor and Xu (1994), Campa and Chang (1995)およびJorion (1995)を見よ)．(平均)インプライド・ボラティリティは将来のボラティリティに関する情報をもつものと期待され，したがって後者を予測するであろうことが，式(5.2.25)よりわかる．このような仮説は通常は実現ボラティリティを過去のインプライド・ボラティリティに回帰することで検証される．

インプライド・ボラティリティがどの程度の予測力をもつかに関しては，実証結果はまちまちである．Lamoureux and Lastrapes (1993)は配当支払いのない株式オプションの時系列データを分析し，GARCH，インプライド・ボラティリティ，ヒストリカル・ボラティリティ推定値の予測精度を比較している．彼らはインプライド・ボラティリティによる予測は式(5.2.25)から明らかなようにバイアスをもつものの，他の2つよりよいパフォーマンスを上げていることを見出している．これと対照的なものとして，Canina and Figlewski (1993)は取引がきわめて盛んなS&P100株価指数のコールオプションを分析し，S&P100株価指数の実現ボラティリティを予測するのにインプライド・ボラティリティが役に立たないことを示した．S&P100オプション契約の週次データおよび異なった標本を用いて，Day and Lewis (1992)はインプライド・ボラティリティが予測力をもつのみならず，バイアスをもたないことを見出した．通貨オプションの研究では，Jorion (1995)はインプライド・ボラティリティが将来の実現ボラティリティを予測し，ヒストリカル・ボラティリティやGARCHボラティリティがインプライド・ボラティリティに対して優位性を示さなかったことを報告している．

5.2.2.8　インプライド・ボラティリティの期間構造

Black-Scholesモデルではボラティリティの期間構造は水平と予想される．しかし実際には，アット・ザ・マネーのインプライド・ボラティリティの期間構造は通常短期ボラティリティが低いときには右上がりとなり，逆に短期ボラティリティが高いときには右下がりとなる(Stein (1989)を参照)，Taylor and Xu (1994)は為替オプショ

---

[15] ウエイト付けに関しては数多くの方法が提案されている．たとえば，Latane and Rendleman (1976), Chiras and Manaster (1978), Beckers (1981), Whaley (1982), Day and Lewis (1988), Engle and Mustafa (1992)およびBates (1995b)を見よ．

ンにおけるインプライド・ボラティリティの期間構造は数カ月ごとにその形状が逆転していることを見出している．Stein (1989) もまた，短期インプライド・ボラティリティに対する中期インプライド・ボラティリティの実際の感応度は，予測された期間構造から推定された感応度よりも大きく，中期のインプライド・ボラティリティは情報に対して過剰に反応していることを発見した．Diz and Finucane (1993) は異なる推定方法を用い，過剰反応仮説を棄却し，その代わりに過少反応仮説を示唆する結果を報告している．

5.2.2.9 スマイル

オプションの市場価格が Black-Scholes 式と整合的であるならば，同一の資産に対するさまざまなオプションに対する Black-Scholes インプライド・ボラティリティの値はすべて原資産のボラティリティ・パラメータ σ に一致する．しかし現実はそのようにならず，式 (5.2.23) で定義される Black-Scholes インプライド・ボラティリティ $\omega^{\mathrm{imp}}(t, t+h)$ は，カレンダー日付 t，残存日数 h，およびオプションのマネーネス $x_t=\log S_t/KB(t, t+h)$ に大きく依存する．このため，BS インプライド・ボラティリティを用いて異なる権利行使価格 K や残存日数 h をもつ新しいオプションの価格決定およびヘッジングの計算を行う際にさまざまなバイアスが発生する．実務家の間ではよく知られているこれらの不具合は，実証研究の分野では「スマイル効果」という用語で報告されている．ここで「スマイル」とは異なる権利行使価格のもとでのインプライド・ボラティリティが U 字形の形状となることを指している．より正確には，次の観察事実が数多く指摘されている (たとえば Rubinstein (1985)，Clewlow and Wu (1993)，Taylor and Wu (1993) を見よ)．

- $\omega^{\mathrm{imp}}(t, t+h)$ の U 字形状を K (もしくは $\log K$) の関数としてみると，その値はニア・ザ・マネー・オプション (S_t に近く割り引かれた K すなわち x_t が 0 に近い点) で最小となる．
- ボラティリティ・スマイルを $\log K$ (もしくは x_t) の関数としてみた場合，それはいつもというわけではないがしばしば左右対称とはならない．スマイルが非対称である場合，この歪みの効果は，標準的な，対称なスマイル曲線に単調な曲線を加えることで記述される．減少曲線を加えた場合，インプライド・ボラティリティは行使価格の上昇に対するよりもその下降に対してより大きく増加し，インプライド・ボラティリティ曲線はアウト・オブ・ザ・マネーの所で最小値を取る．逆の場合 (増加曲線を加えた場合) には，インプライド・ボラティリティは権利行使価格の上昇に対してより大きく増加し，イン・ザ・マネーの所で最小値を取る．
- スマイルは残存日数が少ないほどその程度が大きくなる．実際短い残存日数ではその効果はかなり大きく (同時点のオプション価格に対する BS インプライド・ボラティリティは 15%から 25%の開きがある)，逆に残存期間が長くなると，この差ほぼ完全に消滅する．

ボラティリティ・スマイルが確率的ボラティリティ・モデルで説明されることは既

に広く信じられている．この理由は以下のとおりである．まず，確率的な時変ボラティリティのモデルを構築し，時間とともに確率的に変動するBSインプライド・ボラティリティを考慮することは魅力的である．さらに残存日数の関数としてスマイルの程度が減少することは，式(5.2.25)のような価格決定式とうまく適合する．実際，残存日数が増加するにつれて，ボラティリティの時間集計による条件付負均一分散は消滅し，それとともにスマイル現象も低減する．そして最後に，歪みの効果それ自身はボラティリティ過程の確率的な性質，すなわちボラティリティ過程が価格変動過程と相関をもつといった性質(いわゆるレバレッジ効果)に依拠しているのである．実際この効果は株価データによく見られる一方，金利や為替データの系列にはあまりなく，このことがスマイルの歪みが株式オプションに観察されることが多いことの理由になっている．

それにもかかわらず，確率的インプライド・ボラティリティと確率的ボラティリティ，株価の非対称性とスマイルの歪みの間の魅力的な関係を分析するには注意を払う必要がある．5.4節で述べるように，このような類似性は必ずしも厳密には証明されていない．さらには，スマイルやその歪みを説明しようとする他の議論(ジャンプ，取引コスト，ビッド-アスク・スプレッド，非同時取引，流動性問題，…)もまた理論的・実証的な観点から取り入れなければならない．たとえば実証結果として，もっとも高価なオプション(スマイル曲線の上半分の領域)はもっとも流動性が低く，したがって歪みがオプション市場固有の流動性の形状により説明される可能性があるとしているものもある．

5.2.3　情報集合

これまでは情報集合の特定化を曖昧にしてきた．これは1度に1つずつ問題を取り上げるために意図的にそうした．本項では情報の定義をより厳密に行う必要がある．そうすることにより，従来多くの論文で紹介されてきたさまざまなSVモデル群や，SVモデルとARCHモデルの間で見過ごされてきた多くの関連性が明らかになるためである．SVモデルがファイナンスにおけるさまざまな問題に対する研究の中で生まれてきたことは知られているが，本項ではこれらに共通する理論ならびに一般的な統合的枠組を定義することとする．これは，情報集合を注意深く分析し，Grangerの意味での非因果性の記述を用いることで行われる．この因果性条件により，5.2.4項でARCHモデルおよびSVモデルの異なる特徴が明確となる[16]．

5.2.3.1　状態変数と情報集合

Hull and White (1987) モデルは派生証券の価格決定モデルの1つの簡単な例であり，株価ダイナミクスがたとえば確率的ボラティリティといった観測不能な状態変数により決定される．より一般的に，多変量拡散過程 U_t が次の意味で適切な状態変数

---

[16] 本項の分析は，情報集合を用いてSV型モデルとARCH型モデルの違いを論じる点に関してAndersen (1992) とほぼ同じ特徴をもつ．

を集約していると仮定すると都合がよい．

$$\begin{cases} dS_t/S_t = \mu_t dt + \sigma_t dW_t \\ dU_t = \gamma_t dt + \delta_t dW_t^U \\ \mathrm{Cov}(dW_t, dW_t^U) = \rho_t dt \end{cases} \quad (5.2.26)$$

ただし，確率過程 $\mu_t, \sigma_t, \gamma_t, \delta_t$ および ρ_t は $I_t^U = [U_\tau, \tau \leq t]$ に関する適合過程である(仮定 5.2.3.1)．これの意味するのは，過程 U が株価過程 S 全体を要約している(したがって「状態」変数という用語を正当化している)ということである．状態変数のサンプルパス $(U_\tau)_{0\leq\tau\leq T}$ を所与とすると，連続する収益率 $S_{t_{k+1}}/S_{t_k}$, $0\leq t_1 < t_2 < \cdots < t_k \leq T$ は統計的に独立で(ベンチマークである BS モデルの場合同様に)対数正規分布に従うからである．

第 5.2.1.2 目の議論は本項で議論される状態変数の枠組に対して拡張できる(Garcia and Renault (1995) を見よ)．実際，このような拡張により，Black-Scholes モデルがインプライド・ボラティリティを利用してオプション価格の呼び値を提示する標準的な方法であることが理論的に正当化される[17]．実際これは BS オプション価格決定モデルにおいて無視されている異質性を導入する 1 つの方法である(労働市場のミクロ計量経済モデルにおいて異質性を導入する際の類似点を指摘しているものとして，Renault (1995) を見よ)．

連続時間モデルでは，時点 t においてトレーダーの利用可能な情報(その情報はオプション価格を決定する)は，状態変数および株価過程の連続時間サンプルパスである．これは，

$$I_t = \sigma[U_\tau, S_\tau ; \tau \leq t] \quad (5.2.27)$$

である．

5.2.3.2 離散サンプリングと Granger 非因果性

次項では，明示的に離散時間モデルを取り扱う．そのためには式(5.2.26)に対応する離散時間表現が必要となる．本目で議論する離散サンプリングと Granger の非因果性条件が，離散時間データを用いた統計モデルの理論的枠組を構成するうえで有益である．式(5.2.26)に対応する離散時間表現は次のようになることは明らかである．

$$\log S_{t+1}/S_t = \mu(U_t) + \sigma(U_t)\varepsilon_{t+1} \quad (5.2.28)$$

ただし，ε_t の過程には制約が付加される．この制約は，たとえばレバレッジ効果といった現象を取り込むことが可能なように十分に柔軟でなければならない．このような条件を満たすものは，次の 2 つである．

【仮定 5.2.3.2 A】 式(5.2.28)の ε_t の過程は iid であり，Granger の意味で状態変

---

[17] Garcia and Renault (1995) は，オプション価格が株価と権利行使価格のペアに関して同次性をもつことを保証するためには仮定 5.2.3.2 A が重要な役割をもつことを論じており，これにより BS インプライド・ボラティリティが株価水準に依存せず，もっぱらマネーネス S/K のみに依存することとなる．この同次性の性質を最初に強調したのは Merton (1973) である．

数過程 U_t から ε_t への因果性がない.

【仮定 5.2.3.2 B】 式 (5.2.28) の ε_t の過程から状態変数過程 U_t への Granger の意味での因果性がない.

仮定 5.2.3.2 B は，仮定 5.2.3.1 の離散時間版であるから BS インプライド・ボラティリティを実際に適用する際に有益である．仮定 5.2.3.2 A は過程 U の係数が I_t^U 適合過程であることを述べている (詳細に関しては Garcia and Renault (1995) を見よ)．仮定 5.2.3.2 A は関数 $\mu(U_t)$ および $\sigma(U_t)$ をそれぞれトレンド，ボラティリティ係数と統計的に解釈するのに重要となる．これは以下の式によりわかる．

$$\begin{aligned} \mathrm{E}[\log S_{t+1}/S_t|(S_\tau/S_{\tau-1}\,;\,\tau\le t)] &= \mathrm{E}[\mathrm{E}[\log S_{t+1}/S_t|(U_\tau,\varepsilon_\tau\,;\,\tau\le t)]|(S_\tau/S_{\tau-1}\,;\,\tau\le t)] \\ &= \mathrm{E}[\mu(U_t)|(S_t/S_{t-1}\,;\,\tau\le t)] \end{aligned} \tag{5.2.29}$$

ここで，仮定 5.2.3.2 A の U_t から ε_t への Granger 非因果性より $\mathrm{E}[\varepsilon_{t+1}|(U_\tau,\varepsilon_\tau\,;\,\tau\le t)]=\mathrm{E}[\varepsilon_{t+1}|\varepsilon_t\,;\,\tau\le t]=0$ となることを用いた．同様に以下を示すことができる．

$$\begin{aligned} &\mathrm{Var}[\log S_{t+1}/S_t-\mu(U_t)|(S_\tau/S_{\tau-1}\,;\,\tau\le t)] \\ &\quad =\mathrm{E}[\sigma^2(U_t)|(S_\tau/S_{\tau-1}\,;\,\tau\le t)] \end{aligned} \tag{5.2.30}$$

暗黙のうちに，式 (5.2.29) および式 (5.2.30) では新たな情報集合を導入したが，これは式 (5.2.27) で定義された I_t の分析以外でも有用である．実際，株式収益率系列の離散時間サンプリングに含まれる情報の (統計的) 分析においては，情報集合を次のように記述することが多い．

$$I_t^R\equiv\sigma[S_\tau/S_{\tau-1}\,;\,\tau=0,1,\cdots,t-1,t] \tag{5.2.31}$$

ここで，上付きの添え字 R は収益率を表す．Andersen (1994) を拡張することにより 1 変量ボラティリティ・モデリングを行う際のもっとも一般的な枠組を与えることができる．これは仮定 5.2.3.2 A，5.2.3.2 B に以下の仮定を加えることで得られる．

【仮定 5.2.3.2 C】 $\mu(U_t)$ は I_t^R 可測である．

これより式 (5.2.29) および式 (5.2.30) はさらに次のようになる．

$$\mathrm{E}[\log S_{t+1}/S_t|I_t^R]=\mu(U_t) \tag{5.2.32}$$

$$\mathrm{Var}[(\log S_{t+1}/S_t)|I_t^R]=\mathrm{E}[\sigma^2(U_t)|I_t^R] \tag{5.2.33}$$

5.2.4 確率的ボラティリティの統計モデル

金融時系列データは離散時間で観測される一方，多くの理論モデルは連続時間で定式化されている．この問題を解消するために，一般的には 2 種類の統計的方法が存在している．推定を目的として連続時間過程に対する離散時間統計モデルを考えることもできるし，また連続時間で統計的モデルを特定化し，推定は離散時間近似により行うこともまた考えられる．本項では前者の方法を集中的に議論し，後者の方法は 5.4 節で紹介することとする．本項で述べる離散時間での統計モデルは一般的である．5.2.4.1 目では記法と用語を導入する．次項では，Andersen (1994) により導入されたいわゆる確率的自己回帰ボラティリティ・モデルを議論する．本モデルはかなり一般的であり，既存の確率的ボラティリティの多くの表現を包含するセミパラメトリックな枠組にも柔軟に対応する．パラメータの識別およびそれに必要な制約は第 5.2.4.3 目で論じる．

5.2.4.1　記法と用語

5.2.3 項において，トレンド $\mu(\cdot)$ およびボラティリティ $\sigma(\cdot)$ の取る関数形に関しては特定化せずにいた．実際，ある意味で Lezan, Renault and de Vitry (1995) により提案されたノンパラメトリックな枠組を構築することができる．彼らは関数形を未知とした確率的ボラティリティ[18]の考え方を議論している．このノンパラメトリックな枠組は通常のパラメトリック・モデルを包含している (より理論的な議論に関しては 5.2.4.2 目を参照)．簡単化のために $\mu(U_t)=0$ と仮定し，① $\sigma(U_t)=\sigma_t$ を株式収益率の基準化イノベーション過程 ε から独立な確率過程とした，Hull and White の離散時間版モデル，② σ_t を過去のイノベーションの決定論的関数 $h(\varepsilon_t, \tau\leq t)$ としたモデル，といった 2 つの極端な例を考える．後者は ① とは完全に対極的であり，関数 h のパラメトリック化をさまざまに変えることで，X-ARCH モデル (GARCH, EGARCH, QTARCH, Periodic GARCH 等) が得られる．

仮定 5.2.3.2 A を自明に満たすこれら 2 つの極端な例のほか，レバレッジ効果も取り入れることも可能である[19]．Granger の非因果性の仮定が瞬時因果性ではなく異時点間因果性を考えていることから，とくに U のイノベーションと収益率過程の間の同時的相関構造を非ゼロにすることも可能である．たとえば $\sigma(U_t)=\sigma_t$ とし，以下が成り立つとする．

$$\log S_{t+1}/S_t=\sigma_t\varepsilon_{t+1} \tag{5.2.34}$$

$$\mathrm{Cov}(\sigma_{t+1}, \varepsilon_{t+1}|I_t^R)\neq 0 \tag{5.2.35}$$

式 (5.2.35) で負の共分散となる場合は通常のレバレッジ効果であるが，これは非因果性の仮定 5.2.3.2 A および B に抵触することはない．

文献ではさまざまな記法が用いられているので，それを整理するためにいくつか気付いた点を述べておく．まず Taylor (1994) による，式 (5.2.34) の「ラグ付自己回帰確率的分散モデル」と以下で定義される「同時点自己回帰確率的分散モデル」

$$\log S_{t+1}/S_t=\sigma_{t+1}\varepsilon_{t+1} \tag{5.2.36}$$

の区別は考えない．

実際，ボラティリティ過程 σ_t は観測不能であるため式 (5.2.34) ならびに (5.2.35) による定式化は正確な (非) 因果性の仮定を用いて完結しない限り，観測的には等価である．たとえば，① オプション価格決定および式 (5.2.35) がレバレッジ効果を取

18　Lezan, Renault and de Vitry (1995) は本枠組の中でボラティリティ・クラスタリングのような現象をどのように再現するかに関して詳細に議論を行っている．ノンパラメトリックな枠組のため (頑健) 推定に関しても有利な面をもつ．彼らは特定のあるパラメトリック・モデルを仮定することで，この推定を第 1 ステップとした効率的なアルゴリズムを開発している．

19　① の場合は仮定 5.2.3.2 B を満たすが，GARCH モデルの場合には ② は満たされない．後者の場合において仮定が満たされない場合，GARCH の枠組はオプション価格決定 (プライシング) にはあまり適さない．

り込むためには，場合によっては仮定 5.2.3.2 B を必要とするかもしれないが，式 (5.2.34) と仮定 5.2.3.2 A の両者が SV モデルの正しくかつ非常に一般的な定義と思われる．また ② 式 (5.2.36) を (5.2.35) とともに用いるのは SV モデルの正しい定義ではない．この場合には，一般的に $E[\log S_{t+1}/S_t|I_t^R]\neq 0$ となるため，確率過程 σ を通じてボラティリティだけでなく期待収益率に関する予測が発生することとなるからである．

記述を単純にするため，式 (5.2.36) の枠組を第 5.3 節で用いることとし，レバレッジ効果は $\mathrm{Cov}(\sigma_{t+1}, \varepsilon_{t+1})\neq 0$ ではなく，$\mathrm{Cov}(\sigma_{t+1}, \varepsilon_t)\neq 0$ により捉えることとする．他の記法は Amin and Ng (1993) がオプション価格決定に関して導入している．彼らが区別する「予測可能な」および「予測不能な」ボラティリティはレバレッジ効果の概念と密接に関連しているが，これに関しては Garcia and Renault (1995) の因果性の概念を用いることによっても分析が可能である．最後に，ARCH モデルのそれに対比する弱 (weak)，準強 (semi strong) および強 (strong) SV モデルの定義を区別する必要はないことを述べておく (Drost and Nijman (1993) を見よ)．実際，ここで定義された SV モデルのクラスは時間集計に関して閉じたパラメトリック化を含んでいる (時間集計に関しては 5.4.1 項も見よ)．

5.2.4.2 確率的自己回帰ボラティリティ

単純化のため，次の 1 変量ボラティリティ過程を考える．

$$y_{t+1}=\mu_t+\sigma_t\varepsilon_{t+1} \tag{5.2.37}$$

ここで，μ_t は観測値 $y_\tau\in I_t^R, \tau\leq t$ の可測関数である．以降では議論を式 (5.2.37) を中心に行うが，この特定のモデルに限定されない一般的な問題を議論することとする．モデルの拡張については第 5.3.5 項でより明示的に考察する．式 (5.2.33) の結果である

$$\mathrm{Var}[y_{t+1}|I_t^R]=E[\sigma_t^2|I_t^R] \tag{5.2.38}$$

という関係式は，以下のことを示唆する：① ボラティリティ・クラスタリングは式 (5.2.38) の条件付期待値の自己回帰ダイナミクスにより捉えることができる，② 分布の裾が厚くなるのは，(a) ホワイトノイズである ε_t の分布の裾が厚い，(b) $E[\sigma_t^2|I_t^R]$ の確率的特性，(c) ボラティリティ過程 σ_t のある特定した確率的性質すなわちボラティリティが潜在変数であり，$\sigma_t\notin I_t^R$ である[20]，のいずれかにより与えられる．① および ② のようなボラティリティ・ダイナミクスは通常は σ_t の非線形関数に関する AR (1) モデルで記述される．したがってボラティリティ過程は定常で 1 次のマルコフ過程であると仮定されるが，それは必ずしも σ_t そのものが線形 AR (1) 過程であることを意味するものではない．Andersen (1994) が確率的自己回帰分散変動モ

[20] Kim and Shephard (1994) は S&P500 株価指数の週次収益率を用いて t-GARCH モデルが正規分布を用いた SV モデルとほぼ同じ尤度となることを見出している．この例は σ_t に固有なランダム性がホワイトノイズ ε に関して裾の厚いスチューデントの t 分布を用いた場合と同じ程度の周辺尖度を生み出す可能性があることを示唆している．

デルもしくはSARVモデルのクラスを導入したのは正にこの点にある．SARVモデルは σ_t（もしくは σ_t^2）がマルコフ過程 K_t の多項式関数で記述され，K_t は次のように動学的に定式化される．

$$K_t = w + \beta K_{t-1} + [\gamma + \alpha K_{t-1}]u_t \tag{5.2.39}$$

ここで，$\tilde{u}_t = u_t - 1$ は平均0のホワイトノイズでその分散は1である．Andersen (1994) は K_t の定常性およびエルゴード性を保証する正則条件件を議論している．詳細に立ち入ることはしないが，非因果性の仮定5.2.3.2 Aにより，式(5.2.39)における u_t の過程から式(5.2.37)の ε_t へのGrangerの意味での因果性がないことが導かれる．実際，非因果性の条件からAndersen (1994)の定義がわずかに修正されることが示唆される．すなわち，無条件分布ではなく，$\varepsilon_{t-j}, j \geq 0$ を所与としたときの条件付分布に関して，ε_{t+1} が $u_{t-j}, j \geq 0$ と独立であると仮定していることが示唆される．この修正によって，従来より研究されてきたボラティリティの統計モデルの中でもっとも一般的なパラメトリック統計モデルであるAndersenのSARV型のモデルがまったく無意味となるわけではない．GARCH (1, 1) モデルは式(5.2.39)において，$K_t = \sigma_t^2, \gamma = 0, u_t = \varepsilon_t^2$ とすれば直ちに得ることができる．式(5.2.37)と(5.2.39)の間において，$u_t = {\varepsilon_t}^2$ という非確率的に関係付けることにより，GARCHモデルではボラティリティ過程に固有な確率要素が存在しないことに注意されたい．Taylor (1986)による自己回帰確率的分散モデルもまたSARVモデルのクラスに属する．このモデルは次のように記述される．

$$\log \sigma_{t+1} = \xi + \phi \log \sigma_t + \eta_{t+1} \tag{5.2.40}$$

ここで，η_{t+1} はホワイトノイズ項であり，レバレッジ効果を含めるために $\mathrm{Cov}(\eta_{t+1}, \varepsilon_{t+1}) \neq 0$ とする．これはSARVモデルにおいて，$K_t = \log \sigma_t, \alpha = 0, \eta_{t+1} = \gamma u_{t+1}$ としたものである[21]．

5.2.4.3　パラメータの識別

前目で議論したSARVクラスのような，ボラティリティ過程に対する一般的なクラスを導入したことにより，識別に関する問題が発生する．再び，

$$\begin{aligned} y_{t+1} &= \sigma_t \varepsilon_{t+1} \\ \sigma_t^q &= g(K_t), \quad q \in \{1, 2\} \\ K_t &= w + \beta K_{t-1} + [\gamma + \sigma K_{t-1}]u_t \end{aligned} \tag{5.2.41}$$

を考える．

Andersen (1994) は平均0のホワイトノイズ過程 $\tilde{u}_t = u_t - 1$ を考え，以下のようにすることでモデルの解釈が容易になると述べている．

$$K_t = (w + \gamma) + (\alpha + \beta)K_{t-1} + (\gamma + \alpha K_{t-1})\tilde{u}_t \tag{5.2.42}$$

これより明らかに，定数項 w と「確率的」定数 γu_t をデータから区別することは困難である．同様にパラメータ α と β を別々に識別することも問題がある．というのは

---

[21] Andersen (1994) はSARVの枠組が，式(5.2.35)と(5.2.36)を組み合わせた，誤って特定化された確率的分散モデルも包含することを示している．

$(\alpha+\beta)$がボラティリティに対するショックの持続性を決定しているためである．このような識別の問題は，通常はパラメータの組(w, γ)および(α, β)に(任意の)制約を課すことで解決される．

GARCH (1, 1) モデルおよび自己回帰確率的分散モデルという特定化は，それぞれ$\gamma=0, \alpha=0$という制約を仮定することで達成される．このような制約を与えることなくすべてのパラメータを識別するには，一般には別の制約を追加することが必要となる．たとえばε_{t+1}やu_tに関する分布を仮定するのがそうであり，式(5.2.39)のセミパラメトリックの枠組に制約を課すことでパラメトリックな統計モデルとして扱う．

識別に関するより厳密な問題を述べるため，Andersen (1994) に従い，($\alpha\neq 0$を仮定して)次の再定式化を行う．

$$\begin{cases} K=(w+\gamma)/(1-\alpha-\beta) \\ \rho=\alpha+\beta \\ \delta=\gamma/\alpha \end{cases} \tag{5.2.43}$$

すると，式(5.2.42)は次のように書き直すことができる．

$$K_t=K+\rho(K_{t-1}-K)+(\delta+K_{t-1})\bar{U}_t$$

ただし，$\bar{U}_t=\alpha\tilde{u}_t$である．

式(5.2.43)より，元のパラメータα, β, γ, wの3つだけの関数のみが識別され，K, ρ, δの3パラメータはたとえば過程K_tの最初の3つの無条件モーメントから識別されることが明らかである．

このような識別を実証的観点に引き戻すと，① 観察される確率過程Y_tのモーメントからボラティリティ過程σ_tのモーメントにどのようにもっていくか，② ボラティリティ過程σ_tのモーメントから潜在変数過程K_tのモーメントにどのようにもっていくか，を知ることが重要となる．第1のポイントは基準化されたイノベーション過程εの対応するモーメントを特定化することで簡単に解決できる．たとえば正規分布を仮定すると，以下を得る．

$$\begin{cases} \mathrm{E}|y_t| = \sqrt{2/\pi}\,\mathrm{E}\sigma_t \\ \mathrm{E}(|y_t||y_{t-j}|) = 2/\pi\ \ \mathrm{E}(\sigma_t\sigma_{t-j}) \\ \mathrm{E}(|y_t^2||y_{t-j}|) = \sqrt{2/\pi}\,\mathrm{E}(\sigma_t^2\sigma_{t-j}) \end{cases} \tag{5.2.44}$$

第2のポイントに答えるには，一般に関数gならびに式(5.2.39)におけるu_tの従う確率分布の特定化を行う必要がある．たとえば，$\alpha=0$および$K_t=\log\sigma_t$を仮定した，いわゆる対数正規型SARVモデル(Taylorの自己回帰確率的分散モデル)を考え，u_tは正規分布に従うものとする(すなわちボラティリティ過程の対数正規性を仮定する)．この場合は簡単に以下を示すことができる．

$$\begin{cases} \mathrm{E}\sigma_t^n = \exp[n\mathrm{E}K_t+n^2\,\mathrm{Var}\,K_t/2] \\ \mathrm{E}(\sigma_t^m\sigma_{t-j}^n) = \mathrm{E}\sigma_t^m\mathrm{E}\sigma_{t-j}^n\exp[mn\,\mathrm{Cov}(K_t, K_{t-j})] \\ \mathrm{Cov}(K_t, K_{t-j}) = \beta^j\,\mathrm{Var}\,K_t \end{cases} \tag{5.2.45}$$

正規性の仮定を必要とすることなく(すなわち，QML 法，混合正規分布，Student (スチューデント) 分布等)，本モデルは 5.3 節および 5.5 節において，それぞれ確率的および統計的側面からより詳細に検討される．また，このモデルは SARV モデルのクラスにおける他の特定化を検討する際の指針にもなる．さらに，連続時間モデルを代理するさまざまな特定化は 5.4 節で考察する．

5.3 離散時間モデル

本節の目的は単純な 1 変量の場合における離散時間 SV モデルの統計的な取り扱いを議論することにある．もっとも基本的な SV モデルすなわち確率的な分散が式 (5.2.40) で議論したような自己回帰モデルに従う場合の定義から始める．統計的な諸特性は 5.3.2 項で検討し，5.3.3 項では ARCH モデルとの比較を行う．5.3.4 項はフィルタリング，予測および平滑化に関して述べる．多変量モデルを含むさまざまな拡張については最後の項で議論する．ボラティリティ過程を決定するパラメータ推定に関しては後に 5.5 節で述べる．

5.3.1 離散時間 SV モデル

離散時間 SV モデルは次のように記述される．

$$y_t = \sigma_t \varepsilon_t, \qquad t=1, \cdots, T \tag{5.3.1}$$

ここで，y_t は平均除去後の収益率過程 $y_t = \log(S_t/S_{t-1}) - \mu$ であり，$\log \sigma_t^2$ は AR (1) 過程に従うものとする．ε_t は独立で，同一な分布に従う確率的な誤差項の系列であると仮定する．通常 ε_t はある標準分布に従い，その分散 σ_ε^2 は既知であるとされる．したがって正規分布の場合には σ_ε^2 は 1 であり，自由度 ν の t 分布の場合には $\nu/(\nu-2)$ である．この分野の文献でよく採用される記法に従い，$h_t \equiv \log \sigma_t^2$ とすると，

$$y_t = \sigma \varepsilon_t e^{0.5 h_t} \tag{5.3.2}$$

となる．ここで，σ は尺度パラメータである．このようにすることで 1 次の定常自己回帰過程における定数項を取り除くことができ，

$$h_{t+1} = \phi h_t + \eta_t, \qquad \eta_t \sim IID(0, \sigma_\eta^2), \qquad |\phi| < 1 \tag{5.3.3}$$

となる．

ε_t と η_t の間にたがいに相関がある場合，このモデルは株価変動にしばしば見られるある種の非対称な振舞いを記述することが可能であることは既に述べた．実際 ε_t と η_t の間の負の相関によりレバレッジ効果が発生する．5.2.4.1 目で述べたように，式 (5.3.3) における誤差項のタイミングによって観測値が依然としてマルチンゲール階差であることを保証し，またこのようにモデルを記述することで状態空間モデルの文献と結び付けることが可能となっている．

強調しておきたいのは，上記モデルは第 2 節における連続時間モデルにおいてデータの観測される期間が離散である場合の近似にすぎないという点である．このような

近似の精度は Dassios (1995) がエッジワース展開を用いて調べている (より詳細な議論は 5.4.1 項および 5.4.3 項も参照せよ).

5.3.2 統計的特性

以下に示す SV モデルの特性は仮に ε_t と η_t の間に同時点相関があっても成立する．既述したように，第 1 に，y_t はマルチンゲール階差である．第 2 に h_t の定常性は y_t の定常性を意味する．第 3 に，η_t が正規分布に従う場合，対数正規分布の特性から $\mathrm{E}[\exp(ah_t)]=\exp(a^2\sigma_h^2/2)$ が成り立つ．ここで，a は定数であり，σ_h^2 は h_t の分散である．したがって ε_t が有限分散をもつ場合 y_t の分散は次のように与えられる．

$$\mathrm{Var}(y_t)=\sigma^2\sigma_\varepsilon^2\exp(\sigma_h^2/2) \tag{5.3.4}$$

同様に，ε_t の 4 次モーメントが存在する場合，y_t の尖度は $\kappa\exp(\sigma_h^2)$ となる．ここで，κ は ε_t の尖度である．そのため y_t の尖度は ε_t よりも大きい．最後にすべての奇数次モーメントは 0 である．

多くの目的から，収益率の絶対値のべき乗のモーメントを考える必要がある．再び η_t は正規分布に従うと仮定する．また ε_t は標準正規分布に従うものとする．このとき，以下の表現が Harvey (1993) により導出されている．

$$\mathrm{E}|y_t|^c=\sigma^c2^{c/2}\frac{\boldsymbol{\Gamma}(c/2+1/2)}{\boldsymbol{\Gamma}(1/2)}\exp\left(\frac{c^2}{8}\sigma_h^2\right),\qquad c>-1,\qquad c\neq 0 \tag{5.3.5}$$

および

$$\mathrm{Var}|y_t|^c=\sigma^{2c}2^c\exp\left(\frac{c^2}{2}\sigma_h^2\right)\left\{\frac{\boldsymbol{\Gamma}(c+1/2)}{\boldsymbol{\Gamma}(1/2)}-\left[\frac{\boldsymbol{\Gamma}(c/2+1/2)}{\boldsymbol{\Gamma}(1/2)}\right]^2\right\},$$
$$c>-0.5,\qquad c\neq 0$$

$\boldsymbol{\Gamma}(1/2)=\sqrt{\pi}$ および $\boldsymbol{\Gamma}(1)=1$ に注意せよ．t 分布および一般化誤差分布を含む ε_t の他の分布においても同様の表現が導出可能である (Nelson (1991) を参照).

最後に，σ_t^2 の変動係数を 2 乗したものが SV 過程の相対的な強度を測るのに用いられることが多い．これは $\mathrm{Var}(\sigma_t^2)/[\mathrm{E}(\sigma_t^2)]^2=\exp(\sigma_h^2)-1$ と表すことができる．Jacquier, Polson and Rossi (1994) はこの方が σ_η^2 よりも解釈がしやすいことを論じている．彼らは実証研究においてこの数値が 0.1 以下もしくは 2 以上と報告しているものはほとんど見当たらないと述べている．

5.3.2.1 自己相関関数

ε_t と η_t がたがいに独立で，η_t が正規分布に従う場合，観測値の絶対値の c 乗に関する ACF は次のように与えられる．

$$\rho_\tau^{(c)}=\frac{\mathrm{E}(|y_t|^c|y_{t-\tau}|^c)-\{\mathrm{E}(|y_t|^c)\}^2}{\mathrm{E}(|y_t|^{2c})-\{\mathrm{E}(|y_t|^c)\}^2}=\frac{\exp\left(\frac{c^2}{4}\sigma_h^2\rho_{h,\tau}\right)-1}{\kappa_c\exp\left(\frac{c^2}{4}\sigma_h^2\right)-1}$$
$$\tau\geq -1,\qquad c>-0.5,\qquad c\neq 0 \tag{5.3.6}$$

ここで，κ_c は，

$$\kappa_c=\mathrm{E}(|y_t|^{2c})/\{\mathrm{E}(|y_t|^c)\}^2 \tag{5.3.7}$$

であり，$\rho_{h,\tau}$, $\tau=0,1,2,\cdots$ は h_t の ACF である．Taylor (1986) は c が 1 もしくは 2 のケースで ε_t が正規分布に従うときの表現を与えている．$c=2$ の場合，κ_c は尖度となり正規分布の場合は 3 となる．より一般的には次のようになる．

$$\kappa_c=\boldsymbol{\Gamma}(c+1/2)\boldsymbol{\Gamma}(1/2)\{\boldsymbol{\Gamma}(c/2+1/2)\}^2, \qquad c\neq 0$$

自由度 ν の t 分布の場合には次のように与えられる．

$$\kappa_c=\frac{\boldsymbol{\Gamma}(c+1/2)\boldsymbol{\Gamma}(-c+\nu/2)\boldsymbol{\Gamma}(1/2)\boldsymbol{\Gamma}(\nu/2)}{\{\boldsymbol{\Gamma}(c/2+1/2)\boldsymbol{\Gamma}(-c/2+\nu/2)\}^2},$$
$$|c|<\nu/2, \qquad c\neq 0 \tag{5.3.8}$$

もし c が 2 の場合には，ν は 5 以上の値でなければならない点に注意する．

ACF，$\rho_\tau^{(c)}$ は次の特徴をもつ．まず σ_h^2 が小さく，かつ(あるいは) $\rho_{h,\tau}$ が 1 に近い場合，

$$\rho_\tau^{(c)}\simeq\rho_{h,\tau}\frac{\exp\left(\dfrac{c^2}{4}\sigma_h^2\right)-1}{\left(\kappa_c\exp\left(\dfrac{c^2}{4}\sigma_h^2\right)-1\right)}, \qquad \tau\geq 1 \tag{5.3.9}$$

となる．Taylor (1986, p. 74-75) と比較せよ．したがって，h_t の ACF の形状は比例項がかかっている点を除き，近似的に $\rho_\tau^{(c)}$ に等しい．ここで正の c に対して κ_c は 1 より大きいため，比例項は 1 未満である．第 2 に，t 分布に対して ν が大きくなるにつれて κ_c は減少する．したがって，$\rho_\tau^{(c)}$ は正規分布に対して最大値を取る．一方，正規分布よりも小さな尖度をもつ分布の場合には $\rho_\tau^{(c)}$ はより大きな値を取る．

式 (5.3.9) は $\rho_\tau^{(c)}$ と c との間の明確な関係式を与えているが，$\rho_\tau^{(c)}$ がどのような c の値に対して最大となるかを一般的に述べることは不可能であるように思われる．実際，σ_h^2 の値が異なれば，$\rho_\tau^{(c)}$ を最大にする c の値も異なる．Ding, Granger and Engle (1993) で報告されているものと同様な $\rho_\tau^{(c)}$ の値となるように σ_h^2 を選択すれば，c が 1 よりもわずかに小さい値に対して最大となることがわかる．Harvey (1993) により指摘されたように c を変化させた場合の $\rho_\tau^{(c)}$ 曲線全体の形状は，Ding, Granger and Engle が報告した実証的な関係と類似している．

5.3.2.2　対数変換

式 (5.3.2) の観測値を 2 乗し対数を取ることで以下を得る．

$$\log y_t^2=\log\sigma^2+h_t+\log\varepsilon_t^2 \tag{5.3.10}$$

もしくは，

$$\log y_t^2=\omega+h_t+\xi_t \tag{5.3.11}$$

である．ただし，$\omega=\log\sigma^2+\mathrm{E}\log\varepsilon_t^2$ である．この結果誤差項 ξ の平均は 0 となる．

$\log\varepsilon_t^2$ の平均と分散は，ε_t が標準正規分布に従うときそれぞれ -1.27 と $\pi^2/2=4.93$ となることが知られている．Abramovitz and Stegun (1970) を参照せよ．しかし，$\log\varepsilon_t^2$ の分布は正規分布からは程遠いものであり，大きく歪み，長い裾をもつ．

より一般的には，ε_t が自由度 ν の t 分布に従う場合には次のように記述される．

$$\varepsilon_t = \zeta_t \kappa_t^{-0.5}$$

ここで，ζ_t は標準正規分布に従い，$\nu\kappa_t$ が自由度 ν の χ^2 分布になるような分布に κ_t は ζ_t と独立に従う．したがって，

$$\log \varepsilon_t^2 = \log \zeta_t^2 - \log \kappa_t$$

であり，再度 Abramovitz and Stegun (1970) の結果を用いることで，$\log \varepsilon_t^2$ の平均と分散はそれぞれ $-1.27-\psi(\nu/2)-\log(\nu/2)$ および $4.93+\psi'(\nu/2)$ となる．ここで $\psi(\cdot)$ はディ・ガンマ関数である．モデルを ε_t がコーシー分布に従う，すなわち $\nu=1$ とした場合でも依然として ξ_t のモーメントは存在することに注意されたい．実際この場合には ξ_t の分布は対称で，ε_t が正規分布に従う場合に超過尖度が 4 である場合に比べ，超過尖度の値は 2 である．

$\log \varepsilon_t^2$ の系列は独立であるので，h_t がいかなる定常過程に従う場合でも $\log y_t^2$ の ACF は以下のとおりにただちに導出される．

$$\rho_\tau^{(0)} = \rho_{h,\tau}/\{1+\sigma_\xi^2/\sigma_h^2\}, \qquad \tau \geq 1 \tag{5.3.12}$$

$\rho_\tau^{(0)}$ と記述したのは，観測値の絶対値のべき乗の ACF は Box-Cox 変換の ACF と等しいということを反映させたものである．Box-Cox 変換は $\{|y_t|^c-1\}/c$ であるが，絶対値の対数変換はそれが $c=0$ とした場合に該当する（しかし式 (5.3.6) において単純に $c=0$ とはできない点に注意する）．

η_t と ε_t がたがいに独立ではない場合でも，もしも ε_t と η_t の同時分布が対称である，すなわち $f(\varepsilon_t, \eta_t)=f(-\varepsilon_t, -\eta_t)$ である場合には，誤差項 η_t および ξ_t は無相関となる．Harvey, Ruiz and Shephard (1994) を見よ．したがって式 (5.3.12) における ACF の表現は依然として有効である．

5.3.3　ARCH モデルとの比較

GARCH (1, 1) モデルはこれまで金融時系列に対して幅広く応用されてきている．式 (5.3.1) の分散は前期の分散および観測値の 2 乗に依存すると仮定されている．したがって，

$$\sigma_t^2 = \gamma + \alpha y_{t-1}^2 + \beta\sigma_{t-1}^2, \qquad t=1, \cdots, T \tag{5.3.13}$$

と記述される．

GARCH モデルは Bollerslev (1986) および Taylor (1986) により提案され，Engle (1982) により定式化された ARCH モデルを一般化したものである．ARCH (1) モデルは GARCH (1, 1) において $\beta=0$ とした特殊ケースである．その動機は予測にある．独立な誤差項をもつ AR (1) では，次期の最適予測は現在の観測値のある分数倍であり，ARCH (1) モデルは現在の観測値の 2 乗値のある分数倍（に定数項を足したもの）となる．この理由は最適予測が現在の情報に条件付けられて構成されるためであり，ARCH モデルにおいては次期の分散は既知であると仮定されているためである．このような構成のため ε_t の分布を仮定すればモデルの尤度関数がただちに導か

れる．したがって原理的には σ_t が依存するパラメータの推定はすぐに可能である．GARCH の定式化には ARMA モデルにおける移動平均項に類似した項が入ってくるが，この結果予測値が過去の観測値の 2 乗に関する分布ラグの関数となる．

y_t が (無条件) 分散 $\gamma/(1-\alpha-\beta)$ をもつマルチンゲール階差であることはすぐに示すことができる．したがって $\alpha+\beta<1$ は共分散定常であるための条件である．Bollerslev (1986) により示されたとおり，正規分布モデルの場合において 4 次モーメントが存在する条件は $2\alpha^2+(\alpha+\beta)^2<1$ で与えられる．そのときモデルは超過尖度をもつ．しかし実際にはこの 4 次モーメントの条件が常に満たされるとは限らない．少しパラドックスのような感があるが，Nelson (1990) により示された強定常性の条件はもっと弱く，それは $\alpha+\beta=1$ の場合をも含んでいる．

GARCH (1, 1) モデルに特定化した場合，これを次のように書き直すことができる．

$$y_t^2=\gamma+\alpha y_{t-1}^2+\beta\sigma_{t-1}^2 \upsilon_t=\gamma+(\alpha+\beta)y_{t-1}^2+\upsilon_t-\beta\upsilon_{t-1}$$

ここで，$\upsilon_t=y_t^2-\sigma_t^2$ はマルチンゲール階差である．したがって y_t^2 はある ARMA (1, 1) 過程の形を取ることとなり，その ACF は同様に評価できる．対応する ARMA モデルの ACF は実際に観測される y_t^2 のコレログラムによく似た形状となることが示されている．

GARCH モデルはより多くの σ_t^2 および y_t^2 のラグを付加することで拡張することができる．しかし GARCH (1, 1) モデルがもっともよく用いられているようである．それは，特に ϕ が 1 に近い場合には SV モデルと同様の特性を示す．このことは，ARMA (1, 1) 過程のパターンをもつ式 (5.3.9) を見れば明らかであろう．ϕ は $\alpha+\beta$ とよく似た役割を果たしているのである．ACF の間の大きな相違はほとんどラグ次数 1 のところで現れるようである．Jacquier *et al.* (1994, p. 373) はニューヨーク証券取引所上場の株式ポートフォリオの週次収益率の 2 乗値に関するコレログラムを，推定した SV モデルおよび GARCH (1, 1) モデルから導れる ACF とともに示している．この場合 SV モデルから導れる ACF の方が標本値により近い．

SV モデルは ϕ が 0 の場合でも超過尖度をもつ．この理由は y_t が混合分布となっていることによる．パラメータ σ_η^2 は分散の変化に関する滑らかさの程度とは独立に混合の程度を支配している．この関係は尖りの程度が分散方程式の根と結び付いている GARCH モデルとは異なる．GARCH (1, 1) の場合には，α, β が分散方程式の根となる．したがって金融時系列にしばしば見られる高い尖度を捉えるには非ガウス型 GARCH モデルを用いる必要があるのである．

基本的な GARCH モデルは，Engle and Ng (1993) で提案されているように修正すれば不可能ではないが，誤差項間の同時相関をもつ SV モデルが捉える一定の非対称性をもちえない．Nelson (1991) により提案された EGARCH モデルは $\log \sigma_t^2$ を過去の観測値の 2 乗値および絶対値の関数とすることで非対称性を扱っている．

5.3.4 フィルタリング，平滑化ならびに予測

オプションの価格決定を目的とするのであれば，分散 σ_t^2 を推定，予測できることが必要である．σ_t^2 は当然のことながら h_t の指数を取ったものに比例する．時点 t において，場合によってはその時点まで含めた過去値すべてを用いた推定値はフィルターされた推定値と呼ばれる．一方，時点 t 以降も含めたすべての標本の観測値を用いた推定値は平滑化された推定値と呼ばれる．予測値は将来の値の推定値である．歴史的な関心から，時間を通じた分散の変動を調べたいときには平滑化された推定値を見ればよい．これらの推定値は 5.2.1.2 目で議論したような対応するオプションのインプライド・ボラティリティと比較できる．アット・ザ・マネー・オプションの価格決定を行うには，標本の最後の時点のフィルターされた推定値と分散の将来の値の予測値を用いればよい．ARCH モデルのケースでこの方法を提案したのが Noh, Engle and Kane (1994) である．より一般的には，将来の分散の値の分布すべての情報を用いて価格決定を行うことが必要となろう．これはシミュレーションを行うことで得られる．詳細な議論は 5.4.2 項を見よ．

フィルターされた推定値や平滑化推定値を構成することは，変換された観測値の移動平均に関する (推定パラメータを含めた) 関数を設定することで，より単純に考えることができる．したがって，

$$\hat{\sigma}_t^2 = g\left\{\sum_{j=t-1}^{\tau} w_{tj} f(y_{t-j})\right\}, \qquad t=1, \cdots, T \tag{5.3.14}$$

となる．ここで，$r=0$ もしくは 1 とすればフィルターされた推定値に，また $r=t-T$ とすれば平滑化された推定値となる．これまで確率的ボラティリティ・モデルに関して定式化してきたので，フィルタリング，平滑化および予測の基本としてこれを用いるのが自然な選択となる．誤差項の従う分布が正規分布である線形時系列モデルに対しては状態空間形式を最適なフィルタリングおよび平滑化アルゴリズムとして用いることができる．残念ながら SV モデルは非線形である．このことから以下の 3 つの可能性が存在する．

① 線形状態空間モデルを基礎とした非効率的な推定値を計算する．

② コンピュータ集約的な方法を用いて，望まれる精度で最適フィルターを推定する．

③ (特定されていない) ARCH モデルを用いて最適フィルターを近似する．

以後，これらの方法を少し詳細に見ていくこととする．

5.3.4.1 線形状態空間形式

変換された観測値 $\log y_t^2$ を用いることで線形状態空間モデルを構成できることが Nelson (1988) および Harvey, Ruiz and Shephard (1994) により示唆された．式 (5.3.11) は観測方程式，式 (5.3.3) は遷移方程式である．状態 h_t の初期条件はその無条件平均および分散，すなわち 0 および $\sigma_\eta^2/(1-\phi^2)$ によって与えられる．

η_t は正規分布に従うと仮定することは適当かもしれないが，ξ_t が正規分布に従うのは ε_t の絶対値が対数正規分布に従う場合のみであり，このようなことはほとんど起こり得ない．したがってカルマンフィルターおよびスムーザーを適用した状態 h_t の推定量は $\log y_t^2$ の線形結合を基とした推定量のクラスの中で最適であるにすぎない．さらにわれわれが必要としているのは h_t ではなくその指数値である．$h_{t|T}$ を線形状態空間形式から得られた平滑化された推定量としよう．すると $\exp(h_{t|T})$ は式(5.3.14)と同じ形の表現にスケール定数 σ^2 の推定値を掛けたものとなる．したがってそれは加重幾何平均として書けることとなる．このことは観測値がごく小さい場合に影響を受けることを意味しており，この方法の限界を示す．

対数変換を行うことから，観測値が 0 であった場合の取り扱いに関して実際上重要な問題も発生する．このことは前段落において指摘した点を反映している．というのは，値が 0 である観測値を含むいかなる加重幾何平均も明らかに 0 となるからである．より一般的にはごく小さい値を取る観測値を回避したい．1 つの解決法は標本平均を取り除くことである．より満足のいく代替法は Fuller により提案され，Breidt and Carriquiry (1995) により研究された方法で，テイラー級数展開に基づく以下の変換

$$\log y_t^2 \cong \log(y_t^2 + cs_y^2) - cs_y^2/(y_t^2 + cs_t^2), \qquad t=,\cdots,T \tag{5.3.15}$$

を行うものである．ここで，s_y^2 は y_t の標本分散で c はある小さな値である．c の値として 0.02 を用いることが提案されている．この変換は，「小数異常値 (inlier)」の対数を取ることから生じた負の値によって構成される長い分布の裾を切り落とすことで変換された観測値の尖度を減少させる効果がある．言い換えると，この変換は一種の「刈り込み (trimming)」である．予備的推定値 $\hat{\sigma}_t^2$ で除すことにより観測値の不均一分散性を修正した後，この方法を適用することがより望ましいかもしれない．次に $\log \hat{\sigma}_t^2$ を変換された観測値に加える．$\hat{\sigma}_t^2$ は計算の第 1 ステップもしくはおそらくノンパラメトリック法となると思われるが，まったく異なる方法によってつくることができるであろう．

線形状態空間形式を修正し，非対称モデルを扱うことができる．η_t と ε_t がたがいに独立ではない場合でも，ε_t と η_t の同時分布が対称であるならば状態空間形式の誤差を無相関である．したがって上記のフィルタリングおよび平滑化は依然として有効であるが，観測値を 2 乗することにより情報の損失が発生する．Harvey and Shephard (1993) はこの損失は y_t が正 (負) のときに $+1(-1)$ の値を取る変数 s_t の符号で条件付けることにより復元することが可能であることを示している．この符号は当然のことながら ε_t の符号に等しい．$E_+(E_-)$ を正 (負) である ε_t に対する条件付期待値演算子とし，分散および共分散演算子も同様に扱うこととする．ξ_t の分布は ε_t の符号の条件付けに影響されない．また $E(\eta_t|\varepsilon_t)$ は ε_t の奇関数であり，

$$\mu^* = E_+(\eta_t) = E_+[E\eta_t|\varepsilon_t] = -E_-(\eta_t)$$

となる．また，

$$\gamma^* = \mathrm{Cov}_+(\eta_t, \xi_t) = \mathrm{E}_+(\eta_t\xi_t) - \mathrm{E}_+(\eta_t)\mathrm{E}(\xi_t) = \mathrm{E}_+(\eta_t\xi_t)$$
$$= -\mathrm{Cov}_-(\eta_t, \xi_t)$$

である．なぜならば ξ_t の期待値は 0 であり

$$\mathrm{E}_+(\eta_t\xi_t) = \mathrm{E}_+[\mathrm{E}(\eta_t|\varepsilon_t)\log\varepsilon_t] - \mu^*\mathrm{E}(\log\varepsilon_t) = -\mathrm{E}_-(\eta_t\xi_t)$$

となるからである．最後に

$$\mathrm{Var}_+\eta_t = \mathrm{E}_+(\eta_t^2) - [\mathrm{E}_+(\eta_t)]^2 = \sigma_\eta^2 - \mu^{*2}$$

である．したがって線形状態空間形式は以下のとおりとなる．

$$\log y_t^2 = \omega + h_t + \xi_t$$
$$h_{t+1} = \phi h_t + s_t\mu^* + \eta_t^*$$
$$\begin{pmatrix}\xi_t\\ \eta_t^*\end{pmatrix}\Bigg| s_t \sim ID\left(\begin{pmatrix}0\\0\end{pmatrix}, \begin{pmatrix}\sigma_\xi^2 & \gamma^* s_t\\ \gamma^* s_t & \sigma_\eta^2 - \mu^{*2}\end{pmatrix}\right) \tag{5.3.16}$$

カルマンフィルターの開始は，依然として h_0 の平均は 0，分散は $\sigma_\eta^2/(1-\phi^2)$ とすることにより行える．

式 (5.3.16) による定式化では直接 ε_t と η_t の相関を表すパラメータが含まれない．η_t だけでなく ε_t に関する分布の仮定をおかなければ μ^* と γ^* やモデル内のパラメータの関係が得られない．ε_t および η_t が 2 変量正規分布に従い，$\mathrm{Corr}(\varepsilon_t, \eta_t) = \rho$, $\mathrm{E}(\eta_t|\varepsilon_t) = \rho\sigma_\eta\varepsilon_t$ であるならば，

$$\mu^* = \mathrm{E}_+(\eta_t) = \rho\sigma_\eta\mathrm{E}_+(\varepsilon_t) = \rho\sigma_\eta\sqrt{2/\pi} = 0.7979\rho\sigma_\eta \tag{5.3.17}$$

また，

$$\gamma^* = \rho\sigma_\eta\mathrm{E}(|\varepsilon_t|\log\varepsilon_t^2) - 0.7979\rho\sigma_\eta\mathrm{E}(\log\varepsilon_t^2) = 1.1061\rho\sigma_\eta \tag{5.3.18}$$

となる．

ε_t が t 分布に従う場合にはそれを $\zeta_t\kappa_t^{-0.5}$ と表すことができる．ここで ζ_t と η_t は相関 ρ をもつ 2 変量正規分布に従い，κ_t はこれらと独立である．μ^* と γ^* を評価するには前と同様な手続きを踏めばよい．ただし，開始時において ε_t に関してではなく ζ_t に関する条件で行う．そうすれば必要とされる表現は正規分布の場合とまったく同じとなることがわかる．

対数ボラティリティ h_t のフィルター化された推定値を $h_{t+1|t}$ とすると次のようになる．

$$h_{t+1|t} = \phi h_{t|t-1} + \frac{\phi(p_{t|t-1} + \gamma^* s_t)}{p_{t|t-1} + 2\gamma^* s_t + \sigma_\xi^2}(\log y_t^2 - \omega - h_{t|t-1}) + s_t\mu^* \tag{5.3.19}$$

ただし，$p_{t|t-1}$ は対応する $h_{t|t-1}$ の平均 2 乗誤差である．$\rho<0$ の場合には $\gamma^*<0$ となり，フィルター化された推定量は Nelson (1991) により推定された EGARCH モデルと同様の動きとなる．すなわち観測値が負であった場合にはそれが正の値であった場合よりも推定された対数ボラティリティをより増大させる．

5.3.4.2 非線形フィルター

原理的には，正確なフィルターをオリジナルな式 (5.3.2) および (5.3.3) に対して記述することもできる．ここで前者は観測方程式を構成する．このフィルターを評価

するには，数値的方法により一連の積分を近似する必要がある．Kitagawa (1987) はこのフィルターを実装する一般的方法を提案しており，Watanabe (1993) はそれをSV モデルに応用した．残念ながら，この方法は現在のコンピュータ技術をもってしても多大な時間を要し，現実的ではない．

SV モデル全体をベイズ的に取り扱うことの一部として，Jacquier, Polson and Rossi (1994) はシミュレーションによってボラティリティの平滑化された推定値を得る方法を示した．必要なのは観測値で条件付けされたボラティリティの同時分布の平均ベクトルである．しかしこの同時分布をシミュレートするのは容易なことではない．そこで彼らは同時分布を一連の 1 変量分布に分解している．ここで各時点のボラティリティは他のすべての時点のボラティリティで条件付けられる．この分布を $p(\sigma_t|\sigma_{-t}, y)$ と記述することとする．ただし，σ_{-t} は σ_t を除いた残りすべての時点のボラティリティを表す．σ_{-t} を直近の推定値で置き換えながらこれらの分布から逐次サンプリングを行い，これを数千回繰り返す．この方法はギブス (Gibs) サンプラーである．残念なことにこの方法には難点がある．SV モデルのマルコフ構造を用いると，

$$p(\sigma_t|\sigma_{-t}, y) = p(\sigma_t|\sigma_{t-1}, \sigma_{t+1}, y_t) \propto p(y_t|h_t)p(h_t|h_{t-1})p(h_{t+1}|h_t)$$

と書ける．上式右辺は明示的に書き下すことが可能であるが，その密度は標準的な形ではなくその基準化定数は解析的表現をもたない．Jacquier, Polson and Rossi は一連のメトロポリス受容/棄却独立連鎖法を適用することでこの問題を解決している．

Kim and Shephard (1994) は Jacquier, Polson and Rossi が適用した単一移動型 (single move) アルゴリズムは ϕ が 1 に近い，もしくは σ_η^2 の値が小さい場合には収束が遅いことを議論している．この原因は σ_t の変化が遅いことによる．実際これが定数であった場合にはアルゴリズムはまったく収束しない．線形状態空間形式に基づく他のアプローチとしては，観測方程式における非正規誤差項 ξ_t の分布を混合正規分布により捉える方法がある．Watanabe (1993) は 2 つの正規分布の混合分布をベースとした近似法を提案した．Kim and Shephard (1994) は線形状態空間形式に対する多重移動型 (multimove) サンプラーを提案している．ここでは h_t のサンプリングは 1 回に 1 つずつではなく，いくつかをまとめて行う．彼らの用いた方法は式 (5.3.10) の誤差項を近似する際に必要な精度を得るため，適切な数の正規分布を混合するものである．Mahieu and Schotman (1994) はこの方法を拡張し，より多くの自由度をもつ混合正規分布を用いるとともに，そのウエイトパラメータも事前に固定せずに推定している．σ_t の分布は h_t のシミュレートされた分布から得られることに注意する．

Jacquier, Polson and Rossi (1994, p. 416) は Kim and Shephard の方法で用いられる分布の混合数を増やしても $\log \varepsilon_t^2$ の従う分布の裾の振舞いを決して十分に近似できないことを論じている．実際彼らは Kim and Shephard の状態空間がもつ離散性のもとでは，既述したような少数回の標本抽出の場合にはそれがすべての状態を訪れることは決してなく，いわゆる小数異常値 (inlier) が依然として存在することを指摘

している．

最後に述べておきたいのは，ハイパーパラメータが未知の場合，ベイジアン・アプローチにより生成される状態のシミュレートされた分布はそのサンプリングされた値の変動性を許容することである．

5.3.4.3　近似フィルターとしての ARCH モデル

本目の目的は 5.4.3 項においてより詳細に議論される事項について関心を喚起することである．ARCH モデルでは条件付分散は過去の観測値のある正確な関数であると仮定されている．Nelson and Foster (1994, p. 32) において指摘されたように，この仮定は経済学的にもまた統計学的にもアドホックである．しかし ARCH モデルは推定が相対的に容易であるため，Nelson (1992) および Nelson and Foster (1994) は，有用な戦略は条件付分散の推定値を生成するフィルターとして ARCH モデルを考えることであると論じている．連続時間もしくは離散時間 SV モデルを推定するとしても，GARCH (1, 1) モデルを推定し，σ_t^2 を式 (5.3.14) のように近似フィルターとして扱うことも考えられる．したがって推定値は過去の 2 乗観測値の加重平均となる．これは $t-1$ 時点における観測値で条件付けられた σ_t^2 の分布の平均に関する推定値である．代替法として，Taylor (1986) および Schwert (1989) により提案されたモデルを利用することも可能である．このモデルでは条件付標準偏差は過去の条件付標準偏差ならびに過去の観測値の絶対値の線形結合により記述される．これは異常値に対してより頑健である可能性がある．というのはそれが過去の絶対値の線形結合であるからである．

Nelson and Foster は連続時間 SV モデルの定式化をもっともよく近似する ARCH モデルを導出している (詳細は 5.4.3 項を参照)．これは EGARCH モデルにかなり似ているが，ARCH の標準的なモデルには対応しない．離散時間 SV モデルに対するフィルター理論はまだ検討の余地がある．実際 Nelson and Foster は確率微分方程式から確率差分方程式への変更は極限定理と最適性理論において大きな差異をもたらすと述べている．彼らはこれらの差異を示す例として近似拡散過程を研究している．

5.3.5　モデルの拡張

5.3.5.1　持続性と季節性

もっとも単純な非定常 SV モデルは h_t がランダムウォークであるとするものである．このモデルの動的な特性は，対数変換された観測値 $\log y_t^2$ の挙動を調べることで簡単に得ることができる．1 階の階差を取ればこれは定常過程となる．変換されない観測値は非定常であるが，モデルの動的な構造は $c<0.5$ であれば，y_t/y_{t-1} の ACF に現れる．

本モデルは式 (5.3.13) において $\alpha+\beta=1$ とした IGARCH モデルに対応している．IGARCH モデルは 2 乗観測値に関する和分 ARMA モデルの特徴があり，持続性を示すといわれる．Bollerslev and Engle (1993) を見よ．しかしその特性は単純ではない．たとえば，定数項γが含まれなければならない．そうでない場合はNelson (1990)が示したとおり，σ_t^2はほぼ確実に0に収束し，モデルは強定常ではあるが弱定常とはならないといった奇妙な性質をもつこととなる．一方，非定常SVモデルはh_tが通常の1次の和分過程であるということを基礎として分析できる．

フィルタリングおよび平滑化は線形状態空間の枠組で分析できる．これは$\log y_t^2$がただ単にランダムウォークにノイズを加えたものであることによる．1番目の観測値から実質的に形成される状態に対する適切な事前確率を用いて，初期条件は非定常な構造的時系列モデルと同様に取り扱われる．Harvey (1989)を見よ．過去の$\log y_t^2$に関して線形な推定値のクラスの中で最適なh_tのフィルターされた推定値，すなわち$h_{t|t-1}$は定数項に過去の$\log y_t^2$に関する等加重移動平均(EWMA)値を加えたものとなる．IGARCHではσ_t^2は正に定数項に過去の2乗観測値のEWMA項を加えたものとなっている．

ランダムウォークであるボラティリティは他の非定常な定式化でもって置き換えることが可能である．その1つの可能性としては2重に和分されたランダムウォークが挙げられ，$\varDelta^2 h_t$がホワイトノイズであるものとして定式化される．連続時間で定式化する場合には，本モデルは3次スプラインと等価となり，水準のモデルに適用した際にはかなり滑らかなトレンドを与えることが知られている．SVモデルの中では，滑らかな分散の変化となるよう当てはめる際のウエイト関数をみつける際に魅力的な方法である．しかし，予測にはあまり安定的でない可能性がある．

他の非定常要素も容易にh_tの中に取り込むことが可能である．たとえば，季節効果や日中間効果も含めることが可能である．この特定化はHarvey (1989)やHarvey and Koopman (1993)で議論されているような水準モデルに正に該当する．動的な特性は$\log y_t^2$に関して通常の変換を行うことにより直接的に得られるが，適切な絶対値変換を行うことも困難ではない．したがって，Harvey (1989, pp. 40-43)のようにボラティリティがランダムウォークに，徐々に変化する非定常な季節成分を加えた場合には，適当な変換は$\varDelta_s \log y_t^2$および$|y_t/y_{t-s}|^c$となる．ここで，sは季節の数である．状態空間による定式化は水準に関する通常の構造的時系列モデルに従って行えばよい．このような効果はGARCHの枠組では取り扱うことが簡単ではない．

季節性に関する別の方法として，次の目で議論する時間変更の考え方を用いてSVモデルに適用する方法もある．このような方法は季節性のある種の突然の変化を扱う際にはとくに有効である．このような変化は5分ごともしくはティック刻みの為替データといった頻度の高い場合に見られることがある．

5.3.5.2　干渉ならびに他の非確率的効果

干渉変数はSVモデルに容易に取り込むことができる．たとえばボラティリティ過程に対する突然の構造変化は次のように仮定すればよい．

$$\log \sigma_t^2 = \log \sigma^2 + h_t + \lambda w_t$$

ここで，w_tは構造変化が起こる前には0，構造変化後は1を取り，λは未知パラメータである．対数変換により式(5.3.11)が得られるが，λw_t が式の右辺に加わる．ARCH モデルにこのような効果を取り込む際には注意が必要である．たとえば GARCH (1, 1) において突然の構造変化を

$$\sigma_t = \gamma + \lambda w_t - (\alpha+\beta)\lambda w_{t-1} + \alpha y_{t-1}^2 + \beta\sigma_{t-1}^2$$

とモデル化した場合には，σ_t^2 が常に正となるよう λ に制約を課す必要がある．

より一般的に観測可能な説明変数は干渉ダミーと異なり，分散変動モデルに取り込むことができる．

5.3.5.3　多変量モデル

式(5.3.2)に対応する多変量モデルは，各系列が以下のモデル

$$y_{it} = \sigma_i \varepsilon_{it} e^{0.5h_{it}}, \qquad t=1, \cdots, T \tag{5.3.20}$$

により生成されると仮定することにより得られる．ここで，ベクトル $\boldsymbol{\varepsilon}_t = (\varepsilon_{1t}, \cdots, \varepsilon_{Nt})'$ の共分散(相関)行列を Σ_ε と表すこととする．ボラティリティのベクトル $\boldsymbol{h}_t$ は VAR (1) 過程に従う．すなわち，

$$h_{t+1} = \boldsymbol{\Phi} h_t + \eta_t,$$

ただし，$\eta_t \sim IID(0, \Sigma_\eta)$ である．この特定化により，ボラティリティ変動は Σ_η により異なる系列間で相関をもつこととなる．その相互関係は $\boldsymbol{\Phi}$ の非対角要素により捉えられる．

2乗観測値の対数変換により，多変量線形状態空間モデルが得られるので，ボラティリティの推定値は 5.3.4.1 目で述べた方法で計算が可能である．

ボラティリティが多変量ランダムウォーク過程に従うすなわち $\boldsymbol{\Phi}=I$，と仮定することにより，単純な非定常モデルが得られる．Σ_η が特異ならば，その階数は $K<N$ であり，ボラティリティは K 個の要素のみで構成される．すなわち式(5.3.20)における h_{it} は $k<N$ 個の共通トレンドの線形結合，

$$\boldsymbol{h}_t = \boldsymbol{\Theta} h_t^\dagger + \bar{\boldsymbol{h}} \tag{5.3.21}$$

である．ただし，$\boldsymbol{h}_t^\dagger$ は $K\times 1$ の共通なランダムウォーク・ボラティリティのベクトル，$\bar{\boldsymbol{h}}$ は定数項ベクトルで，$\boldsymbol{\Theta}$ は $N\times K$ の因子負荷行列である．$\boldsymbol{\Theta}$ ならびに $\bar{\boldsymbol{h}}$ に関しては識別可能性を確保するためにある制約が必要となる．この点に関しては Harvey, Ruiz and Shephard (1994) を見よ．2乗観測値の対数は Engle and Granger (1987) の意味で「共和分」の関係にある．ホワイトノイズしたがって定常となる $N-K$ 個の線形結合が存在するためである．このことが意味するのは，たとえば2つの収益率系列のボラティリティは確率的に変動するが，このボラティリティ変動が同一であり $\boldsymbol{\Theta}'=(1, 1)$ ならば，これらの系列の比のボラティリティは確率的に変動しない．関連する概念である「共持続性」の応用は Bollerslev and Engle (1993) に見ることができる．しかし1変量の場合と同様に，持続性を特徴づけるものは何かということに関してはいくつかの疑問が残る．

ボラティリティ変動の共通要素という考え方は定常モデルに対して拡張されると思われる．式(5.3.21)の定式化は $\bar{\boldsymbol{h}}$ はとくに必要とせず，たとえば VAR(1) によって

モデル化した $\boldsymbol{h}_t^{\dagger}$ を用いて行える．

Bollerslev, Engle and Wooldridge (1988) は，原理的には多変量 GARCH モデルは最尤法により推定できることを示している．しかし推定パラメータ数が非常に多く，そのパラメータにいずれかの制約をおかない限り計算上の問題が発生する．多変量 SV モデルは多変量 GARCH モデルの一般的定式化に比べてはるかに単純である．しかし共分散変動をモデル化していない点に課題が残されている．この点では，条件付相関を一定と仮定する Bollerslev (1986) の制約付多変量 GARCH に類似しているといえる．

Harvey, Ruiz and Shephard (1994) は非定常モデルを 4 種類の為替レートに適用し，2 個の共通因子だけがボラティリティを変動させていることを見出している．他の応用は Mahieu and Schotman (1994b) に見られる．まったく異なる方法で為替レートボラティリティの変動をモデル化したのは，Diebold and Nerlov (1989) の潜在因子 ARCH モデルである．

5.3.5.4 観測間隔，集計および時間変更

δ 時間隔ごとに SV モデルが観測されるものとする．この場合，h_τ —— ただし τ は新しい観測 (サンプル) 間隔を表す —— はパラメータ ϕ^δ に従って変動するが，依然として AR (1) である．誤差 η_t の分散は増大するが，σ_h^2 は一定にとどまる．SV モデルのこのような特性により，異なる観測間隔の比較が容易となる．たとえば日次観測値を用いた場合の ϕ はほぼ 0.98 前後であったとすると，週次観測値 (1 週間は 5 日であると仮定する) を用いた場合にはその値が 0.90 前後となると期待できるのはなぜかという点も明らかにする．

観測値の平均がより長期間にわたって観測される場合，h_τ が ARMA (1, 1) 過程に従うことから比較はより困難になる．しかし AR パラメータは依然として ϕ^δ で与えられる．ARCH 過程では，Drost and Nijman (1993) におけるように構造が緩められない限り，観測間隔を変更した場合の影響を分析することが困難であることを指摘しておく．5.4.4.1 目も併せて見よ．

5.2.4 項で述べたように，連続時間モデルの離散時間近似を用いることが多いが，たとえば Harvey (1989) で述べられているように，不均等間隔の観測値も線形状態空間形式を用いることで直接扱うことが可能である．実際 Clark (1973) により初めて提案された方法は，資産価格を記述する従属 (subordinated) 過程を基としており，この枠組の中でそのボラティリティをうまくフィットさせることができる．不均等間隔の観測値を扱うテクニックは Stock (1988) によって指摘されたような時間変更された観測値を扱う基本となっている．Ghysels and Jasiak (1994a, b) は，連続時間ボラティリティ方程式に関する操作的時間 (operational time) が情報フローにより決定されるような SV モデルを提案している．このような時間変更された確率過程は特に高頻度のデータを扱うのに適している．$\tau = g(t)$ をカレンダー時間 τ と操作的時間 t の間の写像とすると，

$$dS_t = \mu S_t dt + \sigma(g(t)) S_t dW_{1t}$$

および,

$$d \log \sigma(\tau) = a((b - \log \sigma(\tau)) d\tau + c dW_{2\tau}$$

となる. ただし, W_{1t} および $W_{2\tau}$ は独立な標準ウィーナー過程である. 式(5.3.3)を一般化した離散時間近似は, 式(5.3.2)では一定のスケール定数 σ の中に取り込まれている項を含めることで, 次のように記述される.

$$h_{t+1} = [1 - e^{-a\Delta g(t)}] b + e^{-a\Delta g(t)} h_t + \eta_t$$

ここで, $\Delta g(t)$ は連続する2時点のカレンダー時間間隔の操作的時間の変化であり, η_t は平均0, 分散 $c^2(1 - e^{-2a\Delta g(t)})/2a$ の正規分布に従う. $\Delta g(t) = 1$ であれば式(5.3.3)において明らかに $\phi = e^{-a}$ となる. 情報フローおよび $\Delta g(t)$ は直接的には観測不能であるため, カレンダー時間への写像の特定化はモデルの取り扱いを可能にするために必要となる. Ghysels and Jasiak (1994a) はスケール調整された指数関数 $g(t)$ を用いて, 過去の取引高や非対称レバレッジ効果を含む過去の価格変化等の観測値を結び付けている. この方法は Ghysels and Jasiak (1994b) において, 収益率と取引高の共変動のモデル化に, また Ghysels, Gouriéroux and Jasiak (1995b) においては, 強い季節性パターンをもつ日中間の高頻度データのモデル化に用いられている.

5.3.5.5 長期記憶性

Baillie, Bollerslev and Mikkelsen (1993) は GARCH のクラスを長期依存性を扱えるように拡張する方法を提案している. 彼らはモデルを分数和分 GARCH (FIGARCH) と呼んでいるが, その主な特徴は分数階差パラメータ, $(1-L)^d$ —— ただし L はラグ演算子 —— を条件付分散方程式の過去の2乗観測値のラグ構造に取り込んでいることである. しかしこのモデルは $d=0$ の場合にのみ定常で, 通常の GARCH となる. その後の論文で Bollerslev and Mikkelsen (1995) は Nelson (1991) モデルの一般化を検討し, $\log \sigma_t^2$ を過去の ε_t に関して分数階差を含んだ分布ラグでモデル化している. この FIEGARCH モデルは $|d| < 0.5$ のときに定常で反転可能である.

Breidt, Crato and de Lima (1993) および Harvey (1993) は h_t が分数和分ノイズ

$$h_t = \eta_t / (1-L)^d, \qquad \eta_t \sim NID(0, \sigma_\eta^2), \qquad 0 \le d \le 1 \tag{5.3.22}$$

により生成される SV モデルを提案している.

式(5.3.3)における AR(1) モデルと同様に, この確率過程はパラメータ空間の境界すなわち $d=0$ もしくは $d=1$ のときにはそれぞれホワイトノイズもしくはランダムウォークとなる. しかし $d<0.5$ のみ定常である. したがって定常から非定常へは AR(1) モデルとは異なった推移となる. AR(1) の場合には式(5.3.22)における自己相関が正となるように制約するのは妥当である. また, d が負の値であってもまったくかまわない. 実際 h_t が非定常である場合には階差を取ることにより, 定常「中間記憶 (intermediate memory)」過程となる. この場合は $-0.5 \le d \le 0$ である.

長期記憶 SV モデルの特性は5.3.2項の公式より得られる. h_t が $d=0.45$, $\sigma_h^2 = 2$ の長期記憶過程に従う場合の ACF と, h_t が AR(1) 過程で $\phi = 0.99$ の場合の ACF

の比較は Harvey (1993) に見られる．長期記憶性の顕著な特徴は自己相関が指数的ではなく双曲的に減衰する点を思い起こそう．これは実際のデータによく見られる特徴である (5.2.2.5 目を見よ)．長期記憶モデルにおいてはこの緩やかな自己相関の減衰はとても明瞭であり，実際 $\tau=1000$ とした場合でも長期依存過程の自己相関は依然として 0.14 の値をもつ．一方 AR 過程の場合はわずか 0.000013 であるにすぎない．長期依存の形状は Ding, Granger and Engle (1993, pp. 86-88) にほぼ合致している．

モデルは η_t が ARMA 過程に従う場合，もしくはボラティリティ方程式に他の要素を加えることで拡張することが可能である．

平滑化ならびにフィルタリングに関しては，既に述べたように状態空間アプローチは切断を含むために近似アプローチとなる．また状態ベクトルの長さからその取り扱いは面倒である．正確な平滑化ならびにフィルタリングは $\log y_t^2$ の線形推定量のクラスの中では最適であるが，それには $T\times T$ の大きさの $\log y_t^2$ の共分散行列を構成しその逆行列を計算することが必要となる．

5.4　連続時間モデル

5.2 節の終わりにおいて，離散時間 SV モデルに関する統計的モデリングの枠組を示し，5.3 節では特定の離散時間 SV モデルについて言及した．本節では連続時間モデルの動機づけを行うため，まず SV モデルに関する微分方程式と離散時間モデルの間における正確な (近似誤差のない) 関係がどのようになっているかを検討する．5.4.1 項では時間集計に関して閉じている統計モデルを通じてこの関係を検討し，① 高頻度離散時間から，より頻度の低いケースへ，② 連続時間から離散時間へ，という方向で考察を行う．次に 5.4.2 項では，連続時間モデルを用いてオプション価格決定ならびにヘッジングを検討し，スマイル効果といった特徴を説明する．SV オプション価格決定モデルの実装を行うには，連続時間ボラティリティ過程のフィルターおよび予測値として，離散時間 SV モデルもしくは ARCH モデルがしばしば必要となる．5.4.3 項で扱われるこのようなフィルターは一般的には連続時間 SV モデルの離散時間近似である (したがって，5.4.1 項で述べられるような正確な離散化ではない)．最後に，5.4.4 項は基本的モデルをいかに拡張するかを論じる．

5.4.1　離散時間から連続時間へ

本項の目的は離散時間ならびに連続時間 SV モデルの厳密な議論を行うことにある．まず SARV モデルクラスの枠組の中で時間集計を議論することより始め，GARCH モデルを含む特殊ケースに焦点を当てることとする．この話題は 5.4.1.1 目で述べる．次に連続時間 SV モデルの集計が離散時間表現となることに話題を移す．これが 5.4.1.2 目の課題である．

5.4.1.1　離散時間モデルの時間集計

AndersenのSARVモデルのクラスは，一般的な離散時間のパラメトリック統計モデルとして既に5.2.4項で紹介した．ここでは平均が0の場合すなわち，

$$y_{t+1}=\sigma_t\varepsilon_{t+1} \tag{5.4.1}$$

を考える．$\sigma_t^q, q=1,2$ はマルコフ過程 K_t の多項式関数 $g(K_t)$ であり，K_t は次の定常自己回帰表現に従うものとする．

$$K_t=\omega+\beta K_{t-1}+\upsilon_t \tag{5.4.2}$$

ただし $|\beta|<1$ で，以下を満たすものとする．

$$\mathrm{E}[\varepsilon_{t+1}|\varepsilon_\tau, \upsilon_\tau\tau\leq t]=0 \tag{5.4.3 a}$$

$$\mathrm{E}[\varepsilon_{t+1}^2|\varepsilon_\tau, \upsilon_\tau\tau\leq t]=1 \tag{5.4.3 b}$$

$$\mathrm{E}[\upsilon_{t+1}|\varepsilon_\tau, \upsilon_\tau\tau\leq t]=0 \tag{5.4.3 c}$$

式(5.4.3 a-c)の制約の意味するところは，υ がフィルトレーション $\mathcal{F}_t=\sigma[\varepsilon_\tau, \upsilon_\tau, \tau\leq t]$ に関してマルチンゲール階差列であることである[22]．さらに式(5.4.3 a-c)のモーメント条件が意味するのは，式(5.4.1)における ε が準強度の意味でホワイトノイズ過程，すなわち $\mathrm{E}[\varepsilon_{t+1}|\varepsilon_\tau, \tau\leq t]=0$ かつ $\mathrm{E}[\varepsilon_{t+1}^2|\varepsilon_\tau, \upsilon_\tau\tau\leq t]=1$ であり，Grangerの意味で υ への因果性はないことである[23]．5.2節の冒頭より，ある期間の連続複利収益率を連続時間過程の出発点としてきている．したがって，式(5.4.1)の y_{t+1} を $[t, t+1]$ 期間の資産価格過程 S_t の連続複利収益率

$$y_{t+1}=\log S_{t+h}/S_t \tag{5.4.4}$$

とすることとしよう．

観測頻度の単位時間間隔はかなりの程度で任意であるから，式(5.4.1)から式(5.4.3)で定義されるSVモデルが(所与の q および関数 g に対し)時間集計に関して閉じていることが望まれる．収益率はフロー変数であるので，時間集計に関して閉じているということは，任意の整数 m に対し

$$y_{tm}^{(m)}\equiv\log S_{tm}/S_{tm-m}=\sum_{k=0}^{m-1}y_{tm-k}$$

が，適切に調整したパラメータ値を含む q と g を選択すれば依然として式(5.4.1)から式(5.4.3)で記述されるモデルのタイプとなっていることを要請している．本節の分析はMeddahi and Renault (1995)による．彼らはSVモデルの時点集計に関し，とくに $\sigma_t^2=K_t$，すなわち $q=2$ かつ g が恒等関数の場合において詳細に検討を行っている．これはDrost and Werker (1994)によるいわゆる連続時間GARCHアプローチと関連がある．したがって式(5.4.1)は，

$$\sigma_t^2=\omega+\beta\sigma_{t-1}^2+\upsilon_t \tag{5.4.5}$$

と関連付けられる．

22　式(5.2.42)すなわち $\upsilon_t=[\gamma+aK_{t-1}]\tilde{u}_t$ と記述される分解を用いていないことに注意せよ．

23　ここで考えている ε_t に関するGrangerの非因果性は，仮定5.2.3.2 Aよりも緩いものである点に注意せよ．というのは非因果性の仮定は条件付2次モーメントまでにしか適用されていないからである．

式 (5.4.3 a-c) の条件付モーメント条件が成立するのであれば，このモデルは時間集計に関して閉じている．たとえば $m=2$ とすれば，

$$y_{t+1}^{(2)}=y_{t+1}+y_t=\sigma_{t-1}^{(2)}\varepsilon_{t+1}^{(2)}$$

で，

$$(\sigma_{t-1}^{(2)})^2=w^{(2)}+\beta^{(2)}(\sigma_{t-3}^{(2)})^2+\upsilon_{t-1}^{(2)}$$

となる．ここで，

$$\begin{cases} w^{(2)}=2\omega(1+\beta) \\ \beta^{(2)}=\beta^2 \\ \upsilon_{t-1}^{(2)}=(\beta+1)[\beta\upsilon_{t-2}+\upsilon_{t-1}] \end{cases}$$

である．

さらに指摘しておきたいのは，レバレッジ効果が集計された段階で現れる場合，すなわち，$\varepsilon_{t-1}^{(2)}=(y_{t-1}+y_{t-2})/\sigma_{t-3}^{(2)}$ とするとき，

$$\mathrm{Cov}[\upsilon_{t-1}^{(2)},\ \varepsilon_{t-1}^{(2)}]\neq 0$$

である場合は，集計されない場合においても必ずレバレッジ効果が現れる，すなわち $\mathrm{Cov}(\upsilon_t,\ \varepsilon_t)\neq 0$ となるということである．

一般的な場合において，Meddahi and Renault (1995) は条件付モーメント条件 (5.4.3 a-c) を満たす式 (5.4.5) のモデルは時間集計に関して閉じていることを示している．この結果を基に，GARCH の時間集計に関する Drost and Nijman (1993) の研究結果と比較を行うことは興味深い．Maddahi and Renault (1995) と Drost and Nijman (1993) の関連を考えることを通じて，GARCH モデルにおけるレバレッジ効果の問題を明らかにする．実際，一般に信じられているのとは逆に，GARCH 過程には，レバレッジ効果による制約が見出される．さらに Meddahi and Renault の結果から，弱 (weak) GARCH 過程のクラスがある種の SV モデルを包含していることがわかる．

時間集計に関して閉じている GARCH 過程のクラスをみつけるため，Drost and Nijman (1993) は GARCH の定義を緩めた．σ_t の正値定常過程

$$\sigma_t^2=\omega+ay_{t-1}^2+b\sigma_{t-1}^2 \tag{5.4.6}$$

ただし，$a+b<1$ を考える．ここで，以下を定義する．

- y_{t+1}/σ_t が iid であり，平均 0，分散 1 の分布に従うとき，これを強 (strong) GARCH と呼ぶ．
- $\mathrm{E}[y_{t+1}|y_\tau,\ \tau\leq t]=0$ かつ $\mathrm{E}[y_{t+1}^2|y_\tau,\ \tau\leq t]=\sigma_t^2$ のとき，これを準強 (semi-strong) GARCH と呼ぶ．
- $\mathrm{EL}[y_{t+1}|y_\tau,\ y_\tau^2,\ \tau\leq t]=0$ かつ $\mathrm{EL}[y_{t+1}^2|y_\tau,\ y_\tau^2,\ \tau\leq t]=\sigma_t^2$ のとき，これを弱 (weak) GARCH と呼ぶ[24]．

24　L^2 の任意のヒルベルト空間 H において，$\mathrm{EL}[x_t|z,\ z\in H]$ は，1 と $z\in H$ に基づく x_t の最良線形予測量である．強 GARCH 過程は準強 GARCH 過程であり，また準強 GARCH 過程は弱 GARCH 過程である．

Drost and Nijman は，弱 GARCH 過程が時間集計に関して閉じていることを示し，その係数に関する明示的な公式を与えることに成功した．5.2.4 項において，ボラティリティ過程に確率的要素が含まれない場合には SARV モデルの枠組が GARCH 過程を包含することを既に述べた．本特性により，上で定義した弱 GARCH 過程が実際より一般的な SV 過程を包含することを示すことができる．この点は従来の GARCH 過程では語られることのなかった点である．Meddahi and Renault (1995) に従えば，この議論は，以下に示すように，υ_t と y_t^2 の相関の値によって式 (5.4.3) および (5.4.5) により定義されるモデルの分類が行われなければならないことを示唆している．

(a) **完全相関のモデル**：この第 1 のクラスを C_1 で表すと，それは $(\varepsilon_\tau, \upsilon_\tau, \tau \leq t)$ で条件付けた場合の υ_t と y_t^2 の間の線形相関によって特徴づけられ，これは式 (5.4.5) において，1 もしくは −1 のどちらかの値を取る．

(b) **完全相関でないモデル**：この第 2 のクラスを C_2 で表すと，上記の条件付相関が絶対値で，1 より小さい．

C_1 のクラスはすべての準強 GARCH 過程を含む．実際 C_1 のクラスで $\mathrm{Var}[y_t^2|\varepsilon_t, \upsilon_t, \tau<t]$ が $\mathrm{Var}[\upsilon_t|\varepsilon_\tau, \upsilon_{\tau'}, \tau<t]$ に比例する場合は常に準強 GARCH 過程に属する．したがって，準強 GARCH 過程は，① 式 (5.4.3) の制約を受ける，② C_1 のクラスであって完全な条件付相関をもつ，③ 条件付尖度のダイナミクスに関する制約をもつ[25]，という式 (5.4.5) のモデルである．

次の 2 つの仮定を考えることとしよう．

【仮定 5.4.1.1】 以下の 2 つの条件付期待値は 0 である．

$$\mathrm{E}[\varepsilon_t \upsilon_t | \varepsilon_\tau, \upsilon_\tau \tau < t] = 0 \tag{5.4.7 a}$$

$$\mathrm{E}[\varepsilon_{t+1}^3 | \varepsilon_\tau, \upsilon_\tau \tau \leq t] = 0 \tag{5.4.7 b}$$

この仮定は，レバレッジ効果がないことに対応している．後者の式は条件付共分散の意味で定義されており，5.2.4.1 目で議論した瞬時因果性の考え方を取り込もうとしており，ここでは弱ホワイトノイズの枠組で適用されている[26]．さらに注意しておきたいのは，式 (5.4.7 a) および (5.4.7 b) は確率過程が C_1 のクラスに属さない場合には一般に等価ではない．

C_2 のクラスは不完全相関によりボラティリティ過程に固有な確率変動を許容する．しかしこのボラティリティに固有な確率変動があるにもかかわらず，仮定 5.4.1.1 のもとでは，C_2 に属するクラスは弱 GARCH の定義を満たすことが示される．さらに，式 (5.4.3 a-c)，(5.4.5)，(5.4.7 a-b) および仮定 5.4.1.1 を満たす SV モデルはすべて弱 GARCH 過程である．実際式 (5.4.7 a-b) で表される対称性の仮定を満たす

[25] 実際，Nelson and Foster (1994) は通常よく用いられる ARCH モデルは条件付分散の分散が σ_t^4 と線形に比例することを示している．このことが，連続時間 SV モデルを ARCH モデルで近似する際の障害となっている．

[26] 式 (5.4.7 b) の条件付期待値は ε_t と ε_t^2 の間の条件付共分散と考えることができる．この条件付共分散の値が非ゼロである場合には，GARCH モデルにおいてレバレッジ効果を生み出す．

場合もしくは，GARCH におけるレバレッジ効果に制約を加えることにより（さらに式(5.4.3 a-c)で表される条件付モーメント制約のもとで），$\mathrm{EL}[y_{t+1}^2|y_\tau, y_\tau^2, \tau \leq t] = \sigma_t^2$ となる．また，この場合には，Drost and Nijman (1993) が見出したように，いわゆる対称弱 GARCH(1, 1) と呼ばれるクラスでは時間集計に関して閉じていることがわかる．したがって，弱 GARCH(1, 1) 過程のクラスは，式(5.4.3) および (5.4.5) を満たす確率過程のサブクラスとみなすことができる[27]．

5.4.1.2　連続時間モデルの時間集計

議論をより明確にするため，式(5.2.26)の一般的な連続時間モデルの特殊モデルとしてドリフト項を 0 とした次の式を考える．

$$d \log S_t = \sigma_t dW_t \tag{5.4.8 a}$$

$$d\sigma_t = \gamma_t dt + \delta_t dW_t^\sigma \tag{5.4.8 b}$$

$$\mathrm{Cov}(dW_t, dW_t^\sigma) = \rho_t dt \tag{5.4.8 c}$$

ここで，確率過程 σ_t, γ_t および ρ_t は $\mathrm{I}_t^\sigma = [\sigma_\tau ; \tau \leq t]$ 適合過程である．σ_t が非負過程であることを保証するため，通常は次の 2 つの戦略のどちらかが取られる．すなわち，① $\log \sigma_t^2$ の拡散過程を考える，もしくは ② σ_t^2 を CEV 過程（すなわち Cox (1975) および Cox and Ross (1976) による，分散弾性値一定過程）として捉える[28]．前者はオプション価格決定の文献によく見られ（たとえば Wiggins (1987) を見よ），EGARCH を提唱した Nelson (1991) のモデルや Taylor (1986) による対数正規 SV モデルと密接に関連している．一方後者の CEV 過程は次のように書くことができる．

$$d\sigma_t^2 = k(\theta - \sigma_t^2)dt + \gamma(\sigma_t^2)^\delta dW_t^\sigma \tag{5.4.9}$$

ここで，$\delta \leq 1/2$ とすることで，σ_t^2 が非負値となり，かつ定常過程であることが保証される．式(5.4.9)は，第 5.2.4 項で紹介した離散時間 SARV モデルのクラスの連続時間版と考えることができる．このように見ることによって，前目の仮定 5.4.1.1 の議論とのつながりを確立するとともに，連続時間 SV モデルの厳密な離散化ももたらされる．ここでは，前目で述べたように，GARCH モデルのクラスとの比較を行うこととしよう．とくに Drost and Werker (1994) により提案された拡散過程を弱 GARCH 過程の時間集計と関連付けることとする．

まず，式(5.4.9)の CEV 過程は離散時間において σ_t^2 に関する自己回帰モデルとなることに注意する．すなわち，

$$\sigma_{t+\Delta t}^2 = \theta(1 - e^{-k\Delta t}) + e^{-k\Delta t}\sigma_t^2 + e^{-k\Delta t}\int_t^{t+\Delta t} e^{k(u-t)}(\sigma_u^2)^\delta dW_u^\sigma \tag{5.4.10}$$

Meddhahi and Renault (1995) は式(5.4.9) およびその離散化 (5.4.10) がボラティ

---

[27] 前にも指摘したように，式(5.4.3) および (5.4.5) を満たす確率過程のクラスは時間集計に関して閉じている．これは仮定 5.4.1.1 を満たさないレバレッジ効果をもつ確率過程を含む．

[28] 非負性を保証しない σ_t の過程を特定化している場合も散見される．計算を容易にするために，たとえば σ_t もしくは σ_t^2 に対して Ornstein-Uhlenbeck 過程を想定する人もいるようである（たとえば Stein and Stein (1991) を見よ）．

リティを決定するならば，離散時間確率過程 $\log S_{t+(k+1)\Delta t}/S_{t+k\Delta t}$, $k\in\boldsymbol{Z}$ は式(5.4.3 a-c)および(5.4.5)のモデル制約を満たすSV過程であることを明らかにした．したがって式(5.4.9)の拡散過程から，前目で論じたような時間集計に関して閉じている離散時間SVモデルのクラスが得られる．より特殊な例として，たとえば $\Delta t=1$ である場合を考えると，それは式(5.4.10)から以下のようになる．

$$y_{t+1}=\log S_{t+1}/S_t=\sigma_t^{(1)}\varepsilon_{t+1}$$
$$(\sigma_t^{(1)})^2=w+\beta(\sigma_t^{(1)})^2+v_t \tag{5.4.11}$$

ここで，式(5.4.10)より，

$$\begin{cases}\beta=e^{-k},\ w=\theta(1-e^{-k})\\ v_{t+1}=\left(\dfrac{1-e^{-k}}{k}\right)e^{-k}\displaystyle\int_t^{t+1}e^{k(u-t)}\gamma(\sigma_u^2)^\delta W_u^\sigma\end{cases} \tag{5.4.12}$$

重要なのは，連続時間モデルにおいてレバレッジ効果が存在しない，すなわち式(5.4.8 c)において $\rho_t=0$ となるから，低頻度の場合でもそのような効果が存在せず，仮定5.4.1.1の2つの対称性条件を式(5.4.12)は満たしているということである．これは，Drost and Werker (1994)の時間集計に関する結果を説明するものとなっているが，より一般的に，レバレッジ効果をもつ離散時間SVモデルはレバレッジ効果をもつ連続時間SVモデルの正確な離散化にもなっていると解釈できる．

5.4.2　オプション価格決定およびヘッジング

5.4.2.1目では，SV構造をもつ基本的なオプション価格決定モデル，すなわち5.2節で述べたHull-Whiteモデルを説明する．これまで十分に説明してきたので，その理論的基礎を厳密に考察することとしよう．実務的な意味付けは5.4.2.2目で述べ，5.4.2.3目では基本モデルをいくらか拡張することにする．

5.4.2.1　基本的なオプション価格式

再び時点 $t+h=T$ で満期となるヨーロピアンオプション契約の価格式である式(5.2.10)を考える．5.2.1.2目で述べたように，連続かつ摩擦のない取引を想定する．さらに原資産と無リスク債券の取引からの裁定利益はなく，金利は非確率的であり式(5.2.12)で定義される $B(t,T)$ は T 時点で満期となる割引債の時点 t における単位当たり価格を表す．確率空間 $(\Omega,\mathcal{F},P)$ は原資産価格過程 S の基本空間であり，以下のように記述されるとする．

$$dS_t/S_t=\mu(t,S_t,U_t)dt+\sigma_t dW_t^S$$
$$\sigma_t{}^2=f(U_t)$$
$$dU_t=a(t,U_t)dt+b(t,U_t)dW_t^\sigma \tag{5.4.13}$$

ここで，$W_t=(W_t^S,W_t^\sigma)$ は $(\Omega,\mathcal{F},P)$ 上で定義される2次元標準ブラウン運動(W_t^S および W_t^σ は独立で平均は0，分散は1)である．f はボラティリティ関数と呼ばれ，1対1関数と仮定する．この枠組では(適切な正則条件のもとで)，「フリー・ランチ」の非存在の仮定が $(\Omega,\mathcal{F})$ 上の P と同値な確率分布 Q の存在と同値となり，そのもとでの割引価格過程はマルチンゲールとなる (Harrison and Kreps (1979) を見よ)．このような確率は同値マルチンゲール測度と呼ばれ，市場が完備である場合には一意に決定される (Harrison and Pliska (1981) を見よ)[29]．積分形式によるマルチンゲール表現から (Karatzas and Shreve (1988), p. 184 を見よ)，P と同値な任意の確率測度 Q に関する (正の) 密度過程は次のように記述することができる．

$$M_t=\exp\left[-\int_0^t \lambda_u^S dW_u^S-\frac{1}{2}\int_0^t (\lambda_u^S)^2 du-\int_0^t \lambda_u^\sigma dW_u^\sigma-\frac{1}{2}\int_0^t (\lambda_u^\sigma)^2 du\right] \quad (5.4.14)$$

ここで，確率過程 λ^S および λ^σ はフィルトレーション $\sigma_t=\sigma[W_\tau, \tau\leq t], t\geq 0$ に対する適合過程であり，(確率測度 1 で) 次の可積分条件を満たすものとする．

$$\int_0^t (\lambda_u^S)^2 du<+\infty,\ \text{および},\ \int_0^t (\lambda_u^\sigma)^2 du<+\infty$$

ギルサノフの定理より，$\widetilde{W}=(\widetilde{W}^S, \widetilde{W}^\sigma)'$ の確率過程は次のように定義され，

$$\widetilde{W}_t^S= W_t^S+\int_0^t \lambda_u{}^S du,\ \text{および},\ \widetilde{W}_t^\sigma= W_t^\sigma+\int_0^t \lambda_u^\sigma du \quad (5.4.15)$$

は Q のもとで 2 次元ブラウン運動となる．Q のもとでの原資産価格ダイナミクスは式 (5.4.13) および (5.4.15) から直接的に与えられる．さらに割引価格過程 $S_tB(0, t), 0\leq t\leq T$ は式 (5.2.11) で定義された r_t に対し，

$$\lambda_t^S=\frac{\mu(t, S_t, U_t)-r_t}{\sigma_t} \quad (5.4.16)$$

である場合にのみ Q-マルチンゲールとなる．

S のみが取引されている資産であるため，λ^σ の確率過程は固定されない．式 (5.4.16) で定義された λ^S の確率過程は資産リスク・プレミアムと呼ばれる．同様に必要な可積分条件を満たす λ^σ の任意の確率過程は，ボラティリティ・リスク・プレミアムと呼ばれ，任意の λ^σ に対し式 (5.4.14) の密度過程 M で定義される確率 $Q(\lambda^\sigma)$ は同値マルチンゲール測度となる．したがって，所与のボラティリティ・リスク・プレミアム過程 λ^σ のもとで，

$$C_t^{\lambda^\sigma}=B(t, T)\mathrm{E}_t^{Q(\lambda^\sigma)}[\mathrm{Max}[0, S_T-K]], \qquad 0\leq t\leq T \quad (5.4.17)$$

はヨーロピアンコールオプションの許容可能な価格過程となる[30]．

Hull and White のオプション価格決定モデルは同値マルチンゲール測度に制約を加える次の仮定に基づいている．

【仮定 5.4.2.1】 ボラティリティ・リスク・プレミアム λ_t^σ はボラティリティ過程の現在値 $\lambda_t^\sigma=\lambda^\sigma(t, U_t), \forall t\in[0, T]$ のみに依存する．

この仮定は，経済主体が時間分離的な等弾力性効用関数に従う選好をもつ異時点間均衡モデルと整合的である (He (1993) および Pham and Touzi (1993) を見よ)．これによって，$\widetilde{W}^S$ と $\widetilde{W}^\sigma$ は独立であることが保証され，$\mathcal{F}_t$ およびボラティリティ・パス

29　ここでは市場は (オプション価格決定を考える以前に) 非完備であると考えられ，1 組の等価マルチンゲール測度を特徴付ける必要がある．

30　$\mathrm{E}_t^Q(\cdot)=\mathrm{E}^Q(\cdot|\mathcal{F}_t)$ は価格のダイナミクスが Q で記述されるとき，情報集合 $\mathcal{F}_t$ を所与としたときの条件付期待値を取る演算子である．

$(\sigma_t, 0\leq t\leq T)$ で条件付けた $\log(S_T/S_t)$ の分布 $Q(\lambda^\sigma)$ は正規分布であり，その平均は $\int_t^T r_u du-(1/2)\gamma^2(t, T)$，分散は $\gamma^2(t, T)=\int_t^T \sigma_u{}^2 du$ となる．仮定5.4.2.1のもとで，ボラティリティ・パスの条件付きの式(5.4.17)の期待値は計算可能であり，次のようになる．

$$C_t^{\lambda\sigma}=S_t \mathrm{E}_t^{Q(\lambda\sigma)}[\phi(d_{1t})-e^{-x_t}\phi(d_{2t})] \tag{5.4.18}$$

ここで，記法は式(5.2.20)と同一である．文献に見られるオプション価格決定公式の多くが式(5.4.18)のような共通の特徴をもっており，ボラティリティ・パラメータの非同質的な分布に関して Black-Scholes 価格の期待値を取っていることに注意しよう(この点に関するより厳密な議論については，Renault (1995) を見よ)．

5.4.2.2　Hull-White モデルを用いた価格決定およびヘッジング

(S, σ) がマルコフ性をもつことにより，式(5.4.18)で表されたオプション価格は現在の原資産価格とボラティリティにのみ依存する．さらに，緩い正則条件のもとで，価格評価式は微分可能である．そのため確率的に分散が変動するという枠組の中でヘッジングに関する問題を解く通常の方法は，所与のあるオプション価格 C_t^1 および他の任意のオプション価格 C_t^2 が与えられたもとで，$\varDelta_t^*$ 単位の原資産および $\sum_t^*$ 単位のオプションを用いて，以下のヘッジ比率を求めることに帰着する．

$$\begin{cases}\partial C_t^1/\partial S_t-\varDelta_t^*-\sum_t^*\partial C_t^2/\partial S_t=0\\ \partial C_t^1/\partial\sigma_t-\sum_t^*\partial C_t^2/\partial\sigma_t=0\end{cases} \tag{5.4.19}$$

デルタ-シグマヘッジ戦略と呼ばれるこの方法は Scott (1991) により研究された．任意のヨーロピアンオプションにより市場は完備となる，すなわち $\partial C_t^2/\partial\sigma_t\neq 0, 0\leq t\leq T$ であることを示すことにより，Bajeux and Rochet (1992) は式(5.4.19)のデルタ-シグマヘッジ問題に一意な解が存在することおよび，利用可能な情報 I_t に過去の値 (S_t, σ_t), $\tau\leq t$ が含まれることを正当化した．実際オプション・トレーダーは原資産価格の変動に伴うリスクに焦点を絞り，不完全なヘッジ戦略 $\sum_t=0$, $\varDelta_t=\partial C_t^1/\partial S_t$ を考えている．その結果，式(5.4.18)の Hull-White オプション価格決定式は直接的に $\varDelta_t$ の理論値を次のように与える．

$$\varDelta_t=\partial C_t^{\lambda\sigma}/\partial S_t=\mathrm{E}_t^{Q(\lambda\sigma)}\phi(d_{1t}) \tag{5.4.20}$$

この理論値は実際には利用することが困難である．その理由は，①(σ_t で集約された) I_t を所与とした d_{1t} の条件付確率分布 $Q(\lambda^\sigma)$ がわかったとしても，式(5.4.20)で与えられた期待値の導出は計算時間がかかる，② 条件付確率は σ_t を所与とした場合の $\gamma^2(t, T)=\int_t^T\sigma_u^2 du$ の条件付確率分布に直接関連し，それはさらに潜在変数 σ_t の従う確率過程のパラメータを自明でない形で含んでいる，といったことによる．さらにはこれらのパラメータはリスク中立的確率 $Q(\lambda^\sigma)$ のもとで，σ_t を所与とした $\gamma^2(t, T)$ の条件付確率分布のパラメータである．これは一般にはデータ生成過程の確率 P とは異なる．したがって，統計的推測の問題はきわめて複雑である．5.5節において議論する，原資産ならびに(オプション価格決定モデルを利用した)オプション価格の両方を含めるシミュレーションをベースとした推測方法が，ある程度満足のいく結果を与えるのみであろう.

それにもかかわらず，BS モデルによる特定化が誤りであるとわかっているとした場合でもこのような複雑性を回避する実際的な方法は Black–Scholes モデルを用いることである．実際，オプション・トレーダーは現資産価格の時系列データを基に推定されたボラティリティ・パラメータを BS モデルに代入しても，そこからから十分正確なオプション価格やヘッジ比率が得られないことを知っている．しかし，式(5.2.23)の Black–Scholes インプライド・ボラティリティは BS モデルによる価格決定やヘッジ特性を改善するのに有効であることも知られている．このことから次の 2 つの問題が発生する．すなわち，①(ボラティリティが一定であると仮定されている) BS モデルと，明らかに時変的・確率的性質をもつ BS インプライド・ボラティリティを同時に利用することにより論理矛盾は起きないのか，② オプション価格誤差のパネルデータ構造をどのように利用するか，という点である[31].

最初の問題に関しては，5.2 節において Hull–White オプション価格決定モデルが実際の価格決定に関する理論的な基礎付けを与えているとみることができる．ヘッジに関する問題およびオプション価格誤差のパネル構造は，Renault and Touzi (1992) および Renault (1995) により詳細に研究されている.

5.4.2.3 スマイルかスマークか

5.2.2 項で述べたように，スマイル効果は現在ではよく知られた観察事実である．さらには多少の差はあれ非対称的である (いわゆる歪みの効果) ことからスマイルは場合によってはスマーク (smirk) となる．5.2 節において，スマイル/スマーク効果に関する説明は厳密な証明というよりはむしろその誘惑的な類似性に基づいていることが多いことを指摘した.

著者らの知る限りでは，① Hull and White のオプション価格決定式が対称なスマイル効果を説明することを最初にきちんと示したのは Renault and Touzi (1992) である，② マイクロストラクチャーモデルを利用することで，スマイル/スマーク効果が流動性の問題 (スマイル曲線の上側すなわち，もっとも高価なオプションの流動性がもっとも低い) によっても説明可能であるということが Platten and Schweizer (1994) により最初に示されている．③ 原資産価格過程の確率分布に見られる非対称性 (レバレッジ効果，非正規性など) が観測されるスマイルの歪みを捉えうることのきちんとした証明はまだない，というのが現状である．観察される歪みを説明する別の試みが Renault (1995) により行われている．彼は BS インプライド・ボラティリティを求めるために用いられる原資産価格 $\widetilde{S}_t$ とオプション・トレーダーの考える株価 S_t の間の差がスマイルの歪みを生成する可能性があることを示した．このような $\widetilde{S}_t$ と S_t の非同時性はビッド-アスク・スプレッド，2 つの市場間の非同時取引，レバレッジ効果の予測戦略等に関連している可能性がある.

---

31 BS 式と観察されるオプションの市場価格を等しくすることで得られる σ の値は日時 t，権利行使価格 K，残存日数 $(T-t)$ に大きく依存しており，このことからデータがパネル構造となる.

最後に，Gouriéroux, Monfort and Tenreiro (1994) および Ait-Sahalia, Bickel and Stoker (1994) らが BS インプライド・ボラティリティをいくつかの状態変数のノンパラメトリック関数で新たな説明を試みていることを指摘しておこう．たとえば，Gouriéroux, Monfort and Tenreiro (1995) は以下のノンパラメトリック・モデルが当てはまりがよいことを見出している．

$$\sigma_t(S_t, K) = a(K) + b(K)(\log S_t/S_{t-1})^2$$

通常指摘されているスマイル効果は切片 $a(K)$ から直接的に観測される．また逆スマイル効果は履歴依存効果のパラメータ $b(K)$ に現れる．アメリカンオプションに対する別のノンパラメトリック・アプローチは Broadie, Detemple, Ghysels and Torrès (1995) により試みられており，ボラティリティ以外にオプションの権利行使境界が得られている[32]．

5.4.3　フィルタリングおよび離散時間近似

5.3.4.3 目において，ARCH モデルのクラスは離散時間データから (連続時間) 条件付分散過程を抽出するフィルターとして考えられることを述べた．この問題を扱っているものとしては，Nelson (1990, 1992, 1995a, b) および Nelson and Foster (1994, 1995) 等いくつかの論文がある．Nelson の先駆的な業績の 1 つは，その 1990 年の論文において，過去の (2 乗) 収益率の関数としてボラティリティをモデル化する ARCH モデルが，5.4.1.2 目で述べた $\log \sigma_t^2$ もしくはある CEV 過程の拡散過程に弱収束するというものである．とくに，時間間隔を $\Delta t = h$ とし，条件付分散方程式のパラメータを $\omega_h = h\omega$, $\alpha_h = \alpha(h/2)^{1/2}$, $\beta_h = 1 - \alpha(h/2)^{1/2} - \theta h$，また条件付平均を $\mu_h = hc\sigma_t^2$ とした場合の GARCH (1, 1) モデルは，式 (5.4.8 a) を $\delta = 1$ とした式 (5.4.9) と組み合わせた拡散過程にきわめて類似したもの，すなわち，

$$d \log S_t = c\sigma_t^2 dt + \sigma_t dW_t$$
$$d\sigma_t^2 = (\omega - \theta\sigma_t^2)dt + \sigma_t^2 dW_t^\sigma$$

に収束することを示した．

同様に，AR (1)-EGARCH (1, 1) モデルは $\ln \sigma_t^2$ の Ornstein-Uhlenbeck 過程

$$d \ln \sigma_t^2 = \alpha(\beta - \ln \sigma_t^2)dt + dW_t^\sigma$$

に弱収束することも示している．

したがって，ARCH モデルの確率極限から得られる連続時間確率差分方程式はもはや ARCH モデルではなく SV モデルであるという洞察が得られる．さらに，Nelson (1992) は，モデルの特定化を誤った場合においても，連続時間ボラティリティを抽出することに関しては望ましい特性を保持していることが解明している．その議論は，誤って特定化された多くの ARCH モデルに対し，観測間隔を適切なオーダーで 0 に近づけると，ARCH フィルターによるボラティリティ推定値と真のボラティリ

32　ノンパラメトリック・ヘッジ法の利用とスマイル効果に関しては，Bossaerts and Hillion (1995) も見よ．

ティ過程との差は，0に概収束するというものである．たとえば，パラメータ ω_h, α_h および β_h を上記のようにした場合，GARCH (1, 1) モデルによるボラティリティの推定値 $\hat{\sigma}_t^2$ は次のように与えられる．

$$\hat{\sigma}_t^2=\omega_h(1-\beta_h)^{-1}+\sum_{i=0}^{\infty}\alpha_h\beta_h^i y_{t-h(i+1)}^2$$

ここで，$y_t=\log S_t/S_{t-h}$ である．本フィルターは式 (5.3.14) の特殊ケースと考えることが可能である．GARCH (1, 1) モデルや他の多くのモデルは，時点 t に近い過去の2乗収益率のラグ多項式を用いることで，効率的に σ_t の一致推定値を得ているのである．

誤って特定化された多くの ARCH モデルが高頻度データから σ_t を正しく抽出するという事実は，フィルターの効率性に関して疑問を投げかけている．この疑問に対する答えは Nelson (1995a, b) および Nelson and Foster (1994, 1995) により与えられている．5.3.4 項では，線形状態空間モデルにカルマンフィルターを適用することが，σ_t を抽出する (次善的) な方法であることを述べた．Nelson and Foster (1994) は漸近的に最適な線形カルマンフィルターは基準化推定誤差 $h^{-1/4}[\ln(\hat{\sigma}_t^2)-\ln\sigma_t^2]$ に対する漸近分散が $\lambda Y(1/2)^{1/2}$ に等しいことを示している．ただし $Y(x)=d[\ln\boldsymbol{\Gamma}(x)]/dx$ で，λ はスケール因子．また，EGARCH に密接に関連した次のモデル

$$\begin{aligned}\ln(\hat{\sigma}_{t+h}^2=\ln(\hat{\sigma}_t^2)+\rho\lambda(S_{t+h}-S_t)\hat{\sigma}_t^{-1}\\ +\lambda(1-\rho^2)^{1/2}[\boldsymbol{\Gamma}(1/2)^{1/2}\boldsymbol{\Gamma}(3/2)^{1/2}|S_{t+h}-S_t|\hat{\sigma}_t^{-1}-2^{-1/2}]\end{aligned}$$

は漸近的に最適な ARCH フィルターであり，基準化推定誤差の漸近分散は $\lambda[2(1-\rho^2)]^{1/2}$ となる，ただし，ρ はレバレッジ効果のパラメータである．これらの結果は，もっとも効率的な次善カルマンフィルターと最適な ARCH フィルターの差は相当大きくなりうることを示唆している．フィルタリング以外にもわれわれは平滑化や予測も扱わなければならないが，(誤って特定化された) ARCH モデルの予測特性は Nelson and Foster (1995) により研究されている．Nelson (1995) は平滑化フィルターを研究するに当たって ARCH モデルを1歩先に進めて取り上げている．すなわち，過去の2乗収益率のみならず将来の実現値，すなわち式 (5.3.14) において，$r=t-T$ とした ARCH モデルの振舞いを考察しているのである．

5.4.4 長期記憶性

連続時間 SV モデルにおける長期記憶性に関する簡単な議論で本節を締めくくる．その目的は高頻度金融時系列データならびに (長期) オプションの価格決定に適している連続時間長期記憶確率的ボラティリティ・モデルを構築することである．長期記憶型モデルを用いる理由は 5.2.2 項および 5.3.5.5 目で述べた．連続時間における長期記憶性を考えることの長所は，短期ならびに長期のダイナミクスを支配するパラメータのより構造的な解釈を与える可能性があることである．最初の項では分数次数ブラウン運動を定義する．次に分数和分 SV モデルに関心を移し，続く項ではフィル

タリングならびに離散時間近似について述べる．

5.4.4.1 分数次数ブラウン運動に関する確率積分

本目では，連続時間における分数和分および長期記憶性のいくつかの定義ならびに特性を述べる．この研究はたとえばComte and Renault (1993) により包括的に行われている．次の1変量確率過程を考える．

$$x_t = \int_0^t a(t-s)dW_s \tag{5.4.21}$$

このような確率過程は2次平均の意味で次の定常過程と漸近的に等価である．

$$y_t = \int_{-\infty}^t a(t-s)dW_s \tag{5.4.22}$$

ただし，$\int_0^{+\infty} a^2(x)dx < +\infty$ とする．この確率過程は，$|\alpha| < 1/2$ に対して $a(x) = x^\alpha \tilde{a}(x)/\boldsymbol{\Gamma}(1+\alpha)$ であり，$\tilde{a}$ は $[0, T]$ 上で連続微分可能である場合に分数和分過程と呼ばれる．ここで $\boldsymbol{\Gamma}(1+\alpha)$ は規準化因子であり，$[0, T]$ 上の分数微分演算子を基準化するのに用いられる．この過程は他の表現が可能であり，とくに次のように書くことが可能である．

$$x_t = \int_0^t c(t-s)dW_{\alpha s}, \qquad W_{\alpha t} = \int_0^t \frac{(t-s)^\alpha}{\boldsymbol{\Gamma}(1+\alpha)}dW_s \tag{5.4.23}$$

ここで，W_α はいわゆる次数 α の分数次数ブラウン運動である (Mandelbrot and Van Ness (1968) を見よ)．

関数 a と c は1対1に関係する．W_α はセミマルチンゲールではないが (たとえば Rogers (1995) を見よ)，W_α に関する確率積分は適切に定義される．x_t が長期記憶性をもつのは，次の条件が成立する場合である．

$$\lim_{x \to +\infty} x\tilde{a}(x) = a_\infty, \qquad 0 < \alpha < 1/2,\ \text{および},\ 0 < a_\infty < +\infty \tag{5.4.24}$$

たとえば，

$$dx_t = -kx_t dt + \sigma dW_{\alpha t}, \qquad x_t = 0, \qquad k > 0, \qquad 0 < \alpha < 1/2 \tag{5.4.25}$$

が一例であり，この解は次のように与えられる．

$$x_t = \int_0^t (t-s)^\alpha (\boldsymbol{\Gamma}(1+\alpha))^{-1} dx_t^{(\alpha)} \tag{5.4.26 a}$$

$$x_t^{(\alpha)} = \int_0^t e^{-k(t-s)} \sigma dW_s \tag{5.4.26 b}$$

$x_t^{(\alpha)}$ は x_t の α 次の微分であり，それは通常の確率微分方程式 $dz_t = -kz_t dt + \sigma dW_t$ の解であることに注意されたい．

5.4.4.2 分数次数 SV モデル

5.3.5.5目で述べたFIEGARCHモデルおよび対数正規SVモデルを分数次数へ拡張したモデルとの比較を詳細に行うため，次の分数次数SVモデルを考える (以降FSVと略記する)．

$$dS_t/S_t = \sigma_t dW_t \tag{5.4.27 a}$$

$$d \log \sigma_t = -k \log \sigma_t dt + \gamma dW_{\alpha t} \tag{5.4.27 b}$$

ここで，$k>0, 0\leq\alpha<1/2$ である．α が非ゼロであるならば，分数指数 α はボラティリティ過程の規則性にある程度の自由度が与えられたこととなる．すなわち，α の値が大きいほどボラティリティ過程のパスはより滑らかとなる．σ の自己共分散関数を $r_\sigma(\cdot)$ とすると，次のようになる．

$$\alpha>0\Rightarrow(r_\sigma(h)-r_\sigma(0))/h\to 0 \quad \text{as} \quad h\to 0$$

これは，高頻度データに典型的な，ほぼ和分された系列であると誤って解釈されることが多い．たとえば，

$$r_\sigma(h)-r_\sigma(0)/h=(\rho^h-1)/h\to\log\rho \quad \text{as} \quad h\to 0$$

であり，σ_t は 1 に近い ρ をもつ連続時間 AR (1) 過程となるケースなどである．

連続時間長期記憶型アプローチにより，① ボラティリティ過程そのもの (その対数値を取ったものだけではない) のコレログラムが双曲線的に減衰する，② ボラティリティのショックに対する持続性が，収益率の急尖性といった特徴を生み出し，時間集計してもその減衰率は双曲線的である，といった持続性の特徴をモデル化することができる[33]．実際，区間 $[0, h]$ における収益率に対し，$h\to\infty$ とした場合に，

$$\frac{\mathrm{E}[\log S_{t+h}/S_t-\mathrm{E}(\log S_{t+h}/S_t)]^4}{(\mathrm{E}[\log S_{t+h}/S_t-E(\log S_{t+h}/S_t)]^2)^2}\to 3$$

となる．ただし，$\alpha\in[0, 1/2]$ のときには，収束率は $h^{2\alpha-1}$ であり，$\alpha=0$ のときには収束率は $\exp(-kh/2)$ である．

5.4.4.3 フィルタリングおよび離散時間近似

ボラティリティ過程のダイナミクスは式 (5.4.25) の確率微分方程式の解として記述され，次のように与えられる．

$$\log\sigma_t=\int_0^t(t-s)^\alpha/\boldsymbol{\Gamma}(1+\alpha)d\log\sigma_s^{(\alpha)} \tag{5.4.28}$$

ここで，$\log\sigma^{(\alpha)}$ は O-U 過程

$$d\log\sigma_t^{(\alpha)}=-k\log\sigma_t^{(\alpha)}dt+\gamma dW_t \tag{5.4.29}$$

である．

離散時間近似の計算を行うには，$[0, t]$ の離散分割 $j/n,\ j=0, 1, \cdots, [nt]$ のうえの $\log\sigma^{(\alpha)}$ の値のみを用いて，式 (5.4.28) における積分を数値的に評価しなければならない[34]．通常取られる方法は階段関数を用いて次の近似過程を生成することである．

$$\log\hat{\sigma}_t^n=\sum_{j=1}^{[nt]}(t-(j-1)/n)^\alpha/\boldsymbol{\Gamma}(1+\alpha)\Delta\log{}_{j/n}^{(\alpha)} \tag{5.4.30}$$

ここで，$\Delta\log\sigma_{j/n}^{(\alpha)}=\log\sigma_{j/n}^{(\alpha)}-\log\sigma_{(j-1)/n}^{(\alpha)}$ である．Comte and Renault (1995) は，$n\to\infty$ としたとき $\log\hat{\sigma}_{nt}$ が $\log\sigma_t$ のコンパクト集合上で一様収束することを示している．さらに，式 (5.4.30) を書き直すと以下を得る．

---

[33] 通常の GARCH モデルや SV モデルでは，それは指数関数的に減衰する (短期記憶型の場合におけるこれらの問題に関しては Drost and Nijman (1993) および Drost and Werker (1994) を見よ)．

[34] $[z]$ は $k\leq z<k+1$ となるような整数 k を指す．

$$\log \hat{\sigma}^{n}_{j/n}=\left[\sum_{i=1}^{j-1}([(i+1)^{\alpha}-i^{\alpha}]/n^{\alpha}\boldsymbol{\Gamma}(1+\alpha))L_n^i\right]\log \sigma^{(\alpha)}_{j/n} \tag{5.4.31}$$

ここで，L_n はサンプリングスキーム j/n に対応する後方演算子である．すなわち $L_n Z_{j/n}=Z_{(j-1)/n}$ である．このサンプリングスキームにより連続時間過程から $\log\sigma^{(\alpha)}$ に関する離散時間 AR (1) 過程が導出され，これは次のように表現される．

$$(1-\rho_n L_n)\log \sigma^{(\alpha)}_{j/n}=u_{j/n} \tag{5.4.32}$$

ここで，$\rho_n=\exp(-k/n)$ であり，$u_{j/n}$ は付随するイノベーション過程である．この自己回帰過程は定常であることから，($j\leq 0$ に対して $\log \sigma^{(\alpha)}_{j/n}=u_{j/n}=0$ を仮定することで)，さらに次のように書くことができる．

$$\log \hat{\sigma}^{(\alpha)}_{j/n}=\left[\sum_{i=0}^{j-1}\frac{(i+1)^{\alpha}-i^{\alpha}}{n^{\alpha}\boldsymbol{\Gamma}(1+\alpha)}L_n^i\right](1-\rho_n L_n)^{-1}u_{j/n} \tag{5.4.33}$$

この式はボラティリティ・ダイナミクスが次の2つ，すなわち，① フィルター $\sum_{i=1}^{+\infty}$ $\mathrm{a}_i L_n^i/n$，ただし $\mathrm{a}_i=[(i+1)^{\alpha}-i^{\alpha}]\boldsymbol{\Gamma}(1+\alpha)$，に対応する長期記憶部分，および ② AR (1) 過程 $(1-\rho_n L_n)^{-1}u_{j/n}$ により特徴付けられる短期記憶部分，から構成されることを示している．実際，この長期記憶フィルターは，2つの系列の間に長期的関係 (共和分関係) が存在するという意味で，通常の離散時間長期記憶フィルター $(1-L)^{-\alpha}$ と「長期的に等価」であることを示すことができる．しかし，この長期記憶フィルターと通常の離散時間フィルター $(1-L)^{-\alpha}$ は長期的に等価であるからといって，それがわれわれの枠組に対して通常の FARIMA (1, α, 0) を用いた定式化を行えばよいということを意味するものではない．実際，通常の離散時間フィルター $(1-L)^{-\alpha}$ が長期的および短期的特性を混合させてしまう一方，連続時間モデルではそのようなことは起こらないことを示すことができる[35]．この特性は，離散時間 SV モデルや長期記憶 GARCH モデルに対して連続時間 FSV モデルを用いることの利点を明らかにしている．

5.5 統計的推測

ARCH モデルの尤度関数の評価は比較的簡単に行える．それとは対照的に，SV モデルは尤度関数の明示的な表現が得られないのが大きく異なる点である．これは他の多くの非線形潜在変数モデルに一般的に共通した特徴である．推定方法がなかったために ARCH モデルと比較して SV モデルは長い間魅力的ではないモデルのクラスと考えられていた．しかし近年になり，一般の非線形潜在変数モデル，とくに SV モデルの推定方法に関して目覚しい発展が遂げられてきた．今や数多くの方法が利用可能であり，CPU 性能が日増しに高まっているコンピュータによって実際に利用可能な状況となっている．SV モデルを推定する初期の試みとしては GMM 法があった．その有名な例としては Melino and Turnbull (1990) がある．5.5.1 項は SV モデルの

[35] $(1-L_n)^{\alpha}\log \hat{\sigma}^{n}_{j/n}$ は AR (1) 過程とはならない．

GMM 推定を論じる．GMM 法はある正則条件を満たす離散時間過程を必要とすることから，連続時間拡散過程を扱うのに適切ではない．しかし Hansen and Scheinkman (1994) により開発された連続時間 GMM アプローチは確率過程の連続時間から直接導き出されるモーメント条件を含んでいる．このアプローチは 5.5.3 項で論じる．その間の 5.5.2 項では Harvey, Ruiz and Shephard (1994) および Nelson (1988) により提案された QML アプローチを論じる．このアプローチは非線形（ガウス型）SV モデルが 5.3 節で述べたようにある線形非ガウス型状態空間モデルに変換できるという事実に基づいており，これによりガウス型準尤度が計算できる．5.5.1 項から 5.5.3 項で述べられる方法はどれもシミュレーションを用いない方法である．しかしコンピュータの計算力の増大によりシミュレーションに基づく方法がまたたくまにポピュラーなものとなった．Duffie and Singleton (1993) により提案されたシミュレート化モーメント法 (simulated method of moments) やシミュレート化 GMM アプローチが初期の例であり，これは 5.5.4 項で論じる．次に，Gouriéroux, Monfort and Renault (1993) による間接推測法 (indirect inference) および Gallant and Tauchen (1994) によるモーメントマッチング法は 5.5.5 項で論じる．最後に 5.5.6 項において，Jacquier, Polson and Rossi (1994), Kim and Shephard (1994) により SV モデルの枠組の中で適用されたコンピュータ集約なマルコフ連鎖モンテカルロ法，Danielsson (1994), Danielsson and Richard (1993) により提案されたシミュレート化最尤法を論じることとする．

各項では議論の中心を SV モデルに限定した推定方法に集中し，計量経済学理論の詳細には立ち入らない．この部分を補う有益な参考文献として，① GMM 法に関しては Hansen (1982), Gallant and White (1988), Hall (1993), Ogaki (1993) を，② 準最尤法に関しては Gouriéroux and Monfort (1993b) および Wooldridge (1994) を，③ 間接推測法およびモーメントマッチング法を含むシミュレーションに基づく計量経済手法に関しては Gouriéroux and Monfort (1995) および Tauchen (1995) を，そして最後に ④ マルコフ連鎖モンテカルロ法に関しては Geweke (1995) および Shephard (1995) を参照せよ．

5.5.1 一般化モーメント法

式 (5.3.2) および (5.3.3) で記述されるもっとも単純な離散時間 SV モデルを考え，さらにイノベーション過程 (ε_t, η_t) の確率分布としては正規分布を仮定する．この対数正規 SV モデルは SV モデルの GMM 推定に関する少なくとも 2 つの包括的なモンテカルロ実験による研究の対象であった．これらは Andersen and Sϕrensen (1993) および Jacquier, Polson and Rossi (1994) によるものである．中心となる考え方は，SV モデルの定常性ならびにエルゴード性により標本モーメントがその無条件期待値に収束するというものである．たとえば 2 次および 4 次モーメントは σ^2 および σ_h^2 により簡単に表現される，すなわちそれぞれ $\sigma^2\exp(\sigma_h^2/2)$ および $3\sigma^4\exp(2\sigma_h^2)$

となる．これらのモーメントが標本から計算されるのであれば，σ_h^2 は標本尖度 $\hat{\kappa}$，すなわち 4 次モーメントと 2 乗された 2 次モーメントの比から直接推定可能であり，これは $\hat{\sigma}_h^2=\log(\hat{\kappa}/3)$ である．次にパラメータ σ^2 はこの σ_h^2 の推定値を 2 次モーメントに代入することで推定できる．y_t^2 の 1 階の自己相関 $y_t^2 y_{t-1}^2$ も同様に計算され，その期待値は $\sigma^4\exp(\{1+\phi\}\sigma_h^2)$ となるが，σ^2 と σ_h^2 の推定値が与えられればこれより直接 ϕ の推定値が得られる．

上記の方法はモーメント法を適用した 1 例である．一般的には m 個のモーメントが計算される．大きさが T の標本に対して $g_T(\beta)$ を $m\times 1$ のベクトルとし，その要素は標本モーメントとモデルパラメータ β を用いて記述されるその理論的表現との差であるとする．一般化モーメント (GMM：generalized method of moments) 推定量は次の基準関数

$$\hat{\beta}_T=\operatorname{Arg}\min_{\beta} g_T(\beta)' W_T g_T(\beta)$$

を最小化することで構成される．ここで，W_T は $m\times m$ のウエイト行列で，各モーメントをマッチングさせるときの重要度を反映したものである．ε_t と η_t がたがいに独立であるとき，Andersen and Sorensen (1994) は 24 個のモーメントを用いることを提案している．最初の 4 個は式 (5.3.5) において $c=1,2,3,4$ としたものであり，残りの解析的表現は次のとおりである．

$$\mathrm{E}[|y_t^c y_{t-\tau}^c|]=\left\{\sigma^{2c}2^c\left[\boldsymbol{\Gamma}\left(\frac{c}{2}+\frac{1}{2}\right)\right]^2/\pi\right\}\exp\left(\frac{c^2}{4}\sigma_h^2[1+\phi^\tau]\right)$$

$$c=1,2,\qquad \tau=1,2,\cdots,10.$$[36]

ε_t と η_t が相関するより一般的な場合において，Melino and Turnbull (1990) は $\mathrm{E}[|y_t|y_{t-\tau}]$, $\tau=0,\pm1,\pm2,\cdots,\pm10$ の推定値を含めた．彼らは $\tau=1$ とした場合の明示的表現を与え，その符号は ρ により完全に決定されることを示した．

GMM は ε_t が非正規分布となる場合を扱えるように拡張することも可能である．必要な解析的表現は 5.3.2 項で述べたように与えられる．一方，5.2.4 項で述べた一般的 SARV モデルの無条件モーメントの解析的表現は，より一般的な枠組の中で GMM 推定の基礎を与える (Andersen (1994) を見よ)．

GMM 推定量があまり効率的でないことは，初期のころから指摘されていた．問題はその計算の簡便さと引き換えに非効率性をどこまで許容するかということである．GMM の一般的な設定は，識別に必要なモーメント条件の最小個数，いくつのモーメント条件を課したらよいか，また，モーメントの具体的な選択をどう行うかといった問題に対して何の特定化も与えない．さらにウエイト行列の計算は，実際には選択肢が数多くあるため，やはり問題となっている．Andersen and Sørensen (1993) や Jacquier, Poson and Rossi (1994) により包括的なモンテカルロ実験は，このような問題に答えようとするものであった．彼らが見出したのは，一般的にボラティリティの持

---

[36] これらのモーメント条件を導出する簡単な方法は式 (5.2.41) および (5.2.42) もしくは (5.3.6) と同様に 2 段階法を用いることである．

続性が高く，多くの実証結果にみられるように式(5.3.3)における ϕ の値が1に近い場合には，GMMはかなり非効率的な方法であるということであった．ϕ が1に近い場合には無条件モーメントへの収束は極端に遅く，大標本以外は問題を解決しない．Andersen and Sørensen (1993)によるモンテカルロ実験結果は，この非効率性をどのように制御するかの示唆を与えているが，その中で注目すべきは，モーメント条件を少数に抑えるというものであった．彼らはウエイト行列の推定量の選択方法も推薦しており，バートレットのカーネルを用いたデータ依存型のバンド幅(bandwidth)を用いるのがよいとしている．

5.5.2 準最尤推定法

5.5.2.1 基本モデル

5.3.4.1目で述べたような線形状態空間モデルを考え，式(5.3.11)を観測方程式，式(5.3.3)を遷移方程式とする．パラメータ ϕ, σ_η^2 ならびに ξ_t の分散 σ_ξ^2 の準最尤推定量は，ξ_t および η_t をあたかも正規分布に従うものとして扱い，カルマンフィルターを用いることで得られる予測誤差分解形式の尤度を最大化することで得られる．Harvey, Ruiz and Shephard (1994)が指摘しているように，準最尤(QML：quasi maximum likelihood)推定量は漸近的に正規分布に従い，共分散行列はDunsmuier (1979, p. 502)の理論を適用することにより与えられる．この際には，η_t および ξ_t の4次モーメントは有限であり，パラメータはその空間の境界上にないことが仮定される．

パラメータ ω は他のパラメータと同時に推定することが可能である．あるいは，それを $\log y_t^2$ の平均として推定することも可能である．これは ϕ の絶対値が1より小さい場合には漸近的に等価となることによる．

準最尤法を適用する際には，ε_t の従う分布に関してはとくに仮定を必要としない．これを制約なし準最尤法と呼ぶこととする．しかしもし分布形が仮定されるのであれば，σ_ξ^2 を既知であるから，推定する必要はなくなる．尺度パラメータである σ^2 の推定値は ω の推定値から得ることができる．あるいは，5.3.4.1目で提示した方法により得ることができる．

制約なし準最尤法を実行すると，あるクラスの中で分布を規定するパラメータ値を ξ_t の分散の推定値から推測することができる．たとえばスチューデントの t 分布の場合，ν の値は ξ_t の分散の理論値が $4.93+\psi'(\nu/2)$ であるということから決定される(ここで，$\psi(\cdot)$ は5.3.2.2目で導入したディ・ガンマ関数である)．

5.5.2.2 非対称モデル

非対称モデルに対して準最尤法を適用する場合には，式(5.3.16)を修正した状態空間形式を基礎とする．パラメータ $\sigma_\xi^2, \sigma_\eta^2, \phi, \mu^*$ および γ^* は，η_t および ξ_t の4次モーメントの存在および ξ_t と η_t の同時対称性の条件さえ満たされれば，とくに分布の仮定をおかずにカルマンフィルターで推定することが可能である．しかし，ρ の推

定値が必要な場合には，誤差項の分布に仮定が必要であり，その結果式(5.3.17)もしくは(5.3.18)に類似した公式を導くことができる．これらの公式を用いることで，パラメータ $\sigma^2, \sigma_\eta^2, \phi$ および ρ に関する最適化を行うことが可能となる．これは $|\rho|<1$ という制約を課すことができるという長所をもつ．注意しておきたいのは，任意の t 分布に対してパラメータ間で同一の関係が成立するため，t 分布の分布族の中では自由度を特定化する必要は生じない点である．

Harvey and Shephard (1993) は観測方程式および遷移方程式の両方の誤差が正規分布に従うと仮定して準最尤法を適用し，1962 年 7 月 3 日～1987 年 12 月 31 日までの，アメリカ時価総額加重株式指数の CRSP 日次収益率に対するモデルの推定を行っている．このデータは Nelson (1991) が EGARCH モデルを説明するのに論文で用いられたものである．この実証結果は，かなり大きな負の相関があることを示している．

5.5.2.3　周波数領域における準最尤法

長期記憶型 SV モデルに対しては，時間領域における準最尤推定法はあまり魅力的ではなくなる．状態空間形式 (SSF) を適用できるのは，h_t を自己回帰移動平均過程として表現し，適切な高次のラグで打ち切った場合に限られるためである．したがって本方法は初期状態の共分散行列を容易に構成でき，また打ち切りが推定量の漸近的特性に影響は与えないものの，かなり面倒な計算が必要である．自己回帰過程による近似，したがって状態空間形式を用いないのであれば，時間領域における準最尤法は $\log y_t^{2\prime}s$ の $T\times T$ の共分散行列とその逆行列を繰り返し計算しなければならない．Sowell (1992) を見よ．それに対して，周波数領域における準最尤法は AR (1) モデルの場合と同程度に簡単である．Cheung and Diebold (1994) は小標本では時間領域での推定がより有効であるものの，平均値を推定しなければならない場合には時間領域と周波数領域の効率性の差は小さくなるというシミュレーション結果を提示している．

周波数領域における (準) 対数尤度関数は，定数項を無視すると以下のように与えられる．

$$\log L=-\frac{1}{2}\sum_{j=1}^{T-1}\log g_j-\pi\sum_{j=1}^{T-1}I(\lambda_j)/g_j \tag{5.5.1}$$

ここで，$I(\lambda_j)$ は $\log y_t^2$ の標本スペクトラムであり，g_j はスペクトラル母関数である．式 (5.3.20) に対応するものは次のようになる．

$$g_j=\sigma_\eta^2[2(1-\cos\lambda_j)]^{-d}+\sigma_\xi^2$$

式 (5.5.1) における和は $j=0$ ではなく $j=1$ からである点に注意しよう．これは正の d の値に対し，g_0 の評価が不可能なことによる．しかしゼロ周波数を除くことは平均を除去することに対応する．未知パラメータは $\sigma_\eta^2, \sigma_\xi^2$ および d であるが，σ_η^2 をシグナル-ノイズ比 $q=\sigma_\eta^2/\sigma_\xi^2$ で置き換えた再定式化を行うことで，σ_ξ^2 を尤度関数から取り除くことができる．一方 ε_t の分布に仮定を設ければ，σ_ξ^2 は既知となる．Breidt,

Crato and de Lima (1993) はこの準最尤推定量の一致性を示している．

d が 0.5~1 の間にある場合，h_t は非定常となる．しかし $\log y_t^{2\prime}s$ の階差を取ることで平均 0 の定常過程となる．この場合のスペクトラル母関数は次のように与えられる．

$$g_j=\sigma_\eta^2[2(1-\cos\lambda_j)]^{1-d}+2(1-\cos\lambda_j)\sigma_\xi^2$$

長期記憶型モデルの魅力の 1 つは，自己回帰型モデルで生じるある種の単位根問題に推測が影響されない点である．したがって $d=1$ の帰無仮説に対して 1 以下であるという対立仮説を尤度に基づいて検定したい場合でも標準的な理論の枠組で検定統計量を構成できる．Robinson (1993) を見よ．

5.5.2.4 一般化モーメント法と準最尤法の比較

有限標本下での GMM と QML のパフォーマンスに関するシミュレーション結果は，Andersen and Sørensen (1993), Ruiz (1994), Jacquier, Polson and Rossi (1994), Breidt and Carriquiry (1995), Andersen and Sørensen (1996) および Harvey and Shephard (1996) に見られる．一般的結果としては，高い変動係数をもつ結果ボラティリティ変動がかなり持続的である場合に QML の方がより小さい平均 2 乗誤差をもつ推定値を与えるようである．この理由としては，式 (5.3.11) の観測方程式において，正規分布に従うボラティリティ部分が正規分布でない誤差項に対して相対的に大きいことが挙げられる．変動係数が小さい場合には，GMM が QML を凌ぐ，しかしこの場合，Jacquier, Polson and Rossi (1994, p. 383) は「QML 推定量および GMM 推定量のどちらもパフォーマンスが急速に悪化する」ことを発見している．言い換えれば，このような場合には 5.5.6 項で述べるようなよりコンピュータ集約的な方法を用いる方がよいのである．

他の状況を一定とすると，AR 係数 ϕ が 1 に近い場合には，GMM で用いられるモーメントによって自己相関の遅い減衰をうまく捉えられないため，QML の方がよいであろう．同じ理由から，長期記憶型モデルの推定に対しては GMM はかなりパフォーマンスが悪いはずである．

QML の魅力は実際の計算が簡単であり，より一般的なモデルに対しても容易に拡張ができる点である．たとえば非定常モデルや多変量モデルがそれに当たる．同時に，状態のフィルター化された推定値や平滑化推定値や予測値も与えてくれる．1 期先予測誤差を用いて Box-Ljung 統計量等のモデル診断を行うことも可能である．ただしそのような検定を行う際に注意すべきは，観測値が非正規分布に従うという点である．したがって，ハイパーパラメータが他の方法によって最終的に推定される場合でも，QML は適切にモデルを特定化するに当たって重要な役割を果たしているかもしれない．

5.5.3 連続時間 GMM

Hansen and Scheinkman (1995) は連続時間拡散過程の推定を行うに当たり，特別に構成されたGMMを適用することを提案した．5.5.1項で議論したSVモデルの推定は，離散時間確率過程として明示的に定式化されているものか，連続時間拡散過程を離散化したものに対する方法である．どちらの場合においても，推定は無条件モーメントとその標本ベースのモーメントの差を最小化することにより行われる．Hansen and Scheinkman (1995) はモーメント条件の定式化の際，連続時間確率過程を離散化せずにそれを直接的に取り扱っている．彼らの提案した方法を述べるため，次の n 個の拡散方程式からなる (多変量) システムを考える．

$$dy_t = \mu(y_t\,;\,\theta)dt + \sigma(y_t\,;\,\theta)dW_t \tag{5.5.2}$$

5.2節での記法との比較から，ただちに本構成法の限界が指摘できる．まず関数 $\mu_\theta(\cdot) \equiv \mu(\cdot\,;\,\theta)$ および $\sigma_\theta(\cdot) \equiv \sigma(\cdot\,;\,\theta)$ は y_t のみによりパラメトリック化され，5.2節における状態変数の確率過程 U_t は y_t の現在値のみに制限される．式 (5.5.2) の拡散方程式は一般のベクトル過程 y_t を含む．したがって y_t はSVモデルのようなボラティリティ過程を含めることができる．しかし y_t は観測可能であると仮定される．しばらくの間この問題はおいておき，本項の終わりで再び議論することとしよう．Hansen and Scheinkman (1995) は2乗可積分な関数 $\varphi : \boldsymbol{R}^n \to \boldsymbol{R}$ のあるクラスに対する次の無限小生成作用素 A を考察している．

$$A_\theta\varphi(y) = \frac{d\varphi(y)}{dy'}\mu_\theta(y) + \frac{1}{2}\mathrm{Tr}\left(\sigma_\theta\sigma_\theta'(y)\frac{d^2\varphi(y)}{dydy'}\right) \tag{5.5.3}$$

作用素は以下のように極限

$$A_\theta\varphi(y) = \lim_{t\to 0} t^{-1}[\mathbf{E}(\varphi(y_t)|y_o = y) - y]$$

において定義されるため，2乗可積分関数 φ がすべて存在する必要はなく，ある制約された領域 D に存在さえすればよい．この関数のクラス $\varphi \in D$ に対し，ある1組のモーメント条件が与えられる．実際，たとえば Revuz and Yor (1991) により示されたように，次の等式が成立する．

$$\mathrm{E}[A_\theta\varphi(y_t)] = 0 \tag{5.5.4}$$

$$\mathrm{E}[A_\theta\varphi(y_{t+1})\tilde{\varphi}(y_t) - \varphi(y_{t+1})A_\theta^*\tilde{\varphi}(y_t)] = 0 \tag{5.5.5}$$

ここで，A_θ^* は，確率過程 y の不変測度に付随するスカラー積に対する A_θ の共役無限小生成作用素である[37]．適切な関数の集合を選択することにより，Hansen and Scheinkman は，θ のGMM推定量を構成するように式 (5.5.4) および (5.5.5) からなるモーメント条件を用いている．

関数 $\varphi \in D$ および $\tilde{\varphi} \in D^*$ の選択により，データのどのモーメントをパラメータ推定に用いるかが決定される．これにより，推定量の効率性を高めるためのみならず，式 (5.5.4) および式 (5.5.5) の条件を用いて θ を識別可能とするための関数選択をいかに行うかといった問題が生じる．SVモデルを取り扱えるようにするには多変量確率過程 y_t に潜在的な条件付ボラティリティ過程を加える必要があることは本項の最

37　A_θ^* は領域 D^* に付随している．したがって，式 (5.5.5) において $\varphi \in D$ かつ $\tilde{\varphi} \in D^*$ であることに注意する．

初において指摘した．Gouriéroux and Monfort (1994, 1995) は，φ および $\tilde{\varphi}$ に基づくモーメント条件は潜在変数過程を含めることが不可能であるため，すべてのパラメータ，とくに潜在するボラティリティ過程を記述するパラメータを識別することは，(完全にとはいわないまでも) ほぼ不可能であることを指摘している．この問題を回避する方法の1つは，モデルに潜在するボラティリティ過程に間接的に関連する観測値を付け加えることである．これにより，ボラティリティ過程を観測可能なものとすることができる．その具体的な候補としては，y_t に証券価格と Black-Scholes インプライド・ボラティリティを含めることが挙げられ，これは当該原資産のオプション市場の呼び値から得ることができる．本方法は連続時間 GMM の枠組ではないが，5.5.5 項で論じられる間接推測法を用いて，Pastorello, Renault and Touzi (1993) により実際に提案されている[38]．他の方法としては，SV モデルを時間変形表現することである．これは Conley *et al.* (1995) により連続時間 GMM 法の枠組の中で議論されている．

5.5.4 シミュレート化モーメント法

これまで議論してきた方法は何等シミュレーションを用いないものであった．本項以降では，シミュレーションと推定を組み合わせた方法を議論する．まず最初に，Duffie and Singleton (1993) が時系列過程に適用したシミュレート化モーメント法 (SMM : simulated methed of moments) による推定量を取り上げる[39]．SV モデルに対する GMM 推定法は，1組の標本モーメントとモデルパラメータで解析的に表現された母集団の無条件モーメントの間の距離を最小化する方法であることを既に 5.5.1 項で述べた．このような解析的表現を得るのが困難である場合を考えよう．確率的分散変動過程のように潜在変数過程の周辺分布を含むような解析的表現がまさに該当する．そのような場合に，パラメータのある特定の値に対してモデルからデータをシミュレートし，このシミュレートされたデータから得られるモーメントを標本モーメントに代わりに合致させるということは可能であるのだろうか．このような方法こそ，SMM である．実際，多くの場合確率過程をシミュレートするのは容易であり，SMM を活用することができる．再び例として，前項式 (5.5.2) の (多変量) 拡散方程式システムを考え，離散化により次のシミュレーションを H 回行う．$i=1,\cdots,H$ とし，

$$\Delta\hat{y}_t^i(\theta)=\mu(\hat{y}_t^i(\theta)\,;\,\theta)+\sigma(\hat{y}_t^i(\theta)\,;\,\theta)\varepsilon_t, \qquad i=1,\cdots,H, \qquad t=1,\cdots,T$$

とする．ここで，$\hat{y}_t(\theta)$ はパラメータ θ を所与としてシミュレートされたデータ系列

---

38 5.2.2 項で述べたように，インプライド・ボラティリティにはバイアスがある．Pastorello, Renault and Touzi (1993) で用いられている間接推測法はこのようなバイアスに対処することが可能であり，これは 5.5.5 項で説明される．オプション価格の利用に関するより詳細な議論は 5.5.7 項を参照．

39) SMM 法はもともとはクロスセクション・データへの適用を意図して提案された．Pakes and Pollard (1989) および McFadden (1989) を見よ．Gouriéroux and Monfort (1993a) も併せて見よ．

であり，ε_t は独立同一な正規分布に従うものとする[40]．識別問題と他の正則条件を満たせば，

$$\hat{\theta}_T^H = \mathrm{Arg}\min_{\theta} \| f(y_1, \cdots, y_T) - \frac{1}{H}\sum_{i=1}^{H} f(\hat{y}_1^i(\theta), \cdots, \hat{y}_T^i(\theta)) \|$$

を，GMM の場合と同様なウエイト行列やモーメント条件を記述する関数 f および適切なノルムを選択することで，パラメータを求めることができる．漸近理論は GMM の場合にきわめて類似しているが，GMM と比較してシミュレーションにより発生する誤差がさらに SMM 推定量の効率性に影響する点が異なる．しかしながら効率性のロスは H の選択で制御することが可能である[41]．

5.5.5　間接推測とモーメント・マッチング

Gouriéroux, Monfort and Renault (1993) による間接推測法や Gallant and Tauchen (1994) のモーメント・マッチング法の中心となる考え方は，関心のあるモデルを推定するために，あるベクトル β で定式化された補助的なモデルを導入することである．本論文の場合には，それは SV モデルである[42]．5.5.5.1 目では一般原理を述べ，5.5.5.2 目ではとくに拡散過程の推定に焦点を当てることとする．

5.5.5.1　原　理

5.5 節の最初において，ARCH 型モデルの推定は SV モデルと比較してかなり簡単であることを述べた．このため，ARCH 型モデルは補助モデルの 1 つとして候補となろう．他の代替的な方法としては，Gallant and Tauchen (1989) により開発された SNP 密度を用いることにより，データ特性を要約することが挙げられる．このデータに基づく SNP 密度，より具体的にはそのスコア，も補助モデルの役割を満たす．他の可能性も同様に考えられる．考え方は補助モデルを用いて β を推定することである．すなわち，

$$\hat{\beta}_T = \mathrm{Arg}\max_{\beta} \sum_{t=1}^{T} \log f^*(y_t | y_{t-1}, \beta) \qquad (5.5.6)$$

ここでは，本方法を例示するために 1 次のラグをもつ単純な動学モデルに話題を限定することとする．式 (5.5.6) の目的関数 f^* は，推定を行うためにあえて誤って特定化された場合の擬尤度関数である．f^* は代わりに SNP 密度のクラスを用いることができる[43]．Gouriéroux, Monfort and Renault は実際の標本データを用いるのではなく，θ を所与とするモデルから取り出される，$i=1, \cdots, H$ 回のシミュレートされ

---

[40] シミュレーション・テクニックの詳細は次項で論じる．実際には，離散化バイアスを制御するために適切な標本間隔でシミュレートする必要がある．

[41] SMM 推定量の漸近分散は因子 $(1+H)^{-1}$ を通じて H に依存する．Gouriéroux and Monfort (1995) を参照せよ．

[42] 注意すべき点は，ここで述べるシミュレーションに基づく推測方法はクロスセクション，時系列およびパネルデータ等，他の多くのモデルに対しても適用可能である点である．

[43] 補助モデルは最尤法によってのみ推定されるとの印象があるがこれは誤りである．実際には $\sqrt{T}$ 一致性をもち漸近分布が正規分布となる任意の推定法を用いることが可能である．

た標本 $\{\hat{y}_t^i(\theta)\}_{t=1}^T$ を用いてパラメータ・ベクトル β を推定することを提案している．これにより，次のような新しい β の推定値が得られる．

$$\hat{\beta}_{HT}(\theta)=\mathrm{Arg}\max_{\beta}(1/H)\sum_{i=1}^{H}\sum_{t=1}^{T}\log f^*(\hat{y}_t^i(\theta)|\hat{y}_{t-1}^i(\theta),\beta). \tag{5.5.7}$$

次のステップは，ウエイト行列 W_T を用いて2次距離を最小化し，H 回のシミュレーションに基づく θ の間接推定量を以下のように選択する．

$$\hat{\theta}_{HT}=\mathrm{Arg}\min_{\beta}(\hat{\beta}_T-\hat{\beta}_{HT}(\theta))'W_T(\hat{\beta}_T-\hat{\beta}_{HT}(\theta)) \tag{5.5.8}$$

Gallant and Tauchen (1994) の方法は，f^* のスコア関数を計算することにより $\hat{\beta}_{HT}(\theta)$ の推定や式 (5.5.8) のような2次距離の最小化ステップを避ける一方，$\hat{\beta}_T$ で評価したスコア関数を含め，関心のあるモデルから生成された系列で標本データを置き換えるという方法である．適切な正則条件のもとで，推定量 $\hat{\theta}_{HT}$ は $\sqrt{T}$ 一致性をもち，漸近的に正規分布に従う．SMM は GMM と同様に，ある最適なウエイト行列が存在する．結果として得られる漸近共分散行列はシミュレーション数に依存するが，これは SMM 推定量が H に依存するのと同様である．

Gouriéroux, Monfort and Renault (1993) は単純な例を用いて間接推測推定量の利用方法を述べているが，ここでもそれを簡単に述べることとする．AR モデルの推定は容易である一方，MA モデルの推定はより複雑であるのが通常である．関心のあるモデルが，パラメータ θ をもつ1次の移動平均モデルであるとしよう．彼らは MA モデルのパラメータを直接データから推定する代わりに，パラメータベクトル β をもつ AR(p) モデルを推定することを提案している．次のステップは MA モデルを用いてデータをシミュレートし，これまで述べてきた方法を適用すればよい[44]．彼らは MA モデルのパラメータに関しては，間接推測法に基づく $\hat{\theta}_{HT}$ の推定量の方が伝統的な最尤推定量よりも有限標本特性がよいことを見出した．実際，間接推測法による推定量は Andrews (1993) により提案されたメディアン不偏推定量に似た特性をもっている．このような特性は Gouriéroux, Renault and Touzi (1994) により調べられ，明らかにされた．彼らは間接推測推定量に対する2次の漸近展開ならびに有限標本バイアスを減少させる方法を考察している．

5.5.5.2 拡散過程の推定

5.5.3 項の連続時間 GMM 法で用いたのと同様な次の拡散方程式を考える．

$$dy_t=\mu(y_t\,;\theta)dt+\sigma(y_t\,;\theta)dW_t \tag{5.5.9}$$

5.5.3 項では上記の式において，関数 μ および σ が y_t を含むものでなければならないという制約を受けることを論じた．この制約は 5.5.3 項の設定では必須であったが，ここで議論する推定方式には該当しない．実際，式 (5.5.9) は例示のため用いて

44　再びここでも Gallant and Tauchen (1994) に基づくスコア原理を用いることができる．実際ガウス型線形モデルにおいて，MA (1) モデルにより生成されるデータにフィットさせるための SNP アプローチは AR(p) モデルを推定することに帰着される．Ghysels, Khalaf and Vodounou (1994) は MA モデルのスコアに基づく推定量および間接推測法による推定量に関するより詳細な議論を行うとともに，より標準的な推定量とこれらの推定量の間の関係を考察している．

いるのみにすぎない．厳密な離散化もしくはある種の離散近似(たとえばオイラー法やMil'shtein法等．詳細についてはPardoux and Talay(1985)もしくはKloeden and Platten(1992)を見よ)を用いて拡散過程をシミュレートする．より正確には次のような確率過程 $y_t^{(\delta)}$ を考える．

$$y_{(k+1)\delta}^{(\delta)}=y_{k\delta}^{(\delta)}+\mu(y_{k\delta}^{(\delta)};\theta)\delta+\sigma(y_{k\delta}^{(\delta)};\theta)\delta^{1/2}\varepsilon_{(k+1)\delta}^{(\delta)} \tag{5.5.10}$$

適切な正則条件のもとでは(Strook and Varadhan(1979)を見よ)，拡散過程は一意な解を(分布として)もち，過程 $y_t^{(\delta)}$ は δ を0に近づけるにつれて y_t に収束する．したがって δ を十分小さく取れば，きわめて正確に y_t を生成できる．$\delta=1$ として式(5.5.9)を離散化した補助モデルを考えよう．離散化に伴うバイアスを制御するには，たとえば $\delta=1/10$ もしくは1/20とした拡散過程を生成し，生成されたデータとデータ生成過程のサンプリング頻度を比較すればよい．Broze, Scaillet and Zakoïan(1994)はシミュレーションのステップサイズが漸近分布に与える影響を議論している．

SVモデルのように拡散過程に潜在変数過程が含まれる場合には，シミュレーションに基づく推測方法がとくに適切で魅力的な方法となりつつある．Gouriéroux and Monfort(1994, 1995)はいくつかの例を挙げて，モンテカルロ・シミュレーションによりそのパフォーマンスを検討している．近似の粗い離散化を行って拡散過程を推定することが補助モデルの取るべき唯一の選択ではないことを注意しておく．実際Pastorello, Renault and Touzi(1993), Engle and Lee(1994), Gallant and Tauchen(1994)はARCH型モデルを用いることを提案している．

これらの方法は金融時系列に対して多くのすぐれた応用がなされてきている．その例として，Broze *et al.*(1995), Engle and Lee(1994), Ghysels, Gouriéroux and Jasiak(1995b), Ghysels and Jasiak(1994 a, b), Pastorello *et al.*(1993)等がある．

5.5.6 尤度に基づく方法ならびにベイズ法

ガウス型線形状態空間モデルにおいては，尤度関数は1期先予測誤差により構成される．このような尤度の予測誤差分解の形式がQMLにおける規準関数として用いられるが，もちろんこの場合は正確な尤度関数とはならない．Watanabe(1993)により提案された正確なフィルターは原理的には正確な尤度関数となる．しかし5.3.4.2項で述べたように，このフィルターは数値積分を用いるため，計算に時間がかかり，またハイパーパラメータの数値的最適化を行うのは現実的ではない．

Kim and Shephard(1994)はQMLで用いられる線形状態空間形式を扱うが，その際に観測誤差の従う $\log(\chi^2)$ 分布を混合正規分布で近似している．これら正規分布のそれぞれに対し，予測誤差分解による尤度関数は計算が可能である．シミュレーションに基づくEMアルゴリズムを用いてもっともよい混合をみつけ，ハイパーパラメータの近似的なML推定値を計算する．

正確な尤度関数は，ボラティリティで条件付けした観測値の混合分布で同様に構成

することができる．すなわち，

$$L(y\,;\phi,\sigma_\eta^2,\sigma^2)=\int p(y|h)p(h)dh$$

とする．ここで，y ならびに h の要素はそれぞれ T 個の y_t および h_t である．この表現は，σ_t^2 の対数を取った h_t でなく，σ_t^2 によって表すことが可能であるが，このことは以降の議論にほとんど影響を与えない．もちろんここで問題となるのは，上の尤度の解析的表現が得られないことである．したがって，その計算はある種のシミュレーションにより行われる．これに関するすぐれた議論は Shephard (1995) や Jacquier, Polson and Rossi (1994) のコメント付論文に見られる．概念的にもっとも簡単な方法はモンテカルロ積分を利用することである．パラメータ $(\phi,\sigma_\eta^2,\sigma^2)$ の値を所与とした h の無条件分布から標本を抽出し，尤度を $p(y|h)$ の平均値として推定する．これを繰り返し行い，さまざまな ϕ,σ_η^2 に対してシミュレートされた尤度の最大値がみつかるまで探索する．現時点では，本方法はあまり満足のいくものではないが，インポータンス・サンプリング (importance sampling) の考え方を用いることで改良することができる．この方法は Danielsson and Richard (1993) および Danielsson (1994) により，SV モデルの ML 推定に適用された．しかし本方法は標本数が増えると計算はより困難となる．

シミュレーション技法により尤度に基づく推定を行うより有望な方法は，マルコフ連鎖モンテカルロ (MCMC) 法を用いて，観測値で条件付けされたボラティリティの分布から標本抽出する方法が挙げられる．非線形フィルタリングならびに平滑化に対してどのように行うかは 5.3.4.2 目に述べられている．Kim and Shephard (1994) はシミュレーテッド EM アルゴリズムの中でマルチムーブ (multimove) アルゴリズムを適用することで ML 推定量を計算することを提案している．Jacquier, Polson and Rossi (1994) は階層構造をもつモデルとして特定化し，これに対するベイズ法を適用しており，ハイパーパラメータ $\varphi=(\sigma_\eta,\phi,\sigma)'$ の事前分布はその条件付分布 $y|h$ および $y|\varphi$ と結び付けられる (実際には h_t ではなく σ_t が用いられている)．h ならびに φ の同時事後分布はこれら 3 つの分布の積に比例する，すなわち $p(h,\varphi|y)\propto p(y|h)p(h|\varphi)p(\varphi)$ である．変数 h を導入することで統計的な扱いが容易となるが，これはデータ拡張 (data augmentation) の一例となっている．Tanner and Wong (1987) を見よ．同時事後分布 $p(h,\varphi|y)$ より，周辺分布 $p(h|y)$ は，ハイパーパラメータの標本変動を考慮に入れた，観測不能なボラティリティの平滑化問題を解くことで得られる．h で条件付ければ，φ の事後分布 $p(\varphi|h,y)$ は線形モデルに対する標準的なベイズ的方法で簡単に計算できる．$p(h|\varphi,y)$ より低い試算コストで直接標本抽出することが可能であれば，$p(\varphi|h,y)$ および $p(h|\varphi,y)$ と順に抽出する分布を変えていくことでマルコフ連鎖が直接的に構成される．こうすることによって，ギブス・サンプラーの特別な場合である巡回的連鎖が得られるであろう．しかし 5.3.4.2 目で述べたように，Jacquier, Polson and Rossi (1994) は $p(h|\varphi,y)$ を分解し，各 h_t もしくは

σ_t を他のすべてで条件付けた1変量分布の集合からサンプルする方法の方がはるかに優れていることを示している．

JPR (1994) が用いたボラティリティ・プロセスにおけるパラメータ ω の事前分布は，線形モデルにおける標準的な共役事前分布，すなわち (切断) 正規-ガンマ分布である．正則性を維持しながら事前分布を極端に拡散させることは可能である．JPR は包括的な標本実験を行い，この方法と従来の方法のパフォーマンスを報告している．彼らは，確率的ボラティリティの系列をシミュレートし，事後平均値と QML や GMM による点推定値の標本パフォーマンスを比較している．MCMC 法による事後平均値の平均2乗誤差の平方根は，GMM や QML による点推定値のそれに対し，半分から 1/4 程度となっている．さらに驚くべきは，ボラティリティの平滑化に関するパフォーマンスである．ベイズフィルターにより生成される h_t の事後平均に関する平均2乗誤差の平方根は，「真の」パラメータのもとで近似的なカルマンフィルターによる点推定値よりも 10%小さい．

Shephard and Kim は JPR (1994) に対するコメントにおいて，ϕ がかなり大きな値を取り，σ_η の値が小さいとき，JPR アルゴリズムの収束率が悪化すると指摘している．この場合同程度の情報を得るにはより多くの抽出が必要であろう．彼らはボラティリティの誤差を離散混合正規分布で近似することを提案している．この方法の長所は，ベクトル h を1回で取り出すことが可能であり，h_t を T 個取り出すよりも早い点である．しかしこの方法は結果として生じる離散化のために，はるかに高次元の空間から抽出を行うこととなり，計算負荷を伴う．また，離散混合分布に基づく連鎖の収束はそのコンポーネント数や，それに対して割り当てられた確率ウエイトに対して敏感である．Mahieu and Schotman (1994) は Shephard and Kim の考え方を若干一般化し，データから離散化状態空間の特性 (確率，平均および分散) を推定している．

JPR アルゴリズムをそのままの形で用いていると，その適用はごく基本的な確率的分散変動モデル，すなわち AR (1) でかつ平均値の誤差とボラティリティの誤差が無相関である場合に限定される．1変量モデルの場合，株式収益率に適用する際にはレバレッジ効果と呼ばれる相関のある誤差の取り扱いが重要となる．Gallant, Rossi and Tauchen (1994) は，歪度および尖度をもつ条件付非正規誤差を実証的に示している．Jacquier, Polson and Rossi (1995a) は階層構造によって MCMC アルゴリズムをより一般的なモデルに対しいかに拡張するかを示している．すなわち，彼らは多変量モデルと同時に相関のある誤差，歪みのあるもしくは裾の厚い誤差をもつ1変量確率的分散変動モデルを推定している．その他では，MCMC アルゴリズムは因子構造をもつモデルに対しても拡張が可能である．因子は確率的に分散が変動し，それは観測可能でも観測不能でもよい．

5.5.7 オプション価格データを用いた推測

文献に挙げられている連続時間SVモデルのいくつかは，派生証券の価格付けにかかわる問題を解決するために発展してきた．派生証券とSV拡散過程との間にこのような明示的な関連があるということを考えると，オプション価格データを用いて連続時間拡散過程の推定を行うことに関しこれまでほとんど関心が払われてこなかったことにおそらく驚かれるであろう．実際，Melino (1994) はそのサーベイの中で次のように述べている．「明らかに資産価格の統計的特性に関する情報は，資産価格ならびにそのうえに書かれたオプション価格の過去の系列の双方に含まれている．これら2つの情報を結び付ける方法は，インプリシットな推定も含め，残念ながら現在のところではアドホックである．統計的にいえば，オプション価格の予測誤差の原因をモデル化し，この誤差の分布と株価の変動過程とを関連付ける必要がある」．たとえばBSインプライド・ボラティリティの計算に代表されるインプリシットな推定は統計的推測の観点からは残念ながらかなりアドホックである．一般に，ある価格決定モデルと対比するとき，観測されたオプション価格のそれぞれが予測誤差の原因をもたらす．挑戦すべきは，多くの観測不能な状態変数を用いることによる，オプション価格と資産価格の非退化同時分布をモデル化することである．このような試みは，Christensen (1992), Renault and Touzi (1992), Pstorello *et al*. (1993), Duan (1994) およびRenault (1995) を含む近年の多くの論文に見ることができる．

Christensen (1992) は n 個の資産に対するある価格決定モデルを考え，それが $(l+n)$ 次元からなる状態ベクトル x_t の関数であるとし，さらにその状態ベクトルは l 次元の観測可能な部分 (z_t) および n 次元の観測不能な部分 (ω_t) から構成されるとした．p_t を n 個の資産の価格ベクトルとすると，これを次のように表している．

$$p_t=m(z_t,\ \omega_t,\ \theta) \tag{5.5.11}$$

式 (5.5.11) は，z_t および θ を所与とした場合の，n 個の潜在状態変数 ω_t と n 個の観測される価格 p_t の間の1対1関係を与えている．ファイナンス的観点からは，観測される状態変数 z_t が既に他の原資産の価格ダイナミクスにより模倣されていると仮定すれば，本式は n 個の資産が市場を完備化するのに適切な証券であることを意味している．さらに統計的観点からは，x_t に関する何らかの統計モデルから観測される価格に関する対数尤度関数が容易に導出されさえすれば，構造モデルの完全な最尤推定が可能となる．たとえば，x_0 で条件付けしたとき，マルコフ的な設定のもとで，$x_1^T=(x_t)_{1\le t\le T}$ の同時分布は次のように与えられる．

$$f_x(x_1^T|x_0,\ \theta)=\prod_{t=1}^{T}f(z_t,\ \omega_t|z_{t-1},\ \omega_{t-1},\ \theta) \tag{5.5.12}$$

ここで，データ $D_0=(p_0,\ z_0)$ を所与としたデータ $D_1^T=(p_t,\ z_t)_{1\le t\le T}$ の条件付分布は通常のヤコビアンの公式を用いて次のようになる．

$$f_D(D_1^T|D_0,\theta)=\prod_{t=1}^{T}f[z_t,m_\theta^{-1}(z_t,p_t)|z_{t-1},m_\theta^{-1}(z_{t-1},p_{t-1}),\theta]x$$
$$\times|\nabla_\omega m(z_t,m_\theta^{-1}(z_t,p_t),\theta)|^{-1} \qquad (5.5.13)$$

ここで，$m_\theta^{-1}(z_t,\cdot)$ は $m_\theta^{-1}(z,m(z,\omega,\theta))=\omega$ で定義される，$m(z,\cdot,\theta)$ の ω に関する逆写像であり，$\nabla_\omega m(\cdot)$ はヤコビ行列の ω に対応する列を表す．このような派生証券の価格データを用いる最尤推定は Christensen (1992) および Duan (1994) により独立に提案された．Renault and Touzi (1992) は $z_t=S_t$ すなわち観測される原資産価格とし，$\omega_t=\sigma_t$ すなわち観測不能な確率的分散変動過程とした Hull-White オプション価格式に関心を集中した．同時過程 $x_t=(S_t,\sigma_t)$ がマルコフ性をもつとした場合，コールオプション価格は次のようになる．

$$C_t=m(x_t,\theta,K)$$

ここで，$\theta=(\alpha',\gamma')$ は 2 種類のパラメータを含む．すなわち，① 状態変数の同時過程 $x_t=(S_t,\sigma_t)$ のダイナミクスを記述するパラメータベクトル α．―― それは同値マルチンゲール測度のもとで，σ_t を所与としたときの $\gamma^2(t,t+h)$ の（危険中立的）条件付確率分布の期待値の計算を許容する ――，および ② 状態変数 x の過程に関するリスク中立的確率分布とデータ生成過程の間の関係を決定するリスクプレミアムを特徴付けるパラメータベクトル γ である．

構造モデルの最尤推定は実際の計算が困難であることが多い．このため Renault and Touzi (1992) および Pastorello, Renault and Touzi (1993) は式 (5.5.13) の構造的尤度を近似し，効率性では劣るもののより単純かつ頑健な推定方法を考察している．

これらの方法を示すために，次の連続時間における標準的な対数正規 SV モデルを考える．

$$d\log\sigma_t=k(a-\log\sigma_t)dt+cdW_t^\sigma \qquad (5.5.14)$$

標準的なオプション・プライシングの議論に基づけば，原資産の価格変動過程のドリフト項部分に関するミススペシフィケーションはないものとする．したがって単純化と頑健性に向けた第 1 ステップは尤度関数からボラティリティ変動の部分を分離することである．すなわち，

$$\prod_{t=1}^{n}(2\pi c^2)^{-1/2}\exp[-(2c^2)^{-1}(\log\sigma_{t_i}-e^{-k\Delta t}\log\sigma_{t_{i-1}}-a(1-e^{-k\Delta t}))]^2 \qquad (5.5.15)$$

とする．ここで，標本は σ_{t_i}, $i=1,\cdots,n$ で与えられ，$t_i-t_{i-1}=\Delta t$ である．この表現を近似するには，Renault and Touzi (1992) の直接法かあるいは，Pastorello *et al.* (1993) の間接法を考えることができる．前者は Hull and White モデルからインプライド・ボラティリティを計算し，k, a および c でパラメトリック化されたボラティリティの擬標本 σ_{t_i} を生成する．そしてこれら 3 つのパラメータに関する式 (5.5.15) の最大値を計算する[45]．Pastorello *et al.* (1993) は，式 (5.5.15) の枠組の中で，5.5.5

[45] BS インプライド・ボラティリティを用いて式 (5.5.15) を直接最大化させる方法も提案されている．たとえば Heynen, Kemna and Vorst (1994) を見よ．BS モデルの仮定より，明らかに BS インプライド・ボラティリティを利用した場合には，ミススペシフィケーション・バイアスが発生する．

項で述べたようないくつかの間接推測法を提案している．たとえば原資産データがGARCH (1, 1) モデルに従うとした場合において，ボラティリティ推定を含む間接推測法を用いることを提案している (本方法は独立して Engle and Lee (1994) によっても提案された)．本方法は漸近的には不偏であるが，かなり非効率的な推定値となる．実際 Pastorello *et al.* は，オプション価格を含めた Renault and Touzi の直接法を単純化した間接推測法の方がはるかに効率的であることを見出している．それはオプション価格データを適切な統計手法と結び付けて分析を行うことにより，ボラティリティ拡散過程のパラメータ推定において大幅な精度の改善がみられることの証左となっている．

5.5.8 確率的ボラティリティをもつ回帰モデル

誤差項に確率的ボラティリティをもつ単一方程式回帰モデルは次のように記述することができる．

$$y_t = \boldsymbol{x}_t'\boldsymbol{\beta} + u_t, \qquad t=1, \cdots, T \tag{5.5.16}$$

ここで，y_t は t 番目の観測値，$\boldsymbol{x}_t'$ は $k\times 1$ の説明変数ベクトル，$\boldsymbol{\beta}$ は $k\times 1$ の係数ベクトルであり，$u_t = \sigma\varepsilon_t \exp(0.5h_t)$ は第 5.3 節で論じたものと同様である．特殊ケースとしては，観測値は単純に非ゼロの平均をもつ，すなわち $\boldsymbol{x}_t'\boldsymbol{\beta} = \mu, \forall t$ とすることができる．

u_t は定常であることから，y_t を $\boldsymbol{x}_t$ に OLS 回帰した場合には $\boldsymbol{\beta}$ は一致推定量となる．しかし効率的ではない．

SV モデルパラメータ ϕ, σ_η^2 が与えられれば，平滑化された h_t の推定量 $h_{t|T}$ は 5.3.4 項で述べたいずれかの方法を用いて計算できる．式 (5.5.16) の両辺に exp $(-0.5h_{t|T})$ を掛け合わせれば，次式を得る．

$$\tilde{y}_t = \tilde{\boldsymbol{x}}_t'\boldsymbol{\beta} + \tilde{u}_t, \qquad t=1, \cdots, T \tag{5.5.17}$$

ここで，$\tilde{u}_t$ は不均一分散性を修正した後誤差と考えることができる．Harvey and Shephard (1993) は，この誤差項の平均は 0 で定数分散をもち，系列相関をもたないことを示し，次の実行可能な (feasible) GLS 推定量を構成することを提案している．

$$\tilde{\boldsymbol{\beta}} = \left[\sum_{t=1}^{T} e^{-h_{t|T}} \boldsymbol{x}_t \boldsymbol{x}_t'\right]^{-1} \sum_{t=1}^{T} e^{-h_{t|T}} \boldsymbol{x}_t y_t \tag{5.5.18}$$

古典的な不均一分散回帰モデルにおいて，h_t は決定論的であり，ある固定した数の未知パラメータに依存している．これらのパラメータの一致推定値を得ることが可能なことからこの実行可能 GLS 推定量は通常の GLS 推定量と同じ漸近分布をもつ．ここでは h_t は確率的でありその推定量の MSE のオーダーは $O(1)$ である．したがって状況は少し異なっている．Harvey and Shephard (1993) は $\boldsymbol{x}_t$ の系列に関する通常の正則条件のもとで，$\tilde{\boldsymbol{\beta}}$ は漸近的に平均が $\boldsymbol{\beta}$ の正規分布に従い，共分散行列の一致推定値は，

$$\widehat{\mathrm{avar}}(\tilde{\boldsymbol{\beta}})=\left[\sum_{t=1}^{T}e^{-h_{t|T}}\boldsymbol{x}_t\boldsymbol{x}_t'\right]^{-1}\sum_{t=1}^{T}(y_t-\tilde{\boldsymbol{x}}_t'\boldsymbol{\beta})^2e^{-2h_{t|T}}\boldsymbol{x}_t\boldsymbol{x}_t'\left[\sum_{t=1}^{T}e^{-h_{t|T}}\boldsymbol{x}_t\boldsymbol{x}_t'\right]^{-1} \quad (5.5.19)$$

となることを示している.

$h_{t|T}$ が線形状態空間形式により得られた平滑化された推定値とすると，Harvey and Shephard (1993) の分析によれば，この実行可能 GLS 推定量は GLS 推定量と漸近的にほぼ同程度に効率的であり，OLS 推定量よりもはるかに効率的である．5.3.4 項で述べた方法の 1 つにより計算されたより良い推定値で $\exp(h_{t|T})$ を置き換えることも可能であるが，これは $\boldsymbol{\beta}$ の実行可能 GLS 推定量の効率性にはあまり影響を与えないようである.

h_t が非定常である場合もしくは非定常に近い場合でも，Hansen (1995) は GLS 推定量と漸近的に等価な適応的実行可能 GLS 推定量が構成可能なことを示している.

5.6 結　　論

サーベイ論文に完全なものは存在しない．将来有望であると期待している 2 つの分野があるが，ここでは取り上げることができなかった．その 1 つは市場のマイクロストラクチャーに関する分野である．この分野は Goodhart and O'hara (1995) による展望論文でサーベイされている．高頻度データ系列の利用可能性が日増しに高まってきており，今後はゲーム理論的モデルを含むより多くの研究がなされていくものと考えられる．またこのようなモデルも拡散過程の推定を可能にさせた手法と同様な近年の計量経済学手法の発展により推定可能なものとなりつつある．もう 1 つの分野は連続時間 SV モデルおよび派生証券モデルのノンパラメトリック推定にかかる分野である．文献としては Ait-Sahalia (1994), Ait-Sahalia *et al.* (1994), Bossaerts, Hafner and Härdle (1995), Broadie *et al.* (1995), Conley *et al.* (1995), Elsheimer *et al.* (1995), Gouriéroux, Monfort and Tenreiro (1994), Gouriéroux and Scaillet (1995), Hutchinson, Lo and Poggio (1994), Lezan *et al.* (1995), Lo (1995), Pagan and Schwert (1992) がある.

確率的ボラティリティ・モデルの計量経済学に関する研究はかなり新しいものである．本サーベイで示したとおり，昨今の統計技術の発展により膨大な量の研究がなされてきている．ARCH モデルとの関連に関しては，筆者らは SV モデルと ARCH モデルは必ずしも対立するものではなく，むしろある側面ではたがいに補完し合うものであると認識している．ARCH モデルをフィルターとして用いたり，GARCH 過程の前提を緩め時間集計の問題を考慮したり，また条件付分散の当てはめにノンパラメトリック法を用いたりといった近年の研究の発展は，ボラティリティ変動をモデル化する統合的な戦略として，ARCH モデルおよび SV モデルの双方が必要であることを示している. ■

［高山俊則・訳］

文　献

Abramowitz, M. and N. C. Stegun (1970). *Handbook of Mathematical Functions*. Dover Publications Inc., New York.

Ait-Sahalia, Y. (1994). Nonparametric pricing of interest rate derivative securities. Discussion Paper, Graduate School of Business, University of Chicago.

Ait-Sahalia, Y. S. J. Bickel and T. M. Stoker (1994). Goodness-of-Fit tests for regression using kernel methods. Discussion Paper, University of Chicago.

Amin, K. L. and V. Ng (1993). Equilibrium option valuation with systematic stochastic volatility. *J. Finance* **48**, 881–910.

Andersen, T. G. (1992). Volatility. Discussion paper, Northwestern University.

Andersen, T. G. (1994). Stochastic autoregressive volatility: A framework for volatility modeling. *Math. Finance* **4**, 75–102.

Andersen, T. G. (1996). Return volatility and trading volume: An information flow interpretation of stochastic volatility. *J. Finance*, to appear.

Andersen, T. G. and T. Bollerslev (1995). Intraday seasonality and volatility persistence in financial Markets. *J. Emp. Finance*, to appear.

Andersen, T. G. and B. Sørensen (1993). GMM estimation of a stochastic volatility model: A Monte Carlo study. *J. Business Econom. Statist.* to appear.

Andersen, T. G. and B. Sørensen (1996). GMM and QML asymptotic standard deviations in stochastic volatility models: A response to Ruiz (1994). *J. Econometrics*, to appear.

Andrews, D. W. K. (1993). Exactly median-unbiased estimation of first order autoregressive unit root models. *Econometrica* **61**, 139–165.

Bachelier, L. (1900). Théorie de la spéculation. *Ann. Sci. Ecole Norm. Sup.* **17**, 21–86, [On the Random Character of Stock Market Prices (Paul H. Cootner, ed.) The MIT Press, Cambridge, Mass. 1964].

Baillie, R. T. and T. Bollerslev (1989). The message in daily exchange rates: A conditional variance tale. *J. Business Econom. Statist.* **7**, 297–305.

Baillie, R. T. and T. Bollerslev (1991). Intraday and Interday volatility in foreign exchange rates. *Rev. Econom. Stud.* **58**, 565–585.

Baillie, R. T., T. Bollerslev and H. O. Mikkelsen (1993). Fractionally integrated generalized autoregressive conditional heteroskedasticity. *J. Econometrics*, to appear.

Bajeux, I. and J. C. Rochet (1992). Dynamic spanning: Are options an appropriate instrument? *Math. Finance*, to appear.

Bates, D. S. (1995a). Testing option pricing models. In: G. S. Maddala ed., *Handbook of Statistics*, Vol. 14, *Statistical Methods in Finance*. North Holland, Amsterdam, in this volume.

Bates, D. S. (1995b). Jumps and stochastic volatility: Exchange rate processes implicit in PHLX Deutschemark options. *Rev. Financ. Stud.*, to appear.

Beckers, S. (1981). Standard deviations implied in option prices as predictors of future stock price variability. *J. Banking Finance* **5**, 363–381.

Bera, A. K. and M. L. Higgins (1995). On ARCH models: Properties, estimation and testing. In: L. Exley, D. A. R. George, C. J. Roberts and S. Sawyer eds., *Surveys in Econometrics*. Basil Blackwell: Oxford, Reprinted from *J. Econom. Surveys*.

Black, F. (1976). Studies in stock price volatility changes. *Proceedings of the 1976 Business Meeting of the Business and Economic Statistics Section, Amer. Statist. Assoc.* 177–181.

Black, F. and M. Scholes (1973). The pricing of options and corporate liabilities. *J. Politic. Econom.* **81**, 637–654.

Bollerslev, T. (1986). Generalized autoregressive conditional heteroskedasticity. *J. Econometrics* **31**, 307–327.

Bollerslev, T., Y. C. Chou and K. Kroner (1992). ARCH modelling in finance: A selective review of the theory and empirical evidence. *J. Econometrics* **52**, 201–224.

Bollerslev, T. and R. Engle (1993). Common persistence in conditional variances. *Econometrica* **61**, 166–187.

Bollerslev, T., R. Engle and D. Nelson (1994). ARCH models. In: R. F. Engle and D. McFadden eds.,

Handbook of Econometrics, Volume IV. North-Holland, Amsterdam.
Bollerslev, T., R. Engle and J. Wooldridge (1988). A capital asset pricing model with time varying covariances. *J. Politic. Econom.* **96**, 116–131.
Bollerslev, T. and E. Ghysels (1994). On periodic autoregression conditional heteroskedasticity. *J. Business Econom. Statist.*, to appear.
Bollerslev, T. and H. O. Mikkelsen (1995). Modeling and pricing long-memory in stock market volatility. *J. Econometrics*, to appear.
Bossaerts, P., C. Hafner and W. Härdle (1995). Foreign exchange rates have surprising volatility. Discussion Paper, CentER, University of Tilburg.
Bossaerts, P. and P. Hillion (1995). Local parametric analysis of hedging in discrete time. *J. Econometrics*, to appear.
Breidt, F. J., N. Crato and P. de Lima (1993). Modeling long-memory stochastic volatility. Discussion paper, Iowa State University.
Breidt, F. J. and A. L. Carriquiry (1995). Improved quasi-maximum likelihood estimation for stochastic volatility models. Mimeo, Department of Statistics, University of Iowa.
Broadie, M., J. Detemple, E. Ghysels and O. Torrès (1995). American options with stochastic volatility: A nonparametric approach. Discussion Paper, CIRANO.
Broze, L., O. Scaillet and J. M. Zakoian (1994). Quasi indirect inference for diffusion processes. Discussion Paper CORE.
Broze, L., O. Scaillet and J. M. Zakoian (1995). Testing for continuous time models of the short term interest rate. *J. Emp. Finance*, 199–223.
Campa, J. M. and P. H. K. Chang (1995). Testing the expectations hypothesis on the term structure of implied volatilities in foreign exchange options. *J. Finance* **50**, to appear.
Campbell, J. Y. and A. S. Kyle (1993). Smart money, noise trading and stock price behaviour. *Rev. Econom. Stud.* **60**, 1–34.
Canina, L. and S. Figlewski (1993). The informational content of implied volatility. *Rev. Financ. Stud.* **6**, 659–682.
Canova, F. (1992). Detrending and Business Cycle Facts. Discussion Paper, European University Institute, Florence.
Chesney, M. and L. Scott (1989). Pricing European currency options: A comparison of the modified Black-Scholes model and a random variance model. *J. Financ. Quant. Anal.* **24**, 267–284.
Cheung, Y.-W. and F. X. Diebold (1994). On maximum likelihood estimation of the differencing parameter of fractionally-integrated noise with unknown mean. *J. Econometrics* **62**, 301–316.
Chiras, D. P. and S. Manaster (1978). The information content of option prices and a test of market efficiency. *J. Financ. Econom.* **6**, 213–234.
Christensen, B. J. (1992). Asset prices and the empirical martingale model. Discussion Paper, New York University.
Christie, A. A. (1982). The stochastic behavior of common stock variances: Value, leverage, and interest rate effects. *J. Financ. Econom.* **10**, 407–432.
Clark, P. K. (1973). A subordinated stochastic process model with finite variance for speculative prices. *Econometrica* **41**, 135–156.
Clewlow, L and X. Xu (1993). The dynamics of stochastic volatility. Discussion Paper, University of Warwick.
Comte, F. and E. Renault (1993). Long memory continuous time models. *J. Econometrics*, to appear.
Comte, F. and E. Renault (1995). Long memory continuous time stochastic volatility models. Paper presented at the HFDF-I Conference, Zürich.
Conley, T., L. P. Hansen, E. Luttmer and J. Scheinkman (1995). Estimating subordinated diffusions from discrete time data. Discussion paper, University of Chicago.
Cornell, B. (1978). Using the options pricing model to measure the uncertainty producing effect of major announcements. *Financ. Mgmt.* **7**, 54–59.
Cox, J. C. (1975). Notes on option pricing I: Constant elasticity of variance diffusions. Discussion Paper, Stanford University.
Cox, J. C. and S. Ross (1976). The valuation of options for alternative stochastic processes. *J. Financ. Econom.* **3**, 145–166.

Cox, J. C. and M. Rubinstein (1985). *Options Markets*. Englewood Cliffs, Prentice-Hall, New Jersey.
Dacorogna, M. M., U. A. Müller, R. J. Nagler, R. B. Olsen and O. V. Pictet (1993). A geographical model for the daily and weekly seasonal volatility in the foreign exchange market. *J. Internat. Money Finance* **12**, 413–438.
Danielsson, J. (1994). Stochastic volatility in asset prices: Estimation with simulated maximum likelihood. *J. Econometrics* **61**, 375–400.
Danielsson, J. and J. F. Richard (1993). Accelerated Gaussian importance sampler with application to dynamic latent variable models. *J. Appl. Econometrics* **3**, S153–S174.
Dassios, A. (1995). Asymptotic expressions for approximations to stochastic variance models. Mimeo, London School of Economics.
Day, T. E. and C. M. Lewis (1988). The behavior of the volatility implicit in the prices of stock index options. *J. Financ. Econom.* **22**, 103–122.
Day, T. E. and C. M. Lewis (1992). Stock market volatility and the information content of stock index options. *J. Econometrics* **52**, 267–287.
Diebold, F. X. (1988). *Empirical Modeling of Exchange Rate Dynamics*. Springer Verlag, New York.
Diebold, F. X. and J. A. Lopez (1995). Modeling Volatility Dynamics. In: K. Hoover ed., *Macroeconomics: Developments, Tensions and Prospects*.
Diebold, F. X. and M. Nerlove (1989). The dynamics of exchange rate volatility: A multivariate latent factor ARCH Model. *J. Appl. Econometrics* **4**, 1–22.
Ding, Z., C. W. J. Granger and R. F. Engle (1993). A long memory property of stock market returns and a new model. *J. Emp. Finance* **1**, 83–108.
Diz, F. and T. J. Finucane (1993). Do the options markets really overreact? *J. Futures Markets* **13**, 298–312.
Drost, F. C. and T. E. Nijman (1993). Temporal aggregation of GARCH processes. *Econometrica* **61**, 909–927.
Drost, F. C. and B. J. M. Werker (1994). Closing the GARCH gap: Continuous time GARCH modelling. Discussion Paper CentER, University of Tilburg.
Duan, J. C. (1994). Maximum likelihood estimation using price data of the derivative contract. *Math. Finance* **4**, 155–167.
Duan, J. C. (1995). The GARCH option pricing model. *Math. Finance* **5**, 13–32.
Duffie, D. (1989). *Futures Markets*. Prentice-Hall International Editions.
Duffie, D. (1992). *Dynamic Asset Pricing Theory*. Princeton University Press.
Duffie, D. and K. J. Singleton (1993). Simulated moments estimation of Markov models of asset prices. *Econometrica* **61**, 929–952.
Dunsmuir, W. (1979). A central limit theorem for parameter estimation in stationary vector time series and its applications to models for a signal observed with noise. *Ann. Statist.* **7**, 490–506.
Easley, D. and M. O'Hara (1992). Time and the process of security price adjustment. *J. Finance*, **47**, 577–605.
Ederington, L. H. and J. H. Lee (1993). How markets process information: News releases and volatility. *J. Finance* **48**, 1161–1192.
Elsheimer, B., M. Fisher, D. Nychka and D. Zirvos (1995). Smoothing splines estimates of the discount function based on US bond Prices. Discussion Paper, Federal Reserve, Washington, D.C.
Engle, R. F. (1982). Autoregressive conditional heteroskedasticity with estimates of the variance of United Kingdom inflation. *Econometrica* **50**, 987–1007.
Engle, R. F. and C. W. J. Granger (1987). Co-integration and error correction: Representation, estimation and testing. *Econometrica* **55**, 251–576.
Engle, R. F. and S. Kozicki (1993). Testing for common features. *J. Business Econom. Statist.* **11**, 369–379.
Engle, R. F. and G. G. J. Lee (1994). Estimating diffusion models of stochastic volatility. Discussion Paper, Univeristy of California at San Diego.
Engle, R. F. and C. Mustafa (1992). Implied ARCH models from option prices. *J. Econometrics* **52**, 289–311.
Engle, R. F. and V. K. Ng (1993). Measuring and testing the impact of news on volatility. *J. Finance* **48**, 1749–1801.

Fama, E. F. (1963). Mandelbrot and the stable Paretian distribution. *J. Business* **36**, 420–429.
Fama, E. F. (1965). The behavior of stock market prices. *J. Business* **38**, 34–105.
Foster, D. and S. Viswanathan (1993a). The effect of public information and competition on trading volume and price volatility. *Rev. Financ. Stud.* **6**, 23–56.
Foster, D. and S. Viswanathan (1993b). Can speculative trading explain the volume volatility relation. Discussion Paper, Fuqua School of Business, Duke University.
French, K. and R. Roll (1986). Stock return variances: The arrival of information and the reaction of traders. *J. Financ. Econom.* **17**, 5–26.
Gallant, A. R., D. A. Hsieh and G. Tauchen (1994). Estimation of stochastic volatility models with suggestive diagnostics. Discussion Paper, Duke University.
Gallant, A. R., P. E. Rossi and G. Tauchen (1992). Stock prices and volume. *Rev. Financ. Stud.* **5**, 199–242.
Gallant, A. R., P. E. Rossi and G. Tauchen (1993). Nonlinear dynamic structures. *Econometrica* **61**, 871–907.
Gallant, A. R. and G. Tauchen (1989). Semiparametric estimation of conditionally constrained heterogeneous processes: Asset pricing applications. *Econometrica* **57**, 1091–1120.
Gallant, A. R. and G. Tauchen (1992). A nonparametric approach to nonlinear time series analysis: Estimation and simulation. In: E. Parzen, D. Brillinger, M. Rosenblatt, M. Taqqu, J. Geweke and P. Caines eds., *New Dimensions in Time Series Analysis*. Springer-Verlag, New York.
Gallant, A. R. and G. Tauchen (1994). Which moments to match. *Econometric Theory*, to appear.
Gallant, A. R. and G. Tauchen (1995). Estimation of continuous time models for stock returns and interest rates. Discussion Paper, Duke University.
Gallant, A. R. and H. White (1988). *A Unified Theory of Estimation and Inference for Nonlinear Dynamic Models*. Basil Blackwell, Oxford.
Garcia, R. and E. Renault (1995). Risk aversion, intertemporal substitution and option pricing. Discussion Paper CIRANO.
Geweke, J. (1994). Comment on Jacquier, Polson and Rossi. *J. Business Econom. Statist.* **12**, 397–399.
Geweke, J. (1995). Monte Carlo simulation and numerical integration. In: H. Amman, D. Kendrick and J. Rust eds., *Handbook of Computational Economics*. North Holland.
Ghysels, E., C. Gouriéroux and J. Jasiak (1995a). Market time and asset price movements: Theory and estimation. Discussion paper CIRANO and C.R.D.E., Univeristé de Montréal.
Ghysels, E., C. Gouriéroux and J. Jasiak (1995b). Trading patterns, time deformation and stochastic volatility in foreign exchange markets. Paper presented at the HFDF Conference, Zürich.
Ghysels, E. and J. Jasiak (1994a). Comments on Bayesian analysis of stochastic volatility models. *J. Business Econom. Statist.* **12**, 399–401.
Ghysels, E. and J. Jasiak (1994b). Stochastic volatility and time deformation an application of trading volume and leverage effects. Paper presented at the Western Finance Association Meetings, Santa Fe.
Ghysels, E., L. Khalaf and C. Vodounou (1994). Simulation based inference in moving average models. Discussion Paper, CIRANO and C.R.D.E.
Ghysels, E., H. S. Lee and P. Siklos (1993). On the (mis)specification of seasonality and its consequences: An empirical investigation with U.S. Data. *Empirical Econom.* **18**, 747–760.
Goodhart, C. A. E. and M. O'Hara (1995). High frequency data in financial markets: Issues and applications. Paper presented at HFDF Conference, Zürich.
Gouriéroux, C. and A. Monfort (1993a). Simulation based Inference: A survey with special reference to panel data models. *J. Econometrics* **59**, 5–33.
Gouriéroux, C. and A. Monfort (1993b). Pseudo-likelihood methods in Maddala et al. ed., *Handbook of Statistics* Vol. 11, North Holland, Amsterdam.
Gouriéroux, C. and A. Monfort (1994). Indirect inference for stochastic differential equations. Discussion Paper CREST, Paris.
Gouriéroux, C. and A. Monfort (1995). *Simulation-Based Econometric Methods*. CORE Lecture Series, Louvain-la-Neuve.
Gouriéroux, C., A. Monfort and E. Renault (1993). Indirect inference. *J. Appl. Econometrics* **8**, S85–S118.

Gouriéroux, C., A. Monfort and C. Tenreiro (1994). Kernel M-estimators: Nonparametric diagnostics for structural models. Discussion Paper, CEPREMAP.

Gouriéroux, C., A. Monfort and C. Tenreiro (1995). Kernel M-estimators and functional residual plots. Discussion Paper CREST - ENSAE, Paris.

Gouriéroux, C., E. Renault and N. Touzi (1994). Calibration by simulation for small sample bias correction. Discussion Paper CREST.

Gouriéroux, C. and O. Scaillet (1994). Estimation of the term structure from bond data. *J. Emp. Finance*, to appear.

Granger, C. W. J. and Z. Ding (1994). Stylized facts on the temporal and distributional properties of daily data for speculative markets. Discussion Paper, University of California, San Diego.

Hall, A. R. (1993). Some aspects of generalized method of moments estimation in Maddala et al. ed., *Handbook of Statistics* Vol. 11, North Holland, Amsterdam.

Hamao, Y., R. W. Masulis and V. K. Ng (1990). Correlations in price changes and volatility across international stock markets. *Rev. Financ. Stud.* **3**, 281–307.

Hansen, B. E. (1995). Regression with nonstationary volatility. *Econometrica* **63**, 1113–1132.

Hansen, L. P. (1982). Large sample properties of generalized method of moments estimators. *Econometrica* **50**, 1029–1054.

Hansen, L. P. and J. A. Scheinkman (1995). Back to the future: Generating moment implications for continuous-time Markov processes. *Econometrica* **63**, 767–804.

Harris, L. (1986). A transaction data study of weekly and intradaily patterns in stock returns. *J. Financ. Econom.* **16**, 99–117.

Harrison, M. and D. Kreps (1979). Martingale and arbitrage in multiperiod securities markets. *J. Econom. Theory* **20**, 381–408.

Harrison, J. M. and S. Pliska (1981). Martingales and stochastic integrals in the theory of continuous trading. *Stochastic Processes and Their Applications* **11**, 215–260.

Harrison, P. J. and C. F. Stevens (1976). Bayesian forecasting (with discussion). *J. Roy. Statis. Soc., Ser. B*, **38**, 205–247.

Harvey, A. C. (1989). *Forecasting, Structural Time Series Models and the Kalman Filter*. Cambridge University Press.

Harvey, A. C. and A. Jaeger (1993). Detrending, stylized facts and the business cycle. *J. Appl. Econometrics* **8**, 231–247.

Harvey, A. C. (1993). Long memory in stochastic volatility. Discussion Paper, London School of Economics.

Harvey, A. C. and S. J. Koopman (1993). Forecasting hourly electricity demand using time-varying splines. *J. Amer. Statist. Assoc.* **88**, 1228–1236.

Harvey, A. C., E. Ruiz and E. Sentana (1992). Unobserved component time series models with ARCH Disturbances, *J. Econometrics* **52**, 129–158.

Harvey, A. C., E. Ruiz and N. Shephard (1994). Multivariate stochastic variance models. *Rev. Econom. Stud.* **61**, 247–264.

Harvey, A. C. and N. Shephard (1993). Estimation and testing of stochastic variance models, STICERD Econometrics. Discussion paper, EM93/268, London School of Economics.

Harvey, A. C. and N. Shephard (1996). Estimation of an asymmetric stochastic volatility model for asset returns. *J. Business Econom. Statist.* to appear.

Harvey, C. R. and R. D. Huang (1991). Volatility in the foreign currency futures market. *Rev. Financ. Stud.* **4**, 543–569.

Harvey, C. R. and R. D. Huang (1992). Information trading and fixed income volatility. Discussion Paper, Duke University.

Harvey, C. R. and R. E. Whaley (1992). Market volatility prediction and the efficiency of the S&P 100 index option market. *J. Financ. Econom.* **31**, 43–74.

Hausman, J. A. and A. W. Lo (1991). An ordered probit analysis of transaction stock prices. Discussion paper, Wharton School, University of Pennsylvania.

He, H. (1993). Option prices with stochastic volatilities: An equilibrium analysis. Discussion Paper, University of California, Berkeley.

Heston, S. L. (1993). A closed-form solution for options with stochastic volatility with applications to bond and currency options. *Rev. Financ. Stud.* **6**, 327–343.

Heynen, R., A. Kemna and T. Vorst (1994). Analysis of the term structure of implied volatility. *J. Financ. Quant. Anal.*

Hull, J. (1993). *Options, futures and other derivative securities.* 2nd ed. Prentice-Hall International Editions, New Jersey.

Hull, J. (1995). *Introduction to Futures and Options Markets.* 2nd ed. Prentice-Hall, Englewood Cliffs, New Jersey.

Hull, J. and A. White (1987). The pricing of options on assets with stochastic volatilities. *J. Finance* **42**, 281–300.

Huffman, G. W. (1987). A dynamic equilibrium model of asset prices and transactions volume. *J. Politic. Econom.* **95**, 138–159.

Hutchinson, J. M., A. W. Lo and T. Poggio (1994). A nonparametric approach to pricing and hedging derivative securities via learning networks. *J. Finance* **49**, 851–890.

Jacquier, E., N. G. Polson and P. E. Rossi (1994). Bayesian analysis of stochastic volatility models (with discussion). *J. Business Econom. Statist.* **12**, 371–417.

Jacquier, E., N. G. Polson and P. E. Rossi (1995a). Multivariate and prior distributions for stochastic volatility models. Discussion paper CIRANO.

Jacquier, E., N. G. Polson and P. E. Rossi (1995b). Stochastic volatility: Univariate and multivariate extensions. Rodney White center for financial research. Working Paper 19–95, The Wharton School, University of Pennsylvania.

Jacquier, E., N. G. Polson and P. E. Rossi (1995c). Efficient option pricing under stochastic volatility. Manuscript, The Wharton School, University of Pennsylvania.

Jarrow, R. and Rudd (1983). *Option Pricing.* Irwin, Homewood III.

Johnson, H. and D. Shanno (1987). Option pricing when the variance is changing. *J. Financ. Quant. Anal.* **22**, 143–152.

Jorion, P. (1995). Predicting volatility in the foreign exchange market. *J. Finance* **50**, to appear.

Karatzas, I. and S. E. Shreve (1988). *Brownian Motion and Stochastic Calculus.* Springer-Verlag: New York, NY.

Karpoff, J. (1987). The relation between price changes and trading volume: A survey. *J. Financ. Quant. Anal.* **22**, 109–126.

Kim, S. and N. Shephard (1994). Stochastic volatility: Optimal likelihood inference and comparison with ARCH Model. Discussion Paper, Nuffield College, Oxford.

King, M., E. Sentana and S. Wadhwani (1994). Volatility and links between national stock markets. *Econometrica* **62**, 901–934.

Kitagawa, G. (1987). Non-Gaussian state space modeling of nonstationary time series (with discussion). *J. Amer. Statist. Assoc.* **79**, 378–389.

Kloeden, P. E. and E. Platten (1992). *Numerical Solutions of Stochastic Differential Equations.* Springer-Verlag, Heidelberg.

Lamoureux, C. and W. Lastrapes (1990). Heteroskedasticity in stock return data: Volume versus GARCH effect. *J. Finance* **45**, 221–229.

Lamoureux, C. and W. Lastrapes (1993). Forecasting stock-return variance: Towards an understanding of stochastic implied volatilities. *Rev. Financ. Stud.* **6**, 293–326.

Latane, H. and R. Jr. Rendleman (1976). Standard deviations of stock price ratios implied in option prices. *J. Finance* **31**, 369–381.

Lezan, G., E. Renault and T. deVitry (1995) Forecasting foreign exchange risk. Paper presented at 7th World Congres of the Econometric Society, Tokyo.

Lin, W. L., R. F. Engle and T. Ito (1994). Do bulls and bears move across borders? International transmission of stock returns and volatility as the world turns. *Rev. Financ. Stud.*, to appear.

Lo, A. W. (1995). Statistical inference for technical analysis via nonparametric estimation. Discussion Paper, MIT.

Mahieu, R. and P. Schotman (1994a). Stochastic volatility and the distribution of exchange rate news. Discussion Paper, University of Limburg.

Mahieu, R. and P. Schotman (1994b). Neglected common factors in exchange rate volatility. *J. Emp. Finance* **1**, 279–311.

Mandelbrot, B. B. (1963). The variation of certain speculative prices. *J. Business* **36**, 394–416.

Mandelbrot, B. and H. Taylor (1967). On the distribution of stock prices differences. *Oper. Res.* **15**, 1057–1062.

Mandelbrot, B. B. and J.W. Van Ness (1968). Fractal Brownian motions, fractional noises and applications. *SIAM Rev.* **10**, 422–437.

McFadden, D. (1989). A method of simulated moments for estimation of discrete response models without numerical integration. *Econometrica* **57**, 1027–1057.

Meddahi, N. and E. Renault (1995). Aggregations and marginalisations of GARCH and stochastic volatility models. Discussion Paper, GREMAQ.

Melino, A. and M. Turnbull (1990). Pricing foreign currency options with stochastic volatility. *J. Econometrics* **45**, 239–265.

Melino, A. (1994). Estimation of continuous time models in finance. In: C.A. Sims ed., *Advances in Econometrics* (Cambridge University Press).

Merton, R. C. (1973). Rational theory of option pricing. *Bell J. Econom. Mgmt. Sci.* **4**, 141–183.

Merton, R. C. (1976). Option pricing when underlying stock returns are discontinuous. *J. Financ. Econom.* **3**, 125–144.

Merton, R. C. (1990). *Continuous Time Finance*. Basil Blackwell, Oxford.

Merville, L. J. and D. R. Pieptea (1989). Stock-price volatility, mean-reverting diffusion, and noise. *J. Financ. Econom.* **242**, 193–214.

Metropolis, N., A. W. Rosenbluth, M. N. Rosenbluth, A. H. Teller and E. Teller (1954). Equation of state calculations by fast computing machines. *J. Chem. Physics* **21**, 1087–1092.

Müller, U. A., M. M. Dacorogna, R. B. Olsen, W. V. Pictet, M. Schwarz and C. Morgenegg (1990). Statistical study of foreign exchange rates. Empirical evidence of a price change scaling law and intraday analysis. *J. Banking Finance* **14**, 1189–1208.

Nelson, D. B. (1988). Time series behavior of stock market volatility and returns. Ph.D. dissertation, MIT.

Nelson, D. B. (1990). ARCH models as diffusion approximations. *J. Econometrics* **45**, 7–39.

Nelson, D. B. (1991). Conditional heteroskedasticity in asset returns: A new approach. *Econometrica* **59**, 347–370.

Nelson, D. B. (1992). Filtering and forecasting with misspecified ARCH Models I: Getting the right variance with the wrong model. *J. Econometrics* **25**, 61–90.

Nelson, D. B. (1994). Comment on Jacquier, Polson and Rossi. *J. Business Econom. Statist.* **12**, 403–406.

Nelson, D. B. (1995a). Asymptotic smoothing theory for ARCH Models. *Econometrica*, to appear.

Nelson, D. B. (1995b). Asymptotic filtering theory for multivariate ARCH models. *J. Econometrics*, to appear.

Nelson, D. B. and D. P. Foster (1994). Asymptotic filtering theory for univariate ARCH models. *Econometrica* **62**, 1–41.

Nelson, D. B. and D. P. Foster (1995). Filtering and forecasting with misspecified ARCH models II: Making the right forecast with the wrong model. *J. Econometrics*, to appear.

Noh, J., R. F. Engle and A. Kane (1994). Forecasting volatility and option pricing of the S&P 500 index. *J. Derivatives*, 17–30.

Ogaki, M. (1993). Generalized method of moments: Econometric applications. In: Maddala et al. ed., *Handbook of Statistics* Vol. 11, North Holland, Amsterdam.

Pagan, A. R. and G. W. Schwert (1990). Alternative models for conditional stock volatility. *J. Econometrics* **45**, 267–290.

Pakes, A. and D. Pollard (1989). Simulation and the asymptotics of optimization estimators. *Econometrica* **57**, 995–1026.

Pardoux, E. and D. Talay (1985). Discretization and simulation of stochastic differential equations. *Acta Appl. Math.* **3**, 23–47.

Pastorello, S., E. Renault and N. Touzi (1993). Statistical inference for random variance option pricing. Discussion Paper, CREST.

Patell, J. M. and M. A. Wolfson (1981). The ex-ante and ex-post price effects of quarterly earnings announcement reflected in option and stock price. *J. Account. Res.* **19**, 434–458.

Patell, J. M. and M. A. Wolfson (1979). Anticipated information releases reflected in call option prices. *J. Account. Econom.* **1**, 117–140.

Pham, H. and N. Touzi (1993). Intertemporal equilibrium risk premia in a stochastic volatility model. *Math. Finance*, to appear.

Platten, E. and Schweizer (1995). On smile and skewness. Discussion Paper, Australian National University, Canberra.

Poterba, J. and L. Summers (1986). The persistence of volatility and stock market fluctuations. *Amer. Econom. Rev.* **76**, 1142–1151.

Renault, E. (1995). Econometric models of option pricing errors. Invited Lecture presented at 7th W.C.E.S., Tokyo, August.

Renault, E. and N. Touzi (1992). Option hedging and implicit volatility. *Math. Finance*, to appear.

Revuz, A. and M. Yor (1991). *Continuous Martingales and Brownian Motion*. Springer-Verlag, Berlin.

Robinson, P. (1993). Efficient tests of nonstationary hypotheses. Mimeo, London School of Economics.

Rogers, L. C. G. (1995). Arbitrage with fractional Brownian motion. University of Bath, Discussion paper.

Rubinstein, M. (1985). Nonparametric tests of alternative option pricing models using all reported trades and quotes on the 30 most active CBOE option classes from August 23, 1976 through August 31, 1978. *J. Finance* **40**, 455–480.

Ruiz, E. (1994). Quasi-maximum likelihood estimation of stochastic volatility models. *J. Econometrics* **63**, 289–306.

Schwert, G. W. (1989). Business cycles, financial crises, and stock volatility. *Carnegie-Rochester Conference Series on Public Policy* **39**, 83–126.

Scott, L. O. (1987). Option pricing when the variance changes randomly: Theory, estimation and an application. *J. Financ. Quant. Anal.* **22**, 419–438.

Scott, L. (1991). Random variance option pricing. *Advances in Futures and Options Research*, Vol. **5**, 113–135.

Sheikh, A. M. (1993). The behavior of volatility expectations and their effects on expected returns. *J. Business* **66**, 93–116.

Shephard, N. (1995). Statistical aspect of ARCH and stochastic volatility. Discussion Paper 1994, Nuffield College, Oxford University.

Sims, A. (1984). Martingale-like behavior of prices. University of Minnesota.

Sowell, F. (1992). Maximum likelihood estimation of stationary univariate fractionally integrated time series models. *J. Econometrics* **53**, 165–188.

Stein, J. (1989): Overreactions in the options market. *J. Finance* **44**, 1011–1023.

Stein, E. M. and J. Stein (1991). Stock price distributions with stochastic volatility: An analytic approach. *Rev. Financ. Stud.* **4**, 727–752.

Stock, J. H. (1988). Estimating continuous time processes subject to time deformation. *J. Amer. Statist. Assoc.* **83**, 77–84.

Strook, D. W. and S. R. S. Varadhan (1979). *Multi-dimensional Diffusion Processes*. Springer-Verlag, Heidelberg.

Tanner, T. and W. Wong (1987). The calculation of posterior distributions by data augmentation. *J. Amer. Statist. Assoc.* **82**, 528–549.

Tauchen, G. (1995). New minimum chi-square methods in empirical finance. Invited Paper presented at the 7th World Congress of the Econometric Society, Tokyo.

Tauchen, G. and M. Pitts (1983). The price variability-volume relationship on speculative markets. *Econometrica* **51**, 485–505.

Taylor, S. J. (1986). *Modeling Financial Time Series*. John Wiley: Chichester.

Taylor, S. J. (1994). Modeling stochastic volatility: A review and comparative study. *Math. Finance* **4**, 183–204.

Taylor, S. J. and X. Xu (1994). The term structure of volatility implied by foreign exchange options. *J. Financ. Quant Anal.* **29**, 57–74.

Taylor, S. J. and X. Xu (1993). The magnitude of implied volatility smiles: Theory and empirical evidence for exchange rates. Discussion Paper, University of Warwick.

Von Furstenberg, G. M. and B. Nam Jeon (1989). International stock price movements: Links and messages. *Brookings Papers on Economic Activity* I,125–180.

Wang, J. (1993). A model of competitive stock trading volume. Discussion Paper, MIT.

Watanabe, T. (1993). The time series properties of returns, volatility and trading volume in financial markets. Ph.D. Thesis, Department of Economics, Yale University.

West, M. and J. Harrison (1990). *Bayesian Forecasting and Dynamic Models*. Springer-Verlag, Berlin.

Whaley, R. E. (1982). Valuation of American call options on dividend-paying stocks. *J. Financ. Econom.* **10**, 29–58.

Wiggins, J. B. (1987). Option values under stochastic volatility: Theory and empirical estimates. *J. Financ. Econom.* **19**, 351–372.

Wood, R. T. McInish and J. K. Ord (1985). An investigation of transaction data for NYSE Stocks. *J. Finance* **40**, 723–739.

Wooldridge, J. M. (1994). Estimation and inference for dependent processes. In: R.F. Engle and D. McFadden eds., *Handbook of Econometrics* Vol. 4. North Holland, Amsterdam.

6

株式価格ボラティィリティ

Stock Price Volatility

Stephen F. LeRoy

6.1　はじめに

初期の効率的資本市場の文献は，ファイナンス研究者と実務家の間の論議はたがいの無理解によって特徴付けられる．学者は証券価格は将来の利得 (payoff) によってのみ決定されると考えていた．事実，前者は後者の割引期待価値に等しいと考えた．他方，実務家は，世間知らずの学者しか資産価格決定理論として現在価値関係を真面目に考慮していないという見解を隠してはおかなかった．トレーダーがキャシュ・フローを無視していることや，将来キャシュ・フローについてのニュースが完全にないときにでも大きな価格変化がしばしば起こることは周知の事実である．少なくとも Samuelson (1965) の論文以来，学者は現在価値関係を否定することは有利な取引法則が存在することを意味することであるとしてきた．買い持ち (buy-and-hold) よりも明確にすぐれている取引法則を発見することができなかったため，学者は現在価値関係を否定するいかなる根拠も見出していなかった．

1980 年代以前は，市場の効率性に関する実証的な検定は学界で行われた．すなわち，リターンの予測についての研究が行われたが，うまくいかなかったので，市場の効率性を支持すると結論づけた．しかしながら，Shiller (1981) や LeRoy and Portor (1981) によって導入された分散–境界検定 (variance-boundry test) は，学者の手から実務家の手に論争の場を移したと解釈される．というのは市場効率性によって取り除かれるリターンのパターンを解明する代わりに，市場効率性によって意味される価格のパターンを解明しようとしたからである．証券価格の変化がファンダメンタルズによってのみ生成されるならば，証券価格の変化は人びとが予想する大きさになるかどうかを問題とした．

リターンの検定から価格水準の検定に関心が移ったことのインプリケーションは，予測可能なパターンの発見が 2 つのケースで反対の解釈をもつので，当初は分類することが困難であった．ファンダメンタルズが将来の証券リターンを予測するという研究結果は市場効率性に反する議論であるが，ファンダメンタルズが現在価格を予測するという研究結果は市場の効率性を支持することになる．どちらのケースでも，初期の証拠はこの 2 つの間の相関関係が存在しなかったことを示している．それゆえ，リターンの検定は市場の効率性を受容するが，分散-境界検定は市場の効率性を棄却する．

リターンと市場の効率性の分散-境界検定との間の関係を理解するために，効率的市場モデル(株価に応用した)のもっとも単純な定式化は，

$$\mathrm{E}_t(r_{t+1})=\rho \tag{6.1.1}$$

である．ここで，r_t は(粗)株式収益率，ρ は1より大きい定数，E_t はある情報集合 I_t を条件とする数学的期待値を示す．式(6.1.1)は主体の情報がいかなるものであっても株式収益率の条件付期待値は ρ であることを表している．過去に実現した株式リターンのような過去の情報は将来のリターンと相関をもつはずがない．伝統的な効率性の検定は直接このインプリケーションを険証している．

他方，分散-境界検定では，

$$r_{t+1}\equiv\frac{d_{t+1}+p_{t+1}}{p_t} \tag{6.1.2}$$

である収益率の定義が用いられ，式(6.1.1)との関係から，

$$p_t=\beta\mathrm{E}_t(d_{t+1}+p_{t+1}) \tag{6.1.3}$$

が導出される．ここで，$\beta\equiv1/\rho$ である．逐次的な代入と反復期待値の法則(law of iterative expectation)の適用により，式(6.1.3)は，

$$p_t=\mathrm{E}_t(\beta d_{t+1}+\beta^2 d_{t+2}+\cdots+\beta^{n+1}d_{t+n+1}+\beta^{n+1}p_{t+n+1}) \tag{6.1.4}$$

書くことができる．収束条件

$$\lim_{n\to\infty}\beta^{n+1}\mathrm{E}_t(p_{t+n+1})=0 \tag{6.1.5}$$

を満たしていると仮定し，式(6.1.4)で n を無限大にすると，

$$p_t=\mathrm{E}_t(p_t^*) \tag{6.1.6}$$

という結果になる．ここで，p_t^* は事後の合理的な株価である．すなわち，将来の配当が完全に予測可能であるならば，株式の価値は次式で証明される．

$$p_t^*\equiv\sum_{n=1}^{\infty}\beta^n d_{d+n} \tag{6.1.7}$$

任意の確率変数の条件付期待値は確率変数そのものよりも変動性が低いので，式(6.1.6)は分散境界不等式(variance bounds inequality)

$$V(p_t)\leq V(p_t^*) \tag{6.1.8}$$

を意味する．Shiller と LeRoy-Porter は両者とも不等式(6.1.8)が実証研究では成り立たないことを報告している．市場効率性のもとでは，配当のボラティリティによる上界よりも価格はより変動性が高いと思われる．

6.2 統計的問題

いくつかの統計的な問題点が，不等式(6.1.8)が実証研究では明らかに成り立たないという事実を解釈する際に生じる．これらは，① パラメータ推定におけるバイア

ス，② 局外母数 (nuisance parameter) の問題，③ パラメータ推定値の標本変動 (sample variation) である．もちろん，分散-境界の議論は，ほとんどバイアスに集中している．しかしながら，局外母数や標本変動の問題がないときには，棄却域が常にバイアスに対して許容されるように修正できるためバイアスは深刻な問題とはならない．対照的に，局外母数の問題 —— 検定統計量の標本分布が実質的に帰無仮説のもとで無制約のパラメータによって影響を受けるときに常に起こる —— は，決められた確率で棄却が起こるように棄却域を設定することを困難にするかあるいは不可能にする．それゆえ，それらは非常に深刻な問題となる．検定統計量での大きな標本変動もまた，帰無仮説と対立仮説との間を区別するための検定能力を弱め，所与の検定サイズに対しての検出力を低めるので，深刻な問題となる．

式 (6.1.8) の検定をする際には，最後の標本以後の配当は観測できないので，p_t^* は，直接いかなる有限標本からも構成することはできないという事実に直面する．バイアス，局外母数，標本変動の問題はこの問題を処理する方法に依存して異なる形態を取る．$V(p_t^*)$ の推定に対して 2 つの方法が利用可能であり，Shiler によってモデルに依存しない推定量が用いられ，LeRoy-Porter によってモデルに基づく推定量が用いられた．モデルに依存しない推定量は単に観測可能な標本を条件とした期待値 p_t^* を観測されない p_t^* と取り替えただけである．これは，観測される代理系列 $p_{t|T}^*$ の期末の値 $p_{T|T}^*$ が現実の p_T に等しいと設定することによって与えられる．

$$p_{T|T}^* \equiv p_T \tag{6.2.1}$$

そして，後向反復 (backward recursion)

$$p_{t|T}^* \equiv \beta(p_{t+1|T}^* + d_{t+1}) \tag{6.2.2}$$

から初期の値 $p_{t|T}^*$ を計算する．そして，それは要求される性質

$$\mathrm{E}(p_{t|T}^* | p_1, d_1, \cdots, p_T, d_T) = p_t^* \tag{6.2.3}$$

を (割引する際に β の母集団の値が用いられるという条件のもとで) もつ．推定された系列は，配当の生成方法について仮定を必要としないという意味で「モデルに依存しない」ので，望ましい性質をもつ．

$\hat{V}(p_t^*)$ を作成するために「モデルに依存しない」$p_{t|T}^*$ の系列を用いることは，いくつかの望ましくない結果をもたらす．もっとも重要なことは，モデルの構築者が配当に対してモデルをあえて用いないならば，$p_{t|T}^*$ の標本変動を評価する見込みはなく，信頼区間の構築を不可能にする．したがって，Shiller が t 統計量ではなく，$p_{t|T}^*$ と $\hat{V}(p_t^*)$ の点推定を報告したのは偶然のことではなかった．

しかしながら，特定の配当モデルのもとで $\hat{V}(p_t^*)$ の統計的性質を研究することは可能であり，これは既に研究されている．Flavin (1983) や Kleidon (1986) が示したように，$p_{t|T}^*$ の高い系列相関のために $\hat{V}(p_t^*)$ は $V(p_t^*)$ の推定量のように下方にひどくバイアスがある．直観的な解釈としては Gilles and LeRoy (1991) を参照せよ．上で言及したように，棄却域は常にバイアスの影響を相殺することで修正できるため，これはそれ自身だけでは問題となることはない．しかしながら，そのような修正は配

当モデルを用いなければ実行することはできない．したがって，この道筋に従うならばモデルに依存しない推定量の利点は過去のものとなる．また，モデルに依存しない推定量 $\hat{V}(p_t^*)$ は同様のモデルに基づくよりも大きな標本変動性をもつことが知られており，以下で議論することにする．

$V(p_t^*)$ のモデルに基づく推定量は，配当を生成することを仮定した統計的モデルを定式化することを厭わないならば構築することができる．たとえば1次の自己回帰に従う配当を仮定する．

$$d_{t+1}=\lambda d_t+\varepsilon_{t+1} \tag{6.2.4}$$

このとき，$V(p_t^*)$ の母集団の値に対する表現は容易に $\lambda, \sigma_t^2, \beta$ の関数として計算され，モデルに基づく推定量 $\hat{V}(p_t^*)$ は対応する母集団の値にパラメータの推定値を代入することによって構築することができる．配当モデルが正確に定式化されていると仮定すると，モデルに基づく推定量(少なくともある設定においては)ほとんどバイアスがなく，より重要なことは非常に標本変動性が低いことである(LeRoy-Parke (1992))．LeRoy-Parke の設定では $V(p_t^*)$ のモデルに基づく点推定値は $V(p_t^*)$ の推定値よりも約3倍大きく，式(6.1.8)を受容することを示唆している．しかしながら，目下議論されている局外母数問題のために，この結果はそれほど重要ではない．

$\hat{V}(p_t^*)$ を構築するさまざまな方法から生ずる曖昧さのほかに，式(6.1.8)が等式ではなく不等式であるということから基本的な問題が生じる．帰無仮説が真であると仮定すれば，$V(p_t)$ の母集団の値は将来配当の投資家の推定値における誤差の大きさに依存している．それゆえ，同様の事柄はボラティリティ・パラメータ $V(p_t^*)-V(p_t)$ にも当てはまるが，それに対応する標本の値は検定統計量を構成する．この誤差分散は市場の効率性の仮定によって制約を受けないため，局外母数として特徴付けられる．LeRoy-Parke では，この問題は定量的に深刻であると論じられている．すなわち，ボラティリティの統計量 $\hat{V}(p_t^*)-\hat{V}(p_t)$ に対する棄却域を設定する方法はないということである．そこでは局外母数の問題のために，直接，方程式(6.1.8)を検定することは本質的に不可能であると論じられている．式(6.1.8)は分散-境界関係のもっともよく知られているものであるので，これは重要な結論である．

不等式(6.1.8)よりも計量経済学的によりよい性質をもつ他の分散-境界検定が存在する．これらを発展させるために，株式利得のイノベーション(innovation)として ε_{t+1} を定義する．

$$\varepsilon_{t+1}\equiv d_{t+1}+p_{t+1}-\mathrm{E}_t(d_{t+1}+p_{t+1}) \tag{6.2.5}$$

その結果，現在価値関係(6.1.3)を

$$p_t=\beta\mathrm{E}_t(d_{t+1}+p_{t+1})=\beta(d_{t+1}+p_{t+1}-\varepsilon_{t+1}) \tag{6.2.6}$$

として書くことができる．繰り返し代入し，p_t^* の定義(6.1.7)を用い，結果が収束することを仮定すると，式(6.2.6)は，

$$p_t^*=p_t+\sum_{i=1}^{\infty}\beta^i\varepsilon_{t+i} \tag{6.2.7}$$

となり，その結果 p_t^* と p_t との違いは利得イノベーションの加重和として表現できる．方程式 (6.2.7) は，

$$V(p_t^*)=V(p_t)+\frac{\beta^2}{1-\beta^2}V(\varepsilon_t) \tag{6.2.8}$$

を意味する．この結果はさしあたり横においておくことにする．

価格ボラティリティに対する上界は，投資家が将来の配当について完全情報をもっているならば得られる仮説的な価格系列のボラティリティを考えることによって導出される．LeRoy–Porter はまた，価格ボラティリティの下界は投資家が将来の配当について少なくとも最小の情報をもつことを定式化するならば導出できることを示した．投資家が少なくとも現在と過去の配当を知っていると仮定することを考える．投資家は将来の配当を予測する他の変数を利用するかもしれないし，利用しないかもしれない．$\tilde{p}_t$ を最小の情報の定式化のもとで成立している株価と表記することにする．

$$\tilde{p}_t=\mathrm{E}(p_t^*|d_1, d_{t-1}, d_{t-2}, \cdots) \tag{6.2.9}$$

このとき，I_t は $d_1, d_{t-1}, d_{t-2}, \cdots$ によって導かれた情報分割を細分化したものであるので，反復期待値の法則により，

$$\tilde{p}_t=\mathrm{E}([\mathrm{E}(p_t^*|I_t)]|d_1, d_{t-1}, d_{t-2}, \cdots) \tag{6.2.10}$$

が得られ，その結果，式 (6.1.6) を用いて，

$$\tilde{p}_t=\mathrm{E}(p_t|d_1, d_{t-1}, d_{t-2}, \cdots) \tag{6.2.11}$$

が得られる．それゆえ，式 (6.1.8) を導出するために用いた同様の理論により，

$$V(\tilde{p}_t)\le V(p_t) \tag{6.2.12}$$

が得られる．したがって，$\tilde{p}_t$ の分散は p_t の分散に対して下界となる．

投資家が現在や過去の配当を知っているという仮定のもとでは，現在価値モデルによって意味されるものよりも株価の変動性がより低いと真面目に考えているような人は皆無だから，この下界には直接的な実証的関心はない．しかしながら，この下界には興味を引く利用法がある．$d_1, d_{t-1}, d_{t-2}, \cdots$ によって生成される情報集合のもとにおける利得イノベーションとして，

$$\tilde{\varepsilon}_{t+1}\equiv d_{t+1}+p_{t+1}-\mathrm{E}(d_{t+1}+p_{t+1}|d_1, d_{t-1}, d_{t-2}, \cdots) \tag{6.2.13}$$

と定義することにより，

$$p_t^*=\tilde{p}_t+\sum_{i=1}^{\infty}\beta^i\tilde{\varepsilon}_{t+i} \tag{6.2.14}$$

が式 (6.2.7) の導出とまったく同じ仕方で導かれる．方程式 (6.2.14) は，

$$V(p_t^*)=V(\tilde{p}_t)+\frac{\beta^2}{1-\beta^2}V(\tilde{\varepsilon}_t) \tag{6.2.15}$$

を導く．方程式 (6.2.8)，(6.2.15) と下界不等式 (6.2.16) は，

$$V(\tilde{\varepsilon}_t)\ge V(\varepsilon_t) \tag{6.2.16}$$

を導く．

このように，現在価値関係は投資家が完全情報をもつときよりも価格は変動性は低いということを意味するだけでなく，投資家がより少ない情報をもつときよりも 1 期

間の純利得は変動性は低いことを意味する．

式(6.2.16)を検定するためには1変量時系列モデルを配当に当てはめ，それを用いて $\hat{V}(\tilde{\varepsilon}_t)$ を計算する．$\hat{V}(\varepsilon_t)$ は回帰式

$$d_t+p_t=\beta^{-1}p_{t-1}+\varepsilon_t \tag{6.2.17}$$

における推定された残差分散である．

LeRoy-Porterの価格ボラティリティの下界の形式的には同値な——しかし計量経済学的にははるかにもっと興味深い——利得ボラティリティの下界への改作はWest (1988)による．

ShillerとLeRoy-Porterの価格ボラティリティの上界検定と同様に，West検定は棄却される結果となった．Westは統計的に有意な棄却を報告している(既述したようにShillerは信頼区間を計算しなかったし，LeRoy-Porterの棄却は統計的有意性の境界線でしかなかった)．

一般的にWest検定は価格の境界検定に付きまとう深刻な計量経済学上の問題からは免れている．重要なことは，利得イノベーションが系列的に無相関であるという帰無仮説のもとでは標本平均は母集団平均の良好な推定値を生じさせる(価格ボラティリティのモデルによらない検定は p_t と p_t^* が系列的に高い相関をもつという問題に従っていることを思い起こせ)．さらに，関連する t 統計量は棄却域を計算することに用いることができる．最後に，モデルによらない $V(\varepsilon_t)$ の推定値が用いられるから，投資家の情報を定式化する必要はなく，これはモデルに基づく価格境界のもとで起こっている局外母数の問題がここでは現れないことを意味している．

6.3　配当平滑化と非定常性

分散-境界検定に対する一つの異議は，経営者が配当を平滑にするということである．事実そうであるならば，事後の合理的な株価は，その結果として配当の非常に滑らかな平均となっている．したがって実際の株価が事後の合理的な価格よりも不規則的であるということは驚くに当たらない．この点はMarsh and Merton (1983), (1986)によって提示された[1]．Marsh-Mertonは分散-境界定理は配当が外生的であるという仮定が必要であると主張し，また結果として生じる系列は定常であるとしている．

これらの仮定が満たされないならば，分散-境界定理は反転する．このことを証明するためにMarsh-Merton (1986)は，経営者が配当を過去の株価の分布ラグ(distributed lag)として決定すると仮定した．

$$d_t=\sum_{i=1}^{N}\lambda_i p_{t-i} \tag{6.3.1}$$

[1] この議論は著者から入手可能なGilles-LeRoy (1991)の1988年版から引き出されている．Marsh and Mertonの議論は編集者の要求に応えて公表された論文から削除された．

さらに，式(6.1.7)から事後の合理的な株価は，

$$p_t^* = \sum_{i=1}^{T-i} \beta^i d_{t+i} + \beta^{T-t} p_T^* \tag{6.3.2}$$

のように書くことができる．最後に，Marsh-Mertonは標本平均株価によって与えられる期末の事後の合理的な株価を使用した．

$$p_T^* = \frac{\sum_{t=1}^T p_t}{T} \tag{6.3.3}$$

式(6.3.1)と(6.3.3)を(6.3.2)に代入すると，p_t^* は標本内(in sample) p_t^* の加重平均として表される．この結果を用いてMarsh-Mertonはいかなる標本でも p_t^* は p_t よりも分散-境界定理とは逆の小さい分散をもつことを証明した．

経営者が配当を平滑化するならば分散-境界不等式が反転するというMarsh-Mertonの主張に関して疑問が生ずる．もっとも重要な問題は，文献で利用可能な分散-境界定理の厳密な導出には，明示的にしろあるいは暗黙裡にしろ，外生性や定常性の仮定を利用するものはないという事実から生じる．代わりに，それらの定理は確率変数の条件付期待値は確率変数それ自身よりも変動性が低いという事実にのみ依存している．それではどのようにして配当の平滑化は分散-境界定理を反転させるのか．Marsh-Mertonは，分散-境界定理は間違っているのであるとは主張しておらず，彼らが特定した設定において，p_t^* と p_t の分散の標本版が母集団の不等式を反転させるということを主張しているだけである．Marsh-Mertonが標本平均から母集団を区別する表記を用いなかったことは論文を読むことを必要以上にむずかしくしている．

Marsh-Mertonの配当の定式化は配当と価格は必ず非定常(これはMarsh-MertonへのShiller (1996)のコメントで証明されている)であることを意味する．母集団平均が無限(時間変動，解釈の仕方によるが)ならば標本モーメントは母集団のモーメントと同じ不等式を満たすことを期待できない．事実，非定常な母集団では母集団モーメントとそれに対応する標本モーメントとの間に本質的な関連はない[2]．実際，時系列分析での標本と母集団とのモーメントの間に対応関係があるという考えは定常な系列の分析からその重要性は導かれる．このように，Marsh-Mertonのようないかなる時点においても母集団の分散-境界不等式が満たされるという主張とMarsh-Mertonの定式化のもとで，その標本版はあらゆる可能な標本に対しても反転するという証明との間に矛盾はない．

Marsh-Mertonの例が示していることは，データが非定常であるときに，定常性の仮定のもとで適切である分析方法を用いると，誤った結果が導かれるということである．このように定式化されるならば，Marsh-Mertonの結論は確かに正しい．論理的なインプリケーションは，もし株価ボラティリティの分析を進歩させたいと望む

---

[2] Gilles-LeRoy (1991)は，Kleidon (1986)を修正した，マルチンゲールの収束定理は母集団におけるおのおのの時点では正確であるにもかかわらず，分散-境界不等式の標本版が任意の長い標本では任意の高い確率で反転するという例を提示した．Marsh-Mertonの場合と同様に非定常性が「犯人」である．

ならば，彼らが仮定する非定常性の設定において適切な統計的手順をさらに定式化するべきであるということである．Marsh-Merton はそのようなことはせず，彼らのモデルの簡単な拡張によって次の段階に進むことは不可能であった．理由は Marsh-Merton のモデルではどのような外生変数がモデルを動かすかという点に関する定式化をしていないためである．配当を設定する際に彼らがモデル化した唯一の点は，経営者の株価に対する反応であり，それは外生変数として扱われている．

Marsh-Merton は分散-境界に対して 2 つの批判をした．① 配当が定常であるという仮定に依存している．② 経営者によって配当が平滑化されることと対照的に配当は内生的であるという仮定に依存している (2 番目の批判はとくに LeRoy-Porter (1981) を扱った Marsh-Merton の未公表論文 (1983) で顕著である)．Marsh-Merton は 2 つの問題点を交換可能なものとして扱い，その結果，外生性は定常性を意味することと受け取られ，配当の平滑化は非定常性を意味することと受け取られた．実際のところ，配当の外生性は定常性を意味しないし，定常性によって意味されもせず，分散-境界定理は上で見たようにどちらも必要としない．

Shiller によって取り入れられた特定の実証的方法は，配当がレベルに関して定常であるときのみ魅力的な計量経済学的特性をもつことは事実である[3]．しかしながら，Marsh-Merton が行ったような配当支払決定をモデル化することとを分析者が選択しようが，LeRoy-Porter が行ったように直接，確率モデルを配当に与えようが問題ではない．後者で仮定された配当モデルが前者のケースでの配当に対する行動と一致するならば 2 つのモデルは同値である．経営者が配当を平滑化しようとしまいと，また，そのような行動をモデル化しようとしまいと，配当の行動を正確に特徴付ける分散-境界検定の決定は受け入れられる結果となる．

Shiller のトレンド-定常性の仮定が受け入れられるかどうかは論争の的になっている．多くのアナリストは GNP のような主要なマクロ経済学の時系列は単位根をもつと考えている．マクロ経済学の時系列でのトレンド-定常性対単位根についての論争はここでは検討しないが，① 主要なマクロ経済学の時系列の中で集計された配当はトレンド-定常性にもっとも類似していると思われる，② 多くのマクロ経済学者は実証的には，トレンド-定常性と単位根のケースとの間を区別することは困難であると信じている，ということに注意されたい．

Kleidon (1986) は，配当が単位根をもつならば，その結果，配当ショックは持続的な構成要素をもち，そのとき，株価は配当が定常である場合と比べより変動性が高くなることを示した．Kleidon は超過ボラティリティの形跡は配当の非定常性を反映しているのにすぎないという見解を示した．しかしながら，この見解は支持できない．

---

[3] LeRoy-Porter は定常データの結果となるべき内部留保の影響を反転させる基になっているトレンド-修正を用いたが，事実，下方トレンド (なぜ分散-境界検定の棄却が周辺的な統計的有意性であったかを説明する) をもつ系列を作り出した．LeRoy-Porter のトレンド-下方修正の失敗の原因は不明瞭である．

第1に，West 検定は配当が単位根をもつ線形の時系列過程によって生成されるならば有効であり，その結果，期待現在価値モデルが正しいならば配当と株価は共和分となる．West が有意な超過ボラティリティを発見したことを想起せよ．Campbell and Shiller によって最初に公表されたが，他の検定では価格水準の代わりに価格-配当比率による研究によって配当の非定常性を扱った．再び，結論は株価が過度に変動性が高いということであった．LeRoy-Parke (1992) は LeRoy-Porter が用いた分散不等式

$$V(p_t^*)=V(p_t)+\frac{\beta^2 V(\varepsilon)}{1-\beta^2} \tag{6.3.4}$$

は集約的な価格-配当変数に当てはめるために改作することができ，

$$V(p_t^*/d_t)=V(p_t/d_t)+\delta V(r_t) \tag{6.3.5}$$

をもたらすことを示した．ここで，δ は集約的変数 $p_t/d_t, p_t^*/d_t, r_t$ の分散が時間を通じて一定であるという仮定のもとで，多数のパラメータの関数となる（これは式(6.3.4)を導出するために要求される $p_t, p_t^*, \varepsilon_t$ のような集約的変数の分散は時間を通じて一定のままであるという仮定に対応する）．LeRoy-Parke もまた過大なボラティリティを発見した（LeRoy and Steigerwald (1993) 参照）．

このように，配当がトレンド-定常であるかどうか，あるいは，単位根をもつかどうかという論争は分散-境界検定の観点からは的外れである．どちらにしても，ボラティリティは現在価値モデルによって予測されるボラティリティを越える．

6.4　バ　ブ　ル

これらの結果は，過大なボラティリティは少なくとも配当が非定常であることから起こることを示している．しかしながら，それらは Marsh-Merton の批判から必ずしも完全には免れない．いかなるモデルに基づく分散-境界の検定も配当生成についての確率法則の —— 定常であれ非定常であれ —— 定式化を必要とし，批判者は常にこの定式化を問題にしうる．たとえば，LeRoy-Parke は配当が幾何ランダムウォーク (geometric random walk) に従うと仮定しデータをそれほど大きくは曲解しないように特徴付けた．しかしながら，経営者による配当-平滑化は配当に対して倹約的でないモデルを生む結果となるかもしれず，その場合には LeRoy-Parke の結果は配当モデルの定式化の誤りを反映しているだけかもしれない．

2つの事情が幾何ランダムウォークのような特定の配当定式化に基づいた分散-境界検定を無効にするかもしれない．第1に，1世紀ほどの長いデータ (Shiller の 1981 年のデータセットの期間はその後の分散-境界のいくつかの論文で用いられている) でさえ短すぎて配当ボラティリティの正確な推定を与えることはできないかもしれない．たとえば，レジーム・シフト・モデル (regime shift model) は正確な推定をするには長いデータセットを必要とする．あるいは，株式市場は「ペソ問題」(peso problem)——投資家は有限標本では起こらなかった事象に時間変動する確率を付与してしまう——に陥りやすい．

分散-境界検定を無効にする第2の事情は，合理的な投機的バブルである．Marsh-Mertonの配当-平滑化の挙動の極端な場合を考える．すなわち，企業が確定的な正の(しかし低い)配当水準を支払うと仮定する[4]．収益の変動は明白に資本の増加(あるいは資本の減少)を導く．この設定では企業の市場価値は，仮定によって，過去の配当に依存しない資本の価値を反映する．価格ボラティリティは配当によって導かれるボラティリティ以上になる．なぜなら，後者が0であるからであり，そのため，分散-境界定理は成立しない．理論的には，この場合に起こることは極限条件式(6.1.5)が満たされず，その結果，株価は配当の現在価値の極限に等しくならない．式(6.1.5)を満たさないモデルは合理的投機バブルと定義される．すなわち，価格が将来の配当の現在価値よりも高いということであるが，それらはより高くなることが予期されるので式(6.1.3)を満たす．このように無限な標本においてさえ配当平滑化が分散-境界検定関係の実証検定を無効にすると示唆している点において，Marsh-Mertonは合理的投機バブルの存在を主張している．

バブルは過大なボラティリティのパズルを解く可能性があるため近年の経済学の文献で数多く研究されている(合理的バブルの理論的研究はGilles and Leroy (1992)とそこで引用されている文献を参照せよ．分散-境界へ応用した実証結果の要約はFlood and Hodrick (1990)を参照せよ)．本論文はバブルを議論するための適切な場ではないが，バブルは合理性を組み入れたモデルでは起こるはずがないという広く支持されている印象は不正確であるということだけ述べておく．誤って式(6.1.5)を横断性条件(transversality condition)として言及する習慣によってこの印象は促進されている．横断性条件は最適化問題と関連している．そのような問題はここでは定式化されない事実，①横断性条件を必要としない適切な最適化問題が存在し，②最適化に必要なときでさえ横断条件は式(6.1.5)を常に意味しているわけではない．Gilles-LeRoy (1992)においてその例をみることができる．これらの例が難解なのは事実である．しかしながら，ここでの目標はそれ自体は直観的には説明できない過大なボラティリティの動きを説明することである．そうすると，直観的ではない選好の定式化を即座に捨てるべきではない．

もし，式(6.1.3)を満たし，式(6.1.5)が満たされないならば，株価は，

$$b_{t+1}=(1+\rho)b_t+\eta_{t+1} \tag{6.4.1}$$

を満たすバブル項の部分だけ配当期待割引現在価値とは異なり，その結果，バブルはドリフト ρ をもつマルチンゲールとなる．バブルは配当の成長率を越える平均 ρ で価値を上昇させる(さもなければ，株価は無限大になる)ので，株価は配当より速く

4　この定式化は有限責任と矛盾し，ランダムな収益は，経営者が無限の将来において，確実に正の配当を支払うことを約束することはできないことを意味する．この反論は，有効ではあるが，現在問題としている点に対しては本質的ではないので無視することにする．

上昇する．それゆえ，配当-価格比率は時間を通じて減少するであろう．インフォーマルな配当-価格比率のプロットをみると明確な下方トレンドはない．Flood-Hodrick (1990) によってサーベイされている実証研究の大部分は，バブルの形跡をみつけることはできない．しかしながら，この研究は理論面，実証面からいまだに発展段階であり，この結論は間もなくくつがえされるかもしれない．しかし，これまで，分散-境界検定で仮定される定常性を無効にするような方法では企業は配当を平滑化しているという主張を支持することはむずかしい．

6.5　時間とともに変化する割引率

証券価格の明白な過大なボラティリティに対する可能な説明は，条件付期待収益率は条件付変数に依存し，式 (6.1.1) を否定するということである．簡単化のためという理由以外に，式 (6.1.1) のような株式の条件付期待収益が時間を通じて一定であるという制約を取り入れる理由はない．主体がリスク回避的ならば，リスク・リターンのトレードオフを反映するような資産市場における均衡条件を予想し，その結果，条件付平均だけでなく収益の分布の高次モーメントを含む項を考える必要があろう (たとえば，CAPM を考えよ)．このようにすると，式 (6.1.1) のような均衡条件はリスク中立性という付加的な仮定のもとで効率的市場において得られると解釈するのがもっとも適切であろう (LeRoy (1973), Lucas (1978))．

さらに，主体がリスク回避的である単純なモデルでは，価格ボラティリティはリスク中立性によって予測されるボラティリティをおそらく越えるであろう．直観的にはリスク回避的な主体は所得と消費が高い時期から低い時期へ消費を移転しようとする．生産からの収益の減少は，この移転がますます高価なものになることを意味する．そのため，証券価格はこの移転を行う主体を不利な立場におくような方法で動く．所得が高い (低い) とき株価が高い (低い) ならば，主体は，均衡条件においてそうしなければならないように，みずからの貯蓄あるいは非貯蓄を生産技術に適合させるように動機付けられる．このように主体がリスク回避的になればなるほど，均衡価格は不規則に変化する (Lacivita and LeRoy (1981), Grossman and Shiller (1981))．これは一見すると明白なボラティリティが，式 (6.1.1) で暗黙のうちに仮定しているリスク中立性の定式化の誤りの不自然な結果にすぎない可能性を示している．

効率的市場モデルの非常に簡単な修正で，原則としては価格ボラティリティの存在を説明するには十分であると思われる．それ以外の説明を与えることによって，その後かなりの論文が生み出された．これ以上，他の説明要因を加えることはたいしたことではない．おそらく，ボラティリティの予測式 (6.1.8) を変更するように市場の効率性の特徴付けを修正することは容易であるからである (たとえば，Eden and Jovanovic (1994), Romer (1993), Allen and Gale (1994) を参照)．

たとえば，集計された賦存量が確定的である世代間移転モデル (overlapping generations model) を考えてみよう．しかし富が移転するとき貨幣ショックが確率的であると，そのことが個人的主体に影響を及ぼす．一般的に，この確率的なショックは均衡価格に影響を及ぼすであろう．確定的な配当は式(6.1.8)の左辺が0であり，一方，右辺は厳密に正であるので，確定的な集計配当と確率的価格が並存することはもっとも単純な市場の効率性の定式化を否定する．しかしながら，明らかにそのようなモデルは合理的な意味で効率的である．すなわち，取引費用を除外し，主体は合理的であり，合理的期待を抱くと仮定する．非対称な情報を伴うモデルは伝統的な市場の効率性の定義と関連したボラティリティを越える価格ボラティリティをもつことを示すことができる．

これらの努力は有用であるが，ボラティリティ・パズルを解決するものではない．分散-境界の文献は，決して潜在的な理論的説明が不足していたパズルを指摘するものと解釈されなかった．むしろ，ある状況では役に立つ単純なモデルが他の状況では役に立たなかったということを示している．パズルを解くことは，他の一般的なモデルにおいてデータが否定しているボラティリティのインプリケーションを生成しないということを指摘することではない．これは疑いのない．むしろ，証券価格の変動を，実際これらのモデルは説明していることを示すことである．そのような説明はまだ現れていない．たとえば，証券価格にリスク回避の影響を組み入れる試みは成功していない (Hansen and Singleton (1983), Mehra and Prescott (1985))．また過大なボラティリティについての他の説明も実証的に確かめられることはなかった．

分散-境界論争をめぐるとめどない興味は，事後的にさえ，最初に指摘したようになぜ証券価格が変動するのかを適切な説明をしていない点にある．より適切な結論を得ることは困難であり，近年の実証研究でもその点は変わらない．

6.6　解　　釈

一般に定式化されている分散-境界検定は主要な計量経済学的問題とは無関係であるように思われる．たとえば，LeRoy-Parke (1992) は，検定統計量の変動を評価するためにモンテカルロ・シミュレーションを用い，現実世界での統計的なバイアスがシミュレートされた統計量に等しくなることを明らかにしている．それゆえ，計量経済学的な問題は棄却域を設定することに自動的に調節される．これらの再定式化された分散-境界検定においても超過ボラティリティは見出され続けている．

分散-境界検定での統計的問題についての論争は近年消滅した．すなわち，もっとも単純な期待現在価値が意味する過大な価格ボラティリティは存在しないということはもはや議論の余地はない．この点と同様に重要なことは，分散-境界検定の改良はこの結果を導くことにあり，さらにもう1つの発展が重要である．すなわち，伝統的な市場の効率性検定は分散-境界検定の発展とともに徐々に進歩した．統計的なリターンについて市場の効率性検定のもっとも重要な修正は，初期の検定よりも長い期間を通じてリターンの自己相関を研究したことである．Fama and French (1988) はリターンの有意な予測可能性を発見した．これらのリターンの自己相関はリターンを5年から10年平均したときもっとも有意である．Fama (1970) で報告されたような初期の研究は年間を通じてよりもむしろ，週間や月間を通じたリターンの自己相関を研究していた．

経済理論の計量経済学的検定に関する伝統的な市場の効率性の検定と分散-境界検定との比較から得られる一般的な方法論がある．同一の帰無仮説が検定されるので，他の場合と比較して，棄却の異なる解釈に対して根拠が存在しないと推測するだろう．しかし，このことを心に留めておくことは非常にむずかしい．すなわち，超過ボラティリティの存在は「われわれは証券価格を説明することはできない」という結論を意味するが，リターンの自己相関の結果は「平均証券リターンは時間を通じて段階的なシフトに従っている」という無味乾燥な結論を意味する．

この解釈の違いが根拠のないということは，証券価格が低いイノベーション分散をもち，かつ高い自己相関をもつ配当とは独立であるランダム項と，現在価値モデルによって予測されたものを合計したものに等しくなるということを仮定している．このランダム項は，不合理な流行を表現しているか，投資機会の変化，社会状況のシフト，その他による証券リターンのスムーズなシフトのいずれかによることと解釈することができる．この修正は過大なボラティリティを生成し，観測されたリターンの自己相関をも生成するだろう．仮定により過大なボラティリティとリターンの自己相関の両方を生成する同一の対立仮説に対して，2つの棄却に異なる文字通りの解釈を加える正当化の理由はないはずである．教訓はモデルの棄却はまさにモデルの棄却であるということである．棄却されるモデルよりもむしろ棄却を導く特定の検定上での棄却の解釈について注意深くならなければならない．

超過価格ボラティリティが長期ホライズンのリターンの自己相関と統計的には同じことであるという蓋然性を認識しているにもかかわらず，多くのファイナンス経済学者は過大なボラティリティが資本市場の効率性と何らかの関係をもつという可能性を退けてしまう．Fama (1991) がよい例である．Fama は市場の効率性のいかなる検定も必然的に特定のリターンモデルの結合検定であるという (彼の1970年のサーベイ) 点を再度強調し，1970年のサーベイの1991年の最新版を始めた．彼はそのとき，長期ホライズンではリターンに高い負の自己相関が存在する証拠 (彼が主要な貢献者であった) をサーベイし，これは統計的に「ファンダメンタルな値から離れた長期変動」(p. 1581) に等しくなることを認めている．しかしながら，分散-境界検定の議論において Fama は期待収益が時間を通じて変化することを示す他の有益な方法が存在するという事実にもかかわらず，分散-境界検定は「市場の効率性について情報を与えていない」という見解を述べた．これに反し，結合仮説の問題はリターンの自己相関の検定と同じか，あるいはそれ以上に分散-境界検定を適用しているように思われる．すなわち，1つのタイプの証拠が市場の効率性に関連しているならば，他方もまた市場の効率性に関連している．

もう1つの教訓は，適切であると思われる実際にはそうではない間接的な計量心理学手法を適用することに注意しなければならないという点である．たとえば，分散-境界検定が明白に棄却されることを，強い調子の言葉によって主張することは簡単ではある一方，リターンの自己相関を説明する外生的なランダム項は，この点を正当化をするには小さすぎるようにみえる．これもまた不正確である．すなわち，平均してプラス/マイナス2，3%のランダム項は，実質株価収益(平均して6~8%)に対して，高い自己相関があると，ほとんどといっていいほど価格分散を大きく増加させる．実質株式リターンの小さな変化は算術的には価格ボラティリティでの大きな増加と同じことであり，それゆえ，2つは同じことを表現しているのである．

6.7 結　　論

この論文の「はじめに」で資本市場の効率性について，初期の学者とファイナンスの実務家との間のやり取りは光よりもむしろ火を引き起こしたと述べた．CAPMに基づいたポートフォリオ・マネージメント・モデルのような市場効率性をもとにしたモデルが実務家の間に普及し，金融市場の合理性の支持者と敵対者との間の論争の大部分はしだいに消え，両者は意見が合わないことを悟った．証券価格決定では不合理な要素の存在に不明瞭ではない証明が最初は与えられたように思われたので，過大な価格ボラティリティが存在する証拠は論争を再開させた．現在，過大なボラティリティを説明する他の控え目な方法が存在することは明らかである．たとえば，われわれは将来の期待配当の割引率の変化の原因を知らない．

金融経済学の発展とともに分散-境界論争は市場効率性の支持者と敵対者との間に横たわる隔たりをかなり狭くした．過大なボラティリティの存在は有利な取引法則が存在することを暗に意味するが，その点を利用しても低い効用利益(utility gains)しか得られないことが知られている．事実，現在価値に基づく価格付けから大きく離れることと，この離反を利用する人びとの得る低い利益とが並び立っていることは効率性論争での中間的立場の研究成果の手がかりを与える．市場効率性の支持者は，ほんのわずかばかり有利な取引よりすぐれた取引法則を証明した者はいないので，その非難が不当であると主張している．市場効率性に反対する人たちは証券価格の大きな変動率は市場のファンダメンタルズによって説明できていないので，その非難が不当であるとする．しかし両方とも正しいのである．ともに同様の典型的な事実を議論している．

市場の効率性の支持者の中には証券価格の過大なボラティリティを説明するためには心理的な要素は非科学的であるという立証をするためにどんなことでもしかねない人たちがいる．たとえば，Shiller (1989) に対するCochraneの，それ以外の点ではすぐれた書評(1991)を参照せよ．この書評の観点は，論争の余地がないときだけ証拠は科学的であるということであり，別の解釈が可能であってはならないということである．これは「科学的」という用語の乱用である．実際，「非科学的」という用語が当てはまるとしたら，データ変動の大部分を占めている説明されない残差が依然として残っていることに当惑を感じないような人たちではなかろうか．証券価格の事後的な動きを説明するために一般に受け入れられている新古典派経済学的なファイナンス・モデルは失敗している．なぜ現在の科学は心理的な考察を含むように研究領域を広げることを無視するのであろうか． ■

［高山俊則・訳］

文　　献

Allen, F. and D. Gale (1994). Limited market participation and volatility of asset prices. *Amer. Econom. Rev.* **84**, 933–955.

Campbell, J. Y. and R. J. Shiller (1988). The dividend-price ratio and expectations of future dividends and discount factors. *Rev. Financ. Stud.* **1**, 195–228.

Cochrane, J. (1991). Volatility tests and efficient markets: A review essay. *J. Monetary Econom.* **27**, 463–485.

Eden, B. and B. Jovanovic (1994). Asymmetric information and the excess volatility of stock prices. *Economic Inquiry* **32**, 228–235.

Fama, E. F. (1970). Efficient capital markets: A review of theory and empirical work. *J. Finance* **25**, 283–417.

Fama, E. F. (1991). Efficient capital markets: II. *J. Finance* **46**, 1575–1617.

Fama, E. F. and K. R. French (1988). Permanent and transitory components of stock prices. *J. Politic. Econom.* **96**, 246–273.

Flavin, M. (1983). Excess volatility in the financial markets: A reassessment of the empirical evidence. *J. Politic. Econom.* **91**, 929–956.

Flood, R. P. and R. J. Hodrick (1990). On testing for speculative bubbles. *J. Econom. Perspectives* **4**, 85–101.

Gilles, C. and S. F. LeRoy (1992). Bubbles and charges. *Internat. Econom. Rev.* **33**, 323–339.

Gilles, C. and S. F. LeRoy (1991). Economic aspects of the variance-bounds tests: A survey. *Rev. Financ. Stud.* **4**, 753–791.

Grossman, S. J. and R. J. Shiller (1981). The determinants of the variability of stock prices. *Amer. Econom. Rev. Papers Proc.* **71**, 222–227.

Hansen, L. and K. J. Singleton (1983). Stochastic consumption, risk aversion, and the temporal behavior of asset returns. *Econometrica* **91**, 249–265.

Kleidon, A. W. (1986). Variance bounds tests and stock price valuation models. *J. Politic. Econom.* **94**, 953–1001.

LaCivita, C. J. and S. F. LeRoy (1981). Risk aversion and the dispersion of asset prices. *J. Business* **54**, 535–547.

LeRoy, S. F. (1973). Risk aversion and the martingale model of stock prices. *Internat. Econom. Rev.* **14**, 436–446.

LeRoy, S. F. and W. R. Parke (1992). Stock price volatility: Tests based on the geometric random walk. *Amer. Econom. Rev.* **82**, 981–992.

LeRoy, S. F. and A. D. Porter (1981). Stock price volatility: Tests based on implied variance bounds. *Econometrica* **49**, 555–574.

LeRoy, S. F. and D. G. Steigerwald (1993). Volatility. University of Minnesota.

Lucas, R. E. (1978). Asset prices in an exchange economy. *Econometrica* **46**, 1429–1445.

Marsh, T. A. and R. C. Merton (1986). Dividend variability and variance bounds tests for the

rationality of stock market prices. *Amer. Econom. Rev.* **76**, 483–498.
Marsh, T. A. and R. E. Merton (1983). Earnings variability and variance bounds tests for stock market prices: A comment. Reproduced, MIT
Mehra, R. and E. C. Prescott (1985). The equity premium: A puzzle. *J. Monetary Econom.* **15**, 145–161.
Romer, D. (1993). Rational asset price movements without news. *Amer. Econom. Rev.* **83**, 1112–1130.
Samuelson, P. A. (1965). Proof that properly anticipated prices flutuate randomly. *Indust. Mgmt. Rev.* **6**, 41–49.
Shiller, R. J. (1981). Do stock prices move too much to be justified by subsequent changes in dividends? *Amer. Econom. Rev.* **71**, 421–436.
Shiller, R. J. (1989). *Market Volatility.* MIT Press, Cambridge, MA.
Shiller, R. J. (1986). The Marsh-Merton model of managers' smoothing of dividends. *Amer. Econom. Rev.* **76**, 499–503.
West, K. (1988), Bubbles, fads and stock price volatility: A partial evaluation. *J. Finance* **43**, 636–656.

7

ボラティリティに対する GARCH モデル

GARCH Models of Volatility

F. C. Palm

7.1 はじめに

15 年ほど前までは，時系列の統計的解析の関心の中心は条件付 1 次モーメントにあった．しかしながら，リスクと不確実性が経済的意思決定において果たす役割が増大してきており，また，リスクとボラティリティに共通な測度が時間を通じて強い変動を示すということが知られたために，2 次モーメントの時間変動モデリングに対する新しい時系列の手法が発展してきた．

条件付 1 次モーメントに対する Box-Jenkins 型のモデルに基づいて，Engle (1982) は，条件付分散に対する自己回帰条件付不均一分散モデル (ARCH model) を提唱し，それが経済時系列の分析にきわめて有用であることを示した．以来，高次の条件付モーメントに対する広範な研究が発展してきている．その多くの応用は金融時系列の分野において見出される．ARCH モデルの理論と実証的な事実について膨大な研究が，Bollerslev *et al*. (1992), Nijman and Palm (1993), Bollerslev *et al*. (1994), Diebold and Lopez (1994), Pagan (1995), Bera and Higgings (1995) においてサーベイされている．また，テキストレベルでは，Gouriéroux (1992) が詳細に取り扱っている．

この章の目的は，ARCH モデルと GARCH (Generalized ARCH) モデルを用いたファイナンスにおける条件付ボラティリティのモデリングを説明することと，ARCH と他の研究アプローチとを比較することにある．たとえば，factor-ARCH モデルによる多変量のモデリングについて，その近年の発展が強調される．最後に，現時点におけるこの手法の評価がなされる．

7.2 節では，1 変量および多変量の GARCH モデル (ARCH モデルも含む) を紹介し，その性質や関数形の選択について議論し，それらと他のボラティリティのモデルとの比較を行う．7.3 節は，こうしたモデルの推測の問題に当てられる．7.4 節では，GARCH モデルの統計的性質や連続時間拡散 (continuous time diffusion) モデルおよび予測されたボラティリティとの関係が述べられる．最後の 7.5 節では，今後の研究の将来有用な方向性について述べる．

7.2 GARCH モデル

7.2.1 モチベーション

GARCH モデルはファイナンスのデータにある実証的な規則性を説明するために発展してきた．Pagan (1995) や Bollerslev *et al.* (1994) が強調するように，多くの金融時系列は共通の特徴を数多くもっている．第 1 に，資産価格は一般に非定常であり，しばしば単位根をもっているのに対し，資産のリターンは一般に定常である．金融時系列では実数和分 (fractionally integrated) であるという証拠も多くなってきている．第 2 に，リターンの系列は，多くの場合，自己相関をほとんどもたない．しかしながら，2 乗した系列の間の系列的独立性は，しばしば棄却されるので，観測値列の間の非線形な関係の存在を指摘しているといえる．リターンのボラティリティは，ときに密集してかたまっている (cluster) ようにみえるし，長期間では，大きな変動が起こる，また，リターンの低い値が続く傾向がある．こうした現象は，時間を通じて変化する (時変，time-varying) 条件付分散を示している．第 3 に，正規性はしばしば棄却され，より裾の厚い分布が支持される．系列における大きな無条件尖度 (kurtosis) は，条件付分散の時間変動と関連があるかもしれない．第 4 に，ある系列はいわゆるレバレッジ効果 (leverage-effects) (Black (1976) を見よ) を呈している．すなわち，株価変動は，ボラティリティの変動と負の相関をもつ傾向がある．正規分布が不適切であることを示唆するような歪んだ無条件の経験分布をもつ系列も存在する．最後に，異なる証券のボラティリティは，しばしば同時に動き，マーケットの間に関連が存在していることや，ある共通の要因が条件付 2 次モーメントでの一時的な変動を説明することを示している．7.2.2 項では，条件付分散における一時的な依存関係や歪度 (skewness)，大きな尖度を説明するモデルを提示する．

7.2.2 1 変量 GARCH モデル

次の確率モデルを考える．

$$y_t = \varepsilon_t h_t^{1/2} \tag{7.2.1}$$

$$h_t = \alpha_0 + \sum_{i=1}^{p} \beta_i h_{t-i} + \sum_{i=1}^{q} \alpha_i y_{t-i}^2 \tag{7.2.2}$$

ただし，$\mathrm{E}\varepsilon_t = 0$, $\mathrm{Var}(\varepsilon_t) = 1$, $\alpha_0 > 0$, $\beta_i \geq 0$, $\alpha_i \geq 0$, $\sum_{i=1}^{p} \beta_i + \sum_{i=1}^{q} \alpha_i < 1$ とする．これは，Bollerslev (1986) によって導入された (p, q) 次の GARCH モデルである．$\beta_i = 0$, $i = 1, 2, \cdots, p$, のとき，このモデルは独創的な論文 Engel (1982) の ARCH (q) モデルになる．ここでの非負条件は非負の分散を含意し，α_i と β_i の和の条件は広義の定常性のために必要なものである．非負の条件付分散のこうした十分条件は，Nelson and Cao (1992) でも示されているように，かなり弱くすることができる．y_t の条件

付分散は $\sigma^2=\alpha_0/(1-\sum_{i=1}^{p}\beta_i-\sum_{i=1}^{q}\alpha_i)$ で与えられ，y_t^2 の過去の実現値が σ^2 よりも大きいならば，無条件の分散よりも大きくなりうる．Anderson (1992) が示しているように，GARCHモデルは条件付分散が，時点 t で利用可能な情報集合に含まれる変数のある関数となるような決定的な条件付不均一分散モデルのクラスに属している．正規性の仮定を加えると，このモデルは，

$$y_t|\Phi_{t-1}\sim N(0,h_t) \tag{7.2.3}$$

と書ける．ただし，h_t は式(7.2.2)で与えられ，Φ_{t-1} は，時点 $t-1$ で利用可能な情報集合である．Anderson (1994) は，決定的，条件付不均一分散，条件付確率的，そして，同時確率的という，4種のボラティリティ過程を区別している．おおざっぱにいえば，情報集合(σ-field)Φ が時点 t をも含み，システムにあるすべての確率ベクトルからなる加法族に一致するとき，決定的(deterministic)であるといい，Φ が時点 $t-1$ で，利用可能かつ観測可能な情報を含んでいれば，条件付不均一分散(conditionally heteroskedastic)といい，Φ が時点 $t-1$ までのすべての確率ベクトルを含めば，条件付確率的(conditionally stochastic)といい，Φ が時点 t までの確率ベクトルを含めば，同時確率的(contemporaneously stochastic)という．多様なボラティリティ表現の情報の構造に課されている順序について注意されたい．

$\sum_{i=1}^{p}\beta_i+\sum_{i=1}^{q}\alpha_i=1$ のとき，和分(integrated) GARCHモデル(IGARCHモデル)になる(Engel and Bollerslev (1986)を見よ)．式(7.2.2)でのGARCH(p,q)モデルから，$\nu_t=y_t^2-h_t$ が条件付分散過程でのイノベーション(innovation)とし，$\alpha(L)=\sum_{i=1}^{q}\alpha_iL^i$ かつ $\beta(L)=\sum_{i=1}^{p}\beta_i$ とすると，$[1-\alpha(L)-\beta(L)]y_t^2=\alpha_0+[1-\beta(L)]\nu_t$ が得られる．Baillie, Bollerslev and Mikkelsen (1993) が提案した実数和分(fractionally integrated) GARCHモデル［FIGARCH(p,d,q)］はラグ演算子 L における多項式 $1-\alpha(L)-\beta(L)$ が $\phi(L)(1-L)^d$ に分解されるときである．ただし，$\phi(z)=0$ の根が単位円周外にあり，$0\leq d<1$ とする．FIGARCHモデルは $d=0$ のときGARCH(p,q)モデルになり，$d=1$ のとき，IGARCH(p,q)モデルになる．d が0～1の間の値を取ることを許容することで，条件付分散の長期従属性(long-run dependence)のモデル化に当たり柔軟に対応できる．

金融データの実証分析ではGARCH(1,1)やGARCH(1,2)が条件付分散不均一性をよく説明していることがしばしば見出されている．このことは，低次のARMAモデルが多くの経済時系列の条件付平均の変動をとてもよく記述していることに似ている．

以上のモデルについて，正と負の過去の値が条件付分散に対称な効果をもっていることに注意することが重要である．しかしながら，多くの金融時系列は強く非対称である．負の株式リターンは，同じ大きさの正の株式のリターンよりも，ボラティリティを大きく増加させる．Black (1976) はこの現象を，自己資本価値の減少がそれに見合う負債価値の減少を伴わず，自己資本資産に対する負債比率を引き上げるというレバレッジ効果と解釈した．Nelson (1991) による exponential　GARCH (EGAR

CH), Sentana (1991) や Engle (1990) による quadratic GARCH (QGARCH), Zakonian (1994) による threshold (閾値) GARCH (TGARCH) のようなモデルは非対称性をモデル化している.

Nelson の EGARCH モデルは以下のようになる.

$$\ln h_t = \alpha_0 + \sum_{i=1}^{p} \beta_i \ln h_{t-i} + \sum_{i=1}^{q} \alpha_i (\psi \varepsilon_{t-i} + \phi |\varepsilon_{t-i}| - \phi \mathrm{E} |\varepsilon_{t-i}|) \tag{7.2.4}$$

ただし, $\alpha_0, \alpha_i, \beta_i$ は非負である必要はない. 負債比率を増加させ, その結果, 将来のリターンを増加させるリターンに対する負のショックは $\alpha_i > 0$ や $\varphi > 0$ のとき, 説明されうる. 同様に, EGARCH モデルにおいて, 分数和分を許容することで, FIEGARCH モデルが得られる.

Sentata (1991) によって記述された QGARCH モデルは,

$$h_t = \sigma^2 + \psi' x_{t-q} + x'_{t-q} A x_{t-q} + \sum_{i=1}^{p} \beta_i h_{t-i} \tag{7.2.5}$$

である. ただし, $x_{t-q} = (y_{t-1}, y_{t-2}, \cdots, y_{t-q})'$ とする. 線形項は非対称性を考慮している. A の非対角要素は, x_t のラグの値の条件付分散に対する相互効果を説明する. これまでの研究で提案されたさまざまの 2 次分散関数は式 (7.2.5) に含まれている. Bera and Lee (1990) の augmented GARCH (AGARCH) モデルは, $\psi = 0$ と仮定している. Engle (1982) の ARCH モデルは, $\psi = 0, \beta_i = 0$ かつ A を対角行列としている. Engle (1990), Engle and Ng (1993) の非対称 (asymmetric) GARCH モデルは A を対角行列と仮定している. Robinson (1991) によって研究された線形標準偏差モデルは $\beta_i = 0, \sigma^2 = \rho^2, \psi = 2\rho\varphi, A = \varphi\varphi'$ をランク 1 の行列と制限したものである. したがって, 条件付分散は $h_t = (\rho + \varphi' x_{t-q})^2$ になる.

Zakoian (1994) による TGARCH モデルは,

$$h_t = \alpha_0 + \sum_{i=1}^{p} \beta_i h_{t-i} + \sum_{i=1}^{q} (\alpha_i^+ y_{t-i}^+ \alpha_i^- y_{t-i}^-) \tag{7.2.6}$$

である. ただし, $y_t^+ = \max\{y_t, 0\}$ かつ $y_t^- = \min\{y_t, 0\}$ である. このモデルは, 係数 α_i^+, α_i^- が異なることを許容することによって, 非対称性を説明している.

Hentschel (1994) が示したように, GARCH モデルのなかの多くのものは ($p = q = 1$ と取ることで) 以下の absolute GARCH モデル (AGARCH) の Box-Cox 変換

$$(\sigma_t^\lambda - 1)/\lambda = \alpha_0 + \alpha_1 \sigma_{t-1}^\lambda f^\nu (\varepsilon_{t-1}) + \beta (\sigma_{t-1}^\lambda - 1)/\lambda \tag{7.2.7}$$

に埋め込むことができる. ただし, $\sigma_t = h_t^{1/2}$ であり, $f(\varepsilon_t) = |\varepsilon_t - b| - c(\varepsilon_t - b)$ は Pagan and Schwert (1990) によって導入されたニュース影響曲線 (news impact curve) である. $\lambda > 1$ に対しては, Box-Cox 変換は凸であり, $\lambda < 1$ に対しては, 凹である. $\lambda = \nu = 1$ かつ $|c| \leq 1$ に対しては, 式 (7.2.7) は AGARCH モデルに特化する. Taylor (1986) や Schwert (1989) が提案した条件付標準偏差のモデルは, $\lambda = \nu = 1$ かつ $b = c = 0$ のときに生ずる. $p = q = 1$ のときの EGARCH モデルは, 式 (7.2.7) より, $\lambda = 0, \nu = 1, b = 0$ のとき生ずる. 標準偏差に対する TGARCH モデルは式 (7.2.7) より $\lambda = \nu = 1, |c| \leq 1$ のとき得られる. GARCH モデル (7.2.2) は, $\lambda = \nu = 2$,

$b=c=0$ ならば生じる．Engle and Ng (1993) の非線形対称 GARCH は $\lambda=\nu=2, c=0$ という値に対応するが，その一方で，Glosten-Jagannathan-Runkle (1993) によって提案された GARCH モデルは $\lambda=\nu=2, b=0$ のとき得られる．Higgins and Bera (1992) の非線形 ARCH モデルでは λ は任意であり，$\nu=\lambda, b=c=0$ である．Ding, Granger and Engle (1993) の非対称パワーARCH (APARCH) では，λ は任意であり，$\nu=\lambda, b=0, |c|\leq 1$ である．Sentana (1991) の QGARCH は式 (7.2.7) の定式化に含まれない．Hentschel (1994) によって示されたように，式 (7.2.7) のような一般的な定式化で，これまでの GARCH モデルを入れ子にすることは，こうしたモデルの間の関係を明らかにし，条件付 2 次モーメントに関する仮説の検定の機会を与える．Crouthy and Rockinger (1994) は，より一般的な，いわゆるヒステリシス (hysteresis) GARCH (HGARCH) モデルを提案した．そこでは，threshold GARCH の部分に加え，数日までの短期の項と数週間までの長期の項とリターンのボラティリティへの影響とを含んでいる．

Engle, Lilien and Robins (1987) は，ARCH in mean (ARCH-M) モデルを提案した．そこでは，条件付平均はプロセス

$$y_t=g(\boldsymbol{z}_{t-1}, h_t)+h_t^{1/2}\varepsilon_t \tag{7.2.8}$$

の条件付分散の関数になっている．ただし，$\boldsymbol{z}_{t-1}$ は先決変数のベクトル，g は $\boldsymbol{z}_{t-1}$ の関数であり，h_t は ARCH (q) プロセスより生成されている．もちろん，h_t が GARCH プロセスに従っていれば，式 (7.2.8) の表現は，GARCH in mean の式になる．もっとも単純な ARCH-M は，$g(\boldsymbol{z}_{t-1}, h_t)=\delta h_t$ である．GARCH in mean のモデルはファイナンス理論に自然な形で現れる．そこでは，たとえば $g(\boldsymbol{z}_{t-1}, h_t)$ を h_t をリスクの測度とするある資産の期待リターンを示すものと考えられるだろう．平均を表す式 (7.2.8) は，リスクと期待リターンとの間のトレード・オフを反映している．Pagan and Ullah (1988) は，こうしたモデルをリスク項の付いたモデルとして取り上げている．

7.2.3　条件付ボラティリティに対する他のモデル

ARCH タイプの定式化に基づかないボラティリティの測定法もまたこれまでの研究で取り上げられている．たとえば，French *et al.* (1987) は日次リターンの 2 乗の平均を取ることで，月次株式リターンの分散の推定値を構成し，ARMA モデルをこうした月次分散の推定値に当てはめている．(月次のような) 低頻度の観測値の条件付分散を推定するために，(日次のような) 高頻度のデータを用いる方法は，すべてのデータを効率的に用いているわけではない．また，2 段階推定法からの伝統的な標準誤差を用いる方法も十分ではないだろう．しかしながら，この方法や Schwert (1989) が推奨している関連した方法は簡単であるため，予備的なデータ解析として，より複雑な ARCH タイプのモデルに代わる魅力ある方法となっている．なお，この Schwert (1989) では，条件付平均の第 1 段階の推定値からの残差の絶対値によって

条件付標準誤差を測定している.

ボラティリティに対する関連した推定量が期間内の高値と安値からも得られるだろう.この高値と安値を用いた推定量は,一定の分散と連続時間パラメータをもつランダムウォーク(random walk)プロセスに対する分散の推定において,同じ個数の期末観測値に基づいた伝統的な標本分散よりもより効率的であることをParkinson (1980)が示している.同様な方針に基づいて,ボラティリティや価格に対する買値-売値の開き の関係をリターンの分散の推定量を構成するために用いることができる(Bollerslev and Domowitz (1993)を見よ).同様に,確率的ボラティリティの存在のもとでのオプション価格決定の公式の開発に注がれる近年の努力(Melino and Turnball (1990)を見よ)によって,オプション価格と原株の分散との間の正の相関が明らかになった.このことは,証券価格のボラティリティの評価にも用いることができる.最後に,ある所与の時点における資産の間のリターンの分布についての情報もまた市場のボラティリティをはかるために用いられる.

条件付分散に対する定式化を決める際には,情報の条件付集合を定め,その条件付集合と条件付分散の間の写像に対する関数形を選ばなくてはならない.たいていは,情報の条件付集合は,系列自身の過去の値を含むよう制限される.条件付残差分散の簡単な2段階推定量は,2乗残差の自己のラグ付の値に対する回帰によって得られる(Davidian and Caroll (1987)を見よ).Pagan and Schwert (1990)はこのOLS推定量は,効率的ではないが一致性をもつことを示した.この2段階推定量は,直接的に計算できるものとして,ベンチマークの役割を果たす.GARCHの定式化とも場合によっては結び付けられて条件付分散に対する,ジャンプや混合モデルが金融時系列におけるボラティリティの時変性や分布の裾の厚さや歪みを記述するために用いられてきた.ポアソン・ジャンプモデルにおいては,異常な情報の到達に対してジャンプがリターンに起こることを仮定している.時点tで起こるジャンプの数n_tは,パラメータλのポアソン分布によって生成される.ジャンプ数n_tを条件付けて,リターンは平均$n_t\theta$,分散$\sigma_t^2=\sigma_\varepsilon^2+n_t\sigma_\varphi^2$の正規分布に従う.パラメータ$\theta$はジャンプ幅の期待値を表す.リターンの条件付平均と分散は,時点tのジャンプの数に依存する.σ_ε^2がGARCHタイプの過程から生成されると仮定することで,時間依存性(time-dependency)を付け加えることができるだろう.

これまでのファイナンス研究の文献では,確率的なジャンプは,多くの場合,ポアソン過程の平均によってモデル化されてきた(Ball and Torous (1985), Jorion (1988), Hsieh (1989), Nieuwland *et al.* (1991), Ball and Roma (1993)を見よ).Vlaar and Palm (1993)は欧州通貨制度(EMS)での週次為替レートに対して,ポアソン・ジャンプ過程とベルヌーイ・ジャンプモデルを比較した.2つのモデルのパフォーマンスは,多くの場合とてもよく似ている.ベルヌーイ過程を用いると,ポアソン過程での無限和を切断するときの切断誤差を避けることができるという利点がある.

ミキシング・パラメータ(mixing parameter)λが時間に応じて変化することも許容

できる．たとえば，Vlaar and Palm (1994) の仮定では，ヨーロッパの通貨のリスク・プレミアムに対する，ベルヌーイ・ジャンプモデルのミキシング・パラメータ λ はドイツに対するインフレの差に依存している．

時間依存性を認める他の方法は，期間 t に状態 1 になる確率が，経済が前の $t-1$ 期に状態 1 か状態 2 のどちらにあったかに依存して異なることを仮定することである．こうしたモデルは，Hamilton (1989) によって提案され，為替レート (Engle and Hamilton (1990)) や利子率 (Hamilton (1988)) や株式リターン (Pagan and Schwert (1990)) に応用されている．

Hamilton の基本的なモデルでは，観測されない状態変数 z_t が 0 か 1 の値を取りうる．$t-1$ 期の状態 j から t 期の状態 i への遷移確率 P_{ij} は一定で，$P_{11}=p, P_{10}=1-p, P_{00}=q, P_{01}=1-q$ である．Pagan (1995) が示したように，z_t は AR (1) 過程に従っている．Hamilton のモデルでの観測されたリターン y_t は，

$$y_t=\beta_0+\beta_1 z_t+(\sigma^2+\phi z_t)^{1/2}\varepsilon_t \tag{7.2.9}$$

より生成される．ただし，$\varepsilon_t \sim NID(0, \sigma^2)$ である．2 つの状態での y_t の期待値は，それぞれ，β_0 と $\beta_0+\beta_1$ であり，分散は σ^2 と $\sigma^2+\phi$ である．それゆえ，このモデルは，高いボラティリティの状態と低いボラティリティの状態を生成している．期待リターンもまたこうした状態によって変化する．$t-1$ 期の状態に条件付けられたリターンの分散は，

$$\mathrm{Var}(y_t|z_{t-1})=[\sigma^2+(1-q)\phi](1-z_{t-1})+[p\phi+\sigma^2]z_{t-1} \tag{7.2.10}$$

として表すことができる．この条件付分散 (7.2.10) が時間依存性を示していることは，非常に明らかである．

Hamilton and Susmel (1994) は攪乱項が ARCH であることを可能にすることで，マルコフ・スイッチング・レジーム (Markov switching regime) モデルを一般化した．このモデルは switching regime ARCH モデル (SWARCH) と呼ばれる．式 (7.2.9) にあるのと同様に，SWARCH モデルの条件付平均は，状態変数 z_t に線形に依存する．

y_t の攪乱項は，p 次の自己回帰過程に従い，そのときの誤差項は $u_t=\sqrt{g_{st}}\,\tilde{u}_t$ であると仮定する．ただし，$\tilde{u}_t$ は，Glosten *et al.* (1993) にあるように，レバレッジ効果を示す ARCH (q) 過程に従い，g_{st} はレジームごとに異なる定数項である．イノベーション $\tilde{u}_t$ は，条件付で平均 0 の t 分布に従うとする．レジーム間の遷移は，観測されないマルコフ連鎖によって決まる．彼らは，1962 年 7 月 3 日～1987 年 12 月 29 日までのニューヨーク株式取引所での時価加重ポートフォリオの週次のリターンを用いている．多様な ARCH モデルが，4 つまでのレジームを入れた SWARCH モデルと比較されている．レバレッジ項と低い自由度の条件付 t 分布と 4 つのレジームをもつ SWARCH の定式化がもっともよいパフォーマンスを示すことが見出された．2 つの状態をもつ SWARCH モデルを用いた同様な研究として，Cai (1994) は 1964.8～1991.11 の間の 3 カ月物財務省券の月次リターンにおけるボラティリティの持続性

(persistence，パーシステンス)の問題を扱っている．以前の研究で発見されたARCH 過程の持続性は，ARCH 過程の条件付分散の切片の離散的なシフトによって説明されうる．レジーム・シフトが生じている 2 つの期間は，石油危機の 1974 年 2 月から 1974 年 8 月と連邦準備銀行の政策変更のあった 1979 年 9 月から 1982 年 8 月までの期間である．

関数形について特定の仮定に依存しない条件付分散の推定量は，ノンパラメトリック法を用いて得られるだろう．Pagan and Schwert (1990) や Pagan and Hong (1991) は，ノンパラメトリック・カーネル推定量やノンパラメトリック柔軟フーリエ型 (flexible fourier form) 推定量を用いている．

有限個の条件付変数 x_t を用いた y_t の条件付モーメント $g(y_t)$ のカーネル推定量は，

$$\hat{\mathrm{E}}[g(y_t)|x_t]=\sum_{s=1}^{T}g(y_s)K(x_t-x_s)/\sum_{s=1}^{T}K(x_t-x_s) \tag{7.2.11}$$

である．ただし，K はデータを平滑化するカーネルである．多くの種類のカーネルが使用される．もっともよく使われているものは，正規カーネルである．これは，Pagan and Schwert (1990) によっても用いられており，

$$K(x_t-x_s)=(2\pi)^{-1/2}[H|^{-1/2}\exp\left[-\frac{1}{2}(x_t-x_s)'H(x_t-x_s)\right] \tag{7.2.12}$$

である．ここで，H は対角行列であり，その k 番目の対角要素は，バンド幅 $\hat{\sigma}T^{-1/(4+q)}$ に等しく，$\hat{\sigma}_k$ は x_{tk} $k=1,\cdots,q$ の標準偏差であり，q は条件付集合の次元である．

他のノンパラメトリック推定量は，条件付分散の級数展開を用いた大域的な近似に関連するものである．多くの級数展開の中で，Gallant (1981) による柔軟フーリエ型がファイナンスでは広く用いられている．条件付分散は，過去の $\hat{e}_t$ (y_t に対する回帰の残差) から構成される低次の多項式項と三角関数項の和として表現される．よって，σ_t^2 に対する定式化は，

$$\sigma_t^2=\sigma^2+\sum_{j=1}^{L}\left\{\alpha_j\hat{e}_{t-j}\beta_j\hat{e}_{t-j}^2+\sum_{k=1}^{2}[\phi_{jk}\cos(k\hat{e}_{t-j})+\delta_{jk}\sin(k\hat{e}_{t-j})]\right\} \tag{7.2.13}$$

となる．理論的には，三角関数の項数は無限大になるべきであるが，実際的には，2 次を越える価値がある場合は少ない．式 (7.2.13) の欠点は，σ_t^2 の推定値が負になる可能性があることである．式 (7.2.13) の推定量は，Pagan and Schwert (1990) によって $L=1$ のとき，株式リターンに応用された．σ_t^2 の推定値はだいたい一定であり，$\hat{e}_{t-1}$ のほとんどの範囲にわたって，カーネル推定法，GARCH (1, 2)，FFF 推定法の 3 者は似ていた．$\hat{e}_{t-1}$ の大きい正の値と負の値に対してのみ，これらの推定量は異なった性質を示す．$\hat{e}_{t-1}$ の負の値に対しては，これらのボラティリティの推定値は劇的に増加する．また，式 (7.2.13) の三角関数の項は，F 検定を用いて同時に検定する際には，非常に有意になる．

カーネルもしくはフーリエ級数を用いた，条件付ボラティリティのノンパラメト

リック推定値は，株価が下落する期間では，GARCH, EGARCH, Hamiltonモデルに対する，パラメトリックな推定値とは異なっている．とくに，大きな負のリターンは，ボラティリティの大幅な増加をもたらす．パラメトリックな推定法は，大きいショックに対してはゆっくりと調節し，また，こうしたショックの影響は持続性をもつ．パラメトリックな手法は持続性の側面を用い，一方，ノンパラメトリックな手法は大きな負の変化に対するきわめて非線形な反応を用いている．条件付のボラティリティのノンパラメトリックな推定量は，とくに，非対称性の説明においては，パラメトリックなGARCH, EGARCH, Hamiltonモデルよりもはるかに高い説明力をもつが，効率性には欠けている．このことは，これまで開発されてきた定式化よりも広範囲をカバーするように2つのアプローチを融合することによって改善ができることを示唆している．

その他のノンパラメトリックなアプローチもこれまで提案されてきている．Gouriéroux and Monfort (1992) は y_t と ε_t の未知の関係を次の階段関数 (step function) で近似している．

$$y_t=\sum_{j=1}^{J}\alpha_j\mathbf{1}_{A_j}(y_{t-1})+\sum_{j=1}^{J}\beta_j\mathbf{1}_{A_j}(y_{t-1})\varepsilon_t \tag{7.2.14}$$

ここで，$A_j, j=1, 2, \cdots, J$ は y_{t-1} の値の集合の分割であり，$\mathbf{1}_{A_j}(y_{t-1})$ は，y_{t-1} が A_j にあるときに1の値を取り，そうでないときは，0の値を取る指示変数 (indicator variable) である．また，ε_t はホワイトノイズ (white noise) である．このモデルは，質的閾値自己回帰条件付不均一分散 (QTARCA：qualitative threshold autoregressive conditionally heteroskedastic) モデルと呼ばれる．

レジーム j が変数 y_{t-1} に適合すると，y_t の条件付平均と分散は，それぞれ α_j, β_j で与えられる．過程 y_t は，マルコフ連鎖によって生成される質的状態変数 $z_t=(\mathbf{1}_{A_1}(y_t), \cdots, \mathbf{1}_{A_J}(y_t))$ によって決まる．分割，$A_1, \cdots, A_J$ はファイナンス市場の拡張や収縮の異なった段階に対応しているともいえよう．$A_1, \cdots, A_J$ の分割を十分細かく取ることで，y_t の条件付平均と分散のより複雑な定式化を近似するために式(7.2.14)を用いることができる．あるいは，条件付分散の定式化は，GARCH項を付け加えることで，改良できる．α_j と β_j の擬似最尤推定量は，レジーム j に対して計算される標本平均と標本分散である．QTARCHモデルは，条件付平均と分散を階段関数で近似しているのに対し，Zakoian (1994) のTARCHモデルは，条件付分散の関数の区分的線形近似に基づいている．ノンパラメトリック・カーネル推定量は，条件付モーメントを平滑化し，FFF推定量は，区分的線形関数や階段関数よりも滑らかな関数で条件付モーメントを近似している．同じような研究として，Engle and Ng (1993) はニュースの反応の形を推定するのに線形スプラインを用いている．長記憶 (long-memory) 部分をパラメトリックにモデル化し，ニュースとボラティリティの間の関係がノンパラメトリックに扱われている．したがってこの方法は，部分的ノンパラメトリック (PNP) と呼ばれている．

金融データの依存性の解析に広く用いられているセミパラメトリックな方法の中で，Gallant and Tauchen (1989) によって提案された，Gaussian VAR を主要項としてもつ級数展開を基にした，セミノンパラメトリック (SNP) モデルについて述べる．

$N\times 1$ のベクトル $\boldsymbol{y}_t$ の過去全体が与えられたときの条件付分布は，$\boldsymbol{y}_t$ のラグ付きの値のうち有限個 L のみに依存する．それを長さ LN のベクトル $\boldsymbol{x}_t=(\boldsymbol{y}'_{t-L}, \boldsymbol{y}'_{t-L+1}, \cdots, \boldsymbol{y}'_{t-1})$ で表す．この方法は，$\boldsymbol{x}_{t-1}$ を与えたときの $\boldsymbol{y}_t$ の条件付密度を切断されたエルミート展開で近似することで構成される．$\boldsymbol{z}_t$ を $\boldsymbol{y}_t$ の中心化されスケール化された値 $[\boldsymbol{z}_t=R^{-1}(\boldsymbol{y}_t-b_0-B\boldsymbol{x}_{t-1})]$ とすると，この展開は，$\boldsymbol{z}_t$ の多項式に標準正規密度を掛けた形をもつ．この切断された展開が，セミパラメトリック・モデルである．$\boldsymbol{x}_{t-1}$ で条件付けた $\boldsymbol{z}_t$ の条件付 SNP 密度は，

$$f(\boldsymbol{z}_t|\boldsymbol{x}_{t-1})=\frac{[\sum_{|\alpha|=0}^{K_z}a_\alpha(\boldsymbol{x}_{t-1})z_t{}^\alpha]^2\phi(\boldsymbol{z}_t)}{\int[\sum_{|\alpha|=0}^{K_z}a_\alpha(\boldsymbol{x}_{t-1})u^\alpha]^2\phi(u)du} \tag{7.2.15}$$

と近似される．ただし，ϕ は標準正規密度を表し，$\boldsymbol{\alpha}=(\alpha_1, \alpha_2, \cdots, \alpha_N)'$, $z^\alpha=\prod_{i=1}^N(z_i)^{\alpha_i}$, $|\alpha|=\sum_{i=1}^N|\alpha_i|$, $a_\alpha(x)=\sum_{|\beta|=0}^{K_x}a_{\alpha\beta}x^\beta$, $\beta=(\beta_1, \beta_2, \cdots, \beta_{NL})'$, $|\beta|=\sum_{i=1}^{NL}|\beta_i|$, $x^\beta=\prod_{i=1}^{NL}(x_i)^{\beta_i}$，かつ K_z, K_x は正の整数である．$\boldsymbol{x}_{t-1}$ を与えたときの $\boldsymbol{y}_t$ の条件付密度は，$h(\boldsymbol{y}_t|\boldsymbol{x}_{t-1})=f[R^{-1}(\boldsymbol{y}_t-b_0-B\boldsymbol{x}_{t-1})|\boldsymbol{x}_{t-1}]/\det(R)$ である．

Gallant and Tauchen (1989) が指摘したように，K_z と K_x をともに増大させることによって，SNP モデルは，裾の厚い分布（t分布）や歪みのある分布を含むモデルのクラスを任意かつ正確に近似できる．ARCH モデルの定常分布は解析的には知られていないので，ARCH モデルが上記のクラスに属しているかはわからない．しかしながら，ARCH モデルの定常分布は裾の厚い分布で，t 分布のように有限個のモーメントしかもたない．条件付きには，ARCH および SNP モデルの分散は，有限個のラグの多項式である．それゆえ，ARCH モデルの条件付密度は，大きい K_z と K_x を取ることで，SNP により十分に近く近似することが期待できるだろう．L を大きく取れば，GARCH モデルに対しても同じようなことができるだろう．それは，GARCH では，条件付分散が無限の長さのラグをもっているからである．

ARCH の枠組以外の1つの方法は，変動分散がある潜在的な過程に従うと想定する．このことは，確率的ボラティリティ (stochastic volatility, SV) モデルをもたらす (Ghijsels *et al*. (1995) を見よ)．ドリフト・パラメータを簡単化のため0と仮定すると，Taylor (1986) が提案したリターン $\boldsymbol{y}_t$ に対する簡単な SV モデルは，

$$\begin{aligned} \boldsymbol{y}_t&=\varepsilon_t\exp(\boldsymbol{\alpha}_t/2), \quad \varepsilon_t\sim \mathrm{NID}\,(0,1),\\ \boldsymbol{\alpha}_{t+1}&=\alpha_0+\phi\boldsymbol{\alpha}_t+\eta_t, \quad \eta_t\sim \mathrm{NID}(0,\sigma_\eta{}^2), \end{aligned} \tag{7.2.16}$$

である．ここで，ε_t と η_t は独立とする．

このモデルは，Hull and White (1987) によって，たとえば外国通貨のオプションの価格決定に用いられた．この時系列的な性質は，Taylor (1986, 1994) によって議論されている．SV モデルの統計的性質は Taylor (1994) で紹介されており，そこでは，こうしたモデルは自己回帰分散 (ARV) モデルとして取り扱われている．非線形

や条件付きで非ガウスであるSVモデルの推定は非常にむずかしい．一般化モーメント法(GMM：generalized method of moments)や準最尤法(QML：quasi-maximum likelihood method)などのSVモデルに用いられる多くの方法は効率的ではない．しかし，モンテカルロ・シミュレーションに基づいた方法が，ベイズ法や古典的な尤度分析を可能にしている(Kim and Shephard (1994)を見よ)．今のところ，ボラティリティのモデル化に対するGARCHとSVの2つのアプローチのパフォーマンスを比較している研究はほんのわずかである．Ruiz (1993)は，1980年10月1日から1985年6月28日までのポンド，ドイツマルク，円，スイスフランのアメリカドルに対する日次為替レートに応用した際に，GARCH (1, 1)，EGARCH (1, 0)，ARV (1)の3つのモデルを比較した．標本内での3つのパフォーマンスはとてもよく似ている．標本外のボラティリティの予測にこれらのモデルを使った際には，ARCHモデルが，かなりのバイアスを示したのに対し，SVでは，そうしたバイアスは生じなかった．

Kim and Shephard (1994)は，1962年7月3日から1987年12月31日までの期間と1962年7月11日から1992年12月30日までの期間でのS&P500指数の日次および週次のリターンに対して，単純な1次のSVモデルが，よく使われているARCHモデルと同程度に，データに当てはまるという結論を下している．Danielsson (1994)は，1980年から1987年に対してのS&P500指数の日次データに対して，EGARCH (2, 1)は，ARCH (5)，GARCH (1, 2)，IGARCH (1, 1, 0)よりすぐれたパフォーマンスを示すことを見出している．これは，シミュレーションによる最尤法によって推定された簡単なSVモデルよりよい．動的なSVモデルとEGARCHモデルの間の対数尤度の差は25.5で，5つのパラメータをもつEGARCHモデルより4つしかパラメータをもたないSVモデルを支持している．

7.2.4　多変量GARCHモデル

SNPモデルを例外として，7.2.2項と7.2.3項で現れたモデルは，1変量であるが，多くの資産価格決定やポートフォリオ配分問題では，多変量の枠組を必要とする．

$N\times 1$ベクトルの確率過程$\{y_t\}$を考え，次のように書く，

$$y_t=\boldsymbol{\Omega}_t^{1/2}\varepsilon_t \tag{7.2.17}$$

ただし，ε_tはIID (independently and identically distributed，独立同一分布)で，平均$\mathrm{E}\varepsilon_t=0$で，分散$\mathrm{Var}(\varepsilon_t)=I_N$の$N\times 1$ベクトルであり，$\boldsymbol{\Omega}_t$は$t$時点まで利用可能な情報で条件付けた$\{y_t\}$の$N\times N$の共分散行列である．

多変量線形GARCH (p, q)モデルでは，Bollerslev, Engle and Wooldridge (1988)は$\boldsymbol{\Omega}_t$は，$\boldsymbol{\Omega}_t$のラグのある交差2乗誤差とラグ付きの値の線形関数で与えられ，

$$\mathrm{vech}(\boldsymbol{\Omega}_t)=\alpha_0+z\sum_{i=1}^{q}\boldsymbol{A}_i\,\mathrm{vech}(\varepsilon_{t-1}\varepsilon'_{t-1})+\sum_{i=1}^{p}B_i\,\mathrm{vech}(\boldsymbol{\Omega}_{t-i}) \tag{7.2.18}$$

となる．ただし，vech(·) は，$N\times N$ の行列の下半分の要素を，$N(N+1)/2\times 1$ のベクトルに並べる演算子である．式 (7.2.18) において，α_0 は $N(N+1)/2$ ベクトルで，$\boldsymbol{A}_i$ と $\boldsymbol{B}_i$ は，$N(N+1)/2$ の行列である．式 (7.2.18) における未知パラメータの数は，$N(N+1)[1+N(N+1)(p+q)/2]/2$ に等しく，実際には，パラメータ節約のため簡単化の仮定がなされなければならない．たとえば，Bollerslev *et al.* (1988) は，A_i, B_i が対角であるとして，対角 GARCH (p, q) モデルを用いている．他の表現には，Baillie and Bollerslev (1990) や Vlaar and Palm (1993) によって用いられた条件付相関が一定のモデルがある．彼らは，条件付分散は GARCH 過程に従うことを仮定している．

式 (7.2.18) のパラメトリック化に対して ε_t のすべての値に対して $\boldsymbol{\Omega}_t$ が正値定符号であることを保証する条件は，実際には，チェックするのがむずかしい．Engle and Kroner (1995) は BEKK (Baba, Engle, Kraft and Kroner) 表現として言及している多変量 GARCH のパラメトリック化を提案している．

$$\boldsymbol{\Omega}_t=\boldsymbol{C}_0^{*\prime}\boldsymbol{C}_0^*+\sum_{k=1}^{K}\sum_{i=1}^{q}\boldsymbol{A}_{ik}^{*\prime}\varepsilon_{t-i}\varepsilon_{t-i}^{\prime}\boldsymbol{A}_{ik}^*+\sum_{k=1}^{K}\sum_{i=1}^{p}\boldsymbol{G}_{ik}^{*\prime}\boldsymbol{\Omega}_{t-i}\boldsymbol{G}_{ik}^* \tag{7.2.19}$$

ただし，$\boldsymbol{C}_0^*, \boldsymbol{A}_{ik}^*, \boldsymbol{G}_{ik}^*$ は $N\times N$ のパラメータ行列で，$\boldsymbol{C}_0^*$ は三角行列，和の上限 K は過程の一般性を決定する．式 (7.2.19) における共分散行列は，弱い条件のもとで，正値定符号になる．この表現はまた十分に一般的で，これはすべての正値定符号な対角な表現と式 (7.2.18) の形をした正値の vec 表現のほとんどを含んでいる．式 (7.2.19) の表現は，式 (7.2.18) よりもパラメータ数の意味では，たいていはるかに倹約的である．2 つのパラメトリック化がきわめて一般的な状況で同値であるならば，正値定符号性がきわめて容易に確かめられるので，BEKK のパラメトリック化の方が好まれる．

Engle, Ng and Rothschild (1990) は資産の超過リターンの条件付共分散行列に対するパラメータ節約的な構造をもつものとして，因子 ARCH モデルを提案している．このモデルは，金融資産のリスクが限られた数の共通ファクター f_t と資産に特有な攪乱項とに分解できるという概念を取り入れている．ファクターの構造は，裁定評価理論 (APT) から生じるが，APT はファクターの数が有限であることを含意していない．Engle, Ng and Rothschild (1990) は因子 ARCH モデルを利子率のリスクのモデル化のために用いており，Ng *et al.* (1992) は，アメリカの株式市場での資本資産価格決定モデルについてのプレミアムとアノマリーについて扱っている．Diebold and Nerlove (1989) は，1 因子モデルを為替レートに応用しており，King, Sentana and Wadhwani (1994) は因子モデルを用いた異なる国の株式市場の間の関係を分析している．

このファクター・モデルは以下のように書ける．

$$y_t=\mu_t+Bf_t+\varepsilon_t \tag{7.2.20}$$

ここで，$\boldsymbol{y}_t$ はリターンの $N\times 1$ ベクトル，$\boldsymbol{\mu}_t$ は期待リターンの $N\times 1$ ベクトル，$\boldsymbol{B}$

は因子負荷量の $N\times k$ 行列，$\boldsymbol{f}_t$ は条件付共分散行列 Λ_t をもつファクターの $N\times 1$ ベクトル，$\boldsymbol{\varepsilon}_t$ は条件付共分散行列 Ψ_t をもつ固有のショックの $N\times 1$ ベクトルである．因子と固有のショックは無相関であるので，y_t の条件付共分散行列は，

$$\Omega_t=B\Lambda_tB'+\Psi_t \tag{7.2.21}$$

と与えられる．Ψ_t は定数であり，Λ_t は定数の (0 かもしれない) 非対角要素をもつとき，共分散行列 Ω_t は，

$$\Omega_t=\sum_{i=1}^{k}b_ib_i'\lambda_{it}+\Psi \tag{7.2.22}$$

と表現される．b_i は B の i 番目の列であり，Ψ は ε_t の共分散行列の定数要素と Λ_t の非対角要素を集めたものである．Engle *et al.* (1990) が指摘しているように，式 (7.2.22) でのモデルが観測上は定数 λ と時変の b をもった同様のモデルと同値である．因子モデル (7.2.22) の含意は，$k<N$ なら，$N-k$ 個の資産ポートフォリオ，つまり，y_t の線形結合を構成することができ，それらは定数の分散をもつということである．λ_{it} に定数を足したものを条件付分散としてもつ k 個のポートフォリオが存在する．

因子モデル (7.2.20) は，因子分散に対する過程を定式化することで完結されなければならない．たとえば λ_{it} が 1 変量 GARCH 過程から生成されると仮定することができる．1 因子モデルを 1973 年 7 月～1985 年 5 月の間の 7 カ国の対ドル為替レートの対数の差分の週次データに応用する際に，Diebold and Nerlove (1989) は単一共通因子が分散 $\lambda_t=\alpha_0+\theta\sum_{i=1}^{12}(13-i)f_{t-1}^2$ をもつことを仮定している．共分散行列は 7×7 の行列だが，9 つの未知パラメータ (Ψ の未知パラメータ，α_0, θ) しか含んでいないことに注意せよ．ARCH 係数に対して線形に減少するパターンを組み込むことで，彼らは推定すべきパラメータ数をかなり減らすことに成功している．代わりに GARCH (1, 1) の定式化を用いれば，ARCH 係数は幾何的に減少するだろう．

Engle *et al.* (1990) によって提案された他の方法は，因子を表現する k 個のポートフォリオの各リターンが GARCH 過程に従うことを仮定することで構成されている．$i=1, 2, \cdots, k$ に対して，i 番目のポートフォリオの条件付分散は，

$$\phi_i'\Omega_t\phi_i=\bar{\omega}_i+\alpha_i(\phi_i'\varepsilon_{t-1})^2+\beta_i\phi_i'\Omega_{t-1}\phi_i \tag{7.2.23}$$

で与えられる．ただし，簡単化のため GARCH (1, 1) モデルが仮定され，ϕ_i は，ポートフォリオのウエイトの $N\times 1$ ベクトルである．ポートフォリオの条件付分散は λ_{it} から定数項分だけ異なる．つまり，$\phi_i'\Omega_t\phi_i=\lambda_{it}+\phi_t'\Psi\phi_i$ である．これを式 (7.2.23) とともに式 (7.2.22) に代入すれば，式 (7.2.22) の条件付共分散行列 Ω_t を条件付ポートフォリオ分散で表現できる．$\phi_i'b_i=0, \phi_i'b_j=0, j\neq i$ に注意されたい．因子 ARCH モデルは，理論的には非常によい性質をもつけれども，その推定にはかなり非線形の手法が必要となる．Lin (1992) などによって最尤推定法が考察されている．また，モデルが推定される前に因子ポートフォリオが直接的に観察されないときには，識別の問題を解く必要がある (Sentana (1992) を見よ)．とくに，因子を表すポー

トフォリオを同定する必要がある．ある例には，因子を表すポートフォリオが既知でかつ観察可能であるとの仮定が適切である．Engle *et al.*(1990)は，1カ月から12カ月までの満期の財務省短期証券についてのリターンと1964年8月～1985年11月までのNYSE-AMSE株式の時価加重指数について説明している．彼らは，2つの因子で表現されるポートフォリオを用いている．1つの因子は，各短期証券に等しいウエイトをおき，株式指数には0のウエイトをおいたものであり，もう1つの因子は，各短期証券には，0のウエイトをおき，株式指数にはすべてのウエイトをおいたものである．観測された因子を表すポートフォリオのモデルは，一致性をもつように2段階で推定されている．1段階目は，ポートフォリオに対する1変量のモデルを推定する．1段階目で得られた推定値を用いて，2乗因子負荷量と等しくなる係数をもつ因子分散の中で，線形な分散を個々の資産がもつので，因子負荷量が一致性をもって推定される．

King *et al.*(1994)は最尤法を用いて，1970年1月から1988年10月の間の月次データから，16カ国の株式市場でのアメリカドルに基づいたリターンについて，式(7.2.20)のように多変量因子モデルを推定している．彼らは，リスク・プレミアムμ_tを$\mu_t = B\Lambda_t\tau$と表現する．Λ_tは対角行列で，$\boldsymbol{\tau}$は各因子に対するリスクの価格を表現する定数パラメータの$k\times 1$のベクトルである．King *et al.*(1994)は$k=6$で，そのうち4要素が観測され，2要素が観測されないモデルを考えている．観測可能な因子は，資産のリターンに対する予期されないショックを表している．こうしたショックは，10個のマクロ経済変数の組x_tへのベクトル自己回帰の残差に4因子モデルを応用して得られる共通因子として推定される．共通因子および固有因子の項の分散は1変量GARCH(1,1)に従うと仮定され，そのGARCH(1,1)では，因子の過去の2乗値がある情報集合が与えられたときの線形射影によって置き換えられると仮定される．factor-GARCHモデルの共分散行列が前の観測されないデータに依存するとき，リターンの因子は条件付確率的ボラティリティをもつことに注意せよ(Anderson(1992), Harvey *et al.*(1992)を見よ)．

各国の株式市場の共分散とその時間的変化のほんの一部しか，観測された因子で説明されえないことがわかっている．条件付2次モーメントは，かなりの程度，観測されない因子で説明される．こうしたことは，市場内のボラティリティと市場間のボラティリティを説明する際に観測されない因子を組み入れたモデルの有用性を強調している．King *et al.*(1994)における応用は，また，16次元の多変量時系列の2次モーメントにおける時間依存性を説明するうえで，因子モデルを用いることの適切さと実行可能性を例証している．200ほどのパラメータをもった因子モデルを同時に推定することができるけれども，彼らのモデルでは，1段階目は，個々にベクトル自己回帰を推定しなくてはならない．通常は多変量因子GARCHモデルのパラメータ空間の次元が高いことを考えると，2段階推定法は，尤度に基づく完全同時推定法に対する実行可能な代替法であろう．

7.2.5 条件付分散における持続性

高頻度の時系列データに対しては，式(7.2.2)のGARCH(p, q)過程を用いた条件付分散は，持続性を示していることがよくある．つまり，$\sum_{i=1}^{p}\beta_i+\sum_{i=1}^{q}\alpha_i$が1に近いことがよくある．この和が1になると，IGARCHモデルになる．このIGARCHモデルは，現在の情報が，これから先の条件付分散を予測する際にも，ずっと重要であり続けるということを意味している．この場合には，無条件分散は存在しない．Bollerslev (1986)は，GARCH過程(7.2.2)が，無条件分散$\mathrm{Var}(y_t)=\alpha_0(1-\sum_{i=1}^{p}\beta_i+\sum_{i=1}^{q}\alpha_i)^{-1}$かつ$t\neq s$のとき$\mathrm{Cov}(y_t, y_s)=0$をもち，広義定常であるということは，$\sum_{i=1}^{p}\beta_i+\sum_{i=1}^{q}\alpha_i<1$と同値であることを示している．また，Nelson (1990)やBougerol and Picard (1992)は，IGARCHモデルが強定常(strict stationary)かつエルゴード的であるが，共分散定常(covariance stationary)でないことを証明している．

同様に，Bollerslev and Engle (1993)で示されているように，式(7.2.18)の多変量GARCH(p, q)が共分散定常であることは，特性多項式$\det[I-A(\lambda^{-1})-B(\lambda^{1})]=0$の根が単位円周内にあることと同値である．そうした場合には，分散の持続性が存在しないだろう．他方，ある特性根が，単位円周上にあったなら，条件付分散行列に対するショックは，これからずっと先の将来の予測に対して重要であり続けるだろう．特性固有根が単位円周外にあれば，共分散行列に対するショックの効果は，時間につれて発散していくだろう．Engle and Kroner (1995)が示しているように，特性多項式の根についての上記のような条件を式(7.2.19)のBEKKモデルにもまた応用できることに注意しておきたい．1変量GARCH(p, q)モデルを用いたファイナンスのデータの多くの実証研究においては，推定されたパラメータは1に近い和をもつことがわかっている．こうした研究の詳細なサーベイは，Bollerslev, Chou and Kroner (1992)に見出される．ポートフォリオとε_tが共分散定常であるなら，因子に対して，式(7.2.23)の形のGARCH(p, q)過程をもつ多変量k因子モデルは共分散定常となるだろう．

変数間の共和分の概念に基づいて，Bollerslev and Engle (1993)は，分散における共持続性(co-persistence)の定義を定めた．基本的なアイデアは，いくつかの時系列は分散の持続性を示すかもしれないが，同時にその変数のある線形結合は分散の持続性を示さないかもしれないというものである．Bollerslev and Engle (1993)は多変量GARCH(p, q)モデルの分散に対する，共持続性の必要十分条件を導出した．実際には，分散における共持続性は，非定常なリターンのボラティリティをもつ資産から定常なボラティリティをもつポートフォリオを構成することに役にたつ．

多変量GARCHモデルでの単位根の発見は，因子ARCHモデルにおける新しい発展をもたらした．Engle and Lee (1993)はKing *et al.* (1994)の形の因子モデルを定式化した．そのモデルでは，ボラティリティが永続的であるIGARCH(1, 0, 1)の要素と一時的であるGARCH(1,1)要素をもつことを可能にしている.

Engle and Lee (1993)はこうした要素をもついくつかのモデルを標本期間1962年7月1日から1991年12月31日の間のCRSP指数とアメリカの14社の大企業の個別の株式の日次リターンに応用した.彼らの主な実証上の発見は,個別のリターンのボラティリティの持続性は,市場のボラティリティ(これが共通因子として仮定されている)とこの株式に特有なボラティリティ双方の持続性によるということである.こうした結果は,市場のショックが株式に特有なボラティリティに影響しないとき,株式リターンのボラティリティが市場のボラティリティと共持続性であるという仮説が棄却されるということを含意している.

観測された因子をもった因子要素(factor-component) GARCHモデルを用いて,Palm and Urbain (1995)もまた,1982年2月~1995年8月の期間のヨーロッパ,極東,北アメリカの株価指数のリターンの日次観測値により,共通および個別特有の因子のボラティリティにおける重要な持続性を見出した.

因子要素GARCHモデルはそれほど使用されていないとはいえ,リターンのボラティリティの持続性(French, Schwert and Stambaugh (1987), Chou (1988), Pagan and Schwert (1990), Ding *et al*. (1993), Engle and Gonzalez-Rivera (1991)を見よ)や共通および個別特有の因子のボラティリティについての実証結果が多くの重要な疑問を生み出している.たとえば,ボラティリティの持続性の発見は,これまでの研究でなされてきた資産のリターンに対する定常性の仮定と一致するものなのか.ボラティリティの非定常性がリターンの非定常性をもたらすということをファイナンスの理論が予測することはできないのか.ボラティリティやリターンの系列の持続性の正確な形は何か.条件付分散の永続的な要素では,単位根でモデル化すべきか,実数和分(fractional integration)を入れるべきか,もしくは,Cai (1994)やHamilton and Susmel (1994)でのように,レジーム・スイッチとしてモデル化すべきか.そして,リターン系列が実数和分(fractional integration)を呈しているという事実がますます増えてきている(Baillie (1994)を見よ).また,単位根から生じる持続性と分数差分から生じる持続性の実証的な区別の困難は,これまでの多くの検定の検出力の低さによるものである.

7.3 統計的推測

7.3.1 推定と検定

GARCHモデルは,たいてい最尤法(ML)か準最尤法(QML)で推定される.いくつかの応用では,一般化モーメント法(GMM)が用いられている(Glosten *et al*. (1993)を見よ).確率的ボラティリティ・モデルは,たいていGMMで推定される.最近になって,間接的な推測法が提案され(Gouriéroux and Monfort (1993), Gallant *et al.* (1994)), 確率的ボラティリティ・モデルの推定に用いられている. ベイズ法もボラティリティ・モデルに対して開発されてきている確率的ボラティリティ・モデルについてはJacquier *et al.* (1994) を, 確率的ボラティリティ・モデルとGARCHモデルについてはGeweke (1994) を参照せよ. 簡単化のために, ε_t がIN(0,1) (独立標準正規分布) に従うとの仮定のもとで, 式(7.2.1)と(7.2.2)のGARCH(1,1)のML推定を議論する. y_t についての T 個の観測値 ($y=(y_1, y_2, \cdots, y_T)'$ と書く) に対する対数尤度関数 L は,

$$L(y|\theta)=\sum_{t=1}^{T}L_t \tag{7.3.1}$$

であり, ただし, $L_t=c-(1/2)\ln h_t-(1/2)y_t^2/h_t$ とし, $\theta=(\alpha_0, \alpha_1, \beta_1)'$, $h_1=\sigma^2=\alpha_0/(1-\alpha_1-\beta_1)$ であり, $t>1$ に対して, h_t は, 式(7.2.2)で与えられる.

パラメータベクトル $\boldsymbol{\theta}$ の初期値が与えられると, 対数尤度関数(7.3.1)は, $h_t, t=1, 2, \cdots, T$ を再帰的に計算し, その値を式(7.3.1)に代入することで評価される. 式(7.3.1)の最大化の計算には, 標準的な数値アルゴリズムを用いることができる. よく知られているように, たとえば, Crowder (1976) で与えられているような正則条件のもとで, L を最大化する θ の値, $\hat{\theta}_{ML}$ が一致性をもち, 漸近的に正規分布に従い, かつ効率的である.

$$\sqrt{T}(\hat{\theta}_{ML}-\theta) \overset{a}{\sim} N(0, \mathrm{Var}(\hat{\theta}_{ML})) \tag{7.3.2}$$

ここで, $\mathrm{Var}(\hat{\theta}_{ML})=-[T^{-1}\sum_{t=1}^{T}\mathrm{E}\partial^2L_T/\partial\theta\partial\theta']^{-1}$ である. $\hat{\theta}_{ML}$ の漸近共分散行列は, $\hat{\theta}_{ML}$ で評価された式(7.3.1)に付随するヘッセアン行列の逆行列で推定される. GARCH(1,1)とIGARCH(1,1)モデルにおけるML推定量の一致性と漸近正規性は, $\mathrm{E}[\ln(\alpha_1\varepsilon_t^2+\beta_1)]<0$ の条件のもとで, Lumsdaine (1992) によって与えられている. ε_t の4次モーメントの存在は, 要求されていない. 条件付平均で単位根をもつモデルとは違って, 条件付分散では単位根をもとうともつまいとモデルのML推定量は同じ漸近分布をもつ. ARCH誤差をもつ時系列モデルに対してWeiss (1986) が, またGARCH過程に対してBollerslev and Wooldridge (1992) やGouriéroux (1992) が示しているように, θ のQML推定量やpseudo-ML推定量は, 真の確率密度関数が非正規であるにもかかわらず, 正規対数尤度関数(7.3.1)を最大化することで得られる. 正則条件のもとで, QML推定量は漸近分布

$$\sqrt{T}(\hat{\theta}_{QML}-\theta) \overset{a}{\sim} N(0, B^{-1}AB^{-1}) \tag{7.3.3}$$

をもつ. ただし, $A=\mathrm{E}_0[\partial L_t/\partial\theta \cdot \partial L_t/\partial\theta']$ は L のスコアベクトルの共分散行列であり, $B=-\mathrm{E}_0[\partial^2L_t/\partial\theta\partial\theta']$ である. ここで, E_0 はデータに対する真の確率密度関数に基づいた条件付期待値を表している. もちろん, 真の分布が正規分布であったなら, 式(7.3.2)と(7.3.3)の漸近分布は同じになる. Lee and Hansen (1994) は, Gaussian GARCH(1,1)モデルのQML推定量の一致性と漸近正規性を証明している. その条件付標準偏差でスケール化された攪乱項は, 正規分布でなくともよいし, 時間にわたり独立である必要もない. スケール化された攪乱項の条件付4次モーメン

トが有限ならば，GARCH 過程は，和分になっている $(\alpha_1+\beta_1=1)$ かもしれないし，発散している $(\alpha_1+\beta_1>1)$ かもしれない．有限標本では，条件付正規からの対称性を保ったままの逸脱に対しては，Bollerslev and Wooldridge (1992) によるシミュレーション研究で，QML が正確な ML 推定量に近いことがわかっている．一方，真の条件付分布が非対称なときは，小標本，大標本いずれにおいても，正確な ML と比較した QML の効率性のロスは，きわめて大きい．その場合には，Engle and Gonzalez-Rivera (1991) によって提案された，線形スプラインを用いたセミパラメトリックな密度推定は，QML に対する，魅力的な代替的方法だろう．

GARCH モデルを推定する ML 法と QML 法については，多少のコメントがある．1つ目には，GARCH は，無条件分布では裾の厚い分布を生成するけれども，条件付正規分布と組み合わせたときには，多くの金融時系列に存在する大きな歪度を十分に説明することはできない．推定された自由度をもつ t 分布が複数の研究者によって用いられている．GARCH モデルの推定に用いられる他の分布には，正規分布とポアソン分布の混合分布 (Jorion (1988), Nieuwland *et al.* (1991)) や正規分布と対数正規分布の混合分布 (Hsieh (1989)) や一般化誤差分布 (generalized error distribution) (Nelson (1991)) やベルヌーイ分布と正規分布の混合分布 (Vlaar and Palm (1993)) がある．De Vries (1991) は，ボラティリティがかたまりとなることをモデル化していて，分布の裾が厚く，無条件で安定分布となるような条件付安定分布をもつ GARCH に似た過程を用いることを提案している．

2つ目には，条件付正規の ARCH 攪乱項をもつ回帰モデルのようないくつかのモデルに対して，情報行列はブロック対角である (Engle (1982) を見よ)．回帰係数と ARCH パラメータが漸近的効率性を失わずに，別々に推定されるという意味で，この含意は重要である．分散もまた別々に独立して推定できる．こうした結果は Linton (1993) で一般化されている．そこでは，誤差が0について対称な未知の条件付の密度をもった定常な ARCH (q) 過程に従うとき，条件付平均のパラメータは Bickel の意味で適応的であることが示されている．つまり，正規密度関数に基づきカーネル法を用いた未知のスコア関数の推定は，真の分布に基づいた ML 推定と同じ漸近分布をもつ条件付平均のパラメータ推定量をもたらすのである．ARCH-M モデルに対しては，系列の条件付平均が条件付分散過程のパラメータに依存しているので，ブロック対角性は成り立たない．EGARCH 過程でもまた，情報行列のブロック対角性は成り立たない．

Gouriéroux and Monfort (1993) によって提案された間接的な推測法や Gallant *et al.* (1994) による効率的なモーメント法は，QML や ML を適用するのがむずかしいがデータから関心のあるパラメータの関数を推定可能なときに有効だろう．

間接的な推定量は，Engle and Lee (1994) によって，確率的ボラティリティの拡散モデルを推定するために用いられた．出発点として，彼らは 1981 年 1 月～1990 年 9 月[1] の期間で S&P 500指数の日次リターンから GARCH (1, 1) モデルを推定した．θ

のQML推定量は，資産価格 p_t とその条件付分散 σ_t^2 の基になる拡散過程のパラメータを推定するために用いられる．

$$\begin{aligned}&\text{(a)}\ y_t=\mu dt+\sigma_t dw_{yt}\\&\text{(b)}\ d\sigma_t^2=\phi(\tilde{\omega}-\sigma_t^2)dt+\xi\sigma_t^{\delta}dw_{\sigma t}\\&\text{(c)}\ \text{correl}(dw_y, dw_\sigma)=\rho\end{aligned} \tag{7.3.4}$$

$y_t=dp_t/p_t$, dw_y, dw_σ はウィーナ過程，そしてGARCHモデルと拡散モデルの1次と2次の条件付モーメントを対応させる関係(Nelson (1990b)) $\tilde{\omega}=\alpha_0$, $\phi=(1-\alpha_1-\beta_1)dt$, $\xi=\alpha_1\sqrt{(\kappa-1)}\,dt$，$\delta=1$, κ はGARCHモデルのショックの条件付歪度を用いる．離散時間GARCHモデルの推定値に基づいた間接的な推定法は，基になる拡散過程のパラメータを推定するために適当な方法であると思われる．

確率的ボラティリティ・モデルの推定には，Gallant *et al.* (1994) は，2つの予備的なモデルのスコアに基づく間接的な方法を用いている．この2つの予備的なモデルは，双方とも，式(7.2.15)で与えられたSNP密度を仮定している．SNP密度が，条件付に同次非ガウスのイノベーションをもつARCHモデルの形をとるとき，これをノンパラメトリックARCHモデルという．なぜなら，これは，Engle and Gonzalez-Rivera (1991)によって考案されたノンパラメトリックARCHモデルに似ているからである．2番目のモデルでは，同次性制約は外され，モデルは完全にノンパラメトリックな定式化と呼ばれる．こうしたSNPのモデルはQMLで推定される．

Gallant *et al.* (1994)は1変量のモデルを推定するのに，1928年～1987年の間のS&P指数の日次観測値を用い，S&PとNYSE指数，マルク-ドル為替レート，3カ月物のユーロドル建て金利の3変量のモデルを推定するのに，日次観測値を用いている．確率的ボラティリティ・モデルが株価や利子率のノンパラメトリックARCHスコアのARCH部分に適合していることがわかっているが，しかしながら，確率的ボラティリティ・モデルはイノベーションのモーメントには合わない．為替レートに対しては，確率的ボラティリティ・モデルはARCH部分にもフィットしない．

ARCH (q) の存在の検定はまた，これまでの研究で広く調べられている．帰無仮説 H_0 : $\alpha_1=\alpha_2=,\cdots,=\alpha_q=0$ と対立仮説 H_1 : $\alpha_1\geq 0,\cdots,\alpha_q\geq 0$ (少なくとも1つの不等号は，厳密な意味で成り立っているとする)の仮説検定のための，簡単でしばしば用いられる検定は，Engleによって提案されたラグランジュ乗数検定(LM検定)であり，

$$\text{LM}=\frac{1}{2}f_0'z(z'z)^{-1}z'f_0 \tag{7.3.5}$$

となる．ただし，$z_t=(1, y_{t-1}^2, \cdots, y_{t-q}^2)'$, $z=(z_1, z_2, \cdots, z_T)'$, f_0 は (y^2/α_0-1) の列ベクトルである．

漸近的に同値な統計量は $\text{LM}=TR^2$ である．R^2 は，f_0 と z の間の重相関係数の2乗であり，T は標本数である．これはまた，y_t^2 を切片と y_t^2 の q 個のラグの付いた値

---
[1] 訳者注 1990年9月～1991年1月の誤りか．

に回帰したときの決定係数 R^2 でもある．Engle (1982) が示したように，両側 LM 検定は漸近的に自由度 q の χ^2 分布に従う．Demos and Sentana (1991) は，非正規でも頑健な片側 LM 検定の棄却点を報告している．GARCH 攪乱項に対する LM 検定を構成するときの難点は，Bollerslev (1986) が指摘しているように，逆行列が必要とされている情報行列のブロックが特異であることである．このことは，帰無仮説のもとでは，GARCH モデルの β_1 が識別されないという事実によるものである．Lee (1991) は，この難点を避ける方法を示し，ARCH と GARCH の誤差に対するそれぞれの LM 検定が同一であることを示した．

Lee and King (1993) は，ARCH や GARCH の攪乱項の存在に対して，局所平均最強力検定 (LMMP) に基づいたスコア検定 (LBS) を導出している．この検定は，帰無仮説と ML 推定値で置き換えられた攪乱パラメータで評価されたスコアの和に基づくものである．攪乱パラメータが存在しないときでも，この検定は LMMP である．スコアの和は，大標本の標準誤差で割ることで，標準化される．この検定統計量は，漸近的には，$N(0,1)$ 分布に従う．ARCH (q) に対して行われる検定で用いられる検定統計量はまた，GARCH (p, q) に対して行われる検定にも用いることができる．小標本においては，LBS 検定は，LM 検定よりも高い検出力をもち，その漸近的な棄却点も正確であることがわかっている．

ワルド (Wald) や尤度比 (LR) 基準は，条件付不均一分散性 (たとえば，GARCH (1, 1) を対立とするような) の検定に用いることができる．帰無仮説 H_0：$\alpha_1=0, \beta_1=0$，対立仮説 H_1：$\alpha_1 \geq 0$，$\beta_1 \geq 0$ (ただし，少なくとも 1 つは厳密に不等号が成立する) の検定の統計量は，帰無仮説 H_0 のもとでの真のパラメータ値はパラメータ空間の境界値にはないという標準的な仮定が成り立たないので，自由度 2 の χ^2 分布にはならない．自由度 2 の χ^2 分布を用いる LR 検定は，保守的 (conservative) であることが示されている (Kodde and Palm (1986) を見よ)．また，上記のパラメータの識別性の欠落の問題より，標準的なワルドや尤度比の検定の失敗が生じる．こうした ARCH 統計量は，条件付不均一分散性の特定の形を検定する．しかしながら，多くの検定は，独立同一分布の確率変数からの一般的な逸脱を検定するために目的付けられている．たとえば，Brock, Dechert and Scheinkman (1987) による BDS 検定は，一般的な非線形な依存性を検定している．ARCH 対立仮説に対するこの検定の検出力は，LM-ARCH 検定の検出力に似ている (Brock, Hsieh and LeBaron (1991) を見よ)．他の対立仮説に対しても，BDS 検定の検出力は高い．Bera and Lee (1993) による White の情報量行列 (IM) の基準の自己回帰攪乱項をもった線形回帰モデルへの応用は，ARCH 過程をランダムな係数をもつ自己回帰モデルと定式化している ARCH の Engle の LM 検定の一般化になっている．ある研究者たちは ARCH はランダムな係数をもつとの解釈が与えられるということを指摘している (Tsay (1987) を見よ)．Bera, Lee and Higgings (1992) は，同時に考えずに一度に 1 つずつ定式化の問題に取り組む危険性を指摘し，自己相関と ARCH を同時に分析する枠組を与えている．

こうした枠組が必要であることは，たとえば，Diebold (1987) が，ARCHの存在のもとで，自己相関に対する標準的な検定が帰無仮説を棄却しすぎることを示すことによって，明確に例示している．ARCHの存在は，非正規性 (非対称ARCHに対する過度の歪度，尖度) (Engle (1982) を見よ) や非線形性 (Higgings and Bera (1992) を見よ) のように複数の仕方で解釈されうることに注意せよ．

最近，Bollerslev and Wooldridge (1992) は，同時にパラメータ化された平均と分散の適切さに対する頑健なLM検定を開発した．その検定は，制約付のQML推定量で評価した対数尤度関数の傾き (gradient) に基づいたものであり，簡単な予備的な回帰より計算される．そこでは，条件付平均や分散の1次導関数だけが必要となる．彼らは，多くの場合，頑健な検定統計量が標準的だが頑健ではないワルド検定やLM検定と比較して支持できることを明らかにするシミュレーション結果を提示している．

こうした結論は，ML推定量と関連した検定統計量の有限標本のシミュレーション研究で，GARCH (1, 1) とIGARCH (1, 1) を比較しているLumsdaine (1995) の発見に合致したものである．漸近分布は，推定された t 統計量で十分に近似されることがわかってはいる．一方，パラメータ推定量は有限標本では歪度をもち，ワルド統計量がもっともよい検定のサイズをもち，標準的なLM検定は，かなりサイズを大きくしがちであるが,生じる可能性のある非線形性に対して頑健になるよう修正したLM検定のパフォーマンスはよい．

モデルの診断法については，これまでの研究で多様な方法が提案されている．Li and Mak (1994) は，MLで推定された時間に依存する条件付平均と分散をもつガウス過程からの標準残差の2乗の自己相関の分布を調べている．残差は，標本平均を差し引き，条件付標準偏差で割ることで，標準化されている．プロセスの条件付平均と分散は，時点 t で利用可能な情報の非線形な関数であることもある．こうした関数は，連続な2次の導関数をもつと仮定されている．データ生成プロセスがARCH (q) であるとき，次数 r から M までの2乗の標準残差の自己相関に基づいたBox-Pierce型のかばん検定は，$r>q$ で，漸近的に自由度 $M-r$ の χ^2 分布になっている．こうしたタイプの診断は，モデルの適切さをチェックするのにとても有用である．

特定の種類の仮説が，多変量GARCHモデルで生じうる．たとえば，GARCHは，いくつかの時系列に共通な特徴でありうる．Engle and Kozicki (1993) は，こうした特徴をもたない系列の非ゼロの線形結合が存在するとしたら，ある時系列のグループの中で共通に存在する特徴を定義している．例として，1因子と定数で固有の要素共分散行列をもつ式 (7.2.20) の形の因子ARCHモデルの2変量版を考える．f_t の分散がGARCH過程に従っているとするなら，系列 y_{it} もまたGARCHであり，線形結合 $y_{1t}-b_1/b_2y_{2t}$ は一定の条件付分散をもつだろう．この例では，系列 y_{1t}, y_{2t} は，時変の条件付分散と共通因子の形としての共通の特徴をもっている．Engle and

Kozicki (1993) は，こうした共通の特徴に対する検定を提案している．Engle and Susmel (1993) は ARCH を共通の特徴として検定する方法を国際株式市場に応用している．この方法は，以下のようになる．1 番目に，個々の時系列で ARCH の存在を検定する．2 番目に，ARCH 効果が両方の系列で有意であったなら，線形結合 $y_{1t}-\delta y_{2t}$ を考え，その 2 乗の値をラグ付の 2 乗値と y_{it} のラグ q までのラグ付の交差積に回帰し，$TR^2(\delta)$ を係数 δ について最小化する．2 つの系列の代わりに k 個の系列を考えれば，$\boldsymbol{\delta}$ は $(k-1)\times 1$ のベクトルになる．Engle and Kozicki (1993) が示したように，$TR^2(\delta)$ を係数 δ について最小化している検定統計量は，回帰に含まれるラグ付の 2 乗値の個数引く $(k-1)$ で与えられる自由度をもつ χ^2 分布に従う．Engle and Susmel (1993) は，1980 年 1 月から 1990 年 1 月までの期間，世界の 18 の主要な株式市場の株式指数の週次リターンにこの検定を応用している．彼らは，類似の時変ボラティリティを示す 2 つのグループ，1 つはヨーロッパの国々のグループであり，もう 1 つは極東の国々のグループを見出している．それゆえ，共通な特徴の検定は，各グループに共通な因子 ARCH 構造の存在を確かめている．

7.4 統計的性質

この節では，GARCH モデルの統計的性質についての主な結果を要約し，こうした研究の出典に言及する．

7.4.1 モーメント

Bolleslev (1986) は，条件付正規性のもとで，GARCH 過程 (7.2.2) が $Ey_t=0$, $\mathrm{Var}(y_t)=\alpha_0[1-\alpha(1)-\beta(1)]^{-1}$, $t\neq s$ で $\mathrm{Cov}(y_t, y_s)=0$ の広義定常であることは，$\alpha(1)+\beta(1)<1$ と同値であることを示している．式 (7.2.2) で与えられる GARCH (1, 1) モデルに対しては，$2r$ 次モーメント存在の必要十分条件は，$a_0=1$, $a_j=\prod_{i=1}^{j}(2i-1)$ $(j=1, 2, \cdots)$ として，$\sum_{j=0}^{r}\binom{r}{j}a_j\alpha_1^j\beta_1^{r-j}<1$ である．Bollerslev (1986) はまた，$p=q=1$ のとき，y_t の偶数モーメントに対する再帰的な式を与えている．条件付正規の GARCH (1, 1) 変数の 4 次モーメントは，もし存在すれば，$Ey_t^4=3(Ey_t^2)^2[1-(\beta_1+\alpha_1)^2]/[1-(\beta_1+\alpha_1)^2-2\alpha_1^2]$ である．正規分布の対称性から，奇数のモーメントは，もし存在すれば，0 である．こうした結果は，Engle (1982) による ARCH (q) 過程に対しても拡張できる．上記の条件は，強定常性のための十分条件ではあるが，必要条件ではない．

Krengel (1985) で示されているように，ベクトル ARCH 過程 y_t の強定常性は，$\Omega_t=\Omega(y_{t-1}, y_{t-2}, \cdots)$ が可測であり，$\mathrm{trace}(\Omega_t\Omega_t')<\infty$ a.s. が成立しているとの条件と同値である (Bollerslev (1986) を見よ)．モーメントの有限性，つまり，ある $r(>0)$ に対して，$E[\mathrm{trace}(\Omega_t\Omega_t')^r]<\infty$ a.s. が成立していることは，$\mathrm{trace}(\Omega_t\Omega_t')<\infty$ a.s. を含意している．Nelson (1990a) は，式 (7.2.2) の GARCH (1, 1) モデルに対して，

y_t が強定常であることの必要十分条件は，$E[\ln(\beta_1+\alpha_1\varepsilon_t^2)]<0$ で，ε_t が iid (条件付正規である必要はない) かつ y_t^2 が非退化であるということである．この条件は，$\alpha_1+\beta_1<1$ よりもかなり弱い．彼は，また，ドリフトをもたない IGARCH (1, 1) モデルは，ほとんどいたるところで 0 に収束するが，正のドリフトが存在するとき，それは，強定常かつエルゴード的である．一般的な 1 変量の GARCH (p, q) 過程への拡張は，Bougerol and Picard (1992) によって得られている．

7.4.2　GARCH モデルと連続時間モデル

GARCH モデルは，時変ボラティリティをモデル化するための理論的なファイナンスの研究で用いられていた確率微分方程式よりもはるかに推定しやすい非線形な確率差分方程式である．実際には，観測値はたいてい離散の時点で記録されているので，離散時間モデルか連続モデルへの離散近似が統計的推測には用いられている．Nelson (1990b) は，確率差分方程式 (その中には，ARCH 過程も含まれる) が，観測値の間隔 h が 0 に近づくにつれて，確率微分方程式に収束する条件を導出した．彼は，この結果を，GARCH (1, 1) と EGARCH モデルに応用した．Nelson (1992) は，誤って定式化された ARCH モデルから生成された条件付共分散行列の推定値の特性を調べた．拡散過程 (diffusion　process) が h の間隔の離散時間で観測されるとき，GARCH (1, 1) モデルや EGARCH (1, 1) モデルに基づいた条件付きの瞬間的共分散行列の推定値と真の値の間の差は，$h\downarrow 0$ につれて 0 に確率収束する．必要な正則条件は，分布の裾が厚くないことと，条件付共分散行列が時間につれてなめらかに変化することである．高頻度のデータを用いると，誤った定式化の ARCH モデルは，正確なボラティリティの推定値をもたらしうる．ある意味で，変数の 2 乗値を平均する GARCH モデルは，時点 t での条件付分散のノンパラメトリックな推定値として解釈できる．離散時間モデルは，連続時間拡散モデルによって近似できる．一般には，異なった ARCH モデルは，異なった拡散過程の極限をもつ．Nelson (1990b) が示すように，離散モデルが扱いにくい分布をもたらすとき，連続の極限は，予測や他のモーメントへの便利な近似をもたらす．

Nelson and Foster (1994) は，データから生成された拡散過程の条件付分散を一致性があり，効率的に推定するために，ARCH 過程を選択する問題を検討している．彼らは，近似 ARCH フィルターを用いることから生じる測定誤差の近似分布を得ている．彼らの結果は，多様な ARCH フィルターの効率性の比較と漸近的に最適な ARCH の条件付分散の推定値の特性を描写している．彼らは，3 つの拡散モデルに対する最適な ARCH フィルターを導出し，GARCH モデルのフィルター後の性質を調べている．独立なブラウン運動 (Brownian motion) $(\rho=0)$ をもち $\delta=1$ である拡散方程式 (7.3.4) によってデータ生成プロセスが与えられるならば，σ_t^2 に対する漸近的に最適なフィルターは，y_t に対するドリフトを $\hat{\mu}=\mu$ とし，条件付分散

$$\hat{\sigma}_{t+h}^2=wh+(1-\phi h-\alpha h^{1/2})\hat{\sigma}_t^2+h^{1/2}\alpha\varepsilon_{y,t+h}^2 \tag{7.4.1}$$

(ただし，$\varepsilon_{y,t+h}=h^{-1/2}[y_{t+h}-y_t-E_t(y_{t+h}-y_t)]$, $w=\tilde{\omega}\phi$, $\alpha=\xi/\sqrt{2}$) と定める．

それゆえ，独立なブラウン運動 ($\rho=0$) をもつ式 (7.3.4) に対する漸近的に最適なフィルターは，GARCH (1, 1) モデルになる．w_y, w_σ が相関をもつと，GARCH (1, 1) モデル (7.4.1) は，もはや最適ではない．Nelson and Foster (1994) は，Engle and Ng (1993) によって提案された非線形非対称 GARCH モデルは，この場合の最適条件を満たすことを示している．Nelson and Foster (1994) は，また，データが離散時間の拡散過程に近いもので生成されているときの多様な ARCH フィルターの性質を研究している．彼らの発見は，実証研究での ARCH フィルターの関数形の選択に対して重要な含意をもっている．

連続記録 (continuous record) の漸近論を用いると，サンプル間隔が短くなる場合の，連続時間確率微分方程式と離散時間 ARCH モデルの間の関係が非常によく理解できる．同様に，時間的な集計 (temporal aggregation) の問題は，時変ボラティリティをモデル化するのに，重要な役割を果たす．投資家が高い頻度で観察されたデータの使用とそれほど頻度が高くなく取られた観測値の使用の間の選択の際には，とくにである．

より効率的なパラメータ推定は，高頻度のデータから得られるかもしれない．他の場合でも，低頻度の観測値しか利用可能でなくとも，投資家は，高頻度のモデルのパラメータに関心があるかもしれない．

時間的な集計の問題は，Diebold (1988) で扱われている．そこでは，条件付分散不均一性が，サンプル頻度が低くなるにつれ，極限では消失することとフロー変数の場合では，低い周波数の観測値の分布が正規分布に収束することが論ぜられている．

Drost and Nijman (1993) は，ストック変数あるいはフロー変数がモデル化されたとき，GARCH 過程のクラスは，時間的な集計に関して閉じているかどうかの問題を研究した．

ある限定のもとで，この問題は答えることができる．そこで，GARCH の 3 つの定義を採用する．$\varepsilon_t=y_t h_t^{-1/2}$ が平均 0 分散 1 の iid になるように α_0, α_i, $i=1,2,\cdots,q$ や β_i, $i=1,2,\cdots,p$ と選択することができる，ならば，式 (7.2.2) の変数列 y_t は，強 GARCH 過程から生成されると定義される．変数列 y_t は，$\mathrm{E}[y_t|y_{t-1},y_{t-2},\cdots]=0$ かつ $\mathrm{E}[y_t^2|y_{t-1},y_{t-2},\cdots]=h_t$ なら，準強 GARCH 過程といわれる．また 3 つ目には，P を定数，$y_{t-1},y_{t-2},\cdots,y_{t-1}^2,y_{t-2}^2,\cdots$ による最良線形予測量とするとき，$P[y_t|y_{t-1},y_{t-2},\cdots]=0$, $P[y_t^2|y_{t-1},y_{t-2},\cdots]=h_t$ が成立するなら，弱 GARCH である．

Drost and Nijman (1993) の主な発見は，ストック変数あるいはフロー変数に対する対称な強 GARCH 過程のクラスは，時間的な集計に関して閉じているということである．このことは，高頻度の過程が対称で，(弱) GARCH なら，低頻度の過程もまた，対称な弱 GARCH となることを意味している．低頻度の過程の条件付分散のパラメータは，対応する高頻度の過程の平均，分散，歪度に依存する．サンプル頻度が高くなるにつれて，$\sum_{i=1}^{q}\alpha_i+\sum_{i=1}^{p}\beta_i<1$ の GARCH 過程に対して，条件付不均一分散性は消失する．強 GARCH あるいは準強 GARCH 過程のクラスは，一般的には，時間的な集計に関して閉じてはいない．そのことは，観測頻度がデータ生成過程の頻度に正確に対応していないなら，強 GARCH あるいは準強 GARCH は，データ生成過程に対してのみ近似となりうることを示唆している．

Drost and Werker (1995) では，連続時間 GARCH 過程，つまり，増分 (increment) $X_{t+h}-X_t,\ t\in hN$ がすべての固定された時間間隔 $h>0$ に対して，弱 GARCH になっている過程を研究している．明らかに，Drost and Nijman (1993) の結果に照らせば，強 GARCH あるいは準強 GARCH のクラスは，時間的な集計に関して閉じていないので，連続時間 GARCH は，強 GARCH あるいは準強 GARCH ではありえない．

基礎となる連続時間の GARCH 過程の仮定は，それに伴う離散時間の GARCH モデルの尖度が 3 を上回ることをもたらし，分布の裾が厚いことを含意する．Drost and Werker (1995) は，連続時間拡散過程のパラメータを離散時間 GARCH のパラメータから識別する方法を示している．連続時間と離散時間のパラメータの間の関係を用いて，離散時間の観測値から拡散過程のモデルを，直截的な方法で推定することができる．

Nijman and Sentana (1993) は，同時的に集計 (contemporaneous aggregation) された独立で 1 変量の GARCH 過程が，弱 GARCH 過程をもたらすことを示すことで，Drost and Nijman (1993) の結果を補足している．それから，彼らは，多変量 GARCH 過程の線形結合がまた弱 GARCH になることを示すことで，この結果を一般化している．また，多変量 GARCH の周辺過程もまた弱 GARCH になる．最後に，シミュレーション実験より，彼らは，過程が条件付正規分布をもつ強 GARCH であるとの仮定のもとで ML である推定量が，サンプル数の増加につれて，弱 GARCH のパラメータに近い値に収束することが多くの場合で起こっていると結論付けている．

時間的な集計 (temporal aggregation) や同時的な集計に関する結果は，GARCH 過程の線形変換が，一般的には弱 GARCH でしかないということを示している．

7.4.3　ボラティリティの予測

時系列モデルは，サンプル外の予測を行うために作成されているものである．時間依存的な条件付不均一分散性をもつモデルの予測の問題は，いく人かの研究者によって調べられてきた．Engle and Kraft (1983), Engle and Bollerslev (1986) は，それぞれ ARCH や GARCH の誤差をもつ時系列モデルに対して，多段階の予測誤差分散の表現を得ている．Bollerslev (1986), Granger, White and Kamstra (1989) は，時変分散をもつときの，1 期先予測区間の構成に関心を向けている．Baillie Bollerslev (1992) は，ARMA-GARCH 攪乱項をもつ単一方程式回帰モデルを考察している．そこでは，彼らは，最小 MSE 予測を導いており，また，GARCH (1, 1) の攪乱項をもつ動学的モデルの予測誤差分布のモーメントも導いている．こうしたモーメントは，コーニッシュ-フィッシャー (Cornish-Fisher) 展開を用いた予測区間の構成に用いられている．Geweke (1989) は，ベイズ法の枠組で数値積分を行うことで，ARCH 攪乱項をもつ線形モデルの数期先予測誤差密度を得ている．

Nelson and Foster (1995) は，高頻度のデータに対して，誤って定式化された ARCH モデルが時系列やそのボラティリティを予測する際に，よいパフォーマンスを示すための条件を導出した．Nelson and Foster (1994) によって得られた成功しているフィルタリングの条件に基づくと，基本的に要求されていることは，すべての状態変数の初めの 2 つの条件付モーメントの関数形を正しく定式化することである．

予測誤差分散の推定値の構成を例示するために，以下の定常 AR (1) 過程を考える．

$$y_t=\phi y_{t-1}+u_t \tag{7.4.2}$$

ただし，$u_t=\varepsilon_t h_t^{1/2}$ は，式 (7.2.2) のような GARCH (1, 1) 過程である．時点 t での y_{t+s} の最小 MSE 予測は，$\mathrm{E}_t(y_{t+s})=\phi^s y_t$ である．予測誤差 $w_{ts}=y_{t+s}-\phi^s y_t$ は，$w_{ts}=u_{t+s}+\phi u_{t+s-1}+, \cdots, +\phi^{s-1}u_{t+1}$ と表現される．時点 t でのこの条件付分散

$$\mathrm{Var}(w_{ts})=\sum_{i=0}^{s-1}\phi^{2i}\mathrm{E}_t(u_{t+s-i}^2), \qquad s>0 \tag{7.4.3}$$

は，再帰的に計算される．u_t に対する GARCH (1, 1) 過程は，${u_t}^2$ に対する ARMA 表現

$${u_t}^2=\alpha_0+(\alpha_1+\beta_1)u_{t-1}^2-\beta_1 v_{t-1}+v_t \tag{7.4.4}$$

を与える (Bollerslev (1986) を見よ)．ただし，$v_t={u_t}^2-h_t$ である．式 (7.4.3) の右辺の期待値は，Engle and Bollerslev (1986) が示したように，式 (7.4.4) の表現からただちに得られる．

$$\mathrm{E}_t(h_{t+s})=\mathrm{E}_t(u_{t+s}^2)=\alpha_0+(\alpha_1+\beta_1)\mathrm{E}_t(u_{t+s-1}^2), \qquad s>1 \tag{7.4.5}$$

予測期間が増加するにつれて，最適予測は，単調に，無条件分散 $\alpha_0/(1-\alpha_1-\beta_1)$ に収束する．IGARCH (1, 1) モデルに対しては，条件付分散に対するショックは持続的であり，$\mathrm{E}_t(h_{t+s})=\alpha_0(s-1)+h_t$ である．式 (7.4.5) の表現は，将来のボラティリティの予測として用いられる．Baillie and Bollerslev (1992) は，$\mathrm{E}_t(h_{t+s})$ の条件付 MSE の表現を時点 $t+s$ での条件付分散の予測として導出している．

7.5 結　　論

この論文では，GARCH 過程を用いた時変ボラティリティのモデル化に関する研究をサーベイした．膨大な数の研究を概観するに当たって，近年の発展をとくに強調した．

Engle (1982) の画期的な研究以来, 15 年もしないうちに，GARCH モデルの理解と

その経済時系列への応用において，多くの進歩があった．この進歩は，実証的な時系列の研究方法を大きく変えた．同時に，時系列，ことにこれまでのモデルでは説明のできない金融時系列の統計的性質は，ボラティリティのモデル化の分野で多くの発展を促してきた．歪度と $\sum_t(\sigma_t y_t^2 y_{t+k})/(T\sigma^3\sqrt{k})]$ で定義される歪度の相関は，非対称ARCHモデルの発展を育んできた．条件付きに正規分布をするイノベーションをもつGARCHモデルでの大きな尖度の存在は，スチューデント型GARCHモデルやGARCHジャンプモデルの使用を促してきた．条件付分散での持続性は，確率的トレンド・ファクターをもつ分散要素モデル(variance component model)によってモデル化されてる．

条件付きの分散と相関が時間を通じて変化することが発見されたために，多変量GARCHモデルや因子GARCHモデルが発展してきた．因子GARCHモデルは，いくつかの魅力ある性質をもっている．第1には，このモデルは，経済理論の用語で容易に解釈できる(裁定評価理論のような因子モデルは，広くファイナンスで用いられている)．第2には，このモデルは，高い次元のベクトルに対して，時変の分散や共分散のパラメータ節約的な表現を可能にしている．第3には，このモデルは，観測された因子と観測されない因子の両方を説明している．第4には，このモデルは，変数に共通な特徴に対して興味深い含意を有している．また，この共通の特徴は容易に検定することができる．第5に，このモデルは，いくつかの場合で，よくフィットしていることがわかっている．

7.2節で明らかになったように，新しいGARCHの定式化を考案するメリットが依然としてあるかどうかを考えるほど，時変ボラティリティの関数形は，研究者の多くの関心を集めている．ある定式化が，他のものに対して，完全ではないにしても近い代替物になっているとはいえ，基礎となる拡散モデルの条件付分散を推定するために，GARCHをフィルターとして用いるNelson and Fosterの結果は，GARCHの関数形を選択する問題を新しい見通しのもとに位置付けている．ある与えられた拡散過程に対しては，あるGARCHモデルが最適な(効率的な)フィルターになっているが，同様な性質をもった他のものは，最適ではないかもしれない．Nelson and Foster (1994)による研究は，基になる拡散過程についての事前の知識が，GARCH過程の関数形を選択する際に，有用であることを示唆している．

Anderson (1992, 1994)が示しているように，GARCH過程は，決定的で条件付分散不均一なボラティリティ過程のクラスに属している．そして，GARCH尤度関数を評価することが容易であり，また，とくに，GARCHモデルは，多くの系列の2乗値で見出される相関を柔軟でかつパラメータ節約的に表現可能であり(これはARMAを用いた条件付平均の節約的な表現と比較できる)，そして，時変ボラティリティを扱うことが可能なので,GARCHモデルは，広範囲に使用されている．確率的ボラティリティ・モデルの歴史はまだ浅い．このモデルは，GARCHに代わるパラメータ節約的なモデルとして提案されたものである．その1つの魅力は，多くの時系列のボラティリティの時変性を適合させるのに少ないパラメータですむということである．しかしながら，確率的ボラティリティ・モデルの尤度に基づいた推測は，数値積分やカルマン・フィルターの利用を必要としている．7.3節でも述べたように，こうした問題の多くは今や解決されている．GARCHモデルと確率的ボラティリティ・モデルの統計的性質は異なっている．金融の時系列に基づいたこうしたモデルの比較(Danielson (1994), Hsieh (1991), Jacquier *et al*. (1995), Ruiz (1993)を見よ)は，こうしたモデルは，いろいろなモーメント関数に異なったウエイトを与えているのだという結論を導いている．こうした中からのモデルの選択は，非常に頻繁に，実証上の問題になるであろう．

他の例では，GARCHモデルは，基礎となる拡散モデルの分散の最適なフィルターを与えているので，好まれるだろう．観測されないファクターをもつ因子GARCHモデルは，潜在的要因を条件化しなければならないとき確率的ボラティリティの要素を導くだろう．そうして，ボラティリティ・モデルの2つのクラスの境界は，はっきりしなくなるだろう．

GARCH過程の時間的な集計についての結果は，弱GARCHがもっとも共通なケースになっていることを示している．こうした集計の問題のため，強GARCHに基づくモデルは，せいぜいデータ生成プロセスに対する近似にしかならず，その場合では，実際的な観点から，モデルを選択するためにデータの情報を用いることがもっとも適当になるかもしれない．

今後の研究トピックは，われわれの理解や異なった系列と市場のボラティリティの間との関係のモデル化を改善していく．多変量GARCHモデル，因子GARCHモデル，確率的ボラティリティ・モデルが用いられ，拡張されるだろう．1つの系列から他の系列へのボラティリティの持続性の性質や伝達，そして，ボラティリティの持続性の条件付期待リターンへの伝達に関する問題は，将来多くの関心を引くこととなる．最後に，ボラティリティ・モデルの推定や検定，ボラティリティの予測に対する統計的推測は，しばらくの間，研究のメニューの中にあり続けるだろう．とくに，ノンパラメトリックやセミパラメトリックな方法は，経済時系列の条件付分布での時変性のモデル化に新しい見通しを切り開くものと思われる．■

［西埜晴久・訳］

文　献

Anderson, T. G. (1992). Volatility. Department of Finance, Working Paper No. 144, Northwestern University.

Anderson, T. (1994). Stochastic autoregressive volatility: A framework for volatility modeling. *Math. Finance* **4**, 75–102.

Baillie, R. T. and T. Bollerslev (1990). A multivariate generalized ARCH approach to modeling risk premia in forward foreign exchange rate markets. *J. Internat. Money Finance* **9**, 309–324.

Baillie, R. T. and T. Bollerslev (1992). Prediction in dynamic models with time-dependent conditional variances. *J. Econometrics* **52**, 91–113.

Baillie, R. T., T. Bollerslev, and H. O. Mikkelsen (1993). Fractionally integrated generalized autoregressive conditional heteroskedasticity. Michigan State University, Working Paper.

Baillie, R. T. (1994) Long memory processes and fractional integration in econometrics. Michigan State University, Working Paper.

Ball, C. A. and A. Roma (1993). A jump diffusion model for the European Monetary System. *J. Internat. Money Finance* **12**, 475–492.

Ball, C. A. and W. N. Torous (1985). On jumps in common stock prices and their impact on call option pricing. *J. Finance* **40**, 155–173.

Bera, A. K. and S. Lee (1990). On the formulation of a general structure for conditional heteroskedasticity. University of Illinois at Urbana-Champaign, Working Paper.

Bera, A. K., S. Lee, and M. L. Higgins (1992). Interaction between autocorrelation and conditional heteroskedasticity : A random coefficient approach. *J. Business Econom. Statist*. **10**, 133–142.

Bera, A. K. and S. Lee (1993). Information matrix test, parameter heterogeneity and ARCH. *Rev. Econom. Stud.* **60**, 229–240.

Bera, A. K. and M. L. Higgins (1995). On ARCH models : Properties, estimation and testing. In: Oxley L., D. A. R. George, Roberts, C. J., and S. Sayer eds., *Surveys in Econometrics*, Oxford, Basil Blackwell, 215–272.

Black, F. (1976). Studies in stock price volatility changes. *Proc. Amer. Statist. Assoc.,* Business and Economic Statistics Section 177–181.

Bollerslev, T. (1986). Generalized autoregressive conditional heteroskedasticity. *J. Econometrics* **31**, 307–327.

Bollerslev, T., R. F. Engle, and J. M. Wooldridge (1988). A capital asset pricing model with time varying covariances. *J. Politic. Econom.* **96**, 116–131.

Bollerslev, T., R. Y. Chou, and K. F. Kroner (1992). ARCH modeling in finance: A review of the theory and empirical evidence. *J. Econometrics* **52**, 5–59.

Bollerslev, T. and J. M. Wooldridge (1992). Quasi maximum likelihood estimation and inference in dynamic models with time varying covariances. *Econometric Rev.* **11**, 143–172.

Bollerslev, T. and I. Domowitz (1993). Trading patterns and the behavior of prices in the interbank foreign exchange market. *J. Finance*, to appear.

Bollerslev, T. and R. F. Engle (1993). Common persistence in conditional variances. *Econometrica* **61**, 166–187.

Bollerslev, T. and H. O. Mikkelsen (1993). Modeling and pricing long-memory in stock market volatility. Kellogg School of Management, Northwestern University, Working Paper No. 134.

Bollerslev, T., R. F. Engle and D. B. Nelson (1994). ARCH models. Northwestern University, Working Paper, prepared for *The Handbook of Econometrics* Vol. 4.

Bougerol, Ph. and N. Picard (1992). Stationarity of GARCH processes and of some nonnegative time series. *J. Econometrics* **52**, 115–128.

Brock, A. W., W. D. Dechert and J. A. Scheinkman (1987). A test for independence based on correlation dimension. Manuscript, Department of Economics, University of Wisconsin, Madison.

Brock, A.W., D. A. Hsieh and B. LeBaron (1991). *Nonlinear Dynamics, Chaos and Instability: Statistical Theory and Economic Evidence*. MIT Press, Cambridge, MA.

Cai, J. (1994). A Markov model of switching-regime ARCH. *J. Business Econom. Statist.* **12**, 309–316.

Chou, R. Y. (1988). Volatility persistence and stock valuations: Some empirical evidence using GARCH. *J. Appl. Econometrics* **3**, 279–294.

Crouhy, M. and C. M. Rockinger (1994). Volatility clustering, asymmetry and hysteresis in stock returns : International evidence. Paris, HEC-School of Management, Working Paper.

Crowder, M. J. (1976). Maximum likelihood estimation with dependent observations. *J. Roy. Statist. Soc. Ser. B* **38**, 45–53.

Danielson, J. (1994). Stochastic volatility in asset prices : Estimation with simulated maximum likelihood. *J. Econometrics* **64**, 375–400.

Davidian, M. and R. J. Carroll (1987). Variance function estimation. *J. Amer. Statist. Assoc.* **82**, 1079–1091.

Demos, A. and E. Sentana (1991). Testing for GARCH effects: A one-sided approach. London School

of Economics, Working Paper.
De Vries, C. G. (1991). On the relation between GARCH and stable processes. *J. Econometrics* **48**, 313–324.
Diebold, F. X. (1987) Testing for correlation in the presence of ARCH. *Proceedings from the ASA Business and Economic Statistics Section*, 323–328.
Diebold, F. X. (1988). *Empirical Modeling of Exchange Rates*. Berlin, Springer-Verlag.
Diebold, F. X. and M. Nerlove (1989). The dynamics of exchange rate volatility: A multivariate latent factor ARCH model. *J. Appl. Econometrics* **4**, 1–21.
Diebold, F. X. and J. A. Lopez (1994). ARCH models. Paper prepared for Hoover K. ed., *Macroeconometrics: Developments, Tensions and Prospects*.
Ding, Z., R. F. Engle, and C. W. J. Granger (1993). A long memory property of stock markets returns and a new model. *J. Empirical Finance* **1**, 83–106
Drost, F. C. and T. E. Nijman (1993). Temporal aggregation of GARCH processes. *Econometrica* **61**, 909–927.
Drost, F. C. and B. J. M. Werker (1995). Closing the GARCH gap: Continuous time GARCH modeling. Tilburg University, paper to appear in *J. Econometrics*.
Engel, C. and J . D. Hamilton (1990). Long swings in the exchange rate : Are they in the data and do markets know it ? *Amer. Econom. Rev.* **80**, 689–713.
Engle, R. F. (1982). Autoregressive conditional heteroskedasticity with estimates of the variance of U.K. inflation. *Econometrica* **50**, 987–1008.
Engle, R. F. and D . F. Kraft (1983). Multiperiod forecast error variances of inflation estimated from ARCH models. In: Zellner, A. ed., *Applied Time Series Analysis of Economic Data*, Bureau of the Census, Washington D.C., 293–302.
Engle, R. F. and T. Bollerslev (1986). Modeling the persistence of conditional variances. *Econometric Rev.* **5**, 1–50.
Engle, R. F., D . M. Lilien, and R. P. Robins (1987). Estimating time varying risk premia in the term structure : The ARCH-M model, *Econometrica* **55**, 391–407.
Engle, R. F. (1990). Discussion: Stock market volatility and the crash of 87. *Rev. Financ. Stud.* **3**, 103–106.
Engle, R. F., V . K. Ng, and M. Rothschild (1990). Asset pricing with a factor ARCH covariance structure: Empirical estimates for treasury bills. *J. Econometrics* **45**, 213–238.
Engle, R. F. and G. Gonzalez-Rivera (1991). Semiparametric ARCH models. *J. Business Econom. Statist.* **9**, 345–359.
Engle, R. F. and V . K. Ng (1993). Measuring and testing the impact of news on volatility. *J. Finance* **48**, 1749–1778.
Engle, R. F. and G. G. J. Lee (1993). Long run volatility forecasting for individual stocks in a one factor model. Unpublished manuscript, Department of Economics, UCSD.
Engle, R. F. and S. Kozicki (1993). Testing for common features (with discussion). *J. Business Econom. Statist.* **11**, 369–380.
Engle, R. F. and R. Susmel (1993). Common volatility and international equity markets. *J. Business Econom. Statist.* **11**, 167–176.
Engle, R. F. and G. G. J. Lee (1994). Estimating diffusion models of stochastic volatility. Mimeo, University of California at San Diego.
Engle, R. F. and K . F. Kroner (1995). Multivariate simultaneous generalized ARCH. *Econometric Theory* **11**, 122–150.
French, K. R., G . W. Schwert and R . F. Stambaugh (1987). Expected stock returns and volatility. *J. Financ. Econom.* **19**, 3–30.
Gallant, A. R. (1981). On the bias in flexible functional forms and an essentially unbiased form : The Fourier flexible form. *J. Econometrics* **15**, 211–244.
Gallant, A. R. and G. Tauchen (1989). Seminonparametric estimation of conditionally constrained heterogeneous processes : Asset pricing applications. *Econometrica* **57**, 1091–1120.
Gallant, A. R., D. Hsieh and G. Tauchen (1994). Estimation of stochastic volatility models with suggestive diagnostics. Duke University, Working Paper.
Geweke, J. (1989). Exact predictive densities for linear models with ARCH disturbances. *J.*

Econometrics **40**, 63–86.

Geweke, J. (1994). Bayesian comparison of econometric models. Federal Reserve Bank of Minneapolis, Working Paper.

Ghysels, E., A. C. Harvey and E. Renault (1995). Stochastic volatility. Prepared for *Handbook of Statistics*, Vol.14.

Glosten, L. R., R. Jagannathan, and D. Runkle (1993). Relationship between the expected value and the volatility of the nominal excess return on stocks. *J. Finance* **48**, 1779–1801.

Gouriéroux, C. and A. Monfort (1992). Qualitative threshold ARCH models. *J. Econometrics* **52**, 159–199.

Gouriéroux, C. (1992). *Modèles ARCH et Application Financières*. Paris, Economica.

Gouriéroux, C., A. Monfort and E. Renault (1993). Indirect inference. *J. Appl. Econometrics* **8**, S85–S118.

Granger, C. W. J., H. White and M. Kamstra (1989). Interval forecasting: An analysis based upon ARCH-quantile estimators. *J. Econometrics* **40**, 87–96.

Hamilton, J. D. (1988). Rational-expectations econometric analysis of changes in regime: An investigation of the term structure of interest rates. *J. Econom. Dynamic Control* **12**, 385–423.

Hamilton, J. D. (1989). Analysis of time series subject to changes in regime. *J. Econometrics* **64**, 307–333.

Hamilton, J. D. and R. Susmel (1994). Autoregressive conditional heteroskedasticity and changes in regime. *J. Econometrics* **64**, 307–333.

Harvey, A. C., E. Ruiz and E. Sentana (1992). Unobserved component time series models with ARCH disturbances. *J. Econometrics* **52**, 129–158.

Hentschel, L. (1994). All in the family : Nesting symmetric and asymmetric GARCH models. Paper presented at the Econometric Society Winter Meeting, Washington D.C., to appear in *J. Financ. Econom.* **39**, nr. 1.

Higgins, M. L. and A . K. Bera (1992). A class of nonlinear ARCH models. *Internat. Econom. Rev.* **33**, 137–158.

Hsieh, D. A. (1989). Modeling heteroskedasticity in daily foreign exchange rates. *J. Business Econom. Statist.* **7**, 307–317.

Hsieh, D. (1991). Chaos and nonlinear dynamics: Applications to financial markets. *J. Finance* **46**, 1839–1877.

Hull, J. and A. White (1987). The pricing of options on assets with stochastic volatilities. *J. Finance* **42**, 281–300.

Jacquier, E., N. G. Polson and P. E. Rossi (1994). Bayesian analysis of stochastic volatility models. *J. Business. Econom. Statist.* **12**, 371–389.

Jorion, P. (1988). On jump processes in foreign exchange and stock markets. *Rev. Finan. Stud.* **1**, 427–445.

Kim, S. and N. Sheppard (1994). Stochastic volatility: Likelihood inference and comparison with ARCH models. Mimeo, Nuffield College, Oxford.

King, M., E. Sentana and S. Wadhwani (1994). Volatility links between national stock markets. *Econometrica* **62**, 901–933.

Kodde, D. A. and F. C. Palm (1986). Wald criteria for jointly testing equality and inequality restrictions. *Econometrica* **54**, 1243–1248.

Krengel, U. (1985). *Ergodic Theorems*. Walter de Gruyter, Berlin.

Lee, J. H. H. (1991). A Lagrange multiplier test for GARCH models. *Econom. Lett.* **37**, 265–271.

Lee, J. H. H. and M . L. King (1993). A locally most mean powerful based score test for ARCH and GARCH regression disturbances. *J. Business Econom. Statist.* **11**, 17–27.

Lee, S. W. and B. E. Hansen (1994). Asymptotic theory for the GARCH(1,1) quasi-maximum likelihood estimator. *Econometric Theory* **10**, 29–52.

Li, W. K. and T. K. Mak (1994). On the squared residual autocorrelations in non-linear time series with conditional heteroskedasticity. *J. Time Series Analysis* **15**, 627–636.

Lin, W.-L. (1992). Alternative estimators for factor GARCH models – A Monte Carlo comparison. *J. Appl. Econometrics* **7**, 259–279.

Linton, O. (1993). Adaptive estimation in ARCH models. *Econometric Theory* **9**, 539–569.

Lumsdaine, R. L. (1992). Asymptotic properties of the quasi-maximum likelihood estimator in GARCH(1,1) and IGARCH(1,1) models. Unpublished manuscript, Department of Economics, Princeton University.

Lumsdaine, R. L. (1995). Finite-sample properties of the maximum likelihood estimator in GARCH(1,1) and IGARCH(1,1) models: A Monte Carlo investigation. *J. Business Econom. Statist.* **13**, 1–10.

Melino, A. and S. Turnbull (1990). Pricing foreign currency options with stochastic volatility. *J. Econometrics* **45**, 239–266.

Nelson, D. B. (1990a). Stationarity and persistence in the GARCH(1,1) model. *Econometric Theory* **6**, 318–334.

Nelson, D. B. (1990b). ARCH models as diffusion approximations. *J. Econometrics* **45**, 7–38.

Nelson, D. B. (1991). Conditional heteroskedasticity in asset returns : A new approach. *Econometrica* **59**, 347–370.

Nelson, D. B. (1992). Filtering and forecasting with misspecified ARCH models I. *J. Econometrics* **52**, 61–90.

Nelson, D. B. and C . Q. Cao (1992). Inequality constraints in univariate GARCH models. *J. Business Econom. Statist.* **10**, 229–235.

Nelson, D. B. and D . P. Foster (1994). Asymptotic filtering theory for univariate ARCH models. *Econometrica* **62**, 1–41.

Nelson, D. B. and D. P. Foster (1995). Filtering and forecasting with misspecified ARCH models II - Making the right forecast with the wrong model. *J. Econometrics* **67**, 303–335.

Ng, V., R. F. Engle, and M. Rothschild (1992). A multi-dynamic-factor model for stock returns. *J. Econometrics* **52**, 245–266.

Nieuwland, F. G. M. C., W. F. C. Verschoor, and C. C. P. Wolff (1991). EMS exchange rates. *J. Internat. Financial Markets, Institutions and Money* **2**, 21–42.

Nijman, T. E. and F. C. Palm (1993). GARCH modelling of volatility : An introduction to theory and applications. In: De Zeeuw, A . J. ed., *Advanced Lectures in Quantitative Economics II*, London, Academic Press, 153–183.

Nijman, T. E. and E. Sentana (1993). Marginalization and contemporaneous aggregation in multivariate GARCH processes. Tilburg University, CentER, Discussion Paper No. 9312, to appear in *J. Econometrics*.

Pagan, A. R. and A. Ullah (1988). The econometric analysis of models with risk terms. *J. Appl. Econometrics* **3**, 87–105.

Pagan, A. R. and G. W. Schwert (1990). Alternative models for conditional stock volatility. *J. Econometrics* **45**, 267–290.

Pagan, A. R. and Y. S. Hong (1991). Nonparametric estimation and the risk premium. In: Barnet, W. A., J. Powell and G. Tauchen, eds., *Nonparametric and Semiparametric Methods in Econometrics and Statistics*, Cambridge University Press, Cambridge.

Pagan, A. R. (1995). The econometrics of financial markets. ANU and the University of Rochester, Working Paper, to appear in the *J. Empirical Finance*.

Palm, F. C. and J. P. Urbain (1995). Common trends and transitory components of stock price volatility. University of Limburg, Working Paper.

Parkinson, M. (1980). The extreme value method for estimating the variance of the rate of return. *J. Business* **53**, 61–65.

Ruiz, E. (1993). Stochastic volatility versus autoregressive conditional heteroskedasticity. Universidad Carlos III de Madrid, Working Paper.

Robinson, P. M. (1991). Testing for strong serial correlation and dynamic conditional heteroskedasticity in multiple regression. *J. Econometrics* **47**, 67–84.

Schwert, G. W. (1989). Why does stock market volatility change over time? *J. Finance* **44**, 1115–1153.

Sentana, E. (1991). Quadratic ARCH models: A potential re-interpretation of ARCH models. Unpublished manuscript, London School of Economics.

Sentana, E. (1992). Identification of multivariate conditionally heteroskedastic factor models. London School of Economics, Working Paper.

Taylor, S. (1986). *Modeling Financial Time Series*. J. Wiley & Sons, New York, NY.

Taylor, S. J. (1994). Modeling stochastic volatility: A review and comparative study. *Math. Finance* **4**, 183–204.

Tsay, R. S. (1987). Conditional heteroskedastic time series models. *J. Amer. Statist. Assoc.* **82**, 590–604.

Vlaar, P. J. G. and F. C. Palm (1993). The message in weekly exchange rates in the European Monetary System : Mean reversion, conditional heteroskedasticity and jumps. *J. Business. Econom. Statist.* **11**, 351–360.

Vlaar, P. J. G. and F. C. Palm (1994). Inflation differentials and excess returns in the European Monetary System. CEPR Working Paper Series of the Network in Financial Markets, London.

Weiss, A. A. (1986), Asymptotic theory for ARCH models: Estimation and testing. *Econometric Theory* **2**, 107–131.

Zakoian, J. M. (1994). Threshold heteroskedastic models. *J. Econom. Dynamic Control* **18**, 931–955.

8

予測の評価と結合

Forecast Evaluation and Combination

Francis X. Diebold and Jose A. Lopez

予測が非常に重要であり，経済学やファイナンスにおいて幅広く使われていることは明白である．簡潔に述べると，よい予測はよい決定をもたらす．その結果，予測の評価とその組合せ技術の重要性が生じる．なぜならば，予測を利用する者は，当然のこととして予測成果を観察したり改善したりすることに強い関心をもつからである．一般的にいえば，予測評価は下記に示したような実証経済学やファイナンスにおける数多くの疑問によく現れている．

・期待は合理的であるのか (Keane and Runkie (1990), Bonham and Cohen (1995).

・金融・証券市場は効率的であるのか (Fama (1970, 1991)).

・マクロ経済のショックは主体者があらゆる期間，あるいは短・中期の予測を変えるのか (Campbell and Mankiw (1987), Cochrane (1988)).

・観察された資産収益率は「過剰に変動しやすい」のか (Shiller (1979), LeRoy and Porter (1981)).

・資産収益率は長期的にみて予測可能であるのか (Fama and French (1988), Mark (1995)).

・先渡し為替レートはさまざまな期間の将来のスポット価格の不偏かつ/あるいは，正確な予測値であるのか (Hansen and Hodrick (1980)).

・政府の予算計画は，たぶん戦略的な理由で，系統だって非常に楽観的であるのか (Auerbach (1994), Campbell and Ghysels (1995)).

・名目金利は将来のインフレのよい予測値であるのか (Fama (1975), Nelson and Schwert (1977)).

ここで，私たちは予測の評価と組合せ方法について次の5つの節からなる話題を選んで説明する．まず初めに，単独予測の評価と，とくにそれが改善されうるのか，どのように改善されるのかについて議論する．8.2節で，私たちはたがいに競合する予測の精度の評価とその比較について議論する．8.3節で，予測値の集合がよりすぐれた合成予測値を作り出すために結合されるのかどうか，そしてその方法について議論する．8.4節で，変化の方向の予測，確率予測，ボラティリティ予測などを評価する方法を取り上げ，経済学やファイナンスにとくに関連のある予測の評価に関する数多くの話題を取り上げる．8.5節で，結論を述べる．

予測の評価という問題を扱う際に，トレード・オフが一般性と冗長さの間に存在する．このように，私たちは，多くの議論を1変量共分散定常過程の線形最小2乗予測に当てる．すなわち，線形射影と条件付期待値が一致する正規性を仮定する．残りの部分を肉付けする作業は読者に残す．しかし，とくに興味のあるケースにおいて，とくに注意を要する非定常性だけでなく，線形射影と条件付平均の相違をもたらす非線形性に関し，明示的に焦点を当てる．

8.1 単独予測を評価する

最適予測の性質はよく知られている．予測の評価は本質的にはこれら性質を調べることに等しい．まず初めに，いくつかの記号を設定し，よく知られている結果を思い出すことにしよう．興味の対象となる共分散定常の時系列を y_t とする．唯一の確定的な成分が必ずしも0でない平均 (μ) であると仮定すると，ワルド表現は $y_t=\mu+\varepsilon_t+b_1\varepsilon_{t-1}+b_1\varepsilon_{t-2}+\cdots$ となる．ここで，$\varepsilon_t \sim WN(0, \sigma^2)$ であり，WN は系列的に無相関な(必ずしもガウスではなく，したがって必ずしも独立ではない)ホワイトノイズを表す．本節において，私たちは反転可能性，すなわち，同値な片側AR表現が存在する，と仮定する．

k 期先の線形最小2乗予測は，$\hat{y}_{t+k,t}=\mu+b_k\varepsilon_t+b_{k+1}\varepsilon_{t-1}+\cdots$ であり，対応する k 期先の予測誤差は，

$$e_{t+k,t}=y_{t+k}-\hat{y}_{t+k,t}=\varepsilon_{t+k}+b_1\varepsilon_{t+k-1}+\cdots+b_{k-1}\varepsilon_{t+1} \tag{8.1.1}$$

である．最後に，k 期先の予測誤差の分散は，

$$\sigma_k^2=\mathrm{Var}(e_{t+k,t})=\sigma^2\left(\sum_{i=1}^{k-1} b_i{}^2\right) \tag{8.1.2}$$

である．

われわれがこの後詳細に議論する最適予測からの誤差に関する4つの重要な性質は以下のとおりである．

① 最適予測誤差はゼロ平均をもつ(式(8.1.1)より)．

② 1期先最適予測誤差はホワイトノイズである($k=1$ に対応する式(8.1.1)の特殊ケース)．

③ k 期先最適予測誤差は多くて MA$(k-1)$ である(式(8.1.1)の一般ケース)．

④ k 期先最適予測誤差の分散は k に関して非減少的である(式(8.1.2)より)．

次に進む前に，独立に(しかし，必ずしも同一でなく)分布する系列がゼロ中央値をもつかどうかを調べるためにいくつかの精密な分布によらないノンパラメトリック検定について述べる．それらの検定は，今説明した最適予測誤差の性質や後に議論するその他の仮説を評価するのに有用である．このような検定は数多く存在するが，私たちが繰り返し利用するもっともポピュラーな検定の2つは，符号検定とウィルコクソン符号付順位検定である．

分析する系列を x_t で表し，T 個の観測値が利用可能であると仮定する．符号検定

は，観測された系列がゼロ中央値をもち，独立であるという帰無仮説のもとで行われる[1]．検定統計量の直観と構築は難しくない．すなわち，帰無仮説のもとで，大きさ T の標本のうち正の観測値の数はパラメータ T と1/2の2項分布に従う．よって，検定統計量は単純に

$$S=\sum_{t=1}^{T} I_{+}(x_t)$$

であり，ここで，

$$I_{+}(x_t)=\begin{cases}1 & \text{もしも } x_t>0, \\ 0 & \text{それ以外}\end{cases}$$

となる．大標本において，スチューデント化された検定は標準正規分布

$$\frac{S-T/2}{\sqrt{T/4}} \overset{a}{\sim} N(0,1)$$

である．したがって，有意性検定は標準的な2項分布か正規分布表を使うことで評価できる．

符号検定は分布上の対称性を要求しないことに注意すべきである．関連する分布によらない手法であるウィルコクソン符号付順位検定は分布上の対称性を要求するが，その場合符号検定より検出力が高い．対称性の追加的な仮定を除くと，帰無仮説は同じであり，検定統計量は正の観測値の絶対値の順位を合計したものである．

$$W=\sum_{t=1}^{T} I_{+}(x_t)\mathrm{Rank}(|x_t|)$$

ここで，順位は昇順である (たとえば，絶対値が最大の観測値には順位 T を割り当てる)．検定の直観はシンプルである．すなわち，もし母集団分布が0に対して対称であるなら，正の観測値の絶対値に対する順位の「非常に大きな (あるいは，非常に小さな)」合計は「非常に起こりにくい」．符号付順位検定の精密な有限標本帰無分布は局外パラメータを含まず，真の母集団分布に対して不変であり，既に数値表化されている．さらに，大標本において，統計量のスチューデント化されたバージョンは標準正規分布

$$\frac{W-[T(T+1)]/4}{\sqrt{[T(T+1)(2T+1)]/24}} \overset{a}{\sim} N(0,1)$$

である．

8.1.1　最適予測の性質を検証する

予測値 $\hat{y}_{t+k,t}$ と対応する実現値 y_{t+k} の実績が与えられると，予測値の利用者は予測パフォーマンスを当然評価したくなる．これまでまとめてきた最適予測の性質をすみやかに調べることができる．

8.1.1.1　最適予測誤差はゼロ平均をもつ

各人が主張する仮定に依存して，この仮説に対するさまざまな標準的検定が実行さ

---

[1] もし系列が対称に分布するなら，ゼロ中央値はもちろんゼロ平均に対応する．

れる．たとえば，もし $e_{t+k,t}$ が (1 期先誤差のケースのように) 正規ホワイトノイズであるなら，標準的な t 検定は精密かつ一様最強力であるがゆえに明白な選択である．もし誤差が非正規であるが独立同一分布 (iid) のままであるなら，t 検定は依然漸近的に有効である．しかし，もしより複雑な従属性や異質構造が働いているなら，一般モーメント法に基づく検定のような別の方法が要求される．

もし非正規性やより強い従属性/異質性構造が，漸近検定の使用を要求するなら，残念なことである．なぜなら，ときどきほんの短い記録のみが利用可能となるからである．しかし，これはそれほど大きな問題ではない．なぜなら，Campbell and Ghysels (1995) が指摘しているように，精密な分布によらないノンパラメトリック検定が適用できるからである．たとえ分布によらない検定が独立性 (符号検定) や独立性と対称性 (符号付順位検定) を要求するとはいえ，正規性や時間を通じての同一分布を要求しない．このように，これらの検定は自動的にさまざまな予測誤差分布に対して頑健であるとともに，独立ではあるが同一でない分布に従うタイプの不均一性に対して頑健である．

しかし，$k>1$ に対しては，たとえ最適予測誤差ですら系列相関を示しがちであるから，ノンパラメトリック検定を修正しなければならない．予測誤差が $(k-1)$ 従属であるという仮定のもと，次の k 個の予測誤差の系列 $\{e_{1+k,1}, e_{1+2k,1+k}, e_{1+3k,1+2k}, \cdots\}$, $\{e_{2+k,2}, e_{2+2k,2+k}, e_{2+3k,2+2k}, \cdots\}$, $\{e_{3+k,3}, e_{3+2k,3+k}, e_{3+3k,3+2k}, \cdots\}$, $\cdots$, $\{e_{2k,k}, e_{3k,2k}, e_{4k,3k}, \cdots\}$ は系列相関をもたない．k 個の誤差系列のおのおのに対して，検定サイズが α/k の k 個の検定を実行し，どの 1 つについて帰無仮説が棄却されても帰無仮設を棄却することにより，(検定サイズの上限が α である) ボンフェロニ限界検定 (Bonferroni boundo test) が得られる．この手法はたとえ漸近的であっても控え目な評価である．この代わりに，k 個の誤差系列のうち 1 つだけを用いて，水準が α の厳密な検定を行うこともできる．ただし，観測値を捨て去ってしまうために，検出力が落ちてしまうというコストが伴うが．

この項を終るに当たって，ノンパラメトリックな分布によらない検定は通常の検定より明白に「よりよく」もないし「より悪く」もないことを強調しておく．むしろ，それらは異なる状況において有効であり，それゆえに，補完的である．賞賛すべき点は，それが良好な有限標本検出力をもつ精密な有限標本検定であることだ．そして，それらは，小標本の場合により標準的な検定を正当化するために要求される正規性や同質性に関する標準的な仮定からの乖離に影響されない．しかしながら，ここでもまた，それらが線形射影独立性はもちろんのこと条件付平均独立性よりも強い，予測誤差の独立性を必要とする事実がある．さらに，たとえノンパラメトリック検定が k 従属性を考慮して修正されても，精密でないサイズや減少した検出力という形で場合によっては相当な対価が支払われるにちがいない．

8.1.1.2　1 期先の最適予測誤差はホワイトノイズである

より正確には，線形最小 2 乗予測からの誤差は線形写像独立である．そして，最小

2乗予測からの誤差は条件付平均独立である．誤差はどのような場合でも完全に系列的に独立であるとは限らない．なぜなら，条件付分散従属性をもつGARCHプロセスの例のように，従属性は常により高いモーメントを通して入ってくるかもしれないからである．

主張されているさまざまな組み合わせの仮定のもとで，標準的な漸近検定はホワイトノイズ仮説を検定するのに使われる．たとえば，標本自己相関と偏自己相関関数は，バートレット漸近標準誤差とともに，この件に関して有用なグラフィカルな診断である．ボックス-ピアースやそれに関連する統計量だけでなく，系列相関係数に基づく標準的な検定はよく利用される．

Dufour (1981) は，正規性や同一な予測誤差分布を要求することなく，1期先予測誤差にある系列従属性に対する精密な検定を与えるような符号検定やウィルコクソン符号付順位検定の調整を提示している．たとえば，予測誤差が独立でゼロ中央値をもち対称的に分布しているという帰無仮説を考えてみよう．このとき $e_{t+1,t}\,e_{t+2,t+1}$ の中央値は0である．つまり，ゼロ中央値をもつ2つの対称的な独立確率変数の積は，それ自身ゼロ中央値をもち対称である．正の系列的従属性という対立仮説のもと，$e_{t+1,t}\,e_{t+2,t+1}$ の中央値は正である．そして，負の系列的従属性という対立仮説のもと，$e_{t+1,t}\,e_{t+2,t+1}$ の中央値は負である．これは，0における対称性に対して交叉積系列 $z_t=e_{t+1,t}\,e_{t+2,t+1}$ を分析することを示唆している．これらに対する明白な検定は符号付順位検定 $W_D=\sum_{t=1}^{T}I_+(z_t)\mathrm{Rank}(|z_t|)$ である．たとえ，$e_{t+1,t}$ の系列が独立だとしても z_t の系列は独立ではなくなり，(z_t に適用された) 符号付順位検定の妥当性に必要な条件に明らかに反してしまうことに注意されたい．したがって，Dufourの貢献の重要な点は，系列相関が重要な結果をもたらさず，W_D の分布が W の分布と同じであることを示していることである．

8.1.1.3 k 期先の最適予測誤差はせいぜい MA$(k-1)$ である

Cumby and Huizinga (1992)は $k-1$ より大きな次数の系列的従属性に対する有用な漸近検定を展開している．$k-1$ より大きなラグで，少なくとも1つの自己相関が0でないという対立仮説に対して，帰無仮説は，$e_{t+k,t}$ が MA$(q)$$(0\le q\le k-1)$ に従う．帰無仮説のもと，$e_{t+k,t}$ の標本自己相関 $\hat{\rho}=[\hat{\rho}_{q+1},\cdots,\hat{\rho}_{q+s}]$ は，漸近的に $\sqrt{T}\hat{\rho}\sim N(0,V)$ 分布に従う[2)]．したがって，

$$C=T\hat{\rho}'\hat{V}^{-1}\hat{\rho}$$

は帰無仮説のもとで χ_s^2 として漸近的に分布する．ここで，$\hat{V}$ は V の一致推定量である．

Dufour (1981) の分布によらないノンパラメトリック検定は $k-1$ より大きな次数の系列的な従属性に対する有限標本境界検定を与えるように再び調整されるかもしれない．前と同様に，予測誤差を k 個の系列に分離する．それぞれは $k-1$ 従属という

2 s は利用者によって選択されたカット・オフ・ラグである．

帰無仮説のもとで系列的に独立である．そして，各系列に対して，$z_{k,t}=e_{t+k,t}e_{t+2k,t+k}$ を計算し，もし少くとも1つの部分集合検定統計量が α/k の水準で棄却されるなら，α を上限とする有意水準で棄却される．

8.1.1.4　k 期先の最適予測誤差の分散は k に関して非減少である

k 期先予測誤差の分散 $\sigma_k^2=\mathrm{Var}(e_{t+k,t})=\sigma^2(\sum_{i=1}^{k-1}b_i^2)$ は k に関して非減少である．したがって，条件が満たされているか確認するためにも，また，予測誤差分散が k とともに大きくなるパターンを見るためにも，k の関数として k 期先予測誤差の分散を単に分析することはしばしば有効である．これはしばしば有効な情報をもたらす[3]．時間区間に対する標本分散の従属性の考慮に注意を払っている限りは，形式的な推測が行われるかもしれない．

8.1.2　情報集合に関する最適性を評価する

(これまでまとめられたものを含め) 他のすべての性質も導く最適予測誤差の主要な性質は，予測がなされた時点で利用可能な情報に基づく限り予測は不可能であるということである．これは，線形射影最適性や条件付平均最適性に興味あるものかどうか，適切な損失関数が2次であるかどうか，予測値の系列が定常であるかどうかに関係なく成立する．

Brown and Maital (1981) に従い，部分的な最適性と完全な最適性を分離することが有用である．部分的な最適性は，利用可能な情報 Ω_t 全体ではなくそのある部分集合に関する予測誤差の予測不可能性を指している．たとえば，部分的な最適性は，ある予測値がそれを構成するのに使った情報に関して最適であるような状況を特徴付ける．しかし，ここで使われた情報は使うことのできたすべての情報ではない．したがって，一連の競合する予測値のおのおのは，もしそれ自身の情報集合に関して最適であるなら，部分的最適性をもつ．

部分的な最適性は $e_{t+k,t}=\alpha' x_t+u_t$ のような形をした回帰によって検定される．ここで，$x_t\subset\Omega_t$ である．$\hat{y}_{t+k,t}$ に関して部分的な最適性を検証する特殊なケースは，Mincer and Zarnowitz (1969) のように，かなりの注目を浴びてきた．関連した回帰は，$e_{t+k,t}=\alpha_0+\alpha_1\hat{y}_{t+k,t}+u_t$，あるいは，$y_{t+k}=\beta_0+\beta_1\hat{y}_{t+k,t}+u_t$ である．ここで，部分的な最適性は $(\alpha_0,\alpha_1)=(0,0)$，あるいは，$(\beta_0,\beta_1)=(0,1)$ に対応する[4]．さまざまな種類の非線形性を考慮した回帰へ拡張することもできる．たとえば，Ramsey (1969) に従い，回帰 $e_{t+k,t}=\sum_{j=0}^{J}\alpha_j\hat{y}_{t+k,t}^{j}+u_t$ のすべての係数が0であるのか検定することもできる．

これに対して，完全な最適性は，予測誤差がその予測がつくられたときに利用可能

3　このアイデアの非定常長期記憶環境への拡張は Diebold and Lindner (1995) において展開されている．

4　このような回帰において，誤差項は1期先予測に対してホワイトノイズであるはずである．しかし，複数期先の予測に対しては系列的に相関しているであろう．

なすべての情報（すなわち Ω_t 全体）に基づき予測できないことを要求する．概念的には，完全な合理性は $e_{t+k,t}=\alpha' x_t+u_t$ の回帰を通して検定できる．もしすべての $x_t \subseteq \Omega_t$ に対して $\alpha=0$ であるなら，予測値は完全に最適である．実践において，完全な最適性を検定することはできず，増加する情報集合に関して部分的な最適性のみ検定することしかできない．

分布によらないノンパラメトリック手法は，さまざまな情報集合に関して最適性を検定するのにも使われる．Campbell and Dufour (1991, 1995) によって提案されたように，最適性に対する符号検定や符号付順位検定は，予測誤差と利用可能な情報の間の直交性を検定するのにすみやかに適用される．たとえば，もし $e_{t+1,t}$ が $x_t \in \Omega_t$ と線形射影独立であるなら，$\mathrm{Cov}(e_{t+1,t}, x_t)=0$ である．このように，対称的なケースにおいて，$\mathrm{E}[z_t]=\mathrm{E}[e_{t+1,t}\, x_t]=0$ であるかどうかに対して符号付順位検定を使うこともできる．より一般的には，$\mathrm{median}(z_t)=\mathrm{median}(e_{t+1,t}\, x_t)=0$ であるかどうかに対して符号検定を使うこともできる[5]．適切な符号検定や符号付順位検定の統計量は，$S_{\perp}=\sum_{t=1}^{T} I_+(z_t)$ や $W_{\perp}=\sum_{t=1}^{T} I_+(z_t)\mathrm{Rank}(|z_t|)$ である．さらに，情報集合の要素の非線形変換を考慮することもできる．これは，$z_t=e_{t+1,t}g(x_t)$ とすることによって，単純な線形射影独立性に対立するものとしての条件付平均を評価するのに役に立つ．ここで，$g(\cdot)$ は興味の対象となる非線形関数である．最後に，検定は前に述べたような k 期先予測誤差を考慮するために一般化される．単純に，$z_t=e_{t+k,t}g(x_t)$ とし，以前と同様にして k 個の部分集合へ z_t の系列を分ける，そして，もし検定統計量の任意の部分集合が α/k の水準で有意であるなら，α を上限とする有意水準で直交性の帰無仮説を棄却する[6]．

8.2 複数の予測の精度を比較する

8.2.1 予測精度の測定

実務において，完全に最適な予測値に遭遇するなどということはほとんどありえない．その代わり，数多くの（すべて部分的に最適な）予測値が比較され，可能であれば結合するような状況がしばしば起きる．予測精度を測定する際の重要な要素は損失関数である．損失関数は $L(y_{t+k}, \hat{y}_{t+k,t})$ と表されるが，しばしば，$L(e_{t+k,t})$ に限定される．これは予測値と実現値のさまざまな組合せに関連した「損失」「費用」「不効

5 再び，z_t への符号検定や符号付順位検定の適用に対して要求される条件が満たされているということは明らかでない．しかし，それらは満たしている．詳細は Campbell and Dufour (1995) を参照せよ．

6 私たちの議論は，$e_{t+1,t}$ と $g(x_t)$ の両方が 0 を中心にしていることを暗黙に仮定している．もし予測値が不偏であるなら，これは $e_{t+1,t}$ に対して成立する．しかし，$g(x_t)$ に対して成立すべき理由は存在しない．このように，一般には検定は $g(x_t)-\mu_t$ に基づいている．ここで，μ_t は $g(x_t)$ の平均，中央値，あるいは，トレンドのような中心化パラメータである．詳細は Campbell and Dufour (1995) を参照せよ．

用」を図示する．損失関数の形状に加えて，予測期間 (k) も非常に重要である．予測精度のランキングは，異なる損失関数間や異なる予測期間の間でかなり違ってくる．この結果，さまざまな「普遍的に適応可能な」尺度の精度が議論される．たとえば，Clements and Hendry (1993) は，予測ランキングが特定の変換に対して不変でありうるような精度尺度について議論をしている．

しかし，結局のところ，適切な損失関数はそれがどのように使われるかということに依存する．多くの研究者とともに Diebold (1993) が強調しているように，予測は，通常，官吏による政策決定や市場参加者による取引決定など，特定の意思決定環境の下で利用される．したがって，適切な精度尺度は，予測値の利用者が直面する損失関数から生じる．たとえば，エコノミストは，さまざまな予測結果から生じる利益（たとえば，Leitch and Tanner (1991, 1995), Engle *et al.* (1993)）や効用（たとえば，McCulloch and Rossi (1990), West, Edison and Cho (1993)）に興味がある．

にもかかわらず，いくつかの様式化された統計的損失関数について議論する．なぜならそれらは広く使われ，一般的なベンチマークとして扱われているからである．精度尺度は，通常，予測誤差 $e_{t+k,t}=y_{t+k}-\hat{y}_{t+k,t}$，あるいは，パーセント誤差 $p_{t+k,t}=(y_{t+k}-\hat{y}_{t+k,t})/y_{t+k}$ として定義されている．たとえば，平均誤差 $\mathrm{ME}=(1/T)\sum_{t=1}^{T}e_{t+k,t}$ と平均パーセント誤差 $\mathrm{MPE}=(1/T)\sum_{t=1}^{T}p_{t+k,t}$ は偏りの尺度を提供する．これは精度を表す 1 つの要素である．

これまでにもっともよく用いられている全体的な精度尺度は平均 2 乗誤差 $\mathrm{MSE}=(1/T)\sum_{t=1}^{T}e_{t+k,t}^2$，あるいは，平均 2 乗パーセント誤差 $\mathrm{MSPE}=(1/T)\sum_{t=1}^{T}p_{t+k,t}^2$ である．しばしば，単位をそのままにするためにこれらの尺度の平方根が用いられる．すなわち，平方根平均 2 乗誤差 $\mathrm{RMSE}=\sqrt{(1/T)\sum_{t=1}^{T}e_{t+k,t}^2}$ や，平方根平均 2 乗パーセント誤差 $\mathrm{RMSPE}=\sqrt{(1/T)\sum_{t=1}^{T}p_{t+k,t}^2}$ である．やや一般性は劣るが，それでもよく使われる精度尺度が，平均絶対誤差 $\mathrm{MAE}=(1/T)\sum_{t=1}^{T}|e_{t+k,t}|$ と平均絶対パーセント誤差 $\mathrm{MAPE}=(1/T)\sum_{t=1}^{T}|p_{t+k,t}|$ である．

MSE は，予測誤差の分散と 2 乗偏差の和への有益な分解

$$\begin{aligned}\mathrm{MSE}&=\mathrm{E}[(y_{t+k}-\hat{y}_{t+k,t})^2]\\&=\mathrm{Var}(y_{t+k}-\hat{y}_{t+k,t})+(\mathrm{E}[y_{t+k}]-\mathrm{E}[\hat{y}_{t+k,t}])^2\end{aligned}$$

あるいは，同値な表現であるが，

$$\mathrm{MSE}=\mathrm{Var}(y_{t+k})+\mathrm{Var}(\hat{y}_{t+k,t})-2\mathrm{Cov}(y_{t+k},\hat{y}_{t+k,t})+(\mathrm{E}[y_{t+k}]-\mathrm{E}[\hat{y}_{t+k,t}])^2$$

となる．この結果は，MSE が実現値と予測値の系列の同時分布の 2 次モーメント構造にのみ依存していることを明らかにする．このように，Murphy and Winkler (1987, 1992) に述べられているように，MSE は y_{t+k} と $\hat{y}_{t+k,t}$ の同時分布に対する有用な要約統計量であるとはいえ，一般には，実際の同時分布自身よりかなり少ない情報しか与えていない．それゆえに，同時分布の別の側面を強調している別の統計量も同じように有用である．もちろん，結局のところ，同時分布の推定に直接焦点を当て

ることもできる．これは，もし標本の大きさが相対的に正確な推定を認めるのに十分な大きさであるなら可能である．

8.2.2 予測能力を測定する

予測精度を評価することは自然であり有益である．しかし，たいへんよい予測値に対してでさえ，実現値と予測値が似ていないこともありうる．極端な例を挙げると，平均0のホワイトノイズ過程に対する線形最小2乗予測が単に0である，すなわち，予測値と実現値のパスがまったく違って見え，さらに，2次損失のもとでよりよい線形予測は存在しない．この例は，予測可能性に内在する限界を明らかにしている．予測可能性は，予測しようとしている過程に依存する．予測の容易な過程もあれば，困難なものもある．言い換えると，予測者が最適に条件付ける情報は，時によってはたいへん価値があり，時によってはそうではない．

予測可能性をどのように測るかという問題がすぐに生じるる．Granger and Newbold (1976) は，線形回帰のよく知られた R^2

$$G=\frac{\mathrm{Var}(\hat{y}_{t+1,t})}{\mathrm{Var}(y_{t+1})}=1-\frac{\mathrm{Var}(e_{t+1,t})}{\mathrm{Var}(y_{t+1})}$$

を模倣した2乗誤差損失のもとでの共分散定常系列に対して予測可能性の自然な定義を提案している．ここで，予測値と予測誤差は両方とも最適(つまり，線形最小2乗，あるいは，条件付平均)予測を指している．

この項を終えるに当たって，私たちは，たとえ予測可能性の尺度が有用な要素であるとしても，それらは過程の母集団特性と最適予測によって導かれたということに注意する．そのため，それらは最適なものからは程遠いかもしれない．実際に報告された予測値の「よさ (goodness)」を評価する手助けにはならない．たとえば，もし $\hat{y}_{t+1,t}$ の分散が共分散定常系列 y_{t+1} の分散よりたいして小さくないならば，その予測値は劣っているか，系列が本質的にほとんど予測できないのか，あるいは，その両方である．

8.2.3 予測精度の統計的比較[7)]

損失関数がいったん決まると，しばしば競合する予測値のうちどれがもっとも小さな期待損失をもつのか知ることに興味がわく．もちろん，予測値は，標本期間に対する平均損失に従い順位付けされるが，そのような平均損失の標本変動性の尺度も必要である．あるいはその代わりに予測値 i と j の期待損失の差が，0である(つまり，$\mathrm{E}[L(y_{t+k},\hat{y}^i_{t+k,t})]=\mathrm{E}[L(y_{t+k},\hat{y}^j_{t+k,t})]$) という仮説を一方の予測が勝っているという対立仮説に対して，検定できることを望むかもしれない．

Stekler (1987) は，一連の予測値のおのおのが等しい期待損失をもつという仮説に対する順位に基づいた検定を提案している[8)]．N 個の競合する予測値が与えられたな

[7] この節はかなりの部分で Diebold and Mariano (1995) を参考にしている．

ら，各時点の予測値にその精度に従い順位を割り当てる（もっともよい予測値は順位 N が与えられ，次によいものに順位 $N-1$ が与えられる．以下同じ）．そして，各予測値に対する期間ごとの順位を総計する．

$$H^i=\sum_{t=1}^{T}\mathrm{Rank}(L(y_{t+k},\ \hat{y}^i_{t+k,t}))$$

ここで，$i=1,\cdots,N$ である．そして，χ^2 適合度検定統計量

$$H=\sum_{i=1}^{N}\frac{(H^i-NT/2)^2}{NT/2}$$

を構成する．帰無仮説のもとで，$H\sim\chi^2_{N-1}$ である．ここで記述したように，検定は順位付けが空間と時間に対して独立であることを要求している．しかし，もし順位付けが時間的に $(k-1)$ 従属であるなら，ボンフェロニの限界検定に沿った簡単な修正が行われる．さらに，厳密な検定は，Fisher のランダム化原則を利用することによってなされる[9]．

Stekler の順位に基づく方法の限界の1つは，予測値に対する期待損失の差の大きさに関する情報が破棄されているということである．多くの応用事例で，だれもが期待損失の差が0から（あるいは，比が1から）離れているのかどうかだけでなく，どのくらい違っているのかを知りたい．実際上，だれもが標本平均損失格差の（あるいは，個々の標本平均損失の）標本分布を知りたい．これは，直接情報を与えているのに加えて，期待損失格差が0であるという仮説に対してワルド検定を可能にする．Granger and Newbold (1986) や Meese and Rogoff (1988) による初期の研究に基づいて，Diebold and Mariano (1995) は，非ゼロ平均，非ガウス，系列相関，同時点での相関をもつような予測誤差を考慮したゼロ期待損失格差に対する検定を導出している．

一般に，損失関数は $L(y_{t+k},\ \hat{y}^i_{t+k,t})$ で表される．多くの応用において，損失関数は予測誤差の直接的な関数 $L(y_{t+k},\ \hat{y}^i_{t+k,t})=L(e^i_{t+k,t})$ であるので，（変化の方向のような）ある種の損失関数は $L(e^i_{t+k,t})$ の形に帰着できないことは認めるが，記号の節約のために以降は $L(e^i_{t+k,t})$ と記述する[10]．2つの予測値が等しい予測精度をもつという帰無仮説は $\mathrm{E}[L(e^i_{t+k,t})]=\mathrm{E}[L(e^j_{t+k,t})]$，すなわち，$\mathrm{E}[d_t]=0$ である．ここで，$d_t=L(e^i_{t+k,t})-L(e^j_{t+k,t})$ は損失格差である．

もし d_t が共分散定常で短期記憶系列であるなら，標準的な結果から標本平均損失格差の漸近分布は

$$\sqrt{T}(\bar{d}-\mu)\overset{a}{\sim}N(0,2\pi f_d(0))$$

と導出される．ここで，$\bar{d}=(1/T)\sum_{t=1}^{T}[L(e^i_{t+k,t})-L(e^j_{t+k,t})]$ は標本平均損失格差，$f_d(0)=(1/2\pi)\sum_{\tau=-\infty}^{\infty}\gamma_d(\tau)$ は周波数0における損失関数のスペクトル密度，$\gamma_d(\tau)=\mathrm{E}[(d_t-\mu)(d_{t-\tau}-\mu)]$ は次数が τ の損失格差の自己共分散，μ は母集団平均損失格差

8　Stekler は RMSE を使っている．しかし，別の損失関数も考えられる．

9　たとえば，Bradley (1968) の第4章を参照のこと．

10　変化の方向のようなケースにおいては，$L(y_{t+k},\ \hat{y}^i_{t+k,t})$ という形が使われるべきである．

である．$f_d(0)$ の式は，自己共分散項の累積により，たとえ損失格差が弱い系列相関であったとしても，系列相関に対する修正が相当大きくなりうることを示している．大標本において，等しい予測精度の帰無仮説を検定する明白な統計量は，標準化された標本平均損失格差

$$B=\frac{\bar{d}}{\sqrt{2\pi\hat{f}_d(0)/T}}$$

である．ここで，$\hat{f}_d(0)$ は $f_d(0)$ の一致推定量である．

漸近的な検定を補完するために予測精度の精密な有限標本検定を利用できることは有用である．通常のように，符号検定や符号付順位検定の変形版が適用できる．符号検定を使うとき，帰無仮説は損失格差の中央値が 0 である，すなわち，$\mathrm{median}(L(e^i_{t+k,t})-L(e^j_{t+k,t}))=0$ というものである．損失の差の中央値が 0 という帰無仮説は損失の中央値の差が 0 という帰無仮説とは同じでないことに注意されたい．すなわち，$\mathrm{median}(L(e^i_{t+k,t})-L(e^j_{t+k,t}))\neq\mathrm{median}(L(e^i_{t+k,t}))-\mathrm{median}(L(e^j_{t+k,t}))$．この理由で，帰無仮説は漸近 Diebold-Mariano 検定に関連した検定とはいささか趣を異にする．にもかかわらず，$P(L(e^i_{t+k,t})>L(e^j_{t+k,t}))=P(L(e^i_{t+k,t})<L(e^j_{t+k,t}))$ というのは直観的で意味のある解釈をもつ．

ウィルコクソン符号付順位検定を使うとき，帰無仮説は損失格差系列がゼロ中央値(ゆえに平均)で対称であるというものである．これは，漸近的 Diebold-Mariano 検定の帰無仮説に正確に対応している．たとえば，もし $L(e^i_{t+k,t})$ と $L(e^j_{t+k,t})$ の分布が位置の移動に関してまで等しいなら，損失格差の対称性は得られる．対称性は結局のところ実証上の問題であり，標準的な方法で評価される．

分布によらないノンパラメトリック検定統計量の構築と直観は自明である．符号検定統計量は $S_B=\sum_{t=1}^{T}I_+(d_t)$ であり，符号付順位検定統計量は

$$W_B=\sum_{t=1}^{T}I_+(d_t)\mathrm{Rank}(|d_t|)$$

である．系列相関は，前に述べたボンフェロニ限界によって扱われる．多段階予測比較において，予測誤差の系列相関は，Engle and Kozicki (1993) の用語でいう「ありふれた特徴」であることに注意することは興味深い．なぜなら，予測誤差の系列相関は，予測期間がデータのサンプリング期間より長いという事実によっておおいに誘発されるからである．それゆえ，それが，たとえ予測誤差自身に現れたとしても，損失格差には現れないかもしれない．もちろん，この可能性は実証的に確認される．

West (1994) の方法は Diebold and Mariano のアプローチにおおいに関係してはいるが，異なったアプローチを取っている．大きな違いは，West が，予測値は推定された回帰モデルから計算されると仮定し，この枠組の中でパラメータの不確実性の効果を明示的に説明している点である．推定の標本が小さいとき，検定は異なった結果を導きうる．しかし，推定期間が予測期間に比べて長くなるにつれて，パラメータの不確実性の影響は消えていく．そして，Diebold-Mariano と West 統計量は一致する．

West アプローチは，Diebold–Mariano アプローチより一般的でもあり，そうでもない．West のアプローチはパラメータ推定を更新することによって引き起こされる非定常性を修正するという点においてより一般的である．他方，この方法はこれらの修正が，予測の根底にあるしばしば未知で，あるいは完全には知らないモデルについての仮定を必要としない枠組みをもつ Diebold–Mariano より融通のきかない枠組みの中で行われるという点で一般的でない．

この節を終わるに当たり，私たちは，ある予測の精度を「ナイーブな」競争相手に対して比較することはときどき有益であることに注目する．このような比較の簡単で一般的な方法は Theil (1961) の U 統計量である．これは，与えられた予測に対する 1 期先 MSE とランダムウォーク予測 $\hat{y}_{t+1,t}=y_t$ の MSE の比，すなわち，

$$U=\frac{\sum_{t=1}^{T}(y_{t+1}-\hat{y}_{t+1,t})^2}{\sum_{t=1}^{T}(y_{t+1}-y_t)^2}$$

で表される．別の損失関数や別の期間への一般化は容易である．U 統計量のもとになる MSE の比較の統計的な有意性は，今説明した方法で確かめられる．もちろん，経済やファイナンスの変数に対してはとくに，必ずしもランダムウォークがナイーブな競争相手であるわけではないことを忘れてはいけない．そのため，1 に近い U 統計量の値は必ずしも「悪い」わけではない．Armstrong and Fildes (1995) を含む多くの研究者は，さまざまな予測方法の精度を比較するのに U 統計量やこれによく似た統計量の利用を唱えている．

8.3 予測値の結合

予測精度の比較において，ある特定の損失関数に関して，どの予測がもっともよいのかを問題にすることがある．しかし，問題となるのは，ある予測が「もっともよいのか」どうかでなく，オリジナルを予測のすべてにまさる合成予測を生み出すために，ちょうど資産ポートフォリオを生成するのと同じように，競合する予測が効果的に結合されるのかどうかである．このように，結合予測 (combining forecasts) の問題は，予測精度の比較と明らかに関係しているとはいえ，論理的に異なっており，それ自体で興味をひく．

8.3.1 予測包含検証

予測包含検証 (forecasting encompassing tests) は，ある予測値が，競合する予測値に含まれている適切な情報をすべて含んでいる (すなわち，包含している) のかどうか検証することを可能にする．アイデアは少なくとも Nelson (1972) と Cooper and Nelson (1975) までさかのぼり，Chong and Hendry (1986) によって定式化され，拡張された．簡略化のため，2 つの予測値が $(\hat{y}^1_{t+k,t}, \hat{y}^2_{t+k,t})$ のケースに焦点を当てる．

次の回帰を考える．

$$y_{t+k}=\beta_0+\beta_1\hat{y}^1_{t+k,t}+\beta_2\hat{y}^2_{t+k,t}+\varepsilon_{t+k,t}$$

もし $(\beta_0, \beta_1, \beta_2)=(0, 1, 0)$ なら，モデル1の予測値がモデル2のそれを包含しているという．もし $(\beta_0, \beta_1, \beta_2)=(0, 0, 1)$ なら，モデル2の予測値がモデル1のそれを包含しているという．その他の $(\beta_0, \beta_1, \beta_2)$ の値に対して，どちらのモデルももう一方を包含しない．すなわち，両方の予測値が y_{t+k} に関する有益な情報を含んでいる．ある条件のもと，包含に関する仮説は標準的な方法を使って検証される[11]．さらに，予測の文献に現れていないとはいえ，先に述べたような分布によらない検定の簡単な一般化を使い，仮説の精密な有限標本検定(すなわち，$k>1$ のときの限界検定)を開発することは容易であろう．

Fair and Shiller (1989, 1990) は，上の回帰式とは異なるが関連する回帰式

$$(y_{t+k}-y_t)=\beta_0+\beta_1(\hat{y}^1_{t+k,t}-y_t)+\beta_2(\hat{y}^2_{t+k,t}-y_t)+\varepsilon_{t+k,t}$$

を採用している．前のように，予測包含は係数 $(0, 1, 0)$ か係数 $(0, 0, 1)$ に対応する．予測包含の帰無仮説のもと，Chong-Hendry と Fair-Shiller 回帰は同じである．しかし，予測する変数が和分しているとき，Fair-Shiller の方法がより使いやすいことがわかるかもしれない．なぜなら，変化の項を用いて特定化を行っているため正規漸近分布理論の利用が容易になるからである．

8.3.2 予測値結合

あるモデルの予測値が別のモデルの予測値を包含していないということは，分析されるモデルのすべてが誤って特定化されたことを示唆する．このような状況は実務においてよくあることで驚くべきことではない．なぜなら，すべての予測モデルは疑いなく誤って特定化されているからである．すなわち，すべての予測は非常に複雑な現実の意図的な抽象化である．とするならば，予測値結合手法の役割とは何であるのであろうか．情報集合が瞬時にそしてコストなしに結合できる世界においては予測は何の役割も果たさない．すなわち，予測値より情報集合を結合することが常に最適である．長期的には，情報集合の結合はモデル特定化を改良することである場合には達成されるかもしれない．しかし，短期的にみると，すなわち，とくに，期限があり，適宜予測値を算出しなければならないとき，情報集合の蓄積は困難であり，かつ桁外れに費用がかかる．この簡単な洞察は，情報集合の結合が不可能であると想定されたことにより，モデルよりむしろ予測値が分析の基本的な目的である場合，予測値の結合という実用的なアイデアに至る．このように，予測値の結合は，短期間の即時予測値算出プロセスと長期間のモデル開発の進行中のプロセスの間の重要な連結として捉えられる．

多くの予測結合方法が提案され，それらは大きく「分散-共分散」法と「回帰」法の

---

11 MA$(k-1)$ の系列相関は，もし $k>1$ であるなら，通常は $\varepsilon_{t+k,t}$ に現れる．

2つのグループに分けられる．まず初めに，Bates and Granger (1969) による分散-共分散法を考える．2つの不偏予測値から次のように合成予測値を形成すると仮定する[12]．

$$\hat{y}^{c}_{t+k,t}=\omega\hat{y}^{1}_{t+k,t}+(1-\omega)\hat{y}^{2}_{t+k,t}$$

ウエイトの合計は1であるので，合成予測は必然的に不偏である．さらに，結合された予測誤差は，結合された予測値と同じ関係を満足する．すなわち，

$$e^{c}_{t+k,t}=\omega e^{1}_{t+k,t}+(1-\omega)e^{2}_{t+k,t}$$

である．分散は $\sigma_c^2=\omega^2\sigma_{11}^2+(1-\omega)^2\sigma_{22}^2+2\omega(1-\omega)\sigma_{12}$ であり，ここで，σ_{11}^2 と σ_{22}^2 は無条件の予測誤差分散，σ_{12} はそれらの共分散である．結合予測誤差の分散（したがって，不偏性により結合予測誤差の MSE）を最小にする結合ウエイトは，

$$\omega^*=\frac{\sigma_{22}^2-\sigma_{12}}{\sigma_{22}^2+\sigma_{11}^2-2\sigma_{12}}$$

である．最適ウエイトは元となる分散と共分散によって決められていることに注意する．さらに，ある予測がもう一方を包含しているケースを除いて，最適合成からの予測誤差分散は $\min(\sigma_{11}^2, \sigma_{22}^2)$ より小さいことは容易に示される．このように，母集団で考えると，予測値を結合することで何も失うことがない一方で，潜在的に多くの利益を得る．

実際には，最適結合ウエイトの基礎となる未知の分散-共分散を一致推定量で置き換える．つまり，σ_{ij} を $\hat{\sigma}_{ij}=(1/T)\sum_{t=1}^{T}e^{i}_{t+k,t}e^{j}_{t+k,t}$ で置き換えることによって，

$$\hat{\omega}^*=\frac{\hat{\sigma}_{22}^2-\hat{\sigma}_{12}}{\hat{\sigma}_{22}^2+\hat{\sigma}_{11}^2-2\hat{\sigma}_{12}}$$

が得られる．通常，利用可能な大きさの有限標本において，標本誤差は結合ウエイトの推定に悪影響を及ぼす．そして，標本誤差問題は，主な予測値の中によく現れる共線性によって悪化する．このように，予測結合によって標本外の予測 MSE を減らそうとするが，そうなる保証はない．しかし，予測結合に関する膨大な文献をまとめた Clemen (1989) に示されているように，実務においては，予測結合の方法がしばしばうまくいくということがわかっている．

ここで，予測値結合の「回帰法」を考える．Chong-Hendry と Fair-Shiller の包含回帰は，単に実現値を予測値に回帰することによって，直接的に予測の結合を示唆している．Granger and Ramanathan (1984) は，最適な分散-共分散結合ウエイトベクトルが，ウエイトの和が1，切片を含まない，といった2つの制約のもと，y_{t+k} の予測値上への線形射影の係数ベクトルとして回帰法の解釈をもつことを示している．もちろん，実務では，利用可能なデータへの回帰をただ単に実行するだけである．

一般に，回帰法は簡単で柔軟である．どんな「回帰の道具」も潜在的に適用可能であるので，多様性と拡張が存在する．重要なのは，しっかりとした動機付けをもって

---

12 Newbold and Granger (1974) に示されているように，$M>2$ 個の競合する不偏予測値のケースへの一般化は容易である．

一般化されたものを使うということである．次に，時間とともに変化する結合ウエイト，ダイナミック結合回帰，同一の値に向かう結合ウエイトのベイズ収縮，非線形結合回帰という4つの問題を取り上げる．

8.3.2.1　時間とともに変化する結合ウエイト

可変結合ウエイトは，Granger and Newbold (1973) により分散-共分散法の枠組の中で，また，Diebold and Pauly (1987) により回帰法の枠組の中で提案された．たとえば，回帰法において，結合回帰のウエイト付推定やローリング (rolling) 推定を利用するであろうし，また，明示的に時変的なパラメータをもった結合回帰式を推定するであろう．

可変ウエイトが潜在的に望ましいということには多くのよりどころがある．まず第1に，学習のスピードが異なることにより，時間が経つにつれてある特定の予測が他のものに比べてより向上するかもしれない．このような状況において，当然のことであるがだれもが改良していく予測により重いウエイトをかけたくなる．第2に，さまざまな予測モデルの設計は，別の状況に比べある状況において，それらをよりよい予測ツールとする．たとえば，高度に開発された賃金-物価セクターをもつ構造的モデルは，高いインフレ時において単純なモデルよりはるかに高いパフォーマンスを示す．このような場合，より洗練されたモデルにより高いウエイトを与えるべきである．第3に主体者の意思決定ルールのパラメータが時間とともに変化するかもしれず，ある種の予測技術はこのような変化に対して相対的に弱みをもつ．

8.3.2.2　ダイナミック結合回帰

系列相関している誤差が結合回帰に当然現れる．Diebold (1988) は共分散定常のケースを考え，$\beta_1+\beta_2\neq1$ のとき，制約のない回帰に基づく予測結合回帰に系列相関が現れやすいことを主張している．一般的には，さまざまな予測値によって捉えられない被予測変数の何らかのダイナミックスを捉えるために，結合回帰における系列相関を考慮することはよい考えである．その点，Hendry and Mizon (1978) に従い，Coulson and Robins (1993) は，系列相関している誤差項をもつ結合回帰は，彼らが擁護しているラグ付きの従属変数とラグ付予測値を含む，結合回帰の特別なケースであることを指摘している．

8.3.2.3　同一の値に向かう結合ウエイトのベイズ収縮

予測値の単純な算術平均は，「最適な」合成に比べても，しばしば非常によいパフォーマンスを上げることが知られている[13]．同一ウエイトの制約を課すことは，バイアスを含んでしまうというコストは伴うが，ウエイトを推定することから生ずる変動性を排除することは明らかである．しかし，2次損失関数のもとで，ウエイトを同一にするという制約の利益がしばしばこのコストを超えることを示唆する証拠がある．このことを心にとめ，Clemen and Winkler (1986) と Diebold and Pauly (1990)

---

[13] Winkler and Makridakis (1983)，Clemen (1989)，その中にある多くの参考文献を参照のこと．

は，結合ウエイトの推定において，さまざまな度合の事前情報を組み入れるためにベイズ収縮テクニックを提案している．そのとき，最小 2 乗ウエイトと事前ウエイトは事後平均結合ウエイトに対する正反対のケースとして現れる．実際の事後平均結合ウエイトは，2 つの正反対のケースに対するウエイトの行列加重平均である．たとえば，自然共役正規-ガンマ事前情報を使うと，事後平均結合ウエイトベクトルは，

$$\boldsymbol{\beta}^{\text{posterior}}=(\boldsymbol{Q}+\boldsymbol{F}'\boldsymbol{F})^{-1}(\boldsymbol{Q}\boldsymbol{\beta}^{\text{prior}}+\boldsymbol{F}'\boldsymbol{F}\hat{\boldsymbol{\beta}})$$

となる．ここで，$\boldsymbol{\beta}^{\text{prior}}$ は事前平均ベクトル，$\boldsymbol{Q}$ は事前精度行列，F は結合回帰に対するデザイン行列，$\hat{\boldsymbol{\beta}}$ は最小 2 乗結合ウエイトのベクトルを表す．明白な収縮方向は，中心的傾向を示す尺度(たとえば，算術平均など)へと向かうものである．このようにして，結合ウエイトは算術平均方向へ動くが，データは何かを依然として語っている．

8.3.2.4 非線形結合回帰

もちろん，結合回帰が線形であるように強いる理由はなく，さまざまな代替案が考慮される．とくに興味深い可能性が，Deutsch, Granger and Teräsvirta (1994) によって提案された．彼らのモデルは，

$$\hat{y}^{c}_{t+k,t}=I(s_t=1)(\beta_{11}\hat{y}^{1}_{t+k,t}+\beta_{12}\hat{y}^{2}_{t+k,t})+I(s_t=2)(\beta_{21}\hat{y}^{1}_{t+k,t}+\beta_{22}\hat{y}^{2}_{t+k,t})$$

である．結合ウエイトの決定は，1 つあるいは両方のモデルの過去の予測誤差やさまざまな経済変数に依存する．さらに，インディケータ加重は単純にバイナリー変数である必要はない．すなわち，ウエイトが予測誤差や経済変数の関数であることを許容することによって，状態間の移動を緩やかにすることができる．

8.4 経済・金融予測を評価することについての特別な話題

8.4.1 変化の方向予測を評価する

変化の方向予測が，しばしば金融や経済の意思決定で利用される(たとえば，Leitch and Tanner (1991, 1995), Satchell and Timmermann (1992))．このような予測値をどのように評価するのかについて質問がただちにある．初めに述べた予測精度の比較に対する検定は，適切に修正されれば，依然有効である．したがって，ここでそれらについて再度述べることはしない．代わりに，人びとが変化の方向予測について「価値をもつ」かどうかについて評価し，議論する．

変化の方向予測が価値をもつのかどうかについては，必然的にナイーブなベンチマークとの比較を含む．すなわち，変化の方向予測は(適切な周辺確率に等しい成功確率をもつ)「ナイーブな」コイン投げと比較される．2×2 の分割表を考えてみよう．記号を簡略化するため，予測値と実現値は“i”と“j”という 2 つの状態をとることとする．通常，たとえば，i=“up”そして j=“down”である．表 8.1 と 8.2 は，観察されたセルの回数と観察されないセルの確率を与えている．変化の方向予測が価値を

表 8.1 観察されたセルの回数

	実際 i	実際 j	周辺
予測 i	O_{ii}	O_{ij}	$O_{i.}$
予測 j	O_{ji}	O_{jj}	$O_{j.}$
周辺	$O_{.i}$	$O_{.j}$	合計：O

表 8.2 観察されないセルの確率

	実際 i	実際 j	周辺
予測 i	P_{ii}	P_{ij}	$P_{i.}$
予測 j	P_{ji}	P_{jj}	$P_{j.}$
周辺	$P_{.i}$	$P_{.j}$	合計：1

もたないという帰無仮説は，予測値と実現値が独立であるということである．すなわち，$P_{ij}=P_{i.}P_{.j}, \forall i, j$. いつものように，帰無仮説のもとで話を進める．もちろん真のセルの確率はわからない．そのため，一致推定量 $\hat{P}_{i.}=O_{i.}/O$ と $\hat{P}_{.j}=O_{.j}/O$ を使い，帰無仮説のもとで期待セル回数を推定する．すなわち，$\hat{E}_{ij}=\hat{P}_{i.}\hat{P}_{.j}O=O_{i.}O_{.j}/O$ より，$E_{ij}=P_{i.}P_{.j}O$ となる．最後に，統計量 $C=\sum_{i,j=1}^{2}(O_{ij}-\hat{E}_{ij})^2/\hat{E}_{ij}$ を構成する．帰無仮説のもと，$C \xrightarrow{d} \chi_1{}^2$ である．

予測が価値をもつかどうかに関する検定は，Merton (1980) と Henriksson and Merton (1981) によって提案された．彼らは，もし $P_{ii}/P_{i.}+P_{jj}/P_{.j}>1$ であるなら，予測値は価値をもつと主張している．それゆえに，彼らは，不等式の対立仮説に対して $P_{ii}/P_{i.}+P_{jj}/P_{.j}=1$ という帰無仮説に対する精密な検定を展開している．その議論の程度は異なるが Schnader and Stekler (1990) や Stekler (1994) によって注目され，Pesaran and Timmermann (1992) によって形式化された重要な洞察は，もし周辺確率が観察された相対的な頻度 $O_{i.}/O$ と $O_{.j}/O$ に固定されるなら，Henriksson-Merton の帰無仮説は分割表の帰無仮説と同義である．同一の好ましくない仮定が，Henriksson-Merton 検定統計量の精密な有限標本分布を導くのに必要である．しかし，漸近的には，すべて問題なくなる．適切に正規化された Henriksson-Merton 統計量の 2 乗は，漸近的に χ^2 分割表統計量である C に等しくなる．さらに，2×2 分割表検定は，

$$C_N=\sum_{i,j=1}^{N}\frac{(O_{ij}-\hat{E}_{ij})^2}{\hat{E}_{ij}}$$

によって，$N\times N$ のケースに簡単に一般化される．帰無仮説のもと，$C_N \overset{a}{\sim} \chi^2_{(N-1)(N-1)}$ となる．しかし，Pesaran and Timmermann (1992) によって指摘されたように，微妙な問題が生じる．2×2 のケースにおいて，各行の 2 つの要素の和は 1 であるので，非対角要素は対角要素によって決定されるから，検定は表全体に対して行われる．一方，$N\times N$ のケースにおいては，どのセルが検証されるのかに関してより選択の範囲が広い．予測の評価の目的に対しては，対角要素のみに焦点を当てることは望ましいかもしれない．

この節を終えるに当たって，私たちは，(Theil の U 統計量に基づく検定がより標準的な状況でしばしば興味深いということと同じ理由で) 分割表テストは変化の方向を知る意味で興味深いものであるが，その意味で予測値の「価値」は，有意な超過収益率をもたらす有効な取引戦略に基づく予測値の価値に対する必要条件でも十分条件でもないことに言及しておく．たとえば，取引費用を考慮した後，周辺予測値に勝るが超過収益率を稼げないようなケースが挙げられる．また，Cumby and Modest (1987) によって強調されたように，周辺予測より劣っているが，もし「的中」が「大きい」なら，巨大な利益を稼ぐようなケースもある．

8.4.2 確率予測を評価する

しばしば，経済やファイナンスの予測は，景気循環の転換点が来年やってくる確率，ある企業が今年特定の債券の履行を行わない確率，S&P500 株式指数の収益率が今年 10%以上になる確率のように，確率として提供される．数多くの特別な考慮が確率予測の評価に当たって行われる．これからそれらに目を向けてみよう．$P_{t+k,t}$ を時刻 $t+k$ における事象に対する，時刻 t における確率予測値とする．もし事象が発生したら，$R_{t+k}=1$ とし，それ以外は 0 とする．もし可能な事象が 2 つだけであるなら，$P_{t+k,t}$ はスカラーである．一般に，もし N 個の可能な事象が存在するなら，P_{t+k} は $(N-1)\times 1$ ベクトルである[14]．議論を簡単にするために，私たちはスカラーの確率予測に焦点を当てる．

確率予測の正確性の尺度は一般に「スコア」と呼ばれる．もっとも一般なのが，Brier スコアとも呼ばれる Brier (1950) の 2 次確率スコア

$$\mathrm{QPS}=\frac{1}{T}\sum_{t=1}^{T}2(P_{t+k,t}-R_{t+k})^2$$

である．明らかに，QPS$\in[0,2]$ である．そして，それは負の方向 (より小さな値がより精度の高い予測値を示唆する) をもつ[15]．QPS を理解するために，いかなる予測値の精度もその予測を行うときの期待損失に関連していること，そして，典型的には損失が予測値と実現値の乖離に依存していることに気をつけよう．したがって，2 次損失関数のもとでの確率予測において，$P_{t+k,t}$ と R_{t+k} の間の平均 2 乗乖離を用いることは合理的であるようにみえる．それが QPS が実際行うことである．このように，QPS は大雑把にいって MSE に対応した確率予測である．

しかし，QPS は MSE に大雑把に対応しているだけである．なぜなら，$P_{t+k,t}$ は，実際，(0-1 となる) 結果の予測値ではなく，むしろそれに割り当てられた確率の予測値である．確率予測をもっと自然に，そして直接的に評価する方法は，ただ単に予測

14　N 番目の事象に割り当てられた確率予測値は，確率の和が 1 であるという制約によって暗黙のうちに決定される．

15　QPS 公式に現れる "2" は，フルベクトルのケースから人為的に出てきたものである．私たちは，もちろん，競合する予測値の QPS 順位付けに影響を与えることなく，それを落とすことができる．しかし，他の文献との比較可能性を持続するためにそれを残しておく．

された確率と観察された相対頻度の比較をすることである．すなわち，キャリブレーション (calibration) を評価することである．キャリブレーション全体の尺度は大域的な 2 乗偏り

$$\mathrm{GSB}=2(\bar{P}-\bar{R})^2$$

である．ここで，$\bar{P}=(1/T)\sum_{t=1}^{T}P_{t+k,t}$, $\bar{R}=(1/T)\sum_{t=1}^{T}R_{t+k}$ である．$\mathrm{GSB}\in[0,2]$ であり，負の方向をもつ．

キャリブレーションは，単位区間の任意の部分集合において局所的にも検証される．たとえば，0.6 と 0.7 の間の確率予測に対応する観察された相対的な頻度が 0.6 と 0.7 の間に入るかどうか検討するかもしれない．また，さらに進んで利用者の興味や状況の特性に従って選ばれた J 個の部分集合への単位区間の J 個の部分集合分割のすべてのセルに対して局所的なキャリブレーションの加重平均を形成するかもしれない[16)]．これは局所 2 乗偏り尺度

$$\mathrm{LSB}=\frac{1}{T}\sum_{j=1}^{J}2T_j(\bar{P}_j-\bar{R}_j)^2$$

へ導く．ここで，$j=1,\cdots,J$ に対して，T_j は集合 j の中の確率予測の数，$\bar{P}_j$ は集合 j の平均予測，$\bar{R}_j$ は集合 j の平均実現値を表す．$\mathrm{LSB}\in[0,2]$ であり，$\mathrm{LSB}=0$ は $\mathrm{GSB}=0$ を意味するが，逆はそうでないことに注意する．

キャリブレーションに対する適切な検定は，少なくとも実現値の独立性のもとでは，そのままのやり方である．与えられた事象と予測された確率の対応する数列 $\{P_{t+k,t}\}_{t=1}^{T}$ に対して，J 個のたがいに排反でその和集合が全体となるような予測値の部分集合をつくり，各範囲の中点を π_j, $j=1,\cdots,J$ と記す．R_j を予測値が集合 j の中にあったときに観察された事象の数とする．「範囲 j」のキャリブレーション統計量を，

$$Z_j=\frac{(R_j-T_j\pi_j)}{(T_j\pi_j(1-\pi_j))^{1/2}}\equiv\frac{(R_j-e_j)}{w^{1/2}},\qquad j=1,\cdots,J$$

とし，全体としてのキャリブレーション統計量を，

$$Z_0=\frac{(R_+-e_+)}{w_+^{1/2}}$$

と定義する．ここで，$R_+=\sum_{j=1}^{J}R_j$, $e_+=\sum_{j=1}^{J}T_j\pi_j$, $w_+=\sum_{j=1}^{J}T_j\pi_j(1-\pi_j)$ である．Z_0 はすべてのセルに対する適切な局所キャリブレーションの同時検定である．一方，Z_j 統計量はセルごとの局所キャリブレーションを検証する[17)]．独立性の仮定のもとでは，2 項構造は，明らかに $Z_0\overset{a}{\sim}N(0,1)$ および，$j=1,\cdots,J$ に対して，$Z_j\overset{a}{\sim}N(0,1)$ であることを意味する．たいへん魅力的な拡張である，Seillier-Moiseiwitch and Dawid (1993) は，漸近正規性が実践的な適切さをもつ従属性の状況を含むようなより一般的に成立することを示している．

16　たとえば，Diebold and Rudebusch (1989) は単位区間を 10 個の等しい部分に分割している．

17　もちろん，単位区間の自明な区切りである単位区間自身を使うことによって適切な大域的キャリブレーションに対して検定する．

分解 (resolution) と呼ばれる確率予測 (もっと正確にいうと，関連する実現値) のもう 1 つの特徴が関心の対象となっている．

$$\mathrm{RES}=\frac{1}{T}\sum_{j=1}^{J}2T_j(\bar{R}_j-\bar{R})^2$$

RES は単に $\bar{R}$ と $\bar{R}_j$ の間の加重平均 2 乗乖離である．観察された相対頻度がどのくらい区間の間で変動するかを測定する．RES≥0 であり，正の方向をもつ．Murphy (1973) によって示されたように，QPS の有益な分解

$$\mathrm{QPS}=\mathrm{QPS}_{\bar{R}}+\mathrm{LSB}-\mathrm{RES}$$

が存在する．ここで，$QPS_{\bar{R}}$ は $P_{t+k,t}=\bar{R}$ で評価された QPS である．この分解は確率予測のさまざまな属性間のトレードオフを示している．

「標準的な」予測値に対する Theil の U 統計量を使うときと同じように，ある特定の確率予測のパフォーマンスとベンチマークのそれを比較することがしばしば有益である．たとえば，Murphy (1974) は，統計量

$$M=\mathrm{QPS}-\mathrm{QPS}_{\bar{R}}=\mathrm{LSB}-\mathrm{RES}$$

を提示している．これは，手元の予測値とベンチマーク予測値 R の間の精度の差を測定する．上で議論された Diebold-Mariano のアプローチを使い，QPS と $\mathrm{QPS}_{\bar{R}}$ の差，QPS や予測を行う人たちの間の確率予測精度のその他さまざまな尺度の差，あるいは，予測を行う人たちの間の局所的・大域的キャリブレーションの差の有意性を評価することもできる．

8.4.3 ボラティリティ予測を評価する

オプション価格決定，リスクヘッジ，ポートフォリオ・マネージメントのようなファイナンスにおける多くの興味深い問題は，明らかに資産価格の分散に依存している．したがって，多様な手法がボラティリティ予測を生成するために提案されてきた．点予測，あるいは，確率予測に対して，ボラティリティ予測の評価は，実際の条件付分散が観察できないという事実によって複雑化する．観測不可能性の問題に対する標準的な「解」は，真の条件付分散 h_{t+k} の代理指標として 2 乗実現値 ε^2_{t+k} を使用することである．なぜなら，$\mathrm{E}[\varepsilon^2_{t+k}|\Omega_{t+k-1}]=\mathrm{E}[h_{t+k}v^2_{t+k}|\Omega_{t+k-1}]=h_{t+k}$ だからである．ただし，$v_{t+k}\sim WN(0,1)$ である[18]．したがって，たとえば，$\mathrm{MSE}=(1/T)\sum_{t=1}^{T}(\varepsilon^2_{t+k}-\hat{h}_{t+k,t})^2$ である．MSE はボラティリティ予測精度の尺度としてしばしば使われているが，Bollerslev, Engle and Nelson (1994) は，正のボラティリティ予測と負のボラティリティ予測に (意味なく) 対称的にペナルティをかけているので，MSE はふさわしくないことを指摘している．ボラティリティ予測に非対称なペナルティを考慮している 2 つの選択的な損失関数は，Pagan and Schwart (1990) によって採用さ

18　ε^2_{t+k} は h_{t+k} の不偏推定量であるが，それは正確でない，すなわち，「ノイズのある」推定量である．たとえば，もし $v_{t+k}\sim N(0,1)$ なら，$\varepsilon^2_{t+k}=h_{t+k}v^2_{t+k}$ は，$v^2_{t+k}\sim\chi^2_1$ なので，条件付平均 h_{t+k} をもつ．しかし，χ^2_1 の中央値は 0.455 なので，50%以上の割合で $\varepsilon^2_{t+k}<(1/2)h_{t+k}$ である．

れた対数損失関数

$$\mathrm{LL}=\frac{1}{T}\sum_{t=1}^{T}[\ln(\varepsilon_{t+k}^{2})-\ln(\hat{h}_{t+k,t})]^{2}$$

と，Bollerslev and Ghysels (1994) の不均一分散調整 MSE

$$\mathrm{HMSE}=\frac{1}{T}\sum_{t=1}^{T}\left[\frac{\varepsilon_{t+k}^{2}}{\hat{h}_{t+k,t}}-1\right]^{2}$$

である．Bollerslev, Engle and Nelson (1994) は，ボラティリティモデルの当てはめにおいてしばしば使われるガウス準最大尤度関数に内在する損失関数を提案している．つまり，

$$\mathrm{GMLE}=\frac{1}{T}\sum_{t=1}^{T}\left[\ln(\hat{h}_{t+k,t})+\frac{\varepsilon_{t+k}^{2}}{\hat{h}_{t+k,t}}\right]^{2}$$

である．

すべての予測の評価の場合と同様に，予測値の利用者にとってもっとも関心のあるボラティリティ予測の評価は適切な損失関数のもとで実行されるものである．West, Edison and Cho (1993) と Engle *et al.* (1993) は，効用最大化と利潤最大化に基づく経済的な損失関数を提案することによって，この流れに沿った重要な貢献をした．Lopez (1995) はさまざまな経済的な損失関数を考慮したボラティリティ予測評価法の枠組を提案している．この枠組は，仮定あるいは，推定された ε_t の分布を積分することによって，ボラティリティ予測を確率予測に変換することに基づいている．興味の対象である事象の積分範囲を選択することによって，予測値の利用者は，自分の損失関数を確率予測に組み入れることができる．

たとえば，$\varepsilon_{t+k}|\Omega_t\sim D(0, h_{t+k,t})$ およびボラティリティ予測値 $\hat{h}_{t+k,t}$ を所与とすると，事象 $\varepsilon_{t+k}\in[L_{\varepsilon,t+k}, U_{\varepsilon,t+k}]$ に関心のあるオプショントレーダは確率予測

$$\begin{aligned}P_{t+k,t}&=\Pr(L_{\varepsilon,t+k}<\varepsilon_{t+k}<U_{\varepsilon,t+k})\\&=\Pr\left(\frac{L_{\varepsilon,t+k}}{\sqrt{\hat{h}_{t+k,t}}}<z_{t+k}<\frac{U_{\varepsilon,t+k}}{\sqrt{\hat{h}_{t+k,t}}}\right)=\int_{l_{\varepsilon,t+k}}^{u_{\varepsilon t+k}}f(z_{t+k})dz_{t+k}\end{aligned}$$

を生成するであろう．ここで，z_{t+k} は標準化された誤差項，$f(z_{t+k})$ は $D(0, 1)$ の関数形，$[l_{\varepsilon,t+k}, u_{\varepsilon,t+k}]$ は積分の標準化された範囲を表す．対照的に，現物資産 $y_{t+k}=\mu_{t+k,t}+\varepsilon_{t+k}$，ここで $\mu_{t+k}=\mathrm{E}[y_{t+k}|\Omega_t]$ の振舞いに興味のある予測利用者は，確率予測

$$\begin{aligned}P_{t+k,t}&=\Pr(L_{y,t+k}<y_{t+k}<U_{y,t+k})\\&=\Pr\left(\frac{L_{y,t+k}-\hat{\mu}_{t+k,t}}{\sqrt{\hat{h}_{t+k,t}}}<z_{t+k}<\frac{U_{y,t+k}-\hat{\mu}_{t+k,t}}{\sqrt{\hat{h}_{t+k,t}}}\right)\\&=\int_{l_{y,t+k}}^{u_{y,t+k}}f(z_{t+k})dz_{t+k},\end{aligned}$$

を生成するであろう．ここで，$\hat{\mu}_{t+k,t}$ は予測された条件付平均，そして，$[l_{y,t+k}, u_{y,t+k}]$ は積分の標準化された範囲を表す．

いったん生成されると，これらの確率予測は先に述べたスコアリング・ルールを使

い評価されうる．そして，モデル間の差の有意性は Diebold–Mariano 検定を使い検定されうる．この枠組の重要な利点は，評価が観察可能な事象に基づくことを認めている，すなわち，観察できない真の分散の代理となることを避けているということである．

ボラティリティ予測に対する Lopez アプローチは，固定区間に割り当てられ，時間とともに変化する確率に基づいている．その代わりに，伝統的な信頼区間構築のように，確率を固定し，区間の幅を変えることもできる．このことについて，Christoffersen (1995) は，もし $(L_{y,t+k}, U_{y,t+k}]$ で表された) $(1-\alpha)$ %信頼区間が正確にキャリブレートされているなら，

$$E[I_{t+k,t}|I_{t,t-k}, I_{t-1,t-k-1}, \cdots, I_{k+1,1}]=(1-\alpha),$$

ここで，

$$I_{t+k,t}=\begin{cases}1, & \text{もしも } y_{t+k}\in[L_{y,t+k}, U_{y,t+k}]\\ 0, & \text{それ以外}\end{cases}$$

であるという事実を利用することを提唱している．つまり，Christoffersen は条件付範囲 (coverage) を確認することを提案している[19]．

区間予測に対する標準的な評価方法は，無条件範囲 $E[I_{t+k|t}]=(1-\alpha)$ に関心を限定するのが典型的である．しかし，無条件範囲をただ単にチェックするだけでは，一般に不十分である．なぜなら，正確な無条件範囲をもつ区間予測でも，ある特定の時間において不正確な条件付範囲をもつかもしれないからである．

1 期先 $(k=1)$ の区間予測に対し，条件付範囲の基準は

$$E[I_{t+k,t}|I_{t,t-1}, I_{t-1,t-2}, \cdots, I_{2,1}]=(1-\alpha)$$

となる．あるいは，

$$I_{t+1|t} \overset{\text{iid}}{\sim} \text{Bern}(1-\alpha)$$

と同義である．T 個の区間予測に対して T 個の指標変数の値が与えられたなら，指標変数が iid ベルヌーイ $(1-\alpha)$ 確率変数であるという仮説を検定することによって，予測区間は正確な条件付範囲を示したのかどうか決定することができる．iid ベルヌーイ仮説の尤度比検定は，指標系列 $\{I_{t+k,t}\}$ に対する制約付きと制約なしのマルコフ過程の対数尤度を比較することによって可能である．制約なし推移確率行列は，

$$\Pi=\begin{bmatrix}\pi_{11} & 1-\pi_{11}\\ 1-\pi_{00} & \pi_{00}\end{bmatrix}$$

である．ここで，$\pi_{11}=P(I_{t+1|t}=1|I_{t|t-1}=1)$ 等である．帰無仮説のもとでの推移確率行列は，

$$\begin{bmatrix}1-\alpha & \alpha\\ 1-\alpha & \alpha\end{bmatrix}$$

19 一般に，$E[I_{t+k}|\Omega_t]=(1-\alpha)$ であるかどうか検定したい．ここで，Ω_t は時刻 t で利用可能なすべての情報である．現在の目的に対して，一般的で簡単に適用できる検定を構築するために，Ω_t は指標変数の過去の値からなる数列に限定される．

である．対応する近似的尤度関数は，

$$L(\Pi|I)=(\pi_{11})^{n_{11}}(1-\pi_{11})^{n_{10}}(1-\pi_{00})^{n_{01}}(\pi_{00})^{n_{00}}$$

と，

$$L(\alpha|I)=(1-\alpha)^{n_{11}+n_{01}}(\alpha)^{n_{01}+n_{00}}$$

である．ここで，n_{ij} は i から j への観察された推移の数，I は指標の数列を表す[20]．条件付範囲仮説に対する尤度比統計量は，

$$LR_{cc}=2[\ln L(\hat{\Pi}|I)-\ln L(\alpha|I)]$$

である．ここで，$\hat{\Pi}$ は最尤推定量である．帰無仮説のもと，$LR_{cc} \overset{a}{\sim} \chi_2^2$ である．

条件付範囲の尤度比検定は 2 つの興味深い仮説，正確な無条件範囲 $\mathrm{E}[I_{t+1|t}]=(1-\alpha)$ と，独立性 $\pi_{11}=1-\pi_{00}$ に分解される．独立性が与えられたなら，正確な無条件範囲に対する尤度比検定は，

$$LR_{uc}=2[\ln L(\hat{\pi}|I)=\ln L(\alpha|I)]$$

である．ここで，$L(\pi|I)=(1-\pi)^{n_{11}+n_{01}}(\pi)^{n_{10}+n_{00}}$ である．帰無仮説のもと，$LR_{uc} \overset{a}{\sim} \chi_1^2$ である．独立性仮説は，

$$LR_{\mathrm{ind}}=2[\ln L(\hat{\Pi}|I)-\ln L(\alpha|I)]$$

によって分離して検定される．帰無仮説のもと，$LR_{\mathrm{ind}} \overset{a}{\rightarrow} \chi_1^2$ である．大標本だけでなく小標本においても，$LR_{cc}=LR_{uc}+LR_{\mathrm{ind}}$ となることは明らかである．

独立性の性質は，David (1947) のグループ検定を使えば $k=1$ のケースにおいてもチェックできる．これは 1 次従属に対する精密で一様最強力検定である．グループを 0 か 1 か連続する集まりと定義する．r を数列 $\{I_{t+1,t}\}$ の中のグループの数とする．数列が iid であるという帰無仮説のもと，1 の合計数 n_1 と 0 の合計数 n_0 が与えられたなら，r の分布は，

$$P(r|n_0, n_1)=\frac{f_r}{\binom{n}{n_0}} \qquad \text{for } r \geq 2$$

である．ここで，$n=n_0+n_1$ であり，

$$f_r=\begin{cases} f_{2s}=2\binom{n_0-1}{s-1}\binom{n_1-1}{s-1}, & \text{for } r \text{ even} \\ f_{2s+1}=\dfrac{f_{2s}(n-2s)}{(2s)}, & \text{for } r \text{ odd} \end{cases}$$

である．

最後に，$k>1$ への一般化は，k 期先の予測誤差が一般に系列的に相関しているという事実にもかかわらず，尤度比の枠組において簡単である．基本的な枠組はそのままであるが，k 次のマルコフ連鎖が要求される．しかし，k 次の連鎖は常に拡張された状態空間をもつ 1 次のマルコフ連鎖として書くことができるので 1 次のケースに対する結果と同様な結果が成立する．

20　尤度は近似である．なぜなら，初期項が落ちているからである．ここに表されたすべての尤度比検定はもちろん漸近的である．そのため，初期項の取り扱いは取るに足りないものである．

8.5 結　　論

3つの現代的なテーマがこのサーベイに含まれているので，それらをはっきりとさせることに価値がある．第1のテーマは，確率予測が，次の通りであるボラティリティ予測を一例とするさまざまなタイプの予測がますます統合されるようになってきており，その結果，新しいタイプの評価手法に対する需要が生み出されている．

第2のテーマは，典型的には分布によらないノンパラメトリック法に基づく精密な有限標本仮説検定の利用である．われわれは，このような検定を，予測誤差不偏性，k-従属性，利用可能な情報との直交性という点に，そして，2つ以上の予測値が利用可能なときに，期待損失の同等性の検定や，変化の方向の予測が価値をもつのかどうかの検定などという点について明示的に既略した．

第3のテーマは，適切な損失関数の使用である．このアイデアは，予測可能性の尺度や予測精度の比較検定のような多くの場面で現れる．そして，直交性テスト，包含テスト，結合回帰のようなものにおいてもすみやかに導入されるであろう．実際適切な損失関数のもとで，推定，予測，予測の評価，(したがって，モデル選択や入れ子になっていない仮説検定)に対する統合された一式の道具が急速に利用可能となりつつある．これらについては，Weiss and Andersen (1984), Weiss (1995), Diebold and Mariano (1995), Christoffersen and Diebold (1994, 1995), Diebold, Ohanian and Berkowitz (1995) を参照せよ． ■

［徳永俊史・訳］

文　　献

Armstrong, J. S. and R. Fildes (1995). On the selection of error measures for comparisons among forecasting methods. *J. Forecasting* **14**, 67–71.

Auerbach, A. (1994). The U.S. fiscal problem: Where we are, how we got here and where we're going. NBER Macroeconomics Annual, MIT Press, Cambridge, MA.

Bates, J. M. and C. W. J. Granger (1969). The combination of forecasts. *Oper. Res. Quart.* **20**, 451–468.

Bollerslev, T., R. F. Engle and D. B. Nelson (1994). ARCH models. In: R. F. Engle and D. McFadden, eds., *Handbook of Econometrics*, Vol. 4, North-Holland, Amsterdam.

Bollerslev, T. and E. Ghysels (1994). Periodic autoregressive conditional heteroskedasticity. Working Paper No. 178, Department of Finance, Kellogg School of Management, Northwestern University.

Bonham, C. and R. Cohen (1995). Testing the rationality of price forecasts: Comment. *Amer. Econom. Rev.* **85**, 284–289.

Bradley, J. V. (1968). Distribution-free statistical tests. Prentice Hall, Englewood Cliffs, NJ.

Brier, G. W. (1950). Verification of forecasts expressed in terms of probability. *Monthly Weather Review* **75**, 1–3.

Brown, B. W. and S. Maital (1981). What do economists know? An empirical study of experts' expectations. *Econometrica* **49**, 491–504.

Campbell, B. and J.-M. Dufour (1991 Over-rejections in rational expectations models: A nonparametric approach to the Mankiw-Shapiro problem. *Econom. Lett.* **35**, 285–290.

Campbell, B. and J.-M. Dufour (1995). Exact nonparametric orthogonality and random walk tests. *Rev. Econom. Statist.* **77**, 1–16.

Campbell, B. and E. Ghysels (1995). Federal budget projections: A nonparametric assessment of bias and efficiency. *Rev. Econom. Statist.* **77**, 17–31.

Campbell, J. Y. and N. G. Mankiw (1987). Are output fluctuations transitory? *Quart. J. Econom.* **102**, 857–880.

Chong, Y. Y. and D. F. Hendry (1986). Econometric evaluation of linear macroeconomic models. *Rev. Econom. Stud.* **53**, 671–690.

Christoffersen, P. F. (1995). Predicting uncertainty in the foreign exchange markets. Manuscript, Department of Economics, University of Pennsylvania.

Christoffersen, P. F. and F. X. Diebold (1994). Optimal prediction under asymmetric loss. Technical Working Paper No. 167, National Bureau of Economic Research, Cambridge, MA.

Clemen, R. T. (1989). Combining forecasts: A review and annotated bibliography. *Internat. J. Forecasting* **5**, 559–581.

Clemen, R. T. and R. L. Winkler (1986). Combining economic forecasts. *J. Econom. Business Statist.* **4**, 39–46.

Clements, M. P. and D. F. Hendry (1993). On the limitations of comparing mean squared forecast errors. *J. Forecasting* **12**, 617–638.

Cochrane, J. H. (1988). How big is the random walk in GNP? *J. Politic. Econom.* **96**, 893–920.

Cooper, D. M. and C. R. Nelson (1975). The ex-ante prediction performance of the St. Louis and F.R.B.-M.I.T.-Penn econometric models and some results on composite predictors. *J. Money, Credit and Banking* **7**, 1–32.

Coulson, N. E. and R. P. Robins (1993). Forecast combination in a dynamic setting. *J. Forecasting* **12**, 63–67.

Cumby, R. E. and J. Huizinga (1992). Testing the autocorrelation structure of disturbances in ordinary least squares and instrumental variables regressions. *Econometrica* **60**, 185–195.

Cumby, R. E. and D. M. Modest (1987). Testing for market timing ability: A framework for forecast evaluation. *J. Financ. Econom.* **19**, 169–189.

David, F. N. (1947). A power function for tests of randomness in a sequence of alternatives. *Biometrika* **34**, 335–339.

Deutsch, M., C. W. J. Granger and T. Tersvirta (1994). The combination of forecasts using changing weights. *Internat. J. Forecasting* **10**, 47–57.

Diebold, F. X. (1988). Serial correlation and the combination of forecasts. *J. Business Econom. Statist.* **6**, 105–111.

Diebold, F. X. (1993). On the limitations of comparing mean square forecast errors: Comment. *J. Forecasting* **12**, 641–642.

Diebold, F. X. and P. Lindner (1995). Fractional integration and interval prediction. *Econom. Lett.*, to appear.

Diebold, F. X. and R. Mariano (1995). Comparing predictive accuracy. *J. Business Econom. Statist.* **13**, 253–264.

Diebold, F. X. L. Ohanian and J. Berkowitz (1995). Dynamic equilibrium economies: A framework for comparing models and data. Technical Working Paper No. 174, National Bureau of Economic Research, Cambridge, MA.

Diebold, F. X. and P. Pauly (1987). Structural change and the combination of forecasts. *J. Forecasting* **6**, 21–40.

Diebold, F. X. and P. Pauly (1990). The use of prior information in forecast combination. *Internat. J. Forecasting* **6**, 503–508.

Diebold, F. X. and G. D. Rudebusch (1989). Scoring the leading indicators. *J. Business* **62**, 369–391.

Dufour, J.-M. (1981). Rank tests for serial dependence. *J. Time Ser. Anal.* **2**, 117–128.

Engle, R. F., C.-H. Hong A. Kane and J. Noh (1993). Arbitrage valuation of variance forecasts with simulated options. In: D. Chance and R. Tripp, eds., Advances in Futures and Options Research, JIA Press, Greenwich, CT.

Engle, R. F. and S. Kozicki (1993). Testing for common features. *J. Business Econom. Statist.* **11**, 369–395.

Fair, R. C. and R. J. Shiller (1989). The informational content of ex-ante forecasts. *Rev. Econom. Statist.* **71**, 325–331.

Fair, R. C. and R. J. Shiller (1990). Comparing information in forecasts from econometric models. *Amer. Econom. Rev.* **80**, 375–389.

Fama, E. F. (1970). Efficient capital markets: A review of theory and empirical work. *J. Finance* **25**, 383–417.

Fama, E. F. (1975). Short-term interest rates as predictors of inflation. *Amer. Econom. Rev.* **65**, 269–282.

Fama, E. F. (1991). Efficient markets II. *J. Finance* **46**, 1575–1617.

Fama, E. F. and K. R. French (1988). Permanent and temporary components of stock prices. *J. Politic. Econom.* **96**, 246–273.

Granger, C. W. J. and P. Newbold (1973). Some comments on the evaluation of economic forecasts. *Appl. Econom.* **5**, 35–47.

Granger, C. W. J. and P. Newbold (1976). Forecasting transformed series. *J. Roy. Statist. Soc. B* **38**, 189–203.

Granger, C. W. J. and P. Newbold (1986). Forecasting economic time series. 2nd ed., Academic Press, San Diego.

Granger, C. W. J. and R. Ramanathan (1984). Improved methods of forecasting. *J. Forecasting* **3**, 197–204.

Hansen, L. P. and R. J. Hodrick (1980). Forward exchange rates as optimal predictors of future spot rates: An econometric investigation. *J. Politic. Econom.* **88**, 829–853.

Hendry, D. F. and G. E. Mizon (1978). Serial correlation as a convenient simplification, not a nuisance: A comment on a study of the demand for money by the Bank of England. *Econom. J.* **88**, 549–563.

Henriksson, R. D. and R. C. Merton (1981). On market timing and investment performance II: Statistical procedures for evaluating forecast skills. *J. Business* **54**, 513–533.

Keane, M. P. and D. E. Runkle (1990). Testing the rationality of price forecasts: New evidence from panel data. *Amer. Econom. Rev.* **80**, 714–735.

Leitch, G. and J. E. Tanner (1991). Economic forecast evaluation: Profits versus the conventional error measures. *Amer. Econom. Rev.* **81**, 580–590.

Leitch, G. and J. E. Tanner (1995). Professional economic forecasts: Are they worth their costs? *J. Forecasting* **14**, 143–157.

LeRoy, S. F. and R. D. Porter (1981). The present value relation: Tests based on implied variance bounds. *Econometrica* **49**, 555–574.

Lopez, J. A. (1995). Evaluating the predictive accuracy of volatility models. Manuscript, Research and Market Analysis Group, Federal Reserve Bank of New York.

Mark, N. C. (1995). Exchange rates and fundamentals: Evidence on long-horizon predictability. *Amer. Econ. Rev.* **85**, 201–218.

McCulloch, R. and P. E. Rossi (1990). Posterior, predictive and utility-based approaches to testing the arbitrage pricing theory. *J. Financ. Econ.* **28**, 7–38.

Meese, R. A. and K. Rogoff (1988). Was it real? The exchange rate – interest differential relation over the modern floating-rate period. *J. Finance* **43**, 933–948.

Merton, R. C. (1981). On market timing and investment performance I: An equilibrium theory of value for market forecasts. *J. Business* **54**, 513–533.

Mincer, J. and V. Zarnowitz (1969). The evaluation of economic forecasts. In: J. Mincer, ed., Economic forecasts and expectations, National Bureau of Economic Research, New York.

Murphy, A. H. (1973). A new vector partition of the probability score. *J. Appl. Meteor.* **12**, 595–600.

Murphy, A. H. (1974). A sample skill score for probability forecasts. *Monthly Weather Review* **102**, 48–55.

Murphy, A. H. and R. L. Winkler (1987). A general framework for forecast evaluation. *Monthly Weather Review* **115**, 1330–1338.

Murphy, A. H. and R. L. Winkler (1992). Diagnostic verification of probability forecasts. *Internat. J. Forecasting* **7**, 435–455.

Nelson, C. R. (1972). The prediction performance of the F.R.B.-M.I.T.-Penn model of the U.S. economy. *Amer. Econom. Rev.* **62**, 902–917.

Nelson, C. R. and G. W. Schwert (1977). Short term interest rates as predictors of inflation: On testing the hypothesis that the real rate of interest is constant. *Amer. Econom. Rev.* **67**, 478–486.

Newbold, P. and C. W. J. Granger (1974). Experience with forecasting univariate time series and the combination of forecasts. *J. Roy. Statist. Soc. A* **137**, 131–146.

Pagan, A. R. and G. W. Schwert (1990). Alternative models for conditional stock volatility. *J. Econometrics* **45**, 267–290.

Pesaran, M. H. (1974). On the general problem of model selection. *Rev. Econom. Stud.* **41**, 153–171.

Pesaran, M. H. and A. Timmermann (1992). A simple nonparametric test of predictive performance. *J. Business Econom. Statist.* **10**, 461–465.

Ramsey, J. B. (1969). Tests for specification errors in classical least-squares regression analysis. *J. Roy. Statist. Soc.* B **2**, 350–371.

Satchell, S. and A. Timmermann (1992). An assessment of the economic value of nonlinear foreign exchange rate forecasts. Financial Economics Discussion Paper FE-6/92, Birkbeck College, Cambridge University.

Schnader, M. H. and H. O. Stekler (1990). Evaluating predictions of change. *J. Business* **63**, 99–107.

Seillier-Moiseiwitsch, F. and A. P. Dawid (1993). On testing the validity of sequential probability forecasts. *J. Amer. Statist. Assoc.* **88**, 355–359.

Shiller, R. J. (1979). The volatility of long term interest rates and expectations models of the term structure. *J. Politic. Econom.* **87**, 1190–1219.

Stekler, H. O. (1987). Who forecasts better? *J. Business Econom. Statist.* **5**, 155–158.

Stekler, H. O. (1994). Are economic forecasts valuable? *J. Forecasting* **13**, 495–505.

Theil, H. (1961). Economic Forecasts and Policy. North-Holland, Amsterdam.

Weiss, A. A. (1995). Estimating time series models using the relevant cost function. Manuscript, Department of Economics, University of Southern California.

Weiss, A. A. and A. P. Andersen (1984). Estimating forecasting models using the relevant forecast evaluation criterion. *J. Roy. Statist. Soc. A* **137**, 484–487.

West, K. D. (1994). Asymptotic inference about predictive ability. Manuscript, Department of Economics, University of Wisconsin.

West, K. D., H. J. Edison and D. Cho (1993). A utility-based comparison of some models of exchange rate volatility. *J. Internat. Econom.* **35**, 23–45.

Winkler, R. L. and S. Makridakis (1983). The combination of forecasts. *J. Roy. Statist. Soc. A* **146**, 150–157.

9

株式リターンの予測可能な成分*

Predictable Components in Stock Returns

Gautam Kaul

9.1 はじめに

株式リターンの予測可能性は，(明白な理由により)実務家や，(必ずしも明白ではない理由により)学者たちを常に魅惑してきた．この論文では，株式リターンの予測可能な成分を探り出すために金融経済学で用いられてきた実証的な手法について概説する．予測可能性に関する研究の最近の驚異的な成長を目の当たりにすると，この分野に関するすべての論文を解説するなどということはとても考えられない．したがって，株式リターンにおける予測可能性の程度を測定するために最近の文献において新たに導入，改善された実証的方法に主に集中する．また，目下の実証的な文献に合わせて，個別銘柄のリターンの予測可能性ではなく，多数の株式からなる大型ポートフォリオのリターン予測可能性に焦点を合わせる．

実証的な規則性を探り出すいくつかの興味深い研究を除いて，「結果を目標とする」研究は解説しない．また，このレビューでは，株式リターンの予測可能成分の重要性を決定する最近の文献に**共通して使われる統計手法**に集中している[1]．株式予測可能性は「市場効率性」の考え方と固く結び付いているから，情報が効率的な市場における資産価格の動きに関する問題もいくつか議論する(市場効率性に関するすぐれた概説についてはFama (1970, 1991) を見よ)．

このレビューを取り扱い可能な範囲に収めるために，市場のミクロ構造とリターン予測可能性の含意に関する豊富で発展しつつある文献は解説しない．また，このレビューではもっぱら実証的な方法論に限定し，実証結果の議論を最小限に抑える．し

---

* この論文の初期のドラフトについて貴重なご意見をいただいたJohn Campbell, Jeniffer Conrad, Wayne, Ferson, Tom George, Campbell Harvey, Daid Hirshleifer, Bob Hodrick, Ravi, Jagannathan, Charles Jones, Bob Korajczyk, G. S. Maddala, M. Nimalendran, Richard Roll, Nejat Seyhun, Robert Shillerの各氏に対して，費していただいたお時間とご努力に深く感謝する．このプロジェクトに対して，ミシガン大学経営管理学部(School of Business Administration, University)から一部援助を受けた．

1 たとえば，周波数領域に基づいた手法(たとえばGranger and Morgenstern (1963) を見よ)やあまり使われることのない再スケール化された範囲に基づく株価における非独立性の検定(Foetzman (1993), Lo (1991), Mandelbrot (1972) を見よ)は解説しない．また，リターンを生む取引ルールを探り当てようという遺伝アルゴリズムの最近の応用(Allen and Karjalainen (1993) を見よ)もこの論文では概説しない．

かし，特定化された事実それ自体がその後の手法の発展と不可分に結び付いている以上，実証結果に関しある程度の議論を行うことにしよう．

9.2　なぜ予測可能性か

予測可能性の**経済学的**重要性と実証的方法論でなされた最近の進捗を議論する前に，予測可能性を明示的に定義しなければならない．ある株式のリターン R_t は定常でエルゴート的な確率過程であり，有限の期待値 $\mathrm{E}(R_t)=\mu$ と自己共分散 $\mathrm{E}[(R_t-\mu)(R_{t-k}-\mu)]=\gamma_k$ をもつと仮定しよう．時点 $t-1$ で存在する情報集合を Ω_t と記し，X_t($M\times 1$ ベクトルとする) を分析者が利用可能な情報の Ω_t の部分集合としよう．このとき，X_{t-1} への R_t の線形射影

$$R_t=\mu+\beta X_{t-1}+\varepsilon_t \tag{9.2.1}$$

のパラメータに関する特定の制約を予測可能性と定義する．ここで，$\beta(1\times M)\neq 0(1\times M)$ である．

したがって，この論文の目的上，予測可能性はもっぱらリターンの予測可能性に関するものと定義する．資産リターンの 2 次モーメントの予測可能性に関する豊富で発展しつつある文献については概説を行わない (Bollerslev, Chou and Kroner (1992) を見よ)．そのため，とくに断らない限り，誤差項 ε_t は平均が 0，分散が定数 σ_e^2 の条件付正規分布に従うと便宜上仮定する．実際，概念的な立場から，リターンはランダムウォーク過程に従っていると仮定することもできる．2 次 (あるいはより高次の) リターンのモーメントの予測可能性には直接には関心を寄せていないからである．そうでなければ重要なマルチンゲールとランダム・ウォークの相違がどうでもよくなってしまう (Fama (1970) を見よ)．明らかに，式 (9.2.1) の**統計的推測**は，$\varepsilon_t's$ における正規性，分散均一性，自己相関からのいかなる乖離にも依存する．過去 10 年以上にわたり，分散不均一性や自己相関に対して一致性を有する標準誤差をもつ統計手法が，経済学やファイナンスで広く利用されているから，これらの手法については議論しない．興味のある読者は Hansen (1982), Hansen and Hodrick (1980), Newey and West (1987), White (1980) を参照されたい[2]．

9.2.1　予測可能性の経済学的重要性

統計用語で予測可能性を定義したからには，金融資産取引が出現して以来，なぜ，予測可能性がこのように圧倒的な関心を寄せられてきたかを問うのは自然であろう．

2　残念なことに，分散均一性の仮定は，条件付ボラティリティと期待リターンとの関係に関する重要な文献をあらかじめこのレビューから除いてしまうことになる (たとえば，French, Shwert and Stambaugh (1987) や Stambaugh (1993) を見よ)．また，正規性の仮定は，このレビューがカバーする範囲をある程度の数の論文に限定するために便宜的になされたということに気付くことは重要である．しかし，この論文で概説されている結果の中には正規性が決定的なものもあるから，これらの結果を一般化しないよう警告しておく．

アメリカ金融学会の会長講演で Roll (1988) によって雄弁に語られたように，重要な現象の予測可能性は成熟したすべての科学の証である[3]．しかし，株式市場について，実務家，個別投資家，学者にとって予測可能性は複数の異なる意味を含意をもつ．実務家や個別投資家は，しばしば予測可能性と「マーケットを打ち負かす」ことを等しいものとみなすため，資産価格の予測可能性に当然のように興奮してきた．研究者のなかにも予測可能性の発見に対して同様な恥知らずの興奮を示すものもいるが，予測可能性について研究者の念頭にあるものはそのより複雑な含意に基づいている．

Samuelson (1965) による投機的価格のモデルを考えよう．この世界ではリスク中立的なエージェントしか存在せず，彼らはすべて一定かつ同一の時間選好と将来の自然の状態に関する同一の信念をもっているものと仮定しよう．この世界では，価格は劣マルチンゲールに従い，したがって株式リターンは**フェア・ゲーム**である (Mandelbrot (1966) も見よ)．とくに，株価の対数 p_t が劣マルチンゲールに従うとしよう．すなわち，

$$E(p_t|\Omega_{t-1})=p_{t-1}+r \qquad (9.2.2)$$

ここで，$r>0$ は外性的に与えられた無リスク・レートとする．

したがって，株式リターンはフェア・ゲームによって与えられる．すなわち

$$E(R_t|\Omega_{t-1})=r^{4)} \qquad (9.2.3)$$

そのためリスク中立的な世界では，式 (9.2.1) で定義されるいかなる予測可能性 ($\beta\neq0$) も金融経済学に対して非常に強い含意をもつであろう，すなわち，株式リターンのわずかな予測可能性も株式市場が情報非効率的であるということを必ず意味する．この結果が成立するための重要な仮定は，無リスク・レートが外性的に決定され，時間を通じて一定であるということである．実際，Roll (1968) は，期待インフレーションに何らかの時間変動性があればアメリカ短期国債の期待リターンは変化することを示している．おそらくこれは，「リスク・プレミアムの変化に起因する予測可能性がないとしても，効率的株式市場ですら資産価格が予測可能かもしれない」という事実が金融経済学の文献で初めて認識された論文である (以下の議論を見よ)．

もちろん，市場の効率性は，時点 $t-1$ で将来のリターンを予想するときに用いる情報の種類によって，より細分して定義することもできる (Roberts (1959) と Fama (1970) を見よ)．過去の株価，過去の一般に利用可能な情報，そして過去のインサイ

---

[3] もちろん Roll の主な焦点はこの論文のものとは異なる．われわれは将来のリターンの予測可能性に関心があるが，彼は過去と現在の両方の情報を用いて現在の株式リターンの変動の説明可能性を吟味している．

[4] リスク中立的な世界では株価それ自身は一般にはマルチンゲールではないことに気付くことが大切である．技術的には，p_t は再投資された配当を含んでいると理解されるべきである (LeRoy (1989) を見よ)．また，この論文では株価のマルチンゲール的な動きは，リスク中立性からの含意であると仮定されている．しかしながらリスク中立性は，① 価格がマルチンゲールに従うことを保証しない (Lucas (1978) を見よ) し，② たとえエージェントが危険回避的でも株価はマルチンゲールに従うことがある (Ohlson (1977) を見よ)．

ダー情報を用いても株式リターンが予測不可能ならば，それに応じて株式市場は弱度 (weak-form)，準強度 (semi-strong-form)，強度 (strong-form) で効率的であるとされる．

1970 年代初期になるまで，株価のマルチンゲール的な動きを決定する場合のリスク中立性のもつ決定的な役割は明白にはされなかった．したがって，金融経済学の文献において予測可能性が市場の非効率性と同義語になったことは驚くことではない．実際，アカデミックな文献は，「株式リターンの予測可能性は金融資産のミス･プライシングの明白な証拠である」という「実社会」の信念を補強した．1970 年という早い時期に Fama (1970) が，資産価格の時系列的特性の研究において期待リターンの果たす重要な役割と，期待リターンに関する基本的仮定と市場効率性の検定との間の不可避なリンクに関して，明瞭かつ正確な議論を行っているにもかかわらず，このことが生じた．

しかし 1970 年代の後期までには，LeRoy (1973) や Lucas (1978) が，効率的市場のマルチンゲール的な株価の動きにおいてリスク選好が果たす決定的な役割を論証した (Hirshleifer (1975) も見よ)．その結果，今日ではほとんどの学者は，予測可能性がそのまま市場の非効率性を意味するものではないことに気付いている．なぜならば，リスク回避的な世界では，合理的な時変リスク・プレミアムによってリターン予測可能性がもたらされうるからである．それにもかかわらず，エージェントの非合理的な「アニマル･スピリット」から株式市場の予測可能性が生じるかもしれないということを先験的に排除することはできない．したがって，現在では予測可能性の存在は金融経済学にとって複雑な含意をもつ．

リターン予測可能性の経済学的含意の経緯を踏まえ，① 株価は予測可能であるかどうか，② 予測可能性は，合理的な時変的リスク・プレミアムを反映しているのか，あるいは証券の非合理的なミス・プライシングを反映しているのか，に関する研究が過去 20 年間に勢いを増してきた (Fama (1991) を見よ)．幸いなことに，この課題は上述の ① の問題を扱うために用いる実証的方法論のレビュー，言い換えれば，株式リターンにおける何らかの予測可能性を発見するのに用いる実証的技術を記述・評価することに限定されている．

最後に，金融経済学の文献においてリターン予測可能性がもつ重要性について考えてみよう．資本資産価格決定モデル (CAPM) の存在を検証することに関心がもたれてきたが，このことは当然なことである．なぜならば，普通株のような基本的な金融証券の**相対的**期待リターンについて，理論的に適切，かつ実証的可能なモデルがないとしたら，現代ファイナンス論は脆弱となってしまうからである．これらの検証の少なくとも一部において，リターン予測可能性は重要な役割を担っている．なかでも，株式リターンの信頼性の高い予測可能性がなければ，無条件検定と条件付検定との重要な相違は意味のないものとなってしまう (資産価格付モデルの条件付検定と無条件付検定との相違は，Gibbons and Ferson (1985) によって解明されている)．

9.3 株式リターンの予測可能性：方法論

リターン予測可能性の決定に対してなされた方法論上の貢献を2つの大きなカテゴリーに従って，議論する．最初のカテゴリーは，過去の株価のみの情報に基づいて株式リターンの予測可能性を判定するために行われるすべての検定からなる．2番目のカテゴリーは，株式リターンを予測するために，公表されている他の情報も用いる検定からなる．

9.3.1 過去のリターンに基づく予測可能性

予測可能性を判定するもっとも簡単で明白な検定は，主に短期の予測可能性について初期の研究で用いられた自己回帰アプローチである．

9.3.1.1 回帰アプローチ：短期

式(9.2.1)の X_{t-1} が，株式の過去のリターン R_{t-1} を示す1変数だけであるとしよう．そのとき式(9.2.1)は

$$R_t=\mu+\phi_1 R_{t-1}+\varepsilon_t \tag{9.3.1}$$

となる．ここで，

$$\phi_1=\frac{\mathrm{Cov}(R_t, R_{t-1})}{\mathrm{Var}(R_t)}=\frac{\gamma_1}{\gamma_0}$$

である．

同様に，予測可能性を測るために，R_t を任意の過去の期間 $(t-k)$ からのリターンに対して回帰できる．それに対応する自己相関係数を ϕ_k と記す．たとえば，任意の係数に対して $\phi_j=0$ の仮説検定を行うことによって，いかなる予測可能性の統計的有意性も判定できる．そのような検定は j 次自己相関ベクトル

$$\sqrt{T}\hat{\phi}=\sqrt{T}[\hat{\phi}_1\cdots\hat{\phi}_j]' \overset{a}{\sim} N(0,1) \tag{9.3.2 a}$$

の漸近分布を用いて実践できる(Bartlett (1946)を見よ)．ここで，

$$\hat{\phi}_j=\frac{\sum_{i=j}^{T}(R_t-\hat{\mu})(R_{t-j}-\hat{\mu})}{\sum_{i=1}^{T}(R_t-\hat{\mu})^2}$$

$$\hat{\mu}=\frac{1}{T}\sum_{t=1}^{T}R_t \tag{9.3.2 b}$$

であり，T は標本時系列観測値の総数である．

Box and Pierce (1970)によって導入された Q 統計量

$$Q=T\sum_{j=1}^{k}\hat{\phi}_j^2\sim\chi_k^2 \tag{9.3.3}$$

を使えば，予測可能性が0であるという帰無仮説のもとで，任意の k について $\phi_k=0$ であるという仮説の同時検定を行うこともできる．

初期におけるランダム・ウォークに対する思い入れや，ランダム・ウォークが観測された株価と似たパターンを示すというWorking (1934)の主張もあって，初期のい

くつかの研究は自己相関に基づく株価のランダム性の検定に特化していた (Kendall (1953) や Fama (1965, 1970) を見よ). これら初期の実証的研究は，株価がランダム・ウォークに従っているか，あるいは収益における観測された自己相関は —— 時として統計的に有意であるが —— 経済学的には無視しうるものであると結論付けている[5]. Working (1960) と Fisher (1966) が一時点またはクロス・セクションの株価を集計することによって，個別証券あるいはポートフォリオの両方のレベルにおいて，見かけ上の収益の予測可能性がもたらされるかもしれないことを示してからは，収益におけるわずかな自己相関の経済学的な含意も怪しまれるようになった.

しかし，最近になってくると短期の自己相関に基づく検定は異なる形を取るようになり，その動機も異なる要因によるものになってきた. リスク回避行動により株式投資収益率に時変的なリスク・プレミアムが存在するかもしれないため，Conrad and Kaul (1988) は条件付期待リターンの節約的な AR (1) モデルを想定し，実現リターンがそのモデルから導かれる ARMA 表現に従うかどうかを検定している. とくに，

$$R_t = \mathrm{E}_{t-1}(R_t) + \varepsilon_t \qquad (9.3.4\,\mathrm{a})$$

$$\mathrm{E}_{t-1}(R_t) = \mu + \phi_1 \mathrm{E}_{t-2}(R_{t-1}) + u_{t-1} \qquad (9.3.4\,\mathrm{b})$$

としよう. ここで，$\mathrm{E}_{t-1}(R_t)$ は，時点 $t-1$ における R_t の条件付期待値，ε_t は予期しない株式リターンであり，$|\phi_1| \leq 1$ とする.

式 (9.3.4 a), (9.3.4 b) のモデルを所与とすると，実現リターンは，

$$R_t = \mu + \phi_1 R_{t-1} + a_t + \theta_1 a_{t-1} \qquad (9.3.5)$$

という形の ARMA (1, 1) モデルに従う. ここで，$|\theta_1| \leq 1$ である.

期待リターンの自己相関が正ならば (式 (9.3.4 b) を見よ), 実現リターンの自己相関も正となることに注意せよ. しかし，将来の期待リターンに対するショックが正ならばキャピタル・ロスが同時に発生し，その結果実現リターンに負の自己相関がもたらされる. とくに，式 (9.3.5) では自己回帰係数は正の持続性パラメータ ϕ_1 を表しているが，移動平均係数 θ_1 は負である (Conrad and Kaul (1988) と Campbell (1991) を見よ). このために，株価の期待リターンの紛らわしい効果のせいで，いかなる株式リターンの予測可能性を発見することも困難であるという議論を展開する研究者もいる. しかし，Conrad and Kaul (1988) は，① 自己回帰係数 ϕ_1 の推定値は正であり，0.40 と 0.60 の間であり，② それ以上に重要なことに，株式収益の予測可能性によって，NYSE/AMEX の小規模な企業のポートフォリオに対してリターン変動の 25%まで説明できるということを見出している.

週次株式リターンの大きな平均回帰成分に基づき (ϕ_1 は 0.40 と 0.50 の範囲にあることを思い起こせ), Conrad and Kaul (1989) は，低減していく加重を過去の月内 (intra-month) 情報に対して与えれば，月次収益の予測可能性はかなりの程度になりうることを示している. この理由は，直近の月内情報が，翌月の期待リターンについ

5　Granger and Morgenstern (1963) は，スペクトラル分析を用いて類似な結論を導いている.

てもっとも情報を多くもっているからである．言い換えれば，月次データを用いて月次リターンを予測するのは，すべての過去の月内情報に同一の加重を付与することによって月内情報を事実上無視してしまっていることになる．とくに，月次の連続複利株式リターン R_t^m を

$$R_t^m = \sum_{k=0}^{3} R_{t-k}^w \tag{9.3.6}$$

としよう．ここで，R_{t-k}^w は $(t-k)$ 番目の週の連続複利による株式リターンである．式 (9.3.4 b) から，今月に対する月次期待株式リターンは，

$$\begin{aligned} \mathrm{E}_{t-4}(R_t^m) &= \mathrm{E}_{t-4}\left[\sum_{k=0}^{3} R_{t-k}^w\right] = (1+\phi_1+\phi_1^2+\phi_1^3)\mathrm{E}_{t-4}(R_{t-3}^w) \\ &= \pi_1 R_{t-4}^w + \pi_2 R_{t-5}^w \end{aligned}$$

によって与えられる．ここで，任意の $i=1, 2, 3, \cdots$ について $\pi_i = (-\theta_1)^{i-1}(\phi_1+\theta_1)\cdot(1+\phi_1+\phi_1^2+\phi_1^3)$ である．

したがって，もしも月次収益率の予測に関心があるならば，過去の月内データに対する加重は急速に低減しなければならない．過去の週次および日次のリターンに対して幾何級数的に減少する加重を用いて，Conrad and Kaul (1989) は，小規模企業からなるポートフォリオの月次リターンの 45% までが事前情報に基づいて説明可能であることを示している．これに対して，過去の月次リターンを用いた研究は実現されるリターンのわずか 3～5% しか説明できない．その理由は，これらの研究は，暗黙裡に過去の月内情報を等しく加重しているからである．

短期リターンに対して行われた自己相関に基づく (そして分散比に基づく (9.3.3 項を見よ)) 最近の検定において，統計的かつ経済学的に有意なリターンの予測可能性が明らかにされているが，警告が必要である．ほとんどの短期リターンに関する研究は週次ポートフォリオ・リターンを使っており，観測された予測可能性の少なくとも一部は，市場のマイクロストラクチャーによってもたらされた見かけ上のものであるかもしれない．とくに，異時点の取引は，ポートフォリオ・リターンに無視しえない正の自己相関をもたらしうる (たとえば，Boudoukh, Richardson and Whitelaw (1994), Fisher (1966), Lo and Mackinlay (1990b), Muthuswamy (1988), Scholes and Williams (1977) を見よ)．

9.3.1.2　回帰アプローチ：長期

株式リターンの短期予測可能性に関する初期の文献ではわずかな自己相関しか認められなかったため，効率的市場が支持されることになった．あるいは，信頼できるリターン予測可能性の欠如は，価格がその本源的価値に近いことを意味すると主張されてきた．しかし，この結論には 2 つの問題がある．第 1 に，最近の文献 (前述を見よ) により短期リターンの無視できない予測可能性が明らかにされた (Conrad and Kaul (1988, 1989), Lo and MacKinlay (1988))．第 2 に，Campbell (1991) で示されたように，わずかではあっても持続性の強い変動が期待リターンに存在すれば，証券の株価

に顕著な影響を与えるかもしれないことである．実際，Shiller (1984) や Summers (1986) は，株価はファンダメンタルな価値からの長期的な振動をもたらす重要な非合理的成分を含んでいると論じている．

Summers (1986) 論文のコメントで，Stambaugh (1986a) は，これらの本源的価値からの長期的な振動は短期データではみつけられないが，長期リターンは有意な負の自己相関をもつはずであると論じている．この基本的な直観は，Fama and French (1988) が提案した資産価格モデルにより定式化された．今日では，このモデルは事実上すべての (長期) 市場効率性の検定の対立仮説になっている．

株価の対数 p_t がランダム・ウォーク成分 q_t と緩やかに減衰する定常成分 z_t を含んでいるとしよう．とくに，

$$p_t = q_t + z_t \tag{9.3.7}$$

としよう．ここで，

$$q_t = \mu + q_{t-1} + \eta_t, \qquad \eta_t \sim \text{iid}(0, \sigma_\eta^2)$$
$$z_t = \phi_1 z_{t-1} + \varepsilon_t, \qquad \eta_t \sim \text{iid}(0, \sigma_\varepsilon^2)$$

であり，$|\phi_1|<1$ および $\mathrm{E}(\eta_t \varepsilon_t)=0$ とする．

株価の 2 つの要素である q_t, z_t は，それぞれ，恒久的な成分，一時的な成分と呼ばれることもある．株価のモデルが式 (9.3.7) で与えられると，株式リターンは，

$$\begin{aligned} R_t &= p_t - p_{t-1} = [q_t - q_{t-1}] + [z_t - z_{t-1}] \\ &= \mu + \eta_t + \varepsilon_t + (\phi_1 - 1)\sum_{i=1}^{\infty} \phi_1^{i-1} \varepsilon_{t-1} \end{aligned} \tag{9.3.8}$$

と書ける．

Fama and French (1988) は，k 期間のリターンを 1 期間だけ遅らせた (長さが k の) 自身の値に回帰することによって，予測可能性をみつけるような多期間自己相関係数を用いることを提案している．とくに，

$$\sum_{i=1}^{k} R_{t+i} = \alpha(k) + \beta(k) \sum_{i=1}^{k} R_{t-i+1} + u_t(k) \tag{9.3.9}$$

とする．

式 (9.3.9) から $\beta(k)$ が多期間の自己相関を測定していることが明らかである．このパラメータの通常の最小 2 乗推定量は，

$$\hat{\beta}(k) = \frac{\mathrm{Cov}[\sum_{i=1}^{k} R_{t+i}, \sum_{i=1}^{k} R_{t-i+1}]}{\mathrm{Var}[\sum_{i=1}^{k} R_{t+i}]} \tag{9.3.10 a}$$

である．

適当な計算を行うと，$\hat{\beta}(k)$ が確率収束する値は，

$$p \lim[\hat{\beta}(k)] = \frac{-(1-\phi_1^k)^2}{2\gamma k(1-\phi_1) + 2(1-\phi_1^k)} \tag{9.3.10 b}$$

によって与えられる (たとえば Jegadeesh (1991) を見よ)．ここで，$\gamma = (1+\phi_1)\sigma_\eta^2 / 2\sigma_\varepsilon^2$ は，一時的な成分に起因するリターンの無条件分散に対する恒久的な成分に起因するリターンの無条件分散の比率である．また，帰無仮説における $\hat{\beta}(k)$ の漸近分散は，

$$T\ \mathrm{Var}[\hat{\beta}(k)]=\frac{2k^2+1}{3k} \tag{9.3.11}$$

と与えられる．

式(9.3.10)から，明らかに，株式リターンのいかなる予測可能性も一時的な成分が原因である(すなわち，$\phi_1=1$ ならば，$p\lim[\hat{\beta}(k)=0]$)．より重要なことは，ϕ_1 が1に近いと，短期リターン(すなわち，式(9.3.9)で k が小さい)は小さな自己相関を示し，負の自己相関は長期間(すなわち大きい k に対して)のとき大きいことである．とくに，Fama and French (1988)は，リターンの負の自己相関が，短期と長期では0に近い値を取るが，中程度の長期では有意な負の値を取るというU字形のパターンを示すと論じている．リターンの累積間隔である k が大きくなると，一時的な成分によって $p\lim[\hat{\beta}(k)]=-1/2$ となる．しかし，k 期間リターンの恒久的な成分の分散は k とともに線形に増加する(すなわち，$k\gamma\to\infty$)から，最終的には恒久的成分の分散が一時的成分の分散を凌駕してしまう．その結果，k が大きいと，$p\lim[\hat{\beta}(k)]$ が0に向かって上昇する．

Jegadeesh (1991)は，長期リターン予測可能性について別の推定量を与えた(Hodrick (1992)も見よ)．彼は，もしも株価が式(9.3.7)に従うならば，検出力を考慮(9.4節を見よ)すると，**単一期間**リターンを多期間リターンに対して回帰すべきであると論じている．とくに，

$$R_t=\alpha+\beta(1, k)\sum_{i=1}^{k}R_{t-i}+u_t \tag{9.3.12}$$

とする．$\beta(1, k)$ のOLS推定量は，

$$\hat{\beta}(1, k)=\frac{\mathrm{Cov}[R_t, \sum_{i=1}^{k}R_{t-i}]}{\mathrm{Var}[\sum_{i=1}^{k}R_{t-i}]} \tag{9.3.13 a}$$

と与えられる．式(9.3.12)から，

$$p\lim[\hat{\beta}(1, k)]=\frac{-(1-\phi_1)(1-\phi_1^k)}{2\gamma k(1-\phi_1)+2(1-\phi_1^k)} \tag{9.3.13 b}$$

であり，予測可能性が0であるという帰無仮説のもとで $\hat{\beta}(k)$ の漸近分散は，

$$T\ \mathrm{Var}[\hat{\beta}(1, k)]=1/k \tag{9.3.14}$$

と与えられる．

式(9.3.13)を式(9.3.10)と比べると，対立仮説が式(9.3.7)で示されるモデルならば，被説明変数の測定期間を増加すると，過去の長期リターンに対する回帰係数がより大きくなる．しかし，被説明変数の測定間隔を増やすと，推定量の標準誤差も増える(式(9.3.14)を式(9.3.11)と比べよ)．Geweke (1981)の近似的傾き法(approximate-slope procedure)を用いて $\hat{\beta}(k)$ に対する $\hat{\beta}(1, k)$ の相対的な漸近的検出力を測り，Jegadeesh (1991)は後者の効果が常に上回ることを示している．その結果，妥当なパラメータ値に対して，被説明変数に対する最適な k の選択は常に1である．ただし，独立変数の測定区間の選択は，対立仮説のパラメータ特定化に依存する．当たり前のことであるが，ϕ_1 の1に近い値では，予測可能性の検証には長い測定間隔が

必要とされる．一方，リターンの分散における恒久的成分のシェアを表すγが大きければ，より短い測定間隔が望ましい（検出力問題のより詳細な議論は9.4節で与えられる）．

9.3.2 分散比統計量

経済時系列の予測可能な成分の統計的かつ経済学的重要性を探し出す別の方法として，過去の研究において分散比率による方法が広く用いられている．しかし，分散比率統計量が初めて包括的に用いられたのは，French and Roll (1986) による取引期間と非取引期間における株式リターン・ボラティリティの動きの比較研究であった．Cochrane (1988) は，分散比統計量を用いて集計産出量におけるランダム・ウォーク（恒久的な成分）の重要性を測定した．Porteba and Summers (1988) は，この方法を用いて価格に関する平均回帰の枠組（式 (9.3.7) を見よ）で収益の長期間予測可能性を評価した．Lo and MacKinlay (1988, 1989) は，今日に至るまで，もっとも正統的な分散比率統計量の分析を与え，短期株式リターンを用いたランダム・ウォーク仮説の検定を行った (Faust (1992) も見よ)．過去の経済学研究では分散比統計量の適用範囲は多岐にわたるが，その最終的な目標は同じである．それは，株式リターン（または他の経済時系列）の予測可能な成分の重要性を評価することである[6]．

分散比統計量に対する基本的なアイデアは，資産価格のランダム・ウォーク・モデルから直接引き出される．もし株価がランダム・ウォークに従うならば，k期間リターンは，単一期間リターンのk倍でなければならない．言い方を変える，リターンの分散は測定間隔kに比例して増加するはずである．k期間分散比は，

$$\hat{V}(k)=\frac{\mathrm{Var}(\sum_{i=1}^{k}R_{t+i})}{k\,\mathrm{Var}(R_t)}-1 \tag{9.3.15}$$

と定義される．ここでは，便宜上，分散比の分母にkを掛け，さらにこの比率から1を引いてある．

分散比統計量 $\hat{V}(k)$ の直観的に魅力的な点は，予測可能性がないという帰無仮説のもとで，この統計量が0に等しくなるということである．さらに，以下に示すように，**単一期間**リターンが正の（負の）相関をもつかどうか（同じことであるが，証券リターンあるいは証券価格に平均回帰があるかどうか）に依存して，$\hat{V}(k)>0$ あるいは $\hat{V}(k)<0$ となる．

予測可能性がないという帰無仮説のもとで，$\hat{V}(K)$ の漸近分散は，

$$T\ \mathrm{Var}[\hat{V}(k)]=\frac{2(2k-1)(k-1)}{3k} \tag{9.3.16}$$

である (Lo and MacKinlay (1988) および Richardson and Smith (1991) を見よ)．

---

6 Frank Diebold (LeRoy (1989) を見よ) が指摘しているように，ファイナンスに導入される40年も前に Working (1949) が統計的時系列をランダム・ウォークと定常な要素の和でモデル化することを提案している．より意義深いのは，彼が各要素の相対的重要性を決めるために分散比率検定をも提案していることである．

9.3.3 統　　合

この項では，過去の株価に含まれる情報に基づいて，株式リターンの予測可能性を検定するためにすべての統計量の統合を与える[7]．これまでに述べてきたすべてのリターン予測可能性の検定は，(近似的には)単一期間リターンの自己相関の線形結合である．したがって，予測可能性がないという帰無仮説のもとで，これらすべての検定統計量は期待値が0となる．しかし，異なる対立仮説のもとでは，これらの検定統計量の動きはかなり違ったものになりうる．なぜならば，単一期間リターンの各次数の自己相関に付与される加重は各統計量によって異なるからである．

9.3.1.1 目において j 次までの自己相関のベクトルの漸近分布は，

$$\sqrt{T}\hat{\phi}(k)=\sqrt{T}[\hat{\phi}_1(k), \cdots, \hat{\phi}_j(k)]' \overset{a}{\sim} N(\boldsymbol{O}, \boldsymbol{I}) \tag{9.3.17 a}$$

であることを見た．ただし，k は測定間隔の長さであり，$\hat{\phi}_j(k)$ は j 次自己相関である．

便宜的に j 次自己相関係数を

$$\hat{\phi}_j(k)=\frac{\sum_{t=j}^{T}(R_t-\hat{\mu})(R_{t-j}-\hat{\mu})}{\frac{1}{k}\sum_{t=j}^{T}(\sum_{j=1}^{k}R_{t+j-k}-k\hat{\mu})^2} \tag{9.3.17 b}$$

と定義し直す．

式(9.3.17 b)の j 次自己共分散は，自己共分散が単一期間の分散で加重付けされていないという点で式(9.3.2 b)のそれとは異なっていることに注意されたい．その代わりに，Fama and French (1988) の多期間自己回帰式(9.3.9)や Jegadeesh (1991) の修正自己回帰式(9.3.12)の独立変数が k 期間収益率であるので，式(9.3.17 b)の自己共分散は k 期間の分散で加重付けされている．予測可能性がないという帰無仮説のもとでは，この修正は大標本において何の影響も与えないことは明白である．しかし，異なる対立仮説のもとでは，この見かけ上は小さな修正が推測に対して無視しえない影響をもたらすかもしれない．

前述したように，これまでに議論してきた統計量はすべて，加重の大きさは異なるも，自己相関の加重平均として書ける．検定統計量全体を自己相関の線形結合として，

$$\lambda_s(k)=\sum_{j}\omega_{js}\hat{\phi}_j(k) \tag{9.3.18}$$

のように定義できる．ここで，ω_{js} は，ある特定の検定統計量 $\lambda_s(k)$ において j 次自己相関に付与された加重である(s はこの検定統計量を示すインデックスである)．予測可能性がないという帰無仮説のもとでは，式(9.3.17 a)から

$$\sqrt{T}\omega\hat{\phi}(k) \overset{a}{\sim} N(\boldsymbol{0}, \omega\omega') \tag{9.3.19}$$

が成立する[8]．すべての検定統計量の正規性が成り立つ．なぜならば，おのおのの統

---

[7] この項の議論は，Richardson and Smith (1994) に大きく依拠している．Daniel and Torous (1993) も見よ．

計量は自己相関の (近似的には) 線形結合であるが，これらの自己相関は帰無仮説のもとで漸近的に正規分布に従うからである (式 (9.3.17 a) を見よ). 式 (9.3.18) を用いると，前述の 3 つの推定量は，

$$\hat{\beta}(k)=\frac{\sum_{j=1}^{2k-1}\min(j,2k-j)\hat{\phi}_j(k)}{k} \tag{9.3.20 a}$$

$$\hat{\beta}(1,k)=\frac{\sum_{j=1}^{k}\hat{\phi}_j(k)}{k} \tag{9.3.20 b}$$

$$\hat{V}(k)=2\sum_{j=1}^{k-1}\frac{(k-j)}{k}\hat{\phi}_j(1) \tag{9.3.20 c}$$

と書ける (Cochrane (1988), Jegadeesh (1990), Lo and MacKinlay (1988), Richardson and Smith (1994) を見よ).

加重および式 (9.3.20 a-c) の正確な公式が与えられているので，帰無仮説における各推定量 (あるいは $\lambda_s(k)=\sum_j\omega_{js}\hat{\phi}_j(k)$ の形の任意の推定量) の漸近分散を簡単に計算できる. 具体的には，$T\ \mathrm{Var}[\lambda_s(k)]=\sum_j\omega_{js}^2$ である. したがって，これらの 3 つの推定量の漸近分散は，

$$T\ \mathrm{Var}[\hat{\beta}(k)]=\frac{2k^2+1}{3k} \tag{9.3.21 a}$$

$$T\ \mathrm{Var}[\hat{\beta}(1,k)]=\frac{1}{k} \tag{9.3.21 b}$$

$$T\ \mathrm{Var}[\hat{\beta}(k)]=\frac{2(2k-1)(k-1)}{3k} \tag{9.3.21 c}$$

と計算できる.

ある特定の検定統計量 $\lambda_s(k)$ の適切さは，考慮している対立仮説に全面的に依存する. たとえば，株価は「真」の価格を反映しているが，市場のマイクロストラクチャーによる測定誤差を伴って記録されているとしよう. すなわち，観測される価格 P_t^0 は P_t+e_t に等しいとしよう (ここで，P_t は真の価格であり，e_t は測定誤差である). このとき，明らかに株式リターンの対立仮説は MA (1) 過程に従うから，そのような予測可能性を察知するための最適な加重は任意の $j>1$ に対して $\omega_j=0$ となろう. これ以外の加重スキームを使うと，検定統計量は非効率になる (Kaul and Nimalendran を見よ). 対立仮説に対する特定の検定統計量 $\lambda_s(k)$ の選択の依存性という重要な点については，9.4 節で詳細に検討する.

従来の研究で用いられた代替的な検定統計量に関して Richardson and Smith (1994) が指摘している重要な点は，もしも帰無仮説が真ならば，これらの統計量はたがいに強く相関しているということである. これが生ずるのは，$\hat{\beta}(k)$, $\hat{\beta}(1,k)$, $\hat{V}(k)$

[8] これに関連する一連の研究では，さまざまな期間の線形取引戦略に対して収益性を測定している (DeBondt and Thaler (1985) および Lehman (1990) を見よ). これらの研究では，個別証券およびポートフォリオの両方の場合で，取引戦略の収益は平均自己共分散の関数である (Ball, Kothari, and Shanken (1995), Conrad and Kaul (1994), Jegadeesh (1990), Jegadeesh and Titman (1993), Lo and MacKinlay (1990a) を見よ).

は共通の標本誤差を取り込む傾向をもつからである．具体的には，これら3つの推定量の分散共分散行列は，

$$T\ \mathrm{Var}\begin{pmatrix}\hat{\beta}(k)\\ \hat{\beta}(1,2k)\\ \hat{V}(2k)\end{pmatrix}=\begin{pmatrix}\frac{2k^2+1}{3k} & 1/2 & k\\ 1/2 & \frac{1}{2k} & \frac{2k-1}{2k}\\ k & \frac{2k-1}{2k} & \frac{2(4k-1)(2k-1)}{6k}\end{pmatrix} \tag{9.3.22}$$

と書き表せる[9]．

k が大きい場合，各相関は75～88%の間にある．また，Richardson and Smith (1994) は小標本でもこれらの推定量の間に大きな相関があることを確認している．この問題はきわめて重要である．なぜならば，たとえば Richardson (1993) が示しているように，真の価格がまったく予測不可能であっても，式 (9.3.7) の代替的な流行モデル (fads model) によって予期される U 字形の自己相関のパターンが得られる可能性があるからである．$\hat{\beta}(k)$ に基づいて帰無仮説を誤って棄却する可能性を考えると，$\hat{\beta}(1,2k)$ や $V(2k)$ を用いて同一の結論に到達したとしても驚くことではないであろう．

9.3.4 ファンダメンタル変数に基づく予測可能性

株式リターンの予測可能性は，過去の株価に含まれている情報に基づくものに圧倒的に多くの関心が寄せられているが，「ファンダメンタル」変数を利用して予測可能性を測定している研究者もいる．予測可能性研究に対する先駆的な貢献を挙げた論文において，Fama and Schwert (1977) は短期国債レートを用いて株式リターンと債券リターンを予想している (Fama (1981) も見よ)．

過去の10年にわたり，株式リターンを予測するために複数の新たなファンダメンタル変数が用いられてきた．配当利回り，PER，期間構造に関する変数等の金融諸変数を用いているものに，たとえば Campbell (1987), Campbell and Shiller (1988), Flood, Hodrick and Kaplan (1987), Keim and Stambaugh (1986) がある．同様な趣旨で，Balves, Cosimano and MacDonald (1990), Fama (1990), Schwert (1990) は産出量やインフレーションのようなマクロ経済のファンダメンタルを用いて株式リターンを予測している (Chen (1991) も見よ)．また，Seyhun (1992) は，株式リターンの予測可能性成分を探し当てるために，集計されたインサイダー取引のパターンを用いている．Ferson and Harvey (1991), Evans (1994), Ferson and Korajczyk (1995) による最近の論文は，過去の変数や Chen, Roll and Ross (1986) によって識別されたものと同様な経済「要因」に基づいて，株式リターン間の予測可能性の関係に焦点を当てている．Ferson and Schadt (1996) は，既に決定している公開情報の条件

9　3つの推定量の間の比較を容易にするために，分散共分散行列は $\hat{\beta}(k)$, $\hat{\beta}(1,2k)$, $\hat{V}(2k)$ に対して計算していることに注意されたい．

付きで考えると，投資信託マネジャーのパフォーマンスを測る際によく用いられる無条件尺度のバイアスが取り除かれるということ，すなわち，条件付尺度を用いれば投資信託ファンド・マネジャーは「よりよく見える」ことを示している．最後に，Jagannathan and Wang (1996) は，マーケット・ポートフォリオの時間変動的な期待リターンを許容するモデルも，各株式の平均リターンにおける大きなクロス・セクションの変動を説明する潜在的可能性をもつことを示している．

ファンダメンタル変数を用いる場合も，株式リターンの予測可能な成分を探すために推定される典型的な回帰式は，

$$\sum_{i=1}^{k} R_{t+i} = \alpha(k) + \beta(k) X_t + u_t(k) \tag{9.3.23}$$

という式 (9.3.9) に類似した式である．ここで，X_t は配当利回り，産出量等である．

式 (9.3.9) と (9.3.23) の唯一の相違は，式 (9.3.9) では過去のリターンを用いているところに式 (9.3.23) では過去のファンダメンタルを用いている点である．また，Hodrick (1992) を除いては，一定間隔で測定するのが代表的であるファンダメンタルに対して多期間リターンを回帰する[10)]．式 (9.3.23) に類した回帰式を推定した研究のもっとも顕著な成果は，① 株式リターンを予測する変数は複数である，② 事実上すべてのケースで，従属変数の測定区間の長さを増加すると，回帰式の $\bar{R}^2$ が著しく増加する，ということである．これらから，長期間株式リターンには，強い予測可能性が基本的に存在するといえる．

したがって，ファンダメンタル変数に基づくリターン予測可能性に関するより最近の研究は，**長期**株式リターンに焦点を当てている．もっとも広く用いられている代替的なリターンの**時系列**モデル (式 (9.3.7) を見よ) からも長期リターンのより大きな予測可能性が導かれることを考えても，これは自然であろう．実際，Shiller (1981) や LeRoy and Porter (1981) によって始められた「過剰ボラティリティ」研究は，その後の長期リターン予測可能性の莫大な研究に先行するものであった．この研究は，配当利回りのその後の変動に比べ株価が過剰に激しい動きをするならば，長期リターン (より具体的には，無限期間の対数リターン) が予想可能であるということを示唆する (Shiller (1989) も見よ)．(また，過去の配当利回りを用いた長期株式リターンの予測可能性に関する後述の議論も見よ)．さらに，株式リターンの予測に用いられる可能性をもつ変数の中で，配当利回りが圧倒的に多くの関心を惹き付けているといっても構わないであろう (たとえば，Campbell and Shiller (1988a, b), Fama and French (1988b), Flood, Hodrick and Kaplan (1987), Goetzmann and Jorion (1993), Hodrick (1992), Rozeff (1984) を見よ)．配当利回りという選択は，決して偶然ではない．資産価格のかなり簡単なモデルを用いて，① 株式リターンを予測する上での配当利回りの役割と，② 短期に比べ長期における配当利回りのより強い予測力を正当化できる．

[10] Jegadeesh (1991) にならって，Hodrick (1992) は，単一期間リターンを多期間で測定した過去の配当に対して回帰している．このアプローチの効率性の議論については，9.4.1 項を見よ．

Campbell and Shiller (1988a) を用いて，割引配当の現在価値モデル

$$P_t = E_t \sum_{i=1}^{\infty} \left(\frac{1}{1+R} \right)^i D_{t+i} \tag{9.3.24}$$

を考えよ．

配当成長率が一定値 G であり，期待リターンも一定とすると，株価の Gordon モデル

$$P_t = \left(\frac{1+G}{R-G} \right) D_t \tag{9.3.25}$$

を得る ($R>G$ とする)[11]．

Campbell and Shiller (1988a) は，期待リターンが時間変動的な場合には，価格，配当，リターンの間の関係を対数線形化した近似式を研究することが有益であることを示している．この近似を用いると，式 (9.3.25) の配当成長モデルの「動学」版は

$$p_t = \frac{k}{1-\rho} + \mathrm{E}_t \sum_{j=0}^{\infty} \rho^j [(1-\rho) d_{t+1+j} - r_{t+1+j}] \tag{9.3.26}$$

と書ける．ここで，

$$\rho = 1/[1+\exp(d-p)], \qquad k = -\log(\rho) - (1-\rho)\log(1/\rho - 1)$$

であり，小文字は対応する各変数の対数を表す．また，$(d-p)$ は定常過程に従う配当-価格比 (の対数) 変数の一定の平均である．

将来の株式リターンを予測する際の配当利回りの重要性を示すために，式 (9.3.25) を

$$d_t - p_t = \frac{k}{1+\rho} + E_t \sum_{j=0}^{\infty} \rho^j [-\Delta d_{t+1+j} - r_{t+1+j}] \tag{9.3.27}$$

と配当利回り (の対数) によって書き直すことができる (Campbell, Lo and MacKinlay (1993) を見よ)．

式 (9.3.27) から．配当利回りの潜在的な予測可能性は明白である．将来の配当成長率 (角カッコの中の第 1 項) の変動があまり大きくない限り，現在の配当利回りは将来の期待株式リターン (角カッコ中の第 2 項) の代役を果たすであろう．また，式 (9.3.27) では将来のすべてのリターンを割り引いているから，現在の配当利回りは長期株式リターンをよりよく予測する能力をもつであろう[12]．式 (9.3.9) や (9.3.12) のようなその場限りの自己回帰モデルと異なり，式 (9.3.23) のような回帰モデルの推定には経済学的正当化の根拠が与えられるため，最近に至るまで「ファンダメンタル変数」のめざましい証拠には疑いの目は向けられなかった．たとえば，Jegadeesh (1991) は，式 (9.3.9) のような自己回帰モデルの検出力を研究している際に，「さまざまな期間のリターンがこれらの (ファンダメンタル) 変数を用いて予測できるという点には議論の余地はない」(p. 1428) という一般に信じられている考えを示してい

[11] 訳注：ここで，R は一定と仮定された期待収益率，D_t は t 期の配当を表すと思われる．

[12] Campbell, Lo and MacKinlay (1993) は，持続性の高い期待リターンの成分 (すなわち，式 (9.3.4 b) において $\phi_1 \sim 1$) も，長期間における配当利回り (および他のファンダメンタル変数) の予測可能性を増加させうることを示している．

る．

しかし，k が大きい場合，小標本を利用せざるをえないため，式 (9.3.23) のような (長期) 回帰モデルには統計的な問題がつきまとう．最初の問題 (Nelson and Kim (1993) と Goetzmann and Jorion (1993) によって分析された) は，配当利回り (や他のファンダメンタル変数) が過去の内性変数であるから生ずる $\beta(K)$ の OLS 推定量のバイアスを取り扱っている．2 番目の統計的問題は，$\hat{\beta}(K)$ の OLS 標準誤差にもバイアスが生ずることに起因する (Hodrick (1992), Kim, Nelson and Startz (1991), Richardson and Smith (1991), Richardson and Stock (1989) を見よ)．

Mankiw and Shapiro (1986) や Stambaugh (1986b) の分析は，$\hat{\beta}(k)$ の小標本バイアスが相当に大きいことを示唆している．たとえば，2 変量システム

$$Y_t = \alpha + \beta X_{t-1} + \varepsilon_t, \qquad \varepsilon_t \sim \mathrm{iid}(0, \sigma_\varepsilon^2) \tag{9.3.28 a}$$

$$X_t = \mu + \phi X_{t-1} + \eta_t, \qquad \eta_t \sim \mathrm{iid}(0, \sigma_\eta^2) \tag{9.3.28 b}$$

$$\text{任意の } k \neq 0 \text{ に対して } \mathrm{E}(\varepsilon_t \varepsilon_{t-k}) = \mathrm{E}(\eta_t \eta_{t-k}) = \mathrm{E}(\varepsilon_t \eta_{t-k}) = 0$$

式 (9.3.28 a) の $\hat{\beta}_{\mathrm{OLS}}$ は一致推定量であるが，小標本ではバイアスをもち，その大きさは ϕ の OLS 推定量のバイアスに比例する．

$$\mathrm{E}[(\hat{\beta} - \beta)] = \frac{\mathrm{Cov}(\varepsilon_t, \eta_t)}{\mathrm{Var}(\eta_t)} \mathrm{E}[(\hat{\phi} - \phi)] \tag{9.3.29 a}$$

ことが証明できる (Stambaugh (1986b) を見よ)．

既に，Kendall (1954) が，T を標本の大きさとすると，$\hat{\phi}_{\mathrm{OLS}}$ のバイアスは近似的に $-(1+3\phi)/T$ に等しいことを示している．したがって，

$$\mathrm{E}[(\hat{\beta} - \beta)] \approx \frac{\mathrm{Cov}(\varepsilon_t, \eta_t)}{\mathrm{Var}(\eta_t)} [-(1+3\phi)/T] \tag{9.3.29 b}$$

となる．

式 (9.3.29 a) と式 (9.3.29 b) から，たとえ X_{t-1} に Y_t を予測する説明力がまったくないとしても，ϕ を推定する際の小標本バイアスによってみかけ上の予測可能性が生ずることがわかる．このみかけ上の予測可能性は，① イノベーション ε_t と η_t の相関係数が大きいほど，② X_t の自己相関が高いほど，③ 標本サイズが小さいほど，大きくなる．

回帰モデル (9.3.23) の 2 番目の問題は，標本の大きさが小さいため，ほとんどの研究者が k 期間リターン (すなわち，従属変数) に重複して観測値を用いており，その結果誤差項に系列相関が生ずるということである．リターンに系列相関がない場合に限って，通常の OLS 推定量の標準誤差は漸近的に適切である．Hansen and Hodrick (1980) は，分散不均一性に対して修正可能であるような自己相関一致な漸近的標準誤差を与えている (Hodrick (1992) を見よ)．Richardson and Smith (1991) は，斬新的なアプローチを用いて，データに依存しない簡単な形で Hansen and Hodrick (1980) の標準誤差修正に取って代わる漸近的標準誤差を導出している．たとえば，既述の自己相関に基づく 3 種類の推定量の漸近分散は，式 (9.3.21 a-c) と同じ形を取

る．Hodrick (1992) は，回帰モデル (9.3.23) の枠組で，Richardson and Smith (1991) の標準誤差に対応する分散不均一性一致な標準誤差を与えている[13] (9.4.1 項は，式 (9.3.23) のような回帰モデルを推定する際に，重なり合う観測値を用いることから得られる効率性に関する詳細な分析を含む)．

Nelson and Kim (1993) は，$\beta(k)$ の OLS 推定量のバイアスとその標準誤差のバイアスの両方の問題を取り扱うために，1 次のベクトル自己回帰 (VAR) 過程として株式リターンと配当利回りを同時にモデル化している (Hodrick (1992) も見よ)．とくに，

$$Z_t = AZ_{t-1} + U_t \tag{9.3.30}$$

としよう．ここで，Z_t は株式リターンと過去の配当利回りを表す．小標本における $\hat{\beta}(k)$ のバイアスと漸近標準誤差の性質を評価するために，Hodrick (1992) と Nelson and Kim (1993) は両者とも，リターン方程式の傾きの係数が 0 であるという帰無仮説のもとで式 (9.3.30) の VAR モデルのシミュレーションを行っている．この VAR アプローチは，配当利回りの持続性の問題 (式 (9.3.28 b) の ϕ を見よ) と株式リターンと配当利回りの各イノベーション (式 (9.3.28 a) の ε_t と式 (9.3.28 b) の η_t によってそれぞれ代理されている) 間の同時点の強い (負の) 相関を直接的に問題にすることができるため，魅力的である．

Hodrick (1992) と Nelson and Kim (1993) は両者ともに，① 配当利回りの内生性によって生ずる $\hat{\beta}(k)$ の小標本バイアス．② 従来の研究で示唆されている漸近的標準誤差における小標本バイアスを修正することによって推測結果が大きく変更されうることを見出している (Goetzman and Jorion (1993) も見よ)[14]．

しかし，より一般的なレベルでは，予測可能性のすべての検定がデータ・スヌーピング (data-snooping) の問題にぶつかる．たとえば，Lo and MacKinlay (1990c) は，(サイズ効果のような) 実証的規則性に基づいてポートフォリオをグループ化することによって統計的検定にいかにバイアスが生じうるかを示している．しかし，より直接われわれにかかわってくるのは，Foster and Smith (1992) と Lo and MacKinlay (1992) の研究である．これらの研究では，複数の科学的な背景で予測可能性の程度とし広く用いられている R^2 という尺度の最大値の性質を分析している (たとえば Roll (1988) を見よ)．Foster and Smith (1992) は，ある研究者が 1 組の利用可能な予測変数の中からいくつかの変数を選択するときの R^2 の最大値の分布を導出している．たとえば，重回帰式

$$Y_t = \alpha + \beta X_t + \varepsilon_t, \qquad \varepsilon_t \sim N(0, \sigma_\varepsilon^2) \tag{9.3.31}$$

を考えよう．ここで，X_t は，k 個の説明変数からなる行列である．

13　正値半定符号で自己相関一致かつ分散不均一性一致な分散推定量については，Newey and West (1987) を見よ．

14　(たとえ予測可能性がないという帰無仮説のもとでも) 重なり合う期間のリターンを自己相関の程度が高い配当利回りあるいは価格に回帰すると，Granger and Newbold (1974) によって説明されたみかけ上の回帰の現象に見舞われる危険がある．

$\beta=0$ という帰無仮説のもとで，回帰モデル(9.3.31)の R^2 の分布は自由度が $k/2$, $(T-(k+1))/2$ のベータ分布に従う．ただし，T は標本の大きさである．式(9.3.31)の当てはまりのよさは，R^2 の分布によって評価できる．説明変数の M 個の候補の中から研究者が予測に用いる k 個の変数を選択するということを想定する．この選択に合わせて，R^2 の臨界点が修正されねばならない．順序統計量の議論を用いて，Foster and Smith (1992) は，説明変数が独立ならば，R^2 の最大値の分布関数は

$$U_{R^2}(r)=\Pr\{R_1^2\leq r, R_2^2\leq r, \cdots, R^2_{\binom{m}{k}}\leq r\}=[\mathrm{Beta}(r)]^{\binom{m}{k}} \tag{9.3.32}$$

となる[15]．ここで，Beta(r) は，自由度が $k/2, (T-(k+1))/2$ のベータ分布の分布関数である．

実際の研究では説明変数は独立なものとして推定されていないから，式(9.3.32)は R^2 の最大値の真の分布関数の下限を与える．Foster and Smith (1992) は，限られた説明変数の候補の中からいくつかの予測変数を「のぞきまわる」(snoop) だけでも，式(9.3.31)において $\beta=0$ という仮定のもとで，R^2 の最大値を超えることなく，相当高い R^2 の値を作り出すことができることを示している．長期間の研究では，(独立な場合や，たとえ重なり合う場合ですら)観測値の個数 (T) は少ないから，式(9.3.32)から，短期間に比べ長期間の方が，みかけ上高い R^2 の値が得られやすい[16]．

関連する論文において Lo and MacKinlay (1992) が株式リターンの予測可能性を明白な形で最大化しているのは，なによりも，従来の研究において見出された予測可能性が経済学的に有意かどうかの評価基準を提供するためである．彼らは，式(9.3.31)において説明変数は固定したまま従属変数(とくに，リターンを予測しようとしているポートフォリオの構成やポートフォリオ加重)を変化させることによって，予測可能性を最大化している．一方，Foster and Smith (1992) は，予測しようとしている資産リターンを固定したまま，予測変数の部分集合の間の予測可能性を最大化している．それにもかかわらず，これらの研究は両方とも，実証研究においてまったくの偶然によって達成可能な R^2 の最大値の有益な限界を与える．

9.4 検出力の比較

これまでの議論は，予測可能性がないという帰無仮説のもとで，株式リターンの予測可能性を評価するために従来の研究で用いられてきた検定統計量の統計的性質に集中していた．しかしながら，いかなる検定統計量にとっても決定的に重要なことは，帰無仮説からの乖離を識別する検出力である．検定統計量の検出力は，「特定の」対立仮説の関係の中で決定されうる．

検定統計量の検出力を評価するためにもっとも広く用いられているアプローチは，

---

15 訳注：式(9.3.32)中の $\binom{m}{k}$ はタイポであり，正しくは $\binom{T}{k}$ と思われる．

16 T を大きくするために従属変数として重なり合う株式リターンを用いる長期間研究にいては，R^2 の信頼性が不確かであることは，Granger and Newbold (1974) も強調している．

さまざまな対立仮説のもとでコンピュータ集約的なシミュレーションを行うことである(たとえば，Hodrick (1992)，Loand MacKinlay (1992)，Kim and Nelson (1993)，Poterba and Summers (1988) を見よ)．そのような検出力比較の典型的な例は，Lo and MacKinlay (1989) による有限標本における分散比統計量の(いくつかの対立仮説に対する)検定の大きさと検出力に対する包括的な研究である．特定の検定統計量の有限標本の性質を確かめるためには，長期間の研究では標本サイズがどうしても小さくなってしまうため，コンピュータ集約的なアプローチは回避できそうもない．しかし，最近のいくつかの研究は，漸近的な検出力の比較が，対立仮説のもとにおける検定統計量の異なる(あるいは類似の)動きの理由を理解するのに役立つことを示唆している．なかでも，Campbell, Lo and MacKinlay (1993)，Hansen and Hodrick (1980)，Jegadeesh (1991)，Richardson and Smith (1991, 1994) は，相対的な漸近的検出力を比較する Bahadur (1960) と Geweke (1981) の手法を用いている．この手法は，検定統計量の近似的な傾きの比較を必要とする．ある検定統計量の近似的な傾きは c_s と書かれるが，ある所与の対立仮説のもとで，標本が大きくなるとき，検定統計量の漸近的な限界有意水準の対数値が減少する速度と定義される．Geweke (1981) は，検定統計量 $\lambda_s(k)$ の極限分布が χ^2 分布ならば，その近似的な傾きは，帰無仮説における検定統計量に $1/T$ を掛けたものが確率収束する極限値に等しいということを示している．

検出力比較の1つの例示として，対立仮説が式(9.3.7)で示される一時的/恒久的株価モデルによって記述されるものとしよう．この対立仮説は従来の研究で広く一般に用いられているから，こう選択するのは魅力的である．さらに，Jegadeesh (1991) と Richardson and Smith (1991, 1994) にならって，自己相関に基づく主要3種類の統計量 $\hat{\beta}(k)$, $\hat{\beta}(1, 2k)$, $\hat{V}(2k)$ の相対的な漸近的検出力を比較しよう．これらの統計量を用いるのは自然である．なぜならば，これらの統計量は一致自己相関推定量の線形結合である(式(9.3.18)を見よ)から，極限分布として χ^2 分布をもつからである．この結果，検出力比較を行うのに Geweke (1981) の手法を直接に用いることができる．

自己相関に基づくすべての統計量が $\lambda_s(k)=\sum_j \omega_{js}\hat{\phi}_j(k)$ という形で与えられるから，特定の検定統計量 $\lambda_s(k)$ の近似的傾き

$$c_s^{k,\omega}=\{\omega[p\lim(\hat{\phi}(k))]\}'\{\omega\omega'\}^{-1}\{\omega[p\lim(\hat{\phi}(k))]\} \tag{9.4.1}$$

を最大化するように ω と k を選ぶ必要がある (Richardson and Smith (1994) を見よ)．式(9.4.1)で唯一未知なものは $\hat{\phi}(k)$ が確率収束する極限値であるが，それは式(9.3.7)の対立仮説のもとで容易に決定できる．とくに，

$$p\lim[\hat{\phi}_j(k)]=\frac{-[1/(1+\gamma)]\phi^{j-1}(1-\phi)^2}{2[\gamma/(1+\gamma)](1-\phi)+2[1/(1+\gamma)](1-\phi^k)/k} \tag{9.4.2}$$

となる．

式(9.4.2)から $p\lim[\hat{\phi}_j(k)]$ の値を式(9.4.1)に代入すれば，近似的傾きが最大である検定が得られ，それを現存するすべての検定統計量の相対的な検出力を評価する

ベンチマークとして用いることができる．とくに，式(9.4.1)で与えられる c_s を ω と k に関して最大化すると，

$$\max_{\omega,k}\left[\frac{(1/1+\gamma)(1-\phi)^2}{2(\gamma/1+\gamma)(1-\phi)+2(\gamma/1+\gamma)(1-\phi^k)/k}\right]\frac{[\sum_j\omega_j\phi^{j-1}]^2}{\sum_j\omega_j^2} \tag{9.4.3}$$

を得る．

Richardson and Smith (1994) が言及しているように，式(9.4.3)の最大化問題は2つの部分に分かれる．最初の角カッコの部分は，k の増加に伴って最大化されることは明らかであるが，k の増加から得られる限界増分は2つの未知パラメータ γ (株価の一時的成分に対する恒久的成分の分散の割合) と θ (一時的成分の持続性パラメータ) に依存するある速度で減少していく．2番目の要素は加重 ω の選択にかかわるが，このことは ϕ のみに依存する．なぜならば，ϕ が式(9.3.7)の対立仮説モデルのもとにおける自己相関のパターンを完全に決定するからである．ϕ を所与とすると，最適な加重は $\omega_j=\phi^{j-1}$ となる．すなわち，漸近的最強力な検定統計量をもたらす最適な加重は幾何級数的に減少する．

以上の議論から，自己相関に減少する加重を付加する分散比統計量 $\hat{V}(2k)$ は，自己相関に同一の加重を付加する $\hat{\beta}(1,2k)$ 統計量や多くの情報をもつ低次の自己相関に事実上まったく加重をおかない $\hat{\beta}(k)$ に比べ，最大の検出力を示すと思われるかもしれない (式(9.3.20 a-c) を見よ)．しかし，Richardson and Smith (1994) の近似的傾きの明示的な比較から，対立仮説が式(9.3.7)の形をしているとき，帰無仮説からの乖離を察知するうえで，$\hat{\beta}(1,2k)$ 統計量は $\hat{V}(2k)$ 統計量と同程度のパフォーマンスを挙げることが示される．この頭をひねるような結果の理由は，自己相関の加重付けを行うのに，$\hat{\beta}(1,2k)$ では多期間リターンが用いられるのに対して，$\hat{V}(2k)$ では単一期間リターンが使用されていることにある (式(9.3.13 a) を式(9.3.15) と比べよ)．したがって，分散比統計量 $\hat{V}(2k)$ では $k=1$ という選択により，式(9.4.3)の第1項が最大化されずに，検出力が減少する．逆に，$\hat{\beta}(1,2k)$ では $K>1$ という選択の結果，検出力が増大する．しかし，加重が (幾何級数的に減少せずに) 等しく付加されるため，検出力が損なわれてしまう．各検定の理論的な検出力の比較から得られるこの有益な洞察は，2つのみかけのうえでは異なる検定統計量の (対立仮説が式(9.3.7)のモデルであるとき) 検出力の明白な類似性の原因を理解するのに役立つ．

9.4.1 重なり合いのある観測値

株式リターンの予測可能性に関する研究の大きな部分は，過去の収益率やファンダメンタル変数を用いた長期予測可能性に注がれてきた．しかし，「理論」は「何が長期か」という点については何も語らないから，予測可能性の存在を評価するに当たって，過去の実証研究では5～10年の保有期間が用いられてきた．しかし，ヒストリカル・データは乏しいから長期リターンの独立な (すなわち重なり合いのない) 観測値は，指で数えるほどしか得られない．たとえば，1926年 (CRSP テープの開始期) と

1994年の間には，重なり合いのない5年間隔はわずか14個しかない．

この小標本問題に対する当然な対処法は，重なり合うデータを用いることであり，実際ほとんどの実証分析者がこの方法を選んできた．Hansen and Hodrick (1980) は，Bahadur (1960) と Geweke (1981) の漸近的傾き法を用いて，データを重なり合わせることが，長期的関係の推定量の漸近的効率性の増加につながることを示している．Richardson and Smith (1991) は，過去のリターンを用いて将来のリターンの予測を行う場合 (9.3.1項を見よ) について重なり合うデータの使用からの効率性の向上を数値化している．彼らは，同一期間に対して用いられた重なり合いのないデータに比べ，重なり合うデータは約50%も多くの「観測値」をもたらすことを示している．

しかし，Boudoukh and Richardson (1994) は，ファンダメンタル変数に含まれる情報内容の推定によって長期予測可能性を測る (式 (9.3.23) を見よ) と，重なり合いのあるデータの使用からの効率性の向上は著しく弱められるかもしれないことを示している．とくに，これは一貫して見られることであるが，株式リターンを予測するために用いるファンダメンタル変数が高い自己相関をもつ場合 (たとえば，Keim and Stambaugh (1986) や Fama and French (1988b) を見よ)，重なり合いのあるデータの使用からの効率性の向上は急速に消えてしまう．さらに，これ以外によく示唆される手法は，重なり合いのある観測値を使うよりさらにもっと非効率的かもしれない．

たとえば，重なり合いのないデータを用いて，単一の予測変量をもつ回帰モデル (9.3.23) の推定を考えよう．この場合，データは k 期間ごとに抜き取られるから，T/k 個の k 期間観測値からなる標本が導かれる．$\hat{\beta}(k)$ の漸近分散は，

$$T\ \mathrm{Var}[\beta(k)]=k^2\frac{\sigma_R^2}{\sigma_x^2} \tag{9.4.4}$$

である．ここで，σ_R^2 と σ_x^2 は，それぞれ単一期間リターンと独立変数 X_t の分散である．

代わりに，重なり合いのある観測値を用いて式 (9.3.23) を推定するとしよう．予測変量は，$X_t=\mu_x+\phi_x X_{t-1}+\varepsilon_t$ という形の自己相関モデルに従うものとする[17]．これらの条件のもとで，Boudoukh and Richardson (1994) は，重なり合いのある場合の $\beta(k)$ の推定量 $\beta_0(k)$ の漸近分散が

$$T\ \mathrm{Var}[\hat{\beta}_0(k)]=\frac{\sigma_R^2}{\sigma_x^2}\left[k+\frac{2\phi_x}{1-\phi_x}\left(k-1-\phi_x\frac{1-\phi_x^{k-1}}{1-\phi_x}\right)\right] \tag{9.4.5}$$

と与えられることを示している．

重なり合いのない場合の推定量 $\hat{\beta}_0(k)$ と重なり合いのある場合の推定量 $\hat{\beta}(k)$ は両方とも，収益の測定間隔 k の増加とともに大きくなるが，後者の漸近分散はさらに予測変数過程の自己相関パラメータ ϕ_x とともに上昇する．実際，Boudoukh and Richardson (1994) は，720カ月分のデータと $\phi_x=0.99$ (いくつかの長期研究におい

17　X_t に対して1次の自己相関モデルを仮定することは適切であろう．理由は，ほとんどの予測変量は1に近いラグ1の自己相関をもつが，典型的なケースでは高次の自己相関は急速に低減するからである (Keim and Stambaugh (1986) を見よ)．

てよく見られる標本の大きさと自己回帰パラメータ）の場合，5年間の重なり合う間隔に基づく $\hat{\beta}_0(k)$ の効率性は，わずか14個の5年間の重なり合いのない間隔に基づく推定量 $\hat{\beta}(k)$ と同程度である(!)ことを示している．重なり合いのあるデータの使用からの効率性向上が減少してしまうという点において自己回帰パラメータ ϕ_x がもつ重要性は，式(9.4.4)と(9.4.5)の比較からも直接に見ることができる．$\phi_x=0$ ならば，重なり合いのないデータの相対的効率性は，長期間隔の長さである k に逆比例して低下する．

残念ながら，この小標本問題を解決するような直観的かつ魅力的な代替的アプローチは，それが自己相関一致な標準誤差の計算を回避できるという利点をもつにもかかわらず，重なり合いのあるデータを用いるより実際には劣っているかもしれない．Hodrick (1992) は Jegadeesh (1991) にならって，式(9.3.23)の $\beta(k)$ を推定するのに，単一期間リターンを従属変数とし，k 期間にわたって集計された予測変数を用いることを提唱している (Cochrane (1991) も見よ)．この代替的な推定量 $\hat{\beta}_A(k)$ と重なり合いのある場合の推定量 $\hat{\beta}_0(k)$ は，$\phi_x=0$ という仮定のもとでは同一となるが，Boudoukh and Richardson (1994) は，実際に利用可能である有限な過去のデータを所与とすると，$\hat{\beta}_A(k)$ の効率性は $\hat{\beta}_0(k)$ よりもはるかに低いことを示している．とくに，測定間隔 k が長く，予測変数の自己相関が高いほど，その程度は大きい．このように効率性が劣る主な原因は，$\hat{\beta}_A(k)$ の分母が X_t の k 期間の分散であるのに対して，$\hat{\beta}_0(k)$ の分母はわずか1期間の分散でしかないことにある．有限標本では，X_t の k 期間分散は，その単一期間分散よりはるかに非効率的であろう．

以上の議論が示唆するのは，長期間研究に固有な小標本問題を解決するために利用される通常のアプローチが十分に満足できるものではないかもしれないことである．これは，長期間回帰研究の寒々とした未来を意味するのであろうか．その答えは明らかに否である．「経済学的」観点からは，予測可能性の合理的あるいは非合理的な原因のほとんどは長期間においてのみ認識可能である (9.3.1項と9.3.4項を見よ)．さらに，現在進行中の研究が示唆するところによれば，小標本に関連する効率性の問題をもつにもかかわらず，「統計的」観点から長期回帰は有益かもしれない．たとえば，Stambaugh (1993) の最近の研究は，式(9.3.23)のような回帰モデルに関するOLSの仮定が満たされないこと (たとえば，このレビューでは直接は取り扱っていないが，よく取り上げられている株式リターンにおける分散不均一性) が，実際には対応する短期回帰に対する長期回帰の効率性を高めるかもしれないことを示唆している．さらに，その相対的効率性の向上は，重なり合いのない場合の長期回帰より重なり合いのある場合の方がより大きい．また，Campbell (1993) と Stambaugh (1993) の研究は，重なり合いのあるデータからの効率性の向上は，式(9.3.23)で $\beta(k)$ が0でない対立仮説に対していっそう拡大されることを示している．

9.5 結　　論

この論文では，株式リターンの予測可能なパターンを探り当てるためによく用いられている実証的手法を広い範囲にわたって概説してきた．筆者は，実証的な事実の議論については，新たな統計技術の発展や応用に関連する(そしておそらく動機付けする)ものに意図的に限定した．したがって，このレビューはもっとも広範に用いられている技術の統計的性質に集中している．

筆者は，統計的手法の長所と短所の両方を取り上げた．その理由は，確固とした実証的「事実」に代わりうるものはないからである．確固な事実こそが，後に続くほとんどの理論的・実証的研究の基盤となる[18]．とくに，株式リターンが予測可能な成分を含んでいるという事実を所与とすると，そのような予測可能性の経済学的な有意性を決定することが急務である．株式リターンの予測可能性の経済学的有意性を評価するために，大まかにいって2つのアプローチが最近使われている．最初のアプローチは，各種の計量経済学手法やモデリング手法を用いて，予測可能性が「動物的直感」や時間変動的なリスク・プレミアムに起因するものかどうかを評価しようとするものである(たとえば，Bekaert and Hodrick (1992), Bollerslev and Hodrick (1995), Fama and French (1993), Ferson and Harvey (1991), Ferson and Korajczyk (1995), Jones and Kaul (1996) を見よ)．

2番目のアプローチは，アセット・アロケーションを行う投資家に対する予測可能性の利用の決定にかかわる．たとえば，Breen, Glosten and Jagannathan (1989) は，短期国債レートを用いた株式リターンの予測可能性は，短期国債と株式の間で資金をシフトするために予測モデルを用いるポートフォリオ・マネジャーの活動が，管理下にある資産価値の2%という年間管理報酬に値するという意味で経済的な有意性をもつことを示している (Pesaran and Timmerman (1995) も見よ)．より最近の論文において，Kandel and Stambaugh (1996) は，統計的には低い資産リターンの予測可能性ですら，リスク回避的なベイジアン的な投資家のポートフォリオ意思決定に大きく影響することを示している． ■

［小暮厚之・訳］

---

18 もちろん，ファイナンスの実証研究のほとんどが**生存している**会社のヒストリカル・データに依拠していることを考えると，通説となっているどのような事実も生存データの使用から生ずるバイアスを打ち消すだけの時間に耐える必要がある．

文　献

Allen, F. and R. Karjalainen (1993). Using genetic algorithms to find technical trading rules. Working Paper, University of Pennsylvania, Philadelphia, PA.
Bahadur, R. R. (1960). Stochastic comparison of tests. *Ann. Math. Statist.* **31**, 276–297.
Balvers, R. J., T. F. Cosimano and B. McDonald (1990). Predicting stock returns in an efficient market. *J. Finance* **45**, 1109–1128.
Ball, R., S. P. Kothari and J. Shanken (1995). Problems in measuring portfolio performance: An application to contrarian investment strategies. *J. Financ. Econom.* **38**, 79–107.
Bartlett, M. S. (1946). On the theoretical specification of sampling properties of autocorrelated time series. *J. Roy. Statist. Soc.* **27**, 1120–1135.
Bekaert, G. and R. J. Hodrick (1992). Characterizing predictable components in equity and foreign exchange rates of return. *J. Finance* **47**, 467–509.
Bollerslev, T., R. Y. Chou and K. F. Kroner (1992). ARCH modeling in finance: A review of theory and empirical evidence. *J. Econometrics* **52**, 5–59.
Bollerslev, T. and R. J. Hodrick (1995). Financial market efficiency tests. In: M. Hashem Pesaran and Mike Wickens, eds., *Handbook of Applied Econometrics*. Basil Blackwell, Oxford, UK.
Boudoukh, J. and M. P. Richardson (1994). The statistics of long-horizon regressions revisited. *Math. Finance* **4**, 103–119.
Boudoukh, J., M. P. Richardson, and R. F. Whitelaw (1994). A tale of three schools: Insights on autocorrelations of short-horizon security returns. *Rev. Financ. Stud.* **7**, 539–573.
Box, G. E. P. and D. A. Pierce (1970). Distribution of the residual autocorrelations in autoregressive moving average time series models. *J. Amer. Statist. Assoc.* **65**, 1509–1526.
Breen, W., L. R. Glosten and R. Jagannathan (1989). Economic significance of predictable variations in stock returns. *J. Finance* **44**, 1177–1189.
Brown, S. J., W. N. Goetzmann and S. A. Ross (1995). Survival. *J. Finance* **50**, 853–873.
Campbell, J. Y. (1987). Stock returns and the term structure. *J. Financ. Econom.* **18**, 373–399.
Campbell, J. Y. (1991). A variance decomposition for stock returns. *Econom. J.* **101**, 157–179.
Campbell, J. Y. (1993). Why long horizons? A study of power against persistent alternatives. Working Paper, Princeton University, Princeton, NJ.
Campbell, J. Y. and R. J. Shiller (1988a). The dividend-price ratio and expectations of future dividends and discount factors. *Rev. Financ. Stud.* **1**, 195–227.
Campbell, J. Y. and R. J. Shiller (1988b). Stock prices, earnings, and expected dividends. *J. Finance* **43**, 661–676.
Campbell, J. Y., A. W. Lo, and A. C. MacKinlay (1993). Present value relations. In: *The Econom. of Financ. Markets*. Massachusetts Institute of Technology, Cambridge, MA.
Chen, N. (1991). Financial investment opportunities and the macroeconomy. *J. Finance* **46**, 529–554.
Chen, N., R. Roll and S. A. Ross (1986). Economic forces and the stock market. *J. Business* **59**, 383–403.
Cochrane, J. H. (1988). How big is the random walk in GNP? *J. Politic. Econom.* **96**, 893–920.
Cochrane, J. H. (1991). Volatility tests and efficient markets: A review essay. *J. Monetary Econom.* **27**, 463–485.
Conrad, J. and G. Kaul (1988). Time-variation in expected returns. *J. Business* **61**, 409–425.
Conrad, J. and G. Kaul (1989). Mean reversion in short-horizon expected returns. *Rev. Financ. Stud.* **2**, 225–240.
Conrad, J. and G. Kaul (1994). An anatomy of trading strategies. Working Paper, University of Michigan, Ann Arbor, MI.
Cutler, D. M., J. M. Poterba and L. M. Summers (1991). Speculative dynamics. *Rev. Econom. Stud.* **58**, 529–546.
Daniel, K. and W. Torous (1993). Common stock returns and the business cycle. Working Paper, University of Chicago, Chicago, IL.
DeBondt, W. and R. Thaler (1985). Does the stock market overreact? *J. Finance* **40**, 793–805.
Evans, M. D. D. (1994). Expected returns, time-varying risk, and risk premia. *J. Finance* **49**, 655–679.

Fama, E. F. (1965). The behavior of stock market prices. *J. Business* **38**, 34–105.
Fama, E. F. (1970). Efficient capital markets: A review of theory and empirical work. *J. Finance* **25**, 383–417.
Fama, E. F. (1990). Stock returns, expected returns, and real activity. *J. Finance* **45**, 1089–1108.
Fama, E. F. (1991). Efficient capital markets: II. *J. Finance* **46**, 1575–1617.
Fama, E. F. and K. R. French (1988a). Permanent and temporary components of stock prices. *J. Politic Econom.* **96**, 246–273.
Fama, E. F. and K. R. French (1988b). Dividend yields and expected stock returns. *J. Financ. Econom.* **22**, 3–27.
Fama, E. F. and Kenneth R. French (1989). Business conditions and expected returns on stocks and bonds. *J. Financ. Econom.* **25**, 23–49.
Fama, E. F. and G. W. Schwert (1977). Asset returns and inflation. *J. Financ. Econom.* **5**, 115–146.
Faust, J. (1992). When are variance ratio tests for serial dependence optimal? *Econometrica* **60**, 1215–1226.
Ferson, W. E. and C. R. Harvey (1991). The variation of economic risk premiums. *J. Politic Econom.* **99**, 385–415.
Ferson, W. E. and R. A. Korajczyk (1995). Do arbitrage pricing model explain predicatability of stock returns? *J. Business* **68**, 309–349.
Ferson, W. E. and R. W. Schadt (1995). Measuring fund strategy and performance in changing economic conditions. *J. Finance*, to appear.
Fisher, L. (1966). Some new stock-market indexes. *J. Business* **39**, 191–225.
Flood, K., R. J. Hodrick and P. Kaplan (1987). An evaluation of recent evidence on stock market bubbles. Working Paper 1971, National Bureau of Economic Research, Cambridge, MA.
Foster, F. D. and T. Smith (1992). Assessing goodness-of-fit of asset pricing models: The distribution of the maximal R^2. Working Paper, Duke University, Durham, NC.
French, K. R., G. W. Schwert and R. F. Stambaugh (1987). Expected stock returns and volatility. *J. Financ. Econom.* **19**, 3–29.
Fuller, W. (1976). *Introduction to Statistical Time Series*. Wiley & Sons, New York.
Geweke, J. (1981). The approximate slope of econometric tests. *Econometrica* **49**, 1427–1442.
Gibbons, M. and W. E. Ferson (1985). Testing asset pricing models with changing expectations and an unobservable market portfolio. *J. Financ. Econom.* **14**, 217–236.
Goetzmann, W. N. (1993). Patterns in three centuries of stock market prices. *J. Business* **66**, 249–270.
Goetzmann, W. E. and P. Jorion (1993). Testing the predictive power of dividend yields. *J. Finance* **48**, 663–679.
Gordon, M. J. (1962). *The investment, financing, and valuation of the corporation*. Irwin, Homewood, IL.
Granger, C. W. J. and O. Morgenstern (1963). Spectral analysis of New York stock market prices. *Kyklos* **16**, 1–27.
Granger, C. W. J. and P. Newbold (1974). Spurious regressions in econometrics. *J. Econometrics* **2**, 111–120.
Hansen, L. P. (1982). Large sample properties of generalized method of moments estimators. *Econometrica* **50**, 1029–1057.
Hansen, L. P. and R. J. Hodrick (1980). Forward exchange rates as optimal predictors of future spot rates: An econometric analysis. *J. Politic. Econom.* **88**, 829–853.
Hirshleifer, J. (1975). Speculation and equilibrium: Information, risk, and markets. *Quart. J. Econom.* **89**, 519–542.
Hodrick, R. J. (1992). Dividend yields and expected stock returns: Alternative procedures for inference and measurement. *Rev. Financ. Stud.* **5**, 357–386.
Jagannathan, R. and Z. Wang (1996). The conditional CAPM and the cross-section of expected returns. *J. Finance* **51**, 3–54.
Jegadeesh, N. (1990). Evidence of predictable behavior of security returns. *J. Finance* **45**, 881–898.
Jegadeesh, N. (1991). Seasonality in stock price mean reversion: Evidence from the U.S. and the U.K. *J. Finance* **46**, 1427–1444.

Jegadeesh, N. and S. Titman (1993). Returns to buying winners and selling losers: Implications for stock market efficiency. *J. Finance* **48**, 65–91.

Jones, C. M. and G. Kaul (1996). Oil and the stock markets. *J. Finance* **51**, 463–492.

Kandel, S. and R. F. Stambaugh (1989). Modeling expected stock returns for short and long horizons. Working Paper, University of Chicago, Chicago, IL.

Kandel, S. and R. F. Stambaugh (1990). Expectations and volatility of consumption and asset returns. *Rev. Financ. Stud.* **3**, 207–232.

Kandel, S. and R. F. Stambaugh (1996). On the predictability of stock returns: An asset-allocation perspective. *J. Finance* **51**, 385–424.

Kaul, G. and M. Nimalendran (1990). Price reversals: Bid-ask errors or market overreaction? *J. Financ. Econom.* **28**, 67–83.

Keim, D. and R. F. Stambaugh (1986). Predicting returns in the stock and bond markets. *J. Financ. Econom.* **17**, 357–390.

Kendall, M. G. (1953). The analysis of economic time-series, Part I: Prices. *J. Roy. Statist. Soc.* **96**, 11–25.

Kendall, M. G. and A. Stuart (1976). *The Advanced Theory of Statistics*. Vol. 1. Charles Griffin, London.

Kim, M. J., C. Nelson and R. Startz (1991). Mean reversion in stock prices? A reappraisal of the empirical evidence. *Rev. Econom. Stud.* **58**, 515–528.

Lehmann, B. N. (1990). Fads, martingales, and market efficiency. *Quart. J. Econom.* **105**, 1–28.

LeRoy, S. F. (1973). Risk aversion and the martingale property of stock returns. *Internat. Econom. Rev.* **14**, 436–446.

LeRoy, S. F. (1989). Efficient capital markets and martingales. *J. Econom. Literature* **27**, 1583–1621.

LeRoy, S. F. and Richard D. Porter (1981). Stock price volatility: Tests based on implied variance bounds. *Econometrica* **49**, 97–113.

Lo, A. W. (1991). Long-term memory in stock prices. *Econometrica* **59**, 1279–1314.

Lo, A. W. and A. C. MacKinlay (1988). Stock market prices do not follow random walks: Evidence from a simple specification test. *Rev. Financ. Stud.* **1**, 41–66.

Lo, A. W. and A. C. MacKinlay (1989). The size and power of the variance ratio test in finite samples: A Monte Carlo investigation. *J. Econometrics* **40**, 203–238.

Lo, A. W. and A. C. MacKinlay (1990a). When are contrarian profits due to market overreaction? *Rev. Financ. Stud.* **3**, 175–205.

Lo, A. W. and A. C. MacKinlay (1990b). An econometric analysis of nonsynchronous trading. *J. Econometrics* **45**, 181–211.

Lo, A. W. and A. C. MacKinlay (1990c). Data-snooping biases in tests of financial asset pricing models. *Rev. Financ. Stud.* **3**, 431–467.

Lo, A. W. and A. C. MacKinlay (1992). Maximizing predictability in the stock and bond markets. Working Paper, Massachusetts Institute of Technology, Cambridge, MA.

Lucas, R. E. (1978). Asset prices in an exchange economy. *Econometrica* **46**, 1429–1446.

Mandelbrot, B. (1966). Forecasts of future prices, unbiased markets, and 'martingale' models. *J. Business* **39**, 394–419.

Mandelbrot, B. (1972). Statistical methodology for non-periodic cycles: From the covariance to R/S analysis. *Ann. Econom. Social Measurement* **1**, 259–290.

Mankiw, N. G., D. Romer and M. D. Shapiro (1991). Stock market forecastability and volatility: A statistical appraisal. *Rev. Econom. Stud.* **58**, 455–477.

Mankiw, N. G. and M. D. Shapiro (1986). Do we reject too often? *Econom. Lett.* **20**, 139–145.

Marriott, F. H. C. and J. A. Pope (1954). Bias in estimation of autocorrelations. *Biometrika* **41**, 390–402.

Muthuswamy, J. (1988). Asynchronous closing prices and spurious autocorrelations in portfolio returns. Working Paper, University of Chicago, Chicago, IL.

Nelson, C. R. and M. J. Kim (1993). Predictable stock returns: The role of small sample bias. *J. Finance* **48**, 641–661.

Newey, W. K. and K. D. West (1987). A simple, positive definite, heteroscedasticity and autocorrelation consistent covariance matrix. *Econometrica* **55**, 703–707.

Ohlson, J. (1977). Risk-aversion and the martingale property of stock prices: Comments. *Internat. Econom. Rev.* **18**, 229–234.

Pesaran, M. H. and A. Timmermann (1995). Predictability of stock returns: Robustness and economic significance. *J. Finance* **50**, 1201–1228.

Poterba, J. and L. H. Summers (1988). Mean reversion in stock returns: Evidence and implications. *J. Financ. Econom.* **22**, 27–60.

Richardson, M. P. (1993). Temporary components of stock prices: A skeptic's view. *J. Business Econom. Statist.* **11**, 199–207.

Richardson, M. P. and J. H. Stock (1989). Drawing inferences from statistics based on multiyear asset returns. *J. Financ. Econom.* **25**, 323–347.

Richardson, M. P. and T. Smith (1991). Tests of financial models in the presence of overlapping observations. *Rev. Financ. Stud.* **4**, 227–257.

Richardson, M. P. and T. Smith (1994). A unified approach to testing for serial correlation in stock returns. *J. Business* **67**, 371–399.

Roberts, H. V. (1959). Stock-market 'patterns' and financial analysis: Methodological suggestions. *J. Finance* **14**, 1–10.

Roll, R (1988). R^2. *J. Finance* **43**, 541–566.

Roll, R. (1968). The efficient market model applied to U.S. treasury bill rates. Unpublished Ph.D. thesis, Graduate School of Business, University of Chicago, Chicago, IL.

Rozeff, M. (1984). Dividend yields are equity risk premiums. *J. Port. Mgmt.* **11**, 68–75.

Samuelson, P. A. (1965). Proof that properly anticipated prices fluctuate randomly. *Ind. Mgmt. Rev.* **6**, 41–49.

Scholes, M. S. and J. Williams (1977). Estimating beta from nonsynchronous data. *J. Financ. Econom.* **5**, 309–327.

Schwert, G. W. (1989). Why does stock market volatility change over time? *J. Finance* **44**, 1115–1153.

Schwert, G. W. (1990). Stock returns and real activity: A century of evidence. *J. Finance* **45**, 1237–1257.

Seyhun, N. S. (1992). Why does aggregate insider trading predict future stock returns? *Quart. J. Econom.* **107**, 1303–1331.

Shiller, R. J. (1981). Do stock prices move too much to be justified by subsequent movements in dividends? *Amer. Econom. Rev.* **71**, 421–436.

Shiller, R. J. (1984). Stock prices and social dynamics. *Brookings Papers on Economic Activity* **2**, 457–497.

Shiller, R. J. (1989). *Market volatility*. MIT Press, Cambridge, MA.

Stambaugh, Robert F. (1986a). Discussion. *J. Finance* **41**, 601–602.

Stambaugh, Robert F. (1986b). Bias in regression with lagged stochastic regressors. Working Paper, University of Chicago, Chicago, IL.

Stambaugh, R. F. (1993). Estimating conditional expectations when volatility fluctuates. Working Paper, University of Pennsylvania, Philadelphia, PA.

Summers, L. H. (1986). Does the stock market rationally reflect fundamental values? *J. Finance* **41**, 591–601.

White, H. (1980). A heteroskedasticity-consistent covariance matrix estimator and a direct test of heteroskedasticity. *Econometrica* **48**, 817–828.

White, H. (1984). *Asymptotic Theory for Econometricians*. Academic press, Orlando, FL.

Working, H. (1934). A random difference series for use in the analysis of time series. *J. Amer. Statist. Assoc.* **29**, 11–24.

Working, H. (1949). The investigation of economic expectations. *Amer. Econom. Rev.* **39**, 150–166.

Working, H. (1960). Note on the correlation of first differences of averages in a random chain. Econometrica **28**, 916–918.

10

景気循環の予測量としての金利スプレッド

Interest Rate Spreads as Predictors of Business Cycles

Kajal Lahirl and Jiazhuo G. Wang

10.1 はじめに

ファイナンスに関心をもつ経済学者は，長い間，株価や金利のような金融市場の変数は，経済の将来について重要な情報を含んでいると考えてきた．近年においても，金利スプレッド (ある日時での異なる金融資産間の金利差) が将来の経済の状況を予測するのに有力なことを多くの研究が強調してきた．6カ月物のコマーシャル・ペーパー (commercial paper) の金利と6カ月物の短期国債 (treasury bill) の金利の間のスプレッド (Friedman and Kuttner (1992, 1993b), Bernanke (1990)), フェデラルファンド・レート (federal funds rate) と長期国債 (treasury bond) の金利スプレッド (Laurent (1988, 1989), Bernanke and Blinder (1993)) 短期国債の金利と長期国債の金利スプレッド (Estrella and Hardouvelis (1991), Fama (1990), Harvey (1989), Stambaugh (1988)) などの研究がこれまで知られている．VAR (ベクトル自己回帰) の方法 (Sims (1993)) や Granger 因果性の概念を用いて，この分野の研究者たちは，スプレッド変数の周辺予測力が高い信頼性をもつことを確証した．Stock and Watson (1989, 1990a, b, 1993) は，先行指標として包括的な新しい指数の開発を試みた際，手形-短期国債 (paper-bill) のスプレッドと期間構造の「傾斜 (tilt)(イールドカーブの傾き)」が景気循環予測の観点からはもっとも有効な2つの変数であることを発見した．

しかしながら，こうした金利の変数は，さまざまな要因から，1990年代にはいくぶん予測力を失っているという推測もある．1980年代の連邦準備制度の数多くの政策変更が，金利の金融政策の指標としての信頼性を減少させているというのだ．また，金融の分野でのイノベーションや規制緩和，コマーシャル・ペーパー市場の発展，国際金融市場のグローバル化や統合の進展等が，多様な貨幣市場での手段の間での代替性を高めている[1]．このことは，金利スプレッドの金融政策に対するセンシティビティを減らしている可能性がある．事実，Stock and Watson (1993) の実験的な景気

[1] たとえば，Bernanke (1990), Bernanke and Mishkin (1993), Estrella and Hardouvelis (1991), Kashyap, Stein and Wilcox (1993), Stock and Watson (1993) を見よ．

後退の指数が最近の景気後退の予測に失敗したことは，こうした金融変数間の依存度の高まりが原因だろう．

景気循環の予測量が事前の意味で有用であるのは，予測変数の変化を転換点の予測に関連づける上で適切なフィルターのルールを構成したときのみである．McNess (1991) は，こうしたむしろ当たり前の点がこれまでの研究では，不幸にも，十分に強調されてこなかったことを指摘している．数多くのその場限りのフィルタリング・ルールが，先行指標の指数の月次変動を解釈するために発展してきた．その古典的なものは，景気後退の予報のための 3 カ月連続下降 (three-consecutive declines) ルールである[2]．金融界では，イールドカーブの反転が，差し迫った景気後退の予報として長い間，用いられてきた．いかなる実証的なルールも，概して，タイミングの正確さと誤報を出すことの間のトレードオフを含んでいる．転換点を予測する代わりに，Stock and Watson (1993) は，経済が将来月に景気後退に入る確率を捉えるために，動学的な単一指数モデルの確率的なシミュレーションを用いた．そこでは，景気後退は，観測できない経済状態の特定の動向として定義される．

この章では，非線形の枠組において景気循環の転換点の予測量としてのさまざまな金利スプレッド変数のパフォーマンスを比較する．ここまでに述べた研究はすべて，景気後退のエピソードがシステムにとって「外生的で偶然的」であるような，線形時系列によるアプローチに従っていた．線形時系列の手法が経済の実証分析で一般的になる以前には，Keynes (1935) や Hicks (1950) などの多くの研究者たちは，非対称な景気循環の問題を強調していた．とくに，彼らは景気拡大が景気後退に比べ，持続的でなだらかであることを観察していた．Burns and Mitchell (1946, p. 134) は「経済の収縮は，拡大よりも激しい変化であるということは，共通に認められた発見である」と述べている．近年では，Neftci (1984), Sichel (1991), De Gooijer and Kumar (1992) などの多くの研究者たちがマクロ経済時系列の非線形性と非対称性を示す証拠を発見している．われわれ (Lahiri and Wang (1994)) は，線形時系列モデルにおける推定と予測のための通常の判断基準関数は，景気循環の交互の段階にわたる異なった変動過程を特徴付け，見分ける目的のためには不十分であると考えている．Stock and Watson (1990a) はスプレッドと続いて起こる経済活動の間の関係は，線形モデルよりも非線形モデルでよりよく表現できるかもしれないと注意を与えている．さらには，後退と拡大は対称に扱われるべきではない．われわれは，適当な先行時間をもつ転換点の予測の問題を強調する．McNess (1992), Zarnowitz (1992, Ch. 13) などの多くの研究者たちは，転換点のまわりで典型的に生じるかなりの誤差を小さくできるなら，マクロ経済予測が正確で有用なものになるだろうと結論付けている．ここでの枠組では，経済は 2 つのレジーム —— 拡大と後退 —— の間のシフトとしてモデル化される．そこでは，過程の動的な振舞いが 1 つのレジームから別のレジームに大きく

[2] 転換点を特定化するための多様なフィルターのルールのより深い分析は，Zarnowitz (1992, Ch. 11) にある．Zellner and Hong (1989) も見よ．

動くことが許されている．2つの状態の間のスイッチは，2状態マルコフ過程によって決定されている．計量経済学者たちは，このシフトを直接には観測できないが，観測できない状態について，確率的な推測はできると仮定している．Hamilton (1989, 1993) の非線形フィルター・アルゴリズムは，柔軟にパラメータの最尤 (ML) 推定を行うことを可能にしている．

この分析では，1953年1月～1993年3月の間で金利スプレッドが非常によいパフォーマンスを示していることを明らかにしている．これまで生じた多くのことから判断するとイールドカーブの傾きがもっともよい予測量になっており，フェデラルファンド・レートと長期国債の金利のスプレッドもそれに迫るくらいよい．前者は，この標本期間にわたって，15のすべての山と谷の転換点を，十分に長いリードタイムをもち，間違った予報を出さずに，予測した．フェデラルファンドに基づいたスプレッドは，1957～1958年と1960～1961年の景気後退を予測できなかった．また，1966年には，誤った予報を1回出している．現在の見解とは逆に，この2つのスプレッドは，もっとも最近の景気後退の山と谷はうまく予測している．マッチする満期の手形-短期国債スプレッドのパフォーマンスは，よい印象を与えない．1990年の後退予報は，5カ月後にようやく実現した．すべての山の転換点を平均6カ月のリードタイムをもって予測している．さらには，先の2つとは違ってこの変数は，十分なリードタイムをもった谷の予測には，常に失敗している．予報は少しのラグをもっている．この結果は，手形-短期国債スプレッドが景気後退の前だけでなく，その最中でも大きい傾向があるという Friedman abd Kuttner (1993b) の観察に一致している．線形時系列分析を用いて，Bernanke (1990) はマクロ経済の活動を計る9つの異なる指標とインフレ率を予測するために，多くの金利変数間の単純な比較を行った．多くの金利変数が1961～1989年の間の経済のすぐれた予測量になっているが，単一でもっともよい変数は，コマーシャル・ペーパーと短期国債の間の金利スプレッドであることがわかった．しかしながら，彼の分析では，景気循環の山と谷の予測誤差に対してとくに考慮が払われていないことを指摘しておく．

この章は，以下のように構成される．10.2節では，Hamilton (1989) の2レジーム・マルコフ・スイッチング・モデルとその推定法を紹介する．10.3節は，実証結果を含む．貨幣的伝達メカニズムの含意は，10.4節で与えられる．最後に，10.5節で結論を述べる．

10.2 Hamiltonの非線形フィルター

このモデルは，データ生成プロセスを2つのレジーム —— 拡大と後退 —— をもつことを前提にしている．さらに，このプロセスは2状態マルコフ過程によって決まる離散のシフトに従うと仮定する．観測された時系列は，2つの異なる状態 $S_t=1,2$ から引き起こされる．平均と分散は，状態 $y_t/S_t \sim N(\boldsymbol{\mu}_{S_t}, \boldsymbol{\Omega}_s)$ の関数である．ただし，

$\boldsymbol{\mu}_{S_t}=(\mu_1, \mu_2)$＝景気拡大と後退のそれぞれの y_t の平均値，$\boldsymbol{\Omega}_{S_t}=(\omega_1, \omega_2)$＝レジームに依存する標準偏差，$S_t$＝1次マルコフ連鎖によって決まる観測されない状態変数，そしてその遷移確率は $P_{ij}=\Pr(S_t=i/D_{t-1}=j)$ で $P_{11}+P_{12}=P_{21}+P_{22}=1\ (i, j=1, 2)$ を満たす．$\boldsymbol{\lambda}\equiv(\mu_1, \mu_2, \sigma_1, \sigma_2, P_{11}, P_{22})$ は，観測データの確率密度 $P(y_1, y_2, \cdots, y_t\,;\,\boldsymbol{\lambda})$ を特徴付けるパラメータベクトルである．データにもっともよくフィットするパラメータを推定し，時点 t までの観測値が与えられたときの観測されない状態の推測を行うのが目的である．y_t（ある特定の金利スプレッド変数）を主な指標と取るので，計算された確率は，近い将来の経済の状態の予測と解釈することができるだろう．

観測されない状態の推測は2段階で実行される[3]．1段階目にパラメータが推定される．2段階目に，観測されない状態が，推定されたパラメータを用いて推定される．状態は直接には観測されないので，推測は次のような確率の形を取る

$$P(S_t=i/y_t, y_{t-1}, \cdots, y_1\,;\,\boldsymbol{\lambda}), \qquad i=1, 2 \tag{10.2.1}$$

これは，時点 t までに観測されたデータと $\boldsymbol{\lambda}$ の条件付きで，過程が時点 t で状態 i を取る確率を表す．

初めに，$\boldsymbol{\lambda}$ の値が既知としたときの推測を考える．よく知られた公式 $P(S_1=1)=(1-P_{22})/((1-P_{11})+(1-P_{22}))$ で与えられた時点 t での状態1の無条件の確率から出発すると，時点 $t=1$ と $t=2$ での状態の同時確率 $P(S_2, S_1)=P(S_2/S_1)P(S_1)$ が計算できる．S_1 と S_2 で条件付けた (y_1, y_2) の同時正規密度を与えると，状態と観測値の同時確率密度は，

$$P(y_2, y_1, S_2, S_1)=P(y_2, y_1/S_2, S_1)P(S_2, S_1) \tag{10.2.2}$$

で与えられる．そして，これの状態ごとの和を取ると，

$$P(y_2, y_1)=\sum_{S_1=1}^{2}\sum_{S_2=1}^{2}P(y_2, y_1, S_2, S_1) \tag{10.2.3}$$

となる．$P(S_2, S_1/y_2, y_1)=P(y_2, y_1, S_2, S_1)/P(y_2, y_1)$ を計算することで，データで条件付けた最初の2期間についての推測ができる．そして，時点 $t=2$ での状態 i の推測は，

$$P(S_2=i/y_2, y_1)=P(S_2=i, S_1=1/y_2, y_1)+P(S_2=i, S_1=2/y_2, y_1), \qquad i=1, 2. \tag{10.2.4}$$

として得られる．

同様に，式(10.2.4)を初期値として用い，先の手続きを繰り返すことで，時点 t までの観測された時系列で条件付けられた時点 t での状態の推測を，

$$P(S_t/Y_t)=\sum_{S_{t-1}=1}^{2}=P(S_t, S_{t-1}/Y_t), \qquad t=2, 3, \cdots, T \tag{10.2.5}$$

と行うことができる．フィルターの副産物としてすべての観測値に基づく標本尤度関数が，

$$P(y_1, y_2, \cdots, y_T\,;\,\lambda)=\sum_{S_1=1}^{2}\cdots\sum_{S_T=2}^{2}P(y_1, y_2, \cdots y_T, S_1, S_2, \cdots, S_T\,;\,\lambda) \tag{10.2.6}$$

[3] 詳しくは，Hamilton (1988, 1989, 1990, 1993) を見よ．

と得られる．これを数値的に最大化して $\boldsymbol{\lambda}$ を推定する．得られたパラメータは上記のフィルターで推測に用いられる．この手続きの結果として，時点 t での経済が拡大したり，後退したりする確率の列が得られる．このようにして景気循環の転換点を予測することができる．

10.3 実 証 結 果

3つの金利スプレッドの予測のパフォーマンスは，以下のように分析される．それらは，① フェデラルファンドと 10 年物の長期国債との金利スプレッド (FR_10TB), ② 10 年物の長期国債と 1 年物の短期国債 (10TB_1TB), ③ コマーシャル・ペーパー

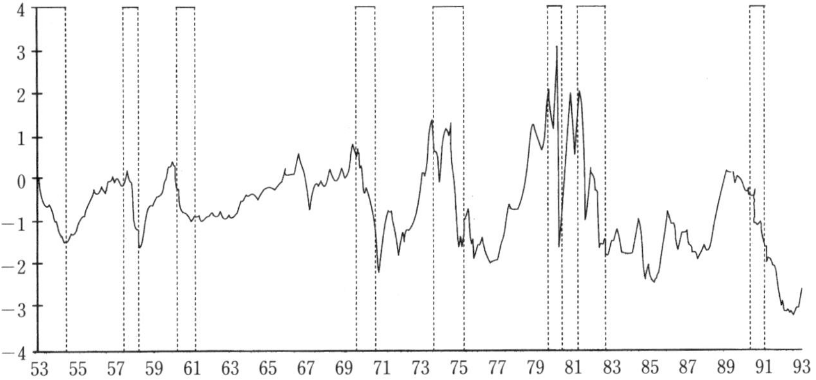

図 10.1 1 年物短期国債の金利－10 年物長期国債の金利
1TB_10TB, 1953 年 1 月～1993 年 3 月.

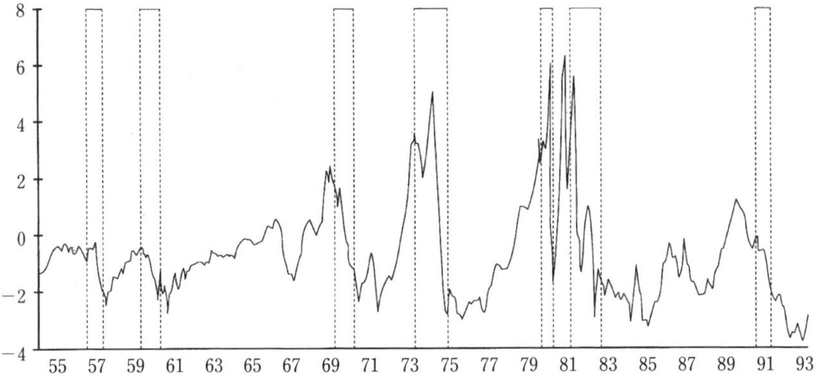

図 10.2 フェデラルファンド・レート－10 年物長期国債の金利
FR_10TB, 1955 年 1 月～1993 年 3 月.

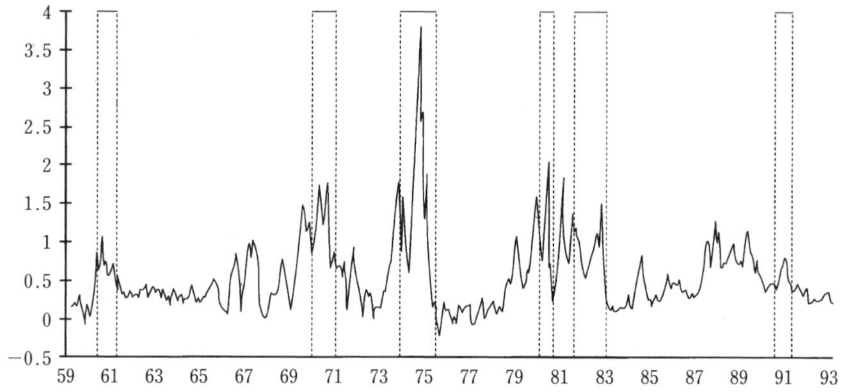

図 10.3　コマーシャル・ペーパーの金利−1年物短期国債の金利
6CP_6TB, 1959年1月〜1993年3月.

(手形)の金利と6カ月で満期の短期国債の金利との差(6CP_6TB)である．FR_10TBでは，1955年1月〜1993年3月，10TB_1TBでは，1953年1月〜1993年3月，6CP_6TBでは，1959年1月〜1993年3月の月次観測値を用いた．これらのデータは，Citibaseデータ・バンクから得たものである．これらの系列は，図10.1〜10.3にえがかれている．そこでのボックス領域は，NBER (National Bureau of Economic Research, 全米経済研究所)の決めた景気後退を表している[4]．ADF検定(augmented Dickey–Fuller test)は，これらの系列すべてに対し，非定常の帰無仮説を1%の有意水準で棄却している．ML解は，Hamilton (1990)に記述されているいわゆるEMアルゴリズムで求められる．混合正規分布のパラメータを推定する際に生じる，よく知られた特異性の問題を避けるために，Hamilton (1991)の「準ベイズ」アプローチに従い，2つのレジームのパラメータに標本に基づいた事前分布を用いる．

パラメータ推定値とその標準誤差が表10.1に示される．FR_10TBの平均値と1年物短期国債と10年物長期国債の金利差は，景気拡大期に負であり，後退期に正であることがわかる．また，平均的には，手形と国債とのスプレッドは，後退期(μ_2=0.95)では，拡大期(μ_1=0.27)よりもはるかに大きい．パラメータの標準誤差はパラメータが正確に推定されていることを示している．後退期の分散σ_1^2は拡大期の分散σ_2^2よりもはるかに大きいことがわかっている．このレジームに依存した分散不均一性は，よく認識されている[5]．また，推定された遷移確率(P_{11}, P_{22})は，すべての系列で0.90を超えている．このことは，今いるレジームにとどまり続ける傾向が非常に

4　10年物長期国債と3カ月物短期国債との金利スプレッド(10TB_3TB)や，3カ月満期のコマーシャル・ペーパーと短期国債との金利スプレッド(3CP_3TB)についても実験を行った．この2つのスプレッドのパフォーマンスは，おのおの，10TB_1TBや6CP_6TBによく似ている．したがって，これらの結果をとくに分けては報告しない．

5　Neftci (1984), French and Sichel (1993), Dasgupta and Lahiri (1993)を見よ．

表 10.1 2レジーム・マルコフ・スイッチング・モデルのパラメータ推定値

パラメータ	FR_10TB	10TB_1TB	6CP_6TB
μ_1	−1.4849	1.4437	0.2711
	(0.0738)	(0.0479)	(0.0124)
μ_2	1.3493	−0.1289	0.9531
	(0.2431)	(0.0515)	(0.0418)
P_{11}	0.9839	0.9691	0.9583
	(0.0072)	(0.0366)	(0.0138)
P_{22}	0.9539	0.9683	0.9364
	(0.0209)	(0.0414)	(0.0205)
σ_1^2	0.7759	0.3902	0.0268
	(0.0713	(0.0111)	(0.0030)
σ_2^2	2.5764	0.4300	0.2404
	(0.3269)	(0.0114)	(0.0264)

注：カッコ内はパラメータの標準誤差.

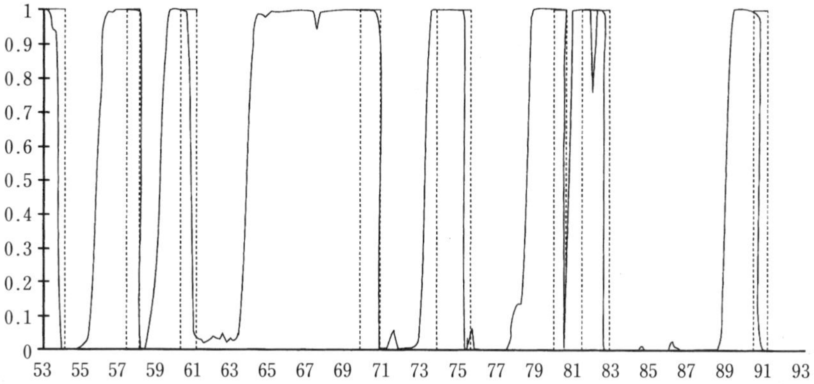

図 10.4 10TB_1TB による景気後退の確率
1953 年 1 月〜1993 年 3 月.

大きいということである[6)]. 図 10.4 は, 1950 年代半ばから 1993 年 3 月までの月次データの 10TB_1TB で, 経済が後退状態になる確率(フィルター推測), つまり, $P(S_t=2/y_t, y_{t-1}, \cdots, y_1;\boldsymbol{\lambda})$ を表している. このすべての 3 つのケースで, 単純な 2 レジーム・マルコフ・スイッチング・モデルは正確な予報を与えている. またその確率が, 転換点の直前には 1 にまで大きく増加していることにも注目すべきだろう. 結

6 Hamilton (1988, 1989) に従って, 自己回帰項を誤差項に付け加えたより複雑なモデルも実験した. つまり, $y_t=\mu_{S_t}+\phi_1(y_{t-1}-\mu_{S_{t-1}})+, \cdots, +\varepsilon_t$ で, ε_t は $N(0, \sigma_\varepsilon^2)$ である. AR 項を 4 次まで許した. 伝統的なモデルの適合度基準(たとえば, 尤度関数の最大値)は, 典型的にはすべての観測値に同じウエイトを与えるものであるが, こうした基準によると, AR 誤差項をもたないものよりはよい. しかしながら, こうしたモデルでの確率的な予測は, この論文で報告されているものより悪い. こうしたモデルは, 転換点の多くを見落とす. つまり,「ベストフィットしているモデル」は, 必ずしも, 転換点の予測には, ベストではない. この点についてより詳しくは, Lahiri and Wang (1994) を見よ. ここでのモデルは, Engle and Hamilton (1990) に同じである.

表 10.2 谷の転換点の予報

NBER による底	FR_10TB	10TB_1TB	6CP_6TB	LEI
May-54	NA	−6	NA	−2
Apr-58	NO	−1	NA	+1
Feb-61	NO	−3	+1	+1
Nov-70	−1	0	+8	+1
May-75	−2	−3	−1	−1
Jul-80	+2	−1	+2	0
Nov-82	−3	−3	+1	−1
Mar-91	−6	−6	+1	+2

−，＋：それぞれ実際の谷に対するリードとラグ，NO：谷があったときに予報を出さない，NA：データなし．

表 10.3 山の転換点の予報

NBER による山	FR_10TB	10TB_1TB	6CP_6TB	LEI
Aug-57	NO	−19	NA	−15
Apr-60	NO	−11	−1	−6
Dec-69	−16	−62	−8	−5
Nov-73	−6	−7	−5	−3
Jan-80	−12	−16	−5	−9
Jul-81	−8	−9	−8	−5
Jul-90	−15	−18	+5	−5

−，＋：それぞれ実際の山に対するリードとラグ，NO：谷があったときに予報を出さない，NA：データなし．

果として，フィルターのルールによってだけでは，ほとんどリードタイムは失われていない．たとえば，「3 つの連続した低下」ルールは，予報する前に，3 カ月を必要としている．われわれは，3 つの系列すべてに山の予報を出すために，0.90 の限界値を用いる．$P(S_t=1/y_t, y_{t-1}, \cdots, y_1 ; \boldsymbol{\lambda})$ が，FR_10TB では 0.90 の限界値，6CP_6TB や 10TB_1TB では 0.50 の限界値を超えたときに，谷の転換点の予報を出す．こうした限界値は，誤った予報を多く出さずに，標本期間での各転換点に予報を出す必要を勘案して決められる[7]．幸いにも，確率の推定値は，こうした選択が自然で，それゆえ報告されている結果に影響を与えないようになっている．標本期間には，NBER の定めた 15 の山と谷がある．表 10.2 と 10.3 は，3 つのスプレッドが山や谷に予報を出すパフォーマンスをまとめたものである．

イールドカーブの傾き (つまり 10TB_1TB) がいちばんよいパフォーマンスを示している．すべての転換点を誤らずに予報している．景気後退の予報への平均のリードタイムは 20 カ月ほどであり，谷の転換点の予報には，3 カ月弱である．Estrella and Hardouvelis (1991) によると，スプレッドは 5～6 四半期先で，最大の予測力をもつことがわかった．1969 年 12 月の山の予報は，長いリードタイムをもっている．その予報は，1964 年 10 月に出され，1969～1970 年の景気後退の始まりまで取り下げられ

[7] Neftci (1982), Diebold and Rudebusch (1989, 1991), Koenig and Emery (1991), Lahiri and Wang (1994) を見よ．

なかった．しかしながら，予測されたように，イールドカーブの傾きが逆転し，1966年中は正であったことを指摘しておく．1966～1967年の間は，後に成長途上の後退(growth recession)として特徴付けられることとなった．1964年の減税や，1965年の第4四半期(ベトナム戦争の激化による)から1968年の最後まで続いた防衛支出の莫大な伸びのため，完全な景気後退が回避された可能性がある．防衛支出の急激な伸びによって起きた産出量の増大が，さらなる需要の追加を生む小さな投資ブームを引き起こしたのだ．この過剰な財政刺激こそが，景気後退の始まりを一時的に遅らせたのだろう．よく知られているように，このことは，インフレ圧力を増加させた．1966～1968年の間，10TB_1TBのスプレッドは，金融政策の引き締めを予期したように，歴史的な水準からみてもかなり高い水準であり続けた．金融政策によるブレーキがついに1968年の終わりにきて，1969年12月には，景気後退が急速に始まった．

1969年以来，FR_10TBの記録は，同程度に素晴らしい．それは，10TB_1TBと同様，すべての転換点をリードタイムをもって予報している．しかしながら，FR_10TBは，1966～1967年に1組の誤った予報を出しているし，1957～1958年と1960～1961年の景気後退の予報をし損ねている．この誤報は，1967～1968年の成長途上の後退によって説明される．これは，本質的には，1966年の「クレジット・クランチ」(credit crunch)によって引き起こされたものである(Bernanke and Blinder (1992), pp. 911-912). FR_10TBが1957～1958年と1960～1961年の景気後退の予報をし損ねることは，予期されないことではなかった．Bernanke and Blinder (1992)は，フェデラルファンド・レートが経済活動のよい予測量となっているのは，それが金融政策のよい指標になっているからだと論じている．1966年以前は，ファンド・レートは一般的に公定歩合よりも低く，それゆえ金融政策のよい指標ではなかった．ファンド・レートが公定歩合よりも低いと，借り入れは摩擦により生じる水準にまで下がってしまう．したがって，フェデラルファンド・レートはファンド・レートと公定歩合とのスプレッドに対して敏感ではなくなる．他方，10TB_1TBは，短期国債の市場が大きく，戦後の期間を通じて発展してきたために，よいパフォーマンスを示している．また，それゆえに，金融政策の変化や他の経済全体の発展に敏感に反応している．このことは，戦後には金利の経路が存在するとRomer and Romer (1993)が論じたことを支持している．FR_10TBと10TB_1TBの2つは，1990年7月の最近の山を15～18カ月のリードタイムをもって，1991年3月の谷を6カ月のリードタイムをもって，予測することに成功している．この結果は，著しいものである，なぜなら，この分野の研究者たちは最近の景気後退は1990年7月以前のスプレッドの挙動に基づいては予測できないと考えていたからである[8]．Sims (1990)による9変数の確率的VARモデルは，1990年の景気後退を予測できなかった．また，Fair (1993)は最近の景気後退は予測しやすいものではないと論評している．

8 唯一の例外は，Laurent (1989)である．そこでは，フェデラルファンドと長期国債の金利スプレッドによって，1990年の景気後退を明白に予測している．

注意すべき他の興味深い点としては，FR_10TB と 10TB_1TB の予測の効力は，連邦準備制度が，中間的なターゲットとしてフェデラルファンド・レートでなく，準備金でないものにシフトさせようと考慮していた 1979～1982 年の時期に，弱くなっていないという点である．しかしながら，1980 年代初めの準備金の要求はラグをもっていたので，週次の準備金によらないターゲットも，準備金によるターゲットと密接に関連していた．後者は，本質的には，連邦準備制度が歴史的に用いてきた，フェデラルファンドをターゲットにする手法である[9]．

1 つの例外はあるが，手形と短期国債とのスプレッド (6CP_6TB) は，1960 年以来，平均 5～6 カ月のリードタイムをもってすべての循環の山を予報してきた．1990 年 7 月の山の予報は，5 カ月の遅れがあった．6CP_6TB の予測能力で他に目立った点は，谷の予測では，リードタイムをまったくもたなかったことである．平均すれば，2 カ月ほどのラグがあった．この結果は，戦後の平均景気後退期間は 11 カ月を少し超えるという事実に照らせば，理解可能ではある．しかしながら一方，FR_10TB や 10TB_1TB は，こうした谷の予測にすら，十分によいパフォーマンスを見せている．6CP_6TB が景気の谷の予測に失敗するということは，スプレッドは後退の前だけでなく，後退の間でも同じく大きいという Friedman and Kuttner (1993b) の観察にも一致している．このことは，金融的な要因とは別に，デフォルト・リスクや企業の資金の必要性が後退期にも高いままであることをもまた，6CB_6TB のスプレッドが反映しているという事実から説明される．また，1973～1975 年の景気後退は，3 つすべての金利スプレッドで予想されていることに注意しておきたい．3 つの予報は，1973 年の第 2 四半期に出されている．その時期は，明らかに，1973～1974 年の金融引き締め (Romer and Romer (1993)) よりも前である．こうして，このようなスプレッド変数は金融政策のスタンス以上の情報を伝えていることが結論できる[10]．

また，6CB_6TB は，実際にはない 7 つの景気後退を予報してしまっていることに注意しておく．この誤った予報は，1966 年 6 月，1966 年 11 月，1968 年 8 月，1971 年 9 月，1978 年 11 月，1984 年 7 月，1987 年 5 月の 7 回である．おそらく，このうちの 5 回は NBER による成長途上の後退 (1966 年 6 月，1969 年 3 月，1979 年 12 月，1984 年 6 月，1989 年 2 月) と関連している[11]．それにしても，手形と短期国債のスプレッドは，FR_10TB や 10TB_1TB に比べると，景気循環に対して誤った予報を多く出しすぎる．多くの観察者たちは，6CB_6TB の予測力が近年非常に悪くなっているのは，1980 年代に，コマーシャル・ペーパー市場がとてつもなく深化し，かつ流動的になったからであると指摘している．しかしながら，1980 年代に 6CB_6TB は，とても活発に動き，景気の山と谷の転換点の組を計 5 つ (うち 2 つは誤り) 与えてい

[9] この点に関してのさらなる議論は，Goodfriend (1991), Karamouzis and Lombra (1989), Feinman and Poole (1989) を見よ．

[10] このことは，Bernanke (1990), Estrella and Hardouvelis (1991), Friedman and Kuttner (1993) に一致している．

[11] こうした年表については，Zarnowitz (1992, pp. 342–344) を見よ．

ることがわかる．

われわれの分析では，FR_10TBや10TB_1TBは，景気循環の予測では，明らかに6CB_6TBよりもすぐれている．このことは，Bernanke (1990), Friedman and Kuttner (1993b) の証拠とは一致しないようにみえるかもしれない．しかしながら，われわれの枠組では，最適予測期間は固定されておらず，多くの研究で典型的である1カ月よりもずっと長いことを指摘しておく．事実，Bernanke and Mishkin (1993) の報告では，6CP_6TBは，最適予測視野を1カ月から12カ月に変えると最適予測量ではなくなっている．もう1つの重要な結果は，谷を予測する際の最適予測期間は山を予測する際よりも明白に短いということである．標準的なVARの研究では，景気拡大と後退との間の非対称性は捨象され，時系列全体において単一の予測期間を仮定している．

3つのスプレッド変数のパフォーマンスと商務省の先行指標 (leading economic indicators : LEI) のそれとを比較することは興味深い．表10.2と10.3の最後の列には，NBERの定めた景気の拡大および後退を予測したときのLEIのパフォーマンスが出ている．この列には同じフィルターを使って現在利用可能なLEIデータに伴うリードタイムもある．詳細は，Lahiri and Wang (1994) にある．LEIは，平均して7カ月ほどのリードタイムですべての山を予測していることがわかる．循環の谷を予測した結果は，それほど魅力的なものではない．平均としては，0.125カ月のラグをもってLEIは谷に後続している．かくして，こうした予報はおおむね一致している．しかしながら，6CP_6TBのように，LEIは，余計な5つの転換点の組 (1956年5月，1962年5月，1966年6月，1984年6月，1987年11月) の予報を出している．これは，NBERの定める景気の山や谷に対応しないものである．こうした予報はその後の成長途上の後退でまた正当化される．総体的には，LEIは6CP_6TBととてもよく似たパフォーマンスを示す．金利による予測は，LEIの多くの要素とは違って，データの改定や時折の定義の見直しが必要ない[12]．また，金利のデータは即座に利用可能である．ある特定月のLEIは，その翌月末にまで利用可能でない．こうした利点を追加すると，3つの金利スプレッド (とりわけ，10TB_1TB, FR_10TB) は，LEIと比べても，たいへんよいパフォーマンスを見せているだろう．

この研究で用いたアプローチにはいくつかの利点がある．第1に，この結果は，実質GNP，失業率，工業生産指数といった特定のマクロ経済の時系列に依存しない．景気後退とは，全体に広がった経済全体の著しい落ち込みと定義付けられる包括的な概念である．McNess (1991) は1つか2つの個別の変数で景気後退を特徴付けるのは，実際不可能であることを示している．NBERは，後から景気循環の転換点の判断を下すために幅広い月次データを考慮している．そこでは，こうした多角的なソースの相対的な重要性の比較が専門家の判断で決定されている[13]．第2に，われわれの

---

12 Diebold and Rudebusch (1991a, 1991b), Koenig and Emery (1991), Lahiri and Wang (1994) を見よ．そこでは，LEIのパフォーマンスを研究している．

結果は，データが加工されているか元のままであるかとは独立である．他方たとえば，Estrella and Hardouvelis (1991) では，加工された GNP の数字が元のままのものよりも，その期間構造の変数によって，よく予測されることがわかっている．最後に，最尤推定で標本に基づく事前分布を用いる以外は，この予測は，事前 (*ex ante*) のものである．ここでの下方転換の確率は，すべての標本 $(y_1, y_2, \cdots, y_T)$ による「平滑化」の推測ではなく $(y_1, y_2, \cdots, y_T)$ による「フィルター」の推測である．Estrella and Hardouvelis (1991) の報告では，対照的に，従属変数が，NBER の定めた景気後退で 1 の値を取り，そうでないときに 0 の値を取るプロビット・モデルを推定することで後退の確率を得ている．彼らの分析の独立変数は，4 つの四半期のラグをもつ 10TB_1TB である．彼らの報告している確率は，従属変数の標本内の値に当てはめることが，事前の標本外の予測よりもよい．また，彼らの独立変数の選択は，すべての景気拡大と後退の予測に際して，4 つの四半期のリードタイムを固定して考えていることを仮定している．このことは，分析において，ひどい定式化の誤りを課していることになる．

10.4　貨幣的伝達メカニズムの含意

貨幣的伝達メカニズムとは，金融政策の決定が実質 GDP やインフレに伝達する過程のことである．伝達メカニズムの性質を理解することは，金融政策を効率的に行うために必要である．われわれは，FR_10TB と 10TB_1TB が，とてもよく似たリードタイムで，景気の拡大や後退の予報を与えていることを発見した．1960 年代半ば以降，他のどの変数よりもファンド・レートは，連邦準備制度の意識的かつ意図された政策行動を表してきた．おそらく，産出量と価格はフェデラルファンド・レートには直接反応せず，少なくとも 3〜6 カ月満期の実質金利に反応するのだろう．短期国債は満期までの期間におけるファンド・レートに対する期待によって決定される．したがって，連邦準備制度が金利の期間構造を固定させるためにファンド・レートをターゲットとすると，次にそれが中短期の実質金利を変える (Mishkin (1990) を見よ)．Bernanke (1990，表 7) は，フェデラルファンドのターゲット変更のアナウンスは，2 週間以内で実際のフェデラルファンド・レートに完全に反映されることを示している．Cook and Hahn (1989) は，1970 年代には，3, 6, 12 カ月の短期国債の金利は，ファンド・レートのターゲットの 1%の変化に対して，50 ポイントほど動くことを示した．このことは，それが実現されるという時刻までに個々のターゲットの変化のうちの約半分を予期していることを示唆している．このことは，期間構造の傾きは金融政策の変化だけではない情報を含んでいるとする Estrella and Hardouvelis (1991) の結論をも説明している．しかし，連邦準備制度が経済的イベントに意図的に

---

[13] Hall (1991) を見よ．

反応するので，フェデラルファンド・レートの変化が金利の変化の根本的な原因であると即断はできない．つまり，双方がより根本的なショックから生じたのかもしれない．こうしたショックは，技術，生活嗜好，需要や供給によるショックなのかもしれない．もちろん Goodfriend (1991) が指摘したように，こうしたショックの多くは，政治的なプレッシャーに囲まれている連邦準備制度の政策の誤りや転換として，連邦準備制度に帰せられるものかもしれない．実際，Bernanke and Blinder (1992) は，ファンド・レートの変化が，準備金の供給の政策変更からもたらされたショックを表していることを明らかにした．10TB_1TB での変化は，多少小さくなっているとはいえ，FR_10TB のそれと非常に似ていることに注意したい．主として，短期国債レートは，借りる人びとよりも貯蓄し，投資する人びとの行動に影響しているので (Friedman and Kuttner, 1993a)，金融政策は，最初はこのグループの代理人に影響することで機能する．そして，10TB_1TB は，FR_10TB のように金融政策の姿勢を根本的に表しているのである．

近年，Bernanke and Blinder (1992)，Friedman and Kuttner (1993b)，Kashyap, Stein and Wilcox (1993) らの多くの研究者は，貨幣的伝達メカニズムにおける独立な「信用」チャンネルが重要であることを強調した．信用チャンネルによると，金融政策の金利への直接的な効果は，外部資金調達のプレミアムでの内生的な変化により増幅される．このプレミアムは，外部調達と内部調達の資金の間のコストの違いである．Bernanke and Gertler (1995) は金融政策の変化をもたらす 2 つの道が信用市場での外部資金調達のプレミアムに影響していることを示唆している．つまり，バランス・シート・チャンネル (または，自己資本チャンネル) と銀行貸出チャンネルである．バランス・シート・チャンネルが生じるのは，金融政策の引き締めが借り手のバランスシート・ポジションを直接的・間接的に弱めるためである．金融政策は，借り手のバランス・シートに影響するだけでなく，普通銀行の貸付金の供給にまでも影響しているかもしれない．これが銀行貸出チャンネルである．したがって，金融政策は，負債 (すなわち，預金) に影響している通常の「貨幣」チャンネルだけでなく，銀行資産 (すなわち，貸付金) と企業の自己資本をも通じて機能する．Bernanke and Blinder (1992) は，預金への効果が，すぐに始まり，約 9 カ月で終了することを明らかにした．他方，銀行貸付金が反応し始めるのは，約 6 カ月ほど後であり，預金の減少の全体の効果は，2 年目の終わりになって，貸付金に反映される．Bernanke and Gertler (1995) は，金融引き締めに続き，約 6 カ月から 9 カ月で，企業のキャッシュ・フローと利益に対する逆のバランス・シート効果がピークに達することを示した．アメリカにおいて，主要な景気後退は，しばしば，主としてインフレの圧力に対応して行われた金融政策の引き締めが原因とされている．アメリカでは，平均的には，戦後の景気拡大は 4 年強続いた[14]．つまり，貨幣や信用チャンネルには，金融の収縮に続いて作

[14] Diebold, Rudebusch and Sichel (1993, p. 262) を見よ．

動するための時間が必要だった．したがって，2つのチャンネルのうちのどちらが相対的により効果的であったかは明らかでない．この研究分野の多くの先行研究が対称性を仮定しているために，金融引き締めの後での貸付金の減少が遅いことの説明は，貸付金が，金融緩和の後に増えるのがなぜ遅いかの説明にもなっている (Ramey (1992))．しかし，平均としては，戦後の景気後退は 10～11 カ月続いた．景気後退の始まりを認識した後に (最低 2～3 カ月が必要かもしれないが)，連邦準備制度がその金融政策を緩和することが予想される．Romer and Romer (1994) は，金融政策が，8 つの戦後の景気後退のおのおのを終了させる手段となっていたことを示した．金融政策の刺激に続く短期間で常に経済の状態が変化したという事実こそが，金融政策の緩和が，信用/貸出チャンネルではなく，貨幣，およびバランス・シート・チャンネルを通じて作動したことを示している．われわれの観察は，独立な貸出チャンネルが存在しないことは示唆していない．実際，長期の景気拡大は，貸付金供給の拡大による，産出量拡大の延期された効果のためと説明される．しかし，われわれの分析によると，貨幣チャンネルは，バランス・シート効果とともに，反景気循環的な政策手段として十分に効果的であることが示唆される．Ramey (1992)，Romer and Romer (1991) は，従来の貨幣チャンネルの役割を強調している同様な結論に達している[15]．

バランス・シート・チャンネルの独立で敏速な役割は，戦後では，景気拡大よりも景気後退の方が急で，かつ短いという事実に一致している．Gertler and Gilchrist (1994)，Oliner and Rudebusch (1994) は，企業の資金繰りが厳しいときの，大企業と中小企業との間の顕著な行動の違いを発見した．コマーシャル・ペーパー市場での償還請求権や他の短期信用の手段をもっている大企業は，一般的には，こうした短期的な借り入れを増やすことで，キャッシュ・フローの予期しない減少に対応する．対照的に，中小企業は，ほとんどのケースで，短期信用市場へのアクセスは制限されており，生産の打ち切りで資金繰りの悪化に対応する．さらに，金融的に厳しい景気後退の直前には，企業の規模によるこうした違いがより重要になることが予想される．好況局面では，中小企業は，大企業と同じ方法で，生産を円滑に行う．したがって，景気後退期，つまり流動性制約がこうした企業の多くで制約になるときは，拡張的な金融政策は，好況局面よりも経済に対して劇的な効果をもつ．このことは，われわれがこの研究で発見した景気変動の段階での非対称性と一致している．同様な枠組で，Garcia and Schaller (1995) は景気拡大期よりも景気後退期に金融政策が有効なことを見出した．

6CP_6TB を，FR_10TB や 10TB_1TB (表 10.2 と 10.3 を見よ) と比較することで，わかったことは，前者は，景気循環の山を，他の 2 者よりも短いリードタイムで

---

[15] Romer and Romer (1993) は，最近，金融引き締め政策の銀行貸出への影響の大部分は，貨幣的伝達メカニズムの固有の特徴というよりも，明示的な信用管理，特別な準備要求，道徳的勧告などのような銀行貸付金の減少に直接向けられた連邦準備制度の行動が原因であることを明らかにした．Bernanke (1993) も見よ．

一貫に先行する．また，平均的には，6CP_6TBは，おのおのの循環の谷の後，約2カ月のラグをもつ．他方，FR_10TBと10TB_1TBは，常に2〜3カ月のリードタイムで谷を予報した．こうした結果は，なぜ，民間の手形と公債の間のスプレッドが景気変動とともに共変動するのかというFriedman and Kuttner (1993b)の説明と一致している．コマーシャル・ペーパーと短期国債の間の不完全なポートフォリオ代替可能性という仮定に基づき，彼らは3つの独立な説明を提出した．第1に，スプレッドは，認識されたデフォルト・リスクを直接反映する．それは，異なった情報を敏感に要約する．第2に，手形-短期国債のスプレッドの拡大は，金融政策の引き締めによる銀行貸出の収縮の徴候である．最後に，手形-短期国債スプレッドが景気後退のすぐ前やその間に拡大するのと同様に，企業のキャッシュ・フローの循環の変動が，コマーシャル・ペーパー市場に衝撃を与える．こうした要因のどれもが，景気後退に先立ち，手形-短期国策スプレドを変化させないことがわかる．たとえば，FR_10TBや10TB_1TBとは異なり，6CP_6TBに金融政策が反映されるのは，貸出の契約開始後からであり，それは金融引き締め開始後，最低6カ月間は起こらない．先に指摘したように，景気後退の直前だけでなく，景気後退期にも，デフォルト・リスクとキャッシュに換える需要が増大する傾向がある．

最近の景気後退は，5カ月のラグをもって，6CP_6TBにより予報されたのに対し，FR_10TBと10TB_1TBは，15〜18カ月のリード・タイムで山を予報した．Bernanke and Lown (1991)の分析によると，景気後退に先立つ期間に，借り手のバランス・シートの状態の悪化が銀行の「クレジット・クランチ」とともに貸出を減少させるために景気後退が進行することが明らかになった．1990年の景気後退の始まる前の間に，銀行貸出の減少が，コマーシャル・ペーパーと金融会社の貸出の拡大に付随するということは，銀行貸出の供給の制約が景気下降の初めにくるとの仮説に符合している．Owens and Schreft (1992), Cantor and Wenninger (1993)もまた，景気後退に先立つ期間のクレジット・クランチを支持する証拠を出し，Romer and Romer (1993)は，戦後において重要な金融収縮の7つのエピソードのうちの1つとして，1988年12月を識別した．これは，FR_10TBと10TB_1TBが，景気後退をなぜ予報できたかを説明する．しかし，需要および他の要因が全体的に弱まるため，貸出チャンネルは，景気の山に先立ち景気後退の予報を出すような，手形-短期国債スプレッドの拡大を刺激するほど十分に強力ではなかった．しかし，以前の景気後退のように，それは，1カ月のラグで谷の予報を与えた．このことは，最後の転換点の間に，6CP_6TBが過去の景気回復を追跡することを助けた要因が存在したことを意味している．

10.5 結　　論

われわれは，1953〜1993年の期間，アメリカの景気の転換点の予測量として，多くの金利スプレッドの相対的な比較を行った．予測変数の変化を転換点の予測に関連付けるために，Hamilton (1989) により開発された非線形なフィルターを使った．われわれの枠組では，経済の動的な挙動は，持続期間とボラティリティによって，景気拡大と景気後退の間で変化することが許容される．そして，過去の研究で最大の潜在能力を示した3つのスプレッドに絞った．それは，フェデラルファンド・レートと10年物長期国債レートとのスプレッド (FR_10TB)，10年物長期国債レートと1年物短期国債レートのスプレッド (10TB_1TB)，6カ月物コマーシャル・ペーパーと6カ月物短期国債レートの間のスプレッド (6CP_6TB) の3つである．1953から1993年の間では，2番目のもの，すなわち期間構造の傾きが，もっとも効果的であった．それは，誤った予報なしですべての転換点 (山と谷) を予報した．山の予報は，平均的に約20カ月のリードタイム，谷の予報は，平均的に約3カ月のリードタイムをもっていた．フェデラルファンド・レートに基づくスプレッドの動きは，非常によく似たリードタイムをもつイールドカーブの動きと同じであった．

以前の研究はすべて，スプレッド変数が山の予報に成功することを強調し，景気回復の予測での性能をほとんど調査していなかった．本章の分析では，景気後退のレジームの特徴は景気拡大的なレジームの特徴とまったく違い，また，景気後退を予報するための最適な予報の期間は，景気拡大を予報するためよりも，ずっと長くなる傾向をもつことを強調した．10TB_1TB と FR_10TB だけに基づいて，1990年7月の最近の循環の山と1991年3月の谷が予測可能であることがわかった．ファンド・レートのスプレッドは1957年と1961年の景気後退を予期せず，1966年に間違った予報をした．こうした望ましくない性質はまったく予期しえなかったわけではない．1950年代には，フェデラルファンド市場は十分に発展せず，ファンド・レートの変動は金融政策の姿勢を反映したものではなかった．唯一の誤った予報は，1966から1967年の成長途上の後退がその後に続く1966年のクレジット・クランチを反映したときのものであった．手形-短期国債のスプレッドは1990年の景気後退を予期しなかったが，一方，約6カ月の平均的なリードタイムで他のすべての景気後退を予報した．しかし，10TB_1TB と FR_10TB とは違って，6CP_6TB は，平均して2カ月のラグで，谷の転換点を予報した．それは，6つの間違いの予報を出した．その誤報のほとんどは，成長途上の景気後退と間違いなく関連している．たとえ手形-短期国債スプレッドのパフォーマンスが3者の中で最悪であったとしても，その成績は商務省の先行指数に非常に似ている．したがって，金利はすぐに利用可能で，改定されたりしないことを考慮すると，3つの金利スプレッドの全体のパフォーマンスは実にすぐれている．この実証結果は，反景気循環的な金融政策を実行したときには，いわゆる「貸出チャンネル」よりも，貨幣的伝達メカニズムの通常の「貨幣」と「バランスシート」チャンネルが有効な手段となっていることを示唆する．これは，金利の期間構造，銀行預金，貸出に直接影響することで機能する．実際的な予測の観点からすると，この研究のもっとも重要な実証結果は，金利スプレッドが，事前にかなりのリードタイムで景気変動を一貫して予報できるということである．

この論文の前の版は，1995年8月22～29日に東京で開かれたエコノメトリック・ソサエティの第7回ワールド・コングレスで発表されたものである．Paul Fisher, Kenneth Kuttner, G. S. Maddala, John Taylor, Victor Zarnowitz の各氏の多大なコメントおよび示唆に感謝する．■

［西埜晴久・訳］

文　献

Bernanke, B. S. (1990). On the predictive power of interest rates and interest rate spreads. *New England Econom. Rev*. Federal Reserve Bank of Boston, November-December, 51–68.

Bernanke, B. S. (1993). How important is the credit channel in the transmission of monetary policy? A Comment. *Carnegie-Rochester Conf. Vol.* **39**, 47–52.

Bernanke, B. S. and A. S. Blinder (1992). The federal funds rate and the channels of monetary transmission. *Amer. Econom. Rev.* **82**, 901–921.

Bernanke, B. S. and M. Gertler (1995). Inside the Black Box: The credit channel of monetary policy transmission. *J. Econom. Perspectives* **9**, 27–48.

Bernanke, B. S. and F. S. Mishkin (1993), The predictive power of interest rate spread: Evidence from six industrialized countries. Paper presented at the American Economic Association meeting, Anaheim, California.

Bernanke, B. S. and C. Lown (1991). The Credit Channel. *Brookings Paper on Econom. Activity*. **2**, 205–239.

Burns, A. F. and W. C. Mitchell (1946). *Measuring Business Cycles*. Cambridge, Mass: NBER.

Cantor, R. and J. Wenningery (1993). Perspective on the credit slowdown. Fed. Res. Bank of N. Y. *Quart. Rev*. **18**, 3–36.

Cook, T. and T. Hahn (1989). The effect of changes in the federal funds rate target on market interest rates in the 1970s. *J. Monetary Econom*. **24**, 331–349.

Dasgupta, S. and K. Lahiri (1993). On the use of dispersion measures from NAPM surveys in business cycle forecasting. *J. Forecasting* **12**, 239–253.

De Gooijer, J. G. and K. Kumar (1992). Some recent developments in non-linear time series modelling, testing, and forecasting. *Internat. J. Forecast*. **8**, 135–156.

Diebold, F. X. and G. D. Rudebusch (1989). Scoring the leading indicators. *J. Business* **64**, 369–391.

Diebold, F. X. and G. D. Rudebusch (1991a). Turning point prediction with the composite leading index: An ex ante analysis. In: K. Lahiri and G. H. Moore, eds., *Leading Economic Indicators: New Approaches and Forecasting Records*, Cambridge Univ. Press, 231–256.

Diebold, F. X. and G. D. Rudebusch (1991b). Forecasting output with the composite leading index: A real-time analysis. *J. Amer. Statist. Assoc*. **86**, 603–610.

Diebold, F. X. and G. D. Rudebusch and D. F. Sichel (1993). Further evidence on business cycle duration dependence. In: J. H. Stock and M.W. Watson, eds., *New Research on Business Cycles, Indicators and Forecasting*, Univ. Chicago Press for NBER, Chicago, 255–284.

Engel, C. M. and J. D. Hamilton (1990). Long swings in the dollar: Are they in the data and do market know it? *Amer. Econom.* Rev. **80**, 689–713.

Estrella, A. and G. A. Hardouvelis (1991). The term structure as a predictor of real economic activity. *J. Finance* **46**, 555–576.

Fair, R. C. (1993). Estimating event probabilities from macroeconometric models using stochastic stimulation. In: J. H. Stock and M. W. Watson, eds., *New Research in Business Cycles, Indicators, and Forecasting*, Univ. Chicago Press for NBER. Chicago, 157–176.

Fama, E. F. (1990). Term structure forecasts of interest rates, inflation, and real returns. *J. Monetary Econom*. **25**, 59–76.

Feinman, J. and W. Poole (1989). Federal reserve policy-making: An overview and analysis of the policy process: A comment. *Carnegie-Rochester Conf. Series on Pub. Pol*. **30**, 63–74.

French, M. W. and D. F. Sichel (1993). Cyclical patterns in the variance of economic activity. *J. Business Econom. Statist.* **11**, 113–119.

Friedman, B. M. and K. N. Kuttner (1992). Money, income, prices and interest rates. *Amer. Econom. Rev.* **82**, 472–492.

Friedman, B. M. and K. N. Kuttner (1993a). Another look at the evidence on money-income causality. *J. Econometrics* **44**, 189–203.

Friedman, B. M. and K. N. Kuttner (1993b). Why does the paper-bill spread predict real economic activity? In: J. H. Stock, and M. W. Watson, eds., *New Research in Business Cycles, Indicators, and Forecasting*, Chicago: Univ. Chicago Press and NBER, 213–249.

Garcia, R. and H. Schaller (1995). Are the effects of monetary policy asymmetric? Mimeo, Univ. Montreal, Canada.

Gertler, M. and S. Gilchrist (1994). Monetary policy, business cycles, and the behavior of small manufacturing firms. *Quart. J. Econom.* **109**, 309–340.

Goodfriend, M. (1991). Interest rates and the conduct of monetary policy. *Carnegie-Rochester Conf. Ser. on Pub. Pol.* **34**, 7–30.

De Gooijer, J. G. and K. Kumar (1992). Some recent developments in non-linear time series modelling, testing, and forecasting. *Internat. J. Forecast.* **8**, 135–156.

Hall, R. E. (1991). The business cycle dating process. *NBER Reporter*, NBER Inc., Winter 1991/2, 1–3.

Hamilton, J. D. (1988) Rational-expectations econometric analysis of changes in regime: An investigation of the term structure of interest rates. *J. Econom. Dynamic Control* **12**, 385–423.

Hamilton, J. D. (1989). A new approach to the economic analysis of nonstationary time series and the business cycle. *Econometrica* **57**, 375–384.

Hamilton, J. D. (1990). Analysis of time series subject to changes in regime. *J. Econometrics* **45**, 39–70.

Hamilton, J. D. (1991). A Quasi-Bayesian approach to estimating parameters for mixtures of normal Distributions. *J. Business Econom. Statist.* **9**, 27–39.

Hamilton, J. D. (1993). Estimation, inference, and forecasting of time series subject to changes in regime. In: G. S. Maddala, C. R. Rao and R. Vinod, eds., *Handbook of Statistics*, Vol. 11, North-Holland, Amsterdam, 231–260.

Harvey, C. R. (1988). The real term structure and consumption growth. *J. Financ. Econom.* **22**, 305–333.

Hicks, J. (1950). *A Contribution to the Theory of Trade Cycle*. Oxford, Clarendon.

Karamouzis, N. and R. Lombra (1989). Federal reserve policymaking: An overview and analysis of the policy process. *Carnegie-Rochester Conf. Series on Pub. Pol.* **30**, 7–62.

Kashyap, A. K., J. C. Stein and D. W. Wilcox (1993). Monetary policy and credit conditions: Evidence from the composition of external finance. *Amer. Econom. Rev.* **83**, 79–98.

Keynes, J. M. (1936). *The General Theory of Employment, Interest, and Money*. London: Macmillan.

Koenig, E. F. and K. M. Emery (1991). Misleading indicators? Using the composite leading indicators to predict cyclical turning points. Fed. Res. Bank of Dallas, *Econom. Rev.* (July), 1–14.

Koenig, E. F. and Emery, K. M. (1993). Why the composite index of leading indicators doesn't lead. *Contemp. Pol. Issues* **12**, 52–66.

Laurent, R. D. (1988). An interest rate-based indicator of monetary policy. *Econom. Perspectives*, Fed. Res. Bank of Chicago, January/February, 3–14.

Laurent, R. D. (1989). Testing the 'Spread'. *Econom. Perspectives*, Fed. Res. Bank of Chicago, July/August, 22–34.

Lahiri, K. and J. G. Wang (1994). Predicting cyclical turning points with leading index in a Markov switching model. *J. Forecasting* **13**, 245–263.

McNees, S. K. (1991). Forecasting cyclical turning points: The record in the past three recessions. In: K. Lahiri and G. H. Moore, eds., *Leading Economic Indicators: New Approaches and Forecasting Records*, Cambridge University Press, Cambridge, 151–168.

McNees, S. K. (1992). How large are the economic forecast errors? *New Engl. Econom. Rev.* Fed. Res. Bank of Boston, July/August, 25–42.

Mishkin, F. S. (1990). What does the term structure tell us about future inflation? *J. Monetary Econom.* **25**, 77–95.

Neftci, S. N. (1982). Optimal prediction in cyclical downturns. *J. Econom. Dynamic Control* **4**, 225–241.

Neftci, S. N. (1984). Are economic time series asymmetric over the business cycle? *J. Politic. Econom.* **92**, 305–328.

Oliner, S. and G. Rudebusch (1994). Is there a broad credit channel? Mimeo, Board of Governors, Washington, D.C.

Owens, R. E. and S. L. Schreft (1993). Indentifying credit crunches. Fed. Res. Bank of Richmond, Working Paper No. 93-2, Richmond, Virginia.

Ramey V. A. (1993). How important is the credit channel in the transmission of monetary policy? *Carnegie-Rochester Conf. Ser. on Pub. Pol.* **39**, 1–45.

Romer, C. D. and D. H. Romer (1994). What ends recessions? In: S. Fischer and J. Rotemberg, eds., *NBER Macroeconomics Annual 1994*, MIT Press: Cambridge, Mass., 13–57.

Romer, C. D. and D. H. Romer (1993). Credit channels or credit actions? An interpretation of the postwar transmission mechanism. NBER working Paper No. 4485, October.

Romer, C. D. and D. H. Romer (1990). New evidence on the monetary transmission mechanism. *Brookings Papers on Econom. Activity* **1**, 149–213.

Sichel, S. (1989). Are business cycle asymmetric? A correction. *J. Politic. Econom.* **97**, 1255–1260.

Sims, C. A. (1993). A nine-variable probabilistic macroeconomic forecasting model. In: J. H. Stock and M. W. Watson, eds., *New Research on Business Cycles, Indicators, and Forecasting*, University of Chicago Press, Chicago, 179–212.

Stambaugh, R. F. (1988). The information in forward rates: Implications for models of the term structure. *J. Finan. Econom.* **21**, 41–70.

Stock, J. H. and M. W. Watson (1989). New Indexes of leading and coincident economic indicators. In: O. Blanchard and S. Fischer, eds., *NBER Macroeconomics Annual*, 351–394.

Stock, J. H. and M. W. Watson (1990a). Business cycle properties of selected U.S. economic time series, 1959-1988. NBER Working Paper, No. 3376.

Stock, J. H. and M. W. Watson (1990b). A probability model of the coincident economic indicators. In: K. Lahiri and G. H. Moore eds., *Leading Economic Indicators: New Approaches and Forecasting Records*. Cambridge University Press, 63–89.

Stock, J. H and M. W. Watson (1993). A procedure for predicting recessions with leading indicators: Econometric issues and recent experience. In: J. H. Stock and M. W. Watson, eds., *New Research on Business Cycles, Indicators, and Forecasting*, University of Chicago Press, Chicago, 95–153.

Zarnowitz, V. (1992) *Business Cycle: Theory, History, Indicators, and Forecasting*. The University of Chicago Press, Chicago.

Zellner, A. and C. Hong (1989). Forecasting international growth rate using bayesian shrinkage and other procedures. *J. Econometrics* **40**, 183–202.

11

非線形時系列，複雑系理論，ファイナンス*

Nonlinear Time Series, Complexity Theory, and Finance

W. A. Brock and P. J. F. de Lima

11.1 はじめに

本章はファイナンスの分野における「非線形性」「長期従属性」「裾の厚い分布 (fat tail)」「カオス理論」「複雑系理論」に関する最近の一連の研究について検討する．まず本章で取り上げる問題に関する道標を読者へ与えるために，やや長い前書を与える．道標の意味からして，各節で詳細に議論される諸問題に見出しを与え，また本章で取り上げられない問題に関しては参考文献を与える．先へ進む前に，本稿で議論される「最新流行」のいくつかのトピックスを概観する．

複雑系理論に関する研究の中心であるブラッセル・スクール，シュツットガルト・スクール，サンタフェ研究所などやその他世界中の関連する多くの研究センターや研究所は，「複雑系」という範疇にある諸現象の研究方法として，解析的方法ばかりでなく計算機を駆使した方法を取るようになってきている．

実際，サンタフェ研究所 (SFI) のような非常に名の知れたセンターは，コンピュータやさまざまなタイプの「適応的計算法」や「人工生命 (artificial life)」を研究戦略の中心に据えている．一般に，SFI 法は経済学，進化生物学，計算機科学，相互作用システム (interacting system) 理論，統計力学を融合させるものである．

経済学やファイナンスの SFI 法については，LeBaron の編集による「SFI ニュースレター」1993 年 6 月号によい解説がある．ファイナンスの分野での SFI 流の典型的研究事例は，Arthur, Holland, LeBaron, Palmer and Taylor (1993) に見ることができる．そこでは，取引戦略を取る異なるグループ (種) は彼らが適合度を最大，つまり利潤を最大にするように努力するにつれてともに進化することが示されている．システムはデスクトップ・コンピュータ上で動作するよう設計されており，これは SFI の意味で「人工経済生命」の 1 つとしてみることができるであろう．Arthur らのシステムでは解析的な結果はなんら得られない．

Friedman and Rust (1993) は，解析的・実験的そして実証的な流れにより関連する

* 筆頭著者は，国立科学財団 (基金 SBR-9422670) およびビラス信託 (Vilas Trust) からの研究資金援助に感謝する．本論文は，Michelle Barnes, Craig Hiemstra, Blake LeBaron, G. S. Maddala および J. Huston McCulloch 各氏から有益なコメントを得た．残存する誤りは著者に帰する．

研究を行っている．この文献には，SFI 進化トーナメント (evolutionary tournament) に関するデザインと経験に関する節が設けられており，そこでは Axelrod の囚人のジレンマに対する進化トーナメントの有名な研究を想起させるような形で取引戦略をたがいに競合させている．

Brock (1993)，Friggit (1994)，Vaga (1994) のようなファイナンス関連の研究は，相互作用システム理論の範疇に入る．Vaga (1994) の研究は，相転移可能性を表現できる証券市場モデル構築のために，統計力学を応用した彼自身の先行研究に基づいている．Friggit (1994) は，高度に短い間隔で観測される外国為替市場に対する進化動学理論を提案・研究している．Brock (1993) は，計量経済学における離散選択理論モデリング，標準的な資産価格理論，統計力学を統一することで理論を構築する．これらの理論については，11.4 節でさらに言及する．

統計学の領域自身についても同様の方向で動いてきている．ブートストラップなどのシミュレーションに基づく方法 (Hall (1994)，Maddala and Li (1995)) や動的シミュレート化モーメント法 (dynamic method of simulated moments) (Duffe and Singleton (1993) および McFadden (1989), Pakes and Pollard (1989) らの研究) は，漸近展開 (1 次または高次) のような解析的な方法を舞台の中心から追いやっている．われわれは，本章の一部を統計的なファイナンスにおける 1 つの研究スタイルの議論に紙面を割く．そこでは，直接的に理論上の検討から生まれたモデルが，MSM のような計算機を駆使する方法によって推定され，そしてファイナンス上適切な量を帰無仮説のもとでブートストラップすることによって，モデルの妥当性 (特定化検定) が調べられる．すなわち，特定化検定で使われる量が，それ自身研究しようとする経済的あるいはファイナンス的行動によって動機付けられる．たとえば，取引戦略に関する統計量の分布は，Brock, Lakonishok and LeBaron (1992) や Levich and Thomas (1993) らによって検定される帰無仮説のモデルのもとでブートストラップが行われる．

11.1.1 ファイナンスにおける複雑系理論

「複雑系理論」はしばしばカオス理論を含むが，ここではカオス理論のファイナンスへの応用へ紙面を割く余裕はない．このトピックは，Abhyanker, Copeland and Wong (1995), Brock, Hsieh and LeBaron (1991), Creedy and Martin (1994), LeBaron (1994), Scheinkman (1992) など多くの文献によってカバーされている．

「複雑系理論」はやや曖昧な用語である．ここでは，ブラッセル・スクール (たとえば，Prigogine and Sanglier (1987))，シュツットガルト・スクール (たとえば，Weidlich (1991))，サンタフェ研究所などの研究センターで行われている研究を指すことにする．実際，「複雑系」の概念を定義することはむずかしく，Horgan (1995) によるこの問題についての Scientific American の記事では，MIT の物理学者 Seth Lloyd が，これまでに提案されてきた少なくとも 31 の「複雑系」の定義のリストを作成したと述べている．ここでは，「知的因子分析 (intellectual factor analysis)」の戦略をとり，われわれが本論文でカバーしようとする「複雑系の研究」の膨大な研究を捕えるいくつかの幅広いテーマを抽出することとしよう．

これらの研究の重要な部分集合には，$Y_t=h(X_t, \xi_t), X_t=F(X_{t-1}, \eta_t, \theta_t)$ の形の力学系モデルの構築が含まれる．ここで，X_t は時刻 t での状態ベクトル，Y_t は観測ベクトル，ξ_t は観測関数 h に時刻 t で加わる確率的ショック，η_t は時刻 t においてシステムの推移関数 F に加わる確率的ショック，そして θ_t は「チューニング」パラメータ，または「ゆっくり変化する」パラメータのベクトルを表す．各固定された θ_t に対するシステムの長期的振舞いは，解析的方法と計算機による方法の両者によって行われる．そのとき θ_t の値をさまざまに変えて，この長期的振舞いがどのように変化するかを研究する．このような変化のさせ方は，「創発的行動 (emergent behavior)」「創発的構造 (emergent structure)」と関連をもっている．

また，「単純なルール」である F がどのようにして複雑な観測値 Y の行動を規定するのかを研究課題とする一連の研究の主要なサブテーマも存在する．研究のこのサブテーマは，計算機ベースと解析ベースの方法を結び付け，その結果，異なるタイプの「複雑系」を生み出すメカニズムとして「F の普遍クラス (universal class)」をカタログ化し，自然界で見られる複雑な行動を生成する少数の F の普遍クラスを発見することを目指している．

創発的構造の相似な「種 (species)」をカタログ化するのに，広範なクラスのシステムが探求されている．分岐の倍周期カスケード (period doubling cascades) のような「カオスへの路」はこのタイプの方法論のよく知られた例である．このタイプの研究は，(Prigogine and Sanglier (1987) にあるように) Allen and McGlade の漁業の研究，Weidlich のシュツットガルト・スクールの研究のサーベイ (Weidlich (1991))，国際貿易および経済地理におけるこのスタイルの研究利用に関する Krugman の議論 (Krugman (1993)) などで議論されている．

「複雑系」理論の興味深いサブテーマは，内部メカニズムが複雑なシステムの研究である．そこでは，複雑さゆえに，生み出される観測可能な変量の「スケーリング法則」をみつけ出すことが求められるのであり，ここで「スケーリング法則」とは，資産収益率の自己相関やクロス相関，資産収益率のボラティリティ，異なる株価や外国為替のような異なる資産間の取引量などの規則性を含むものとおおまかに解釈できるものである．

「スケーリング法則」をみつけ出すことの意図は，特定の複雑系のディテイルに対して頑健であり，それらは広範な複雑系間で近似的に同じであろうという希望的観測にもとづいている．θ が変化したときの「創発的行動」がクラスの中で同じである広範な動学システムのクラスを発見することとの類似性に注意せよ．

広く散らばった複雑系システム間で「普遍スケーリング法則」が存在するという希望的観測は，このスタイルの研究を動かす源泉の1つである．この「普遍スケーリング法則」スタイルの研究の欠点の1つは，ほとんどのスケーリング法則が条件付きでない統計的対象であることであり，他方，少なくともファイナンスでは，われわれは**条件付確率**にずっと関心をもつのである．あるスケーリング法則が与えられたとき，多くの場合，その「スケーリング法則」と整合的なデータを発生させる確率過程の集合が多すぎるために，ファイナンスでは関心がもたれないかもしれない．極端な例として，中心極限定理と整合的な確率過程 $\{X_t\}$ の集合を考えよう．ファイナンスでは，その特殊な「普遍スケーリング法則」は別のデータ生成メカニズムと識別する際には，その有用性は限られたものとなる．ここでわれわれが意味することをもう少し詳しく説明しよう．

統計学や計量経済学のほとんどのものは次の「ルート N 中心極限定理」スケーリングを中心に展開されている．

$$n^{-1/2}\sum_{i=1}^{n}(X_i-\mathrm{E}X_i)\rightarrow N(0,\,V),\qquad n\rightarrow\infty$$

ここで，→は弱収束，$N(0,\,V)$ は平均0，分散 V の正規分布，$\{X_t\}$ はCLTが成り立つような十分正則な確率過程である．たとえば，$\{X_t\}$ は弱非定常および弱従属であってもCLTは依然成立する．しかし，そのようなスケーリングが仮説検定のように違った方法で使われれば，データ生成メカニズムの候補間の識別にはあまり役に立たない．

われわれは本稿で**ルート N でない**スケーリングを導くメカニズムを検討する．そのようなスケーリングもまだ潜在的データ生成メカニズム間で識別子としてうまく機能しないけれども，CLT以外の異なるスケーリングによって，どのようなクラスのデータ生成過程が非ルート N スケーリングを生み出しうるかについて有益な示唆が与えられるであろう．

このスタイルの研究のよい例がBak and Chen (1991) であり，彼らは「砂山」モデルと呼ばれる確率的多細胞オートマトンのあるクラスによって，自然界で見られる広範な複雑系システムをうまく抽象化してみせようと試みた．実際にテーブルの上にある砂山を考えよう．そこでは上から砂が落とされており，砂山が「臨界点」に達したのを引き金にして，「砂滑り」，つまり「なだれ」が起きる．さらに彼らは，砂山モデルがなだれのサイズの分布のような観測可能変数の「べき法則スケーリング」を示すこと，そして「$1/f$」のようなべき法則スケーリングが自然界で広く観察されると主張する．また彼らは，べき法則スケーリングが特定の砂山オートマトンのディテイルに対して頑健であることは，べき法則スケーリングを導くメカニズムに対する有用な隠喩であるとする．

経済学では，Scheinkman and Woodford (1994) は，砂山モデルと同じ路線でつくられた在庫投資動学モデルにおいて，ルート N 中心極限定理が成立しなくなる状況をつくり出す際に，局所的相互作用や非線形性がたがいに前後して結び付くことを議論した．「最終需要」はScheinkman and Woodfordにおいて落下する砂の駆動力の役割を果たしている.

同様の内容が相互作用モデルの「相転移(phase transitions)」近傍でのスケーリングでも現れ，この形のスケーリングは特定のモデルのディテイルに対して驚くほど頑健であると議論されている. (Ellis (1985, pp. 178-179)).

相互作用システムモデルが非ルート N スケーリングを生み出すのに外生的パラメータの「チューニング」が必要となるという批判は，離散選択確率効用理論の文脈で再定式化することであまり問題とはならなくなる. そこでは，選択の度合(「チューニング・パラメータ」)は，Brock (1993) に沿って内生化される. 選択の度合を内生化するのに必要なことは，それを異なる選択における効用間での差の関数とするだけである.

これは，費用のかかる選択努力とそれに伴う効用のゲイン間のドレードオフ関係をモデル化することで動機付けられる. これを行ううえでやりやすい1つの方法は，2段階問題を設定し，第1段階でエントロピー $E=-\sum p_i \ln(p_i)$ s.t. $\sum p_i U_i=\bar{U}(e)$, $\sum p_i=1$ を最大化するように $\{p_i\}$ を選択し，第2段階では $\bar{p}_i$ を第1段階からの選択 i の確率として，$\sum \bar{p}_i(e)U_i-c(e)$ を最大化するように努力 e を選択する.

これはE. T. Jaynesのアイデアを経済上のトレードオフの関係へ援用したものとして見ることができる. そこでは，$\bar{U}(e)$ は努力レベル e が投入されたときのランダムな選択から得られた効用の平均を表す. 最大エントロピー，離散選択，統計力学の関係についてのJaynesや他の文献については，Brock (1993) を見よ.

いずれにせよ，「臨界点」へ外部パラメータを「チューニング」する必要があることについて人がどう考えようが，非ルート N スケーリングを生み出す相互作用モデルが，11.3節で議論される実証研究において見られる長期従属性や非ルート N スケーリングを導く金融上の力の理解に一定の役割を果たすかもしれない. ここで観測頻度による構造モデル分析と実証モデル分析に目を転じよう. これは経済的力が観測頻度ごとに異なることから動機付けられることである.

11.1.2　観測頻度に基づく研究

11.1.2.1　理論モデル

構造理論ベースのモデルとファイナンスにおける実証/計量モデルを頻度(frequency)で整理するのが有用である. たとえば，ティック・バイ・ティック(tic by tic)のような最高頻度(highest frequency)では，市場のミクロ構造的制度がきわめて重要であり，そこではビッド-アスク・バウンス(bid-ask bounce)や非同期取引(non-synchronous trading)のような現象が，確実に姿を現してくる. 制度上の規則やその価格発見およびボラティリティへの影響に関する議論や，高頻度(high frequency)収益率の時系列上の性質については，Grossman, Miller, Froot, Schwarz, その他Smith (1990) で述べられている研究，Friedman and Rust (1993) で議論されているDomowitzやその共著者の研究を見よ. Domowitzは，制度上の量(彼が呼ぶところの「注文控帳(order book)の長さ」)が，収益率やビッド-アスク・スプレッド(bid-ask spread)やボラティリティの高頻度での時系列特性をつくり出すうえで重要な役割を担うことを示した．

別の例として，1983～1989年でのS&P500現物指数の自己相関関数が15分の頻度のところでどのようにそしてどのような理由で急激に0に近づくかをみるために，Smithレポート(1990)におけるFroot, Gammill, Peroldの研究を調べるべきである．彼らによれば，取引費用の減少がポートフォリオのような新しい取引や将来取引と相俟って，以前よりも急激なスピードで価格に対し新しい情報を植え付けるとしている．ビッド-アスク・バウンスの変化あるいは非取引(non trading)効果の変化が予測可能性の急激な減少を説明する可能性は，Frootらでは重要視されていない．

オークション理論や市場ミクロ構造上の制度についての実験的・理論的研究(たとえばFriedman and Rust(1993)やSmith(1990)を見よ)では，異なる「オークション」システム間のパフォーマンスの違いを明確にした．

われわれはGrossman(1989)の本で議論されているノイズを含む合理的期待モデルを中・高頻度クラスと分類する．最高頻度のクラスは，Goodhart and O'Hara(1994)によりサーベイされているような市場ミクロ構造モデルを含み，また上で議論したオークション制度上の違いを含む．非常に高い頻度での研究に関するサーベイは，Goodhart and O'Hara(1994)やGuillaume *et al.*(1994)などがある．おおよそ週次頻度で金融現象を分析するよう計画された方法は，中位の頻度クラスに分類されることになる．

本章における議論を整理するために，市場ミクロ構造を(おそらくティック・バイ・ティックから15分の頻度)最高頻度で作用しているものとして捉える．そこでは，情報到達過程や価格発見それ自体が次に高い頻度(おそらく15分から日次の頻度)で起きているとする．また，われわれは「発見された」価格自体次に高い頻度で変動すると考え，ビッド-アスク・バウンスや非同期取引のような現象はおそらく価格発見より若干高い頻度で起きていると考える．

取引量や収益率のボラティリティにはオープンとクローズに関する「日次季節性」が存在することはよく知られている．この日次季節性は時系列分析に問題を生じさせる．Anderson and Bollerslev(1994)は，「伝統的時系列分析法を[…]高頻度収益率の生データへ適用すると収益率ボラティリティのダイナミックスについて誤った推測をしてしまう[…]ことになる」ことを示した．さらに，収益率における短期成分と長期成分の関係を明らかにするには季節性の除去が重要であり，それによって日次データで観測される長記憶ボラティリティと日次で到達するニュースに関する急激な短期的減衰の間にある明確な矛盾を説明するのに役立つかもしれない．

たとえば，Brock and Kleidon(1992)はオープンからクローズまでの取引日上でビッド-アスク・スプレッドを「説明する」モデルを提案し，彼らのモデルの文脈の中で他のモデルを解釈するための議論を行っている．おそらく，Grossman(1989)のような非対称情報ベースの理論での頻度よりも高い頻度でこのタイプの現象が起きているが，Friedman and Rust (1993) における Domowitz の取引制度によって誘発される現象よりは低い頻度で起きている，とわれわれは考える．

他の極端な場合では，たとえば，最低の頻度は Mehra (1991) で研究された成長頻度である．この頻度では，① 技術変化，② 民間部門での制度上の変化，③ 政府部門での制度上の変化，④ 人口の年齢分布，などが主要な役割を担う．

われわれは，月次やそれより低い頻度を分析するためにつくられた方法を低頻度クラスに分類する．これらの頻度は，景気循環頻度あるいはそれより低いものと考えるべきである．たとえば，Altug and Labadie (1994)，Campbell, Lo and McKinlay (1993)，Singleton (1990) でサーベイされているオイラー方程式および消費依存型資本資産価格決定モデル (CCAMP) に基づく方法は，Jog and Schaller (1994) のようなファイナンス上の制約や平均回帰 (mean reverting) に焦点を当てるモデルとともに低頻度クラスに分類し，また，Altug and Labadie (1994) でサーベイされている貨幣需要を明示的にモデル化したものに基づく構造的為替レートモデルを低頻度クラスへ分類する．もちろん，これらの現象のいくつかは高頻度でも作用するかもしれず，われわれがここで引こうとしている境界は非常に漠然としたものである．

11. 1. 2. 2　統計的モデル

本目では，理論ベースのアプローチと「計量経済」アプローチの境界に位置する研究について説明を加えたい．またわれわれは，ファイナンス計量分析において論争の的となっている特定化検定について検討し，議論を喚起したい．まず，われわれが意味するものをやさしい言葉で説明しよう．

Singleton (1990) によるサーベイおよび Duffe and Singleton (1993) による最近の関連研究では，明示的理論モデルが統計分析の基本的出発点となっている．Singleton (1990) においては，分析の多くは Lucas (1978) の純粋交換資産価格モデルおよびその関連モデルからなっている．Singleton (1990) は「消費とさまざまな資産収益率の共変動は，価格決定に関する諸般の代表エージェント・モデルでは説明がつかない」と結論付けている．de Fontnouvelle (1995) は取引費用を考慮した研究について，自分の研究も含めてサーベイを行っている．実際の取引費用はデータとの矛盾をいくぶん軽減する可能性がある．

Duffe and Singleton (1993) では，Brock (1982) や Michener (1984) の生産ベースの資産価格決定モデルが統計分析の出発点としての役割を果たしており，統計分析自体は，McFadden (1989) や Pakes and Pollard (1989) のシミュレート化モーメント法の動学的拡張である．このアプローチと ARCH アプローチの研究とを対比させよ．ARCH では，資産収益率の統計モデルを構成し，推定する際に背後の理論構造から直接にはモデルを導出しようとしない．ここで，Singleton (1990) でサーベイされているタイプの研究の基礎として機能する純粋経済理論は，たかだか Bollerslev, Engle and Nelson (1994) のようなサーベイ研究で議論されている「純粋統計的」研究の背景となっているにすぎない．

この点を例示するために次の例を考えよう．Altug and Labadie (1994) の本で扱われているようなほとんどの資産価格決定モデルは，y_t をシステムの低次元状態ベクトルとして，$p_t=p(y_t)$ の形の均衡資産価格関数を生み出す．ARCH 型のモデルは，$E_{t-1}[p_t]$ を時刻 $t-1$ において利用可能な情報を条件付きとする X の条件付期待値として，イノベーション $\varepsilon_t \equiv p_t - E_{t-1}[p_t]$ をモデル化しようとする．今，$\{Z_t\}$ を独立・同一分布 (iid) する系列で平均 0，分散が 1 の対称分布 (たとえば正規分布) をもつものでかつ σ_t^2 が過去の ε と σ の関数であるとしたとき，ARCH モデル $\varepsilon_t=\sigma_t Z_t$ の広いクラスを考えよう．これらの ARCH 過程を「対称 ARCH 過程」と呼ぼう．われわれは，$\{\varepsilon_t\}$ 対称 ARCH が，$p(\cdot)$ が本質的に線形であることをほぼ意味すること，つまり，

すべての過去の y に対して $E_{t-1}[p(y_t)]=p(E_{t-1}[y_t])$.

を示そう．これは，Lucas (1978)，Brock (1982)，Duffe and Singleton (1993) で使われるような資産価格決定モデルの原型へ不都合な制約を付けることを意味することになり，たとえば，Brock (1982)，Duffe and Singleton (1993) らの文脈では，効用関数が対数的であり生産関数が乗法型のショックをもつコブ・ダグラス型であることを要求することに近い．モデルの原型にそのような制約を付けたいとはだれも思わないであろう．いずれにせよ，$p(y_t)$ が状態変数 y_t について線形であることは潜在的に不都合なことである．われわれは次の命題を述べることにする．

【命題 1】 y_t が 1 次元で，$p_t \equiv p(y_t)$, $p(\cdot)$ が y の増加関数であるとする．さらに $\eta_t = y_t - E_{t-1}[y_t]$ および $\varepsilon_t = E_{t-1}[p_t]$ が (過去の y に関して) 対称な条件付分布をしており，その平均は 0，分散が有限であるとし，また 0 の一意的条件付メディアンをもつとする．そのとき，すべての y の過去に対して，$p(E_{t-1}[y_t])=E_{t-1}[p(y_t)]$ が成立つ．

【証明】 仮定より，

$$\begin{aligned}\mathrm{Prob}\{\varepsilon_t = p(E_{t-1}[y_t]+\eta_t) - E_{t-1}[p(E_{t-1}[y_t]+\eta_t)] \leq 0\} = 1/2 \\ = \mathrm{Prob}\{\eta_t \leq p^{-1}(E_{t-1}[p(E_{t-1}[y_t]+\eta_t)]) - E_{t-1}[y_t]\}\end{aligned}$$

今，仮定より，η_t は条件付きで 0 まわりに対称に分布するので η_t の条件付メディアンは 0 である．したがって，

$$p^{-1}(E_{t-1}[p(E_{t-1}[y_t]+\eta_t)]) - E_{t-1}[y_t] = 0$$

が成立し，$E_{t-1}[p(E_{t-1}[y_t]+\eta_t)] = p(E_{t-1}[y_t])$ を得る． (証明了)

このタイプの命題は，第 1 成分に関する上の議論に従って $p(y_t, y_{t-1}, \cdots,)$ へ拡張することができる．ARCH モデルは非対称分布するイノベーションを含めることができるが，ARCH モデルの実証上の応用ではイノベーションの対称性が通常仮定される[1]．

---

[1] 正規分布，スチューデント t 分布，一般化スチューデント t 分布，一般化誤差分布がより一般的に使われる分布のようである．例外の 1 つが Engle and Rivera (1993) のセミパラメトリック ARCH である．

さらに Bollerslev, Engle and Nelson (1994) のサーベイには，推定する ARCH モデルで仮定される統計的構造と考察する資産価格決定モデルの効用，生産関数，市場制度に課せられる構造の間の「逆写像」に関する研究は含まれていない．これがあれば，推定される ARCH モデルに対してインスピレーションやモチベーションが与えられることとなるであろう．われわれはそのような研究がどのようなものかに関する例を上で与えた[2]．

日次の頻度では，収益率，取引量，ボラティリティの動きを情報の到達と関連付けるのが典型的である．Singleton (1990) の研究と並行的な構造ベース・アプローチの展開は，依然として将来の研究課題として残されている．たとえば，Lamoureux and Lastrapes (1994) は Gallant，Rossi and Tauchen (1992, p. 202) を引用し，理論ベース・モデルについて次のことを述べている．「……彼らは日次株価市場データの実証モデルを特定化するまでには十分議論を発展させていない」．Lamoureux and Lastrapes (1994) は日次収益率および日次取引量の「統計モデル」を展開するに至っている．以下の 11.4 節では，日次株価市場の実証モデル開発へ向けた構造的モデル化について若干言及する．

計量モデルを導く理論モデルの構造と実際に推定される計量モデルの構造との間にある溝は，ブートストラップ法の金融時系列への拡張やシミュレート化モーメント法の動学化が発展するにつれて解消されるものとわれわれは信じている．Judd (1995) の本で議論されるさまざまな技法のような計算上の発展も重要な役割を担うであろう．

11.1.3　論文の構成

本稿は，以下のように構成される．11.1 節では前書が述べられ，11.2 節では Subba Rao and Gabr (1980)，Hinich (1982) らのバイスペクトラム歪度検定，そして Brock, Dechert and Scheinkman (1987) の BDS 検定を含む非線形性検定のいくつかについて議論する．まず，これらの検定では検出できない線形性からの乖離が存在し，これらの検定は一致性をもたないことが指摘される．

次に，一致性をもついくつかの検定について議論する．しかし，資産収益率の線形性がこれらの検定によって棄却されることはよく見られる．ファイナンスにおける主要な問題は，線形性は頻繁に棄却されるので線形性からの乖離の検出が「不能」であることにあるのではなく，棄却される理由をみつけ出すことにある．次に収益率が裾の厚い分布をもつことが棄却の原因となっている可能性について議論がなされ，これによって裾の厚い分布の推定方法が惹起されることとなる．ファイナンスの応用にお

---

[2] Prob $(S_t=1)=0.5$ の仮説を検定することによって，イノベーションの分布の対称性を検定することができる．ここで，$S_t=\mathrm{sgn}(\varepsilon_t)$ であり，$\mathrm{sgn}(x)$ は x の符号を意味する．この結果は，イノベーション系列 $\{Z_t\}$ が従属 (dependent) 過程である場合も成り立ち，より一般的な ARCH 表現—Bollerslev, Engle and Nelson (1994) で与えられた弱 ARCH 構造—に対しても成り立つ．

いて普通にみられる裾の厚い分布をもつデータを使う際に，適当なモーメント条件下で，ある検定が帰無仮説を過度に頻繁に棄却する証拠が与えられる．

11.3 節では，資産収益率における非定常性や長記憶性のような長期従属性について検討する．学術的なファイナンスやよりポピュラーなファイナンスの領域で長記憶性モデルが最近関心がもたれていることから，収益率と収益率のボラティリティの両者において，長記憶性に関するかなり完全な議論を与える．非整数和分一般化自己回帰条件付不均一分散 (FIGARCH) モデル，その従兄弟 (FIEGARCH)，確率ボラティリティ・モデル，Hurst 指数，尺度変換レンジ統計量などのトピックがカバーされる．長期従属性に対する尺度変換レンジ検定は，Hamilton and Susmel (1994) による SWARCH モデルのような短期従属マルコフ・スイッチング確率過程に対しては役に立たないことが示される．しかし，Hurst 指数自身は，この種の短期従属に対してより頑健である．11.4 節では収益率，収益率のボラティリティ，取引ボリューム間の自己相関およびクロス相関の様式化された特徴を説明する潜在能力をもつ非対称情報理論の利用について若干議論する．さらに，「ニュース」の変化によって説明できない収益率，収益率のボラティリティ，取引ボリュームにおける急激な変化を説明するうえで，標準の非対称情報理論を修正したものがどのように役立ちうるのかを示す．結語が論文の最後に述べられる．

11.2 株式収益率の非線形性

われわれは，「非線形性」の用語の意味を，変数変換を通して線形へ落としたり，線形な方法の類推を条件付平均を超えてより高次の条件付モーメントへ拡張できない方法やモデルに限定しよう．そこでまず，「確率的線形性」の意味を定義しなければならない．

Brock and Potter (1993，また Hall and Heyde や Priestley の引用文献) に従って，平均 0 の強定常確率過程 $\{Y_t\}$ で片側の (因果的) ワルド表現をもつ十分正則なものが，独立で同一分布する (マルチンゲール差系列) $\{\varepsilon_s\}$ を利用して $Y_t=\sum_{j=0}^{\infty}\psi_i\varepsilon_{t-j}$ という表現をもつとき，$\{Y_t\}$ を **iid (mds) 線形**と呼ぶ．もし，

すべての s に対して $\mathrm{E}[\varepsilon_s|\varepsilon_{s-1}, \varepsilon_{s-2}, \cdots]=0$

が成り立つとき，$\{\varepsilon_s\}$ は (過去の $\varepsilon's$ によって生成される σ 集合体に関して) mds であるという．0 の条件付平均をもつ GARCH モデルは，mds 線形であることに注意せよ．また，ワルド表現は，本質的に (非定常性そのものが検定されない限り) 論駁しえないものであるので，無相関の誤差の移動平均表現をもつとしても，強定常過程を「線形」と呼ぶのは有用ではない．この理由のために，iid (mds) 線形の概念が導入される．また，mds 線形性は，最良平均 2 乗誤差予測量が最良線形予測量を意味することに注意せよ．

11.2.1　非線形性のラグランジュ乗数検定および風呂敷検定

現在，非常にさまざまな非線形性検定が提案されている．本項では，これらの検定を2つのグループ，つまり，対立仮説を明示的に設定する――ラグランジュ乗数検定(ラオのスコア検定)のクラス――，および風呂敷(portmanteau)検定に分類する．Granger and Teräsvirta (1993)は，既存の非線形性検定の多くは，ラグランジュ乗数(LM)タイプの解釈をもつことを示している．このクラスは，Tsay (1986), Ramsey (1969)のRESET検定，Thursby and Schmit (1977), Lee, White and Granger (1993)のニューラルネット検定，White (1987)の動的情報量検定，(Engle (1982)やMcLeod and Li (1984))のARCH効果に対するLM検定，双線形(bilinear)モデル・指数自己回帰(exponential autoregressive)モデルを対立仮説とするSaikonenn and Luukonen (1988)のLM検定，滑らかに推移する自己回帰モデルを対立仮説とするLuukonen, Saikonenn and Teräsvirta (1988)のLM検定を含む．

線形性の2つの風呂敷検定は，Subba Rao and Gabr (1980)およびHinich (1982)のバイスペクトラム検定とBDS検定である．これら2つの検定はラグランジュ乗数タイプの解釈をもたず，幅広い範囲の対立仮説に対して検出力をもつ数少ない検定である．この後者の性質によって，これら2つの検定は実務家の間で普及することとなった．

バイスペクトラム検定は，平均0の線形過程y_tに対して，**歪度**(skewness)関数

$$\frac{|B(\omega_1, \omega_2)|^2}{S(\omega_1)S(\omega_2)S(\omega_1+\omega_2)} \tag{11.2.1}$$

がすべての組(ω_1, ω_2)に対して一定であるという事実に基づいている．ここで，$B(\omega_1, \omega_2)$はパワー・バイスペクトラム――3次のキュムラント$\mathrm{E}[y_t y_{t+h} y_{t+k}]$のフーリエ変換――を意味する．Hinich (1982)の線形性検定は，異なる周波数で歪度関数の推定値の散らばりを眺めるものである．

BDS検定は，Grassberger-Procaccia相関積分の関数$C_{\delta,m}=\binom{N}{2}^{-1}\sum\sum_{1\le s<t\le N}\chi_\delta(\|Y_t^m-Y_s^m\|)$，ここで，$Y_t^m=(y_t, y_{t+1}, \cdots, y_{t+m-1})$, $\|\cdot\|$はmaxノルム，$\chi_\delta(\cdot)$は対称な指標カーネルで，$|x|<\delta$ならば$\chi_\delta(x)=1$でそれ以外は0となるものである．BDS (1987)は，もしy_tがiidであれば，$N\to\infty$のとき$C_{\delta,m}=(C_{\delta,1})^m$であり，統計量

$$\mathrm{BDS}_{\delta,m}=\sqrt{N}\frac{C_{\delta,m}-(C_{\delta,1})^m}{s_{\delta,m}} \tag{11.2.2}$$

は$\delta>0$および$m=2, 3, \cdots$に対して，標準正規分布に分布収束することを示した．ここで，$s_{\delta,m}$はiidの帰無仮説のもとでの$\sqrt{N}(C_{\delta,m}-(C_{\delta,1})^m)$の漸近的標準偏差の推定値である．$C_{\delta,m}$は$\Pr\{\|Y_t^m-Y_s^m\|<\delta\}$の推定量であり，他方，$C_{\delta,1}$は$\Pr\{\|y_t-y_s\|<\delta\}$の推定量であることを考えると解釈がしやすい．iidの帰無仮説のもとで，

$$\mathrm{Prob}\{\|Y_t^m-Y_s^m\|<\delta\}=$$

$$\text{Prob}\{|y_t-y_s|<\delta, \cdots, |y_{t+m-1}-y_{s+m-1}|<\delta\}\simeq (\text{Prob}\{|y_t-y_s|<\delta\})^m$$

すなわち，BDS 検定は，適当な間隔で同時分布と周辺分布の差を推定する．y_{t+i} と y_{s+j} は重複がありうるので，この類推は完全でないことに注意せよ．

BDS 検定は，線形モデルの推定残差に適用されれば線形性の風呂敷検定となる．その場合，もし帰無仮説のモデルのパラメータに関して，$\sqrt{N}$ のオーダーの一致性をもつ推定が行えれば，検定の帰無仮説のもとでの分布は，この手続きによって影響されない[3]．この結果の証明は，オリジナルの BDS (1987)，Brock, Hsieh and LeBaron (1991)，de Lima (1995) などで見られる．最初の 2 論文は指標カーネル $\chi_\delta(\cdot)$ の連続近似を利用し結果を導出している．de Lima (1995) は，Randles (1982) の結果を拡張し，$\chi_\delta(\cdot)$ を直接扱っている．とくに，彼らの結果は，データ発生過程が有限な 2 次のモーメントをもつ iid のイノベーションに駆動される ARMA (p, q) モデルであれば，ARMA 過程のパラメータ推定は BDS 検定の帰無仮説のもとでの分布に影響を与えないことを示している．さらに，この結果は，線形過程が安定 (stable) 分布族に属する iid のイノベーションに駆動される自己回帰表現をもてば，依然として成立する．すなわち BDS 統計量の攪乱母数に依らない性質は，有限な分散をもつ線形過程の広いクラスに適用できる．de Lima (1995) を見よ．

ほとんどの LM タイプの非線形性検定の局所的検出力を特徴付けるのは比較的やさしい．たとえば Granger and Teräsvirta (1993) を見よ．けれども，バイスペクトラム検定や BDS 検定の検定統計量の分布は，対立仮説のもとでは知られていない．その理由で，たとえば，Brock, Hsieh and LeBaron (1991)，Lee, White and Granger (1993)，Barnett *et al*. (1994) などのように，これらの検定の検出力に関するかなりの数の研究がモンテカルロ・シミュレーションにより行われてきた．予期されるように，LM 検定は，帰無仮説から局所的に方向付けられた対立仮説に対しては他の検定を凌駕する．しかし，これらの検定は，通常，帰無仮説からの他の乖離の方向に対しては，あまり良好な検出力をもたない．他方，BDS 検定は，ほとんどあらゆる方向の乖離に対して良好な検出力をもつ．たとえば，Brock, Hsieh and LeBaron (1991) で述べられているように，ARCH の対立仮説モデルに対して，BDS 検定の検出力は Engle (1982) の LM 検定の検出力に近い．これは，非線形確率過程や非線形決定論的過程，カオス的な過程などの対立仮説に対してもいえる．

最後に，BDS 統計量は，定常時系列が iid 線形であるという仮説に対する自然な

[3] BDS 検定のこの攪乱母数に依らない性質は，$y_t=G(X_t, \beta)+U_t$ のような，誤差項が加法的なデータ発生過程へ検定が応用されても成立する．ここで，β はパラメータ・ベクトル，X_t はミキシング条件を満たす時系列 (ベクトル)，さらに，ある乗法型のモデル $y_t=G(X_t, \beta)U_t$ に対しても，もし検定が，$\hat{U}_t$ を推定された残差として，$\ln(\hat{U}_t^2)$ に適用されれば，この性質は依然成立する．この最後の結果によって，残差の適当な変換を行えば，BDS 検定の帰無仮説のもとでの漸近分布は，GARCH や EGARCH 過程から推定された残差を利用しても影響を受けないことが示せる．解析的およびシミュレーションの結果については，Brock and Potter (1993) や de Lima (1995) を見よ．

検定であるが，バイスペクトラム検定は，時系列 $\{Y_t\}$ が片側の表現 $Y_t=\sum_{j=0}^{\infty}\psi_j\varepsilon_{t-j}$ (ここで $\{\varepsilon_t\}$ は対称に分布する mds で $\mathrm{E}|\varepsilon_t^3|<\infty$ となるもの)をもつかどうかの検定として利用することもできる．ここで一般性を失うことなく，すべての t に対して，$\mathrm{E}[Y_t]=0$ と仮定する．Priestley (1981) で示されているように，まず3次のキュムラント $\mu(s_1, s_2)=\mathrm{E}[Y_tY_{t+s_1}Y_{t+s_2}]$ を計算し，次に $\mathrm{E}[\varepsilon_t\varepsilon_{t+s_1}\varepsilon_{t+s_2}]$ の形の項を調べる．$\{\varepsilon_t\}$ の mds 性によって，$k=l>0$ 以外は $\mathrm{E}[\varepsilon_t\varepsilon_{t+k}\varepsilon_{t+l}]=0$ となることが示せる．おそらく，$\mathrm{E}[\varepsilon_t\varepsilon_{t+k}^2], k>0$ の形の項に対するパワーを遮断することによって，一般的 mds 性を検定するのにバイスペクトラム検定を利用することができるであろう．バイスペクトラム検定に関する議論は，Barnett *et al.* (1994，とくに Hinich と共著者の引用文献)を見よ．対称な ARCH 型の過程の広いクラスに対して，$\mathrm{E}[\varepsilon_t\varepsilon_{t+k}^2]=0, k>0$ が成り立つことが示せる．今，GARCH (p, q) クラス，$\varepsilon_t=\sigma_tZ_t$ を考えよう．ここで，

$$\sigma_t^2=\alpha_0+\alpha_1\varepsilon_{t-1}^2+\cdots+\alpha_p\varepsilon_{t-p}^2+\beta_1\sigma_{t-1}^2+\cdots+\beta_q\sigma_{t-q}^2\,;$$
$$\{Z\}\sim\mathrm{iid}(0, 1)$$

また，Z は原点まわりで対称に分布するものとする．GARCH (p, q) のクラスに対して，すべての t, k に対し，計算によって $\mathrm{E}[\varepsilon_t\varepsilon_{t+k}^2]=0$ が示せる[4)]．したがって，GARCH (p, q) によって駆動される線形過程に対して，すべての3次のキュムラントは0となり，そのような過程に対して，バイスペクトラムは0となる．別の表現でいえば，「ワルド」型の表現をもつ定常過程で GARCH (p, q) によって駆動されるものに対しては，バイスペクトラムは0である．ファイナンスの応用では，収益率の条件付期待値は条件付分散に比べ小さいので，GARCH (p, q) に従うイノベーションによって駆動される線形モデルに対してバイスペクトラム検定が有用なスクリーニング検定となる可能性を示唆する．しかし，この有用な研究戦略にも実施上の困難が潜在する．

まずファイナンス関連の収益率に当てはめられたモデルのイノベーションは，裾の厚い分布をもつ傾向がある．11.2.3 項を見よ．de Lima (1994a) は，裾の厚い分布に対して適用されるバイスペクトラム検定は，検定のサイズが不良となることを示している．とくに，バイスペクトラム検定が正当化されるためには，6次のモーメントの存在が必要となり，多くのファイナンス・データは6次よりずっと低い4次のモーメントさえももたない傾向があり，バイスペクトラム検定は，ファイナンス・データと矛盾しないようにテイル指数 (tail exponent) が選ばれても，iid のパレート分布の帰無仮説をきわめて頻繁に棄却する傾向がある．したがって，GARCH (p, q) に従うイノベーションによって駆動される線形モデルに対する上述の「風呂敷検定」を行う際に，実行上の潜在的困難を伴うことになる．しかしながら，バイスペクトラムをさまざまに利用することは有用であろう．

---

[4] Z および ε は有限な3次のモーメントをもつことを仮定する．

たとえば，de Lima により指摘された検定のサイズの問題を処理するのに，分析する収益率データが GARCH (p, q) クラスに属するという帰無仮説のもとで，バイスペクトラム歪度統計量をブートストラップすることが1つの可能な戦略である．もちろん，このブートストラップの応用は，われわれがブートストラップに対して見出せる漸近理論の範囲を超えることになる (LePage and Billard (1992), Leger, Politis and Romano (1992), Li and Maddala (1995) などを参照せよ)．「移動ブロック・ブートストラップ」に関しては多くの研究が行われてきたが，GARCH のようなパラメトリックなボラティリティ・モデルでの興味深い量 (少なくともエコノミストにとって興味深い) に関する帰無仮説のもとでの分布に関する研究は少ないようである．

11.2.2　一致性を有する線形性検定

BDS 検定もバイスペクトラム検定も非線形性検定として一致性をもたないこと，すなわち，線形性からの既知の特定方向の乖離に対して検定の検出力が 0 となることは気を付けておくべきである．Dechert (1988) は，BDS 検定が検出力をもたない従属過程 (dependent process) の例を与えている．また，GARCH 過程のような平坦な歪度関数をもつ非線形過程もある．バイスペクトラム検定では平坦な歪度関数の背後にある非線形性を認識できないため，線形性に関するバイスペクトラム検定の GARCH 過程に対する漸近的検出力は 0 である[5]．

Bierens (1990) は一致性を有する条件付モーメント検定を提案している．この検定は Lee, White and Granger (1993) で述べられたニューラルネット検定と密接な関係があり，平均の意味での線形性の一致検定として利用できる．検定の帰無仮説は，ほとんど確実に (almost surely) $\mathrm{E}[y|X]=X'\beta$ と定義される．ここで，(y, X) は，$\mathbb{R}\times\mathbb{R}^k$ で定義された iid の確率変数であり，β は $k\times 1$ のパラメータ・ベクトルである．また，これとは別に確率変数を $u=y-\mathrm{E}[y|X]$ で定義し，仮説 $\mathrm{E}[u|X]=0$ を検定することも考えられる．u と X の間の平均の意味での独立性は，任意の関数 $\Psi(X)$ に対して $\mathrm{E}[u\Psi(X)]=0$ を意味する．Bierens は関数を $\Psi(X)=\exp(s'\phi(X))$ と選択することによって一致性を有する条件付モーメント検定がつくれることを示した．ここで，ϕ は $\mathbb{R}\times\mathbb{R}^k$ で定義された任意の有界な1対1写像，そして $s\in S$，ここで，S は $\mathbb{R}^k$ の部分集合である．de Jong (1992) は，Bierens の結果をデータが iid でない枠組，そして，y_t の条件付期待値が有限個の確率変数に依存する枠組，すなわち，$y_t=\mathrm{E}[y_t|z_{t-1}, z_{t-2}, \cdots]+u_t$，ここで，$z_t=(y_t, X_t)$，へ拡張した．言い換えると，線形性の帰無仮説のもとでは，誤差項 u_t はマルチンゲール差分系列である．

この一致性を有する条件付モーメント検定を実際に行ううえでは，いくつかの問題点がある．まず，この検定のサイズと検出力の性質については多くのことが明らかで

5　そのようなタイプの過程に対して，高次のポリスペクトラムに基づく検定を利用して，非線形性が検出できることが示されてきた．そのような検定を使うためには，きわめて大きい標本数が必要となる．Barnett *et al.* (1994) を見よ．

はないことが挙げられる．しかし，分布上の視点からすると，s の選択はよりデリケートな問題である．一致性は，

$$M(s)=N^{-1/2}\sum_{t=1}^{N}((y_t-X_t'\hat{\beta})\exp(s'\phi(X)))$$

の過程のある汎関数を考えることで達成できる．ここで，$M(s)$ は $\mathbb{R}^k$ のコンパクト部分集合上の連続関数空間の確率要素として考える．Bierens は，経験過程 $M(s)$ から一致性をもつ検定をつくるために2つの代替的アプローチを与えている．1つ (Bierens (1990)，定理 3，p. 1450) は，データの分布に依存する漸近分布関数をもつ統計量を導くもので，検定が異なるデータに適用されるごとに検定統計量の臨界値が求められねばならない．第2のアプローチ (Bierens (1990)，定理 4，p. 1451) は，帰無仮説のもとで処理可能な分布を生み出すが，検定統計量は標本数に関し不連続となるものである．

この条件付モーメント検定とは異なる検定もこれまでいくつか提案されてきた．Wooldridge (1992) は，帰無仮説のモデルの最小2乗推定量と対立仮説のモデルへのコンパクト近似のシーブ (sieve) 推定量 —— たとえば White and Wooldridge (1991) —— を比較する．ここで，対立仮説は無限次元集合を定義することに注意せよ．したがって，標本数が増えるにつれて，シーブ推定量はますます多くの次元空間上で定義されねばならなくなる．同様に，de Jong and Bierens (1994) は，誤って特定化された (可能性のある) 平均値関数を級数展開によって近似することで一致性を有する χ^2 検定を考察している．

また Hong and White (1995) は，最小2乗推定量と $\mathrm{E}[y|X]$ のフーリエ級数と回帰スプラインによるノンパラメトリック推定量を比較する一致特定化検定を提案している．パラメトリック推定量とノンパラメトリック推定量を直接比較する際の1つの問題は，導出される検定統計量が $\sqrt{N}$ の通常の標準化を行えば0に確率収束することである．Lee (1988) を見よ．その結果，これまでの研究では，この退化問題を避けるために，Lee (1988) のようにウエイト付けの工夫を行う，Yatchew (1992) では標本分割を行う，Wooldridge (1992) はノンパラメトリック・モデルをパラメトリック・モデルに入れ子関係にしない，などが行われている．Hong and White (1995) で斬新な点は，この退化問題を利用し，特定化の誤りのもとで，標準の $\sqrt{N}$ のオーダーより速く退化する2つの統計量を与えていることである．

Bradley and McClelland (1994a, b) は，Bierens 検定が一致条件付モーメント検定のクラスの中で1つの (漸近的) 最強力検定を与えることを示した．今，$\hat{u}$ をモデル $y_i=X_i'\beta+u_i$ の最小2乗推定による残差とする．ここで，観測値 $\{(y_i, X_i): i=1,2,\cdots,N\}$ は，$\mathrm{E}[\hat{u}|X]=\Theta'X$ となるような分布関数 $F(y,x)$ からの無作為標本である．Bradley and McClelland (1994a) は，$\Psi(X)=\mathrm{E}[\hat{u}|X]$ が有界な集合の中で $\mathrm{E}[\hat{u}\Psi(X)]$ を最大化する関数であることを示した．このことは，一致性，つまり $\mathrm{E}[\hat{u}\exp(s'\phi(X))]$ が非ゼロのときはいつでも $\mathrm{E}[\hat{u}\mathrm{E}[\hat{u}|X]]$ は0とは異なることを保

証する．$E[\hat{u}|X]$ は，クロス・バリデーションによって決定されるバンド幅選択とともにノンパラメトリック・カーネル法で推定される．この手続きに関する過剰当てはめ —— 結果としてサイズが歪められる —— を避けるために，Bradley and McClelland は，推定された残差に対してリサンプリング法を適用する．これは，時系列の応用に 1 つの問題 —— 条件付分散が時間上で一定かどうか —— という問題を投げかけることになる．また，誤って特定化された条件付平均値関数が無限個の変数を含む場合もありうるので，$E[\hat{u}|X]$ を対立仮説のもとで推定するためにノンパラメトリック・カーネル法を利用するのは適当ではないかもしれない．

11.2.3　非線形性と裾の厚い分布

検定統計量の帰無仮説のもとでの (漸近) 分布の導出には，データを生成する分布の性質に関する技術的な仮定を必要とする．とくに，考察する検定統計量に中心極限定理が適用できるようにあるモーメント条件が通常課せられる．確率変数 X の平均が μ_0 であるという仮説を単純に検定することによって，この問題はきわめて明らかになる．まず，2 つのタイプの補助的仮定が持ち込まれる，すなわちデータの時間依存のタイプおよびモーメント条件．もし，無作為抽出が仮定されれば，Lindeberg-Levy の中心極限定理を保証する有限な 2 次モーメントが標本平均の分布を近似するのに利用できる．非線形性検定の漸近分布の導出には，同じタイプの補助的なモーメント条件が課せられる必要がある．11.3 節で述べられたすべての検定は，データが少なくとも 4 次のモーメントをもつ分布によって生成されることが仮定されている．唯一の例外が BDS 検定である．de Lima (1994a) を見よ．これは，BDS 統計量が正規分布へ収束するのに必要なモーメント条件が指標カーネル $\chi_\varepsilon(\cdot)$ に適用される結果である．$\chi_\varepsilon(\cdot)$ は 2 値変数であるので，すべてのモーメントは有限である．しかし，BDS 検定が ARMA(p,q) の推定残差に適用され，この推定過程が $\sqrt{N}$ 一致推定法を含むのであれば，あるモーメント条件が依然として課せられる必要がある．上で述べたように，ARMA(p,q) のパラメータの $\sqrt{N}$ 一致推定には有限な分散をもつ iid イノベーションで十分である．

モーメント条件の不成立に対する非線形性検定の頑健性は，金融時系列の場合きわめて重要である．株価や他の金融資産収益率の分布の裾が厚いことはよく認知された事実である．金融時系列は過度の尖度をもつ．さらに，Mandelbrot (1963) は，商品価格の変化に 2 次の無条件モーメントが存在しない可能性があることの証拠を与えている．これによって，彼はガウス・モデルの代替モデルとして安定分布族を提案するに至った．正規分布自体 1 つの安定分布ではあるけれども，正規分布は有限な 2 次 (およびより高次) モーメントをもつ安定分布族のメンバーにすぎない．

安定分布族に属する確率変数はあるすばらしい理論的性質をもつ．たとえば，安定分布族は収束域 (domain of attraction) を有し，また加法に関して閉じている唯一の分布族である[6]．それらの金融時系列モデルとしての有用性は，十分に比較分析されてきた．たとえばBlattberg and Gonedes (1974) による t 分布，Clark (1974) の混合モデルのように，株式収益率の周辺分布の別のタイプの特定化も提案されてきている．Hsu, Miller and Wichern (1974) は，分散の非定常性が Mandelbrot の統計的方法を安定モデルに有利なように偏らせることを示した．これらの異なるアプローチの比較は分布の推定に含まれる統計的方法の有効性とともに議論されており，とりわけ，株式収益率に対しては，Fielitz and Rozelle (1983)，Akgiary and Booth (1988)，Akgiary and Lamoureux (1989)，また外国為替に対して Boothe and Glassman (1987)，Koedijk, Schafgans and de Vries (1990) などがある．

より最近の研究として，Jansen and de Vries (1991) や Loretan and Phillips (1994) は，モーメント存在の決定に対するより直接的なアプローチを取る．モーメントの存在は密度関数の裾の減衰率によって最終的に決定されることに注意し，これら 2 論文は分布全体を特徴付ける代わりに分布の裾に焦点を当てる．Loretan and Phillips (1994) は，株式収益率および外国為替収益率に対して，最大モーメント指数 $\alpha=\sup_{q>0}\mathrm{E}|X^q|<\infty$ の推定値を与えた．パラメータ α は Hill (1975) や Hall (1982) で展開された手続きを利用して推定される．今，$X_1, X_2, \cdots, X_N$ を (漸近的に) パレート型の裾をもつ分布からの独立標本とし，また $X_{N,1}, X_{N,2}, \cdots, X_{N,N}$ を順序統計量とする．そのとき，最大モーメント指数は，ある正の整数 s に対して

$$\hat{\alpha}_s=\left(s^{-1}\sum_{j=1}^{s}\ln X_{N,N-j+1}-\ln X_{N,N-s}\right)^{-1}$$

により一致性をもって推定することができる．標本数とともに (それよりは低い率で) s を増やしてゆくとき，Hall (1982) は，$s^{1/2}(\hat{\alpha}_s-\alpha)$ が $N(0, \alpha^2)$ に従う確率変数となることを示した．Loretan and Phillips (1994) による推定値は，分散は有限であるが 4 次モーメントは存在しない可能性を示唆している．言い換えると，これらの結果は非ガウス性ばかりでなく安定分布モデルもほとんど支持されない強い証拠を与えている．

しかしながら，McCulloch (1995)，Mittnik and Rachev (1993)，Pagan (1995) らは，Loretan and Phillips が利用した推定量が，資産収益率の無条件分布の裾の形に関してあまり信頼性のある尺度とはならないことを議論している．まず第 1 の論点は，とくに観測値の数があまり多くないときには，s の値 (順序統計量の数) を変えると最大モーメント指数 α の推定値が有意に異なるが，適当な標本数のもとでは，Loretan (1991) のシミュレーションの結果によれば，s が標本数の 10%を超えない限り $\hat{\alpha}_s$ は α の頑健な推定量であることを示している点である．この大まかなルールは，最初 DuMouchel (1983) によって指摘された．第 2 の論点は，分布の裾に関する指数推定量は 1 つの最尤推定量であり，標本がパレート分布の裾 (tail) をもつ母集団から抽出されることを仮定している点である．Mittnik and Rachev (1993) は，ワイ

---

[6] 広範なサーベイは Zolatarev (1986)，最近の発展に関しては Samorodnitsky and Taqqu (1994)，そしてファイナンスへの応用のサーベイは McCulloch (1996) を見よ．

ブル分布 —— $\alpha=\infty$ —— によって生成された iid データに対して小規模なシミュレーション研究を行っており，それによれば最大モーメント指数の平均の推定値は 3.785 である．McCulloch (1995) は，Jansen and de Vries (1991) や Loretan and Phillips (1994) で報告されたパラメータ推定値は，$\alpha<2$ となる安定分布によって生成されるデータに対して得られるテイル指数の推定値と整合性があることにかかわる証拠を与えた．第 3 には，Hall (1982) で与えられた収束に関する結果が無作為抽出に基づいていることである．Pagan (1995) はシミュレーションによって，もしデータが GARCH 過程から生成されれば，$\hat{\alpha}_s$ の標準偏差は iid の場合から予期されるものより有意に大きくなりうることを示した．ARCH 型の過程は分布の裾が厚いデータを発生されることに注意せよ．de Haan, Resnik, Rootzen and de Vries (1989) は，ARCH 変数の無条件分布がパレート分布の裾をもつことを示し，de Vries (1991) は無条件分布が安定分布となる GARCH 型のモデルを与えている．さらに，高頻度で観測される株式収益率データに対する ARCH モデルの推定は，通常 4 次モーメントが存在しないようなパラメータ推定値を与える．Nelson (1990) は，IGARCH (1, 1) モデルは厳密に定常であるが有限な分散をもたないことを示した．

モーメント条件の失敗が問題となるような場合に非線形性検定を使うことから生じる結果については，de Lima (1994a) で研究されている．そこでは漸近理論の視点から，検定統計量の分布は非標準的なものとなることが示されている．1 つの例として，有限な 4 次モーメントをもたない iid 系列に対して，最初の h 個の自己相関係数の 2 乗和を観測値数で標準化したものは，非退化確率変数への収束を保証しない (de Lima 1994a，命題 1 を見よ)．言い換えると，このタイプの過程に対して McLeod-Li 統計量は漸近的に 0 へ退化する[7]．

de Lima (1994a) で行われたシミュレーション実験は，ほとんどの非線形性検定が McLeod-Li 検定に対して導かれた漸近的な結果によって予期されるように振舞うことが示されている．とくに，それらの検定の標本分布は原点まわりで極 (pole) を示す．このことは，モーメント条件の失敗のもと，また検定統計量の適当な標準化なしでは，経験分布による検定のサイズは必ず検定の名目サイズを下回ることを示唆する．しかしまた，シミュレーション実験は，検定の分散が極度に大きくなり，検定統計量が多くの有意な値を発生させることも示している．この効果は，モーメント条件の失敗の極端なケースに対してより深刻である．さらに，バイスペクトラム検定や条件付分散の特定化の誤りに対して最大の検出力をもつようにつくられた検定は，モーメントの非存在に対して極度に敏感である[8]．総じて，モーメント条件の失敗に対して，(漸近分布と標本分布両者について) 頑健と思われる唯一の検定は BDS 統計量で

7 McLeod-Li 統計量を適当なスケールで標準化したものは，よく定義された (well defined) 確率変数へ収束する．しかし，極限の確率変数は χ^2 分布しないし，収束のスピードも標準的なケースよりも遅い．

8 バイスペクトラム検定は，とくにモーメント条件の失敗に対して敏感であるようである．de Lima (1994a) によるシミュレーション研究によって，(次頁につづく)

ある．

de Lima (1994a) は，1991 CRSP テープの日次株価ファイルにおける 2165 にわたる個別株式収益率データに関して，非線形性とモーメント条件の失敗の関係に関する研究を与えている．標本における $\hat{\alpha}_s$ のメディアンは 2.8 であり，2 を超える推定値は 95%で 4 を超えるのは 2%より少ない．無作為にシャッフルした時系列へ非線形性検定を適用した結果は，シミュレーションの結果と驚くほど類似している．この実証研究はまた，株式収益率における非線形性の証拠は必ずしもすべてが非線形性検定のモーメント条件の失敗に対する非頑健性に帰することはできないことも示している．しかし，非線形性検定のうちあるものは，裾の厚い分布をもつデータを含む状況での検定としてあまり信頼性がないことを示している．

11.2.4　非線形性検定に関するその他の話題

11.2.4.1　非線形性と非定常性

資産価格の無条件分布のモーメントが時間を通じて一定であるということは，ARCH のようなボラティリティ過程を含む多くの時系列モデルの典型的な仮定である．しかし，新しいファイナンス上あるいは技術上の道具が金融市場に導入されてきたスピードを考えると，構造変化(したがって定常性の欠如)の存在の可能性は，とくに比較的長い期間を考えれば，きわめて強い．たとえば，Pagan and Schwert (1990) や Loretan and Phillips (1994) は，株式収益率が共分散-定常であるという仮説を棄却している．したがって，非線形性が観測されることがデータの非定常性によるものかどうかを決めることはとくに興味深い．

Diebold (1986) や Lamoureux and Lastrapes (1990) は，ARCH モデルを利用して，無条件分散がシフトすることによってよく知られた条件付分散の持続性 (persistence) が説明される可能性があることを示唆している．Simonato (1992) は —— Goldfeld and Quandt (1973) のスイッチング回帰モデルを利用して —— レジーム変化をもつ GARCH 過程をヨーロッパの外国為替グループに応用し，構造変化を考慮に入れると ARCH 効果の証拠はかなり減少することを示した．データに複数の変動期間があることを捉えようとする別のモデルが，Cai (1994) そして Hamilton and Susmel (1994) のマルコフ・スイッチング ARCH (SWARCH) モデルである[9]．

無条件分散について，離散的シフトをもつ非定常過程として株式収益率を特徴付けることは，Hsu, Miller and Wichern (1974) にまで遡ることができる．この見方に対して，Hinich and Patterson (1985) では，株価は非線形確率過程からの実現値であるという別の仮説を支持する見解を出している．彼らによると，非定常性は分析で使

$$(P_\alpha)=\begin{cases}P(X>x)=0.5(x+1)^{-\alpha}, & x<0\\ P(X<-x)=0.5(x+1)^{-\alpha}, & x>0\end{cases}$$

を満たすパレート分布族から発生させた iid 系列に対して，1%検定が iid の帰無仮説を 60%のケースで棄却すること，同様に α が 2～6 の場合，大きな第 1 種の過誤が見受けられることが示された．

[9] 分散の持続性と SWARCH のより一般的な議論は 11.3 節を見よ．

われるバイスペクトラム検定を線形性を受け入れる方向に偏らせると主張する．彼らの検定統計量はこの仮説を棄却し，1962年6月～1977年12月の日次株式収益率における非定常性の存在が棄却される．また，BDS検定を利用してHsieh (1991)は，サブサンプル分析およびデータを異なる頻度(より高頻度)で眺めることにより，構造変化が線形性を棄却する原因であるという仮説を棄却する．BDS検定は，あらゆる異なるサブサンプルや頻度に対し帰無仮説を棄却することから，Hsiehは「低頻度で観測される構造変化がiidの仮説を棄却する原因であることはありそうもない」と述べている．非線形性と非定常性の間の識別は，Inclán (1993)でも中心的な問題であり，そこでは無条件分散におけるシフトと時変条件付分散の識別にノンパラメトリック・アプローチが提案されている．

de Lima (1994b)は，株式収益率の線形性が棄却されることがデータの非定常性によるものかどうかを調べるために，BDS検定を一般化したものを利用する．この論文では，BDS統計量の標準化された部分和が標準ブラウン運動に収束する事実を利用し，1980年1月～1990年12月の普通株式指数収益率を分析する．そこでは，BDS統計量によって全期間非線形性が棄却されることに対して，1987年10月15日～1987年11月20日の期間がきわめて重要な役割を演じることが示されている．1980年1月から始まり1987年10月15日に終わる任意のサブサンプルに対して，BDS検定は線形性の帰無仮説を棄却しない．収益率の2乗の自己相関関数を利用して，Diebold and Lopez (1995)は80年代の株式収益率におけるGARCH効果の証拠は小さいと結論付けている．しかしまた，de Lima (1994b)の結果は，非線形性が1987年10月以降の株式指数のダイナミックスに積極的な役割を果たしていることを指摘している．

11.2.4.2　非線形対立仮説の識別

非線形性の一般的検定は有用であるけれども，上で述べた2つの風呂敷検定のいずれかで帰無仮説が棄却されたにしても，応用を目指す研究者にとっては，帰無仮説を棄却する原因となる非線形性の実際の性質についてはほとんど情報は与えられない．Savit and Green (1991)やWu, Savit and Brock (1993)によるBDS検定と密接に関係した検定法はこの点でとくに興味深い．これらの2論文は，無条件確率の推定値に依らずに，条件付確率の系列

$$\mathrm{Prob}\{A_{t,s}|A_{t-1,s-1}\}=\mathrm{Prob}\{A_{t,s}\}$$
$$\mathrm{Prob}\{A_{t,s}|A_{t-1,s-1},\ A_{t-2,s-2}\}=\mathrm{Prob}\{A_{t,s}|A_{t-1,s-1}\}$$
$$\cdots\quad\cdots$$
$$\mathrm{Prob}\{A_{t,s}|A_{t-1,s-1},\ \cdots,\ A_{t-k,s-k}\}=\mathrm{Prob}\{A_{t,s}|A_{t-1,s-1},\ \cdots,\ A_{t-k+1,s-k+1}\} \tag{11.2.3}$$

に関する相関積分型の推定量を使う検定法を提案している．ここで，$A_{t,s}=\{(y_t,\ y_s):|y_t-y_s|<\delta\}$．これらの等式はiidのとき成立し，条件付確率の定義から，それらが相関積分型の量で推定できることが示せる．Savit and Green (1991)では，対立

仮説のもとで，時間的遅れがもっとも強い間隔を検出するのにこれらの条件付確率が使えることを議論している．このタイプの分析は，たとえばRobinson (1983) やGallant, Rossi and Tauchen (1993) などのノンパラメトリック時系列分析でよく利用されるマルコフ過程にとってとくに興味深い．非線形時系列識別の別のアプローチはAuestad and Tjöstheim (1990)，Tjöstheim and Auestad (1994)，Granger and Lin (1994) で利用される最終予測誤差規準のノンパラメトリック版

$$\delta(f, f_x f_y)=\iint f(x, y)\log\left\{\frac{f(x, y)}{f_x(x)f_y(y)}\right\}dxdy$$

である．ここで，(x, y) は同時密度関数 $f(x, y)$ と周辺密度関数 $f_x(x), f_y(y)$ をもつ確率変数の組である．非線形モデリングにおけるノンパラメトリック技法の利用の一般的議論についてはGranger and Teräsvirta (1993) を見よ．

11.2.4.3　多変量への拡張

式 (11.2.3) で述べた条件付確率は，変数間の非線形因果関係の存在を検出するのにも利用できる．Baek and Brock (1992a) は，非線形Granger因果性を次のように定義する．

$$\text{Prob}\{A_{t,s}(X^m)|A_{t-h,s-h}(X^h), A_{t-k,s-k}(Y^k)\}=\text{Prob}\{A_{t,s}(X^m)|A_{t-h,s-h}(X^h)\} \tag{11.2.4}$$

のとき，時系列 $\{y_t\}$ は $\{x_t\}$ を引き起こさない．ここで，$W=X, Y$ に対して，$A_{t,s}(W^m)=\{(W_t^m, W_s^m) : |W_t^m-W_s^m|<\delta\}$ である．これは，確率変数 y が x に対して予測力をもたないことを意味する．式 (11.2.4) を無条件確率の比で書き換え，対応する項を相関積分型の統計量で置き換えることによって，Baek and Brock (1992a) は，結果として生じる統計量（を標準化したもの）は y から x への非因果性の帰無仮説のもとで正規変量へ収束することを示した．Baek and Brock (1992a) やHiemstra and Jones (1994a) は，y と x との依存関係について異なる仮定のもとで別の推定量を与えている．BDS統計量を含む1変量の検定手続きに関して，非線形Granger因果性の検定が線形モデルの推定残差に応用される．現在の場合，非線形の予測力はデータがベクトル値自己回帰モデルによってフィルターをかけられた後でなお残存する予測力からなる．

Hiemstra and Jones (1994a) は，この検定手続きを日次株式収益率および取引量のパーセント変化に適用した．彼らによれば，両方向に非線形Granger因果性が存在する証拠が与えられるとしている．しかし，Gallant, Rossi and Tauchen (1993) の非線形衝撃応答分析では，収益率が取引量をGrangerの意味で引き起こすことを支持するが，取引量から収益率への有意なフィードバックは検出されない．

また，相関積分に基づく方法は，多変量の枠組で一般的非線形性を検出するのに利用されてきた．Baek and Brock (1992b) は時系列のベクトルが同時点 (temporal) でクロスセクション的に独立であるという帰無仮説を検定するようBDS検定を拡張した．

11.3 株式収益率における長記憶性

11.3.1 平均の意味で長記憶性

資産価格の長期的行動の特徴付けに関する実証研究では，ランダム・ウォーク仮説が支配的であった．この仮説を検定する方法は，多期間収益率の自己回帰分析(Fama and French (1988))，および分散比検定(Lo and MacKinlay (1988)，Poterba and Summers (1988))などがある．これら2つの方法は，緊密な関係(たとえば，Kim, Nelson and Starz (1991) を見よ)があり，市場効率性の帰無仮説に対する興味深い代替的仮説を検出するための伝統的検定法が検出力において問題があることを反映して，これらの方法の応用がなされている．

よく研究される1つの代替的仮説は，株価の変化を与件として，長期では予測可能な変化で符号が反対なものがくるという考えに対応した株価の平均回帰(mean reverting)行動である．この仮説は，株価 p_t をランダム・ウォーク p_t^* と定常成分 u_t の和として記述する．Summers (1986) は一時的な成分は緩やかに減衰する過程，すなわち，$u_t=\rho u_{t-1}+\varepsilon_t$ を仮定する．ここで，ε_t はホワイト・ノイズそして ρ は1以下で1に近いものである．

Lo and MacKinlay (1988) および Poterba and Summers (1988) は，分散比統計量を用いて株価が平均回帰的であるという仮説を支持する結果を報告している．とくに，分散比は1年より短いラグに対しては1より小さく，1年より長いラグに対しては1より大きくなる傾向がある．ラグ q の分散比統計量は，株式収益率の最初の q 次の自己相関係数の加重平均(Cochrane (1988) および Lo and MacKinlay (1988)) であるので，分散比の観測パターンは，短期時間軸では収益率が正の相関をもち長期時間軸では負の相関をもつことを意味する．この長期収益率の予測可能性は，(ある)エージェントが非合理的に行動する(ノイズ・トレーダー(noise trader))モデルや時変均衡期待収益率をもつ効率的市場と整合性があることに注意せよ．

とりわけ，Kim, Nelson and Starz (1991) や Richardson (1993) では，平均回帰行動の検出で利用される検定がみせかけの結果を生み出す証拠を与えた．

平均回帰の研究への新しいアプローチは，Jog and Schaller (1994) に見られるように，個別企業のデータを集計しない形で利用し，異なる企業クラス間のファイナンス上の制約の変動の構造的役割を強調するものである．(企業規模の違いなど)異なる企業クラス間でファイナンス上の制約の変動が異なるという事実は，大恐慌のような金融緊張期間の平均回帰に関する既知の変動を説明する有力な方法であるし，また，より大きな企業が享受できる資金調達の規模の経済を考慮する有力な方法である．また，異なる企業クラス間で変化する中央銀行の政策の影響も要因として期待できる．

Lo (1991) は，集計による研究の中では若干異なるアプローチを取り，分散比統計量に対する同様なパターンを生み出す別の単純なモデルを提案している．Lo (1991) の例は，株式収益率が AR (1) と長記憶過程の和であることを仮定する．

長記憶定常過程は自己相関係数が緩やかに (双曲線的に) 減衰することで特徴付けられ，他方 (ARMA) のような短記憶過程は自己相関係数が幾何級数的に減衰することで特徴付けられる．また，長記憶定常過程はスペクトラムの原点での振舞いによっても特徴付けられる[10]．長記憶過程は，Hurst (1951) によって観測された非周期的なナイル川のサイクル・パターン —— 長い乾期の後には長い洪水期が続く —— を生成することができる．Mandelbrot and Wallis (1968) はこの現象を Joseph 効果あるいは Hurst 効果と呼んだ．

資産価格における長記憶性の重要性を議論した最初の論文は Mandelbrot (1971) である．Mandelbrot は，長期従属性のもとでは完全な無裁定は不可能であることを示した．Mandelbrot は，後に Hogdes (1995) によって拡張された結果，すなわち，市場が大まかにでも非効率的でなければ，フラクタル・ブラウン運動は株式収益率に対する有効なモデルとはなりえないことを示唆した．彼は，「本質的にリスクのない利益」を得るためには，「0.4 と 0.6 の範囲外にある Hurst 指数をもつ市場に対しては，300 以下の取引が必要とされる」ことを計算した．彼は，Hurst 指数と Sharpe 比を関連付ける有用な表を与え，またオプション戦略のもとで利益を獲得するために必要となる取引き回数を与えた．

Hodges は，Hurst 指数が 1/2 から大きく乖離する過程が「平均において長記憶」であることに対して多くの疑問を投げかけた．なぜなら，もし 1/2 から大きく乖離する Hurst 指数をもつフラクタル・ブラウン運動で収益率データが本当に生成されているならば，平均/分散の枠組で利益を生み出すことやリスクをコントロールすることはきわめて容易であるからである．

長記憶性の表面上のもっともらしさがどうであれ，金融経済学の伝統的方法が裁定の可能性に強く依存しているので，株式収益率において長記憶性を検出することが実証上適切な問題となってきた．Greene and Fielitz (1977) は，株式収益率の長記憶性仮説についての最初の実証研究である．彼らの分析は，Hurst (1951) によって最初に提案された尺度変換されたレンジ (R/S) 統計量に基づいている．時系列 X_t と任意の時間間隔 s および初期時点 t に対して，標本逐次レンジ $R(t, s)$ は次で定義される．

$$R(t,s)=\max_{0\leq k\leq s}\left\{X^*_{t+k}-\left(X^*_t+\frac{k}{s}[X^*_{t+k}-X^*_t\right)\right\}-\min_{0\leq k\leq s}\left\{X^*_{t+k}-\left(X^*_x+\frac{k}{s}[X^*_{t+k}-X^*_t]\right)\right\}$$

ここで，X^*_t は，0 から t の区間上での X_t の累積和を取ったもの，つまり $X^*_t=$

10　長記憶過程の自己相関係数 $\rho(k)$ は，$0<H<1, C>0$ に対して，$\rho(k)\sim Ck^{2H-2}$ を満たす．ここで $H<1/2$ に対して，$\sum|\rho(k)|<\infty$ および $\sum\rho(k)=0$ である．これと対応して，スペクトル密度 $f(\omega)=\sum e^{-i\omega}\rho(k)/2\pi$ が $H>1/2$ に対して原点で発散し，$|\omega|\to 0$ で 0 に収束する．ある研究者は，前者の過程に長記憶という用語を用い，後者の過程に「中」記憶あるいは反持続的という用語を付けている．Beran (1994) および Brock and Davis (1991) を見よ．長記憶過程のサーベイや経済への応用については，Baillie (1995) を見よ．

$\sum_{u=1}^{t} X_u$，また便宜上 $X_0^*=0$ とする．通常，標本レンジはラグ s の標準偏差

$$S(t,s)=\left(\frac{1}{s}\sum_{k=1}^{s}X_{t+k}^2-\frac{1}{s^2}\left[\sum_{k=1}^{s}X_{t+k}\right]^2\right)^{1/2}$$

で標準化され，これらの比は尺度変換レンジ R/S として知られている．一連の論文において，Mandelbrot や共著者のいく人かは，短期従属性の定常過程に対して R/S 統計量は収束スピード $s^{1/2}$ である非退化確率変数へ収束し，長期従属性の定常過程に対して R/S 統計量は，スピード s^H である非退化確率変数に収束する (ここで，H は 1/2 ではない Hurst 係数である．Mandelbrot (1975) を見よ) という意味で，尺度変換レンジ統計量が短記憶性と長記憶性とを識別できることを示した．さらに Mandelbrot (1975) の定理 6 では，無限の分散をもつ安定分布の収束域において iid 系列でも，収束スピードが $s^{1/2}$ であることを証明した．

実際には，R/S 統計量の対数変換したものを s の対数変換に対してプロットし，データが短期従属か長期従属かいずれから生成されたかを調べる．短期従属過程に対しては，各点は傾き 1/2 の直線上に分布し，長期従属過程に対しては傾きが $H \neq 1/2$ の直線上に分布するはずである．Wallis and Matalas (1970) は，F Hurst および G Hurst としてそれぞれ知られている 2 つの手続きのモンテカルロ・シミュレーションをさまざまなラグや初期値に対して行った．両方の場合において，長期従属の指数 H の推定値は，$\log(R/S)$ の定数項および $\log(s)$ への最小 2 乗回帰の傾きである．Greene and Fielitz (1977) はニューヨーク株式市場の 200 におよぶ株価日次収益率へこれらの分析を応用し，標本のかなりの部分が長期従属性によって有意に特徴付けられるとした．より最近では，Peters (1994) もまた，R/S 分析を利用してある普通金融資産の収益率に Hurst 効果が存在することを示している．

古典的 R/S 分析が短期従属が存在するときには偏りが生じることや，Wallis and Matalas (1970) で既に議論され，さらに Davies and Harte (1987) で研究されている事実などの理由で，株式収益率に関する長記憶性が見出されるかどうかは，さまざまな議論が行われてきた．Aydogan and Booth (1988) は，Greene and Fielitz (1977) の結果が実際は系列相関や非定常性に対する R/S 分析の非頑健性によるものであることを示唆している．系列相関によってもたらされるバイアスを修正するために，Peters (1994) は，1 次の自己回帰過程の推定残差に対して古典的 R/S 分析を適用している．さらに，彼は異なるラグの長さごとに得られる R/S 統計量の値と R/S 統計量の期待値とを比較する．Anis and Lloyd (1976) は，この期待値をホワイト・ノイズに対して計算した．Peters (1994) によって使われた値は，シミュレーションで決められた修正項を反映しているが，彼の方法では正式な仮説検定を依然として行えないし，AR (1) フィルターが検定するすべての時系列に対して短期系列相関を除去するという仮定はきわめて問題である．

Lo (1991) は R/S 法を改善し，正式な検定が可能であり，かつ系列相関やある形の非定常性に対して頑健である方法を提案した．そこでは短記憶性の帰無仮説のもと

で[11]，統計量 $Q(n)\equiv R(1,n)/\tilde{S}(1,n)$ が $[0,1]$ 上でブラウニアン・ブリッジのレンジへ弱収束すること，またその統計量が平均 $\sqrt{\pi/2}$ および分散 $\pi^2/6-\pi/2$ の確率変数でその分布は正の方へ歪んでいることを示した．Lo による方法の主な革新的部分は，$S(1,n)^2$ の代わりに，Newy-West 不均一分散・自己相関・一致推定量

$$\tilde{S}(1,n)^2=\frac{1}{n}\sum_{k=1}^{n}(X_k-\bar{X})^2+\frac{2}{n}\sum_{j=1}^{q}\omega_j(q)\left\{\sum_{k=j+1}^{n}(X_k-\bar{X})(X_{k-j}-\bar{X})\right\}$$

を利用するところである．ここで，$\omega_j(q)'s$ はバートレット・ウエイトである．さらに Lo の検定は古典的 R/S 分析のような部分標本分析を行う必要がない．Lo (1991) は，$Q(n)$ 統計量を日次および月次株式収益率指数 (CRSP ファイル上の等ウエイトおよび価値ウエイト (the equally and the value weighted) 指数) へ応用し，Greene and Fielitz (1977) の方法が株式収益率における長記憶性の存在を過大評価すると結論付けている．

修正 R/S 統計量としても知られている $Q(n)$ 統計量は，いく人かの研究者によって他の金融データに応用されてきた．すなわち，Cheung and Lai (1994) による金市場収益率，Cheung, Lai and Lai (1993) による国際証券市場，Goetzmann (1993) の歴史的な株式収益率時系列，Hiemstra and Jones (1994b) による株式収益率のパネルデータ，Mills (1993) によるイギリスの月次株式収益率など (Baillie (1995) も見よ)．これらの論文の結果は Lo (1991) の結果とほぼ一致し，変換された R/S 統計量による結果は，それらの金融資産に対する収益率に長記憶性が存在しないというものである．しかし，Pagan (1995) は，Newey-West 推定量 $\tilde{S}(1,n)^2$ に含まれる自己相関の数である q の選択が結果に重大な影響を及ぼし，小さい q を使うと通常は対立仮説に対して有利な結果となり ($q=0$ とおかれる伝統的な Greene and Fieltiz 分析のように)，大きな q は帰無仮説を支持する結果を生み出す傾向があることを示唆した．Andrews (1991) は，q を自動的に選択するルールを与えた (Lo (1991) においても利用されている)．しかし，このルールは AR (1) 過程に対してのみ最適となるものである．

$Q(n)$ 統計量に関するもう 1 つの問題は，モーメント条件の失敗に対する感度であろう．Hiemstra and Jones (1994b) は，株式収益率の分析において，最大モーメント推定値と R/S 検定によって分布の左裾で棄却される確率の間に正の相関があることを明らかにした．分布の右裾での棄却の場合は，逆の関係がある．前に述べたように，Mandelbrot (1975) や Mandelbrot and Taqqu (1979) は，古典的 R/S 分析が無限の分散をもつ過程によって生成される iid データに対してさえも Hurst 係数のほとんど確実な (almost surely) 一致推定量を与えることに注意せよ．しかし，この 2 論文は，R/S 統計量の極限分布については何ら特徴付けを行ってはいない．さらに，Lo (1991) は，データの分布の最初の $4+\delta$ ($\delta>0$) 次モーメントが有限であるという仮

11　Lo による短記憶過程は，ミキシング係数が十分速く減衰して 0 にいく強ミキシング過程として定義される．

表 11.1　モーメント条件の失敗のもとでの尺度変換されたレンジ (R/S) の推定されたサイズ

名目サイズ		$\alpha=1.5$					$\alpha=4$				
		0	20	40	60	A	0	20	40	60	A
左裾	0.01	0.023	0.020	0.017	0.014	0.023	0.018	0.013	0.010	0.007	0.018
	0.05	0.098	0.092	0.081	0.075	0.093	0.071	0.062	0.051	0.044	0.072
	0.10	0.174	0.172	0.166	0.156	0.177	0.136	0.124	0.110	0.099	0.130
右裾	0.10	0.030	0.024	0.022	0.016	0.030	0.092	0.086	0.078	0.080	0.093
	0.05	0.009	0.000	0.005	0.006	0.009	0.038	0.039	0.035	0.031	0.036
	0.01	0.000	0.000	0.000	0.000	0.000	0.009	0.007	0.008	0.007	0.008
	Mean	0.510	0.510	0.510	0.511	0.510	0.521	0.521	0.521	0.522	0.521
	Std	0.028	0.027	0.027	0.026	0.028	0.031	0.030	0.030	0.029	0.031

データは $\alpha=1.5$ および $\alpha=4$ のパレート分布からそれぞれ生成された．1000 個の系列はそれぞれ $N=5000$ の観測値をもつ．Mean および Std の行はシミュレーションでの Hurst 係数の平均推定値およびその標準偏差を意味している．各列は推定量 $\tilde{S}(1, n)$ に含められる自己相関の数 q に対する R/S 検定の経験分布のサイズである．

定のもとで，R/S 統計量がブラウニアン・ブリッジのレンジへ収束することを証明している．

表 11.1 にある簡単なシミュレーション研究によれば，裾の厚い分布をもつデータは Hurst 係数の R/S 推定量の性質に影響を与えないようであるが，検定統計量の標本分布は，Hiemstra and Jones (1994b) で観測されているように，相対的に左にシフトしていることが確認できる．表 11.1 はパレート分布族 (11.2 節の表現 (P_α) で $\alpha=1.5$ および $\alpha=2.0$) から生成された 5000 の観測値をもつ 1000 の時系列に関して R/S 統計量を計算した結果が掲載されてある．Hurst 係数の平均値は Mandelbrot で決められたように 0.5 に近い．しかし，分布の左裾で棄却される率は漸近分布による名目サイズを上回るが，右裾で棄却される率は漸近分布による名目サイズを下回る[12]．経験分布におけるシフトは，$\alpha=1.5$ で生成されたデータの場合の方が $\alpha=4$ の場合より深刻である．この事実は，Lo (1991) で課せられたモーメント条件からみて驚くべき結果ではない．

長記憶性仮説の検定法は，他にもある．これらは，Geweke and Porter-Hudak (1983) —— 今後 GPH 検定と呼ぶ ——，Davis and Harte (1987) による局所最適検定およびベータ最適検定，Robinson (1991a) や Agiakloglou, Newbold and Woahr (1994) らによるラグランジュ乗数検定，Beran (1992) の適合度統計量と密接な関係にある Wu (1992) の局所最良不変検定などがある[13]．修正 R/S 統計量と異なり，これらすべての検定は対立仮説に対してあるパラメトリックな形を仮定しており，ただ GPH 検定だけが，対立仮説の長期ダイナミックスに関するパラメトリック表現の特

[12] 左裾で棄却されることは帰無仮説 $H=1/2$ が対立仮説 $H<1/2$ (反持続的長記憶性) に対して棄却されることに対応し，右裾で棄却されることは帰無仮説 $H=1/2$ が対立仮説 $H>1/2$ (持続的長記憶性) に対して棄却されることに対応する．

[13] Cheung (1993a) は，モンテカルロ研究によって，長記憶性仮説に対する検定法のいくつかに関する小標本特性を調べている．

定化のみを必要とする．この理由でGPH検定はしばしばセミパラメトリック検定とみなされる．

自己相関係数が双曲線的な減衰を示すパラメトリック離散時間モデルで代表的なものは，Granger and Joyeux (1980) と Hosking (1981) によって独立に導入された非整数自己回帰移動平均モデル (ARFIMA) である．連続時間版に関しては Viano, Deniau and Oppenheim (1994) を見よ．$-0.5<d<0.5$ に対して，X_t が方程式

$$(1-B)^d\phi(B)X_t=\theta(B)\eta_t, \qquad \eta_t\sim\text{iid}\ N(0,\sigma_\beta^2)$$

の唯一の定常解をもつとき，X_t は ARFIMA (p, d, q) に従うといわれる．ここで，B は，後方移動作用子 $(B^jX_t=X_{t-j}, j=0, \pm1, \pm2, \cdots)$, $\phi(z)=1-\phi_1z-\phi_2z^2-\cdots-\phi_pz^p$ そして $\theta(z)=1-\theta_1z-\theta_2z^2-\cdots-\theta_qz^q$．さらに非整数差分演算子は次の展開で定義される．

$$(1-B)^d=\sum_{j=0}^{\infty}\frac{\Gamma(j-d)}{\Gamma(j+1)\Gamma(-d)}B^j \tag{11.3.1}$$

このモデルの詳細については Brockwell and Davis (1991) を見よ．ARFIMA (p, d, q) モデルのスペクトル密度は，$C>0$ に対して，$\lambda\to0$ のとき，$C|\lambda|^{-2d}$ に比例する．長記憶性に対する Geweke and Porter-Hudak (1983) 検定は，この事実に基づいている．低周波数領域でピリオドグラムの対数変換したものを周波数のある関数へ回帰させ，この最小2乗回帰の係数で d を推定する[14]．GPH は，d の推定値が過程の短記憶性の振舞いによって邪魔されることなしに長記憶的振舞いを捉えることができると主張する．Robinson (1993) は，ピリオドグラムの高周波数領域を切断することに加え，(いちばん) 最初の軸に関する部分を追加的に削除することによって，上の主張が漸近的にも正しいことを示した．$d\neq0$ に対して仮説 $d=0$ を通常の t 検定によって検定することは，短記憶性の帰無仮説を長記憶性に対して検定することである．GPH および Lo の尺度変換レンジ検定の小標本の性質は，いずれも大きな自己回帰および移動平均効果に非常に敏感である．Cheung and Lai (1993) を見よ．

GPH アプローチによって，Cheung (1993b) は，名目外国為替レートのあるものに長記憶性が存在する証拠を見出し，Cheung and Lai (1993) は，国外と国内の価格のある1次結合が長期依存性をもつこと，つまり国外と国内の価格は非整数的に共和分の関係があることを示した．彼らの株式収益率のクロス・セクション分析に関して，Hiemstra and Jones (1994b) は，R/S 統計量と GPH 検定を用いることによる短記憶性の帰無仮説の棄却現象に緊密な関係があることを見出した．

11.3.2　ボラティリティにおける長記憶性

長記憶性モデルのより活発な研究領域は，モデルのボラティリティ過程に対する応用である．これは，Engle (1982) の自己回帰条件付不均一分散 (ARCH) モデルについての論文から端を発した条件付分散モデルである．ARCH モデルは $y_t=\sigma_tZ_t$，こ

14　この回帰方程式の別な推定手続きについては，Beran (1993) および Robinson (1993) を見よ．

こで，Z_t は通常独立に同一分布する過程で $E[Z_t]=0$ および $Var[Z_t]$ をもつもので定義される．分散 σ_t^2 は正での $\mathcal{F}_{t-1}$-可測な関数，ここで，$\mathcal{F}_{t-1}$ は $(Z_{t-1}, Z_{t-2}, \cdots)$ で生成されるシグマ代数である．したがって，σ_t^2 は y_t の過程の条件付分散である．

典型的には，株式収益率の標本自己相関係数はホワイト・ノイズの自己相関係数に類似している．しかし，2 乗収益率や 2 乗収益率の対数のようなボラティリティ尺度の自己相関係数は，正でその減衰の仕方は非常に遅い．この事実は，どうして高頻度データを含む ARCH 型モデルの多くの応用がボラティリティに対する 1 変量表現において近似的に単位根の存在を支持するのかを説明している．この特徴は，Engle (1982) の原論文にも見受けられ，Engle のモデルを拡張する誘因となった．つまり，Bollerslev (1986) の一般化 ARCH (GARCH) や Engle and Bollerslev (1986) の和分 GARCH (IGARCH) など．さらに Nelson (1991) の指数的 GARCH (EGARCH) モデルでは，通常，自己回帰特性多項式が 1 に近い根をもつことが指摘される．すなわち，高頻度で観測される株式市場は高度に持続的なボラティリティを示す．

2 乗残差の自己相関係数が非常に緩やかな減衰を示すことに動機付けられて，Crato and de Lima (1994) は，修正 R/S 検定や GPH 検定をさまざまにフィルターをかけられたアメリカの株式収益率指数に応用し，ボラティリティが短記憶的であるという帰無仮説は高頻度の時系列に対して棄却されると結論付けた．2 乗時系列に長記憶性検定を適用することの正当化は，Bollerslev (1986) にあるように，GARCH (p, q) 過程の条件付分散 σ_t^2 が無限次の AR (∞) で書かれる事実から導かれる．したがって，この検定手続きは 2 乗時系列へ応用される GARCH 効果に対するラグランジュ乗数検定に対応する．また Ding, Granger and Engle (1993) は，収益率時系列の非整数モーメントの自己相関係数の減衰の仕方を研究した．SP500 指数の収益率 (y_t) に対して，彼らは $|y_t|^\nu$ を異なる正の ν に対して計算し，その自己相関係数が非常にゆっくりと減衰することを見出した．これによって，彼らは ν を推定パラメータとする非対称べき GARCH という新しい ARCH モデルのクラスを導入することとなった．しかし，このモデルは依然として有限個のパラメータからなり，短記憶性モデルである．

ボラティリティ時系列の自己相関係数がゆっくりと減衰することを捉える 2 つのクラスのモデルがこれまで提案されてきている．第 1 のクラスは，Baillie, Bollerslev and Mikkelson (1993) や Bollerslev and Mikkelson (1994) による非整数和分 GARCH (FIGARCH) および非整数和分 EGARCH モデルであり，これはラグを付けた 2 乗イノベーションに対して減衰率が双曲線的であることを許す ARCH クラスのモデルの自然な拡張となっている．長記憶的ボラティリティ・モデルの第 2 のクラスは，Harvey (1993) や Breidt, Crato and de Lima (1994) の確率的ボラティリティ・モデルである．

FIGARCH (p, d, q) モデルは次で定義される．

$$(1-B)^d\phi(B)(\sigma_t^2-\mu)=\theta(B)(y_t^2-\mu)$$

ここで，$\phi(z)$ および $\theta(z)$ はそれぞれ p 次，q 次の多項式であり $(1-B)^d$ は式(11.3.1)で定義されるものである．IGARCH 過程と同様に，FIGARCH 過程も強定常であるが共分散定常ではない，なぜなら分散は有限ではないからである．結果として，y_t^2 の自己相関係数は定義されず，スペクトラム法や自己共分散法は直接には利用可能ではない．さらに，Baillie, Bollerslev and Mikkelson (1993) によって議論された(疑似)最尤推定量の漸近的性質は，Bollerslev and Wooldridge (1992) で出された諸条件が成り立つかどうかに依存している．この点でそれらの諸条件が FIGARCH 過程で満たされているかどうかはまだ知られていない．

$$\log \sigma_t^2=\mu_t+\theta(B)\phi(B)^{-1}(1-B)^{-d}g(Z_{t-1})$$

で定義される FIGARCH(p, d, q) モデルは，強定常エルゴード過程である．さらに $(\log \sigma_t^2-\mu_t)$ は，$d<0.5$ のとき共分散定常である．関数

$$g(Z_t)=\delta_1 Z_t+\delta_2(|Z_t|-\mathrm{E}|Z_t|)$$

は株式変化率が株価ボラティリティと負の相関があるといういわゆるレバレッジ(leverage)効果を捉えるために Nelson (1991) で導入されたことに注意せよ．FIEGARCH モデルのパラメータの最尤推定量の漸近的性質もまた，Bollerslev and Wooldridge (1992) で出された諸条件が成り立つかどうかに依存している．

Baillie, Bollerslev and Mikkelson (1993) のシミュレーション実験によると，もし GARCH 過程が FIGARCH モデルによって生成されたデータに適用されれば，自己回帰多項式に対して得られた推定値から，金融データに典型的である非常に単位円に近い根が得られる．さらにアメリカ・ドルとドイツ・マルクの為替レートに FIGARCH モデルを適用した彼らの結果から，非整数的に和分関係をもつことに対する IGARCH 行動仮説は明確に棄却される．同様な結果は，FIEGARCH モデルの S&P500 株価指数の日次収益率へ適用した Bollerslev and Mikkelson (1993) の場合でも得られている．

ボラティリティにおける長記憶性を扱う第2のモデルのクラスは，Harvey (1993) や Breidt, Crato and de Lima (1994) の確率的ボラティリティ・モデルである．確率的ボラティリティ・モデルは2つの確率過程の積で得られる観測されない成分(unobserved component)モデルであり，$y_t=\sigma_t Z_t$，ここで，Z_t は ARCH の場合と同様に定義されるが，σ_t^2 はもはや $\mathcal{F}_{t-1}$-可測ではない．Taylor (1986) は，ボラティリティの対数 $\ln(\sigma_t)$ が定常ガウス AR(1) 過程に従うと仮定した．確率的ボラティリティ過程は，ファイナンス理論において使われる連続時間モデルのオイラー法による近似となっていることに注意せよ．そこでは資産価格 P_t とボラティリティ σ_t のそれぞれは，拡散(diffusion)過程に従う．Taylor (1994) は，ボラティリティ過程に対する別の特定化に関する最近のサーベイを与えている．Breidt, Crato and de Lima (1994) は，ボラティリティ過程のある関数に対して ARFIMA 過程を適用することで，2乗収益率(の対数)の自己相関係数がゆっくりと減衰する現象を捉えようとしている．とくに，v_t を Z_t とは独立な長記憶過程として，$\sigma_t=\sigma\exp(v_t/2)$ と仮定する．

y_t および y_t^2 両者が共分散定常および強定常となることは容易に示される．ある変換の後，モデルは $x_t=\mu+v_t+\varepsilon_t$ と書ける．ここで，$x_t=\log y_t^2+\mathrm{E}[\log Z_t^2]$ であり，Z_t がガウス過程に従うという仮定のもとで，ε_t は平均 0 で分散 $\pi^2/2$ の iid 系列となる．また，x_t は v_t から長記憶性を受け継ぐこととなる．彼らの長記憶確率的ボラティリティ・モデルを株式収益率へ応用したケースでは，v_t は ARFIMA $(1, d, 0)$ モデルで d の値は 0.444 の推定値が使われた．標準の t 検定は，短記憶過程がデータを発生させたという帰無仮説を明確に棄却した．モデルは，ガウス尤度関数への Whittle の周波数領域近似を最大化するように推定された．この手続きがモデルのパラメータの一致推定を与えることが示されている．

ボラティリティ過程に関して他のパラメータ表現を考えた場合でも，多くの場合，株式収益率の分散に長記憶性が見出せることを述べられねばならない．まず第1に，これらの統計的発見を支持するのに利用できる経済学上の議論はない．Bollerslev and Mikkelson (1993) は，個別収益率があまり持続的でないボラティリティを有することから，株式市場のボラティリティにみられる長記憶性は集計の結果であることを示唆した．Granger (1980) は適当な分布から無作為に抽出された係数をもつ AR (1) 過程の和が，和の項の数が増えるにつれ長記憶過程へ近づくことを示した．同じ結果は，短記憶確率的ボラティリティ・モデルにおいても導かれ，集計の影響によって市場指数に長記憶性が観測されることとなる．しかし，長記憶性の検定を CRSP テープから抽出した 2165 収益率へ単純に応用した結果は，この仮説と矛盾する結果をもたらすようである．表 11.2 で与えられたレベル系列に対する結果は，Hiemstra and Jones (1994b) で同様の標本に対して得られた結果と整合的であり，平均には長記憶性がほとんど見られないことが示されている．しかし，Crato and de Lima (1994) で示されたように，GARCH のような短記憶的ボラティリティ・モデルが表 11.3 で考慮された長記憶性検定のいずれにおいても短記憶性の帰無仮説が棄却されることになるので，これらの結果は極端なケースとして考えるべきである．

条件付不均一分散モデルは誤って特定化されやすい傾向がある．別の特定化を比較する1つの方法は，いくつかの標本特性を捉える能力に注目することである．Breidt, Crato and de Lima (1994) は，彼らの長記憶確率的ボラティリティ・モデルから推定された 2 乗過程の対数の自己相関係数が標本自己相関係数ときわめてよく合致することを示した．とくにこのモデルは，標本自己相関係数がゆっくりと減衰することを再現でき，Nelson (1991) の EGARCH のような短記憶過程では表現できない．伝統的な GARCH (1, 1) や IGARCH (1, 1) モデルもまた，このタイプの自己相関係数を生成するには問題がある．しかし，非定常性が存在する場合，データに極端な持続的な特徴が現れるみせかけの証拠が生まれることがよく知られている．11.2 節で述べたように，分散に持続性がみられることに対する説明として，非定常性が示唆されてきた．Cheung (1993a) のシミュレーションの結果は，R/S と GPH 検定は時系列のレベルにおけるシフトに対して頑健性をもつことを示しており，このこと

表 11.2 Geweke and Porter-Hudak (GPH) と尺度変換されたレンジ (R/S) 検定を利用した株式収益率のサンプルにおける短記憶性の棄却割合

	GPH		R/S	
	X	X^2	X	X^2
10%Test	16.4%	72.1%	12.0%	51.8%
1%Test	10.5%	65.3%	4.0%	41.6%
Mean	0.511	0.794	0.524	0.563
Std	0.165	0.188	0.031	0.034

Mean および Std の行は，GPH および R/S 法に対する収益率間の Hurst 係数の平均推定値およびその標準偏差を意味している．GPH 検定は $N^{0.1}$ と $N^{0.5}$ の間の頻度で計算された．R/S 検定で考慮された自己相関の数は，Andrews (1991) に依っている．

表 11.3 SWARCH モデルに対する Geweke and Porter-Hudak (GPH) と尺度変換されたレンジ (R/S) 検定の推定されたサイズ

	GPH		R/S	
Size	X	X^2	X	X^2
0.10	0.162	0.327	0.067	0.466
0.05	0.099	0.236	0.029	0.353
Mean	0.501	0.658	0.525	0.565
Std	0.173	0.168	0.035	0.042

データは Hamilton and Susmel (1994) で報告されたスチューデント t SWARCH-L (3, 2) モデルから生成された．1000 個の系列それぞれは $N=1024$ の観測値をもつ．Mean および Std の行は，GPH および R/S 法に対する収益率間の Hurst 係数の平均推定値およびその標準偏差を意味している．GPH 検定は $N^{0.1}$ と $N^{0.5}$ の間の頻度で計算された．R/S 検定で考慮された自己相関の数は，Andrews (1991) に依っている．

は，ボラティリティにおける長記憶性を検定することにより，これら 2 つの検定が分散のシフトに対して頑健性をもつ可能性があることを意味するであろう．

この点で，とくに興味深いモデルは Hamilton and Susmel (1994) のスイッチング ARCH (SWARCH) モデルである．このモデルでは，有限個のボラティリティの状態 s_t が存在し，状態変数は推移確率が

$$\mathrm{Prob}(s_t=j|s_{t-1}=i,\ s_{t-2}=k,\ \cdots,\ y_{t-1},\ y_{t-2},\ \cdots)=\mathrm{Prob}(s_t=j|s_{t-1}=i)=p_{ij}$$

のマルコフ連鎖に支配されている．そのとき収益率の過程は $y_t=g(s_t)^{1/2}u_t$ で定義される．ここで，$g(s_t)^{1/2}$ は各異なるレジームで一定であり，また u_t には ARCH 型のモデルが利用された．Hamilton and Susmel (1994) は，u_t に対していくつかの別の ARCH による特定化を考察しており，それはレバレッジ効果を ARCH の枠組へ導入する Glosten, Jagannathan and Runkle (1994) によるパラメータ表現を含んでいる．L でレバレッジ効果を表すものとして，SWARCH-L (p, q) で規定されるこの特別なパラメータ表現では，σ_t^2 は次式で与えられる．

$$\sigma_t^2 = \omega + \alpha_1 u_{t-1}^2 + \alpha_2 u_{t-2}^2 + \cdots + \alpha_q u_{t-q}^2 + \delta d_{t-1} u_{t-1}^2$$

ここで，d_{t-1} は u_{t-1}^2 の正か負かを識別するダミー変数である．Hamilton and Susmel (1994) で考慮されたこの SWARCH モデルの特殊なクラスにおいては，過程の尺度はレジームごとに変わるが，u_t のパラメータはボラティリティ状態から独立である．Hamilton and Susmel (1994) は SWARCH モデルを週次株式収益率へ適用した．このクラスのモデルは，(考慮する損失関数にも依存するけれども) 通常の GARCH モデルよりも若干よい 1 期先予測を生み出す．たとえば，4 状態 SWARCH モデルは，分散一定のモデルより小さな平均 2 乗誤差をもつ条件付不均一分散モデルである．この最後のモデルは 2 パラメータ・モデル (平均および分散) であり，SWARCH モデルは，15 の異なるパラメータをもつことに注意せよ．ある SWARCH 型のモデルはまた，経験的事実に反する多峰型無条件分布を生み出すこととなる．

SWARCH モデルから生成されたデータが，R/S や GPH 検定の結果長記憶的ボラティリティ過程のように捉えられるかどうかという問題を議論するために，われわれは小規模なモンテカルロ実験を行った．

まず，Hamilton and Susmel (1994) で推定されたスチューデント t SWARCH-L (3, 2) を採用し，1000 系列を 2 組発生させた．最初のものは 1024 の観測値で 2 つ目は 2048 個である．次に，レベル系列に対し 2 つの検定を計算し，また 2 乗系列に対しても同様に計算した．期待したように，レベルへ応用した場合は，検定は長記憶性が存在しないことを支持した．しかし，表 11.3 に見るように，2 乗系列に検定を応用した場合にはみせかけの長記憶性が検出された．さらに，データが高頻度 —— たとえば日次データ —— で推定された SWARCH-L モデルから発生させた場合には，棄却割合は増加する傾向がある．同様の結果は Crato and de Lima (1994) で報告されており，そこではデータがガウス GARCH および IGARCH モデルで発生され，発生されたデータが長記憶性検定統計量の値を実際にデータで観測されるものよりも大きくする傾向があることが示された．しかし，R/S 分析で与えられる Hurst 係数の推定値は，ボラティリティ過程が短記憶的であるという帰無仮説を長記憶性をもつ対立仮説に対して検定する場合のみせかけの棄却を識別するのに有用な情報を与えるかもしれない．Breidt, Crato and de Lima (1994) は，モンテカルロ実験によって，R/S 統計量自身は短記憶性の帰無仮説を過度に棄却する傾向があるが，R/S 統計量によって与えられる Hurst 係数の推定値は，理論値 0.5 に近く，そのとき推定量 $\tilde{S}(1, N)$ に含まれる自己相関係数の数は Andrews (1991) で与えられた最適ルールとなっていることが示されている．表 11.3 で報告されている R/S 法によって推定された Hurst 係数の平均値はレベル系列に対しては 0.525，また 2 乗系列に対しては 0.565であり，シミュレーションの結果には変動がみられない．同じ推定量を用いて，Breidt, Crato and de Lima (1994) は価値ウエイトおよび等ウエイト CRSP 日次系列から Hurst 係数の推定値を計算し，2 乗収益率に対する推定値は 0.65 を上回ることを示している．この点は，さらに研究する価値がある．次に高頻度および中頻度で観測される資産市場データの経験的特徴を説明するのにより有効な非対称情報モデルを組み込む最近の研究努力について簡単な議論を与えることにする．

11.4 非対称情報構造モデルおよび株式収益率の様式化された特徴

Sargent (1993), Wang (1993, 1994), Brock and LeBaron (1995), de Fontnouvelle (1995) らによる最近の研究および Admati, Campbell, Grossman, Hellwig, Lang, Litzenberger, Madrigal, Pfleiderer, Singleton, Stigliz らの研究によって，Singleton (1990) や Altug and Labadie (1994) によってサーベイされたマクロ・ファイナンス研究で強調された景気循環の周期よりも高頻度のマーケット・データの特徴を説明できる実証モデルとして非対称情報モデル理論が身近なものとなった．詳細には入らずに，この研究のいくつかを説明し，モデルによって再現したい市場活動の様式化された特徴について説明を試みよう．

まず，以下のような様式化された特徴がある．① 個別資産への収益率の自己相関係数はすべてのリードおよびラグで近似的に 0 である．これは市場効率仮説の様式化された言い換えである．② 2 乗収益率や収益率の絶対値のようなボラティリティ尺度の自己相関係数は正でゆっくりと減衰する．特徴 ② は，膨大な「統計的」研究 (Bollerslev, Engle and Nelson (1994) を参照せよ) を生み出す要因となった "ARCH" 現象の様式化版である．ボラティリティの自己相関関数がゆっくりと減衰する証拠については 11.3 節で議論した．③ 取引量の自己相関関数はボラティリティのそれと同じような形をもつ．特徴 ② および ③ をボラティリティおよびボリューム「持続性」と呼ぶ．④ ボリュームとボラティリティの交差相関関数は同時点間で正で，リード・ラグで急速に 0 となる．この減衰の仕方には，リードとラグの間である対称性が存在する (たとえば，Antoniewicz (1992))．⑤ 近い将来における短期予測可能性は，近い過去のボラティリティが減少するときに増加する (LeBaron (1992))．⑥ 収益率，ボラティリティそして取引量の変化は突然起こり，それは「ニュース (news)」に付け加えることは困難である．

各時点で，リスク回避型の取引者は，今日取引されている資産の将来価値の要因のシグナルを受信する．シグナルは将来価値の要因にノイズが加わっている確率変数である．精度は要因の分散とノイズの分散の比である．精度が同じであってもシグナルが異なって実現していくことで，背後にある取引量レベルが決められる．また取引者間でシグナルの精度が異なることでも取引量が決まる．

もしモデルの構造が共通の知識で，取引者が合理的に価格や信号に反応していれば，Milgrom, Stokey and Tirole (たとえば Sargent (1993) がよい説明を与えている) の有名な非取引定理 (no-trade theorem) によると，不確実性が加えられた結果取引者がシグナル処理を強制されなければボリュームは底をつくであろう．

Wang (1993, 1994) の論文では，マーケット・データの様式化された特徴のいくつかを再現する動学的異質エージェント非対称情報モデルの1つのクラスに対して，エレガントな解が閉じた形で与えられた．しかし，Brock and LeBaron (1995) や de Fontnouvelle (1995) の研究以外で，情報構造が内生化しかつモデルを推定して特徴①～⑥を再現できるかどうかを調べることのできるものはない．

Brock and LeBaron (1995) は短命資産および短命取引者をもつ非対称情報モデルを構築した．そこでは取引者が資産の期末価値に関する彼らの条件付期待値を改善させるため，正確なシグナルの購入に資源を投入するか，あるいは何も投入しないで公に利用可能な粗い条件付期待値を得るにとどめるかを決定する．実際の資産の期末価値を「ファンダメンタル」と呼ぼう．ファンダメンタルは市場価格付けを行う確率変数である．情報購入の決定は，効用の決定的部分が取引利益の分布ラグ尺度に依存する離散選択効用モデルに基づいている．取引利益は，均衡パスに沿って計算される．

de Fontnouvelle (1995) は，同様の路線でより洗練されたモデルを展開するが，そこでは永遠に市場で生き残る資産が仮定されている．彼は，シグナル購入の選択を支配する利益尺度の持続性がどのようにボラティリティやボリュームの持続性を生成するのかを示した．もし彼の利益尺度が十分ゆっくりと減衰していけば，彼のモデルはボラティリティとボリュームの自己相関関数のゆっくりとした減衰現象を再現できる．これは11.3節で議論したボラティリティの自己相関関数のゆっくりとした減衰現象にある光を当てたものであるかもしれない．

de Fontnouvelle は彼のモデルを既知の解のまわりで展開することで「解いて」いる．ここで議論した両モデルは①～④までの特徴を再現するのにやや限られた部分でしか成功を収めてはいない．したがって，それは永遠に市場で生き残る資産を仮定しているので，高頻度の収益率やボリュームのデータを Duffie and Singleton (1993) の路線に沿って推定するモデルの1つの候補となるかもしれない．

もし「超」合理性から「後退」して取引者が均衡価格へ条件付けすることを許さなければ，この種のモデルは，取引者の異質性が持続的である限り持続的である取引ボリュームを生み出す．もしデータの観測時間尺度よりも遅い時間尺度でシグナルを購入するかどうかの決定がなされれば，Brock and LeBaron (1995) のモデルでは，取引者の異質性は持続的でありうる．永久に存続する資産を考え，また利益尺度における分布ラグがゆっくり減衰することを仮定して，de Fontnouvelle は情報購入のより遅い時間尺度を導入することなしに持続性を生み出している．

価格変化（あるいは収益率）のボラティリティは市場の平均精度に依存する．市場の平均精度は，各取引者タイプの精度をそのタイプの取引者の割合で荷重した平均で定義される．市場は価格付けしようとするランダムな期末価値を十分上手く「追跡（トラッキング）」するので，市場精度が高いときに価格変化のボラティリティは高い．精度がもっとも低いときには，価格変化は公に利用可能な条件付期待値に比例する．もし公に利用可能な情報が非常に「粗」ければ，価格変化も小さいであろう．

このことは，おそらくアカデミズムにとっては明らかでプレスのコメンテーターには明らかではない１つの教訓を含んでいる．つまり，観測された市場ボラティリティを問題の多い「過度」のボラティリティに自動的に関連付けることはできない．

もしデータの時間軸よりもゆっくりとした時間軸で精度購入決定がなされれば，ボラティリティの持続性は拡大されることを示すことができる．精度購入決定は取引者の「スタイル」(取引者が「短期」「中期」「長期」のいずれか)に対する隠喩として考えられるかもしれない．シグナル精度の費用の少なくとも一部は，取引上の専門的知識や情報基盤を維持するうえでの取引者の機会費用である．したがって，観測頻度の高いデータにとっては，取引者の「スタイル」はデータが収集されるスピードほどは速く変化しないというのは現実的であるかもしれない．

ボラティリティの持続性が，市場が価格付けようとする，すなわち「推定」しようとするファンダメンタルにおいて固有なものであるかどうか，あるいは市場の価格付過程自身がボラティリティ持続性を加えることになるのかどうかは興味ある問題である．もし取引者がリスク回避的であれば，ファンダメンタルにおけるボラティリティ持続性は取引において取引者を気弱にし，その結果，ボリュームとボラティリティの間の同時的相関は減衰して様式化された特徴④と矛盾することとなる．Brock and LeBaron (1995) や de Fontnouvelle (1995) は，もし市場価格付過程それ自身によってボラティリティ持続性が付け加えられなければ，様式化された特徴と矛盾する可能性があることを議論している．上の議論は，市場価格付過程それ自身がファンダメンタルにおけるボラティリティ持続性の上にボラティリティ持続性を付け加える可能性を示唆するが，この問題に審判を下す手だてはまだない．

ここで，取引者のコミュニティ総体が均衡において保持しなければならない「外部」シェアを加えることの影響を考えよう．これは取引者のコミュニティ総体が避けることのできないリスクを創造し，この効果により，均衡株価を割引くリスク・プレミアムがつくり出されることになる．

共有知識および価格条件付けが均衡におけるボリュームを干上がらせることを妨げるために，非対称情報の研究の多くは，これらの「外部」シェアの純供給における不確実性を導入する (Sargent (1993) を見よ)．

外部シェアの純供給における変化間に正の相関があれば，LeBaron 効果⑤は Brock and LeBaron モデルの枠組で説明できる．ここで疑問が生じる．近い過去での市場精度が増大するとき，近い過去でのボラティリティは増加する．市場精度が無限大のとき，外部シェア供給における自己相関は価格変化の自己相関へ何ら影響を与えない．これはもっともなことである．なぜならば，これら外部シェアに起因する均衡価格への抑圧 (depressing) 効果は，これら外部シェアを保持する際にコミュニティが負わねばならないリスクによって引き起こされるからである．しかし，市場精度が無限のときはリスクは 0 である．

近い将来の価格変化と現在の価格変化の自己相関は，共分散と標準偏差の比である．市場精度が上がることは，上で述べた理由で標準偏差を増大させる．また①の事実から共分散は0であろう．しかし，Brock and LeBaron モデルでは，外部シェアの純供給が正で市場精度が無限大のとき，自己相関は正になる．もし市場精度が増加すれば，上で述べた理由で，この共分散は減少する．そこで事実⑤に対して1つの説明を有することになる．これが現実に見られる理由に対応するかどうかは明らかではない．しかし，de Fontnouvelle (1995) では，彼のより現実的なモデルにおいて，LeBaron (1992) 効果が再現されている．

次に事実①を議論しよう．Brock and LeBaron (1995) モデルでは，観測された市場価格はファンダメンタルの1つの予測量である．したがって，価格の違いは予測値の違いを表し，ファンダメンタルがランダム・ウォークのとき，モデルが様式化された事実①を再現するのをかなり容易なものにする．高頻度で低い自己相関を生み出すのに作用する異時点間の力がモデルによって捉えられるという意味で，de Fontnouvelle (1995) のモデルはこの特徴を再現するのによりよい研究となっている．

最後に，最後の事実⑥について議論する．Brock and LeBaron は，Brock (1993) で展開された社会的相互作用をもつ一般的資産価格の枠組に彼らのモデルを埋め込むことについて若干議論している．この枠組は，より正確な情報を購入するかどうかの決定における社会的相互作用を通常の資産価格モデルへ移植し，社会的相互作用がもし十分強ければ，均衡資産価値の急激な変化を示しうる資産価格公式を導くことになる．これは，経済の規模を極限的に大きくしていった場合のクロスセクション上の中心極限定理が成り立たなくなる原因をつくる相互作用によるものである．

Brock and LeBaron モデルではクロスセクション上の中心極限定理が成り立たなくなるために必要なものは，選択の力と社会的相互作用との積が十分大きくなることである．言い換えれば，強い選択の力，すなわち，多くの「合理性」が小規模の「社会学的現象」と結び付き，環境の小さな変化が大きな反応を生み出すことになる．もし，選択の力がシグナルの購入・非購入による利益尺度での差の関数としてパラメトリック表現されれば，この種のモデルは市場データにおける「ジャンプ」を内生化できるばかりではなく，ボラティリティと「過度の収益率」が異なる市場「局面」を導くことができる．高精度局面では，市場がよく「トラッキング」しているためにボラティリティは高いが，外部シェアを保有することでリスクがほとんど生じないために，「過度」の収益率は高くはない．これは，Vaga (1994) の「一体的市場仮説 (coherent market hypothesis)」と通常の資産価格理論を統合したものとしてみることができる．

この種のモデル化は，11.3節で議論された Hamilton and Susmel (1994) の「マルコフ・スイッチング」モデルのように見える行動を生み出すことができる．ほとんどの取引者がよく情報を与えられていたり，与えられなかったりする場合に応じて，異なるレジームは異なる局面に対応する．社会的相互作用は取引者の一体性 (coherence) を拡大させ，その結果，取引グループは独立な確率変数のグループとしてというよりは「群」として作用する．この群によってマルコフ・スイッチングのような行動が生み出される．11.3節では，マルコフ・スイッチングがいかにしてボラティリティの「みせかけ」の長期依存性を生み出しうるのかを示した．

もちろん，われわれは，社会的相互作用が市場データの急激な変化を生む唯一の現実的要因であることを主張したくはない．ポートフォリオ保険，見込み違いの(stale)価格，取引制度など10月暴落のような急激な変化を生む他の要因については，Jacklin, Kleidon and Pfleiderer (1992) を見よ．

この節では，相対的に高い頻度でみられる金融データに共通する特徴を再現する「構造」モデルの構成・推定にかかわるごく最近の研究について議論してきた．さらに，この種のモデルは，Duffie and Singleton (1993) の方法のような計算機を駆使した方法を使えば，収益率やボリュームを推定するのに十分実用に耐えるものであると思われる．もしコンピュータ技術が進歩してさらに計算コストを下げるようになれば，モデルを判断するために，この節で議論した線に沿ったブートストラップ・ベースの特定化検定を利用することも可能である．取引利益のようなファイナンスとして直接関心ある量に基づく特定化検定は，検定によって棄却された場合のモデル決定において通常行われる特定化検定よりもよりよい情報を与えるかもしれない．ここで最後に短い結語に移ることとしよう．

11.5　結　　論

本章はファイナンスにおける最近の研究に関し，厳選してそのサーベイを与えた．サーベイは，以下の項目の議論であった．①「複雑系理論」およびそれが「裾の厚い」収益率データを生み出すこととの関連性，② 観測頻度による諸現象，③ 非線形性検定，④ 長記憶性検定，⑤ モーメント条件の失敗に起因する通常の検定への警告，⑥ モーメント存在の検定で生じる諸問題，⑦ 取引利益のようなファイナンスで興味ある量を利用したブートストラップに基づく特定化検定，⑧ 非対称情報構造モデルの最近の展開と推定．

通常の分析を超えてこのタイプの研究を進めるには，Judd and Bernardo (1993), Judd (1994), Rust (1994) などのようなコンピュータを駆使した方法の利用が将来発展に寄与することになるとわれわれは信じている．コンピュータを駆使した方法によって，データの特徴，構造モデルそして取引利益のようなファイナンス上適当な量を用いた特定化検定の間により緊密な関係が生まれるであろう．■

［照井伸彦・訳］

文　　献

Abhyankar, A., L. Copeland and W. Wang (1995). Nonlinear dynamics in real-time equity market indices: Evidence from the UK. *Econom. J.* to appear.

Abhyankar, A. (1994). Linear and nonlinear granger causality: Evidence from the *FT* − *SE*100 index futures and cash markets. Department of Accountacy and Finance, University of Stirling, Scotland.

Abu-Mostafa, Y. Chm. (1994). *Proceedings of Neural Networks in the Capital Markets: NNCM '94*, California Institute of Technology.

Agiakloglou, C. P. Newbold and M. Woahr (1994). Lagrange multiplier tests for fractional difference. *J. Time Ser. Anal.* **15**, 253–262.

Akgiray, V. and G. C. Booth (1988). The stable-law model of stock returns. *J. Business Econom. Statist.* **6**, 51–57.

Akgiray, V. and C. Lamoureux (1989). Estimation of stable parameters: A comparative study. *J. Business Econom. Statist.* **7**, 85–93.

Altug, S. and P. Labadie (1994). *Dynamic Choice and Asset Markets*. New York: Academic Press.

Andersen, T. (1995). Return volatility and trading volume: An information flow intepretation of stochastic volatility. Department of Finance, Kellogg School of Management, Northwestern University W.P. #170.

Andersen, T. and T. Bollerslev (1994). Intraday seasonality and volatility persistence in foreign exchange and equity markets. Department of Finance, Kellogg School of Management, Northwestern University, W.P. #186.

Andrews, D. (1991). Heteroskedasticity and autocorrelation consistent covariance matrix estimation. *Econometrica* **59**, 817–858.

Anis, A. and E. Lloyd (1976). The expected values of the adjusted rescaled Hurst range of independent normal summands. *Biometrika* **63**, 111–116.

Antoniewicz, R. (1992). A causal relationship between stock returns and volume. Board of Governors, Federal Reserve System, Washington, D.C.

Antoniewicz, R. (1993). Relative volume and subsequent stock price movements. Board of Governors, Federal Reserve System, Washington, D.C.

Arthur, B., J. Holland, B. LeBaron, R. Palmer and P. Tayler (1993). Artificial economic life: A simple model of a stockmarket. Santa Fe Institute, Working Paper.

Aydogan, K. and G. Booth (1988). Are there long cycles in common stock returns? *South. Econom. J.* **55**, 141–149.

Auestad, B. and D. Tjöstheim (1990). Identification of nonlinear time series: 1st order characterization and order determination. *Biometrika* **77**, 669–687.

Baek, E. and W. Brock (1992a). A general test for nonlinear Granger causality: Bivariate model. Mimeo, Department of Economics, University of Wisconsin-Madison.

Baek, E. and W. Brock (1992b). A nonparametric test for temporal dependence in a vector of time series. *Statist. Sinica* **2**, 137–156.

Baillie, R. (1995). Long memory processes and fractional integration in Econometrics. *J. Econometrics* to appear.

Baillie, R., T. Bollerslev and H. Mikkelsen, (1993). Fractionally integrated generalized autoregressive conditional heteroskedasticity. Working Paper No. 168, Department of Finance, Northwestern University.

Bak, R. and D. Chen (1991). Self-organized criticality. *Scientific American*, January.

Barnett, W., R. Gallant, M. Hinich, J. Jungeilges, D. Kaplan and M. Jensen (1994). A single-blind controlled competition between tests for nonlinearity and chaos. Working Paper No. 190, Department of Economics, Washington University in St. Louis.

Beran, J. (1992). A goodness of fit test for time series with slowly decaying serial correlations. *J. Roy. Statist. Soc., Ser. B* **54**, 749–760.

Beran, J. (1993). Fitting long-memory models by generalized linear regression. *Biometrika* **80**, 817–822.

Beran, J. (1994). *Statistics for Long-Memory Processes*. Chapman and Hall, New York.

Bierens, H. (1990). A consistent conditional moment test of functional form. *Econometrica* **58**, 1443–1458.

Blattberg, R. C. and N. J. Gonedes (1974). A comparison of the stable and student distributions as

statistical models for stock prices. *J. Business* **47**, 244–280.
Bollerslev, T. (1986). Generalized autoregressive conditional heteroskedasticity. *J. Econometrics* **31**, 307–327.
Bollerslev, T., R. Engle and D. Nelson (1994). ARCH models. In: R. Engle and D. McFadden, eds., *The Handbook of Econometrics*, Vol. IV, North-Holland, Amsterdam.
Bollerslev, T. and Mikkelsen, H. (1993). Modeling and pricing long-memory in stock market volatility. Working Paper No. 134, Department of Finance, Northwestern University.
Bollerslev, T. and J. Wooldridge (1992). Quasi-maximum likelihood estimation and inference in dynamic models with time-varying covariances. *Econometric Rev.* **11**, 143–172.
Boothe, P. and D. Glassman (1987). The statistical distribution of exchange rates: Empirical evidence and economic implications. *J. Internat. Economics* **22**, 297–320.
Bradley, R. and R. McClelland (1994a). An improved nonparametric test for misspecification of functional form. Mimeo, Bureau of Labor Statistics.
Bradley, R. and R. McClelland (1994b). A kernel test for neglected nonlinearity. Mimeo, Bureau of Labor Statistics.
Breidt, J., N. Crato and P. de Lima (1994). Modeling long memory stochastic volatility. *J. Econometrics*, to appear. Working Papers in Economics No. 323, Department of Economics, The Johns Hopkins University.
Brock, W. (1982). Asset prices in a production economy. In: *The Economics of Uncertainty*, ed. by J.J. McCall, Chicago: University of Chicago Press.
Brock, W. (1993). Pathways to randomness in the economy: Emergent nonlinearity and chaos in economics and finance. *Estudios Economicos* **8**, El Colegio de Mexico, Enero-junio, 3–55.
Brock, W. A., W. D. Dechert and J. Scheinkman (1987). A test for independence based on the correlation dimension. Department of Economics, University of Wisconsin, University of Houston and University of Chicago. (Revised Version, 1991: Brock, W. A., W. D. Dechert, J. Scheinkman, and B. D. LeBaron), *Econometric Rev.* to appear.
Brock, W., D. Hsieh and B. LeBaron (1991). *A Test of Nonlinear Dynamics, Chaos and Instability: Theory and Evidence*. M.I.T Press, Cambridge.
Brock, W. and A. Kleidon (1992). Periodic market closure and trading volume: A model of intraday bids and asks. *J. Econ. Dynamic Control* **16**, 451–489.
Brock, W., J. Lakonishok and B. LeBaron (1992). Simple technical trading rules and the stochastic properties of stock returns. *J. Finance* **47**, 1731–1764.
Brock, W. and B. LeBaron (1995). A dynamic structural model for stock return volatility and trading volume. *Rev. Econ. Stat.* to appear, NBER W.P. #4988.
Brock, W. A. and S. M. Potter (1993). Nonlinear time series and macroeconometrics. In: G. S. Maddala, C. R. Rao and H. Vinod, eds., *Handbook of Statistics Volume 11: Econometrics*, North Holland, New York.
Brockwell, P. and R. Davis (1991). *Time Series: Theory and Models*. Springer-Verlag, New York.
Cai, J. (1994). A Markov model of unconditional variance in ARCH. *J. Business Econom. Statist.* **12**, 309–316.
Campbell, J., S. Grossman and J. Wang (1993). Trading volume and serial correlation in serial returns. *Quart. J. Econom.* **108**, 905–939.
Campbell, J., A. Lo and C. MacKinlay (1993). *The Econometrics of Financial Markets*. Princeton University Press, to appear.
Cheung, Y. (1993a). Tests for fractional integration: A Monte Carlo investigation. *J. Time Ser. Anal.* **14**, 331–345.
Cheung, Y. (1993b). Long memory in foreign exchange rates. *J. Business Econom. Statist.* **11**, 93–101.
Cheung, Y. and K. Lai (1993). Do gold markets have long-memory? *Financ. Rev.* **28**, 181–202.
Cheung, Y., K. Lai and M. Lai (1993). Are there long cycles in foreign stock returns? *J. Internat. Financ. Markets, Institut. Money* **3**, 33–47.
Clark, P. (1973). A subordinated stochastic process model with finite variance for speculative prices. *Econometrica* **41**, 135–155.
Cochrane, J. (1988). How big is the random walk in GNP? *J. Politic. Econom.* **96**, 893–920.

Crato, N. (1994). Some international evidence regarding the stochastic memory of stock returns. *Appl. Financ. Econom.* **4**, 33–39.

Crato, N. and P. de Lima (1994). Long range dependence in the conditional variance of stock returns. *Econom. Lett.* **45**, 281–285.

Creedy, J. and V. Martin, (1994). *Chaos and Non-linear Models in Economics: Theory and Applications.* Brookfield, Vermont: Edward Elgar.

Davies, R. and D. Harte (1987). Tests for Hurst effect. *Biometrika* **74**, 95–102.

De Fontnouvelle, P. (1995). *Three Models of Stock Trading*. PhD Thesis, Department of Economics, The University of Wisconsin, Madison.

De Haan, L., S. Resnik, H. Rootzen and C. de Vries (1989). Extremal behavior of solutions to a stochastic difference equation with applications to ARCH-processes. *Stochastic Processes and their Applications* **32**, 213–224.

De Jong, R. (1992). The Bierens test under data dependence. Mimeo, Free University of Amsterdam.

De Jong, R. and H. Bierens (1994). On the limit behavior of a chi-square type test if the number of conditional moments tested approaches infinity. *Econometric Theory* **9**, 70–90.

De Lima, P. (1994a). On the robustness of nonlinearity tests to moment condition failure. *J. Econometrics,* to appear, Working Papers in Economics No. 336, Department of Economics, The Johns Hopkins University.

De Lima, P. (1994b). Nonlinearities and nonstationarities in stock returns. Mimeo, Department of Economics, The Johns Hopkins University.

De Lima, P. (1995). Nuisance parameter free properties of correlation integral based statistics. *Econometric Rev.*, to appear.

De Vries, C. (1991). On the relation between GARCH and stable processes. *J. Econometrics* **48**, 313–324.

Dechert, W. D. (1988). A characterization of independence for a Gaussian process in terms of the correlation integral. University of Wisconsin SSRI W.P. 8812.

Diebold, F. (1986). Modeling the persistence of conditional variances: Comment. *Econometric Rev.* **5**, 51–56.

Diebold, F. and J. Lopez (1995). Modeling volatility dynamics. In: K. Hoover, ed., *Macroeconometrics: Developments, Tensions and Prospects*, Kluwer Publishing Co.

Ding, Z., C. Granger and R. Engle (1993). A long memory property of stock market returns and a new model. *J. Emp. Finance* **1**, 83–106.

Duffie, D. and K. Singleton (1993). Simulated moments estimation of Markov models of asset prices. *Econometrica* **61**, 929–952.

DuMouchel, W. (1983). Estimating the stable index α in order to measure the tail thickness: A critique. *Ann. Statist.* **11**, 1019–1031.

Efron, B. and R. Tibshirani (1986). Bootstrap methods for standard errors, confidence intervals, and other measures of statistical accuracy. *Statist. Sci.* **1**, 54–77.

Ellis, R. (1985), *Entropy, Large Deviations and Statistical Mechanics*. New York, Springer-Verlag.

Engle, R. F. (1982). Autoregressive conditional heteroskedasticity with estimates of the variance of United Kingdom inflation. *Econometrica* **50**, 987–1007.

Engle, R. and T. Bollerslev (1986). Modelling the persistence of conditional variances. *Econometric Rev.* **5**, 1–50.

Fama, E. and K. French (1988). Permanent and temporary components of stock prices. *J. Politic. Econom.* **96**, 246–273.

Fielitz B. and J. Rozelle (1983). Stable distributions and the mixtures of distributions hypothesis for common stock returns. *J. Amer. Statist. Assoc.* **78**, 28–36.

Friedman, D. and J. Rust, eds., (1993). *The Double Auction Market: Institutions, Theories, and Evidence*. Addison-Wesley, Redwood City, California.

Friggit, J. (1995). Statistical mechanics of evolutive financial markets: Application to short term FOREX dynamics. Essec Business School, near Paris, France.

Gallant, R., P. Rossi and G. Tauchen (1992). Stock prices and volume. *Rev. Financ. Stud.* **5**, 199–242.

Gallant, R., P. Rossi and G. Tauchen (1993). Nonlinear dynamic structures. *Econometrica* **61**, 871–

907.

Geweke, J. and S. Porter-Hudak (1983). The estimation and application of long memory time series models. *J. Time Ser. Anal.* **4**, 221–238.

Glosten, L., R. Jagannathan and D. Runkle (1994). Reltionship between the expected value and the volatility of the nominal excess return on stocks. *J. Finance* **48**, 1779–1802.

Goetzman, W. (1993). Patterns in three centuries of stock market prices. *J. Business* **66**, 249–270.

Goldfeld, S. and R. Quandt (1973). A Markov model for switching regressions. *J. Econometrics* **1**, 3–15.

Goodhart, C. and M. O'Hara (1995). High frequency data in financial markets: Issues and applications. London School of Economics and Johnson Graduate School of Management, Cornell University.

Granger, C. (1980). Long memory relationships and the aggregation of dynamic models. *J. Econometrics* **14**, 227–238.

Granger, C. and R. Joyeux (1980). An introduction to long-range time series models and fractional differencing. *J. Time Ser. Anal.* **1**, 15–30.

Granger, C. and J. Lin (1994). Using the mutual information coefficient to identify lags in nonlinear models. *J. Time Ser. Anal.* **15**, 371–384.

Granger, C. and T. Teräsvirta, (1993). *Modeling Nonlinear Economic Relationships*. Oxford University Press, Oxford.

Greene M. and B. Fielitz (1977). Long-term dependence in common stock returns. *J. Financ. Econom.* **4**, 339–349.

Grossman, S. (1989). *The Informational Role of Prices*. Cambridge, MA.: MIT Press.

Guillaume, D., M. Dacorogna, R. Dave', U. Muller, R. Olsen and O. Pictet (1994). From the bird's eye to the microscope: A survey of new stylized facts of the intra-daily foreign exchange markets. Olsen and Associates, Zurich, Switzerland.

Hall, P. (1982). On some simple estimates of an exponent of regular variation. *J. Roy. Statist. Soc.* **44**, 37–42.

Hall, P. (1994). Methodology and theory for the bootstrap. In: R. Engle and D. McFadden, eds., *The Handbook of Econometrics*, Vol. IV, North-Holland, Amsterdam.

Hamilton, J. D. and R. Susmel (1994). Autoregressive conditional heteroskedasticity and changes in regime. *J. Econometrics* **64**, 307–333.

Harvey, A. C. (1993). Long memory in stochastic volatility. Mimeo, London School of Economics.

Hiemstra, C. and J. Jones (1994a). Testing for linear and nonlinear Granger causality in the stock-volume retlation. *J. Finance* **49**, 1639–1664.

Hiemstra, C. and J. Jones (1994b). Another look at long memory in common stock returns. Discussion Paper 94/077, University of Strathclyde.

Hiemstra, C. and C. Kramer (1994). Nonlinearity and endogeneity in macro-asset pricing. Department of Finance, University of Strathclyde, Scotland.

Hill, B. (1975). A simple general approach to inference about the tail of a distribution. *Ann. Math. Statist.* **3**, 1163–1174.

Hinich, M. (1982). Testing for Gaussianity and linearity of a stationary time series. *J. Time Ser. Anal.* **3**, 443–451.

Hinich, M. and D. Patterson (1985). Evidence of nonlinearity in stock returns. *J. Business Econom. Statist.* **3**, 69–77.

Hodges, S. (1995). Arbitrage in a fractal Brownian motion market. Financial Options Research Centre, University of Warwick.

Hong, Y. and H. White (1995). Consistent specification testing via nonparametric series regression. *Econometrica* **63**, 1133–1159.

Horgan, J. (1995). From complexity to perplexity: Can science achieve a unified theory of complex systems? Even at the Santa Fe Institute, some researchers have their doubts. *Sci. Amer.* **276**, 104–109.

Horowitz, J. (1995). Lecture notes on bootstrap. Lecture notes prepared for World Congress of the Econometric Soc., Tokyo, Japan, 1995.

Hosking, J. (1981). Fractional differencing. *Biometrika* **68**, 165–176.
Hsieh, D. A. (1991). Chaos and nonlinear dynamics: Application to financial markets. *J. Finance* **46**, 1839–1877.
Hsu, D., R. Miller and D. Wichern (1974). On the stable paretian behavior of stock-market prices. *J. Amer. Statist. Assoc.* **69**, 108–113.
Hurst, H. (1951). Long-term storage capacity of reservoirs. *Transactions of the American Socitey of Civil Engineers* **116**, 770–799.
Inclàn, C. (1993). GARCH or sudden changes in variance? An empirical study. Mimeo, Georgetown University.
Jacklin, C., A. Kleidon and P. Pfleiderer (1992). Underestimation of portfolio insurance and the crash of October 1987. *Rev. Financ. Stud.* **5**, 35–63.
Jaditz, T. and C. Sayers, (1993). Is chaos generic in economic data? *Internat. J. Bifurcations Chaos*, 745–755.
Jansen, D. and C. de Vries (1991). On the frequency of large stock returns: Putting booms and busts into perspective. *Rev. Econom. Statis.* **73**, 18–24.
Jog, V. and H. Schaller (1994). Finance constraints and asset pricing: Evidence on mean reversion. *J. Emp. Finance* **1**, 193–209.
Judd, K. (1994). *Numerical Methods in Economics*, to appear, Hoover Institute.
Judd, K., A. Bernardo (1993). Asset market equilibrium with general securities, tastes, returns, and information, asymmetries. Working paper, Hoover Institution.
Kim, M., C. Nelson and R. Startz (1991). Mean reversion in stock prices? A reappraisal of the empirical evidence. *Rev. Econom. Stud.*, **58**, 515–528.
Koedijk, K., M. Schafgans and C. de Vries (1990). The tail index of exchange rate returns. *J. Internat. Econom.* **29**, 93–108.
Kramer, C. (1994). Macroeconomic seasonality and the January effect. *J. Finance* **49**, 1883–1891.
Krugman, P. (1993). Complexity and emergent structure in the international economy. Department of Economics, Stanford University.
Lamoureux, C. and W. Lastrapes (1990). Persistence in variance, structural change, and the GARCH model. *J. Business Econom. Statist.* **8**, 225–234.
Lamoureux, C. and W. Lastrapes (1994). Endogenous trading volume and momentum in stock return volatility. *J. Business Econom. Statist.* **12**, 253–260.
LeBaron, B. (1992). Some relations between volatility and serial correlations in stock returns. *J. Business* **65**, 199–219.
LeBaron, B. (1993). *Emergent Structures: a Newsletter of the Economics Research Program at the Santa Fe Institute.*
LeBaron, B. (1994). Chaos and nonlinear forecastiblity in economics and finance. *Philos. Trans. Roy. Soc. London, Ser. A* **348**, 397–404.
Lee, B.-J. (1988) A model specification test against the nonparametric altrenative. Ph.D. Dissertation, University of Wisconsin.
Lee, T., H. White and C. Granger (1993). Testing for neglected nonlinearity in time series models. a comparison of neural network methods and alternative tests. *J. Econometrics* **56**, 269–290
Leger, C., D. Politis and J. Romano (1992). Bootstrap technology and applications. *Technometrics* **34**, 378–398.
LePage, R. and L. Billard (1992). *Exploring the Limits of Bootstrap.* John Wiley and Sons: New York.
Levich, R. and L. Thomas (1993). The significance of technical trading-rule profits in the foreign exchange market: A bootstrap approach. *J. Internat. Money Finance* **12**, 451–474.
Li, H. and G. S. Maddala (1995). Bootstrapping time series models. *Econometric. Rev.* to appear.
Lo, A. (1991). Long-term memory in stock market prices. *Econometrica* **59**, 1279–1313.
Lo, A. and C. MacKinlay (1988). Stock markets do not follow random walks: Evidence from a simple specification test. *Rev. Financ. Stud.* **1**, 41–66.
Loretan, M. (1991). Testing covariance stationarity of heavy-tailed economic time series, Ch. 3, Ph. D. Dissertation, Yale University.
Loretan, M. and P. C. B. Phillips, (1994). Testing the covariance stationarity of heavy-tailed time series: An overview of the theory with applications to several financial datasets. *J. Emp. Finance* **1**,

211–248.
Lucas, R. (1978). Asset prices in an exchange economy. *Econometrica* **46**, 1429–1445.
Luukkonen, R., P. Saikkonen and T. Teräsvirta (1988). Testing linearity against smooth transition autoregressions. *Biometrika* **75**, 491–499.
Maddala, G. S. and H. Li (1996). Bootstrap based tests in financial models. In: G. S. Maddala, C. R. Rao, eds., *Handbook of Statistics 14: Statistical Methods in Finance*, North Holland, New York.
Mandelbrot, B. (1963). The variation of certain speculative prices. *J. Business* **36**, 394–419.
Mandelbrot, B. (1971). When can price be arbitraged efficiently? A limit to the validity of the random walk and martingale models. *Rev. Econom. and Statist.* **53**, 543–553.
Mandelbrot, B. (1975). Limit theorems of the self-normalized range for weakly and strongly dependent processes. *Z. Wahrsch. Verw. Geb.* **31**, 271–285.
Mandelbrot, B. and M. Taqqu (1979). Robust R/S analysis of long run serial correlation. 42nd session of the International Statistical Institute, Manila, Book 2, 69–99.
Mandelbrot, B. and J. Wallis (1968). Noah, Joseph, and operational hydrology. *Water Resources Research* **4**, 967–988.
McCulloch, H. (1995). Measuring tail thickness in order to estimate the stable index α: A critique Department of Economics, Ohio State University.
McCulloch, H. (1996). Financial applications of stable distributions. In: G. S. Maddala, and C. R. Rao, eds., *Handbook of Statistics Volume 14: Statistical Methods in Finance*. North Holland, New York.
McLeod, A. and W. Li (1983). Diagnostic checking ARMA time series models using squared-residual autocorrelations. *J. Time Ser. Anal.* **4**, 269–273.
McFadden, D. (1989). A method of simulated moments for estimation of discrete response models without numerical integration. *Econometrica* **57**, 995–1026.
Mehra, R. (1991). On the volatility of stock market prices. Working Paper, Department of Economics, The University of California, Santa Barbara, *J. Emp. Finance,* to appear.
Michener, R. (1984). Permanent income in general equilibrium. *J. Monetary Econom.* **14**, 297–305.
Mills, T. (1993). Is there long-term memory in UK stock returns?. *Appl. Financ. Econom.* **3**, 293–302.
Mittnik, S. and S. Rachev (1993). Modeling asset returns with alternative stable distributions. *Econometric Rev.* **12**, 261–330.
Nelson, D. B. (1990). Stationarity and persistence in the GARCH(1,1) model. *Econometric Theory* **6**, 318–334.
Nelson, D. B. (1991). Conditional heteroskedasticity in asset returns: A new approach. *Econometrica* **59**, 347–370.
Pagan, A. (1995). The econometrics of financial markets. Mimeo, The Australian National University and The University of Rochester.
Pagan, A. and G. Schwert (1990). Testing for covariance stationarity in stock market data. *Econom. Lett.* **33**, 165–170.
Pakes, A. and D. Pollard (1989). Simulation and Asymptotics of optimization estimators. *Econometrica* **57**, 1027–1057.
Peters, E. (1994). *Fractal Market Analysis*. John Wiley & Sons, New York.
Poterba, J. and L. Summers (1988). Mean reversion in stock returns: Evidence and implications. *J. Financ. Econom.* **22**, 27–60.
Prigogine, I. and M. Sanglier, eds., (1987), *Laws of Nature and Human Conduct: Specificties and Unifying Themes*. G.O.R.D.E.S. Task Force of Research Information and Study on Science, Bruxelles, Belgium.
Priestly, M. (1988). *Non-linear and Non-stationary Time Series Analysis*. Academic Press, New York.
Ramsey, J. B. (1969). Tests for specification errors in classical linear least-squares regression analysis. *J. Roy. Statist. Soc.* **31**, 350–371.
Randles, R. (1982). On the asymptotic normality of statistics with estimated parameters. *Ann. Statist.* **10**, 462–474.
Richardson, M. (1993). Temporary components of stock prices: A skeptic's View. *J. Business Econom. Statist.* **11**, 199–207.
Robinson, P. (1983). Nonparametric estimators for time series. *J. Time Ser. Anal.* **4**, 185–207.

Robinson, P. (1991a). Testing for strong serial correlation and dynamic conditional heteroskedasticity in multiple regression. *J. Econometrics* **47**, 67–84.
Robinson, P. (1991b). Consistent nonparametric entropy-based testing. *Rev. Econom. Stud.*, **58**, 437–453.
Robinson, P. (1993). Log-periodogram regression for time series with long range-dependence. Mimeo, London School of Economics.
Rosen, S., K. Murphy and J. Scheinkman (1994). Cattle Cycles. *J. Politic. Econom.* **102**, 468–492.
Rust, J. (1994). Structural estimation of Markov decision processes. In: R. Engle and D. McFadden, eds., *The Handbook of Econometrics*, Vol. IV, North-Holland, Amsterdam.
Saikkonen, P. and R. Luukkonen (1988). Lagrange multiplier tests for testing non-linearities in time series models. *Scand. J. Statist.* **15**, 55–58.
Samorodnitsky, G. and M. Taqqu (1994). *Stable Non-Gaussian Random Processes: Stochastic Models with Infinite Variance*. Chapman and Hall, New York.
Sargent, T. (1993). *Bounded Rationality in Macroeconomics*. Oxford: Clarendon Press.
Sargent, T. (1995). Adaptation of macro theory to rational expectations. Working Paper, Department of Economics, University of Chicago and Hoover Institution.
Savit, R. and M. Green (1991). Time series and dependent variables. *Physica D* **50**, 521–544.
Scheinkman, J. (1992). Stock returns and nonlinearities. In: P. Newman, M. Milgate, and J. Eatwell, *The New Palgrave Dictionary of Money and Finance*. London: MacMillan, 591–593.
Scheinkman, J. and M. Woodford, (1994). Self-organized criticality and economic fluctuations. *Amer. Econom. Rev. Papers Proc.* May, 417–421.
Simonato, J. G. (1992). Estimation of GARCH processes in the presence of structural change. *Econom Lett.* **40**, 155–158.
Singleton, K. (1990). Specification and estimation of intertemporal asset pricing models. In: B. Friedman and F. Hahn, eds., *Handbook of Monetary Economics: I.* North Holland, Amsterdam.
Smith, R., Chm. (1990). *Market Volatility and Investor Confidence: Report of the Board of Directors of the New York Stock Exchange, Inc.*, New York Stock Exchange: New York.
Subba Rao, T. and M. Gabr (1980). A test for linearity of stationary time series. *J. Time Ser. Anal.* **1**, 145–158.
Summers, L. (1986). Does the stock market rationally reflect fundamental values? *J. Finance* **44**, 1115–1153.
Taylor, S. (1994). Modeling stochastic volatilty: A review and comparative study. *Math. Finance* **4**, 183–204.
Thursby, J. G. and P. Schmidt (1977). Some properties of tests for specification error in a linear regression model. *J. Amer. Statist. Assoc.* **72**, 635–641.
Tjöstheim, D. and B. Auestad (1994). Nonparametric identification of nonlinear time series: Selecting significant lags. *J. Amer. Statist. Assoc.* **89**, 1410–1419.
Tsay, R. (1986). Nonlinearity tests for time series. *Biometrika* **73**, 461–466.
Vaga, T. (1994). *Profiting from Chaos: Using Chaos Theory for Market Timing, Stock Selection, and Option Valuation.* New York: McGraw-Hill.
Viano, M., C. Deniau and G. Oppenheim (1994). Continuous-time fractional ARMA processes. *Statist. & Probab. Lett.* **21**, 323–336.
Wallis, J. and N. Matalas (1970). Small sample properties of H and K, estimators of the Hurst coefficient h. *Water Resources Research* **6**, 332.
Wang, J. (1993). A model of intertemporal asset prices under asymmetric information. *Rev. Econom. Stud.*, **6**, 405–434.
Wang, J. (1994). A model of comeptitive stock trading volume. *J. Politic. Econom.* **102**, 127–168.
Weidlich, W. (1991). Physics and social science: The approach of synergetics. *Phy. Rep.* **204**, 1–163.
West, K., H. Edison, D. Cho (1993). A Utility-based comparison of some models of exchange rate volatility. *J. Internat. Econom.* **35**, 23–45.
White, H. (1987). Specification testing in dynamic models. In: Bewley T., ed., Advances in Econometrics, Fifth World Congress, Volume 1, Cambridge University Press, Cambridge.
White, H. and J. Wooldridge (1991). Some results on sieve estimation with dependent observations. In: W. Barnett, J. Powel and G. Tauchen, eds., *Semiparametric and Nonparametric Methods in Eco-*

nomics and Statistics, Cambridge University Press, New York.
Wooldridge, J. (1992). A test for functional form against nonparametric alternatives. *Econometric Theory* **8**, 452–475.
Wu, P. (1992). Testing fractionally integrated time series. Mimeo, Victoria University of Wellington.
Wu, K., R. Savit and W. Brock (1993). Statistical tests for deterministic effects in broad band time series. *Physica D* **69**, 172–188.
Yatchew, A. (1992). Nonparametric regression tests bsaed on an infinite dimensional least squares procedure. *Econometric Theory* **8**, 452–475.
Zolatarev, V. (1986). *One-dimensional Stable Distributions*, Vol. 65 of Translations of mathematical monographs. American Mathematical Society. Translation from the original 1983 Russian edition.

12

金融データのための計数データモデル

Count Data Models for Financial Data

A. Colin Cameron and Pravin K. Trivedi

ある種のファイナンスの研究では，従属変数は非負の整数値を取る計数(個数，count)である．たとえば標的企業が受ける公開買付数，不払い割賦数(信用評価に役立つ)，事故や事故からの保険支払請求数(保険料決定に役立つ)，モーゲージ証券の価格決定に役立つ期限前返済されたモーゲージ(不動産担保債権)の数などである．ここではポアソン分布モデルや負の2項分布モデルのような計数データを取り上げ，とくに根底にある確率過程と，継続時間(duration)についての2値データとの関係を重点的に取り上げる．以下では，ファイナンスへの応用という見地から，標準的なモデルの回帰分析の方法について一通り読めばわかるように説明していく．

12.1 はじめに

計数データの回帰分析では，非負の整数値や計数値によって計測されるイベントの頻度に対して共変量がどれだけ効果をもつかがもっとも重要である．ポアソン分布モデルや負の2項分布モデルのような計数モデルは従属変数の標本空間が定義域を制限されているという点でプロビットやロジットのような2値モデルや他の制限従属変数モデル，とくにトービット・モデルに類似している．現在，計数モデルは広い分野において用いられている．初期の応用や経済におけるサーベイは Cameron and Trivedi (1986) を，より最近の発展は Winkelmann (1994) や Winkelmann and Zimmermann (1995) を，現在の文献の包括的なサーベイは Gurmu and Trivedi (1994) を参照されたい．

計数データの基本的なモデルはポアソン分布モデルである．離散確率変数 Y がパラメータ λ のポアソン分布に従うとき，密度は $e^{-\lambda}\lambda^{y}/y!$ で平均 λ，分散 λ をもつ．表12.1ではいろいろなファイナンスの例について頻度や標本平均，標本分散が与えられている．Jaggia and Thosar (1993) では，最初の公開買付後にその標的企業が受けた公開買付の数のデータにポアソン分布モデルを応用しているが，これは典型的な応用において小さな計数のデータが非常に多いことのよい例である．Greene (1994) では，個人のクレジットカード申請者の信用記録における著しい信用低下件数データが過大分散(overdispersion)であることを示している．つまりポアソン分布では母集団平均と母集団分散が等しいはずだが標本分散は標本平均よりもかなり大きかったの

表 12.1 いろいろな計数変数の頻度

著者	Jaggia-Thosar	Greene	Guillen	Davutyan
計数の変数	最初の公開買付後の公開買付数	信用低下の報告件数	信用債務不履行数	銀行倒産件数
標本数	126	1319	4691	40
平均	1.738	0.456	1.581	6.343
分散	2.051	1.810	10.018	11.820
計数				
0	9	1060	3002	0
1	63	137	502	0
2	31	50	187	2
3	12	24	138	7
4	6	17	233	4
5	1	11	160	4
6	2	5	107	4
7	1	6	80	1
8	0	0	59	3
9	0	2	53	5
10	1	1	41	3
11	0	4	28	0
12	0	1	34	0
13	0	0	10	0
14	0	1	13	1
15	0	0	111	0
16	0	0	4	0
>17	0	0	28[1)]	5[2)]

1 大きな計数は 17(5個), 18(8), 19(6), 20(3), 22(1), 24(1), 28(1), 29(1), 30(1), 34(1).

2 大きな計数は 17(1), 42(1), 48(1), 79(1), 120(1), 138(1)

である．また観測された 0 の割合は 0.804 であるのに対し，その理論値は $e^{-0.456}=0.633$ であり，0 の頻度が非常に大きい．後述する負の 2 項分布はこの過大分散を説明することができる．実際，平均 0.456，分散 1.810 をもつ負の 2 項分布では，計数 0 の確率の理論値は 0.809 である．同様な例としては Dionne, Artis and Guillen (1996) が銀行の債権者による不払い割賦件数をモデル化している．Davutyan (1989) の年次銀行倒産件数データでは時系列という複雑さが加わる．もっとも大きい 5 つの計数が後半の標本期間における最後の 5 つの観測値なので，データは系列相関している可能性がある．

計数データを用いた計量分析の応用では，説明変数 X の役割に焦点がおかれる．$\lambda=\exp(X'\beta)$ という構造を仮定してパラメータベクトル β を最尤法によって推定するのである．たとえば企業の受ける公開買付数の平均値はその企業の規模に関係するであろう．

計数回帰のモデルと継続時間 (または待ち時間) モデルの間には重要な関係がある．これらの関係はイベント間の待ち時間の根底にある確率過程を調べることで理解でき，状態 (state)，状態の継続 (spell)，イベント (event) の 3 つの概念を含んでいる．

「状態」は時間のある時点における個人や企業の分類，「状態の継続」は状態，その開始時点，終了時点によって定義され，「イベント」はある状態から別の状態への瞬間的な移動を表す．

「継続時間」分析のための回帰モデルでは，ある状態の継続の長さ(非負値)と共変量の関係を考える．継続時間モデルはしばしば「ハザード率」，つまりある状態から他の状態への瞬間的移行率のモデルとして捉えられる．「計数」回帰モデルでは，分析対象であるイベントの一定期間内に起こる回数と共変量との関係を考える．

実証研究でどちらのアプローチを取るかは，研究目的だけでなくデータがどのような形で利用可能かにもよる．継続時間や状態推移の計量分析モデルは与えられた金融状態において継続時間をモデル化するための適切な枠組を提供する．計数データモデルはある一定期間におけるイベントの頻度をモデル化するための枠組を提供する．本論文は計数回帰とその根底にある確率過程との関係，継続時間分析との関連を強調するという点で他の文献による扱い方とは異なっている．

概念を説明するために，モーゲージの期限前返済というイベントを考えよう．この場合，モーゲージをもつ状態から脱したり，その状態の継続が打ち切られたりすることがある．利用可能なデータが，個々のモーゲージの完全あるいは不完全な記録について標本情報を提供している．ある日付に始まるか，終わるかしたモーゲージについて，その保有者や契約の特徴についてのデータがともに得られたとしよう．このような場合，継続時間回帰は共変量の役割を分析する自然な方法である[1)]．さて，しばしばデータは個々の継続時間については得られないが，ある一定の期間に繰り返し起こるイベントの頻度について得られることがある．たとえば，ある年のある期間に期限前返済されたモーゲージの数などである．このように集計されたデータが，共変量についての情報とともに計数データ回帰の基礎となる．このほかわれわれがここでは考慮しない場合として，2値の結果すなわちモーゲージがある期間内に終了するかどうかについて標本情報が得られることがある．ロジットやプロビットのような2値回帰モデルは，そのようなデータを分析する自然な方法である．

継続時間モデルにはさらに次のような例がある．企業買収のための敵対的な公開買付の開始と企業支配のための競争を解決するまでの間の継続時間，破産保護のもとにある時間，銀行の倒産までの時間，一般に取引されているファンドの償還までの時間，ローン返済における最初の債務不履行までの時間などである．ファイナンスの実証分析の文献における計数データモデルについては既に例をいくつか挙げている．ここで繰り返し述べておくと，それぞれの例においてデータが継続時間か計数の形で生ずると想像するのは簡単である．

12.2節では継続時間と計数の計量経済モデルの関係を説明する．12.3節では，ファイナンスへの応用における計数データの回帰分析の方法について一通り読めばわ

---

1 状態の継続は，標本抽出の時点では進行中(不完全)であるかもしれない．そのような打ち切られた観測値を回帰分析に含めるということが継続時間モデルの主要な特徴である．

かるように説明を行う．12.4 節では結論を述べる．

12.2　計数と継続時間データの確率過程モデル

根本的に継続時間モデルと計数モデルはたがいに双対関係をもつ(一方が決まればもう一方も決まる)．この双対関係がもっとも明らかになるのは，根底にある確率過程が定常な(記憶を保持しない)ポアソン過程という厳密な仮定を満たすときである．この場合，イベントの頻度はポアソン分布に従い，状態の継続は指数分布に従うことが簡単に証明される．たとえば企業の公開買付がポアソン過程に従うならば，ある一定の期間における買付件数はポアソン分布に従い，買付から次の買付までの経過時間は指数分布に従う．この特別な場合では，継続時間と計数の計量モデルは共変量(外生変数)の効果を測ることに関しては等しくなっている．

定常性は強い仮定である．根底にある更新過程は，しばしば従属関係や記憶の保持を示す．たとえば最後の公開買付からの時間のように，ある状態において費やす時間の長さはその状態から去る確率に影響を与えるかもしれないし，イベントの将来の発生頻度は過去の頻度に依存するかもしれない．そのような場合，継続時間と計数モデルのもつ情報の内容はかなり異なる．しかし，どちらのモデルも分析対象のイベントに対する共変量の役割について有益な情報を提供する．本論文では以下において計数データモデルに主として焦点を当てていく．

12.2.1　準　　備

われわれは長さ t の区間でデータを観測する．非定常過程は区間の開始時点 s にも依存する．分析対象の確率変数を $N(s, s+t)$ とし，区間 $(s, s+t]$ で起こるイベントの数とする．また $T(s)$ を時点 s でイベントが起きたとき次のイベントが起こるまでの継続時間とする．「イベントの数」の分布は通常，密度

$$\Pr\{N(s, s+t)=r\}, \qquad r=0, 1, 2, \cdots$$

によって表される．「継続時間」の分布は次のいくつかの方法で表される．

$$F_{T(s)}(t)=\Pr\{T(s)<t\}$$
$$S_{T(s)}(t)=\Pr\{T(s)\geq t\}$$
$$f_{T(s)}(t)=\lim_{dt\to 0}\Pr\{t\leq T(s)<t+dt\}$$
$$h_{T(s)}(t)=\lim_{dt\to 0}\Pr\{t\leq T(s)<t+dt|T(s)\geq t\}$$
$$H_{T(s)}(t)=\int_s^{s+t} h_{T(s)}(u)du$$

ここで，関数 F, S, f, h, H はそれぞれ「累積分布関数」「生存関数」「密度関数」「ハザード関数」「累積ハザード関数」と呼ばれる．

確率変数の分布は通常，累積分布関数や密度関数によって特定化されるが，継続時

間の場合，より自然に物理的解釈のできる生存関数やハザード関数によることが多い．とくにハザード関数はある状態から他の状態への移行する瞬間的な比率(離散の場合は確率)を与え，密度，分布，生存関数との関係は以下の式で与えられる．

$$h_{T(s)}(t)=\frac{f_{T(s)}(t)}{S_{T(s)}(t)}=\frac{f_{T(s)}(t)}{1-F_{T(s)}(t)}$$

例として破産保護のもとで企業が費やす時間について考えてみよう．興味があるのはハザードが時間や企業の特徴とともにどのように変化するかである．もしハザード関数が t の減少関数ならば，企業が破産保護のもとにある期間が長くなればなるほど，そこから去る確率は減少するし，もしハザード関数が企業の利子負担額とともに増加するならば，利子負担額の高い企業は低い企業よりも破産保護のもとから去る可能性が高い．

ハザード関数をモデル化する際には元の状態と行く先の状態を考慮するべきである．2つの状態があるモデルはもっとも一般的であるが複数の状態があるモデルも場合によっては実証分析では適切である．たとえば現在破産保護のもとにある企業が今後清算されるか，元の事業を再開するか，このような可能性のある場合，3つの状態があるモデルが必要である．

12.2.2 ポアソン過程

定数 λ をあるイベントの起こる比率と定義する．比率 λ の「(純粋) ポアソン過程」ではイベントが確率 $\lambda\times$区間の長さで独立に起こる．正式には $t\to 0$ のとき，

$$\Pr\{N(s, s+t)=0\}=1-\lambda t+o(t)$$

$$\Pr\{N(s, s+t)=1\}=\lambda t+o(t)$$

であり，$N(s, s+t)$ は $(0, s]$ におけるイベントの数や状態とは統計的に独立である．注意したいのは，極限においてイベントが2回以上起こる確率は0であり，イベント0と1の起こる確率はそれぞれ $(1-\lambda t), \lambda t$ であるということである．

t を極限ではない値としたとき，この過程においてイベントが区間 $(s, s+t]$ に起こる数は平均 λt，確率

$$\Pr\{N(s, s+t)=r\}=\frac{e^{-\lambda t}(\lambda t)^r}{r!}, \qquad r=0, 1, 2, \cdots$$

の「ポアソン分布」に従う．イベントが次に起こるまでの継続時間は平均 λ^{-1}，密度

$$f_{T(s)}(t)=\lambda e^{-\lambda t}$$

の指数分布に従う．このときハザード比 $h_{T(s)}(t)=\lambda$ は一定で，イベントが最後に起きた時点からの時間に依存しない．このことは，ポアソン過程のいわゆる記憶を保持しない性質を表す．計数と継続時間の分布はともに初期時点 s に依存しないことに注意してほしい．

$s=0$ とし，長さ1の時間区間を考えてみよう．すると，この区間におけるイベントの頻度 N の平均は，

$$E[N]=\lambda$$

であり，イベントとイベントの間の継続時間の平均は，

$$E[T]=\frac{1}{\lambda}$$

である．直観的にいうと，区間当たりの頻度が高いイベントは，イベント間の平均継続時間が短い．

回帰モデルにおける条件付平均関数は λ を共変量 X により，たとえば $\lambda=\exp(X'\beta)$ のようなパラメータ表示をすることにより得られる．推定は最尤法で行うか，より効率的な推定のためにポアソン過程が $\mathrm{Var}(N)=\lambda$ や $\mathrm{Var}(T)=(1/\lambda)^2$ であることを利用して（非線形）回帰により行う．

ポアソン過程はデータにとっていつも適切なモデルであるとは限らない．たとえばイベントが1度起きると，再び起こる可能性が高くなるかもしれない．そのときポアソン分布は0の頻度を実際よりも多く，1以上の計数の頻度を実際よりも少なく予測するかもしれないし，平均も分散よりも大きいかもしれない．

12.2.3　時間依存ポアソン過程

「時間依存ポアソン過程」(time dependent Poisson process) は非斉次や非定常ポアソン過程とも呼ばれ，（純粋な）ポアソン過程を一般化した非定常点過程で，イベントの発生率を，過程の初期時点からの経過時間に依存するようにしたものである．つまり，たとえば λ を $\lambda(s+t)$ によって置き換えるのである[2]．

計数 $N(s, s+t)$ は平均 $\Lambda(s, s+t)$

$$\Lambda(s, s+t)=\int_s^{s+t}\lambda(u)du$$

をもつポアソン分布に従う．継続時間 $T(s)$ は生存，密度関数

$$S_{T(s)}(t)=\exp(-\Lambda(s, s+t))$$

$$f_{T(s)}(t)=\lambda(s+t)\exp(-\Lambda(s, s+t))$$

をもつ分布に従う．よって $h_{T(s)}(t)=\lambda(s+t)$ であり $\lambda(\cdot)$ はハザード関数である．また，$H_{t(s)}(t)=\Lambda(s, s+t)$ であり $\Lambda(\cdot)$ は累積ハザード関数である．

関数形の便利な選択の1つに「ワイブル分布」があり，$\lambda(s+t)=\lambda\gamma(s+t)^{\gamma-1}$, $\Lambda(s, s+t)=\lambda[s+t]^{\gamma}-\lambda s^{\gamma}$ である．この場合 $\lambda(\cdot)$ の時間依存成分は指数 $\gamma-1$ とともに乗法的に入る．パラメータ λ は継続時間の依存性 (duration dependence) を示す．$\gamma>1$ は正の継続時間依存性を表し，現在の状態の継続が終了する確率が，その状態の継続の長さが長くなるほど高くなることを意味する．負の継続時間依存性は $\gamma<1$ によって表される．$(s, s+t]$ におけるイベントの平均値はまた s に依存し $\gamma>1$ $(\gamma<1)$ のとき s の増加（減少）関数になっている．したがってこの過程は非定常である．$\gamma=1$ の場合は純粋なポアソン過程であり，その場合ワイブル分布は指数分布に帰着する．継

---

[2] この過程は時点0に開始するが，観測される期間は時点 s に開始する．

続時間の計量分析における標準的なパラメトリックモデルはワイブル分布モデルである．回帰モデルは λ を説明変数に依存させることによりつくられる．たとえば $\lambda=\exp(X'\beta)$ とし，γ は説明変数に依存しないとする．

以下は「比例ハザード」や「比例強度」の因数分解の例である．

$$\lambda(t, X, \gamma, \beta)=\lambda_0(t, \gamma)g(X, \beta) \tag{12.2.1}$$

ただし，$\lambda_0(t, \gamma)$ は基準ハザード関数 (baseline hazard function) で説明変数の唯一の役割はこの基準ハザードの比例尺度を与えるだけである．この因数分解は次のように解釈を簡潔にする．$X=X_1$ である観測個体がその状態を去る確率は $X=X_2$ のときの $g(X_1, \beta)/g(X_2, \beta)$ 倍である．また推定もより簡単になる．なぜなら説明変数の役割と，ハザード関数が時間とともにどのように変わるかとを分離することができるからである．状態の数が 2 つ (single-spell) の継続時間データでは，このことは Cox (1972a) の部分尤度推定量の基礎となる．状態の数が 3 つ以上の (multiple spells) の継続時間が観測されたときには，計数から情報をもっとも多く得る推定法を使うことになる (Lawless (1987) 参照)．同様の方法はグループ化された計数データにも適用できる．たとえば Schwarts and Torous (1993) は与えられた期間内に終わった流通モーゲージ数をモデル化している．

12.2.4　更新過程

「更新過程」はイベントが独立で同一の分布に従って発生する定常点過程である．(純粋な) ポアソン過程は更新過程だが，時間依存ポアソン過程は定常ではないので更新過程ではない．

更新過程では，すべての s, s' について $f_{T(s)}(t)=f_{T(s')}(t)$ であり，都合のよいことに s に依存しない．$(0, t)$ に起こるイベント (更新) の数をこれまで $N(0, t)$ と表記していたが，ここで N_t と定義する．それは $N(s, s+t)$ と同じ分布をもつ．また T_r を r 番目の更新までの時間と定義する．すると，

$$\begin{aligned}\Pr\{N_t=r\}&=\Pr\{N_t<r+1\}-\Pr\{N_t<r\}\\&=\Pr\{T_{r+1}>t\}-\Pr\{T_r>t\}\\&=F_r(t)-F_{r+1}(t)\end{aligned}$$

ただし，F_r は T_r の累積分布関数である．

上式の 2 行目のように，ある継続時間分布を元にして (あるいは双対として)，N_t のパラメトリックな分布を導くことができるのは，魅力的なアプローチである．たとえばワイブル分布はある種の時間依存性を説明することができるので，ワイブル分布と双対な計数分布がほしいかもしれない[3)]．しかし残念なことにこのアプローチは実際には実行可能ではないことが多い．

---

[3] 更新ワイブル過程の発生率は，前のイベント発生からの経過時間 (「更新」されるまでの時間) によって決まる．時間依存ワイブル過程ではその代わりにその過程の開始時点からの時間によって決まる．

とくに T_r は r 個の独立で同一な分布に従う継続時間の和であり，その分布は非負の確率変数に対する積率母関数の修正である (逆) ラプラス変換によりもっとも簡単に求められる[4]．解析的な結果はラプラス変換が単純で明示的に存在するときにもっとも簡単に求められる．継続時間が独立で同一の指数分布に従うとき，N_t は期待されるようにポアソン分布である．解析的な結果は，また継続時間が独立で同一のアーラング分布に従うときに得られる．アーラング分布は第1パラメータが正の整数に制限されているときの2母数ガンマ分布の特別な場合である (Feller (1966)，Winkelman (1995) を参照せよ)．ワイブルのような標準的な継続時間分布の多くにおいて，T_r，したがって N_t の分布の解析的な式表示は存在しない．原則として数値解析によるアプローチも可能だが，そういった研究はこれまで行われていない．

有用な漸近的結果がいくつか得られている．もし，イベント間の継続時間が独立で同一の分布に従い，平均 μ，分散 σ^2 であるとすると，

$$Z=\frac{N_t-t/\mu}{\sigma\sqrt{t/\mu^3}} \overset{a}{\sim} N(0,1)$$

となる．更新数の「期待」値 $\mathrm{E}[N_t]$ は更新関数と呼ばれ，$t\to\infty$ のとき，

$$\mathrm{E}[N_t]=t/\mu+O(1)$$

である．だから継続時間を 1/2 にすると近似的に更新数の平均値は2倍になる．したがってもし更新過程が長い期間観測されるならば，計数データの分析は継続時間の平均について多くの情報を与える．ポアソン過程では，上の関係は厳密に成り立つ．

更新過程のパラメトリックな分析は独立で同一の分布に従う継続時間の分布を特定することから始まる．したがって (完全な) 継続時間の長さのデータが利用可能な場合には分析は簡単である．更新過程の計量分析のほとんどは，状態の継続が「不完全」であるか「打ち切り」されているときにどうするかについて焦点を当てているのである．観測されるデータは，最後の更新からある時点 t までの時間という後方再発生時間か，ある時点 t から次の更新までの時間という前方再発生時間であり，前方と後方の再発生時間の和である完全な状態の継続時間ではないであろう (Lancaster (1990)，p. 94 を参照せよ)．

12.2.5　その他の確率過程

金融データに適用できると思われる確率過程は他にも多くある．確率過程のための標準的な参考文献は Karlin and Taylor (1975) であるが，多くの参考文献のように理論から生じる統計的モデルの推定は考慮されていない．統計的応用を強調しているのは Cox and Lewis (1966) や Cox (1962) などの Cox による多くの研究論文である．ポアソン過程についての標準的な結果は Lancaster (1990) pp. 86～87 で導出されてい

4　$F(t)$ が確率変数 T, $T>0$ の分布関数であるとき，F のラプラス変換は $L(s)=\int_0^\infty e^{-st}dF(t)=\mathrm{E}[e^{-sT}]$ である．$T=t_1+t_2+\cdots+t_n$ とすると，T のラプラス変換は $L(s)=\prod_{i=1}^n L_i(s)$ となる．どのラプラス変換にも確率分布が一意に対応しているという意味で，ラプラス変換は一意性の性質をもつ．

る．いくつかの基本的な確率過程の理論は Lancaster (1990) の第 5 章と Winkelman (1994) の第 2 章に説明されており，Lancaster (1990) は更新理論と継続時間分析のもつ意味を強調している．

マルコフ連鎖は計数データをモデル化するのにとくに役立つ確率過程の 1 つである．「マルコフ連鎖」は有限または可付番の値を取るマルコフ過程であり，現在の状態についての完全な情報が与えられたときの将来の動きは，過去の動きについて追加的に情報が得られても変わらない．また，ある状態 (離散値) から他の状態への推移確率により特徴付けられる．もしこれらの離散値が非負の整数であるか，あるいは非負の整数値に変換できるならば，マルコフ連鎖は計数の確率モデルを説明することができる．多くの確率過程はマルコフ連鎖であるので，これによりいろいろな計数モデルが得られる．1 つの例として分枝過程 (branching process) を 12.3.6 項で考察する．

12.3　計数の計量経済モデル

ポアソン回帰は計数データの分析の出発点として用いられ，ポアソン過程の仮定をおくことによりよく使われる．しかし，データは次のようにポアソン過程にはない特徴を示すことが多い．

①過大分散 (overdispersion)：ポアソン分布では条件付分散と条件付平均は等しいのに，条件付分散が条件付平均よりも大きくなること．

② 0 が多いこと (excess zeros)：与えられた平均をもつポアソン分布によって予測されるよりも，0 (あるいは他の整数の計数値) の頻度が多いこと．

③左側からの切断 (truncation from the left)：小さな計数値 (とくに 0) が除外されていること．

④右側打ち切り (censoring from the right)：ある整数値よりも大きな計数はグループ化されること．

以上のような特徴があるときにポアソン回帰を使うと有効性を (そして時には一致

表 12.2　標準的な計数モデルの分布とモーメント

分布族	密　度	計　数	平均；分散
ポアソン分布モデル	$f(y)=\dfrac{\exp(-\lambda)\lambda^y}{y!}$	$y=0, 1, \cdots$	λ；λ
負の 2 項分布モデル	$f(y)=\dfrac{\Gamma(y+v)}{\Gamma(v)\Gamma(y)}\left(\dfrac{v}{\lambda+v}\right)^v\left(\dfrac{\lambda}{\lambda+v}\right)^y$	$y=0, 1, \cdots$	λ；$\lambda+\dfrac{1}{v}\lambda^2$
正の計数モデル	$f(y\mid y>0)=\dfrac{f(y)}{1-F(0)}$	$y=1, 2, \cdots$	f とともに変化
ハードルモデル	$f(y)=f_1(0)$	$y=0$	f_1, f_2 とともに変化
	$=\dfrac{1-f_1(0)}{1-f_2(0)}f_2(y)$	$y=1, 2, \cdots$	
ゼロ付モデル	$f(y)=f_1(0)+(1-f_1(0))f_2(y)$	$y=0$	f_1, f_2 とともに変化
	$=(1-f_1(0))f_2(y)$	$y=1, 2, \cdots$	

表 12.3　ファイナンスへの応用

例	従属変数	モデル
1. Jaggia and Thosar	標的企業の受けた公開買付件数	ポアソン分布モデル
2. Davutyan	年次の銀行倒産件数	ポアソン分布モデル
3. Dionne and Vanasse	1人当たり事故件数	負の2項分布モデル
4. Dean *et al.*	事故の保険支払請求数	ポアソン-逆ガウシアン分布モデル
5. Dionne *et al.*	不払い割賦件数	切断負の2項分布モデル
6. Greene	信用低下の報告件数	ゼロ付き負の2項分布モデル
7. Bandopadyaya	破産保護下にある時間	打ち切りワイブル分布モデル
8. Jaggia and Thosar	公開買付を受け入れるまでの時間	打ち切りワイブル-ガンマ分布モデル
9. Green and Shoven	モーゲージ期限前返済	比例ハザードモデル
10. Schwartz and Torous	モーゲージ期限前返済と債務不履行	離散比例ハザードモデル
11. Hausman *et al.*	株価の変化	順序プロビットモデル
12. Epps	基準化された株価変化	ポアソン混合イベントモデル

性も）失い，出力される標準誤差も正しくなくなる．このようなことを考慮してポアソン分布以外の分布が使われることがある．それらの計数モデルはとくに根底にある確率過程についてあまり考えることなく使われることが多い．

表 12.2 では，よく使われる分布とそのモーメントを便宜のためにまとめてある．各項では，応用する前にいろいろな計数データモデルと確率データ生成過程を考察していく．表 12.3 では，ファイナンスの文献における応用とそこで使われたモデルが本論文で扱う順にまとめてある．

12.3.1　準　　備

応用研究で使われる典型的なデータは n 個の観測値からなっており，i 番目の観測値は (y_i, X_i), $i=1,2,\cdots,n$ である．従属変数は分析対象のイベントの数 y_i であり，共変量は y_i を決定すると考えられる $k\times1$ ベクトルの X_i である．とくに断らない限り，観測値はたがいに独立であると仮定する．計数 y_i のための計量モデルはパラメータに関して非線形であり，最尤法がとくに一般的な推定法であるが，データの1次と2次のモーメントに基づく密接に関連した推定方法が使われることもある．

主な関心は，説明変数の値が変わるにつれてイベントの平均頻度がどのように変わるかということである．普通，平均は次のように定式化される．

$$\mathrm{E}[y_i|X_i]=\exp(X_i'\beta) \tag{12.3.1}$$

ただし，β は $k\times1$ ベクトルで未知のパラメータである．この定式化では条件付分散は必ず非負になり，$\partial\mathrm{E}[y_i|X_i]/\partial X_{ij}=\exp(X_i'\beta)\beta_j$ より，β_j の符号しだいで X_{ij} の増加関数（または減少関数）になる．さらにパラメータは，直接，弾力性に準ずるものとして解釈できる．つまり，β_j は X_{ij} が1単位変化するときの条件付平均の比例的変化を表す．また，もしある回帰係数が他の回帰係数の2倍ならば，説明変数の1単位の変化も2倍になっている．以下ではとくにこの平均の定式化についての結果を与える．

たとえば y_i を公開買付の標的となった i 番目の企業によって最初の買付以後に受

けた公開買付の数とし，S_i をその企業の規模で10億ドル単位で表した総資産の簿価としよう．Jaggia and Thosar (1993) と同じ標本を用いて y_i の S_i へのポアソン回帰を行うと条件付平均は $\mathrm{E}[y_i|X_i]=\exp(0.499+0.037S_i)$ となり，したがって総資産が10億ドル増えると公開買付数が3.7%増加する．

説明変数はときに式(12.3.1)に対数値で入ることがある．たとえば，

$$\begin{aligned}\mathrm{E}[y_i|X_i]&=\exp(\beta_1\log(X_{1i})+X_{2i}'\beta_2)\\&=X_{1i}^{\beta_1}\exp(X_{2i}'\beta_2)\end{aligned}\qquad(12.3.2)$$

であり，β_1 は弾力性を表す．この定式化は X_{1i} が観測している期間 (exposure) の尺度である場合にとくに適切である．たとえば，自動車事故の数をモデル化しているときの走行距離のような場合であり，そのときには β_1 の値は1に近くなるであろう．

12.3.2 ポアソン分布，負の2項分布と逆ガウシアン分布モデル

12.3.2.1 最尤法

「ポアソン回帰モデル」は X_i が与えられたとき y_i が密度

$$f(y_i|X_i)=\frac{e^{-\lambda_i}\lambda_i^{y_i}}{y_i!},\qquad y_i=0,1,2,\cdots\qquad(12.3.3)$$

のポアソン分布に従い，平均パラメータは式(12.3.1)と同じく $\lambda_i=\exp(X_i'\beta)$ である．観測値がたがいに独立であるとき，対数尤度は，

$$\log L=\sum_{i=1}^{n}\{y_iX_i'\beta-\exp(X_i'\beta)-\log y_i!\}\qquad(12.3.4)$$

である．推定は簡単である．尤度関数は凹関数であり，多くのコンピュータソフトはポアソン最尤法を内蔵している．加重最小2乗法を反復することでニュートン-ラプソンアルゴリズムを実行することもできる．1階の条件は，

$$\sum_{i=1}^{n}(y_i-\exp(X_i'\beta))X_i=0$$

であり，ウエイトなしの残差 $(y_i-\exp(X_i'\beta))$ が説明変数に直交することである．通常の最尤法の理論と $\mathrm{E}[\partial^2\log L/\partial\beta\partial\beta']=-\sum_{i=1}^{n}\exp(X_i'\beta)X_iX_i'$ であることにより，$\hat{\beta}$ は漸近的に平均 β，共分散行列

$$\mathrm{Var}(\hat{\beta})=\left(\sum_{i=1}^{n}\exp(X_i'\beta)X_iX_i'\right)^{-1}\qquad(12.3.5)$$

の正規分布に従う．

ポアソン分布では平均と分散が等しいと仮定する．実際には観測されるデータは，しばしば平均よりも分散が大きい過大分散である．すると平均が正しく定式化されている限り，つまり式(12.3.1)が正しい限り，ポアソン分布に基づく最尤推定量は一致性をもつが，有効ではなくまた標準誤差も正しくない[5]．

---

5 線形回帰モデルでも誤差項が正規分布に従わず不均一分散をもつときに平均は0になり条件付平均は正しく定式化される．このとき，誤差項が正規分布に従い不均一分散をもつという仮定のもとで最尤法を用いて推定すると同じ結果を得る．

ポアソン分布よりも弱い仮定をおく分布を用いて最尤推定を行うことにより，より有効な推定値を得ることができる．計数データの過大分散を説明する標準的な2母数モデルは「負の2項分布」モデルで平均 λ_i，分散 $\lambda_i+\alpha\lambda_i^2$，密度

$$f(y_i|X_i)=\frac{\Gamma(y_i+\alpha^{-1})}{\Gamma(y_i+1)\Gamma(\alpha^{-1})}\left(\frac{\alpha^{-1}}{\alpha^{-1}+\lambda_i}\right)^{\alpha^{-1}}\left(\frac{\lambda_i}{\alpha^{-1}+\lambda_i}\right)^{y_i}$$

$$y_i=0, 1, 2, \cdots \qquad (12.3.6)$$

をもつ．式(12.3.1)のように平均パラメータが $\lambda_i=\exp(X_i'\beta)$ である場合の対数尤度は，

$$\log L=\sum_{i=1}^{n}\left\{\log\left(\frac{\gamma(y_i+\alpha^{-1})}{\Gamma(y_i+1)\Gamma(\alpha^{-1})}\right)-(y_i+\alpha^{-1})\log(1+\alpha\exp(X_i'\beta))+y_i\log\alpha+y_iX_i'\beta\right\} \qquad (12.3.7)$$

に等しい．負の2項分布には異なる分散関数をもつ，もう1つのパラメータ表示がある．上述のモデルは Cameron and Trivedi (1986) により Negbin 2 と呼ばれ，たとえば LIMDEP というソフトウェアで計算されている．それは $\alpha=1$ のとき「幾何分布」に帰着する．Negbin 1 というもう1つのモデルは分散 $(1+\alpha)\lambda_i$ をもち，平均に関して1次関数であり2次関数ではない．このモデルが使われることはめったにないのでここでは詳しく取り上げない．どちらのモデルも最尤推定量 $(\hat{\alpha}, \hat{\beta})$ は漸近的に正規分布に従い，その共分散行列は情報行列の逆行列で与えられる．過大分散のパラメータ α が0のとき，どちらもポアソン分布に帰着する．

負の2項分布を使う動機の1つは，y_i がパラメータ λ_i ではなく $\lambda_i v_i$ であるポアソン分布で，v_i が観測されない個人の変量効果であると考えることである．もし，v_i がたがいに独立に平均1，分散 α のガンマ分布に従うならば，λ_i と v_i が与えられたときには y_i はポアソン分布に従うが，λ_i だけが与えられたときには y_i は負の2項分布 (Negbin 2) に従い，平均 λ_i，分散 $\lambda_i+\alpha\lambda_i^2$ をもつ．この観測されない変量効果を用いた負の2項分布の導出では，根底にある確率過程がポアソン過程であることを仮定している．別の導出の仕方は，根底にある確率過程が非定常であり，イベントの将来の発生確率が増加するような過程を仮定することである．計数のクロスセクションデータだけではこれら2つのモデルを識別することはできない．

明らかに，v_i に異なる分布を仮定すれば，「混合」モデルという非常に広い範囲のモデルを導くことができる．そのようなモデルの1つに v_i を逆ガウシアン分布に従うとした Dean *et al.* (1989) のポアソン-逆ガウシアンモデルがある．これは負の2項分布よりも裾の厚い分布である．今のところそのような混合モデルが負の2項分布モデルよりもよいという証拠はほとんど得られていない．

混合モデルは過小分散 (underdispersion，分散が平均より小さいこと) を説明することができないが，ほとんどのデータは過大分散なのでそのことはあまり大きな制約ではない．過小分散のパラメトリックなモデルには Katz system (King (1989) を参照せよ) や一般化ポアソン分布モデル (Consul and Famoye (1992)) がある．

データが計数として得られるときには，ポアソン分布モデルと負の2項分布モデルの両方を推定するのがよい．$\alpha=0$ のとき負の2項分布はポアソン分布に帰着する．尤度比検定を行うには，両方のモデルを当てはめて対数尤度を計算し，その差に -2 を掛けたものが，過大分散がないという帰無仮説のもとで $\chi^2(1)$ に従うことを使えばよい．ワルド検定は，負の2項分布モデルで推定された $\hat{\alpha}$ の「t 統計量」を用いて，過大分散がないという帰無仮説のもとで漸近的に正規分布に従うことを利用して行えばよい．コンピュータソフトで負の2項分布回帰を行えないときには以下の第3の方法がとくに魅力的である．まずポアソン分布モデルを推定して $\hat{\lambda}_i=\exp(X_i'\hat{\beta})$ とし，補助回帰 (定数項は含まない)

$$\{(y_i-\hat{\lambda}_i)^2-y_i\}/\hat{\lambda}_i=\alpha\hat{\lambda}_i+u_i \tag{12.3.8}$$

を行う．出力される α の t 統計量は，負の2項分布 (Negbin 2) モデルの形の過大分散があるという対立仮説に対する，過大分散がないという帰無仮説のもとで漸近的に正規分布に従う．最後の検定は負の2項分布に対するポアソン分布のためのスコア検定または LM 検定であるが，定式化された平均と分散だけを使おうという点でより一般的である．それは，負の2項分布 (Negbin 2) の形の過大分散をもつような分布すべてに対して使うことができまた過小分散の検定にも用いることができる (Cameron and Trivedi (1990) を参照せよ)．負の2項分布モデル (Negbin 1) の形の過大分散を検定するには，式 (12.3.8) を

$$\{(y_i-\hat{\lambda}_i)^2-y_i\}/\hat{\lambda}_i=\alpha+u_i \tag{12.3.9}$$

で置き換えればよい．

12.3.2.2 1次のモーメントに基づく推定法

これまでわれわれは完全にパラメトリックなアプローチを考えてきた．これとは別の方法は，1次のモーメントあるいは1次と2次のモーメントの情報を使って回帰分析を行うことであり，Gouriéroux, Montfort and Trongon (1984), Cameron and Trivedi (1986), McCullagh and Nelder (1989) などがある．このもっとも単純なアプローチでは式 (12.3.1) が当てはまると仮定し，有効ではないが一致性をもつポアソン分布モデルの最尤推定量 $\hat{\beta}$ で β を推定し，正しい標準誤差を計算するのである．この方法がとくに簡単になるのは，分散が平均×τ のとき，

$$\mathrm{Var}(y_i|X_i)=\tau\exp(X_i'\beta) \tag{12.3.10}$$

で負の2項分布モデル (Negbin 1) の過大分散の形である．するとポアソン分布モデルの最尤推定量は，

$$\mathrm{Var}(\hat{\beta})=\tau\left(\sum_{i=1}^{n}\exp(X_i'\beta)X_iX_i'\right)^{-1} \tag{12.3.11}$$

で，正しい標準誤差 (t 統計量) は，標準的なポアソンモデル用のコンピュータソフトで出力されるものに $\sqrt{\hat{\tau}}$ を掛ける ($\sqrt{\hat{\tau}}$ で割る) ことにより得られる．

$$\hat{\tau}=\frac{1}{n-k}\sum_{i=1}^{n}\frac{(y_i-\exp(X_i'\hat{\beta}))^2}{\exp(X_i'\hat{\beta})} \tag{12.3.12}$$

これはピアソン統計量(12.3.19)を自由度で割ったものなので，コンピュータのアウトプットからしばしば直接計算することができる．たとえば，もし $\hat{\tau}=4$ ならば，出力された t 統計量を 2 で割る必要がある．

もし，代わりに分散が平均の 2 次関数であるとき，つまり，

$$\mathrm{Var}(y_i|X_i)=\exp(X_i'\beta)+\alpha(\exp(X_i'\beta))^2 \tag{12.3.13}$$

ならば，

$$\mathrm{Var}(\hat{\beta})=\left(\sum_{i=1}^{n}\exp(X_i'\beta)X_iX_i'\right)^{-1}\left(\sum_{i=1}^{n}\{\exp(X_i'\beta)+\alpha(\exp(X_i'\beta))^2\}X_iX_i'\right)\times\left(\sum_{i=1}^{n}\exp(X_i'\beta)X_iX_i'\right)^{-1} \tag{12.3.14}$$

を使って以下のような α の一致推定量で評価すればよい．

$$\hat{\alpha}=\sum_{i=1}^{n}\exp(X_i'\hat{\beta})^2\{(y_i-\exp(X_i'\hat{\beta}))^2-\exp(X_i'\hat{\beta})\}\Big/\sum_{i=1}^{n}(\exp(X_i'\hat{\beta}))^4 \tag{12.3.15}$$

最後に，より制約の少ないアプローチは，条件付分散に特定のモデルを仮定しない Eicker-White 頑健推定量

$$\mathrm{Var}(\hat{\beta})=\left(\sum_{i=1}^{n}\exp(X_i'\beta)X_i'X_i'\right)^{-1}\left(\sum_{i=1}^{n}(y_i-\exp(X_i'\beta))^2X_iX_i'\right)\times\left(\sum_{i=1}^{n}\exp(X_i'\beta)X_iX_i'\right)^{-1} \tag{12.3.16}$$

を使うことである．

データが過大分散であるときにこのような修正を行わないと，説明変数の統計的有意性を過大評価することになる．

12.3.2.3　1 次と 2 次のモーメントに基づく推定法

前目では標準誤差を計算するときにだけ 2 次のモーメントの情報を用いた．この情報を直接用いて β を推定すれば，有効性を改善することができる．

もし，分散が平均に比例すれば，式(12.3.1)と(12.3.10)だけを用いたもっとも有効な推定量はポアソン最尤推定量に等しく，式(12.3.11)と(12.3.12)を用いて計算した標準誤差が正しいことを証明できる．

もし分散が平均の 2 次関数であるならば，式(12.3.1)と(12.3.13)だけを使うもっとも有効な推定量は，次の 1 階の条件を解くことによって得られる．

$$\sum_{i=1}^{n}\frac{(y_i-\exp(X_i'\beta))}{\exp(X_i'\beta)+\hat{\alpha}(\exp(X_i'\beta))^2}\exp(X_i'\beta)X_i=0 \tag{12.3.17}$$

ただし，推定量 $\hat{\alpha}$ は式(12.3.15)で与えられたものである．また漸近分散は，

$$\mathrm{Var}(\hat{\beta})=\left(\sum_{i=1}^{n}\{\exp(X_i'\beta)+\alpha(\exp(X_i'\beta))^2\}^{-1}(\exp(X_i'\beta))^2X_iX_i'\right)^{-1} \tag{12.3.18}$$

である．このように，1 次と 2 次のモーメントに基づく推定量を統計学では「擬尤度」推定量といい，Gouriéroux, Montfort and Trognon (1984) では擬一般化擬似最尤推定量 (quasi-generalized pseudo-maximum likelihood estimators) と呼んでいる．

最後に，Delgado and Kniesner (1996) の適応的セミパラメトリック推定量は 1 次

のモーメントだけを特定化するが，他の1次と2次のモーメントに基づくどの推定量とも同じくらい有効であるということを付け加えておく．

12.3.2.4 モデルの評価

過小分散や過大分散の大体の大きさは，従属変数である計数の標本平均と標本分散を比べることによって調べることができる．なぜなら，ポアソン回帰を行った後でも従属変数の条件付分散は多少減少するが，条件付平均は変わらないからである(定数項が含まれる場合，ポアソン残差の合計は0なので予測された期待値の平均は標本平均に等しい)．もし，標本分散が標本平均よりも小さいならば，説明変数を含めることによってデータはよりいっそう過小分散になる．一方，もし標本分散が標本平均の2倍以上大きいならば説明変数を含めてもデータはほとんど確実に過大分散になる．

過小分散と過大分散のための正式なテストや，ポアソン分布と負の2項分布の判別のための正式なテストは12.3.2.1目で与えられている．Negbin 1，Negbin 2などの異なる分散関数の特定化をもつ負の2項分布モデルの選択は，最大尤度に基づいて行うことができる．入れ子型になっていない混合モデル間の選択もまた最大尤度に基づいて行うことができるし，パラメータ数が異なるモデルについては赤池情報量基準を用いればよい．

もっと本質的な選択は，負の2項分布モデルのような完全にパラメトリックなアプローチを使うのか，1次と2次のモーメントだけの情報を用いた推定量を使うのかである．理論的には完全にパラメトリックな推定量の方が有効性という点ですぐれているが，モデルからの乖離に対してあまり頑健ではないという短所をもつ．平均が正しく定式化されていても，分布の他の側面が正しく特定化されていなければ，計数データモデルの最尤推定量は(ポアソン分布モデルと負の2項分布(Negbin 2)モデルは別として)一致性をもたないであろう．実際問題としてCameron and Trivedi (1986)やDean *et al.* (1989)の研究では最尤推定量とより弱い条件に基づく推定量とにはあまり違いがなかった．このような潜在的な差異はHausmanテストの基礎として使うこともできる．たとえばDionne and Vanasse (1992)を参照せよ．そして単に平均だけでなく頻度の確率を予測したいような場合には，分布の特定化は必要である．モデルのよさを評価する方法はたくさんある．比較のための標準的な方法は次の「ピアソン統計量」であり自由度$(n-k)$をもつ．

$$P=\sum_{i=1}^{n}\frac{(y_i-\exp(X_i'\hat{\beta}))^2}{v(X_i,\hat{\beta},\hat{\alpha})} \tag{12.3.19}$$

ただし，$v_i(X_i,\beta,\alpha)=\mathrm{Var}(y_i|X_i)$である．$v(X_i,\beta,\alpha)=\exp(X_i'\beta)$とすれば，これはポアソン分布の適切さを検定するのに有用である．しかし，他のモデルへの利用は限られている．とくに，$v(X_i,\beta,\alpha)=\alpha\exp(X_i'\beta)$として式(12.3.12)を用いて$\alpha$を推定すれば$P$は必ず$(n-k)$に等しくなる．

Cameron and Windmeijer (1996)は計数データモデルのためにさまざまなR^2を提案した．ポアソンモデルの場合，偏差に基づくR^2基準は，

$$R^2_{\mathrm{DEV},P}=\frac{\sum_{i=1}^{n} y_i \log(\exp(X_i'\hat{\beta})/\bar{y})}{\sum_{i=1}^{n} y_i \log(y_i/\bar{y})} \tag{12.3.20}$$

である．ただし，$y=0$ のとき $y\log y=0$ とする．もし，コンピュータソフトが当てはめたモデルの対数尤度を出力すれば，これは $(l_{\mathrm{fit}}-l_0)/(l_y-l_0)$ として計算できる．ただし，l_{fit} は当てはめたモデルの対数尤度，l_0 は定数項だけを含むモデルの対数尤度，そして l_y は平均が実績値に等しいようなモデルの対数尤度，つまり $l_y=\sum_{i=1}^{n} y_i \log(y_i)-y_i-\log(y_i!)$ で，簡単に別々に計算できる．この同じ基準は式(12.3.10)のような過大分散のモデルの推定にも適用することができる．式(12.3.13)つまりNegbin 2のような過大分散をもつ負の2項分布の最尤推定の場合，対応する R^2 基準は次で与えられる．

$$R^2_{\mathrm{DEV,NB2}}=1-\frac{\sum_{i=1}^{n} y_i \log(y_i/\hat{\lambda}_i)-(y_i+\hat{\alpha}^{-1})\log((y_i+\hat{\alpha}^{-1})/(\lambda_i+\hat{\alpha}^{-1}))}{\sum_{i=1}^{n} y_i \log(y_i/\bar{y})-(y_i+\hat{\alpha}^{-1})\log((y_i+\hat{\alpha}^{-1})/(\bar{y}+\hat{\alpha}^{-1}))} \tag{12.3.21}$$

ただし，$\hat{\lambda}_i=\exp(X_i'\hat{\beta})$ である．

大雑把な診断は，各頻度についてすべての観測値から計算される予測確率を平均したものを頻度分布の理論値とし，実績値と比較することである．この基準値があまりよくないことはモデルを棄却する理由になるが，よいことは必ずしもモデルを採択する理由とはならない．極端な例を挙げると，もし計数0と1しか観測されないときに定数項だけのロジットモデルを最尤法で推定すれば，頻度の理論値の平均は実績値に等しくなることが証明できるからである．

12.3.2.5　金融データへの応用

例1～4は，それぞれポアソンモデル(2つ)，負の2項分布モデル，混合ポアソン-逆ガウシアン分布モデルの例である．

【例1】 Jaggia and Thosar (1993) は，1978～1985年の間に株式公開買付の標的になり，最初の買付を受けた日から52週以内に実際に乗っ取られた126のアメリカ企業について，その受けた公開買付件数をモデル化した．従属変数の計数データは標的企業が最初の公開買付後に受けた公開買付の件数で表12.1に与えられている．Jaggia and Thosarによれば，買付件数は標的企業の経営陣が対抗措置(訴訟を通じた法的防御措置や友好的な第3者に買付をするよう求めたりすること)をとると増加すること，買付のプレミアム(買付価格を買付の14就業日前の価格で割ったもの)とともに減少すること，企業規模とともに最初は増加しそれから減少する(規模の2次関数である)こと，連邦監督官庁による干渉には影響されないことがわかった．式(12.3.8)を用いたところ過大分散はみつからなかった．

【例2】 Davutyan (1989) は，表12.1に要約されている1947～1986年にアメリカで倒産した銀行件数の年次データを使い，ポアソン分布モデルを推定した．その結果，全体的な銀行の収益性，企業の収益性，連邦準備銀行からの銀行借入が増加するとともに銀行の倒産は減少することが判明した．ポアソン分布モデルが正しいかどうかという仮説は検定されていない．銀行倒産件数の標本平均と標本分散はそれぞれ

6.343, 11.820 なので回帰を行った後でも少し過大分散が残っており，t 値もしたがって少し上方へ偏っている．もっと問題なのは，データのもつ時系列の性質である．Davutyan はポアソン分布モデルの残差の系列相関の有無をダービン-ワトソン検定を用いて検定しているが，この検定は従属変数が不均一分散をもつときには不適切である．1 階の系列相関のよりよい検定は標準化された誤差 $(y_t-\hat{\lambda}_t)/(\sqrt{\hat{\lambda}_t})$ の 1 階の系列相関の係数 r_1 に基づくものである．T を標本数とすると，y_t に系列相関がないという帰無仮説のもとで Tr_1^2 は漸近的に $\chi^2(1)$ に従う (Cameron and Trivedi (1993) を参照せよ)．計数データのための時系列回帰モデルの研究は，まだ始まったばかりである．Gurmu and Trivedi (1994) の簡潔な説明を参照されたい．

【例 3】　Dionne and Vanasse (1992) はケベックにおいて 1982 年 8 月～1983 年 7 月に 19013 人のドライバーによって警察に報告された 250 ドルを超える損害を生じた事故の件数データを用いた．頻度は非常に低く標本平均は 0.070 である．標本分散は 0.078 と標本平均に近いが，ポアソン分布モデルよりも負の 2 項分布 (Negbin 2) モデルが選択された．これは過大分散のためのパラメータが統計的に有意であり，χ^2 適合度検定がずっとよかったためである．彼らの論文の主たる貢献は，異なる特徴をもつ個人のデータからクロスセクションの負の 2 項分布モデルの推定値を用いて保険の支払請求の頻度と保険料を予測したことである．時点 $1, 2, \cdots, T$ における個人 i による支払請求の頻度 $(y_{i1}, \cdots, y_{iT})$ は，平均 $(\lambda_{i1}v_i, \cdots, \lambda_{iT}v_i)$ のポアソン分布に従うと仮定される．ただし，$\lambda_{it}=\exp(X_{it}'\beta)$ で，v_i は時間に依存せず平均 1，分散 α のガンマ分布に従う，観測されない確率変数であるとする[6]．すると時点 $T+1$ における第 i 個人の支払請求数の最適な予測量は過去の支払請求数，現在と過去の特徴 (観測されない成分 v_i は含まない) が与えられたとき，$\exp(X_{i,T+1}'\beta)[(1/\alpha+\overline{Y}_i)/(1/\alpha+\overline{\lambda}_i)]$ である．ただし，$\overline{Y}_i=\sum_{t=1}^{T} y_{it}$，$\overline{\lambda}_i=\sum_{t=1}^{T}\exp(X_{it}'\beta)$ である．これはクロスセクションの負の 2 項分布モデルの推定値 $(\hat{\alpha}, \hat{\beta})$ で評価される．説明変数が年齢，性別，既婚未婚の別のように時間を通じた変化が簡単に求められる変数の場合には，この方法はとくに簡単に行うことができる．

【例 4】　Dean *et al.* (1989) は Andrews and Herzberg (1985) で公開された 1977 年にスウェーデンの 315 の被保険者のグループごとに第 3 者自動者賠償責任保険の支払請求件数のデータを分析した．計数は広範囲の値を取るので —— 中央値は 10 で最大値は 2127 —— グループの規模をコントロールする必要がある．そのため T_i をそのグループの自動車に保険がかけられた年数として，平均を $T_i\exp(X_i'\beta)$ に等しくなるようにした．このことは $\log T_i$ を説明変数とし，その回帰係数を 1 とすることと同等である (式 (12.3.2) を参照せよ)．この変数や他の説明変数を含めた後でも，データは過大分散をもつ．ポアソンの最尤推定値では，ピアソン統計量は自由度 296 のところ 485.1 であり式 (12.3.10) の形の過大分散に式 (12.3.12) を用いると $\hat{\tau}=1.638$

6　このことは各時点において支払請求の数は負の 2 項分布 (Negbin 2) に従うことを意味する．

となり 1 よりもかなり大きい．Dean *et al.* は式 (12.3.13) の形の過大分散をもつ混合ポアソン–逆ガウシアンモデルを最尤推定することにより，過大分散をコントロールした．これらの最尤推定値は 1 次と 2 次のモーメントだけを使う式 (12.3.17) を解くことによって得られる推定値の 1%以内に入っていた．これまで，これらの推定値と通常の負の 2 項分布モデルを用いて得られる推定値の比較は行われていない．

12.3.3　切断，打ち切りと修正計数モデル

場合によっては分析対象のイベントを経験した個人だけが標本抽出されることがあるが，このときデータは「0 で左側切断されている」といい，正の計数だけが観測される．$f(y_i|X_i)$ を切断されていないもとの密度関数としよう．これは通常式 (12.3.3) や (12.3.6) で定義されるポアソン分布や負の 2 項分布 (Negbin 2) である．切断された密度は，y_i が 0 を超えるという条件のイベントの確率である $1-f(y_i|X_i)$ で基準化された $f(y_i|X_i)/\{1-f(0|X_i)\}$, $y_i=1, 2, 3, \cdots$ であり，対数尤度関数は，

$$\log L=\sum_{i:y_i>0}\log f(y_i|X_i)-\log(1-f(0|X_i)) \tag{12.3.22}$$

となる．推定は最尤法で行う．ポアソン分布モデルの場合，$f(0|X_i)=\exp(-\exp(X_i'\beta))$ であり，負の 2 項分布 (Negbin 2) の場合は $f(0|X_i)=(1+\alpha\exp(X_i'\beta))^{-1/\alpha}$ である．原則としてこのモデルは切断された平均への非線形回帰でも推定できるが，最尤法の代わりに用いる計算上のメリットはほとんどない．この他，0 より大きい値での左側切断や右側切断といった単純なモデルの変形については Grogger and Carson (1991) と Gurmu and Trivedi (1992) で議論されている．

右側切断よりもよくあるのが「右側打ち切り」である．ある最大値 m を超える計数は m またはそれ以上というカテゴリーで記録されるような場合である．対数尤度関数は，

$$\log L=\sum_{i:y_i<m}\log f(y_i|X_i)+\sum_{i:y_i\geq m}\log\left(1-\sum_{j=0}^{m-1}f(j|X_i)\right) \tag{12.3.23}$$

となる．

計数が完全に記録されたとしても，計数の値すべてが同じ過程からきているとは限らない．とくに計数 0 のための過程は 0 になる閾値が存在していて，正の計数のための過程とは異なる場合がある．連続データの例では労働供給における標本の自己選択性がある．ある人が働くかどうか，つまり労働時間が正かどうかを決定する過程と，働こうとして何時間働くかを決定する過程は異なっている．計数データでも同様に割賦が不払いかどうかを決定する過程と，債務不履行者の不払い割賦数を決定する過程は異なる場合がある．「修正計数モデル」は，そのような異なる過程を考慮するものである．ここでは計数 0 についてだけ修正方法を考えるが，それは他の計数についても拡張することができる．

修正モデルの 1 つは Mullahy (1986) の「ハードル (hurdle)」モデルである．計数 0

が密度 $f_1(y_i|X_i)$，たとえば説明変数 X_{1i}，パラメータ α_1, β_1 の負の 2 項分布 (Negbin 2) から発生したとし，正の計数は密度 $f_2(y_i|X_i)$，たとえば説明変数 X_{2i}，パラメータ α_2, β_2 の負の 2 項分布 (Negbin 2) から発生したとしよう．値 0 を取る確率は明らかに $f_1(0|X_i)$ であり，正の値を取る確率は，すべての確率の合計が 1 になるように $[\{1-f_1(y_i|X_i)\}/\{1-f_2(0|X_i)\}]\{f_2(y_i|X_i)\}$, $y_i=1, 2, \cdots$ である．対数尤度関数は，

$$\log L=\sum_{i:y_i=0}\log f_1(0|X_i)+\sum_{i:y_i>0}\{\log(1-f_1(0|X_i))-\log(1-f_2(0|X_i))+\log f_2(y_i|X_i)\} \tag{12.3.24}$$

修正モデルのもう 1 つは「ゼロ付 (with zeros)」モデルで以下のように 2 値と計数の過程を組み合わせるものである．もし，2 値の過程が値 0 を取るとき，つまり確率 $f_1(0|X_i)$ のイベントが起こるとき，$y_i=0$ となる．もし，2 値の過程が値 1 を取るとき，つまり確率 $1-f_1(0|X_i)$ のイベントが起こるとき，y_i は計数 $0, 1, 2, \cdots$ という値をポアソン分布や負の 2 項分布などの密度をもつ確率 $f_2(y_i|X_i)$ で取る．値が 0 である確率は $f_1(0|X_i)+(1-f_1(0|X_i))f_2(0|X_i)$ であり，正の計数の確率は $(1-f_1(0|X_i))f_2(y_i|X_i)$, $y_i=1, 2, \cdots$ である．対数尤度は，

$$\log L=\sum_{i:y_i=0}\log\{f_1(0|X_i)+(1-f_1(0|X_i))f_2(0|X_i)\} \tag{12.3.25}$$

$$+\sum_{i:y_i>0}\{\log(1-f_1(0|X_i))+\log f_2(y_i|X_i)\} \tag{12.3.26}$$

となる．

このモデルはまたゼロ膨張 (zero inflated) 計数モデルとも呼ばれるが，計数 0 の非常に少ない場合もまたおそらく説明できる．Mullahy (1986) はこのモデルを提案し，$f_1(0|X_i)$ を定数に，たとえば β_1 に等しいとした．これに対して Lambert (1992) と Greene (1994) はロジットモデルを使い，$f_1(0|X_i)=(1+\exp(-X_{1i}'\beta_1))^{-1}$ とした．

値 0 (あるいは他の値でも同じことだが) が非常に多いとか少ないという問題は従属変数の平均と分散だけを調べていては簡単に見逃してしまう．計数の頻度を調べ，その理論値と比較するとよいだろう．

【例 5】 Dionne *et al.* (1996) の初期の草稿では，スペインの銀行によって貸越勘定を許容された 4691 人について不払割賦件数を分析した．原データはかなり過大分散になっており，平均 1.581，分散 10.018 であった．この過大分散は次のような説明変数を入れた後にも依然として残っている．説明変数は年齢，既婚未婚の別，子供の人数，正味の月収，住居は持ち家かどうか，月賦の支払い金額，クレジットカードが利用可能かどうか，貸越勘定の請求総額である．負の 2 項分布 (Negbin 2) モデルの場合，$\hat{\alpha}=1.340$ である．分析の目的は，不良な信用危険を確定することであり，切断された負の 2 項分布 (Negbin 2) モデル (12.3.22) は別々に推定される．もし，計数 0 を決定する過程が，正の計数を決定する過程と同じであるならば，正の計数だけを推定するのは有効ではない．もし，その代わりに計数 0 を決定する過程が正の計数を決

定する過程とは異なるならば，切断されたモデルを推定するということは，ハードルモデルの対数尤度(12.3.24)の一部を最大化することと等しく，また有効性を失うこともない[7].

【例 6】 Greene (1994) は売り掛け勘定の 60 日以上の遅滞という著しい信用低下の報告件数を，主要なクレジットカード申込者 1319 人について分析した．そのような報告は支出-収入比率(月平均支出額÷年収)の上昇とともに減少するが，年齢，所得，クレジットカードの月平均支出額，他のクレジットカードをもっているかどうかの変数は統計的に有意ではなかった．データは過大分散であり，負の 2 項分布 (Negbin 2) モデルの方がポアソンモデルよりもずっと望ましい．Greene はまたゼロ付モデルとともに負の 2 項分布モデル (Negbin 2) を推定した．0 かどうかを決定するのにロジットモデルやプロビットモデルを使い，説明変数には年齢，所得，住居が持ち家かどうか，自営業であるかどうか，扶養家族の人数，扶養家族の平均所得を用いた．標準的な負の 2 項分布モデル (Negbin 2) は 0 の計数の理論値が 1070 であり，実績値 1060 と近いのでゼロ付モデルとともに推定する必要はないかもしれない．説明変数を 7 個加えたゼロ付モデルとともに推定された負の 2 項分布モデルの対数尤度は −1020.6 であり，標準的な負の 2 項分布モデルの −1028.3 に比べてそれほど大きくないが，赤池情報量基準によれば前者が選ばれる．さらに Greene は連続データのための標準的なサンプルセレクションモデルを計数データ用に変形して推定している．

12.3.4 継続時間データのための指数分布モデルとワイブル分布モデル

継続時間データのためのもっとも単純なモデルは指数分布モデルで，純粋なポアソン過程から導かれる．その分布の密度関数は $\lambda e^{-\lambda t}$ で，ハザード率は定数 λ である．完全に観測されたデータを用いて指数モデルを推定したとき，真のモデルがワイブル分布モデルであっても平均がなお正しく定式化されていれば最尤推定量は一致性をもつ．しかし，推定量は有効ではなく，最尤推定のコンピュータプログラムで出力される標準誤差も正しくない．このことは，真のモデルが負の 2 項分布であるときにポアソン分布を用いた場合と同様である．しかし，以下のもっと重要な理由で，指数分布よりも一般的なモデルの方がよい．データはしばしば完全には観測されないので，分布の選択を誤ると推定値が一致性をもたなくなる可能性がある．たとえば限られた期間しか観測できない場合には，より長い状態の継続は測定期間の終わりに至るまで完全に観測できない．ハザード率が定数であるという制約も一般的に計量経済データには適切ではない．そこで指数モデルを特別な場合として含むワイブルモデルをまず次に考える．ここでは簡潔に扱うが，それは本論文が継続時間データではなく計数データを主として考えているためである．標準的な参考文献として Kalbfleisch and Prentice (1980)，Kiefer (1988)，Lancaster (1990) を挙げておく．

7　ハードルモデルの対数尤度は f_1 と f_2 に関して加法的であり，f_2 の部分は式 (12.3.22) と等しい．また f_1 と f_2 に共通のパラメータがなければ情報行列は対角行列になる．

「ワイブル分布」モデルはハザード率 $\lambda(t)=\lambda\gamma t^{\gamma-1}$ (前の表記では $h(t)$) ですぐに定義される．回帰モデルは λ だけが説明変数に依存するように，つまり $\lambda=\exp(X'\beta)$ とすることによってつくられる (γ は説明変数に依存しない)．すると第 i 観測値のハザードは，

$$\lambda_i(t_i|X_i)=\gamma t_i^{\gamma-1}\exp(X_i'\beta) \tag{12.3.27}$$

で，密度関数は，

$$f_i(t_i|X_i)=\gamma t_i^{\gamma-1}\exp(X_i'\beta)\exp(-t_i^{\gamma}\exp(X_i'\beta)) \tag{12.3.28}$$

となる．この過程の条件付平均はやや複雑で，

$$\mathrm{E}[t_i|X_i]=(\exp(X_i'\beta))^{-1/\gamma}\Gamma(1+1/\gamma) \tag{12.3.29}$$

である．研究においては条件付平均よりもハザード率への説明変数の影響を調べるのが通常である．もし $\beta_j>0$ であれば X_{ij} の増加はハザード率の増加と条件付平均の減少を意味する．一方，$\gamma>1$ ($\gamma<1$) はハザードが時間とともに増加すること (減少すること) を意味する．

多くの場合，継続時間はある上限の時間までしか観測されない．もしイベントがその上限のときまでに起こらなければ，その状態の継続は「不完全である」といい，より厳密には「右側で打ち切られた」という．その場合の尤度は，少なくとも t_i までは状態の継続が観測される確率，つまり生存関数

$$S_i(t_i|X_i)=\exp(-t_i^{\gamma}\exp(X_i'\beta)) \tag{12.3.30}$$

である．したがっていくつかのデータが不完全である場合の対数尤度は，

$$\log L=\sum_{\text{完全な }i}\{\log\gamma+(\gamma-1)\log t_i+X_i'\beta-t_i^{\gamma}\exp(X_i'\beta)\}$$
$$+\sum_{\text{不完全な }i}-t_i^{\gamma}\exp(X_i'\beta) \tag{12.3.31}$$

であり，γ と β は最尤法で推定される．

データが不完全であるときには，モデルの特定化が正しくないとワイブル最尤推定量は一致性をもたない．たとえば t_i はワイブル分布に従うがパラメータが γ, λ_i ではなく，本当は $\gamma, \lambda_i v_i$ (v_i は観測されない変量効果) というような場合である．もし v_i が独立に平均 1，分散 α のガンマ分布に従うとすると，次のような生存関数をもつワイブル-ガンマ分布モデルが得られる．

$$S_t(t_i|X_i)=[1+t_i^{\gamma}\exp(X_i'\beta)]^{-1/\alpha} \tag{12.3.32}$$

これを用いて密度関数や対数尤度も普通に求めることができる．

継続時間のための標準的な一般モデルは，式 (12.2.1) で紹介した「比例ハザード」モデル，あるいは「比例強度」モデルである．このモデルでは次のようにハザード率を因数分解する．

$$\lambda_i(t_i, X_i, \gamma, \beta)=\lambda_0(t_i, \gamma)\exp(X_i'\beta) \tag{12.3.33}$$

ただし，$\lambda_0(t_i, \gamma)$ は基準ハザード関数である．$\lambda_0(t_i, \gamma)$ が異なるとモデルも異なる．たとえばワイブル分布モデルでは $\lambda_0(t_i, \gamma)=\gamma t_i^{\gamma-1}$ であり，指数分布モデルでは $\lambda_0(t_i,$

$\gamma)=1$ である．説明変数はこの基準ハザードの比例尺度を与えるだけである．ハザード率の因数分解はまた，対数尤度を分解し基準ハザードに依存しない部分を与える．このことは右側打ち切りデータのある場合にはとくに有用である．$R(t_i)=\{j|t_j\geq t_i\}$ を時点 t_i においてまだ完了していないすべての状態の継続からなるリスク集合とする．すると Cox (1972a) は次の部分尤度を最大化する推定量を提案した．

$$\log L=\sum_{i=1}^{n}\left[X_i'\beta-\log\left[\sum_{j\in R(t_i)}\exp(X_j'\beta)\right]\right] \tag{12.3.34}$$

この推定量は，十分有効ではないが基準ハザードの真の関数形に関係なく最尤法のコンピュータプログラムで計算される正しい標準誤差と整合的であるという長所をもつ．

【例 7】 Bandopadhyaya (1993) は，1979～1990 年に (破産法の) chapter 11 に基づく破産保護を受けていた 74 のアメリカの企業について分析をした．31 の企業は依然として破産保護のもとにあり，不完全データになっているので，打ち切りのあるワイブルモデル (12.3.31) が得られる．従属変数は破産保護下にあった日数で，平均 714 日である (完全および不完全なデータに基づいて計算)．未払い利息額の係数は正であり，ハザードの増加と破産保護下の平均継続時間の減少を意味する．その他の統計的に有意な変数は，設備利用の尺度でありハザードに正の効果をもつ．推定値 $\hat{\alpha}=1.629$ は 1 を超えており，企業が破産保護のもとにある期間が長くなればなるほど，そこから出ていく可能性が高くなる．推定された係数の標準誤差は 0.385 であり，指数分布であるという帰無仮説 $\alpha=1$ を検定するための「t 値」は 1.63 になる．これは有意水準 5%の片側検定をするとぎりぎり有意にならない．ワイブル分布モデルは，「もっともよく当てはまる」という理由で指数分布モデルや対数ロジスティックモデルよりも選ばれる．

【例 8】 Jaggia and Thosar (1995) は 1978～1985 年に経営陣が異議を唱える公開買付の標的となった 161 のアメリカの企業について分析した．公開買付のうち 26 件は未解決であり，したがってそのデータは打ち切られている．従属変数は，必要な株式数の買付の公表時点からの経過週数で，平均が 18.1 週である (完全および不完全なデータに基づいて計算)．この論文はいろいろなモデルについて推定し，モデル特定化の検定を行っている．いろいろなモデルを使ったところ，説明変数の相対的な統計的有意性についてはどれも同様な結果であったが，公開買付の時点からハザード率が時間とともにどのように変動するかについては異なる結果が得られた．法的な対抗措置を開始したり，資本構成の変化を提案するといった，公開買付に異議を唱える経営陣の行動はハザード率を減少させ，買付を受け入れるまでの平均継続時間を増加させるが，競合する買付があるとハザード率は増加し平均継続時間を減少させる．選ばれたモデルは打ち切りワイブル-ガンマ分布モデル (12.3.32) である．$X_i=\hat{X}$ で評価されたハザードの推定値は，最初は急速に増加するがやがて t とともにゆっくりと減少する．これに対してワイブル分布モデルを使うと単調増加のハザード率が得られる．

ワイブル-ガンマ分布モデルは，すべての状態の継続が最終的には完全であると仮定しているが，いくつかの企業は決して公開買付をされることはないという批判もある．Jaggia and Thosar は Schmidt and Witte (1989) による，決して公開買付をされることはないという確率が正であるような分割母集団 (split-population) モデルを推定し，棄却したことを簡単に触れている．この研究は他の同様な研究のよいモデルであり，コンピュータソフト LIMDEP ですぐに利用可能な手法を使っている．

12.3.5 グループ化された継続時間データのためのポアソンモデル

金融データにおける状態推移の主要な例は，借入れが継続している状態から，期限前返済か債務不履行による借入れの終了状態への推移である．実際に，これはモーゲージ担保証券の価格を決定する際に重要である．計量経済学的には，これはモーゲージローンの開始時点から期限前返済・債務不履行までの時間間隔をモデル化することを意味する．とくに興味深いのはモーゲージの経過年数の関数で表されるハザードの形状と共変量の役割である．そのような場合に，継続時間のための Cox の比例ハザード (PH) モデルが広く用いられてきた (Green and Shoven (1986), Lane *et al*. (1986), Baek and Bandopadhyaya (1996))．またグループ化された継続時間を計数データとして分析することもできる (Schwartz and Torous (1993))．

【例 9】 Green and Shoven (1986) は，1947～1976 年に発行された 3938 件のカリフォルニアの 30 年固定金利のモーゲージのうち，1975～1982 年の間に終了したデータについて分析した．そのうち 2037 件が完済されている．分析目的は一般的な市場利子率とモーゲージに与えられた固定金利の差，いわゆる「ロックインの大きさ」にモーゲージの期限前返済がどれだけ影響を受けるのかを推定することである．利用可能なデータは非常に限られており，このロックインの大きさを表す値だけが，唯一の説明変数であり，家族の構成人数とか収入といった個人特有の要因は考慮されていない (著者らがもっていた唯一の個人レベルのデータは，その家における保有期間とその家の市場価値を表すとされる尺度だけである)．モーゲージの開始時点を t_{0i}, a_i を $a_i=t_i-t_{0i}$ とすると，経過年数 a_i のモーゲージの推移確率は $\lambda_i(a_i, X, \beta)=\lambda_0(a_i, \gamma_i)\exp(X'\beta)$ で与えられる．彼らは Cox の部分最尤推定量を用いて $(\beta, \gamma_i, i=1, \cdots, 30)$ を推定した．$(\gamma_i, i=1, 2, \cdots\}$ の系列の (ノンパラメトリックな) 推定値は，モーゲージ経過年数に対応するカテゴリー変数の推定値に多少似たもので，基準ハザード関数を与える．1978 年に法廷がモーゲージの金利を上げるためだけの目的で due-on-sale (借り手が住宅を売却するならば貸し手はモーゲージの額面価額を請求できること) 条項を使うことを禁止した裁定を下したことにより係数 β に構造変化が起こった可能性を考えて 1975～1978 年と 1978～1982 年の期間は別々に扱われている．著者らは，利子率の変化に対して平均的なモーゲージの期限前返済がどの程度行われるかについても明らかにすることができた．

【例 10】 Schwartz and Torous (1993) は，ポアソン回帰アプローチと比例ハザード構造を組み合わせることによって Green-Shoven のアプローチとは異なる興味深い方法を提案した．彼らは 1975〜1990 年の 30 年間年固定利子率のモーゲージに関するフレディマックのデータを用いたが，そこでは 39000 件以上の期限前返済と 8500 件以上の債務不履行があった．彼らは，モーゲージの期限前返済と債務不履行のデータをそれぞれ月次でグループ化し，別々にモデル化した．n_j を四半期 j の初めに未払いであるとわかっているモーゲージの件数とし，y_j をその四半期に行われた期限前返済の件数，そして $X(j)$ を時間とともに変化する共変量としよう．月次平均期限前返済率は，外生変数 $X(j)$ の関数と基準ハザード関数で $\lambda(a, X(j), \beta)=\lambda_0(a, \gamma)\exp(X(j)'\beta)$ のように表すとしよう．すると四半期ごとの期限前返済件数の期待値は $n_j \cdot \lambda_0(a, \gamma)\exp(X(j)'\beta)$ となり，ポアソン密度

$$f(y_j|n_j, X(j))=\frac{[n_j \cdot \lambda_0(a, \gamma)\exp(X(j)'\beta)]^{y_j}\exp(-n_j \cdot \lambda_0(a, \gamma)\exp(X(j)'\beta))}{y_j!} \tag{12.3.35}$$

を用いて最尤推定を行うことができる．著者らは，ダミー変数を地域，四半期，期限前返済時点のモーゲージ経過年数に用いた．他の変数には，開始時点の融資対担保率，借り換えの機会，地域ごとの住宅による収益がある．その結果，地域による違いが有意であること，借り換え機会が重要な役割を果たしていることがわかった．

12.3.6　その他の計数モデル

アメリカの株式は 1/8 ドルの単位（あるいは刻み）で測定されており短期間では整数として明示的にモデル化するべきである．Hausman, Lo and MacKinlay (1994) が 6 つの株式について詳細な研究を行ったところ，同じ株式の連続した取引の 60%は価格に変化がなく，さらに 35%は 1 刻み分の価格しか変化しなかった．日次の株式終値ですら，数刻み分しか変化しなかったのである．株価のこのような離散性は一般的に無視されているが，連続な価格モデルを用いたいくつかの研究では考慮されている (Gottlieb and Kalay (1985), Ball (1988))．

考えられるアプローチの 1 つは（刻みの計数で測定された）価格水準を計数でモデル化することである．しかし，この計数データは強い系列相関があり，計数の時系列データのための回帰モデルはまだ十分開発されていない．（やはり刻みの計数で測定される）価格変化を計数としてモデル化すればより実りの多い結果が得られるが，負の値を取ることがあるので標準的な計数モデルをそのまま当てはめることはできない．

計数データが負の値を取ることもできるモデルは「順序プロビット (ordered probit)」モデルであり，たとえば Maddala (1983) に説明がある．y_i^* を，価格が変化する傾向を表す潜在（観測されない）確率変数とし，$y_i^*=X_i'\beta+\varepsilon_i, \varepsilon_i \sim N(0, \sigma_i^2)$ としよう．通常 $\sigma_i^2=1$ である．$\alpha_j<y_i^* \leq \alpha_{j+1}$ のとき $y_i=j$ というように y_i^* の値が高くなるほど実際の価格 y_i の値 j の値も高くなるように関連づける．すると簡単な計算の

結果，次式が得られる．

$$
\begin{aligned}
\Pr\{y_i=j\}&=\Pr\{\alpha_j-X_i'\beta<\varepsilon_i\le\alpha_{j+1}-X_i'\beta\}\\
&=\Phi\left(\frac{\alpha_{j+1}-X_i'\beta}{\sigma_i}\right)-\Phi\left(\frac{\alpha_j-X_i'\beta}{\sigma_i}\right)
\end{aligned}
\tag{12.3.36}
$$

ここで，ダミー変数 d_{ij} を $y_i=j$ のとき 1，$y_i\neq j$ のとき 0 と定義すると，対数尤度関数は次のように表される．

$$
\log L=\sum_{i=1}^{n}\sum_{j=1}d_{ij}\log\left[\Phi\left(\frac{\alpha_{j+1}-X_i'\beta}{\sigma_i}\right)-\Phi\left(\frac{\alpha_j-X_i'\beta}{\sigma_i}\right)\right]
\tag{12.3.37}
$$

このモデルは非負の計数データにも適用でき，その場合には $j=0, 1, 2, \cdots, \max(y_i)$ となる．Cameron and Trivedi (1986) では，ポアソンや負の 2 項分布ではなく順序プロビットを用いても，応用した際の説明変数の重要性や有意性について質的に同様な結果が得られた．負の値も取りうる離散的な価格変化のデータについて Hausman *et al*. (1992) は $j=-m, -m+1, \cdots, 0, 1, 2, \cdots, m$ であるような順序プロビットを用いたが，実際には m の値は m よりも大きくなったり，$-m$ の値は小さくなったりしている．推定するパラメータは σ_i^2 のモデルのパラメータと回帰パラメータ β，そして閾値のパラメータ $\alpha_{-m+1}, \cdots, \alpha_m$ である ($\alpha_{-m}=-\infty$, $\alpha_{m+1}=\infty$)．

【例 11】 Hausman *et al*. (1992) は，ニューヨーク証券取引所とアメリカ株式取引所における 100 の株式に対する時間刻みの (もっとも近い秒単位まで) 取引についての 1988 年のデータを用いた．各株式は別々にモデル化されている．ある株式 (IBM) の場合は 20 万 6749 回の取引を含んでいる．従属変数は取引間の価格変化 (1/8 ドル単位で) である．ほとんどの株式で $m=4$ の順序プロビットモデルを推定している．説明変数は，前の取引からの経過時間，前の取引時点でのビッド-アスク・スプレッド，3 時点前までの価格変化，3 時点前までの取引高であり，分散 σ_i^2 は前の取引からの経過時間と前の取引時点でのビッド-アスク・スプレッドの線形関数である．このモデルの特定化は確率過程の理論には基づいていないが，算術的 (arithmetic) ブラウン運動が説明に使われている．Hausman *et al*. は取引の系列は価格変化に影響を与えており，より大きな取引が価格により大きな影響を与えると結論している．

【例 12】 Epps (1993) は離散的な株式価格の (変化よりもむしろ) 水準を，確率過程として直接モデル化した．離散的な時点 t における株式価格 P_t は標準的な分枝過程である Galton-Watson 過程を拡張した発生計数もまた確率的であるような過程の実現値であるとした．P_{t-1} が与えられたときの P_t の条件付密度 (あるいは取引確率) は簡単に解析的に求まるが，それがたたみ込みを含むため計算が困難になる．この結果，推定は不可能ではないが困難になる．そこで Epps は代わりに近似として，ポアソン混合イベント分布の実現値であると示すこともできる (連続な) 基準化された価格 $y_t=(P_t-P_{t-1})/\sqrt{P_{t-1}}$ をモデル化した．Epps (1993) は 1962～1987 年までの日次の株式終値を用いて，50 の企業について別々に分析し，モーメント法を用いて推定した．このモデルの長所は収益の条件付分布がもつ，裾の厚い分布の予測にある．

12.4　結　　論

基本的なポアソン分布と負の2項分布の計数モデル(そして他のポアソン混合モデル)は，すぐに利用可能なソフトウェアで簡単に推定でき，また多くの場合適切である．ポアソン回帰モデルの推定をした後には，補助回帰(12.3.8)や(12.3.9)を用いて過大分散や過小分散の検定をきちんと行わなくてはならない．もし，これらの検定が等分散の仮説を棄却したならば，標準誤差の計算には式(12.3.11)，(12.3.14)あるいは(12.3.16)を用いなければならない．もし，データが過大分散をもつならば，代わりに最尤法を用いて負の2項分布(Negbin 2)モデル(12.3.6)を推定した方がよい．しかし，過大分散の仮説検定が検出力をもつのは，非常に0が多いことを説明できないといった，他の形式のモデル特定化の誤りに対してであることに注意する必要がある．

これらのモデルが不適切であるのは次のような場合が多い．計数0を決定する過程と正の計数を決定する過程が異なる場合である．それを調べるには計数の実績値と理論値を比較すればよい．するとハードルモデル，ゼロ付モデル，切断や打ち切りのあるモデルのように，修正モデルは適切になる．

ここでは計数と継続時間モデルが共通の基礎をもつことを強調してきた．継続時間と計数の両方のデータが利用可能なときには，後者をモデル化する方が説明変数の役割についてより多くの情報を与えてくれる．とくに個人ごとに複数の状態の継続が観測されたり，データがグループ化されたりしている場合はそうである．一様な時間間隔でグループ化するのは便利であるけれども，時には計数データは同じ区間に関連付けられないこともある．イベントの計数についての時系列データが異なる時間間隔で得られることもあるだろう．そのようにやっかいな場合には，比例強度ポアソン過程回帰モデルを使えばよい(Lawless (1987))．

もっとも単純な確率過程の仮定は，時には金融データを扱うのに不適切である．たとえば短い時間単位で行われる売買や金融取引の回数などである．そのような場合，イベントが独立であるという仮定は説得力がないので，更新理論は適切ではない．相互依存関係を導入するアプローチの1つは調整(modulated)更新過程(Cox (1972b))を使うことである．計数というよりも継続時間の時系列データについては，Engle and Russell (1994)が，自己回帰条件付継続時間モデルという，GARCHモデルの継続時間バージョンを紹介している．このモデルはニューヨーク株式市場におけるIBM株式の取引間隔を秒単位で計測したデータの自己相関を説明することに成功している．

計数の時系列データの回帰モデルは，非常に限られた純粋な時系列の場合を除けば比較的未発達である．実際，計量経済学者が考慮する同時性や標本の自己選択性の偏りといったやっかいな問題の多くの解決方法は，連続データに比べると計数データの場合にはあまり進んでいない．それについてはGurmu and Trivedi (1994)によるサーベイを参照するとよいだろう．

謝　辞

われわれは，本論文の初期の草稿に対して意見を頂いた Arindam Bandopadhyaya, Sanjiv Jaggia, John Mullahy そして Per Johansson に感謝する． ■

［大森裕浩・訳］

文　献

Andrews, D. F. and A. M. Herzberg (1985). *Data*. Springer-Verlag, New York.

Baek, I-M. and A. Bandopadhyaya (1996). The determinants of the duration of commercial bank debt renegotiation for sovereigns. *J. Banking Finance* **20**, 673–685.

Ball, C. A. (1988). Estimation bias induced by discrete security prices. *J. Finance* **43**, 841–865.

Bandopadhyaya, A. (1994). An estimation of the hazard rate of firms under chapter 11 protection. *Rev. Econom. Statist.* **76**, 346–350.

Cameron, A. C. and P. K. Trivedi (1986). Econometric models based on count data: Comparisons and applications of some estimators and tests. *J. Appl. Econom.* **1** (1), 29–54.

Cameron, A. C. and P. K. Trivedi (1990). Regression based tests for overdispersion in the Poisson model. *J. Econometrics* **46** (3), 347–364.

Cameron, A. C. and P. K. Trivedi (1993). Tests of independence in parametric models with applications and illustrations. *J. Business Econom. Statist.* **11**, 29–43.

Cameron, A. C. and F. Windmeijer (1995). R-Squared measures for count data regression models with applications to health care utilization. *J. Business Econom. Statist.* **14**(2), 209–220.

Consul, P. C. and F. Famoye (1992). Generalized Poisson regression model. *Communications in statistics: Theory and method* **21** (1), 89–109.

Cox, D. R. (1962). *Renewal Theory*. Methuen, London.

Cox, D. R. (1972a). Regression models and life tables. *J. Roy. Statist. Soc. Ser. B.* **34**, 187–220.

Cox, D. R. (1972b). The statistical analysis of dependencies in point processes. In: P.A.W. Lewis ed., *Stochastic Point Processes*. John Wiley and Sons, New York.

Cox, D. R. and P. A. W. Lewis (1966). *The Statistical Analysis of Series of Events*. Methuen, London.

Davutyan, N. (1989). Bank failures as Poisson variates. *Econom. Lett.* **29** (4), 333–338.

Dean, C., J. F. Lawless and G. E. Wilmot (1989). A mixed Poisson-inverse Gaussian regression Model. *Canad. J. Statist.* **17** (2), 171–181.

Delgado, M. A. and T. J. Kniesner (1996). Count data models with variance of unknown form: An application to a hedonic model of worker absenteeism. *Rev. Econom. Statist.*, to appear.

Dionne, G., M. Artis and M. Guillen (1996). Count data models for a credit scoring system. *J. Empirical Finance*, to appear.

Dionne, G. and C. Vanasse (1992). Automobile insurance ratemaking in the presence of asymmetric information. *J. Appl. Econometrics* **7** (2), 149–166.

Engle, R. F. and J. R. Russell (1994). Forecasting transaction rates: The autoregresive conditional duration model. Working Paper No. 4966, National Bureau of Economic Research, Cambridge, Massachusetts.

Epps, W. (1993). Stock prices as a branching process. Department of Economics, University of Virginia, Charlottesville.

Feller, W. (1966). *An Introduction to Probability Theory*, Vol II. New York: Wiley.

Gottlieb, G. and A. Kalay (1985). Implications of the discreteness of observed stock prices. *J. Finance* **40** (1), 135–153.

Gouriéroux, C., A. Monfort and A. Trognon (1984). Pseudo maximum likelihood methods: Applications to Poisson models. *Econometrica* **52** (3), 681–700.

Green, J. and J. Shoven (1986). The effects of interest rates on mortgage prepayments. *J. Money, Credit and Banking* **18** (1), 41–59.

Greene, W. H. (1994). Accounting for excess zeros and sample selection in Poisson and negative binomial regression models. Discussion Paper EC-94–10, Department of Economics, New York University, New York.

Grogger, J. T. and R. T. Carson (1991). Models for truncated counts. *J. Appl. Econometrics* **6** (3), 225–238.

Gurmu, S. and P. K. Trivedi (1992). Overdispersion tests for truncated Poisson regression models. *J. Econometrics* **54**, 347–370.

Gurmu, S. and P. K. Trivedi (1994). Recent developments in models of event counts: A Survey. Discussion Paper No.261, Thomas Jefferson Center, University of Virginia, Charlottesville.

Hausman, J. A., A. W. Lo and A. C. MacKinlay (1992). An ordered probit analysis of transaction stock prices. *J. Financ. Econom.* 31, 319–379.

Jaggia, S. and S. Thosar (1993). Multiple bids as a consequence of target management resistance: A count data approach. *Rev. Quant. Finance Account.* December, 447–457.

Jaggia, S. and S. Thosar (1995). Contested tender offers: An estimate of the hazard function. *J. Business Econom. Statist.* **13** (1), 113–119.

Kalbfleisch, J. and R. Prentice (1980). *The Statistical Analysis of Failure Time Data.* John Wiley and Sons, New York.

Karlin, S. and H. Taylor (1975). *A First Course in Stochastic Processes*, 2nd. ed., Academic Press, New York.

Kiefer, N. M. (1988). Econometric duration data and hazard functions. *J. Econom. Literature* **26** (2), 646–679.

King, G. (1989). Variance specification in event count models: From restrictive assumptions to a generalized estimator. *Amer. J. Politic. Sci.* **33**, 762–784.

Lambert, D. (1992). Zero-inflated Poisson regression with an application to defects in manufacturing. *Technometrics* **34**, 1–14.

Lancaster, T. (1990). *The Econometric Analysis of Transition Data.* Cambridge University Press, Cambridge.

Lane, W., S. Looney and J. Wansley (1986). An application of the cox proportional hazard model to bank failures. *J. Banking Finance* **18** (4), 511–532.

Lawless, J. F. (1987). Regression methods for Poisson process data. *J. Amer. Statist. Assoc.* **82** (399), 808–815.

Maddala, G. S. (1983). *Limited-Dependent and Qualitative Variables in Econometrics.* Cambridge University Press, Cambridge.

McCullagh, P. and J. A. Nelder (1989). *Generalized Linear Models.* 2nd ed., Chapman and Hall, London.

Mullahy, J. (1986). Specification and testing of some modified count data models. *J. Econometrics* **33** (3), 341–365.

Schmidt, P. and A. Witte (1989). Predicting criminal recidivism using split population survival time models. *J. Econometrics* **40** (1), 141–159.

Schwartz, E. S. and W. N. Torous (1993). Mortgage prepayment and default decisions: A Poisson regression approach. *AREUEA Journal: J. American Real Estate Institute* **21** (4), 431–449.

Winkelmann, R. (1995). Duration dependence and dispersion in count-data models. *J. Business and Econom. Statist.* **13**, 467–474.

Winkelmann, R. (1994). *Count Data Models: Econometric Theory and an Application to Labor Mobility.* Springer-Verlag, Berlin.

Winkelmann, R. and K. F. Zimmermann (1995). Recent developments in count data modelling: Theory and application. *J. Econom. Surveys* **9**, 1–24.

13

安定分布のファイナンスへの応用

Financial Applications of Stable Distributions

J. Huston McCulloch

人生はギャンブルである，しかもオッズはとても不利だ．
もしも賭け事ならば，だれもそんなゲームはしないであろう．
Tom Stoppard, *Rosenkrantz and Guildenstern are Dead*

13.1 はじめに

金融資産の収益は，瞬時に到達する大量の情報や個人の意思決定が累積された結果である．中心極限定理によれば，位置とスケールを調整すれば，数多くの iid[1] な確率変数を足し合わせた和は，ある極限分布をもち，その極限分布は**安定分布** (stable distribution) のクラスに属する (Lévy (1937), Zolotarev (1986, p. 6))．したがって，少なくとも近似的には，累積が加法的ならば収益は安定分布に従い，累積が乗法的ならば対数安定分布に従うと仮定することは自然であろう．

正規分布は，もっともよく知られていてかつ取り扱いやすい安定分布であり，決まりごとのように正規分布あるいは対数正規分布が金融資産の収益の確率分布として採用されてきた．しかしながら，実際の収益は，正規性とは整合しないような大きな尖度をもつことが多い．したがって，Mandelbrot (1960, 1961, 1963 a, b) が提唱したように，金融資産の収益率のモデルとして，正規分布以外の安定分布を考慮に入れることは自然であろう．

もしも実際の収益が，分散が無限大の安定分布に従うならば，現実は，正規分布が想定される世界よりもはるかに危険であろう．1987 年の株式市場の暴落のような突然な価格変動が日常的な可能性となるであろうし，プログラム取引によって約束されたリスクからの免除はせいぜい希望的観測程度のものとなろう．このような価格の非連続性は，有名な Black-Scholes (1973) のオプション価格決定モデルを適用不可能なものにし，その結果オプションを評価するためには別の方法を探らなければならない．

それにもかかわらず，分散が無限大であっても資産価格決定モデル (CAPM) が正規分布のケースと同様に機能することを本章で明らかにする．さらに，効用最大化の

---

[1] 訳注：iid は independent and identically distributed の省略形であり，「独立かつ同一分布に従う」という意味．

議論を用いれば，Black-Scholes の公式は正規分布以外の安定分布に拡張できる．また，安定分布仮説に対する 2 つの重大な実証的な異議は最終的なものではないということが示される．

本論文の 13.2 節では，単一変量の安定分布，連続時間の安定過程，そして多変量の安定分布について基本的性質を概説する．13.3 節では安定分布に関連するポートフォリオ理論の文献を概観し，もっとも一般的な多変量安定分布のケースに CAPM 拡張する．13.4 節では，不確実性が対数安定分布に従うヨーロッパ型コールオプションの価格決定の公式を導き，商品，株式，債券，外国為替のオプションに対していかに適用するかを述べる．13.5 節では，安定分布のパラメータの推定を取り扱い，外国為替レート，株式，商品，不動産などのさまざまな資産の収益に対する実証的な応用例を概観する．安定分布仮説に対して申し立てられた実証的な異議を考察し，それに代わる急尖的な分布として提案されている確率分布について議論する．

13.2 安定分布の基本的性質

13.2.1 単一変量の安定分布

安定分布 $S(x;\alpha,\beta,c,\delta)$ は，4 つのパラメータによって決まる．**位置パラメータ** (location parameter) $\delta\in(-\infty,\infty)$ は分布を左右にシフトし，**スケール・パラメータ** (scale parameter) $c\in(0,\infty)$ は，δ を中心として，分布を拡大・縮小する．したがって，

$$S(x;\alpha,\beta,c,\delta)=S((x-\delta)/c;\alpha,\beta,1,0) \tag{13.2.1}$$

となる．**形状パラメータ α,β をもつ標準安定分布** (standard stable distribution function with shape parameters α and β) を $S_{\alpha\beta}(x)=S(x;\alpha,\beta,0,1)$ と書く．また，$S(x;\alpha,\beta,c,\delta)$ と $S_{\alpha\beta}(x)$ の密度関数を，それぞれ $s(x;\alpha,\beta,c,\delta)$ と $s_{\alpha\beta}(x)$ と記す．もしも確率変数 X の分布が $S(x;\alpha,\beta,c,\delta)$ ならば，$X\sim S(\alpha,\beta,c,\delta)$ と書く．

特性指数 $\alpha\in(0,2]$ は，分布の裾の部分の挙動，したがって尖り具合の程度を決める．$\alpha=2$ のとき，分散が $2c^2$ の正規分布となる．$\alpha<2$ のとき，分散は無限大となる．$\alpha>1$ ならば，平均は $\mathrm{E}(X)=\delta$ となるが，$\alpha\leq1$ ならば，平均は不定となる．$\alpha=1,\beta=0$ のとき，コーシー (逆正接) 分布となる．

Bergstrøm (1952) による漸近展開から，$x\uparrow\infty$ のとき，

$$\begin{aligned}
&S_{\alpha,\beta}(-x)\sim(1-\beta)\frac{\Gamma(\alpha)}{\pi}\sin\frac{\pi\alpha}{2}x^{-\alpha}\\
&1-S_{\alpha,\beta}(x)\sim(1+\beta)\frac{\Gamma(\alpha)}{\pi}\sin\frac{\pi\alpha}{2}x^{-\alpha}
\end{aligned} \tag{13.2.2}$$

となる．したがって，$\alpha<2$ のときの安定分布は，漸近的に $x^{-\alpha}$ の大きさで逓減する「パレート分布型」の裾を片側ないし両側でもつことになり，次数が α 以上の絶対

モーメントは無限大になる．この場合，**歪度パラメータ** (skewness parameter) $\beta \in [-1, 1]$ は，分布の両側の裾の確率の和に対するそれらの差の比率の極限を表す．ここでは，Zolotarev (1957) に従って β を定義しているため，すべての $\alpha>0$ に対して $\beta>0$ は歪度が正となることを表す．もしも $\beta=0$ ならば，安定分布は対称的となる．$\alpha \uparrow 2$ となるにつれて，β はその効果を失い，不定となる．

安定分布は，対数特性関数

$$\log \mathrm{E}[e^{iXt}] = i\delta t + \psi_{\alpha,\beta}(ct) \tag{13.2.3}$$

によって簡潔に定義できる．ここで，

$$\psi_{\alpha,\beta}(t) = \begin{cases} -|t|^{\alpha}\left[1 - i\beta\,\mathrm{sign}(t)\tan\dfrac{\pi\alpha}{2}\right], & \alpha \neq 1 \\ -|t|\left[1 + i\beta\dfrac{2}{\pi}\mathrm{sign}(t)\log|t|\right], & \alpha = 1 \end{cases} \tag{13.2.4}$$

は，$S_{\alpha,\beta}(x)$ の対数特性関数である[2]．安定分布の分布関数や密度関数の計算は，Zolotarev (1986, p. 74, p. 68) による proper 積分表現を用いるか，特性関数の逆フーリエ変換を評価することによって行える．DuMouchel (1973) が分布関数表を作成し，Holt and Crow (1973) が密度関数の表とグラフを作成した[3]．Fama and Roll (1968) および Panton (1992) も参照されたい．$\alpha \in [0.84, 2.00]$ に対して，計算が高速で十分に精確な対称安定分布の近似法が McCulloch (1994b) によって導かれた．

$\alpha>2$ あるいは $|\beta|>1$ としても，$S_{\alpha\beta}(x)$ の公式を計算することはできる．しかし，そのようにすると関数 $S_{\alpha\beta}$ は確率分布ではなくなってしまう．なぜならば，その場合，式 (13.2.2) からわかるように，一方あるいは両方の裾の確率が負または1より大きくなってしまうからである．したがって，$\alpha \in (0, 2]$ および $\beta \in [-1, 1]$ と制限する．

$X \sim S(\alpha, \beta, c, \delta)$ とし，a を任意の実定数としよう．このとき，式 (13.2.3) から

$$aX \sim S(\alpha, \mathrm{sign}(a)\beta, |a|c, a\delta) \tag{13.2.5}$$

となる．$X_1 \sim S(\alpha, \beta_1, c_1, \delta_1)$ と $X_2 \sim S(\alpha, \beta_2, c_2, \delta_2)$ は独立としよう．ただし，パラメータ α は同一の値をもつ．このとき，$X_3 = X_1 + X_2 \sim S(\alpha, \beta_3, c_3, \delta_3)$ となる．ここで，

$$c_3^{\alpha} = c_1^{\alpha} + c_2^{\alpha} \tag{13.2.6}$$

$$\beta_3^{\alpha} = (\beta_1 c_1^{\alpha} + \beta_2 c_2^{\alpha})/c_3^{\alpha} \tag{13.2.7}$$

2　式 (13.2.3) は DuMouchel (1973a) から導かれ，これからさらに，式 (13.2.1) と (13.2.5) が導ける．Zolotarev (1957) に従い，Samorodnitsky and Taqqu (1994) は式 (13.2.4) を用いているが，対数特性関数の一般形を $i\mu t + c^{\alpha}\psi_{\alpha\beta}(t)$ としている．これは，$\mu=\delta$ と置き換えれば，$\alpha \neq 1$ のときは式 (13.2.3) と同値である．しかしながら，$\alpha=1$ のときは，Samorodnitsky and Taqqu の μ は $\delta-(2/\pi)\beta c \log c$ となる．McCulloch (1986) は，この「μ」の公式を式 (13.2.3) の性質から出てくると誤って指摘した．詳細は，McCulloch (in press b) を見よ．

3　Kolmogorov and Gnedenko の 1949 年の研究結果に従い，Holt and Crow は，$\alpha \neq 1$ のときの式 (13.2.4) の β の符号を逆にしている．その結果，$\alpha=1$ 以外では，彼らの "β" が正のとき，歪度が負となってしまう．またこの逆も成立する．これは不適切な結果ではあるが，簡単に修正できる．Hall (1981) を対照せよ．

$$\delta_3=\begin{cases}\delta_1+\delta_2, & \alpha\neq 1\\ \delta_1+\delta_2+\dfrac{2}{\pi}(\beta_3 c_3\log c_3-\beta_1 c_1\log c_1-\beta_2 c_2\log c_2), & \alpha=1\end{cases} \tag{13.2.8}$$

$\beta_1=\beta_2$ のとき，β_3 もそれらと同一の値をとなる．したがって，X_3 の分布は，X_1, X_2 の分布と同じ形となる．これは，中心極限定理における安定分布の重要な役割に結び付く「安定性」の性質であり，安定分布がポートフォリオ理論においてとくに有益である理由である．もしも，$\beta_1\neq\beta_2$ ならば，β_3 は β_1 と β_2 の中間の値を取る．

$\alpha<2$ および $\beta>-1$ ならば，長い上側のパレート分布型の裾により，$\mathrm{E}[e^X]$ は無限大となる．しかし，$X\sim S(\alpha, -1, c, \delta)$ ならば，Zolotarev (1986, p. 112) は，

$$\log \mathrm{E}[e^X]=\begin{cases}\delta-c^\alpha\sec\left(\dfrac{\pi\alpha}{2}\right), & \alpha\neq 1\\ \delta+\dfrac{2}{\delta}c\log c, & \alpha=1\end{cases} \tag{13.2.9}$$

を証明した．この公式は，対数安定分布の不確実性のもとにおける資産評価を著しく容易にする[4)]．

分布関数の逆関数を用いなくても，Chambers, Mallows and Stuck (1976) の方法により，2 つの独立な一様疑似乱数から直接に安定分布に従う乱数を人工的に生成することができる[5)]．

13.2.2　連続時間安定過程

安定分布は無限分解可能であるから，連続時間のモデル化にとってとくに魅力的である (Samuelson (1965, pp. 15-16), McCulloch (1978))．よく知られているブラウン運動 (またはウイーナー過程) を安定分布に一般化したものは，**α-安定レヴィ運動** (α-stable Lévy motion) と呼ばれ，Samorodnitsky and Taqqu (1994) と Janicki and Weron (1994) という 2 つの最近のモノグラフの研究対象となっている．そのような過程は，Mandelbrot (1983) の意味で，自己相似な**フラクタル** (fractal) である．Peters (1994) の用語を使えば，**フラクタル**分布とは安定分布のことである．

標準 α-安定レヴィ運動 $\xi(t)$ とは，次の 2 つの性質をもつ連続時間確率過程である：

① その増分 $\xi(t+\delta t)-\xi(t)$ が，$\alpha=1$ のときは $S(\alpha, \beta, \delta t^{1/\alpha}, 0)$ に従い，$\alpha\neq 1$ のときは $S(\alpha, \beta, \delta t, (2/\pi)\beta\delta t\log\delta t)$ に従う．

② 重なり合わない増分はたがいに独立である．

4　再パラメータ化によって，Zolotarev (1986) の定理 2.6.1 が式 (13.2.9) と同値であることを確認していただいたことに対し，Vladimir Zolotarev 氏に感謝する．$\alpha=2$ ならば，式 (13.2.9) はよく知られた $\log \mathrm{E}[e^X]=\mu+\sigma^2/2$ に一致する (訳注：ここで $\mu=\mathrm{E}[X]$, $\sigma^2=\mathrm{Var}(X)$ である)．

5　彼らの方法に基づいた GGSTA という IMSL のサブルーチンを用いれば，引数 BPRIME を本論文の β に等しく取り，$c=1$ および，$\delta=0$ とせずに $\zeta=0$ とすれば，安定分布の乱数が発生できる．ただし，ζ は，$\alpha\neq 1$ のとき $\zeta=\delta+\beta c\tan(\pi\alpha/2)$, $\alpha=1$ のとき $\zeta=\delta$ とする．Zolotarev (1957, p. 454, 1987, p. 11) および McCulloch (1986, pp. 1121-1126, in press b) を見よ．Chambers, Mallows and Stuck 論文に関する計算法の詳細については Panton (1989) も参照されたい．

そのような確率過程は，スケールが $dt^{1/\alpha}$ である無限小増分 $d\xi(t)=\xi(t+dt)-\xi(t)$ をもつ．したがって，これらの無限小増分の積分として表現できる．

$$\xi(t)=\xi(0)+\int_0^t d\xi(\tau)$$

より一般に，$z(t)=c_0\xi(t)+\delta t$ は，単位時間当たりのスケールが c_0 であり，$\alpha\neq 1$ のとき単位時間当たりのドリフトが δ となる．

確率1ですべてにおいて連続となるブラウン運動と異なり，α-安定レヴィ運動は，確率1で不連続点の集合は稠密である．$S(\alpha, \beta, c_{dt}, 0)$ に対して式 (13.2.2) を適用すれば (McCulloch (1978) の式 (13.2.18)，(13.2.19) と比べよ)，$dz>x$ となる確率は，

$$k_{\alpha\beta}\left(\frac{x}{c_{dt}}\right)^{-\alpha}=k_{\alpha\beta}c_0^{\alpha}x^{\alpha}dt \tag{13.2.10}$$

ここで，

$$k_{\alpha\beta}=(1+\beta)\frac{\Gamma(\alpha)}{\pi}\sin\frac{\pi\alpha}{2} \tag{13.2.11}$$

である[6]．式 (13.2.10) は，任意の閾値 $x_0>0$ よりも dz の値が大きくなる事象は，

$$\lambda=k_{\alpha\beta}(c_0/x_0)^{\alpha} \tag{13.2.12}$$

の頻度で起こることを意味し，またその事象が起こるという条件付きの dz の分布は，

$$\Pr(dz<x|dz>x_0)=1-(x_0/x)^{\alpha},\qquad x>x_0 \tag{13.2.13}$$

というパレート分布であることを意味する．同様に，$k_{\alpha\beta}$ を $k_{\alpha,-\beta}$ で置き換えれば，$dz<-x_0$ という**負の**非連続性も，式 (13.2.12) の頻度で起こり，dz の条件付分布はパレート分布となる．$\alpha=2$ の場合は，$k_{\alpha\beta}=0$ であり，確率1で非連続性は起こらない．もしも $\alpha<2$ ならば，$x_0\downarrow 0$ とすると，x_0 より絶対値で大きい非連続性が起こる頻度は無限に近づく．もしも $\beta=\pm 1$ ならば，非連続性はどちらか一方のパレート分布の裾の方向でのみ起こる．

$\Delta t\downarrow 0$ のとき $\Delta\xi$ のスケールは0に減少していくから，すべての点で連続であるという確率は1ではないにもかかわらず，α-安定レヴィ運動はどの点においても確率1で連続である．すなわち，任意の有限区間において連続点ではない点が無限個存在するにもかかわらず，いかなる点も確率1で連続点である．非連続点の集合は稠密であるが，それは確率1で測度が0の集合である．したがって，無作為に選んだ任意の点は確率1で連続点である．そのような連続点に収束する非連続点の列は確率1で存在するが，連続点に近づくにつれてそれらの非連続点のジャンプは0に近づいていく．

$\Delta\xi/\delta t$ のスケールは $(\Delta t)^{(1/\alpha)-1}$ であるから，$\alpha>1$ ならば，ブラウン運動の場合のように，$\xi(t)$ はいたるところで確率1で微分可能ではない．もしも $\alpha<1$ ならばいたるところで確率1で微分可能である．しかしながら，もちろん，そうはならないような無限個の点 (非連続点) が存在する．

6　訳注：$c_{dt}=c_0dt^{1/\alpha}$ とおけばよい．

α-安定レヴィ運動の非連続性は，1987 年の 10 月の暴落のときに劇的に起きたように，取引が遂行されるより早く市場の底が崩れてしまうことが時として起こることを意味する．そのような事象の出現が正の確率をもつならば，プログラム取引によって約束されたポートフォリオリスク保障も，たかだか楽観的観測になってしまう．さらに，Black-Scholes (1973) の裁定取引の議論をオプションの価格決定に用いることはできないことになる，オプションは基礎証券の価格が連続的な場合でそうとなるような過剰資産ではなくなるからである．

13. 2. 3　多変量安定分布

一般に多変量安定分布は多変量正規分布よりはるかに望ましい性質に恵まれている．これは，$\alpha<2$ のとき，iid であることと楕円形であることとは同値ではないからであり，また多変量安定分布は多変量正規分布とは異なり，単なる共分散行列によって特定することはできない．X_1 と X_2 が独立に同一な安定分布に従うとしても，それらの同時分布は円状の密度等高線をもたない．分布の中心の近くでは，密度等高線はほぼ円状であるが，中心から離れるにつれて，それぞれの軸の方向にふくらみをもつ (Mandelbrot (1963b, p. 403))．

$\boldsymbol{z}$ をその各要素がたがいに独立に同一分布 $S(\alpha, 1, 1, 0)$ に従う $m\times 1$ ベクトルとしよう．また，$d\leq m$ に対して，$\boldsymbol{A}$ を階数が d である $d\times m$ 行列としよう．このとき $d\times 1$ ベクトル $\boldsymbol{x}=\boldsymbol{Az}$ は，$\boldsymbol{A}$ の列ベクトル $\boldsymbol{a}_j$ の各方向に**アトム**をもつ d 次元多変量安定分布である．もしも，これらの列ベクトルのいずれか 2 つが同一の方向をもち，たとえばある $\lambda>0$ に対して $\boldsymbol{a}_2=\lambda\boldsymbol{a}_1$ ならば，式 (13.2.5) と (13.2.6) から，一般性を失うことなく，これらは $(1+\lambda^{\alpha})^{1/\alpha}\boldsymbol{a}_1$ という単一の列ベクトルにまとめることができる．アトムのおのおのは，$\boldsymbol{a}_j$ の方向に出っ張りをつくる．もしも，各列ベクトルが，同一のノルムでかつ正反対の方向のものが組になって構成されていれば，$\boldsymbol{x}$ は対称安定分布となる．

(離散) **スペクトラル表現** (spectral representation) を用いると，$\boldsymbol{a}_j$ は $c_j\boldsymbol{s}_j$ と表される．ここで，$c_j=\|\boldsymbol{a}_j\|$ であり $\boldsymbol{s}_j=\boldsymbol{a}_j/c_j$ は，$\boldsymbol{a}_j$ の方向における $\boldsymbol{R}_d$ の単位球 S_d 上の $\boldsymbol{a}_j$ の方向における点である．このとき $\boldsymbol{x}$ は，

$$\boldsymbol{x}=\sum_{j=1}^{m} c_j\boldsymbol{s}_j z_j \tag{13.2.14}$$

と書かれ，$\alpha\neq 1$ に対して，その対数特性関数は，

$$\log \mathrm{E}[e^{ix't}]=\sum_{j=1}^{m}\gamma_j\psi_{\alpha 1}(\boldsymbol{s}_j'\boldsymbol{t}) \tag{13.2.15}$$

となる．ここで，$\gamma_j=c_j^{\alpha}$ である[7]．

もっとも一般的な多変量安定分布は，式 (13.2.14) の c_j の一部あるいはすべてを無限に小さくすることによって，考えられるすべての方向からの貢献によって生成さ

[7] $\alpha=1, \beta=0$ のとき，式 (13.2.3) の δ は加法的ではない (式 (13.2.8) を見よ) から，この特殊なケースでは，この項の公式は修正されなければならない．

れる．位置を除けば，その対数特性関数は，

$$\log \mathrm{E}[e^{i\boldsymbol{x}'\boldsymbol{t}}]=\int_{S_d}\psi_{\alpha 1}(\boldsymbol{s}'\boldsymbol{t})\Gamma(d\boldsymbol{s}) \tag{13.2.16}$$

である．ここで，Γ は $\boldsymbol{S}_d$ のボレル集合の集まりのうえで定義された有限スペクトラル測度である．

$d=2$ の場合は，式 (13.2.16) は

$$\log \mathrm{E}[e^{i\boldsymbol{x}'\boldsymbol{t}}]=\int_0^{2\pi}\psi_{\alpha 1}(\boldsymbol{s}_\theta'\boldsymbol{t})d\Gamma(\theta) \tag{13.2.17}$$

と簡単に書ける．ここで，$\boldsymbol{s}_\theta=(\cos\theta, \sin\theta)'$ は角度が θ である単位円上の点であり，Γ は $\Gamma(0)=0$ かつ $\Gamma(2\pi)<\infty$ となる非単調減少な左連続関数である (Hardin, Samorodnitsky and Taqqu (1991, p. 585), Mittnik and Rachev (1993 b, pp. 355–356), Wu and Cambanis (1991, p. 86) と比較せよ)．

そのような確率ベクトル $\boldsymbol{x}=(x_1, x_2)'$ は，最大正歪度な ($\beta=1$) α-安定レビ運動 $\xi(\theta)$ によって

$$\boldsymbol{x}=\int_0^{2\pi}\boldsymbol{s}_\theta\frac{(d\Gamma(\theta))^{1/\alpha}d\xi(\theta)}{d(\theta)^{1/\alpha}} \tag{13.2.18}$$

と表せる．ここで，$\xi(\theta)$ の iid な増分 $d\xi(\theta)$ はドリフトが 0 であり，スケールが $(d\theta)^{1/\alpha}$ である (Modarres and Nolan (1994) と比較せよ)．この被積分関数は，次のような解釈をもつ．もしも $\Gamma'(\theta)$ が存在すれば，θ は，$\boldsymbol{s}_\theta(\Gamma'(\theta))^{1/\alpha}d\xi(\theta)$ だけ積分に寄与する，もしも $\Gamma'(\theta)$ が θ で $\Delta\Gamma$ だけジャンプすれば，θ の寄与は，アトム $\boldsymbol{s}_\theta(\Delta\Gamma)^{1/\alpha}Z_\theta$ となる．ここで，$Z_\theta=(d\theta)^{-1/\alpha}d\xi(\theta)\sim S(\alpha, 1, 1, 0)$ は，すべての $\theta'\neq\theta$ に対して $d\xi(\theta')$ と独立である．

もしも $\boldsymbol{x}$ がそのような 2 変量安定分布に従い，$\boldsymbol{a}=(a_1, a_2)'$ が定数ベクトルならば，

$$\boldsymbol{a}'\boldsymbol{x}=\int_0^{2\pi}(a_1\cos\theta+a_2\sin\theta)\frac{((d\Gamma(\theta))^{1/\alpha}d\xi(\theta)}{(d\theta)^{1/\alpha}} \tag{13.2.19}$$

は，単一変量の安定分布に従う．式 (13.2.5) と (13.2.6) から，$\boldsymbol{a}'\boldsymbol{x}$ のスケールは，

$$c^\alpha(\boldsymbol{a}'\boldsymbol{x})=\int_0^{2\pi}|a_1\cos\theta+a_2\sin\theta|^\alpha d\Gamma(\theta) \tag{13.2.20}$$

となる．

(Hardin *et al.* (1991) によると) 1972 年に M. Kanter は，もしも $d\Gamma$ が対称的であり $\alpha>1$ ならば，

$$\mathrm{E}(x_2|x_1)=\kappa_{2,1}x_1 \tag{13.2.21}$$

を示した．ここで，$x^{<\alpha>}=\mathrm{sign}(x)|x|^\alpha$ という記号を導入すると，$\kappa_{2,1}$ は，

$$\kappa_{2,1}=\frac{1}{c^\alpha(x_1)}\int_0^{2\pi}\sin\theta(\cos\theta)^{<\alpha-1>}d\Gamma(\theta) \tag{13.2.22}$$

である．ただし，

$$c^\alpha(x_1)=\int_0^{2\pi}|\cos\theta|^\alpha d\Gamma(\theta) \tag{13.2.23}$$

である．式 (13.2.22) の積分は x_1 に対する x_2 の共変動 (covariation) と呼ばれる．

Hardin *et al.* (1991) は，$d\Gamma$ が非対称的ならば $\mathrm{E}(x_2|x_1)$ は，x_1 に関して非線形であるが，$\kappa_{2,1}$ を含む簡単な関数であることを示している．彼らは，たとえ $\alpha<1$ でも，対称的な場合には，式 (13.2.21) は成立することに注意している．

もしも $d\Gamma$ が対称的であり，したがって，$\boldsymbol{x}$ の分布も対称的ならば，式 (13.2.16) と (13.2.17) の $\psi_{\alpha 1}(\boldsymbol{s}'\boldsymbol{t})$ を $\psi_{\alpha 0}(\boldsymbol{s}'\boldsymbol{t})=-|\boldsymbol{s}'\boldsymbol{t}|^{\alpha}$ に置き換え可能であり，また式 (13.2.18) の $d\xi(\theta)$ も対称的に取れる．この場合には，Γ を 2 倍すれば，積分は S_d を半分にするどの半球上で行ってかまわない．

多変量安定分布のなかでもとくに重要な分布族は，Press (1982, p. 158, pp. 172–173) によって強調された**楕円** (elliptical) 分布族である[8]．もしも式 (13.2.16) の $d\Gamma(\boldsymbol{s})$ が，ただ単に $d\boldsymbol{s}$ とある定数との積ならば，すべての方向からの $\boldsymbol{x}$ に対する寄与は等しい．各要素の周辺分布のスケールが望まれる水準になるような調整を行えば，そのような分布は球状対称な同時分布 $f(\boldsymbol{x})=\phi_{\alpha d}(r)$ となる．ここで，$\phi_{\alpha d}(r)$ は，$r=\|\boldsymbol{x}\|$，α および $\boldsymbol{x}$ の次元 d にのみ依存するような関数である．そのような分布の対数特性関数は，$\psi_{\alpha 0}(\|\boldsymbol{t}\|)=-(\boldsymbol{t}'\boldsymbol{t})^{\alpha/2}$ に比例しなければならない．このような球状安定分布は，**等方的** (isotropic) とも呼ばれる．

Press は，標準球状正規分布の場合に各要素の分散が 1 になるように球状多変量安定分布のスケールファクターを選択することを提唱している．単一変量の場合は，これは式 (13.2.3) の c を $\sigma/2^{1/\alpha}$ によって置き換えることを意味する．こうすれば，**規準化スケール** (normalized scale) σ は $2^{1/\alpha}c$ に等しくなり，$\alpha=2$ のときは標準偏差に等しくなる[9]．したがって，Press は，われわれが**標準規準化球状安定分布** (standard normalized sphellical stable) と呼んでいる分布の対数特性関数を，

$$\log \mathrm{E}[e^{i\boldsymbol{x}'\boldsymbol{t}}]=\psi_{\alpha 0}(\|\boldsymbol{t}\|)/2=-(\boldsymbol{t}'\boldsymbol{t})^{\alpha/2}/2 \qquad (13.2.24)$$

と特定化している．式 (13.2.17) と (13.2.18) で $d=2$ とすると，要求される $d\Gamma$ の定数は，式 (13.2.23) から，

$$d\Gamma(\theta)=\left(2\int_0^{2\pi}|\cos\theta|^{\alpha}d\omega\right)^{-1}d\theta$$

となる．

もしも $\boldsymbol{z}$ が，このような d 次元球状安定分布をもち，ある非特異な $d\times d$ 行列 $\boldsymbol{H}$ に対して $\boldsymbol{x}=\boldsymbol{H}\boldsymbol{z}$ とするならば，$\boldsymbol{x}$ は，**d 次元 (規準化) 楕円安定分布** (d-dimensional (normalized) elliptical stable distribution) に従う．その対数特性関数は，

$$\log \mathrm{E}[e^{i\boldsymbol{x}'\boldsymbol{t}}]=-(\boldsymbol{t}'\boldsymbol{\Sigma}\boldsymbol{t})^{\alpha/2}/2 \qquad (13.2.25)$$

であり，密度関数は，

$$f(x)=|\boldsymbol{\Sigma}|^{-1/2}\phi_{\alpha d}((\boldsymbol{x}'\boldsymbol{\Sigma}\boldsymbol{x})^{1/2}). \qquad (13.2.26)$$

---

[8] ここで取り上げている特定のケースは，Press による「次数 m」$=1$ である．彼の高次のケース ($m>1$) は有用性に乏しい．彼は，Press (1972) で，これらがもっとも一般的な対称安定分布であると主張したが，Press (1982, p. 158) においてそうではないことを認めている．

[9] Ledoux and Talagrand (1991, p. 123) は，単一変量のケースでも実質的にこの置き換えを行っている．この論文では，多変量楕円形のケースを除いては，従来のパラメータ化に従っている．

となる．ここで，$\boldsymbol{\Sigma}=(\sigma_{ij})=\boldsymbol{H}'\boldsymbol{H}$ である．このとき，$\boldsymbol{x}$ の各要素 x_i は，規準化スケール $\sigma(x_i)=\sigma_{ii}^{1/2}=2^{1/\alpha}e(x_i)$ をもつ．したがって，$\boldsymbol{\Sigma}$ は，多変量正規分布における共分散行列と同様な役目をする．実際，$\alpha=2$ ならば，$\boldsymbol{\Sigma}$ は共分散行列である．$\alpha>1$ ならば，$\mathrm{E}(x_i|x_j)$ が存在し，$(\sigma_{ij}/\sigma_{jj})x_j$ に等しい[10]．$\boldsymbol{\Sigma}$ が対角行列ならば，$\boldsymbol{x}$ の各要素は，$\mathrm{E}(x_i|x_j)=0$ という意味で無相関となるが，$\alpha=2$ のとき以外は独立ではない．

分布 $S(\alpha, 0, c, 0)$ をもつ対称な安定確率変数 C は，$BA^{2/\alpha}$ という積として求められる．ここで，A は $S(\alpha/2, 1, c^*, 0)$ に従い，B は $S(2, 0, c, 0)$ に従う．また，$c^*=(\cos(\pi\alpha/4))^{2/\alpha}$ である (Samorodnitsky and Taqqu (1994, pp. 20-21))[11]．さらに，もしも B が，各要素が $S(2, 0, c, 0)$ に従う d 次元確率ベクトルならば，C も d 次元球状分布に従い，その各要素の周辺分布は $S(\alpha, 0, c, 0)$ である．$\Pr(\|C\|<r)=\Pr(\|B\|<A^{2/\alpha}<r)$ とおくことにより，最大正歪度な単一変量安定密度から，密度母関数は，

$$\phi_{\alpha d}(r)=\frac{\alpha}{2c^*(4\pi c^2)^{d/2}}\int_0^{\infty}\exp\left(-\frac{r^2}{4c^2x^2}\right)x^{\alpha/2-1}s_{\alpha/2,1}(x^{\alpha/2}/c^*)dx \qquad (13.2.27)$$

と計算できる．ここで，プレスの規準化により $c=2^{-1/\alpha}$ である (Zolotarev (1981))．

13.3　安定ポートフォリオ理論

Tobin (1958) は，財産 w の確率分布として 2 つのパラメータによって表されるような分布だけを考慮の対象にするならば，財産 w の確率分布に対する選好は 2 つのパラメータをもつ間接効用関数によって表現できることに気付いた．彼はさらに，もしも効用関数 $U(w)$ が財産の凹関数であり，この 2 パラメータのクラスがアフィン性をもつならば，すなわち安定分布の δ と c のような位置パラメータとスケール・パラメータによって表されるならば，期待効用の最大化によって得られる間接効用関数 $V(\delta, c)$ は擬 (準) 凹関数でなければならないが，その一方で危険資産と安全資産のポートフォリオによってつくられる機会集合は直線となることを示した．さらに，もしもそのような 2 パラメータのアフィン・クラスが和演算に関して閉じていれば，各資産の凸結合であるポートフォリオは，同じ間接効用関数を用いて比較することができる (commensurate)．もしも，このクラスが対称的ならば，空売りが許される資産をもつような非凸なポートフォリオですらこの間接効用関数によって比較可能となる．正規分布はもちろんのことすべての安定分布がこの閉じた性質をもっている (Samuelson (1967))[12]．

Fama and Miller (1972, pp. 259-274, 313-319) は，伝統的な資本資産価格決定モデ

10　Wu and Cambanis (1991) は，このような場合でも $\mathrm{Var}(x_i|x_j)$ が実際に存在することを示している．

11　訳注：A と B は独立でなければならないと思われる．

12　Owen and Rabinovitch (1983) は，一般的な楕円分布のクラスがこの性質をもつことを示している．しかし，楕円型安定分布を除くと，これらは iid なショックの蓄積からは生じえない．したがって，有力な論拠をもっていない．

ル(CAPM)の結論は資産 i の相対的算術平均収益 $R_i=(P_i(t+1)-P_i(t))/P_i(t)$ が「マーケットモデル」

$$R_i=a_i+b_iM+\varepsilon_i \tag{13.3.1}$$

によって生成されるという多変量対称安定分布の特定のクラスにおいても成立することを示した．ここで，a_i と b_i は資産に固有な定数，$M\sim S(\alpha,0,1,0)$ はすべての資産に影響を及ぼすマーケット全体の要因，$\varepsilon_i\sim S(\alpha,0,c_i,0)$ は個別に固有な誤差項であり，M と独立でありかつ各資産間でも独立である．

式(13.3.1)のもとでは，N 個の資産に対する収益 $\boldsymbol{R}=(R_1,\cdots,R_N)$ は，式(13.2.14)の形式をもつ $(N+1)$ アトム多変量対称安定分布に従う．それは，

$$\boldsymbol{R}=\boldsymbol{a}+(\boldsymbol{b}\quad \boldsymbol{I}_N)\begin{pmatrix}M\\ \varepsilon\end{pmatrix} \tag{13.3.2}$$

と表せる．ここで，$\boldsymbol{a}=(a_1,\cdots,a_N)$ であり，$\boldsymbol{b}$ などについても同様である．この分布は，各軸に沿って N 個の対称的なアトムと，正の orthant の方向に拡がっていく $N+1$ 番目のアトムをもつ．

Fama and Miller (1972) は，正規分布のケースと同様に $\alpha>1$ のときでも，その程度はより小さいものの，分散投資が各資産に固有な影響を減ずることを示している．彼らは，もしもこのような資産からなる2つの異なるポートフォリオが x と $1-x$ の比率で組み合わされたならば，組み合わされたポートフォリオのスケールは，x の，したがって(2つのポートフォリオの平均収益が異なるとすれば)その平均収益の厳密な意味での凸関数であることに気付いている．ポートフォリオの効率的集合上では，ここでは平均はスケールの増加関数となっているが，正規分布のケースと同様に，最大化された平均収益は，したがって，スケールの凹関数になっている．間接効用の擬凹性という Tobin の結果を考えれば，効率的フロンティアと間接効用の無差別曲線との接点が，ある特定の個別投資家の大局的な最大期待効用を与える．

無リスクな実質リターンを支払う人工的な資産の取引を導入すると，すべての投資家(agents)は，正規分布の場合と同様に，マーケット・ポートフォリオと正あるいは負の量の無リスク資産とを組み合わせるであろう．$\boldsymbol{\theta}=(\theta_1,\cdots,\theta_N)'$ をマーケット・ポートフォリオの N 個の資産のシェア(比率)とすると，マーケット・ポートフォリオの収益は，

$$R_m=\boldsymbol{\theta}'\boldsymbol{R}=a_m+b_mM+\varepsilon_m \tag{13.3.3}$$

と与えられる．ここで，$a_m=\boldsymbol{\theta}'\boldsymbol{a},\ b_m=\boldsymbol{\theta}'\boldsymbol{b},\ \varepsilon_m=\boldsymbol{\theta}'\varepsilon$ である．したがって，(R_m,R_i) は，

$$\begin{pmatrix}R_m\\ R_i\end{pmatrix}=\begin{pmatrix}b_m & 1 & 0\\ b_i & 0 & 1\end{pmatrix}\begin{pmatrix}M\\ \varepsilon_{\hat{i}}\\ \varepsilon_i\end{pmatrix} \tag{13.3.4}$$

によって生成される3アトム2変量対称安定分布に従う．ここで，$\varepsilon_{\hat{i}}=\varepsilon_m-\theta_i\varepsilon_i$ である．R_m の変動性は，

$$c^{\alpha}(R_m)=b_m^{\alpha}+c^{\alpha}(\varepsilon_m) \tag{13.3.5}$$

と与えられる．ここで，$c^{\alpha}(\varepsilon_m)=\sum\theta_i^{\alpha}c_i\alpha$ はマーケット・ポートフォリオのリスクへの個別企業のリスクの寄与分である．

伝統的なCAPMでは，N 個の資産の価格，したがってそれらの平均 a_i は

$$\mathrm{E}[R_i]-R_f=(\mathrm{E}[R_m]-R_f)\beta_{\mathrm{CAPM}} \tag{13.3.6}$$

というようにマーケット・ポートフォリオによって決定されると予想される．ここで，"β_{CAPM}"(安定分布の"β"と混同しないように注されたい)は，普通は，

$$\beta_{\mathrm{CAPM}}=\frac{\mathrm{Cov}(R_i,R_m)}{\mathrm{Var}(R_m)} \tag{13.3.7}$$

と計算される．$\alpha<2$ のとき，この分散と共分散はともに無限大である．しかしながらFama and Millerは，上のマーケットの均衡条件が本当に必要とするのは，①マーケット・ポートフォリオが効率的なポートフォリオであり，したがって所与の平均収益に対して，スケールを最小化にしていること，② $\mathrm{E}(R)$, $c(R)$ 平面上で，マーケット・ポートフォリオにおける効率集合の傾きが $(\mathrm{E}(R_m)-R_f)/c(R_m)$ に等しいこと，であることを指摘している．彼らは，この結果，β_{CAPM} を，

$$\beta_{\mathrm{CAPM}}=\frac{1}{c(R_m)}\frac{\partial c(R_m)}{\partial\theta_i} \tag{13.3.8}$$

に置き換えれば，やはり式(13.3.6)が成立することに注意している．分散が有限な場合は，式(13.3.8)は(13.3.7)を生む．しかし，実際のところ，分散や共分散は本質的ではない．

マーケットモデル(13.3.1)では，Fama and Millerは式(13.3.8)は

$$\beta_{\mathrm{CAPM}}=\frac{b_ib_m^{\alpha-1}+\theta_i^{\alpha-1}c_i^{\alpha}}{c^{\alpha}(R_m)} \tag{13.3.9}$$

となることを示している[13]．$\theta_i\downarrow 0$ (たぶん θ_i でなく c_i ならば，$c(R_m)\downarrow b_m$ であり，したがって，$\beta_{\mathrm{CAPM}}\rightarrow b_i/b_m$ である．Fama and Millerは，式(13.3.1)に産業固有要因を付加することを示唆することを除き，それ以上一般的な多変量安定分布について研究することはしなかった．

Press (1982, pp. 379-3 81)は，楕円型の多変量安定分布におけるポートフォリオ分析は，Fama and Millerの多数アトムモデルにおいてよりもはるかに単純であることを示している．$\boldsymbol{R}-\mathrm{E}(\boldsymbol{R})$ は，式(13.2.25)の対数特性関数と $N\times N$ 共分散行列 $\boldsymbol{\Sigma}$ をもつような規準化楕円安定分布に従うものとする．このとき，$(R_m, R_i)'$ の 2×2 共分散行列 $\boldsymbol{\Sigma}^*$ は，

$$\boldsymbol{\Sigma}^*=\begin{pmatrix}\sigma_m^2 & \sigma_{im}\\ \sigma_{im} & \sigma_i^2\end{pmatrix}=\begin{pmatrix}\boldsymbol{\theta}'\\ \boldsymbol{e}_i'\end{pmatrix}\boldsymbol{\Sigma}(\boldsymbol{\theta}\quad \boldsymbol{e}_i) \tag{13.3.10}$$

となる．ここで，$\boldsymbol{e}_i$ は，第 i 単位 N 次元ベクトルである．式(13.3.8)から，

$$\beta_{\mathrm{CAPM}}=\sigma_{im}/\sigma_m^2 \tag{13.3.11}$$

13　彼らの論文で考察された「効率的ポートフォリオ」をマーケット・ポートフォリオに置き換えれば，これは，彼らの論文の式(7.51)から直接導かれる．

となる．Fama and Miller も Press も考察しなかった一般的な対称多変量安定分布の場合は，$\boldsymbol{x}=(R_m-\mathrm{E}(R_m), R_i-\mathrm{E}(R_i))'$ は式(13.2.17)のタイプの2変量対称安定分布をもつ．したがって，式(13.3.8)の Fama-Miller ルールから，

$$\beta_{\mathrm{CAPM}}=\kappa_{im} \tag{13.3.12}$$

となる．ここで，$\kappa_{im}=\mathrm{E}(R_i-\mathrm{E}(R_i)|R_m-\mathrm{E}(R_m))/(R_m-\mathrm{E}(R_m))$ は，Kanter の公式(13.2.22)のように与えられるものとする．この安定分布 CAPM の一般的な表現は Gamrowski and Rachev (1994, 1995) によって最初に言及された．

$\alpha<2$ となりうるということは，したがって，伝統的な CAPM に対して，何の障害も付け加えない．しかしながら，CAPM が**もともと**もつ問題点は依然として残る．これらのうちの1つは，ある単一の時点において**単一の**消費財しか存在しないということである．もしもさまざまな相対価格をもつ複数の財が存在するか，あるいは，一定ではない実質金利の構造をもつような複数時点が存在すれば，異なるタイプの消費リスクに対して，異なる CAPM の β が事実上存在するかもしれない．

CAPM のもう1つの問題は，もしも**算術型**の収益が $\alpha>1, c>0$ の安定分布に従うならば，いかなる個別の株価も，あるいは富やさらに消費すら，負となってしまう確率は0ではないということである．Ziemba (1974) は，これらの状況のもとで期待効用や限界期待効用が有限となるような効用関数の制限条件を考察しているが，自由裁量権と有限責任のもとでは，消費が負になってしまうという問題点はもちろんのこと，非負である確率分布が望まれる．さらなるむずかしさは，算術型平均それ自身ではなく，相対的な算術型収益が時間に関して同質的であると仮定する方がより合理的であるということである．しかし，もしも相対的な1期間算術型収益が，何らかの iid 分布をもつならば，多期間にわたれば，それらは，安定分布を保持するのにとって必要な加法的にではなく，乗法的に蓄積することになる．

対数型収益 $\log(P_i(t+1)/P_i(t))$ に対して正規分布あるいは安定分布を当てはめれば，資産価格は正にとどまる．また，そのような分布は，収益の乗法的蓄積から生じうる．しかしながら，対数正規分布や対数安定分布は，**アフィン**2パラメータ分布族ではなくなってしまう．したがって，Tobin が示した間接効用関数の擬凹性を行使することはできない．さらに，安定分布が和演算に関して閉じている性質は，ある期間にわたる個別の株式に関して生ずるように，対数安定分布が**積演算**に関して閉じていることを意味するが，ポートフォリオを構成するとき生ずるような**和演算**に関して閉じているということを意味しない．価格が対数正規あるいは対数安定分布である株式からなるポートフォリオの分布は，したがって，同じ分布族に属さない．1つの帰結は，擬凹性であろうとなかろうと，いかなる2パラメータ間接効用関数によっても，同じ土俵の上では取り扱えない．

ひょっとすると，2つの確率変数は，周辺分布は対数安定分布であるが，密度等高線を変形することによって，2つの確率変数の線形結合がやはり対数安定分布であるような同時分布をもつかもしれない．しかし，Boris Mityagan (McCulloch and

Mityagan (1991) において) が，対数安定分布が有限な平均をもっている場合，すなわち $\alpha=2$ あるいは $\beta=-1$ のときには，そうはならないことを証明している．この結果から，平均が無限大になるケースについても望まれるような結果が得られるであろうことはほとんどありえない．

正規分布の場合には，対数正規性の仮定によって負の値が出る可能性が排除されている連続時間ウイナープロセスに集中することにより，2番目の問題は回避されている．そこでは，瞬間的な対数型収益と瞬間的な相対算術型収益は，伊藤のレンマによって支配されるあるドリフト項によってのみ異なる．$\alpha<2$ のときは，連続安定過程における非連続性により，瞬間的な対数型収益率と相対算術型収益率ですら大きく異なる．

したがって，安定分布 CAPM は，正規分布 CAPM と同様に，たかだか危険資産の均衡価格評価の近似にすぎない．結局のところ，資産価格決定が2パラメータ資産価格評価モデルにおいてオリジナルに追求された簡潔さと精確さを実際にもっていることを保証するようなものは理論上は何もないのである．

13.4　対数安定オプション価格決定[14)]

オプションは，一定期間内に，**行使価格**と呼ばれるある契約価格で，ある基礎証券の一定量を売買する権利 (義務ではない) をその所有者に対して与える派生金融証券である．買う選択権を**コール**オプション，売る選択権を**プット**オプションという．満期日にのみ行使されるようなオプションは**ヨーロッパ型**と呼ばれ，最終的な満期日以前にいつでも行使できるオプションを**アメリカ型**という．実際は，ほとんどのオプションは「アメリカ型」であるが，「ヨーロッパ型」の方が評価が容易であり，ある条件のもとでは，両者は同一の価値となる．

BS (Black and Scholes (1973)) は，株価のパスは a.s. でいたるところ連続であるという性質を用いた裁定取引の議論によるものである．満期における価格が対数正規分布であるような株式に対するヨーロッパ型オプションの価値の精確な公式を求めた．Merton (1976) は，ディープ・イン・ザ・マネーやディープ・アウト・オブ・ザ・マネー，あるいは満期までの期間が短い場合，オプションは，BS 公式によって予測される値よりも高く売られるということに着目した．さらに，もしも BS 公式が真の分布に基づくものであったとするならば，行使価格以外はまったく同一なオプションの同時並行的な価格を用いて BS 公式から計算したインプライド・ボラティリティは，行使価格にかかわらず等しいはずである．実際には，結果として出てくるインプライド・ボラティリティの曲線は，両端で上に曲がり，いわゆる**ボラティリティ・スマイル** (Bates (1996)) をつくる．これは，「小規模な価格変動に比べて大規模な価格変動

14　この節は，McCulloch (1985b) に多く依拠しているが，さらに加筆した．

が起こる確率はBS公式の対数正規性の仮定と整合的とはいえないほど大きい」と少なくともマーケットは信じていることを示唆する.

BS公式は, 対数安定のケースには適合できない. α-安定レビ過程のタイムパスが非連続性であるからである[15]. さらに, もしも対数株価が $\alpha<2$ でかつ $\beta>-1$ の安定分布に従うならば, コールの期待ペイオフは無限大になってしまう. これは, Samuelsonが「$\log(S^*/S)$ がレビ-パレート(安定)分布に従うならば, $1<\alpha<2$ とすれば, 5分間のワラントあるいはコール取引が100%の収益率の普通株の価値をもつことになるという [Robert] Mertonの推測を信じる気になった」(Smith (1976), p. 19からの引用)理由とされる. さらに, Mertonは株の将来の期待価格が無限大になるとすれば, 現在価格が有限であるためには, リスクフリーな割引率も無限大にならなければならないという推測をした(1976, 127n).

以下において, $\alpha<1$ という極端なケースでも, これらの懸念は根拠がないことを明らかにする. さらに, BSの裁定議論あるいはリスク中立性ではなく期待効用最大化の原理を用いれば, 一般化された対数安定分布の不確実性のもとでも, ヨーロッパ型コールオプションを評価できることをみる.

13.4.1 スポット資産価格と先渡し資産価格

2つの資産 A_1 と A_2 があるとする. それらに対する, 代表的な世帯の効用関数を $U(A_1, A_2)$ としよう. また, その限界効用を U_1, U_2 とする. ここで,

$$S_T=U_2/U_1 \tag{13.4.1}$$

を将来時点 T における A_1 に関する A_2 のスポット価格(確率変数)としよう. もしも $\log U_1$ と $\log U_2$ が両方とも同一の特性指数をもつ安定分布に従うならば, $\log S_T$ もまた, 同一の特性指数をもつ安定分布となる. S という記号が, オプション価格評価の文献で一般にそうされるように, ある証券の価格を表すか, あるいは安定分布の分布関数を表すかは文脈により明らかであろう.

時点 T において A_2 を1単位引き渡す代わりに A_1 を F 単位受け取るという契約の現在時点0におけるマーケットでの先渡し価格を F とする. この契約において ε の大きさのポジションの期待効用は $\mathrm{E}(U(A_1-\varepsilon F, A_2+\varepsilon))$ である. ε に関して最大化し, 均衡条件 $\varepsilon=0$ を課すれば,

$$F=\mathrm{E}(U_2)/\mathrm{E}(U_1) \tag{13.4.2}$$

となる. ここで, 式(13.4.2)の期待値は, 現在(時点0)の情報に関する条件付期待値である.

---

[15] Rachev and Samorodnitsky (1993)は, α-安定レビ運動のジャンプの大きさに関してではなく, ジャンプの方向に関するヘッジの議論を用いて, 対数対称安定分布の場合のオプションの価格評価を試みている. さらに, 彼らのヘッジ比率は, ジャンプの未観測の大きさの関数として計算される. これらの欠点により, 計算上の困難さを除いたとしても, 彼らの公式は満足できるものではない. Jones (1984)は, ジャンプが(したがって過程自身)が無限の分散をもつ複合ジャンプ/拡散過程に対するオプション価値を求めている. しかし, これは安定分布でも対数分布でもない.

$\log U_i$ が $\alpha<2$ の安定分布であるとき，$\mathrm{E}(U_i)$ が有限であるためには，$\log U_i$ の従う安定分布は，最大負非対称となる，すなわち $\beta=-1$ でなければならない．いまのところ，対数安定オプションを評価するためには，この仮定を設けるしかないと思われる．しかしながら，この仮定は，$\log S_T$ が中程度の歪みをもつこと，あるいは対称的になることですら，禁ずるものではない．なぜならば，$\log S_T$ は，U_2 からパレート分布型の上側確率を，U_1 からパレート分布型の下側確率を得ることにより，式 (13.2.7) によって制約されるような中程度の歪みをもつかもしれないからである．

たがいに独立に資産の固有な変動を表し，$\log U_1, \log U_2$ のおのおのに負の影響を与える最大正非対称な安定変量を $u_1\sim S(\alpha, +1, c_1, \delta_1)$, $u_2\sim S(\alpha, +1, c_2, \delta_2)$ としよう．ある程度の一般性をもたせるために，$u_3\sim S(\alpha, +1, c_3, \delta_3)$ を u_1 と u_2 と独立であり，U_1 と U_2 にマイナスに等しく影響を与える共通要素としよう．したがって，

$$\log U_1=-u_1-u_3 \tag{13.4.3}$$

$$\log U_2=-u_2-u_3 \tag{13.4.4}$$

である．

$(\alpha, \beta, c, \delta)$ を，

$$\log S_T=u_1-u_2 \tag{13.4.5}$$

のパラメータとしよう．α, β, c および F は既知であると仮定するが，$\delta, c_1, c_2, c_3, \delta_1, \delta_2, \delta_3$ は直接には観測できないものとする．式 (13.2.5) ~(13.2.8) より

$$\delta=\delta_1-\delta_2, \qquad \alpha\neq 1 \tag{13.4.6}$$

$$c^\alpha=c_1^\alpha+c_2^\alpha \tag{13.4.7}$$

$$\beta c^\alpha=c_1^\alpha-c_2^\alpha \tag{13.4.8}$$

$\alpha=1$ のケースは後で取り扱うことにして，ここでは $\alpha\neq 1$ と仮定する．

式 (13.4.7), (13.4.8) から

$$c_1=((1+\beta)/2)^{1/\alpha}c$$

$$c_2=((1-\beta)/2)^{1/\alpha}c \tag{13.4.9}$$

と解かれる．Zolotarev の公式 (13.2.9) を用い，$\theta=\pi\alpha/2$ とすれば，

$$\mathrm{E}(U_i)=e^{-\delta_i-\delta_3-(c_1^\alpha+c_3^\alpha)\sec\theta}, \qquad i=1, 2, \tag{13.4.10}$$

となるから，式 (13.4.2) から，

$$F=e^{\delta_1-\delta_2+(c_1^\alpha-c_2^\alpha)\sec\theta}=e^{\delta+\beta c^\alpha\sec\theta} \tag{13.4.11}$$

を得る．もしも ($c_1=c_2$ とすることにより) $\beta=0$ ならば，式 (13.4.11) は $\log F\approx\mathrm{E}(\log S_T)$．この特別なケースは，対数型効用関数を必要とせず，U_1 と U_2 が S_T の不確実性に等しく影響を与えることのみを必要とする．

13.4.2　オプション価格決定

1 単位の資産 A_2 に対する，満期が T，行使価格が X であるヨーロッパ型コールの価値を時点 0 で引き渡す資産 A_1 を単位として表示したものを C とする．満期を T であるデフォルトのない借り入れの金利を A_1 で表示したものを r_1 とする．した

がって，時点0における C_1 単位の A_1 は，時点 T における $\exp(r_1 T)$ 単位の A_1 に限界的に等しい．

時点 T で $S_T > X$ ならば，オプションは行使され，その所有者は X 単位の A_1 を支払い，1単位の A_2 を受け取る．$S_T \leq X$ ならば，オプションは行使されない．どちらにしても，オプションの所有者は，オプションに対して最初に支払われた（額が金利分だけ増えた）$C\exp(r_1 T)$ 単位の A_1 を失う．このオプションで小さいポジションを取ったときの期待効用が0になるためには，

$$\int_{S_T>X}(U_2 - X_1)dP(U_1, U_2) - Ce^{r_1 T}\int_{\text{all}S_T} U_1 dP(U_1, U_2) = 0 \tag{13.4.12}$$

が必ず成立する[16]．したがって，式(13.4.2)を用いると，

$$C = e^{-r_1 T}\left[\frac{F}{\mathrm{E}(U_2)}\int_{S_T>X} U_2 dP(U_1, U_2) - \frac{X}{\mathrm{E}(U_1)}\int_{S_T>X} U_1 dP(U_1, U_2)\right] \tag{13.4.13}$$

となる．ここで，$P(U_1, U_2)$ は U_1 と U_2 の同時分布を表す．期待値が存在さえすれば，いかなる同時分布に対しても，式(13.4.13)が成立する．

$\alpha \neq 1$ ならば，われわれの安定分布モデルでは式(13.4.13)は

$$C = Fe^{-r_1 T + c_2^{\alpha}\sec\theta} I_1 - Xe^{-r_1 T + c_1^{\alpha}\sec\theta} I_2 \tag{13.4.14}$$

となる．ここで，$S_{\alpha 1}^c = 1 - S_{\alpha 1}$ であり，

$$I_1 = \int_{-\infty}^{\infty} e^{-c_2 z} s_{\alpha 1}(z) S_{\alpha 1}^c\left(\left(c_2 z + \log\frac{X}{F} + \beta c^{\alpha}\sec\theta\right)/c_1\right)dz \tag{13.4.15}$$

$$I_2 = \int_{-\infty}^{\infty} e^{-c_1 z} s_{\alpha 1}(z) S_{\alpha 1}\left(\left(c_1 z - \log\frac{X}{F} - \beta c^{\alpha}\sec\theta\right)/c_2\right)dz \tag{13.4.16}$$

とする．c_1 と c_2 は式(13.4.9)から決まるから，方程式(13.4.14)より，C は $C(X, F, \alpha, \beta, c, r_1, T)$ という関数である．ここで，δ は直接には必要でないことに注意されたい．これは，δ について知る必要のあることはすべて，式(13.4.11)により F に含まれているからである．不確実性の共通の要素 u_3 は，完全に消失している．

Rubinstein (1976) は，$\log U_1$ と $\log U_2$ が2変量正規分布に従うならば，式(13.4.13)から Black-Scholes の公式が導かれることを示している．したがって，式(13.4.14)は，BS公式を $\alpha < 2$ のケースに拡張したものである．

先渡し価格 F が直接には観測できない場合でも，A_2 によって表示された貸付に対する無リスクの金利 r_2 がわかれば，現時点のスポット価格 S_0 を用いて，F を代替することができる．なぜならば，裁定の議論から，

$$F = S_0 e^{(r_1 - r_2)T} \tag{13.4.17}$$

が成立するからである．

将来時点 T において行使価格 X で1単位の A_2 を「売る」権利を付与する選択権であるヨーロッパ型プット・オプションの価値 P は，式(13.4.14)をプット・コール

16　訳注：このオプションのポジションを $\varepsilon(>0)$ とすると，その期待効用は，
$\mathrm{E}[U(A_1 - \varepsilon C\exp(r_1 T), A_2 + \varepsilon\max(S_T - X))]$
となる．これを ε で微分し，$\varepsilon = 0$ とすると，式(13.4.12)が得られる．

パリティの裁定条件

$$P=C+(X-F)e^{-r_1T} \tag{13.4.18}$$

とともに用いて評価できる．$\alpha<1$ に対しても，式(13.4.11)と(13.4.14)は成立する．$\alpha=1$ のとき，式(13.4.11)と(13.4.14)は，

$$F=e^{\delta-(2/\pi)\beta c\log c} \tag{13.4.19}$$

$$C=Fe^{-r_1T-(2/\pi)c_2\log c_2}I_1-Xe^{-r_1T-(2/\pi)c_1\log c_1}I_2 \tag{13.4.20}$$

となる．ここで，c_1 と c_2 は式(13.4.9)のように与えられる．しかし，I_1 と I_2 は

$$I_1=\int_{-\infty}^{\infty}e^{-c_2z}s_{11}(z)S_{11}^c\left(\left(c_2z+\log\frac{X}{F}+\frac{2}{\pi}(c_2\log c_2-c_1\log c_1)\right)/c_1\right)dz \tag{13.4.21}$$

$$I_2=\int_{-\infty}^{\infty}e^{-c_1z}s_{11}(z)S_{11}\left(\left(c_1z-\log\frac{X}{F}-\frac{2}{\pi}(c_2\log c_2-c_1\log c_1)\right)/c_2\right)dz \tag{13.4.22}$$

である．

13.4.3 応　　用

式(13.4.14)の安定分布オプション価格決定式は，2つの資産 A_1 と A_2 の解釈を変えることによって，何らの修正を加えずとも，商品，株式，債券，外国為替レートに対するオプションに適用できる．

13.4.3.1 商　品

A_1 と A_2 は，将来のある時点 T において消費に向けられる2つの消費財としよう．A_1 は，A_2 以外のすべての財の集計とすることもできる．r_1 を A_1 で表示した借入金の無リスク金利としよう．U_1 と U_2 を A_1 と A_2 の将来の不確実な限界効用とし，$\log U_1$ と $\log U_2$ は式(13.3.4)，(13.3.5)のように，独立な要素(u_1 と u_2)と共通の要素(u_3)をもつと仮定しよう．このとき，式(13.4.1)によって決定される A_1 による A_2 の価格 S_T は，式(13.4.5)のように対数安定分布に従い，その先渡し価格は式(13.4.14)のように与えられる．

そのようなシナリオは，たとえば加法的可分なCRRA[17]効用関数

$$U(A_1,A_2)=\frac{1}{1-\eta}(A_1^{1-\eta}+A_2^{1-\eta}),\qquad \eta>0,\qquad \eta\neq1 \tag{13.4.23}$$

から生ずるかもしれない．ただし，賦与量は $A_i=e^{v_i+v_3}$, $i=1,2$ と与えられるものとする．また，v_1, v_2, v_3 は同一の α と $\beta=1$ をもつ安定分布に従う独立な確率変数とする．

13.4.3.2 株　式

単一の財 G しか存在しないと仮定しよう．G は，ニュメレールである A_1 のように用いられる．時点 T において1株当たり y 単位(確率変数)の G をもたらす株式を A_2 とする．G で表示された，満期が T の貸付金の無リスクの金利を r_1 とする．株式の連続的な配当利回りを r_2 とし，時点 T までは価値を有するような投票権はな

[17] 訳注：constant relative risk aversion の略である

いものとする．したがって，現物1株は，時点 T の $\exp r_2T$ 株と同等である．時点 T における G 1単位の将来の不確実な限界効用を U_G とし，

$$\log U_G = -u_1 - u_3 \tag{13.4.24}$$

$$\log y = u_1 - u_2 \tag{13.4.25}$$

と仮定しよう．ここで，$u_i \sim S(\alpha, +1, c_i, \delta_i)$ は独立である．

そのとき，1株の限界効用は $yU_G = \exp(-u_2 - u_3)$ となるから，G への無条件な請求権をニュメレールとして用いる場合の1株当たりの株価 S_T は，上述の式(13.4.5)のようになる．1株の先渡し価格，$F = \mathrm{E}(yU_G)|\mathrm{E}(U_G)$ は，上述の式(13.4.11)のようになる．したがって，行使価格が X である，1株に対するヨーロッパ型コールの価値は，式(13.4.14)によって与えられる．株式の先渡し価格が直接には観測できない場合には，式(13.4.17)によって r_1, r_2 および現在の現物株価 S_0 から先渡し価格が計算できる．

式(13.4.25)が述べていることは，当該企業に固有な「好材料」($-u_2$)があるため，上側裾はパレート型でなくなるということである．これが意味するのは，成功すれば，この企業はかなり確実な量の y をもたらすということである．しかし，それにもかかわらず，失敗すれば y は，はるかに少ないか事実上まったくなくなってしまうという意味で，この企業はやはり投機的であるということも意味される．企業とは関係のない「好材料」(u_1)があるため，式(13.4.24)によって与えられる限界効用は，それに応じて減少されると仮定されている．この制約的と認めざるをえないシナリオにもかかわらず，価格 S_T は，いかなる α, β, c, δ も許容される完全に一般的な対数正規安定分布を取ることができる．

算術型の収益の期待値を使えば，$\beta = -1$ でない限り，母集団の株式プレミアムは無限大になることに注意されたい．

13.4.3.3　債　券[18]

将来の2つの時点 $T_2 > T_1 > 0$ において利用可能なある単一の消費財 G があると仮定しよう．A_1 と A_2 は，それぞれ時点 T_1 と T_2 における1単位の G に対する無条件の請求権とする．また，U_1 と U_2 をこれら2時点における限界効用とする．$\mathrm{E}_1(U_2)$ を時点 T_1 における U_2 の期待値とする．現時点0では，U_1 も $\mathrm{E}_1(U_2)$ も確率変数である．$\log U_1 = -u_1 - u_3, \log \mathrm{E}_1(U_2) = -u_2 - u_3$ と仮定する．ここで，u_i は独立に $S(\alpha, +1, c_i, \delta_i)$ に従う．そのとき，T_2 で1単位の G を支払う債券の T_1 における価格，$B(T_1, T_2) = \mathrm{E}_1(U_2)/U_1$，は上述の式(13.4.5)によって与えられる．また，現時点0における期間構造で非明示的なそのような債券の現時点における先渡し価格 $F = B(0, T_2)/B(0, T_1) = \mathrm{E}_0(\mathrm{E}_1(U_2))/\mathrm{E}_0(U_1)$ は式(13.4.11)により決まる[19]．

そうすれば，ヨーロッパ型コールの価格は，上述の式(13.4.14)によって与えられる．ただし，r_1 は，時点 T_1 で満期を迎える貸付金に対する時点0における実質金利

18　McCulloch (1985a) は，本目の結果を用いて，以下で取り扱うような short-lived limit の場合に，金利リスクが存在する場合の deposite insurance を評価している．

であり，T は T_1 で置き換えるものとする．

13.4.3.4　外国為替レート[20)]

実質為替レートが変動する限りにおいて，上述の13.4.3.1目のようにすれば，それら実質商品価格の変動と同様にそのままモデル化できる．しかしながら為替レート変動の購買力平価モデル(PPP)は，純粋に「名目のリスク」によって，安定分布モデルのもう1つの有益な解釈を提供する．

P_1 と P_2 を将来時点 T における国1，国2の価格水準としよう．価格水準の不確実性はそれ自身，通常正に歪んでいる．紙幣を大量に発行することによって，天文学的なインフレは簡単に実現できるし，このような政策は，多大な財政的魅力をもつ．それと同程度のデフレは，財政的には耐えがたいものとなろうし，現実には聞いたこともない．したがって，$\log P_1$ と $\log P_2$ がともに最大正値非対称的と仮定するのは，とくに理にかなっていよう．

u_1 と u_2 は，$\log P_1$ と $\log P_2$ の中のそれぞれの国に特有である独立な要素と仮定する．また，u_3 は，両方の価格水準に(共通の)国際的な要素とする．それは，中央銀行の「群本能」を反映したものであり，u_1 とも u_2 とも独立とする．したがって，$\log P_i = u_i + u_3,\ i=1, 2.$ である．S_T を第1国の通貨 A_1 で測定した第2国の通貨 A_2 の T における価値とする．PPPのもとでは，$S_T = P_1/P_2$ は，上述の式(13.4.5)のように与えられる．

$\log X$ (おそらく S_T) が下側のパレート型の裾をもてば，X の密度は点0でモード(密度の高さは無限であるが，0を取る確率は0)を1つもち，$\exp(\mathrm{E}\log X$ (おそらく S_T)) の近くで2つ目のモードをもつ．したがって，対数安定分布は，「ペソ問題」を説明するためにKraser (1980)によって探し求められた2峰性を実現する．それは，ペソ問題に内在する過程に関する単一の筋立てすべてを説明するものであり，わずか3個のパラメータ(対数対称的ならば)しか必要としない．

インフレの不確実性には系統的なリスクが存在しないと仮定すれば，購買力による期待収益を0にするためには，先渡し為替レート F は $\mathrm{E}(1/P_2)/\mathrm{E}(1/P_1)$ に等しくなければならない．r_1 と r_2 を第1国と第2国の無リスクな名目金利としよう．このとき，オプションにおける小さなポジションからの期待購買力を0にするような，第2国の通貨1単位に対するヨーロッパ型コールの潜在価格は，式(13.4.14)で与えられる．必要ならば，式(13.4.17)のCoverd金利裁定によって，先渡し価格 F は，現時点の現物価格 S_0 から推測できる．

19　$\beta=0$ ならば，このモデルから対数期待仮説 $\log F = \mathrm{E}(\log B(T_1, T_2))$ が導かれる．McCulloch (1993)は，「$\alpha=2$ ならば連続時間における無裁定条件に必ず抵触する」というCox *et al.* (1981)の主張は間違いであることを反例を挙げて示した．必要な先渡し価格 F は $\exp(r_1 T_1 - R_2 T_2)$ と計算される．ここで，R_2 は，時点 T_2 で満期を迎える貸付金に対する時点0における実質金利である．

20　本目は，McCulloch (1987)からの引用が多い．さらなる展開については，それを見られたい．その論文中の式(12.18)には誤りがあるが，本論文の式(13.4.17)で訂正されている．

13.4.3.5　疑似ヘッジ比率

ある資産 1 単位のコールを引き受けることから生ずるリスクの影響は，基礎証券

$$\frac{\partial(C\exp(r_1T))}{\partial F}=e^{c_2^{\alpha}\sec\theta}I_1 \tag{13.4.26}$$

単位を買う先渡しポジションを同時に取ることで，部分的に (1 次の近似まで) 中立化できる．残念なことに，もしも $\alpha<2$ ならば，非連続性のために，このポジションは完全にはヘッジされない．同時に，この完全にはヘッジできないということは，オプションが複製可能な金融手段ではないことを意味する．

13.4.4　プット/コール逆変換とイン/アウト双対性

式 (13.4.14) の $C(X, F, \alpha, \beta, c, r_1, T)$ は

$$C(X, F, \alpha, \beta, c, r_1, T)=e^{-r_1T}FC^*\left(\frac{X}{F}, \alpha, \beta, c\right) \tag{13.4.27}$$

と書ける．ここで，$C^*(X/F, \alpha, \beta, c)=C(X/F, \alpha, c, 0, 1)$ とする (Merton (1976, p. 139) と比較せよ)．同様に，資産 A_2 1 単位に対するプットの価値は，

$$P(X, F, \alpha, \beta, c, r_1, T)=e^{-r_1T}FP^*\left(\frac{X}{F}, \alpha, \beta, c\right) \tag{13.4.28}$$

と書ける．ここで，式 (13.4.18) より，

$$\begin{aligned}P^*\left(\frac{X}{F}, \alpha, \beta, c\right)&=P\left(\frac{X}{F}, 1, \alpha, \beta, c, 0, 1\right)\\&=C^*\left(\frac{X}{F}, \alpha, \beta, c\right)+\frac{X}{F}-1\end{aligned} \tag{13.4.29}$$

である．

行使価格が X [A_2 1 単位に対する A_1 の単位数] の A_2 1 単位に対するコールは，行使価格が $1/X$ [A_1 1 単位に対する A_2 の単位数] の A_1 1 単位に対するプットと同じ契約である．現物で受け渡しされる A_2 の単位で測った後者の価値は，$XP(1/X, 1/F, \alpha, -\beta, c, r_2, T)$ となる．なぜならば，A_2 の単位で測定した先渡し価格は $1/F$ であり，$\log 1/S_T$ は，パラメータ $\alpha, -\beta, c$ をもつからである．現物の受け渡しが A_1 の単位になるように現在のスポット価格 S_0 を掛ければ，次のプット-コール逆関係

$$C(X, F, \alpha, \beta, c, r_1, T)=S_0XP\left(\frac{1}{X}, \frac{1}{F}, \alpha, -\beta, c, r_2, T\right) \tag{13.4.30}$$

が成立する．式 (13.4.18) と (13.4.19) を用いると，これは次のイン・ザ・マネー/アウト・オブ・ザ・マネーの双対関係

$$\begin{aligned}C^*\left(\frac{X}{F}, \alpha, \beta, c\right)&=\frac{X}{F}P^*\left(\frac{F}{X}, \alpha, -\beta, c\right)\\&=\frac{X}{F}C^*\left(\frac{X}{F}, \alpha, -\beta, c\right)-\frac{X}{F}+1\end{aligned} \tag{13.4.31}$$

を意味する．したがって，すべての金利，満期期間，先渡し価格，行使価格に対するプットとコールが $X/F\geq 1$ に対して $C^*(X/F, \alpha, \beta, c)$ から評価できる．

13.4.5 オプション価値の数値例

表 13.1 は，$100C^*(X/F, \alpha, \beta, c)$ の数値を例示している[21]．これは，A_1 100 単位の価値（先渡し価格で）に等しい A_2 の量に対するヨーロピアンコールの，A_1 を単位として測定した，金利増加分を考慮した価値である．言い換えれば，もしも A_1 がドルであり，A_2 が株式ならば，この表は，100 ドルの価値をもつ株式に対するオプションの価値を，オプションの満期において支払われるドルとセントで表示したものである．

表 13.1 の a 欄では，α と β を 1.5 と 0.0 に固定し，c と X/F を変化させている．コール価値は，X/F とともに増加し，c とともに減少している．最初と最後の列が式 (13.4.31) を満たすことが確認できるであろう．

表 13.1 の b～d 欄では，c を固定し，X/F の 3 つの値に対して，α と β を変化させている．X/F の 3 つの値は，（現物価格ではなく先渡し価格による）「アット・ザ・マネー」を表す $X/F=1.0$,「アウト・オブ・ザ・マネー」であるがまだ分布の「肩」にのっている $X/F=1.1$，そして「ディープ・アウト・オブ・ザ・マネー」を示す $X/F=2.0$ である．$\alpha=2$ ならば，2 つの資産の限界効用に基づく根拠付けの議論が変化するにもかかわらず，β はオプション価値に影響を与えない[22]．

上述の安定分布オプション公式を使えば，市場のオプション価格から，各パラメータのインプリシットな値が数値的に計算できる．もしも $\beta=0$ と仮定するならば，行使価格を除いてまったく同一な 2 つのオプションの同時の価格を用いることにより，これを実現できる．McCulloch (1987) は，1984 年 9 月 17 日のドイツ・マルクの相場価格を用いて，グラフによるこの方法を示している．用いられた 2 つの相場価格の四捨五入の誤差のため，α は，(1.766, 1.832) の範囲，c は (0.0345, 0.0365) の範囲と調整された．この無作為に選択された期日において，マーケットはドイツ・マルクが対数正規分布するとは明らかに信じていない．もしも非対称性の仮定を排除できなければ，3 つのオプション価格を用いれば，α, β, c のインプリシットな値を計算できる．

13.4.6 低い確率と満期間近のオプション

$X>F$ でありかつ c が $\log(X/F)$ に比べて小さいと仮定しよう．このとき，β を一

---

[21] 必要となる非対称的な安定分布の分布関数と密度関数は，McCulloch and Panton (in press) の表から求められるであろう．しかし，表 13.1 は，DuMouchel (1971) の初期の表からの 3 次スプライン補間に基づいている．詳細は，McCulloch (1985b) を参照されたい．オプション価値は，McCulloch (1984) において，広範囲にわたって数表化されている．

[22] ここで報告している $\alpha=2$ に対する数値は，照合する目的で，正規分布以外の分布に対する数値の導出に用いられたものと同じ数値手順によって独立に計算し，そのうえで $\sigma=c\sqrt{2}$ とした Black-Scholes 公式にと引き合わせたものである．x が大きいとき $1-N(x)\approx n(x)/x$ という近似を用いると，Black-Scholes 公式は，$\log(X/F)/c$ が大きいとき $C^*=N(d_1)-XN(d_2)F\approx\sigma N(d_1)/(d_1d_2)$ となる．ここで，$d_1=-\log(X/F)/\sigma+\sigma/2$, $d_2=d_1-\sigma$, $n(x)=N'(x)$ であり，F は式 (13.4.17) で与えられる．

表 13.1 $100C^*(X/F, \alpha, \beta, c)$ の値

a) $\alpha = 1.5,\ \beta = 0.0$

	X/F			
c	0.5	1.0	1.1	2.0
0.01	50.007	0.787	0.079	0.014
0.03	50.038	2.240	0.458	0.074
0.10	50.240	6.784	3.466	0.481
0.30	51.704	17.694	14.064	3.408
1.00	64.131	45.642	43.065	28.262

b) $c = 0.1, X/F = 1.0$

	β				
α	−1.0	−0.5	0.0	0.5	1.0
2.0	5.637	5.637	5.637	5.637	5.637
1.8	6.029	5.993	5.981	5.993	6.029
1.6	6.670	6.523	6.469	6.523	6.670
1.4	7.648	7.300	7.157	7.300	7.648
1.2	9.115	8.455	8.137	8.455	9.115
1.0	11.319	10.200	9.558	10.200	11.319
0.8	14.685	12.893	11.666	12.893	14.685

c) $c = 0.1, X/F = 1.1$

	β				
α	−1.0	−0.5	0.0	0.5	1.0
2.0	2.211	2.211	2.211	2.211	2.211
1.8	2.271	2.423	2.590	2.764	2.944
1.6	2.499	2.772	3.123	3.510	3.902
1.4	2.985	3.303	3.870	4.530	5.175
1.2	3.912	4.116	4.943	5.957	6.924
1.0	5.605	5.391	6.497	8.002	9.410
0.8	8.596	7.516	8.803	11.019	13.067

d) $c = 0.1, X/F = 2.0$

	β				
α	−1.0	−0.5	0.0	0.5	1.0
2.0	0.000[a]	0.000[a]	0.000[a]	0.000[a]	0.000[a]
1.8	0.000	0.055	0.110	0.165	0.220
1.6	0.000	0.160	0.319	0.477	0.634
1.4	0.000	0.351	0.695	1.032	1.361
1.2	0.000	0.691	1.354	1.991	2.604
1.0	0.000	1.287	2.488	3.619	4.689
0.8	0.000	2.333	4.438	6.372	8.164

表 13.2　$\Psi(\alpha, x)$ の値

	x = X/F											
α	1.001	1.01	1.02	1.04	1.06	1.10	1.15	1.20	1.40	2.00	4.00	10.00
2.00	0.00	0.000	0.000	0.000	0.000	.000	.000	.000	.000	.0000	.0000	.0000
1.95	18.10	1.962	0.989	0.492	0.324	.190	.124	.091	.043	.0168	.0062	.0028
1.90	26.43	3.199	1.665	0.854	0.573	.343	.227	.169	.082	.0329	.0126	.0059
1.80	28.38	4.275	2.369	1.291	0.896	.560	.382	.291	.149	.0633	.0256	.0125
1.70	23.13	4.319	2.544	1.471	1.056	.688	.484	.376	.203	.0914	.0391	.0199
1.60	17.01	3.916	2.448	1.498	1.112	.753	.547	.434	.246	.1172	.0531	.0282
1.50	11.93	3.365	2.227	1.441	1.103	.777	.582	.471	.280	.1411	.0676	.0375
1.40	8.22	2.812	1.966	1.341	1.059	.774	.596	.492	.306	.1634	.0827	.0479
1.30	5.65	2.319	1.707	1.225	0.995	.753	.597	.503	.327	.1842	.0985	.0594
1.20	3.92	1.904	1.471	1.106	0.923	.724	.589	.505	.343	.2039	.1150	.0723
1.10	2.77	1.567	1.266	0.995	0.852	.689	.575	.502	.356	.2227	.1325	.0868
1.00	2.02	1.300	1.092	0.894	0.784	.654	.558	.496	.366	.2411	.1511	.1031
0.90	1.51	1.090	0.949	0.806	0.722	.619	.541	.489	.375	.2592	.1710	.1215

定にとどめておけば，c_1 と c_2 も小さい．したがって，式(13.2.2)からコールの価値 C は，

$$Fe^{-r_1T}c^{\alpha}(1+\beta)\Psi(\alpha, X/F) \tag{13.4.32}$$

のように挙動する．ここで，

$$\Psi(\alpha, x)=\frac{\Gamma(\alpha)\sin\theta}{\pi}\left[(\log x)^{-\alpha}-\alpha x\int_{\log(x)}^{\infty}e^{-\zeta}\zeta^{-\alpha-1}d\zeta\right] \tag{13.4.33}$$

である(詳細は，McCulloch (1985 b) を見よ)．この関数は，表 13.2 においてある程度詳細に数表化されている．$x\downarrow 1$ のとき無限大に近づき，$\alpha\uparrow 2$ のとき 0 になる．プット/コールの逆変換公式(13.4.30)(C と P の役割を逆にして)によって，P は，

$$Xe^{-r_1T}c^{\alpha}(1-\beta)\Psi(\alpha, F/X) \tag{13.4.34}$$

のように振る舞う．

α-安定レビ運動では，T 単位時間において蓄積されたスケールは $c_0T^{1/\alpha}$ である．$T\downarrow 0$ のとき，先渡し価格 F は，現物価格 S_0 に収束する．したがって，

$$\lim_{T\downarrow 0}(C/T)=S_0(1+\beta)c_0^{\alpha}\Psi(\alpha, X/S_0) \tag{13.4.35}$$

$$\lim_{T\downarrow 0}(P/T)=X(1-\beta)c_0^{\alpha}\Psi(\alpha, S_0/X) \tag{13.4.36}$$

が成立する．McCulloch (1981, 1985 a) は，式(13.4.36)を利用して金利リスクにさらされている銀行や Thrifts の預金 insurance に内在しているプットオプションを評価している．そこでは，純然たる金利リスクを計量化するために，国債の収益に対するパラメータの安定分布に基づく最尤推定値が用いられている．

13.5 パラメータ推定と実証的課題

$\alpha>1$ ならば，通常の最小 2 乗法 (OLS) によって，安定分布の位置パラメータ δ の一致推定量が得られる．しかしながら，それは観測値と同じ α をもつ分散が無限大の安定分布に従うため，効率性は 0 である．さらに，もしも $\alpha<2$ ならば，正規性の誤った仮定に基づく期待値の代用品は，みかけ上は不合理性である証拠を与える (Batchelor (1981))．

13.5.1 単一変量安定分布のパラメータ推定

DuMouchel (1973) は，最尤推定法を用いて 4 つのパラメータを推定できることを示し，$\alpha=2$ および $\beta=\pm1$ という非正則的な境界のケースを除けば，最尤推定量は，情報行列によって決まる通常の漸近的正規性をもつことを示した．1975 年の論文で，彼はその情報行列を数表化している．この表は，境界のケースを除けば —— その場合，彼が指摘しているように，最尤推定が超有効性をもつ ——，漸近的な仮説検定に用いることができる．帰無仮説が $\alpha=2$ という非正則的な場合は，対称安定分布を対立仮説とするとき，モンテカルロ法に基づく尤度比の棄却水準が，McCulloch (in press a) によって数表化されている．DuMouchel (1983) は，真の α の値が 2 に近いとき，α の最尤推定量は過少に推定してしまうというバイアスをもつことを示唆しているが，McCulloch (in press a) によって報告されている大標本のシミュレーションでは ($\alpha\leq2$ という境界制約の影響以外には)，この下方バイアスは発生してない．

対称安定分布の場合には，DuMouchel によって提案されている bracketing 法に依らずとも，McCulloch (1994 b) の数値近似により，尤度の高速計算が可能である．この近似の前身を用いた対称安定分布の最尤推定が，McCulloch (1981, 1985 b) において金利データに適用されている．非対称的な安定分布の最尤推定については，Stuck (1976) が Bergstrom 級数を用いて，Feuerverger and McDunnough (1981) が対数特性関数のフーリエ逆変換を用いて，Brorsen and Yang (1990) および Liu and Brorsen (1995) が安定分布の Zolotarev の積分表示を用いて，それぞれ行っている．Mittnik and Rachev (1993 a) によって報告され使われている Chen (1991) のアルゴリズムも参照せよ．誤差項が安定分布に従う場合の線形回帰の最尤法は，対称安定分布の場合が McCulloch (1979) により，一般の場合が Brorsen and Preckel (1993) によって実用化されている．Buckle (1995) と Tsionas (1995) は，最尤法を超えて，安定分布のベイス事後分布まで考察を拡げている．

順序統計量から対称安定分布を推定するという，はるかに簡単であるが，同時に効率性の低い方法が Fama and Roll (1971) によって提案され，広く用いられている．この方法は非対称的な場合に拡張されている．また，対称安定分布の c に対する Fama-Roll 推定量における小さな漸近的バイアスは，McCulloch (1986) によって除去されている．

Press (1972) の影響を受けて，かなり多くの研究が，経験的な対数特性関数をその理論版である式 (13.2.3)，(13.2.4) に対してフィットさせるということに焦点を当てている．Paulson, Holcomb and Leitch (1975)，Feuerverger and McDunnough (1977, 1981 a, b)，Arad (1980)，Koutrouvelis (1980, 1981)，Paulson and Delehanty (1984, 1985) を見よ．実務家たちは，最尤法に比べて高い効率性を報告している[23]．Mantegna and Stanley (1995) は，異なる採取間隔における収益率の単峰型の密度から安定指数を推定するという新奇な方法を実用化している．

安定分布のパラメータは，株式収益率に対して Fama (1965)，Leitch and paulson (1975)，Arad (1980)，McCulloch (1994 b)，Buckle (1995) および Manegna and Stanley (1995) によって，金利変動に対して Roll (1970)，McCulloch (1985)，Oh (1994) によって，外国為替レート変動に対して Bagshaw and Humpage (1987)，So (1987 a, b)，Liu and Brorsen (1995) および Brousseau and Czarnecki (1993) によって，商品価格変動に対して Dusak (1973)，Cornew, Town and Crowson (1984) および Liu and Brorsen (in press) によって，不動産収益に対して，Young and Graff (1995) によって推定されている．これらは，ほんのいくつかの研究に言及したにすぎない．

13.5.2 安定分布に対する実証的反論

金融資産の収益の安定分布モデルへの初期の関心は，2 つのグループの統計的検定を大きな理由として，不当にも薄れていった．最初の検定グループは，もしも日次収益が iid 安定分布ならば，週次あるいは月次の収益も同一の特性指数をもつ安定分布でなければならないという観察に基づいている．Blattberg and Gonedes (1974) とそれに続く多くの研究，とくに Akgiray and Booth (1988) と Hall, Brorsen and Irwin (1989) は，週次や月次の収益は，通常は，日次収益よりも大きな α の推定値をもたらすことを明らかにした．そのような証拠により，Fama (1976, pp. 26–38) ですら株価の安定分布モデルを放棄した．

しかしながら，Diebold (1993) が指摘しているように，そのような証拠は本当に棄却しているのは，iid 安定性という複合仮説である．それは，収益は同一分布に従っていないこと，または，収益は独立ではないこと，または，収益は安定分布ではないことのいずれかを示している．もしも，収益が iid でなければ，iid 安定分布ではないとしても驚くべきことではない．現在では広く一般に受け入れられているように (Bollerslev, Chou and Kroner, 1992)，金融資産収益のほとんどの時系列は ARCH あるいは GARCH モデルによって特徴付けられるような系列相関を示す．そのような

---

[23] 推定については，さらに Blattberg and Sargent (1971)，Kadiyala (1972)，Brockwell and Brownn (1979, 1981)，Fielitz and Roselle (1981)，Csörgö (1984, 1987)，Zolotarev (1986 : 217ff)，Akgiray and Lamoureux (1987)．Klebanov, Melamed and Rachev (1994) を見よ．

モデルの誤差項の無条件分布は，条件付分布よりも急尖的であり，その結果，誤って iid 安定分布と仮定された場合には，α の値は誤解を招くほど低くなってしまうであろう．

Baillie (1993) は，ARCH や GARCH モデルを安定分布仮説と競合するものと誤ってみなしている．関連して，Ghose and Kroner (1995), Groenendijk *et al.* (1995) も参照されたい．本当のところは，もしも条件付分散非均一性 (CH) が存在するならば，正規分布の場合と同様に無限分散安定分布の場合でも，それを除去することが望ましい．そして，除去後でもなお急尖性が存在するならば，調整済みの残差を正しくモデル化することが望ましいのは，iid の場合と同様である．こうして，McCulloch (1985b) は GARCH に似たモデルを，Oh (1994) は GARCH モデルを，対称安定分布に基づく最尤法によって月次の債券収益に適用し，CH と残差の非正規性の両方について有意な証拠を見出している．Liu and Brorsen (in press) も，Gribbin, Harris and Lau (1992) の結論とは反対に，もしも GARCH 効果が除去されるならば，商品先物や通貨先物の収益の安定分布モデルは棄却できないと結論している．彼らの観察は，Lau, Lau and Wingender (1990) による株価収益率の安定分布に対する反論にも当てはまる．De Vries (1991) は，重要となりうるような GARCH に似た従属安定過程のクラスを提案しているが，いまだこのモデルは実証されてはいない．

株式市場や (Gibbons and Hess (1981)) と外国為替 (McFarland, Pettit and Sung (1982)) のデータでは，曜日効果もよく知られている．そのような週次性が平均に存在するのかあるいはボラティリティに存在するのかどちらにしても，週次性の存在は日次収益が同一分布ではないということを意味する．正規分布の場合と同様に無限分散安定分布の場合でも，存在するかもしれない月末効果や季節性とともに，これらの効果を除去することが望ましい．Lau and Lau (1994) は，スケール・パラメータが異なる安定分布の混合分布は α を過小に推定しがちであり，位置パラメータが異なる安定分布の混合分布は α を過大推定しがちであることを示している．

資産の収益の安定分布モデルの棄却を主張する 2 番目の検定グループは，分布の裾のパレート指数の推定値に基づくものであり，パレート分布それ自身 (Hill (1975)) かあるいは一般化パレート (GP) 分布 (DuMouchel (1983)) のいずれかを用いる．DuMouchel (1983), Akgiray and Booth (1988), Jansen and de Vries (1991), Hols and de Vries (1991), Loretan and Phillips (1994) をはじめとして数多くの研究において，このタイプの検定が，金利変化，株式収益，外国為替レートを含むデータに適用されている．それらでは，2 より大きな指数が見出されることが普通であり，漸近的検定に基づいて安定分布モデルを棄却する論拠となっている．

しかし，McCulloch (1994 b) は，これらの研究において用いられたものと比較しうる大きさの有限標本において，α がほぼ 1.65 を超えるような安定分布からは，裾指数の推定値は 2 より大きくなることが期待されることを示している．これらの推定値は，漸近的検定に基づき，「有意に」2 より大きいとすら思われるかもしれない．したがって，引用した研究は，パレート型安定分布と矛盾するものでは決してない[24].

金融資産収益の目につく急尖的な振舞いを説明するために，複数の代替的な分布が提案されている．Blattberg and Gonedes (1974) と Boothe and Glassman (1987) はスチューデントの t 分布を提案している．t 分布は自由度が小数のものも許される．また，安定分布と同様に，コーシー分布と正規分布を含む．それ以外 (たとえば Hall, Brorsen and Irwin (1989), Durbin and Cordero (1993)) では，正規混合分布が考察されている．Boothe and Glassman (1987) は，正規混合分布あるいは安定分布に対してよりスチューデントの t 分布に対しての方が尤度がやや大きいことを見出している．しかし，これらの仮説はネストしていないから，尤度比は必ずしも χ^2 分布に従わない．Lee and Brorsen (1995) は，Cox 型の検定によって，そのようなネストしていない仮説を正式に比較することにある程度の成功を収めている．しかし，DoMouchel (1973 b) によって既に注意されているように，極端に大きな標本がない限り，そのような分布を区別することは本来的にむずかしい．最終的には，急尖的な分布の選択は，それらがもっている望ましい性質，とくに，分解可能性，倹約性，中心極限性に大きく依存する．Csörgő (1987) は安定性の 1 つの側面の検定を構築し，選ばれた株価データを用いてそれを棄却することができないことを示している．

Mittnik and Rachev (1993 a) は，安定分布の導出の条件である加法演算のもとにおける安定性と対数安定分布の導出の条件である乗法演算のもとにおける安定性を超えて「安定性」の概念を拡張し，最大値演算や最小値演算のもとにおける安定性や，さらには，その回数が幾何分布に従うような，これらの蓄積演算や極値演算のランダムな繰り返しのもとにおける安定性も考察している．彼らは，ワイブル分布が，これらの拡張された安定性の性質のうち 2 つを満たすことを発見している．ワイブル分布はのサポートは正の部分のみであるから，彼らは (2 つのワイブル分布が背中合わせになっている)「2 重ワイブル分布」を資産収益のモデルとして提案している．この分布は，たった 1 つの例外を除いて，その密度が原点で無限大か 0 のいずれかになるという都合の悪い性質をもつ．その唯一の例外は，背中合わせの指数分布であるが，それは原点で尖っている．それに対して，安定分布は有限であり，単峰的であり，微分可能であり，サポートは閉集合である．

13.5.3 状態空間モデル

Kitagawa (1987) のベイジアンアプローチを用いれば，安定分布の状態空間モデルを推定することができる．状態変数が 1 つだけであるときは，状態変数の過去の観測値に基づく周辺事後 (フィルター) 分布と尤度は，m 個のノードに対して近似的に mn 回の数値積分を必要とする．ここで，n は標本の大きさである．このとき，最尤法によってモデルのハイパーパラメータが推定され，そしてさらなる n 回の数値積

---

[24] Mittnik and Rachev (1993 b, pp. 264-265) も同様に，ワイブル分布の裾はパレート型ではないのにもかかわらず，ワイブル分布は 2.5～5.5 の範囲の裾指数の推定値を与えることを見出している．

分によりすべての観測値を用いた周辺事後(平滑化)分布が計算されよう．もしも誤差項がSSならば，McCulloch (1994 b) の密度関数の近似を用いれば，MLステップにおける数多くの繰り返しにもかかわらず，パソコンですらこれらの計算が実行可能となる．

Oh (1994) は，このようにして，アメリカ国債の超過収益に対する時変的な期間プレミアム(状態変数)のAR (1) モデルを推定している．明瞭な状態空間GARCH効果についても調整した後で，彼は α のML推定値 $\hat{\alpha}$ は，1.61～1.80の範囲にあり，$\alpha=2$ を帰無仮説とする尤度比統計量 ($2\Delta\log L$) は，12.95から25.26の範囲にあることを見出している．McCulloch (1994 b) の棄却値を使えば，これらの結果から，0.996以上の水準で正規性が棄却される (Bidarkota and McCulloch (1996) も参照せよ)．

状態変数が複数になると，数値積分の回数が大きく増加し，その結果Kitagawaのアプローチに要する計算時間も増大する．しかし，McCulloch (1994 a, Durbin and Cordero (1993) にならって) の事後最頻値推定アプローチを代わりに用いれば，相応な時間内で状態変数を同様に推定することができる．多くの場合，(完全情報のMLの効率性は達成できないが) データのさまざまな線形結合に対して「プールされた」MLを適用することによって，ハイパーパラメータを推定できる．

Mikosch, Gadrich, Klüppelberg and Adler (1995) は，誤差項が対称安定分布法則に従うような標準的なARMAモデルを考察している．彼らは，数値密度関数近似を利用できなかったために，より容易に説明のつくMLでなく，標本ピリオドグラムに基づくWhittle推定量を用いている．

13.5.4　多変量安定分布の推定

ファイナンスの理論や実践にとって大いに重要であるにもかかわらず，多変量安定分布の推定は，いまだ始まったばかりである．Mittnik and Rachev (1993 b, pp. 365-366) は，安定分布に従う確率ベクトルに対する一般的2変量スペクトラル測度を推定する手法を提案している．Cheng and Rachev (in press) は，この手法をアメリカ・ドル/ドイツ・マルク為替レートとアメリカ・ドル/円為替レートに適用し，第1象現と第3象現の中心で密度が高い ―― これは，もしもドルに固有な要因が両方の為替レートに同等に影響を与えたとすれば期待できることである ―― が，しかし，座標軸に沿った部分では密度はほとんど0であるという興味深い結果を得ている．後者の効果は，ドイツ・マルクと円に固有なショックはほとんどないということを示唆しているように思われる．

Nolan, Panovska and McCulloch (1996) は，すべてのデータを用いるMLに基づく代替的手法を提案しているのに対して，Mittnik and Rachevの手法は，標本の両端の裾の部分から取られたデータの小さな一部分だけを用いる．この方法は，多変量安定分布の密度を実際に計算するというしばしば骨の折れる作業を必要とはせず

(Byczkowski *et al.* (1993), Nolan and Rajput (1995) を見よ)，標準単一変量安定分布にのみ依拠している．この方法は，ただ単に domain of attraction にあるというのではなくて，x が本当に 2 変量安定分布に従うということを明確に仮定している．

付録：式 (13.4.13) からの (13.4.14) の導出

この付録では，$i=1,2,3$ について，$s_i(u_i)$ と $S_i(u_i)$ は，それぞれ $s(u_i;\alpha,+1,c_i,\delta_i)$ および $S(u_i;\alpha,+1,c_i,\delta_i)$ を表すものとする．$u_2<u_1-\log X$ ならばつねに $S_T>X$ である．したがって，$z=(u_2-\delta_2)/c_2$ および $S_i^c=1-S_i$ とおくと，

$$\begin{aligned}\int_{S_T>X}U_2dP(U_1,U_2)&=\int_{-\infty}^{\infty}\int_{-\infty}^{u_1-\log X}\int_{-\infty}^{\infty}e^{-u_2-u_3}s_1(u_1)s_2(u_2)s_3(u_3)du_3du_2du_1\\&=\mathrm{E}e^{-u_3}\int_{-\infty}^{\infty}e^{-u_2}s_2(u_2)\int_{u_2+\log X}^{\infty}s_1(u_1)du_1du_2\\&=\mathrm{E}e^{-u_3}\int_{-\infty}^{\infty}e^{-u_2}s_2(u_2)S_1^c(u_2+\log X)du_2\\&=\mathrm{E}e^{-u_3}e^{-\delta_2}\int_{-\infty}^{\infty}e^{-c_2z}s_{\alpha1}(z)S_1^c(c_2z+\delta_2+\log X)dz\\&=\mathrm{E}e^{-u_3}e^{-\delta_2}\int_{-\infty}^{\infty}e^{-c_2z}s_{\alpha1}(z)S_{\alpha1}^c\left(\frac{c_2z-\delta+\log X}{c_1}\right)dz\\&=\mathrm{E}e^{-u_3}e^{-\delta_2}I_1\end{aligned}$$

となる．ここで，式 (13.4.11) を用いると，I_1 は式 (13.4.15) で与えられるものとなる．同様に，$z=(u_1-\delta_1)/c_1$ とおけば，

$$\begin{aligned}\int_{S_T>X}U_1dP(U_1,U_2)&=\int_{-\infty}^{\infty}\int_{-\infty}^{u_1-\log X}\int_{-\infty}^{\infty}e^{-u_1-u_3}s_1(u_1)s_2(u_2)s_3(u_3)du_3du_2du_1\\&=\mathrm{E}e^{-u_3}\int_{-\infty}^{\infty}e^{-u_1}s_1(u_1)\int_{-\infty}^{u_1-\log X}s_2(u_2)du_2du_1\\&=\mathrm{E}e^{-u_3}\int_{-\infty}^{\infty}e^{-u_1}s_1(u_1)S_2(u_1-\log X)du_1\\&=\mathrm{E}e^{-u_3}e^{-\delta_1}\int_{-\infty}^{\infty}e^{-c_1z}s_{\alpha1}(z)S_2(c_1z+\delta_1-\log X)dz\\&=\mathrm{E}e^{-u_3}e^{-\delta_1}I_2\end{aligned}$$

となる．ここで，I_2 は式 (13.4.15) で与えられるものである．以上の結果を式 (13.4.13) に代入すれば，式 (13.4.14) が得られる．

謝　辞

この論文のさまざまな側面についてのコメントに対して，James Bodurtha, Stanley Hales, Sergi Klimin, Benoit Mandelbrot, Richard May, Svetlozar Rachev, Gennady Samorodnitsky, Walter Torous の諸氏に感謝する．また，第 4 節について受けた助成金に対してフィラデルフィア株式取引所に感謝する．■

［小暮厚之・訳］

文　献

Akgiray, V. and G. G. Booth (1988). The stable-law model of stock returns. *J. Business Econom. Statist.* **6**, 51–57.

Akgiray, V. and C. G. Lamoureux (1989). Estimation of the stable law parameters: A comparative study. *J. Business Econom. Statist.* **7**, 85–93.

Arad, R. W. (1980). Parameter estimation for symmetric stable distribution. *Internat. Econom. Rev.* **21**, 209–220.

Bagshaw, M. L. and O. F. Humpage (1987). Intervention, exchange-rate volatility, and the stable Paretian distribution. Federal Reserve Bank of Cleveland Res. Dept.

Baillie, R. T. (1993). Comment on modeling asset returns with alternative stable distributions. *Econometric Rev.* **12**, 343–345.

Batchelor, R. A. (1981). Aggregate expectations under the stable laws. *J. Econometrics* **16**, 199–210.

Bates, D. S. (1996). Testing option pricing models. *Handbook of Statistics*. Vol. 14, Noth Holland, Amsterdam, in this volume.

Bergstrøm, H. (1952). On some expansions of stable distribution functions. *Arkiv für Mathematik* **2**, 375–378.

Bidarkota P. V. and J. H. McCulloh (1996). Sate-space modeling with symmetric stable shocks; The case of U.S. Inflation. Ohio Sate Univ. W.P. 96–02.

Black, F. and M. Scholes (1973). The pricing of options and corporate liabilities. *J. Politic. Econom.* **81** 637–659.

Blattberg, R. C. and N. J. Gonedes (1974). A comparison of the stable and student distributions as statistical models for stock prices. *J. Business* **47**, 244–280.

Blattberg, R. C. and T. Sargent (1971). Regression with non-Gaussian stable disturbances: Some sampling results. *Econometrica* **39**, 501–510.

Bollerslev, T. , R. Y. Chou and K. F. Kroner (1992). ARCH modeling in finance. *J. Econometrics* **52**, 5–60

Boothe, P. and D. Glassman (1987). The statistical distribution of exchange rates. *J. Internat. Econom.* **22**, 297–319.

Brockwell, P. J. and B. M. Brown (1979). Estimation for the positive stable laws. I. *Austral. J. Statist.* **21**, 139–148.

Brockwell, P. J. and B. M. Brown (1981). High-efficiency estimation for the positive stable laws. *J. Amer. Statist. Assoc.* **76**, 626–631.

Brorsen, B. W. and P. V. Preckel (1993). Linear Regression with stably distributed residuals. *Comm. Statist. Thy. Meth.* **22**, 659–667.

Brorsen, B. W. and S. R. Yang (1990). Maximum likelihood estimates of symmetric stable distribution parameters. *Comm. Statist. Sim. & Comp.* **19**, 1459–1464.

Brousseau, V. and M. O. Czarnecki (1993). Modelisation des taux de change: Le modèle stable. Cahiers Eco & Maths, no. 93.72, Univ. de Paris I.

Buckle, D. J. (1995). Bayesian inference for stable distributions. *J. Amer. Statist. Assoc.* **90**, 605–613.

Byczkowski, T., J. P. Nolan and B. Rajput (1993). Approximation of multidimensional stable densities. *J. Multivariate Anal.* **46**, 13–31.

Chambers, J. M., C. L. Mallows and B. W. Stuck (1976). A method for simulating stable random variables. *J. Amer. Statist. Assoc.* **71**, 340–344. Corrections **82** (1987): 704, **83** (1988): 581.

Chen, Y. (1991). *Distributions for asset returns*. Ph.D. dissertation, SUNY-Stony Brook, Econom.

Cheng, B. N. and S. T. Rachev (in press). Multivariate stable commodities in the futures market. *Math. Finance*.

Cornew, R. W., D. E. Town and L. D. Crowson (1984). Stable distributions, futures prices, and the measurement of trading performance. *J. Futures Markets* **4**, 531–557.

Csörgő, S. (1984). Adaptive estimation of the parameters of stable laws. In: P. Révész, ed., *Coll. Math. Soc. János Bolyai* **36**, *Limit Theorem in Probability and Statistics*. North Holland, Amsterdam.

Csörgő, S. (1987). Testing for stability. In: P. Révész et al., eds., *Coll. Math Soc. János Bolyai* **36**,

Goodness-of-Fit. North Holland, Amsterdam.

De Vries, C. G. (1991). On the relation between GARCH and stable processes. *J. Econometrics* **48**, 313–324.

Diebold, F. X. (1993). Comment on 'Modeling asset returns with alternative stable distributions.' *Econometric Rev*. **12**, 339–342.

DuMouchel, W. H. (1971). *Stable Distributions in Statistical Inference*. Ph.D. dissertation, Yale Univ.

DuMouchel, W. H. (1973a). On the asymptotic normality of the maximum-likelihood estimate when sampling from a stable distribution. *Ann. Statist*. **1**, 948–957.

DuMouchel, W. H. (1973b). Stable distributions in statistical inference: 1. Symmetric stable distributions compared to other long-tailed distributions. *J. Amer. Statist. Assoc*. **68**(342): 469–477.

DuMouchel, W. H. (1975). Stable distributions in statistical inference: 2. Information from stably distributed samples. *J. Amer. Statist. Assoc*. **70**, 386–393.

DuMouchel, W. H. (1983). Estimating the stable index α in order to measure tail thickness: A critique. *Ann. Statist*. **11**, 1019–1031.

Durbin, J. and M. Cordero (1993). Handling structural shifts, outliers and heavy-tailed distributions in state space models. Statist. Res. Div., U.S. Census. Bur.

Dusak [Miller], K. (1973). Futures trading and investor returns: An investigation of commodity risk premiums. *J. Politic. Econom*. **81**, 1387–1406.

Fama, E. F. (1965). Portfolio analysis in a stable Paretian market. *Mgmt. Sci*. **11**, 404–419.

Fama, E. F. (1976). *Foundations of Finance*. Basic Books, New York.

Fama, E. F. and R. Roll (1968). Some properties of symmetric stable distributions. *J. Amer. Statist. Assoc*. **63**, 817–836.

Fama, E. F. (1971). Parameter estimates for symmetric stable distributions. *J. Amer. Statist. Assoc*. **66**, 331–338.

Feuerverger, A. and P. McDunnough (1977). The empirical characteristic function and its applications. *Ann. Statist*. **5**, 88–97.

Feuerverger, A. (1981a). On the efficiency of empirical characteristic function procedures. *J. Roy. Statist. Soc*. **43B**(1): 20–27.

Feuerverger, A. (1981b) On efficient inference in symmetric stable laws and processes. In: M. Csörgő et al., eds., *Statistics and Related Topics*. North-Holland, Amsterdam.

Fielitz B. D. and J. P. Roselle (1981). Method of moments estimators for stable distribution parameters. *Appl. Math. Comput*. **8**, 303–320.

Gamrowski, B. and S. T. Rachev (1994). Stable models in testable asset pricing. In: G. Anastassiou and S. T. Rachev, eds., *Approximation, Probability, and Related Fields*. Plenum, New York.

Gamrowski, B. and S. T. Rachev (1995). A testable version of the Pareto-stable CAPM. Ecole Polytechnique and Univ. of Calif., Santa Barbara.

Ghose, D. and K. F. Kroner (1995). The relationship between GARCH and symmetric stable processes: Finding the source of fat tails in financial data. *J. Empirical Finance* **2**, 225–251.

Gibbons, M. and P. Hess (1981). Day of the week effects and asset returns. *J. Business* **54**, 579–596.

Gribbin, D. W., R. W. Harris and H. Lau (1992). Futures prices are not stable-Paretian distributed. *J. Futures Markets* **12**, 475–487.

Groenendijk, P. A., A. Lucas and C. G. de Vries (1995). A note on the relationship between GARCH and symmetric stable processes. *J. Empirical Finance* **2**, 253–264.

Hall, P. (1981). A comedy of errors: The canonical form for a stable characteristic function. *Bull. London Math. Soc*. **13**, 23–27.

Hall, J. A., B. W. Brorsen and S. H. Irwin (1989). The distribution of futures prices: A test of the stable Paretian and mixture of normals hypotheses. *J. Financ. Quant. Anal*. **24**, 105–116.

Hardin, C. D., G. Samorodnitsky and M. S. Taqqu (1991). Nonlinear regression of stable random variables. *Ann. Appl. Prob*. **1**, 582–612.

Hill, B. M. (1975). A simple general approach to inference about the tail of a distribution. *Ann. Statist*. **3**, 1163–1174.

Holt, D. and E. L. Crow (1973). Tables and graphs of the stable probability density functions. *J. Res. Natl. Bur. Standards* **77B**, 143–198.

Hols, M. C. A. B. and C. G. de Vries (1991). The limiting distribution of extremal exchange rate returns. *J. Appl. Econometrics* **6**, 287–302.

Janicki, A. and A. Weron (1994). *Simulation and Chaotic Behavior of α-stable Stochastic Processes*. Dekker, New York.

Jansen, D. W. and C. G. de Vries (1991). On the frequency of large stock returns. *Rev. Econom. Statist.* **73**, 18–24.

Jones, E. P. (1984). Option arbitrage and strategy with large price changes. *J. Financ. Econom.* **13**, 91–113.

Kadiyala, K. R. (1972). Regression with non-Gaussian stable disturbances. *Econometrica* **40**, 719–722.

Kitagawa, G. (1987). Non-Gaussian state-space modeling of nonstationary time series. *J. Amer. Statist. Assoc.* **82**, 1032–1063.

Klebanov, L. B., J. A. Melamed and S. T. Rachev (1994). On the joint estimation of stable law parameters. In: G. Anastassiou and S. T. Rachev, eds., *Approximation, Prob., and Related Fields*. Plenum, New York.

Koedijk, K. G., M. M. A. Schafgans and C. G. de Vries (1990). The tail index of exchange rate returns. *J. Internat. Econom.* **29**, 93–108.

Koutrouvelis, I. A. (1980). Regression-type estimation of the parameters of stable laws. *J. Amer. Statist. Assoc.* **75**, 918–928.

Koutrouvelis, I. A. (1981). An iterative procedure for the estimation of the parameters of stable laws. *Comm. Statist. Sim. & Comp.* **B10**(1), 17–28.

Krasker, W. S. (1980). The "peso problem" in testing the efficiency of forward exchange markets. *J. Monetary Econom.* **6**, 269–276.

Lau, A. H. L., H. S. Lau and J. R. Wingender (1990). The distribution of stock returns: New evidence against the stable model. *J. Business Econom. Statist.* **8**, 217–233.

Lau, H. S. and A. H. L. Lau (1994). The reliability of the stability-under-addition test for the stable-Paretian hypothesis. *J. Statist. Comp. & Sim.* **48**, 67–80.

Ledoux, M. and M. Talagrand (1991). *Probability in Banach Spaces*. Springer, New York.

Lee, J. H. and B. W. Brorsen (1995). A Cox-type non-nested test for time series models. Oklahoma State Univ.

Leitch, R. A. and A. S. Paulson (1975). *J. Amer. Statist. Assoc.* **70**, 690–697.

Lévy, P. (1937). *La théorie de l'addition des variables aléatoires*. Gauthier-Villars, Paris.

Liu, S. M. and B. W. Brorsen (1995). Maximum likelihood estimation of a GARCH-stable model. *J. Appl. Econometrics* **10**, 273–285.

Liu, S. M. and B. W. Brorsen (In press). GARCH-stable as a model of futures price movements. *Rev. Quant. Finance & Accounting*.

Loretan, M. and P. C. B. Phillips (1994). Testing the covariance stationarity of heavy-tailed time series. *J. Empirical Finance* **1**, 211–248.

Mandelbrot, B. (1960). The Pareto-Lévy law and the distribution of income. *Internat. Econom. Rev.* **1**, 79–106.

Mandelbrot, B. (1961). Stable Paretian random fluctuations and the multiplicative variation of income. *Econometrica* **29**, 517–543.

Mandelbrot, B. (1963a). New methods in statistical economics. *J. Politic. Econom.* **71**, 421–440.

Mandelbrot, B. (1963b) The variation of certain speculative prices. *J. Business* **36**, 394–419.

Mandelbrot, B. (1983). *The Fractal Geometry of Nature*. New York: Freeman.

Mantegna, R. N. and H. E. Stanley (1995). Scaling behaviour in the dynamics of an economic index. *Nature* **376** (6 July), 46–49.

McCulloch, J. H. (1978). Continuous time processes with stable increments. *J. Business* **51**, 601–619.

McCulloch, J. H. (1979). Linear regression with symmetric stable disturbances. Ohio State Univ. Econom. Dept. W. P. #63.

McCulloch, J. H. (1981). Interest rate risk and capital adequacy for traditional banks and financial intermediaries. In: S. J. Maisel, ed., *Risk and Capital Adequacy in Commercial Banks*, NBER, Chicago, 223–248.

McCulloch, J. H. (1984). Stable option tables. Ohio State Univ. Econom. Dept.

McCulloch, J. H. (1985a). Interest-risk sensitive deposit insurance premia: Stable ACH estimates. *J. Banking Finance* **9**, 137–156.

McCulloch, J. H. (1985b). The value of European options with log-stable uncertainty. Ohio State Univ. Econom. Dept.

McCulloch, J. H. (1986). Simple consistent estimators of stable distribution parameters. *Comm. Statist. Sim. & Comput.* **15**, 1109–1136.

McCulloch, J. H. (1987). Foreign exchange option pricing with log-stable uncertainty. In: S. J. Khoury and A. Ghosh, eds. *Recent Developments in Internat. Banking and Finance* **1**. Lexington, Lexington, MA., 231–245.

McCulloch, J. H. (1993). A reexamination of traditional hypotheses about the term structure: A comment. *J. Finance* **48**, 779–789.

McCulloch, J. H. (1994a). Time series analysis of state-space models with symmetric stable errors by posterior mode estimation. Ohio State Univ. Econom. Dept. W.P. 94–01.

McCulloch, J. H. (1994b) Numerical approximation of the symmetric stable distribution and density. Ohio State Univ. Econom. Dept.

McCulloch, J. H. (in press a). Measuring tail thickness in order to estimate the stable index α: A critique. *J. Business Econom. Statist.*

McCulloch, J. H. (in press b). On the parameterization of the afocal stable distributions. *Bull. London Math. Soc.*

McCulloch, J. H. and B. S. Mityagin (1991). Distributional closure of financial portfolio returns. In: C.V. Stanojevic and O. Hadzic, eds., *Proc. Internat. Workshop in Analysis and its Applications.* (4th Annual Meeting, 1990). Inst. of Math., Novi Sad, 269–280.

McCulloch, J. H. and D. B. Panton (in press). Precise fractiles and fractile densities of the maximally-skewed stable distributions. *Computational Statistics and Data Analysis.*

McFarland, J. W., R. R. Pettit and S. K. Sung (1982). The distribution of foreign exchange prices: Trading day effect and risk measurement. *J. Finance* **37**, 693–715.

Merton, R. C. (1976). Option pricing when underlying stock returns are discontinuous. *J. Financ. Econom.* **3**, 125–144.

Mikosch, T., T. Gadrich, C. Klüppelberg and R. J. Adler (1995). Parameter estimation for ARMA models with infinite variance innovations. *Ann. Statist.* **23**, 305–326.

Mittnik, S. and S. T. Rachev (1993a). Modeling Asset Returns with Alternative Stable Distributions. *Econometric Rev.* **12** (3), 261–330.

Mittnik, S. and S. T. Rachev (1993b). Reply to comments on Modeling asset returns with alternative stable distributions, and some extensions. *Econometric Rev.* **12**, 347–389.

Modarres, R. and J. P. Nolan (1994). A method for simulating stable random vectors. *Computional Statist.* **9**, 11–19.

Nolan, J. P., A. K. Panorska and J. H. McCulloch (1996). Estimation of stable spectral measures. American Univ. Dept. of Math. and Statistics.

Nolan, J. P. and B. Rajput (1995) Calculation of multidimensional stable densities. *Comm. Statist. Sim. & Comp.* **24**, 551–566.

Oh, C. S. (1994). *Estimation of Time Varying Term Premia of U. S. Treasury Securities: Using a STARCH Model with Stable Distributions.* Ph.D. dissertation, Ohio State Univ.

Panton, D. B. (1989) The relevance of the distributional form of common stock returns to the construction of optimal portfolios: Comment. *J. Financ. Quant. Anal.* **24**, 129–131.

Panton, D. B. (1992). Cumulative distribution function values for symmetric standardized stable distributions. *Comm. Statist. Sim. & Comp.* **21**, 485–492.

Paulson, A. S. and T. A. Delehanty (1984) Some properties of modified integrated squared error estimators for the stable laws. *Comm. Statist. Sim. & Comp.* **13**, 337–365.

Paulson, A. S. and T. A. Delehanty (1985). Modified weighted squared error estimation procedures with special emphasis on the stable laws. *Comm Statist. Sim. & Comp.* **14**, 927–972.

Paulson, A. S., W. E. Holcomb and R. A. Leitch (1975). The estimation of the parameters of the stable laws. *Biometrika* **62**, 163–170.

Peters, E. E. (1994). *Fractal Market Analysis.* Wiley, New York.

Press, S. J. (1972). Estimation in univariate and multivariate stable distributions. *J. Amer. Statist. Assoc.* **67**, 842–846.

Press, S. J. (1982). *Applied Multivariate Analysis: Using Bayesian and Frequentist Methods of Inference.* 2nd ed. Krieger, Malabar, FL.

Rachev, S. R. and G. Samorodnitsky (1993). Option pricing formulae for speculative prices modelled by subordinated stochastic processes. *SERDICA* **19**, 175–190.

Roll, R. (1970). *The Behavior of Interest Rates: The Application of the Efficient Market Model to U.S. Treasury Bills.* Basic Books, New York.

Rubinstein, M. (1976). The valuation of uncertain income streams and the pricing of options. *Bell J. Econom.* **7**, 407–422.

Samorodnitsky, G. and M. S. Taqqu (1994). *Stable Non-Gaussian Random Processes.* Chapman and Hall, New York.

Samuelson, P. A. (1965). Rational theory of warrant pricing. *Industrial Mgmt. Rev.* **6**, 13–31.

Samuelson, P. A. (1967). Efficient portfolio selection for Pareto-Lévy investments. *J. Financ. Quant. Anal.* **2**, 107–122.

Smith, C. (1976). Option pricing: A review. *J. Financ. Econom.* **3**, 3–51.

So, J. C. (1987a). The Distribution of Foreign Exchange Price Changes: Trading Day Effects and Risk Measurement – A Comment. *J. Finance* **42**, 181–188.

So, J. C. (1987b). The Sub-Gaussian Distribution of Currency Futures: Stable Paretian or Nonstationary? *Rev. Econom. Statist.* **69**, 100–107.

Stuck, B. W. (1976). Distinguishing stable probability measures. Part I: Discrete time. *Bell System Tech. J.* **55**, 1125–1182.

Tobin, J. (1958). Liquidity preference as behavior towards risk. *Rev. Econom. Stud.* **25**, 65–86.

Tsionas, E.G. (1995). Exact inference in econometric models with stable disturbances. Univ. of Toronto Econom. Dept.

Young, M. S. and R. A. Graff (1995). Real estate is not normal: A fresh look at real estate return distributions. *J. Real Estate Finance and Econom.* **10**, 225–259.

Wu, W. and S. Cambanis (1991). Conditional variance of symmetric stable variables. In: S. Cambanis, G. Samorodnitsky and M. S. Taqqu, eds., *Stable Processes and Related Topics.* Birkhäuser, Boston, 85–99.

Ziemba, W. T. (1974). Choosing investments when the returns have stable distributions. In: P. L. Hammer and G. Zoutendijk, eds., *Mathematical Programming in Theory and Practice.* North-Holland, Amsterdam.

Zolotarev, V. M. (1957). Mellin-Stieltjes transforms in probability theory. *Theory Probab. Appl.* **2**, 433–460.

Zolotarev, V. M. (1981). Integral transformations of distributions and estimates of parameters of spherically symmetric stable laws. In: J. Gani and V. K. Rohatgi, eds., *Contributions to Probability.* Academic Press, New York, 283–305.

Zolotarev, V. M. (1986). *One-Dimensional Stable Laws.* Amer. Math. Soc., (Translation of *Odnomernye Ustoichivye Raspredeleniia*, NAUKA, Moscow, 1983.).

14

ファイナンス・モデルのための確率分布

Probability Distributions for Financial Models

James B. McDonald

14.1 はじめに

本章は，ファイナンス分野で生じた問題に適用された，また適用可能な確率分布を概観し，それらの応用のいくつかを検討する．純粋な統計的観点から見ると，ファイナンスのデータは，正規分布に従う確率変数からさまざまな歪度や尖度の度合によって特徴付けられる分布に従う確率変数までの広い範囲の分布特性をもつ変数の豊富な源泉を提供する．正規分布と対数正規分布は，多くのファイナンスの系列を適切に表現するが，他の系列はそれほど都合よくモデル化されない．この論文は正規分布，対数正規分布，安定パレート分布に代わる重要な分布を概観する．

ファイナンス・データは，個人投資家や企業の企画者，政治家，政府当局にとって非常に関心のあるものである．ファイナンス・データは絶えず変化しており，株価，金利，為替レートや金価格についての日々のレポートで非常に多く見受けられる．これらのデータの多くは高い不確実性によって特徴付けされ，変化は巨大な利益や損失を生み出す潜在性をもつ．

株式，通貨，商品，そして多くのその他商品が，異なる金融市場で取引され，世界を通じ交換されている．さまざまな金融手段や取引が可能である．スポット市場は，商品の所有権の即時の移動と金融手段を可能にする．先物市場は，将来の特定期日において特定の価格で商品を交換することを可能にする．オプションは前もって決めた価格でスポット取引や先物取引に参加する権利を与える．しかし，権利は行使される必要はない．オプションは，株式，通貨，金属，そして商品について存在している．これらはおのおの高い不確実性によって特徴付けられる．

アメリカ株式価格およびリターンについてのもっともよく利用されているデータ・ソースはシカゴ大学の証券価格研究センター (Center for Research in Security Prices : CRSP) である．このデータ・ベースは 1962 年からのニューヨークおよびアメリカン証券取引所上場のすべての株式についての日次リターンを含んでいる．CRSP のデータ・ベースはまた，いくつかの店頭株のリターンと 1926 年にさかのぼる月次データを含んでいる．先物価格に関するデータはコロンビア大学 (Taylor (1986, p. 26) を参照) の先物研究センター (Center for the Study of Future Markets) から得ることができる．非営利教育財団である先物産業研究所(Futures Industry Institute)は先物や関連するオプションについての研究にとって有用なデータ・ベースを編集している．このデータ・ベースは通貨や商品のデータも含んでいる．PACAP データ・ベースはアジア市場のデータも含んでいる．

本章では，金融資産のリターン分布をモデル化できる選択可能な確率分布をレビューする．14.2 節では，正規分布，t 分布，対数正規分布，安定分布，ピアソン(Pearson)型分布族とさらに 3 つの確率分布族を概観する．14.3 節では，リターン分布を記述するこれらの分布の応用や，確率優位そしてオプション価格決定について考察する．14.3 節ではまた，結論として株式のベータの部分的適応型推定量(partially adaptive estimators)を提供する確率分布の族の応用について議論する．

14.2　選択可能なモデル

14.2.1　背　　景

金融商品のリターンをモデル化するとき，よく使われる 2 つのアプローチがある．最初のアプローチは価格を生成する基礎的な確率過程を記述するもので，2 番目のアプローチは実際のデータによく当てはまる統計分布を特定するものである．この論文はリターンを記述することに利用できるモデルを概観し，基礎的な確率過程を研究することはしないが，いくつかのモデルではその構造上の説明がある．

P_t を取引日 t でのある金融商品の名目価格とする．さらに，d_t はもしあれば，その日に支払われる配当を示す．われわれは次式のような，価格の単位から独立した 2 つのリターンの定義を考える．

$$y_t=(P_t+d_t)/P_{t-1}, \qquad 0<y_t \quad \text{および}$$

$$z_t=\ln(y_t)$$

$$=\ln(P_t+d_t)-\ln(P_{t-1}), \qquad -\infty<z_t<\infty,$$

ここで，(y_t-1) は単純リターンであり，z_t は連続複利である．$\ln(1+\varepsilon)$ は ε が小さい場合 ε に非常に近い値を取るので，y_t (あるいは y_t-1) に基礎をおく実証研究の結果は一般的に z_t に基礎をおく研究と同様の結果を得る．正の変数に対する Y とすべての実数値に対する Z の両者の形式のデータについての統計モデルが概観される．たとえば，もし確率変数 Y が対数正規分布に従っていれば，$Z=\ln(Y)$ は正規分布に従っている．

14.2.2　基本概念と定義

$F(s)$ を確率変数 S に対する分布関数とする．ファイナンス・データの分析において S の最初の 4 つのモーメントがしばしば関係する．μ_i を平均 (μ) のまわりでの i 番目のモーメントとすると，μ_i は次式で表される．

$$\mu_i = \mathrm{E}_F(S-\mu)^i = \int_{-\infty}^{\infty}(s-\mu)^i dF(s) \tag{14.2.1}$$

ここで，μ_2 は分散を表す．また，よく使われる尺度である歪度 $(\sqrt{\beta_1})$ と尖度 (β_2) は次式で定義される．

$$\gamma_1 = \sqrt{\beta_1} = \frac{\mu_3}{\mu_2^{3/2}} \tag{14.2.2 a}$$

$$\beta_2 = \frac{\mu_4}{\mu_2^2} \tag{14.2.2 b}$$

対称な分布は $\gamma_1=0$ によって特徴付けられる．β_2 は裾の厚さと中央のピークの度合を示す尺度である．$\gamma_2=\beta_2-3$ は超過尖度と呼ばれる．β_2 の値が 3 より小さい場合平坦的 (platykurtic)，3 に等しい場合中間的 (mesokurtic)，3 より大きい場合，尖塔的 (leptokurtic) という (Stuart and Ord (1987, p. 107))．尖塔的分布は正規分布よりピークが高く，裾が厚い．

正の確率変数の正規化不完全モーメントまたはモーメント分布は次式で定義される．

$$\Phi(y\,;h) = \frac{\int_{-\infty}^{y} s^h f(s)ds}{\mathrm{E}(s^h)} \tag{14.2.3}$$

$\Phi(y, 0)$ は単なる分布関数であり $S \leqq y$ の確率を与える．$\Phi(y, 1)$ は全体の S に対する $S \leq y$ の部分の比を表す．$\Phi(y, h)$ は分布関数の性質をもち (y について非減少で y が無限大になるにつれて 1 に収束する)，それゆえモーメント分布という名前が付けられる．$\Phi(y, 0)$ と $\Phi(y, 1)$ はオプション価格と確率優位の議論で使われる．

14.2.3 項および 14.2.4 項で，特定の確率密度関数についての議論をしよう．

14.2.3 いくつかの統計分布：正規分布，スチューデントの t 分布および対数正規分布

ファイナンス分野においては正規分布，スチューデントの t 分布および対数正規分布は広く用いられる．われわれは，簡単にこれらの重要な分布のいくつかの重要な定義と性質を概観しよう．

正規分布は次式の確率密度関数 (PDF) によって定義される．

$$N(z\,;\mu, \sigma) = \frac{e^{-(z-\mu)^2/2\sigma^2}}{\sqrt{2\pi}\sigma}, \qquad -\infty < z < \infty \tag{14.2.4}$$

正規分布は左右対称 $(\gamma_1=0)$ で $\beta_2=3$ である．これは多くのファイナンスの時系列によく当てはまる．しかし，ファイナンスのリターン・データにおいては，しばしば尖度が有意により高い値 (すなわち $\beta_2>3$) として観察される．

スチューデントの t 分布は，尖度は $3+6/(v-3)$ で原点に対し左右対称である．ここで，v は自由度パラメータを示し，正規分布より裾の厚い分布を許容する．対応する確率密度関数は，任意のスケール係数を σ とすると，次式で定義される．

$$\mathrm{T}(z\,;v,\sigma)=\frac{1}{\sqrt{\sigma}B(1/2,v/2)(1+2z^2/v\sigma^2)^{v+1/2}} \tag{14.2.5}$$

ここで，$B(\,,\,)$はベータ関数を表す(付録Aで定義される)．式(14.2.5)に関して偶数h次のモーメントは次式で与えられる．

$$\mathrm{E}_T(Z^h)=\frac{\sigma^h(v/2)^{h/2}B\left(\frac{h+1}{2},\frac{v-h}{2}\right)}{B\left(\frac{1}{2},\frac{v}{2}\right)} \tag{14.2.6}$$

ただし，$h<v$である．

式(14.2.5)は，vが無限大になると正規分布$\mathrm{N}(z\,;\mu=0,\sigma)$に近づく．Blattberg and Gonedes (1974) および Blattberg and Sargent (1971) はファイナンスの分野でt分布を使った．

多くのリターン分布は，厚い裾だけではなく，正の歪度を示している(Taylor (1986, p. 44))．スチューデントのt分布は尖度を考慮できるが，歪みのあるデータをモデル化できない．対数正規分布$\mathrm{LN}(y\,;\mu,\sigma)$もまた広くファイナンスで使われ，次式で定義される．

$$\mathrm{LN}(y\,;\mu,\sigma)=\frac{e^{-(\ln(y)-\mu)^2/2\sigma^2}}{y\sigma\sqrt{2\pi}},\qquad 0<y \tag{14.2.7}$$

対数正規分布の平均と分散はそれぞれ次式で与えられる．

$$\mathrm{E}(Y)=e^{\mu+\sigma^2/2} \tag{14.2.8 a}$$

$$\mathrm{Var}(Y)=\eta^2e^{2\mu+\sigma^2},\ \text{ここで，}\ \eta^2=e^{\sigma^2}-1 \tag{14.2.8 b}$$

Aitchison and Brown (1969, p. 8) によると，対数正規分布の歪度と尖度の表現を以下のとおりである．

$$\gamma_1=\eta(\eta^2+3),\qquad \beta_2=\eta^8+6\eta^6+15\eta^4+16\eta^2+3$$

それゆえ，γ_1は正でありパラメータσが増加するにつれて増加する．尖度は3より大きくこれもまたσとともに増加する．σの小さい値に対しては，歪度と尖度はそれぞれ0と3に近いことに注意せよ．対数正規分布の累積分布関数は次式で与えられる．

$$\overline{\mathrm{LN}}(y\,;\mu,\sigma)=\frac{1}{2}+\frac{(\ln(y)-\mu)}{\sqrt{2_\pi}\sigma}{}_1F_1\left[\frac{1}{2};\frac{3}{2};-\frac{(\ln(y)-\mu)^2}{2\sigma^2}\right] \tag{14.2.9}$$

ここで，${}_1\mathrm{F}_1[\quad]$は付録Aで定義される合流超幾何級数(confluent hypergeometric series)を表す．正規分布と対数正規分布のパラメータの推定は比較的単純である．推定と理論的基礎の簡易さがこれらのモデルをファイナンスに用いる動機になっている．正規分布と対数正規分布が多くのケースで適切な記述モデルを提供している一方，不幸にも多くのデータセットがこれらの比較的扱いやすいモデルでは正確にはモデル化できないのである．この問題に対する2つのアプローチは，柔軟なパラメトリックな分布の族からモデルを選択するか，セミ・パラメトリックなモデルを選択するかである．この論文では柔軟なパラメトリックな分布関数の利用に焦点をおく．

14.2.4 統計分布のいくつかの族

いくつかの金融データは正規，対数正規やスチューデントの t 分布では正確にモデル化できないので，もっと柔軟な分布がしばしば求められる．これらは，安定分布，ピアソン，一般化ベータ，第2種指数一般化ベータや一般化 t 分布族である．これらの分布は，特殊なケースとして多くのよく知られた分布を含んでいる．それゆえ，研究者は特殊なケースと比較して統計的に有意に改善する当てはまりのよさを，より一般的な型が生み出せるかどうかを検証できる．

14.2.4.1 安定分布

Mandelbrot (1963) の研究はしばしば株式リターンの正規性の仮定を再検討したものであると認められている．彼は価格変化の経験分布がしばしば正規分布に比べてより尖塔的で長い裾をもつことを見出した．Mandelbrot (1963) は，次式で与えられる特性関数の対数で定義される安定分布族を研究した．

$$K(t)=\ln C(t)=i\delta t-\gamma|t|^{\alpha}\left[1+i\beta\left(\frac{t}{|t|}\right)\tan\left(\frac{\alpha_{\pi}}{2}\right)\right] \tag{14.2.10}$$

密度関数は $\beta=0$ なら左右対称で，この場合 δ はメディアン (中央値) である．密度は $\beta<0$ のとき左に，$\beta>0$ のとき右に歪んでいる．パラメータ α は，安定分布族の特性指数 (characteristic exponent) といわれているが，$[1,2]$ の範囲に制約され，コーシー分布は1，正規分布は2である (ただし，$\beta=0$)．確率密度関数が既知の陽表的な表現をもつ分布はこの範囲ではこの2つだけである．有限の平均が存在するためには，α は $(1,2]$ の範囲になければならない．$\alpha<2$ では，分散は定義されない．Fama and Roll (1968) は α の値が減少すると裾の厚さが増すことを示した．彼らはまた，α の推定法を概説し，Bergstrom 級数展開によって他の分布に対する表現も与えた．安定分布族は加法演算に関して閉じている，つまり独立同一分布の安定分布の確率変数を加えたものの分布はやはり安定分布族に収まる．

Officer (1972) は，月次の株式リターンについて安定分布が適当なものであることを見出した．しかし，推定された α が合計の日次リターンの数に敏感であることを見出した．これは和に関して閉じた性質に従って安定分布の適切性に疑問を喚起するものである．Hagerman (1978) は，やはり α の推定を研究し，α の推定値が日次に対する約1.5の値から35日に対しては1.9という値に増加することを見出した．それゆえ彼は閉じた性質に疑問を投げかけただけでなく，とくに月次やそれ以上の長い期間に対しての正規分布への極限の証拠を提供した．株式の分布は，左右対称な安定分布でモデル化されうるように，正規分布よりも裾が厚いので，Akgiray and Booth (1988) は200銘柄の株式の分布の裾を調査した．これらの株式はもっともよく取引される1000銘柄から取り出されたものである．彼らは経験分布と当てはめられた分布の有意な違いを見出した．Lau, Lau and Wingender (1990) は安定分布に基づく4次と6次のモーメントの実証的挙動は株式の観測された特性とは一致しないことを見出した．他の例は Blattberg and Gonedes (1979) を参照せよ．

14.2.4.2　ピアソン型分布族

ピアソン型分布族は正規分布や対数正規分布では正確にモデル化できなかったリターンの分布をモデル化するもう1つのアプローチを提供する．よく知られた Pearson (1895, 1901, 1916) 型分布族は以下の微分方程式の解として定義される．

$$\Psi(s)=\frac{d\ln(f(s))}{ds}=\frac{(s-a)}{b_0+b_1s+b_2s^2} \tag{14.2.11}$$

分母は2つの実根をもつか —— それらは，① 同じ符号の実根，または，② 異なった符号の実根である ——，あるいは，③ 虚根である．ピアソン型分布族の性質は Elderton and Johnson (1969) あるいは，Kendall and Stuart (1969)，また Ord (1972) に述べられている．ピアソン型分布族は，1種・2種のベータ分布，ガンマ分布，スチューデントの t 分布，正規分布を特殊な場合や極限として含んでいる．ピアソン型分布族の特定のメンバーは β_1 と β_2 の値の分析や次式で定義される κ 基準を使って選択できる．

$$\kappa=\frac{b_1^2}{4b_0b_2}=\frac{\beta_1(\beta_2+3)^2}{4(2\beta_2-3\beta_1-6)(4\beta_2-3\beta_1)} \tag{14.2.12}$$

たとえば，正規分布は，$\kappa=\beta_1=0$ ($\beta_2=3$ の場合) のとき得られる．また $\kappa=1$ では逆ガンマ分布が得られる．Ord (1972, pp. 8-9) は，式 (14.2.11) で定義される微分方程式の分子と分母が任意の次元の多項式 (Padē 近似) となるピアソン型分布族の拡張に言及している．

ピアソン型分布族のメンバーの推定の方法はたくさん考えられている．ピアソンはデータに確率密度関数を当てはめるのにモーメント法を使った．正規密度関数を除いて，モーメント法の推定量はピアソン型分布族には有効でない．最尤法は有効推定量を生み出す．分布の分類は，モーメント法にしろ β_1，β_2 や κ の最尤推定量に基づくにしろ，標本変動を考慮すべきである．Ord (1972) は，これらの方法をグループ化されたデータに応用するとき，グルーピングの修正の重要性を指摘した研究を引用している．Hirschberg, Mazumdar, Slottje and Zhang (1992) は，κ 基準を株式リターンの分布のモデル同定の問題に適用した．Lau, Wingender and Lau (1989) は歪度の係数の正確な推定には非常に多くのデータが要求され，それゆえ κ 基準の標本変動は分析の際に考慮されるべきであるとした．

多くの研究者が，価格変動の分布は必ずしも一定の分散をもつとは限らないと述べている．もし，分散を条件付きで考えた場合のリターンがよく定義された確率密度関数をもち，確率的な分散が既知の分布に従うならば，そのときリターン分布は確率的ボラティリティや不均一分散で特徴付けられるといわれ，混合分布として表現できる．混合分布は後ほど詳しく説明されるだろう．しかし，ファイナンスにおける混合分布の2つの早期の研究例が Praetz (1972) と Clark (1973) によって考えられた．2人とも分散の条件付でリターンは正規分布に従うと仮定した．Clark (1973) は分散は対数正規分布することを仮定し，その結果観測されるリターンが裾の厚い分布になる．Praetz (1972) も分散が確率的であり，逆ガンマ分布に従うと仮定している．この混合分布から観測されたリターンはスチューデントの t 分布となる．スチューデントの t 分布は正規より厚い裾を許容し，特殊な場合として正規を含む．Blattberg and Gonedes (1974) はスチューデントの t 分布を使い，リターン分布をモデル化し，安定分布族に優位していることを見出した．

ここで，混合の解釈を許す3つの分布族を議論しよう．これらは裾の厚さについて広く適応でき，その中の1つは非対称性も許容する．これらの分布とは，第2種一般化ベータ分布 (GB2)，一般化 t 分布 (GT)，第2種指数一般化ベータ分布 (EGB2) である．

14.2.4.3　第2種一般化ベータ分布

第2種一般化ベータ分布 (GB2)[1] は次の式の確率密度関数によって定義される．

$$\mathrm{GB2}(y\,;a,b,p,q)=\frac{|a|y^{ap-1}}{b^{ap}B(p,q)(1+(y/b)^a)^{p+q}}\qquad y\geq 0 \tag{14.2.13}$$

ここで，パラメータ b, p, q は正である．GB2 分布は Kalbfleisch and Prentice (1980) によって，一般化 F 分布として呼ばれ，Arnold (1983) によって，その (非ゼロ閾値をもつ) 変更版が Feller-Pareto 分布として呼ばれている．

GB2 の $\Psi(y)$ 関数は次式で与えられる．

$$\Psi(y)=\frac{d\ln f(y)}{dy}=\frac{ap-1-(aq+1)(y/b)^a}{y(1+(y/b)^a)} \tag{14.2.14}$$

また，式 (14.2.11) のピアソン型分布族を含みもしないし，その特殊な場合として含まれもしない．パラメータ a, b, p, q は，複雑な仕方で密度の形や位置を決定する．$-p<h/a<q$ に対して h 次の Y のモーメントは，

$$\mathrm{E}_{\mathrm{GB2}}(Y^h)=\frac{b^hB(p+h/a,\,q-h/a)}{B(p,q)} \tag{14.2.15}$$

と定義され，無限分散によって特徴付けられる状況の分析を許容する．パラメータ b は単なるスケール・パラメータであり測定単位に依存する．一般的に，a か q の値が大きくなればなるほど，密度関数の裾は薄くなる．実際，パラメータ a の大きな値では，GB2 の密度関数はパラメータ b の値の近辺に集中する確率の大きさによって特徴付けられる．このことは，パラメータ a の大きな値では，平均はおおむね b であり，分散は 0 に近づくことに気付けばわかるであろう．パラメータ p と q の相対的な値は，歪度を決定するのに重要な役割をもち，正あるいは負の歪度も許容する．

---

[1] GB2 の拡張は次で定義される一般化ベータ分布 (GB) によって与えられる．

$$\mathrm{GB}(y\,;a,b,c,p,q)=\frac{|a|y^{ap-1}(1-(1-c)(y/b)^a)^{q-1}}{b^{ap}B(p,q)(1+c(y/b)^a)^{p+q}},\qquad \left(0<y^a<\frac{b^a}{1-c}\right)$$

GB で $c=1$ とすると GB2 が得られる．この特殊なケースはリターン分布を研究するうえでもっとも興味深いものと思われる．しかし，$c=0$ とすると，ファイナンスや経済のモデルで別の重要な応用をもつ第1種ベータ分布への拡張が得られる．さらなる詳細については McDonald and Xu (1995) を見よ．

これは常に正の歪度である対数正規分布のようなものとは対照的である．

GB2 の分布関数は以下の式で与えられる．

$$\overline{\mathrm{GB2}}(y\,;a,b,p,q)=(z^p)_2F_1[p,1-q\,;p+1\,;z]/pB(p,q) \qquad (14.2.16)$$

ここで，$z=[(y/b)^a/(1+(y/b)^a)]$ と ${}_2F_1$ は付録 A で定義される合流超幾何級数を表す．

GB2 の 4 つのパラメータは高い柔軟性を与え，特殊あるいは極限として多くの重要な分布をもたらす．これらには，第 2 種ベータ分布 (B2＝GB2 $(y\,;a=1,b,p,q)$)，Burr3 型分布 (BR3＝GB2 $(y\,;a,b,p,q=1)$)，Burr12 型分布 (BR12＝GB2 $(y\,;a,b,p=1,q)$) と次の式で与えられる一般化ガンマ分布 (GG) を含む．

$$\mathrm{GG}(y\,;a,\beta,p)=\frac{|a|y^{ap-1}e^{-(y/\beta)^a}}{\beta^{ap}\Gamma(p)},\qquad 0<y \qquad (14.2.17)$$

これは，次のように GB2 の極限として求まる．

$$\mathrm{GG}(y\,;a,\beta,p)=\mathrm{limit}_{q\to\infty}\mathrm{GB2}(y\,;a,\beta q^{1/a},p,q)$$

一般化ガンマ分布はガンマ分布 (GA＝GG $(y\,;a=1,\beta,p)$)，ワイブル分布 (W＝GG $(y;a,\beta,p=1)$) そして以下のように極限として対数正規分布を含む．

$$\mathrm{LN}(y\,;\mu,\sigma)=\mathrm{limit}_{a\to0}\mathrm{GG}(y\,;a,\beta=(\sigma^2a^2)^{1/a},\qquad p(a\mu+1)/\beta^a)$$

一般化ガンマ分布の h 次モーメント ($h/a<p$) は次式で与えられる．

$$\mathrm{E}_{\mathrm{GG}}(Y^h)=\frac{\beta^h\Gamma(p-h/a)}{\Gamma(p)} \qquad (14.2.18)$$

パラメータ a の負の値は，逆一般化ガンマ (IGG) 分布を生み出す．それは確率的ボラティリティや不均一分散のモデルに登場する．

一般化ガンマの分布関数は次式で与えられる．

$$\overline{\mathrm{GG}}(y\,;a,\beta,p)=\frac{e^{-(y/\beta)^a}(y/\beta)^{ap}}{\Gamma(p+1)}{}_1F_1[1\,;p+1\,;(y/\beta)^a] \qquad (14.2.19)$$

GB2 はまたフィッシャーの F 分布や Lomax 分布，Fisk 分布や半正規分布や半スチューデント t 分布や χ^2 分布，Rayleigh 分布をその特殊なものとして含む．これらの相互関係は McDonald (1984) や McDonald and Xu (1995) の分布ツリーによって視覚化されうる．

GB2 は逆一般化ガンマで分布するスケール・パラメータをもつ一般化ガンマを混合することから得られる．

$$\mathrm{GB2}(y\,;a,b,p,q)=\int_0^\infty\mathrm{GG}(y\,;a,s,p)\mathrm{IGG}(s\,;a,b,q)ds \qquad (14.2.20)$$

式 (14.2.20) はベイズ的解釈，不均一分散または確率的ボラティリティのモデル，そしてある種の観測誤差を許容する．観測されない不均一性のモデルでは，最初の分布が下位母集団の構造的分布とみなされ，次の分布はスケール・パラメータ s の混合分布を表す．そして，q が $\mathrm{limit}_{q\to\infty}$ GG $(s\,;a,q^{1/a}b,q)$ に従って増加する場合に，この混合分布は $s=b$ で退化した分布に近づく．そのとき GB2 は GG 分布に近づく (McDonald and Butler (1987))．ファイナンスのモデルでは，逆一般化ガンマ分布に従うと仮定されるスケールの条件付きで，一般化ガンマ分布はリターンの分布である．この混合分布の解釈は，リターンのモデルとして構造的解釈（確率的ボラティリティ）を GB2 に与える．

14.2.4.4 一般化 T 分布

一般化 T (GT) は左右対称の 3 つのパラメータの確率密度関数をもち，対数リターン ($z_t=\ln(p_t+d_t)-\ln(p_{t-1})$) に対する幅広いレベルの尖度をモデル化でき，確率密度関数は次式のように定義される．

$$\mathrm{GT}(z;\sigma,p,q)=\frac{p}{2\sigma q^{1/p}B(1/p,q)(1+|z|^p/q\sigma^p)^{q+1/p}} \tag{14.2.21}$$

ここで，$-\infty<z<\infty$ で σ, p, q は正である．GT は McDonald and Newey (1988) によって導入され，極限において Box-Tiao (BT) 分布を含むことが示された．

$$\mathrm{BT}(z;\sigma,p)=\mathrm{limit}_{q\to\infty}\mathrm{GT}(z;\sigma,p,q)=\frac{pe^{-(|z|/\sigma)^p}}{2\sigma\Gamma(1/p)} \tag{14.2.22}$$

BT は左右対称で，べき乗指数分布 (power exponential distribution) とも呼ばれる．正規分布は BT 分布の $p=2$ の場合の特殊ケースである．2 重指数分布やラプラス分布，そして（自由度が v であり分散が 1 でない）スチューデントの t 分布は次のように BT や GT の特殊ケースとして与えられる．

$$\mathrm{Laplace}(z;\sigma)=\mathrm{BT}(z;\sigma,p=1)=\frac{e^{-(|z|/\sigma)}}{2\sigma} \tag{14.2.23 a}$$

$$\mathrm{T}(z;v,\sigma)=\mathrm{GT}\left(z;\sigma,p=2,q=\frac{v}{2}\right) \tag{14.2.23 b}$$

GT と BT の h 次のモーメント（h は偶数）は次のように与えられる．

$$\mathrm{E}_{\mathrm{GT}}(Z^h)=\frac{\sigma^h q^{h/p}\Gamma((1+h)/p)\Gamma(q-h)/p)}{\Gamma(1/p)\Gamma(q)} \tag{14.2.24 a}$$

$$\mathrm{E}_{\mathrm{BT}}(z^h)=\frac{\sigma^h\Gamma((1+h)/p)}{\Gamma(1/p)} \tag{14.2.24 b}$$

BT はすべての次数で有限なモーメントをもち，一方 GT の h 次モーメントは $h<qp$ でのみ定義される．コーシー分布は GT の $p=2$ と $q=1/2$ での特殊ケースであり，有限の整数モーメントをもたない．

GT は左右対称で正規分布より裾を厚くしたり薄くしたりすることができる．GT はまた，回帰モデルや時系列モデルのロバストな推定や部分的適応型推定の基礎を提供する．これらの応用は後の節で考慮される．GT は，逆一般化ガンマ分布 (IGG) に従うスケール・パラメータ σ をもつ BT 分布の混合として解釈される．

$$\mathrm{GT}(z;\sigma,p,q)=\int_0^\infty \mathrm{BT}(z;s,p)\mathrm{IGG}(s;p,\sigma,q)ds \tag{14.2.25}$$

この結果は，逆ガンマ分布に従うスケール・パラメータをもつ正規分布に対応するスチューデント t 分布の結果の一般化である (Praetz (1972))．

表 14.1 EGB 2 と EGG のモーメント

モーメント	EGB2	EGG
平均 (μ)	$\delta+\sigma[\Psi(p)-\Psi(q)]$	$\delta+\sigma\Psi(p)$
分散 (μ_2)	$\sigma^2[\Psi'(p)+\Psi'(q)]$	$\sigma^2\Psi'(p)$
歪度 (μ_3)	$\sigma^3[\Psi''(p)-\Psi''(q)]$	$\sigma^3\Psi''(p)$
尖度 ($\mu_4-3\mu_2^2$)	$\sigma^4[\Psi'''(p)+\Psi'''(q)]$	$\sigma^4\Psi'''(p)$

μ_i：平均値のまわりの i 次のモーメント，$\phi(s)$：ディガンマ分布 ($[d\ln\Gamma(s)]/ds$) を示す (詳細については McDonald and Xu (1995) 参照).

14.2.4.5 第 2 種指数一般化ベータ分布

GT の裾の柔軟性は重要であるが，多くのリターン分布はまた歪みをもつ．尖塔性とともに歪度のある実数値確率変数に対するもう 1 つの分布は第 2 種指数一般化ベータ分布 (EGB2) であり，その確率密度関数は次式で定義される．

$$\mathrm{EGB2}(z\,;\delta,\sigma,p,q)=\frac{e^{p(z-\delta)/\sigma}}{|\sigma|B(p,q)(1+e^{(z-\delta)/\sigma})^{p+q}}$$

$$-\infty<z<\infty \tag{14.2.26}$$

EGB2 と GB2 は，対数変換によって関連しているので，EGB2 の多くの特殊ケースは容易に決定できる．しかし，これらの分布のいくつかが統計学では特に興味をもたれている．指数一般化ガンマ分布は次式で定義される．

$$\mathrm{EGG}(z\,;\delta,\sigma,p)=\mathrm{limit}_{q\to\infty}\mathrm{EGB2}(Z\,;\delta*=\sigma\ln q+\delta,p,q)$$

$$=\frac{e^{p(z-\delta)/\sigma}e^{-e^{(z-\delta)/\sigma}}}{|\sigma|\Gamma(p)} \tag{14.2.27}$$

$\sigma>0$ のとき，EGB2 と EGG は単に，Johnson and Kotz (1970, Vol. 2) や Patil *et al.* (1984) で概説されている一般化ロジスティック分布，ゴンペルツ分布の別の表現にすぎない．一般化ガンベル分布は，$p=q$ の EGB2 に対応している．EBR3 は Burr2 型分布である．指数ワイブル分布は第 1 種の極値分布 (extreme value type I distribution) としてより一般に知られている．EGB2 と EGG の最初の 4 つのモーメントは表 14.1 に与えられている．

δ は位置パラメータで，σ はスケール・パラメータ，p と q は形状パラメータである．σ の符号を変えると歪度の符号が変わる．EGB2 は $p=q$ に対して左右対称である．尖度 μ_4/μ_2^2 は 3 と等しいかより大きい．EGB2 は極限として正規分布を含み，正規性から離れている回帰，時系列その他のモデルの誤差項として利用できる．EGB2 は，有界な影響関数をもった，部分的適応型推定の基礎を提供する．

EGB2 は以下の混合分布の解釈が可能である．

$$\mathrm{EGB2}(z\,;\delta,\sigma,p,q)=\int_0^\infty \mathrm{GG}\left(e^z\,;\frac{1}{\sigma},s,p\right)e^z\mathrm{IGG}\left(s\,;\frac{1}{\sigma},e^\delta,q\right)ds \tag{14.2.28}$$

14.2.4.6 推　定

GB2，GT，EGB2 型分布族の未知パラメータの最尤法は非線形最適化を必要とする．これらの推定量は漸近的に有効で漸近正規性をもつ．以下で，これらの分布のファイナンス分野での応用を考えてみよう．

14.3 ファイナンスにおける応用

われわれは 14.2 節で議論した分布の 4 つの応用を見てみよう．株式リターンの分布，確率優越，オプション価格，そして株のベータに関する部分的適応型推定についてである．

14.3.1 証券価格リターンの分布

ファイナンス分野で証券リターンの分布をモデル化するのには 2 つの一般的なアプローチがある．最初のものは，価格を生み出すと仮定される基礎的な確率過程を特定化することから始まる．次のものは実証的で，観測されたリターンをかなり正確に表現できる統計的分布関数に基礎をおく．実際のデータはしばしば裾が厚く，正規分布や対数正規分布よりピークが高い．前に指摘したとおり，この観察から対称な安定分布やその他の分布が考慮されるようになった．支持の多い仮説は証券価格分布が分布の混合を含むというものである．たとえば，ボラティリティが逆ガンマ分布に従うリターンの対数正規分布の混合は，観測された尖度に対数正規分布よりよく適合した尖度をもつ分布を導く．この特定な混合分布は，log-t 分布と呼ばれているが，極限として対数正規分布を含む．σ に対し逆ガンマ分布をもつ正規分布の混合からスチューデント t 分布が得られることは既に記述した．

前節で，GB2 はスケール・パラメータ（ボラティリティ）に逆一般化ガンマ分布をもつ一般化ガンマ分布を混合することによって得られることを見た．

$$\mathrm{GB2}(y\,;a,b,p,q)=\int_0^\infty \mathrm{GG}(y\,;a,s,p)\mathrm{IGG}(s\,;b,q)ds \tag{14.3.1}$$

式 (14.3.1) の GG $(y;a,s,q)$ 分布は，s を所与とすると，リターンの条件付分布と解釈できる．ここで，s は示されたような逆一般化ガンマ分布に従うと仮定されている．一般化ガンマ分布は極限として対数正規分布を含んでいるので，GB2 は，Praetz (1972) によって研究された対数正規-ガンマ混合を一般化している．式 (14.3.1) の IGG 分布は，パラメータ q が無限に大きくなると退化した分布に近づく．それゆえ，GB2 は，必ずそうなるわけではないが，確率的ボラティリティモデルを許容する．さらに，GB2 は，aq の次数まで有限のモーメントをもつ．$aq<2$ の分布は有限の分散はもたない．

Bookstaber and McDonald (1987) はランダムに選択された 21 個の株について 1981 年の 12 月 30 日からの，500 個の日次リターン ($Y_t=(P_t+d_t)/P_{t-1}$) の分布を研究した．最大対数尤度 ($\mathrm{LR}=2\,(l_{\mathrm{GB2}}-l_{\mathrm{LN}})$) の差の 2 倍は，帰無仮説 H_0：GB2＝LN を検定する尤度比の基礎となる．$\chi^2(2)$ に基づく臨界値の利用は統計的有意の保守的なテストとなる．Bookstaber and McDonald (1987) は 21 ケースの中の 19 は 99.5%

の信頼度の値 10.6 を超えていた．それゆえ，より柔軟な GB2 は対数正規分布と比較してより統計的に有意に改善された当てはまりのよさを提供する．

この論文で行われた別の研究では，ランダムに抽出した 45 個の，1988 年 1 月～1992 年 12 月の 60 カ月の月次の株式リターンが配当とともに研究された．45 個の株のリストは付録 B にある．いくつかの分布が最尤法によっておのおののデータにフィットされた．帰無仮説 H_0：GB2＝LN を検定するとき，45 ケースのうちたった 10 ケースが LR の値 5.99 (95%) を超え，6 ケースのみが 10.6 を超えた．これらの結果は，長期のリターン分布は短期のものより対数正規（あるいは正規）に近いとする先行研究をさらに裏付ける．

われわれは表 14.2 と 14.3 である会社のニューヨーク証券取引所についての推定結果を報告する．表 14.2 は Ampco-Pittsburgh 会社 (AMPCO) のリターン・データに最尤法で GB2，BR12，GA，LN を当てはめた結果である．パラメータ推定値，（推定されたパラメータに対応する）推定モーメント，最大対数尤度 l が報告されている．表 14.2 の 5～8 行目に報告されている平均，分散，歪度，尖度は，推定されたパ

表 14.2　Ampco-Pittsburgh 会社の月次リターンの推定値
(1988 年 11 月～1992 年 10 月)

	GB2	BR12	GA	LN
$a(\mu)$	29.34	24.97	1.000	(−0.004276)
$b(\sigma)$	0.9642	0.9583	0.009592	(0.09625)
p	0.7726	1.000	104.3	N/A
q	0.4977	0.6006	N/A	N/A
平均	1.0001	1.0002	1.0005	1.0004
分散	0.0092	0.0091	0.0096	0.0093
歪度	1.184	1.164	0.196	0.290
尖度	7.505	7.164	3.06	3.15
l	60.3	60.2	54.4	55.6

N/A：推定不可能．
標本モーメント：(平均，分散，歪度，尖度)＝(1.0005，0.0105，1.73，9.13)．

表 14.3　VWNYSE 推定月次リターン分布
(1988 年 1 月～1992 年 12 月)

	GB2	BR12	GA	LN
$a(\mu)$	118.6	53.09	1.000	(0.01106)
$b(\sigma)$	1.013	1.010	0.001239	(0.03501)
p	0.3464	1.000	816.8	N/A
q	0.3672	0.9721	N/A	N/A
平均	1.012	1.012	1.012	1.012
分散	0.0013	0.0013	0.0013	0.0013
歪度	0.129	0.198	0.0700	0.1051
尖度	5.39	4.31	3.01	3.02
l	116.8	116.5	115.3	115.3

標本モーメント：(平均，分散，歪度，尖度)＝(1.012，0.0012，0.0511，3.79)．

ラメータの値を，たとえばGB2の場合は式(14.2.15)のように理論的なモーメントの式に代入したものである．表のいちばん下に報告されているモーメントは標本モーメントを用いて得られたものである．推定された2つのパラメータからなるLN分布は標本平均と標本分散をきわめてよくモデル化しているが，標本歪度，標本尖度を表現する柔軟性に乏しい．さらに2つのパラメータを追加したGB2は歪度，尖度をモデル化する統計的に有意な柔軟性の増加を示している．これらの結果は最尤法によるもので，モーメント法ではない．3つのパラメータをもつBR12がGB2とかなり似た結果を与えていることは興味深い．BR12は3パラメータの分布関数が陽表的に求まるものである．

同じ4つの分布を時価加重のニューヨーク証券取引所(VWNYSE)の指数の月次リターンに当てはめた．これらの結果は表14.3に与えられている．LRは通常の有意のレベルでは統計的に有意ではないが，帰無仮説 H_0：GB2＝LNはパラメータ空間の境界のうえのパラメータを含んでいる．これは漸近的な $\chi^2(2)$ に基礎をおく推測の正確さに疑問を生じさせる．AMPCOとVWNYSEのデータは付録Bにある．

14.3.2 確率優位

この項では，異なるリターン分布を比較する他の方法とこの重要な問題についての確率密度関数の応用例を概観する．平均-分散による順位付けの概念と1次，2次確率優位について最初に概観する．これらの順位付けと期待効用の関係は最適性の概念を提供する．確率優位に導くいくつかの確率密度関数のパラメトリックな制限が概観される．最後に，Lorenz(ローレンツ)優位と平均-Gini(ジニ)優位の概念とそれらの確率優位との関連も概観される．

14.3.2.1 平均-分散と確率優位

F_1 と F_2 は，異なる2つの資産 X_1 と X_2 に対する累積リターン分布を示す．さらに，μ_i と σ_i^2 は X_i の平均と分散を示す．分布を順位付けるのにMarkowitz(1959)とTobin(1958)は平均-分散(mean-variance：MV)基準を提案した．次のMV基準によって，分布 F_1 は分布 F_2 に優位する(あるいは，より好まれる)といわれる．

MV： $F_1 >_{MV} F_2$，または，$X_1 >_{MV} X_2$ は次が成立することをいう．

$$\mu_1 \geq \mu_2 \text{ かつ}$$
$$\sigma_1^2 \leq \sigma_2^2 \qquad (14.3.2)$$

ただし，少なくとも1つの不等式は狭義でしか成立しないものとなる．MV基準は，集合を「許容された，または効率的な」集合(S_{MV})と「許容されない，または非効率な」集合に分割する．許容された集合は，資産の元の集合のメンバーより低い平均で高い分散をもつ資産を除くことによって得られる．それゆえ，許容されない集合は，許容された集合のいかなる資産より高い平均と小さな分散をもつ，いかなる資産を含まない.

数値例として，表 14.2 と 14.3 から VMNYSE$>_{\mathrm{MV}}$AMPCO であることがわかる. 45 個の無作為に選ばれた企業に関して平均-分散効率的集合は，Aileen, Atlantic, Energy, General Public Utilities, NUCOR, Union, Pacific, Walgreen を含んでいる.

1 次と 2 次の確率優位の概念は，分布を順位付ける他の決定ルールを提供する．分布 F_1 が，F_2 に対して 1 次の確率優位であるとは次のような関係である.

FSD：

$F_1 >_{\mathrm{FSD}} F_2$ は次が成立することをいう.
すべての x に対して，$F_1(x) \leq F_2(x)$,　　$-\infty < x < \infty$,
かつ
ある x_0 に対して，$F_1(x_0) < F_2(x_0)$

(14.3.3)

それゆえ，$F_1 >_{\mathrm{FSD}} F_2$ は，F_1 は F_2 を超えることはなく，どこかで F_2 の下に位置することを必要とする．このことから，FSD にとって十分条件ではないが必要条件である，選好される資産の平均(定義されれば)は少なくとも優位された資産の平均と同じということが導かれる．関連する効率的集合は S_{FSD} と書かれ，S_{MV} と必ずしも一致しない.

分布 F_1 が，F_2 に関して 2 次の確率優位であるとは次のような関係である.

SSD：

$F_1 >_{\mathrm{SSD}} F_2$ は次が成立することをいう.
すべての x に対して，$\int_{-\infty}^{X} F_1(t)dt \leq \int_{-\infty}^{X} F_2(t)dt$，または，
$\int_{-\infty}^{X} [F_1(t) - F_2(t)]dt \leq 0$　　$-\infty < x < \infty$

(14.3.4)

ただし，少なくとも 1 つの x については狭義の不等式が成立する．$F_1 >_{\mathrm{SSD}} F_2$ は，F_1 の積分は F_2 を超えることはなく，F_2 の積分の下に位置することを必要とする．FSD と対照的に SSD は，負の領域 $(F_1 > F_2)$ が $F_2 > F_1$ であるところの蓄積された正の領域より絶対値で小さい限り，F_1 と F_2 が多くの回数交わることを許す．1 次の確率優位は 2 次の確率優位を意味する．ゆえに，$S_{\mathrm{SSD}} \subset S_{\mathrm{FSD}}$ である．われわれは再び，MV, FSD, SSD に対応する許容集合は同じである必要はないし，違う決定に導くこともあることをいっておこう．期待効用の概念はその相違を解明するためのアプローチを提供する.

14.3.2.2　期待効用と最適性

Von Neumann and Morgenstern (1953) は，不確実性下の意思決定の基礎として，期待効用が使われうることを示した．したがって，もし $U(x)$ が効用関数ならば，分布は期待効用に従って順位付けられる.

$$\mathrm{E}_i(Y)=\int U(Y)dF_i(Y) \tag{14.3.5}$$

明らかに期待効用に基礎をおく順位付けは効用関数についての仮定に依存し，MV，FSD，SSD 基準とは異なるかもしれない．最適効率集合は，異なる仮定をもつ効用関数に対応する期待効用を最大化する分布から構成されている分布（あるいは資産）の集合である．それゆえ，S_{SSD} と S_{MV} はある限られた仮定のもとでしか最適なものになりえない．

平均-分散基準は（平均-分散許容集合 S_{MV} が最適）は，もし効用関数が 2 次式かリターンの分布が正規であるならば妥当である（Tobin (1958)，Hanoch and Levy (1969)）．Pratt (1964) および Arrow (1965) は 2 次の効用関数（絶対リスク回避度が増加）の限界について議論した．さらに，正規分布の仮定は，多くのリターン分布の特徴である歪度と尖塔性を排除するものである．

Quirk and Saposnik (1962)，Fishburn (1964)，Hanoch and Levy (1969) は FSD が最適であることと効用関数が非減少であることが同値であることを示した．これは式 (14.3.6) から導かれる．

$$\mathrm{E}_{F_1}U(X)-\mathrm{E}_{F_2}U(X)=\int_{-\infty}^{\infty}[F_2(t)-F_1(t)]dU(t) \tag{14.3.6}$$

SSD は非減少で凹な効用関数の場合，最適なランキングを提供することを示している．詳しくは Hanoch and Levy (1969) を参照のこと．

14.3.2.3　確率優位とパラメトリックな分布族

Ali (1975) は，分布がさまざまなパラメトリック分布族に属しているときの確率優位を研究している．Ali は FSD と SSD に対応する異なる分布族に対するパラメータ空間の部分集合を同定するために，Lehmann (1959) が報告した単調尤度比の結果を使っている．彼はガンマ分布，ベータ分布，t 分布，F 分布，χ^2 分布，対数正規分布などを考慮した．たとえば，ガンマ分布の密度関数を考えてみよう．

$$\mathrm{GA}(Y;\beta,p)=\mathrm{GG}(Y;a=1,\beta,p)=\frac{Y^{p-1}e^{-y/\beta}}{\beta^p\Gamma(p)} \tag{14.3.7}$$

Ali (1975) は次の結果を見出した．

$$\boxed{\begin{gathered}\mathrm{GA}(Y;\beta_1,p_1)>_{\mathrm{FSD}}\mathrm{GA}(y;\beta_2,p_2)\ \text{は次と同値である．}\\ \beta_2\leq\beta_1\ \text{かつ}\ p_2\leq p_1\end{gathered}} \tag{14.3.8}$$

ただし，少なくとも 1 つの不等式が狭義でしか成立しないものとする．それゆえ，ガンマ分布族の 1 つのメンバーが他に優位かどうかを決めるとき，ただパラメータ値を比較するだけでよい[2]．これは異なる 2 つの分布族からの分布を比較することを容易にはしない．GB2 はガンマとベータを含んでいるので，同様のアプローチが異なる分布族からの分布の比較を容易にする関連の結果を得るために考えられるかもしれな

2　Pope and Zimer (1984) は，平均や分散等のパラメータ値の推定における標本変動が効率性検定の検出力に与える影響度を研究している．

い.

Lehmann (1959) による方法を適用するために，まず尤度比を計算する．

$LR(y;\Theta_1,\Theta_2)=\ln f(y;\Theta_1)=\ln f(y;\Theta_2)$ もし $dLR(y;\Theta_1,\Theta_2)/dy$ が $\Theta_1>\Theta_2$ で単調に非減少のとき，$F_{\Theta 1}>_{\text{FSD}}F_{\Theta 2}$ である．さらに，一般化ガンマ分布の対数尤度比の微分は以下の式となる．

$$\frac{dLR_{GG}}{dy}=\frac{a_1p_1-a_2p_2}{y}+\frac{a_2}{y}\left(\frac{y}{\beta_2}\right)^{a_2}-\frac{a_1}{y}\left(\frac{y}{\beta_1}\right)^{a} \tag{14.3.9}$$

パラメータ p あるいは β の値の増加は，より大きなパラメータの値に関して1次の確率優位を導く．これはいかなる a に対しても成立する．このことはガンマに関する前の結果を確証している．パラメータ a の変化の影響は明らかではない．なぜなら p か β のどちらかの値の増加ともう一方の減少の組み合わせとなるからである．同様に第2種一般化ベータの尤度比の微分が以下のように書ける．

$$\frac{dLR_{GB2}}{dy}=\frac{a_1p_1-a_2p_2}{y}+\frac{a_2(p_2+q_2)}{y}\left[\frac{1}{1+(b_2/y)^{a_2}}\right]-\frac{a_1(p_1+q_1)}{y}\left[\frac{1}{1+(b_1/y)^{a_1}}\right] \tag{14.3.10}$$

14.3.2.4　確率優位とローレンツ優位[3)]

Atkinson (1970) は，経済学の中で所得分布の比較で使われるローレンツ曲線によって，確率優位のルールが再構築できることを示した．ローレンツ曲線は所得分布に関するもので，ある母集団の異なる層により保持される総所得のパーセントをプロットしたものである．それゆえ，ローレンツ曲線は，不完全なモーメント ($\phi(y;0)$, $\phi(y;1)$) のプロットである．ここで，$\phi(y;0)$ は y より少ない所得をもつ母集団の比率を，$\phi(y;1)$ は y より少ない所得の人に保持される総所得の比率を表す．Atkinson (1970) は，同じ平均をもつ2つの分布に対して，$F_1>_{\text{SSD}}F_2$ は，F_1 のローレンツ曲線が F_2 のものより上にあることを示している．ローレンツ優位では F_2 が F_1 をローレンツ優位している定義を以下のようにしている．

L：

$F_2>_L F_1$ は次と同値である． F_1 のローレンツ曲線は F_2 のそれより上に位置する．

(14.3.11 a)

L の順位付けの方向が，SSD，FSD などと反対であることを思い出させるのに，逆ローレンツ順位付けを考えるのは有用である．

IL：

$F_1<_{\text{IL}}F_2$ は次と同値である． F_1 のローレンツ曲線は F_2 のそれより上に位置する．

(14.3.11 b)

---

[3] Shorrocks (1983) および Kakwani (1984) は，分布の順位付けにおいて，平均の違いを考慮する一般化ローレンツ曲線を導いている．一般化ローレンツ曲線は，分布の平均に従ってローレンツ曲線を拡大することによってつくられる．一般化ローレンツ優位性は，S 凹形社会的厚生関数に従う選好と同値である．一般化ローレンツ優位性と2次確率優位の間には，ある種の双対性が存在する．Bishop, Chakraborti and Thistle (1989) は，一般化ローレンツ曲線に対するいくつかの分布に依らない推測手法を述べている．

さらに，Atkinson (1970) は，$F_1 >_{\text{SSD}} F_2$ は，同じ平均をもつ分布に対するローレンツや逆ローレンツ優位 ($F_1 >_{\text{IL}} F_2$) と同値であることを示した．この場合，交わらないローレンツ曲線の順位付けは，それが非減少で凹であること除いて，社会厚生関数の形と独立である．交わるローレンツ曲線の場合，異なる厚生関数は異なる順位付けを生じる．異なる平均の場合は，

$\mu_1 \geq \mu_2$ および $F_1 >_{\text{IL}} F_2$ ならば $F_1 >_{\text{SSD}} F_2$ である．	(14.3.12)

ガンマ分布，パレート分布，対数正規分布のような分布は，交わるローレンツ曲線を許容しない．順位付けは単一の形状パラメータによって特徴付けられる．その他の，Burr 分布や一般化ガンマ分布は交わるローレンツ曲線を許容し，さらにローレンツ優位を特徴付ける複雑なパラメータ制約を要求する．これらの結果のいくつかについて以下で概説する．

14.3.2.5　ローレンツ優位：Burr type 12

Wilfing and Kramer (1993) は，Burr type 12，GB2 (y ; a, b, p=1, q) のローレンツ優位を特徴付けるパラメトリック制約を見出した．

GB2 (y ; a_1, b_1, p=1, q_1) $>_{\text{IL}}$ GB2 (y ; a_2, b_2, p=1, q_2) は， $a_1 \geq a_2$ かつ $a_1 q_1 \geq a_2 q_2$ と同値である．	(14.3.13)

表 14.2 および 14.3 にある Burr type 12 分布の推定パラメータの比較は VWNYSE $>_{\text{IL}}$ AMPCO を意味する．

14.3.2.6　ローレンツ優位：第 2 種一般化ベータ

GB2 のさらに一般的な場合に関し，Wilfing and Kramer (1993) は，以下のローレンツ優位についての必要条件を見出した．

GB2 (y ; a_1, b_1, p_1, q_1) $>_{\text{IL}}$ GB2 (y ; a_2, b_2, p_2, q_2) ならば， $a_1 p_1 \geq a_2 p_2$ かつ $a_1 q_1 \geq a_2 q_2$ である．	(14.3.14)

Wilfing (1992) は**十分条件**を見出した．

$a_1 \geq a_2$, かつ $\mathrm{p}_1 \geq \mathrm{p}_2$, かつ $\mathrm{q}_1 \geq \mathrm{q}_2$ ならば， GB2(y ; a_1, b_1, p_1, q_1) $>_{\text{IL}}$ GB_2(y ; a_2, b_2, p_2, q_2) である．	(14.3.15)

それゆえ，a, p, あるいは q のパラメータの増加は逆ローレンツ優位を導く．表 14.2 と 14.3 にある GB2 についての推定パラメータに基づくと，われわれは VW-NYSE が AMPCO をローレンツ優位するための十分条件ではなく必要条件が満足されていることに注目する．

14.3.2.7　ローレンツ優位：一般化ガンマ分布

Taille (1981, p. 190) は 2 つの形状パラメータをもつ一般化ガンマ分布を研究した．彼は交わらないローレンツ曲線に関係するパラメトリック制約を報告した．

$$\boxed{\begin{array}{l}\mathrm{GG}(y\,;a_1,b_1,p_1)\geq_{\mathrm{IL}}\mathrm{GG}(y\,;a_2,b_2,p_2)\text{ は,}\\ a_1\geq a_2\text{ かつ }a_1p_1\geq a_2p_2\text{ と同値である.}\end{array}} \tag{14.3.16}$$

14.3.2.8 平均-ジニ優位

平均-分散順序はよく認識されている限界をもつ．それに代わるローレンツ順序に関連する他の順序付けはジニ係数を利用することである．ジニ係数は，45度線とローレンツ曲線との間の領域の2倍で，不平等の大きさの尺度として長い歴史がある．また，リターン分布を比較する基準としても使われてきた．このアプローチがファイナンスの分野に紹介されたのは Yitzhaki (1982) と Shalit and Yitzhaki (1984) による．ジニ係数は以下で定義される．

$$G_i=\frac{1}{2\mu_i}\int_{-\infty}^{\infty}\int_{-\infty}^{\infty}|s-t|dF_i(s)dF_i(t) \tag{14.3.17}$$

ローレンツ優位 $F_1>_{\mathrm{IL}}F_2$ は $G_1<G_2$ を意味する．Yitzhaki (1982) は平均とジニ係数の利用は，平均分散基準では不可能である一般の分布に対する確率優位の必要条件を特徴付けることができると論じた．次が成立すると，平均-ジニ基準 (MG) に従って F_1 は F_2 に優位するといわれる．

$$\mathrm{MG}:\boxed{\begin{array}{l}F_1>_{\mathrm{MG}}F_2\text{ は次と同値である.}\\ \mu_1\geq\mu_2\\ G_1\leq G_2\end{array}} \tag{14.3.18}$$

ここで，少なくとも1つの不等式は狭義でしか成立しないものとする．前に議論した45銘柄に平均-ジニ基準に応用すると，平均-分散基準に基づくときと同一の効率集合が得られる．すなわち，Aileen, Atlantic Energy, General Public Utilities, NUCOR, Union Pacific, Walgreen である．

Yitzhaki (1982) は次のような命題に基づく分布の順序付けのための付加的な基準を提唱した．

【命題1】 $\lambda_n\geq 0$ ($n=1,2,\cdots$) の条件は FSD と SSD の必要条件である．ここで，

$$\lambda_n=\int[[1-F_1(t)]^n-[1-F_2(t)]^n]dt \tag{14.3.19}$$

である．

λ_1 と λ_2 について求めると，以下の式となる．

$$\lambda_1=\mu_1-\mu_2\geq 0$$

および，

$$\lambda_2=\mu_1(1-\mathrm{G}_1)-\mu_2(1-\mathrm{G}_2)=\int[1-F_1(t)]^2-[1-F_2(t)]^2dt\geq 0$$

である．

これらの条件から，別の平均-ジニ基準 (MG1) が導かれる．ここでは次の MG1 の意味で F_1 は F_2 を優位するといわれる．

表 14.4 ジニ係数

分布	ジニ係数
正規	$\dfrac{\sigma}{\mu\sqrt{\pi}}$
対数正規	$2\overline{\mathrm{LN}}\left(\dfrac{\sigma}{\sqrt{2}};0,1\right)-1$
ガンマ	$\dfrac{\Gamma(p+1/2)}{\sqrt{\pi}\Gamma(p+1)}$
ベータ 1	$\dfrac{B(p+q,1/2)B(p+1/2,1/2)}{\pi B(q,1/2)}$
ベータ 2	$\dfrac{2B(2p,2q-1)}{pB^2(p,q)}$
BR12	$1-\dfrac{\Gamma(q)\Gamma(2q-1/a)}{\Gamma(q-1/a)\Gamma(2q)}$
GG	G_{GG}
GB 2	G_{GB2}

MG1： $F_1>_{\mathrm{MG1}}F_2$ は次と同値である．
$\mu_1\geq\mu_2$
$\mu_1(1-G_1)\geq\mu_2(1-G_2)$ (14.3.20)

ただし，少なくとも1つの不等式が成立するものとする．

$F_1>_{\mathrm{MG}}F_2$ は $F_1>_{\mathrm{MG1}}F_2$ を意味する．しかし，逆は成立しない．それゆえ，MG1 に対応する効率集合は，MG 基準から得られる効率集合に含まれる．基準が弱くなるほど，効率集合は小さくなる．2回以上交わらない累積分布について，Shalit and Yitzhaki (1984) は (平均が同一ならば)"$>_{\mathrm{MG1}}$"は1次と2次の優位と $S_{\mathrm{MG1}}=S_{\mathrm{SSD}}$ であるために十分であると論じている．MG1 を 45 銘柄に応用すると，MV と MG 効率集合から Atlantic Energy が除かれる．

表 14.4 は，正規，対数正規，ガンマ，ベータ (タイプ 1，2)，Burr 12，一般化ガンマ，GB2 分布に対するジニ係数の表現である．

$$G_{\mathrm{GG}}=\frac{[(1/p)_2F_1[1,2p+1/a;p+1;1/2]}{[2^{2p+1/a}B(p,p+1/a)]}$$
$$\frac{-\left(\dfrac{1}{p+1/a}\right)_2F_1[1,2p+1/a;p+1/a+1;1/2]]}{[2^{2p+1/a}B(p,p+1/a)]}$$
$$G_{\mathrm{GB2}}=\frac{[(1/p)_3F_2[1,p+q,2p+1/a;p+1,2(p+q);1]]}{B(p,q)B(p,p+1/a)B(2q-1/a,2p+1/a)}$$
$$\frac{-\left(\dfrac{1}{p+1/a}\right)_3F_2[1,p+q,2p+1/a;p+1/a+1,2(p+q);1]}{B(p,q)B(p,p+1/a)B(2q-1/a,2p+1/a)]}$$

これらの式については以下を参照せよ．Nair (1936)，Aitkinson and Brown (1970)，McDonald (1984)，Salem and Mount (1974)，Singh and Maddala (1976)．これらの式は MG と MG1 の効率集合を構築するのに使える．ジニ係数のノン・パラメトリッ

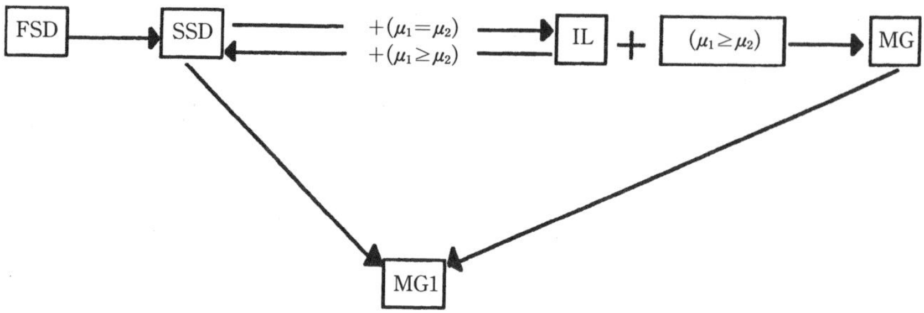

図 14.1

クの推定も用いることができる.

14.3.2.9　その他の順位付けとの関係

図 14.1 は, FSD, SSD, IL, MG, MG1 の順位付けの関係を示している.

もし, 累積分布がたかだか 1 つの交わりかつ同じ平均をもつなら, MG1 は SSD を意味する. 平均が同じ場合, SSD と IL は同値である.

表 14.4 の結果は MG あるいは MG1 の異なるパラメトリックな分布族の効率集合を形成するのに使われる. 正規分布に対して以下の効率集合間の関係が成立することが証明できる.

$S_{MG1}\subset S_{MG}=S_{SSD}=S_{MV}$ (Yitzhaki (1982))

対数正規リターンの場合は効率集合の関係が, 異なり,

$S_{MG1}\subset S_{SSD}\subset S_{MG}=S_{MV}$

であることが示される. それゆえ, 対数正規は平均-分散基準が確率優位と不一致である例を提供する (Yitzhaki (1982)). Elton and Greber (1973) も参照せよ.

14.3.3　オプション価格決定

Black-Scholes (1973) オプション価格式は広く金融資産の価格付けに利用されてきた. この式はデータとあまり整合していない, 対数正規分布に従うリターンを仮定している. この問題に対するもう 1 つのアプローチはリターン分布に一般化ベータを考えて, 価格式を近似することである. 先に書いたように, GB2 分布は極限として対数正規分布を含み, それゆえ対数正規分布からの乖離も許容する. 混合としての GB2 の解釈 (式 (14.2.20) を見よ) はまた, 確率的ボラティリティによる対数正規からの乖離を許容する.

Cox and Ross (1976) は証券価格プロセスの分布関数とその証券のオプションの均衡価格の間の関係を導き出した. もし, われわれが金融資産の価格決定にリスク中立を仮定できれば, ヨーロピアン・コール・オプションの均衡価格は, 満期時点での期待リターンの現在価値で与えられる.

$$C(S_T, T, X)=e^{-rT}\mathrm{E}[C(S_0, 0)]$$

$$=e^{-rT}\int_X^{\infty}(S-X)f(S|S_T,\ T)dS \tag{14.3.21}$$

ただし，C, T, r, X, S_T は，それぞれオプション価格，満期までの時間，金利，行使価格，証券の価格 (満期から T 期の) である (Bookstaber (1987))．この表現は標準化不完全モーメント

$$\phi(y\,;h)=\frac{\int_{-\infty}^{y}s^h f(s)ds}{\mathrm{E}(y^h)}$$

によって書き直す方が便利であろう．さらに，

$$\bar{\phi}(y\,;h)=1-\phi(y\,;h)$$

とおく．ヨーロピアン・コール・オプション (14.3.21) の均衡価格は次のように書ける (McDonald and Bookstaber (1991))．

$$C(S_T,\ T,\ X)=S_T\bar{\phi}\left(\frac{X}{S_T}\,;1\right)-e^{-rT}X\bar{\phi}\left(\frac{X}{S_T}\,;0\right) \tag{14.3.22}$$

Black-Scholes (1973) オプション価格式は，$f(\quad)$ に対数正規を選択し対数正規分布の標準化不完全モーメントはパラメータを修正した対数正規分布の分布関数であることに気付くことによって得られる[4]．

$$\phi_{\mathrm{LN}}(y\,;h)=\overline{\mathrm{LN}}(y\,;\mu+h\sigma^2,\ \sigma^2)$$

GB2 分布と GG 分布に対するヨーロピアン・コール・オプションの価格の同様の表現は，

$$\phi_{\mathrm{GB2}}(y\,;h)=\overline{\mathrm{GB2}}\left(y\,;a,\ b,\ p+\frac{h}{a},\ q-\frac{h}{a}\right) \tag{14.3.23 a}$$

$$\phi_{\mathrm{GG}}(y\,;h)=\overline{\mathrm{GG}}\left(y\,;a,\ \beta,\ p+\frac{h}{a}\right) \tag{14.3.23 b}$$

に気付くことによって得られる (Butler and McDonald (1989))．GG と GB2 分布の不完全モーメントは分布関数 (式 (14.2.18) と (14.2.19)) の GG と GB2 の分布族メンバーであり，それゆえ陽表的に表現される．

McDonald and Bookstaber (1991) は対数正規分布と異なる歪度と尖度の値をもつ GB2 に基づくヨーロピアン・コール・オプションの利用を研究した．彼らは尖度が増加すると対数正規分布と比べて，Black-Scholes モデルはアット・ザ・マネーでより高く価格付けすることを見出した．十分な程度にイン・ザ・マネーの場合では Black -Scholes モデルはより低く価格付けするようになる．Black-Scholes 式からの乖離は歪度と尖度に対して敏感である．これらの知見を数値例で示そう．

例として，$T=0.25, r=0.10, X=100, \sigma^2=0.40$ を考えよう．これらの値から Black- Scholes の価格は 13.68 ドルになる．そのときの対数正規分布の場合の歪度と尖度はそれぞれ 1.0007 と 4.856 である．今，徐々に尖度を増すか，歪度を減じるかし，GB2 をモーメント法を使ってフィットする．推定された GB2 が与えられると，

---

[4] Aitchison and Brown (1969, p. 12) は対数正規に関して正規化した不完全モーメントあるいはモーメント分布を示している．また式 (14.2.9) を見よ．

表 14.5　GB2 オプション価格 ($T=0.25$, $r=0.10$, $x=100$, $\sigma^2=0.40$)

S_T	BS	%Δ 尖度		%Δ 歪度		
		50	100	−25	−50	−75
90	8.39	7.94	7.53	8.20	7.98	7.75
100	13.68	13.40	13.20	13.72	13.76	13.96
110	20.19	20.21	20.30	20.50	20.81	21.19

オプション価格は式 (14.3.22) と (14.3.23 a) によって与えられる．表 14.5 はいつくかの代表的な場合のオプション価格を示している．

これらは，Black-Scholes 価格式の精度における非正規性 (対数正規性) の影響を示唆している．たとえば，もし対数正規分布がリターンの分布を正確に表現しているのなら，株の価格が 100 で行使価格も 100 のオプション価格は 13.68 ドルになる．もし，リターン分布が，対数正規分布と同じ平均，分散，歪度，ただし尖度は 9.72 (4.86 の 2 倍) で特徴付けられたとすると，GB2 に基づくオプション価格は 13.20 ドルになる．

Hull and White (1987) と Wiggens (1987) もまた，確率的ボラティリティが存在する場合のオプション価格式を考案した．GB2 分布はそれ自身が混合分布を表すと考えることもできるので，GB2 ベースのオプション価格式はまた一種の確率的ボラティリティに基づくと解釈できる．

14.3.4　ベータの推定：適応型および部分的適応型推定，ARCH，GARCH とその応用

回帰分析はファイナンスのモデル化では重要なツールである．基本的な線形回帰は次で定義される．

$$\boldsymbol{Y}_t=\boldsymbol{X}_t\beta+\varepsilon_t \tag{14.3.24}$$

ただし，$\boldsymbol{Y}_t$ と $\boldsymbol{X}_t$ はそれぞれ t 期の従属変数と説明変数の $1\times K$ ベクトルを表し，β は未知の定数の $K\times 1$ のベクトルである．ε_t は誤差項で平均が 0 で一定の分散をもつ独立同一分布に従う．

$$\begin{aligned}&\mathrm{E}(\varepsilon_t)=0\\&\mathrm{E}(\varepsilon_t^2)=\sigma_t^2=\sigma^2\end{aligned} \tag{14.3.25}$$

$X'=(X_1', X_2', \cdots, X_n')$ として，n が無限大になるにつれ $(X'X/n)$ の極限値が正値定符号行列 C となると仮定できるとしよう．そのとき最小 2 乗推定量 (OLS) $\hat{\beta}=(X'X)^{-1}X'Y$ は漸近分布 $N(\beta\,;\sigma^2C/n)$ をもつ．最小 2 乗推定量は，誤差項が正規分布のとき効率的である．しかし，正規性が満たされなくとも，最小 2 乗推定は依然としてすべての線形不偏推定量の中で最小の分散をもつが，もっと効率的な非線形推定量があるかもしれない．よく知られているように，OLS は裾の厚いリターン分布にしばしば観測される外れ値に非常に敏感である．

OLS より外れ値に影響を受けない多くの他の推定手法がファイナンスと統計学の

分野で考えられた．もっともよく使われている方法の1つは，最小絶対偏差法(least absolute distribution : LAD)である．それは以下の式で定義される．

$$\text{LAD}: \boxed{\hat{\beta}_{\text{LAD}} = \arg\min_\beta \sum_t |Y_t - X_t\beta|} \qquad (14.3.26)$$

Basset and Koenker (1978)はこの推定量は，もし ε の確率密度関数，$f(\varepsilon)$ が連続でそのメディアンにおいて正の密度をもつなら，漸近的に正規分布に従うことを示した．LAD推定量は少なくとも漸近的には，多くの裾の厚い分布に対して最小2乗推定量よりもっと効率的である(Smith and Hall (1972), Kadiyala and Murthy (1977), Coursey and Nyquist (1983))．LADは，誤差項がラプラス分布に従う場合の最尤推定量である．Sharpe (1971)およびCornell and Dietrich (1978)は，市場モデルのベータを推定するのにLADを利用した．

L_p 推定量は次の式で定義され，最小2乗法($p=2$)とLAD($p=1$)の両者の一般化を提供する．

$$L_p: \boxed{\hat{\beta}_{L_p} = \arg\min_\beta \sum_t |Y_t - X_t\beta|^p} \qquad (14.3.27)$$

L_p の初期の研究はどの p の値が望ましいかの議論を含んでいる(たとえばHogg (1974)を見よ)．

M推定量はありうべき非正規性に適応できるもう1つの推定量のクラスである．これらの推定量は次の式で定義される．

$$\text{M}: \boxed{\hat{\beta}_M = \arg\min_\beta \sum_t \rho((Y_t - X_t\beta)/\sigma)} \qquad (14.3.28)$$

ただし，σ はこの分布のスケール推定値である．関数 $\rho(\ \ )$ は誤差の各値に「ウエイト」を与える．関数 $\Psi(\varepsilon) = \rho'(\varepsilon)$ は誤差項が推定プロセスにおいてもつ「影響」を計測する．M推定量は，もし $E(\Psi(\varepsilon)) = 0$ で $\text{Var}(\Psi(\varepsilon))$ が有限であれば漸近的に正規分布に従う．最小2乗推定量，LAD推定量，L_p 推定量はM推定量の特殊なケースである．Huber (1981)は他のM推定量を考えた．M推定量に対する重要な問題は適当な $\rho(\varepsilon)$ の関数を選択することである．もし $\rho(\varepsilon)$ が $\{-\ln f(\varepsilon)\}$ と選択されれば，M推定量はMLEとなり効率的となる．Koenker (1982)はこの点に関する非常によいサーベイである．

$f(\varepsilon)$ の形はめったに知られないので，2つのアプローチがこの分野で開発された．1つのアプローチは，「部分的適応型」(partially adaptive)と考えることができるが，正規分布やその他の裾の厚い分布や非対称の分布も含む柔軟なパラメトリック密度関数の対数のマイナスを $\rho(\varepsilon)$ として選択するものである．安定パレート分布誤差を仮定した初期のBlattberg and Sargent (1971)や指数分布やBT分布誤差に基づくZeckhauser and Thompson (1970)は部分的適応型手法を特徴付けている．もう1つのアプローチは「完全適応型」(fully adaptive)な方法である．カーネル推定量や一般化モーメント法(generalized method of moments)に基づく方法は完全適応型手法の例である．完全適応型推定量は実際の誤差分布に基づく最尤推定量を漸近的に同一な効率性をもつ．しかし，完全適応型推定量は，実際に出会う標本サイズに対して同じ効率的特徴を示すとは限らない．

14.3.4.1　部分的適応型推定

BT，GT，EGB2 の確率密度関数は，正規性からの乖離がある場合の回帰モデルの推定の基礎を提供する．BT と GT は左右対称であるが，異なる程度の尖度を許容する．EGB2 は同じような広い範囲の尖度を許すことはないが，左右対称だけでなく非対称の誤差分布を許容する．これらのモデルを例示するため，Box-Tiao の確率密度関数式 (14.2.22) から得られる対数尤度関数を考えよう．

$$l_{BT}(\beta, \sigma, p) = n[\ln(p) - \ln(2\sigma\Gamma(1/p))] - \sum_t (|Y_t - X_t\beta|/\sigma)^p \tag{14.3.29}$$

$p=1$ あるいは 2 のとき β について $l_{BT}(\quad)$ を最大化すると LAD あるいは OLS が得られる．β と p について $l_{BT}(\quad)$ を最大化することは p の選択を内生化する．裾の厚い誤差分布は小さい p の値に関連し，正規分布に近いデータは 2 に近い p の推定値に関連している傾向にある．一般化 t 分布の使用はスチューデント t 分布族のメンバーで近似される誤差分布に適応できるだけでなく，Box-Tiao (べき乗指数分布族) の分布族も両方とも正規分布を含む．また，有限な q に対して Ψ_{GT} は再減少し，推定プロセスの中の外れ値を「割り引く」．EGB2 分布族の使用は裾の厚い裾と非対称性を許容する．Ψ_{EGB2} は有限な q について，有界で再減少ではない．

14.3.4.2　adaptive estimators —— 正規カーネル ——

回帰パラメータの正規カーネル推定量は次の式で近似できる確率密度関数をもつ誤差を仮定することによって得られる．

$$f(\varepsilon) = \left(\frac{1}{sN}\right)\sum_{n=1}^{N}\phi\left(\frac{\varepsilon - e_{nN}}{s}\right) \tag{14.3.30}$$

ここで，ϕ は標準正規密度関数で，e_{nN} は $e_{nN} = Y_n - X_n\hat{\beta}$ の最小 2 乗残差である．なお，$\hat{\beta}$ は β の最小 2 乗推定量であり，s は平滑パラメータである．トリミング・パラメータを導入することもできる (Hseih and Manski (1987))．McDonald and White (1993) は小規模のモンテカルロ・シミュレーションによって，有限標本のもとで，LAD, OLS, partially adaptive (EGB2, BT, GT)，正規カーネル，GMM 推定量のパフォーマンスを比較研究を行った．彼らは，適応型および部分的適応型推定量がいくつかの非正規誤差分布に対して，OLS および LAD 推定量にまさることを示した．また，正規分布の誤差分布の場合に効率性の損失が最小であることも示している．さらに，EGB2 推定量は非対称誤差分布の場合，すべての他の推定量に優位していることも見出した．

14.3.4.3　ARCH と GARCH モデル

多くのファイナンス事例で，伝統的な回帰モデルで記述できない小さい残差と大きい残差のクラスターによって特徴付けられる回帰誤差を見出している．これらの事例では，大きい (小さい) 残差は，大きい (小さい) 残差の後に続いている傾向にある．

この実証上の発見は，次の式のような自己回帰条件付不均一分散(ARCH)表現の誤差を示唆している．

$$\varepsilon_t = u_t[\alpha_0 + \alpha_1 \varepsilon_{t-1}^2]^{0.5} \quad (14.3.31)$$

ただし，u_t は独立で同一の $N(0,1)$ に従う．$\alpha_1 < 1$ ならば以下が証明できる (Engle (1982))．

$$\mathrm{Var}[\varepsilon_t | \varepsilon_{t-1}] = \sigma_t^2 = \alpha_0 + \alpha_1 \varepsilon_{t-1}^2 \quad (14.3.32\text{ a})$$

$$\mathrm{Var}[\varepsilon_t] = \alpha_0/(1-\alpha_1) \quad (14.3.32\text{ b})$$

このモデル(14.3.31)は，1次のARCHモデルと呼ばれ，ARCH(1)と示される．

OLS推定量は，もし誤差がARCH(1)かあるいはたとえ誤差が非正規分布でも，β の最良線形不偏推定量である．しかし，それは非線形推定量のクラスの中では有効ではない．p 次のARCHモデル，すなわちARCH(p)は次のように定義できる．

$$\mathrm{ARCH}(p): \sigma_t^2 = \alpha_0 + \alpha_1 \varepsilon_{t-1}^2 + \cdots + \alpha_p \varepsilon_{t-p}^2 \quad (14.3.33)$$

Bollerslev (1986) は一般化ARCH (generalized ARCH) モデルを以下のように定義した．

$$\mathrm{GARCH}(p,q): \sigma_t^2 = \alpha_0 + \alpha_1 \varepsilon_{t-1}^2 + \cdots + \alpha_p \varepsilon_{t-p}^2 + \delta_1 \sigma_{t-1}^2 + \cdots + \delta_q \sigma_{t-q}^2 \quad (14.3.34)$$

GARCHは，高次のARCHモデルを要求するような多くのモデルに対して倹約したパラメータ化を行っている．GARCHは，ARCHモデルで許されるよりも一般的な形で分散が時間とともに変動することを許容する．BollerslevはGARCH(1,1)モデルに関して，12次までのモーメントの安定性の条件を述べている．Greene (1993)はARCHとGARCHモデルの概観を与えている．Bollerslev, Chou, and Kroner (1992)は理論と実証例の幅広いサーベイを行った．Nelson (1991)はARCHモデルとGARCHモデルの適用においてBTを柔軟なパラメトリック・モデルとして利用した．EGB2とGTはさらなる柔軟性を提供するであろう．

実証ファイナンスの応用で見受けられる非正規性(歪度や尖度の大きな誤差分布)やクラスタリングを説明するために，部分的および完全適応型手法をARCHやGARCH特定化と組み合わせることもできるであろう．

14.3.4.4 市場モデルへの応用(AMPCO)

われわれは，株式ベータを推定するため，14.3.1項で参照した月次リターンデータを使う．従属変数は $Y = \ln((P_t + d_t)/P_{t-1}) - r_t$ であり，ここで，P_t と d_t はAMPCOの t 期での価格と配当である．r_t は30日物アメリカ国債の月次リターンである(安全利子率の代用)．独立変数は X＝安全利子率控除後の時価加重のニューヨーク証券取引所(VWNYSE)の月次リターンの対数である．推定された最小2乗推定の結果は以下のようである．

$$\hat{Y} = -0.0169 + 1.085X$$

(t) (-1.44) (式14.3.4)

$R^2 = 0.166$

$\mathrm{DW} = 1.56$

表 14.6　ベータの推定値 (AMPCO の月次リターン)
市場モデル：$Y_t=\alpha+\beta X_t+\varepsilon_t$ (1988 年 1 月～1992 年 12 月)

	OLS	LAD	BT	GT	EGB2	KERNEL
α	−0.0169	−0.0186	−0.0187	−0.024	−0.016	−0.0193
β	1.085	1.176	1.187	0.878	0.993	1.149
p	2.000	1.000	1.11	6303.4	0.984	
q	∞		∞	0.0003	0.552	
R^2	0.166	0.166	0.165	0.160	0.165	0.166
	60.6	65.3	65.4	69.1	66.9	—

対数尤度＝l＝60.62

歪度＝1.56

尖度＝8.7

歪度と尖度は，正規分布誤差の仮定が問題であることを示唆している．これは Jarque-Bera 検定と 6 個のグループを使った適合度検定によって確認される．このモデルは誤差分布を LAD，BT，GT，EGB2，カーネルを使って特定化して，再推定された．結果は表 14.6 に示されている．

BT，GT，EGB2 は，正規分布の仮定 (すなわち，最小 2 乗法) に比較して対数尤度の値が改善した．ベータの推定値には大きな差異がある．EGB2 とカーネル推定量のみが，歪みをもつ誤差分布を許容する．これらの推定量の性質はさらなる研究を必要とする．部分的適応型推定 (カーネルではない) の 2 つの例が Butler *et al.* (1990) と McDonald and Nelson (1993) で見られる．

ベータはランダムに選ばれた 45 銘柄について推定された．45 ケースのどれでも，誤差項の重大な ARCH の挙動を示さなかった．この挙動は週次や日次リターンならば，観察されるかもしれない．

14.3.5　他の応用例

確率分布に柔軟なパラメトリック族を考えるというこれらの応用は，柔軟なパラメトリック分布の潜在的な利用のほんのきざしを示唆するものでしかない．ファイナンスへの他の応用は ARCH または GARCH 項をもった ARIMA 予測モデルや，質的応答モデル，景気循環の持続期間のモデルなどがある．これらのモデルの推定は扱いやすい．また他の例としては，外生変数の推定可能な関数として，分布のパラメータを構成するものがある．これは，関心のある分布に対し予測されるシフトをモデル化することを許す．

付録 A：特殊関数

この項では，論文の本論で議論したいくつかの関数と記法を概観する．Abramowitz and Stegun (1964), Luke (1969), Rainville (1960) と Sneddon (1961) はこの分野での追加的な背景的知識に関する有用な参考文献である．

ガンマ関数 $\Gamma(z)$ は，z の実数部分が正値ならば以下のように定義される．

$$\Gamma(z)=\int_0^{\infty} e^{-t}t^{z-1}dt \tag{14.A.1}$$

式 (14.A.1) を部分積分すると，次の再帰関係を生み出す．

$$\Gamma(z)=(z-1)\Gamma(z-1) \tag{14.A.2}$$

次の 2 つの有用な結果がある．

$$\Gamma(0.5)=\sqrt{\pi} \tag{14.A.3}$$

$$\Gamma(z)\to e^{-z}z^{z-0.5}(2\pi)^{0.5}, \qquad z\to\infty \tag{14.A.4}$$

Rainville (1960) を見よ．2 番目の結果は，スターリングの近似といわれている．

ベータ関数 $B(p, q)$ は，正の p, q に対して次のように定義される．

$$B(p, q)=\int_0^{\infty} t^{p-1}(1-t)^{q-1}dt=\int_0^{\infty}\frac{t^{p-1}}{(1+t)^{p+q}}dt \tag{14.A.5}$$

$B(p, q)$ はガンマ関数によって以下のように表現できる．

$$B(p, q)=\frac{\Gamma(p)\Gamma(q)}{\Gamma(p+q)} \tag{14.A.6}$$

この論文で考えられる累積分布は，以下のような Pochammer 記号で表される超幾何級数で表現できる．

$$\begin{aligned}(a)_n&=(a)(a+1)(a+2)\cdots(a+n-1)=\frac{\Gamma(a+n)}{\Gamma(a)}, \qquad 1\leq n\\ &=1 \text{ for } n=0.\end{aligned} \tag{14.A.7}$$

一般化超幾何級数は以下のように定義される．

$${}_pF_q[a_1, a_2, \cdots, a_p\,;\, b_1, b_2, \cdots, b_q\,;\, x]=\sum_{i=0}^{\infty}\frac{(a_1)_i(a_2)_i\cdots(a_p)_i x^i}{(b_1)_i(b_2)_i\cdots(b_q)_i i!} \tag{14.A.8}$$

一般化超幾何級数の 2 つの重要なケースがあり，1 つは，以下のような ($p=q=1$) の合流型超幾何級数

$${}_1F_1[a_1;b_1;x]=\sum_{i=0}^{\infty}\frac{(a_1)_i x^i}{(b_1)_i i!} \tag{14.A.9}$$

であり，もう 1 つは，次のような ($p=2, q=1$) の超幾何級数

$${}_2F_1[a_1, a_2;b_1;x]=\sum_{i=0}^{\infty}\frac{(a_1)_i(a_2)_i x^i}{(b_1)_i i!} \tag{14.A.10}$$

である．

これらの関数の柔軟性の例として，指数関数 e^x と $(1-x)^n$ の 2 項展開は，以下のように超幾何級数の特殊ケースとして表現される．

$$e^x={}_1F_1[a;a;x] \text{ および } (1-x)^n={}_1F_0[-n;x]$$

この論文で考察される多くの確率変数の分布関数は以下の不完全ガンマ関数と不完全ベータ関数によって表現できる．

$$\gamma_x(p)=\int_0^{x} e^{-t}t^{p-1}dt$$

$$=\left(\frac{x^p}{p}\right){}_1F_1[p, p+1\,;\,-x] \tag{14.A.11}$$

Rainville (1960, p. 127) を見よ.

$$B_x(p, q)=\int_0^x t^{p-1}(1-t)^{q-1}dt=\frac{x^p}{p}{}_2F_1[p, 1-q\,;\,p+1\,;\,x] \tag{14.A.12}$$

Luke (1969, Vol 2, p. 178) を見よ.

付録 B

データ

1. 選択された企業

1. Aileen Inc.
2. Aluminum Company Amer
3. American Home Products Corp.
4. Ampco-Pittsburg Corp.
5. Armatron International Inc.
6. Atlantic Energy Inc. N.J.
7. Becton Dickinson & Co.
8. Bethlehem Corp.
9. Brascan Ltd.
10. Brown Forman Inc.
11. Caterpillar Inc.
12. Cleveland Cliffs Inc.
13. Coastal Corp.
14. Cominco Ltd.
15. Crowley Milner & Co.
16. Curtiss Wright Corp.
17. Dole Food Co.
18. FPL Group Inc.
19. General Public Utils Corp.
20. Hapmpton Industries Inc.
21. Hershey Foods Corp.
22. KATV Industries Inc.
23. LVI Group Inc.
24. MEI Diversified Inc.
25. Manville Corp.
26. Masco Corp.
27. Mesabi Trust
28. Minnesota Power & Light
29. Nevada Power Co.
30. Nucor Corp.
31. Oneida Ltd.
32. Perkin Elmer Corp.
33. Proler International Corp.
34. Quaker State Corp.
35. Quantum Chemical
36. Rockwell International Corp.
37. Russell Corp.
38. Ryder Systems Inc.
39. SPS Technologies Inc.
40. Speed O Print Business Mach.
41. Thomas Industries Inc.
42. Union Pacific Corp.
43. Walgreen Co.
44. Wheeling Pittsburgh Corp.
45. Witco. Corp.

2. データ

AMPC	VWNYSE	TREASURY BILLS
1.064220	1.046050	1.002942
1.017241	1.048949	1.004556
0.932203	0.975659	1.004407
1.041818	1.010124	1.004616
0.921053	1.005238	1.005053

1.000000	1.048774	1.004853
1.024762	0.994076	1.005072
0.934576	0.971946	1.005938
1.050000	1.038680	1.006167
0.977143	1.023418	1.006101
0.990196	0.985484	1.005662
1.075248	1.018858	1.006341
1.074074	1.067892	1.005514
1.017241	0.980880	1.006131
1.050847	1.021679	1.006706
0.948387	1.047366	1.006748
1.042735	1.038815	1.007873
0.950820	0.997407	1.007093
0.970690	1.083675	1.006955
1.080357	1.020178	1.007392
0.958678	0.996213	1.006545
0.936207	0.972320	1.006765
0.953704	1.020250	1.006866
0.899029	1.021427	1.006069
0.858696	0.932313	1.005670
0.924051	1.013580	1.005679
1.041096	1.023607	1.006441
1.021053	0.973387	1.006873
0.948052	1.089550	1.006771
0.917808	0.994140	1.006251
0.994030	0.996466	1.006771
0.924242	0.912555	1.006572
0.786885	0.951331	0.005984
0.887500	0.992493	1.006818
1.119048	1.063259	1.005651
1.119149	1.028244	1.005989
1.038462	1.042467	1.005177
1.240741	1.072492	1.004767
1.074627	1.024085	1.004391
0.952778	1.002769	1.005355
0.955882	1.040264	1.004721
0.892308	0.957727	1.004171
0.975862	1.045763	1.004884
0.875000	1.024660	1.004610
1.244898	0.986335	1.004558
1.059016	1.014917	1.004246

0.937500	0.962219	1.003915
1.033333	1.106464	1.003792
1.041935	0.988254	1.003391
1.046875	1.011946	1.002828
0.955224	0.981095	1.003376
0.978125	1.023507	1.003249
0.919355	1.005404	1.002758
0.982456	0.984084	1.003201
1.028571	1.041030	1.003077
0.842105	0.980654	1.002605
1.000000	1.009555	1.002573
0.991667	1.006615	0.002286
1.042553	1.034350	1.002346
1.469388	1.014859	1.002823

謝　辞

筆者は Darin Clay, Julia Sunny の研究のアシストに，また Scott Carson, Grant McQueen に対し，この論文の初期ドラフトに関して与えられたコメントに感謝の意を表したい． ■

［永原裕一・訳］

文　　献

Abramowitz, M. and I. A. Stegun (1964). *Handbook of Mathematical Functions with Formulas, Graphs, and Mathematical Tables*. National Bureau of Standards, Applied Mathematics Series No. 55, Washington, D.C.

Aitchison, J. and J. A. C. Brown (1969). *The Lognormal Distribution with Special References to Its Uses in Economics*. Cambridge University press, Cambridge.

Akgiray, V. and G. G. Booth (1988). The stable-law model of stock returns. *J. Business Econom. Statist.* **6**(1), 51–57.

Ali, M. M. (1975). Stochastic dominance and portfolio analysis. *J. Financ. Econom.* **2**, 205–229.

Arnold, B. (1983). *Pareto Distributions*. International Cooperative, Burtonsville, MD.

Arrow, J. K. (1965). *Aspects of the Theory of Risk Bearing*. Helsinki.

Atkinson, A. B. (1970). On the measurement of inequality. *J. Econom. Theory* **2**, 244–63.

Basset, G. and R. Koenker (1978). Asymptotic theory of least absolute error regression. *J. Amer.-Statis. Assoc.* **73**, 618–622.

Bishop, J. A., S. Chakraborti and P. D. Thistle (1989). Asymptotically distribution free statistical inference for generalized Lorenz curves. *Rev. Econom. Statist.* **71**, 725–727.

Black, F. and M. Scholes (1973). The pricing of options and corporate liabilities. *J. Politic. Econom.* **81**, 637–659.

Blattberg, R. C. and N. J. Gonedes (1974). A comparison of the stable and student distributions as statistical models for stock prices. *J. Business* **47**, 244–280.

Blattberg, R. and T. Sargent (1971). Regression with non-Gaussian disturbances: Some sampling results. *Econometrica* **39**, 501–510.

Bollerslev, T. (1986). Generalized autoregressive conditional heteroscedasticity. *J. Econometrics* **31**, 307–327.

Bollerslev, T., R. Y. Chou and K. F. Kroner (1992). ARCH modeling in finance. *J. Econometrics* **52**, 5–59.

Bookstaber, R. M. (1987). *Option Pricing and Investment Strategies*. Probus Publishing Co., Chicago.

Bookstaber, R. M. and J. B. McDonald (1987). A general distribution for describing security price returns. *J. Business* **60**, 401–424.

Butler, R. J. and J. B. McDonald (1989). Using incomplete moments to measure inequality. *J. Econometrics* **42**, 109–119.

Butler, R. J., J. B. McDonald, R. Nelson and S. White (1990). Partially adaptive estimation of regression models. *Rev. Econom. Statist.* **72**, 321–327.

Clark, P. K. (1973). A subordinated stochastic process model with finite variance for speculative prices. *Econometrica* **41**, 135–155.

Cornell, D. and J. K. Dietrich (1978). Mean-absolute-deviation versus least squares regression estimation of beta coefficients. *J. Financ. Quant. Anal.* **13**, 123–131.

Coursey, D. and H. Nyquist (1983). On least absolute error estimation with linear regression models with dependent stable residuals. *Rev. Econom. Statist.* **65**, 687–692.

Cox, J. C. and S. A. Ross (1976). The valuation of options for alternative stochastic processes. *J. Financ. Econom.* **3**, 145–166.

Elderton, Sir W. P. and N. L. Johnson (1969). *Systems of Frequency Curves*. Cambridge University Press, London.

Elton, E. J. and M. J. Gruber (1974). Portfolio theory when investment relatives are lognormally distributed. *J. Finance* **29**, 1265–1273.

Engle, R. (1982). Autoregressive conditional heteroscedasticity with estimates of the variance of United Kingdom inflations. *Econometrica* **50**, 987–1008.

Fama, E. F. and R. Roll (1968). Some properties for symmetric stable distributions. *J. Amer. Statist. Assoc.* **63**, 817–836.

Fishburn, P. C. (1964). *Decision and Value Theory*. Wiley, New York.

Greene, W. H. (1993). *Econometric Analysis*. Macmillan, New York.

Hagerman, R. L. (1978). More evidence on the distribution of security returns. *J. Finance* **33**, 1213–1221.

Hanoch, G. and H. Levy (1969). The efficiency analysis of choices involving risk. *Rev. Econom. Stud.* **36**, 335–346.

Hirschberg, J., S. Mazumdar, D. Slottje and G. Zhang (1992). Analyzing functional forms of stock returns. *J. Appl. Financ. Econom.* **2**(4), 221–227.

Hogg, R. V. (1974). Adaptive robust procedures: A partial review and some suggestions for future applications and theory. *J. Amer. Statist. Assoc.* **69**, 909–927.

Hsieh, D. A. and C. F. Manski (1987). Monte Carlo evidence on adaptive maximum likelihood estimation of a regression. *Ann. Statist.* **15**, 541–551.

Huber, P. J. (1981). *Robust Statistics*. Wiley, New York.

Hull, J. and A. White (1987). The pricing of options on assets with stochastic volatilities. *J. Finance.* **52**, 281–300.

Johnson, N. L. and S. Kotz (1970). *Continuous Univariate Distributions*. Vol. 2. Wiley, New York.

Kadiyala, K. R. and K. S. R. Murthy (1977). Estimation of regression equations with cauchy disturbances. *Canad. J. Statist.* Section C: Applications. **5**, 111–120.

Kakwani, N. C. (1984). *Welfare Rankings of Income Distributions*. Advances in Econometrics, 3. Edited by R. L. Basmann and G. F. Rhodes. Greenwich, Conn., JAI Press.

Kalbfleisch, J. D. and R. L. Prentice (1980). *The Statistical Analysis of Failure Time Data*. Wiley, New York.

Kendall, M. G. and A. Stuart (1969, 1967). *The Advanced Theory of Statisticis*, Vol.I and II. Griffin, London.

Koenker, R. (1982). Robust methods in econometrics. *Econometric Rev.* **1**, 213–255.

Lau, A. H., H. Lau and J. R. Wingender (1990). The distribution of stock returns: New evidence against the stable model. *J. Business Econom. Statist.* **8**, 217–223.

Lau, H., J. R. Wingender and A. H. Lau (1989). On estimating skewness in stock returns. *Mgmt. Sci.* **35**(9), 1139–1142.

Lehmann, E. L. (1959). *Testing Statistical Hypotheses.* Wiley, New York. 74–75.

Luke, Y. L. (1969). *The Special Functions and their Approximations.* Vol. I and II. Academic Press, New York.

Mandelbrot, B. (1963). The variation of certain speculative prices. *J. Business.* **36**, 394–419.

Markowitz, H. M. (1959). *Portfolio Selection.* Wiley, New York.

McDonald, J. B. (1984). Some generalized functions for the size distribution of income. *Econometrica.* **52**, 647–663.

McDonald, J. B. and R. M. Bookstaber (1991). Option pricing for generalized distributions. *Communications in Statistics: Theory and Methods.* **20**(12), 4053–4068.

McDonald, J. B. and R. J. Butler (1987). Some generalized mixture distributions with an application to unemployment duration. *Rev. Econom. Statist.* **69**, 232–240.

McDonald, J. B. and R. Nelson (1993). Beta estimation in the market model: Skewness and Leptokurtosis. *Comm. Statist.* 22:10

McDonald, J. B. and W. K. Newey (1988). Partially adaptive estimation of regression models via the generalized T distribution. *Econometric Rev.* **12**, 103–124.

McDonald, J. B. and S. B. White (1993). A comparison of some robust, adaptive, and partially adaptive estimators of regression models. *Econometric Rev.* **12**, 103–124.

McDonald, J. B. and Y. J. Xu (1995). A generalization of the beta distribution with applications. *J. Econometrics*, **66**, 133–152.

Nair, U. S. (1936). The standard error of Gini's mean difference. *Biometrika.* **38**, 428–36.

Nelson, D. B. (1991). Conditional heteroskedasticity in asset returns: A new approach. *Econometrica.* **59**, 347–370.

Officer, R. R. (1972). The distribution of stock returns. *J. Amer. Statist. Assoc.* **67**, 807–812.

Ord, J. K. (1972). *Families of Frequency Distributions.* Griffin, London.

Patil, G. P., M. T. Boswell and M. V. Ratnaparkhi (1984). *Dictionary and Classified Bibliography of Statistical Distributions in Scientific Work.* International Cooperative Publishing, Burtonsville, MD.

Pearson, K. (1895). Memoir on skew variation in homogeneous materials. *Phil. Trans. Roy. Soc.. A.* **186** 343–414.

Pearson, K. (1901). Supplement to a memoir on skew variation. *Phil. Trans. Roy. Soc.. A.* **197**, 443–459.

Pearson, K. (1916). Second supplement to a memoir on skew variation. *Phil. Trans. Roy. Soc.. A.* **216**, 429–457.

Pope, R. D. and R. F. Ziemer (1984). Stochastic efficiency, normality, and sampling errors in agricultural risk analysis. *Amer. J. Agri. Econom.* **66**, 31–40.

Praetz, P. D. (1972). The distribution of share price charges. *J. Business.* **45**, 49–55.

Pratt, J. W. (1964). Risk Aversion in the Small and Large. *Econometrica.* 122–136.

Quirk, J. P. and R. Saposnik (1962). Admissibility and measurable utility functions. *Rev. Econom. Stud.*

Rainville, E. D. (1960). *Special Functions.* MacMillan, New York.

Salem A. B. and T. D. Mount (1974). A convenient descriptive model of income distribution: The gamma density. **42**, 1115–1127.

Shalit, H. and S. Yitzhaki (1984). Mean-Gini, portfolio theory, and the pricing of risky assets. *J. Finance* **39**, 1449–1468.

Sharpe, W. F. (1971). Mean-absolute-deviation characteristic lines for securities and portfolios. *Mgmt. Sci.* **18**, 1–13.

Shorrocks, A. F. (1983). Ranking income distributions. *Economica* 3–17.

Singh, S. K. and G. S. Maddala (1976). A function for the size distribution of incomes. *Econometrica* **44**, 963–973.

Sneddon, I. N. (1961). *Special Functions of Mathematical Physics and Chemistry*, 2nd ed., Interscience Publishers, Edinburgh.

Smith, V. K. and T. W. Hall (1972). A comparison of maximum likelihood versus BLUE estimators.

Rev. Econom. Statist. **54**, 186–190.

Stuart, A. and J. K. Ord (1987). *Kendall's Advanced Theory of Statistics*, Vol.1. Oxford Press, New York.

Taillie, C. (1981). Lorenz ordering within the generalized gamma family of income distributions. *Statistical Distributions in Scientific Work*. **6**, 181–192.

Taylor, S. (1986). *Modeling Financial Time Series*. Wiley, New York.

Tobin, J. (1958). Liquidity preference as behaviour towards risk. *Rev. Econom. Stud.* **25**, 65–68.

Von Neumann, J. and O. Morgenstern (1953). *Theory of Games and Economic Behaviour*. 3rd ed., Princeton Press, Princeton.

Wiggens, J. B. (1987). Option values under stochastic volatility. *J. Financ. Econom.* **19**, 351–372.

Wilfing, B. (1992). A sufficient condition for Lorenz domination of generalized beta income distributions of the second kind. University of Dortmund, Mimeo.

Wilfing, B. and W. Kramer (1993). The Lorenz-ordering of Singh-Maddala income distributions. *Econom. Lett.* **43**, 53–57.

Yitzhaki, S. (1982). Stochastic dominance, mean variance and Gini's mean difference. *Amer. Econom. Rev.* **72**, 178–85.

Zeckhauser, R. and M. Thompson (1970). Linear regression with non-normal error terms. *Rev. Econom Statist.* **52**, 280–286.

15

ファイナンス・モデルにおけるブートストラップ検定法*

Bootstrap Based Tests in Financial Models

G. S. Maddala and Hongyi Li

15.1 は じ め に

Efron (1979) を端緒とするブートストラップ法 (bootstrap methods) は，過去10年間にファイナンスに関する文献において，以下のようなさまざまな目的のために広範に用いられてきた．

①小標本の標準誤差を求めるため．たとえば Akgiray and Booth (1988) や Badrinath and Chatterjee (1991) など．

②検定の有意水準を得るため．たとえば Hsieh and Miller (1988) や Shea (1989 a, b) など．

③取引ルール収益の有意水準を得るため．たとえば Levich and Thomas (1993) や LeBaron (1994) など．

④母集団分布の経験的な近似を導くため．たとえば Bookstaber and McDonald (1987).

⑤ブートストラップ化されたデータに対して取引ルールを用いて，モデル定式化を検定するため，たとえば Brock, Lakonishok and LeBaron (1992), LeBaron (1991, 1992), Kim (1994) や Karolyi and Kho (1994) など．

⑥長期間の予測可能性の実効性の検討をするため，たとえば Goetzmann and Jorion (1993), Nelson and Kim (1993), Mark (1995), Choi (1994) や Chen (1995) など．

⑦非線形モデルにおけるインパルス応答分析のため．たとえば Gallant, Rossi and Tauchen (1993) や Tauchen, Zhang and Liu (1994) など．

この論文で概説されるファイナンスにおけるブートストラップ法の応用の中には，ブートストラップ法の最近の展開の観点からみて初めて欠陥のあるものもある．しかしながら，最近の展開に基づいて概説を行うことがもっともよいと考える．なぜならば，そうすれば，将来のブートストラップ法の適用において改善が可能となるからである．これらの概説を始める前に，ファイナンス・モデルにおけるブートストラップ

---

* Steve Cosslett と Nelson Mark から多くの有益なコメントをいただいたことに感謝する．ただし，ありうべき誤りはすべて著者の責任に帰する．

法の適用において関連して重要な問題をまず議論しよう．

15.2　さまざまなブートストラップ法の概説

ほとんどのファイナンス・モデルは時系列データに関連している．時系列データを用いる場合，iid 観測値に対して適切な標準的なブートストラップ法は有効ではない．これに代わるものとして，逐次的ブートストラップ (recursive bootstrap)，移動ブロック・ブートストラップ (moving block bootstrap)，定常ブートストラップ (stationary bootstrap) などがある．以下では，これらの代替的な方法の簡潔なアウトラインを与える．まず，標準的なブートストラップから始める．

15.2.1　標準的なブートストラップ

$(y_1, y_2, \cdots, y_n)$ を単一パラメータ θ によって特徴付けられる分布からの無作為標本とする．ある統計量 T に基づいて，θ に関する推測がなされる．基本的なブートストラップのアプローチは，大きさ m (通常は $m=n$ とされる) の標本を繰り返し復元再抽出することからなる．この標本を $(y_1^*, y_2^*, \cdots, y_m^*)$ と呼ぶ．これがブートストラップ標本である．これを N_B 回行い，各ブートストラップ標本に対して統計量 T (の値) を計算する．これを T^* と呼ぶ．N_B 個のブートストラップ標本に基づく T^* の分布は，T のブートストラップ標本として知られているものである．これを使って，θ に関する推測を行う．Freeman (1981 a, b) によって，この手続きは標準的な回帰分析に拡張されている．標準的な回帰モデルの場合には，再抽出されるのは残差である．いうまでもないことであるが，誤差が iid でなければ，この手続きを修正しなければならない．

15.2.2　逐次的なブートストラップ

(たとえば p と q が既知である定常な ARMA (p, q) モデルのように) きちんと特定された構造に従うラグ従属変数や系列相関をもつ誤差項を取り扱うために，Freedman and Peters (1984) によって最初に紹介された逐次的なブートストラップを用いることができる．この方法はまた，AR (1) モデルと AR (2) モデルにブートストラップ法を適用するために Efron and Tibshirani (1986) によって用いられている．逐次的なブートストラップ法では，モデルを OLS (あるいは一致推定値をもたらすような別の推定法) によって推定し，残差を求め，(適当な規準化を施した後) 残差の再抽出を行う．再抽出された残差が得られたならば，次にブートストラップ標本を逐次的に生成する．たとえば，誤差項が AR (1) である回帰モデル

$$y_t = \beta x_t + u_t \tag{15.2.1}$$

$$u_t = \rho u_{t-1} + e_t \tag{15.2.2}$$

の場合を取り上げる．ここで，e_t は平均が 0，分散が σ^2 である iid 系列とする．こ

の場合，方程式(15.2.1)をOLSで推定した残差 $\hat{u}_t$ に対してCochrane-OrcuttやPrais-Winstenの手法を適用して，ρ を推定し，$\hat{e}_t$ を求める．そして，$\hat{e}_t$ の再抽出を行い，逐次的に $\hat{u}_t$ を求めることにより，y_t のブートストラップ標本を生成する．

15.2.3 移動ブロック・ブートストラップ

誤差分布が，p と q が既知である定常なARMA (p, q) モデルであると特定されていれば，逐次的なブートストラップ法の適用は自明である．しかし，系列相関の構造が取り扱い困難あるいは誤って特定化されている場合には，残差に基づく方法は（もしもシステムの中に従属変数のラグ変数が入っている場合は）不一致な推定値を与えるであろう．一般的な従属関係をもつ時系列データを取り扱うために，あるパラメトリックな形へデータを当てはめることを必要としないようなアプローチが展開されている．Carlstein (1986) は，個別の観測値に対してでなく観測値のブロックに対してブートストラップを適用するという考えを最初に議論した．彼が考案ブロックは，重なり合いのないものであった．その後Künsh (1989) とLiu and Singh (1992)（ディスカッションペーパーとして1988年には入手可能であった）が独立に，**移動ブロック・ブートストラップ**という定常な時系列データに対して適用なより一般的なブートストラップの手続きを導入した．この方法では，観測値のブロックは重なり合っている．

Carlsteinの方法（重なり合いのないブロック）もKünschの方法（重なり合うブロック）もいずれも n 個の観測値を長さが l のブロックに分け，すべての可能なブロックを復元再抽出することによって，b 個のブロックを選ぶ．議論を簡単にするために，$n=bl$ としよう．Carlsteinの方法では，b 個のブロックしかない．Künschの方法では，$n-l+1$ 個のブロックがある．$k=1, 2, \cdots, (n-l+1)$ に対して，これらのブロックは $L_k=\{x_k, x_{k+1}, \cdots, x_{k+l-1}\}$ である．たとえば，$n=6$ かつ $l=3$ であり，データは $\{x_t\}=\{7, 2, 3, 6, 1, 5\}$ としよう．Carlsteinの場合，ブロックは $\{(7, 2, 3), (6, 1, 5)\}$ である．Künschの場合，ブロックは $\{(7, 2, 3), (2, 3, 6), (3, 6, 1), (6, 1, 5)\}$ である．それぞれの場合について，2つのブロックからなる標本を復元抽出しよう．最初の抽出で $(7, 2, 3)$ が出たとしよう．Carlsteinのスキームでは $(6, 1, 5)$ が標本に含まれない確率は1/2である．移動ブロックのスキームでは，$(6, 1, 5)$ が含まれない確率は1/4である．したがって，Carlsteinのスキームでは，すべてのブロックが含まれるとは限らない（一部のブロックが含まれない）確率が高い．このため，Carlsteinの方法は人気がなく，使用されることが少ない．

ブロックに分ける手法に関する過去の文献は，ほとんどが標本平均とその分散の推定に関するものである．しかし，Liu and Singh (1992) は，その結果のより一般的な統計量への適用可能性を論じている．また，Künsch (1989, p. 1235) は，AR (1) とMA (1) モデルを議論している．

15.2.4 定常ブートストラップ

たとえオリジナルな時系列 $\{x_t\}$ が定常であっても，移動ブロック法によって生成された疑似時系列は定常ではない．このため，Politis and Romano (1994) は，**定常ブートストラップ法**を提案した．定常ブートストラップの基本的なステップは，移動ブロック法と同じである．しかし，移動ブロック法と定常ブートストラップ法の標本抽出のスキームには1つの重要な相違がある．定常ブートストラップでは，再抽出されるブロックの長さはランダムであり，パラメータ p をもつ幾何分布に従う．これに対して，移動ブロック・ブートストラップでは，同一の長さのブロックを再抽出する．

l や p に関する最適な選択の議論が，Carlstein (1986)，Künsch (1989)，Hall and Horowitz (1993) や Politis and Romano (1994) によって行われている．これらの選択法は，小標本においてはせいぜい指針程度にすぎない．これらの選択には，むしろ経験が必要とされる．さらに，Hall and Horowitz (1994) で議論されているように，ブロック分け法を用いるときには，検定統計量を修正する必要がある．現在のところ，ファイナンスの文献にはブロック分け法を用いた応用例がない．ここでは，従来の方法に代わる実行可能な方法としてこれらについて言及する．

15.3 ブートストラップ標本の生成と検定統計量に関する問題

ファイナンス・モデルにおけるブートストラップ法の適用において解決すべき3つの重要な問題がある．これらは，

①残差あるいは原データのどちらに対してブートストラップ法を適用すべきか，

②残差に対して適用するならば，いかにして残差を生成すべきか，

③いかにして適切な検定統計量を定義すべきか．

問題①に関しては，残差に対してブートストラップ法を適用することが一般的であるが，原データへのブートストラップ法の適用が薦められている例も文献に見られる．しかしながら，時系列モデルの場合には，原データへの適用は，不適切である．ファイナンスにおいても，この方法のかなりの応用例がある．それらは次節で概観される．

説明変数が確率変数である回帰（回帰モデルと呼ばず相関モデルと呼んでいる）の場合には，Freedman (1981 a) は，組 (y, x)（それは $E(y|x)=x\beta$ となる同時分布に従う）を再抽出することを示唆している．Efron (1981) は打ち切りデータ (censored data) に関連する問題において直接データを再抽出するという方法を用いている．ブートストラップを原データに直接適用するという方法は Efron and Gong (1983) でも提唱されている．

この直接的な方法の最大の問題点は，いかなる特定のモデルも仮定されないことで

あり，その結果，データ分析者がブートストラップを適用する前にいかなるモデル特定化検定も行わない点である．これは，たとえば Levich and Thomas (1993) の研究において見られることである．ブートストラップ法を行う前に，何らかの特定化検定を行うことはどういう場合でも重要である．そうしなければ，間違ったモデルにブートストラップ法を適用していることになってしまうであろう．この理由から，とりわけ，時系列モデルや共和分回帰の場合には，われわれはブートストラップを原データに適用することを薦めない．原データが $I(1)$ である場合は，原データを再抽出すると，$I(1)$ の性質が失われてしまう．残差を再抽出する方がより多くの情報を用いていることになる．なぜなら，最終的には，われわれはブートストラップ・データを用いてモデルを推定することに関心があるのであり，推定するモデルは，どのようなものであれ，ブートストラップ・データを発生する過程において使われるべき情報の一部をなすべきであるからである．この点は，Li and Maddala (1996 a) で詳細に議論されている．

再標本抽出に用いるのが残差ならば，残差はいかに生成されるべきかということが次に問題になる．この問題に焦点を合わせるために，単純回帰モデル

$$y_t=\beta x_t+u_t \tag{15.3.1}$$

を考えよう．$\hat{\beta}$ を β の OLS 推定量とし，$\hat{u}_t$ を OLS 残差としよう．もしも仮説 $\beta=\beta_0$ を検定しようとしているならば，再標本抽出のためには $\tilde{u}_t=y_t-\beta_0 x_t$ を残差として用いるべきである．この理由は，もしも帰無仮説 H_0：$\beta=\beta_0$ が真であるが，OLS 推定量 $\hat{\beta}$ が β_0 から遠く離れた β の値をもたらすならば，残差の経験分布は，帰無仮説における誤差分布をうまく近似できないという欠陥をもつからである．

もしも方程式 (15.3.1) が共和分回帰であり，したがって y_t と x_t が $I(1)$，u_t が $I(0)$ ならば，$\tilde{u}_t$ をブートストラップするだけでは十分ではない．x_t が $I(1)$ であるという情報も利用すべきである．v_t を $I(0)$ とし，$\Delta x_t=v_t$ と書くとしよう．このとき，ブートストラップ・データを生成する場合には，$(\tilde{u}_t, v_t)$ という組を再標本抽出する．これは Li and Maddala (1996 b) で行われたことである．このように，ブートストラップ標本の生成においては，モデルの構造を考慮に入れることが重要である．

次にくる問題は，バイアス修正を目的としてブートストラップ法を用いることについてであるが，この場合は，$\tilde{u}_t$ より残差 $\hat{u}_t$ をブートストラップする方が理にかなっている．しかし，ブートストラップ法は時間を要する方法であるから，仮説検定とバイアス修正の両方の目的で同一のブートストラップ標本を用いることもありうる．しかし，バイアス修正に用いられる公式は，再標本抽出されるのが $\hat{u}_t$ か $\tilde{u}_t$ かに依存して異なる．i 番目のブートストラップ標本からの β の推定値を β_i^* と記し，$\bar{\beta}^*=(N_B)^{-1}\sum_i\beta_i^*$ と定義する．ここで N_B はブートストラップ標本の数である．このとき，β のバイアス修正推定量は，$\hat{u}_t$ を用いてブートストラップするならば，

$$\hat{\beta}_{bc}=\hat{\beta}+(\hat{\beta}-\bar{\beta}^*) \tag{15.3.2}$$

であり，$\tilde{u}_t$ を用いてブートストラップするならば，

$$\hat{\beta}_{bc}=\hat{\beta}+(\beta_0-\bar{\beta}^*) \tag{15.3.3}$$

である．

したがって，どちらの残差を用いてブートストラップを行うべきかは，仮説検定あるいはバイアス修正のどちらがブートストラップ法の目的であるかということに依存している．前者の目的の場合には，$\hat{u}_t$ でなく $\tilde{u}_t$ を用いるべきである．後者の目的の場合には，どちらも使用できるが，バイアス修正の公式は異なる．

これ以外の再標本抽出のスキームも文献で議論されている (Giersbergen and Kiviet (1994) を見よ)．OLS 残差 $\hat{u}$ を再標本抽出することによって得られた再標本抽出残差を u^* とする．このとき，2 つの標本抽出のスキーム

$$S_1: y^*=\hat{\beta}x+u^* \tag{15.3.4}$$

$$S_2: y^*=\beta_0x+u^* \tag{15.3.5}$$

を考えよう．上で議論した再標本抽出は，

$$S_3: y^*=\beta_0x+u_0^* \tag{15.3.6}$$

である．ここで，u_0^* は，$\tilde{u}=y-\beta_0x$ を再標本抽出することによって得られた残差である．S_1 と S_2 は両方とも OLS 残差 $\hat{u}$ を用いて再標本抽出していることに注意せよ．

Hall and Wilson (1991) は，標本抽出スキーム S_1 に基づく仮説検定に対して，2 つの指針を与えている．これらの指針は，回帰モデルに関連して明示的に議論されたわけではないが，これらのケースでも成り立つということに注意されたい．最初の指針が薦めているのは，$(\hat{\beta}^*-\beta_0)$ でなく $(\hat{\beta}^*-\hat{\beta})$ のブートストラップ分布を用いることである．ここで，$\hat{\beta}^*$ は，ブートストラップ標本からの $\hat{\beta}$ の推定値である．第 2 の指針が薦めているのは，$(\hat{\beta}^*-\hat{\beta})/\hat{\sigma}$ やあるいは単なる $(\hat{\beta}^*-\hat{\beta})$ ではなく，適切なスチューデント化が施された統計量である $(\hat{\beta}^*-\hat{\beta})/\hat{\sigma}^*$ を用いることである．ここで，$\hat{\sigma}^*$ はブートストラップ標本からの σ の推定値であり，$\hat{\sigma}$ は OLS 回帰からの σ の推定値である．

検定統計量を，

$$T_1: T(\hat{\beta})=(\hat{\beta}^*-\hat{\beta})/\hat{\sigma}^* \tag{15.3.7}$$

$$T_2: T(\beta_0)=(\hat{\beta}^*-\beta_0)/\hat{\sigma}^* \tag{15.3.8}$$

と定義しよう．T_1 は S_1 に対する適切な検定統計量であり，T_2 は標本抽出スキーム S_2 と S_3 に対する適切な検定統計量である．上述したように，仮説検定に対しては S_3 がもっとも適切な標本抽出スキームである．Rayner (1990) は，標本抽出スキーム S_2 と検定統計量 T_2 を用いている．

単位根モデルの場合には，Basawa *et al*. (1991 a) は標本抽出スキーム S_1 は適切ではないことを示している．Basawa *et al*. (1991 b) は標本抽出スキーム S_3 とともに検定統計量 $n(\hat{\beta}^*-1)$ を用いている．Ferretti and Romo (1994) は，単位根のブートストラップ検定するために，標本抽出スキーム S_2 とともに検定統計量 $n(\hat{\beta}^*-1)$ を利用することができることを示している．

以上の議論は，ブートストラップ標本を発生するためのさまざまな再標本抽出スキームと，さまざまな状況におけるそれらの適用可能性の大要の解説である．仮説検定やバイアス修正のブートストラップ法を用いる場合には，これらの結果に留意すべきである．

最後の問題として，移動ブロック・ブートストラップのような手法が用いられるとき，ブートストラップを行うために用いるべき統計量のタイプに関連する論点がある．Davison and Hall (1993) は，移動ブロック・ブートストラップに基づいて分位点 t 法[1] を用いる場合には，この点が問題を引き起こすと主張している．彼らは，通常の推定量 $\hat{\sigma}^2=n^{-1}\sum_{i=1}^{n}(x_i-\bar{x}_n)^2$ は $\tilde{\sigma}^2=n^{-1}\sum_{i=0}^{n}\{(x_i-\bar{x}_n)^2+\sum_{k=1}^{i-1}\sum_{i=1}^{n-k}(x_i-\bar{x}_n)(x_{i+k}-\bar{x}_n)\}$ に修正されるべきであると示唆している．この修正を用いると，ブートストラップ t の正規分布近似は著しく向上する．分散の推定量におけるこのようなバイアスが生ずる理由は，ブロック・ブートストラップがデータの従属性構造を壊してしまうことにある．残念なことに，この公式が有効なのは，$\sqrt{n}\,\bar{x}_n$ に対してだけである．より複雑な問題ではそのような簡単な修正は利用できない．

それに続く論文において，Hall and Horowitz (1994) は GMM 推定量に基づく検定の関連においてこの問題を吟味している．彼らは，ブロックを構成するような方法は，原データの従属性の構造を複製しないから，ブートストラップ用の特別な検定統計量を開発することが必要であり，また，その分布は標本版の検定統計量の分布と $O_p(n^{-1})$ まで一致すべきであるという議論を展開している．彼らは，Carlstein のブロック構成スキーム (重なり合いのないブロック) による検定統計量のブートストラップ版を導いているが，Künsch のブロック構成スキームは，重なり合うブロックを用いているために，分析するのがより困難であると議論している．

移動ブロック・スキームに基づく共和分回帰における仮説検定の場合には，適切なブートストラップ版の検定統計量の導出はさらに複雑である．通常の統計量のブートストラップ版の使用は理論的には正当化できないが，Li and Maddala (1996 b) で報告されているモンテカルロの結果は，漸近的結果に対する大幅な向上を明白に示している．このように，理論的な正当性は不明瞭であるものの，通常の統計量を用いてブートストラップを行っても，漸近的結果に対する大幅な改善が得られる．

15.4　ファイナンス・モデルにおけるブートストラップ法の適用に関する批判

これまでの議論に立脚して，ブートストラップ法を用いるファイナンス研究のいくつかを概観していく．ほとんどの研究における大きな問題点は，観測値 (あるいは残差) が iid であるという仮定に基づく標準ブートストラップが用いられていることで

---

[1] 訳注：この論文の 15.4.2 項を参照されたい．

ある．とくに，共和分回帰を用いる場合には，この点はとくに疑問の余地が大きい．

15.4.1 データのブートストラップ化

データのブートストラップ化は，ファイナンス文献において広く実施されている．たとえば，Bookstaber and McDonald (1987, B-M と言及する) は，ブートストラップを用いて，原データから多数の標本を生成している．彼らが大きなデータセットを必要とするのは，考慮の対象となる異なる分布族をうまく判別するためである．彼らは，無作為に選択された 21 銘柄の株式に関する 1981 年 12 月 30 日からの 500 個の日次収益の観測値から開始している．この 500 個の観測値からなる標本から，彼らは無作為復元抽出を 25 万回行っている．その結果得られたブートストラップ化標本は，25 万の要素からなる 1 つのデータセットとみなすことができる．そして，日次収益率データの最初の 250 個の観測値を掛け合わせて 250 日間の収益を求め，さらにこの操作を 250 個の観測値からなる各グループに対して繰り返している．このようにして，250 日間の収益について 1000 個の観測値が得られる．この研究の大きな問題は，観測値が iid であることを仮定している標準ブートストラップを用いていることである．

Chatterjee and Pari (1990) は，ブートストラップ法を用いて，APT (裁定価格評価理論) によって仮定されている収益生成過程の因子の個数を決めている．彼らは，通常の χ^2 検定は，因子数を過大推定してしまうと論じている．彼らの例では，代わりにブートストラップを用いると，1 因子モデルが妥当であることが示される．この研究には 2 つの問題がある．(多くの他の研究と同様に) この研究のブートストラップ・アプローチは日次収益が独立であるという仮定に立脚している．現在では，この仮定に反する多くの証拠が挙げられている．2 番目の問題点は，実質的には分位点法の立場からと考えられる，t 統計量を用いている点である．そのような単純な分位点法よりもブートストラップ-t 法やバイアス修正化分位点法の方がより信頼できることを示す多くの証拠もまた挙げられている．このように，Efron の 1979 年の論文以来のブートストラップ方法論における発展に立脚すれば，ブートストラップ標本の生成の手法と検定統計量の構築を大きく向上することができる．

Hsieh and Miller (1990, H-M と略す) もまた，データのブートストラップを行う方法を利用している．彼らは，株式市場のボラティリティに与える証拠金の影響の推定に関心を寄せた．原データは，1934 年 10 月～1987 年 12 月の期間にわたる 14118 個の日次株式収益からなる．この期間に 22 回の証拠金の変化があった．最初の検定では，H-M は，Brown and Forsythe (1974) によって示唆された修正 Levene 統計量を用いて，証拠金の変化以前の 25 日間における株式収益の標準偏差は，変化後の 25 日間の標準偏差と同じかどうかを検定している．この統計量の分布を評価するために，彼らはブートストラップ分布から有意水準を求めている．

日次収益の独立性の仮定は妥当ではないから，H-M は次に月次収益を考察している．月次収益では，自己相関はほとんど表れないが，その分布は正規性から有意に外れている．データは，y＝月次収益と x＝証拠金に関する 629 個の観測値からなる．H-M は，y を固定したままで，x に関する観測値のみを再標本抽出している．これは，(y, x) の組を再標本抽出するという Efron によって提唱された再標本抽出とは異なる．彼らは，Efron の方法は株式市場収益の条件付分散不均一性を損なうが，彼らの方法はそれを維持すると論じている．しかし，H-M によって用いられた再標本抽出スキームは正当なものではない．なぜならば，それは y と x の関係に背いているからである．

H-M によって行われたものよりすぐれた方法は，

$$ボラティリティ = \alpha + \beta\,(証拠金) \tag{15.4.1}$$

という形の回帰関係を推定し，この回帰からの残差を再標本抽出することである．主要な関心があるのは，この回帰関係であり，修正 Levene 統計量のブートストラップ分布ではない．この統計量は，証拠金の変化前と変化後の分散の同等性を検定する (両側検定) が，帰無仮説としては，証拠金の増加 (減少) が株式市場のボラティリティを減少 (増加) させるという片側検定が求められる．

Levich and Thomas (1993) はデータのブートストラップを行っている別の例である．彼らは，ブートストラップ法を用いて，外国為替市場における取引ルールの利益の標準誤差を求め，それらの「統計的有意性」を検定している．彼らは，最初と最後の時点の観測値を固定してデータの 1 次階差を無作為標本抽出することによってブートストラップ標本を生成し，取引ルールの利益を計算している．このようなタイプの再標本抽出は，原データがランダムウォークであるときに限って有効である．したがって，Levich and Thomas が用いている標準誤差や有意性検定は，時系列に関するかなり制約的な仮定のもとでのみ有効である．より興味深い問題は，LeBaron (1991, 1994) が行ったような「経済的有意性」を調べることである．彼は，外国為替市場の利益は代替的な投資の利益と有意に異なるかどうか検定している．取引ルールに適用されるブートストラップ法は，モデルの定式化の検定の道具としての方がより効果的に用いられている．これらは 15.5 節で議論される．

15.4.2　標準誤差のブートストラップ法

ブートストラップ法の初期の適用は，ブートストラップ法を用いて推定値の小標本の標準誤差を得ることからなっていた．すぐに認識されたのは，ブートストラップ分布は歪みをもつ可能性があり，標準誤差を計算して通常の有意性検定を適用することは薦められないということである．この非対称性の問題を解決するために，ブートストラップ標本を直接用いて信頼区間をつくることができる．もしも $\hat{\theta}$ が θ の一致推定量であり，$\hat{\theta}^*$ が θ のブートストラップ推定量ならば，θ の両側 $(100-2\alpha)$ 信頼区間は，

$$(\hat{\theta}^*_{\alpha},\ \hat{\theta}^*_{1-\alpha}) \tag{15.4.2}$$

である[2)]. これは，両裾の確率が等しい両側区間であるが，しばしば非対称的となる. この方法は，分位点法と呼ばれている. その後，この簡単な分位点法は，正確な信頼水準をもたらさないことが明らかにされ，Efron (1987) は，バイアス修正信頼区間および加速化バイアス修正信頼区間を提唱した. しかし，これらは計算がかなり複雑であり，これに代わる計算上より簡単な方法は分位点 t 法 (Hall (1988, 1992) を見よ) である. これは，t 統計量

$$t=\sqrt{n}(\hat{\theta}-\theta)/s \tag{15.4.3}$$

のブートストラップ分布に基づく分位点法である. ここで，s^2 は，$\sqrt{n}(\hat{\theta}-\theta)$ の分散の何らかの $\sqrt{n}$ 一致推定量である. この方法は，しばしば「スチューデント化」と言及され，t は「漸近的ピボット (asymptotically pivotal)」であるという (ピボット統計量とは，その分布が真の θ に依存しないもののことである). Hartigan (1986) はピボット統計量を使うことの重要性を強調している. Beran (1987, 1988) も参照されたい. 信頼区間の構築のこれらの方法は，すべて DiCiccio and Romano (1988) と Hall (1988 b, 1992) において概説されているので，ここでは詳細は繰り返さない.

しかし，ファイナンスの文献においては，標準誤差と単純分位点法の使用が見られる. たとえば，Akgiray and Booth (1988) は，ブートストラップ法を用いて，4つのパラメータをもつ安定分布の推定値の標準誤差を求めている. Badrinath and Chatterjee (1991) はブートストラップ法を用いて Tukey の g 分布と h 分布のパラメータ推定値の標準誤差を求め，ブートストラップによる標準誤差を漸近的な標準誤差と比較している. ファイナンス文献において，ブートストラップ標本誤差と単純分位点法にのみ依拠するようないくつかのケースが他にもみられる.

ある場合には漸近分散が容易には利用できず，分位点法以外には代わるものがない. こういう場合は，分位点法で満足するしかない. もちろん，Beran (1987, 1988) の2重ブートストラップ法あるいは別の逐次的な手法を使うこともできるが，このような状況では，この方法は計算上非常にやっかいになりうる.

15.4.3 ブートストラップに基づく仮説検定

このような1つの例は Lamoureux and Lastrapes (1990 ; 以下では L-L と表示) による研究である. しかし，おそらくその結論は妥当なものであろうが，この研究では検定されるべき仮説が正しく定式化されていない.

仮説検定へのブートストラップ・アプローチを用いた研究はいくつかあるが，この項では L-L の論文を議論する. 他の論文は，以下の項で論じられる.

L-L が立証しようとしていることは，IGARCH モデルは構造変化のある GARCH モデルから生じるということであり，したがって IGARCH をサポートするような経験的証拠は疑わしいということである. 彼らは，2つの GARCH (1, 1) モデル——

2 訳注：ここで $\hat{\theta}^*_\alpha$ は，ブートストラップ分布の α パーセント点である.

構造変化のないモデルと13個のダミー変数の導入によって構造変化が許容されるモデル——を推定している．データは，1963年1月1日～1979年11月13日(合計で4228個の観測値)にわたる期間における大企業30社の日次株式収益である．

株式収益の条件付分散を h_t と記すと，L-Lが考えた2つのGARCH(1,1)モデルは以下のとおりである．

モデルA

$$y_t = x_t\beta + \varepsilon_t \tag{15.4.4}$$

$$(\varepsilon_t | \varepsilon_{t-1}, \varepsilon_{t-2}, \cdots) \sim N(0, h_t) \tag{15.4.5}$$

$$h_t = \omega + \lambda h_{t-1} + \alpha v_{t-1} \tag{15.4.6}$$

ここで，v_{t-1} は系列相関が0である攪乱項である．

モデルB

モデルAと同じだが，ω の構造変化を許容するように13個のダミー変数が付け加えられている(それらは，ある事前情報に基づいて外生的に選択された)．

30社の λ の平均値は，モデルAのもとでは0.978であり，モデルBのもとでは0.817であるから，IGARCHモデルは構造変化を伴うGARCHモデルから生ずるかもしれないということが示唆される．差が大きい企業(たとえば16，18，20番目)もあるが，変化が非常に小さい企業(たとえば23番目)もいくつかある．結果(λ の値)は，表15.1のとおりである．

L-Lは「制限されたモデルの λ が制限されていないモデルの λ に等しいという帰無仮説を後者のパラメータが前者のパラメータより小さいという対立仮説に対して検定することが望ましい」と論じている(L-L, p. 228)．この定式化は適切ではない．標準的な仮説検定を2つの相容れないモデルに当てはめることはできない．代わりに次の2つ検定を行うことができる．

①構造変化ダミー変数が0であるという仮説を検定せよ．もしもこの仮説が棄却されるならば，モデルBが正しいモデルであり，モデルAの定式化は誤りである．

②モデルBで仮説 $\lambda=1$ を検定せよ．すなわち，構造変化をもつモデルに対して，IGARCHの定式化が成立するという仮説を検定せよ．もしもこの仮説が棄却されるならば，(著者たちが論じているように)構造変化の無視によってIGARCHが観測されていることになる．

ブートストラップ標本の生成の適切な方法は，どちらの仮説が考察されているかに依存する．① の場合は，構造変化ダミー変数が0であるという帰無仮説のもとで

表 15.1

企業	モデルA	モデルB
#16	0.938	0.641
#18	0.964	0.587
#20	1.012	0.687
#23	0.992	0.981

データを生成し，適切な F 統計量のブートストラップ分布を考える．仮説②の場合は，帰無仮説 $\lambda=1$（または 0.99）のもとでモデル B のブートストラップ・データを生成し，λ のブートストラップ分布を考えなければならない．いずれの場合でも，適切な検定の実行はモデル B から始められる．

L-L が実際に用いたブートストラップ・データの生成の仕方は以下のとおりである（L-L, p. 228）．「……16 番目の企業に対する制限された GARCH (1, 1) モデルの規準化残差から 500 個のブートストラップ標本を取り出す．ブートストラップ残差……は $\lambda=0.99$ である GARCH (1, 1) に変換される．この実現された 500 個の標本のおのおのに対して，一般的な GARCH モデル（モデル B）が推定され，パラメータが保存される．λ の 500 個の推定値から，帰無仮説における経験分布が決まる」

（16 番目の企業に対して）モデル A において $\lambda=0.99$ であるという帰無仮説を検定する場合は，L-L が用いたブートストラップ・データ生成は正しい．しかし，ここで関心の対象となっている仮説に対しては，それは適切ではない．ここにおける仮説は，モデル B に対する IGARCH の正当性を指している．したがって，データ生成は $\lambda=0.99$ という帰無仮説のもとでモデル B から始められなければならない．

ここにおける基本的な問題点は，モデル A は構造変化を無視しているという意味で誤った定式化であり，モデル B は正しく定式化されたモデルであるということである．誤って定式化されたモデルから標本を生成すべきではないし，正しく定式化されたモデルのパラメータに関する推測を行うことから始めるべきではない．

この例は，ブートストラップ法にいきなり飛びつく前に，仮説を正しく定式化しブートストラップ・データ生成を正しい方法で行うことの重要性を示すものである．

15.4.4 共和分システムのブートストラップ法

ファイナンス文献において，共和分システムへのブートストラップ法の応用例は多くはない．Shea (1989 a, b) は，例外である．彼は現在価値の関係式の検定における検定統計量におけるバイアスを問題とし，ブートストラップ法を用いている．これを行うために，彼は，Campbell and Shiller (1987) が展開した共和分モデルから出発している．2 つの変数 x_t と y_t に対する現在価値の関係式から，y_t が x_t の期待値の現在割引価値の線形結合となる．Campbell and Shiller は，その現在価値の関係式から，株価と配当が両方とも $I(1)$ ならば，株価と配当が共和分関係にあることを示している．Shea は現在価値の関係式を推定する 2 つの方法を考えている．

方法 1：共和分回帰

$$P_t=k_1+\theta D_t+u_t \tag{15.4.7}$$

方法 2：誤差修正モデル

$$\varDelta D_t=k_2+\beta_1\varDelta D_{t-1}+\beta_2\varDelta P_t+\beta_3 D_{t-1}+\beta_4 P_t+u_t \tag{15.4.8}$$

したがって，$\theta=-\beta_3/\beta_4$ である．

方法 2 は誤差修正方程式うちの 1 つを推定することを意味する．これらのモデルは

OLSによって推定され，OLS残差が再標本抽出された．続いて，パラメータとブートストラップ推定値とブートストラップ分散が計算された．Sheaは小標本においては，ブートストラップ法により標準誤差を求めることは，漸近的標準誤差の推定に代わる実行可能な選択肢であると論じている．

前項までの議論は，Sheaが用いたブートストラップの方法の2つの欠陥を明らかにしている(しかし，Sheaが1987年にこの論文を書いた時点ではこれらはよく知られていなかったということは認めなければならない)．最初の欠陥は，ブートストラップ・データが生成された仕方に関する．以前の項で議論したように，共和分回帰モデルでは，共和分回帰の残差を再標本抽出するだけでは十分ではない．データの$I(1)$の性質を考慮して残差の組を再標本抽出しなければならない．

第2の欠陥は，ブートストラップ標本誤差に議論が集中していることに関する．ブートストラップ分布は歪みをもつかもしれない．そのような場合には，標準誤差を使うべきではない．ブートストラップ分布から直接に信頼性に関して述べることができる．この第2の論点は，ピボット統計量(あるいは漸近的ピボット統計量——前項で引用したHall and Wilsonの指針を見よ)の必要性を示している．ピボット統計量の使用の必要性はHorowitz (1995) でも明白である．

共和分回帰の場合，Sheaによって考えられた方法1では，θの推定量は超一致的であるが，説明変数の内生性と誤差項の系列相関のために，その漸近分布がヌーサンス・パラメータ (nuisance parameter) を含んでしまうということが現在ではよく知られている．したがって，この方法は漸近的ピボット統計量をブートストラップにもたらさない．Beran (1987, 1988) の事前ピボット化法やEfron (1987) が提唱したバイアス修正法も使えるが，これらは計算が厄介であり，漸近的ピボット統計量が利用可能なときは使う必要はない．共和分回帰の場合には，これらの漸近的ピボット統計量は，たとえばPhillips and Hansen (1990) の完全修正最小2乗法 (FMOLS) やJohansen (1988) のベクトル誤差修正モデルのML法 (VECM) によって得られる．これは，Li and Maddala (1996 b) の論文で説明されていることである．

15.4.5　GMMと条件付資産価格決定モデルの検定

その簡潔さ，柔軟性，そして一般性を理由に，一般化モーメント法 (GMM) は価格評価モデルの推定と検定の重要な分析手法となっている．もしもモーメント条件の個数が推定すべきパラメータの個数より多ければ，GMMは過剰識別制約の検定を与える．モンテカルロ実験によって，漸近理論はGMMから得られた検定統計量の分布に対する貧弱な近似しか与えないことが多いことがわかってきた．漸近的な棄却値が用いられるときは，GMM検定統計量の真の検定サイズと名目上の検定サイズが異なるということはめずらしいことではない．たとえば，Tauchen (1986) やKocherlakota (1990) を見よ．

Ferson and Foerster (1994) は，(資産価格決定モデルに対する) GMM検定統計量のサイズと検出力，係数推定量の標本分布の性質，それらの標本誤差と t 比について詳細なモンテカルロ研究を行っている．彼らは，2 段階 GMM 推定量と逐次的 GMM 推定量という 2 種類の GMM を考察している．この 2 つの推定方式は同一の漸近的性質をもっており，通常の研究では，この 2 つのうちのいずれかが用いられる．彼らは，大規模なモデルでは 2 段階 GMM 検定は帰無仮説を棄却することが多すぎるのに対して，逐次的 GMM 検定統計量は漸近分布により近く一致することを発見している．また，より単純なモデルでは GMM 係数推定量はほぼ不偏であるが，漸近的な式を用いると標準誤差を過小推定してしまうことを見出している．この過小推定は，資産の数が多く標本の大きさが小さいシステムでは，より深刻である．しかし，より複雑なモデルでは，係数推定量とそれらの標準誤差の両方に大きなバイアスが存在する．また，著者たちは，この有限標本のバイアスを減少するような簡単な調整法を考察している．

Ferson and Foerster の論文には小規模のブートストラップ実験があるが，これから多くのことは結論できない．彼らは，$N=12$ 個の資産と $T=60$ の観測値を用いて資産価格評価の単一潜在変数モデルを満たすような人工的データの 500 個の標本を生成している．これらの標本から検定統計量の小標本分布を計算し，「経験的」棄却値を「真の値」として用いている．さらに，100 個のブートストラップ標本をもつブートストラップ法を用い，ブートストラップ法の棄却値と「真の」棄却値を比較している．しかしながら，ブートストラップは 5000 個の標本のうちのわずか 5 個 (それらを実験 1～5 と呼んでいる) にだけ適用された．彼らは，標本 (実験) 3 と 4 に対して，ブートストラップ棄却値は真の棄却値と大きく異なっていると論じている．これは，正当な結論ではない．通常とは異なる標本のために，どの特定の標本からのブートストラップ棄却値も 5000 個の標本からの棄却値と違うことはありうる．ブートストラップ法は 5000 個の標本のすべてに適用され，「真の値」とともに平均値が計算されるべきである．計算上の困難さが大きいことは確かであるが，できないことではない．Li and Maddala (1996 b) や Horowitz (1995) を見よ．したがって，Ferson and Foerster で与えられたブートストラップの結果はブートストラップ法の有効性にいかなる解明の光も投げかけない．

しかし，GMM に基づく検定統計量の小標本修正を研究するうえで，ブートストラップ法の適用には別の問題がある．Hall and Horowitz (1995) は従属的なデータの場合には，ブートストラップ法の適用に際して注意が必要であると論じている．GMM の場合には，データ生成過程を独立な確率変数に変換することによってブートストラップ法を適用可能とする構造モデル (たとえば ARMA モデル) をもたない．したがって，データ生成過程の従属性を適切に捉えるようにブートストラップ標本を無作為抽出しなければならない．通常のブートストラップ法では，これはできない．

Hall and Horowitz は，通常の GMM に基づく検定統計量に対してブートストラップ法は適用できず特別な検定統計量を開発しなければならないが，これらの統計量は標本版の統計量と $O_p(n^{-1})$ のオーダーまで一致する分布をもたなければならないと論じている．彼らは重なり合わないブロック再無作為抽出法（Carlstein の方法）に対してこれを行っているが，重なり合いのあるブロック法（Künsch の方法）の場合は困難さが増すと論じている．彼らは，彼らの修正ブートストラップ検定統計量のパフォーマンスを小規模のモンテカルロ実験によって考察し，考察されたモデルと標本の大きさに対して，彼らのブートストラップは GMM に基づく検定統計量の有限標本の大きさの歪みを修正 —— 除去しているわけではないが —— していることを見出した．

15.5　取引ルールを用いたモデル選択のブートストラップ法

LeBaron (1991)，Brock *et al.* (1992)，Kim (1994)，Karolyi and Kho (1994) は，ランダムウォーク (RW)，GARCH，マルコフ型転移回帰 (MSR) のようなよく用いられるいくつのモデルの適切さを検討するために，ブートストラップ法と（移動平均ルールに基づく）取引ルールを利用している．用いられたブートストラップ法は，フィットされたモデルからの残差にブートストラップを施すものであり，原データにブートストラップを施すことに関する前述の批判には服さない．この手続きは次のステップからなる．まず第 1 に，実際のデータを用いて，ある取引ルールから生み出される利益の尺度を求める．次に，想定されているモデルを推定し，残差と推定されたパラメータにブートストラップを施してブートストラップ標本を生成する．続いて，ブートストラップ標本のおのおのに対して取引ルール利益を計算し，このブートストラップ分布と実際のデータから導かれた取引ルール利益とを比較する．

基本的な考え方は，所与のモデルから生成されたデータの時系列的な特性を実際のデータの時系列的な特性と比較することである．取引ルールの利益は，この目的にかなう便利な尺度である．R^2 や他の適合度の尺度は，データの時系列的な構造を取り込まない．

Brock *et al.* (1992) は 1897～1986 年の 90 年間にわたるダウ平均の日次データについてランダムウォーク (RW)，AR (1)，GARCH-M および E-GARCH モデルに対してこの手続きを試みた．彼らは，いずれのモデルも，実際のデータからの（移動平均ルールに基づく）取引ルール利益を複製しないということを明らかにしている．LeBaron (1991) は，RW，GARCH，状態転移モデル，利子率調整モデルを考察し，いずれも実際のデータからの取引ルール利益を複製しないが，GARCH は他のモデルに優越しているということを明らかにしている．したがって，より複雑な定式化が必要とされる．モデル定式化検定として取引ルール利益を用いる以外に，LeBaron は，取引費用や金利を考慮に入れるとともに他の市場における取引戦略（これらはアメリカ市場において株式を取得し保有することとされている）に対する外国為替市場における取引戦略の相対的な危険性を測定しようという試みによって，外国為替市場の取引ルール利益の「経済的有意性」を検定している．配当を含むCRSPの時価加重指数が代表資産として用いられている．LeBaronの結果を詳細には議論しないが，大雑把にいって，彼の結論は外国為替市場におけるテクニカル取引ルールの使用は国内の株式ポートフォリオからの収益と同様な収益を生成するが，外国為替市場における取引ルールの「経済的有意性」の問題に完全な解答を与えるためにはさらなる検定が必要であるというものである(LeBaronは1974年1月～1991年2月にかけて毎週水曜日の東部標準時間の正午に観測されたイギリス・ポンド(BP)，ドイツ・マルク(DM)，日本円(JY)の通貨の週次為替レートを考察している．収益は，為替レート\$/fxの対数1次階差を用いてつくられたものである)．

Kim (1994)もモデル定式化検定の道具として取引ルールを用いている．移動平均取引ルールが，実際のデータおよびRW，GARCH-M，Hamiltonのマルコフ転移モデル，SWARCH (ARCH with Markov Switching)，CAPMモデルから生成されたデータに対して適用されている．他の研究者と同様に，彼はランダムウォーク・モデルは実際のデータによって生成された移動平均取引ルール利益を獲得できないことを明らかにしている．Brock *et al.* (1992)とLeBaron (1991)と同様に，彼はGARCH-MとHamiltonのマルコフ転移モデルもまた取引ルール利益を獲得しないことを見出している．しかしながら，SWARCHモデルは実際のデータからの取引ルール利益を複製する点においてすぐれている．それは，GARCH-MとHamiltonのマルコフ転移モデルを上回る．もちろん，このことは，SWARCHモデルが，外国為替市場における収益を特徴付ける唯一のあるいは最良のモデルであるということを意味しない．それが意味するのは，他のモデルは不適切であるということである．

Karolyi and Kho (1994)は，取引ルールと結合してブートストラップ法を用いて，過去の成績のよかった株式を購入し，過去の成績の悪い株式を売却するという正のフィードバック投資戦略の収益性を再吟味している．このような戦略からの有意な収益は，Jegadeesh and Titman (1993)によって確認されている．Karolyi and Khoは，1965～1989年のNYSEとAMEXの株式に対する彼らの全体的な結果から，この相対的強度戦略の収益性はこの戦略が負うリスクに対する当然の報酬を表しているものにすぎないことが示唆されるという結論を出している．移動平均取引ルールに対して他の研究者によって発見されたように，Karolyi and Khoは，たとえ同様なリスク・エクスポージャーをもつようなサイズあるいはベータに基づく株式サブグループに限定しても，ランダムウォーク・モデルは正の投資戦略の有意な収益を説明できないことを明らかにしている．したがって，彼らは，時間変動的なリスクを調整した後でも，この相対的強度戦略の収益性が有意かどうかを調べようとしている．彼らは，取引ルールの収益は，時間変動的な期待収益に対する単純な条件付CAPM均衡モデルを用いてシミュレートされた収益と整合的であることを見出している．

Kim (1994)とKarolyi and Kho (1994)のいずれも考察された取引ルール収益を複製するモデルを見出した．われわれが考察してきた4つの論文のすべてにおけるもっとも確かな結論は，ランダムウォーク・モデルの棄却である．Brock *et al.* (1992), LeBaron (1991), Kim (1994) において考察された取引ルールは移動平均ルールであり，Karolyi and Kho によって考察されたのは正のフィードバック投資ルールである．すべての場合で，取引ルールに連携してブートストラップ法がモデル特定化の道具として使われている．

多くの論文は，ファイナンスにおけるブートストラップ法の応用例として，Brock *et al.* (1992) の研究とともに Levich and Thomas (1993) を引用しているが，導かれた結論には相容れない点がある．実際のデータからの取引ルール収益がブートストラップ分布の (たとえば) 95%区間に入らないという観察から，Levich and Thomas は，取引ルール収益は統計的に有意であると結論している．同一の観察から既に言及した Brock *et al.*, LeBaron および Kim は，ランダムウォーク・モデルが不適切な特定化であると結論している．したがって，「統計的有意性」が 2 つの (相容れない) 仕方で解釈されている．モデル選択のために取引ルール収益のブートストラップを利用する方が，Levich and Thomas における利用よりもより効果的なアプローチである．

ブートストラップ法を用いたモデルを検討する問題は，標本観測値の関数をさまざまに変えて Tsay (1993) において議論されている．先の議論では，モデルの検討に用いられた関数は，取引ルール収益である．

ブートストラップを行う前にモデルに対して適用される推定法が何かということが，オリジナルなデータから取引ルールの収益を複製することに基づいてモデルが妥当なものであるかそうでないかということに影響を与えるということが LeBaron (1992) において指摘されている．たとえば，外国為替データの場合には，Kim (1994) は取引ルール収益を複製するという点で SWARCH モデルがすぐれていることを示している．これは非線形モデルである．LeBaron は，(ML 法によって推定されたパラメータを使うのではなく) シミュレート化モーメント法 (SMM : simulated method of moments) によって推定されたパラメータを使うと，ARMA (1, 1) のような線形モデルが取引ルール収益を複製するという点ですぐれているということを示している．推定法の違いがいかにブートストラップ法と取引ルールを用いるモデル選択に影響を与えるかはさらなる研究に値する．

15.6　長期間回帰におけるブートストラップ法

長期間の回帰における分析において係数推定値や仮説検定の有意水準の小標本バイアスを確かめるために，ブートストラップ法が広く用いられてきた．たとえば，Goetzmann (1990), Goetzmann and Jorion (1993), Mark (1995), Choi (1994) および Chen (1995) を見よ．最終的な結果は大して変わらないかもしれないが，これらの研究において用いられているブートストラップ法を改善することは可能である．また，ブートストラップデータを生成するために用いられるモデルやブートストラップデータによって推定されたモデルが異なっているという意味で，ブートストラップの研究も異なっている．したがって，ブートストラップの方法の有効性は，それほど明白ではない．

短期間の株式収益は予測できないが長期間の収益は予測できるという観察が長期間回帰の動機になっている．実際，(Kaul (1996) で概観されているように)，長期予測可能性を支持する証拠を示すいくつかの研究がある．典型的な長期間回帰は，

$$\sum_{i=1}^{k} R_{t+1} = \alpha_k + \beta_k X_t + u_{tk} \tag{15.6.1}$$

という形を取る．ここで，R_t は株式収益の対数であり，X_t はファンダメンタルな価値を測る何らかの変数(配当利回りがもっともよく使われる)である．Fama and French (1988) は，配当利回りが NYSE 指数の複数年間収益のかなりの部分を予測することを示している．彼らは，配当利回りの説明力が収益期間 k とともに増加することに注目している．Campbell and Shiller (1988) においても同様な結果が報告されている．

式 (15.6.1) の形の回帰からなされる推測に関して 2 つの問題があることが文献において指摘されている．第 1 番目は，方程式 (15.6.1) が重なり合う期間の収益を用いて推定されていることである．これは，標本の大きさ T が小さい場合，重なりのない収益を用いると，標本の大きさが T/k に減ってしまうからである．重なり合う収益を使用すると，誤差項に系列相関が生じる．したがって，標準誤差を計算するために，不均一分散でかつ系列相関一致な (HAC：heteroskedastic and serial correlation consistent) 推定量が用いられる．第 2 の問題は，方程式 (15.6.1) の X_t は先決変数であるが同時に確率変動し，しばしば過去の u_{tk} の値と相関することである．この理由から，β_k の推定値には小標本バイアスがあると主張されている．Mankiw and Shapiro (1986) と Stambaugh (1986) を見よ．しかし，これらの論文で考察されたモデルは，**現在の** u_t と相関する X_t を含む．考察されたモデルは次のとおりである．

$$y_t = \alpha + \beta X_t + \varepsilon_t \tag{15.6.2}$$

$$X_t = \mu + \phi X_{t-1} + \eta_t \tag{15.6.3}$$

$$(\varepsilon_t, \eta_t) \sim \mathrm{IID}(0, \Sigma)$$

$$\text{ここで，}\ \Sigma = \begin{pmatrix} \sigma_\varepsilon^2 & \sigma_{\varepsilon\eta} \\ \sigma_{\varepsilon\eta} & \sigma_\eta^2 \end{pmatrix} \tag{15.6.4}$$

このとき，次が示される．

$$\begin{aligned} \mathrm{E}(\hat{\beta} - \beta) &\cong \frac{\sigma_{\varepsilon\eta}}{\sigma_\eta^2} \mathrm{E}(\hat{\phi} - \phi) \\ &\cong \frac{\sigma_{\varepsilon\eta}}{\sigma_\eta^2}\left(1 - \frac{1+3\phi}{T}\right) \end{aligned} \tag{15.6.5}$$

標本誤差の HAC 修正は漸近的にしか有効でないから，係数やその標準誤差の推定値

のバイアス修正の小標本問題を研究し長期間回帰の係数の有意性に関して信頼できる推測が可能になるように，モンテカルロ法やブートストラップ法が用いられてきた．

Hodrick (1992) による研究は (パラメトリックなブートストラップともみなすことができる)，モンテカルロ研究に基づいている．それは，ブートストラップ法を利用する以降の論文の基礎をなすものであるから，それについて簡潔に論じておこう．Hodrick は次 3 つのモデルを研究している．

① X_t を配当利回りとする式 (15.6.1) に基づく回帰モデル．

② 過去の配当利回りの累積に対する回帰モデル

$$R_{t+1}=\alpha'_k+\beta'_k\left(\sum_{i=0}^{k-1}X_{t-i}\right)+\nu_{tk} \tag{15.6.6}$$

これは，「後ろ向き」回帰モデルとしばしば呼ばれる．

③ 株式収益，配当利回り，TB レートの VAR モデル．

彼は，VAR は時系列の自己共分散の特徴を完全に表すと論じ，いかにそれを用いてインプリシットな長期間統計量が生成できるか考察している．

Hodrick は，(A) 1927～1987 年，(B) 1952～1987 年，(C) 1927～1951 年の期間の月次データに基づいて，まず 1 次の VAR モデルを推定している．もしも収益が予測可能でないならば，収益のラグ変数の係数は 0 でなければならない．χ^2 検定統計量は標本期間 B に対してとくに有意であり，収益の予測可能性が示唆された．

この推測の小標本の有効性を探るために，Hodrick はモンテカルロ実験を行っている．彼は，GARCH 過程に従う多変量分布からの誤差項を生成し，期間 (B) の結果を利用することによって，データを生成している．2 組のデータが生成された．一方の組は (予測可能性はないという帰無仮説を仮定して) 収益方程式のラグ変数の係数を 0 に設定したものであり，他方の組は (異なる推定手法の検出力を評価するために) 実際に推定された係数を用いるものである．

われわれは Hodrick の論文の詳細には踏み込まないが，主要な結論は，① 長期間回帰に関する推測を行う 3 つの手法の中で VAR アプローチが高く評価される，② 配当利回りの変化が期待株式収益の有意な持続する変化を予測することをモンテカルロの結果が支持する．データは VAR モデルを用いて生成されているから，最初の結論は驚くべきものではない．このフレームワークでは，それ以外のモデルは誤って定式化されているのである．また，Hodrick の論文には不可解な結果が含まれている．(表 4 で報告されている) VAR から導かれる長期間回帰の傾きの係数は，(表 3 で報告されている) 方程式 (1) と (2) からの傾きの係数よりはるかに大きい．

これ以降の研究は，Hodorick のアプローチに事実上倣い，帰無仮説におけるデータを VAR から生成しているが，推定した VAR からの実際の残差を再標本抽出している．Nelsen and Kim (以下では N-K と呼ぶ) は，1872～1986 年の期間にわたる S&P について総収益の対数配当利回りに対する回帰関係を研究した．他の研究と同様に，彼らも t 比 (したがって R^2 も) が収益の期間とともに増加するということを発見している．問題は，係数の推定値や t 比にどの程度バイアスが生じているかである．この問題を確定するために，彼らは，現在価値モデルの近似である推定されたVARを用いて収益と配当利回りの残差の組 $(\hat{u}_t, \hat{v}_t)$ から標本を抽出することによって，収益 r_t と配当利回り d_t の人工乱数の組でシミュレーションを行った．N-Kはブートストラップは用いずに，無作為化と呼ばれる手法(Noreen (1988) を見よ)を用いた．その手法は，非復元抽出を除いてはブートストラップ法と同じである．しかしながら，用いられたVARモデルは論文には提示されていない．

N-Kの結論は，たとえHAC推定値を用いても，長期間回帰の係数推定値には上方バイアスが標準誤差には下方バイアスが生じるということであり，またこれらのバイアスは収益期間とともに増加するということである．すなわち，収益の予測可能性に関する推測においては2種類のバイアスがある．彼らの基本的な結論は，収益可能性の研究では，正しい有意水準を得るためにはシミュレーション法を使う必要があるということである．HACのように漸近的に有効な手法は，かなりの小標本バイアスを被る．予測可能性の問題に限れば，収益予測可能性は第2次世界大戦後の現象であることを彼らの研究は示している．

Goetzmann and Jorion (1993, 以下ではG-Jと呼ぶ)はブートストラップ法を用いて，配当利回りによって株式収益を予測できることを示す確かな統計的な証拠はないと結論付けている．しかし，彼らのブートストラップ法は明示的なモデルに基づいていない．彼らは，総収益をその分布から無作為抽出することから始めている．彼らは，総収益は無作為化されているから，収益と配当の間には何の関係もないと論じている．これは，$\hat{\beta}$ の分布が収益系列の時系列構造に依存していないときにのみ正しい．彼らのブートストラップ・データ生成法は，既に論じたHsieh and Miller (1990)のものと似たものであり，有効ではない．

さらにG-JはVARモデルを推定し，Nelson and Kim (1993) およびHodrick (1992) の結果と比較するために，VARモデルからのブートストラップ法の結果を与え，彼らのブートストラップの結果が予測可能性をより強く支持するものであることを見出している．たとえば，GMM統計量では上側5%棄却値は2.1である．VARではそれは3.9であり，彼らのGMMでは5.5である．G-JはVARで予測可能性が0であるという帰無仮説が棄却されるのは，それらは過去の従属変数をもつ回帰のダイナミクスを明示的には取り込んでいないから，誤解を招くものであると論じている (p. 675)．しかし，明示的なモデルがG-Jによって提示されていない以上，彼らの結果を正確に解釈することは困難である．

Mark (1995) は，ブートストラップ法を用いて，外国為替市場における長期間予測可能性の詳細な研究を行っている．彼は，1973～1991年の期間におけるカナダ・ドル(CD)，ドイツ・マルク(DM)，スイス・フラン(SF)，日本円(JY)の各通貨の四半期データを考察している．まず，次の形の方程式を推定している．

$$e_{t+k} - e_t = \alpha_k + \beta_k Z_t + \nu_{t+k,t}$$

$$k=1, 4, 8, 12, 16 \tag{15.6.7}$$

である．ここで，e_t は，t 期の対数為替レートである．また，$Z_t=f_t-e_t$ であり，f_t は t 期のファンダメンタルである．Z_t は，時点 t におけるファンダメンタル価値からの為替レートの偏差である．f_t は，為替レートのモデルから得られるものとする．

彼は $\hat{\beta}_k$ とその有意性 (t 比) は，期間 k とともに増加することを明らかにしている．次のステップは係数推定値とその標準誤差におけるバイアスの修正である．Mark は，Stambaugh (1986) による係数推定値の漸近的バイアス修正と HAC を用いた標準誤差の修正を最初に議論している．

使用されたブートストラップ法は，Hodrick (1992) と Nelson and Kim (1993) において用いられたデータ生成法の方針に従っている．帰無仮説のもとで VAR モデルが推定され，その残差の組にブートストラップが施され新しい系列が生成される．使われた VAR は，

$$\Delta e_t=a_0+\varepsilon_{1t} \tag{15.6.8}$$

$$Z_t=b_0+\sum_{j=1}^{p} b_j Z_{t-j}+\varepsilon_{2t} \tag{15.6.9}$$

である．$(\hat{a}_0, \hat{b}_0, \hat{b}_j)$ を各係数の推定値とし，$(\hat{\varepsilon}_{1t}, \hat{\varepsilon}_{2t})$ を残差とし，$\hat{V}$ を $(\hat{\varepsilon}_{1t}, \hat{\varepsilon}_{2t})$ の共分散行列とする．行われた再標本抽出は 2 種類である．

① $N(0, \hat{V})$ から標本を抽出する．

② $(\hat{\varepsilon}_{1t}, \hat{\varepsilon}_{2t})$ から復元抽出する．

手法①は，Efron がパラメトリック・ブートストラップと呼ぶものである (Efron and Tibshirani (1993) を見よ)．手法②は，ある部分 (回帰関数) はパラメトリック化されており，ある部分 (誤差項の確率分布) はそうでないから，セミパラメトリック・ブートストラップと原則的には呼ぶことができよう．この手法は，Efron が「ノンパラメトリック」と呼ぶものではないが，計量経済学の文献ではしばしばノンパラメトリック・ブートストラップと言及されることが多い．なぜならば，計量経済学では，回帰関数のパラメトリックな性格は所与のものとされており，唯一の争点は，誤差項の分布をパラメトリックなものにするかどうかだからである．

さらに Mark は，系列相関や ARCH の効果を調べるために，(非予測可能性の) 帰無仮説のもとで推定された VAR モデルの特定化分析を行っている．以下の目的のためにブートストラップデータが用いられた．

①方程式 (15.6.7) の推定から得られた $\hat{\beta}_k$ におけるバイアスの修正．

② $\beta_k=0$ という帰無仮説を検定するための小標本の有意水準の導出．

③標本外予測の評価．

全体としては，長期間回帰からの為替レートの予測可能性という結論をくだしている．

Choi (1994) において，為替レートの代替的な各モデル，すなわち，ファンダメンタル価値の代替的な特定化を用いて，この分析はさらに続けられた．Chen (1995) で

は，代替的な各推定法が考察された．方程式(15.6.7)と(15.6.6)の形の後ろ向き回帰式に加えてベクトル誤差修正モデル(VECM)が考察され，VARに対するHodrick (1992)の分析に倣って，VECMから導かれた長期間回帰係数 β_k が導出された．この論文は，誤っている帰無仮説を棄却する検出力がもっとも高いという理由でVECMが最良のアプローチであるという結論に達しているが，データがVECMを用いて生成されたのだから(Hodrickの論文の場合と同様に)これは当然のことである．しかしながら，VECMを用いても小標本のバイアスや有意水準の歪みは大きい．

このVECMアプローチには，次のような支持すべき点がある．それは，VECMモデルを用いてブートストラップ・データを生成した以上，ブートストラップ・データを用いて行われたVECMの推定こそが適切であるということである．それ以外のモデルでは，適切どうかはっきりしない．なぜならば，データはVARモデルから生成されているが，推測は別の回帰(長期回帰)に対してなされているからである．

VARモデルから始める場合，長期回帰に関するブートストラップに基づく推測を行うための適切な方法は，まずVARモデルを推定し，次に利益あるいは為替レートの推定式においてラグ変数の係数を0と設定することによって(収益あるいは為替レートの)非予測可能性という帰無仮説のもとでブートストラップ標本を生成し，そしてVARから導出された長期間回帰の係数に関して推測を行うということである．これらの係数の漸近分散(それらはVARの係数の非線形関数である)は計算できるから，漸近的にピボットな t 統計量にブートストラップを施すことができる．しかし，(既に言及しているように) Hodrickの研究ではVARから意味される長期間回帰の係数は，長期間回帰モデルから直接に推定された勾配係数よりはるかに高い．この乖離は調べられなければならない．しかしながら，Chen (1995)の研究には，そのような乖離は見られない．

これらの論文からは明白ではないが，VARから始める誘因は，VARはより柔軟であり真の過程をよりよく表現するからであると思われる．これが本当であるとすると，ブートストラップ・データの生成もVARモデルを用いてなされる以上，長期間回帰モデルの係数に関する仮説検定もまた，直接的な(あるいは間接的な)長期間回帰モデルからでなく，VARの枠組で行われなければならない．しかしながら，バイアス修正が目的であるならば，直接的に長期間回帰モデルを推定しても大丈夫かもしれない．

直接式(15.6.1)に対してブートストラップ手法を適用したいと仮定しよう(そうしなければ，各 k についてこれを繰り返さねばならない)．誤差項の系列相関や Z_t[3] の内生性の可能性のために，問題は複雑となる．しかし，いったん適切な推定手法が考え出されれば，ブートストラップ標本を生成することは単純明白である．

ブートストラップ法の適用について，これらすべての研究においてまだ問題が残っ

[3] 訳注：X_t の誤植と思われる．

ている．これらの研究で得られたブートストラップ信頼区間や有意水準は，分位点法として知られているものに基づいている．これらがバイアスをもつことはブートストラップに関する文献で立証されている．したがって，Efron によって提唱され，Efron and Tibshirani (1993) の付録において議論されているバイアス修正が必要である．ブートストラップ-t 法を用いてもよい．また，Kilian (1995) によって提唱された「ブートストラップしてからブートストラップする」という方法もある．これは，(Mark (1995)，Choi (1994)，Chen (1995) による研究でなされたように) バイアス修正のためのブートストラップをまず行い，そのうえでバイアス修正された推定値にブートストラップを施すというものである．

いずれにしても，ブートストラップ研究において単純な分位点法がはるか昔に放棄されたことを考えると，これらの論文で報告されている有意水準を改善するかなりの余地がある．

15.7　非線形モデルにおけるインパルス応答分析

ファイナンス時系列は，いくつかのタイプの非線形性を示すことが知られている．さまざまな非線形モデルが適用されているが，ARCH/GARCH タイプのモデルとマルコフ型推移モデルがもっとも一般的である．これらのモデルは，すべてパラメトリックであり条件付分布の低次のモーメントの形に先験的な制約を組み入れたものである．Gallant and Tauchen (1992) は，この問題に対する 1 つのノンパラメトリックなアプローチを開発している．

Gallant *et al*. (1993) と Tauchen *et al*. (1994) において，非線形インパルス応答分析によって時系列のダイナミックな性質を研究するためにこのノンパラメトリック・アプローチが用いられている．これは，条件付密度関数における条件付変数のベクトルを振動させ，条件付平均関数や条件付分散関数の多段階先の期待値を追跡することによってなされる．これらは条件付モーメント・プロファイル (conditional moments profiles) と呼ばれている．

ここで彼らの手法の詳細に入り込むことはできないが，モーメント・プロファイルズの信頼区間を導出するために，Gallant *et al*. と Tauchen *et al*. はブートストラップ・アプローチを用いている．ブートストラップの方法は，既述した 2 つの方法 (原データのブートストラップと残差のブートストラップ) のいずれでもなく，条件付密度関数にブートストラップを施すという第 3 の方法である．まず，原データの初期条件を用いて当てはめられた条件付密度 $\hat{f}(y|x)$ から，原データと同じ長さのデータ・セットが生成される．そして，これらのデータ・セットを用いて，モーメント・プロファイルズが計算される．われわれには，このブートストラップを行う方法においていかにして原データの時系列構造が保存されるのかということは明白ではない (おそらく，$f(y|x)$ における x にラグ変数を含ませることによってであろう)．ともかく，

これらの著者たちは，ノンパラメトリックの枠組でブートストラップ・アプローチを用い，複数のタイプのショックに対する株価と取引高のダイナミックな応答に関する新たな結論を用いている．それ以前にも，ノンパラメトリック回帰におけるブートストラップの議論がなされている．Hardle and Marron (1991) を見られたい．Gallant *et al.* と Tauchen *et al.* は，これを非線形時系列分析に拡張した．

線形モデルの枠内ではあるが，ダイナミック・モデルのインパルス応答の誤差区間についても Kilian (1995) と Sims and Zha (1995) において議論されている．Sims and Zha は，ベイズ統計学の信頼区間は，小標本においてより確固とした理論的基礎をもっており，計算も容易であり，伝統的な統計学の基準で比べて最良のブートストラップ区間とほぼ同程度の小標本における望ましさをもっていると論じている．バイアス修正を施さないブートストラップ区間は，非常にパフォーマンスが悪い．

Kilian は，Efron (1987) や Efron and Tibshirani (1993) で議論されたものとは異なるバイアス修正信頼区間を提唱している．彼は，「ブートストラップしてからブートストラップする」と自分で呼んでいる方法を提唱している．これは次のような議論に動機付けられている．$\hat{\theta}(x)$ を θ の最初の推定量とする．これは，ブートストラップ標本を生成するのに用いられる．ブートストラップ推定量 $\hat{\theta}(x^*)$ の平均を $\bar{\theta}^*$ によって表そう．このとき，バイアス修正推定値は，

$$\hat{\theta}_{bc}(x)=\hat{\theta}(x)+(\hat{\theta}(x)-\bar{\theta}^*) \qquad (15.7.1)$$

である．Kilian の着想は，$\hat{\theta}_{bc}$ のブートストラップを行えば，$\hat{\theta}$ のブートストラップを行うより，より望ましい信頼区間が得られるであろうというものである．すなわち，まずバイアス修正をするためにブートストラップを行い，そして別のブートストラップを行って信頼区間を求めるというものである．

Efron によって提唱されているようなブートストラップ信頼区間に関する文献におけるバイアス修正という用語は，Kilian の方法が意味するようなブートストラップ推定量のバイアス修正を指してはいない．しかし彼は，自分の応用において，分位点法に比べ彼の方法が有効に働くことを示している．Efron の手法やブートストラップ-t 法と彼の方法を比較するためにより詳細な研究が必要である．

15.8 結　　論

本章では，ファイナンス・モデルにおけるブートストラップ法のいくつかの応用における欠陥を指摘してきた．Efron (1979) が頻繁に引用されているが，それ以降のブートストラップ研究の展開はしばしば無視されてきた．これらの展開を考慮に入れれば，ファイナンス・モデルにおけるブートストラップ法はよりよく適用されることになろう．

原データのブートストラップと残差のブートストラップという 2 つのブートストラップの方法を区別することが重要である．また，この論文の 15.7 節で注意したよ

うに，第3の方法がある．残差にブートストラップを施すときでさえも，さまざまな標本抽出スキームがある．これらは15.3節で議論された．

ブートストラップ・データに基づいて推定されたモデルとブートストラップ・データの生成法は整合的であるべきだ．そうでなければ，ブートストラップは有効なものではない．もしもブートストラップ標本がモデルAを仮定して生成されたならば，それとは異なるモデルBを同一のデータに基づいて推定してはならない．

ファイナンス・モデルにおけるブートストラップ法の重要な用い方の1つは，モデル選択のツールとして，ブートストラップ法と結合して取引ルールを用いることである．ブートストラップ・データを生成するに先立って，いかにモデルを推定するかということによって結論に差が出てくると思われる．これらの方法はさらに研究されるべきである．

ファイナンスの複数の論文を概観し，ブートストラップ法の使い方における欠陥を概説してきた．これらの論文でブートストラップ法の使い方に欠陥があることで誤った結論が導かれてしまっているであろうか．なかには，結果がきわめてロバストであり，正しい方法を用いても結論が変わらないものもあるだろう．たとえば，15.6節で議論した長期予測可能性や15.4.3項で議論した構造変化とIGARCHの場合がそうである．いずれにしても，結論が変わるかどうかはともかく，正しい方法を用いると異なる結果がもたらされる．

別の論点は「欠点をもつブートストラップ法でも，漸近的な推測よりは望ましいか」ということである．そうではないといういくつかの例が文献で見られる．現在関心を集めているのは，単位根モデルにブートストラップを施す場合である(Basawa *et al.*(1991 a)を見よ)．しかし，漸近的な推測が利用できないときは，ブートストラップ法を用いる方がいい．また，Li and Maddala (1996 b)で議論されたように，正しいブートストラップ法が複雑であり実行可能でないときは，理論的に完全でないブートストラップ法でも漸近的な推測を改善するかもしれない．したがって，そうではないと示されない限り，ブートストラップをまったく行わないより何らかのブートストラップを利用する方がよいであろう．しかし，正しいブートストラップ法が利用できるならば，間違ったブートストラップ法を避けることが重要である．■

［小暮厚之・訳］

文　　献

Akgiray, V. and G. G. Booth (1988). Mixed diffusion – Jump process modeling of exchange rate movements. *Rev. Econom. Statist.* **70**, 631–7.

Badrinath, S. G. and S. Chatterjee (1991). A data-analytical look at skewness and elongation in common-stock return distributions. *J. Business Econom. Statist.* **9**, 223–33.

Basawa, I. V., A. K. Mallik, W. P. McCormick and R. L. Taylor (1991a). Bootstrapping unstable first order autoregressive processes. *Ann. Statist.* **19**, 1098–1101.

Basawa, I. V., A. K. Mallik, W. P. McCormick and R. L. Taylor (1991b). Bootstrapping test of significance and sequential bootstrap estimation for unstable first order autoregressive processes. *Commun. Statist. -Theory Meth.* **20**, 1015–1026.

Beran, R. (1987). Prepivoting to reduce level error of confidence sets. *Biometrika* **74**, 457–468.

Beran, R. (1988). Prepivoting test statistics: A bootstrap view of asymptotic refinements. *J. Amer. Statist. Assoc.* **83**, 687–697.

Bookstaber, R. M. and J. B. McDonald (1987). A general distribution for describing security price returns. *J. Business* **60**, 401–24.

Brock, W., J. Lakonishok and B. LeBaron (1992). Simple technical trading rules and the stochastic properties of stock returns. *J. Finance* **47**, 1731–64.

Brown, M. B. and A. B. Forsythe (1974). Robust tests for the equality of variances. *J. Amer. Statist. Assoc.* **69**, 364–7.

Campbell, J. Y. and R. J. Shiller (1987). Cointegration and tests of present value models. *J. Politic. Econom.* **95**, 1062–1088.

Campbell, J. Y. and R. J. Shiller (1988). Stock prices, earnings and expected dividends. *J. Finance* **43**, 661–676.

Carlstein, E. (1986). The use of subseries values for estimating the variance of a general statistic from a stationary sequence. *Ann. Statist.* **14**, 1171–1179.

Chatterjee, S. and R. A. Pari (1990). Bootstrapping the number of factors in the arbitrage pricing theory. *J. Financ. Res.*, XIII, 15–21.

Chen, J. (1995). Long-horizon predictability of foreign currency prices and excess returns: Alternative procedures for estimation and inference. Unpublished Ph.D. dissertation, The Ohio State University.

Choi, D. Y. (1994). Real exchange rate prediction by long horizon regression. Unpublished Ph.D. dissertation. The Ohio State University.

Diebold, F. X. and R. S. Mariano (1995). Comparing predictive accuracy. *J. Business Econom. Statist.* **13**, 253–263.

Efron, B. (1979). Bootstrap methods: Another look at the jackknife. *Ann. Statist.* **7**, 1–26.

Efron, B. (1981). Censored data and the bootstrap. *J. Amer. Statist. Assoc.* **76**, 312–319.

Efron, B. (1987). Better bootstrap confidence intervals. *J. Amer. Statist. Assoc.* **82**, 171–200.

Efron, B. and G. Gong (1983). A leisurely look at the bootstrap, the jackknife, and cross validation. *Amer. Statist.* **37**, 36–48.

Efron, B. and R. Tibshirani (1986). Bootstrap methods for standard errors, confidence intervals, and other measures of statistical accuracy. *Statist. Sci.* **1**, 54–77.

Efron, B. and R. J. Tibshirani (1993). An introduction to the bootstrap. New York and London, Chapman Hall.

Fama, E. and K. French (1988). Dividend yields and expected stock returns. *J. Financ. Econom.* **22**, 3–26.

Ferretti, N. and J. Romo (1994). Unit root bootstrap tests for AR(1) models. Working Paper, Division of Economics, Universidad Carlos III de Madrid.

Ferson, W. E. and S. R. Foerster (1994). Finite sample properties of the generalized method of moments in tests of conditional asset pricing models. *J. Financ. Econom.* **36**, 29–55.

Freedman, D. A. (1981a). Bootstrapping regression models. *Ann. Statist.* **9**, 1218–1228.

Freedman, D. A. (1981b). Bootstrapping regression models. *Ann. Statist.* **9**, 1229–1238.

Freedman, D. A. and S. C. Peters (1984). Bootstrapping a regression equation: Some empirical results. *J. Amer. Statist. Assoc.* **79**, 97–106.

Gallant, A. R., P. E. Rossi and G. Tauchen (1993). Nonlinear dynamic structures. *Econometrica* **61**, 871–907.

Gallant, A. R. and G. Tauchen (1992). A non-parametric approach to non-linear time-series analysis: Estimation and simulation. In: E. Parzen et al., eds., *New Dimensions in Time Series Analysis*, New York, Springer-Verlag.

Goetzmann, W. N. (1990). Bootstrapping and simulation tests of long-term patterns in stock market behaviour. Ph.D. thesis, Yale University.

Goetzmann, W. N. and P. Jorion (1993). Testing the predictive power of dividend yields. *J. Finance* **48**,

663–679.

Hall, P. (1988). Theoretical comparison of bootstrap confidence intervals. *Ann. Statist.* **16**, 927–953.

Hall, P. (1992). The Bootstrap and Edgeworth Expansion. Springer-Verlag, New York.

Hall, P. and J. L. Horowitz (1993). Corrections and blocking rules for the block bootstrap with dependent data. Working Paper #93–11, Department of Economics, University of Iowa.

Hall, P. and J. L. Horowitz (1995). Bootstrap critical values for tests based on generalized method of moments estimators. To appear in *Econometrica*.

Hall, P. and S. R. Wilson (1991). Two guidelines for bootstrap hypothesis testing. *Biometrics* **47**, 757–762.

Hardle, W. and J. S. Marron (1991). Bootstrap simultaneous error bars for nonparametric regression. *Ann. Statist.* **19**, 778–796.

Hartigan, J. A. (1986). Comment on the paper by Efron and Tibshirani. *Statist. Sci.* **1**, 75–76.

Hodrick, R. J. (1992). Dividend yields and expected stock returns: Alternative procedures for inference and measurement. *Rev. Financ. Stud.* **5**, 357–86.

Horowitz, J. (1995). Bootstrap methods in econometrics: Theory and numerical performance. Paper presented at the 7th World Congress of the Econometric Society, Tokyo.

Hsieh, D. A. and M. H. Miller (1990). Margin regulation and stock market volatility. *J. Finance* **45**, 3–29.

Jegadeesh, N. and S. Titman (1993). Returns to buying winners and selling losers: Implications for stock market efficiency. *J. Finance* **48**, 65–91.

Jeong, J. and G. S. Maddala (1993). A perspective on application of bootstrap methods in econometrics. *Handbook of Statistics*, Vol. 11, 573–610. North Holland Publishing Co.

Johansen, S. (1988). Statistical analysis of cointegration vectors. *J. Econom. Dynamic Control* **12**, 231–255.

Karolyi, G. A. and B-C. Kho (1994). Time-varying risk premia and the returns to buying winners and selling losers: Caveat emptor et venditor. Ohio State University working paper.

Kaul, G. (1996). Predictable components in stock returns. In: G.S. Maddala and C.R. Rao eds., *Handbook of Statistics*, Vol 14, Statistical Methods in Finance.

Kilian, L. (1995). Small sample confidence intervals for impulse response functions. Manuscript, University of Pennsylvania.

Kim, B. (1994). A study of risk premiums in the foreign exchange market. Ph. D. dissertation, Ohio State University.

Kocherlakota, N. R. (1990). On tests of representative consumer asset pricing models. *J. Monetary Econom.* **26**, 285–304.

Künsch, H. R. (1989). The jackknife and the bootstrap for general stationary observations. *Ann. Statist.* **17**, 1217–1241.

Lamoureux, C. G. and W. D. Lastrapes (1990). Persistence in variance, structural change, and the GARCH model. *J. Business Econom. Statist.* **8**, 225–34.

LeBaron, B. (1991). Technical trading rules and regime shifts in foreign exchange. Manuscript, University of Wisconsin.

LeBaron, B. (1992). Do moving average trading rule results imply non-linearities in foreign exchange markets. SSRI, University of Wisconsin. Working Paper # 9222.

LeBaron, B. (1994). Technical trading rules profitability and foreign exchange intervention. SSRI, University of Wisconsin. Working Paper # 9445.

Levich, R. M. and L. R. Thomas, III (1993). The significance of technical trading-rule profits in the foreign exchange market: A bootstrap approach. *J. Internat. Money Finance* **12**, 451–474.

Li, Hongyi and G. S. Maddala (1996a). Bootstrapping time series models. *Econometric Rev.* **16**, 115–195

Li, Hongyi and G. S. Maddala (1996b). Bootstrapping cointegrating regressions. Presented at the Fourth Meeting of the European Conference Series in Quantitative Economics and Econometrics: Oxford, Dec. 16–18, 1993. To appear. *J. Econometrics*.

Liu, R. Y. and K. Singh (1992). Moving blocks jackknife and bootstrap capture weak dependence. In: *Exploring the Limits of Bootstrap*, LePage, R. and Billard, L. eds., New York: John Wiley &s, Inc., 225–248.

Mankiw, N. G. and M. D. Shapiro (1986). Do we reject too often? *Econom. Lett.* **20**, 139–45.

Mark, N. C. (1995). Exchange rates and fundamentals: Evidence on long-horizon predictability. *Amer. Econom. Rev.* **85**, 201–218.

Nelson, C. R. and M. J. Kim (1993). Predictable stock returns: The role of small-sample bias. *J. Finance* **48**, 641–661.

Noreen, E. (1989). Computer intensive methods for testing hypothesis: An introduction. Wiley, New York.

Phillips, P. C. B. and B. E. Hansen (1990). Statistical inference in instrumental variables regression with I(1) process. *Rev. Econom. Stud.* **57**, 99–125.

Politis, D. N. and J. P. Romano (1994). The stationary bootstrap. *J. Amer. Statist. Assoc.* **89**,1303–13

Rayner, R. K. (1990). Bootstrapping p-values and power in the first-order autoregression: A Monte Carlo investigation. *J. Business Econom. Statist.* 8, 251–263.

Shea, G. S. (1989a). Ex-post rational price approximations and the empirical reliability of the present-value relation. *J. Appl. Econometrics* **4**, 139–159.

Shea, G. S. (1989b). A re-examination of excess rational price approximations and excess volatility in the stock market. R. C. Guimaraes et al. eds., *A Re-appraisal of the Efficiency of Financial Markets*, pp. 469–94.

Shea, G. S. (1990). Testing stock market efficiency with volatility statistics: Some exact finite sample results. Manuscript, Pennsylvania State University.

Sims, C. A. and T. Zha (1995). Error bands for impulse responses. Working Paper # 95–6, Federal Reserve Bank of Atlanta.

Stambaugh, R. F. (1986). Bias in regression with lagged stochastic regressors. CRSP working papers #156, University of Chicago.

Tauchen, G. (1986). Statistical properties of generalized method-of-moments estimators of structural parameters obtained from financial market data. *J. Business Econom. Statist.* **4**, 397–425.

Tauchen, G., H. Zhang and M. Liu (1994). Volume volatility and leverage analysis. Manuscript, Duke University.

Tsay, R. S. (1992). Model checking via parametric bootstraps in time series analysis. *Appl. Statist.* **41**, 1–15

Van Giersbergen, N. P. A. and J. F. Kiviet (1994). How to implement bootstrap hypothesis testing in static and dynamic regression models. Discussion paper #TI94–130, Tinbergen Institute, Rotterdam.

16

主成分分析と因子分析

Principal Component and Factor Analyses

C. Radhakrishna Rao

16.1 はじめに

主成分分析と因子分析(PCA：principal component analysis と FA：factor analysis)は，個体についての測定値の共分散(あるいは相関)構造を調査する探索的多変量手法である．その目的は，観測可能な測定値間の変動あるいは連関を説明する少数の潜在変数を見出すことによって高次元のデータを圧縮すること，類似の測定値をグループ化すること，多重共線性を発見することから，データの散布状態の可視的な調査を行うため高次元のデータをより低い次元の空間で図表で表現すること，および外れ値(outliers)を発見することまで多様である．PCA は Pearson (1901) と Hotelling (1933) によって開発され，いくつかの拡張を含む一般理論および適用は Rao (1964) によって与えられている．FA は Spearman (1904) が先駆者であり，Lawley (1940) によって多変量正規性の仮定のもとで発展させられた．分布にいかなる仮定も課さない FA の一般定理は，Rao (1955) によって，正準因子分析(CFA：canonical factor analysis) というタイトルのもとで示された．現在，計算上の観点に中心をおいた優秀な研究論文が数多く存在し，PCA と FA が社会科学や自然科学の研究に用いられている．少数の著者を挙げれば，Bartholomew (1987)，Basilevsky (1994)，Cattel (1978)，Jackson (1991)，および Jolliffe (1986) らが参考となるだろう．

観測値が定性的であるときの，PCA に関連した手法であるコレスポンデンス(correspondence) 分析 (CA) は，Fisher (1936) によって提案された定性的なカテゴリーをスケーリングする手法に基づいて Benzecri (1973) により開発された．Greenacre (1984) の研究論文は，分割表の分析における CA の定理と適用を与えている．Rao (1995) による最近の論文は，CA と同じ目的をもち，以前の手法より有効と思われる別の方法を含んでいる．

本章では，PCA と FA の最近の理論的成果や実際的な適用についての全般的なサーベイが与えられる．

16.2 主 成 分

16.2.1 一般問題

主成分問題は次のような非常に一般的な形式で示される．$\boldsymbol{x}$ を p 次元のベクトル変数とし，$\boldsymbol{y}$ を q 次元のベクトル変数とする．ただし，$\boldsymbol{x}$ と $\boldsymbol{y}$ のいくつかの成分は同一であってもかまわない．$\boldsymbol{y}$ を $\boldsymbol{z}=A\boldsymbol{y}$ で置き換え，$\boldsymbol{y}$ のかわりに $\boldsymbol{z}$ を用いて $\boldsymbol{x}$ を予測する際の損失を可能な限り最小にしたい．ここで，A は $r<q$ を満たす $r\times q$ 行列である．もし，

$$\begin{pmatrix} \Sigma_{11} & \Sigma_{12} \\ \Sigma_{21} & \Sigma_{22} \end{pmatrix} \tag{16.2.1}$$

が $\boldsymbol{x}$ と $\boldsymbol{y}$ との共分散行列であるならば，$\boldsymbol{z}=A\boldsymbol{y}$ によって $\boldsymbol{x}$ を予測する際の誤差の共分散行列は，

$$W=\Sigma_{11}-\Sigma_{12}A'(A\Sigma_{22}A')^{-1}A\Sigma_{21} \tag{16.2.2}$$

となる．われわれは A を，適切に選ばれたノルムに関して $\|W\|$ が小さくなるように選択するものとする．もし，$\|W\|=\mathrm{tr}\,W$ を選ぶならば，最適な選択は，

$$A_*=\arg\max_A \mathrm{tr}\Sigma_{12}A'(A\Sigma_{22}A')^{-1}A\Sigma_{21}$$

となる．最大値は，

$$A'_*=(C_1 : \cdots\ C_r) \tag{16.2.3}$$

のときに達成される．ここで，$C_1, \cdots, C_r$ は Σ_{22} に関する $\Sigma_{21}\Sigma_{12}$ の最初の r 個の固有値 $\lambda_1^2\geq\lambda_2^2\geq\cdots\geq\lambda_r^2$ に対応する r 個の固有ベクトルである．すなわち，固有方程式

$$|\Sigma_{21}\Sigma_{12}-\lambda^2\Sigma_{22}|=0 \tag{16.2.4}$$

から求められる固有ベクトルと固有値である．

$\boldsymbol{z}_*=A_*\boldsymbol{y}$ を用いて $\boldsymbol{x}$ を予測する際の情報の相対的損失は，

$$\mathrm{tr}(\Sigma_{11}-(A_*\Sigma_{22}A'_*)^{-1}A_*\Sigma_{21}\Sigma_{12}A'_*)/\mathrm{tr}\Sigma_{11}=1-\frac{\lambda_1^2+\cdots+\lambda_r^2}{\mathrm{tr}\Sigma_{11}} \tag{16.2.5}$$

となる．

われわれは，いくつかの $\boldsymbol{x}$ と $\boldsymbol{y}$ の特別な選択について考え，式(16.2.3)で特徴付けられるような最適な変換 A を導出する．

16.2.2 $\boldsymbol{x}=\boldsymbol{y}$ の場合

$\boldsymbol{x}=\boldsymbol{y}$ という特別な選択においては，通常の主成分 $C'_1\boldsymbol{x}, \cdots, C'_r\boldsymbol{x}$ となる．ここで，$C_1, \cdots, C_r$ は固有方程式 $|\Sigma_{11}-\lambda I|=0$ の最初の r 個の固有値 $\lambda_1^2\geq\lambda_2^2\geq\cdots\geq\lambda_r^2$ に対応する r 個の固有ベクトルである．この場合には，情報の損失(16.2.5)は，

$$1-\frac{\lambda_1^2+\cdots+\lambda_r^2}{\lambda_1^2+\cdots+\lambda_p^2}=\frac{\lambda_{r+1}^2+\cdots+\lambda_p^2}{\lambda_1^2+\cdots+\lambda_p^2} \tag{16.2.6}$$

となり，通常パーセンテージで表示される．r の選択は式(16.2.6)の大きさによって決定される．

実際には，λ_i^2 と C_i を p 次元ベクトルの確率変数 $\boldsymbol{x}$ に関する n 個の独立な観測値からなる標本から推定する必要がある．ここで，標本は $p\times n$ 行列で，

$$X=(\boldsymbol{x}_1 : \cdots : \boldsymbol{x}_n) \tag{16.2.7}$$

と表示する．

Σ_{11} の推定値は，

$$S=(n-1)^{-1}X\left(I-\frac{1}{n}\boldsymbol{e}\boldsymbol{e}'\right)X'$$

となる．ただし，$\boldsymbol{e}$ は n 次元単位ベクトルである．λ_i の推定値 l_i と C_i の推定値 $\boldsymbol{c}_i$ は，スペクトル分解

$$S=l_1^2\boldsymbol{c}_1\boldsymbol{c}_1'+\cdots+l_p^2\boldsymbol{c}_p\boldsymbol{c}_p' \tag{16.2.8}$$

から得られる．このとき，i 番目の個体 (individual) の観測値の主成分は，

$$\boldsymbol{q}_i=(\boldsymbol{c}_1'\boldsymbol{x}_i, \cdots, \boldsymbol{c}_p'\boldsymbol{x}_i')' \tag{16.2.9}$$

となる．今後は，

$s_{ii}=S$ の i 番目の対角要素

$$\boldsymbol{c}_j=(c_{j1}, \cdots, c_{jp})', \qquad j=1, \cdots, p \tag{16.2.10 a}$$

$$\hat{c}_{ji}=l_jc_{ji}, \qquad i=1, \cdots, p \tag{16.2.10 b}$$

$$\boldsymbol{q}_i=(q_{i1}, \cdots, q_{ip})', \qquad i=1, \cdots, n \tag{16.2.11 a}$$

$$\hat{q}_{ij}=l_j^{-1}q_{ij}, \qquad i=1, \cdots, n \tag{16.2.11 b}$$

と記す．

ベクトル $\boldsymbol{c}_i$ と $\boldsymbol{q}_i$ は (座標の移動は別として)，$(l_1\boldsymbol{d}_1 : \cdots : l_p\boldsymbol{d}_p)'=(q_1 : \cdots : q_p)$ の関係から，特異値分解 (SVD：singular value decomposition)

$$X\left(I-\frac{1}{n}\boldsymbol{e}\boldsymbol{e}'\right)=l_1\boldsymbol{c}_1\boldsymbol{d}_1'+\cdots+l_p\boldsymbol{c}_p\boldsymbol{d}_p' \tag{16.2.12}$$

を用いて一度に得られることは明記すべきかもしれない．

16.2.3　主成分の解釈

元の変数が与える影響という観点から主成分を解釈するためには，表 16.1 に示すような計算を行う必要がある．

表 16.1 の相関の大きさは，各変数が各主成分で，また最初の r 個の主成分によっ

表 16.1

元の変数	主成分 $z_1\cdots z_p$ との相関			x_i の $z_1\cdots z_r$ の重相関
x_1	$\hat{c}_{11/\sqrt{s_{11}}}$	$\cdots$	$\hat{c}_{p1/\sqrt{s_{11}}}$	$s_{11}^{-1}\sum_{j=1}^{r}\hat{c}_{j1}^2=R_1^2$
$\vdots$	$\vdots$	$\vdots$	$\vdots$	$\vdots$
x_p	$\hat{c}_{1p/\sqrt{s_{pp}}}$	$\cdots$	$\hat{c}_{pp/\sqrt{s_{pp}}}$	$s_{pp}^{-1}\sum_{j=1}^{r}\hat{c}_{jp}^2=R_p^2$

て全体としてどの程度表現されているかを示している (R_i^2 の値で判断される). $r=1, 2, \cdots$ に関して計算された R_i^2 の値によって選択すべき主成分の数 r を決定することが可能である. もし, ある r に対して, ある i (j とする) を除いた R_i^2 の値が高いならば, $z_1, \cdots, z_r$ に加えて x_j を含めることや, x_j をよりよく表現する他の主成分を加えることを決定することができるであろう.

16.2.4 データのグラフィック表示

元の変数によって個体を表現するためには, p 次元の空間が必要である. しかし, 視覚的に吟味するには, p 次元での各個体の配置 (個体間の距離) を可能な限り反映する 2 次元か 3 次元の空間で, プロットする必要がある. この目的のためにわれわれは, 式 (16.2.11 a), あるいは標準化された形の主成分 [SPC (16.2.11 b)] を利用する. 表 16.2 には, 異なる次元の新たな座標の全体 —— その中から最初のいくつかが選ばれるかもしれない —— が表示されている.

もし, われわれが, i 番目の個体に対して, 座標 $q_{i1}, \cdots, q_{ir}$ を用いて最初の $r(<p)$ 次元で個体をプロットするならば, そのようなプロットにおける個体 i と j 間のユークリッド距離は, p 次元空間のユークリッド距離

$$d_{ij}=[(\boldsymbol{x}_i-\boldsymbol{x}_j)'(\boldsymbol{x}_i-\boldsymbol{x}_j)]^{1/2}$$

の近似となる.

一方, もしわれわれが座標 $\hat{q}_{i1}, \cdots, \hat{q}_{ir}$ を用いて最初の $r(<p)$ 次元で個体をプロットするならば, 個体 i と j 間のユークリッド距離は p 次元空間のマハラノビス (Mahalanobis) 距離

$$d_{ij}=[(\boldsymbol{x}_i-\boldsymbol{x}_j)'S^{-1}(\boldsymbol{x}_i-\boldsymbol{x}_j)]^{1/2}$$

の近似となる.

実際には, 縮小された空間で保持することが望まれるような適切な距離を選択しなければならない. 元の配置を捉えるためには, 通常 2 次元か 3 次元プロットで十分である. もし, 3 次元以上必要であるならば, 高次元のプロットを可視化する他のグラフィック表示が利用されるかもしれない. たとえば, Wegman, Carr and Luo (1993) の文献を参照されたい.

また, 変数間の連関をビジュアルに調査するために, より低い次元で変数を表示することができる. この目的のために利用する座標の全体は表 16.3 の通りである.

表 16.2

個体	次元 1		次元 2		⋯	次元 p	
	PC	SPC	PC	SPC	⋯	PC	SPC
1	q_{11}	$\hat{q}_{11}$	q_{12}	$\hat{q}_{12}$	⋯	q_{1p}	$\hat{q}_{1p}$
2	q_{21}	$\hat{q}_{21}$	q_{22}	$\hat{q}_{22}$	⋯	q_{2p}	$\hat{q}_{2p}$
⋮	⋮	⋮	⋮	⋮	⋯	⋮	⋮
n	q_{n1}	$\hat{q}_{n1}$	q_{n2}	$\hat{q}_{n2}$	⋯	q_{np}	$\hat{q}_{np}$
分散	l_1^2	1	l_2^2	1	⋯	l_p^2	1

表 16.3

変数	座標			
1	$\hat{c}_{11}$	$\hat{c}_{21}$	$\cdots$	$\hat{c}_{p1}$
2	$\hat{c}_{12}$	$\hat{c}_{22}$	$\cdots$	$\hat{c}_{p2}$
$\vdots$	$\vdots$	$\vdots$		$\vdots$
p	$\hat{c}_{1p}$	$\hat{c}_{2p}$	$\cdots$	$\hat{c}_{pp}$

r 次元空間での i 番目の個体を表す点と原点を結ぶベクトルを $\boldsymbol{v}_i$ としよう．このとき，$\boldsymbol{v}_i'\boldsymbol{v}_i$ は，i 番目の変数の分散 s_{ii} のよい近似であり，ベクトル $\boldsymbol{v}_i$ と $\boldsymbol{v}_j$ 間の角度の余弦は，i 番目と j 番目の変数間の相関のよい近似となる．

16.2.5 残差分析と外れ値の検出

もし，最初の r 個の主成分を保持するならば，われわれは，i 番目の個体に対する p 次元ベクトル $\boldsymbol{x}_i$ の近似 $\hat{\boldsymbol{x}}_i$ の誤差を，

$$\boldsymbol{x}_i-\hat{\boldsymbol{x}}_i=(\boldsymbol{c}_{r+1}\boldsymbol{c}'_{r+1}+\cdots+\boldsymbol{c}_p\boldsymbol{c}'_p)\boldsymbol{x}_i$$

で計算できる．さらに，差異の全体の大きさは，

$$d_i^2=(\boldsymbol{x}-\hat{\boldsymbol{x}}_i)'(\boldsymbol{x}-\hat{\boldsymbol{x}}_i)=q_{ir+1}^2+\cdots+q_{ip}^2$$

となる．

もし，ある d_i^2 が他に比べ大きいならば，$\boldsymbol{x}_i$ は外れ値であると考えられる．

【注 1】 主成分は元の変数の線形変換に関して不変ではない．たとえば，元の変数が異なる値でスケールされている，あるいは，線形変換によって回転されているならば，主成分は異なるであろう．このことは，元の測定値を新たなセットに変換し主成分を抽出することが，最初に決定されなければならないことを示唆している．通常，標準偏差の逆数によって測定値をスケールすることが推奨される．それは，共分散行列でなく相関行列に基づいて主成分を見出すことと等価である．

【注 2】 元の測定値が多変量正規分布に従うとき，共分散行列の固有値や固有ベクトルに関する検定がある (Basilevsky (1994) の第 4 章参照)．実際に，これらの検定が行われるならば，元の測定値の正規性を検定する必要があるかもしれない．必要であれば，正規化するために Box-Cox 型変換を試みることも有効であろう．いくつかのコンピュータプログラムではこのオプションを考慮に入れている．このような場合，われわれは変換された変数の主成分を計算することになる．

【注 3】 成長曲線の分析のような問題においては，主成分は平均値の修正を施さない行列 $S=XX'$ から計算される．この方法については Rao (1958, 1987) を参照のこと．

【注 4】 Jolicoeur and Mosimann (1960) によって示唆されているように，最大の分散をもつ最初の主成分はすべての係数が正ならば大きさの要因として解釈される，また，係数に正や負をもつ他の主成分は形状の要因として解釈されるかもしれない．このような解釈の正当性は次のように示される．$\boldsymbol{x}$ の i 番目の変数 x_i と j 番目の主成

分 $\boldsymbol{c}_j'\boldsymbol{x}_i$ について考えよう．x_i の $\boldsymbol{c}_j'\boldsymbol{x}_i$ 上への回帰は，j 番目の固有ベクトル $\boldsymbol{c}_j$ の i 番目の要素 c_i となる．ここで，$\boldsymbol{c}_j'\boldsymbol{x}_i$ の単位当たりの増加は，平均的に x_i を c_{ji} 増加させる．もし，$\boldsymbol{c}_j$ のすべての要素が正値であるならば，$\boldsymbol{c}_j'\boldsymbol{x}_i$ の単位当たりの増加は測定値の個々を増加させる．このような場合には，$\boldsymbol{c}_j'\boldsymbol{x}_i$ は大きさの要因として記述できるかもしれない．もし，いくつかの係数が正値で他が負値であるならば，$\boldsymbol{c}_j'\boldsymbol{x}_i$ の増加はいくつかの測定値を増加させ，その他の値を減少させる．この場合，$\boldsymbol{c}_j'\boldsymbol{x}_i$ は形状の要因として解釈されるかもしれない．

もし，元の測定値のすべてが非負であるならば，修正を施さない平方和および積和の行列最初の主成分のすべての係数が非負となることを指摘するのは興味深いことであろう．

【注 5】 16.2.1 項で説明した一般問題のもう 1 つの特別な場合は，$\boldsymbol{x}$ と $\boldsymbol{y}$ が完全に異なる変数のセットである場合である．このような状況が生ずるのは，$\boldsymbol{y}$ が数多くのいわゆる操作変数 (instrumental variable) を表すときに，$\boldsymbol{y}$ を用いて $\boldsymbol{x}$ の各従属変数を予測しようとする場合である．そのような手続きはより経済的であり，時に $\boldsymbol{y}$ の多重共線性により効率的であるかもしれない．

16.2.6 随伴変数 z と無相関な x の主成分

問題によっては，q 次元のベクトル随伴変数 $\boldsymbol{z}$ と無相関な p 次元ベクトル $\boldsymbol{x}$ の主成分を見出すことに興味がある．ここで，

$$\begin{pmatrix} \Sigma_{11} & \Sigma_{12} \\ \Sigma_{21} & \Sigma_{22} \end{pmatrix} \tag{16.2.13}$$

は $(\boldsymbol{x}', \boldsymbol{z}')'$ の共分散行列を分割した形で示したものとしよう．$\boldsymbol{L}_i'\boldsymbol{L}_i=1, \boldsymbol{L}_i'\boldsymbol{L}_j=0$ かつ $\mathrm{Cov}(\boldsymbol{L}_i'\boldsymbol{x}, \boldsymbol{z})=\boldsymbol{L}_j'\Sigma_{12}=0, i, j=1, \cdots, k$ であり，また，

$$\boldsymbol{L}_1'\Sigma\boldsymbol{L}_1+\cdots+\boldsymbol{L}_k'\Sigma\boldsymbol{L}_k \tag{16.2.14}$$

が最大となるような k 個の主成分 $\boldsymbol{L}_1'\boldsymbol{x}, \cdots, \boldsymbol{L}_k'\boldsymbol{x}$ を求めたい．Rao (1964) によると，最適な $\boldsymbol{L}_1, \cdots, \boldsymbol{L}_k$ の選択は，行列

$$(I-\Sigma_{12}(\Sigma_{21}\Sigma_{12})^{-1}\Sigma_{21})\Sigma_{11} \tag{16.2.15}$$

の最初の k 個の固有ベクトルとなることが示されている．

表 16.4

経済取引	時間			
	1	2	…	T
1	x_{11}	x_{12}	…	x_{1T}
⋮	⋮	⋮		⋮
p	x_{p1}	x_{p2}	…	x_{pT}
随伴変数				
時間の関数				
線形	1	2	…	T
2 次	1	2^2	…	T^2

適用例として，Stone (1947) によって考察された，ある一連の経済取引を表す p 次ベクトルの時系列について考えよう (表 16.4).

T をサンプルサイズとして，主変数と随伴変数に関する $(p+2)$ 次の共分散行列

$$\begin{pmatrix} S_{11} & S_{12} \\ S_{21} & S_{22} \end{pmatrix} \tag{16.2.16}$$

を計算する．ここで，S_{11} は $p\times p$，S_{12} は $p\times 2$，そして S_{22} は 2×2 の次数をもつ．

$$(I-S_{12}(S_{21}S_{12})^{-1}S_{21})S_{11} \tag{16.2.17}$$

の必要な個数の固有ベクトルは，全期間の取引の線形や 2 次のトレンドに影響を受けない $\boldsymbol{x}$ の主成分を提供する．随伴変数を時間のべき乗として適切に選ぶことによって，より低い次数のトレンドやより高い次数のトレンドを除去することが可能である．

Stone (1947) は，上で示したような，時間のトレンドや確率誤差から，経済的に有意性をもつ $\boldsymbol{x}$ の線形関数を分離する問題を考察した．この目的において，彼は変数 $\boldsymbol{x}$ だけで共分散行列を計算し，時間のファクターに関連させずに，その行列の S_{11} の部分の固有ベクトルを用いた主成分を見出した．その結果，その問題は大きな分散を説明する卓越した主成分を発見するものとして提起された．これは線形トレンドとして解釈され，また他の主成分は経済的に解釈された．行列 (16.2.17) を用いて主成分を得る方法は，自由度が高く，ある次数のトレンドを除去し，経済的な有意性をもつ線形関数を提供するテクニックを与えるものとして信頼されている．

16.3　主成分に基づくモデル

16.3.1　因子分析モデルとの類似性

個体 i について観測される p 次元ベクトル $\boldsymbol{x}_i$ が

$$\boldsymbol{x}_i=\boldsymbol{\alpha}+A\boldsymbol{f}_i+\boldsymbol{\varepsilon}_i, \qquad i=1, \cdots, n \tag{16.3.1}$$

と表現可能であると仮定しよう．ここで，$\boldsymbol{\alpha}$ は p 次元ベクトル，A はすべての個体に対して共通な $p\times r$ 行列，$\boldsymbol{f}_i$ は個体 i に固有な r 次元ベクトルである．また，$\boldsymbol{\varepsilon}_j$ は $\mathrm{E}(\boldsymbol{\varepsilon}_i)=0, \mathrm{Var}(\boldsymbol{\varepsilon}_i)=\sigma^2 I$，$i=1, \cdots, n$ である確率変数である．式 (16.3.1) のモデルは，因子分析において，$\boldsymbol{\varepsilon}_i$ の共分散行列が異なる要素をもつことが可能な対角行列であることを除けば，因子分析と類似の形である (16.4 節参照)．われわれが考察する問題は，モデル (16.3.1) から $A, \boldsymbol{f}_i, \cdots, \boldsymbol{f}_n, \sigma^2$ の推定を行うことである．解は，A の列が直交正規するといった制限を付けない限り，一意に求められないことに注意しよう．結合モデル (16.3.1) は，

$$X=\boldsymbol{\alpha}\boldsymbol{e}'+AF+E \tag{16.3.2}$$

と書ける．ここで，$X=(\boldsymbol{x}_1 : \cdots : \boldsymbol{x}_n)$ は，$p\times n$ 行列，$\boldsymbol{e}$ は 1 からなる n 次元ベクトル，そして F は $r\times n$ 行列である．適切に選ばれたノルムに関して

$$\|X-\boldsymbol{\alpha}\boldsymbol{e}'-AF\| \tag{16.3.3}$$

を最小とするように $\boldsymbol{\alpha}, A, F$ を推定したい．フロベニウスのノルム (Frobenius norm) を選択すると，$\boldsymbol{\alpha}, A$ と $\boldsymbol{f}_i, \cdots, \boldsymbol{f}_n$ に関して

$$\sum_{i=1}^{n}(\boldsymbol{x}_i-\boldsymbol{\alpha}-A\boldsymbol{f}_i)'(\boldsymbol{x}_i-\boldsymbol{\alpha}-A\boldsymbol{f}_i) \tag{16.3.4}$$

を最小化するという表現をもつ拡張された最小2乗法となる．1つの可能な解 (Rao (1995) 参照) は，

$$\hat{\boldsymbol{a}}=\bar{\boldsymbol{x}}, \qquad \hat{A}=(\boldsymbol{c}_1 : \cdots : \boldsymbol{c}_r), \qquad \hat{\boldsymbol{f}}_i=\hat{A}'(\boldsymbol{x}_i-\bar{\boldsymbol{x}}) \tag{16.3.5}$$

である．ただし，$\boldsymbol{c}_1, \cdots, \boldsymbol{c}_r$ は $S=X(I-\{(1/n)\boldsymbol{e}\boldsymbol{e}'\})X'$ の最初の r 個の固有ベクトルである．このとき $\hat{\boldsymbol{f}}_i$ は固体 i に対する r 個の主成分からなるベクトルである．それゆえ，われわれは，16.2.2〜16.2.5 項で検討したものと同じ解を得る．σ^2 の推定値は，

$$\hat{\sigma}^2=\frac{n-1}{(n-r-1)(p-r)}(l_{r+1}^2+\cdots+l_p^2) \tag{16.3.6}$$

であり，$l_{r+1}^2, \cdots, l_p^2$ は，S の最後の $(p-r)$ 個の固有値である．

問題によっては，モデル (16.3.1) の $\boldsymbol{f}_i$ を単位行列 I を共分散行列としてもつ確率変数として考えることが適切であるかもしれない．そのような場合には，

$$\mathrm{E}(S)=AA'+\sigma^2 I \tag{16.3.7}$$

であり，A の推定値は，

$$\hat{A}=(l_1\boldsymbol{c}_1 : \cdots : l_r\boldsymbol{c}_r) \tag{16.3.8}$$

σ^2 の推定値は，

$$\hat{\sigma}^2=\frac{n-1}{(n-r-1)(p-r)}(l_{r+1}^2+\cdots+l_p^2) \tag{16.3.9}$$

となる．これはスケーリングファクターを除いて式 (16.3.6) と同じである．もし，$\boldsymbol{f}_i$ を推定 (予測) することが望まれるならば，

$$\hat{\boldsymbol{f}}_i=\hat{A}'(\hat{A}\hat{A}'+\hat{\sigma}^2 I)^{-1}(\boldsymbol{x}_i-\bar{\boldsymbol{x}}) \tag{16.3.10}$$

という形の，式 (16.3.5) の表現と異なる $\boldsymbol{f}_i$ の $\boldsymbol{x}_i$ 上への回帰を用いることができる．われわれが同じ計画行列をもついくつかのモデルから同時にパラメータを推定したいときにも，同様な状況が発生する．このような問題についての検討は Rao (1975) によってなされている．

16.3.2 主成分モデルに基づいた回帰問題

$(p+1)$ 次元確率ベクトル $(y, \boldsymbol{x})$ に関する n 個の独立な観測値があるとしよう．ここで，$\boldsymbol{x}$ は p 次元ベクトルであり，y はスカラーである．

$$(y_1, \boldsymbol{x}_1), \cdots, (y_n, \boldsymbol{x}_n) \tag{16.3.11}$$

また，$n+1$ 番目の標本は $\boldsymbol{x}_{n+1}$ のみとする．問題は，観測されない値である y_{n+1} を主成分モデル

$$\boldsymbol{x}_i=\boldsymbol{\alpha}_1+A\boldsymbol{f}_i+\boldsymbol{\varepsilon}_i \tag{16.3.12}$$

$$y_i = \alpha_2 + \boldsymbol{b}'\boldsymbol{f}_i + \eta_i \qquad (16.3.13)$$
$$i = 1, \cdots, n+1$$

のもとで予測することである．ただし，$\mathrm{Cov}(\boldsymbol{\varepsilon}_i, \eta_i)=0$, $\mathrm{Cov}(\boldsymbol{\varepsilon}_i)=\sigma^2 I$, $V(\eta_i)=\sigma_0^2$ であり，その他の仮定はモデル(16.3.1)と同様である．上記の問題は，一連の論文(Rao (1975, 1976, 1978, 1987)および Rao and Boudreau (1985) 参照)において検討された．最近では，モデル(16.3.12～16.3.13)は部分的最小2乗(partial least squares)を展開するうえで利用されている(Helland (1988)および参考文献を参照).

問題への可能な接近法はいくつかある．

① $\hat{\boldsymbol{f}}_1, \cdots, \hat{\boldsymbol{f}}_{n+1}$ を $\boldsymbol{f}_1, \cdots, \boldsymbol{f}_{n+1}$ の観測方程式(16.3.12)のみを用いて推定される値とする．最初の n 個の観測方程式(16.3.13)を用い，かつ $\hat{\boldsymbol{f}}_1, \cdots, \hat{\boldsymbol{f}}_{n+1}$ が既知であるとして，通常の最小2乗法によって α_2 と $\boldsymbol{b}$ の推定値 $\hat{\alpha}_2, \hat{\boldsymbol{b}}$ を求める．最後に y_{n+1} を次式

$$\hat{y}_{n+1} = \hat{\alpha}_2 + \hat{\boldsymbol{b}}'\hat{\boldsymbol{f}}_{n+1} \qquad (16.3.14)$$

によって予測する．

② $\hat{\boldsymbol{\alpha}}_1, \hat{\alpha}_2, \hat{A}, \hat{\boldsymbol{b}}$ を式(16.3.12)と(16.3.13)の最初の n 個の観測方程式を用いて推定された $\boldsymbol{\alpha}_1, \alpha_2, A, \boldsymbol{b}$ の推定値とする．それから，$\hat{\boldsymbol{\alpha}}_1$ と $\hat{A}$ を既知として，方程式

$$\boldsymbol{x}_{n+1} = \hat{\boldsymbol{\alpha}}_1 + \hat{A}\hat{\boldsymbol{f}}_{n+1} + \boldsymbol{\varepsilon}_{n+1} \qquad (16.3.15)$$

を用いて最小2乗法によって $\boldsymbol{f}_{n+1}$ を推定する．もし，$\hat{\boldsymbol{f}}_{n+1}$ が $\boldsymbol{f}_{n+1}$ の推定値であるならば，y_{n+1} は，

$$\hat{y}_{n+1} = \hat{\alpha}_2 + \hat{\boldsymbol{b}}'\hat{\boldsymbol{f}}_{n+1} \qquad (16.3.16)$$

によって予測される．

③方程式(16.3.12)～(16.3.13)を完全なものにするために，y_{n+1} に値(たとえば y)を代入する．それから，分割行列

$$\begin{pmatrix} \boldsymbol{x}_1 \vdots \cdots \vdots \boldsymbol{x}_n & \boldsymbol{x}_{n+1} \\ y_1 \vdots \cdots \vdots y_n & y \end{pmatrix}(I-(n+1)^{-1}\boldsymbol{e}\boldsymbol{e}') = l_1\boldsymbol{c}_1\boldsymbol{q}_1' + \cdots + l_{p+1}\boldsymbol{c}_{p+1}\boldsymbol{q}_{p+1}'$$

の特異値分解を求める．

ただし，l_i は y に依存しており，

$$S_r(y) = l_{r+1}^2(y) + \cdots + l_{p+1}^2(y) \qquad (16.3.17)$$

を計算する．最後に，y_{n+1} は式(16.3.17)を最小化する y の値で与えられる．解は図示的に，または Rao and Boudreau (1985) に記述されたような反復アルゴリズムによって得られるかもしれない．

④もう1つの方法は，$\boldsymbol{f}_i$ を平均ゼロベクトル，共分散行列 Γ をもつ確率変数として考える方法である．このとき，

$$\mathrm{Cov}\begin{pmatrix} \boldsymbol{x}_i \\ y_i \end{pmatrix} = \begin{pmatrix} A\Gamma A' + \sigma^2 I & A\Gamma\boldsymbol{b} \\ \boldsymbol{b}'\Gamma A' & \boldsymbol{b}'\Gamma\boldsymbol{b} + \sigma_0^2 \end{pmatrix} \qquad (16.3.18)$$

となる．式(16.3.12)と(16.3.13)の最初の n 個の観測方程式を用いて，$A, \Gamma, \boldsymbol{b}, \sigma^2, \sigma_0^2$ の推定値を得る．Bentler (1983), Sörbom (1974), Rao (1983, 1985) によって記述された方法は，この目的のために利用できるかもしれない．y_{n+1} は

$$\hat{y}_{n+1}=\bar{y}+\boldsymbol{b}'\Gamma A'(A\Gamma A'+\sigma_1^2 I)^{-1}(\boldsymbol{x}_{n+1}-\bar{\boldsymbol{x}}) \quad (16.3.19)$$

によって予測することができる．ここで，$\bar{y}=n^{-1}\Sigma y_i$, $\bar{\boldsymbol{x}}=(n+1)^{-1}\Sigma \boldsymbol{x}_i$ であり，$\boldsymbol{b}$, Γ, A，そして σ_1^2 に関しては，それぞれの推定値を代入するものとする．

16.4 因子分析

16.4.1 一 般 論

因子分析では，p 次元ベクトル変数 $\boldsymbol{x}$ は確率的な構造

$$\boldsymbol{x}=\boldsymbol{\alpha}+A\boldsymbol{f}+\boldsymbol{\varepsilon} \quad (16.4.1)$$

が賦与されている．ここで，$\boldsymbol{\alpha}$ は p 次元ベクトルで，A はパラメータの $p\times r$ 行列，$\boldsymbol{f}$ は共通因子 (common factors) と呼ばれる r 次ベクトルの潜在変数，そして，$\boldsymbol{\varepsilon}$ は固有因子 (specific factors) と呼ばれる p 次ベクトルであり，以下の仮定を満たす．

$$\mathrm{E}(\boldsymbol{\varepsilon})=0, \quad \mathrm{Cov}(\boldsymbol{\varepsilon})=\Delta \quad \text{対角行列}$$

$$\mathrm{E}(\boldsymbol{f})=0, \quad \mathrm{Cov}(\boldsymbol{f},\boldsymbol{\varepsilon})=0, \quad \mathrm{Cov}(\boldsymbol{f})=I \quad (16.4.2)$$

式 (16.4.2) の帰結として，

$$\Sigma=\mathrm{Cov}(\boldsymbol{x})=AA'+\Delta \quad (16.4.3)$$

を得る．

式 (16.4.3) は，$\Delta=\sigma^2 I$ のとき式 (16.3.1) で考察された主成分モデルとなることに注意しよう．因子分析で一般的に論議される問題は，$\boldsymbol{x}$ の n 個の独立な観測値 $\boldsymbol{x}_1, \cdots, \boldsymbol{x}_n$ に基づいて，

①式 (16.4.3) の表現が成立するような最小の r は何か．

②因子負荷行列と呼ばれる行列 A をどのように推定するか．

③因子をどのように解釈するか．

④観測可能な $\boldsymbol{x}$ が与えられたときに所与の個体に対して $\boldsymbol{f}$ をどのように推定するか，である．

式 (16.4.3) は r が所与であっても一意の A の存在を保証するものではなく，また式 (16.4.1) の $\boldsymbol{f}$ も同様であることは注目されるかもしれない．しかし問題は，何らかの特定な解を求め，解釈を行うために A と $\boldsymbol{f}$ の変換を考えることである．A と $\boldsymbol{f}$ の非識別性 (non-identifiability) や因子の回転についての論議は Basilevsky (1994, pp. 335-360, 402-404)，Jackson (1991, pp. 393-396)，Jolliffe (1986, pp. 117-118) を参照せよ．

$X=(\boldsymbol{x}_1, \cdots, \boldsymbol{x}_n)$ と記し，$\boldsymbol{\alpha}$ と Σ の推定値として，

$$\bar{\boldsymbol{x}}=n^{-1}X\boldsymbol{e}$$

$$S=(n-1)^{-1}X(I-n^{-1}\boldsymbol{e}\boldsymbol{e}')X' \quad (16.4.4)$$

を計算する．そして，S から A と Δ を推定する．もっとも一般的に用いられる方法は，ベクトル変数 $\boldsymbol{x}$ の多変量正規性の仮定のもとで，最尤法 (ML) を用いることで

ある．因子の数 r，因子負荷行列 A，固有因子の分散行列 Δ の推定については，多くのコンピュータパッケージが利用できる（たとえば，SPSS，SAS，OSIRIS，BMD，COFAMM などで，最尤推定値以外の推定値や解釈のための因子負荷量の回転といった計算も提供している）．A と Δ の最尤推定値を $\hat{A}$ と $\hat{\Delta}$ で表すことにしよう．

共通因子が r 個存在するという仮説を検定する尤度比検定量は，

$$-(n-1)\log\frac{|S|}{|\hat{A}\hat{A}'+\hat{\Delta}|} \tag{16.4.5}$$

であり，これは大標本において漸近的に自由度 $[(p-r)^2-p-r]/2$ の χ^2 分布に従う．これは，多変量正規性の仮定のもとで有効である．式 (16.4.5) の乗数 $(n-1)$ を，

$$n-1-\frac{2p+5}{6}-\frac{2r}{3} \tag{16.4.6}$$

で置き換えることによって，χ^2 近似の若干の改善が得られる．

A と Δ を推定するもう 1 つの方法として，正準因子分析 (CFA) と呼ばれる，分布の仮定を課さない方法が Rao (1955) によって開発されている．結果的にその解は最尤推定値と同じである．しかし，式 (16.4.5) の χ^2 検定では多変量正規性の仮定が要求される．

一般的に推奨されていることは，コンピュータパッケージで利用できるいくつかのテクニックを用いて，観測データ $\boldsymbol{x}_1, \cdots, \boldsymbol{x}_n$ に基づいて多変量正規性を検定することである．正規性の検定に関する議論は，Basilevsky (1994，第 4.6.2 項)，Gnanadesikan (1977，第 5.4.2 項) を参照のこと．正規性を満足させるための変数変換を施すことも有効であるかもしれない．しかし，この場合，因子の構造は変換された変数に課される必要がある．

最尤法や正準因子分析のようなスケールに無関係な抽出法を用いるならば，主成分分析と異なって，因子分析は変数のスケーリングに対して不変であることは注目されるべきである．このような場合，共分散行列か相関行列のいずれかを利用することができる．もし，共分散行列が用いられ，スケールが非常に広い範囲で変化するならば，スケールファクターは結果の解釈を困難にする．この場合には，相関行列を用いることが有利である．グループ間の因子構造の比較が必要なときには，共分散行列を選ぶべきである (Sörbom (1974) を参照)．

16.4.2　因子スコアの推定

Σ の表現中の A と Δ の推定値 $\hat{A}$ と $\hat{\Delta}$ を用いて，$\boldsymbol{x}_i$ で測定される i 番目の個体の因子スコア $\boldsymbol{f}_i$ を

$$\hat{\boldsymbol{f}}_i=\hat{A}'(\hat{A}\hat{A}'+\hat{\Delta})^{-1}(\boldsymbol{x}_i-\bar{\boldsymbol{x}}), \qquad i=1, \cdots, n \tag{16.4.7}$$

で推定することができる．式 (16.4.7) の表現は，未知量に推定値を代入したうえで単に $\boldsymbol{f}_i$ を $\boldsymbol{x}_i$ で回帰したものである．因子スコアの推定に関しては，他の表現も提案

されている (Jackson (1991, p. 409) 参照).

16.4.3 予 測 問 題

次のような因子構造をもつ $p+1$ 次元変数 $(\boldsymbol{x}, y)$ を考えよう.

$$\boldsymbol{x}=\boldsymbol{\alpha}+A\boldsymbol{f}+\boldsymbol{\varepsilon}$$
$$y=\beta+\boldsymbol{a}'\boldsymbol{f}+\eta \qquad (16.4.8)$$

ここで, β はスカラー, $\boldsymbol{a}$ は r 次元ベクトル, そして η は $\mathrm{E}(\eta)=0, \mathrm{Cov}(\boldsymbol{\varepsilon}, \eta)=0, V(\eta)=\delta_{p+1}^2$ を満足する. n 個の個体に対して観測値 $(\boldsymbol{x}_1, y_1), \cdots, (\boldsymbol{x}_n, y_n)$ と $(n+1)$ 番目の個体では $\boldsymbol{x}_{n+1}$ のみの値が得られていると仮定しよう. 問題はすべての観測値が与えられたときに y_{n+1} を予測することである. $p+1$ 次元ベクトル変数の因子構造

$$\begin{pmatrix}\boldsymbol{x}\\ y\end{pmatrix}=\begin{pmatrix}\boldsymbol{\alpha}\\ \beta\end{pmatrix}+\begin{pmatrix}A\\ \boldsymbol{a}'\end{pmatrix}\boldsymbol{f}+\begin{pmatrix}\boldsymbol{\varepsilon}\\ \eta\end{pmatrix} \qquad (16.4.9)$$

を考慮し, 観測値 $(\boldsymbol{x}_1, y_1), \cdots, (\boldsymbol{x}_n, y_n)$ を用いてすべての未知パラメータを推定する. $\hat{\boldsymbol{\alpha}}, \hat{\beta}, \hat{A}, \hat{\boldsymbol{a}}, \hat{\Delta}, \hat{\delta}_{p+1}^2$ を正準因子分析や最尤法で用いられたものに対応するパラメータの推定値としよう. このとき, y_{n+1} を $\boldsymbol{x}_{n+1}$ で回帰したときの推定値は,

$$\hat{y}=\hat{\beta}+\hat{\boldsymbol{a}}'\hat{A}'(\hat{A}\hat{A}'+\hat{\Delta})^{-1}(\boldsymbol{x}_{n+1}-\hat{\boldsymbol{\alpha}}) \qquad (16.4.10)$$

となる. この場合, パラメータ $\boldsymbol{a}$, A と Δ については $\boldsymbol{x}_{n+1}$ によって与えられる情報は利用していない.

16.4.4 主成分分析と因子分析との相違点は何か

主成分分析では, われわれは p 次元の確率ベクトルに何の構造も課さない. $\mathrm{E}(\boldsymbol{x})=0$, $\mathrm{Cov}(\boldsymbol{x})=\Sigma$ を仮定しよう. われわれは, より少ない数の線形結合 $\boldsymbol{y}=L'\boldsymbol{x}$ によって $\boldsymbol{x}$ を置き換えたい. ここで, L は階数が r の $p\times r$ 行列である. このとき, $\boldsymbol{y}$ が与えられたときの $\boldsymbol{x}$ の予測値 (つまり, $\boldsymbol{x}$ の $\boldsymbol{y}$ 上への回帰) は,

$$\hat{\boldsymbol{x}}=\Sigma L(L'\Sigma L)^{-1}\boldsymbol{y} \qquad (16.4.11)$$

となり, 残差 $\boldsymbol{x}-\hat{\boldsymbol{x}}$ の共分散行列は,

$$\Sigma-\Sigma L(L'\Sigma L)^{-1}L'\Sigma \qquad (16.4.12)$$

となる.

われわれは, 式 (16.4.12) の適当なノルムを最小化する L を選びたい. フロベニウスのノルムを選択すると解は,

$$L=(\boldsymbol{c}_1 : \cdots : \boldsymbol{c}_r) \qquad (16.4.13)$$

となる. ここで, $\boldsymbol{c}_1, \cdots, \boldsymbol{c}_r$ は Σ の最初の r 個の固有ベクトルであり, $L'\boldsymbol{x}$ が 16.3 節で説明した最初の r 個の主成分を表す. 目的は, 減少した数の変数によって, できる限り $\boldsymbol{x}$ の全体の共分散行列を説明することである.

因子分析では, p 次元ベクトル変数 $\boldsymbol{x}$ の相関行列 R に $AA'+\Delta$ のタイプの表現を当てはめる. Δ は自由なパラメータからなる対角行列であるので, 実質的に行列 A は AA' と R との非対角成分間の差を最小化することによって決定される. それゆ

え，因子負荷の行列は観測変数間の相関を説明するように決められている．因子で説明されない変数の分散は，大きさに関係なく，固有分散として特徴付けられる．主成分分析では，共通因子と固有因子の両方から生ずる全体の分散を説明することがより強調されている．それゆえ，主成分分析とCAの目的は異なり，またその解も異なる．

【注1】 R に $AA'+\Delta$ のタイプの表現を当てはめることは，因子の数 r に自動的に上限を課していることになる．そのような状況下では，データに影響を与えたかもしれない因子よりはるかに少ない因子によってデータを解釈せざるをえないことになる．Rao (1955) によって開発された正準因子分析では，共通因子の数に制限はなく，データから抽出される影響力の大きい因子の必要な数を考慮する．因子の数を決めてから始めることは要求されず，問題は因子数の仮説検定というよりむしろ1つの推定として扱われる．

【注2】 因子分析モデルの公式で，共通と固有因子の2次のオーダーの特性のみが用いられていることに注意することは興味深いことかもしれない．しかし，もしこれらのすべての変数の分布に独立性を要求するならば，Rao (1969, 1973) によって証明された次の定理が示すように，問題はより複雑になる．

【定理】 $\boldsymbol{x}$ を p 次元ベクトルの確率変数とし，線形構造 $\boldsymbol{x}=A\boldsymbol{y}$ をもつとする．ここで，$\boldsymbol{y}$ は独立な確率変数からなる q 次元ベクトルとする．このとき，$\boldsymbol{x}$ は次のような分解が許される．

$$\boldsymbol{x}=\boldsymbol{x}_1+\boldsymbol{x}_2$$

ただし，$\boldsymbol{x}_1$ と $\boldsymbol{x}_2$ は独立であり，$\boldsymbol{x}_1$ は本質的に一意の構造（スケーリングは別として，一意に決定される A_1 により $\boldsymbol{x}_1=A_1\boldsymbol{y}_1$ であり，$\boldsymbol{y}_1$ は固定された次数の独立な非正規変数）をもっている．そして $\boldsymbol{x}_2$ は，一意な線形構造をもたない p 次元の正規分布に従う（必ずしも一意ではない B_2 を用いて $\boldsymbol{x}_2=B_2\boldsymbol{y}_2$ であり，$\boldsymbol{y}_2$ は独立な単一の正規変数）．

この定理から，もし因子のいくつかが非正規分布に従っているならば，A_1 の一意性は，p と無関係に自動的に因子変数の数の下界を設けることになる．関係する変数の2次のオーダーの特性のみを考慮することによって因子分析モデルにおかれる制限については調査が必要である．

16.4.5 裁定価格理論

伝統的な因子分析モデルは，Ross (1976) によって，Rao (1958, 第3章，式9) による成長曲線モデルと類似な裁定価格理論 (APT) の統計モデルに拡張されている．ファイナンスの文献に用いられる表記を用いて，通常の因子分析モデルを考えよう．

$$\boldsymbol{R}=\boldsymbol{\mu}+B\boldsymbol{f}+\boldsymbol{u} \tag{16.4.14}$$

ここで，$\boldsymbol{R}$ は N 個の資産の収益率からなる N 次元ベクトルであり，$\boldsymbol{\mu}=\mathrm{E}(\boldsymbol{R})$, $\mathrm{E}(\boldsymbol{f})=0$, $\mathrm{E}(\boldsymbol{u})=0$, $\mathrm{E}(\boldsymbol{f}\boldsymbol{u}')=0$, $\mathrm{Cov}(\boldsymbol{f})=\Phi$, $\mathrm{Cov}(\boldsymbol{u})=\Delta$（対角行列）を満たす．$N\times k$ 行列

B は因子負荷行列である (以前の節では，N の代わりに p が，k の代わりに r が用いられている)．仮定より，

$$\Sigma=\mathrm{Cov}(\boldsymbol{R})=B\Phi B'+\Delta \tag{16.4.15}$$

となる．ここで，$\boldsymbol{\mu}$ を，

$$\boldsymbol{\mu}=R_j\boldsymbol{e}+B\boldsymbol{\lambda} \tag{16.4.16}$$

とモデル化する．ただし，R_f はリスクのない資産の無リスク収益率とする．われわれは，T 期間のサンプル

$$(\boldsymbol{R}_1, R_{f1}), \cdots, (\boldsymbol{R}_T, R_{fT}) \tag{16.4.17}$$

が得られているとする．ここで式 (16.4.17) の R_f は既知で，時間に関して変動し，$\boldsymbol{\lambda}$ はファクタープレミアムと呼ばれる未知パラメータからなる k 次元ベクトルである．$\boldsymbol{r}_t=\boldsymbol{R}_t-R_{ft}\boldsymbol{e}$ と書くと，t 番目の観測値に関してモデルを次のように書くことができる．

$$\boldsymbol{r}_t=B(\boldsymbol{f}_r+\boldsymbol{\lambda})\boldsymbol{u}_t, \qquad t=1, \cdots, T \tag{16.4.18}$$

これは Rao (1958) で検討されたモデルと正確に一致する．$\boldsymbol{r}_t$ に関する周辺モデルは，$\mathrm{Cov}(\boldsymbol{v}_t)=\Sigma$ なる関係を用いて，

$$\boldsymbol{r}_t=B\boldsymbol{\lambda}+\boldsymbol{v}_t, \qquad t=1, \cdots, T \tag{16.4.19}$$

となる．もし，B と Σ が既知であるならば，$\boldsymbol{\lambda}$ の最小 2 乗推定値は，

$$\hat{\boldsymbol{\lambda}}=(B'\Sigma^{-1}B)^{-1}B'\Sigma^{-1}\bar{\boldsymbol{r}} \tag{16.4.20}$$

である．ここで，$\bar{\boldsymbol{r}}=T^{-1}(\boldsymbol{r}_1+\cdots+\boldsymbol{r}_T)$ である．もし，B と Σ が未知であるならば，それらは最尤法，または 16.4.2 項で論議されている，$\boldsymbol{\mu}$ に制約のないモデル (16.4.14) を考慮した適切なノンパラメトリック法によって推定され，式 (16.4.19) に代入されることが可能であることが，Roll and Ross (1980) および Rao (1958) によって示唆されている．もし，モデル (6.4.14) の $\boldsymbol{f}$ と $\boldsymbol{u}$ に多変量正規性が仮定されているならば，すべての未知パラメータ $B, \boldsymbol{\lambda}, \Phi, \Delta$ に対する尤度を観測値 $\boldsymbol{r}_1, \cdots, \boldsymbol{r}_T$ に基づいて表し，すべての未知パラメータの最尤推定値を得ることが可能である．このとき，われわれは Σ の特定化，すなわち，因子の数，$\boldsymbol{\mu}$ の構造 (16.4.16) に対して，尤度比検定を適用することができる．Christensen (1995) では，このような手順で解かれており，手法は New York Stock Exchange Data に適用されている．

16.5 結　　論

主成分分析と因子分析の両者は探索的データ解析の多変量手法とみなすことができる．両分析の目的は，変数の数を減少させることによって，ある意味で元のデータを置き換えることを可能とし，グラフによる表示や多変量の推論手法を通した調査を容易にし，データの構造を把握することである．減じられた変数の数や縮小された変数集合が元の変数の全体集合を表現するに適切かを判断する基準の決定には多くの選択が存在するので一定の注意を要する．

実務家は主成分分析と因子分析を同じ問題に対して解答を与える多変量データ解析における代替的な手法であると考えている．また，それらは有用なデータ解析ツールへと発展し，クラスターや判別分析，最小2乗回帰，グラフィックデータ表示などのような他の統計モデルの貴重な手助けとなっていると主張されている．本章で論議したように，主成分分析と因子分析のデータの縮小の目的は異なる．主成分分析では，縮小されたデータは共分散行列全体という点から，元のデータの分散を最大限近似するように意図されている．一方，因子分析では元の変数間の相関や連関を説明することが強調される．それらの目的は異なり，特定の状況やデータ分析の目的において主成分分析と因子分析のいずれかが適切であるかについて決定しなければならない．探索的データ分析における主成分分析と因子分析の役割は明白である一方で，推測的データ分析やさらなる調査計画において，推定された主成分と因子の正確な利用は満足な形では定式化されていないようである．

因子スコアと主成分がたがいに近接する一定の条件が Schneeweiss and Mathes (1955) によって与えられている．このような理論的探求を追求し，またそれぞれのデータセットにおいて主成分と因子スコア間の実際の差異を調査することは興味深いことであろう．■

［永原裕一・訳］

文　献

Bartholomew, D. J. (1987). *Latent Variable Models and Factor Analysis*. Oxford University Press, New York.

Basilevsky, A. (1994). *Statistical Factor Analysis and Related Methods*. Wiley, New York.

Bentler, P. M. (1983). Some contributions to efficient statistics in structural models: Specification and estimation of moment structures. *Psychometrika* **48**, 493–517.

Benzecri, J. P. (1973). L'analyze des Donnes, Tome II, *L'Analyse des Correspondences*. Dunod, Paris.

Cattel, R. B. (1978). *The Scientific Use of Factor Analysis in Behavioural and Life Science*. Plenum Press.

Christensen, B. J. (1995). The likelihood ratio test of the APT with unobservable factors against the unrestricted factor model. Tech. Rept.

Fisher, R. A. (1936). The use of multiple measurements in taxonoimic problems. *Ann. Eugen*, London **7**, 179–188.

Gnanadesikan, R. (1977). *Methods for Statistical Analysis of Multivariate Observations*. Wiley, New York.

Greenacre, M. J. (1984). *Theory and Applications of Correspondence Analysis*. Academic, London.

Helland, I. S. (1988). On the structure of partial least squares regression. *Commun. Statist. Simula.* **17**, 581–607.

Hotelling, H. (1933). Analysis of a complex of statistical variable into principal components. *Psychometrika* **1**, 27–35.

Jackson, J. E. (1991). *A User's Guide to Principal Components*. Wiley, New York.

Jolicoeur, P. and J. E. Mosiman (1960). Size and shape variation in the painted turtle, a principal component analysis. *Growth* **24**, 339–354.

Joliffe, I. T. (1986). *Principal Component Analysis*. Springer-Verlag, New York.

Lawley, D. N. (1940). The estimation of factor loadings by the method of maximum likelihood.

Proc. Roy. Soc. Edinburgh (A), **60**, 64–82.

Pearson, K. (1901). On lines and planes of closest fit to a system of points in space. *Philosophical Magazine* **2**, 6-th Series, 557–572.

Rao, C. R. (1955). Estimation and tests of significance in factor analysis. *Psychometrika* **20**, 93–111.

Rao, C. R. (1958). Some statistical methods for comparison of growth curves. *Biometrics* **14**, 1–17.

Rao, C. R. (1964). The use and interpretation of principal component analysis in applied research. *Sankhyā* A **26**, 329–358.

Rao, C. R. (1969). A decomposition theorem for vector variables with a linear structure. *Ann. Math. Statist.* **40**, 1845–1849.

Rao, C. R. (1973). *Linear Statistical Inference and its Applications*, 2nd ed., Wiley, New York.

Rao, C. R. (1975). Simultaneous estimation of parameters in different linear models and applications to biometric problems. *Biometrics* **31**, 545–554.

Rao, C. R. (1976). Prediction of future observations with special reference to linear models. In: P. R. Krishnaiah, ed., *Multivariate Analysis VI*, North Holland, 193–208.

Rao, C. R. (1983). Likelihood ratio tests for relationships between covariance matrices. In: S. Karlin, T. Ameniya and L. A. Goodman, eds., *Studies in Economics, Time Series and Multivariate Statistics*. Academic, New York, 529–543.

Rao, C. R. and R. Boudreau, (1985). Prediction of future observations in factor analytic type growth model. In: P. R. Krishnaiah, ed., *Multivariate Analysis VI*. Elsevier, Amsterdam, 449–466.

Rao, C. R. (1987). Prediction of future observations in growth curve models. *J. Statist. Science* **2**, 434–471.

Rao, C. R. (1995). A review of canonical coordinates and an alternative to correspondence analysis using Hellinger distance. Qüestiio **19**, 23–63.

Roll, R. and S. A. Ross (1980). An empirical investigation of the arbitrage pricing theory. *J. Finance* **35**, 1073–1103.

Ross, S. A. (1976). The arbitrage theory of capital asset pricing. *J. Econom. Theory* **13**, 341–360.

Schneeweiss, H. and Mathes, H. (1995). Factor analysis and principal components. *J. Multivariate Analysis* **55**, 105–124.

Sörbom, D. (1974). A general method for studying differences in factor means and factor structure between groups. *British J. Math. Statist. Psych.* **27**, 229–239.

Spearman, C. (1904). General intelligence, objectively determined and measured. *Am. J. Psych.* 15, 201–293.

Stone, R. (1947). An interdependence of blocks of transactions. *J. Roy. Statist. Soc.* (Supple), **8**, 1–32.

Wegman, E. J., D. B. Carr and Q. Luo (1993). Visualizing multivariate data. In: C. R. Rao, ed., *Multivatiate Analysis: Future Directions*. North Holland, 423–466.

17

金融モデルにおける変量誤差問題

Errors-in-Variables Problems in Financial Models

G. S. Maddala and M. Nimalendran

17.1 はじめに

ファイナンスの分野における変量誤差(EIV：error in variable)問題は，回帰モデルにおいて不正確に測定された変量を使ったり，代理変量を使うことから生じる．従属変数の測定誤差は，誤差項に取り込まれて何ら問題を引き起こさない．しかし，独立変数が誤差を伴って観測されれば，この誤差が回帰変数と新しい回帰モデルの誤差項の両者に現れることになる．これは，回帰変数と誤差項の間に同時的な相関をもたらし，その結果，(漸近的にも)偏りのあるOLS(ordinary least squares，最小2乗)推定量と一致性をもたない標準誤差が生成される．測定誤差によってもたらされる偏りは重大であり，誤った推測を行ってしまうことになる．さらに，モデルの中に複数の回帰変数が存在する場合には，偏りの方向は予測不可能なものとなる．測定誤差のOLS推定量への影響については，Maddala(1992)やGreen(1993)などいくつかの計量経済学のテキストで広範に議論されている．またFuller(1987)では，変量誤差モデルについての包括的議論がみられるし，Griliches(1985)やChamberlain and Goldberger(1990)などの計量経済学の研究の流れの中で，一定の議論が行われている．回帰変量における誤差の原因はいくつかに分類可能であり，それらは，次の2つのグループに分けられる．①測定誤差，および②観測不能な理論上の概念，論理構成あるいは潜在変数に対する代理変数．測定誤差は，回帰モデルにおいて推定された値を使うことによってもたらされることもある．たとえば，CAPM(capital asset pricing model，資産価格決定モデル)のクロスセクション検定において，推定されたベータ値を使ったり，APT(arbitrage pricing theory，裁定価格理論)における2パス検定を行う際に，2段階目の検定において，実際の因子負荷量ではなく推定されたものを利用することなどである．誤差発生の第2の主要因は，観測不能変量や潜在変数に対して代理変数を使うことから生じる．ファイナンスにおけるこの分析例は，シグナル化される属性がノイズを伴ってしか観測されないものと計量経済学者が認めるシグナリング・モデルを検定することである．本章では，金融モデルにおける変量誤差問題を緩和するために使われるいくつかのモデルや方法について検討する．ファイナンスにおける変量誤差問題が発生するいくつかの領域を以下で述べる．

① 資産価格モデルの検定：これらの検定の中には，いくつかの潜在的問題が存在する．これらはリスク尺度に対して推定値を利用することに関連する問題，そして真のマーケット・ポートフォリオが観測不能であることに関連する問題を含む．

② パフォーマンス測定：運営されているポートフォリオ(ミューチュアル・ファンドや年金ファンドなど)のパフォーマンスを測定することは，より多くのリターンを生むマネージャーの能力に関する情報を与える重要な行為である．しかし，パフォーマンスを測定するのに使われるどんな方法においても，1つのベンチマークを特定化しなければならないし，誤ってベンチマークを特定化してしまうことは，パフォーマンス測定に誤差をもたらすことになる．

③ 企業告知に対する市場反応：いくつかの論文では，予期しない利益，予期しない配当，予期しない譲渡，またその他の告知に対する市場反応を分析している．変量の予期できない成分を得るためには，予期される成分に対するモデルを特定化しなければならない．期待モデルや推定誤差を誤って特定化すれば，予期されない成分に測定誤差が持ち込まれることになる．

④ シグナリング・モデルの検定：シグナリング・モデルにおいては，私的な情報をもつマネジャーは，その私的情報をシグナルとして市場へ送るために，配当，利益，譲渡，資本構造のような指標を採用するとされている．これらのモデルを検定する際に，指標はシグナル化(投資機会，将来のキャッシュ・フローなど)された属性にノイズが加わったものとして測定される．

変量誤差問題を処理し，一致性をもつ推定値および標準誤差を得るために，いくつかのアプローチが利用できる．われわれは，次の8分類のもとでこれらのアプローチを検討する．① グループ化法，② 直接回帰および逆回帰，③ 2パス法に対する代替法，④ MIMIC モデル，⑤ 人工的ニューラルネットワーク(ANN：artificial neural net)モデル．また，変量誤差問題が関係する他のモデルについても議論する．これらは次の範疇で検討する．⑥シグナル抽出(signal extraction)モデル，⑦定性的制限従属変数(qualitative limited dependent variable)モデル，⑧測定誤差を含む因子分析．

17.2 グループ化法

変量誤差モデルの解決法として，ファイナンスの分野で一般に使われてきた方法は，グループ化法であった．たとえば Black, Jensen and Scholes (1972), Fama and MacBeth (1973), Fama and French (1992) を見よ．本節以下では，これらの論文をそれぞれ BJS, FM, FF と略記する．基本的アプローチは2パス技法を含むものである．最初のパスで，各証券のベータ値を推定するために，各個別証券の時系列データが使われる．第2のパスでは，第1のパスで得られたベータ値の推定値を回帰変数として利用し，証券の平均収益率に対するクロスセクション回帰方程式(CSR：

cross sectional regression) を推定する．これにより，変量誤差問題が生じることになる．グループ化法は，操作変数 (IV：instrumental variable) 法として見ることができ，この変量誤差問題を解くために，グループ化が使われる．この分野において，古典的な Wald の論文が頻繁に引用されるが，Wald により使われた単純グループ化法は，上述の論文で議論されるものとは異なる．

Wald の方法は，まず観測値に順序付けを行い，2 つのグループを構成し，2 グループの平均値の間に直線を引く方法である．後に，この方法は，データを 3 つのグループに分割し，真中のグループを捨て，上位グループと下位グループの平均値の間に直線を引くことによって，推定量の効率性が改善されることが示された．Wald の手続きは順位 (rank) を操作変数として利用することになるが，順位が測定誤差に依存してしまうので，一致推定量を得ることはできない (これは Wald 自身により指摘された問題である)．Pakes (1982) は，いくつかのテキスト (Maddala (1977)) のものも含むが，『計量経済学入門 (第 2 版)』(1992) ではこれが修正された) でしばしば述べられてきたことに反して，グループ化推定量は一致性をもたないことを指摘した．この問題は，近年，ファイナンスの分野においても，Lys and Sabino (1992) により指摘されたが，そこには Pakes (1982) の引用は見られない．

FM や FF において使われたグループ化法は，Wald による単純グループ化法とは異なるものである．手続きはまず，たとえば最初の 5 年の月次観測値を使ってベータ値を推定し，次に，これらの推定されたベータ値に基づいて，証券を 20 のグループ (ポートフォリオ) に分類する．それから，(データの最初の 5 年分を除外し) 推定のための標本を利用し，資産リターンを異なるグループに対するベータ値上へクロスセクション回帰させるものである．

17.2.1　クロスセクション検定

CAPM に関するクロスセクション検定においては，ある期間における証券のクロスセクション標本に対する平均リターンが，あるマーケット・ポートフォリオに関する各証券ベータ値 β に対して回帰される．第 1 段階として，個別株式収益率 R_{it} へのマーケット指数 R_{Mt} への収益率の時系列回帰から，$\hat{\beta}_i$ が推定される．

$$R_{it}=\alpha_i+\beta_i R_{Mt}+v_{it} \tag{17.2.1}$$

第 2 段階において，個別証券ごとの平均収益率 $\overline{R}_i$ を推定されたベータ値上へクロスセクション回帰させる．

$$\overline{R}_i=\gamma_0+\gamma_1\hat{\beta}_i+\varepsilon_i \tag{17.2.2}$$

最終的に，推定された係数 $\hat{\gamma}_0$ が当該期間のリスク・フリー率 R_f と比較され，また $\hat{\gamma}_1$ が同じ推定期間から推定されるマーケットのリスク・プレミアム $(\overline{R}_M-R_f)$ 推定値と比較される．クロスセクション回帰に基づく直接的検定は Douglas (1969) によるものが最初である．この検定において，Douglas は，多くの通常株式の平均収益率をマーケット指数とともにそれらの分散および共分散へクロスセクション回帰させる．

検定結果は，分散の項の係数が統計的に有意であり，他方共分散の項の係数が有意でないという CAPM とは矛盾するものであった．

クロスセクション検定から生じる計量経済学的諸問題の詳細な分析は，最初，Miller and Scholes (1973) によって与えられた．彼らの結論は，$\hat{\beta}_i$ の測定誤差が，Douglas によって指摘された推定の偏りの主原因であるというものであった．Fama and MacBeth (1973) は，変量誤差問題を処理するためにポートフォリオ・アプローチを利用する．とくに，彼らは，次のクロスセクション時系列モデルを推定する．

$$R_{pt}=\gamma_{0t}+\gamma_{1t}\beta_{p,t-1}+\gamma_{2t}\overline{\beta}^2_{p,t-1}+\gamma_{3t}\overline{\sigma}_{p,t-1}(\varepsilon)+\eta_{pt} \qquad (17.2.3)$$

ここで，β_p は，あるポートフォリオにおける個別株の平均ベータ値，$\overline{\beta}^2_p$ は 2 乗ベータ値の平均，$\overline{\sigma}_p$ は式 (17.2.1) のマーケット・モデルから計算される平均残差分散を表す．

もし $\hat{\beta}_i$ が偏りのない測定誤差 v_i とともに推定されれば，式 (17.2.2) によって記述されるモデルに対する γ の回帰推定値は，次で与えられる．

$$p\lim\hat{\gamma}_1=\frac{\gamma_1}{1+\dfrac{\mathrm{Var}(v_i)}{\mathrm{Var}(\beta_i)}} \qquad (17.2.4)$$

ここで，$\mathrm{Var}(v_i)$ は測定誤差の分散，$\mathrm{Var}(\beta_i)$ は真のリスク尺度 β_i のクロスセクション上の標本分散を表す．したがって，大標本であっても，β_i が誤差を伴って測定される限り，$\hat{\gamma}_1$ は 0 の方に偏りをもち，また $\hat{\gamma}_0$ は真の値から外れた偏りをもつことになろう．グループ化あるいはポートフォリオ技法の背後にある考え方は，ポートフォリオ分散化効果 (diversification effect) を通して $\mathrm{Var}(v_i)$ を最小にし，また同時に β_i の順序付けによるポートフォリオを形成することによって $\mathrm{Var}(\beta_i)$ を最大にすることである．

17.2.2 時系列検定および多変量検定

Black, Jensen and Scholes (1972) は，CAPM を検定する際の変量誤差問題を避けるために，時系列分析を採用する．彼らは，次のモデルを推定する．

$$(R_{pt}-R_{Ft})=\alpha_p+\beta_p(R_{Mt}-R_{Ft})+\varepsilon_{pt} \qquad (17.2.5)$$

ここで，R_{pt} は，ある事前に設定した期間で推定されたベータ値により順序付けられた株式のポートフォリオの収益率，R_{Ft} はリスク・フリー率，R_{Mt} はマーケット・ポートフォリオの収益率を表す．この特定化に関して，検定は CAPM が正しいという仮説，つまり $\alpha_p=0$ を検定する．

Gibbons (1982) は，多変量回帰の枠組を採用し，資産価格モデルが非線形パラメータ制約をもつものとして定式化する．このアプローチは，2 パス・クロスセクション検定を導入することによって変量誤差問題を回避する．Gibbons は，次に示す証券の期待リターンとリスクの間の線形関係を特定化する CAPM の Black (1972) 版を検定する方法を利用する．

$$\mathrm{E}(R_{it})=\gamma+\beta_i[\mathrm{E}(R_{mt})-\gamma] \tag{17.2.6}$$

ここで，$\mathrm{E}(R_{it})$ は t 期の証券への期待収益率，$\mathrm{E}(R_{mt})$ はマーケット・ポートフォリオへの期待収益率，γ はゼロベータ値ポートフォリオへの期待収益率，そして $\beta_i=\mathrm{Cov}(R_{it}, R_{mt})/\mathrm{Var}(R_{mt})$ を表す．加えて，資産収益率が定常で多変量正規分布しているとき，それらは「マーケット・モデル」

$$R_{it}=\alpha_i+\beta_i R_{mt}+\eta_{it}, \qquad i=1, \cdots, N, \qquad t=1, \cdots, T \tag{17.2.7}$$

で記述される．

式(17.2.7)によると，式(17.2.6)による Black のモデルは，制約

$$\alpha_i=\gamma(1-\beta_i)\ \forall\ i=1, \cdots, N \tag{17.2.8}$$

で表される．したがって CAPM の Black 版は，N 個の回帰方程式に非線形な制約を課す．変量誤差問題は，2 パス法により，γ と $\beta's$ を同時に推定することによって回避される．Gibbons は，CAPM により課せられる制約を検定するのに尤度比検定を採用する．

クロスセクション検定において特筆すべき点は，変量の誤差を処理するためのグループ化は必要ないということである．ここでの問題は，測定誤差の分散が未知という通常の EIV モデルでの問題とは異なる．ベータ値は推定されるが，それらの分散は既知であることに注意せよ．この事実は，Litzenberger and Ramaswamy (1979, 以下で L-R と略記) において，偏りを修正した推定値を得るために利用される．統計学の分野では，この方法は一致修正最小 2 乗 (CAL：consistent adjusted least squares) 法として知られており，Schneeweiss (1976)，Fuller (1980)，Kapteyn and Wansbeek (1984) らにより議論されてきた．しかし，統計学とファイナンスの分野では，誤差分散の推定方法が異なる．L-R 法は，測定誤差の影響を緩和するために推定されたベータ値の交差積行列 (cross-product matrix) から適当な量を引くという修正を行う．修正推定量は，証券の数が無限大となるとき一致性をもつ．しかし，実際には，この調整は正値定符号な交差積行列を必ずしも生み出さない．実際，Shanken and Weinstein (1990) は，論文の中でこの事実を述べ，L-R 法の諸性質に関するさらなる研究が必要であることを議論している．また，Banz (1981) では，企業規模効果に関する研究の中で，「Litzenberger-Ramaswamy 推定量を応用する際の重大な諸問題」を述べている．

L-R 法以外に，EIV の偏りを修正するための伝統的グループ化法に代わる方法は，最尤法である．Shanken (1992) は L-R 法と最尤法 (ML：maximum likelihood) 法との関係を議論している．

偏りの修正問題以外にも，推定された係数の標準誤差を修正する問題がある．Shanken (1992) は，変量誤差が存在する場合の標準誤差の修正ファクターを導出している．

17.2.3 複数の代理変数が存在する場合のグループ化

上の議論は，1つの回帰変数(推定されたベータ値)をもつ単純回帰モデルに関するものであった．しかし，複数の回帰変数が誤差を伴い観測されるモデルも存在する．その場合，1変数のみを利用するグループ化法は，1つの操作変数しか利用することにならず，その結果，一致推定量をつくり出すことはできない．複数の代理変数が存在する場合の例として，Fama-MacBeth 法を利用する Chen, Roll and Ross (1986) の論文がある．この論文を CRR と記すことにする．彼らは，経済状態を記述する5変数(工業生産の月次成長率，期待インフレの変化，期待されないインフレ，期間構造，格付けの低い債券(Baa)と長期国債の収益率の差で測ったリスク・プレミアム)を考慮した．彼らは，2パス法を利用する．最初のパスでは，ある推定期間(過去5年)上で，資産収益率を5つの経済状態変数へ回帰させる．第2のパスでは，次の12カ月の各月に対して，第1パスで推定したベータ値を独立変数とし，当該月の資産収益率を従属変数とするクロスセクション回帰がなされる．この回帰における各係数が，対応する状態変数に関するリスク・プレミアムの推定値を与える．次に，時系列平均が有意に0と異なるかどうかを t 検定で検定する．

CRR (p. 394) では，「ステップbで得られたベータ値の推定値のステップcから生じる変量誤差を処理するため，そしてまた各資産収益率に内在するノイズを減少させるために，証券をいくつかのポートフォリオにグループ化した」と議論する．彼らは，グループ化するための変数としてサイズ(各検定期間の期首総市場価値)を利用する．さらに CRR では，経済変数は株式収益率を説明するのに有意であり，(第2パスのクロスセクション回帰において，有意な係数により顕かにされているので)これらの変数は「価格決定されている」と議論を進める．しかし，Shanken and Weinstein (1990) は，CRR の結果は使われるグループ化法に依存して敏感に変化すること，また，もし標準誤差に対し EIV 調整がなされれば，クロスセクション回帰の係数の有意性が変わることを指摘する．

CRR アプローチには，2つの問題がある．第1は，複数の代理変数が存在するとき，1つの変数によってグループ化することが一致推定値を与えるかどうかという問題である．サイズによるグループ化は，サイズを1つの操作変数として利用することに等しく，CRR は1つの操作変数(IV)を利用するにすぎない．複数の代理変数が存在する場合には，使われる IV の数は少なくとも代理変数の数に等しくあるべきである．

第2の問題は，グループ化法に代わる方法の問題である．上で議論した L-R 法の場合のように，修正最小2乗法を利用することも可能である．その場合，結果として生じるモーメント行列が正値定符号とはならないという問題が残る．Shanken and Weinstein (1990) は標準誤差の調整だけを議論しているが，係数の偏りと標準誤差の両者を調整するべきである．

17.3　2パス法の代替法

CAPMモデルの推定における変量誤差問題は，第1段階において推定されたベータ値を，第2段階のクロスセクション回帰で説明変数として利用することから生じる．同様の問題は，Roll and Ross (1960)，Chen (1983)，Connor and Korajczyk (1988)，Lehmann and Modest (1988) などにより発展してきた無裁定価格理論 (APT) の2パス検定においても生じる．

Gibbons (1982) のアプローチは，2パス法を導入することで変量誤差問題を回避するが，方法論自体は「真」のマーケット・ポートフォリオの観測不可能性について何も語らない．Roll (1977) により指摘されたように，資産価格決定モデルの検定は，使われる「マーケット・ポートフォリオ」の代理変数が平均分散効率的 (mean-variance efficient) であるかどうかの検定である．Gibbons and Ferson (1985) は，リスク・プレミアムが一定であるという仮定を緩めれば，「真」のマーケット・ポートフォリオを観測しないでも，資産価格決定モデルは検定可能であることを議論している．このためには，マーケット・ポートフォリオを観測することなしにベータ値の比を推定する条件付期待収益率モデルが必要となる．

マーケット・ポートフォリオの観測不可能性と変量誤差問題は，潜在する因子を観測不能なものとして扱う1ステップ法で処理することができる．われわれは，観測不能な変量を含むモデルを17.5節で，そして測定誤差を含む因子分析を17.9節で議論する．

Geweke and Zhou (1995) は，最初に因子や因子負荷量を別々に推定することをしないでAPTモデルを検定する代替法を与えている．彼らのアプローチはベイズ的アプローチである．基本的なAPTモデルは，因子モデルによってN個の資産ベクトルがk個の潜在因子と次のように関係をもっていると仮定する．

$$r_{it}=\alpha_i+\beta_{i1}f_{1t}+\beta_{i2}f_{2t}+\cdots+\beta_{ik}f_{kt}+\varepsilon_{it},\qquad i=1,\cdots,N,\qquad t=1,\cdots,T \tag{17.3.1}$$

ここで，$\alpha_i=\mathrm{E}(r_{it})$, β_{ik}は因子負荷量，ε_{it}はt期における第i番目の資産に対する独自因子を表す．このモデルはベクトル表記で，次のように簡潔に記述される．

$$\boldsymbol{r}_t=\boldsymbol{\alpha}+\beta\boldsymbol{f}_t+\boldsymbol{\varepsilon}_t \tag{17.3.2}$$

ここで，$\boldsymbol{r}_t$はt期における収益率のN次元ベクトル，$\boldsymbol{\alpha}$と$\boldsymbol{\varepsilon}_t$は$N$次元ベクトル，$\boldsymbol{f}_t$は$k\times1$ベクトル，そして$\beta$は$N\times k$行列を表す．因子モデルの標準的仮定は，次のようなものである．

$$\mathrm{E}(\boldsymbol{f}_t)=0,\qquad \mathrm{E}(\boldsymbol{f}_t\boldsymbol{f}_t')=I,\qquad \mathrm{E}(\boldsymbol{\varepsilon}_t|\boldsymbol{f}_t)=0$$

および

$$\mathrm{E}(\boldsymbol{\varepsilon}_t\boldsymbol{\varepsilon}_t'|\boldsymbol{f}_t)=\Sigma \tag{17.3.3}$$

ここで，$\Sigma=\mathrm{diag}[\sigma_1^2,\cdots,\sigma_N^2]$である．

また，$\boldsymbol{\varepsilon}_t$ および $\boldsymbol{f}_t$ は独立であり，多変量正規分布に従う．

リスクのない裁定機会が存在しないことは，期待収益率とそれらのリスク量との間の近似的線形関係を意味することが示されている．すなわち，$N \to \infty$ のとき，

$$\alpha_i \simeq \lambda_0 + \lambda_1\beta_{1i} + \cdots + \lambda_k\beta_{ki}, \qquad i=1, \cdots, N \tag{17.3.4}$$

ここで，λ_0 はゼロ・ベータ率，そして λ_k は第 k 因子のリスク・プレミアムを示す．Shanken (1992) は，より弱い条件下で別の近似的価格決定関係を与えている．競争均衡に関するより強い仮定をおくことで，条件(17.3.4)が等号で成立する APT の均衡版が導かれる．伝統的方法に基づく既存の研究は均衡版のみを検定問題として扱っている．Geweke and Zhou (1995) は，

$$Q = \frac{1}{N}\sum_{i=1}^{N}(\alpha_i - \lambda_0 - \lambda_1\beta_{1i} - \cdots - \lambda_k\beta_{ki})^2 \tag{17.3.5}$$

で定義される Q の事後分布を直接評価することにより，式(17.3.4)の近さを測ろうとするアプローチを取っている．

APT の均衡版に対して，Geweke and Zhou は，伝統的枠組で Q について推測することはきわめて煩雑となることを議論している．彼らは，α, β，そして Σ に関する事前分布を設定し，それに基づいて Q の事後分布を導出するベイジアン・アプローチを利用する．ベイジアン・アプローチは同時事後分布から攪乱母数を積分して除外することが必要であるが，この場合，解析的積分評価は不可能であるので，ギッブス・サンプリングによる数値積分が使用されている．

もっとも柔軟性のある 2 パス法によるアプローチは，Connor and Krajezyk (1986, 1988) であり，因子抽出のために多くの資産に適用可能なクロスセクション・アプローチを与えている．対照的に，Geweke and Zhou のアプローチは時系列アプローチであり，したがって，考慮可能な資産の数には制約($N \leqq T-k$)をもつ．しかし，前者は EIV 問題を無視しているが後者は無視していない．

Geweke and Zhou は，月次ポートフォリオ収益率を産業と時価総額によってグループ化することにより，彼らの方法論を実際に展開している．彼らの重要な発見は，因子の数を第 1 要因だけでなく複数個入れても価格誤差(pricing error)はほとんど改善されないということである(より少ない因子が有効である議論をする 17.9 節の結論を見よ)．

17.4　直接回帰法および逆回帰法

1921 年に *Metrometrica* 掲載の論文において，Gini は，誤差を含む変数の係数の傾き(slope)は，OLS 係数の確率極限と同じ係数の「逆」回帰係数推定値の確率極限の間にあることを述べた．Frisch (1934) によっても導出されたこの結果は，一般に重回帰の場合には拡張できない．この拡張は Koopmans (1937) で議論され，Bekker *et al*. (1985) では新しい証明がなされている．Koopmans の証明以外には，Kalman

(1985) や Klepper and Leamer (1984) でも証明がなされている．また Leamer (1987) では，複数の方程式系に拡張されている．

すべてのこれらの結果は，測定誤差が方程式誤差とは無相関であることが必要となる．この仮定は，多くの応用例では正当性をもたない．Erickson (1993) は，測定誤差をもつ回帰変数を1つしか含まない重回帰モデルにおいて，この相関の上限と下限をおくことの意味を導いた．これら限界に関する他の拡張は，代理変数と真の回帰変数の間の相関に事前的下限を設定する Krasker and Pratt (1986) の研究や，事前のインプットとして誤差の共分散行列へ上限を設定する Bekker *et al.* (1985) の研究がある．Iwata (1992) は，異なる問題 —— 操作変数が誤差項と相関をもつ場合 —— を考察しており，この場合，操作変数法は一致推定量を与えないが，もし操作変数と回帰方程式の誤差間の相関の範囲を制限する事前的情報が利用できれば，より厳しい限界をみつけることが可能であることを示している．

ファイナンスの分野では，相関をもつ誤差の影響は Booth and Smith (1985) で議論されてきた．彼らは，誤差と y および x の両方のシステマティックな部分とが相関をもつ場合を考察している (その他すべての誤差相関は 0 と仮定されている)．彼らは，また，なぜこれらの相関を考慮することが重要であるかに関して議論を加えている．この分析は，Rahman, Fabozzi and Lee (1991) において，資本資産価格決定モデルの切片に依存するミューチュアル・ファンド・シェアのパフォーマンス測定に一定の判断を与えるために応用された．彼らは，直接回帰法および逆回帰法を用いて，定数項の上限および下限を導出した．パフォーマンス尺度に関するこれらの結果は，CAPM に基づいている．しかし，多重指数/因子モデルの APT (裁定価格理論) に基づくパフォーマンス尺度についての議論も，ファイナンスの分野では存在する．これについては，Connor and Korajczyk (1986, 1994) を見よ．この場合，パフォーマンス尺度の限界を導出することは困難である．この結果は，Klepper and Leamer (1984) で利用されているが，誤差項とシステマティックな部分が無相関であるというきつい仮定に基づいている (Booth and Smith の論文では仮定が緩められた)．Booth and Smith で議論されているようにこの仮定を緩めることは重要である．

17.5　潜在変数/測定誤差を含む構造方程式と MIMIC モデル

17.5.1　多重指標モデル

ファイナンスにおける多くのモデルは，直接には観測不能あるいは測定不能な理論的変数，仮説的変数あるいは潜在変数により定式化されている．しかし，これら観測不能変数に対して，複数の指標や代理変数がしばしば利用できる．指標や代理変数は，観測不能変数が観測誤差を伴って測定されているものと考えることができる．したがって，これら指標変数を回帰モデルの中で回帰変数として直接利用することは，変量誤差問題を生み出すことになる．しかし，唯一の観測不能(潜在)変数が，異なる(複数の)方程式において説明変数(単一潜在変数の多重指標)として含まれていれば，(ある識別性条件下で)観測不能変数に対する係数の一致推定値を得ることができる．これらのモデルは，Zellner (1970)，Goldberger (1972)，Griliches (1974)，Jöreskog and Goldberger (1975) らで議論され，Jöreskog and Sorbom (1989, 1993) による LISREL というコンピュータ・プログラムで普及した[1]．ファイナンスにおける多くの問題は，このカテゴリーに入るが，これらのモデルのファイナンスへの応用例は多くはない．企業ファイナンスにおける例外として，Titman and Wessels (1990), Maddala and Nimalendran (1995), Desai, Nimalendran and Venkataraman (1995) らによって推定されたモデルがある．

Titman and Wessels (TW) は，誤差を伴って測定される指標や代理変数をもつ観測不能な属性によって，企業の資本構成の決定要因を研究した．モデルは 2 つの部分からなる．すなわち，測定モデルと構造モデルであり，これらは同時に推定される．測定モデルにおいては，観測不能な属性のために使われる代理変数(たとえば，会計やマーケティング・データ)の誤差が次のように明示的にモデル化される．

$$\boldsymbol{X}=\Lambda\boldsymbol{\Sigma}+\boldsymbol{\delta} \qquad (17.5.1)$$

ここで，$\boldsymbol{X}_{q\times 1}$ は代理変数のベクトル，$\boldsymbol{Z}_{m\times 1}$ は観測不能な属性のベクトル，$\Lambda_{q\times m}$ は係数行列，$\boldsymbol{\delta}_{s\times 1}$ は誤差ベクトルを表す．上の測定方程式において，観測された代理変数は，1 つまたは複数の属性とランダムな測定誤差との 1 次結合として表される．構造モデルは，資本構成のさまざまな尺度(短期負債/自己資本 (equity)，長期負債/自己資本など) $Y_{p\times 1}$ と観測不能な属性 Z との関係からなる．モデルは，$\boldsymbol{\varepsilon}$ を誤差ベクトルとして，次のように特定化される．

$$\boldsymbol{Y}=\Gamma\boldsymbol{Z}+\boldsymbol{\varepsilon} \qquad (17.5.2)$$

方程式 (17.5.1) および (17.5.2) は，(この項で説明する) 最尤法の手法を利用して同時に推定される．TW は，15 の代理変数，8 つの属性変数，3 つの資本構成変数をもつモデルを推定している．そこでは，モデルの識別性のために追加的な制約がおかれている．とくに，誤差は無相関であり，係数行列の要素のうち 105 個はゼロ制約が付けられている．上のモデルが伝統的回帰モデルよりすぐれている主な点は，代理変数における誤差を明示的にモデル化していることである．さらに，モデルが識別されれば，一定の正則条件下で，一致性をもち漸近的に有効な推定値を与える完全情報最尤法 (FIML：full information maximum likelihood) によって推定が可能である．

Maddala and Nimalendran (1995；MN と略) は，価格，ビッド-アスク・スプレッド，取引量変化に対する予期しない利益 (unexpected earnings) の影響を推定するために，観測不能成分を含むパネルデータ・モデルを採用した．伝統的には，予期しな

---

[1] このモデルは，変量誤差を含む線形構造モデル，共分散構造分析，パス解析，因果モデル，内容変数 (content variable) モデルというタイトルで，広範に研究されてきた．Bentler and Bonett (1980) や Bollen (1989) では，このトピックを適切に紹介している．

い利益 ΔE (実際の分析予測 (actual-analysis forecast)) は，スプレッドの変化 ΔS あるいはボリュームの変化 ΔV を説明するために，回帰モデルの回帰変数として採用される[2]．しかしながら，この予期しない利益は，真の予期しない利益に対して誤差を含む代理変数である．したがって，推定値や標準誤差は，変量誤差に関するすべての問題がかかわることになる．MN は，観測不能変数の係数の一致推定値や一致性をもつ標準誤差を得るために，観測不能成分モデルを採用する．彼らが設定する 3 本の方程式では，価格変化の絶対値 $|\Delta P|$，スプレッドの変化 ΔS，ボリューム変化 ΔV は，観測不能な真の予期しない利益の絶対値 $\Delta|\mathrm{E}^*|$ に関する 3 つの指標を意味する．具体的なモデルの形は，

$$\begin{aligned}|\Delta P| &= \alpha_0+\alpha_1\Delta|\mathrm{E}^*|+\varepsilon_1\\ \Delta S &= \beta_0+\beta_1\Delta|\mathrm{E}^*|+\varepsilon_2\\ \Delta V &= \gamma_0+\gamma_1\Delta|\mathrm{E}^*|+\varepsilon_3\end{aligned} \tag{17.5.3}$$

であり，ここで誤差 ε_i, $i=1,2,3$ は無相関であり，それらはまた観測不能変数 $|\Delta\mathrm{E}^*|$ とも無相関であると仮定される．そのとき，モデルにより生成される観測された変数の共分散行列は，次で与えられる．

$$\Sigma=\begin{pmatrix}\alpha_1^2\sigma_e^2+\sigma_1^2 & \alpha_1\beta_1\sigma_e^2+\sigma_{12} & \alpha_1\gamma_1\sigma_e^2+\sigma_{13}\\ - & \beta_1^2\sigma_e^2+\sigma_2^2 & \beta_1\gamma_1\sigma_e^2+\sigma_{23}\\ - & - & \gamma_1^2\sigma_e^2+\sigma_3^2\end{pmatrix} \tag{17.5.4}$$

ここで，$\sigma_{ij}=\mathrm{Cov}(\varepsilon_i,\varepsilon_j)$, $i,j,=1,2,3$ であり，また $\sigma_e^2=\mathrm{Var}(\Delta\mathrm{E}^*)$ である．

分散・共分散行列の標本推定値は，母集団パラメータの一致推定値であるので，標本推定値を，母集団の分散共分散の要素と等しくおくことによって，α_1, β_1, γ_1, σ_1^2, σ_3^2, σ_e^2 などのパラメータを推定することができる．しかし，7 つの未知パラメータに対して，6 つの標本情報しかない．したがって，システムは過小識別であり，β_1/α_1 および γ_1/α_1 のみが推定可能となる．パラメータ α_1, β_1, γ_1 は，別々には推定できない．分散の中で σ_1^2, σ_2^2, σ_3^2 は推定可能であり，$\alpha_1^2\sigma_e^2$ も推定可能である．標本データに基づいた分散共分散行列は，次で与えられる．

$$S=\mathrm{Var}\begin{pmatrix}|\Delta P|\\ \Delta S\\ \Delta V\end{pmatrix}=\begin{pmatrix}s_{11} & s_{12} & s_{13}\\ - & s_{22} & s_{23}\\ - & - & s_{33}\end{pmatrix} \tag{17.5.5}$$

そのとき，パラメータの一致推定値は，次で与えられる．

$$\frac{\hat\beta_1}{\hat\alpha_1}=\frac{s_{23}}{s_{13}},\ \frac{\hat\gamma_1}{\hat\alpha_1}=\frac{s_{23}}{s_{12}},\qquad \hat\alpha_1^2\hat\sigma_e^2=\frac{s_{12}}{\hat\beta_1/\hat\alpha_1},\qquad \hat\sigma_1^2=s_{11}-\hat\alpha_1^2\hat\sigma_e^2,$$

$$\hat\sigma_2^2=s_{22}-\hat\beta_1^2\hat\alpha_1^2\hat\sigma_e^2,\ \text{および},\ \hat\sigma_3^2=s_{33}-\hat\gamma_1^2\hat\alpha_1^2\hat\sigma_e^2 \tag{17.5.6}$$

式 (17.5.3) によって記述されるモデルは，次のように書けることに注意する．

---

[2] Morse and Ushman (1983) は，店頭市場企業のサンプルを調べ，利益告知 (earnings announcement) 時まわりのスプレッドの変化の証拠を見出していない．Skinner (1991) は，NASDAQ 企業のサンプルを用いて，利益告知に先立つスプレッドの増加に関する弱い証拠をみつけ出した．Skinner は，予測誤差に対して，利益告知時まわりの価格変化を代理変数として利用した．

$$\Delta S = \beta_0^* + \frac{\beta_1}{\alpha_2}|\Delta P| + \varepsilon_2^*$$

$$\Delta V = \gamma_0^* + \frac{\gamma_1}{\alpha_1}|\Delta P| + \varepsilon_3^*$$

$$\beta_0^* = \beta_0 - \frac{\beta_1}{\alpha_1}\alpha_0, \quad \text{および}, \quad \varepsilon_2^* = \varepsilon_2 - \frac{\beta_1}{\alpha_1}\varepsilon_1 \tag{17.5.7}$$

ここで，γ_0^* および ε_3^* は同様に定義される．方程式(17.5.6)および(17.5.7)から，$\hat{\beta}_1/\hat{\alpha}_1$ は，ΔV を操作変数として利用する IV (操作変数) 推定量であり，$\hat{\gamma}_1/\hat{\alpha}_1$ は，ΔS を操作変数として利用する IV (操作変数) 推定量であることが容易にわかる．

上のモデルは，モデルのパラメータを推定するのに観測不能変数を観測する必要はないことを示している．標本モーメントは，構造パラメータを識別するに十分な情報を含んでいる．また，上のモデルは正確に識別されているので，モーメント法による推定量は正規性の仮定のもとで最尤推定量となり，そのすべての望ましい性質をもつ．上のモデルは，$|\Delta \mathrm{E}^*|$ の代理変数として $|\Delta P|$ あるいは $|\Delta \mathrm{E}|$ を利用する研究において，含まれる変量誤差バイアスが生じない他の変数へ予期しない利益が与える効果の推定値を与える．MN は，変量誤差が OLS 推定値に**相当な**バイアスをもたらし，結果として**不正確な推測**を行ってしまうことを見出した．

Maddala and Nimalendran (1995) は，また，予期しない利益の絶対値 $|\Delta \mathrm{E}|$ を追加的な代理変数として使う 4 方程式モデルを推定する．3 つ以上の指標変数がある場合，(誤差が相互に無相関であり，また，潜在変数とも無相関であるとの仮定のもとで) モデルは過剰識別となる．すなわち，未知パラメータよりも多くの固有な標本情報が存在する．もし，N 個の指標があれば，$N(N+1)/2$ 個の標本モーメント (分散と共分散) が存在するが，$2N$ 個の未知パラメータしかない．この場合，追加的情報を利用すれば，誤差項間の共分散などの追加的パラメータを推定することはできる．より重要なことは，MN がパネルデータの構造 (企業のクロスセクションに対する四半期ベースの利益) を利用していることであり，これにより，収益サプライズ (earnings surprize) のミクロ構造変数への短期･長期効果に関する情報を与えるグループ内推定値およびグループ間推定値を得ていることである．

17.5.2 シグナリング・モデルの検定

シグナルとそれに対する市場反応の関係を分析する研究は，ファイナンスの重要な領域である．これらのモデルにおいては，私的情報を有するマネジャーが私的情報を市場へ伝えるために，配当，利益，譲渡，資本構造などの指標を採用する．これらのモデルを検定する場合，これらの指標がシグナル化された背後にある「真」の属性に対する「誤差を含む」代理変数にすぎないことを理解しなければならない．したがって，伝統的回帰モデルと比較すれば，潜在変数/構造方程式モデルがより望ましいモデルということになろう．

Israel, Ofer and Siegel (1990) は，株式価値の変化をイベント (利益告知や配当の告知など) の情報内容の尺度として利用する研究について議論し，これを他の方程式の中の１つの説明変数として使っている．たとえば，Ofer and Siegel (1987) を見よ．これらすべての研究は，株式価値の変化 ΔP に対する係数が 0 であることを検定することによって，与えられた告知に内在する利益について情報内容がないという帰無仮説を検定する．Israel らは，ΔP が真の情報内容 ΔP^* のノイズを含む測定尺度であると仮定し，シミュレーションにより傾き係数や誤差分散と Var(ΔP) の比に関して標準的仮説検定の検出力を調べた．

上述の利益データにおける配当の告知の情報，また，そのような告知が利益推定値に変化をもたらすかどうかは，とりわけ Aharony and Swary (1980) や Ofer and Siegel (1987) で研究されてきた．Ofer and Siegel は，配当告知にかかわる株式価値の変化を情報内容の代理変数として利用し，これを配当変化方程式の１つの説明変数として使用する．しかし，変量誤差バイアスをもたない，より合理的な推定モデルは，情報内容を観測不能なシグナルとして扱い，株式価値，予期しない配当，予期しない利益の変化をこの観測不能なシグナルの関数として利用することである．これは Desai, Nimalendran and Venkataraman (1995, DNV と略) の論文において例示されている．DNV は，配当と同時に告知される株式分割によって伝達される情報を調べるために，潜在変数/構造方程式モデルを推定する．また，彼らは，配当や株式分割が１つの情報を伝えるかどうか，あるいは，それらが単一の属性以上の情報を与えるかどうかを検討する．彼らの分析は，配当や分割が２つの属性についての情報を伝えること，また，より重要なことには，潜在変数アプローチが不偏で漸近的に有効な推定値を与えることを示した．

シグナリング分野での最近の論文は，マネジメントがシグナリングのコストを減少させるために，シグナルの組合せを利用することを議論してきた．また，マネジメントがインサイダー取引や現金配当を利用し，逐次的に信号を送ることが可能である (たとえば，John and Mishra (1990) やその引用文献を見よ)．マネジメントで利用されるシグナルの多くは，配当，株式分割，自社株購入，投資・財務政策，インサイダー取引などの変化である．これらのモデルをシグナル検定するには，告知時点での価格反応を測定しなければならないし，また (たとえば配当変化の予期しない成分のような) 使われるシグナルの予期されない成分を推定しなければならない．一般には，期待配当を過去の配当と等しいとおく単純なモデルが使われる．これらのナイーブなモデルは，かなりの誤差をもたらすことになる．

17.5.3　MIMIC モデル

複数の指標と複数の原因があれば，これらのモデルは，MIMIC モデルと呼ばれる (Jöreskog and Goldberger (1975))．単一あるいは多重潜在変数モデルの多重指標は，MIMIC モデルの１つの特殊形である．構造形は次式で与えられる．

$$\boldsymbol{Y} = \Lambda \boldsymbol{z}^* + \boldsymbol{\varepsilon}$$
$$\boldsymbol{z}^* = \boldsymbol{X}' \boldsymbol{\Delta} + \boldsymbol{\nu} \tag{17.5.8}$$

ここで，$\boldsymbol{Y}_{m\times1}$ は指標変数のベクトル，$\boldsymbol{z}^*$ は観測不可能であり，$\boldsymbol{X}_{k\times1}$ で与えられるいくつかの原因と関係しており，また $\boldsymbol{\Delta}_{k\times1}$ はパラメータ・ベクトルである．上のモデルのファイナンス研究における潜在的応用可能性は，取引メカニズム(あるいは情報開示)の流動性や取引費用への影響の分析を含む．証券市場の 1 つの機能は，流動性を与えることである．いくつかの理論的・実証的研究論文は，この問題を取り上げている(たとえば，Grossman and Miller (1988)，Amihud and Mendelson (1986)，Christie and Huang (1994) などを見よ)．市場構造の流動性への影響は，一般に，(Christie and Huang (1994) のように) ある市場から別の市場へ移動する証券に関する (effective，あるいは，quoted) スプレッドの変化を分析して調べられる．しかし，スプレッドは流動性を測るいくつかの代理変数の 1 つにすぎない(他の代理変数は取引高，市場の深み (market depth)，取引回数，取引間の時間などがある)．より重要なことは，株式の流動性を促進する次のような複数の原因がありうることである．最適価格，取引メカニズム，情報のタイプと頻度，投資家のタイプ，原資産のタイプや企業の投資機会．複数の指標と複数の原因が与えられたとき，MIMIC モデルは，取引メカニズムや市場構造の流動性への影響を分析するのにより適したモデルである．

17.5.4 MIMIC/潜在変数モデルの限界

17.5.4.1 不良指標と指標の選択問題

潜在変数モデルあるいは MIMIC モデルには，いくつかの限界がある．モデルの定式化は結局のところ，代理変数をそれが現れる方程式以外の方程式で操作変数として使うことになるので，不良代理変数の問題は不良操作変数の問題と関係する．これについては，今やかなりの研究がなされている．不良操作変数の利用に関する諸問題によって，多すぎる指標を採用しないよう注意が喚起される．たとえば，Titman and Wessels (1988) は，15 の指標を使い，係数行列上に 105 の制約を課している．不良操作変数から生じる諸問題は，モデルの中に考えうるあらゆる指標変数が含まれる場合は顕在化しそうもない．

同一の観測不能変数に対して，複数の代理変数が存在する場合が非常に頻繁にある．たとえば，Datar (1994) による株式収益率に対する「流動性」の影響の研究において，彼は流動性に対する 2 つの指標を考える．取引量および規模(市場価値)．彼の分析は，規模ベースそして取引高ベースのグループ化(その結果，代理変数を操作変数として利用する)に基づいているという欠点は別として，流動性に対するより好ましい代理変数として取引高を選択することを通常の t 検定に基づいて議論している．異なる代理変数間の選択問題は，通常の分析枠組では扱うことができない．Zabel (1994) による最近の論文は，この問題を非階層的仮説の尤度比検定の枠組で分析している．しかし，問題を異なる代理変数間の選択として定式化するのではなく，たとえば株価収益率の「流動性」の効果を分析するために，すべての代理変数をどのように使うのが最良なのかを調べる方が望ましいであろう．これはMIMICモデル(あるいは多重指標モデル)アプローチを利用して実行することができる．

標準的漸近理論によれば，弱(weak)操作変数は大きな標準誤差をもたらし，したがって，その変数には多くの情報が含まれていないことがわかる．しかし，小標本では，弱操作変数は小さな標準誤差とみかけ上の関係を示唆する大きな t 値を生み出しうる．Dufour (1994) は，弱操作変数の場合には漸近理論に基づく信頼区間が真の値を含む確率が0であることを示している．複数の操作変数が存在する場合に，どのように弱操作変数を検出するかは未解決の問題である．Hall, Rudenbusch and Wilcox (1994) のようないくつかの研究もあるが，これもまた漸近的検定に依存している．Jeong (1994) は厳密分布に基づいて別の基準を提案している．したがって，どの指標を使ってどれを捨てるかという問題は，MIMICモデルではさらに研究が必要となる．(DNVによる研究でなされたように)複数の指標を利用する方に強い理論的理由が存在し，とにかく，これらを分析に含めたいという場合もしばしばある．

17.5.4.2　仮定の不成立

第2の重要な限界は，誤差項がシステマティックな成分および誤差項自身間で無相関であるという仮定から生じる．多重指標モデルにおいては，誤差項間の相関あるいは誤差項とシステマティックな部分との相関のあるものは，指標の数が3より多くなるときのみ発生する可能性がある．第3の問題は，誤差項の非正規性の可能性から生じる．この場合，推定値は一致性をもつが，標準誤差およびその他の検定統計量は，正当化されない．Browne (1984) は，漸近的に有効となる加重最小2乗法(WLS：weighted least squares)アプローチを提案し，一般的な分布の仮定のもとで正しい標準誤差と検定統計量を与えている．最後に，潜在変数モデルとFIMLに基づくさまざまな検定の小標本特性の問題がある．

17.5.5　推　　定

この節で述べられたすべてのモデルは，FIMLで推定できる．Aigner and Goldberger (1977), Aigner, Hsiao, Kapteyn and Wansbeek (1984), Bollen (1989) を見よ．FIMLアプローチは，一致性，漸近的有効性，尺度不変，尺度フリーな性質をもつ推定量を与える．さらに，ヘッセ行列を通してパラメータ推定値の標準誤差が得られる．しかし，これら標準誤差の推定値は，観測される変量が多変量正規分布に従うという仮定のもとでのみ一致性をもつ．もし，観測される変量が有意に過大の尖度をもてば，漸近的共分散行列，標準誤差，(モデル評価のための)推定量に基づく χ^2 統計量は，(推定量は依然として一致性をもっているが)正しくない．これらの条件のもとでも，Browne (1984) により提案された漸近的に分布に依らないWLS推定量を使えば，正しい標準誤差や検定統計量が得られる．モデルに対するFIML推定値は，次の尤度関数を最大にすることで得られる．

$$L(\theta)=\text{constant}-\left(\frac{N}{2}\right)[\log|\Sigma(\theta)|+\text{tr}[S\Sigma^{-1}(\theta)]] \tag{17.5.9}$$

ここで，S は，観測される変数に対する標本分散共分散行列，$\Sigma(\theta)$ はモデルにより生成される共分散行列を表す．LISREL や SAS を含む複数の統計パッケージを利用すれば，FIML 推定値とその標準誤差が得られる．LISREL は，漸近的に分布に依らない WLS 推定値も与える．

17.6 MIMIC モデルの代替法としての人工的ニューラルネットワーク・モデル

前節で議論されたモデルに関する他の限界の 1 つは，関係間の線形性の仮定である．人工的ニューラルネットワーク (ANN)・アプローチは，(用語上の違いは別として) 構造上，MIMIC モデルに類似しているが，非線形性の形を特定化する必要がない．ANN の用語では，投入層 (input layer) は MIMIC モデルの原因に対応し，中間層あるいは隠れ層 (middle or hidden layer) は観測不能変数に対応する．原理的には，モデルに複数の中間あるいは隠れた層を含められるが，実際には，単一の隠れ層しかもたない．ANN モデルは，人間の脳の情報処理プロセスから発想された柔軟な非線形モデルとして，認知科学者 (cognitive scientists) によって提案された．これらのモデルは，統計学者や計量経済学者によって，近年になって注目を浴びるようになった．Cheng and Titterington (1994) は，統計学的な概観，そして Kuan and White (1994) は計量経済学的概観を与えている．これらのモデルの計算上の諸側面への入門的解説は，Hertz *et al.* (1991) に見られるし，神経回路と非線形最小 2 乗法との関係は，Angus (1989) に見られる．

ANN は，非線形関係についてはほとんど何もいわない一種のブラック・ボックスである．その簡潔性と柔軟性，そして，線形モデルと比較してある程度の成功を収めてきたことから，これらはファイナンスの分野でも予測の目的で応用されてきた．Trippi and Turban (1993)，Kuan and White (1994)，Hutchinson, Lo and Poggio (1994) を見よ．線形対非線形の違い以外の両モデル間の主要な違いは，MIMIC モデルが構造的解釈をもつのに対し ANN はもたないことである．しかし，予測の目的には，構造の詳細な特定は重要でないかもしれない．ANN の場合には，同定性についてのかなりの議論があるが，ブラック・ボックスを近似して予測することにすべての重点がおかれている．たとえば，単一隠れ層多重層 (single hidden layer multi-layer) ニューラルネットワーク・モデルは，隠れユニットの数が増えれば任意の非線形写像の導関数を任意によく近似できることを Hornik, Stinchcombe and White (1990) は示している．ANN についての論文のほとんどは，学術雑誌 *Neural Networks* に掲載されている．しかし，MIMIC モデルとの比較研究は (Qi (1995) を除いて) 多くのものはない．

17.7 シグナル抽出法と合理性の検定

シグナル抽出問題とは，誤差を含む変数に対して真の値を予測することである．統計学の分野では，この問題は Fuller (1990) によって研究され，また，ファイナンスの分野では，Orazem and Falk (1989) によって議論されてきた．しかし，2つのモデルの構成は異なっている．

この問題は，前節で議論された MIMIC モデルの枠組の中で分析することができる．たとえば，Maddala and Nimalendran (1995) で分析された問題を考えよう．いま，われわれが

$$\Delta E = \Delta E^* + \varepsilon_4, \qquad (17.7.1)$$

で記述される ΔE^* の代理変数 ΔE をもっているとする．ここで ΔE は，たとえば，IBES サーベイからの予期しない利益を表す．前節で議論した MIMIC モデルの推定法を利用して，$\mathrm{Var}(\Delta E^*)$ の推定値が得られ，シグナル抽出アプローチは，ΔE^* の推定値として

$$\Delta \hat{E}^* = \gamma(\Delta E), \qquad ここで，\gamma = \frac{\mathrm{Var}(\Delta E^*)}{\mathrm{Var}(\Delta E)} \qquad (17.7.2)$$

を導出する．したがって，ΔE^* の測定値に誤差が含まれていれば，ΔE^* が説明変数として現れる他の方程式と連結させて γ の推定値を得ることができるし，ΔE^* が説明変数として現れる他の変数があれば，これは実際可能となる．この方法は，また，(たとえば IBES サーベイから) 利益予測の合理性を検定するのに利用できる．このアプローチの例は，Jeong and Maddala (1991) を見よ．

17.8 定性的変数モデルと制限従属変数モデル

定性的変数 (qualitative variable) モデルと制限従属変数 (limited dependent variable) モデルも，また，観測不能変数モデルの範疇に入る．しかし，これらの場合，(ある範囲で観測可能あるいは定性的に観測可能であるという意味で) 部分的に観測可能な性質があり，前節で議論した観測不能変数モデルとは異なる範疇である．しかし，イベント研究 (event studies) の分析では，2つのアプローチを結合する必要がある．たとえば，シグナリング・モデルでは，配当，株式分割，自社株の購入などの異なる範疇のシグナルがある．これらのモデルと関連して，シグナルを発信するかどうか，そして，どのようにすればもっともよく発信されるかという2つの問題が存在する．(たとえば，配当の変化あるいは株式分割などの) 異なる告知の情報内容を考慮するとき，これらのシグナルを発した企業のことだけを考えるのが普通である．しかし，シグナルが内生的な出来事 (企業がシグナルを発すると決めた) である場合，告知の時期 (告知掲示 (announcement window) の期間) に計算された異常な収益率の

計算の際に選択バイアス問題が存在することになる．

対標本 (matched sample) を考察し，配当や株式分割の決定因子を分析する McNichols and Dravid (1990) のような研究もあるが，異常収益率を計算する際には，シグナルの内生化は考慮されてはいない．加えて，この種のファイナンス研究で使われる「対標本」法にほとんど普遍的に内在するいくつかの概念上の問題が存在する．それらは，次のようなものである．今，配当の決定因子を分析することを考えよう．われわれは，配当を支払う企業を知り，配当を支払わない企業の「対標本」を得る．対 (match) は，両者に共通な属性 X に基づいている．通常，変数 X は，また，配当の決定因子を説明する (ロジット) モデルの説明変数として使われる．もし，われわれが完全な対をもてば，X のある値をもつ企業が配当を支払い，同じ X の値をもつ企業が配当を支払わないという状況もある．明らかに，X は配当の決定因子を説明できない．配当支払の決定因子は，対標本を得るために使う変数以外の変数でなければならない．

LISREL プログラムは，連続変数以外に序数的変数や打ち切り (censored) 変数を扱うことができる．しかし，McNichols and Dravid (1990) の例のように，より適切なファイナンスの応用研究において，MIMIC モデルと選択バイアスを結び付けることは，シグナルの内生化を許容するとますます複雑となる．しかし，自己選択モデルが，その誘導形として打ち切り回帰モデルの形を取ることは事実である．したがって，LISREL プログラムを**誘導型**における選択バイアスを処理するために使うことができる．しかし，選択バイアスをもつ MIMIC モデルを構造型で推定することはさらに研究が必要となる．

17.9 測定誤差を含む因子分析

APT (裁定価格理論) の計量経済学的検定において，多くの研究者は，観測不能な因子を観測可能な経済変数と等しいとおけることを示唆してきた．なかでも，Chen, Roll and Ross (1986), Chan, Chen and Hsieh (1985), そして，Conway and Reinganum (1988) を見よ．因子を表すために観測された変数を使うこれらの論文は，それらを内在する因子の 1 次変換の正確な測定値として扱い，その結果回帰係数は因子負荷量の推定値となる．しかし，これら観測されたマクロ経済変数は，たかだか測定誤差の条件下で因子を測定する指標にすぎない．

Cragg and Donald (1992) は，因子は誤差を伴って測定されるという事実を考慮し，APT を検定する枠組を展開した．彼らは，その方法を CRSP テープから無作為に選ばれた 60 企業の 1971～1990 の月次収益率データに応用した．彼らは，18 のマクロ経済変数を含め，それらが 4 ないし 5 個の因子で表されることを示した．Cragg and Donald (1995) で解説されているように，彼らが利用した方法は，因子分析に対する GLS アプローチに基づいており，それは Jöreskog and Goldberger (1972) や

Dahm and Fuller (1986) の拡張となっている．Cragg and Donald は，測定誤差のないAPT モデルの因子を推定する方法がないことを議論している．とくに，これは可能な代理変数がマクロ経済変数である場合に成立する．しかし，前節で議論したように，測定誤差問題を処理する代替的方法は，(代理変数として利用する) マクロ経済変数を観測不能因子の指標とする観測不能成分モデルを利用することである．LISREL プログラムは，このモデルを推定するのに利用できる．同様に，APT の検定もこの枠組で行えるし，変量誤差問題は発生しない．LISREL プログラムでは，GLS と ML 推定法の両方を扱うことができる．しかし，MIMIC モデルは，Cragg and Donald アプローチよりも多くの制約を構造に課すことになる．多重指標モデルのアプローチと測定誤差を含む因子分析のアプローチの 2 つの比較は，今後の研究課題の 1 つである．

17.10　結　　論

本章は，ファイナンスのモデルにおいて，変量誤差および代理変数利用により生じる諸問題をサーベイした．さらに，変量誤差問題を緩和しうる代替モデルや技法についても検討を加えた．随所で述べたように，ファイナンスの分野ではいくつかの重要なギャップがある．

まず第 1 に，ファイナンスの多くのモデルは，変量誤差問題を緩和するためにグループ化法を利用する．このアプローチは，操作変数法 (IV) としてみることができる．したがって，不良操作変数問題，操作変数として適切かどうかを判断する問題，操作変数選択問題などを議論している最近の計量経済学の研究成果を利用することが適切である．

第 2 に，観測不能変数に対して代理変数を利用することもまた非常に普及しているので，潜在変数や観測不能変数についての膨大な計量経済学の研究を利用することができる．たとえば，MIMIC モデルは，本来あるべきほどは使われていない．また，MIMIC モデル，ANN モデル，測定誤差を含む因子分析の間の相互関係やパフォーマンスの比較は，今後研究する必要がある．■

［照井伸彦・訳］

文　献

Aharony, J. and I. Swary (1980). Quarterly dividend and earnings announcements and stockholders' returns: An empirical analysis. *J. Finance* **35**, 1–12.

Aigner, D. J. and A. S. Goldberger eds., 1977. *Latent Variables in Socio-Economic Models*. North Holland, Amsterdam.

Aigner, D. J., C. Hsiao, A. Kapteyn and T. Wansbeek (1984). Latent variable models in econometrics. In: Z. Griliches and M. D. Intrilligator eds., *Handbook of Econometrics* Vol II, North Holland, 1321–1393.

Amihud, A. R. and H. Mendelson (1986). Asset pricing and the bid-ask spread. *J. Financ. Econom.* **17**, 223–249.

Angus, J. E. (1989). On the connection between neural network learning and multivariate non-linear least squares estimation. *Neural Networks* **1**, 42–47.

Banz, R. (1981). The relations between returns and market values of common stocks. *J. Financ. Econom.* **9**, 3–18.

Bekker, P., A. Kapteyn and T. Wansbeek (1985). Errors in variables in econometrics: New developments and recurrent themes. *Statistica Neerlandica* **39**, 129–141.

Bentler, P. M. and D. G. Bonett (1980). Significance tests and goodness of fit in the analysis of covariance structures. *Psychological Bulletin* **88**, 588–606.

Black, F., M. C. Jensen and M. Scholes (1972). The capital asset pricing model: Some empirical tests. In: M. Jensen ed., *Studies in the Theory of Capital Markets*, Praeger, New York, 79–121.

Bollen, K. A., (1989). Structural equations with latent variables. New York, Wiley.

Booth, J. R. and R. L. Smith (1985). The application of errors-in-variables methodology to capital market research: Evidence on the small-firm effect. *J. Financ. Quant. Anal.* **20**, 501–515.

Browne, M. W. (1984). Asymptotically distribution-free methods for the analysis of covariance structures. *Brit. J. Math. Statist. Psych.* **37**, 62–83.

Chamberlain, G. and A. S. Goldberger (1990). Latent variables in econometrics. *J. Econom. Perspectives* **4**, 125–152.

Chan, K. C., N. F. Chen and D. A. Hsieh (1985). An exploratory investigation of the firm size effect. *J. Financ. Econom.* **14**, 451–471.

Chen, N. F., R. Roll, S. A. Ross (1986). Economic forces and the stock market. *J. Business* **59**, 383–403.

Cheng, B. and D. M. Titterington (1994). Neural networks: A review from the statistical perspective (discussion). *Statist. Sci.* **9**, 2–54.

Chen, N. (1983). Some empirical tests of the theory of arbitrage pricing. *J. Finance* **38**, 1392–1414.

Christie, W. G. and R. D. Huang (1994). Market structures and liquidity: A transactions data study of exchange listings. *J. Finan. Intermed.* **3**, 300–326.

Connor, G. and R. A. Korajczyk (1986). Performance measurement with the arbitrage pricing theory. *J. Financ. Econom.* **15**, 373–394.

Connor, G. and R. A. Korajczyk (1988). Risk and return in an equilibrium APT: An application of a new methodology. *J. Financ. Econom.* **21**, 255–289.

Connor, G. and R. A. Korajczyk (1994). Arbitrage pricing theory. In: R. Jarrow, V. Maksimovic, and W.T. Ziemba eds., *The Finance Handbook*, North Holland Publishing Co.

Conway, D. A. and M. C. Reinganum (1988). Stable factors in securing returns: Identification using cross-validation. *J. Business Econom. Statist.* **6**, 1–15.

Cragg, J. G. and S. G. Donald (1992). Testing and determining arbitrage pricing structure from regressions on macro variables. *University of British Columbia*, Discussion paper #14.

Cragg, J. G. and S. G. Donald (1995). Factor analysis under more general conditions with reference to heteroskedasticity of unknown form. In: G. S. Maddala, Peter Phillips and T. N. Srinivasan eds., *Advances in Econometrices and Quantative Economics*, Essays in Honor of C. R. Rao (Blackwell).

Datar, V. (1994). Value of liquidity in financial markets. Unpublished Ph.D. dissertation, University of Florida.

Desai, A. S., M. Nimalendran and S. Venkataraman (1995). Inferring the information conveyed by multiple signals using latent variables/structural equation models. Manuscript, *University of Florida*, Department of Finance, Insurance and Real Estate.

Dahm, P. F. and W. A. Fuller (1986). Generalized least squares estimation of the functional multivariate linear errors in variables model. *J. Multivar. Anal.* **19**, 132–141.

Douglas, G. W. (1969). Risk in the equity markets: An empirical appraisal of market efficiency. *Yale*

Economic Essays **9**, 3–45.
Dufour, J. M. (1994). Some impossibility theorems in econometrics with applications to instrumental variables, dynamic models and cointegration. Paper presented at the Econometric Society European Meetings, Maastricht.
Erickson, T. (1993). Restricting regression slopes in the errors-in-variables model by bounding the error correlation. *Econometrica* **61**, 959–969.
Fama, E. F. and K. R. French (1992). The cross-section of expected stock returns. *J. Finance* **47**, 427–465.
Fama, E. F. and J. MacBeth (1973). Risk, return and equilibrium: Empirical tests. *J. Politic. Econom.* **81**, 607–636.
Frisch, R. (1934). *Statistical Confluence Analysis by Means of Complete Regression Systems.* Oslo, University Institute of Economics.
Fuller, W. A. (1990). Prediction of true values for the measurement error model. In: P. J. Brown and W. A. Fuller eds., *Statistical Analysis of Measurement Error Models and Applications: Contemporary Mathematics* Vol. **12**, 41–58.
Fuller, W. A. (1980). Properties of some estimators for the errors-in-variables model. *Ann. Statist.* **8**, 407–422.
Geweke, J. and G. Zhou (1995). Measuring the pricing error of the arbitrage pricing theory. Federal Reserve Bank of Minneapolis, Research Dept., Staff report #789.
Gibbons, M. R. (1982). Multivariate tests of financial models, a new approach. *J. Financ. Econom.* **10**, 3–27.
Gibbons, M. R. and W. Ferson (1985). Testing asset pricing models with changing expectations and an unobservable market portfolio. *J. Financ. Econom.* **14**, 217–2236.
Goldberger, A. S. (1972). Structural equation methods in the social sciences. *Econometrica*, **40**, 979–1001.
Greene, W. H., (1993). *Econometric Analysis*, 2nd ed., Macmillan, New York.
Griliches, Z. (1974). Errors in variables and other observables. *Econometrica* **42**, 971–998.
Griliches, Z. (1985). Economic data issues. In: Z. Griliches and M. D. Intrilligator eds., *Handbook of Econometrics*, Vol III, North Holland, Amsterdam.
Grossman, S. J. and M. H. Miller (1988). Liquidity and market structure. *J. Finance* **43**, 617–637.
Hall, A. R., G. D. Rudenbusch and D. W. Wilcox (1994). Judging instrument relevance in instrumental variable estimation. Federal Reserve Board, Washington D. C.
Hertz, J., A. Krogh and R. G. Palmer (1991). *Introduction to the Theory of Neural Computation.* Addison Welsey, Redmont City.
Hornik, K., M. Stinchcombe and H. White (1990). Universal approximation of an unknown mapping and its derivatives. *Neural Networks* **3**, 551–560.
Hutchinson, J. M., A. M. Lo and T. Piggo (1994). A non-parametric approach to pricing and hedging derivative securities via learning networks. *J. Finance* **49**, 851–899.
Israel, R., A. R. Ofer and D. R. Siegel (1990). The use of the changes in equity value as a measure of the information content of announcements of changes in financial policy. *J. Business Econom. Statist.* **8**, 209–216.
Iwata, S. (1992). Instrumental variables estimation in errors-in-variables models when instruments are correlated with errors. *J. Econometrics* **53**, 297–322.
Jeong, J. (1994). On pretesting instrument relevance in instrumental variable estimation. Unpublished paper, Emory University.
Jeong, J. and G. S. Maddala, (1991). Measurement errors and tests for rationality. *J. Business Econom. Statist.* **9**, 431–439.
John, K. and B. Mishra (1990). Information content of insider trading around corporate announcements: The case of capital expenditures. *J. Finance* **45**, 835–855.
Jöreskog, K. G. and A. S. Goldberger (1975). Estimation of a model with multiple indicators and multiple causes of a single latent variable. *J. Amer. Statist. Assoc.* **70**, 631–639.
Jöreskog, K. G. and D. Sorböm (1989). LISREL 7. User's Reference, (First Ed.), SSI Inc. Publication, Chicago.
Jöreskog, K. G. and D. Sorböm (1993). LISREL 8. Structural equation modeling with the Simplis^{TM} command language. SSI Inc. Publication, Chicago.

Kalman, R. E. (1982). System identification from noisy data. In: A. Bednarek and L. Cesari eds., *Dynamical Systems* II, New York Academic Press.

Kapteyn, A. and T. Wansbeek (1984). Errors in variables: Consistent adjusted least squares (CALS) estimation. *Communications in Statistics*: *Theory and Methods* **13**, 1811–37.

Klepper, S. and E. E. Leamer (1984). Consistent sets of estimates for regression with errors in all variables. *Econometrica* **55**, 163–184.

Koopmans, T. C. (1937). *Linear Regression Analysis of Economic Time Series*. Haarlem, Netherlands Economic Institute, DeErven F. Bohn, NV.

Krasker, W. S. and J. W. Pratt (1986). Bounding the effects of proxy variables on regression coefficients. *Econometrica* **54**, 641–655.

Kuan, C. M. and H. White (1994). Artificial neural networks: An econometric perspective. *Econom. Rev*. **13**, 1–91.

Leamer, E. (1987). Errors in variables in linear systems. *Econometrica* **55**, 893–909.

Lehmann, B. N. and D. M. Modest (1988). The empirical foundations of the arbitrage pricing theory. *J. Financ. Econom*. **21**, 213–254.

Litzenberger, R. H. and K. Ramaswamy (1979). The effect of personal taxes and dividends on capital asset prices. *J. Financ. Econom*. **7**, 163–195.

Lys, T. and J. S. Sabino (1992). Research design issues in grouping-based tests. *J. Financ. Econom*. **32**, 355–387.

Maddala, G. S. (1992). *Introduction to Econometrics*. 2nd ed., Macmillan, New York.

Maddala, G. S. and M. Nimalendran (1995). An unobserved component panel data model to study the effect of earnings surprises on stock prices, volume of trading and bid-ask spreads. *J. Econometrics* **68**, 299–242.

McNichols, M. and A. Dravid (1990). Stock dividends, stock splits, and signaling. *J. Finance* **45**, 857–879.

Miller, M and M. Scholes (1972). Rates of returns in relation to risk: A reexamination of some recent findings. In: M. Jensen ed., *Studies in the Theory of Capital Markets*, Praeger, New York, 47–78.

Morse, D. and N. Ushman (1983). The effect of information announcements on market microstructure. *Account. Rev*. **58**, 274–258.

Ofer, A. R. and D. R. Siegel (1987). Corporate financial policy, information, and market expectations: An Empirical investigation of dividends. *J. Finance* **42**, 889–911.

Orazem, P. and B. Falk (1989). Measuring market responses to error-ridden government announcements. *Quart. Rev. Econom. Business* **29**, 41–55.

Pakes, A. (1982). On the asymptotic bias of the Wald-type estimators of a straight-line when both variables are subject to error. *Internat. Econom. Rev*. **23**, 491–497.

Qi, M. (1995). A comparative study of Neural Network and MIMIC Models in a study of option pricing. Working Paper, Ohio State University.

Rahman, S., F. J. Fabozzi and C. F. Lee (1991). Errors-in-variables, functional form, and mutual fund returns. *Quart. Rev. Econom. Business*. **31**, 24–35.

Roll, R. W. (1977). A critique of the asset pricing theory's tests-part I: On past and potential testability of the theory. *J. Financ. Econom*. **4**, 129–176.

Roll, R. W. and S. A. Ross (1980). An empirical investigation of the arbitrage pricing theory. *J. Finance* **35**, 1073–1103.

Schneeweiss, H. (1976). Consistent estimation of a regression with errors in the variables. *Metrika* **23**, 101–115.

Shanken, J. (1992). On the estimation of beta-pricing models. *Rev. Financ. Stud*. **5**, 1–33.

Shanken, J. (1992). The current state of the arbitrage pricing theory. *J. Finance* **47**, 1569–74.

Shanken, J. and M. I. Weinstein (1990). Macroeconomic variables and asset pricing: Further results. University of Southern California.

Skinner, D. J. (1991). Stock returns, trading volume, and the bid-ask spreads around earnings announcements; Evidence from the NASDAQ national market system. *The University of Michigan*

Titman, S. and R. Wessels (1988). The determinants of capital structure choice. *J. Finance* **43**, 1–19.

Trippi, R. and E. Turban (1993). *Neural Networks in Finance and Investing*. Chicago, Probus.

White, H. (1989). Some asymptotic results for learning in single hidden-layer feed forward network models. *J. Amer. Statist. Assoc.* **86**, 1003–1013.
Zabel, J. E. (1994). Selection among non-nested sets of regressors: The case of multiple proxy variables. Discussion paper, Tufts University.
Zellner, A. (1970). Estimation of regression relationships containing unobservable independent variables. *Internat. Econom. Rev.* **11**, 441–454.

18

人工的ニューラルネットワークのファイナンスへの応用

Financial Applications of Artificial Neural Networks

Min Qi

18.1 はじめに

人工的ニューラルネットワーク(ANN)のような，データを利用したモデル化の方法はファイナンスの応用分野において，ますます一般的になりつつある．おおまかにいうとANNは非線形なノンパラメトリック・モデルである．ANNによって，データを完全に生かしつつ，いかなるパラメトリック・モデルの制限を課すことなく，データによってモデルの構造とパラメータを決定できる．これらの性質は，豊富で良質な金融データがある一方で，検証可能なファイナンスのモデルが少ないという理由から，ファイナンスの分野では魅力的である．コンピュータの演算速度の向上とコストの加速的な低下により，ANNというコンピュータ集約的な手法はますます魅力的になってきた．

この論文では，18.2節でANNの概要を述べ，18.3節では伝統的な統計的手法のいくつかとの関連を簡単に指摘する．18.4節ではいくつかの有用なANNのモデル化の方法論を提供する．18.5節ではファイナンスへの応用として，いくつかの主要な分野での実証研究を検討する．18.6節では結論を提示する．

18.2 人工的ニューラルネットワーク

ニューラルネットワーク研究は，1940年代以来熱狂と懐疑の時代を3回連続して繰り返した後，ここ10年爆発的な発展をみせてきている．これは主にANNが強力なパターン認識特性をもち，多くの応用分野で既存のモデリング手法よりも際立ってすぐれたパフォーマンスを示すことが確認されたことにより引き起こされた．ANNは多様な応用分野(ほんの数例だが信号処理，医学画像処理，経済学およびファイナンスモデルを含む)の研究者の関心を引いてきた．一方認知科学，ニューロサイエンス，心理学，生物学，コンピュータ科学，数学，物理学，統計学の研究者はANNの構造的，方法論的発展に貢献してきた．多くの異なったネットワーク，たとえば多層型フィードフォワード・ネットワーク (multilayer feedforward networks)，再帰的-統計的ネットワーク (recurrent and statistical networks)，連想記憶ネットワーク

(associative memory networks)や自己組織ネットワーク(self-organization networks)がさまざまな目的のために発展してきた．いろいろな種類の教師つき，あるいは教師なし学習ルール(learning rule)がデータから1つのネットワークを訓練する(train)のに利用できる．これらの中では，多層型フィードフォワード逆誤差伝搬ネットワーク(multilayer feedforward backpropagation network)がファイナンスの応用としてもっともポピュラーなものであり，この論文でも焦点を当てる．ニューラルネットワーク理論の広範な紹介をしているものとして，Hecht-Nielsen (1990), Hertz, Grogh and Palmer (1991), Wasserman (1993), Bose and Liang (1996)がある．White, Gallant, Hornik, Stinchcomb and Wooldridge (1992)はニューラルネットワークあるいは，数理統計学になじみのある人のために，ANNの推定や学習能力の数学的分析を実施した論文を集めて提供している．Gately (1996)は初学者のためにニューラルネットワークの応用についてのあまり技術的ではないステップバイステップの方法を提供している．

18.2.1 ANNの構造

脳と神経システムの研究から触発されて，ニューラルネットワークは多くの比較的単純で独立したユニットをもち，相互に高い連携と，同時並列的な計算が行えるような構造をシミュレートする．個々の(独立した)ユニットはインプット(入力)，中間，アウトプット(出力)の各層に組織化されている．フィードフォワード・ネットワークはインプットからアウトプットまでを一方向のみのシグナル(信号)の流れ(インプット層から中間層，アウトプット層に至る)でマップ(地図化)する．中間層，アウトプット層のおのおののユニットは受けたシグナルを伝達する伝達関数(transfer function)をもつ．インプット層は伝達関数をもっていないが，インプット・シグナルをネットワーク全体に分配する機能をもっている．ユニットを結ぶおのおののコネクションは数値加重をもち，その加重は通過するシグナルに修正を加える．

1つのアウトプット・ユニットと k 個の中間層と n 個のインプット・ユニットをも

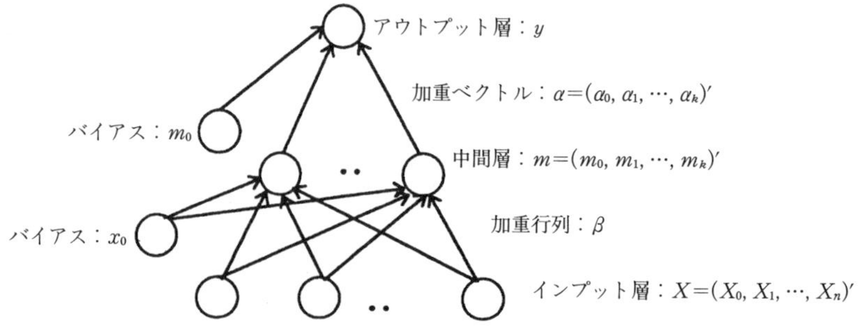

図 18.1　3層フィードフォワード・ニューラルネットワーク

つ3層のフィードフォワード・ネットワークを考える(図18.1を見よ). インプット層はベクトル $X=(x_1, x_2, \cdots, x_n)'$ で表され, 中間層はベクトル $M=(m_1, m_2, \cdots, m_k)'$ で表され, y はアウトプットである. どの中間層ユニットもすべてのインプットとバイアス項(x_0 で示され x_0 はいつも1に等しい)の加重和を受け取り, 式(18.2.1)のアウトプットシグナルの m_j を生成する.

$$m_j=F(\sum\beta_{ij}x_i)=F(X'\beta_j), \qquad j=1, 2, \cdots, k, \qquad i=0, 1, 2, \cdots, n \qquad (18.2.1)$$

ここで, F は伝達関数であり, x_i は i 番目のインプットシグナル, β_{ij} は i 番目のインプット・ユニットから j 番目の中間層ユニットへのコネクションの加重である. 同様にして, アウトプット・ユニットは各中間層ユニットからのアウトプットシグナルの加重和を受け取り, 1つのシグナルを生成する.

$$y=G(\sum\alpha_j m_j), \qquad j=0, 1, 2, \cdots, k \qquad (18.2.2)$$

この G は伝達関数であり, α_j は j 番目の中間層ユニットからアウトプット・ユニットへのコネクションの加重であり, $j=0$ はバイアス・ユニット m_0 がいつも1であることを示している. 式(18.2.1)を(18.2.2)に代入すると次の式(18.2.3)を得る.

$$y=G\left(\alpha_0+\sum_{j=1}^{k}\alpha_j F(\sum\beta_{ij}x_i)\right)=f(X, \theta) \qquad (18.2.3)$$

この X はインプットのベクトルであり, $\theta=(\alpha_0, \alpha_1, \alpha_2, \cdots, \alpha_k, \beta_{01}, \beta_{02}, \cdots, \beta_{0k}, \beta_{11}, \beta_{12}, \cdots, \beta_{1k}, \cdots, \beta_{n1}, \beta_{n2}, \cdots, \beta_{nk})'$ はネットワークの加重のベクトルである. F と G は ±1 または0と1の2進法のアウトプットを生み出す閾値関数や0から1の間のアウトプットを生み出すシグモイド(あるいはロジスティック)関数のようないくつかの関数形式を取ることができる.

$F(a)=G(a)=1/(1+\exp(-a))$, または, $F(a)=a$ (恒等式)
と $G(a)=1/(1+\exp(-a))$

式(18.2.3)は記述された3層フィードフォワード・ニューラルネットワークを表す非線形関数と解釈できる. 18.3節で紹介することになるが, この表現は多くのなじみのある統計モデルである(線形, 非線形)回帰モデル, (ロジット, プロビット)判別, 潜在変数モデル(MIMIC), 主成分分析, 時系列分析(ARMA, GARCH)を含む.

式(18.2.3)に示されるような基本的なANN構造はさまざまな方向へ一般化できる. たとえばPoli and Jones (1994)により導入された多層フィードフォワードANNは観測ノイズとユニット間のランダム結合をもっている. ノイズとランダム結合の分布に関する一定の仮定に基づいて, このようなANNをロジスティックマップから生成されたカオス時系列に対してニュートンアルゴリズムより予測可能性の高いことが示されているカルマンフィルターの手法によって推定できる.

18.2.2 ANN学習

ANNの推定手法(すなわち, いわゆる学習ルール)についてもっとも広く行われているのは，前項で紹介した逆誤差伝搬法 (error backpropagation, Rumelhart, Hinton and Williams (1986 a, b)) であり，これが 1980 年代半ばの多層ニューラルネットワークの爆発的ともいえる関心の高まりの主な理由とみられている．さまざまな推定方法についてのよい検討が Kuan and White (1994) により行われている．逆誤差伝搬法は 1 つの反復的勾配降下法 (recursive gradient descent method) であり誤差曲線の勾配に沿って下に移動することにより，システムの 2 乗誤差の和を最小化する方法である．具体的には，ネットワークの加重ベクトル θ は，損失関数 (18.2.4) を最小化するよう選ばれる．

$$\min_{\theta} L=\frac{1}{N}\sum_{t=1}^{N}(y_t-\hat{y}_t)^2 \tag{18.2.4}$$

ここで，N はサンプルの大きさであり，y_t は望ましい (あるいは目標，実績の) アウトプットの値であり，$\hat{y}_t$ はアウトプットの計算値である．

$$\hat{y}_t=f(X_t,\theta)=G\left(\alpha_0+\sum_{j=1}^{k}\alpha_j F(\sum\beta_{ij}x_{it})\right) \tag{18.2.5}$$

このとき，勾配降下法アルゴリズムの交互ステップは θ から $\theta+\varDelta\theta$ を取る．

$$\varDelta\theta=-\eta\nabla f(X_t,\theta)(y_t-f(X_t,\theta)) \tag{18.2.6}$$

ここで，$\eta>0$ はステップサイズまたは学習率 (learning rate)，$\nabla f(X_t,\theta)$ は列ベクトル θ に関する $f(X_t,\theta)$ の勾配であり，合成関数の微分公式により計算される．

誤差 (関数) の曲面は多次元的であり，多くの局所的な最小値を含んでいる．したがって，ネットワークを訓練するには，加重の初期値を変えてみたり，学習率を調整した極大値や収束の低下に落ち入らないように，「はずみ」(momentum) の項を加えたりといったことが必要となる．他の代替モデルと ANN を比較する目的をもつ研究の多くにおいて，ANN が他の対比されるものよりも顕著にすぐれたパフォーマンスを示す限り，大域的な最小値を探す必要性はない．大域的な最小値を探そうとする研究のために格子探索法 (grid search method) がしばしば用いられる (たとえば Gorr, Nagin and Szczypula (1994) を見よ)．他の方法もまた提案されており，一例として Baldi and Hornik (1989) は，誤差曲面がデータの共分散行列の第 1 主成分ベクトルにより生成される部分空間の上への射影に対応する一意な最小値をもつことを発見した．White, Gallant, Hornik, Stinchcombe and Wooldridge (1992) は大域的な最適化についてさらなる議論をしている．反復計算は事前に指定された最大反復回数または，誤差目標に到達すると停止する．

18.2.3　一般的近似

ANN の大きな長所はインプットとアウトプットの間の柔軟な対応を与える能力である．Kolmogorov (1957)，Sprecher (1965)，Lorentz (1976) と Hecht-Nielsen (1987, 1990) の一連の研究に基づくと，すべての連続関数はいくつかの線形和と 1 つの的確に選ばれた非線形関数を使って計算できる．したがって，単純なユニットを多層のフレームワークに配列することにより，「真の」関数形にかかわらず，いかなる基礎になる関数関係とも整合的なインプットとアウトプットの間の対応をつくれる．インプットとアウトプットベクトルの間の一般的な対応をもつことは，通常の統計的・計量経済学的モデル化で必要とされる，不当な先験的な制約を排除する．

しかしながら，インプットとアウトプットの間の完全に一般的な対応を実践化するためには正しい伝達関数が必要である．シグモイド型中間層伝達関数は，Cybenko (1989), Funahashi (1989), Hecht–Nielsen (1989), Hornik *et al.* (1989) らの研究により，この目的に合致することが示されている．Stinchcombe and White (1989) はいくつかの非シグモイド関数もまた使えることを示した．こうしてANNは「一般的な近似法 (universal approximator)」としてみることができる．すなわち十分に多くの中間層ユニットと適切に調整された加重が与えられれば，任意の関数を任意によく近似することができる柔軟な関数形とみられる．

18.3 ANN と伝統的統計モデルの関係

ニューラルネットワーク分野での発展の大部分は主として統計学者でない人たちにより成し遂げられてきた．この結果，統計学的概念や方法はこの発展にほとんど適用されてこなかった．それにもかかわらず，いくつかのよく知られている統計モデルを一般的なANNのフレームワークで解釈することができ，そして多くの概念や複合概念がニューラルネットワークの用語で表現できる (Cheng and Titterington (1994))．また別の見方をするとANNは非線形パラメトリックモデルのある特定の場合と考えることができる．「学習」はモデルのパラメータの統計的推定に対応する．この結果，非線形モデルの推定・推測の最近の理論がニューラルネットワーク学習へ応用可能である (White (1989 a), Kuan and White (1994))．本項ではANNといくつかの伝統的な統計手法の関係について簡単な概要を述べる．

18.3.1 線形回帰

多重線形回帰モデルは線形の伝達関数 $F(a)=a$ をもつ単純な2層フィードフォワード・ネットワークによって表すことができる．Widrow and Hoff (1960) によるADALINEネットワーク (式(18.3.1)，図18.2を見よ) では，

$$y=\sum_{i=0}^{n}\beta_i x_i=\boldsymbol{X}'\boldsymbol{\beta} \tag{18.3.1}$$

ここで，y はアウトプット (出力) 値，$\boldsymbol{X}=(x_1, x_2, \cdots, x_n)'$ はインプット (入力) ベクトル，$\boldsymbol{\beta}=(\beta_1, \beta_2, \cdots, \beta_k)'$ は加重ベクトルである．このようなネットワークはさまざまな応用に有用なことが示されてきたが，それは一般化はできないし，従来なかったようなパターンに対しては十分に機能しない．また，線形回帰より計算方法が厄介である．しかし，正しいデータの生成過程について線形回帰のような均一分散性と直交

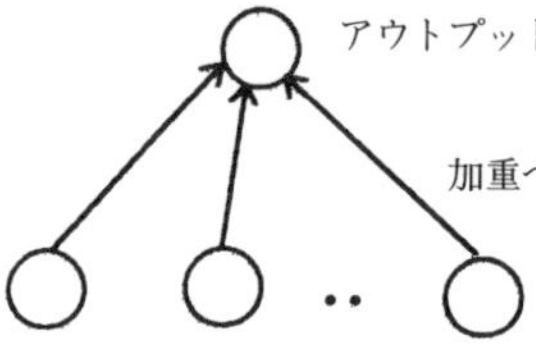

図 18.2　ADALINE ネットワーク

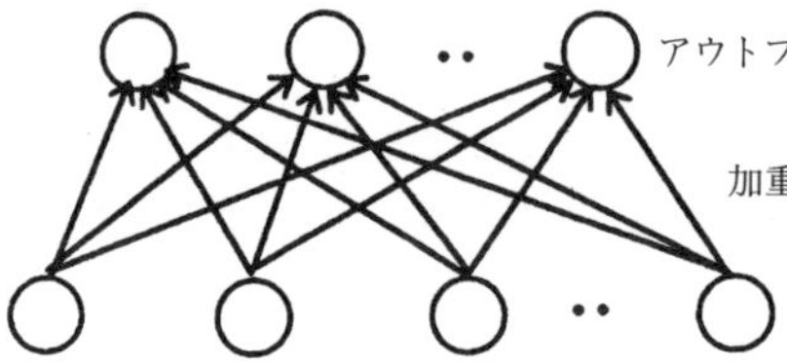

図 18.3　MADALINE ネットワーク

性のような仮定をおかないから，通常の線形回帰より頑健 (robust) である．

Widrow and Hoff (1960) による多層適応的線形ネットワーク (multiple adaptive linear network) である MADALINE はみかけ上無相関な回帰 (seemingly unrelated regression) の標準的なシステムを表現するのに使うことができる (図 18.3 を見よ)．

$$y_1=\sum_{i=0}^{n}\beta_{1i}x_i=X'\beta_1$$

$$y_2=\sum_{i=0}^{n}\beta_{2i}x_i=X'\beta_2$$

$$\vdots$$

$$y_k=\sum_{i=0}^{n}\beta_{ki}x_i=X'\beta_k \tag{18.3.2}$$

もしも，ラグのあるアウトプットが ADALINE ネットワークにおいてネットワーク・インプットとして使われていれば，われわれは線形の AR (d) 時系列方程式を得られる．

$$y_t=\sum_{i=1}^{d}\beta_i y_{t-i} \tag{18.3.3}$$

18.3.2　ロジット・モデルとプロビット・モデル

線形判別伝達関数をもつ 2 層 ADALINE ネットワークでは，各ユニットはある閾値のレベルまで到達しないと活性化されない．

$$y=F\left(\sum_{i=0}^{n}\beta_i x_i\right) \tag{18.3.4}$$

すなわち伝達関数が $a>0$ のとき $F(a)=1$，$a\leq 0$ のとき $F(a)=0$ を取るようなアウトプット・ユニットはそのような閾値のユニットである．

閾値のアウトプット・ユニットをもつネットワークは判別やパターン認識の問題に適している．任意の連続かつ非減少関数が伝達関数 F になりうるので，F は累積分布関数 (cdf) を表すことができる．F がロジスティック累積分布関数の場合，$F(\sum_{i=0}^{n}\beta_i X_i)$ はよく知られている 2 値選択のロジット・モデルの条件付期待値である．

$F(\sum_{i=0}^{n}\beta_i X_i)$ が正規分布の累積分布関数の場合，F はプロビット・モデルによりつくられる 2 値選択の確率変数の条件付期待値である．より詳しいロジット・モデル，プロビット・モデルの紹介は Maddala (1983) を見よ．

したがって 2 層ニューラルネットワークは 2 値選択や決定を含んでいるファイナンスの応用に非常に向いている，よく知られたロジット回帰モデルやプロビット回帰モデルを表現することができる．しかしながら，2 層ニューラルネットワークの限界により ANN の分類問題の応用のほとんどは 1 つまたはそれ以上の中間層を使っている．Tam and Kiang (1992) により 2 層 ANN が線形判別分析と同様なパフォーマンスをもつことが示されているが，しかし隠れ層を入れることにより予測正確性はかなり向上する．判別に対する ANN や関連手法についてのさらなる研究は Ripley (1994) で議論されている．

18. 3. 3 主成分分析

主成分分析 (PCA) は，データ行列の次元を減らすことにしばしば使われるデータ分析の一般的な統計手法である．その目的は，データ分散を最大限説明するような，データ空間において直交する m 個のベクトルのセットをみつけることである．典型的には m はオリジナルなデータの次元より少ない．このように PCA はデータのもつ本来の情報をなるべく維持する形で，また縮約したデータをより扱いやすくするために次元の引き下げを行う．より詳細な議論は Rao (1964) を見よ．そこでは，われわれがデータから求めようとする情報をロスさせることなく，データを縮約する主成分の意味は何かという論点を検討している．

具体的には，第 1 主成分は分散を最大にする方向に沿って取られる．第 2 主成分は第 1 主成分と直交する部分空間に位置するという制約のもとで，分散を最大化する方向に沿って決められる．さらにまた第 3 主成分は最初の 2 つの主成分に直交する部分空間において最大の分散を取る方向に決められる，以下同様である．一般に k 番目の主成分は全体の共分散行列の k 番目に大きな固有値に伴う固有ベクトルの方向に沿っている．

いくつかの ANN では PCA を実行できる (Hertz，Grogh and Palmer (1991))．最初に 2 層の線形のフィードフォワード・ネットワーク (図 18.3 (前出) を見よ) を考えてみよう．

$$y_j=\sum_{i=1}^{n}\beta_{ij}x_i=\boldsymbol{X}'\boldsymbol{\beta}_j \quad (18.3.5)$$

ここでは，インプットベクトル $\boldsymbol{X}=(x_1, x_2, \cdots, x_n)'$ は n 次元，$\boldsymbol{\beta}_j$ は j 番目のアウトプットの加重ベクトルである．

以下の学習ルールのいずれかのもとでは

$$\Delta\boldsymbol{\beta}_{ij}=\eta y_j\left(x_i-\sum_{k=1}^{j}y_k\boldsymbol{\beta}_{ki}\right) \quad (18.3.6)$$

$$\Delta\boldsymbol{\beta}_{ij}=\eta y_j\left(x_i-\sum_{k=1}^{n}y_k\boldsymbol{\beta}_{ki}\right) \quad (18.3.7)$$

均衡が達成されたとき，平均加重の変化は 0 になることが期待される．以下の式を示すことができる．

$$\mathrm{mean}(\Delta\boldsymbol{\beta}_j)=C\boldsymbol{\beta}_j-(\boldsymbol{\beta}_j'C\boldsymbol{\beta}_j)\boldsymbol{\beta}_j=0 \quad (18.3.8)$$

ここで，C は相関行列である．したがって，均衡加重ベクトルは次式を満足しなければならない．

$$C\boldsymbol{\beta}_j=\lambda_j\boldsymbol{\beta}_j \quad (18.3.9)$$

ただし

$$\lambda_j=\boldsymbol{\beta}_j'C\boldsymbol{\beta}_j=\boldsymbol{\beta}_j'\lambda_j\boldsymbol{\beta}_j=\lambda_j\boldsymbol{\beta}_j'\boldsymbol{\beta}_j \quad (18.3.10)$$

式 (18.3.9) は明らかに，均衡 $\boldsymbol{\beta}_j$ は相関行列 C の固有ベクトルでなければならないことを示している．そして式 (18.3.10) は $|\boldsymbol{\beta}_j|=1$ を示している．また，λ_j は j 番目の最大の固有値であることを示すこともできる．

PCA は n 個のインプットと n 個のアウトプットと $m<n$ 個の中間層をもち，自己教師型の後退伝播アプローチを使う 3 層の線形 ANN によっても実行することができる (Sanger (1989))．その考え方は，目標のアウトプットをインプットと等しくなるようにすることである．訓練用の (データ) セットにおいてアウトプットを任意にインプットに近づけていくにつれて，最後には m 個の中間層ユニットが最初の m 個の主成分の部分空間の上へ射影する状態に達する．ニューラル PCA タイプの非線形性をも含む学習アルゴリズムのさまざまな一般化は Karhunen and Joutsensalo (1995) の論文で導出され，議論されている．

18.3.4 多重インディケーターと多重原因をもつ潜在変数モデル

潜在変数をもつ因果モデル (causal model) は心理学，経済学，教育学のような社会科学のいくつかの分野で広く応用されてきた．ファイナンスの分野でもおそらく有用である．潜在変数は，仮説的なものであり直接観察はできない．しかし，それは観察可能な変数間の関係へのインプリケーションをもっている．観察可能な変数は，潜在変数の結果 (「インディケーター」) であるか，原因であるか，あるいは両方かもしれない．多重インディケーターと潜在変数からなる多重原因をもつ因果モデルはしばしば MIMIC モデル (latent variable model with multiple indicators and multiple cases) と呼ばれる．そのような MIMIC モデルは 3 層のフィードフォワード・モデル

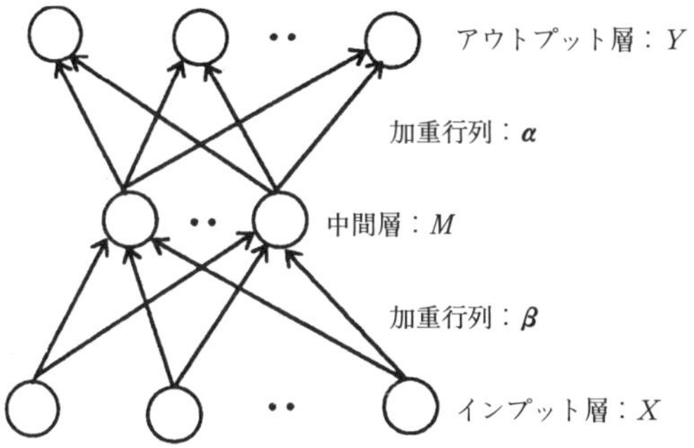

図 18.4　3層フィードフォワード線形 ANN

で容易に表現することが可能である(図 18.4を見よ).

$$M = X'\boldsymbol{\beta} \qquad (18.3.11)$$

$$Y = M'\boldsymbol{\alpha} \qquad (18.3.12)$$

ここで，$\boldsymbol{\beta}$ はインプットと中間層の間を結ぶ加重行列であり，$\boldsymbol{\alpha}$ は中間層とアウトプット層の間を結ぶ加重行列である.

式(18.4.1)では，ANNの中間層ユニットである $\boldsymbol{M} = (m_1, m_2, \cdots, m_k)'$ (MIMICモデルの潜在変数と対比できる)はANNのインプット層ベクトルである $\boldsymbol{X} = (x_1, x_2, \cdots, x_n)'$ (観察される外生的原因のセットに対応する)により線形に決定される．式(18.4.2)ではANNの中間層ユニットはANNのアウトプット・ユニットであり観察される内生的インディケーターのセットに対応する $\boldsymbol{Y} = (y_1, y_2, \cdots, y_m)'$ を線形に決定する.

式(18.4.1)と(18.4.2)に加えて誤差項についてのいくつかの仮定と，そしてその誘導型についてのいくつかの制約のもとで，MIMICモデルは最尤法あるいはいくつかの制限情報アプローチ(Jöreskog and Goldberger (1975))により推定できる．ANN MIMICモデルを訓練するのに必要な追加的制約は不要であるが，そのような多層線形ネットワークは2層のもの(線形ネットワーク)と同様の限界をもっている．このモデルはインプットのパターンが1次独立であるときのみ機能する(Hertz, Grogh and Palmer (1991))．非線形MIMICのモデルを表す多層の非線形ネットワークは将来より興味深くなっていくであろう.

18.4　ANNの実行と解釈

ニューラルネットワークを使うことが制約されるいくつかの限界があることが知られている．第1は，最適なネットワーク構造の決定のための公式理論がないことである．したがって，適切な層の数やミドル層ユニットの数を試行錯誤によって決めなければならない．第2は，誤差曲面には複数の極小値が存在するために大域的最小値を確実に得る最適なアルゴリズムがないことである．第3には，ANN の統計的特性は通常は得られないことから，統計的推測を行うことができないことである．第4に，訓練された ANN モデルを解釈するのがむずかしいことである．

これらの限界は，Cheng and Titterington (1994) で概要されている3つの広範な分野についてさらなる研究を必要とする．① 現実の認識プロセスの数学的モデル化，② ネットワークとニューロコンピューティングの理論的研究，③ 実践的予測とパターン認識のための有用なツールの開発．最初の2つの分野は間違いなく重要であるが，それらはこの論文の焦点ではない．本節で，われわれは前述の限界を克服するための有用な技術と手順のいくつかの概要を示す．

18.4.1　モデル選択

ANN は一般的近似の手段たりうるが，最適なネットワーク構造は自動的には決定されない．応用の失敗はしばしば ANN の構造の部分最適性に起因している．ファイナンスの応用において最適なネットワークを開発するためには ① 適切なインプットとアウトプットを見出すこと，② 隠れ層と隠れ層ユニットの必要な個数を含む適切なネットワーク構造の選択，③ 正しいモデル評価基準の活用が必要である．われわれは今これらの点を1つずつ明らかにする．

18.4.1.1　ANN のインプットとアウトプット

ネットワークのインプット (入力) とアウトプット (出力) の変数の選択とデータの質が ANN の応用の成功に決定的に重要である．この選択は ANN が遂行すると期待されている仕事のタイプに大きく依存している．また，ANN モデル作成者のモデルや研究の範囲についての方向に多少とも影響を受ける1つのモデルで独立変数をネットワークのインプットとして，従属変数をネットワークのアウトプットとして使うことは日常茶飯事である．

たとえば経済時系列から非線形的規則性 (nonlinear regularities) を抽出することを行った著名な研究である White (1988) は，IBM 株式のラグのある日次の収益率 $r_{t-1}, r_{t-2}, \cdots, r_{t-p}$ をネットワークのインプットとして用い，第 t 日の日次収益率 r_t をネットワークのアウトプットとして用いている．そのような ANN の当てはまりのよさは，IBM 株式の日次収益のケースではあるが，効率的市場仮説 (efficient market hypothesis) を支持する，あるいは支持しない証拠と，非線形な正則性の存在を提供する．しかしながら，著者も指摘しているように，効率的市場仮説に反する証拠についての探索の範囲を拡大しようとすると，ネットワークは (IBM 株式の) 取引量や他の株価や取引量，先行指標，マクロ経済データなどの追加的インプットを取り込んでより改善していく必要がある．

Grudnitski and Osburn (1993) による別の研究では，一般的経済条件やトレーダーの抱く先物市場についての予想は将来の価格の動きと関連があるという信念に基づき，24 のインプット・ユニットと単一のアウトプット・ユニットが ANN に使われている．インプット・ユニットは1度に4カ月分提供される6個の1月当たりインプット変数(すなわち，価格変化，価格ボラティリティ，貨幣成長率，大手投機家・大手ヘッジャー・小規模トレーダーの3%のコミットメント)を表す．そのアウトプットは予測する月に対する月次中心価格の平均の変化である．

しばしば，ネットワークインプットに含みたいと思うより多くの独立変数があるとき，次元縮約の手法を使うことができる．独立変数の大きなグループに対して従属変数を回帰することで統計的に有意なより小さな変数グループを選ぶことができる．主成分分析や段階的回帰分析もまた利用できる．たとえば，Salchenberger, Cinar and Lash (1992) は29の財務比率を用いて遂次回帰を実施した．その結果，5つの変数を同定した．そして5つの財務変数はニューラルネットワークのインプットとして貯蓄金融機関の破綻予測に使われた．

インプットとアウトプットの間の大小の影響を小さくし学習アルゴリズムの効率を高めるために，データセットは，伝達関数に応じて，特定の範囲に収まるようにしばしば規準化(すなわちスケールを直す)する．たとえば，もしANNが，アウトプット・ユニットでシグモイド関数やロジスティックな伝達関数をもつとすると，アウトプットを[0, 1]の範囲に落ちるようスケール化することが必要である．さもなければ，その範囲の外へ目標となるアウトプットが入る場合，大きな逆伝搬誤差が生じてしまい，ネットワークは特定の訓練パターンから生じるインプット-アウトプット関係を学習することはできなくなるだろう．通常，変数は平均0と標準偏差1に規準化されるだろう．

データの質とデータセットが母集団を正しく代表する程度は，すべての計量経済学，統計モデリングの場合と同様に非常に重要である．ANNを訓練したり，テストしたりするためには十分なデータをもつこともまた重要である．

18.4.1.2 ANNの構造

ネットワークのインプットとアウトプット層を特定化した後も，隠れ層や隠れ層ユニットが何個必要かを決定しなければANN構造は十分ではない．隠れユニットに対するロジスティック伝達関数とアウトプット・ユニットに対する線形伝達関数をもつ連続値ユニットの層状ネットワークを考えよう．全体としてはそのようなネットワークはインプット変数 $\boldsymbol{X}=(x_1, x_2, \cdots, x_n)'$ からアウトプット値 $\boldsymbol{y}$ への関数 $\boldsymbol{y}=f(\boldsymbol{X})$ を意味する．

2層ANN (Hertz, Grogh and Palmer (1991)) の能力の限界から少なくとも1つの中間層をもつネットワークがしばしば使われる．Cybenko (1988) はたかだか2個の隠れ層をもつANNが，1層当たり十分なユニットが与えられれば，任意の正確さである特定のセットの関数を近似できることを証明した．たった1つの隠れ層でも任意の連続関数を近似するのに十分なことも示されている (Cybenko (1989), Hornik, Stinchcombe and White (1989))．Collins, Ghosh and Scofield (1988), Dutta and Shekhar (1988), Salchenberger, Cinar and Lash (1992) (などほんの一部だが) のような多くの実証研究はこの事実を確認している．これらの結果の正しさは，しかしながら隠れユニットの適切な数に左右される．

隠れユニットの数を k とすることは，1つの妥協である．もし k が小さすぎると ANN は望ましい正確さで $\boldsymbol{y}=f(\boldsymbol{X})$ を近似しないかもしれない．逆に k が大きすぎると ANN は過剰な当てはまり (overfit) になり，標本外の一般化（または予測）を行うことができない．有用な手法はクロス・バリデーションである．それによって標本外のパフォーマンスを最適化するように中間層ユニットの数が選択される (White (1990))．もう1つの関連したモデル選択の基準として予測確率複雑性 (PSC：Predictive Stochastic Complexity，式 (18.4.10) で定義される) も使うことができる (Kuan and Liu (1995))．

他の最適なネットワークデザインの一般的な手法は Refenes (1995 b) により概観されている．これらの手法は3つのグループに分かれる．1つは代数的または統計的分析を使う分析手法であり，事前的に隠れユニットの大きさを決定する．T を標本の大きさとするとき，コネクションの個数が $0.1T$ よりも小さく隠れユニットの個数は $T-1$ または $\log_2 T$ のオーダーであるべきだというような大雑把なルールが引用されてきた．これらの手法のいちばんの問題は静学的な分析であり，隠れユニットの数の非常にラフな推計しか提供できないことである．しかしながら，それら（の手法）はネットワークデザインを行う最近の経験的手法に比肩する．

2つめのタイプは建設的手法であり，カスケード相関関係 (cascade correlation, Fahlman and Lebiere (1990))，タイル貼りアルゴリズム (tiling algorithm, Mezard and Nadal (1989))，ニューラル決定木 (neural decision tree, Gallant (1986))，成り上がりアルゴリズム (upstart algorithm, Frean (1989)) と CLS プロシージャー (Refenes and Vithlani (1991)) といったものである．これらの手法は層の中の隠れユニットを必要に応じ1つずつ組み立てていくものである．これらの手法はネットワークの収束性は保証するが，一般化や安定性は保証しない．

最後のタイプはネットワークの剪定 (pruning) である．これはネットワークを剪定し，冗長なあるいは感応度が最低の結合部を除去することによって，逆方向の操作を行う．これらはネットワークの剪定 (Sietsma and Dow (1991)) と人為的な淘汰 (Hergert, Finnoff and Zimmermann (1992)) を含んでいる．しかしながら，最適な剪定がいつも可能なわけではない．

18.4.1.3　ANN 評価基準

代替モデル間のパフォーマンスを比較し，そしていちばんよいものを選ぶために一定の基準が常に必要とされる．$(\hat{y}_1, \hat{y}_2, \cdots, \hat{y}_N)$ は予測値を示し，$(y_1, y_2, \cdots, y_N)$ は実績値を示すものとする．ここで，N は標本の大きさである．一般的に使われる基準のいくつかを以下に列挙する．

①平均平方誤差 (MSE：mean square error) と平方根平均平方誤差 (RMSE：root mean square error)

$$\mathrm{MSE}=\frac{1}{N}\sum_{i=1}^{N}(y_i-\hat{y}_i)^2 \tag{18.4.1}$$

$$\mathrm{RMSE}=\sqrt{\mathrm{MSE}} \tag{18.4.2}$$

②平均絶対誤差 (MAE：mean absolute error) と平均絶対百分率誤差 (MAPE：mean absolute percentage error)

$$\mathrm{MAE}=\frac{1}{N}\sum_{i=1}^{N}|y_i-\hat{y}_i| \tag{18.4.3}$$

$$\mathrm{MAPE}=\frac{1}{N}\sum_{i=1}^{N}\left|\frac{y_i-\hat{y}_i}{y_i}\right| \tag{18.4.4}$$

(MAPE は y_i が 0 の実績値をもつサンプルには使えない)

③決定係数 (coefficient of determination, R^2)

$$R^2=1-\frac{\sum(y_i-\hat{y}_i)^2}{\sum(y_i-\bar{y})^2} \tag{18.4.5}$$

ここで，$\bar{y}$ は平均 $\bar{y}=(1/N)\sum y_i$

④ピアソン相関係数 (Pearson correlation, P)：P は予測値と実績値の間の線形の相関を計測する．

$$\rho=\frac{\sum(y_i-\bar{y})(\hat{y}_i-\bar{\hat{y}})}{\sqrt{\sum(y_i-\bar{y})^2}\sqrt{\sum(\hat{y}_i-\bar{\hat{y}})^2}} \tag{18.4.6}$$

⑤タイルの不一致係数 (Theil's coefficient of inequality, U)：U は予測パフォーマンスとランダムウォーク予測との相対比である．

$$U=\frac{\mathrm{RMSE}}{\sqrt{\frac{1}{N-1}\sum(y_i-y_{i-1})^2}} \tag{18.4.7}$$

⑥赤池情報量基準 (AIC：Akaike information criterion)：AIC は MSE をモデルの複雑性を説明するため調整する．

$$\mathrm{AIC}=\mathrm{MSE}\left(\frac{N+k}{N-k}\right) \tag{18.4.8}$$

ここで，k はモデルの制約を受けないパラメータの数であるかまたは，ANN の制約を受けない加重の数である

⑦シュワルツ情報量基準 (SIC：Schwarz information criterion) またはベイジアン情報量基準 (BIC：Bayesian information criterion) はモデルの複雑性を説明するために MSE を調整するもう 1 つの方法である．

$$\mathrm{SIC}=\mathrm{BIC}=\ln(\mathrm{MSE})+\frac{\ln(N)}{N}k \tag{18.4.9}$$

⑧予測確率複雑性 (PSC：predictive stochastic complexity)

$$\mathrm{PSC}=\frac{1}{N-k}\sum_{i=k+1}^{N}(y_i-\hat{y}_{ii})^2 \tag{18.4.10}$$

ここでは，y_{ii} は $i-1$ 番目の観察値に至るまでのデータから得られるパラメータに基づく予測値である．

⑨方向正確性 (DA：direction accuracy) と混同率 (CR：confusion rate)

$$\mathrm{DA}=\frac{1}{N}\sum a_i \tag{18.4.11}$$

ここで,

$$a_i=\begin{cases}1 & \text{if } (y_{i+1}-y_i)(\hat{y}_{i+1}-y_i)>0,\\ 0 & \text{その他}\end{cases} \tag{18.4.12}$$

ときどき，代替モデルのパフォーマンスの差の有意性が検定される必要がある．T 検定か Diebold-Mariano 検定 (Diebold and Mariano (1995)) がしばしば 2 つの代替モデルの平方誤差に差がないという帰無仮説の検定に使われる．実績と予測の方向についての独立性仮説は HM 検定 (Henriksson and Merton (1981), Pesaran and Timmerman (1994)) により検定することができる．

適切にデザインされ，よく訓練されたどのような ANN の標本内パフォーマンスも伝統的な統計的手法よりも通常すぐれていることに気付くことは価値がある．このことは ANN がもつ一般的近似性からすると驚くことではない．みせかけの当てはまりや過剰な当てはまり (overfit) を回避するためには，訓練された ANN に残しておいたサンプルを使ってテストすることが重要である．すなわち，ANN を訓練するのに用いられなかったデータを使って訓練された ANN を評価することが重要である．ANN モデルの選択が有効かどうかは主に標本外パフォーマンスに依存する．

Swanson and White (1995 a, b) はさまざまな標本外予測を基礎としたモデル選択基準 (予測平均平方誤差，予測方向正確性，予測をベースとした取引システムの収益性のようなもの) について比較を示しているが，標本内のシュワルツ情報量基準は標本外パフォーマンスの信頼すべきガイドたりえていないことを明らかにしている．モデル選択基準として標本外パフォーマンスの尺度を用いる場合には厳密に未使用データを使ったモデルテストが重要である．すなわち同じデータを訓練と実証に使えないということである．さもないと標本外予測の正確性における上方バイアスが起きる可能性がある．

18.4.2　ANN における統計的推論

古典的な統計的特性が一般に使えないため，ANN 応用の実証研究は信頼区間について言及していないし，仮説検定も行っていない．しかしながら，式 (18.2.4) を非線形の最小 2 乗回帰とみなすならば，θ の推定量は非線形最小 2 乗推定量の統計的特性をもつだろう．このように統計的推論は実施することができる．より詳しくは White (1989 a, b), Kuan and White (1994) を見よ．

ブートストラップ (bootstrap) 法が Lebaron and Weigend (1994) により提案されているが，これはニューラルネットワークの予測量の質と信頼性を決定するものである．この方法は極端に計算集約的であるが，予測結果の確率分布とともにより頑健性のある予測を提供することができる．ニューヨーク証券取引所の日次の全取引量の多変量時系列予測では，ブートストラップ法は異なったネットワーク構造と初期加重に起因する（パフォーマンスの）分散より，訓練（training），クロス・バリデーション，検定用標本（testing sample）の間の異なったグループ分割に起因するパフォーマンスの分散が顕著に大きいということを示した．

18.4.3　モデルの含意

人工的ニューラルネットワークはしばしば「ブラックボックス」とみられているが，これは推定されたモデルが複雑な関数形式をもつことにより説明がむずかしいためである．しかし加重，インプットとアウトプットの間の関係は明確に定義されており，このことによりわれわれは「ブラックボックス」を調査し，ANN の経済的含意をみつけようとする．18.2.1 項の 3 層の ANN（図 18.1 で示された）の記号法に従い，いくつかの実践的な方法がアウトプットに対するおのおののインプット変数の相対的重要性を解釈するために提示されてきた．

①擬似加重（PW：pseudo weights）：5 個のインプット変数を使ったコールオプションのプライシングへの ANN の応用例を考える．Qi and Maddala (1995 a) はインプット加重の加重平均すなわちいわゆる擬似加重（アウトプットへのインプットの限界的貢献を近似したもの）を用いた．i 番目のインプット変数の擬似加重は式 (18.4.13) で定義されている．

$$\mathrm{PW}_i=\sum_{j=1}^{k}\alpha_j\beta_{ij}=\alpha'\beta_i \tag{18.4.13}$$

この論文では PW の経済的含意がコールオプションの特性と一致することを報告している．

②インプット加重の総和（SW：sum of input weights）：Sen, Oliver and Sen (1995) が提案し，Refenes, Zapranis and Francis (1995) が採用したアイデアは，インプット変数がアウトプットに与えるインパクトの程度を近似するために，おのおののインプット変数の加重の絶対値の総和を取るというものである．i 番目のインプット変数に対する総和（SW）は式 (18.4.14) のように計算される．

$$\mathrm{SW}_i=\sum_{j=1}^{k}|\beta_{ij}| \tag{18.4.14}$$

Sen, Oliver and Sen (1995) はロジット分析により企業合併の予測に当たって重要であると認められるすべての変数が，インプット加重の総和のもっとも大きい 5 つの変数のセットに含まれていることをみつけた．

PW と SW の間の違いに注意すべきである．SW は絶対値を取ることによりインプット変数がアウトプットへ与えるマイナスの効果の情報を失ってしまう．もし，加重がすべてプラスであれば，PW と SW は異なったインプット変数でも同じ次数（rank order）になるはずである．さらに重要なことは Qi (1996) が指摘したように，顕著な非線形性が存在する場合，PW と SW はもはや適切でなくなり，モデル解釈の有用なツールは感度分析になる.

③感度分析：感度分析はインプット変数の変化に対するネットワーク・アウトプットの感度を示す.感度分析を実行するにはおのおののインプット変数の最小値，最大値および平均(または中位値)をまず決めなければならない.おのおののインプット変数の値は1回に1つずつ変え，その他のインプット変数の値は平均または中位値に固定される.変化させるおのおのの予測量に対して，その値は全体に拡がる等しい幅のいくつかの区間の上に散布している.そしてニューラルネットワーク・モデルを用いてアウトプットを計算する.インプット変数の値に対してニューラルネットワークの結果をプロットすることは，他のインプット変数を固定したとき，ある特定のインプット変数によるネットワーク・アウトプットの変化を示す.この感度分析は Sen, Oliver and Sen (1995), Refenes, Zapranis and Francis (1995) により利用され，彼らのモデルに洞察をもたらした.

④感度インデックス：Sen, Oliver and Sen (1995) は感度インデックスを使って，アウトプットに対するインプット変数の影響の相対的な強さを識別している.i 番目のインプット変数のインデックスは，インプット変数全体の範囲にわたるいくつか (M) の等間隔区間の変化に対するアウトプット変化の平均を取ることにより計算される.

$$\mathrm{SI}_i=\frac{1}{M}\sum_{j=1}^{M}(\hat{y}_{j+1}-\hat{y}_j) \qquad (18.4.15)$$

この感度インデックスはアウトプットを予測するうえでインプット変数の「重要性」を測る尺度を提供する.Sen *et al.* (1995) の結果はロジスティック回帰と部分的に一致する.

18.5　ファイナンスへの応用

ANN はオプション価格決定，倒産予測，為替レート予測，株式市場予測のようないくつかのファイナンス分野で応用され成功している.本節ではわれわれはそれぞれの分野で的確にデザインされ，注意深く評価された実証研究をみていくことにする.

18.5.1　オプション価格決定

ニューラルネットワークとオプション価格決定に関して発表された研究はほんのわずかである.多くのオプション市場の成功と発展は独創的な Black-Scholes モデルとその拡張に帰することができる.利用できる場合にはこれらパラメトリックなオプション価格決定公式が好まれるであろうが，パラメトリックモデルがうまくいかなかったときに，ノンパラメトリックなニューラルネットワークで代替することが有用でありうる.ANN の利用により大きな成果が達成されてきた.

最初のニューラルネットワークを用いたオプション価格決定のよく知られた実証は

Hutchinson, Lo and Poggio (1994) によるものである．第1に，ニューラルネットワークを用いた価格決定公式の潜在的価値は，ニューラルネットワークにより計算した日次オプション価格の2年間の訓練セットから Black-Scholes 公式を発見することができるという事実により示された．オプション価格はブラック-ショールズで仮定している平均とボラティリティを一定とする幾何ブラウン運動や金利が一定等々といった仮定に基づき計算されている．得られたネットワーク公式は標本外でも，オプション価格の決定やデルタヘッジで成功することが示されている．1987～1991年まで S&P500 の先物オプションの価格決定とデルタヘッジの計算にネットワークを適用すると，ニューラルネットワークの方が Black-Scholes の公式よりパフォーマンスがよいという結果を示した．

一方，Hutchinson *et al.* (1994) は無リスク金利が一定であり，原資産のボラティリティが一定であることを想定している．彼らは，さらに原資産の収益がその株価の水準とは独立であるという想定を行い，この結果，資産価格 S と行使価格 X に関しオプション公式が1次同次となっていることを示した．こうして，彼らのネットワークは2つのインプット (入力) S/X と T (満期期間) と，1つのアウトプット (出力) C/X (行使価格に対するコールの価格比率) をもつ．そのようなネットワークが，すべてのオプション価格の変動を正しく評価できるかどうかは当然疑問の余地がある．

他の ANN を用いたオプション価格決定研究は Qi and Maddala (1995a) によりなされている．Hutchinson, Lo and Poggio (1994) と異なり Qi and Maddala はオプション価格を決定するうえで重要であると思われる変数をネットワークのインプットとして利用し，ネットワークのアウトプットとしてオプション価格を利用している．インプット変数は原資産価格 S，行使価格 X，無リスク金利 r，満期までの期間 T，建玉 V である．そのようなネットワークは S&P500 インデックスのコール・オプションのサンプル内でも，またサンプル外でも両方ですぐれたパフォーマンスを示した．そして Hutchinson, Lo and Poggio (1994) の報告よりもよい結果を示している．さらにネットワーク・ウェイトを分析することにより，Qi and Maddala はニューラルネットワーク・モデルの経済的含意がオプション価格の特性と一致することをみつけた．そして建玉はオプション価格決定のうえで重要であることがわかった．

ANN を用いたオプション価格決定はまだ研究が進行している1分野である．Qi (1995) は ANN を使ってプット・コール・パリティを調べており，伝統的なプット・コール・パリティに基づく市場の非効率性についての今までの論拠は誇張されているのかもしれないことを示している．ANN を用いてその他のオプションのデータセットとインプット変数を探索していく価値がある．ANN を用いたオプション価格決定のさらなる事例が Bailey *et al.* (1988) の論文に示されている．

18.5.2　倒 産 予 測

オプション価格決定の場合とは対照的に，倒産予測では数多くの研究がなされている．標準的なツールとして判別分析(DA)とロジット・モデルがある．ANNのパターン・マッチングと分類や予測能力を考えるならば，ANNは伝統的な統計手法に改良を加えることができる．

Tam and Kiang (1992) は19の財務比率を用いて1985～1987年のテキサスの銀行の倒産について，ニューラルネットワーク・アプローチと線形判別分析，ロジット・モデルと他のアプローチとを比較した．ジャックナイフ法が誤判別率の不偏推定値を得るために用いられた．オリジナルな逆誤差伝搬アルゴリズムを銀行倒産の事前確率と分類ミスのコストを取り込んだものにするために修正を加えた．修正されたアルゴリズムは意思決定者にタイプIのエラー(倒産銀行を倒産しないグループに誤って分類する)と，タイプIIのエラー(倒産しない銀行を倒産するグループに誤って分類する)の間のトレードオフを選択させる余地を与える．実証結果では，ニューラルネットワークはこれに代わると思われるアプローチより予測正確度がよいし，隠れ層をもつニューラルネットワークは2層ネットワークよりよいパフォーマンスを示すことを示している．Tam and Kiang はまたANNは適用性，頑健性，複数のモードをもつ分布を扱うことができるという能力という点において，従来の判別手法に比肩しうるということを指摘している．

Salchenberger, Cinar and Lash (1992) はニューラルネットワークを発展させ，(金融)機関の財務状況の低下を示す財務変数を使って，貯蓄貸付組合(S&L)のデフォルトの可能性を予測することを提案した．ネットワーク・インプットとして19の財務比率をすべて使ったTam and Kiang (1992) とは異なり，Salchenberger *et al.* は逐次回帰によりデータの次元を29から5に引き下げ，この5つの変数をネットワークのインプットとして使った．それにもかかわらず結果は似たものであった．ANNは同じデータを使ったときにもっともよい結果を示したロジット・モデルと同じか，さらによりよいパフォーマンスを示している．さらに同じケースで倒産-非倒産の判別の分岐点を下たげたとき(倒産の予測の可能性が高いとき)，タイプIのエラーの減少に対して，ニューラルネットワーク・モデルよりもロジット・モデルの方がタイプIIのエラーのより大きな増加が生じる．

精度向上の程度をはじめ，線形の判別分析とANNの間にある有用な性質がAltman, Marco and Varetto (1994) により報告されている．この研究は1982～1992年のイタリアの1000社を越える健全企業，脆弱企業，不健全企業の中から，経営危機にある企業を識別するもので，予測力向上のために両者を組み合わせた手法を示唆している．

他のANNを用いた倒産予測の研究として Tam and Kiang (1990), Odom and Sharda (1990), Raghupathi, Schkade and Raju (1991), Coats and Fant (1992), Huang (1993), Poddig (1995) がある．企業倒産予測はただ1種類の判別問題である．他の判別問題は企業合併予測 (Sen, Oliver and Sen (1995))，市場反応モデル (market response models) (Dasgupta, Dispensa and Ghose (1994))，債券格付け

(Dutta and Shekhar (1988), Surkan and Singleton (1990), Utans and Moody (1991), Moody and Utans (1995)), 抵当証券引受 (Collins, Ghosh and Scofield (1988)) がある.

18.5.3 為替レート予想

為替レートは予測困難であるという悪名が高い. 予測困難であるというほとんどの結論は線形時系列の手法によりもたらされるものであり, このように為替レートの線形な予測困難性は線形モデルの限界に帰せられるかもしれない. 1980 年代以来, 非線形性の証拠は知られていた. 柔軟な関数形式の 1 つのクラスとして非線形モデルである ANN は予測の精度の改善に資するかもしれない.

Kuan and Liu (1995) は 5 つの為替レート (対アメリカ・ドルのイギリス・ポンド, カナダ・ドル, ドイツ・マルク, 日本円, スイス・フラン) についてのニューラルネットワークの標本外の予測能力を研究している. このデータはニューヨーク外国為替市場の 1980 年 3 月 1 日～1985 年 1 月 28 日の日次の寄付のビッド・プライスであり, 1245 個の観察値からなっている. 望ましいネットワーク選択のため 2 段階の手順が用いられた. 第 1 段階は 18.4.1.3 目で定義した予測確率複雑性 (PSC) 基準をベースに選択される. そのとき選択されたネットワークは反復的ニュートン法と非線形最小 2 乗法の 2 つを用いて推計される. 日本円とイギリス・ポンドについては ANN は顕著な市場タイミング能力 (market timing ability) をもち, さらにさまざまなテスト期間でランダムウォーク・モデルと比較して標本外の MSE を顕著に低くすることがわかった. しかしながらカナダ・ドルとドイツ・マルクに対しては, 選択されたネットワークは平凡なパフォーマンスしか示さなかった. Diebold and Nason (1990) の結論と対比すると, この結果は為替レートの非線形性は点予測と符号予測の両方の予測を改善するように開発できるかもしれないことを示している. また, この結果は為替レートの変化の方向性の予想には有効であるが, その大きさの予想には有効ではないという Tsibouris (1993) の結果とも違っている.

ANN の為替レートへの他の応用例として Abu-Mostafa (1995) がある. 彼はある単純な対称性をわずかにもつ ANN による 4 大為替市場における統計的に有意なパフォーマンスの向上について報告している. Hsu, Hsu and Tenorio (1995) は ANN を使って予測指標を選択し, 加工されていない一般的な指標よりも方向の予測の正確性がよりよいことを示した. しかしながら, これらの研究はベンチマークになるモデルのパフォーマンスと比較していない. それらは有用な方法論を提供しているが, 為替レート予想で ANN がすぐれているという証拠とはみなせない.

18.5.4 株式市場予測

市場モデル, CAPT, APT といった伝統的モデルは株価の動きの理解を拡げることにかなり有用であった. しかしながら, 株式リターン予測になると, 伝統的方法の実践的利用は限られている．ANN モデルは帰納的・適合的かつ頑健という性質をもっていることから，株式リターン予測の改善に向け，多くの努力がなされてきた．限定されてはいるが成功している．

White (1988) はヒストリカルデータを用い，日次の IBM 株式収益の予測力を研究している．標本内では驚異的な当てはまり ($R^2=0.175$) が得られ，効率市場仮説と矛盾する結果が見出されているものの，標本外では実績と予測の収益の相関は −0.0699 (サンプル内では 0.0751 の相関) であった．そのような結果は ANN の予測能力に対する論拠を提供していない．したがって現在のところ ANN は「マネー・メーキング・マシーン」ではない．それにもかかわらず，ANN は株式収益のダイナミックな動きのいくばくかを捉える能力をもっている．

しかし，White の研究では単純なネットワークしか使われていないことから，予測能力の問題は残ったままである．ANN の構造と学習法におけるいくつかの工夫によってパフォーマンスを改善できるかもしれない．

Chuah (1993) は 1963 年 1 月〜1988 年 12 月のニューヨーク証券取引所のデータを使い株価インデックスの収益を ANN で予測している．同じデータを使ったベンチマークになる線形モデルとネットワークの予測力や収益性を比較している．予測力テストによると，ネットワークの予測誤差はベンチマークの線形モデルと顕著に異なっているとはいえないし，ネットワークは市場タイミング能力をもっていない．収益性テストは 5 年間の予測期間の取引シミュレーションから生み出される利益を，ベンチマークの買い持ち戦略 (buy and hold strategy) と比較して検証している．買い持ち戦略では 94%の総収益に対して，非線形ネットワークは 116%のトータルリターンを生んでいる．一方，線形ネットワークではたった 38%のトータルリターンしか生んでいない．S&P500 インデックスの収益を 1959 年 1 月〜1995 年 6 月のデータを使った Qi and Maddala (1995 b) の研究でも同様の結果が得られている．

Refenes, Zapranis and Francis (1995) はニューラルネットワークが，APT の動学版である株式収益の動学的マルチファクター・モデル (dynamic multifactor model) における線形回帰にまさる代替的手法であることを示した．この分野の他の研究は Kamijo and Tanigawa (1990)，Schoneburg (1990)，Refenes, Zapranis and Francis (1994)，Haefke and Helmenstein (1994, 1995) がある．より多くのレファレンスは Trippi and Turban (1993) と Refenes (1995 a) に見られる．

18.6 結　　論

この論文でわれわれは ANN を簡単に紹介し，いくつかのよく知られている統計モデルとの関係を指摘した．いくつかの実践的な ANN モデル化手法を概観した．われわれはいくつかの主要なファイナンスへの応用分野 (オプション価格決定，為替レート予想，倒産予測，株式市場予測など) における実証研究も概観した．ANN はオプション価格決定と判別問題で大きな成功を収めたが，為替レートの予想や株式市場の予測ではめざましい改善は得られない．ANN モデル化手法の応用範囲の拡大や開発を行おうとするとき，改善が得られない理由をさらに分析する必要がある．Ramsey (1995) はオープンで分離していないシステムは通常は予測できないこと，そして経済システムが閉じられ，分離している程度が予測力の本当の実践的な限界をもたらすことを示した．予測困難性の実証的証拠は，最適ネットワーク構造や学習方法の欠如によるものではなく，為替レートや株式収益がオープンで分離していない経済システムで決定されている，ということによるものであるかもしれない．

謝　辞

有益な議論と本論文で概観したいくつかの論文を提供していただいた G. S. Maddala に深く感謝する．また，Stephen R. Cosslett, Hongyi Li と Yong Yin には論文の収集で筆者を助けてくれたことに対してお礼を申し上げる．■

［上坂卓郎・訳］

文　献

Abu-Mostafa, Y. S. (1995). Financial market applications of learning from hints. In: A.-P. Refenes, eds., *Neural Networks in the Capital Markets*. John Wiley & Sons, Chichester, 221–232.

Altman, E., G. Marco and F. Varetto (1994). Corporate distress diagnosis: Comparisons using linear discriminant analysis and neural networks (the Italian experience). *J. Banking Finance* **18**, 505–529.

Bailey, D. B., D. M. Thompson and J. L. Feinstein (1988). Option trading using neural networks. In: J. Herault and N. Giamisas, ed., *Proc. Internat. Workshop on Neural Networks and Their Applications,* Neuro-Nimes, 395–402.

Baldi, P. and K. Hornik (1989). Neural networks and principal component analysis: Learning from examples without local minima. *Neural Networks* **2**, 53–58.

Bose, N. K. and P. Liang (1996). *Neural Network Fundamentals with Graphs, Algorithms, and Applications*. McGraw-Hill, New York.

Cheng, B. and D. Titterington (1994). Neural Networks: A review from a statistical perspective. *Statist. Sci.* **9**, 2–54.

Chuah, K. L. (1993). A nonlinear approach to return predictability in the securities markets using feedforward neural network. Dissertation, Washington State University.

Coats, P. and L. Fant (1992). A neural network approach to forecasting financial distress. *J. Business Forecasting* **10**, 9–12.

Collins, E., S. Ghosh and C. Scofield (1988). An application of a multiple neural-network system to emulation of mortgage underwriting judgments. *Proc. IEEE Internat. Conf. Neural Networks* **2**, 459–466.

Cybenko, G. (1988). Continuous valued neural networks with two hidden layers are sufficient. Technical Report, Department of Computer Science, Tufts University, Medford, MA.

Cybenko, G. (1989). Approximation by superposition of a sigmoid function. *Math. of Control Signals, and systems* **2**, 303–314.

Dasgupta, C. G., G. S. Dispensa and S. Ghose (1994). Comparing the predictive performance of a neural network model with some traditional market response models. *Internat. J. Forecasting* **10**, 235–244.

Diebold, F. X. and R. S. Mariano (1995). Comparing predictive accuracy. *J. Business Econom. Statist.*

13, 253–263.

Diebold, F. X. and J. A. Nason (1990). Nonparametric exchange rate prediction? *J. Internat. Econom.* **28**, 315–332.

Dutta, S. and S. Shekhar (1988). Bond Rating: A non-conservative application of neural networks. *Proc. IEEE Internat. Conf. Neural Networks* **2**, 443–450.

Fahlman, S. E. and C. Lebiere (1990). The cascade-correlation learning algorithm. In: D. S. Touretzky, eds. *Advances in Neural Information Processing Systems* **2**. Morgan Kaufmann, San Mateo, CA, 525-532.

Frean, M. R. A. (1989). The upstart algorithm: A method for constructing and training feed-forward neural networks. *Neural Computation* **2**, 198–209.

Funahashi, K. (1989). On the approximate realization of continuous mappings by neural networks. *Neural Networks* **2**, 183–192.

Gallant, S. I. (1986). Three constructive algorithms for neural learning. *Proc. 8th Annual Conf. of Cognitive Science Soc.*

Gately, E. (1996). *Neural Networks for Financial Forecasting*. John Wiley & Sons, New York.

Gorr, W. L., D. Nagin and J. Szczypula (1994). Comparative study of artificial neural network and statistical models for predicting student grade point average. *Internat. J. Forecasting* **10**, 1–34.

Grudnitski, G. and L. Osburn (1993). Forecasting S&P and gold futures prices: An application of neural networks. *J. Futures Markets* **13**, 631–643.

Haefke, C. and C. Helmenstein (1994). Stock price forecasting of Austrian initial public offerings using artificial neural networks. *Proc. Neural networks Capital Markets.*

Haefke, C. and C. Helmenstein (1995). Predicting stock market averages to enhance profitable trading strategies. *Proc. Neural Networks Capital Markets.*

Hecht-Nielsen, R. (1987). Kolmogorov's mapping neural network existence theorem. *Proc. IEEE 1st Internat. Conf. Neural Networks* **3**, 11–14.

Hecht-Nielsen, R. (1989). Theory of the back-propagation neural network. *Proc. Internat. Joint Conf. Neural Networks*, Washington D. C.. IEEE Press, New York, **1**, 593–606.

Hecht-Nielsen, R. (1990). *Neurocomputing*. Addison-Wesley, MA.

Henriksson, R. O. and R. C. Merton (1981). On Market timing and investment performance II, Statistical procedures for evaluating forecasting skills. *J. Business* **54**, 513–533.

Hergert, F., W. Finnoff and H. G. Zimmermann (1992). A comparison of weight elimination methods for reducing complexity in neural networks. *Internat. Joint Conf. on Neural Networks*, Baltimore, **III**, 980–987.

Hertz, J., A. Grogh and R. Palmer (1991). *Introduction to the Theory of Neural Computation*. Addison-Wesley, Redwood City.

Hornik, K., M. Stinchcombe and H. White (1989). Multilayer feedforward networks are universal approximators. *Neural Networks* **2**, 359–366.

Hsu, W., L. S. Hsu and M. F. Tenorio (1995). A neural network procedure for selecting predictive indicators in currency trading. In: A.-P. Refenes, eds., *Neural Networks in the Capital Markets.* John Wiley & Sons, Chichester, 245–257.

Huang, C. S. (1993) Neural networks in financial distress prediction: An application to the life insurance industry. Dissertation, University of Mississippi.

Hutchinson, J., A. Lo and T. Poggio (1994). A nonparametric approach to pricing and hedging derivative securities via learning networks. *J. Finance* **99**, 851–889.

Jöreskog, K. G. and A. S. Goldberger (1975). Estimation of a model with multiple indicators and multiple causes of a single latent variable. *J. Amer. Statist. Assoc.* **70**, 631–639.

Kamijo, K.-I. and T. Tanigawa (1990). Stock price recognition – A recurrent neural network approach. *Proc. Internat. Joint Conf. Neural Networks*, San Diego, CA.

Karhunen, J. and J. Joutsensalo (1995). Generalizations of principal component analysis, optimization problems and neural networks. *Neural Networks* **8**, 549–562.

Kolmogorov, A. N. (1957). On the representation of continuous functions of many variables by superposition of continuous functions of one variable and addition. *Dokl. Akad. Nauk USSR* **114**, 953–956.

Kuan, C. and T. Liu (1995). Forecasting exchange rates using feedforward and recurrent neural

networks. *J. Appl. Econometrics* **10**, 347–364.
Kuan, C. and H. White (1994). Artificial neural networks: An econometric perspective. *Econometric Rev.* **13**, 1–91.
Lebaron, B. and A. S. Weigend (1994). Evaluating neural network predictors by bootstrapping. University of Wisconsin - Madison, SSRI, Working Paper #9447.
Lorentz, G. G. (1976). The 13th Problem of Hilbert. *Proc. Symposia Pure Math.*, American Mathematical Society **28**.
Maddala, G. S. (1983). *Limited-Dependent and Qualitative Variables in Econometrics.* Cambridge University Press.
Mezard, M. and J. Nadal (1989). Learning in feedforward layered network: The tiling algorithm. *J. Physics A* **22**, 2191–2203.
Moody, J. and J. Utans (1995). Architecture selection strategies for neural networks: Application to corporate bond rating prediction. In: A.-P. Refenes, eds., *Neural Networks in the Capital Markets.* John Wiley & Sons, Chichester, 277–300.
Odom, M. and R. Sharda (1990). A neural network for bankruptcy prediction. *Proc. Internat. Joint Conf. Neural Networks*, San Diego, CA, **2**, 163–168.
Oja, E. (1989). Neural networks, principal components, and subspace. *Internat. J. Neural Systems* **1**, 61–68.
Pesaran, M. H. and A. G. Timmerman (1994). A generalization of the non-parametric Henriksson-Merton test of market timing. *Econom. Lett.* **44**, 1–7.
Poddig, T. (1995). Bankruptcy prediction: A comparison with discriminant analysis. In: A.-P. Refenes, eds., *Neural Networks in the Capital Markets.* John Wiley & Sons, Chichester, 311–323.
Poli, I. and R. D. Jones (1994). A neural net model for prediction. *J. Amer. Statist. Assoc.* **89**, 117–121.
Qi, M. (1995). A reexamination of put-call parity on index options: An artificial neural network approach. Paper presented at the 3rd ICSA Statistical Conference, Beijing.
Qi, M. (1996). Applications of generalized nonlinear nonparametric econometric methods (ANNs). Dissertation, The Ohio State University.
Qi, M. and G. S. Maddala (1995a). Option pricing using ANN: The case of S&P 500 index call options. *Neural Networks in Financial Engineering; Proc. 3rd Internat. Conf. on Neural Networks in the Capital Markets*, London, 78–91.
Qi, M. and G. S. Maddala (1995b). Economic factors and the stock market: A new perspective. Working Paper, Department of Economics, The Ohio State University.
Raghupathi, W., L. L. Schkade and B. S. Raju (1991). A neural network approach to bankruptcy prediction. *Proc. IEEE 24th Annul Hawaii Conf. Systems Sciences.*
Ramsey, J. B. (1995). If nonlinear models cannot forecast, what use are they? Manuscript, New York University.
Rao, C. R. (1964). The use and interpretation of principal component analysis in applied research. *Sankhyā* series A **26**, 329–358.
Refenes, A.-P. (1995a). eds., *Neural Networks in the Capital Markets.* John Wiley & Sons, Chichester.
Refenes, A.-P. (1995b). Methods for optimal metwork design. In: A.-P. Refenes, eds., *Neural Networks in the Capital Markets.* John Wiley & Sons, Chichester, 33–54.
Refenes, A.-P. and S. Vithlani (1991). Constructive learning by specialization. *Proc. Internat. Conf. Artificial Neural Networks*, Helsinki, Finland.
Refenes, A.-P., A. D. Zapranis and G. Francis (1994). Stock performance modeling using neural networks: A comparative study with regression models. *Neural Networks* **7**, 375–388.
Refenes, A.-P., A. D. Zapranis and G. Francis (1995). Modeling stock returns in the framework of APT: A comparative study with regression models. In: A.-P. Refenes, eds., *Neural Networks in the Capital Markets.* John Wiley & Sons, Chichester, 101–125.
Refenes, A.-P., A. D. Zapranis and G. Francis (1994). Stock performance modeling using neural networks: A comparative study with regression models. *Neural Networks* **7**, 375–388.
Ripley, B. (1993). Statistical aspects of neural networks. In: O. E. Barndorff-Nielsen, J. Jensen and W. Kendall, eds. *Networks and Chaos – Statistical and Probabilistic Aspects.* Chapman and Hall, London.
Ripley, B. (1994). Neural Networks and related methods for classification. *J. Roy. Statist. Soc. Ser.* B

56, 409–456.

Rumelhart, D. E., G. E. Hinton and R. J. Williams (1986a). Learning internal representation by error propagation. In: D. E. Rumelhart and J. C. McClelland, ed., *Parallel Distributed Processing: Explorations in the Microstructures of Cognition* **1**. MIT Press, Cambridge, 318–362.

Rumelhart, D. E., G. E. Hinton and R. J. Williams (1986b). Learning internal representation by back-propagating errors. *Nature* **323**, 533–536.

Salchenberger, L., E. Cinar and N. Lash (1992). Neural networks: A new tool for predicting bank failures. *Decision Sciences* **23**, 899–916.

Sanger, T. D. (1989). Optimal unsupervised learning in a single-layer linear feedforward neural network. *Neural Networks* **2**, 459–473.

Schoneburg, E. (1990). Stock price prediction using neural networks: A project report. *Neurocomputing* **2**, 17.

Sen, T. K., R. Oliver and N. Sen (1995). Predicting corporate mergers. In: A.-P. Refenes, eds., *Neural Networks in the Capital Markets*. John Wiley & Sons, Chichester, 325–340.

Sietsma, J. and R. F. J. Dow (1991). Creating artificial neural networks that generalize. *Neural Networks* **4**, 67–79.

Singleton, J. and A. Surkan (1991). Modeling the judgment of bond rating agencies: Artificial intelligence applied to finance. *J. Midwest Finance Assoc.* **20**, 72–80.

Sprecher, D. A. (1965). On the structure of continuous functions of several variables. *Trans. Amer. Math. Soc.* **115**, 340–355.

Stinchcombe, M. and H. White (1989). Universal approximation using feedforward networks with non-sigmoid hidden layer activation function. *Proc. Internat. Joint Conf. Neural Networks*, San Diego. IEEE Press, New York, **1**, 612–617.

Surkan, A. J. and J. C. Singleton (1990). Neural networks for bond rating improved by multiple hidden layers. *Proc. IEEE Internat. Conf. Neural Networks*, San Diego, CA, **2**, 163–168.

Swanson, N. R. and H. White (1995a). A model-selection approach to assessing the information in the term structure using linear models and artificial neural networks. *J. Business Econom. Statist.* **13**, 265–275.

Swanson, N. R. and H. White (1995b). A model-selection approach to real-time macroeconomic forecasting using linear models and artificial neural networks. Working Paper, Department of Economics, Penn State University.

Tam, K. Y. and Y. M. Kiang (1990). Predicting bank failures: A neural network approach. *Appl. Artificial Intelligence* **4**, 265–282.

Tam, K. Y. and Y. M. Kiang (1992). Managerial application of neural networks: The case of bank failure predictions. *Mgmt. Sci.* **38**, 926–947.

Trippi, R. and E. Turban (1993). eds. *Neural Networks in Finance and Investing*. Probus Publishing Company.

Tsibouris, G. C. (1993). Essays on nonlinear models of foreign exchange. Dissertation, University of Wisconsin-Madison.

Utans, J. and J. Moody (1991). Selecting neural network architectures via the prediction risk: Application to corporate bond rating prediction. *Proc. 1st Internat. Conf. Artificial Intelligence Applications on Wall Street*, IEEE Computer Society Press, Los Alamitos, CA.

Wasserman, P. (1993). *Advanced Methods in Neural Computing*. Van Nostrand Reinhold, New York.

White, H. (1988). Economic prediction using neural networks: The case of IBM daily stock returns. *Proc. IEEE Internat. Conf. Neural Networks*.

White, H. (1989a). Learning in artificial neural networks: A statistical perspective. *Neural Computation* **1**, 425–464.

White, H. (1989b). Some asymptotic results for learning in single hidden-layer feedforward network models. *J. Amer. Statist. Assoc.* **84**, 1003–1013.

White, H. (1990). Connectionist nonparametric regression: Multilayer Feedforward networks can learn arbitrary mappings. *Neural Networks* **3**, 535–549.

White, H., A. R. Gallant, K. Hornik, M. Stinchcombe and J. Wooldridge (1992). eds., *Artificial Neural Networks: Approximation and Learning Theory*. Blackwell Publishers, Cambridge.

Widrow, B. and M. E. Hoff (1960). Adaptive switching circuits. *Institute Radio Engineers WESCON Convention Record* **4**, 96–104.

19

ファイナンスにおける制限従属変数モデルの応用*

Applications of Limited Dependent Variable Models in Finance

G. S. Maddala

19.1 は じ め に

この論文ではファイナンスにおける制限従属変数モデルの応用を概説し，使われている方法の欠点をどう改善するかについて提案をする．この分野のいくつかの問題はMaddala (1991) で議論されているが，より最近の研究という見地から再び概説する．簡潔さのため，継続時間 (duration) のモデルはここでは除かれている．議論する具体的な分野は次のとおりである．

①貸付の判別 (loan discrimiation) と債務不履行 (default) の研究．

②債券格付けの研究．

③イベント研究．

④貯蓄貸付組合と銀行の倒産．

⑤その他のいろいろな応用 (企業乗取り，企業の負債選択，市場のマイクロストラクチャー，先物市場)．

19.2 貸付の判別と債務不履行の研究

貸付許可の判別モデルはたいていロジット分析や判別関数を用いる．この2つの手法はたがいに関連している (Maddala (1983, 1991, 第II節を参照)．潜在変数 (latent variable) R_t^* は，

$$R_t^* = \beta_0 + \beta_1 L_t + \beta_2 C_t + \beta_3 M_t + \varepsilon_t$$

と定義される．ここで，R_t^* は観測されない変数で，貸し手が拒否するかどうかを決定する指数，L_t は貸付期間のベクトル，C_t は信用力を測る変数のベクトル，M_t は借り手の人口統計的特性 (人種，性別，年齢など) を表している．M_t の中で，保護されたグループを表す変数の係数は差別的な扱い (あるいは逆差別的な扱いも) があるかどうかを示すと解釈される．

標本において，保護されたグループを適切に説明するために，貸付を拒否された

---

* この論文の執筆に際して助力と有益なコメントを惜しまれなかった Hongyi Li 氏に探く感謝の意を表する．

ケースと，許可されたケースを異なる割合で調べるのが通常である．たとえば，拒否されたケースの割合が5%で，許可されたケースの割合が95%のときにおよそ10%の標本を抽出したいとしよう．そのときには，貸付が拒否されたケースを100%すべて抽出し，許可されたケースは5%の割合で抽出するのである．この標本抽出の方法は「選択に基づく抽出」(choice based sampling) として知られている．このため，いくつかのファイナンスの応用例では Manski-Lerman の加重最尤推定量を使うよう提案されるのが通例である (たとえば，Palepu (1986)，Boys *et al.* (1989) を参照せよ)．しかし，この推定量は，選択の属性を含む McFadden の条件付ロジットモデルの場合に提案されたものであり，ファイナンスで応用されるロジットモデルのためのものではない．この場合，定数項だけ調整すればよいのである．それ以外の傾きを表す係数やその標準偏差はすべて有効である．ダミー変数を次のように定義しよう．

$$\begin{cases} y_i=1, & \text{観測値がグループ1に属するとき} \\ y_i=0, & \text{それ以外のとき} \end{cases}$$

p_1 と p_2 を2つのグループにおける標本抽出率とすると，選択に基づいて抽出された標本からロジットモデルを推定した後，定数項を $\log p_1-\log p_2$ だけ減少させなければならない (Maddala (1983) の p. 91 にある "increased" は "decreased" でなければならない)．会計やファイナンスにおける応用例のさらなる議論は，このような場合の Manski-Lerman 推定量やその拡張の適用に対する批判の詳細とともに，Maddala (1991) の pp. 793-794 でなされているので，ここでは繰り返さない．

ここで考えている単一方程式の以下の2つの拡張は，とくに取り上げるに値するものである．それは Boyes *et al.* (1989) と Yezer *et al.* (1994) であり，両方ともこのモデルを拡張し債務不履行の確率を含めている．Boyes らは信用付与と債務不履行を含む次の2つの方程式を考えている．

$$y_1=Z\alpha_1+\varepsilon_1, \qquad y_1=\begin{cases} 1, & \text{貸付が許可されたとき} \\ 0, & \text{そうでないとき} \end{cases}$$

$$y_2=Z\alpha_2+\varepsilon_2, \qquad y_2=\begin{cases} 1, & \text{債務不履行のとき} \\ 0, & \text{そうでないとき} \end{cases}$$

彼らは $y_1=1$ のときのみ，この打ち切りプロビットモデルで y_2 が観測されるとしている．彼らは Manski-Lerman の WESML (weighted exogenous sampling maximum likelihood) 推定量をこの打ち切りプロビットモデルに拡張している．この拡張は興味深いけれども，WESML より効率的な CML (条件付最尤法) という方法がある．前述したようにこれらの推定方法は McFadden の条件付ロジットモデルの文脈の中で提案されたものである (CML やファイナンスモデルにおけるこれらの問題の議論は Maddala (1991) の pp. 793-794 を参照せよ)．

Boyes *et al.* の論文におけるより重要な問題は打ち切りプロビットモデルそれ自体の使い方である．確かに現実に起こる債務不履行は，信用を供与された人びとについてだけ観測されるのだが，債務不履行を説明する式は原則として，すべての個人について定義され，債務不履行の事前の確率が貸付許可の過程を決定しているのである．そのため，もし y_1^* が貸付許可を決定する潜在変数で，y_2^* が債務不履行の確率を決定する潜在変数であるとすると，y_2^* は y_1^* の説明変数として現れるべきである．y_1^* と y_2^* は同時に決まるのである．

Yezer *et al.* (1994) は R_t^* (貸し手側の拒否の決定を表す変数)，D_t^* (債務不履行確率を決定する変数) の 2 つの潜在変数と貸付期間を表す変数 L_t からなる 3 方程式モデルを考えている．彼らのモデルは以下の式からなる．

$$R_t^*=\beta_0+\beta_1L_t+\beta_2D_t^*+\beta_3C_t+\beta_4M_t+\varepsilon_{1t}$$
$$D_t^*=\gamma_0+\gamma_1L_t+\gamma_2C_t+\gamma_3M_t+\varepsilon_{2t},$$
$$L_t=\alpha_0+\alpha_1R_t^*+\alpha_2D_t^*+\alpha_3C_t+\alpha_4M_t+\varepsilon_{3t}$$

C_t, M_t は既に定義されたものと同じであり，

$$R_t=\begin{cases}1, & \text{貸付を拒否されたとき}\\ 0, & \text{そうでないとき}\end{cases}$$

とする．われわれは以下について観測する．

$$D_t=\begin{cases}1, & \text{(債務不履行)}\quad D_t^*>0 \text{ かつ } R_t=0 \text{ のとき}\\ 0, & \text{(償還)}\quad D_t^*\leq 0 \text{ かつ } R_t=0 \text{ のとき}\end{cases}$$

このシステムは，より多くの事前情報がなければ識別されないことに注意してほしい．Yezer らは実際にはこの方程式システムを推定していない (彼らは p. 242 でこれは簡単ではないといっている)．その代わりにボストン連邦銀行から得られたボストンのモーゲージ貸付に関するデータから式のパラメータのいくつかについての情報を集めてモンテカルロ法により単一方程式法を用いた貸付差別の推定値の偏りを調べている．その結果，単一方程式モデルを使用し，同時性や自己選択性 (self-selection) を説明していないために，M_t (貸付判別を計測する変数群) 変数の係数の推定値にかなり偏りがあることがわかった．

純粋に統計学的な観点からは，Yezer らの手順にはいくつかの欠陥がある．しかし，この論文は他の論文が無視しているいくつかの重要な問題を扱っており，この分野における文献のガイドとしても有用である．

19.3　債券格付けと債券利回りの研究

Kaplan and Urwitz (1979) はこの分野において制限従属変数モデルを使ったいちばん最初のものである．それは従来の研究を批判し，債券格付けの決定要因を研究するために McKelvey and Zavoina (1975) による順序プロビット (ordered probit) モデルを適用した．

Kaplan and Urwitz は債券格付けの決定要因に関心をもっていた．Kao and Wu (1990) はこれを債務不履行リスクや他の要因の関数として表される債券利回りと，債券格付けにより計測される債務不履行リスクの決定要因の研究へと拡張した．彼らの

考えたモデルは次のとおりである．

$$y_{1i}=\beta_1'x_{1i}+\beta_2'x_{2i}+\gamma y_{2i}^*+\varepsilon_{1i}$$
$$y_{2i}^*=\beta_3'x_{2i}+\varepsilon_{2i}$$
$$\mathrm{Cov}(\varepsilon_{1i},\ \varepsilon_{2i})=\begin{pmatrix}\sigma_1^2 & 0\\ 0 & \sigma_2^2\end{pmatrix}$$

ただし y_{1i} は社債利回り，y_{2i}^* は債務不履行リスクをはかる潜在変数，x_{1i} は社債利回りだけを説明する変数，x_{2i} は社債利回りと債務不履行リスクの両方を説明する変数，y_{2i} はy_{2i}^* にもとづく社債格付けを表す，観測される序数である．

最初のステップでは，β_3 は債券格付け y_{2i} と順序プロビットモデルを使って推定される．次のステップでは $\mathrm{E}(y_{2i}^*)$ が導き出され，債券利回りの式 y_{1i} において y_{2i}^* の代わりに $\mathrm{E}(y_{2i}^*)$ が説明変数として使われる．Kao and Wu は，この推定量の漸近的な共分散行列を得ている．$\mathrm{E}(y_{2i}^*)$ は x_{2i} の非線形関数であるため y_{1i}^* の式では多重共線性の問題は起こらない．したがって β_2 と γ は推定可能である．もし誤差 ε_{1i} と ε_{2i} が相関係数 ρ で相関しているならば β_2 と γ は，上記の 2 ステップ法により別々に推定可能ではないことに注意してほしい．なぜならこの場合 y_{1i} の式は以下のように書けるからである．

$$y_{1i}=\beta_1'x_{1i}+\beta_2'x_{2i}+\gamma y_{2i}^*+\rho\frac{\sigma_1}{\sigma_2}(y_{2i}^*-\beta_3'x_{2i})$$

このように推定可能なパラメータは $(\gamma+\rho\sigma_1/\sigma_2)$ と $(\beta_2-(\rho\sigma_1/\sigma_2)\beta_3)$ である．最尤法を使うこともできるが Kao and Wu は使わなかった．

Moon and Stotsky (1993) は Kaplan and Urwitz の研究のもう 1 つの拡張を行っている．彼らは標本の自己選択性 (sample　selectivity) と同時方程式の偏りを考慮した 892 都市の自治体の債券格付けの分析を考えている (実際の格付けがあるのは 727 であり，165 はない)．彼らによると，いくつかの都市では，利子費用を削減するために格付けされることを選択するので，実際に格付けをもっている都市だけを用いた債券格付分析は標本に自己選択性の偏りがあるという．彼らのモデルは以下から成り立っている．

①2 つの連続な潜在変数：y_1^*, y_2^* を次のように定義する．

y_1^*＝格付けを得たいという傾向

y_2^*＝信用力の尺度

②2 つの順序のある潜在変数

$\tilde{y}_2$＝格付機関による各都市についての潜在的格付け

$\hat{y}_2$＝その都市の主観的な潜在的格付け

著者らが $\tilde{y}_{2i}=\hat{y}_{2i}$ と仮定していることに注意することは重要である．だから，この 2 つの変数は同じである．

③2 つの観測される変数

$$y_1=\begin{cases}1, & \text{都市が格付けをもっているとき}\\ 0, & \text{それ以外のとき}\end{cases}$$

y_2=実際の格付けを表す観測されたカテゴリー変数($y_1=1$のときにのみ観測される). つまり$y_{1i}=1$のとき$y_{2i}=\tilde{y}_{2i}$.

y_2^*は$\tilde{y}_2$を決定し, 次に$\tilde{y}_2$がy_1^*を決定する. y_1^*はy_1を決定し, y_1と$\tilde{y}_2$はy_2を決定する.

u_{1i}とu_{2i}をそれぞれy_{1i}^*とy_{2i}^*の式における誤差項としよう. Moon and Stotsky は(u_{1i}, u_{2i})が平均0, 分散1, 相関係数ρの2変量正規分布に従うと仮定して最尤法によりこのモデルを推定している. 彼らはこのモデルについて, 標本の自己選択性の偏りを考慮しない場合($\tilde{y}_2$がy_1を決定しない), 同時性を考慮しない場合($\rho=0$), 同時性のみ考慮した場合, 標本の自己選択性の偏りのみを考慮した場合, 両方とも考慮した場合, の4つを推定している. 彼らは727の都市の格付けの予測のうち, 実際の格付けと比べて正しいものの個数により4つのモデルを比較した. 彼らは同時性についての修正は, 標本の自己選択性の偏りについての修正よりも重要であるが, 両方を修正することで最良の結果が得られるとしている.

19.4　イベントの研究

イベント研究のほとんどすべての論文は, Fama *et al.* (1969) により開発されたいくつかの方法論を使って, 株式分割や, 負債や株式の発行, 株式買戻し, 配当金や収益の報告などのイベントの株価への経済的影響を調べている. Fama *et al.* によって開発されたアプローチでは, そのようなイベントが起こる以前の期待収益のためのモデルが要求される(しばしばCAPMモデルが使われる). このモデルは, そのイベントによってもたらされる超過収益や「異常収益」(abnormal returns)を説明するのに使われる. これは, またイベントが起きた時点にダミー変数を用いるというダミー変数法を使うことにより, もっと簡単に行うことができる(予測のためのダミー使用について論じたMaddala (1992)の第8章を参照).

その後, 引き続き行われた計量経済の論文では, ①イベントの日付の誤り, ②イベントにより引き起こされるボラティリティの変化, ③根底にある確率過程の定式化の誤り, の影響について研究が行われている. これらの問題の概説についてはStrong (1992)を参照せよ. Nimalendran (1994)は, 戦略的な取引を通じて非公開情報が価格に組み込まれる過程がモデル化されていないとの理由から伝統的なイベント研究の方法論を批判している. 彼は混合ジャンプ拡散モデルを使って企業のイベントにかかわる情報の意外性や戦略的取引の効果を別々に推定し, シミュレーション研究とともに, 株式の大量保有(block holding)と引き続き行われる標的企業の買収を例に取り, この新しい方法論の可能性を示している.

標準的なイベント研究の方法論におけるもう1つの問題は, イベントが外生変数として扱われていることである．前述したような自発的に起こる企業のイベントにおいては，経済的に動機付けられた経営者は告知のタイミング，形式，規模をコントロールすることができる．これは異常収益を計算するために使われる収益式の推定に自己選択性の偏りをもたらすので残差の切断 (truncation) のための修正が必要になる．これらの問題は Acharya (1986, 1988, 1993 a) と Eckbo *et al.* (1990) において議論されている．

前述したように，標準的なイベント研究の方法論では実際には内生変数であるイベントがしばしば外生変数として扱われている．Acharya (1993 a) で考えられているモデルは以下のようである．

潜在変数 I_{it}^* は，時点 t に企業 i の (イベントを告知することの現在価値) から (告知しないことの正味の現在価値) を差し引いたものについての評価を示し，

$$I_{it}^* = \gamma' z_{i,t-1} + \varepsilon_{it}$$

とする．ただし，$z_{i,t-1}$ は $t-1$ 時点における企業 i の企業の特徴を表し，ε_{it} は誤差項である．

観測される 0-1 変数は

$$I_{it} = \begin{cases} 1, & I_{1i}^* > 0 \text{ つまり企業 } i \text{ が } t \text{ 時点でイベントを告知するとき} \\ 0, & \text{それ以外のとき} \end{cases}$$

である．ロジットモデルを使いパラメータベクトル γ を推定して告知の決定要因を研究したり，イベントを経験した企業と経験しなかったいくつかの (対応した) 企業を研究したりすることは通例となっている．次節ではそのような「対応した」(matched) 標本の分析の問題について議論する．いずれにしても，ロジットモデルを推定するということはイベントが内生的であり外生的ではないことを意味する．異常収益の研究において推定される収益式は，

$$R_{it} = \beta_i' X_{it} + u_{it}$$

で，$\mathrm{E}(u_{it}|X_{it})=0$, X_{it} は企業に固有の変数の集合である．異常収益を計算するということは，このモデルをダミー変数法を使って推定するということである．ダミー変数法の利点は (Fama *et al.* (1996) の手順と比較して) 簡単に異常収益の標準誤差を得られることである (Maddala (1992) 第 8 章参照)．もちろんこの方法論は外生的なイベントの場合にだけ有効である．

内生的なイベントの場合には，$\mathrm{E}(u_{it}|I_{it}=1, X_{it}) \neq 0$ なので残差の切断という問題がある．とくに $\mathrm{Cov}(u_{it}, \varepsilon_{it})$ を q，$\mathrm{Var}(u_t)$ を σ_u^2 で表すとき，$(u_{it}, \varepsilon_{it})$ は平均 0，共分散行列

$$\begin{pmatrix} \sigma_u^2 & q \\ q & 1 \end{pmatrix}$$

の同時正規分布をもつと仮定する．すると $\mathrm{E}(u_{it}|I_{it}=1, X_{it}) = -q\{\phi_{it}/(1-\Phi_{it})\}$ となる．ただし，ϕ_{it}, Φ_{it} はそれぞれ $\gamma' z_{i,t-1}$ で評価した標準正規分布密度関数と累積分布関数である (Maddala (1983, 第 8 章) を参照)．そして収益式を以下のように書く

ことができる.

$$R_{it}=\beta_i'X_{it}+qw_{it}+v_{it}$$

ただし，$w_{it}=I_{it}(\phi_{it}/\Phi_{it})-(1-I_{it})\{\phi_{it}/(1-\Phi_{it})\}$ である.

この方程式はイベントを経験した企業と，可能性はあったが経験しなかった企業のクロスセクションデータを使って推定できる．もし後者の企業グループを見分けることができないならば，それらはイベントを経験した企業の，イベントの起こらなかったときの観測値により代用できるであろう．推定方法は 2 段階法である．第 1 段階では，プロビットモデルを用いてパラメータベクトル γ を推定する．それから ϕ_{it} と Φ_{it} で γ に $\hat{\gamma}$ を用いて，収益式 R_{it} を推定する．いったん $\beta_i, q, \gamma, \sigma_u^2$ の推定値が得られると $I_{it}=1$ であるような観測値に対して $\mathrm{E}(R_{it}|X_{it}, I_{it}=0)$ を計算することができる．期待収益において，イベントによって起こされた変化は

$$\mathrm{E}(R_{it}|X_{it}, I_{it}=1)-\mathrm{E}(R_{it}|X_{it}, I_{it}=0)=q\frac{\phi_{it}}{\Phi_{it}}+q\frac{\phi_{it}}{1-\Phi_{it}}=\frac{q\phi_{it}}{\Phi_{it}(1-\Phi_{it})}$$

であり，これが異常収益の尺度である．もし，収益式の推定で q が有意ではないならば，イベントは外生的であり，伝統的な異常収益のための方法を使うべきである.

原則として，われわれはイベントが起きた時点 ($I_{it}=1$) のみを用いて収益式を以下のように推定する.

$$R_{it}=\beta_i'X_{it}+q\frac{\phi_{it}}{\Phi_{it}}+v_{it}$$

あるいは，イベントが起こらなかったデータ ($I_{it}=0$) を用いて次式を推定する.

$$R_{it}=\beta_i'X_{it}-q\frac{\phi_{it}}{1-\Phi_{it}}+v_{it}$$

Acharya (1993a) はこの 2 つの式の最初だけを考え，切断回帰モデルと呼んだ．しかし，説明変数はすべての観測値について観測されているので，これは実際は，打ち切り回帰モデルである (Maddala (1983，第 6 章) 参照)．切断回帰モデルを 2 段階法によって推定することはできない.

このセレクションモデルの応用は Acharya (1991，1993 a，1994) および Eckbo *et al*. (1990) にある.

19.5　貯蓄貸付組合と銀行の倒産

この分野で一般に使われる方法は，やはり判別分析やロジット分析である．倒産した企業と倒産していない企業というように，ここでも 2 つのグループの標本抽出率が等しくないという問題があるが，それについては既に 19.3 節の前半で議論した．この分野でよく使われる他の方法は「対応した標本」をつくる方法である．よくロジット分析と判別分析は倒産した企業と，同様な特徴をもつが倒産していない企業という「対応した」標本を用いて行われる．この分野で広く用いられているこのやり方では,

倒産率に対する説明変数の効果を誤って測定してしまう．次のようなケースを考えてみよう．

A：倒産した企業

B：同じような特徴をもつが倒産していない企業

問題は「なぜ A は倒産し，B は倒産しなかったのか」である．明らかに観測された特徴では，なぜ A が倒産し B は倒産しなかったのかを説明することはできない．A が倒産して B は倒産しなかったことは，観測されなかった特徴によるものである．このように「対応した」標本に基づくロジット分析では倒産率に対する観測された特徴の効果について何もいうことはできない．貯蓄貸付組合の倒産率の計量経済分析の問題の多くが Maddala (1986) でサーベイされているのでここでは繰り返さない．その代わりにこの論文の出版後に発表された新しい論文について見ていくことにする．

Barth *et al*. (1990) は単純な倒産モデルを拡張して，倒産した貯蓄機関の整理 (resolution) 費用を調べた．このモデルは (表記法を少し変えているが) 2 つの式からなっている．

$$z_i = \beta_1' x_{1i} + u_{1i}, \qquad \text{倒産決定式 (closure rule)}$$

$$c_i = \beta_2' x_{2i} + u_{2i}, \qquad \text{整理費用式}$$

観測される 2 値変数は，

$$y_i = \begin{cases} 1, & z_i \geq 0 \text{ のとき} \\ 0, & \text{それ以外のとき} \end{cases}$$

となる．このモデルの推定に関する計量経済学的な問題についての Barth らの議論は正確ではない．標本の自己選択性の偏りやヘックマン法に有効いての議論もされているが，これもまた混乱を招いている．まず彼らは，

$$y_i = \begin{cases} 1, & \text{もし企業が CAAP 支払能力があるか整理されているとき} \\ 0, & \text{それ以外のとき} \end{cases}$$

と定義した．たとえば支払能力のある企業や，支払能力はないが整理されている企業をいっしょにする．次に彼らは，ヘックマン法が十分に有効ではないので最尤法を用いて z_i の式 (倒産決定式，p. 737) を推定するという．この式のプロビット推定は最尤法なのであり，それゆえ著者らが何をいっているのか明らかではない．整理費用をヘックマンの 2 段階推定で行うことは有効ではないが，彼らはそのことをいっているのではない．Barth らはヘックマン法の結果が「居心地の悪い」ものであり，$\hat{\rho}$ は単位区間の外であったという (ρ は定義されない)．そこで彼らはトービットモデルにより整理費用を推定している．しかし，トービットモデルはこの場合適用できないのである．トービットモデルは打ち切り回帰モデルであり，従属変数は原則としてすべての観測値について定義されているが，打ち切りによって —— 閾値 (ここでは 0) を超えないので —— 観測されないのである．いま考えているケースでは，観測できないのは打ち切りによるためではない．(支払不能な) 企業の倒産しないという決定によるためである．

Cole (1990) と Cole, Mckenzie and White (1990) は整理費用の決定要因を調べるためにセレクションモデルを用いた．これは Barth らが用いたトービットモデルを改善したものである．しかし，より適切なモデルでは，まず支払能力がある企業とない企業に基づいて支払い能力がなぜなくなるのかの要因を考えて，次に，支払い能力がなくなった企業が倒産を決定する要因，そして倒産した企業の整理費用を考える必要がある．そのモデルは以下の式からなる．まず，

$$y_{1i}^*=\beta_1'x_{1i}+u_{1i}$$

という支払い能力の有無を決定する式である．観測される 2 値変数 y_{1i} は，

$$y_{1i}=\begin{cases}1, & y_{1i}^*>0 \text{ つまり企業 } i \text{ に支払い能力があるとき}\\ 0, & \text{それ以外のとき}\end{cases}$$

次の方程式は，

$$y_{2i}^*=\beta_2'x_{2i}+u_{2i}$$

であり，休業するかどうかを決定する式である．観測される y_{2i} は，

$$y_{2i}=\begin{cases}1, & y_{2i}^*>0 \text{ で企業 } i \text{ が倒産していないとき}\\ 0, & \text{それ以外のとき}\end{cases}$$

第 3 の方程式は，

$$c_i=\beta_3'X_{3i}+u_{3i}$$

であり，整理費用を決定する．c_i は $y_{1i}=0$ かつ $y_{2i}=0$ の場合のみ観測される．このようなモデルでは y_{1i} と y_{2i} が同時に決定されると考えるのか，逐次的に決定されると考えるのかという問題がある．同時決定か逐次決定かの分類の問題と，逐次決定の場合の標本の自己選択性の偏りの分析は Lee and Maddala (1985) で議論されている．ここで次の点に注意することは重要である．つまり同時決定モデルでは，整理費用を推定するのに標本の自己選択性の偏りが 2 重にあることを考慮する必要がある．もちろん，単純な方法は支払能力のない企業だけを考え，1 変量のセレクションモデルを使って整理費用を調べる方法である．そうすると Barth *et al*. におけるように支払能力のある企業を支払能力のない企業や倒産した企業と組み合わせることはできない．

Cole (1993) は 2 変量プロビットモデルを使い，支払能力と倒産について分析している．このように彼は y_{1i}^* と y_{2i}^* を同時決定変数として扱っている．誤差 u_{1i} と u_{2i} は平均 0，分散 1，相関係数 ρ の 2 変量正規分布に従うとする．3552 企業のうち，支払能力がある企業は 2513 であり，ない企業は 1039 であった．支払能力のない企業のうち 769 は倒産しており，270 はまだ存続していた．

Cole は 2 変量のプロビットモデルを次のような 2 値変数を使って推定している．

$$y_1=\begin{cases}1, & 2513 \text{ の支払能力のある企業のとき}\\ 0, & 1039 \text{ の支払能力のない企業のとき}\end{cases}$$

と，

$$y_2=\begin{cases}1, & 2783 \text{ の倒産していない企業のとき}\\ 0, & 769 \text{ の倒産した企業のとき}\end{cases}$$

である．モデルはこの2つの変数に同じ説明変数を用いてLIMDEPというソフトウェアで推定されている．興味深いのは$\hat{\rho}$=0.99という結果である．LIMDEPの2変量プロビットプログラムを使うとしばしば1に近い$\hat{\rho}$が出てくる．これはLIMDEPを使うのに初期値の選択がよくなかったためである．この点についての議論はMaddala (1995) を参照されたい．

Coleの論文のより重要な問題は，同時決定モデルと2変量プロビットモデルの使い方に関係している．倒産問題は支払能力のある企業では起こらない．したがってモデルは逐次的な決定モデルとして扱われるべきである．実はColeは後に，支払能力のない企業だけ用いてプロビットモデルを推定している．

もう1つの特筆すべき点は，整理費用の推定において用いられるサンプルセレクションモデルに関連する次のようなものである．しばしば言及されているヘックマンの2段階法は，十分に有効でないだけでなく，最近になって，現在のコンピュータ技術では簡単に実行できる最尤法よりも悪い結果を与えるということである．これに関連した議論はMaddala (1995) を参照されたい．

19.6 その他のいろいろな応用

19.6.1 企業乗取り

企業乗取りに関しては2つの問題が分析されてきた．1つは乗取りの決定要因に関するものであり，もう1つは現金，株式またはその両方といった乗取り資金調達方法に関するものである．

乗取りを説明するモデルでは，しばしばロジットモデルが使われる．この分野では2つの問題がある．第1の問題はロジット分析を使う前に対応した標本を使うことである．この方法の問題点は19.5節で議論されている．第2の問題は2つのグループ(乗取りとそうでないグループ)の選択に基づく標本抽出や標本抽出率が等しくないことである．この問題にはPalepu (1986) がManski-Lerman推定量を用いている．これに対する批判は19.2節とMaddala (1991) のpp. 793-794でなされている．

もう1つの問題は乗取りの資金調達方法の選択についてである．Amihud *et al.* (1990) は株式を選ぶか現金を選ぶかで企業を分類し，プロビットモデルを用いて資金調達方法の決定要因を研究している．Meyer and Walker (1996) は，すべて現金，すべて株式，一部現金で一部株式という，3つの分類を考えている．彼らは2制限(two-limit)トービットモデル(Maddala (1983) pp. 160-162)を用いて企業買収における支払方法の選択を研究している．彼らはまた，Maddalaの分析を拡張して不均一分散を考慮し，それが重要であったとしている．それらの標本のうち，乗取りの115はすべて現金で，32は現金と株式の混合で，34がすべて株式で行われた．分析結果によれば，2制限トービットモデルは有用であった．

19.6.2　企業の借入による資金調達の選択

初期の研究では，企業が短期と長期の負債のどちらを選択するかについてロジットモデルが用いられた．最近では Bronsard *et al.*(1994) が 2 段階トービット法を適用している．彼らはフランス国立統計協会 (INSEE) によって 1979 年 5 月～1988 年 12 月に行われた景気動向調査のデータを使用している．調査は 2 年ごとに 2000 以上の企業を対象としており，データは質的なものである．観測されるのは企業が短期の負債を用いたのか長期の負債を用いたのかそれとも両方かである．Bronsard *et al.* が用いたモデルは留保賃金と提示された賃金についての労働供給の研究で使われるモデルと同様なものである．短期の利子率を r，長期の利子率を R で表そう．Bronsard *et al.* は r^* と R^* をそれぞれ企業が受けたい短期と長期の負債の利子率と仮定し，r と R を銀行によって提示された対応する利子率と仮定する．彼らは 4 つの方程式で，銀行の財務状態を表す変数を用いて r, R, r^*, R^* を説明した．観測される 2 つの変数は，

$$y_1=\begin{cases}\log r, & \log r \leq \log r^* \text{ で短期負債が観測されるとき} \\ 0, & \text{それ以外のとき}\end{cases}$$

$$y_2=\begin{cases}\log R, & \log R \leq \log R^* \text{ で長期負債が観測されるとき} \\ 0, & \text{それ以外のとき}\end{cases}$$

であり，彼らは最尤法でモデルを推定している (しかし，モデル全体の尤度関数はこの論文では与えられてはいない)．

19.6.3　市場のマイクロストラクチャー

ここ数年の間，市場のマイクロストラクチャーの研究において制限従属変数モデルの使用が増加している．使われているモデルは離散的な観測値を説明するための順序プロビットモデルと，ある価格では取引がないことを考慮するフリクションモデルである．

Hausman *et al.*(1992) は順序プロビットモデルを用いて所与の取引量の価格への影響，取引から取引へと価格が反転する傾向，価格の離散性の経験的な有意性について研究した．Bollerslev and Melvin (1994) は順序プロビットモデルを用いて外国為替市場におけるビッド-アスク・スプレッドと GARCH モデルを使って計測されたボラティリティの関係を研究している．

Lesmond (1995) と Lesmond *et al.*(1995) はフリクションモデル (Rosett (1959) と Maddala (1983, 第 6 章) を参照) を使って，株式収益データに内在する取引費用の新しい尺度を求めた．投資家が取引費用の生む正味利益に気付きさえすれば，合理的な情報をもつ投資家は新しい情報のもとで取引をすると彼らは主張している．その結果，もし取引費用の閾値を超えていなければ株価は変化しないだろう．利益が非負のデータを用いて彼らはフリクションモデルを推定している．期待どおり，小企業の株

式では取引費用が高くなりがちで収益ゼロであることが多い．フリクションモデルは暗黙のうちに取引費用の尺度を与える．これらの著者によれば，フリクションモデルによって測定された取引費用は，ビッド-アスク・スプレッドとブローカー手数料の和として使われる通常の取引費用よりもかなり低いとしている．

19.6.4 先物市場

先物市場は価格値幅制限によって特徴付けられる．このことはモデルの推定にはMaddala (1983, 第10章) で議論されている不均衡モデルを用いなければならないことを意味している．Monroe (1983) は不均衡モデルを適用して利子率の先物市場における需要と供給関数を調べている．この他の応用には，先物市場における価格のボラティリティに対する，証拠金所要額とその変化額の影響の研究がある．

19.7 将来の研究への提案

われわれはファイナンスにおける制限従属変数モデルの文献をサーベイし，使われている方法のいくつかの欠点を挙げてきた．これらに加えて2つの大きな問題が，これまで検討されておらず，さらなる研究を必要としている．これらは非正規性の問題とモデルに期待を導入するという問題である．

第1の問題は，ほとんどの論文が正規性を仮定しているということである．標本の自己選択性の偏りの修正はすべて正規分布に基づいている．よく知られているようにファイナンス変数の場合，正規性の仮定はまったく適切ではない (本書の第13, 14章を参照). これを考慮して，まずいくつかの正規性の仮説検定をすることが必要であろう．Maddala (1995) では制限従属変数モデルの文脈でのそのような仮説検定について説明している．この論文は，また制限従属変数モデルのセミパラメトリックな方法についての文献を与えている．これらの方法は前節で述べた問題を分析するために使うべきである．

第2の問題は，これまで無視されきた期待の導入である．イベント研究において，株価の変化に対する情報や影響を与えるのは期待されていなかった配当と収益の告知，株の買戻しなどである．同様に配当の変化は期待収益に依存する．このようにファイナンスのモデルにはほとんどいたるところで期待が入ってくる．Maddala (1993) は，配当のフリクションモデルで合理的な期待を考慮している．そこでは制限従属変数に合理的期待を導入する他のアプローチについてもサーベイされている．前節でサーベイしたファイナンスにおける，制限従属変数モデルへの合理的期待の導入には，さらなる研究が必要である． ■

［大森裕浩・訳］

文　献

Acharya, S. (1986). A generalized model of stock price reaction to corporate policy announcement: Why are convertibles called late? Ph.D. Dissertation, Northwestern University, Evansten, Ill.

Acharya, S. (1988). A generalized econometric model and tests of a signalling hypothesis with two discrete signals. *J. Finance* **43**, 413–429.

Acharya, S. (1991). Debt buybacks signal sovereign countries' creditworthiness: Theory and tests. Federal Reserve Board, Working Paper 80.

Acharya, S. (1993a). Value of latent information: Alternative event study methods. *J. Finance* **48**, 363–385.

Acharya, S. (1993b). An econometric model of multi-player corporate merger games. Federal Reserve Board, Working Paper.

Acharya, S. (1994). Measuring gains to bidders and successful bidders. Federal Reserve System, Board of Governors, Working paper.

Amihud, Y., B. Lev and N. G. Travlos (1990). Corporate control and the choice of investment financing: The case of corporate acquisitions. *J. Finance* **45**, 603–616.

Barth, J. R., P. F. Bartholomew and M. G. Bradley (1990). Determinants of thrift institution resolution costs. *J. Finance* **45**, 731–754.

Bollerslev, T. and M. Melvin (1994). Bid-ask spreads and volatility in the foreign-exchange market. *J. Internat. Econom.* **36**, 355–372.

Boyes, W. J., D. L. Hoffman, and S. A. Low (1989). An econometric analysis of the bank credit scoring problem. *J. Econometrics* **40**, 3–14.

Bronsard, C., F. Rosenwald and L. Salvas-Bronsard (1994). Evidence on corporate private debt finance and the term structure of interest rates. INSEE, Discussion Paper, Paris.

Cole, R. A. (1990). Agency conflicts and thrift resolution costs. Federal Reserve Bank of Dallas, Financial Industry Studies Department, Working Paper. #3–90.

Cole, R. A. (1993). When are thrifts closed? An agency-theoretic model. *J. Financ. Serv. Res.* **7**, 283–307.

Cole, R. A., J. Mckenzie and L. White (1990). The causes and costs of thrift institution failures. Solomon Brothers Center for the Study of Financial Institutions, Working Paper #S-90–26.

Eckbo, B. E., V. Maksimovic and J. Williams (1990). Consistent estimation of cross-sectional models in event studies. *Rev. Financ. Stud.* **3**, 343–365.

Fama, E. F., L. Fisher, M. Jensen and R. Roll (1969). The adjustment of stock prices to new information. *Internat. Econom. Rev.* **10**, 1–21.

Hausman, J. A., A. M. Lo and A. C. Mackinlay (1992). An ordered probit analysis of transaction stock prices. *J. Financ. Econom.* **31**, 319–379.

Kao, C. and C. Wu (1990). Two-step estimation of linear models with ordinal unobserved variables: The case of corporate bonds. *J. Business Econom. Statist.* **8**, 317–325.

Kaplan, R. S. and G. Urwitz (1979). Statistical models of bond ratings: A methodological inquiry. *J. Business* **53**, 231–261.

Lee, L. F. and G. S. Maddala (1985). Sequential selection rules and selectivity in discrete choice econometric models. Paper presented at the Econometric Society Meetings, San Francisco, reprinted in G. S. Maddala, *Econometric Methods and Applications* Vol. II, Edward Elgar, London.

Lesmond, D. A. (1995). Transaction costs and security return behavior: The effect on systematic risk estimation and firm size. Unpublished doctoral dissertation, State University of New York at Buffalo.

Lesmond, D. A., J. P. Ogden and C. A. Trzcinka (1995). Do stock returns reflect investors' trading thresholds? Empirical tests and a new measure of transaction costs. Paper presented at the Silver Anniversary Meeting of the Financial Management Association, New York, October, 1995.

Maddala, G. S. (1983), *Limited Dependent and Qualitative Variables in Econometrics*. New York, Cambridge University Press.

Maddala, G. S. (1986). Econometric issues in the empirical analysis of thrift institutions' insolvency and failure. Federal Home Loan Bank Board, Working Paper 56.

Maddala, G. S. (1991). A perspective on the use of limited-dependent and qualitative variables models in accounting research. *Account. Rev.* **66**, 788–807.

Maddala, G. S. (1993). Rational expectations in limited dependent variable models. In: *Handbook of Statistics* Vol. 11, North Holland Publishing Co., Amsterdam, pp. 175–194.

Maddala, G. S. (1995). Specification tests in limited dependent variable models. In: *Advances in Econometrics and Quantitative Economics*, Essays in honor of C. R. Rao, Blackwell, Oxford, pp. 1–49.

Mayer, W. J. and M. M. Walker (1996). An empirical analysis of the choice of payment method in corporate acquisitions during 1979–1990, *Quart. J. Business Econom.* **35**, 48–65.

McKelvey, R. and W. Zavoina (1975). A statistical model for the analysis of ordinal level dependent variables. *J. Math. Soc.* **4**, 103–20.

McNichols, M. and A. Dravid (1990). Stock dividends, stock splits, and signaling. *J. Finance* **45**, 857–879.

Monroe, M. A. (1983). On the estimation of supply and demand functions: The case of interest rate futures markets. *Res. Financ.* **4**, 91–122.

Moon, C. G. and J. G. Stotsky (1993). Municipal bond rating analysis. *Regional Science and Urban Economics* **23**, 29–50.

Nimalendran, M. (1994). Estimating the effects of information surprises and trading on stock returns using a mixed jump-diffusion model. *Rev Financ. Stud.* **7**, 451–475.

Palepu, K. G. (1986). Predicting takeover targets: A methodological and empirical analysis. *J. Account. Econom.* **8**, 3–35.

Rosett, R. (1959). A statistical model of friction in economics. *Econometrica* **27**, 263–267.

Strong, N. (1992). Modelling abnormal returns: A review article. *J. Business Financ. Account.* **19**, 533–553.

Tobin, J. (1958). Estimation of relationships for limited dependent variables. *Econometrica* **26**, 24–36.

Yezer, A. M. J., R. F. Phillips and R. P. Trost (1994). Bias in estimates of discrimination and default in mortgage lending: The effects of simultaneity and self selection. *J. Real Estate Financ. Econom.* **9**, 197–215.

20

オプション価格決定モデルの実証

Testing Option Pricing Models

David S. Bates

20.1　は じ め に

1973 年，Black and Scholes によってオプション価格決定モデルに関する影響力の大きい論文が発表されて以来，オプション価格決定に対する理論的・実証的研究が行われてきた．多くの論文が Black and Scholes と同じように幾何ブラウン運動を仮定したが，他の確率分布を仮定したモデルもすぐに登場した．Cox and Ross (1976 b) はヨーロピアン・オプションの価格を絶対拡散 (absolute diffusion)，純粋ジャンプ (pure-jump)，平方根分散弾力性一定 (square root constant elasticity of variance) モデルのもとで導出した．Merton (1976) はジャンプ拡散 (jump-diffusion) モデルを提唱した．Merton (1973) は金利に確率過程を導入し，モデルを拡張した．一方，Hull and White (1987)，Johnson and Shanno (1987)，Scott (1987)，Wiggins (1987) はボラティリティに確率過程を導入したオプション価格決定モデルを提唱した．さまざまな確率分布を仮定した新しいヨーロピアン・オプションの価格決定モデルも登場し続けた．たとえば，Naik's (1993) のレジーム・スイッチング (regime-switching) モデル，Dupire (1994)，Derman and Kani (1994)，Rubinstein (1994) のインプライド 2 項モデル等である．

オプションは派生証券であるため，オプションの価格決定に関する実証分析の中心的な関心事は，原資産価格の時系列的な特性に対するオプション価格の整合性である．これまで，この整合性 (もしくは，その欠如) について，3 つの側面から検証されてきた．2 次の積率，2 次の積率の変化，そしてより高次の積率についてである．第 1 に，オプションの価格と原資産の条件付ボラティリティの水準との整合性について考えてみる．この仮説を検証するために，初期の研究ではボラティリティの高い銘柄のオプションは高い価格が付く傾向があるのかという点について，クロスセクションの分析が行われた．最近の論文では，Black-Scholes モデルを利用して，観測されたオプション価格から推定したボラティリティは，将来の原資産のボラティリティの不偏かつ情報に関して効率的な予測値となっているのかどうかということについて，時系列分析が行われている．また，ダイナミックにオプションの複製を行った場合の裁定機会に関する広範な分析も，オプション価格と原資産価格の時系列との整合性の検証である．ただし，大きな裁定利益が報告されたとき，どの積率が整合的でないのかを特定することは通常容易ではない．

第2に，ボラティリティの持続的な平均回帰過程に関して，ARCH/GARCHモデルの時系列推定結果から，満期の違うオプションから推定されるボラティリティの期間構造は，予想されるボラティリティの変化と整合的なのかという疑問が生まれた．この問題に関していくつかの分析がなされている．最近の論文では，インプライド・ボラティリティの期間構造によって，現実のボラティリティの変化ではなくインプリシットな変化を推定できるのかということに焦点が集まっている．最後に，オプション価格と原資産の条件付分布の高次の積率(歪度，尖度)との整合性について，いくつかの分析が行われている．ここでの焦点の大部分は，オプション価格によって示される(leptokurtosis)の「ボラティリティ・スマイル」を説明することである．1987年の株式市場の暴落以降，アメリカ株の指数オプションの価格が示している顕著で持続的な負の尖度が注目を集め始めている．

この論文の目的は，オプション価格決定モデルを検証する際に用いられる技術を議論すること，そして主要な実証研究の結論を要約することである．本章では取引所で集中的に取引されている，3つの種類の金融オプションに焦点を当てている．株式オプション，株価指数もしくは株価指数先物に対するオプション，そして通貨，通貨先物に対するオプションである．商品オプションに対応する論文はほとんど取り上げていない．理由は，商品オプションについてはあまりよく知られていない，また商品市場には特徴(たとえば，現物市場では空売り制限が存在するため，現物価格と先物価格とが分離していること，収穫期の存在による季節変動等)があり，このため商品オプションの価格決定には特有のむずかしさが存在するためである．また，金利のオプションに関しては別に1つの章もしくは1冊の本が必要となるほど，非常に多くの文献が存在する．

オプション価格と原資産価格の時系列との整合性を検証する方法は2つに分けられる．1つは，時系列データから分布のパラメータを推定し，オプション価格への影響を検証するという方法である．もう1つの方法は，オプションの価格によって示されるモデル特有のパラメータを推定し，原資産の時系列データから得られる分布のパラメータの予測値を検証するというものである．2つの方法は本質的に異なる計量経済学の手法を利用している．1つ目の方法は，実際にはあまり用いられていないが，原則として時系列の統計的推定の手法を利用している．対照的に，オプションの価格からパラメータを「推定」する場合には，統計的な理論を必要としない．それゆえ通常は2段階の方法が利用される．まずオプション価格から推定されるパラメータは確実にわかると想定され，次に，パラメータの情報の内容が時系列データによって検証される．この混合手法は主に，検証できる事柄がオプション価格と原資産価格どちらに関するものかで区別される．

20.2　オプション価格決定の基礎

20.2.1　理論的基礎 —— 実際の確率分布と「リスク中立的」確率分布 ——

このサーベイ論文で議論するオプション価格決定モデルでは，通常次のような一般的な定式化の特殊な場合を利用する．

$$dS/S=[\mu-\lambda\bar{k}]dt+\sigma S^{\rho-1}dW+kdq$$
$$d\sigma=\mu_\sigma(\sigma)dt+v(\sigma)dW_\sigma$$
$$dr=\mu_r(r)dt+v_r(r)dW_r \qquad (20.2.1)$$

ここで，S はオプションの原資産の価格，μ はその時間単位当たりの瞬間（確率的）期待収益率，σ はボラティリティ状態変数，$2(\rho-1)$ は分散の弾力性（0 の場合は幾何ブラウン運動となる），r は瞬間的な名目割引率，dW, dW_σ, dW_r は互いに相関のあるウィナー過程，k はジャンプが起こった場合の原資産の確率的ジャンプ率，$1+k$ は対数正規分布する $\ln(1+k)\sim N[\ln(1+\bar{k})-(1/2)\delta^2, \delta^2])$，$q$ は $\text{Prob}(dq=1)=\lambda dt$ であるような，一定の集中度パラメータ λ をもつポアソン・カウンターである．

この一般的定式化は，分散の一定弾力性 (constant elasticity of variance)，確率的ボラティリティ，確率的金利，ジャンプ拡散モデルを含んでいる．議論の焦点のほとんどは Black and Scholes (1973) が想定した，次式のような幾何ブラウン運動に対して向けられてきた．

$$dS/S=\mu dt+\sigma dW \qquad (20.2.2)$$

ここで，μ, σ は一定と仮定されている．先ほどの一般的な定式化では，ボラティリティにジャンプがあるモデル，たとえば，Naik (1993) のレジーム・スイッチングモデル等は考慮されない．このようなモデルは興味深く意味もあるが，筆者の知る限りではオプション価格決定の文脈において検証されてこなかった．

時系列データに対してオプション価格決定モデルを検証することの基本は，原資産の状態変数が従う実際の確率過程とオプション価格によって示される「リスク中立的」確率過程との関係をどのように定式化するのかということである．Cox, Ingersoll and Ross (1985 a), Ahn and Thompson (1988)，そして Bates (1988, 1991) の代表的エージェント (representative agent) 均衡モデルは，次のことを示している．満期日にのみペイオフが行われるヨーロピアン・オプションの価格は，投資家があたかも等価な「リスク中立的」な表現のもとでの期待ペイオフの現在価値としてオプションの価格決定を行っているかのように決まる．ここで，等価な「リスク中立的」な表現は組織的な資産，ボラティリティ，金利，ジャンプ等のリスクに対する適切な補償を取り込んでいる．たとえば，満期日 T において $\max(S_T-X, 0)$ のペイオフがある，行使価格 X の配当支払のない株式に対するヨーロピアン・コール・オプションの価格は，次式で示される．

$$c=\mathrm{E}^*\exp\Bigl(-\int_0^T r_t dt\Bigr)\max(S_T-X, 0) \qquad (20.2.3)$$

E^* は状態変数に対する「リスク中立的」な定式化を利用した場合の期待値である．

$$dS/S=[\mu-\lambda^*\bar{k}^*]dt+\sigma S^{\rho-1}dW^*+k^*dq^*$$
$$d\sigma=[\mu_\sigma(\sigma)dt+\Phi_\sigma]+v(\sigma)dW_\sigma^*$$
$$dr=[\mu_r(r)dt+\Phi_r]+v_r(r)dW_r^* \qquad (20.2.4)$$

ここで，

$$\Phi_\sigma=\mathrm{Cov}(d\sigma, dJ_w/dJ_w)$$
$$\Phi_r=\mathrm{Cov}(dr, dJ_w/dJ_w)$$
$$\lambda^*=\lambda\mathrm{E}(1+\Delta J_w/J_w)$$
$$\bar{k}^*=\bar{k}+\frac{\mathrm{Cov}(k, \Delta J_w/J_w)}{\mathrm{E}[1+\Delta J_w/J_w]} \qquad (20.2.5)$$

となり，q^* は集中度 λ^* のポアソン・カウンターである．J_w は代表的な投資家の名目的な富に対する限界効用，$\Delta J_w/J_w$ はジャンプが発生したときの確率的なジャンプの割合 (random percentage jump)，dJ_w/J_w はジャンプがない場合のショックの割合 (percentage shock) である．リスク中立的なウィナー過程 W^* の相互の相関関係は，実際の相関関係と同じである．

「リスク中立的」な定式化は組織的な資産，ボラティリティ，金利，ジャンプのリスクに対する適切な補償を取り込んでいる．外国通貨のように連続的に配当利回り r^* を生み出す資産に対しては，資産価格のリスク中立的な確率過程は次式のようになる．

$$dS/S=[r-r^*-\lambda^*\bar{k}^*]dt+\sigma S^{\rho-1}dW^*+k^*dq^* \qquad (20.2.6)$$

r^* が確率的である場合には，その確率過程も同様にモデル化されなければならない．株式に対して配当の支払が離散的に行われた場合，実際の価格もリスク中立のもとでの価格も離散的に下落する．通常，株価の下落の大きさとその時期は予測可能であると仮定される．

Black and Scholes (1973) は連続時間の資本資産価格決定モデルから得られる均衡として —— この特性は Rubinstein (1976)，Brennan (1979) の離散時間の均衡モデルでも考慮されている —— 幾何ブラウン運動のもとでの「リスク中立的」確率過程の導出に焦点を当てた．しかし，Merton (1973) が主張するように，Black-Scholes モデルは次の点で比較的特徴的なモデルである．式 (20.2.2) で示される分布に対する仮定と取引手数料がないという重要な仮定から，配当支払のない株式に対するオプションの価格を，次式で示すような「リスク中立的」な確率過程のもとでの満期ペイオフの期待値の現在価値として評価することに対して，裁定に基づく理由がもたらされている．

$$dS/S=rdt+\sigma dW^* \qquad (20.2.7)$$

この特徴は瞬間的な資産ボラティリティが資産価格の確定的な関数で表されるよう

な，他の拡散モデルでも同様である．裁定評価は，原資産と無リスク債券とを利用した動的な自己資金取引戦略によって，分布に対する制限と取引手数料がないという想定のもとで，オプションのペイオフを複製することができ，それゆえ，オプションの価格は複製されたポートフォリオの初期コストに等しいはずである，という事実を反映している．少額の取引コストが存在する場合でも，連続時間における無裁定の議論が無効になってしまう．また，リスクのない「裁定」の機会の利用が排除されてしまう．しかし，Black-Sholes モデルが無裁定であり均衡モデルであるということは重要である．

他のモデルでは，組織的なボラティリティ・リスク，金利リスク，もしくはジャンプ・リスクの適切な評価が必要である．これらのリスクを評価する際，一般的には，リスクが非組織的であるため，その価格は0であると仮定する（$\Phi_\sigma=\Phi_r=0$；$\lambda^*=\lambda$, $k^*=k$），もしくは観察されるオプション価格から推定される他の（自由な）パラメータ (extra (free) parameters) を伴った，リスク・プレミアムに対する関数形（たとえば，$\Phi_r=\xi r$）を仮定しなければならない．

消費に基づいた資本資産価格決定モデルのような価格決定モデルを利用して，ボラティリティ・リスクや他の種類のリスクの評価を行うことは，これまでのオプション評価に関する文献では通常行われてこなかった[1]．これらのリスク・プレミアムは潜在的に，オプション価格から推測される「リスク中立的」分布と原資産価格の実際の条件付分布との間のくさび (wedge) となりうる．Black-Scholes モデルの場合でさえ，「実際の」確率過程と「リスク中立的」確率過程との関係に制約をおかずに，オプション価格と原資産の時系列との整合性を検証することは不可能である．どちらの確率過程でも瞬間的な条件付ボラティリティ σ は理論的には一致するはずであり，それゆえ原資産の時系列とオプション価格から得られるボラティリティも一致するはずである．しかし，通常利用できる離散的な時系列データをもとにこれらのパラメータを推定するためには，μ の関数形に対する制約が必要となる．この問題は，Grundy (1991), Lo and Wang (1995) の中で議論されており，$\mu(S)=\beta\ln(\overline{S}/S)$ のような強い平均回帰が存在する場合，離散時間の標本ボラティリティと対数差分された資産価格の瞬間的な条件付ボラティリティとの間に大きな相違が生み出されることを指摘した．

それゆえ，オプション価格決定モデルの検証は，ある程度資産市場のリスクプレミアム $\mu-r$ の均衡に対する仮定，もしくは μ の適切な関数形に関する経験的な知識に依存する．

たとえば，上記の例では，一定のあるいはゆっくりと変化するリスク・プレミアムが支持される．しかし，$S<\overline{S}$ のときに買い，$S>\overline{S}$ のときに売るという戦略による投機の機会が大きいことや，資産価格における単位根に関する経験的に証拠によっ

[1] 消費CAPMでは，名目の資産の限界効用は消費の瞬間的な限界効用に関連する．$J_w=U_c(c)$, ここで，c は実質消費，P は価格水準である．

て，強い平均回帰は「妥当ではない」(implausible) と考えられる．

もちろん，リスク・プレミアムが一定であるという条件のもとで，対数差分された資産価格から得られるボラティリティの推定値の確率的な極限は，Black-Scholes モデルで仮定されているような分布であれば，オプション価格から推測されるボラティリティ・パラメータ σ となる[2]．

20.2.2　用語と表現

原資産に対する「先渡価格」F は，将来の現資産の受け渡しを現時点で契約した場合の価格である．外貨のように連続的な配当利回りを支払う資産については，先渡価格と原資産価格には「キャリー・コスト」(cost-of-carry) の関係 $F=Se^{r-r^*T}$ が成り立つ．ここで，r は満期 T の割引債から得られる連続複利利回り，r^* は連続的な配当利回り (外貨建外国債の連続複利利回り) である．確定的離散的な配当支払のある株式の (オプション) について，同様の関係は $F=e^{rT}[S-\Sigma_t e^{-r_t t}D_t]$ となる．ここで，支払われた配当は対応する期間の割引債利回り r_t で現在価値に割り引かれる．先物価格についてのキャリー・コストは 0 である．

コール・オプションは行使価格が原資産の先渡価格と比較して，低い，ほぼ同じ，高い場合に，それぞれイン・ザ・マネー (ITM：in-the-money)，アット・ザ・マネー (ATM：at-the-money)，アウト・オブ・ザ・マネー (OTM：out-of-the-money) と呼ばれる．先物オプションについては，先物価格が先渡価格の代わりに利用される．同様にプット・オプションについても，行使価格が先渡価格もしくは先物価格よりも高い場合，ほとんど同じ場合，低い場合にイン・ザ・マネー，アット・ザ・マネー，アウト・オブ・ザ・マネーである．これらはほとんどの文献において標準的な用語である．現物価格と行使価格との関連をもうけの尺度として利用する場合もある．ITM のプットはもうけが，OTM のコールに対応する．

満期日においてのみ行使可能なヨーロピアン・タイプのコール/プット・オプションはそれぞれ c, p と表記する．一方，満期日以前なら任意の時点で行使可能なアメリカン・オプションは C, P と表記する．ヨーロピアン・オプションの本源的価値 (intrinsic value) とは先渡価格と行使価格との差の現在価値である．コール・オプションの場合には $e^{-rT}(F-X)$ であり，プット・オプションの場合は $e^{-rT}(X-F)$ となる．アメリカン・オプションの本源的価値は，オプションを即座に行使した場合に得られる価値である．コール・オプションの場合は $S-X$ であり，プット・オプションについては $X-S$ となる．オプションの本源的価値は裁定機会の観点から，オプション価格の下限として重要である．オプションの時間価値 (time value) とはオプ

---

[2] Fama (1984) は，金利パリティが通常受け入れられないことは，合理的期待を仮定すれば，外国通貨における時間とともに大きく変動するリスク・プレミアムに関する証拠として解釈されると述べている．また他の説明も含んだ分析結果のサーベイは，Hodrick (1987)，Froot and Thaler (1990)，Lewis (1995) を参照．

ション価格とオプションの本源的価値との差である．

インプリシット・ボラティリティ (implicit volatility) は，幾何ブラウン運動を前提としたオプション価格評価式と，市場で観察されるオプション価格とを等しくするような，対数差分した資産価格の年率の標準偏差である．文法にはのっとっていないが，一般に「インプライド」(implied) ボラティリティと呼ばれることもある．オプションがアメリカンタイプの場合は，インプライド・ボラティリティを計算する際に，原則としてアメリカン・オプションの価格評価式を利用すべきである．しかし，必ずしもこのようなことは行われていない．ヒストリカル・ボラティリティ (historical volatility) は，オプション取引が開始される前の一定の期間，たとえば 30 日間の対数差分された資産価格の標本標準偏差である．

20.2.3　無裁定条件の検証

原資産の時系列の分布とオプション価格との整合性を検証するためには，オプション価格が基本的な無裁定条件を満たしていることが不可欠である．第 1 に，同じ時期の原資産の価格と比較して，コール/プット・オプションの価格はその本源的価値を下回ることはない．また，アメリカン・オプションの価格はヨーロピアン・オプションの価格を下回ることはない．第 2 に，アメリカン・オプションとヨーロピアン・オプションの価格は行使価格に関して単調な凸関数でなければならない．第 3 に，行使価格と満期日が等しい同じ時期のヨーロピアン・コール/プット・オプションの価格はプット・コール・パリティ (put-call parity) を満たさなければならない．一方で同じ時期のアメリカン・コール/プット・オプションの価格は Stoll and Whaley (1986) で議論されているような，ある特定の不等式制約を満たす必要がある．

以上の制約が成り立たない状況が 2 つ考えられる．1 つは，効用 (満足) は飽和しないという基本的な経済上の仮定が棄却されていることである．第 2 には，市場間で価格変化に同期が存在するという問題，データを記録する際の問題，ビッド-アスク・スプレッド，取引コスト等これまで考慮されていなかった問題の影響を反映していると考えられる．また，Cox and Ross (1976 a) で述べられているように，これらの無裁定制約はオプション価格から示されるリスク中立的な確率分布の基本的特性を反映している．行使価格に関してヨーロピアン・オプションの価格が単調関数であることは，リスク中立的確率分布の分布関数が減少しないということに対応している．また，凸関数であることは，リスク中立的分布の確率密度が非負であることに対応している．無裁定制約が大きく侵されている場合には，観察されるオプション価格に整合的な，確率分布に関する仮定は存在しなくなる．

通常，*Wall Street Journal* に掲載されているオプションと原資産の終値に基づいて，無裁定制約が満たされていないということを示す論文に対しては，疑いを抱かせるような理由が存在する．オプション価格は原資産の価格に大きく反応するため，価格データの時点が 15 分程度ずれている場合でも，大きなみせかけの「裁定」機会が存在してしまう．Galai (1979) によって行われた初期の研究では，1973 年の 4～10 月の Chicago Board Options Exchange (CBOE) の株式オプションの終値には，オプション価格が凸関数であるという条件が満たされない場合がある (1000 の観測値の中で 24) が，日中の取引データを利用すると，条件が満たされない場合はなくなってしまうということが示されている．

しかし，価格の時点の違いに注意した取引データを利用して行われた研究でも，オプション価格のかなりの部分がその下限を下回っていることがわかっている．Bhattachrya (1983) は，1976 年 8 月 24 日～1977 年 6 月 2 日の期間，CBOE で取引されている 58 のアメリカン・オプションについて検証を行った．その結果，86137 の記録の中で 1120 (1.30%) がその下限を下回っており，ヨーロピアン・オプションについても 54735 の記録のうち 1304 (2.38%) が下限である本源的価値を下回っていることがわかった．しかし，推定される取引コストを考慮すると正味の利益が得られるのはごくわずかな場合であるということも，Bhattacharya は示している．Culumovic and Welsh (1994) は，CBOE で取引されている株式オプションの価格が，その下限を侵している割合は 1987～1989 年で下落したことを示している．しかし，それでもオプション価格が下限を侵している割合は大きい．

Evnine and Rudd (1985) は，CBOE で取引されている S&P 100 index を原資産とするアメリカン・オプションとアメリカン証券取引所で取引されている Major Market Index (以下 MMI) を原資産としたオプションについて，1 時間ごとのデータを利用して検証を行った．データの期間はオプションの契約が始まってから，最初の年である 1984 年 6 月 26 日～8 月 30 日までである．S&P 100 のコールでは 2.7%，MMI のコールでは 1.6%がオプション価格の下限である本源的価値を下回っていたことが示されている．このような状態はすべて市場が不安定になった 8 月上旬に起こっている．原資産である指数はそれ自体が取引されているわけではなく，指数を構成している株式の価格の集合である．そのため，裁定機会が明らかに存在する場合でも，簡単に利益を得ることはむずかしい．また，株価が指数に反映されるまでに時間が経過してしまうため，裁定機会は報告された指数の値とその時点の指数の「本当」の価値との乖離を反映しているのかもしれない．

Bodurtha and Courtadon (1986) は，フィラデルフィア証券取引所 (PHLX) で取引されている 5 つの通貨に対するアメリカン・オプションを対象に，市場で取引が始まった最初の 2 年間 (1983 年 2 月 28 日～1984 年 9 月 14 日) について検証を行った．コールの取引価格の 0.9%，プットの 6.7%が，テレレートが示す取引された現物の値から計算されるオプション価格の下限を侵していた．取引コストを考慮すると，下限を下回ることはほとんどなくなる．Ogden and Tucker (1987) は，1986 年のポンド，ドイツ・マルク，スイス・フランのコール/プット・オプションについて，CME で取引されている，(time-stamped) 直近の外国通貨先物価格を利用して検証を行った．オプションの本源的価値を下回っていたものは 0.8%のみであり，しかも，ほとんどの場合下回った大きさは小さかった．Bates (1996 b) は，PHLX で取引されているドイツ・マルクのコール/プットの取引価格を，1984 年 1 月～1991 年 6 月の期間で検証した．先物価格から計算される本源的価値を，少しだけ侵していたものが約 1%あった．Hsieh and Manas-Anton (1988) は，ドイツ・マルク先物オプションについて，取引が始まった最初の年 (1984 年 1 月 24 日～9 月 10 日) の正午の取引価格を検証した．コールで 1.03%，プットでは 0.61%が，すべて 4 price ticks 以下であるが下限を侵していた．

オプション価格が本源的価値を下回ったのは，満期が短く，イン・ザ・マネーもしくはディープ・イン・ザ・マネーで時間価値の小さい場合のみである (このようなオプションが取引に占める割合はどの時点でも小さい)．本源的価値を下回った頻度よりも，その大きさの方がより重要である．本源的価値を下回った大きさは，ほとんどの場合，推定される取引コストよりも小さい．よって，下限を下回った原因は，オプション市場と原資産市場とで価格に時間的なずれが存在することやビッド-アスク・スプレッドによるものである可能性を示している．時間的なずれが原因であるという証拠は，さらに次のような研究でも示されている．Stephan and Whaley (1990) は，1986 年の株式オプションの価格は個々の株価の変化から約 15 分遅れていることをみつけた．Fleming, Ostdiek and Whaley (1996) は，1988 年 1 月～1991 年 3 月までのデータを利用して，S&P100 株式指数オプションは原資産である株式指数の，約 5 分間の変化を予測していることを示した．オプション価格がその下限を下回っているということは，質の高い日中の取引データを利用した場合でも，観察されるオプションの価格と原資産価格との関係において測定誤差が存在することを示している．

20.3 時系列データに基づくオプション価格決定モデルの検証

20.3.1 統計的方法

Black and Scholes (1973) で仮定された正規分布のように，対数差分された資産価格が定常的な分布から得られる場合は，オプション価格と原資産の時系列データとの整合性の検証は比較的簡単である．定常的な分布のパラメータを推定する方法は確立されており，オプション価格に対する影響に関しても，統計的な推論を直接応用することができる．たとえば，Lo (1986) は最尤法を用いたパラメータの推定を提案した．分布が定常であれば，時系列情報を前提としたオプション価格の最尤推定値が導き出される．推定されたオプション価格の漸近的な不偏性，正規性に基づいた，オプション価格の漸近的な信頼区間も同様に推定される．もちろん，対数正規分布に対して，規則的な時間間隔 Δt のデータを利用した最尤推定量は，

$$\hat{\sigma}_{\mathrm{ML}}^2 \Delta t = \frac{1}{N}\sum_{n=1}^{N}[\ln(S_n/S_{n-1}) - \overline{\ln(S_n/S_{n-1})}]^2 \tag{20.3.1}$$

であり，通常の分散の不偏推定量と近い関連がある．

$$\hat{\sigma}^2 \Delta t = \frac{1}{N-1}\sum_{n=1}^{N}[\ln(S_n/S_{n-1}) - \overline{\ln(S_n/S_{n-1})}]^2 \qquad (20.3.2)$$

幾何ブラウン運動のもとでは，より多くの標本を利用したり，より高い頻度で標本抽出を行うことで N の値を増加させることができる．よって，原理的には，観察されたオプション価格が原証券の時系列と整合的かどうかを検証するために，任意の狭い信頼区間を設定することができる．唯一の注意点は，確率分布の実際の平均値と「リスク中立的」な平均値とが異なることである．しかし，標本が増加するにつれてこの違いの重要性は低下していく．

学術的な検証を行うため，高頻度の（たとえば，日中）データを利用する場合，まず最初にデータを入手できないという問題が生じる．次に，ビッド-アスク誤差のように，日中データに対して市場のマイクロストラクチャーが大きな影響を及ぼすため，データの有用性が低下してしまう．データのサンプリング期間を拡張するという方法も，ボラティリティが時間とともに変動する場合，その有効性は低下する．Black-Scholes モデルの検証を行う際には，モデルが誤って特定化されていること，原資産に対して常にボラティリティが一定の幾何ブラウン運動を仮定するのは間違っているということを考慮する．

比較的短い時間間隔のデータを利用して，適正なオプション価格の時系列予測を行うために，幾何ブラウン運動を前提とした，さまざまな方法が提案されている．Parkinson (1980) の高値-安値推定は，日中の株価が幾何ブラウン運動すると仮定し，通常報告される 1 日の高値，安値に含まれている情報を利用する．Garman and Klass (1980) は，Parkinson のボラティリティ推定値の潜在的な偏りの原因について述べている．価格が非連続的にしか記録されないこと（報告される高値，安値を偏らせる），ビッド-アスク・スプレッド，また日中とオーバーナイトのボラティリティは発散しうること等について議論されている．

Butler and Schachter (1986) は，標本分散は真の分散の不偏推定量であるが，標本分散をもとにオプション価格評価を行うと，非線形変換によって，偏ったオプション価格の推定値を導き出してしまう．Black-Scholes モデルのオプション価格推定値に対する，小標本最小分散不偏推定量を導いた．この方法では，オプション価格を σ に関する多項式に展開し，対数差分された資産価格に仮定される正規分布に基づいて，σ の 2 乗，3 乗等の不偏推定量を利用する．また，Butler and Schachter (1994) は，30 日間の標本から算出された分散には小標本バイアスが存在するが，通常のオプション市場の効率性の検証においては，とくに小標本のボラティリティ推定値におけるノイズと比較すれば，無視できる程度である．ボラティリティに関する事前情報 (Boyle and Ananthanarayanan (1977)) もしくは，異なる銘柄のボラティリティに関するクロスセクションの分布 (Karolyi (1993)) を利用する，ベイジアン手法も提案されている．

最後に，ARCH と GARCH モデルに関する広範な文献では，ボラティリティが時間とともに変化する場合の，条件付ボラティリティの最適な推定量について，明示的に扱っている．Engle, Kane and Noh (1993) は，オプション市場に関して，これらの手法を適用することの潜在的な有効性を検証している．それぞれ異なった分散の予測手法を用いる架空のトレーダーを想定して，ボラティリティに敏感なストラドル戦略 (1 ATM call＋1 ATM put) によるトレーディングゲームを行った．1968～1991 年までの株式指数データに基づいた分析によって，移動平均「ヒストリカル」ボラティリティを用いたトレーダーよりも，GARCH (1, 1) によってボラティリティを推定したトレーダーの方が，とくに非常に短い満期のストラドル戦略においては，大きな利益を得ることができたという結論が導かれた．しかし，この結果は 1987 年の市場の暴落によって，大きな影響を受けている．

20. 3. 2 Black–Scholes モデル

20. 3. 2. 1 オプション価格決定

原資産価格に幾何ブラウン運動を仮定した，もともとの Black–Scholes モデルは，現在でも他のすべてのオプション価格決定モデルよりも，有効なモデルである．ヨーロピアン・コール・オプションに対する，Black–Scholes の公式は次式で与えられる．

$$c^{\mathrm{BS}}(F,\,T\,;X,\,r,\,\sigma)=e^{-rT}\left[FN\left(\frac{\ln(F/X)+\frac{1}{2}\sigma^2 T}{\sigma\sqrt{T}}\right)-XN\left(\frac{\ln(F/X)-\frac{1}{2}\sigma^2 T}{\sigma\sqrt{T}}\right)\right] \tag{20.3.3}$$

ここで，F は原資産の先渡価格，T はオプションの満期，X は行使価格，r は連続複利の金利，σ^2 は単位時間当たりの瞬間的な条件付分散，そして，$N(*)$ は正規分布関数である[3]．ヨーロピアン・プット・オプションも同様の公式で評価される．アメリカン・コール/プット・オプションの価格も，同様の変数をモデルに対する入力値として用いるが，通常閉じた解は存在せず，数値的に評価されることになる．Black–Scholes モデルの有効性は，インプライド・ボラティリティ —— 適当なオプション価格決定公式と観察されるオプション価格とを等しくするような σ の値 —— がオプションの価格を表示する標準的な方法になったという事実によって示される．

オプション価格決定に関する理論的な論文の多くは，幾何ブラウン運動の想定を何らかの形で維持しており，配当もしくは期前行使がオプション価格評価に与える影響に焦点を当てている．Black and Scholes (1973) は配当支払いのない株式を想定していたが，ヨーロピアン・オプションの価格決定モデルを，連続的かつ一定の配当利回りのある株式 (Merton (1973))，通貨オプション (Garman and Kohlhagen (1983))，先物オプション (Black (1976 b)) に対して拡張した場合でも，上記の公式が直接当て

---

[3] 古典的な Black–Scholes (1973) の公式は，$F=Se^{rT}$ を利用して式 (20.3.3) から得られる．ここで，$F=Se^{rT}$ は配当支払いのない資産に対する適切な先渡価格である．

はまるか，もしくはそれに含まれる．株式で観察されるような離散的な配当の支払いは，とくにアメリカン・オプションの評価の問題との関連で，扱いがよりむずかしいことがわかっている．Whaley (1982) らの論文では，扱いやすいという理由から，配当を含んだ株価より，むしろ**先渡**価格が幾何ブラウン運動に従うと仮定している[4]．この仮定によって，多くとも一度しか配当支払いが行われない場合や，複数の配当支払いがある場合でも，アメリカン・オプションを数値的に評価する際に再結合するような2項ツリーを用いる場合 (Harvey and Whaley (1992 a)) には，比較的単純なアメリカン・コール・オプションの公式が得られる．

アメリカン・オプションに関する期前行使プレミアムの評価は，幾何ブラウン運動を仮定しても，非常に困難であることがわかっている．有効な近似が得られる場合もあるが，通常は，計算上非常に負荷がかかるような，基となる偏微分方程式に対する数値的解法が必要となる[5]．Kim (1990) と Carr, Jarrow and Myneni (1992) は，「自由境界値をもつ」アメリカン・オプションの評価の問題に対して明快な考察を示した．このことによりごく最近，より有効なアメリカン・オプションの評価手法が生み出された[6]．境界条件の適切な定式化とそのオプション価格に対する影響への関心が，表面化し続けている (Valerio (1993) で議論されている，S&P 100 指数オプションにおける「ワイルドカード」の特徴等)．もちろん，エキゾチック・オプション評価の基礎にもなっている．初期の実証研究における主要な関心事は，期前行使プレミアムに関して，便宜的な修正を加えたヨーロピアン・オプション価格決定モデルを利用することが，報告されるオプション価格決定における誤差の原因であるかということであった．たとえば，Whaley (1982)，Sterk (1983)，Geske and Roll (1984) がある．

結果的に多くの論文は，アメリカン・オプションの価格が対応するヨーロピアン・オプションの公式でよく近似される場合を主に取り上げている．株式オプションについては，配当支払いのない，もしくは配当金額が低い株式に対するコール・オプションのみが検証されている．通貨に対するアメリカン・コール (プット)・オプションは，国内金利が外国金利よりも高い (低い) 場合，ヨーロピアンタイプの通貨オプションの価格でよく近似される (Shastri and Tandon (1986))．

20.3.2.2 Black-Scholes モデルの検証

対数差分された資産価格の時系列からボラティリティを推定し，その推定結果を用いて Black-Scholes モデルから算出されたオプション価格と，実際に観察されたオプション価格とが一致するのかを検証している論文は，少ないながらも存在する．1

---

4 第三者に渡った配当の現在価値を，株価から控除したものが幾何ブラウン運動に従うという Whaley の仮定は，フォワード価格 $F=e^{rT}[S-\Sigma_t e^{r_t t}D_t]$ が幾何ブラウン運動すると仮定していることに等しい．

5 例として，MacMillan (1987) や Barone-Adesi and Whaley (1987) は，原資産価格に幾何ブラウン運動を想定し，アメリカン・オプションの評価に対して2次の近似を行った．Broadie and Detemple (1996) は，他の数値的な手法の有効性に関するよいサーベイである．

6 たとえば，Allegretto, Barone-Adesi and Elliott (1995)，Broadie and Detemple (1996) を参照．

つ目の理由は，Black-Scholes モデルにおける無裁定の基礎は，Black and Scholes (1972) で行われているように，ダイナミックにオプションを複製した場合に得られる利益を用いて「市場の効率性」を検証するための手順を直接示していることである．第 2 に，ボラティリティが時間とともに変化することは，以前から認識されていたため，逆の検証を行ってみることや，オプション価格から推測されるボラティリティが，実際に将来の資産価格のボラティリティに対する適正な評価になっているのかということを分析することは，当然のことであった．前者の検証は次項で述べるが，後者については以下の 20.4.3 項でサーベイを行っている．

クロスセクションの分析やイベントスタディの手順を利用して，株式のボラティリティとオプション価格との全体的な一致性に関する検証が，さまざまな論文で行われている．Black and Scholes (1972) と Latané はボラティリティの高い銘柄はそのオプション価格も高い (同様に，インプライド・ボラティリティも高い) という傾向があることをみつけた．しかし，Black and Scholes (1972) は，クロスセクションの関係では，高いボラティリティの銘柄は次期のオプション価格が高く予測され，低いボラティリティの銘柄は低く予測されるという点で不充分であるということを示した．Black and Scholes が行った検証は，1966～1969 年までの店頭市場で取引されている株式オプションについてであるが，同様の関係が Karolyi (1993) によると，1984～1985 年までの CBOE で取引されている株式オプションの検証で発見された．この結果は，ボラティリティの推定値に含まれる誤差，変数誤差の問題によって引き起こされている可能性がある．Choi and Shastri (1989) は，ボラティリティを推定する際のビッド-アスクに関連した偏りによって，この問題に説明を与えることはできないと結論付けた．Blomeyer and Johnson (1988) は，Parkinson (1980) による株式ボラティリティの推定値を利用して，1987 年の株式プット・オプションの価格を推定すると，期前行使のプレミアムを調整した後でも大きく過小推定していたことを発見した．

ボラティリティの予測可能な変化に関するイベントスタディは，さまざまな結果を示した．Patell and Wolfson (1979) は，株式のインプライド・ボラティリティは利益が発表されるまで上昇し，発表後大きく下落するということを発見した．このことは，不確実性に関する予想と整合的である．Maloney and Rogalski (1989) は，普通株式のボラティリティについて，年末と 1 月の予測可能な季節変動は，実際にコール・オプションの価格に反映されていることをみつけた．対照的に，Sheikh (1989) は，株式分割が行われると株式ボラティリティが増加するという予測は，株式分割が発表されたときには，1976～1983 年の期間で，CBOE で取引されているオプションの価格に反映されていないことをみつけた．しかし，株式分割が実際に行われると，すぐにオプション価格に影響を与えた．

通貨と株価指数のオプションに関するクロスセクションの検証結果では，原資産におけるリスクと整合的であることが示されている．Lyons (1988) によって報告された，ドイツ・マルク，ポンド，円の通貨オプションの 1984～1985 年までのインプライド・ボラティリティは，原資産である通貨のボラティリティ(年率10～15%)の大きさと同様の値であった．株価の大暴落が発生した1987年の直前の3年間における，S&P500指数先物に対するオプションのインプライド・ボラティリティは15～20%であった(Bates(1991))．この値は，暴落前の株式市場における通常のボラティリティ推定値と同じ大きさである．

ボラティリティの高い資産に対するオプションは，通常インプライド・ボラティリティが高いということが再認識される．とくに，ボラティリティの値が5%のカナダ・ドルから30～40%の個別株までを考慮した場合には，この結果は顕著に表れる．インプライド・ボラティリティの分析やARCH/GARCHモデルによる分析において，ボラティリティが時間とともに変化することについて多くの証拠が発表されている．そのため，ボラティリティが一定であることを前提とした，原資産の時系列とオプション価格との詳細な比較分析の有効性について疑問が向けられた．

20.3.2.3 取引戦略によるオプション市場の効率性の検証

Black and Scholes (1972)から始まる多くの論文で，オプションの価格が誤って評価されていることを示す，ダイナミックな取引による裁定機会に関する検証が行われた．この検証は，最初にボラティリティの測定を行う．Black and Scholesは，直近1年のデータから推定されたヒストリカル・ボラティリティを利用したが，他の論文では前日のインプライド・ボラティリティを利用した．ある特定の日に取引されているすべてのオプションをBlack-Scholesモデル(もしくは，アメリカン・オプションに関する変形)を利用して評価する．その後，モデルによって「過大評価」または「過小評価」されたオプションを特定する．オプションのポジションは，原資産の変動を相殺するように推定ボラティリティに基づく「デルタ」を利用して毎日調整される．統計的に有意な大幅な利益が得られた場合に，Black-Scholesモデルが棄却されたと解釈される．多くの場合，この利益はヘッジ・ポジションを毎日変更することに伴う，取引コストを差し引いて報告される．日次のヘッジは通常不完全であり，報告利益はリスクを伴う．よって，シャープ比率(Sharpe ratios)やジェンセンのアルファ(Jensen's alpha)を用いた，リスク調整後の平均利益が報告される場合もある[7]．

市場の効率性を検証する場合の大きな問題として，標本を選択する際の偏りに非常に影響されやすいということがある．原資産の価格と(オプションや原資産に関する)ビッド-アスク・スプレッドの同時変動が不完全である場合，とくに価格の低いアウト・オブ・ザ・マネーのオプションは，オプション価格の大きな誤差率を生み出してしまう[8]．よって，事前の情報のみが利用されるように注意深く構築された事前(ex

---

7 市場の効率性に関する初期の検証のサーベイはGalai (1983)を参照．

8 Black-Scholesモデルでは，オプション価格の原資産価格に対する弾力性は，大きくアウト・オブ・ザ・マネーのオプションでは無限大に達する．このことは，原資産価格の小さな誤差率がオプション価格に大きな影響をもたらすということを示している．George and Longstaff (1993)はS&P100指数オプションのビッド-アスク・スプレッドは，1989年のオプション価格の2～20%の範囲にあることを報告した．

ante)の検証によっても，オプションや原資産を，「過大」もしくは「過少」評価された価格で取引できるかは保証されない．この例は，Shastri and Tandon (1987) による取引データを利用した検証で示されている．単一の取引で享受することができる明らかな裁定機会でも，取引が遅れてしまうと平均利益は大きく減少することが報告されている．この問題は，初期の研究では，価格の同時性が満たされていない終値のデータを利用しているため，さらに悪化している．

さらに，オプション取引から得られた利益は，通常大きく歪みかつ尖った分布に従うという統計上の問題がある．この点は，ヘッジされていないオプションのポジションについて明らかに当てはまる．オプションを購入した場合，損失は限られているが，潜在的な利益の上限には限りがない．Merton (1976) は，このような分布が，デルタヘッジされたポジションや定式化に誤りがある場合にも当てはまることを指摘した．真の確率過程がジャンプ拡散過程であり，オプションが正しく評価されている場合，正確にデルタヘッジされたオプションのポジションから得られる利益は，純粋なジャンプ過程に従う．この「超過」リターンは，多くの場合資産価格がジャンプしたときの大きな損失で相殺される．利益の分布が歪み尖っていることが問題を引き起こすことは，漸近的にはないかもしれないが，通常利用される1～3年の標本に基づいて，平均的には超過利益がないという帰無仮説に対して t 検定を行うことが，信頼できるのかは，まだ検証されていない．

ほとんどの「市場の効率性」の研究の3番目の問題は，どのオプションが誤って評価されているのかということに対して，何ら情報を与えないということである．通常の検証方法においては，行使価格や満期の違うオプション，ときには銘柄の違うオプションでさえプールして利用する．「過小評価」されたオプションを購入し，「過大評価」されたオプションを売却する．そして，ポジション全体の利益を計算する．このような方法は，前述したようなデータや統計上の問題点に影響されるが，すべてのオプションがBlack-Scholesモデルによって評価されているという仮定を検証する際には有効である．しかし，総括的に仮説が棄却されても，なぜBlack-Scholesモデルが棄却されたのか，他にどのような分布を仮定することがより有効であるのか，ということに関してはほとんど示されない．よって，より詳細な検証が必要である．たとえば，市場のボラティリティの評価はすべてのオプションに影響を与える．また，より高次の積率が誤って評価されている場合には，行使価格の異なるオプションに対しては異なった影響を与えることになる．明らかに裁定機会の多くは，データの問題に影響を受けやすいアウト・オブ・ザ・マネーのオプションに存在するのではないか，ということに関してより詳細な分析を行うことは非常に有効である．アット・ザ・マネーのコール/プット・オプションに焦点を絞った，Fleming (1994) のような研究は，信頼性が高く情報量も多い．

多くの研究では，離散時間において，ポジションをヘッジするための取引コストを考慮すると，超過利益はなくなってしまうということが示されている．たとえば，

Fleming (1994) を見よ．一方，実務家の観点からは，Black-Scholes モデルが棄却されない場合でも，その結論が確実であるとは考えられていない．取引コストが存在する場合には，Black-Scholes モデルにおける無裁定条件が無効になってしまう．日次でヘッジを行う場合，取引コストを考えると，裁定機会はほとんど存在しなくなる．しかし，Black-Scholes モデルは無裁定であると同時に均衡モデルでもある．このことを検証するには，「誤って評価された」オプションに投資したり売却したりすることは，「リターン/リスクのトレードオフの観点から極端に有利な投機の機会であるのか」，を検討することが必要である．しかし，資産評価の文脈でオプション価格決定モデルを検証するには，とりわけ，オプションの収益率が歪みかつ尖った分布である場合には，これまで利用されてきたものよりも，十分な長期間のデータが必要とされる．

20.3.3 分散弾力性一定モデル

Cox and Ross (1976 b) において，分散弾力性一定 (CEV : constant elasticity of variance) オプション価格決定モデル

$$dS/S = \mu dt + \sigma S^{\rho-1} dW \qquad (20.3.4)$$

の特別な場合 ($\rho=1/2$, $\rho=0$) が，初めて示された．続いて，MacBeth and Merville (1980), Emmanuel and MacBeth (1982) そして Cox and Rubinstein (1985) により一般的なモデルが示された．このモデルはいくつかの理由で注目を集めた．第 1 に，このモデルは Black-Scholes モデルと同様に無裁定条件に基づいているということである．第 2 に，このモデルは，ボラティリティの変化と株式の収益率には負の相関があるという Black (1976 b) の認識と一致している．この負の相関はその後，少し誤解を招くかもしれないが，「レバレッジ効果」(Leverage effects) の影響であると考えられた[9]．このモデルは，時間とともに変化するボラティリティを説明し，特定化することができる可能性を初めて示した．第 3 に，CEV モデルは Black-Scholes モデルと比較して，オプション価格決定の偏りを説明できた．第 4 に，このモデルは企業が倒産した場合に関しても適合する．「インプライド 2 項ツリー」を利用した最近のモデル (Dupire (1994), Derman and Kani (1994), Rubinstein (1994)) は CEV モデルの一般化であると考えることができる．これらモデルは，瞬間的な条件付ボラティリティを資産価格と時間に関する，柔軟でかつ確定的な関数としてモデル化している．

Beckers (1980) は 1972～1977 年までの日次データを利用して，47 銘柄の CEV モデルのパラメータを推定した．その結果，リターンの分布は対数正規分布よりも一貫して歪度が小さく ($\rho<1$)，通常は負に歪んでいる ($\rho<0$) ことを発見した．観察され

---

[9] Black (1976 a) は，財務もしくは営業レバレッジのモデル (たとえば，株主は金利支払いと他の固定的な費用を除いた正味利益を受け取ることができるというモデル) はこの相関に関して部分的な説明を与えていることを示した．しかし，このレバレッジ効果は，価格とボラティリティの相互作用の大きさを説明するには，不十分であることも示している．

るオプション価格との整合性について，明確な検証は行っていないが，$\rho=1/2$ と $\rho=0$ の場合のオプション価格のシミュレーションを行った．Gibbons and Jacklin (1988) は，1962～1985 年までのより長期のデータを用いて，株価の分析を行った．推定された ρ は，ほぼ一貫して 0～1 の値を取った．Melino and Turnbull (1991) は，1979～1986 年の期間，5 つの通貨について CEV 過程を推定した．ρ に対しては，0～1 の離散的な値を取るように制約を付けた．ほとんどの場合，幾何ブラウン運動の仮定 ($\rho=1$) は棄却された．通貨オプションのデータが得られる 1983～1985 年までのデータを用いて推定し直すと，考慮されたすべての値について，時系列データと推定されたオプションの価格に関するものとで同じ値が観察された．フィラデルフィアの通貨オプション市場が始まった最初の 2 年間では，すべての CEV モデルはオプション価格を過小推定していた．

一般的に，CEV モデルは株価指数，通貨オプションについて適切ではないように思われる．とくに，株式オプションについては望ましくない．株式については企業が倒産するということがありうるが，株価指数や通貨について倒産はありえない．証券の収益率の分散が，名目的な原資産価格の確定的で単調な関数としてモデル化されることは，株式オプションに対しては重要なことであるのかもしれない．資産価格が単位根をもち，ドリフトが 0 以外の場合，$\rho\neq1$ の CEV モデルは，長期的には分散が無限大か 0 になるということを意味している．「インプライド 2 項ツリー」モデルも同様の問題をかかえている．それゆえ，モデルが基本的な定式化の誤りを示している場合，パラメータに関するキャリブレーションを繰り返し行う必要がある．

20.3.4　確率的ボラティリティと ARCH モデル

資産の収益率のボラティリティが大きくかつ持続的に変化しているということに関して，多くの証拠が Bollerslev, Chou and Kroner (1992) にまとめられている．1970 年代，理論家は確率的ボラティリティのもとで数値的にオプションの価格を求める方法を発展させてきた．もっとも有名な定式化は，瞬間的な条件付ボラティリティの対数が次のような Ornstein-Uhlenbeck 過程に従うというものである．

$$d(\ln\sigma)=(\alpha-\beta\ln\sigma)dt+v\,dW_\sigma \qquad (20.3.5)$$

この場合，対数を取ることにより，ボラティリティが負の値を取らないようにしている．次の平方根確率的分散過程，とりわけ Cox, Ingersoll and Ross (1985 b) で利用されたものが注目されてきた．

$$d\sigma^2=(\alpha-\beta\sigma^2)dt+v\sqrt{\sigma^2}\,dW_\sigma \qquad (20.3.6)$$

このモデルでは $2\alpha<v^2$ の場合，値が 0 になったときには反転するようになっている．ボラティリティ，資産，金利の変動の相関関係に関しては，さまざまな想定が存在する．前者の確率過程に関しては，ボラティリティ，資産，金利の変動が無相関である場合，ヨーロピアン・オプションの価格決定は，(必ずしも妥当性は向上していな

いが)たいへん扱いやすくなった．対照的に，後者の確率過程に関しては，Heston (1993 a) と Scott (1994) によって示されたフーリエ逆変換を利用した手法によって，ボラティリティの変動と資産，金利の変動に相関がある場合でも，ヨーロピアン・オプション価格決定は容易になった．拡散過程を想定することが正しいのかといった，定式化の正しさに関する実証研究はこれまで比較的少なかった．式(20.3.5)，(20.3.6)のリスクが調整された形を利用して，オプションの価格決定を行う際には，20.2.1項で議論したように，ボラティリティのリスク・プレミアムについて，その関数形と大きさに関する仮定が必要となる．

離散的なデータを利用してボラティリティの確率過程を推定するのは，2つの観点から困難であるということがわかっている．第1に，ボラティリティは直接観察できないため，確率過程のパラメータを最尤法で推定することは，計算負荷が大きかったり，本質的に不可能であったりする．そのため，確率過程のパラメータは，短期間の標本分散をボラティリティの近似値とみなしてその時系列分析を行ったり，証券の収益率の無条件分布からモーメント(積率)法で推定するということになる．

第2に，確率的ボラティリティのもとでのオプション価格の時系列推定値を検証するためには，現在の瞬間的な条件付ボラティリティを評価することが必要である．資産の収益率の過去の情報から，ボラティリティの水準の特定化するというフィルトレーション(filtration)は困難である．拡張されたカルマン・フィルターを利用したMelino and Turnbull (1990) は，オプション評価においてフィルタリングの問題を直接扱った，数少ない論文の1つである[10]．確率的ボラティリティに関して，オプション価格決定における他の「検証」としては，パラメータ推定値のオプション価格に対する影響のシミュレーション分析(たとえば，Wiggins (1987))や，パラメータの推定値を与えて，オプション価格から瞬間的な条件付ボラティリティの推定を行うといったものがある．後者のような混合手法，2段階手法の例として，株式オプションを対象としたScott (1987) や通貨オプションを対象としたChesney and Scott (1989) らの研究がある．

確率的ボラティリティのオプション価格決定モデルに関して，Black-Scholesモデルと比較して，検証すべき点が3つある．第1に，ボラティリティが時間とともに変化することを仮定した場合，Black-Scholesが仮定したような，対数差分された資産価格から推定されるボラティリティを一定とする場合と比較して，オプション価格に対する(同様にインプライド・ボラティリティに対しても)予測力が高い．第2に，ボラティリティが平均回帰する場合，満期の異なるオプションから推定されるインプライド・ボラティリティの期間構造は，現在のボラティリティが長期平均の水準と比較

10 Scott (1987) はカルマン・フィルター手法を利用してボラティリティの水準を推定することを提唱した．この手法はHarvey, Ruiz and Shepherd (1994) によって実行された．Kim and Shepherd (1993) は証券の収益率とボラティリティの確率過程が同時正規分布するという，カルマン・フィルターにおける想定が成り立たない場合を扱っており，その対処法を提案した．

して低い(高い)場合には，上向き(下向き)である[11]．第3に，確率的ボラティリティ・モデルによって示される正に歪みかつ尖った資産収益率の分布は，行使価格の異なるオプションの価格/インプライド・ボラティリティのパターンに反映されている．これらは対数正規分布から得られる場合とは異なっている．

これまで述べてきた論文の中には，第1の検証を扱ったものはない．Melino and Turnbull (1990) は時間とともに変化するボラティリティを測定し，それを確率的ボラティリティ・モデルや連続的に再調整された σ_t を，Black–Scholes モデルに代入した．しかし，混交手法を利用した場合，第1の検証は不可能である．それゆえこれらの論文では，推定された確率的ボラティリティは，満期 T のとき分散 $\sigma_t^2 T$ の正規分布を仮定した場合に得られるボラティリティと比較して，行使価格や満期の異なるオプション価格のクロスセクションのパターンを説明することができるのか，ということに焦点が当てられている．

Melino and Turnbull は，1983年2月～1985年1月までの期間において，カナダ・ドルに対して確率的ボラティリティ・モデルを利用した場合，推定されたボラティリティは，オプションの価格を平均的に過小推定することをみつけた．しかし，連続的に再調整されたボラティリティを用いた Black–Scholes モデルと比較して，予測されたオプション価格の平均平方評価誤差，平方根平均平方評価誤差は低下したことをみつけた．誤差が低下したことの大部分の理由は，確率的ボラティリティ・モデルを利用することで，インプライド・ボラティリティの期間構造に対する予測能力が，Black–Scholes モデルで仮定する水平な期間構造と比較して，高くなったということによる．予測されるオプション価格と実際のオプション価格とをより一致させるため，ボラティリティのリスクプレミアムを慎重に選択する必要がある．リスク・プレミアムはモデルで自由に決定できるパラメータで，インプライド・ボラティリティの期間構造に大きな影響を与える．リスク・プレミアムの符号と大きさが，ボラティリティ・リスクを反映しているかどうかは，検証されていない．

Melino and Turnbull (1990) は，Hansen (1982) の一般化モーメント法 (GMM：generalized method of moments) に関連して，47の積率条件を利用した．そして，標準誤差が非常に小さくなるようにパラメータを推定した．積率条件の選択に結果が影響されやすいため，推定されたパラメータや予測されるオプション価格を，他の文献と同じように信頼することはむずかしい．たとえば，Wiggins (1987) は，主に標本分散の積率から確率的ボラティリティのパラメータを推定した．その結果，2，4，8日のどの標本分散を利用するかに大きく影響されるということがわかった．Scott (1987)，Chesney and Scott (1989) は，資産収益率の無条件の2次と4次の積率に完

---

[11] おおまかにいえば，インプライド・ボラティリティは，リスク中立的な期待平均ボラティリティである．ボラティリティのリスク・プレミアムが存在するために，通常の期待平均ボラティリティとは異なることに注意．インプライド・ボラティリティに関する他のありうる問題点は，20.4.1項で述べている．

全に等しくなるようにモーメント法を利用した．Chesney and Scott (1989) で報告された標準誤差はかなり曖昧な結果を示している．さらに，4次の積率を利用しているため，定式化の誤りに影響されやすい．このことは，裾の厚い分布を生み出すような原資産価格に対する独立のショックを原因とする，無条件な leptokurtosis の変動するボラティリティによるものである[12]．

時間とともに変動するボラティリティに対するさまざまな自己回帰条件付不均一分散 (ARCH：autoregressive conditionally heteroskedastic) モデルは，離散的な資産価格データからボラティリティの確率過程と現在の水準とを推定するという2つの問題点により適している．これらのモデルは，データの抽出を連続時間の極限において行うと，確率的ボラティリティモデルに収束する (Nelson (1990))．真のボラティリティの確率過程が拡散過程に従う場合，定式化に誤りがある場合でさえ，条件付分散の (フィルトレーション・ベースで) 一致推定量を与える (Nelson (1992))．よって，ARCH モデルは，時系列データから推定されたボラティリティと観察されたオプション価格との整合性を検証するのに適している．しかし，推定された ARCH 過程を利用してオプション評価を行うことは困難である．ボラティリティ・リスク・プレミアムに対して適切な仮定を行った場合には，リスク調整済の資産価格と資産ボラティリティの確率過程に対して，モンテカルロ・シミュレーションを行い，ヨーロピアン・オプションの価格評価を行うことができる．しかし，オプション取引の大部分を占めるのは，モンテカルロ・シミュレーションを適用しにくいアメリカン・オプションである．

ARCH モデルに基づくボラティリティを利用したオプション価格決定に関する研究として，通貨オプションに対する Cao (1992)，商品オプションに対する Myers and Hanson (1993)，株式オプションに対する Amin and Ng (1994) がある．これらの3つの論文はすべて，ARCH モデルに基づいてボラティリティの評価を行い，推定された値を Black-Scholes オプション価格決定モデルもしくは ARCH オプション価格決定モデルに代入している．よって，これらの確率的ボラティリティを扱った論文では，ARCH モデルを用いてボラティリティの平均回帰性や高次の積率の異常値を取り入れることで，満期日が T のとき $\hat{\sigma}_t^2 T$ の正規分布を想定する場合と比較して，行使価格や満期日の異なるオプション価格を，うまく捉えられるかということに焦点が当てられている．3つの論文はすべて，それぞれ理由は異なるが，ARCH モデルに基づいたオプション価格決定モデルによって，Black-Scholes モデルの誤差を修正することができることを示している．Cao (1992) は，Nelson (1991) の EGAR

[12] Bollerslev, Chou and Kroner (1992) で議論されているように，GARCH モデルを利用してきた人びとは，ボラティリティが時間とともに変動することを認めても，資産収益率の無条件分布における leptokurtosis のすべてを説明することはできない，と結論付けてきた．現在の GARCH モデルは，資産価格に対する，fat-tailed shock を仮定する傾向にある．Ho, Perraudin and Sorensen (1996) は GMM を利用してジャンプ項をもつ確率的ボラティリティ資産評価モデルを推定した．ジャンプ項が含まれると，パラメータの推定値に大きな影響を与えることを示した．

CH モデルを用いると．Black–Scholes モデルが仮定するようなボラティィリティを用いた場合と比較して，DM オプション価格の予測に対して有効であることを示した．だたし，なぜ有効であることの理由は明らかではない．Myers and Hanson (1993) はダイズ先物に対してローリング回帰 GARCH (1, 1)/スチューデントの t 過程を推定した．このモデルが，Black (1976 b) の幾何ブラウン運動のモデルと比較して，ダイズ先物オプション価格の予測に対する有効性は，主に GARCH モデルがボラティィリティの平均回帰性を認めているためであることを発見した．Amin and Ng (1994) は，1987 年の株式市場の大暴落を含む直近 3 年間のデータを繰り返し用いて，さまざまな ARCH モデルを推定した．1988 年 7 月～1989 年 12 月の暴落後の株式オプション価格を，ARCH モデルによってどの程度予測できたのかを検証した．すべてのモデルにおいて，観察された価格と比較して過大推定であり，また，オプションがイン・ザ・マネーあるいはアウト・オブ・ザ・マネーかどうか，あるいは満期日に関連した偏りをもっている．Black–Scholes モデルと比較して，GARCH モデルによる予測の方がすぐれている．さらに，EGARCH のように，大きく負に歪み尖った分布を仮定したモデルは，尖っているが基本的には対称な分布を仮定した GARCH (1, 1) モデルよりも，全般的にオプション評価における平均絶対誤差で判断して有効である．Amin and Ng によって示されたオプション価格決定における有効性は，明らかに，暴落後の株式オプション価格から示される，負に歪んだ尖った分布を有効にモデル化している．

全般的には，時系列データから推定される確率的ボラティリティや ARCH/GARCH モデルに基づくオプション価格決定モデルの検証は，まだ初期の段階であり，確定的な結論は得られていない．Engle, Kane and Noh (1993) が行ったオプション・トレーディング・ゲームのシミュレーションの結果，GARCH (1, 1) モデルは標本ボラティリティを移動平均によって推定する場合と比較して，ボラティリティの有効な推定方法であることを示した．しかし，GARCH (1, 1) モデルがオプション価格の予測においても有効であるのかは，直接検証されていない．

同様に，いくつかの確率的ボラティリティのキャリブレーション (たとえば，Heston (1993 a)) は，確率的ボラティリティに対する高次の積率の影響は，オプション価格には大きく影響しないということを示している．しかし，このキャリブレーションの時系列的な妥当性は明確に示されてはいない．Amin and Ng (1994) で示された推定値は，反対の証拠を示している．ただし，1987 年の株式市場の暴落が，条件付正規分布から得られた極端な値であるというモデルの仮定には，疑問が残る．

通貨オプションに関して，時変ボラティリティ・モデルにおいて検証できることは，条件付ボラティリティとオプション価格から推定されたインプライド・ボラティリティとが一致するのかということである．ボラティリティの平均回帰過程における主要な推定値が，インプライド・ボラティリティの期間構造と一致するのかということも検証できる．株式と株価指数オプションに関しては，確率的ボラティリティに基づいて原資産価格の時系列データからオプション価格を推定する際に，1987年10月19日の市場の暴落から生じるこの大きな外れ値が困難な問題を引き起こすと思われる．

20.3.5 ジャンプ拡散過程

Merton (1976) は，資産収益率の分布が対数正規分布よりも裾の厚い分布である場合，Black-Scholes モデルから得られるオプションの価格と比較して，ディープ・イン・ザ・マネー，ディープ・アウト・オブ・ザ・マネー，もしくは満期の短いオプションについては，高い価格で売られる傾向があり，ニア・ザ・マネーと満期までの期間が長いオプションは安く売られる傾向があることを示した．Merton は，ジャンプ・リスクは分散可能であり，ジャンプは独立かつ対数正規分布すると仮定して，ジャンプ拡散過程 (jump-diffusion processes) のもとでオプションの価格評価を行った．その後，Jones (1984)，Naik and Lee (1990)，Bates (1991) は，Merton のモデルは，パラメータに修正を加えると，ジャンプ・リスクが分散不可能であるという想定のもとでも適切であることを示した．ほかにも裾の厚い分布を仮定したオプション評価モデルが提案されている．たとえば，McCulloch (1987) の安定パレート・モデル，Madan and Seneta (1990) の分散ガンマ・モデル，Heston (1993 b) のガンマ過程等である．

現在までは，オプション評価モデルの時系列データに基づく検証では，Merton (1976) のモデルのみが利用されてきた．キュムラント (cumulants) の手法を利用した Press (1967) による初期の研究以外のほとんどの論文で，尤度関数の無限級数展開を行い，低次で近似した尤度を用いた最尤推定を行っている．Ball and Torous (1985) は，1981年1月1日～1982年12月31日までの期間で配当込みの日次収益率を利用して，NYSE で取引されている30銘柄について平均0のジャンプをもつジャンプ拡散過程を推定した．彼らは，1983年1月3日の時点で CBOE と AMEX で取引されている，これらの銘柄のアメリカン・コール・オプションと行使価格と満期日が等しいヨーロピアン・オプションの理論価格を，Merton と Black-Scholes のモデルから算出した．満期まで1カ月未満である1月限のアウト・オブ・ザ・マネーのオプションを除いて，Merton と Black-Scholes モデルから意味するオプション価格は基本的には違いはないと結論付けた．Trautmann and Beinert (1994) は1981～1985年までと1986～1990年までのデータを利用して，14銘柄のドイツ株について高頻度（1日当たり0.3～2.2回のジャンプ）で小幅なジャンプの推定を行った．推定結果を用いて算出されたオプション価格は，ジャンプを含まないような定式化を行った場合とほぼ同じ値になった．

Jorion (1988) も，同様に，1974年1月～1985年12月までの週次，月次のデータを利用し，アメリカ・ドル/ドイツ・マルク為替レートとシカゴ大の CRSP の時価加重株価指数に対して，ジャンプ拡散過程のパラメータを推定した．ジャンプのない条件付ボラティリティに対して，ARCH (1) の定式化を行った場合と行わない場合の両方を推定した．ジャンプの大きさは平均 0，標準偏差 1.17% で週当たり 1.32 回と推定された．満期まで 1 カ月未満の OTM のオプションに対しては，Black-Scholes モデルと比較してかなり大きな偏りを生み出す．しかし，満期までの期間が長いオプションに対しては無視しうる影響しか与えない．Jorion は，この偏りはすべてではないが部分的には Bodurtha and Courtadon (1987) によって報告された 1983～1985 年までのドイツ・マルク・オプションにおける偏りと整合的であると述べている．ただし，明確な整合性の検証は行っていない．CRSP 株価指数に関して，Jorion はジャンプ幅が平均 0，標準偏差 3.34% で週当たり 0.17 回と推定している．シミュレーションによって，満期まで 1 カ月未満のオプションに対しては，価格評価にもっとも大きな影響を与え，満期までの期間が長いオプションに関しても多少の影響を与えることが示されている．推定された価格評価の偏りが，実際に観察される株価指数オプションにおける評価の偏りと整合的であるかどうかは述べられていない．

日次，週次データから推定されるジャンプ拡散過程のパラメータは，通常満期の非常に短いオプションに関連する高頻度で小幅なジャンプを示す．Ederington and Lee (1993) で述べられているように，これらの推定値は，マクロ経済や企業特有のデータの発表から生じる，でこぼこした情報流列を拾い上げていると思われる．1～6 月のオプション評価におけるアノマリーを説明するような，頻度が低く幅の大きなジャンプが存在するのかどうかを検証するのは困難である．また，通常利用されるような (10 年以下の) 短期間のデータから頻度の低いジャンプを識別することは困難であるため，単一のジャンプ過程のパラメータ推定値は，特定化できる高い頻度で発生するような現象に吸い寄せられてしまう．この解決法としては，データを拡大するか，または 2 つ以上の独立なジャンプ過程を想定する．しかし，筆者の知る限りでは，このような方法を金融データに適用した論文は存在しないこと等がある[13]．

20.4　インプライド・パラメータの推定

オプション価格決定モデルを検討する際に，オプション価格を利用して，分布のいくつか，もしくはすべてのパラメータを推定することが一般的になってきた．つまり，原資産価格の時系列データからパラメータを推定するのではなく，仮定される価格評価モデルをオプションの価格が満たすようにパラメータが逆算される．インプライド・パラメータに関心が注がれるのは，オプションは将来を反映した資産であり，その価格は，将来ボラティリティ等，分布の積率に影響されているからである．オプションに対する学術的な関心の大部分は，原資産の将来の分布に対する市場の期待を示す，オプション価格の潜在的な能力を反映したものである．将来に対する市場の期待は，時系列分析から推定することはたいへん困難である．

13　推移確率密度に対して複数の無限大の系列の和の表現が与えられるという最尤法の問題は，これらの密度関数を評価するために特性関数のフーリエ逆変換を利用することでも解決される．

インプライド・パラメータを推定する際の主要な問題は，これに関連する統計的な理論が存在しないということである．オプション評価モデルは内在するパラメータと分布の構造が明確にわかっているということを前提としている．よって，インプライド・パラメータは本質的には推定というより，むしろ逆算である．ここで，K 個のパラメータと $N+K$ 個のオプション価格が存在する場合には，明らかに過剰識別の問題が発生してしまう．また，オプション価格には測定誤差があるため，インプライド・パラメータはそれぞれ異なったオプション価格の情報を総合していると考えられるが，さまざまなオプションから推定されたパラメータが一致しない場合は，定式化の誤りを反映しているのかもしれないということを常に理解しておく必要がある．インプライド・パラメータを含んだ検証は，本質的に2つの段階で構成される．まず，情報(たとえば，インプライド・ボラティリティ)をオプション価格から推定する．このとき，異なるオプションから得られる情報を何らかの手法を用いて統合する．次に，この情報を帰無仮説として，時系列データによる検定を行う．

20.4.1 インプライド・ボラティリティの推定

Black-Scholes のパラダイムにおいては，インプライド・パラメータ σ の特定に当たっては，1つのオプション価格があれば十分である．式(20.3.3)を参照．しかし，行使価格の異なるオプションの価格が同時に存在するため，さまざまな σ の値が得られることになる．そこで，異なるオプションから得られる情報を統合して，ただ1つのボラティリティ推定値を得るためにさまざまな方法が提示されている．主要な方法を表20.1に要約しておく．ほとんどの手法は，異なる推定値を加重平均して単一の値に統合する．通常は，インあるいはアウト・オブ・ザ・マネーのオプションに対して等しいウエイトを与え，ニア・ザ・マネーのオプションについて大きなウエイトを与える．例外として Chiras and Manaster (1978) は，評価誤差の割合に着目して，その結果もっともディープ・アウト・オブ・ザ・マネーのコールとプットオプションにもっとも大きなウエイトが置かれている[14]．さらに，一時点のオプション価格(たとえば終値や清算値とある期間(たとえば1日)でプールされた取引データの，どちらを利用するのかという問題が存在する．通常，ニア・ザ・マネーのコールあるいはプット・オプションがもっとも多く取引されており，取引行動もイン・ザ・マネーとアウト・オブ・ザ・マネーのオプションでは異なる．よって，どの取引データを利用するのかが，相対的なウエイトに影響を与えることになる．また，ボラティリティが時間とともに変動すると仮定する場合，共通の満期をもつオプションから，それぞれの満期に特有なインプライド・ボラティリティを推定することが望ましい．しかし，いくつかの研究では，満期をプールして推定されている．

インプライド・ボラティリティを加重する方法は，オプション価格の測定誤差は独

[14] Chiras and Manaster (1978), Whaley (1982) の加重する手法の比較は Day and Lewis (1988) を参照.

表 20.1　加重インプライド・ボラティリティの計算方法

Schmalensee and Trippi (1978)

$$\hat{\sigma}=\frac{1}{N}\sum\sigma_i$$

ここで，σ_i は i 番目のオプション価格 O_i から計算されたインプライド・ボラティリティ．
等しいウエイト．通常は，オプションの集合に制限を加えた場合に利用される（たとえば，ディープ・アウト・オブ・ザ・マネーのオプションを除く等）．

Latané and Rendleman (1976)

$$\hat{\sigma}^2=\frac{\sum w_i^2\sigma_i^2}{(\sum w_i)}\quad \text{for}\quad w_i=\left.\frac{\partial O_i}{\partial\sigma}\right|_{\sigma_i}$$

ウエイトの合計が 1 にならないため，偏ったボラティリティの推定値を生み出す．

修正 Latané and Rendleman

$$\hat{\sigma}=\frac{\sum w_i\sigma_i}{(\sum w_i)},\ w_i=\left.\frac{\partial O_i}{\partial\sigma}\right|_{\sigma_i}$$

ニア・ザ・マネーのオプションにもっとも大きなウエイトが与えられ，イン・ザ・マネー，アウト・オブ・ザ・マネーのオプションについては等しいウエイトが与えられる．

Whaley (1982)

$$\hat{\sigma}=\arg\min\sum|O_i-O_i(\sigma)|^2\approx\frac{\sum w_i^2\sigma_i}{\sum w_i^2},\ w_i=\left.\frac{\partial O_i}{\partial\sigma}\right|_{\sigma_i}$$

修正 Latané and Rendleman よりも，ニア・ザ・マネーのオプションにさらに大きなウエイトが与えられる．通常，相対ウエイトに影響を与えるような，取引データに基づく場合に利用される．

Beckers (1981)

$$\hat{\sigma}=\mathrm{argmin}\sum w_i|O_i-O_i(\sigma)|^2\approx\frac{\sum w_i^3\sigma_i}{\sum w_i^3},\ w_i=\left.\frac{\partial O_i}{\partial\sigma}\right|_{\sigma_i}$$

Whaley (1982) よりも，ニア・ザ・マネーのオプションに大きなウエイトが与えられる．

Chiran and Manaster (1978)

$$\hat{\sigma}=\frac{\sum w_i\sigma_i}{\sum w_i},\ w_i=\left.\frac{\sigma}{O_i}\frac{\partial O_i}{\partial\sigma}\right|_{\sigma_i}$$

弾力性に基づいてウエイトが決定されている．価格の低い，ディープ・アウト・オブ・ザ・マネーのオプションに大きなウエイトが与えられる．

---

at-the-money

$$\hat{\sigma}=\sigma_{\mathrm{ATM}}$$

標準的な方法になりつつある．活発に取引されているオプションに基づく，容易に複製できるベンチマークである．

立であるという暗黙の前提に基づいている．行使価格の異なるオプションについて，「べガ (vega)」$\partial O/\partial\sigma$ が一定ではない場合，とくにディープ・インあるいはアウト・オブ・ザ・マネーのオプションから推定される場合には，インプライド・ボラティリティには大きなノイズが含まれている．行使価格と満期が異なるオプションから生じる測定誤差の性質と，そのことが最適なウエイトに対して意味することについて，明確に検討を行った論文はほとんどなかった．たとえば，Whaley (1982) の方法は，オプション価格の測定誤差が均一分散し，ホワイトノイズである場合に整合的であるが，この基本的な仮定が満たされているという確証はほとんど存在しない．測定誤差に関する，もっともらしい説明としては，ビッド-アスク・スプレッドの影響や原資産価格と完全には同じ時点の価格ではないこと等がある．どちらもオプションが行使価格に対しどのくらい離れているかという点と満期に関して**不均一な**オプション価格決定誤

差を示している[15]. Engle and Mustafa (1992) と Bates (1996 b) は，データに基づき適切な重みを決定する，非線形一般化最小 2 乗法を提案している.

オプション価格もしくは原資産価格の測定誤差以外にも，観察されるオプション価格からボラティリティを推定する際に，偏り発生させる潜在的な原因が存在する．第 1 に，国債，コマーシャル・ペーパー，ユーロ・ダラーの間から，Black-Scholes モデルに代入する適切な短期金利を選択しなければならないという問題がある．多く学術的な研究では財務省証券の利回りを利用しているが，実務においてはあまり一般的ではない．多くの実証研究では，日中の取引データが利用される場合でさえ，1 日の間ですべてのオプションに対し同じ金利を利用して評価している．Hammer (1989) が行ったシミュレーション分析では，間違った金利を適用した場合でも，アット・ザ・マネーのインプライド・ボラティリティに対してかなり小さな影響しか与えないことが示されている[16]. 対になったオプションを利用して，どの金利を利用することが適当かを推測している論文もある．たとえば，Brenner and Galai (1986), French and Martin (1987) を見よ．結果はあまり確定的ではないが，国債レートでは低すぎるのではないか，ということが示されている.

第 2 に，日常実務においては毎日異なった金利を利用しているが，そのことは確率的金利モデルが適当ではないのではないかということを示している．しかし，金利が確率的であるということは，満期の短いヨーロピアン・コール・オプション価格からボラティリティを推定する際には，あまり重要ではない．仮に，瞬間的な国内名目金利が Ornstein-Uhlenbeck 過程に従う場合でも，Black-Scholes 式が適用される.

$$c(F,\,T\,;X,\,r,\,\sigma_F)=e^{-rT}\left[FN\left(\frac{\ln(F/X)+\frac{1}{2}\sigma_F^2T}{\sigma_F\sqrt{T}}\right)-XN\left(\frac{\ln(F/X)-\frac{1}{2}\sigma_F^2T}{\sigma_F\sqrt{T}}\right)\right] \tag{20.4.1}$$

ここで，r は対応する満期 T の割引債から得られる連続複利利回り，σ_F^2 はオプションの残存期間に対応する先渡し価格の平均的な条件付分散であり，この金利プロセスのもとでは時間に関する確定的な関数となる[17]. ただし，このモデルは他の金利プロセスのもとでは (たとえば，Cox, Ingersoll and Ross (1985 b) の金利の平方根過

15 行使価格と満期が異なる場合に，ビッド-アスク・スプレッドが不均一であることの証明は George and Longstaff (1993) を参照.

16 本当のパラメータが $\sigma=20\%$，$r=10\%$ であるときに，9.7%という間違った金利を利用すると，配当支払いのない株式に対する，満期まで 90 日あるアット・ザ・マネーのオプションから推定したインプライド・ボラティリティは 20.22%であった．満期の長いオプションに対しても同様の効果があったが，行使価格の異なるオプションについては違った効果がみられた．金利誤差が式 (20.3.3) で利用される先渡し価格 $F=Se^{rT}$ の評価に影響を与えることが，大部分のボラティリティ評価誤差の原因である．先物価格等を利用して，直接先渡価格を推定すれば，この評価誤差はより小さくなる.

17 この形のオプション価格決定モデルを生み出すような確率的金利モデル，債券価格モデルが，Merton (1973), Grabbe (1983), Rabinovitch (1989), Hilliard, Madura and Tucker (1991) そして，Amin and Jarrow (1991) に示されている．外国通貨オプションについては，外国金利，外国債券価格の分布が必要となる.

程)[18]，当然アメリカン・オプションについても有効ではない．しかしこのモデルは，その時点の対応する満期のマネー・マーケットの利回りを利用するという通常の方法が，時間の経過に伴う金利変動の大部分の影響を捉えている，ということを示している．さらに，オプション価格から示されるのは，原資産価格のボラティリティではなく**先渡**価格のボラティリティであるという点を認識すれば，金利が確率的であり，原資産価格と相関があるかもしれないという事実を，捉えることができる．現在の価格と先渡価格のボラティリティは，長期のオプションについては違いが大きいが，1年以内に満期を迎えるオプションについてはほとんど違いがない．Ramaswamy and Sundaresan (1985) はアメリカンタイプの先物オプションの評価を，金利が確率的な平方根過程に従うという条件のもとで検討した．その結果，金利の期間構造は，短期のアメリカン・オプションの価格に大きな影響を与えると結論付けた．しかし，金利が確率的であるということは影響を与えなかった．

多くの論文では，ボラティリティが一定であるということを前提としたモデルで，条件付インプライド・ボラティリティを毎日推定するということは，内部的に矛盾があるということを指摘している．定式化の誤りの影響は，Hull and White (1987) と Scott (1987) モデルを利用して評価することができる．原資産の価格と独立にボラティリティが変動するなら，真のヨーロピアン・オプション価格は，それぞれのオプションの満期日までの間に実現した分散の平均値を用いたときの Black-Scholes 式から得られるオプション価格のリスク中立的な分布のもとでの期待値に相当する[19]．

$$c=\int_{\bar{V}=0}^{\infty}(c^{\mathrm{BS}}(\sqrt{\bar{V}}))f^{*}(\bar{V})d\bar{V}=\mathrm{E}_t^{*}(c^{\mathrm{BS}}(\sqrt{\bar{V}})) \tag{20.4.2}$$

同様の関係は，Merton (1976) のジャンプの平均が0のジャンプ拡散モデルにも当てはまる．テイラー展開を利用して次式のように近似する．

$$c^{\mathrm{BS}}(\hat{\sigma})=c\approx c^{\mathrm{BS}}(\sqrt{\mathrm{E}_t^{*}\bar{V}})+\frac{1}{2}\frac{\partial^2 c^{\mathrm{BS}}}{(\partial\sigma^2)^2}\bigg|_{\sigma^2=\mathrm{E}_t^{*}\bar{V}}\mathrm{Var}_t^{*}(\bar{V}) \tag{20.4.3}$$

Black-Scholes 式から推定されるインプライドな分散 $\hat{\sigma}^2$ は，Black-Scholes 式が σ^2 に関して大局的に凸(凹)である場合，リスク中立的な期待平均分散と比較して，上に(下に)偏っている．アット・ザ・マネーのオプションに対しては，インプライド・ボラティリティとリスク中立的な期待平均分散との関係をさらに明確にするために，2次のデータ展開[20] $c^{\mathrm{BS}}\approx e^{-rT}F\sigma\sqrt{T/2\Pi}$ と式(20.4.3)を利用できる．

---

18 Scott (1994) は，Cox, Ingersoll and Ross (1985 b) が想定したような場合でも適用できるように，株式オプションの評価式を発展させた．

19 式(20.4.2)は平均分散に対する期待値であることに注意．つまりそれは，平均ボラティリティではない．この2つを混同すると，アット・ザ・マネーのインプライド・ボラティリティは将来のボラティリティの不偏推定値であるという間違った結論を導いてしまう．

20 アット・ザ・マネーのオプションに対しては，$F=X$ とおくと式(20.3.3)は $c^{\mathrm{BS}}=e^{-rT}F[2N(1/2)\sigma\sqrt{T})-1]$ と表される．$N(*)$ は，0のまわりでテイラー展開し2次の項までを用いて近似することができる．

$$\sqrt{\frac{\hat{\sigma}^2_{\mathrm{ATM}}}{\mathrm{E}^*_t\bar{V}}}\approx 1-\frac{1}{8}\frac{\mathrm{Var}^*_t(\bar{V})}{[\mathrm{E}^*_t(\bar{V})]^2} \tag{20.4.4}$$

この結果について，注意すべき点が3点ある．第1に，ボラティリティにリスク・プレミアムが存在する場合リスク中立確率測度のもとでの期待平均分散と，真の確率測度のもとでの期待平均分散とが異なることがありうる．第2に，株式や，株価指数に関して，価格とボラティリティの影響との間に強い負の相関が観察される場合には，式(20.4.2)はこれらの資産のオプションの評価に対して不適当である．また，式(20.4.2)は，Mertonのジャンプ拡散モデルでジャンプの平均が0以外の場合，——他の歪んだ分布である場合——に対して適当ではない．よって，実際の分布が大きく歪んでいる場合，対数正規分布を前提としたインプライド・ボラティリティに対する信頼性は認められない．第3に，式(20.4.2)~(20.4.4)はヨーロピアン・オプションについてのみ適当である．

しかし，通常考えられるような他の分布のもとでも，アット・ザ・マネーのインプライド・ボラティリティは将来のボラティリティの比較的頑健な推定値である．また，そうでない場合のパラメータの値を特定化することもできる．インプライド・ボラティリティの時系列的な特性から推定されボラティリティ推定値によって，ジェンセンの不等式バイアスは1~12月のアット・ザ・マネーのオプションで，通常0.5%以下であるということが示される．実際の期待平均分散と「リスク中立的な」期待平均分散との差異はわからないが，満期の短いオプションに対してはその点は主要な問題とはならないように思われる．Bates (1991, 1996 a) で示されている，少しだけ歪んだジャンプ拡散過程のもとでのインプライド・パラメータの推定値と，Black-Scholesモデルのアメリカン・オプションに対する変形を利用したボラティリティの推定値との違いは，ほとんどの場合1%以下であった．

20.4.2 インプライド・ボラティリティの時系列的な特性

インプライド・ボラティリティの時系列的な特性には，多くの注目すべき点がある．第1に，インプライド・ボラティリティはオプション価格を直接代理できるため，時系列的な特性を分析することによって，オプション価格の確率的な振舞いに対して，直接また容易に解釈できる洞察を導くことができる．第2に，インプライド・ボラティリティが将来の原資産ボラティリティの期待値に対する有効な代理指標となるなら，ボラティリティの確率過程に関してより深い洞察が得られる．たとえば，Poterba and Summers (1986) はボラティリティの変動に対して現資産価格がどの程度反応するかを評価するため，インプライド・ボラティリティの振舞いを利用した．

インプライド・ボラティリティの時系列分析を行う際には，さまざまな手続き上の問題が生じる．第1に，理論的には，インプライド・ボラティリティの推定を推定する際には，確率的ボラティリティを前提としたオプション価格決定モデルを利用しなければならない．その際，オプション価格決定モデルは，推定されるインプライド・

ボラティリティの時系列に適合するようなモデルと整合的でなければならない[21]．しかし，上述したように，期待平均分散の尺度としてのインプライドな分散は，オプション価格決定モデルの定式化の誤りに対して比較的頑健である．Black-Scholes モデルを前提として推定されたボラティリティを検証することは，結果的には，ボラティリティの振舞いの最初の診断として理に適っており，また適切かつ有用である．

2 番目の問題は，取引所で取引されているオプションには四半期ごとに満期が存在するということに関係している．インプライド・ボラティリティの平均満期は，オプション契約が満期に近づくにつれて安定的に減少する．しかし，新しいオプション契約が導入されると，平均満期は急に増加する．ほとんどの論文でこの問題は認識されている．しかし，すべての論文で何らかの対処がなされているわけではない．式(20.3.6)の AR (1) のように，分散に対して線形の確率過程による定式化を行った場合を考えてみる．取引所で取引されているオプション価格から，(近似的な) 期待平均分散を推定し，この瞬間的な条件付分散に対して ARMA の推定を行うことは，比較的妥当である．たとえば，Taylor and Xu (1994) を見よ[22]．ボラティリティの確率過程に対して他の定式化を行う場合もあるが，より複雑になってしまい，瞬間的な条件付ボラティリティの振舞いを特定化する際に，通常は認識されないような，さらなる近似を暗に含んでしまう[23]．

インプライド・ボラティリティの時系列分析は，驚くことにデータの構造が大きく異なる場合にも，同様の結果をもたらしてきた．多くの分析では，株式，株価指数，通貨のオプションから推定されるインプライド・ボラティリティには強い系列相関があり，定常な平均回帰過程に従っていることが示されている．また，多くの論文において，単純な AR (1) の定式化を行った場合でも，時系列的な特性をよく捉えているという結論が得られている多くの場合，ボラティリティ・ショックが半減するには 1 から 3 カ月を要することが示されている．実証例として，次のものを参考にせよ．株式オプションに対しては，Schmalensee and Trippi (1978)，Merville and Pieptea (1989)，Sheikh (1993)；S&P 100 指数オプションに対しては，Poterba and Sum-

21 もちろん，「整合的である」ということは理論的なことを意味するわけではない．この 2 つの確率過程はボラティリティのリスク・プレミアムによって異なることもある．

22 式 (20.3.6) では，期待平均分散 $E_t\bar{V}$ と瞬間的条件付分散 V_t との間に，パラメータに依存する線形写像が存在する．

$$E_t\bar{V}=\frac{\alpha}{\beta}[1-w(T-t)]+w(T-t)V_t$$

ここで，$w(T-t)=[1-e^{-\beta(T-t)}]/[\beta(T-t)]$, $T-t$ は t 期におけるオプションの残存期間である．この式は，$E_t\bar{V}$ のデータが得られた場合，V_t の確率過程のパラメータ α と β を推定するために利用される．この方法はもちろん，$\hat{\sigma}_t^2 \sim E_t^*\bar{V} \sim E_t\bar{V}$ を仮定している．式 (20.4.4) に基づいて偏りを修正することで，最初に行った近似の程度が向上する．

23 たとえば，Stein (1989) は線形のボラティリティ確率過程を利用して，平均ボラティリティとアット・ザ・マネーのオプション価格から推定されるインプライド・ボラティリティとが等しいと仮定した．このような仮定は標準偏差と分散を混同していることを示しているが，近似として適当である場合もある．上述した式 (20.4.2) ～(20.4.4) はインプライドな分散と期待平均分散との関係を示している．

mers (1986), Stein (1989), Harvey and Whaley (1992 b), Diz and Finucane (1993)；通貨オプションに対しては，Taylor and Xu (1994), Campa and Chang (1995), Jorion (1995), Bates (1996 b) 等がある．

Merville and Pieptea (1989) は平均回帰する拡散過程と株式のインプライド・ボラティリティに対するホワイトノイズとを組み合わせることを支持した．そのことは，ホワイトノイズは分析において終値のデータを利用しているために生じたものかもしれない．Schmalensee and Trippi (1978) と Sheikh (1993) は，株式のリターンと株式のインプライド・ボラティリティとの間に顕著な負の相関関係が存在することをみつけた．この点は，通常，リターンと実際のボラティリティとの間に観察されるような負の相関関係を示す，「レバレッジ効果」を定性的に示すものであろう．Franks and Schwartz (1991) はイギリスの FTSE 100 指数に対する株価指数オプションから推定されるインプライド・ボラティリティに対して同様の効果を発見した．Taylor and Xu (1994) は通貨のインプライドな分散に対して AR (1) の定式化を行った場合，長期的には非定常であるという証拠を示した．

20.4.3　将来のボラティリティの予測値としてのインプライド・ボラティリティ

オプション価格から推定されるボラティリティの情報の内容は，通常，実現したボラティリティから得られる何らかの尺度とインプライド・ボラティリティとで回帰分析を行うことによって検証される．この分析には 3 つの着目すべき点が存在する．第 1 に，インプライド・ボラティリティが将来のボラティリティに関する情報を保有しているかどうかは，通常回帰式の傾きが統計的に有意かどうかを調べることによって検証する．第 2 に，インプライド・ボラティリティが将来のボラティリティの偏りのない予測値であるかは，回帰式の切片が 0 であり，傾きが 1 であるという統計的な検定を行うことで検証される．第 3 に，インプライド・ボラティリティが情報に対して有効な予測値であるのか，という問題がある．すなわち，インプライド・ボラティリティが将来のボラティリティに関する容易に利用可能な情報をすべて含んでいるのかということである．この点は，多変量の“encompassing regression”の枠組に，追加的な情報（たとえば，ヒストリカル・ボラティリティ）を加えて，追加された変数の統計的な有意性を検定することで検証される．

株式オプションのインプライド・ボラティリティの予測能力について，初期の研究では主にクロスセクションの分析が行われてきた．最初の分析の例は，おそらく Black-Scholes (1972) である．彼らは，オプションの取引期間の標本で計算された事後的なボラティリティは，事前に計算されたヒストリカル・ボラティリティと比較して，オプション価格のクロスセクションのバラツキをよりよく捉えているということをみつけた．同様に Latané and Rendleman (1976) も，1973～1974 年の CBOE で取引されている，24 銘柄の株式コール・オプションの価格から推定されたインプライド・ボラティリティは，過去4年間の標本から推定されたヒストリカル・ボラティリティと比較して，同時期もしくはその後の時期に実現した株式ボラティリティとクロスセクションで高い相関をもつことを発見した．Chiras and Manaster (1978) は，加重インプライド標準偏差 (weighted implicit standard deviation：WISD) のクロスセクションにおける有効性は，1973年6月～1975年4月の間 (CBOEのオプション市場の初期の年) で増加していると結論付けた．最後の14カ月間における20日後のボラティリティ予測値の方が，最初の9カ月間よりも高い決定係数が得られた．さらに，20日間のヒストリカル・ボラティリティは通常，最後の14カ月間において，WISDボラティリティ予測値に対して統計的に有意な追加的情報をもたらしていない．しかし，WISDはクロスセクションの株式ボラティリティに対する大きく偏った予測値である．月次データでは，傾きは0.29～0.83の値を取っている．Beckers (1981) は，主に1975年10月13日～1976年1月23日の62～115のCBOE株式オプションの日次終値を利用して，さまざまなインプライド標準偏差を推定する方法 (アット・ザ・マネー，修正Latané-Rendleman，彼自身の方法) を検討した．その結果，アット・ザ・マネーのインプライド・ボラティリティを利用する方法が，少なくとも他の方法と比較して有効であると結論付けた．また，インプライド・ボラティリティを利用したすべての手法は，クロスセクションの株式ボラティリティの予測において，四半期ごとに推定したヒストリカル・ボラティリティより有効であった．しかし，ヒストリカル・ボラティリティはインプライド・ボラティリティに対する追加的な情報を保有している．このことは，インプライド・ボラティリティは偏っており，情報に対して効率的でないということを示している．

その後のインプライド・ボラティリティの検証では，実現したボラティリティとインプライド・ボラティリティとの時系列回帰分析が行われた．実現したボラティリティは，通常オプションの取引期間もしくはある一定の将来の期間 (たとえば1週間) の標本ボラティリティから計算される．オプションの取引期間を利用する方法では，インプライド・ボラティリティと満期が一致する．しかし，1～6カ月後に満期のくるオプションでは，通常サンプルが重なり合ってしまう．さらに，Fleming (1994) で議論されているように，満期日が近づくにつれて，オプションの残存期間が時間とともに短くなっていくため，重なり合った一定期間における予測誤差の移動平均部分に対して，通常のHansen-Hodrick (1980) のGMM修正は適切ではない[24]．短い期間のボラティリティを利用する場合は，標本は重なり合わないため，最小2乗法による回帰分析を利用することができる．しかし，実現したボラティリティとインプライド・ボラティリティとでは満期がずれているため，結果に影響を及ぼす可能性がある．

Lamoureux and Lastrapes (1993) は，1982年4月19日～1984年3月31日の期間で，CBOEで取引されている，配当支払いのない10銘柄の株式に対するコール・オ

---

24 Flemingは，この問題に対処するため修正GMM推定を提唱した．

プションについて，そのインプライド・ボラティリティを検証した．1日もしくはオプションの満期までの期間のインプライド・ボラティリティとGARCHもしくはヒストリカル・ボラティリティの推定値とを比較した．インプライド・ボラティリティは偏りがあるが情報量が多く，ヒストリカル・ボラティリティはボラティリティの予測において他の追加的な情報が与えられる余地があると結論付けた．

Canina and Figlewski (1993) は，1983年3月～1987年3月のS&P 100指数に対するコール・オプションの終値を利用して，インプライド・ボラティリティの，オプションの満期までの期間に実現する将来のボラティリティに対する予測力を検証した．驚くことに，オプション価格と行使価格との差や満期の異なるさまざまなオプション価格から得られたインプライド・ボラティリティは，実質的にはS&P 100指数の将来のボラティリティに対する予測力がないことを発見した．誤差を含むオプションの終値から推定されるインプライド・ボラティリティは明らかに，変数誤差問題の影響を受けており，傾きを示す係数が0に偏っている．しかし，Jorion (1995) が行ったシミュレーションによると，この効果はCanina and Figlewskiの結果を説明するのには十分でないことが示される．

Day and Lewis (1992) は，1983年11月～1989年12月 (1987年と1989年の株式市場の暴落を含む) の319週間において，S&P 100のインプライド・ボラティリティの示す，その後の週次のボラティリティに対する予測力は，明らかに情報量が多く，偏りがほとんどないという対照的な結果を示した．また，Day and Lewisは，GARCH，EGARCHを利用したボラティリティの推定は，インプライド・ボラティリティでは捉え切れない追加的な情報を含んでいると結論付けた．Fleming (1994) は，1987年の暴落時期を除く，1985年10月～1992年4月の日次の取引データを利用して，(オプションの満期までの期間または28日間に) 実現したボラティリティの1階差分とインプライド・ボラティリティの1階差分との間で，回帰分析を行った．その結果，インプライド・ボラティリティは，偏っているが，将来のボラティリティに対する非常に情報量の多い予測値であり，28日間のデータから推定したヒストリカル・ボラティリティのような他の推定値と比較して，情報に関して効率的であると結論付けた．以上の3つの論文は，標本期間や用いた手法，データの構築方法が異なるため，一致した結論を得るのは困難である．S&P 100のオプション市場は，初期の時点では非効率的であったが，時間が経つにつれて効率的になっていったという結論が適切かもしれない．

外国通貨に対するオプションについては，Scott (1992)，Jorion (1995)，Bates (1996 a) らによって検証されてきた．Scott (1992) は，1983～1989年の，重複のない標本データを利用して，将来の四半期内のボラティリティの変化に対する予測値として，四半期以下のヒストリカル・ボラティリティとインプライド・ボラティリティとの間の関係を検証した．ポンド，ドイツ・マルク，スイス・フランに関してはインプライド・ボラティリティは，情報量が多く偏りのない将来のボラティリティの予測値であった．しかし，円に関してはインプライド・ボラティリティは将来のボラティリティに対して，何の情報も含んでいなかった．Bates (1996 a) は，ドイツ・マルクと円の先物オプションについて，それぞれ 1984～1992 年，1986～1992 年の週次データから，ボラティリティの予測値に関して同様の結果を示した．Jorion (1995) は，ドイツ・マルク，円，スイス・フランの先物オプションを 1985 年 1 月～1992 年 2 月のデータで検証した．インプライド・ボラティリティは，次の日のリターンの絶対値に対しては，偏りのほとんどない予測値であった．しかし，オプション期間にわたるボラティリティに関しては，偏った予測値であった．どちらの場合でも，20 日間のデータから得られたヒストリカル・ボラティリティや GARCH モデルから得られたボラティリティの推定値は，追加的な情報をもたらさない．

ほとんどの研究で，インプライド・ボラティリティは将来のボラティリティに関する情報を保有しているということが示されている．インプライド・ボラティリティから予想される将来のボラティリティは，株式オプション，株価指数オプション，円オプションにおいては明らかに偏っている．しかし，他の通貨のオプションにおいてはほとんど偏りはない．ボラティリティの他の情報源が，インプライド・ボラティリティの予測において偏りを修正するために利用される場合もある．結果は，資産タイプと期間に依存する．

インプライド・ボラティリティが実際のボラティリティの予測において，なぜ偏っているのかということに対してはさまざまな説明がなされている．20.4.1 項で述べたように，インプライドな分散は本質的にリスク中立的な期待平均分散からずれている．さまざまな理由から，リスク中立的な期待平均分散と実際の期待平均分散は，ボラティリティに関する大きなリスク・プレミアムが存在するために異なる．

あるいはまた，オプションが誤って価格評価されているのかもしれない．

Fleming (1994) と Engle, Kane and Noh (1994) は，オプション価格が誤って評価されているという可能性を検証するために，S&P 100 指数に対して，ボラティリティに敏感な，ストラドル戦略 (コール 1 単位とプット 1 単位) から得られる収益を分析した．Fleming は，このとき多額の利益が得られることを示したが，利益は取引コストを考慮すると消滅してしまう．Engle, Kane and Noh は，GARCH に基づくストラドル戦略を用いて，取引コストを考慮した場合でも多くの利益が得られることを示した．どちらの研究でも，暴落後の期間を含んでいる．この期間は，暴落のショックによって普通の状況ではないかもしれない．

20.4.4　インプライド・ボラティリティのパターン――他の分布を仮定することの証拠――

Black-Scholes モデルにおける原資産の幾何ブラウン運動の仮定のもとでは，すべてのオプションは行使価格や残存期間にかかわらず，単一のパラメータ σ に依存する．他にどのような分布を仮定することで，観察されるオプション価格とより適合するのかを評価するため，Black-Scholes モデルの価格決定の誤差がクロスセクションで，さまざまな手法によって検証される．1つの方法は，アット・ザ・マネーもしくはプールされたオプションから，単一の日次のインプライド・ボラティリティを算出し，そのインプライド・ボラティリティに基づいてすべてのオプションの価格を求め，オプションの価格決定誤差がオプション価格と行使価格の差や満期の違いでどの程度異なるのかを記述することである．他にも Rubinstein (1985) によって提案された方法は，オプションに特有なインプライド標準偏差を計算し，期間の一致する1対のオプション取引を利用して，行使価格や満期の異なるオプションのインプライド・ボラティリティのパターンを特定化する．インプライド・ボラティリティはオプション価格の単調な増加関数であるため，2つの方法は実質的に等しい．平均価格決定誤差と ISD の中位数のパターンに焦点を当てた違いは統計上の有意性の異なる検証方法が必要になる．

ヨーロピアン・コール/プット・オプション価格を行使価格に関して微分すると，その結果は分布の裾の確率と比例し，その2次の微分は確率密度に比例する．行使価格が異なるオプションに関する，残差またはインプライド・ボラティリティのパターンは，対数正規分布の仮定をベンチマークとしてヨーロピアン・オプションのリスク中立的な分布の密度関数と分布関数の形に対する直接的な証拠を提供する．

左右対称な尖った分布は，アウト・オブ・ザ・マネーのコールとプット (分布の裾の方の収益が実現したときのみペイオフがある) が，対数正規分布を仮定した場合よりも，より高い価格が付けられるということを示している．また，左右対象な U 字形のパターンや「ボラティリティ・スマイル」が行使価格の異なるオプションのインプライド・ボラティリティにみられるようになる．分布が歪むことによって，ISD のパターンが「傾き (tilts)」，正の方向 (負の方向) の歪みが，通常 OTM のプット/ITM のコールと比較して，OTM のコール/ITM のプットの価格とインプライド・ボラティリティとを上昇 (下落) させる[25]．アメリカン・オプションには期前行使のプレミアムが存在するため，分析が複雑になる．とくに，インプライド・ボラティリティをヨーロピアン・オプション価格決定モデルを利用して誤って算出した場合には，分析はより複雑になる．

異なる満期のオプションに対する ISD を比較することで，主にインプライド・ボラティリティの期間構造が上昇もしくは下落傾向であるのかを示すことができる．この期間構造は，満期の異なるオプションに対する期待平均分散の形状と等しくなる．ボラティリティの平均回帰の推定値は主に，一方もしくは両方の形状が 1～3 年の期間で繰り返し発生することを示している[26]．瞬間的な満期に関する偏りは興味深いが，

[25] Hull (1993, pp. 436-438) は，歪度と尖度のオプション価格に対する影響と Black-Scholes モデルのオプション価格決定誤差に対する影響が議論されている．また，Bates (1991, 1994) は，歪んだ分布の OTM コール/プット・オプションの相対的な価格に対する影響について述べており，Shastri and Wethyavivorn (1987) は，他の分布を仮定した場合のインプライド・ボラティリティのパターンについて示している．

長期間にわたって得られたデータから推定されたISD'sに示されている，満期の中位数のパターンはあまり情報を与えない．

行使価格と満期の相互作用効果はより興味深い．たとえば，原資産価格に対して裾の厚い分布を生み出す独立で有限の分散をもつショックを与えるMerton (1976)のようなleptokurticモデルは，中心極限定理によってインプライドな歪度/尖度の大きさとオプションの満期との逆相関関係を示している．対照的に，通常の確率的ボラティリティ・モデルでは，瞬間的には対数正規分布に従い，歪度と尖度の大きさが主にオプションの満期とともに増加する．それゆえ，2つのモデルは相互に残存期間が増加するにつれて，満期の短いオプションに対する行使価格の形状が，行使価格の間隔を異なる期間の適切な標準偏差に比例して調整すれば明確に減少する/増加することを予測する．年率換算されたボラティリティの期間構造が水平の場合には，このことは残存期間の平方根とともに行使価格の間隔が増加していくことを示している．このような調整を行わない場合には，他の分布を仮定することと，マネーネスと残存期間との相互作用とを区別することはより困難になる．

最後に，コールとプット・オプションの両方に注目した研究では，2つのオプションのインプライド・ボラティリティが比較され，大きく異なることが報告された．たとえば，Whaley (1986)の1983年のS&P 500先物オプションの研究．プット・コール・パリティによって，満期と行使価格が等しいヨーロピアン・コール/プット・オプションはインプライド・ボラティリティが等しくなる．よって，2つのオプションのインプライド・ボラティリティがなぜ異なるのかについて，理論的に明確な説明は存在しない．Whaleyで得られた結果は，プットの方がコールよりも行使価格の水準が平均的に低いという事実のために引き起こされたと考えられる．Whaley (1986)の中の表2を参照．Whaleyのインプライドな標準偏差の尺度は取引高で加重平均されているため，平均行使価格と関連がある．よって，プットとコールの比較は，Whaley (1986)でも報告されたマネーネスに関する偏りを示している．Bates (1991)は，1985～1987年までのS&P 500先物に対するアット・ザ・マネーのコールとプットの価格にほとんど違いがないことをみつけた．このことは，2つのオプションのインプライド・ボラティリティがほぼ等しいことを示している．

どのような分布を仮定すれば観察されるオプション価格により適合するのかを明らかにするような，ノンパラメトリック，パラメトリックな方法が他にも存在する．Bates (1991, 1994)は次の点を明らかにした．つまり，「歪度に対するプレミアム」または，同じ程度のアウト・オブ・ザ・マネーのプット/コール価格の違いの比率が，どのような分布を考えたときにオプション価格に示される歪度と整合的であるのかを有効に診断する材料となる．直感的には，OTMのコール/プット・オプションは，それぞれ分布の上端もしくは下端が実現した場合にのみ損益が発生するため，これらの

[26] Taylor and Xu (1994)は，外国通貨のオプションから推定されるインプライド・ボラティリティの期間構造は，1985～1989年の期間では1，2カ月で傾が逆になることをみつけた．

オプションの相対的な価格は，分布の裾の対称性を直接示している．これに関連するようなインプライドな標準偏差を基にした尺度が Gemmill (1991) で示されている．特殊な場合として対数正規分布をも含む，複数パラメータの分布を日次のオプション価格に適合してきた．たとえば，MacBeth and Merville (1980)，Emmanuel and MacBeth (1982) で利用された弾力性一定分散モデル，Borensztein and Dooley (1987) によって利用された純粋ジャンプモデル，Bates (1991，1996 a) で利用されたジャンプ拡散モデルである．最後に，Dupire (1994)，Derman and Kani (1994) そして Rubinstein (1994) は「インプライド 2 項ツリー」の方法を利用してインプライドな分布を推定することを提案した．この方法は一定弾力性分散モデルの一般化であると考えられる．

瞬間的な満期効果によって，インプライド・ボラティリティの期間構造が水平であるという Black-Scholes モデルにおける仮定は，明らかに棄却される．さらに，アット・ザ・マネーのインプライド・ボラティリティの期間構造は，典型的なボラティリティが平均回帰過程に従うことを示している．つまり，短い期間のインプライド・ボラティリティが低い場合には右上がりになり，それは，高い場合には逆になる．通貨オプションから得られる証拠については Taylor and Xu (1994)，S&P 100 の指数オプションについては Stein (1989) を参照．

オプションの価格評価の誤差，インプライド・ボラティリティの形状，そして株式オプションから推定されるインプライド・パラメータの推定値によって，Black-Scholes モデルの行使価格に関する偏りを取り除くような他の分布の仮定は唯一ではないことが示される．偏りの符号は時間とともに変化しており，このことはインプライドな歪度が，Black-Scholes モデルで仮定されている正の方向に歪んだ対数正規分布と比較して，変化していることを示している．たとえば，対数正規分布よりも正の歪みが小さく，ときには負に歪んでいる分布の方が適切であるという証拠を，1976 年 8 月～1977 年 10 月の 30 銘柄の株式オプションに対して Rubinstein (1985) が，1976 年における 6 銘柄の株式オプションに対して MacBeth and Merville (1980) と Emmanuel and MacBeth (1982) が，1979 年の第 4 四半期では Chen and Welsh (1993) が，1997 年 9 月 19 日の株式市場の暴落以降，6 四半期における株式オプションに対しては Culumovic and Welsh (1994) がみつけた．対照的に，対数正規分布よりも正の方向に歪んだ分布が適切であるという証拠は，1977 年 9 月～1978 年 8 月の期間には Rubinstein (1985) が，1978 年のほとんどの期間で Emmanuel and MacBeth (1982) が，1978 年と 1979 年のほとんどの期間で Chen and Welsh (1993) が，1984～1985 年の 74 の株式オプションについて Karolyi (1993) が，1989 年の最後の 3 つの四半期について Culumovic and Welsh (1994) がみつけた．ほとんどの株式は同時に同じようなマネーネスの形状を示す傾向があるが[27]，Culumovic and Welsh は，

[27] たとえば，個々の銘柄の CVE のパラメータの推定値が同時に変化することは Emmanuel and MacBeth (1982) で報告されている．CEV のパラメータはインプライドな歪度と直接関連している．

1987～1989年の期間では確実なことではないことをみつけた．

株価指数オプションでも，マネーネスによる偏りは時間とともに大きく変動することが示されている．Whaley (1986) は，S&P 500 先物オプションの1983年 (取引が始まった最初の年) における誤差は対数正規分布よりも負の方向に歪んだ分布と整合的であることを示した．Sheikh (1991) は，ISD の S&P 100 指数のオプション形状を1983～1985年の期間で検証した．1983～1984年においては比較的負の方向に歪んだ分布を，1985年には正負に歪んでいると同時に尖った分布をみつけた．Bates (1991) は，1985～1987年において S&P 500 の先物オプションのインプライドな歪度が大きく変動していることをみつけた．1985年には正の方向に，1986年のほとんどの期間ではおおまかに対称であり，1986年の終わりごろ，1987年の初めと中ごろ，1987年10月の株式市場の暴落に続く時期では大きく負の方向に歪んでいる．Bates (1994) は，1987年10月20日～1993年12月31日の暴落以降の期間にわたって，S&P 500 の先物オプションにおいて，持続的で強い負のインプライドな歪度をみつけた．Culumovic and Welsh (1994) と Bates (1994) を比較すると，株価指数オプションにおけるマネーネスに関する偏りは，ほとんどの株式オプションで同時に観察されたものと逆の符号になることを示される．

外国通貨オプションの価格決定における偏りは，おおまかに2つの期間に分類される．外国通貨に対するオプションと外国通貨先物が最初に取引所で取引され，ドルが非常に強かった1983～1987年までの期間と，その後の1988～1992年までの期間である．通貨オプション市場の初期の年は，(外国通貨に対する) 大きな正のインプライドな歪度と尖度で特徴付けられる．Bodurtha and Courtadon (1987) は1983～1985年までの5つの通貨から得られるオプション価格評価誤差は，すべての通貨について対数正規分布よりも正に歪んだ分布と整合的であることをみつけた．Borensztein and Dooley と同じデータを利用した純粋ジャンプのパラメータの推定値によって，大きな正のインプライドな歪度が生み出される[28]．Bates (1996 b) によって，確率的ボラティリティと確率的ボラティリティ/ジャンプ拡散モデルを利用して，プールされた1984～1985年と1986～1987年についてドイツ・マルク・オプションに対する同様のインプライドなパラメータの推定値が得られた．例外としては，1983年の終値を利用した Adams and Wyatt (1987) や1983～1984年の取引データを利用した Shastri and Tandon (1987) がある．これらの論文では通貨オプションの価格決定誤差をマネーネスと満期に対して回帰分析を行い，マネーネスと満期が価格決定誤差に対して小さいが明らかな効果を与えていることをみつけた．特徴的な歪度と尖度がともに存在し，誤差が本質的に非線形である場合には，回帰分析によって価格決定誤差をまとめることは大雑把であるかもしれない．

---

[28] Borensztein and Dooley は，ジャンプの大きさは正であるという制約を設定したため，負の歪度は除かれる．このモデルは，幾何ブラウン運動と同じような動きとして観察される，高頻度で小さなジャンプの可能性によって，インプライドな歪度が0に近い値を取ることを許容する．

Hsieh and Manas-Anton (1988) は，1984年のドイツ・マルク先物オプションにおけるインプライド・ボラティリティの形状が，おおまかに考えれば，leptokurtic であり正の方向に歪んだ分布と整合的であることをみつけた．Bates (1996 a) は，とくに 1984～1985年初期のドル高の期間において，1984～1987年のドイツ・マルク先物オプションにおける大きな正のインプライドな歪度をみつけた．

1987～1992年の期間は，通貨オプションに示される尖っているがほぼ左右対称な分布によって特徴付けられる．Ben Khelifa (1991) は，「ボラティリティ・スマイル」が 1984～1989年の5つの通貨のオプションで観察されたことをみつけた．Cao (1992) は，同様の結果を 1988年のドイツ・マルクのオプションでみつけた．確率的ボラティリティ/ジャンプ拡散モデルを利用した Bates (1996 b) によって，1988～1989年と 1990～1991年のプールされたドイツ・マルク・オプション・データによる，インプライドなパラメータの推定値は，尖っているがほぼ左右対称な分布であることを示している．Bates (1996 a) によって，1986～1992年のドイツ・マルクと円先物オプションから推定された日次のインプライド・パラメータ推定値は，1984～1985年の水準と比較して，小規模な歪度の循環変動を示している．この循環変動は2つの通貨オプションでは，通常一定ではないが同時に発生する．コールとプットにおける相対的な取引行動と強い相関が存在する．

株式，株価指数，通貨オプションで観察されるインプライドな歪度の符号のヒストリカルな変動は，現在する他の分布を仮定したモデルで，Black-Scholes モデルに対してオプション価格に適合させることに関して，一貫して有効であるものは存在しない．現存するモデルはすべて，対数正規分布よりも多かれ少なかれ歪んでいる．時間とともに変動するボラティリティ・モデルを補完するために，時間とともに歪度が変動するモデルが必要である．

さらに，現存する他の分布を仮定したモデルは対数正規分布と大きく異ならない．よって，Rubinstein (1985)，Shikh (1991) はボラティリティの形状はしばしば，株式の「レバレッジ」モデルと一致すると述べているが，Betes (1991, 1994) は，レバレッジ・モデルの意味するところは，将来の株価の分布は正規分布と対数正規分布の中間 —— 通常観察されるインプライドな歪度の値と比較して非常に狭い範囲 —— になると指摘している．同様の指摘が MacBeth and Merville (1980) と Emmanuel and MacBeth (1982) の $0 \leq \rho \leq 1$ のレバレッジの範囲から大きく外れた弾力性一定分散のパラメータ推定値からも明らかになる．インプライドな歪度は，時間とともに変動するだけでなく，多くの標準的なモデルと比較して，値が大きい．

20.5 他の分布を仮定したインプライド・パラメータの検証

Black-Scholes モデルのオプション価格決定における偏りは原資産の収益率が歪み尖った分布に従うことから生じていると解釈することは，当然ながら，オプション価格がリスク中立的分布に従うことを前提としている．オプションが誤って価格決定されているのは，他にも市場の摩擦やデータの問題等の影響であるという仮説がある．たとえば，20.2.3項で議論したように，オプション価格がその本源的価値を下回るということが，よく観察される．このことは，オプション価格と原資産価格のデータの時期が一致していないためであると考えられる．Canina and Figlewski (1993) は，通常行われているような，一方のデータのみに着目した分析はイン・ザ・マネーのオプション価格を平均的に過大評価してしまうことを指摘した．

オプションが正確に評価されている場合，オプション価格に示されるあらゆる異常な値は，原資産価格時系列を反映したものであり，リスク中立的な分布と実際の分布との違いに常に注意する必要がある．しかし，他の分布を仮定推定されたインプライドな分布の情報量を検証することは，これまで，あまり行われてこなかった．インプライド・パラメータの推定研究の多くは，たとえば，何がオプション価格によく整合するのかなど，基本的には記述的なものであった．原資産価格の時系列特性に対してインプライド・パラメータが測定された場合，これらが妥当であるのかどうかは，あまり検証されていなかった．

その理由の1つは，他の分布を仮定した場合，アメリカン・オプションの価格データからパラメータを推定すると，計算負荷が大きくなるからである．確率的ボラティリティ・モデルはさらに状態変数が追加されるので，有限差分法を適用した場合の計算負荷が非常に大きくなる．同様にジャンプ拡散過程に対して有限差分法を適用する場合も，計算負荷が大きい．Bates (1991) は，原資産がジャンプ拡散過程に従う場合，アメリカン・オプションを簡単に評価するよい近似方法を提案した．また，原資産がCEV過程に従う場合の，アメリカン・オプションの評価は，Nelson and Ramaswamy (1990) の変数変換によって簡略化できる．しかし，この変数変換は，あまり意味のないパラメータの範囲 $0 \leq \rho \leq 2$ (Bates (1991)) についてのみ利用可能である．抜け道として，アメリカン・オプションの価格は，ある特定の場合には，ヨーロピアン・オプション価格でよく近似されるという点を利用する．

さらに，幾何ブラウン運動を仮定したモデルでは単一のボラティリティのみが必要であるが，それ以上に多くのインプライドなパラメータがオプション価格から推定される場合がある．このような場合，2次の山登り法のような非線形の複数パラメータの推定方法を利用することができる．しかし，この方法は非常に多くのオプション評価データを必要とする．インプライド・パラメータの推定値が大域的に最適であるかどうかは，これらの一般的なモデルに対しては保証されない[29]．

以下の項では，インプライド・パラメータに基づいて，他のさまざまな分布の仮定を検証した論文について議論する．

---

[29] Bates (1991, 1996 a) は株価指数，通貨先物のオプションの日次データから，4つのジャンプ拡散パラメータを推定する際に，複数のローカル最適な均衡値をみつけた．

20.5.1 分散の弾力性一定

分散の弾力性一定 (CEV：constant elasticity of variance processes) モデルは，原資産収益率のボラティリティと Black-Scholes モデルのインプライド・ボラティリティの両方が，原資産価格の関数として時間とともに確定的に変化することを想定している．もともと MacBeth and Merville (1980) が行った，インプライドな CEV パラメータの推定は，基本的には moneyness による偏りを説明するものだった．その後の論文では，上で述べたことに関してある程度の検証が行われている．Emmanuel and MacBeth (1982) は，日次のインプライドな CEV パラメータが 1976～1978 年にかけて変化していることをみつけた．1976 年の 6 銘柄の株式オプションについては，対数正規分布よりも正の歪みが小さく，ときには負に歪んだインプライドな分布が示されている．1978 年 4～11 月は，6 銘柄のオプションのうち 4 銘柄は，対数正規分布より正に歪んだ分布を示している．株式収益率のボラティリティ・イノベーションは，1976 年と 1978 年において株式収益率と負の相関を示している．よって，1976 年のオプション価格のパターンのみが，観察された価格/ボラティリティの相関と整合的である．

さらに，Emmanuel and MacBeth は，CEV モデルは Black-Scholes モデルと比較して，1 カ月間の株価の変化を条件とした場合に，次の月のオプション価格を予測する力があまり高くないことをみつけた．予測結果は，1978 年よりも 1976 年の方がよかった．次の日のオプション価格を予測する際にも，Black-Scholes モデルよりも有効であることが示されている．このことはつまり，Black-Scholes モデルにおける moneyness から生じる偏りの系列相関が CEV モデルによって「説明される」ためであると思われる．

Peterson, Scott and Tucker (1988) は，外国通貨に対するオプション (1983 年 9 月～1984 年 6 月の 5 通貨，4 契約) から，契約の始まりの時点の CEV パラメータを推定した．外国通貨のインプライドな分布は，通常対数正規分布 ($\rho>1$) よりも，右に歪んだ分布であることをみつけた．彼らは，CEV モデルの先物オプション価格に対する予測能力を検証し，CEV モデルで捉えられるマネーネスの偏りは 1～3 日間続くことを示した．しかし，為替レートが変化した場合のインプライド・ボラティリティの予測変化は識別できなかった．Scott and Tucker (1989) は，CEV モデルに基づくインプライド・ボラティリティは，Black-Scholes モデルのインプライド・ボラティリティと比較して，1983～1987 年の期間で，為替レートが大きく変動したにもかかわらず，実際の通貨のボラティリティの予測においては同様の結果を示していることをみつけた．

20.5.2 確率的ボラティリティ過程

一見したところ Black-Scholes モデルから推定されたインプライド・ボラティリ

ティは，将来のボラティリティの偏りのない効率的な予測値であるのかどうかを示す現存の検証以上ではなく，確率的ボラティリティ・モデルは，資産収益率の分布の予測に対して非常に有効であるという可能性はないように思われる．原則として，確率的ボラティリティ・モデルから推定されたボラティリティは，Black-Scholes モデルから得られるアット・ザ・マネーのインプランド・ボラティリティよりも偏りが小さい．また，ボラティリティのボラティリティを表す標準誤差の偏りも小さい．第2に，オプションの満期までの期間の標本分散を計算するという便宜的な方法は，確率的ボラティリティ・モデルで予測されるボラティリティの変化を有効に捉えている．最後に，確率的ボラティリティ・モデルは条件付きもしくは無条件の尖った分布を想定しているが，標本から推定された尖度と比較すると，その大きさは小さい．

確率的ボラティリティ・モデルから予測される，2つの分布に関する点が，検証できる．第1に，確率的ボラティリティ・モデルは，Black-Scholes モデルが一定のボラティリティを仮定するのに対して，ボラティリティが変化することを想定している．この点を検証するために，オプション価格とボラティリティの時系列とで満期が違うことが必要である．たとえば，インプライド・ボラティリティの期間構造が上向き(下向き)のときは，日次もしくは週次の資産収益率のボラティリティは上昇(下落)傾向にあるのかということの検証．第2に，確率的ボラティリティ・モデルは，オプション価格から示される分布の非対称性はボラティリティと資産収益率との相関によるものであると想定している．CEV モデルと同様，実際に予想されるような相関が観察されるのかどうかを検証できる．

確率的ボラティリティ・モデルは，インプライド・ボラティリティの時系列的な特性 —— オプション価格の確率的な振舞い —— に対して，検証できる多くの想定を含んでいる．第1に，確率的ボラティリティ・オプション評価モデルは，ボラティリティに対して明確な確率過程を前提としているため，オプション価格から推定されるボラティリティの時系列的な特性と仮定される確率過程との整合性を検証することができる[30)]．おそらく，もっとも重要なことは，インプライド・ボラティリティが実際にボラティリティの何らかの変換を仮定した1要因平均回帰 AR (1) に従っているのかどうかということである．ボラティリティのボラティリティに関する事柄や，インプライド・ボラティリティが拡散過程に従うのかということも検証することができる．

Stein (1989) では，1983年12月～1987年9月の期間，観察された S&P 100 のインプライド・ボラティリティの平均的な期間構造は，インプライド・ボラティリティの時系列的な特性と整合的でないということが述べられている．Stein の主張は2つの検証に基づいたものである．第1に，期間構造に示されるボラティリティの変動の平均的な半減期は17.9週である．これは，インプライド・ボラティリティの時系列的な特性から推定される変動の半減期5.4週よりも，統計的にも有意に期間が長い．

---

[30] 金利の時系列的な特性と仮定した債券評価モデルに関する同様の整合性は，債券評価において中心的な問題である．

Steinはこの違いを，満期の短いオプションのボラティリティの変動に対する満期の長いオプションの「過剰反応」であると述べている．第2に，Steinは，残存期間が1カ月と2カ月のオプションから推定される，翌月の1カ月間のインプライド・ボラティリティに対する現在の予測は，偏りがなく情報に対して効率的であるという期待仮説を検証し棄却した．前者の検証はボラティリティに対してSteinが定式化したAR(1)に大きく依存する．後者の検証はそれほど依存しない．Steinの結果は，Diz and Finucane (1993) によって異論が唱えられた．1985年12月～1988年11月の期間で両方の検証を行ったが――1985～1987年のデータはSteinが用いたものと重なっているにもかかわらず――過剰反応の証拠は得られなかったと述べている[31]．Diz and Finucaneは，結果の違いは日中の清算値を利用したためであると述べている．S&P 100指数オプション市場の初期のデータを除いた場合，何らかの影響があるかもしれない．

外国通貨のオプションから推定されるインプライド・ボラティリティの期間構造の分析では，インプライド・ボラティリティの時系列的な特性と整合的な結果が得られている．Taylor and Xu (1994) によると，1985～1989年の期間構造と時系列的な特性はどちらも，外国通貨のボラティリティのショックの通常の半減期は1カ月前後であることを示している．Bates (1996b) は，ドイツ・マルク・オプションから推定される期間構造は，1986～1987年，1988～1989年，1990～1991年までの期間に，1～3カ月間という妥当な半前期を示していることをみつけた．最初の期間である1984～1985年には，観察されるボラティリティの平均回帰とは明らかに整合しない，12～24カ月の半減期が存在した．Campa and Chang (1995) は，1989年12月～1992年3月の期間で，銀行間の外国通貨オプション市場におけるボラティリティの値を利用して，期待仮説を検定したが棄却できなかった．

Bates (1996 b) は，確率的ボラティリティ・モデルのもとで，ドイツ・マルクのオプション価格から推定されるボラティリティのボラティリティは，インプライド・ボラティリティのボラティリティと大きく異なっていることをみつけた．滑稽ではあるが，通貨オプションに示される「ボラティリティ・スマイル」と整合的な大きな値のインプライドな尖度が生み出されるためには，ボラティリティのボラティリティが高い値を示すことが必要である．この値のもとでは，インプライド・ボラティリティは繰り返し0に近い値を取るかもしくは非常に大きな値を取ることになる．しかしどちらも観察されてはいない．このことは，裾の厚い分布を形成するような為替レートのショックによってインプライドな尖度が生み出されるのか，もしくはオプションが誤って価格評価されているのかのどちらかであることを示している．さらに，ボラティリティが変動するということは，ボラティリティのボラティリティが「妥当な」値である場合には，Black-Scholesモデルのインプライド・ボラティリティの偏りが

[31] Diz and Finucaneは論文の中で，AR(1)に基づいた検証のみを報告している．彼らも期待仮説(private communication)を検定したが，棄却することはできなかった．

小さいだけであるということを示している.

20.5.3 ジャンプ過程

オプション価格に示されているジャンプ過程の推定を行った論文の多くは, 記述的なものであった. また, ジャンプ過程は資産収益率の分布の多くの特性と定性的には整合的であるが(たとえば, 裾の厚い分布は, 月次や四半期ごとのデータよりも, 日次や週次のデータを利用した場合によく現れること), ジャンプを伴うモデルから得られたオプション価格によって示される分布が, 実際に観察される資産収益率と整合的であるかを検証した論文はほとんど存在しない. たとえば, Borensztein and Dooly (1987) は, 1983～1985 年の期間において大きく右に歪んだ純粋ジャンプ・モデルは, Black-Scholes モデルよりも外国通貨のオプション価格によく適合することを示した. ただし, 原資産である為替レートに対するモデルの妥当性は検証していない. Bates (1991) は, 1985～1987 年までの S&P 500 先物オプションの日次データから推定されるジャンプ拡散過程のパラメータを利用して, 1987 年の株式市場の暴落前の時点での, 暴落に対する不安を測定した. ジャンプ拡散モデルの方が入れ子になった幾何ブラウン運動を仮定したモデルよりもオプション価格に対して非常によく適合する期間も存在するが, この期間で事後的な先物価格の条件付分布に対してもよく説明できているのかは検証されていない[32].

資産価格にジャンプがないと想定した場合のインプライド・ボラティリティに対してジャンプ拡散過程のインプライド・パラメータを検証することは, インプライドな 2 次の積率は比較できるため, 本質的には 3 次と 4 次の積率を検証することに等しい (Bates (1991, 1996 a)). Bates (1996 a) は, ジャンプ拡散過程のパラメータを 1～4 カ月間のドイツ・マルクと円の先物オプションの日次データを用いて, それぞれ 1984～1992 年, 1986～1992 年の期間で推定した. ドイツ・マルクのオプションについては, 実際に, オプション価格に示される分布の高次の積率の異常な値は, 予測が偏っているにもかかわらず, 対数差分された週次のアメリカ・ドル/ドイツ・マルク先物価格のその後の異常な分布に対して, 統計的にも有意な情報を含んでいた. 円先物オプションは, その後のアメリカ・ドル/円先物価格の分布に対する情報を何も含んでいなかった. Bates (1996 b) は, 1984～1991 年にドイツ・マルク・オプションに示される確率的ボラティリティ/ジャンプ拡散過程を, すべての標本期間においてパラメータの値が一定であるという仮定のもとで推定した. ほとんど起こらない (年 2 回の) ような, 大きなジャンプ過程がオプション価格から推定された. 標本期間で, 対数差分された週次のアメリカ・ドル/ドイツ・マルク先物価格における 1 個の「外れ値」と整合的である. 8 年間のデータを利用して, めったに起こらないジャンプの仮説を検定することは, 本質的に検出力がない. そのため, ジャンプが存在しないという仮説も,

---

32　1987 年の 9 月～10 月における暴落前のオプション価格は, 株式市場の暴落を予測していない.

ジャンプの大きさがオプション価格から推定されるパラメータと適合するという仮説と同様に，妥当なものである．

20.6 まとめと結論

この論文では，オプション価格決定の実証分析において中心的な問題は，オプション価格に示される分布が原資産の条件付分布と整合的かどうかということであると述べてきた．整合性の検証では，ほぼ確実に特定の分布を仮定するという枠組のもとで結論が導かれている．それゆえある程度は，整合性とその分布の仮定の両方に対する結合検定である．これまで，実証分析での一般的な枠組のほとんどは，Black-Scholes モデルで仮定されている幾何ブラウン運動であった．この1パラメータ・モデルは，オプション価格から示されるボラティリティの値が原資産価格の条件付ボラティリティと整合的かどうかを検証するために非常によく利用されている．結果はさまざまであり，ほとんどの通貨オプションから示されるインプライド・ボラティリティは，将来の通貨のボラティリティの比較的偏りの少ない予測値である．一方，株式や株価指数のオプションから示されるインプライド・ボラティリティには大きな偏りが存在する．オプション市場の洗練の程度も相当な進展があったように思われる．オプション市場の初期の時期のデータを含む分析結果は，通常多くの誤差を含んでいる(たとえば，裁定条件が成り立たない場合が多い)．そして，原資産価格の時系列的な特性に基づくボラティリティとインプライド・ボラティリティとの違いも，後の期間に対して行われた分析よりも大きい．

オプション価格でインプライドされるボラティリティと，原資産価格の時系列から推定されるボラティリティとの整合性に関する研究と比較すると，期待されるボラティリティの変化と高次の積率に関する研究はまだ初期の段階にある．これらの3つの事柄に対して何らかの順番を仮定するなら，このような研究段階にあることは，ある程度妥当なことである．オプション価格に示されるボラティリティと原資産価格の時系列から推定されるボラティリティが異なる値を取るならば，時間とともに変動する分散や裾の厚い分布を生み出すようなショックを伴った，より複雑なモデルを用いても，条件付分布に関して一致した結論を導き出すことができるということを信じるような理由は少ない．オプションの残存期間にわたって計算された(リスク中立的な)期待平均分散はニア・ザ・マネーのオプション価格に対する単一のもっとも重要な決定要因である．分布を歪ませたり大きく尖らせるような他の点は，通常は2次的な要因である[33]．モデルの定式化の誤りは，原則としてオプション価格から示されるボラティリティの推定値に影響を与える．しかし，これまで考慮されてきたその他のモデルでは定式化の誤りは，実際には大きな影響を与えていないことを示している．

---

[33] ひょっとしたら，この一般的な記述に対する1つの主要な例外は，1987年の米国株式市場の暴落以降，アメリカの株価指数オプションに示される非常に顕著で持続的な負の尖度である．

オプション価格と原資産の時系列と間に観察されるさまざまな差異に対して，他の説明を考えることも当然のことながら重要である．システマティック・リスクに対してプレミアムが要求される場合には，オプション価格は実際には公正価格ではない．ボラティリティに対するリスク・プレミアムが，有限の期間における，インプライドな分散と期待平均分散との違いを表している場合もある．これらのリスク・プレミアムの妥当な大きさに関して，資産価格決定の文脈で，多くの研究が存在する場合には，このような説明を信頼することは簡単である．報告されるオプション価格と原資産の時系列との間の差異は，データの期間の不一致の問題，ビッド-アスク・スプレッド，オプション評価手法の明確な誤りを表しているという可能性も，考慮されなければならない．小さな誤り（たとえば，満期が数日ずれているオプションを利用する等）が，オプション評価の分析に対して大きな影響を及ぼすこともありうる．

それにもかかわらず，オプション価格は，モデル化したり，原資産価格の時系列的な特性に対して検証すべき興味深い現象を示している．予測されるボラティリティの変動や高次の積率といった重柄が，オプション価格から示される．これらの現象がその後の原資産価格に実現されているかどうかは，さらに分析が必要である．時間の経過とともにマネーネスの偏りが変動することは，時間とともに歪度が変動するモデルが必要であることを示している．

これらの現象は，市場のマイクロストラクチャーの影響によるものかもしれない．インプライドな歪度の変動は，外国通貨先物オプション (Bates (1996 a)) や S&P 500 先物オプション (Bates (1994)) のコールとプット相対的な取引行動と高い相関がある．他にもたとえば，オプションの最終的な買い手のアウト・オブ・ザ・マネーのコールとプットの相対的な需要の変動に応じて，オプションの売り手が行う価格めくらまし行動を表しているという仮説もある．しかし，最初の帰無仮説は常に，実際にオプションは合理的に価格付けされているのかということでなければならない．すなわち，原資産価格の時系列特性と整合的であるのかということである．この仮説に対する検定は，他の説明を行う似前の，重要かつ必要な最初の一歩である．■

［森平爽一郎・佐藤賢一・訳］

文　　献

Adams, P. D. and S. B. Wyatt (1987). Biases in option prices: Evidence from the foreign currency option market. *J. Banking Finance* **11**, 549–562.

Ahn, C. M. and H. E. Thompson (1988). Jump-diffusion processes and the term structure of interest rates. *J. Finance* **43**, 155–174.

Allegretto, W., G. Barone-Adesi and R. J. Elliott (1995). Numerical evaluation of the critical price and American options. *Europ. J. Finance* **1**, 69–78.

Amin, K. I. and R. A. Jarrow (1991). Pricing foreign currency options under stochastic interest rates. *J. Internat. Money Finance* **10**, 310–329.

Amin, K. I. and V. K. Ng (1994). A comparison of predictable volatility models using option data.

Research Department Working Paper, International Monetary Fund.
Ball, C. A. and W. N. Torous (1985). On jumps in common stock prices and their impact on call option pricing. *J. Finance* **40**, 155–173.
Barone-Adesi, G. and R. E. Whaley (1987). Efficient analytic approximation of American option values. *J. Finance* **42**, 301–320.
Bates, D. S. (1988). Pricing options on jump-diffusion processes. Rodney L. White Center Working Paper 37–88, Wharton School.
Bates, D. S. (1991). The crash of '87: Was it expected? The evidence from options markets. *J. Finance* **46**, 1009–1044.
Bates, D. S. (1994). The skewness premium: Option pricing under asymmetric processes. *Advances in Futures and Options Research*, to appear.
Bates, D. S. (1996a). Dollar jump fears, 1984–1992: Distributional abnormalities implicit in currency futures options. *J. Internat. Money Finance* **15**, 65–93.
Bates, D. S. (1996b). Jumps and stochastic volatility: Exchange rate processes implicit in PHLX Deutsche mark options. *Rev. Financ. Stud.* **9**, 69–107.
Beckers, S. (1980). The constant elasticity of variance model and its implications for option pricing. *J. Finance* **35**, 661–673.
Beckers, S. (1981). Standard deviations implied in option prices as predictors of future stock price variability. *J. Banking Finance* **5**, 363–381.
Ben Khelifa, Z. (1991). Parametric and nonparametric tests of the pure diffusion model adjusted for the early exercise premium applied to foreign currency options. In: *Essays in International Finance*, Wharton School Dissertation, 1–48.
Bhattacharya, M. (1983). Transactions data tests of efficiency of the Chicago Board Options Exchange. *J. Financ. Econom.* **12**, 161–185.
Black, F. (1976a). Studies of stock price volatility changes. *Proceedings of the 1976 Meetings of the American Statistical Association*, 177–181.
Black, F. (1976b). The pricing of commodity contracts. *J. Financ. Econom.* **3**, 167–179.
Black, F. and M. Scholes (1972). The valuation of option contracts in a test of market efficiency. *J. Finance* **27**, 399–417.
Black, F. and M. Scholes (1973). The pricing of options and corporate liabilities. *J. Politic. Econom.* **81**, 637–659.
Blomeyer, E. C. and H. Johnson (1988). An empirical examination of the pricing of American put options. *J. Financ. Quant. Anal.* **23**, 13–22.
Bodurtha, J. N. and G. R. Courtadon (1986). Efficiency tests of the foreign currency options market. *J. Finance* **41**, 151–162.
Bodurtha, J. N. and G. R. Courtadon (1987). Tests of an American option pricing model on the foreign currency options market. *J. Financ. Quant. Anal.* **22**, 153–167.
Bollerslev, T., R. Y. Chou and K. F. Kroner (1992). ARCH modeling in finance. *J. Econometrics* **52**, 5–59.
Borensztein, E. R. and M. P. Dooley (1987). Options on foreign exchange and exchange rate expectations. *IMF Staff Papers* **34**, 642–680.
Boyle, P. P. and A. Ananthanarayanan (1977). The impact of variance estimation in option valuation models. *J. Financ. Econom.* **5**, 375–387.
Brennan, M. J. (1979). The pricing of contingent claims in discrete time models. *J. Finance* **34**, 53–68.
Brenner, M. and D. Galai (1986). Implied interest rates. *J. Business* **59**, 493–507.
Broadie, M. N. and J. Detemple (1996). American option valuation: New bounds, approximations, and a comparison of existing bounds. *Rev. Financ. Stud.* **9**, to appear.
Butler, J. S. and B. Schachter (1986). Unbiased estimation of the Black/Scholes formula. *J. Financ. Econom.* **15**, 341–357.
Butler, J. S. and B. Schachter (1994). Unbiased estimation of option prices: An examination of the return from hedging options against stocks. *Advances in Futures and Options Research* **7**, 167–176.
Campa, J. M. and P. H. K. Chang (1995). Testing the expectations hypothesis on the term structure of implied volatilities in foreign exchange options. *J. Finance* **50**, 529–547.
Canina, L. and S. Figlewski (1993). The informational content of implied volatility. *Rev. Financ. Stud.*

6, 659–682.
Cao, C. (1992). Pricing foreign currency options with stochastic volatility. University of Chicago Working Paper.
Carr, P., R. A. Jarrow and R. Myneni (1992). Alternative characterizations of American put options. *Math. Finance* **2**, 87–106.
Chen, D. and R. Welch (1993). Relative mispricing of American calls under alternative dividend models. *Advances in Futures and Options Research* **6**.
Chesney, M. and L. O. Scott (1989). Pricing European currency options: A comparison of the modified Black-Scholes model and a random variance model. *J. Financ. Quant. Anal.* **24**, 267–284.
Chiras, D. P. and S. Manaster (1978). The information content of option prices and a test of market efficiency. *J. Financ. Econom.* **6**, 213–234.
Choi, J. Y. and K. Shastri (1989). Bid–ask spreads and volatility estimates: The implications for option pricing. *J. Banking Finance* **13**, 207–219.
Cox, J. C., J. E. Ingersoll and S. A. Ross (1985a). An intertemporal general equilibrium model of asset prices. *Econometrica* **53**, 363–384.
Cox, J. C., J. E. Ingersoll and S. A. Ross (1985b). A theory of the term structure of interest rates. *Econometrica* **53**, 385–407.
Cox, J. C. and S. A. Ross (1976a). A survey of some new results in financial option pricing theory. *J. Finance* **31**, 383–402.
Cox, J. C. and S. A. Ross (1976b). The valuation of options for alternative stochastic processes. *J. Financ. Econom.* **3**, 145–166.
Cox, J. C. and M. Rubinstein (1985). *Options Markets*. Prentice-Hall, Englewood Cliffs, New Jersey.
Culumovic, L. and R. L. Welch (1994). A reexamination of constant-variance American call mispricing. *Advances in Futures and Options Research* **7**, 177–221.
Day, T. E. and C. M. Lewis (1988). The behaviour of the volatility implicit in the prices of stock index options. *J. Financ. Econom.* **22**, 103–122.
Day, T. E. and C. M. Lewis (1992). Stock market volatility and the information content of stock index options. *J. Econometrics* **52**, 267–287.
Derman, E. and I. Kani (1994). Riding on a smile. *Risk* **7**, 32–39.
Diz, F. and T. J. Finucane (1993). Do the options markets really overreact? *J. Futures Markets* **13**, 298–312.
Dupire, B. (1994). Pricing with a smile. *Risk* **7**, 18–20.
Ederington, L. H. and J. H. Lee (1993). How markets process information: News releases and volatility. *J. Finance* **48**, 1161–1192.
Emmanuel, D. C. and J. D. MacBeth (1982). Further results on the constant elasticity of variance option pricing model. *J. Financ. Quant. Anal.* **17**, 533–554.
Engle, R. F., A. Kane and J. Noh (1993). Index-option pricing with stochastic volatility and the value of accurate variance forecasts. *Advances in Futures and Options Research* **6**, 393–415.
Engle, R. F., A. Kane and J. Noh (1994). Forecasting volatility and option prices of the S&P 500 index. *J. Derivatives* **2**, 17–30.
Engle, R. F. and C. Mustafa (1992). Implied ARCH models from options prices. *J. Econometrics* **52**, 289–311.
Evnine, J. and A. Rudd (1985). Index options: The early evidence. *J. Finance* **40**, 743–756.
Fama, E. F. (1984). Forward and spot exchange rates. *J. Monetary Econom.* **14**, 319–338.
Fleming, J. (1994). The quality of market volatility forecasts implied by S&P 100 index option prices. Rice University Working Paper.
Fleming, J., B. Ostdiek and R. E. Whaley (1996). Trading costs and the relative rates of price discovery in the stock, futures, and option markets. *J. Futures Markets* **16**, 353–387.
Franks, J. R. and E. S. Schwartz (1991). The stochastic behaviour of market variance implied in the prices of index options. *Econom. J.* **101**, 1460–1475.
French, D. W. and D. W. Martin (1987). The characteristics of interest rates and stock variances implied in option prices. *J. Econom. Business* **39**, 279–288.
Froot, K. A. and R. H. Thaler (1990). Anomalies: Foreign exchange. *J. Econom. Perspectives* **4**, 179–192.

Galai, D. (1979). A convexity test for traded options. *Quart. Rev. Econom. Business* **19**, 83–90.

Galai, D. (1983). A survey of empirical tests of option-pricing models. In: Menachem Brenner, ed., *Option Pricing: Theory and Applications*. Lexington Books, Lexington, MA, 45–80.

Garman, M. B. and M. Klass (1980). On the estimation of security price volatilities from historical data. *J. Business* **53**, 67–78.

Garman, M. B. and S. W. Kohlhagen (1983). Foreign currency option values. *J. Internat. Money Finance* **2**, 231–237.

Gemmill, G. (1991). Using options' prices to reveal traders' expectations. City University Business School (London) Working Paper.

George, T. J. and F. A. Longstaff (1993). Bid-ask spreads and trading activity in the S&P 100 index options market. *J. Financ. Quant. Anal.* **28**, 381–398.

Geske, R. and R. Roll (1984). On valuing American call options with the Black-Scholes European formula. *J. Finance* **39**, 443–455.

Gibbons, M. and C. Jacklin (1988). CEV diffusion estimation. Stanford University Working Paper.

Grabbe, J. O. (1983). The pricing of call and put options on foreign exchange. *J. Internat. Money Finance* **2**, 239–253.

Grundy, B. D. (1991). Option prices and the underlying asset's return distribution. *J. Finance* **46**, 1045–1069.

Hammer, J. A. (1989). On biases reported in studies of the Black-Scholes option pricing model. *J. Econom. Business* **41**, 153–169.

Hansen, L. P. (1982). Large sample properties of generalized method of moments estimation. *Econometrica* **50**, 1029–1054.

Hansen, L. P. and R. J. Hodrick (1980). Forward exchange rates as optimal predictors of future spot rates: An econometric analysis. *J. Politic. Econom.* **889**, 829–853.

Harvey, A., E. Ruiz and N. Shephard (1994). Multivariate stochastic variance models. *Rev. Econom. Stud.* **61**, 247–264.

Harvey, C. R. and R. E. Whaley (1992a). Dividends and S&P 100 index option valuation. *J. Futures Markets* **12**, 123–137.

Harvey, C. R. and R. E. Whaley (1992b). Market volatility prediction and the efficiency of the S&P 100 index option market. *J. Financ. Econom.* **31**, 43–74.

Heston, S. L. (1993a). A closed-form solution for options with stochastic volatility with applications to bond and currency options. *Rev. Financ. Stud.* **6**, 327–344.

Heston, S. L. (1993b). Invisible parameters in option prices. *J. Finance* **48**, 933–948.

Hilliard, J. E., J. Madura and A. L. Tucker (1991). Currency option pricing with stochastic domestic and foreign interest rates. *J. Financ. Quant. Anal.* **26**, 139–151.

Ho, M. S., W. R. M. Perraudin and B. E. Sørensen (1996). A continuous time arbitrage pricing model with stochastic volatility and jumps. *J. Business Econom. Statist.* **14**, 31–43.

Hodrick, R. J. (1987). *The Empirical Evidence on the Efficiency of Forward and Futures Foreign Exchange Markets*. Harwood Academic Publishers, New York.

Hsieh, D. A. and L. Manas-Anton (1988). Empirical regularities in the Deutsche mark futures options. *Advances in Futures and Options Research* **3**, 183–208.

Hull, J. (1993). *Options, Futures, and Other Derivative Securities*. 2nd ed. Prentice-Hall, Inc., New Jersey.

Hull, J. and A. White (1987). The pricing of options on assets with stochastic volatility. *J. Finance* **42**, 281–300.

Johnson, H. and D. Shanno (1987). Option pricing when the variance is changing. *J. Financ. Quant. Anal.* **22**, 143–151.

Jones, E. P. (1984). Option arbitrage and strategy with large price changes. *J. Financ. Econom.* **13**, 91 113.

Jorion, P. (1988). On jump processes in the foreign exchange and stock markets. *Rev. Financ. Stud.* **1**, 427–445.

Jorion, P. (1995). Predicting volatility in the foreign exchange market. *J. Finance* **50**, 507–528.

Karolyi, G. A. (1993). A Bayesian approach to modeling stock return volatility for option valuation. *J. Financ. Quant. Anal.* **28**, 579–594.

Kim, I. J. (1990). The analytic valuation of American options. *Rev. Financ. Stud.* **3**, 547–572.

Kim, S. and N. Shephard (1993). Stochastic volatility: New models and optimal likelihood inference. Nuffield College Working Paper, Oxford University.

Lamoureux, C. G. and W. D. Lastrapes (1993). Forecasting stock-return variance: Toward an understanding of stochastic implied volatilities. *Rev. Financ. Stud.* **6**, 293–326.

Latané, H. A. and R. J. Rendleman (1976). Standard deviations of stock price ratios implied in option prices. *J. Finance* **31**, 369–381.

Lewis, K. K. (1995). Puzzles in international financial markets. In: G. Grossman and K. Rogoff, eds., *Handbook of International Economics*. Vol 3. North Holland, Amsterdam, 1911–1967.

Lo, A. W. (1986). Statistical tests of contingent-claims asset-pricing models: A new methodology. *J. Financ. Econom.* **17**, 143–173.

Lo, A. W. and J. Wang (1995). Implementing option pricing formulas when asset returns are predictable. *J. Finance* **50**, 87–129.

Lyons, R. K. (1988). Tests of the foreign exchange risk premium using the expected second moments implied by option pricing. *J. Internat. Money Finance* **7**, 91–108.

MacBeth, J. D. and L. J. Merville (1980). Tests of the Black-Scholes and Cox call option valuation models. *J. Finance* **35**, 285–301.

MacMillan, L. W. (1987). Analytic approximation for the American put option. *Advances in Futures and Options Research* **1:A**, 119–139.

Madan, D. B. and E. Seneta (1990). The Variance Gamma (V.G.) model for share market returns. *J. Business* **63**, 511–525.

Maloney, K. J. and R. J. Rogalski (1989). Call-option pricing and the turn of the year. *J. Business* **62**, 539–552.

McCulloch, J. H. (1987). Foreign exchange option pricing with log-stable uncertainty. In: Sarkis J. Khoury and Ghosh Alo, eds., *Recent Developments in International Banking and Finance*. Lexington Books, Lexington, MA.

Melino, A. and S. M. Turnbull (1990). Pricing foreign currency options with stochastic volatility. *J. Econometrics* **45**, 239–265.

Melino, A. and S. M. Turnbull (1991). The pricing of foreign currency options. *Canad. J. Economics* **24**, 251–281.

Merton, R. C. (1973). Theory of rational option pricing. *Bell J. Econom. Mgmt. Sci.* **4**, 141–183.

Merton, R. C. (1976). Option pricing when underlying stock returns are discontinuous. *J. Financ. Econom.* **3**, 125–144.

Merville, L. J. and D. R. Pieptea (1989). Stock-price volatility, mean-reverting diffusion, and noise. *J. Financ. Econom.* **242**, 193–214.

Myers, R. J. and S. D. Hanson (1993). Pricing commodity options when the underlying futures price exhibits time-varying volatility. *Amer. J. Agricult. Econom.* **75**, 121–130.

Naik, V. (1993). Option valuation and hedging strategies with jumps in the volatility of asset returns. *J. Finance* **48**, 1969–1984.

Naik, V. and M. H. Lee (1990). General equilibrium pricing of options on the market portfolio with discontinuous returns. *Rev. Financ. Stud.* **3**, 493–522.

Nelson, D. B. (1990). ARCH models as diffusion approximation. *J. Econometrics* **45**, 7–38.

Nelson, D. B. (1991). Conditional heteroskedasticity in asset returns: A new approach. *Econometrica* **59**, 347–370.

Nelson, D. B. (1992). Filtering and forecasting with misspecified ARCH models I: Getting the right variance with the wrong model. *J. Econometrics* **52**, 61–90.

Nelson, D. B. and K. Ramaswamy (1990). Simple binomial processes as diffusion approximations in financial models. *Rev. Financ. Stud.* **3**, 393–430.

Ogden, J. P. and A. L. Tucker (1987). Empirical tests of the efficiency of the currency futures options markets. *J. Futures Markets* **7**, 695–703.

Parkinson, M. (1980). The extreme value method for estimating the variance of the rate of return. *J. Business* **53**, 61–65.

Patell, J. M. and M. A. Wolfson (1979). Anticipated information releases reflected in call option prices. *J. Account. Econom.* **1**, 117–140.

Peterson, D. R., E. Scott and A. L. Tucker (1988). Tests of the Black-Scholes and constant elasticity of variance currency call option valuation models. *J. Financ. Research* **111**, 201–212.

Poterba, J. and L. Summers (1986). The persistence of volatility and stock market fluctuations. *Amer. Econom. Rev.* **76**, 1142–1151.

Press, S. J. (1967). A compound events model for security prices. *J. Business* **40**, 317–355.

Rabinovitch, R. (1989). Pricing stock and bond options when the default-free rate is stochastic. *J. Financ. Quant. Anal.* **24**, 447–457.

Ramaswamy, K. and S. M. Sundaresan (1985). The valuation of options on futures contracts. *J. Finance* **40**, 1319–1340.

Rubinstein, M. (1976). The valuation of uncertain income streams and the pricing of options. *Bell J. Econom. Mgmt. Sci.* **7**, 407–425.

Rubinstein, M. (1985). Nonparametric tests of alternative option pricing models using all reported trades and quotes on the 30 most active CBOE option classes from August 23, 1976 through August 31, 1978. *J. Finance* **40**, 455–480.

Rubinstein, M. (1994). Implied binomial trees. *J. Finance* **49**, 771–818.

Schmalensee, R. and R. R. Trippi (1978). Common stock volatility expectations implied by option premia. *J. Finance* **33**, 129–147.

Scott, E. and A. L. Tucker (1989). Predicting currency return volatility. *J. Banking Finance* **13**, 839–851.

Scott, L. O. (1987). Option pricing when the variance changes randomly: Theory, estimation, and an application. *J. Financ. Quant. Anal.* **22**, 419–438.

Scott, L. O. (1992). The information content of prices in derivative security markets. *IMF Staff Papers* **39**, 596–625.

Scott, L. O. (1994). Pricing stock options in a jump-diffusion model with stochastic volatility and interest rates: Applications of Fourier inversion methods. University of Georgia Working Paper.

Shastri, K. and K. Tandon (1986). On the use of European models to price American options in foreign currency. *J. Futures Markets* **6**, 93–108.

Shastri, K. and K. Tandon (1987). Valuation of American options on foreign currency. *J. Banking Finance* **11**, 245–269.

Shastri, K. and K. Wethyavivorn (1987). The valuation of currency options for alternate stochastic processes. *J. Financ. Res.* **10**, 283–293.

Sheikh, A. M. (1989). Stock splits, volatility increases, and implied volatilities. *J. Finance* **44**, 1361–1372.

Sheikh, A. M. (1991). Transaction data tests of S&P 100 call option pricing. *J. Financ. Quant. Anal.* **26**, 459–475.

Sheikh, A. M. (1993). The behavior of volatility expectations and their effects on expected returns. *J. Business* **66**, 93–116.

Stein, J. C. (1989). Overreactions in the options market. *J. Finance* **44**, 1011–1023.

Stephan, J. A. and R. E. Whaley (1990). Intraday price change and trading volume relations in the stock and stock option markets. *J. Finance* **45**, 191–220.

Sterk, W. (1983). Comparative performance of the Black-Scholes and Roll-Geske-Whaley option pricing models. *J. Financ. Quant. Anal.* **18**, 345–354.

Stoll, H. R. and R. E. Whaley (1986). New option instruments: Arbitrageable linkages and valuation. *Advances in Futures and Options Research* **1:A**, 25–62.

Taylor, S. J. and X. Xu (1994). The term structure of volatility implied by foreign exchange options. *J. Financ. Quant. Anal.* **29**, 57–74.

Trautmann, S. and M. Beinert (1994). Stock price jumps and their impact on option valuation. University of Mainz (Germany) Working Paper.

Valerio, N. (1993). Valuation of cash-settlement options containing a wild-card feature. *J. Financ. Engg.* **2**, 335–364.

Whaley, R. E. (1982). Valuation of American call options on dividend-paying stocks. *J. Financ. Econom.* **10**, 29–58.

Whaley, R. E. (1986). Valuation of American futures options: Theory and empirical tests. *J. Finance*

41, 127–150.
Wiggins, J. B. (1987). Option values under stochastic volatility: Theory and empirical estimates. *J. Financ. Econom.* **19**, 351–377.

21

ペソ問題：理論的および実証的インプリケーション*

Peso Problems : Their Theoretical and Empirical Implications

Martin D. D. Evans

本章は，いわゆる「ペソ問題」の存在によって，資産価格決定モデルの理論的および実証的インプリケーションがどのように影響を受けるかを考察するものである．ペソ問題とは，将来の経済に対するショックの分布が離散的に変化する可能性が，市場参加者の合理的期待に影響を及ぼすことをいう．また本章は，従来の合理的期待の仮定のもとでの結果と明らかに相反する資産価格の動きを，「ペソ問題」がいかにしてもたらすことができるかを考察する．この分析では実現した収益率と期待収益率の関係，資産価格とファンダメンタルズ，リスクプレミアムの決定などを扱う．

21.1 はじめに

資産価格決定モデルに共通している性質の１つは，現在の資産価格が市場参加者の将来の経済変数についての期待を織り込んでいることである．市場参加者が安定的な経済環境の中で行動するときには，彼らの合理的期待は，過去の経済変数の実現値を生成する分布と合致するような経済に打撃を与えるショックの主観的確率分布に基づいている．それに対して不安定な環境下では，市場参加者が将来のショックの分布が離散的に変化することを合理的に予測できれば，彼らの期待は過去の実現値から生成される分布とは異なる主観的確率分布に基づいて形成されるかもしれない．「ペソ問題」はこのような状況下での資産価格の動き (behavior) のことを指す．とくに「ペソ問題」モデルは，将来の経済に対するショックの分布の離散的変化の可能性がどのようにして市場参加者の合理的期待，ひいては資産価格の動きに影響を与えるかについて焦点を当てたものである．

本節では，「ペソ問題」の存在が標準的な資産価格決定モデルの結論にどのような影響を与えるかについて概観しよう．とくに，経済を決定する変数の分布の離散的変化が，従来の合理的期待を仮定した場合とは明らかに相反する資産価格の動きを，どのようにしてもたらすかについて示すことにしよう．こういった仮定は実証研究では広く使われているので，「ペソ問題」は資産価格決定モデルの推定や評価について広範囲にわたるインプリケーションをもたらすと考えられる．

* 草稿に対する Jeff Frankel, Karen Lewis, James Lothian, Richard Lyons, Stan Zin 諸氏のコメントに感謝する．

「ペソ問題」という用語の正確な起源は明らかではないが，多くの経済学者は Milton Friedman が 1970 年代初めのメキシコ・ペソ市場の調査の中で最初に用いたとしている．この期間，為替レートが 1 ペソ＝0.08 ドルで固定されていたにもかかわらず，メキシコの預金金利はアメリカ・ドル金利よりもかなり高いままであった．Friedman は，この金利格差はペソが減価するという市場の期待を反映したものである，と主張した．その後，1976 年 8 月，ペソが変動性に移行したときにこれらの期待は正当化された．なぜなら，新レートは 1 ペソ＝0.05 ドルへと，46%減価したからである．

「ペソ問題」が初めて活字の形で議論されたのは，Rogoff (1980) 論文においてである．彼は 1974 年 6 月～1976 年 6 月のメキシコ・ペソの先物および現物為替レートの動きはペソの減価を予想した市場参加者と整合的である，と主張した (Frankel (1980) も参照のこと)．Krasker (1980) と Lizondo (1983) はこの主張の背後にある理由を明確にするモデルを提案した．いま s_{t+1} を (ドル建ペソ) 現物為替レートの対数値としよう．1954 年 4 月～1976 年 8 月まで，現物為替レートは 1 ペソ＝0.08 ドルで固定されていた．すなわち $s_t=s^0$ であった．もし，$s^1\,(<s^0)$ を減価後の現物レートの水準であるとすると，期待現物レートは，

$$\mathrm{E}[s_{t+1}|\Omega_t]=\pi_t s^1+(1-\pi_t)s^0$$

で表現できる．ここで，π_t は，ペソが t 期から $t+1$ 期の間に減価することを市場が評価した確率である．ペソが s^0 で固定されたままであれば，実現した現物レートと市場の期待レートの格差は，

$$s^0-\mathrm{E}[s_{t+1}|\Omega_t]=\pi_t(s^0-s^1)$$

となる．したがって，市場参加者が減価の確率を正である，つまり $\pi_t>0$ と評価する限り，彼らの予測誤差は必然的に正となる．

この例は，離散的な事象が現実化しない間でも，生起する可能性がどのように市場参加者の形成する予測誤差に影響を与えるか，を示したものである．この考え方は，「ペソ問題」の存在を許容した最近のモデルの核心である．これらのモデルと先のメキシコ・ペソ市場の分析の間の重要な違いの 1 つは，これらのモデルが一般に単一事象に焦点を当てていないことである．むしろ，これらのモデルは，経済に打撃を与えるショックの分布の離散的な変化が，繰り返すものの頻繁ではないときに，資産価格の観測された動きにいかに「ペソ問題」が生じているかを分析している．これは重要な区別の 1 つである．なぜなら，ある特定の事象をめぐる資産価格の動きを説明するためにつくられた「ペソ問題」モデルは，予測の内容をほとんど含まない．たとえば，先のメキシコ・ペソのケースでは，減価の確率 π_t と減価後の為替レート s^1 を決められていることを除けば，モデルは市場の期待について何の制約も課していない．

「ペソ問題」が存在するときの市場の期待をどのように特定化するかという問題は厄介である．データからは決して観測されない，経済決定要素の分布が離散的に変化する可能性によって，市場の期待が影響を受けてしまうことは，常にありうる．この

ような状況下では，「ペソ問題」によって影響された合理的期待と非合理的期待を区別することは不可能である．多くの最近のモデルは，市場の期待とデータから推定した離散的変化を明示的につなぐことによって，これら「病理学的ペソ問題」を回避している．この目的のために，研究者は当初 Hamilton (1988, 1989) によって開発されたレジーム推移モデル (regime switching model) のバリエーションを使っている．レジーム推移モデルは，離散的な変化の可能性によって影響された市場参加者の合理的期待を特定化する，簡単で扱いやすい枠組を提供している．重要なことは，このモデル化の方法は，非合理的期待と，「ペソ問題」の存在によって影響された合理的な市場参加者の期待との区別をすることを許容することである．

本章では，「ペソ問題」の存在が資産価格決定モデルの理論的ならびに実証的インプリケーションにどのような影響を与えるかを議論するために，レジーム推移の枠組を用いることにしよう．近年「ペソ問題」モデルは，株価，利子率そして外国為替収益率の動きを分析するために開発されてきている．本章ではこれらのトピックスに関する一般的な研究のサーベイを試みるのではなく，むしろ株式プレミアム (equity premium) や先物プレミアム・パズルというような，既に十分に立証されているパズルのいくつかを解明するために，「ペソ問題」モデルの可能性について焦点を当てよう．

まず 21.2 節で「ペソ問題」の存在が，合理的な市場参加者によって形成された予測誤差の性質にどのように影響を与えるかについて考えることから始める．21.3 節では「ペソ問題」の存在がどのようにして資産価格とファンダメンタルズの間の関係に影響するかを考察する．この分析は，ファンダメンタルズ過程におけるレジーム推移が「ペソ問題」を導く条件を特定化する．21.4 節は，いかにして「ペソ問題」がリスク評価に影響するかについて考える．21.5 節では，「ペソ問題」のモデル化において生じた，多くの計量経済学上の問題について考察する．21.6 節で「ペソ問題」についての将来の研究の方向性についての議論とともに結論を述べる．

21.2　ペソ問題と予測誤差

数多くの異なる経路を通じて，「ペソ問題」は資産価格の動きに影響を与えることができるが，先行研究では，収益率を予測したときに合理的市場参加者によって形成された誤差に対するインパクトについて，研究者は最大の関心を払ってきた．本節では，これらの影響の理論的原因と実証的インプリケーションの双方について考察する．まず市場参加者が将来のレジームについての不確実性に直面するケースから考えてみよう．ここでは，現在のレジームについてまったく不確実性がない，という意味での「純粋ペソ問題」が存在する．次に「一般的ペソ問題」のインプリケーションを考える．市場参加者が現在および将来のレジームの双方について不確実であるケースでは，「純粋ペソ問題」の影響と学習とを合わせることで，予測誤差の性質を変えることができるのである.

21.2.1　純粋ペソ問題

21.2.1.1　理論的インプリケーション

今，R_{t+1} を t 期から $t+1$ 期の間の資産収益率とする．定義から，これは t 期における情報を所与としたときの市場参加者の**事前の**期待収益率 $\mathrm{E}[R_{t+1}|\Omega_t]$ と予測誤差の和として表現できる.

$$R_{t+1}\equiv\mathrm{E}[R_{t+1}|\Omega_t]+e_{t+1} \tag{21.2.1}$$

標準的な合理的期待の仮定のもとでは，予測誤差 e_{t+1} は平均が 0 であり，なおかつ市場の情報集合 Ω_t を構成する各変数とは無相関である.

この予測誤差の性質が，収益率過程の離散的な変化が存在することでどのように影響を受けるかをみるために，R_{t+1} が 2 つの過程の間で推移する単純なケースを考えよう．本章を通じて過程の推移が離散変数 $Z_t=\{0,1\}$ の変化として表されるものと仮定しよう．今 $R_{t+1}(z)$ をレジーム $Z_{t+1}=z$ のときの実現した収益率としよう．つまり，われわれの目的は予測誤差 $R_{t+1}(z)-\mathrm{E}[R_{t+1}|\Omega_t]$ の動きを考えることである．この目的のために，実現した収益率をレジーム z のときの条件付期待収益率 $\mathrm{E}[R_{t+1}(z)|\Omega_t]$ と残差 w_{t+1} に分解することは有用である.

$$R_{t+1}=\mathrm{E}[R_{t+1}(0)|\Omega_t]+\nabla\mathrm{E}[R_{t+1}|\Omega_t]Z_{t+1}+w_{t+1} \tag{21.2.2}$$

ここで，$\nabla\mathrm{E}[R_{t+1}|\Omega_t]\equiv\mathrm{E}[R_{t+1}(1)|\Omega_t]-\mathrm{E}[R_{t+1}(0)|\Omega_t]$ である．各レジームにおいて従う過程や市場の情報 Ω_t の特定化にかかわらず，このように収益率を分解することが常に可能であることに留意しておこう.

式 (21.2.2) が市場の予測誤差の分析で役立つために，残差 w_{t+1} の性質について触れておかなければならない．市場参加者が合理的期待をもつとき，彼らの予測 $\mathrm{E}[R_{t+1}(z)|\Omega_t]$ は市場の情報集合に条件付けられた R_{t+1} の数学的期待値と一致する. $Z_t=\{0,1\}$ に対し，式 (21.2.2) の両辺を Ω_t で条件付けて期待値を取ると，$\mathrm{E}[w_{t+1}|\Omega_t]=0$ となる．よって，残差 w_{t+1} は従来の合理的期待の予測誤差の性質を受け継いでいるのである．これは $t+1$ 期のレジームが既知のときに合理的市場参加者が形成する誤差を表しているので，以下では**レジーム内**予測誤差と呼ぶことにしよう.

市場参加者が $t+1$ 期のレジームを知らないとき，彼らの予測誤差は**レジーム内**誤差とは異なるであろう．このことをみるために，式 (21.2.2) の両辺の期待値を取って，まず市場の予測を特定化しなければならない．$\mathrm{E}[w_{t+1}|\Omega_t]=0$ であることを使うと，

$$\mathrm{E}[R_{t+1}|\Omega_t]=\mathrm{E}[R_{t+1}(0)|\Omega_t]+\nabla\mathrm{E}[R_{t+1}|\Omega_t]\mathrm{E}[Z_{t+1}|\Omega_t] \tag{21.2.3}$$

となる．式 (21.2.1) に (21.2.2) および (21.2.3) を代入して整理すると，市場の予測誤差 $R_{t+1}-\mathrm{E}[R_{t+1}|\Omega_t]$ について次の表現が得られる.

$$e_{t+1}=w_{t+1}+\nabla\mathrm{E}[R_{t+1}|\Omega_t](Z_{t+1}-\mathrm{E}[Z_{t+1}|\Omega_t]) \tag{21.2.4}$$

この式はどのようにして市場の予測誤差 e_{t+1} が**レジーム内**誤差 w_{t+1} と関連しているかを示したものである．明らかに，将来のレジームが既知である，すなわち $Z_{t+1}=\mathrm{E}[Z_{t+1}|\Omega_t]$ であるときには，第2項は消える．この場合には「ペソ問題」は存在しないし，市場の予測誤差は従来の合理的期待の**レジーム内**誤差の性質を受け継いでいる[1]．将来のレジームが未知の場合には，式(21.2.4)の第2項は市場の予測誤差を表している．「ペソ問題」が市場の予測誤差に影響を与える可能性があるのは，この状況下においてである．

このことをもっと明らかにみるために，$t+1$ 期において，収益率がレジーム1から生成されるものと考えよう．これらの状況下では，式(21.2.4)における市場の**事後的な**予測誤差は

$$
\begin{aligned}
e_{t+1}(1) &= w_{t+1} + \nabla\mathrm{E}[R_{t+1}|\Omega_t](1-\mathrm{E}[Z_{t+1}|\Omega_t]) \\
&= w_{t+1} + \nabla\mathrm{E}[R_{t+1}|\Omega_t]\Pr(Z_{t+1}=0|\Omega_t)
\end{aligned}
\tag{21.2.5}
$$

である．前に述べたように，市場参加者が合理的期待をもつとき，右辺第1項は平均0であり，Ω_t の各変数とは無相関である．第2項は**レジーム内**予測の差 $\nabla\mathrm{E}[R_{t+1}|\Omega_t]$ にレジーム0が次期に起きるという市場の主観確率を掛けたものに等しい．もし，市場がレジーム0が起こりうる，すなわち $\Pr(Z_{t+1}=0|\Omega_t)>0$ であると信じているのならば，「ペソ問題」は存在するであろう．こういった市場の考えは，**レジーム内**予測がたがいに異なるときに式(21.2.5)の第2項をゼロにすることはないであろう．もしそうなら，この第2項は平均が0でなかったり，Ω_t の各要素と相関をもったりするかもしれない．したがって「ペソ問題」の存在は，たとえ市場参加者がその期待を合理的に形成しても，事後的に考えると，市場の予測誤差にバイアスや**事前**情報との相関をもたらしうるのである．

「ペソ問題」の存在は，**事後的な**予測誤差にこれらの影響をより一般的な形でもたらすかもしれない．式(21.2.4)で示したように，収益率を生成する将来のレジームについて不確実性がいくらかでもある限り，$\nabla\mathrm{E}[R_{t+1}|\Omega_t](Z_{t+1}-\mathrm{E}[Z_{t+1}|\Omega_t])$ という項は，レジーム内予測誤差の実現値に残るであろう．結果として，これらの誤差はバイアスをもっていたり，**事後的**に考えると，**事前的**情報と相関をもつかもしれない．

ある特定の予測誤差標本にこれらの性質がみられる程度は，当該標本期間内でのレジーム・シフトの頻度に依存する．レジーム1だけしか起こらないような極端なケースでは，標本での予測誤差の性質は式(21.2.5)における $e_{t+1}(1)$ の性質と同じであろう．代わって，標本期間内に多くのレジーム変更があるときには，予測誤差は $e_{t+1}(1)$ と($e_{t+1}(1)$ と同様に定義された) $e_{t+1}(0)$ が結合したものとしての性質を受け継ぐであろう．この場合，式(21.2.4)が示しているように，得られる予測誤差の影響は $Z_{t+1}-\mathrm{E}[Z_{t+1}|\Omega_t]$ の標本における性質に依存する．もし，標本期間内におけるレ

[1] Fullenkamp and Wizman (1992) は市場参加者が将来の収益率の実現値を生成する過程を知っているような状況を称して，「保証 (surety)」という語で表した．ここで，「保証」は $Z_{t+1}=\mathrm{E}[Z_{t+1}|\Omega_t]$ を意味している．訳注：「保証」は，「完全予見 (perfect foresight)」と同義．

ジーム・シフトの頻度が，合理的市場参加者がその予測の基礎としているレジーム・シフトの分布を表しているのならば，典型的な標本では $Z_{t+1}-\mathrm{E}[Z_{t+1}|\Omega_t]$ は0に近い平均をもつだろうし，また Ω_t の各要素と無相関となるであろう．式(21.2.4)は標本予測誤差がこれらの性質を受け継ぐであろうことを示している．なぜなら，前に述べたように，$\mathrm{E}[w_{t+1}|\Omega_t]=0$ であるからである．ゆえに，これらの状況下では，予測誤差は従来型の合理的期待の性質を示すかもしれない．

この議論から，合理的な市場参加者によって形成された予測誤差に対する「ペソ問題」の影響は，標本中のレジーム・シフトの頻度に依存するということが明らかとなった．もしシフトの頻度がその分布を表現するのであれば，予測誤差は従来型の合理的期待の性質を示すであろう．シフトの頻度が分布を表さないような別のケースでは，予測誤差はバイアスをもったり，**事前的**情報と相関をもつかもしれない．ゆえに，「ペソ問題」の存在が合理的な市場参加者によって形成された予測誤差だけに影響する，ということは「小」標本において意味がある．もちろん，この文脈の「小」という語は，収益率の観測値の個数や，データの観測間隔ということよりは，レジーム・シフトの頻度が(分布を)表現しないような標本ということを指している．

21.2.1.2　実証的インプリケーション

数多くの研究は，「ペソ問題」が資産収益率の変則的な動きのいくつかを説明できるかどうかを分析してきた．この研究を要約するために，現物レートと先物レートで収益率を表現すると便利である．s_t をある資産の t 期における現物レートの対数値，f_t^k をその資産を k 期先に売買するという先物契約の t 期における(先物)レートの対数値と定義しよう．このとき，将来時点で資産を売却する先物契約の投機的収益率は，

$$s_{t+k}-f_t^k=\phi_t+\varepsilon_{t+k} \tag{21.2.6}$$

である．ここで，ϕ_t はこの投機的ポジションのリスクプレミアム，ε_{t+k} は t 時点で利用可能な情報を所与としたときの現物レート予測に対する市場の誤差である．

a.　先物プレミアム・パズル　　この語の起源を考えれば，外国為替研究が「ペソ問題」の潜在的な役割について大きな関心を払ってきたことは当然である．とくに研究者は，(対数)現物レート変化率 Δs_t を先物プレミアム $f_t^1-s_t$ に回帰した Fama (1984)による回帰式

$$\Delta s_{t+1}=b_0+b(f_t^1-s_t)+u_{t+1} \tag{21.2.7}$$

で表現される外国為替収益率の動きを，「ペソ問題」が説明することができるかを考察してきた．$\Delta s_{t+1}\equiv f_t^1-s_t+\phi_t+\varepsilon_{t+1}$ であるという事実と，$f_t^1-s_t$ と予測誤差 ε_{t+1} の共分散が0であるという標準的な合理的期待の仮定を用いると，最小2乗理論は T 個の観測値などからなる標本において，b の推定量[2)]が

[2] 訳注：原文では，確率変数としての推定量(estimator)と，その実現値である推定値(estimate)とを区別せずにすべて推定値として記述しているが，ここでは区別して訳してある．

表 21.1

通貨	(1) $\hat{b}$	(2) p 値 H_0：$b=1$	(3) モンテカルロ実験 バイアス	(4) モンテカルロ実験 比
月次データ				
ポンド	−2.266	<0.001	−0.726	1.222
			(3.438)	(1.053)
マルク	−3.502	0.001	−1.068	1.237
			(3.252)	(0.722)
円	−2.022	<0.001	−0.107	1.035
			(0.607)	(0.201)
四半期データ				
ポンド	−2.347	0.001	−0.724	1.216
			(2.691)	(0.804)
マルク	−3.448	0.004	−0.720	1.162
			(2.735)	(0.615)
円	−2.955	<0.001	−0.124	1.031
			(0.700)	(0.177)

(Evans and Lewis (1995 b))

この表は Fama 回帰

$$\Delta s_{t+1}=b_0+b(f_t^1-s_t)+u_{t+1}$$

の推定結果を表したものである．ここで，s_t と f_t^1 は 1975～1989 年の現物為替レートならびに 1 期間先の先物為替レートである．(1) 列は b の最小 2 乗推定値を示したものである．(2) 列は，残差 u_{t+1} の分散が不均一であることも許容する Wald 統計量に基づいて計算された，H_0：$b=1$の p 値を示している．(3) 列は，

$$\phi_t=c_0+c(f_t^1-s_t)+v_t$$

によって，リスクプレミアムが先物ディスカウントと関係するという仮説のもとで，b に対応する c の推定バイアスを示したものである．このバイアスは c^*-c で測っている．ここで，c^* は推移モデルからシミュレートしたデータを使って，Fama 回帰から求めた値である．この表は 1000 回のシミュレーションによる経験分布から，バイアスの平均と括弧内にその標準偏差を示している．(4) 列は c^*/c 比の平均と標準偏差を示している．

$$\hat{b}=1+\frac{\mathrm{Cov}_T(\phi_t, f_t^1-s_t)}{\mathrm{Var}_T(f_t^1-s_t)} \tag{21.2.8}$$

となることを与える．ここで，$\mathrm{Var}_T(\cdot)$ と $\mathrm{Cov}_T(\cdot)$ は，それぞれ標本分散と標本共分散を表している．ゆえに従来の合理的期待のもとでは，b の推定量が 1 でないことは，リスクプレミアムが先物プレミアムと共変動していることを意味する．超過収益率はリスクプレミアムと予測誤差の和として表すことができるので，このことは，超過収益率が先物プレミアムで予測できるということと同値である．

表 21.1 は，1975～1989 年の期間におけるドイツ・マルク，イギリス・ポンド，日本円の対ドルレートについて，この回帰式を推定した結果を示したものである．b がすべて有意に 0 より小さいことは，他の研究者の結果と共通である．式 (21.2.8) における $\hat{b}$ の分解に基づけば，これらの負の係数推定値は，リスクプレミアムの分散が先物プレミアムの分散よりも大きいことを意味する (Fama (1984) を参照)．

現在，回帰分析の結果の解釈と資産価格決定モデルから導かれる理論的帰結の統合を試みた非常に多くの研究がある（たとえば，Backus, Foresi and Telmer (1994) を参照）．しかしながら，Lewis (1994) が最近のサーベイ論文で示したように，どの研究のモデルも，生成されるリスクプレミアムの変動について，回帰分析の結果を十分に説明できるものはない．したがって，この見方に立てば表 21.1 の結果はパズルのようなものである．

「ペソ問題」はこのパズルに対する 1 つの潜在的な解法を与えている．なぜなら，「ペソ問題」の存在は，先物プレミアムが標本内の超過収益率に対して予測力をもつような追加的な経路を与えるからである．このことは，b についての最小 2 乗推定量の表現を以下のように書き直すことによってわかる．

$$\hat{b}=1+\frac{\mathrm{Cov}_T(\phi_t, f_t^1-s_t)}{\mathrm{Var}_T(f_t^1-s_t)}+\frac{\mathrm{Cov}_T(\varepsilon_{t+1}, f_t^1-s_t)}{\mathrm{Var}_T(f_t^1-s_t)} \tag{21.2.9}$$

ここで，$\varepsilon_{t+1}\equiv s_{t+1}-\mathrm{E}[s_{t+1}|\Omega_t]$ である．今までみてきたように，「ペソ問題の存在は，合理的予測誤差 ε_{t+1} と先物プレミアム $f_t^1-s_t$ といった Ω_t 内の変数の間に，小さな標本相関を生じさせる．したがって，Fama の分析と対照的であるが，右辺第 3 項は「ペソ問題」が存在するときに，「小」標本では b の推定量に対して実際に影響を与えるかもしれない．

Evans and Lewis (1995 b) は式 (21.2.9) の第 3 項の大きさについてのいくつかの結果を示している．彼らは「ペソ問題」による $\hat{b}$ の小標本バイアスをみるために，現物為替レートに対する推移モデルの推定値を用いてモンテカルロ実験を行った．彼らの実験では，先物レートは，将来の現物レート（これは現物レート過程における潜在的な推移の影響を含んでいる）に対する市場の期待とリスクプレミアム

$$\phi_t=c_0+c(f_t^1-s_t)+v_t \tag{21.2.10}$$

の変動の双方によって動くようになっている．ここで，v_t は独立同一分布に従う誤差を表している．各実験では，現物ならびに先物レートの標本を生成するとともに，その標本データを式 (21.2.7) の回帰式から導かれる c の推定量 $c^*=\hat{b}-1$ を求めるために使っている．c^* の経験分布はこの手続を繰り返すことによってつくられたものである．

表 21.1 の (3) 列，(4) 列は，彼らのモンテカルロ実験の結果を再掲したものである．(3) 列は c^*-c の平均値を表している．この値が 3 通貨すべてについて負であることは，「ペソ問題」の存在によって，Fama 係数が実際に下方バイアスをもつかもしれないことを表している．(4) 列は c^*/c の平均と標準偏差を表している．この比は，リスクプレミアムの標準偏差とその下限の比の測度であるとともに，リスクプレミアムのみかけ上の変動のうち，「ペソ問題」がどの程度寄与しているかを示すものである．すべての通貨について，c^*/c の平均値は，測定されたリスクプレミアムの標準偏差がモデルからの真のリスクプレミアムを越えていることを意味している．ポンドとマルクのケースについては，標準偏差は約 20% も大きい．したがって，「ペソ

問題」が考慮されていない場合には，標準的な推定ではリスクプレミアムの変動を過大評価することもありうるのである．

これらの結果は，収益率の短期的な性質を特徴付けるために行われる従来型回帰分析の係数推定量が，「ペソ問題」の存在によって，どのように影響を受けるかということを説明している．「ペソ問題」はまた，データから推定される共和分関係によって表現される資産価格や収益率の長期的性質の推定に影響を与えうるのである．

b. 共和分 最近の多数の実証研究は，資産価格と収益率の長期的な性質に焦点を当てている．この関心は，多くの資産価格や収益率が恒久的ショックを伴う過程に従うと十分に特徴付けられるようであるという観察結果によって，拍車がかかっている．これらの状況下では，多くの資産価格決定モデルは価格と収益率の長期的動きを予測する．これらの予測は，式(21.2.6)の収益率の表現に立ち返ることで容易に理解できる．

合理的期待の標準的なモデルでは，リスクプレミアム ϕ_t と予測誤差 ε_{t+k} の両方とも，“I(0)”と呼ばれる共分散定常過程に従う．2つの定常的な変数の和は定常であるから，式(21.2.6)は $s_{t+k}-f_t^k$ もまた定常過程に従うということを意味する．対照的に，観測される現物および先物レートは，恒久的ショックを含んでいる典型であるとみなされている．これは，恒久的ショックが蓄積した，いわゆる「確率的トレンド」として十分に近似される．これらの過程は，“I(1)”と呼ばれ，1回階差操作を行った後に共分散定常となるものである．

明らかに，もし現物ならびに先物レートがI(1)であるのならば，$s_{t+k}-f_t^k$ は s_{t+k} と f_t^k の恒久的ショックが相殺されたときにのみ，I(0)，すなわち定常になる．このことが起こるためには，2つの条件が必要である．第1は，ベクトル[3] $\boldsymbol{X}_t'\equiv[s_{t+k}, f_t^k]$ の変数どうしが共和分の関係になければならないことである．すなわち，$\boldsymbol{\alpha}'\boldsymbol{X}_t$ がI(0)となるような共和分ベクトル $\boldsymbol{\alpha}$ が存在することである．第2は，共和分ベクトルを掛けた $\boldsymbol{\alpha}'\boldsymbol{X}_t$ が超過収益率を与えるので，このベクトルは $\boldsymbol{\alpha}'=[1, -1]$ でなくてはならないことである．

c. トレンドの数の検定 Evans and Lewis (1993)はこれらの条件のうち第1の条件を検定する方法の1例を示している．まず最初に，現物レートからなるベクトルと先物レートからなるベクトルのそれぞれについて別個に，Johansen (1988)で開発された方法を用いてトレンドの数を検定している．次に，すべての現物レートと先物レートからなるベクトルについて，トレンドの数を検定している．もし，現物レートと先物レートが，共通のトレンドをもつのであれば，現物レートと先物レートを同じベクトルに組み入れたとき，トレンドの数は増加しないはずである．

1975～1989年までのドイツ・マルク，イギリス・ポンドと日本円の対ドルレートのデータを用いて，Evans and Lewisは現物と先物レートからなるベクトルが現物レー

[3] 訳注：ベクトル，行列をスカラーと区別するため，以下では原文とは異なり，ボールド体で表現する．

トからなるベクトルよりも1つ以上多くトレンドをもつ，ということを発見した．そして彼らはこの結果が「ペソ問題」を反映しているかどうかについて分析を行った．ドル/ポンドレートに推移モデルを当てはめた推定結果を用いて，市場参加者が現物レート過程のシフトを合理的に予測するとき，先物レートに追加的なトレンドが観測される確率が非常に高くなるというモンテカルロ実験の結果が得られた．彼らはまた，「ペソ問題」がこれらのシフトを伴うことによって，標準的な検定が超過収益率のトレンドを非常に検出しづらくしている，ということを示している．

d. 1対1共和分の検定　「ペソ問題」はまた現物と先物レート間の共和分ベクトルの推定に影響を与えることがある．現物と先物レートが1対1で共和分しているときにのみ，超過収益率が定常となることを思い出そう．このとき，共和分回帰

$$s_{t+k}=a_0+a_1f_t^k+v_{t+k} \tag{21.2.11}$$

において，超過収益率が定常であるという帰無仮説のもとでは，a_1は1に等しくならねばならない．式(21.2.11)を恒等式$s_{t+k}-f_t^k\equiv\phi_t+\varepsilon_{t+k}$と比較すると，リスクプレミアムと予測誤差の和が定常I(0)過程に従うときに，$a_1=1$となることが明らかとなる．

Evans and Lewis (1994)は，アメリカの金利期間構造から得られる1964年6月～1988年12月の月次収益率を用い，式(21.2.11)の関係について分析した．この分析では，s_{t+k}は$t+k$月の1カ月物の短期国債の金利に，またf_t^kはt月における1カ月物の短期国債を$t+k$月に売買するときの先物レートに対応する．彼らは，$a_1=1$という帰無仮説は，kが1カ月から10カ月までの各期間で，棄却されるということを示した．

これらの結果を「ペソ問題」の影響であるとすることができるであろうか．この可能性を検証するために，$k=1$のケースを考えることにし，$R_{t+1}=s_{t+1}$ならびに$f_t^1=\mathrm{E}[R_{t+1}|\Omega_t]-\phi_t$とおこう．またこの1期物のレートは同一のトレンドを共有する2つの過程を推移するものと仮定しよう．すなわち，$z=\{0,1\}$に対して，

$$R_{t+1}(z)=\psi_z\tau_{t+1}+e_{t+1}(z),\qquad \tau_{t+1}=\tau_t+\eta_{t+1} \tag{21.2.12}$$

である．ここで，τ_tは独立同一のイノベーションη_tをもつ共通の確率トレンドであり，また$e_{t+1}(z)$は定常I(0)過程であるものとする．$R_{t+1}(z)$の予測を得るために式(21.2.12)を用いると，

$$f_t^1=\tau_t[\psi_1\Pr(Z_{t+1}=1|\Omega_t)+\psi_0\Pr(Z_{t+1}=0|\Omega_t)]+\mathrm{I}(0)\text{ 項}$$
$$s_{t+1}-f_t^1=\tau_t(\psi_1-\psi_0)(Z_{t+1}-\mathrm{E}[Z_{t+1}|\Omega_t])+\mathrm{I}(0)\text{ 項} \tag{21.2.13}$$

を示すのは容易である．レジーム・シフトの頻度が，市場参加者がその予測形成に用いる分布とは異なるようなデータ標本においては，$(Z_{t+1}-\mathrm{E}[Z_{t+1}|\Omega_t])$は系列相関をもつであろう．このような状況下では，$\psi_1\neq\psi_0$であるとき，超過収益率の実現系列において確率的トレンドτ_tが出現することを式(21.2.13)は示している．そして，同じトレンドが先物レートを動かすので，式(21.2.11)の共和分係数a_1は1とは異なる値を取るであろう．

21.2.2　一般化ペソ問題

今までみてきたモデルにおいては，市場参加者が現在のレジームを知っているものと仮定したので，予測誤差の「小」標本特性は将来のレジームについての不確実性によってのみ影響を受けた．それに対して，市場参加者が現在または過去のレジームを直接観測できないと仮定するモデルがある．これらのモデルでは，小標本バイアスや**事後的な**予測誤差に系列相関をもたらすような学習要素を導入している．

21.2.2.1　理論的インプリケーション

予測誤差におけるペソ効果に対して学習がどのように寄与するかを示すために，将来の収益率を予測する際に市場参加者が利用可能な情報は現在ならびに過去の情報だけである，つまり $\Omega_t=\{R_t, R_{t-1}, \cdots\}$ であると考えよう．これらの状況下では，現在のレジームに関する不確実性の程度は，条件付確率分布 $\Pr(Z_t|\Omega_t)$ によって表現される．観測された過去の収益率系列が現在のレジームを完全に明らかにする，$Z_t=z$ であるような極端なケースでは，不確実性は存在しない．したがって，$\Pr(Z_t=z|\Omega_t)=1$ であり，分析は前と同様になる．それゆえ，過去の収益率系列が完全には明らかではない，すなわち $Z_t=\{0,1\}$ に対して，$1>\Pr(Z_t|\Omega_t)>0$ となるケースを考えることにしよう．ここでは，あるレジーム内の収益率の観測値が新たに得られることによって，市場参加者が現在のレジームについて学習することが許容されるかもしれないから，$\Pr(Z_t|\Omega_t)$ は期間によって変化しうる．

$\Pr(Z_t|\Omega_t)$ の変化が，どの程度予測誤差に影響するかをみるために，式 (21.2.5) に恒等式 $\Pr(Z_{t+1}=0|\Omega_t)\equiv\Pr(Z_{t+1}=0|Z_t=1,\Omega_t)-(\Pr(Z_{t+1}=0|Z_t=1,\Omega_t)-\Pr(Z_{t+1}=0|\Omega_t))$ を代入すると，レジーム 1 における**事後的な**予測誤差についての以下の表現を得る．

$$e_{t+1}(1)=w_{t+1}+\nabla\mathrm{E}[R_{t+1}|\Omega_t]\Pr(Z_{t+1}=0|Z_t=1,\Omega_t)$$
$$-\nabla\mathrm{E}[R_{t+1}|\Omega_t](\Pr(Z_{t+1}=0|Z_t=1,\Omega_t)-\Pr(Z_{t+1}=0|\Omega_t)) \quad (21.2.14)$$

この式の最初の 2 項は式 (21.2.5) のそれと同じである．第 3 項は現在のレジームについての学習が予測誤差にどのように影響するかを表している．この項は，以下のように書き換えられる．

$$\nabla\mathrm{E}[R_{t+1}|\Omega_t](\Pr(Z_{t+1}=0|Z_t=1,\Omega_t)-\Pr(Z_{t+1}=0|Z_t=0,\Omega_t))\Pr(Z_t=0|\Omega_t)) \quad (21.2.15)$$

もし $t+1$ 時点にレジーム 0 が起きる確率が現在のレジームとは独立であるのならば，この項は 0 になることに注意しておこう．この特殊なケースでは，$\Pr(Z_t=0|\Omega_t)$ で測られる現在のレジームについての不確実性が予測誤差に寄与することはない．他のケースでは，学習による $\Pr(Z_t=0|\Omega_t)$ の変化がこの項の動学に寄与する．Kaminsky (1993) は式 (21.2.14) の第 2，3 項の複合効果を「一般化ペソ問題」と呼んでいる．

もし，市場参加者がベイズ法則を用いて，現在および過去の収益率から現在のレジームについての彼らの確率分布を更新するのであれば，学習の動学を

$$\Pr(Z_t=0|\Omega_t)=\frac{\Pr(Z_t=0|\Omega_{t-1})\mathcal{L}(R_t|Z_t=0,\Omega_{t-1})}{\sum_z \Pr(Z_t=z|\Omega_{t-1})\mathcal{L}(R_t|Z_t=z,\Omega_{t-1})} \tag{21.2.16}$$

と，

$$\Pr(Z_t=z|\Omega_{t-1})=\sum_{Z_{t-1}}\Pr(Z_t=z|Z_{t-1},\Omega_{t-1})\Pr(Z_{t-1}|\Omega_{t-1}) \tag{21.2.17}$$

によって記述できる．ここで，$\mathcal{L}(\cdot|Z_t,\Omega_{t-1})$ はレジーム Z_t および過去の情報 Ω_t が所与のときに観測された収益率の尤度を表している．最初の式は，どのようにして現在の収益率の観測値が市場レジーム 0 である確率を更新するのに使われるかという，ベイズ法則を単に表している．第 2 番目の式は，どのようにして将来および現在のレジームの確率分布が関係するかを表している．

式 (21.2.16) および (21.2.17) は $\Pr(Z_t=0|\Omega_t)$ の変動と，それがもたらす予測誤差の動きについての潜在的に重要な 2 つのインプリケーションを与える．第 1 は，現在のレジームに関する不確実性は，市場参加者が現在の収益率はレジーム 0 からもたらされることに対して尤度を少しでもおいている，すなわち $\mathcal{L}(R_t|Z_t=0,\Omega_{t-1})>0$ である限り，続くということである．第 2 は，レジーム 1 からの観測値が連続して得られることが多くなれば，$\Pr(Z_t=0|\Omega_t)$ が 0 に近づく，ということである．言い換えれば，もしあるレジームが十分に長く続けば，合理的市場参加者はどのレジームにいるかがついには学習できる，ということである．

これらの学習過程の性質は，もし ① 現在ならびに過去の収益率が現在のレジームについての多くの情報を含んでいる，② 特定のレジームが長く続く，のであれば，現在のレジームについての不確実性が，1 つのレジーム内の予測誤差の系列相関や小標本バイアスの主な原因とはなりえない，ということを意味している．これらの 2 つの性質はともに，市場参加者がレジームの変化を 1 回限りとみるか，そうでないとみるかに依存している．

Lewis (1989 a, b) は資産価格の学習効果について研究している．とくに，ファンダメンタルズ過程の 1 回限りの変化によって引き起こされた**過去の**レジームの変化を市場参加者が学習している期間に，為替レートがどのように変動するかを考察した．式 (21.2.14) では，この状況はレジーム $z=1$ への変化が永久的である，すなわち $\Pr(Z_{t+1}=0|Z_t=1,\Omega_t)=0$ というケースと同等である．この制約を式 (21.2.14) に課すと，レジーム推移によって起きる予測誤差を

$$e_{t+1}(1)=w_{t+1}+\nabla \mathrm{E}[R_{t+1}|\Omega_t]\Pr(Z_{t+1}=0|\Omega_t)$$

と表すことができる．よって，レジーム推移が起きたと市場参加者が学習するまでに限って，**事後的な**予測誤差は**レジーム内**誤差とは異なる．このような状況では，予測誤差は「一般化ペソ問題」よりは純粋な学習問題によって影響を受けるといえる．

21.2.2.2　実証的インプリケーション

学習の存在によって，「ペソ問題」の実証的インプリケーションはどの程度影響を受けるのであろうか．この問題は最近 Kaminsky (1993) と Evans and Lewis (1995 a) によって取り組まれている．

Evans and Lewis は，名目利子率と実現したインフレーションの間に長期的関係があるとき，いわゆる長期的 Fisher 関係があるとき，インフレーション過程の変化によって生じた「ペソ問題」の影響について考察している．この研究の一部として，彼らは以下の共和分回帰に基づくモンテカルロ実験を行っている．

$$E[\pi_{t+1}|\Omega_t^m]=d_0+d_1\pi_{t+1}^m+v_t \tag{21.2.18}$$

ここで，$E[\pi_{t+1}|\Omega_t^m]$ は期待インフレ率であり，また π_{t+1}^m は実現したインフレ率であって，双方とも四半期のインフレーションの推移モデルによって生成されたものである．この実験は「純粋ペソ問題」ならびに「一般化ペソ問題」の双方の存在が，典型的なデータ標本において d_1 の推定量にバイアスを生むことを明らかにしている．彼らは「一般的ペソ問題」ケースでは，バイアスがより小さいことを示している．したがって，純粋ペソと学習効果が部分的に予測誤差への影響を相殺するということは可能である．

Kaminsky (1993) は，そのドル/ポンド為替レートの研究において，学習効果について別の見方を提供している．彼女は，市場参加者が過去の為替レート系列と連邦準備理事会による金融政策のアナウンスメントの両方を用いて現在のレジームに関する推測を行う場合に，Engle and Hamilton (1990) の推移モデルの変種 (variant) を使って為替レートの予測誤差を分析している．式 (21.2.14), (21.2.15) にあるように，予測誤差は $\Pr(Z_t|\Omega_t)$ に依存する．これらのフィルター確率 (filtered probability) は，直物為替レートのデータと金融政策指標を結合させせた尤度関数の最大値を用いて，式 (21.2.16), (21.2.17) のベイジアン更新式からわかる[4]．

Kaminsky はこのモデルから得られた予測誤差がかなりの小標本バイアスを含んでいることを示した．そしてその予測誤差を，フィルターを通した確率の代わりに平滑化確率 (smoothed probability) $\Pr(Z_t|\Omega_T)$ を用いて構成した予測誤差と比較している．これらの確率は，

$$\Pr(Z_{t-i}|\Omega_t)=\frac{\mathcal{L}(R_t|Z_{t-i},\Omega_{t-1})\Pr(Z_{t-i}|\Omega_{t-1})}{\sum_z\mathcal{L}(R_t|Z_{t-1}=z,\Omega_{t-1})\Pr(Z_{t-1}=z|\Omega_{t-1})} \tag{21.2.19}$$

から，$t=T, i=1$ から始めて，標本期間を通して後ろから前へ繰り返すことによって計算することができる．これらの確率には標本におけるすべての情報が含まれていることを注意しておこう．もし，続いて起こる為替レートの動きが，t 時点において従っている過程を明らかにするのであれば，この新しい予測誤差は学習効果を拭い去ってしまうであろう．Kaminsky は，2 組の誤差の標本特性の間にはほとんど違いがないことを示している．やはり学習は「ペソ問題」の小標本効果に対してほとんど寄与しないのである．

---

[4] Kaminsky はこのモデルを 1 つの「不完全レジーム分類」と呼んでいる．なぜなら，市場参加者は政策のアナウンスメントがレジームについて正しい情報を与えないかもしれないと認識しているからである．Kaminsky and Lewis (1992) は同様なモデルを用い，外国為替介入のインパクトについて研究している．

21.2.3 ま　と　め

本節では，「ペソ問題」の存在がどのようにして，合理的市場参加者によって形成された予測誤差に影響を与えるかについてみてきた．レジーム・シフトの数が市場参加者の予測分布を代表しないような「小」データ標本においては，市場参加者の予測誤差はバイアスをもったり，研究者が**事後的**とみるときでも**事前的**情報と相関をもっていることがある．これらのケースでは，ペソ効果の大きさは，将来収益率の**レジーム内**予測 $\nabla\mathrm{E}[R_{t+1}|\Omega_t]$, Z_t の動学，現在のレジームを知っている程度の差に依存して決まる．先行研究から得られた例は，「ペソ問題」の存在が典型的なデータ標本から推定された資産価格と収益率の関係に有意に影響していることを示している．そのうえ，これらの影響は学習が存在するときにも頑強である．

21.3 ペソ問題：資産価格そしてファンダメンタルズ

今まで，「ペソ問題」の存在が合理的市場予測への効果を通じて，どのように予測誤差の性質に影響を与えるかをみてきた．資産価格は将来のファンダメンタルズの予測をも含んでいるので，以上の分析は「ペソ問題」の存在が，資産価格と経済のファンダメンタルズの間の関係に影響を与えるであろうことを示唆している．本節ではこれらの影響について分析しよう．

21.3.1 現在価値モデルにおけるペソ問題

現在価値モデルは，市場の将来変数に対する期待が現在の資産価格や収益率に影響を与える資産価格決定モデルの中でもっとも単純なものの1つである．一般的な現在価値モデル

$$P_t=\theta_0+\theta(1-\rho)\sum_{i=0}^{\infty}\rho^i\mathrm{E}[X_{t+1}|\Omega_t] \tag{21.3.1}$$

において「ペソ問題」の効果を分析することにしよう．ここで，θ_0 は定数，θ は比例係数，ρ は割引率である．この形のモデルは利子率，株価そして為替レートの動きを分析するために用いられてきた．当面，P_t と X_t を単に資産価格とファンダメンタルズとして表すことにしよう．

応用研究では，しばしば P_t および X_t は非定常 I(1) 過程に従うようにみえることがあるので，定常 I(0) 過程で表現された式 (21.3.1) の別な形を考えることは有益である．式 (21.3.1) の両辺から θX_t を引いて整理すると，「スプレッド」についての次の表現が得られる．

$$Y_t\equiv P_t-\theta X_i=\theta_0+\theta\sum_{i=1}^{\infty}\rho^i\mathrm{E}[\varDelta X_{t+1}|\Omega_t] \tag{21.3.2}$$

X_t が非定常 I(1) 過程に従うとき，従来の合理的期待の仮定のもとで $\mathrm{E}[\varDelta X_{t+1}|\Omega_t]$

は定常でなくてはならないことを注意しておこう．したがって，スプレッド Y_t は P_t が I(1) であったとしても，定常 I(0) 過程に従う．

「ペソ問題」の存在が資産価格とファンダメンタルズの間の関係にどのように影響するかをみるために，式 (21.3.2) に焦点を当て，$\varDelta X_t$ 過程の推移がどのようにスプレッドの動きに影響を与えるかを調べることにしよう．前の議論と同じく，$\varDelta X_t$ が離散値を取る状態変数 $Z_t=\{0,1\}$ によって支配される 2 つの過程間を推移するケースに関心を限定することにしよう．$\varDelta X_{t+1}$ の実現値は，$Z_t=z$ の値によって決定される t 時点のレジームに依存すると仮定し，それを $\varDelta X_{t+1}(z)$ で表すことにする．

$\mathrm{E}[\varDelta x_{t+i}|\Omega_t]=\sum_z \mathrm{E}[\varDelta X_{t+i}|\Omega_t, Z_t=z]\Pr(Z_t=z|\Omega_t)$ であるから，式 (21.3.2) の両辺を市場の情報 Ω_t[$Y_t\in\Omega_t$ である] で条件付けして期待値を取ると，

$$Y_t=Y_t(0)\Pr(Z_t=0|\Omega_t)+Y_t(1)\Pr(Z_t=1|\Omega_t) \qquad (21.3.3)$$

なお，

$$Y_t(z)=\theta_0+\theta\sum_{i=1}^{\infty}\rho^i\mathrm{E}[\varDelta X_{t+i}|\Omega_t, Z_t=z] \qquad (21.3.4)$$

である．式 (21.3.3) では，観測されるスプレッドはレジーム条件付スプレッド $Y_t(z)$ の加重平均である確率として表現される．式 (21.3.4) では，それらは市場参加者が現在のレジームを知っているときのスプレッドの現在価値として定義されている．

推移の効果を調べるためには，レジーム条件付スプレッド $Y_t(z)$ を解く必要がある．第 1 段階として，式 (21.3.4) を 1 期先にも繰り返そう．

$$Y_t(z_t)=\theta_0+\theta\sum_{i=2}^{\infty}\rho^i\mathrm{E}[\varDelta X_{t+i}|\Omega_t, Z_t=z]+\theta\rho\mathrm{E}[\varDelta X_{t+1}|\Omega_t, Z_t=z] \qquad (21.3.5)$$

次に，

$$\mathrm{E}[\varDelta X_{t+i}|\Omega_t, Z_t]=\sum_z\mathrm{E}[\mathrm{E}[\varDelta X_{t+i}|\Omega_{t+1}, Z_{t+1}=z]|\Omega_t, Z_{t+1}=z]\Pr(Z_{t+1}=z|\Omega_t, Z_t)$$

であることを指摘しておこう．この表現を式 (21.3.5) の右辺第 2 項に代入して整理すると，

$$\begin{aligned}Y_t(z)=\theta_0(1-\rho)+\rho\sum_{z'}\mathrm{E}[Y_{t+1}(z')|\Omega_t]\Pr(Z_{t+1}=z'|\Omega_t, Z_t=z]\\+\theta\rho\mathrm{E}[\varDelta X_{t+1}(z)|\Omega_t]\end{aligned} \qquad (21.3.6)$$

が得られる．ここで，$\mathrm{E}[\varDelta X_{t+1}(z)|\Omega_t]=\mathrm{E}[\varDelta X_{t+1}|\Omega_t, Z_t=z]$ である．

次の段階は $z=\{0,1\}$ の両レジームで式 (21.3.6) を解くことである．レジームの推移を支配する遷移確率が市場参加者にとって未知であるか，または他の変数に依存するモデルでは，確率 $\Pr(Z_{t+1}=z'|\Omega_t, Z_t=z)$ が時間変動的となるため，式 (21.3.6) は非線形差分方程式となる．このような方程式の解法の困難さを避けるために，Z_t が一定の遷移確率をもつ独立マルコフ過程に従い，その遷移確率は市場参加者にとって既知であるものと考えよう．この状況下では，式 (21.3.6) を線形行列差分方程式

$$\begin{bmatrix}Y_t(1)\\Y_t(0)\end{bmatrix}=\begin{bmatrix}\theta_0(1-\rho)\\\theta_0(1-\rho)\end{bmatrix}+\rho\boldsymbol{\Lambda}\begin{bmatrix}\mathrm{E}[Y_{t+1}(1)|\Omega_t]\\\mathrm{E}[Y_{t+1}(0)|\Omega_t]\end{bmatrix}+\theta\rho\begin{bmatrix}\mathrm{E}[\varDelta X_{t+1}(1)|\Omega_t]\\\mathrm{E}[\varDelta X_{t+1}(0)|\Omega_t]\end{bmatrix} \qquad (21.3.7)$$

として書き直すことができる．ここで，$\boldsymbol{\Lambda}$ は ij 要素が $\Pr(Z_{t+1}=i|Z_t=j, \Omega_t)$ である

遷移確率行列である．式(21.3.7)を将来にわたって繰り返し，$\lim_{t\to\infty}\rho^i \mathrm{E}[Y_{t+i}(z)|\Omega_t]=0$ という条件を加えると，

$$Y_t(1)=\theta_0+\theta\sum_{i=1}^{\infty}\rho^i \mathrm{E}[\varDelta X_{t+i}(1)|\Omega_t]-(1-\lambda_1)\varPhi_t$$

$$Y_t(0)=\theta_0+\theta\sum_{i=1}^{\infty}\rho^i \mathrm{E}[\varDelta X_{t+i}(0)|\Omega_t]-(1-\lambda_0)\varPhi_t \qquad (21.3.8)$$

を得る．ここで，λ_z はある期から次期になっても同一のレジームにとどまる確率を示し，また

$$\varPhi_t\equiv\sum_{i=1}^{\infty}\rho^i \mathrm{E}[Y_{t+i}(1)-Y_{t+i}(0)|\Omega_t]$$

を表している．

式(21.3.3)および(21.3.8)によって，$\varDelta X_t$ 過程の推移が，さまざまな条件下で，スプレッドの動きにどのように影響を与えるか，を調べることができる．例として，市場参加者が将来のレジームについてのみ不確実性をもっているという「純粋ペソ問題」のケースを考えよう．ここでは $Y_t=Y_t(z)$ であるから，推移に伴うすべての影響は式(21.3.8)を用いて調べることができる．この式はファンダメンタルズについてのニュース(news)が2つの経路を通じてスプレッドに影響することを示している．その第1は，現在のレジームにおいて $\varDelta X_{t+i}$ の期待現在価値の改訂をもたらすようなニュースが，各式の右辺第2項を通じて $Y_t(z)$ に影響を与えるということである．第2は，レジームの推移が起こったときに，期待される配当のジャンプの大きさについての新たな情報が，$\varPhi_t$ を通じて $Y_t(z)$ に影響を与えるということである．このジャンプを示す項は，レジームの推移によって導かれるレジーム条件付スプレッドの期待将来変化の現在価値に等しい．「純粋ペソ問題」のケースでは $Y_t=Y_t(z)$ であるので，$\varPhi_t$ は将来のレジームスイッチによって得られる期待キャピタルゲインの効果を表している．

市場参加者が現在および将来のレジームについて不確実性に直面している「一般化ペソ問題」のケースでは，ニュースは3番目の経路を通じてスプレッドに影響を与えることができる．この状況下では，$1>\Pr(Z_t|\Omega_t)>0$ であれば，観測されたスプレッドはレジーム条件付スプレッドと

$$Y_t=Y_t(0)\Pr(Z_t=0|\Omega_t)+Y_t(1)\Pr(Z_t=1|\Omega_t)$$

という関係にあることを思い出そう．したがって，市場参加者が現在の状態の推定を改訂するようなニュースは，レジーム条件付スプレッドが変化しないでいるときでも，一般にはスプレッドの変化を導く．

式(21.3.8)は「ペソ問題」の存在が，**レジーム内**で $Y_t(s)$ と将来のファンダメンタルズの成長に関する期待の現在価値との間の関係に影響を与えることを明らかにしている．なぜなら，市場参加者はレジーム推移に伴う将来のキャピタルゲインとキャピタルロスを考慮に入れるからである．これらのキャピタルゲインを調べるためには，$Y_t(1)-Y_t(0)$ を解く必要がある．式(21.3.8)の2つの式の差を取って，整理すると，

$$Y_t(1)-Y_t(0)=\theta\rho\sum_{j=1}^{\infty}\varphi^{j-1}\mathrm{E}[\Delta X_{t+j}(1)-\Delta X_{t+j}(0)|\Omega_t] \tag{21.3.9}$$

を得る．ここで，$\varphi\equiv\rho(\lambda_1+\lambda_0-1)$ である．したがって，レジームの推移が起きたときのレジーム条件付スプレッドのジャンプは，将来の ΔX_t の**レジーム内**予測間の差の割引価値に依存して決まるのである．

式 (21.3.9) は，レジームの変更があるときのスプレッドの動きについて，2 つの重要なインプリケーションを与える．第 1 は，$Y_t(z)$ のジャンプがどのようなものであっても，その大きさは，レジームによる将来のファンダメンタルズの成長期待の差異とレジーム推移の動学の**両方に**依存して決まる，ということである．この 2 つのレジームの例では，$\lambda_1+\lambda_0-1$ の値はレジームの系列相関構造を決定する．もし，$\lambda_1+\lambda_0=1$ であれば，レジームは系列独立であり，現在のレジームが続くことは推移と同程度に起こりやすい．このケースでは，式 (21.3.9) は $Y_t(1)-Y_t(0)=\mathrm{E}[\Delta X_{t+1}(1)-\Delta X_{t+1}(0)|\Omega_t]$ を表している．したがって，将来の ΔX_t のレジーム間の格差は，ジャンプの大きさについて何の影響も与えない．その理由は，レジームが系列独立であれば，今期のレジーム推移は市場がもつ将来の ΔX_t の期待に何の影響も与えないからである．他方，レジームが系列相関をもつような場合（すなわち $\lambda_1+\lambda_0\neq 1$ であるとき）では，レジームが推移したときに，市場参加者が将来の ΔX_t の予測を改訂するので，遠い将来の予測でのレジーム間格差がジャンプの大きさに影響を与えうるのである．たとえば，$\lambda_1+\lambda_0>1$，すなわち現在のレジームが続くことがレジームの推移よりも起こりうるようなケースでは，もし $j>0$ について $\mathrm{E}[\Delta X_{t+j}(1)|\Omega_t]>\mathrm{E}[\Delta X_{t+j}(0)|\Omega_t]$ であれば，レジーム 0 から 1 への推移が起きたときに，スプレッドは上方にジャンプすることを式 (21.3.9) は表している．

式 (21.3.9) の 2 番目のインプリケーションは，レジームの推移が ΔX_{t+1} のジャンプを伴わない場合でも，$Y_t(z)$ のジャンプが起こりうることである．たとえば，レジームの推移が ΔX_{t+2} の予測にのみ影響を与えると考えよう．レジームが系列独立でない限り，t 時点でのレジームのスイッチはレジーム条件付スプレッドのジャンプを伴う．「純粋ペソ問題」のケースでは，このジャンプは観測されたジャンプと一致するであろう．したがって，レジームの推移は，ファンダメンタルズの現在の動きに変化がないときでさえ，スプレッドのジャンプを生じさせることがある．このケースでは，レジームの推移は金融危機か金融崩壊の出現をもたらすかもしれない．

式 (21.3.3) と (21.3.8) を用いて，どのようにしてファンダメンタル過程の推移が合理的バブルを生じさせるのかをみることができる．現在価値モデルの中では，Y_t が式 (21.3.2) で表される差分方程式を満たしているとき，すなわち

$$Y_t=\theta_0(1-\rho)+\rho\mathrm{E}[Y_{t+1}|\Omega_t]+\rho\mathrm{E}[\Delta X_{t+1}|\Omega_t]$$

であるが，横断性条件 (transversality condition) $\lim_{T\to\infty}\mathrm{E}[\rho^T Y_{t+T}|\Omega_t]=0$ を満たしていないときに，スプレッドはバブルを含む．たとえば，もし ΔX_{t+1} が一定であれば，スプレッドのバブル過程の 1 つは，

$$Y_{t+1}=定数+\frac{1}{\rho}Y_t+\eta_{t+1}$$

となる．なお，$E[\eta_{t+1}|\Omega_t]=0$ である．このケースでは，ファンダメンタルズのニュースがあるからでなく，将来のスプレッドの期待が変化するために，スプレッドが変化する．それゆえバブル・モデルはファンダメンタルズ過程が推移する現在価値モデルとはまったく異なる．なぜなら推移モデルでは Y_t のすべての変動はファンダメンタルズのニュースによって引き起こされるからである．

Flood and Hodlick (1986) はペソモデルとバブル・モデルの理論的な違いを，実証的に見分けるのは不可能であると指摘した．レジーム1の間に，レジーム0のときの将来のファンダメンタルズについてのニュースが到来したと考えよう．式(21.3.3)および式(21.3.8)は，レジームスイッチが起きたときに，将来のキャピタルゲインの期待が変わる限りは，このニュースが現在のスプレッドに影響を与えることを示している．もし，このニュースがレジーム1におけるファンダメンタルズの動きと無相関であれば，レジーム1でのスプレッドの変動のいくつかは，観測されたファンダメンタルズと関係ないようにみえる．すべての観測値が1つのレジームから生じているような極端なケースでは，「ペソ問題」の出現とバブルの存在を区別することは決してできない．

21.3.2　実証的インプリケーション

21.3.2.1　利子率の期間構造

ファンダメンタルズに基づく資産価格決定モデルへの，推移モデルの最初の応用は，Hamilton (1988) にみられる．彼は，10年物の国債の利回り R_T^l と3カ月物の短期国債の利子率 R_t^1 に関して，(Shiller (1979) に基づく) 以下のモデルを考えた．

$$R_t^l=\theta_0+\theta(1-\rho)\sum_{i=1}^{l-1}\rho^i E[R_{t+i}^1|\Omega_t] \tag{21.3.10}$$

$$R_t^1=\alpha_0+\alpha_1 Z_t+v_t \tag{21.3.11}$$

ここで，$0<\rho<1$ である．今 v_t がレジームに依存して分散が変化する AR(4) 過程に従い，$Z_t=\{0,1\}$ が独立の1次マルコフ過程に従うとしよう．市場参加者は過去の短期レートの系列のみ (すなわち $\Omega_t=\{R_t^1, R_{t-1}^1, \cdots\}$) を使って，将来の短期レートを予測すると仮定しよう．したがって「一般化ペソ問題」は存在している．

このモデルでは，長期ならびに短期利子率を合わせた動きについて，複雑な合理的期待の制約をおいている．1962年第1四半期～1978年第3四半期のアメリカの四半期データを用いて，Hamilton は制約をかけた長期利子率の過程を，

$$\begin{aligned}R_t^l=&0.051+2.454\Pr\{Z_t=1|\Omega_t)+1.89E[v_t|\Omega_t]+0.009E[v_{t-1}|\Omega_t]\\&+0.011E[v_{t-2}|\Omega_t]+0.001E[v_{t-3}|\Omega_t]+\varepsilon_t\end{aligned} \tag{21.3.12}$$

と推定した．なお，

$$\Pr(Z_t=1|Z_{t-1}=1)=0.997 \text{ かつ } \Pr(Z_t=0|Z_{t-1}=0)=0.998$$

である．

これらのモデル推定値は，アメリカの利子率の期間構造における「ペソ問題」の重要性について何を意味しているだろうか．驚いたことに，これらは「ペソ問題」が完全に存在しないことを示唆している．前の分析では，市場参加者が将来のレジーム変化に伴うキャピタルゲインやキャピタルロスを考慮するとき(すなわち式(21.3.8)の$(1-\lambda_z)\Phi_t$)，「ペソ問題」がスプレッドにのみ影響を与えるということをみた．式(21.3.12)の$\Pr(Z_t=1|\Omega_t)$の項における2.542%という係数推定値は，キャピタルゲインがきわめて大きいことを示しているが，市場参加者はこのことを大きく無視している．なぜなら$\Pr(Z_t|Z_{t-1})$の推定値は，ある期から次期へレジームが推移する確率がきわめて0に近いことを示しているからである．

Sola and Driffill (1994)は，アメリカの利子率の期間構造についての研究でいくぶん異なる結果を導き出している．Hamiltonとは異なり，彼らは短期レート過程に推移があるとき，利回りスプレッドの動きのインプリケーションを考察している．この定式化では，長期および短期レートがI(1)過程に従うときでも，推移モデルの各変数はI(0)定常である．これは重要な特徴である．なぜならPagan and Schwert (1990)が指摘したように，Hamiltonの方法がレジーム推移モデルとして有効であるためには，モデル内の各変数がI(0)であることが必要であるからである．

Sola and Driffillのモデルでは，推定したレジーム推移の時点はHamilton (1988)のそれと非常に近いが，推定した遷移確率はHamiltonのものに比べ小さくなっている．結論として，Sola and Driffillモデルの推定値は，アメリカの利子率の期間構造の動きが「ペソ問題」の影響をかなり受けていることを示している[5]．これらの対照的な結果は，たった1つの推移モデルの推定結果からペソ効果の重要性についての結論を引き出すことが危険であることを示唆している．

21.3.2.2 株　価

推移モデルは株価の動きを分析するためにも使われている．たとえば，Evans (1993)ではCampbell and Shiller (1989)によって開発された配当利回りモデルの中で，配当成長の推移の影響を分析している．このモデルは，t期の初めの配当利回りの自然対数δ_tが期待将来配当成長と関係しているというものである．

$$\delta_t=\theta_0-\sum_{j=1}^{\infty}\rho^j\mathrm{E}[\Delta d_{t+j}|\Omega_t] \qquad (21.3.13)$$

ここで，Δd_{t+1}はt年における配当の成長率であり，ρは1に近いが，それよりは小さな値を取るものとする．この式は式(21.3.2)のスプレッドの式で，$\Delta d_t=-\Delta X_t$かつ$\theta=1$とした式と同じであることを注意しておこう．よって，以前の分析を配当成長過程における推移の効果の分析に用いることができる．

市場参加者は現在のレジームと1次の独立マルコフ過程に従う$Z_t=\{0,1\}$によって

---

[5] この結果は，アメリカ利子率についてのLewis (1991)ならびにEvans and Lewis (1994)，ユーロ・ドル利子率についてのKugler (1994)の結果と整合的である．

決定される2つの配当成長過程間の推移を観測できるものと仮定しよう．Campbell and Shiller (1989) と同様，このモデルの実証的なインプリケーションは，配当の対数値と配当成長の相互の動きを表すVARの枠組の中で導出することができる．1次の過程の場合には，VARは次の形になる．

$$\begin{bmatrix}\delta_{t+1}\\ \Delta d_{t+1}\end{bmatrix}=\begin{bmatrix}\pi(Z_{t+1})\beta(Z_t) & \pi(Z_{t+1})\alpha(Z_t)\\ \beta(Z_t) & \alpha(Z_t)\end{bmatrix}\begin{bmatrix}\delta_t\\ \Delta d_t\end{bmatrix}+\begin{bmatrix}\gamma(Z_{t+1})+\pi(Z_{t+1})g(Z_t)\\ g(Z_t)\end{bmatrix}+\begin{bmatrix}\pi(Z_{t+1})v_{t+1}+\eta_{t+1}\\ v_{t+1}\end{bmatrix} \quad (21.3.14)$$

ここで，$\alpha(z)$, $\beta(z)$, $g(z)$, $\gamma(z)$ そして $\pi(z)$ はレジームと $\mathrm{E}[\eta_{t+1}|\delta_t, \Delta d_t]=\mathrm{E}[v_{t+1}|\delta_t, \Delta d_t]=0$ に依存して決まる係数である．合理的期待のもとでは，式(21.3.13)の配当利回モデルはこれらの係数に対して込み入った制約を課す．

表21.2は，Standard and Poors合成株価指数の株価と配当について，1871～1987年までの年次系列を用いて式(21.3.14)を推定した結果を表している．$\alpha(z)$ と $\beta(z)$

表 21.2

最尤推定量

母数	推定値	標準誤差	母数	推定値	標準誤差
$\alpha(1)$	0.575	0.133	$g(1)$	−22.367	20.100
$\alpha(0)$	0.095	0.070	$g(0)$	−89.889	13.881
$\beta(1)$	−0.066	0.584	λ_1	0.898	0.067
$\beta(0)$	−0.307	0.048	λ_0	0.985	0.026

収益率の予測可能性

A：$r^m_{t+m}=a_0+a_1\delta_t+u_{t+m}$					B：$r_{t+1}=b_0+b_1\sum_{j=0}^{m-1}\delta_{t-j}+w_{t+1}$			
	$m=1$	$m=2$	$m=3$	$m=4$		$m=2$	$m=3$	$m=4$
$\hat{a}_1$	0.115	0.285	0.379	0.540	$\hat{b}_1$	0.087	0.058	0.059
t 統計量	2.175	3.073	3.168	3.739	t 統計量	2.717	2.574	2.847
パーセント点					パーセント点			
5	4.560	4.118	3.799	3.397	5	2.909	2.189	1.771
10	5.101	4.588	4.201	3.987	10	3.172	2.419	2.003
25	5.794	5.365	5.054	4.896	25	3.630	2.825	2.382
50	6.627	6.311	6.036	5.994	50	4.180	3.292	2.835
75	7.437	7.224	7.093	7.224	75	4.758	3.768	3.271
90	8.295	8.157	8.228	8.327	90	5.244	4.175	3.173
95	8.725	8.834	8.960	9.076	95	5.555	4.562	3.937

Evans (1993)

この表の上段は式(21.3.14)の推移VARモデルの最尤推定量を表したものである．母数 $\gamma(z)$ および $\pi(z)$ は，合理的市場参加者が2つのレジーム間の推移を予測するという配当利回りモデルによって課せられた式間制約を通じて，$\alpha(z)$, $\beta(z)$ そして $g(z)$ に依存する．レジームの推移は，1次の独立マルコフ過程に従う $Z_t=\{0, 1\}$ によって起こり，遷移確率は $\Pr(Z_t=z|Z_{t-1}=z)\equiv\lambda_z$ である．このモデルは1879年からの117年にわたるS&Pの年次データによって推定されている．表の下段は，AおよびBの収益率回帰式における t 統計量の経験分布のパーセント点を示したものである．この経験分布は，推定した推移モデルに基づく繰り返し数1000回のモンテカルロ実験から得られたものである．すべての t 統計量は条件付分散不均一の存在を考慮し修正してある．加えて，A欄の統計量は，収益率が予測可能でないという帰無仮説のもとで，予測のオーバーラップによって生じる残差の $\mathrm{MA}(m-1)$ 過程を考慮し，修正してある．

の推定値は，レジーム間でどのように配当成長の予測可能性が変化するかを示している．とくに $\alpha(z)$ の推定値は，短期から中期予測を考えたとき，過去の配当成長が，レジーム1では将来の配当成長の有用な予測量であるが，レジーム0ではそうではないことを示している．前でみたように，市場参加者が，ある期から次期への間にレジーム推移があるということに大きな確率をおいているとき，ファンダメンタルズ予測のレジーム間での違いだけが，「ペソ問題」を生成する．このモデルでは，レジーム1のときはその確率は約10%，レジーム0では1%である．よって，「ペソ問題」は配当-価格の動きに確かに影響を与えるのである．

「ペソ問題」の重要性を評価する1つの方法は，モデル推定値から得られた株式収益率の標本の動きを分析することである．Campbell and Shiller (1989) は，t 期から $t+1$ 期までの株式収益率の対数値が，κ を定数として，

$$r_{t+1} \simeq \kappa + \delta_t - \rho\delta_{t+1} + \Delta d_{t+1} \tag{21.3.15}$$

で十分に近似できることを示した．この近似式を将来にわたって繰り返し，終点条件 $\lim_{t\to\infty}\rho^i\delta_{t+i}=0$ を課し，また Ω_t で条件付けた期待値を取ると，

$$\delta_t = \frac{-\kappa}{1-\rho} - \theta\sum_{j=1}^{\infty}\rho^j \mathrm{E}[\Delta d_{t+j}|\Omega_t] + \theta\sum_{j=1}^{\infty}\rho^j \mathrm{E}[r_{t+j}|\Omega_t] \tag{21.3.16}$$

が得られる．式 (21.3.16) と (21.3.13) を比較すると，配当利回りモデルでは株式収益率の**事前的な**期待値が一定であることがわかる．したがって，市場参加者が合理的期待をもち，「ペソ問題」が存在しないとき，Ω_t のどの変数も r_{t+1} の変動を予測できない．「ペソ問題」が存在するときは，21.2節で議論した理由によって，実現した収益率は「小」標本において予測可能となる．

表21.2の下段は，回帰式

$$r^m_{t+m} = a_0 + a_1\delta_t + u_{t+m}$$

と，

$$r_{t+1} = b_0 + b_1\sum_{j=0}^{m-1}\delta_{t-j} + w_{t+1}$$

によって収益率の予測可能性を調べたものである．なお，$r^m_{t+m} \equiv \sum^m_{i=1} r_{t+i}$ は m 期間の収益率である．予測可能性がないという帰無仮説のもとでは，$a_1=0$ かつ $b_1=0$ である[6]．表の下段の上の列からわかるように，回帰式がS&Pデータから推定されたとき，帰無仮説は通常の有意水準で棄却される．この回帰結果の従来の解釈は，市場参加者の将来収益率に対する予測が配当利回りの対数とともに変化するというものである．下段の下の列は別な解釈を与えてくれる．それは，式 (21.3.14) の推移モデルの最尤推定値に基づいてシミュレートしたデータから得た，a_1 および b_1 の t 統計量のモンテカルロ分布である．観測された t 統計量の5%点の値が，漸近的な境界値1.95よりも小さいケースは1つしかない．したがって，このモデルではペソ効果は株式収益率に大きな影響を与えていると思われる．

6　これらの回帰式の検定の議論については，Hodrick (1992) を見よ．

21.3.3 ま と め

本節では，ファンダメンタルズの動きに離散的な変化が起きるという見込みが，どのようにして合理的市場参加者の予測，ひいては資産価格の動きに影響を与えるかについて分析してきた．市場参加者がファンダメンタルズ過程に推移が起きると予想するとき，現在の資産価格は現在の過程のもとでのファンダメンタルズの予測と，将来推移が起きた場合の価格ジャンプ予測との両方に依存する．「小」標本では，後者の変動はファンダメンタルズに関係しないようにみえる資産価格の変動をもたらすし，また特殊な応用例では価格とファンダメンタルズの関係についての推論を複雑にする．

これらの効果が実際上どれだけ重要かを示すために，ファンダメンタルズの推移を含んだ利子率の期間構造および株価のモデルを考察した．これらのモデルから得られた結果は，2つの重要な点を実証している．第1は，ファンダメンタルズにおける推移の存在は，「ペソ問題」が資産価格の動きにかなりの影響を与えるということを必ずしも意味しないことである．第2は，1本の推移モデルの推定結果から「ペソ問題」の重要性について結論を導くことは危険であるということである．

21.4 リスク回避とペソ問題

これまで，「ペソ問題」の存在が，市場参加者のもつ期待への効果を通じて，どのように資産価格や収益率の動きに影響を与えるかについてみてきた．とくに，レジーム・シフトが起きるという予想が，いかにして資産価格とファンダメンタルズの間の関係に影響を与えるかについて，また「小」標本における合理的予測誤差の性質についてみてきた．本節では，レジーム・シフトの予想がどのようにして，市場のリスク評価に影響を与えるかについて考察することにしよう．

かなり一般的な理論的枠組で，「ペソ問題」の影響を分析することから始めることにしよう．このことは，レジーム推移のある一般均衡モデルで資産価格の動きをみようとする最近の研究を考察する枠組を与える．本節の後半では，どのようにしてレジーム推移が株式プレミアムや先物プレミアム・パズルの説明となりうるのかについて分析することにしよう．

21.4.1 動学的資産価格決定モデルにおけるペソ問題

現代の動学的資産価格決定モデルでは，資産価格は価格決定カーネル (pricing kernel，状態依存請求権 (state-contingent claims) の価格を支配する確率過程) の動きによって制約されている．今 γ_{t+1} を1期間の状態依存請求権の価格を表す確率変数としよう．もし経済が純粋裁定機会の余地のない状況であれば，取引されるあらゆる資産 i の1期間の収益率は

$$\mathrm{E}[\gamma_{t+1}R_{t+1}^{i}|\Omega_t]=1 \tag{21.4.1}$$

を満たしていなければならないことを示すことができる．ここで，R_{t+1}^{i} は資産 i の t から $t+1$ 時点までの実質粗収益率である (Duffie (1992) を参照)．γ_{t+1} を価格決定カーネルと呼ぶことにしよう．状態依存請求権の市場の完備な集合があるような経済では，式 (21.4.1) を満たす確率変数 γ_t が一意に存在する．他の状況下でも，この無裁定条件はやはり成立するが，γ_t 一意ではなくなる．代表的エージェントが存在する経済では，γ_{t+1} は異時点間の限界代替率であるので，式 (21.4.1) は1階の条件をも表している．当面，γ_{t+1} の定式化を一般的なままにしておくことにしよう．それゆえ「ペソ問題」の分析を，広いクラスの資産価格決定モデルに応用することができる．

式 (21.4.1) はすべての取引されている資産に当てはまるので，価格決定カーネルは $\mathrm{E}[\gamma_{t+1}|\Omega_t]=1/R_{t+1}^{0}$ によって，無リスク資産の収益率 R_{t+1}^{0} と関係する．この表現を式 (21.4.1) と合わせると，資産 i のリスクプレミアムについての式を得る．

$$\mathrm{E}[R_{t+1}^{i}/R_{t+1}^{0}|\Omega_t]=1-\mathrm{Cov}(\gamma_{t+1}, R_{t+1}^{i}|\Omega_t) \tag{21.4.2}$$

式 (21.4.2) から「ペソ問題」の存在は，それが条件付分散の項に影響する限りにおいて，リスクプレミアムに影響するにすぎない．この影響を分析するために，ベクトル $\boldsymbol{X}_{t+1}'\equiv[R_{t+1}^{i}, \gamma_{t+1}]$ が2つのレジーム間を推移する簡単なケースを考えよう．21.2節と同様に，$\boldsymbol{X}_{t+1}$ の実現値を

$$\boldsymbol{X}_{t+1}=\mathrm{E}[\boldsymbol{X}_{t+1}(0)|\Omega_t]+\nabla\mathrm{E}[\boldsymbol{X}_{t+1}|\Omega_t]Z_{t+1}+\boldsymbol{W}_{t+1} \tag{21.4.3}$$

として書くことができる．ここで，$\nabla\mathrm{E}[z_{t+1}|\Omega_t]\equiv\mathrm{E}[z_{t+1}(1)|\Omega_t]-\mathrm{E}[z_{t+1}(0)|\Omega_t]$ であり，$\boldsymbol{W}_{t+1}'\equiv[w_{t+1}^{R}, w_{t+1}^{\gamma}]$ かつ $\mathrm{E}[\boldsymbol{W}_{t+1}|\Omega_t]=\boldsymbol{0}$ である．式 (21.4.3) より，

$$\mathrm{Cov}(\gamma_{t+1}, R_{t+1}^{i}|\Omega_t)=\mathrm{Cov}(w_{t+1}^{R}, w_{t+1}^{\gamma}|\Omega_t)+\nabla\mathrm{E}[R_{t+1}^{i}|\Omega_t]\nabla\mathrm{E}[\gamma_{t+1}|\Omega_t]\mathrm{Var}(Z_{t+1}|\Omega_t) \tag{21.4.4}$$

を示すのは容易である．

条件付共分散のこの分解は，「ペソ問題」の存在がどのようにしてリスクプレミアムに影響を与えるか，を明らかにしてくれる．将来のレジームが既知 (すなわち $Z_{t+1}\in\Omega_t$) であるケースでは，「ペソ問題」は存在しないし，リスクプレミアムは**レジーム内**予測誤差の間の条件付共分散 $\mathrm{Cov}(w_{t+1}^{R}, w_{t+1}^{\gamma}|\Omega_t)$ にのみ依存する．このとき，リスクプレミアムの変動は，あるレジームにおける条件付不均一分散性 (すなわち所与の Z_{t+1} に対する $\mathrm{Cov}(w_{t+1}^{R}, w_{t+1}^{\gamma}|\Omega_t)$ の変化) と Z_{t+1} の変化によって引き起こされた条件付不均一分散性の両方または片方から生じる．対照的に，「ペソ問題」が存在する (すなわち $Z_{t+1}\notin\Omega_t$) とき，リスクプレミアムは $\mathrm{E}[R_{t+1}(z)|\Omega_t]$ と $\mathrm{E}[\gamma_{t+1}(z)|\Omega_t]$ の間の条件付共分散を含んでいる．この項は，レジーム間で市場参加者が直面する予測の不確実性を説明している．

式 (21.4.4) から「ペソ問題」の重要性がいくつかの要因に依存することは明らかである．特に式 (21.4.4) の第2項は，価格決定カーネルの**レジーム内**予測が同じである，すなわち $\nabla\mathrm{E}[\gamma_{t+1}|\Omega_t]=0$ であるケースでは，リスクプレミアムにはまったく寄

与しない．したがって，「ペソ問題」が小標本バイアスや $R_{t+1}-\mathrm{E}[R^i_{t+1}|\Omega_t]$ に系列相関をもたらすことは，何らめずらしくない．なぜなら $\nabla\mathrm{E}[R^i_{t+1}|\Omega_t]\neq 0$ であるが，これはリスクプレミアムに何の影響も与えないからである．これは特殊ケースであり，それゆえ関心も限られているようにみえるかもしれないが，実は先行研究の複数のモデルの特徴になっている．

「ペソ問題」が，リスクプレミアムに寄与する程度はさまざまであるが，その程度は市場参加者が将来のレジームについてもっている情報量に依存している．これは式(21.4.4)における Z_{t+1} の条件付分散を

$$\mathrm{Var}(Z_{t+1}|\Omega_t)=\mathrm{E}[\mathrm{Var}(Z_{t+1}|\Omega_t, Z_t)|\Omega_t]+\mathrm{Var}(\mathrm{E}[Z_{t+1}|\Omega_t, Z_t]|\Omega_t) \qquad (21.4.5)$$

と書くことによって，容易にわかる．市場参加者が現在のレジームを観測できるとき，式(21.4.5)の第2項は消える．そのとき，$\mathrm{Var}(Z_{t+1}|\Omega_t)$ の動きは，レジーム変更を支配する動学に完全に依存する．たとえば，Z_t に系列従属性がないとき，$\mathrm{Var}(Z_{t+1}|\Omega_t, Z_t)$ は定数となる．このケースでは，「ペソ問題」の存在は，リスクプレミアムにある定数をもたらす．他方，レジームの変更があるときには，「ペソ問題」がリスクプレミアムに他の変動の原因をもたらすので，$\mathrm{Var}(Z_{t+1}|\Omega_t, Z_t)$ は Z_t によって変化する．市場参加者が現在のレジームを観測できないケースでは，「ペソ問題」の存在は**レジーム内**でのリスクプレミアムの変動に貢献する．このとき，確率 $\Pr(Z_t=z|\Omega_t)$ は市場参加者が現在のレジームを学習するにつれて変化し，式(21.4.5)の右辺の両方の項の変動を導くのである．

21.4.1.1　ペソ問題と株式プレミアム・パズル

最近数多くの論文が，観測される株式収益率の動きを一般均衡資産価格決定モデルと結び付けようとして，推移モデルを用いるようになっている．とくに，Cecchetti, Lam and Mark (1990, 1993) や Kandel and Stambaugh (1990) は，Lucus モデル (Lucus (1978)) の変種における株式収益率の動きを調べるために，消費や配当の推移過程の推定量を用いた．これらの論文は，「ペソ問題」が収益率の動きに貢献する条件を見事に描き出している．

これらのすべての論文では，等弾力的効用 (isoelastic utility) をもつ代表的エージェントの存在によって，$\gamma_{t+1}=\beta(C_{t+1}/C_t)^{-\eta}$ が成立している．なお，C_t は均衡消費，η はリスク回避係数を表し，また $0<\beta<1$ である．これらの論文における重要

表 21.3

モデル	配当成長ならびに消費成長	論　文
I	$\Delta d_{t+1}=\mu_0+\mu_1 Z_t+\varepsilon_{t+1}$ $\Delta c_{t+1}=\mu_0+\mu_1 Z_t+\varepsilon_{t+1}$	Cecchetti, Lam and Mark (1990)
II	$\Delta d_{t+1}=I_\mu(Z_t)$ $\Delta c_{t+1}=I_\mu(Z_t)$	Kandel and Stambaugh (1990)
III	$\Delta d_{t+1}=\mu_{0,d}+\mu_{1,d}Z_{t+1}+\varepsilon_{d,t+1}$ $\Delta c_{t+1}=\mu_{0,c}+\mu_{1,c}Z_{t+1}+\varepsilon_{c,t+1}$	Cecchetti, Lam and Mark (1993)

な違いの1つは，消費ならびに配当を支配する推移過程の定式化にある．それらの定式化は表21.3に整理してある．

モデルIとIIIでは，Z_t は2つのレジーム $z=\{0,1\}$ の間を推移する独立の1次マルコフ過程に従うと仮定する．その誤差 ε_{t+1} は，平均が0である独立かつ同一の正規分布に従うと仮定する．これらの誤差の存在は，おのおののレジームの中で成長についての不確実性を生じさせる．モデルIIでは対照的に，成長のすべての変動は，レジームによって異なる値を取る指示関数 $I_\mu(\cdot)$ を通して，Z_t の変化から生じる．このとき Z_t は4つのレジーム間の独立な1次のマルコフ過程に従う．

これらのモデルは多くの点で類似しているが，株式収益率の動きの決定において「ペソ問題」の果たす役割に対する意味合いはまったく異なっている．モデルIでは均衡での配当と消費は恒等的に等しい．加えて，t 時点から $t+1$ 時点までの成長は現在のレジーム Z_t に依存する．すべてのモデルで市場参加者は現在のレジームを観測できると仮定しているので，このことは，次時点にわたる成長の分布について何の不確実性もないことを意味する．

この時間の取り方についての仮定が「ペソ問題」の役割に対してもつ意味を理解するために，価格決定カーネルとモデルIから得られる株式収益率の均衡の表現を考えよう．

$$\gamma_{t+1}=\beta\exp(-\eta\mu_0-\eta\mu_1 Z_t-\eta\varepsilon_{t+1})$$
$$R^s_{t+1}=[\exp(\delta(Z_t)-\delta(Z_{t+1}))+\exp(\delta(Z_t))]\exp(\mu_0+\mu_1 Z_t+\varepsilon_{t+1})] \qquad (21.4.6)$$

ここで，$\delta(z)$ はレジーム z における均衡配当利回りの対数値である．式(21.4.6)で特記すべき重要なことは，Z_{t+1} が実現した株式収益率にのみ影響を与えるということである．このことは価格決定カーネルの**レジーム内**予測の間に何ら違いはない，すなわち $\nabla E[\gamma_{t+1}|\Omega_t]=0$ ということである．結論として，将来のレジームについての不確実性は，株式リスクプレミアムに何ら寄与しないといえる．なぜなら式(21.4.4)での $\mathrm{Cov}(\gamma_{t+1}, R^i_{t+1}|\Omega_t)$ の表現における $\mathrm{Var}(Z_{t+1}|\Omega_t)$ の係数は0であるからである．

このモデルでは「ペソ問題」が株式プレミアムに何ら影響を与えないのに対して，株式収益率 R^s_{t+1} の小標本特性には影響を与える．式(21.4.6)の2番目の式が表しているように，実現した収益率は $t+1$ 時点における配当利回り $\delta(Z_{t+1})$ を通じて Z_{t+1} に依存する．レジームによって配当利回りが変化する(すなわち $\delta(1)\neq\delta(0)$)とすると，将来の収益率の**レジーム内**予測はたがいに異なるので，$\nabla E[R^s_{t+1}|\Omega_t]\neq 0$ となる．21.2節で見てきたように，「ペソ問題」はこれらの状況下で合理的予測誤差の小標本特性に影響を与えるのである．

モデルIIはたいへん似通った意味をもつ．Kandel and Stambaughのモデルでは，均衡対数配当利回りはいくぶん違った表現をもつが，彼らのモデルにおける価格決定カーネルは式(21.4.6)のように現在のレジームに依存する．したがって，「ペソ問題」は株式プレミアムまたは期待収益率 $E[R^s_{t+1}|\Omega_t]$ には影響しない．モデルIのように，配当利回りはレジームごとに変化し，実現した収益率と将来のレジームの間の

依存関係を生む．つまり，これこそが実現した収益率に反映する合理的予測誤差における「ペソ問題」の源泉である．

モデルIIIは価格決定カーネルに影響を与える将来のレジームについての不確実性を許容したものである．これは価格決定カーネルと株式収益率の均衡での表現から明らかにわかる．

$$\gamma_{t+1}=\beta\exp(-\eta\mu_{0,c}-\eta\mu_{1,c}Z_{t+1}-\eta\varepsilon_{c,t+1})$$
$$R^S_{t+1}=[\exp(\delta(Z_t)-\delta(Z_{t+1}))+\exp(\delta(Z_t))]\exp(\mu_{0,d}+\mu_{1,d}Z_{t+1}+\varepsilon_{d,t+1}) \tag{21.4.7}$$

式(21.4.7)と(21.4.6)のもっとも重要な違いは，価格決定カーネルが現在のレジームではなく将来のレジーム Z_{t+1} に依存するというものである．このことは「ペソ問題」が式(21.4.4)の第2項を通じて $\mathrm{Cov}(\gamma_{t+1}, R^i_{t+1}|\Omega_t)$ の大きさ，ひいては株式プレミアムの動きに影響を与える可能性があることを意味している．

このペソ効果の強さを調べるために，式(21.4.4)を下記のように見直すことが有用である．

$$\mathrm{Cov}(\gamma_{t+1}, R^i_{t+1}|\Omega_t)=\mathrm{Cov}(w^R_{t+1}, w^\gamma_{t+1}|\Omega_t)+\nabla\mathrm{E}[R^i_{t+1}|\Omega_t]\nabla\mathrm{E}[\gamma_{t+1}|\Omega_t]\mathrm{Var}(Z_{t+1}|\Omega_t)$$

この式の最後の項が示すように，将来のレジームに対する不確実性は，$\nabla\mathrm{E}[\gamma_{t+1}|\Omega_t]$ と $\nabla\mathrm{E}[R^i_{t+1}|\Omega_t]$ がともにゼロでなければ $\mathrm{Cov}(\gamma_{t+1}, R^i_{t+1}|\Omega_t)$ にのみ影響を与える．式(21.4.7)から，$\nabla\mathrm{E}[\gamma_{t+1}|\Omega_t]$ の大きさは $-\eta\mu_{1,c}$ を通じてリスク回避の程度に依存し，また $\nabla\mathrm{E}[R^i_{t+1}|\Omega_t]$ の大きさは均衡対数配当利回りのレジーム間格差 $\delta(1)-\delta(0)$ に依存する．Cecchetti, Lam and Mark の推定量は $\delta(1)-\delta(0)$ が0に近いことを意味している．なぜならレジームにおいては系列従属性はほとんどないからである（$\lambda_1+\lambda_0-1$ の推定値はたった0.06でしかない）．結論として，このモデルでは「ペソ問題」は株式リスクプレミアムについてほとんど影響を与えない．

これらのモデルの分析から2つの教訓が導き出される．1つは，市場参加者が将来の収益率の予測をしたときの誤差の中に小標本問題が存在すると気付いていたとしても，推移の存在はリスクプレミアムに必ずしもペソ問題をもたらさないということである．モデルIとIIで示したように，リスクプレミアムにおけるペソ効果は均衡価格決定カーネルの定式化の（暗黙の）選択によって除去することができる．2つ目の教訓はより微妙である．もし，ペソ効果がリスクプレミアムに潜在的な影響を及ぼすような価格決定カーネルの定式化をしたとしても，これらの効果の重要性はレジーム変更の動学に依存する．したがって，ファンダメンタルズにおける推移の存在は「ペソ問題」が収益率の動きに大きく貢献するということを必ずしも意味しない．

ここまで，**条件付**株式プレミアム $\mathrm{E}[R^S_{t+1}/R^0_{t+1}|\Omega_t]$ の動きに対する推移モデルのインプリケーションについてのみ分析してきた．Abel (1993)は**無条件**プレミアム $\mathrm{E}[R^S_{t+1}/R^0_{t+1}]$ に対するインプリケーションを考察した．式(21.4.2)の両辺に無条件の期待値をとり，期待値繰り返しの法則を当てはめると，無条件プレミアムを

$$\mathrm{E}[R^S_{t+1}/R^0_{t+1}]=1-\mathrm{E}[\mathrm{Cov}(\gamma_{t+1}, R^S_{t+1}|\Omega_t)]$$

$$=1-\mathrm{Cov}(\gamma_{t+1}, R^S_{t+1})+\mathrm{Cov}(\mathrm{E}[\gamma_{t+1}|\Omega_t], \mathrm{E}[R^S_{t+1}|\Omega_t]) \quad (21.4.8)$$

と書くことができる．ここで，Cov(･)は無条件共分散を表している．Abelは，もし消費ならびに配当の条件付期待成長率が正の相関をもてば，条件付分布が対数正規分布で相対的リスク回避度一定のモデルにおいては，式(21.4.8)の右辺の最後の項が負となることを指摘した．したがって，これらのケースでは無条件のリスクプレミアムは，ショックの無条件分布を使ったモデルから生じるものより，マルコフ推移が存在するモデルからの方がより小さい．Abelは，モデルI，II，IIIにおけるマルコフ推移の定式化について，この予想を確認した．

これらの事実は，無条件株式プレミアムの「ペソ問題」における潜在的な効果にとって，どのようなインプリケーションをもつのであろうか．式(21.4.8)は，ファンダメンタルズの推移が $\mathrm{E}[\gamma_{t+1}|\Omega_t]$ と $\mathrm{E}[R^S_{t+1}|\Omega_t]$ の共分散を通して，無条件リスクプレミアムの大きさに影響を与えることを示している．それゆえに「ペソ問題」はこの共分散を変化させるという程度にしか無条件株式プレミアムに影響しないのである．この観察結果は「ペソ問題」が $\mathrm{Cov}(\mathrm{E}[\gamma_{t+1}|\Omega_t], \mathrm{E}[R^S_{t+1}|\Omega_t])<0$ となるようなモデルの株式プレミアム・パズルを解決するにはほとんど役に立たないことを示唆している．しかしながら，われわれが見ようとしているように，「ペソ問題」は「小」標本において推定された収益率の無条件モーメントには大きな影響を与えうる．それゆえ，株式プレミアム・パズルを特徴付けるために用いた $\mathrm{E}[R^S_{t+1}/R^0_{t+1}]$ や $\mathrm{Cov}(\gamma_{t+1}, R^S_{t+1})$ の標本推定値は無条件母集団モーメントとはまったく異なるかもしれない．

21.4.1.2　ペソ問題と先物プレミアム・パズル

21.2節でわれわれは，現物為替レート過程における推移の存在がどのようにして為替レートの予測誤差に「ペソ問題」をもたらすかをみてきた．またペソ効果の推定値である程度は説明できるものの，Fama回帰の枠組で外国為替レートの予測可能性のすべてを説明できるわけではないこともみてきた．これらの結果を考慮すると，「ペソ問題」が外国為替リスクプレミアムを経由して収益率の予測可能性に寄与するかどうかを研究することは価値のあることである．Hansen and Jagannathan (1991)はこの目的に合った枠組を提供している．

まず初めに，資産 i の名目収益率を $R^i_{t+1}\equiv L^i_{t+1}/V^i_t$ と書くことにしよう．ここで，V^i_t は t 時点での資産のドル建価格，L^i_{t+1} は1期間後のキャッシュフローである．式(21.4.1)の無裁定条件は，γ_{t+1} をドルで測った名目価格決定カーネルとすると，ここでは $V^i_t=\mathrm{E}[\gamma_{t+1}L^i_{t+1}|\Omega_t]$ と書くことができる．代表的エージェントモデルでは，γ_{t+1} が名目の異時点間限界代替率に等しいことを注意しておこう．次に，$L^i_{t+1}=F_t-S_{t+1}$ としよう．ここで，F_t は1期物の先物価格であり，S_{t+1} は外国通貨の将来の現物レートである．このキャッシュフローは先物契約を買うために自国通貨を売ることによって発生するので，t 時点では何の(純)支出も含んでいない．したがって式(21.4.1)の無裁定条件は $\mathrm{E}[\gamma_{t+1}(F_t-S_{t+1})|\Omega_t]=0$ であることを意味する．期待値繰り返しの法則を当てはめると，この制約を，

$$\mathrm{Cov}_T(\gamma_{t+1}, F_t-S_{t+1})=-\mathrm{E}_T[\gamma_{t+1}]\mathrm{E}_T[F_t-S_{t+1}] \tag{21.4.9}$$

と書き直すことができる．ここで，$\mathrm{E}_T[\cdot]$，$\mathrm{Cov}_T(\cdot)$ は観測個数 T の標本に基づく平均と共分散を表している．コーシー-シュワルツの不等式を用いると，式 (21.4.9) は名目価格決定カーネルの変動係数についての次の下限を導く．

$$\frac{\sqrt{\mathrm{Var}_T(\gamma_{t+1})}}{\mathrm{E}_T[\gamma_{t+1}]}\geq\frac{|\mathrm{E}_T[F_t-S_{t+1}]|}{\sqrt{\mathrm{Var}_T(F_t-S_{t+1})}} \tag{21.4.10}$$

式 (21.4.10) の Hansen-Jagannathan の境界は，t 時点のキャッシュフローが 0 である限り，外国為替への投資だけでなく，株式や債券ないしはこれらの資産を合わせたポートフォリオへの投資に適用できる．Bekaert and Hodrick (1992) はアメリカ，日本，イギリス，ドイツの株式収益率と外国為替収益率を用いて，この下限を推定した．3 つの為替レートでは，下限がおよそ 0.48 で標準誤差が 0.08 であると推定している．それに対し，アメリカ株式では下限が 0.12 で標準誤差が 0.10 であると推定されている．これらの推定値は，中程度のリスク回避度をもつ標準的な資産価格決定モデルで説明される価格決定カーネルの動きと比べるとかなり高い値である．たとえば，Bekaert (1994) は Lucas (1982) モデルを拡張したモデルから相対的リスク回避度の係数を 2 と仮定して，式 (21.4.10) の左辺を計算したところ，おおよそ 0.01 という値を得た．この見方からは，外国為替の動きは株式収益率の動き以上に，資産価格決定理論にとってより説明がむずかしい問題であるように思える．

「ペソ問題」の存在がこれらの結果の説明にどのように役立つかをみるために，均衡外国為替収益率と名目価格決定カーネルが 2 つの過程を推移する経済を考えよう．とくに，$\boldsymbol{X}'_{t+1}\equiv[F_t-S_{t+1}, \gamma_{t+1}]$ とおき，2 変量の同時スイッチング過程が式 (21.4.3) で表現できるものとしよう．さらに，$\gamma_{t+1}(0)$ が一定であると仮定しよう．さて，研究者がレジーム 0 からだけの観測値しか含まない外国為替収益率の標本から分散の下限を推定するものと考えよう．これらの状況のもとでは，式 (21.4.1) の無裁定条件は，

$$\mathrm{E}[F_t-S_{t+1}|\Omega_t]=\frac{-\mathrm{Cov}(\gamma_{t+1}, F_t-S_{t+1}|\Omega_t)}{\mathrm{E}[\gamma_{t+1}|\Omega_t]}$$

を意味する．ここで，$\mathrm{Cov}(\gamma_{t+1}, F_t-S_{t+1}|\Omega_t)=\nabla\mathrm{E}[F_t-S_{t+1}|\Omega_t]\nabla\mathrm{E}[\gamma_{t+1}|\Omega_t]\mathrm{Var}(Z_{t+1}|\Omega_t)$ である．それゆえに，このような標本から計算した平均超過収益率の絶対値は，

$$|\mathrm{E}_T[F_t-S_{t+1}]|=\left|\mathrm{E}_T\left[\frac{\nabla\mathrm{E}[F_t-S_{t+1}|\Omega_t]\nabla\mathrm{E}[\gamma_{t+1}|\Omega_t]\mathrm{Var}[(Z_{t+1}|\Omega_t)}{\mathrm{E}[\gamma_{t+1}(0)|\Omega_t]+\nabla\mathrm{E}[\gamma_{t+1}|\Omega_t]\mathrm{E}[Z_{t+1}|\Omega_t]}\right]\right| \tag{21.4.11}$$

である．よって，分子がゼロでなければ，平均超過収益率の絶対値は 0 より大きくなる．これまでで，この項がリスクプレミアムに「ペソ問題」が存在するかどうかを決める，ということがわかった．「ペソ問題」が存在するとき，式 (21.4.11) は式 (21.4.10) の左辺の下限の標本推定量が 0 よりも大きくなることを示している．

今，研究者が特定の一般均衡資産価格決定モデルの予測値とこの境界を比較したと考えよう．もし，モデルがレジーム推移を無視し，モデルを測定するために使用したデータがレジーム0からのものであるとするならば，$\sqrt{\mathrm{Var}_T(\gamma_{t+1})}/\mathrm{E}_T[\gamma_{t+1}]$ のモデルから導かれる値は0に近くなるであろう．この値は収益率の標本における動きに基づく式(21.4.10)の下限を容易に破るであろう．

この例は分散境界の計算における「ペソ問題」の潜在的な影響を表している．この例において分散境界が破られてしまうのは，F_t-S_{t+1} と γ_{t+1} の標本分布が，市場参加者がリスク評価に用いる分布を代表していないからである．この特別なケースでは，価格決定カーネルの標本分布は外国為替リスクプレミアムが存在しないことを意味する．なぜなら $\mathrm{Cov}(\gamma_{t+1}(0), F_t-S_{t+1})=0$ であるからである．しかしながら実際には市場参加者はレジーム1へ推移したことに伴うリスクを $\nabla\mathrm{E}[F_t-S_{t+1}|\Omega_t]\nabla\mathrm{E}[\gamma_{t+1}|\Omega_t]\mathrm{Var}(Z_{t+1}|\Omega_t)$ を通して評価する．もちろん，これらの効果はデータの標本分布がデータを生成する分布に近づくにつれて，大標本では消滅する．

21.4.1.3　まとめ

以上の議論は「ペソ問題」が市場のリスク評価へのインプリケーションを通じて，収益率の動きに潜在的な影響を及ぼすことを示した．ここでは将来のファンダメンタルズを動かす過程についての不確実性がリスクプレミアムにペソ効果をもたらす条件を特定化した．重要なことは，これらの条件が予測誤差に「ペソ問題」をもたらすのに必要なものとは異なることであり，またすべての推移モデルによって満たされるわけではないかもしれないということである．さらに「ペソ問題」がリスクプレミアムに影響を及ぼすとき，どのようにして分散境界が「小」標本で影響を受けるかを示した．将来の研究への1つの課題は，リスクプレミアムにペソ効果を含むように拡張した標準的な一般均衡モデルが，観測される株式収益率や外国為替収益率から導かれる境界条件と一致することができるかどうか，ということである．

21.5　計量経済学上の問題

以上の分析から得られた核心は，「ペソ問題」の存在が「小」標本における資産価格や収益率の動きについての推論を複雑化するかもしれない，ということである．この点を認識すれば，研究者は2つの関連した問題に直面する．

第1は利用可能なデータ標本の大きさについてである．われわれがみてきたように，この「大きさ」の意味は，データ期間の長さ以上のものを指している．理論的には，標本の大きさはデータの標本分布と市場参加者が用いる分布の差に依存している．この2つに大きな違いがあるときには，データ標本は「小さい」のである．レジーム推移のない従来の合理的期待モデルでは，データの観測期間はしばしば大きさの信頼指標として使われている．確実なルールはないが，研究者たちは15年の長さのデータでも，日常的に漸近的推論を用いてきた．残念なことに，先行研究におけるシミュレーション結果は，レジーム推移がめったに起きなければ，100年を越えるデータ期間でも「小さい」と考えられることを示している．このことは標本におけるレジーム推移を特徴付けなければ，データが「小さい」かどうかを判断する方法がないことを示唆している．

第2の問題は，レジーム推移のモデル化に関するものである．Hamilton (1988, 1989) の開拓的な研究に続いて，さまざまな応用局面でレジーム推移を特徴付けるために，過剰なほどの推移の定式化が用いられてきた．前にみたように，推移の定式化の選択はペソ効果の潜在的な役割に対して広範囲に及ぶ結論をもたらす．それゆえ，もし「ペソ問題」の重要性を精密に測りたいと考えているのであれば，推移モデルを適切に定式化することは重要である．不幸なことに，この要件は研究者をいくつかのやっかいな計量経済学上の問題に直面させることになる．

この節では，これらの問題を取り組むための実用的なガイダンスを与えることを試みよう．個別の推移モデルを推定するための手法は Hamilton (1994) で詳しく扱っているので，ここでは議論しないことにする．

21.5.1　小　標　本

まず最初に，有限標本においてデータ標本が「小さい」かどうかを正確にいえる方法は何もないということを明らかにしておく必要がある．市場参加者が，標本期間に実際には発生しなかったレジーム推移の可能性によって影響を受けるということは常にありうることである．このケースでは，標本中に生じたレジーム推移の分布をいかにうまく特徴付けようとしても，市場参加者が意思決定に用いる分布を探し当てることはとても望めない．このタイプの病理学的な小標本問題は無標本においてのみ検出することができる．

これらの病理学的問題を脇におけば，研究者はどのように研究を進めることができるのであろうか．1つのアプローチは，ある1つのレジームによって標本が十分に特徴付けられると仮定した後に，この帰無仮説に反する事実を探す，というものである．このアプローチの詳細は応用対象によって変わるが，一般的な考え方はレジーム推移が存在すれば，モデルの誘導型における母数の不安定性として現れるであろうということである．たとえば，21.3節で示した配当利回りモデルでは，レジーム推移は δ_t と Δd_t からなる標準的な VAR モデル

$$\begin{bmatrix}\delta_{t+1}\\ \Delta d_{t+1}\end{bmatrix}=\begin{bmatrix}A_{11} & A_{12}\\ A_{21} & A_{22}\end{bmatrix}\begin{bmatrix}\delta_t\\ \Delta d_t\end{bmatrix}+\begin{bmatrix}\mu_1\\ \mu_2\end{bmatrix}+\begin{bmatrix}\upsilon_{1,t+1}\\ \upsilon_{2,t+1}\end{bmatrix} \tag{21.5.1}$$

の母数の不安定性を生じさせる．このケースでは，提案されている手続は式 (21.5.1) を推定し，推定した係数 A_{ii} および μ_i の不安定性を検定するというものである．Hansen (1991) によって開発された検定はこの目的のために使用可能である．

もちろん，母数の不安定性が明らかであることは，標本に1つ以上のレジームが含まれていることを必ずしも示唆しない．それはその代わりにある種の定式化の誤りを

反映しているかもしれない．そうではあっても，母数の不安定性の明白な事実はレジーム推移の存在を考慮するようにさせるに違いない．

21.5.2　代替的な推移モデル

いったん，研究者が母数の不安定性についていくつかの事実をみつけ，またレジーム推移の可能性を調査することを決めると，どのように推移過程をモデル化したらよいかという疑問が自然に湧いてくる．経済理論がこの問題について特別なガイダンスを提供することはめったにないので，一般的な方法は計量経済学の範疇でモデルを選択することである．とくに，まず**アドホックな**推移の定式化で推定し，その後さまざまな特定化検定 (specification test) を使って，その推定がどのくらい巧くデータ標本を特徴付けられるかを評価するのが，研究者にとって典型的なものである．推移モデルは極度に非線形的であるので，これらの検定からの推論は，通常漸近分布理論に基づいている．残念なことに，Hansen (1992) が指摘したように，通常の漸近理論が用いる正則条件 (regularity conditions) は，推移モデルについて特定化検定を行おうと思うような状況では，満たされないことが多い．とくに，レジームの数についての検定は標準的でない分布理論を必要とする．

この問題に取り組むために，Lam (1990) や Cecchetti, Lam and Mark (1990) は，1つのレジームしかない，すなわち推移がないという帰無仮説のもとで発生させたデータに，提案した推移モデルを繰り返し推定するというモンテカルロ・シミュレーションを用いている．そして，これらのシミュレーションから得た結果は，帰無仮説のもとでの検定統計量の経験分布を導出するのに使っている．この手法は理に適った確かなものにみえるが，2つの理由から実用上容易でないこともある．第1は，経験分布をつくるために推移モデルを繰り返し推定しなければならないことである．これはかなりの量の計算を必要とする．第2は，これらのモデルを推定するために用いるデータが，推移がないという帰無仮説のもとで生成されているために，推移モデルの尤度関数がかなり性質の悪い動きをするというものである．結果として，非線形最適化手法は大域的最大値をみつけるのに，かなり辛い思いをするかもしれない．

Hansen (1992) はこのモンテカルロ・シミュレーション手法に代わるものを主張した．彼は，標準的な尤度比検定統計量の漸近分布の境界を導出するために，従来の正則条件が満たされないときでも適用可能な経験分布の理論を用いた．残念なことは，この境界を計算するのに，もっとも簡単なモデルであっても，膨大な量の計算が必要になることである．

このことは研究者たちをどこに置き去りにしてしまうのだろうか．現在のところ，モデルに含まれるレジームの数についての正しい漸近的推論を行う簡単な方法はないように思われる．簡単なモデルでは，前に述べたどちらかの手法を使うことは可能かもしれないが，他の方法では多くの研究者の手に届かないような演算能力のコンピュータ (CPU) が必要となる．多分，後者のケースで最良の方法は異なるレジームの数をもつ代替的なモデルの適用を考えることである．21.3, 21.4節で，レジーム推移が存在したとしても，必ずしも資産価格決定モデルにペソ効果をもたらさなかったことを思い出そう．とくに，ペソ効果を生成しない推移モデルを分析したことを．というのも推定した遷移確率はレジームが系列独立であることを意味していたからである．したがって，「あまりにも多くの」レジームがあるモデルにはみせかけのペソ効果が存在すると考えることには，ほとんど**先験的な**理由がない．異なるレジームの数をもつ推移過程を使ったモデルで類似のペソ効果を示すことによって，どのくらいのレジーム数があるかという疑問を回避することができるかもしれない．

レジームの数の選択は別として，研究者はレジーム推移の過程をも特定化する必要がある．Hamilton (1988, 198))に従えば，文献における多くのモデルは，レジーム Z_t を支配する過程は独立な1次のマルコフ過程に従うと仮定している．21.3節でみたように，この仮定は動学的資産価格決定モデルにおける推移効果を数量化するのに必要な計算を単純化する．しかしながら，多くの研究者はこの仮定が，特定の応用対象では過度に制約的であるかもしれないと主張している．その代わりに，Diebold, Lee and Weinbach (1992) は遷移確率が変数ベクトル $\boldsymbol{x}_t$ のロジスティック関数としてモデル化できることを示唆している．2つのレジームがあるモデルのケースでは，遷移確率は $z=\{0,1\}$ に対して，

$$\Pr[Z_{t+1}=z|Z_t=z,\boldsymbol{x}_t]=\frac{\exp(\boldsymbol{x}_t'\beta_x)}{1+\exp(\boldsymbol{x}_t'\beta_x)} \tag{21.5.2}$$

で与えられる．$\boldsymbol{x}_t$ が定数を含んでいるときは，定数確率モデルがこの定式化の中に含まれている．このより柔軟性のあるスイッチングの定式化を用いた論文には，Engel and Hakkio (1994) や Filardo (1994) がある．

もしわれわれの目的が，時系列過程のための (母数) 節約的でさらに柔軟的な推移表現を提供することにあるのであれば，内生的な遷移確率をモデルに認めることは確かに魅力的である．しかし，推定された推移モデルが資産価格決定モデルにおけるファンダメンタルズの動学を表現するのに使われるのであれば，内生的な遷移確率の存在はモデルをかなり複雑にしてしまう．この状況では，(遷移) 確率一定の仮定を保つような推移過程の他の定式化を考える方がより魅力的かもしれない．

21.5.3　ま　と　め

「ペソ問題」の実証上の重要性を研究することに関心のある研究者は，多くの困難に直面する．「ペソ問題」の理論的な影響は「小」標本に限定されているので，特定の標本が「十分に小さい」かどうかという疑問が重要なものの1つである．残念なことに，推移モデルを明示的に使わないで，ある標本が「小さい」かどうかを判断することはたいへん困難である．さらに，レジーム推移をモデル化することは，数多くの難問を生じさせる．従来の漸近的推論はレジームの数が異なるモデルどうしの区別には使えないので，特定のスイッチングの定式化を支持するのに有効な統計的事実を提供

することは，実際上しばしば不可能となる．したがって，今後もっとも実際的な方法は，特定のスイッチングの定式化を使って推定されたペソ効果の有意性が，他の定式化でも頑強であるかを確認することであるかもしれない．

21.6　結　　論

本章では，「ペソ問題」の存在が資産価格の動きに影響を与えることのできる経路を調べてきた．上述のペソ効果は「小」標本においてのみ存在するが，この理論的制約は典型的なデータ標本を使って行った多くの応用例で，観測された資産価格の動きに「ペソ問題」が影響を与える可能性を限定しているようには思えない．したがって，「ペソ問題」が研究上有名な資産価格のパズルに寄与しているかどうかという疑問は，大きな実証上の疑問である．もしデータの分布の離散的な変化の存在を支持する強力な計量経済学上の事実があれば，「ペソ問題」は**潜在的**に資産価格に影響をもたらすことができるのである．これを越えて，特定の応用例でペソ効果が有意であるという明白な理由を見出すことは，研究する価値のある仕事である．

そうではあるとしても，「ペソ問題」の今後の研究が有益となるかもしれないいくつかの方向性がある．今までの大多数の研究は，合理的予測誤差の動きに対する「ペソ問題」のインプリケーションに焦点を当ててきたが，「ペソ問題」はファンダメンタルズと資産価格，そしてリスクの評価の間の関係にも影響を与えることができる．これらの効果を調べるために，リスク回避的でかつファンダメンタルズ過程に推移があることを認めた一般均衡の枠組の中で，資産価格の動きを考察する必要がある．このようなモデルを使えば，ある１つの資産価格の動きについて「ペソ問題」の**あらゆる**潜在的なインプリケーションを考察することができるのである．これらのモデルは，資産市場にわたる「ペソ問題」のインプリケーションを考察するのに役立つであろう．「ペソ問題」が政府の政策シフトのような共通の源泉をもつ限り，市場を横断する情報はペソ効果の重要性を推定するうえでとても有用であると思われる．■

［竹内惠行・訳］

文　　献

Abel, A. B. (1993). Exact solutions for expected rates of returns under Markov regime switching: Implications for the equity premium puzzle. *J. Money Credit Banking,* **26**, 345–361.

Backus, D., S. Foresi and C. Telmer (1994). The forward premium anomaly: Three examples in search of a solution. Manuscript, Stern School of Business, New York University.

Bekaert, G. (1994). Exchange rate volatility and deviations from unbiasedness in a cash-in-advance model. *J. Internat. Econom.* **36**, 29–52.

Bekaert, G. and R. J. Hodrick (1992). Characterizing the predictable components in equity and foreign exchange rates of return. *J. Finance* **47**, 467–509.

Campbell, J. Y. and R. J. Shiller (1989). The dividend-price ratio and expectations of future dividends

and discount factors. *Rev. Financ. Stud.* **1**, 195–228.
Cecchetti, S. J., P. Lam and N. C. Mark (1990). Mean Reversion in Equilibrium Asset Prices. *Amer. Econom. Rev.* **80**, 398–418.
Cecchetti, S. J., P. Lam and N. C. Mark (1993). The equity premium and the risk-free rate: Matching the moments. *J. Monetary Econom.* **31**, 21–46.
Diebold, F. X., J. Lee and G. C. Weinback (1994). Regime switching with time varying transition Probabilities. In: Hargreaves, ed., *Nonstationary Time Series Analysis and Cointegration (Advanced Texts in Econometrics)*. Oxford: Oxford University Press, 283–302.
Duffie, D. (1992). *Dynamic Asset Pricing Theory*. Princeton, N.J.: Princeton University Press.
Engel, C. and C. S. Hakkio (1994). The distribution of exchange rates in the EMS. NBER Working Paper no 4834.
Engel, C. and J. D. Hamilton (1990). Long swings in the dollar: Are they in the data and do the markets know it? *Amer. Econom. Rev.* **80**, 689–713.
Evans, M. D. D. (1993). Dividend variability and stock market swings. Manuscript, Stern School of Business, New York University.
Evans, M. D. D. and K. K. Lewis (1994). Do risk premia explain it all? Evidence from the term structure. *J. Monetary Econom.* **33**, 285–318.
Evans, M. D. D. and K. K. Lewis (1995a). Do inflation expectations affect the real rate? *J. Finance,* L, 225–253.
Evans, M. D. D. and K. K. Lewis (1995b). Do long-term swings in the dollar affect estimates of the risk premia? *Rev. Financ. Stud.*, to appear.
Fama, E. (1984). Forward and spot exchange rates. *J. Monetary Econom.* **14**, 319–338.
Filardo, A. J. (1994). Business-cycle phases and their transitional dynamics. *J. Business Econom. Statist.* **12**, 299–308.
Flood, R. P. and R. J. Hodrick (1986). Asset price volatility, bubbles, and process switching. *J. Finance* XLI, 831–841.
Frankel, J. A. (1980). A test of rational expectations in the forward exchange market. *South. Econom. J.* **46**.
Fullenkamp, C. R. and T. A. Wizman (1992). Returns on capital assets and variations in economic growth and volatility. Manuscript, Department of Finance and Business Economics, University of Notre Dame.
Hamilton, J. D. (1988). Rational expectations analysis of changes in regime: An investigation of the term structure of interest rates. *J. Econom. Dynamic Control* **12**, 385–423.
Hamilton, J. D. (1989). A new approach to the economic analysis of nonstationary time series and the business cycle. *Econometrica* **57**, 357–384.
Hamilton, J. D. (1994). *Time Series Analysis*. Princeton, N.J.: Princeton University Press.
Hansen, B. E. (1991). Testing for parameter instability in linear models. Manuscript, University of Rochester.
Hansen, B. E. (1992). The likelihood ratio test under nonstandard conditions: Testing the Markov switching model of GNP. *J. Appl. Econometrics* **7**, S61–S82.
Hansen, L. P. and R. Jagannathan (1991). Implications of security market data for models of dynamic economics. *J. Politic. Econom.* **99**, 255–262.
Hodrick, R. J. (1992). Dividend yields and expected stock returns: Alternative procedures for inference and measurement. *Rev Financ. Stud.* **5**, 357–386.
Johansen, S. (1988). Statistical analysis of cointegrating vectors. *J. Econom. Dynamic Control* **12**, 231–2.
Kaminsky, G. (1993). Is there a peso problem? Evidence from the dollar/pound exchange rate. 1976–1987, *Amer. Econom. Rev.* **83**, 450–472.
Kaminsky, G. and K. K. Lewis (1992). Does foreign exchange intervention signal future monetary policy? Working Paper No. 93–3, The Wharton School, University of Pennsylvania.
Kandel, S. and R. Stambaugh (1990). Expectations and volatility of consumption and asset returns. *Rev. Financ. Stud.* **3**, 207–232.
Krasker, W. S. (1980). The peso problem in testing the efficiency of the forward exchange markets.

J. Monetary Econom. **6**, 269–76.

Kugler, P. (1994). The term structure of interest rates and regime shifts: Some empirical results. Manuscript, Institut fur Wirtschaftswissenschaften.

Lam, P. (1990). The Hamilton model with a general autoregressive component. *J. Monetary Econom.* **26**, 409–432.

Lewis, K. K. (1989a). Changing beliefs and systematic forecast errors. *Amer. Econom. Rev.* **79**, 621–636.

Lewis, K. K. (1989b). Can learning affect exchange-rate behavior? *J. Monetary Econom.* **23**, 79–100.

Lewis, K. K. (1991). Was there a peso problem in the U.S. term structure of interest rates: 1979–1982? *Internat. Econom. Rev.* **32**, 159–173.

Lewis, K. K. (1994). Puzzles in international financial markets. NBER Working Paper No 4951, to appear in Grossman and Rogoff eds., *The Handbook of International Economics*. Amsterdam: North Holland.

Lizondo, J. S. (1983). Foreign exchange futures prices and fixed exchange rates. *J. Internat. Econom.* **14**, 69–84.

Lucas, R. E. (1978). Asset prices in an exchange economy. *Econometrica* **46**, 1429–1445.

Lucas, R. E. (1982). Interest rates and currency prices in a two-country world. *J. Monetary Econom.* **10**, 335–360.

Rogoff, K. S. (1980). Essays on expectations and exchange rate volatility. Unpublished Ph.D. Dissertation, Massachusetts Institute of Technology.

Pagan, A. and G. W. Schwert (1990). Alternative models for conditional stock volatility. *J. Econometrics* **45**, 267–290.

Shiller, R. J. (1979). The volatility of long-term interest rate and expectations models of the term structure. *J. Politic. Econom.* **87**, 1190–1219.

Sola, M. and J. Driffill (1994). Testing the term structure of interest rates using a stationary vector autoregression with regime switching. *J. Econom. Dynamic Control* **18**, 601–628.

22

市場マイクロストラクチャーの時系列モデル化

Modeling Market Microstructure Time Series

Joel Hasbrouck

22.1 はじめに

市場マイクロストラクチャーは，証券取引過程に焦点を当てる経済学の1分野である．この分野での研究は，実務と学術の両方からの誘因に支えられ発展してきた．実務の側からいうと，金融市場のイノベーションは結果として，標準的証券(株式や債券等)の取引をより活発化し，新証券の創造や既存のものとは異なった取引メカニズムを生み出してきたといえる．学術的観点からいうと，新しい情報が証券価格に反映されるうえで取引が果たす役割についてより深い洞察を行うことを可能にしてきた．また，この分野における実証研究はより細かな取引に関するデータの利用度の向上と関連して発展してきた．

マイクロストラクチャーの研究テーマは，おおまかに2種類に分けられる．第1のテーマは狭義でいう市場，つまり，いかに取引コストを推定していくか，最適取引戦略とは何か，あるいは，いかに市場は組織されるべきか等について研究していくことである．第2のテーマは多くの個別課題からなるが，一言でいうと，真の価格の発見(情報の証券価格への反映)過程で市場が果たす役割，つまり，これまであまり厳密に議論されてこなかった，証券価値を基本的に決定する公的あるいは私的情報の性質がいかなるものかを明かすことである．ただし，これらの2つのテーマは究極的にはたがいに関連し合っている．市場がいかに組織されているかに取引コストは左右され，それによって投資家のネットでみたリターン，証券の評価，あるいは実質資源配分も同様に影響を受ける(Amihud and Mendelson (1986))．反面，資産の性質(リスク，リターン，同一性，あるいは分割可能性)は，投資家間の資産保有パターンや市場構造を一定の方向に向かわせるかもしれない(Grossman and Miller (1988))．

実証マイクロストラクチャー分析は3つの知識分野の活性化に影響を与えている．その第1は，観察可能な変数がいかに動くべきかに関する重要な予測を提供するような個人の行動様式の正式な経済モデルの開発の分野である．その第2は，統計的時系列分析の分野である．その第3は制度論，つまり，ある特定の市場において個々の投資家と自動化されたシステムが取引を遂行するうえで依存する実際の諸手続きに関する分野である．

考え方やアプローチの違いでいくつかのパラダイムが存在するが，市場マイクロストラクチャーにおいては，やはり，共通基盤としての理論が中核をなす．証券の価格行動に関する考え方は，基本マルチンゲール・モデルから発して非情報コスト・モデル(取引発注処理および在庫制御パラダイム)へ，そして最後に取引の情報や戦略を明示的に取り入れたモデルへと進化していった．本章においては，これらのモデルの背後にある直感的考えを述べるが，それをあまり厳密に議論する方向にはもっていかない．本章の内容が基盤をおく経済理論に関しては，ほぼ完全な教科書として確立されたO'Hara (1994) を参考にされたい．

今日のマイクロストラクチャーに関する実証研究は，広汎な分析手法によって特徴付けられる．実際の市場データには，標準的統計モデルを使っただけでは捉えきれない，複雑系，非線形，非定常，イレギュラー・タイミング等の性質がある．経済仮説の妥当性を潜在的に判定するモデルの特定化においては，これらのデータの諸性質を同時に反映させることはほとんど不可能である．厳密度において中間的なモデルを数多く用い，手元の基本命題に重要に関係したせいぜい1つか2つの現象を捉えていくくらいしかわれわれにはできない．

共通の基盤を築き上げるため，本章では，すべてのモデルを線形多変量時系列分析の枠組で扱う．本章で議論される統計手法のほとんどは，マクロ経済時系列分析に適用されるべく独自に開発されてきたものである(参照として，Lutkepohl (1993) やHamilton (1994) のすぐれた教科書を挙げておく)．もし読者がマクロの視点で接近を試みるなら，ほとんどの時系列分析結果にすぐになじんでいくであろう．しかし，時系列分析は決して手続を機械的にこなすことを意味するのではなく，どの手法を適用する場合にも，状況に合う経済学やデータの性質をある程度反映させながら，新しい問題に対処していく必要がある．マクロ応用において大きな障害となる問題のいくつかは，好都合にもマイクロストラクチャー・データでは欠如している．マイクロストラクチャーの観測は無制限である．その場合，データ採集の時間インターバルを細分化することにより，時間集計化によって引き起こされる同時性の問題は緩和される．一方，マイクロストラクチャー・データは，しばしば，通常のマクロ分析においてはほとんど遭遇しない，たとえば，離散性のような面倒な問題が表面化することがある．

経済あるいは統計データに説明を要す場合を除き，本章では特定の市場における制度上の子細を問題として取り上げない．データ利用における制約があるため，本章の実証研究はアメリカ株式市場，とくにニューヨーク証券取引所(NYSE)に対象を限定する．NYSEの制度上の子細は，Hasbrouck, Sofianos and Sosebee (1993) を参照されたい．また，アメリカ以外の株式市場にも同時に関心のある読者は，Schwartz (1988, 1991) を参照されたい．

マイクロストラクチャーのモデリングを目的に各種実証アプローチを遂行する場合，2種類の分類法あるいは区分原則に留意しておくことは有益と思われる．第1の分類法は，マイクロストラクチャー分析が共通して取り組む課題別，すなわち，市場デザインあるいは市場運営パフォーマンスに関する狭義と情報および証券評価に関する広義の，どちらの問題として捉えるかに依存する．多くのマイクロストラクチャー・モデルにおける実際の証券価格は，経済学的見地からは情報効率的とみなされる(すなわち価格は informationally efficient)．ただし，この価格は取引過程での不完全性から起こる攪乱要因の影響は受けているものとされる．実証においては，時間軸の取り方によっても緩やかな区分けがあるとされる．新規流入情報は証券の本質的価値に関する期待に恒久的修正を加えるが，マイクロストラクチャー効果，すなわち，情報とは無関係な価格変動は短期的かつ一過的なものであると考えられる．したがって，分類法に関する第1の原則は，証券価格の変動が恒久(情報起因)と一過性(市場不完全性起因)要素に区分可能ということである．

第2の分類法は，価格変動が取引に関係したものである(すなわち変動が1つないしは複数の特定の取引に起因して起こっている)のかどうかという価格変動の原因に依存する．ここでの分類は先の第1のものよりもさらに微妙である．なぜならば，恒久要素と一過性要素への分解は，経済分析においてよく取り上げられるが，価格決定における取引自体の役割に強い関心を寄せるのは，主としてマイクロストラクチャー研究に固有だからである．

これからの議論においてもっとも重要な取引に関する諸側面は，取引発生の事実と時間，価格と取引高(数量)，そして(売手と買手のどちらによって仕掛けられたかという)取引の性質である．この最後の取引に関する性質につていは，いくぶん細かく説明する必要があろう．経済学者は長い間，「今日大量の買いが入り株価が押し上げられた」というような俗人的表現に対して，「それでは果たして売手はいなかったのか」と反論を展開してきた．確かに，どの買手に対しても売手が存在しなければならない．しかし，微細な観測においては，取引の積極サイドと消極サイドを見分けることが有意義である．(Demsetz (1968) の意味での)積極的取引者は，代価を払ってでもその取引を即決させたいと願うエージェントとみなされうる．消極的取引者は即時性希求において優位に立つ．多くの証券市場において，たとえば，消極的取引者とは買いと売りの指値(この値段で買ったり売ったりするという意志表示)を投じて，待つことのできる者のことをいう．また，忍耐が効かず即時取引を希求し，指値表示の1つで取引を行う(買い指値を叩く，あるいは売り指値を摑む)ことを厭わないトレーダーのことを積極的取引者という．

取引は，価格の恒久性および一過性の両構成要素に影響を及ぼす．その恒久効果は情報的なものである．情報非対称モデルでは，取引のもつ情報の影響は取引に含まれる私的情報に対する市場の査定によって決まるとされる．たとえば，買手が主導する取引において証券価格が上昇するのは，その取引が，一般投資家ではなく，情報が正の価値を有すと判断した買手によって引き起こされていると市場が判断するからである．したがって，取引によって引き起こされる恒久価格変動の一部は企業価値に関する情報の非対称の程度と関係している．統計学的にいうと，恒久価格変動のうち情報非対称と関連している部分は，価格変化を被説明変数にした場合の取引関連変数の説明力によって測られることになる．

取引の一過性効果は，その取引によって引き起こされた攪乱である．この攪乱が，情報的にみて適正な価格（恒久要素）から，これに対応する現在（あるいは将来）の取引価格を乖離させるのである．ある特定の取引におけるこの乖離が，状況によっては，取引コストとして認識される．たとえば，簡単なビッド-アスク・スプレッド・モデルにおいては，この乖離は，積極的取引者から消極的取引者に支払われるコストとして扱われる．取引に関連した一過性効果は，価格の不連続性やディーラーによる在庫（ポジション）調整等の影響を反映するものと，もう少し一般化していうことができよう．

議論を完結するには，恒久および一過性の両価格要素とも取引と直接には関係がないがために起こるかもしれない点を述べておく必要がある．証券価格（あるいは指値）は，メディアを通して発せられたニュース，すなわち，公的情報に当然反応する．公的ニュースの恒久効果はまさに情報的である．新しい恒久価格への調整上の遅れのすべてが取引価格における一過性要素を形成する．

恒久対一過性あるいは取引関係対取引無関係によるマイクロストラクチャー効果の主たる分類結果を表 22.1 に要約する．同表には，それぞれの分類法上の組合せについて，経済的意味と実証結果の理解に有益な考慮すべき点が書き込まれている．これらに対する議論は次節以下でなされる．

これらの区分は分類上あるいは表示上有益であるが，このような単純化は分類を横断するような経済原則を省略してしまうという損失のうえに成り立っている．既に触れたように，証券市場の運営上の諸機能・制度が証券の情報に対する性格に影響を及ぼす．また，逆も真である．しかし，多くの有益な分析も，他の事情が同じなら，ある程度合理的と思われる仮定のもとで進めていくしかないのである．ある者は，市場

表 22.1 マイクロストラクチャー効果の区分

		価格変化のタイプ	
		恒久的（情報的）	一過的（市場関連）
価格変動の原因	取引が引き起こすもの（積極的に始められた取引）	経済的：市場による取引情報内容の査定（非対称情報） 統計的：取引変数に起因するランダムウォーク価格構成要素	経済的：非情報的スプレッド効果，取引コスト，ディーラー在庫制御効果，価格離散性． 統計的：取引変数に起因する定常価格構成要素
	取引が引き起こすものでないもの	経済的：公的情報 統計的：取引変数に起因しないランダムウォーク価格構成要素	経済的：公的情報に対する調整の遅れ，価格離散性 統計的：取引によって説明できない定常価格構成要素

構造が不変であると仮定し，企業発表にまつわり証券のもつ情報性格がどのように変化していくかをテストしようとするかもしれない．また，他の者は，情報構造は変わらないと仮定し，単位値幅(最低価格変化幅(tick size))変更の影響を検定しようとするであろう．実際，学術研究にはこの両方のタイプが混在する．

どのような研究展望においても，通常，なんらかの分類上のスキームが必要とされる．本章の展望でも，マイクロストラクチャー・データの動的性質に関し，個人的偏向を加えた特殊な分類法が用いられる．ある者は展望を歴史的に行うであろうし，また他の者はそれを異なった市場参加者で括って行うであろう．おそらくこれらはともに同等に正当化されてよい．ここでの展望は，必ずしも網羅的でない点も述べておく．著者は，読者に対して本章の分類の枠組外にもいくつかのアプローチが存在する点を指摘しておく[1)]．

本章の構成は次のとおりである．このすぐ後の2つの節では，簡単な構造モデルを用いて，市場マイクロストラクチャーの基本的な経済パラダイムを述べる．22.4節では，先に述べた2つの分類法を維持しながらマイクロストラクチャー効果を幅広く扱うことができる統計分析上の一般的枠組を提供する．その後に続くいくつかの節では，伝統的な技術手法では対処できない(あるいはそれでは少なくとも本質には迫ることができない)マイクロストラクチャー・データの特別な性質について議論する．取引に代表される不規則(タイミング)市場事象は22.5節，価格の不連続性は22.6節，取引と価格の関係における非線形特性は22.7節，そして複数証券/複数市場設定での分析は22.8節で扱われる．最終の22.9節で，本章を締めくくる．

22.2　簡単な1変量価格モデル

22.2.1　マルチンゲールとランダムウォーク・モデル

ファイナンスの経済学でいう効率的市場仮説は，一般に，(多分期待リターンを反映させるべく基準化した)証券価格が予測不可能な変動を伴う確率過程，すなわち，マルチンゲールに従うことを意味する(Samuelson (1965) および Fama (1979))．実証研究においてよく利用される特殊ケースが均一分散型(homoskedastic)ランダムウォークである．その場合，証券価格 p_t の時系列上の進化は，

$$p_t = p_{t-1} + w_t \tag{22.2.1}$$

で表される．ただし，w_t は $\mathrm{E}w_t = 0, \mathrm{E}w_t^2 = \sigma_w^2$ であり $t \neq \tau$ に対して $\mathrm{E}w_t w_\tau = 0$ の性質をもつ撹乱項である．予測不可能な2時点間の価格変化は，市場の情報集合の更新によってもたらされるものとされる(表22.1参照)．このモデルはしばしば無条件期待価格変化あるいはリターンを含めることで一般化されるが，この撹乱項を表現と実

1　ボラティリティのモデル化と株式以外の市場への応用に関する背景は，Goodhart and O'Hara (1995) の最近のサーベイにより詳しい．

践上の両方の理由(後述)からわれわれの現在の議論からは除く.

マルチンゲールの各種性質は，多くのモデルに見られるように，証券評価がその証券の投資終了(清算)時に利用可能なキャッシュフローに対する条件付期待値として特徴付けられているため典型的に生じる．条件付期待値の列は，どれもマルチンゲールに従う(Karlin and Taylor (1975, p. 246))．実際の証券価格がマルチンゲールに従うには，しかし，構造を1つ追加してやる必要がある．取引価格がランダムウォークするとする仮説は，本章で扱うマイクロストラクチャー現象では妥当とはいえないような仮定(その中でとくに重要なのが取引コストの欠如仮定)に，実は，依存しているのである.

それにもかかわらず，ランダムウォーク・モデルは，考え方として有効な出発点である．たとえ，(マルチンゲール)条件付期待値が完全には証券価格を決定しなくても，それは確かに価格の主要かつ経済的に重要な部分を形成するといえる．それゆえに，実際の取引価格過程が込み入った従属関係にあるとするモデルにおいてさえ，価格におけるランダムウォーク要素の考察は市場の情報構造を写し出すことになるといえよう．さらに，実際の価格が黙示的マルチンゲール要素からどの程度乖離しているかを測ることによって，市場での取引コストを推定することが可能になる.

しかし，マイクロストラクチャーの諸枠組の中にランダムウォーク・モデルを取り込むうえで，われわれは条件付けする情報の重要性にとくに注意すべきであろう．価格 p_t は，もし $\mathrm{E}[p_{t+1}|\Phi_0, \Phi_1, \cdots, \Phi_t]=p_t$ であるなら，(場合によってはベクトル値を取る)情報過程 Φ_t に関してマルチンゲールであるといわれる．もし条件付けを行う情報が価格を含む($p_t \subset \Phi_t$)なら，$\mathrm{E}[p_{t+1}|p_0, p_1, \cdots, p_t]=p_t$ である．このことは，式(22.2.1)にある2時点間の価格変化 w_t が予測不可能であることを保証する.

$p_t \subset \Phi_t$ という主張は，制度に裏打ちされた事実として多くの場合支持される．市場効率に関する初期の理論および実証研究のほとんどは，取引価格が即座に報告され，それが広く流布されるアメリカ株式市場に焦点を当てたものである．しかし，アメリカ国債市場を含む他の多くの市場では，取引結果を報告することが義務付けられていなかったり，あるいはロンドンの証券市場のように，ある種の市場取引に関しては報告の遅延が認められていたりする(Naik, Neuberger and Viswanathan (1994)).

取引報告が即座になされない状況においては，拠りどころとすべき式(22.2.1)の正当化は，取引価格が冗長な情報である，すなわち，取引価格が公的情報集合以外の何も新しい情報を含んでない場合である．今日の経済思想においては，情報の集約体あるいは私的情報のシグナルとして価格の果たす役割が非常に重要とみなされているため，この見解はまったくといっていいほど魅力的でない．本章の議論における特定化のほとんどで不可欠となるランダムウォーク・モデルは，取引報告が即座になされる市場を扱う場合においてのみ適切であるといえる．この情報の公開が欠如する市場では，他のアプローチが用いられなければならない．取引価格が広く浸透しないなら，たとえば，ディーラーに提供されるビッドやアスクの呼値を代用する方がより望ましいであろう.

市場とコストへの接近理由の違いから市場参加者間でしばしば知識が微妙に異なる. したがって, 取引レベルにおいて条件付けする情報を正しく特定化することは至難の業である. たとえば, だれでもブローカーから得ることができるという意味において, 東京証券取引所における注文ブックの内容(未執行注文)は, 公的に利用可能な情報である. しかし, このデータは, まず請求があって初めてブローカーの本店にのみ電子的に移送されるという性質をもつ(Hamao and Hasbrouck (1995) および Lehmann and Modest (1994)). 過去の情報の収集コストは安いのであるが, マイクロストラクチャーの時間フレームで必要となるそれは高くつくであろう. 日々の終値はたとえば新聞から拾っていくことができるが, 情報の即座の更新に対応していくには, 多大な費用のかかるリアルタイムでのデータ供給が必要となる.

正式なモデルでは(扱いやすさという関心において)往々にして隠されたままになっている情報の問題に対して読者は注意深くあらねばならない. この点を強調したかったため, 前節では情報の利用度について注意を払った. これらのモデルの諸側面が特定化の工夫を反映し, 真の市場データを用いてそれらが推定されるとき, データに関するこうした配慮は通常少なくとも結論の質の向上に何らかの貢献をなす.

式(22.2.1)は, 価格水準を用いて表されている. p_t を価格の自然対数として理解することは, その最初の変量(階差)が連続時間複利リターン(パーセント)となるため, しばしば非常に有益である. この扱いは, 分析において多くの証券価格が広いレンジにまたがるとき, とくに便利である. また, 多くの応用においてこうしても結論は変わらない. しかし, ほとんどのモデルが価格を用いて構築されている点は重要である. いくつかのマイクロストラクチャー現象(とくに不連続性)は, 基本的に価格の水準に依存して起こる.

株価が日次あるいはもっと長い観測インターバルでランダムウォークに従っているかどうかという問題に対して, 数多くの検証が提案され, また実際に報告されてきた(Fama (1970) あるいは Lo and MacKinlay (1988)). しかし, 取引価格が試される限りにおいて, ランダムウォーク仮説は, たとえ小さなサンプルであっても, ほとんどの市場において容易に棄却されるので, むしろつまらないものといえる. マイクロストラクチャーにおいては, 取引価格がランダムウォークから「乖離しているかどうか」ではなく, 「どれぐらい」あるいは「なぜ」乖離しているかが問題になる. ここでは, 当面, 有益というよりむしろ現実的な情況において適用される, いくつかのランダムウォーク・モデルの推定にかかわる諸側面についてだけ議論する.

マイクロストラクチャーに関する典型的なデータセットは, 比較的短い暦上の期間(たとえば数カ月)をカバーするが, 非常に多くの観測数(多くの場合1証券当たり数千個)を含む. マイクロストラクチャー・モデルのパラメータ推定を試みようとしている計量経済研究者にとっては, 豊富な観測値は高精度を約束するものに見えるであろう. 残念なことに, 観測数が(暦上サンプリングの長短ではなく)サンプリングの善し悪しに依存するとき，データ精度の向上は多くの場合幻想で終わる．とくに，Merton (1980) は，その場合，単位時間分散の推定精度は上昇するが，平均値のそれは上昇しないことを明らかにしている．平均値の推定誤算が大きいままであることに対し，Merton は非中心標本モーメント (the noncentral sample moment) を用いて分散を推定することを提案している．

この問題には，取引レベルでの分析を行ううえで，2つの重要な意味がある．まず，第1に，もし推定上の小さな偏りを許容してもよいなら，これらの推定精度は，無条件期待リターンを無視 (価格変化式の定数項を0に) することによって増進されうる．通常，非ゼロの期待リターンを足すことは簡単なことであり，この後の議論でこのことを示す．第2に，2次モーメント (分散および共分散) に基づく経済仮説の検定の方が1次モーメントだけに依存するものよりも一般にはより強力であるということである．

22.2.2 ランダム価格形成誤差を含むモデル

証券価格にランダムウォーク要素とともに定常攪乱項を反映させることによって，ランダムウォーク・モデルを一般化することは有益な試みである．その場合の一般的なモデル構造は，

$$m_t = m_{t-1} + w_t$$
$$p_t = m_t + s_t \tag{22.2.2}$$

で表される．m_t は黙示の効率的価格と解釈されるランダムウォーク項である．式 (22.2.1) においてもそうであったように，w_t はここでも証券投資終了価値に関する条件付期待の更新に由来する予測不可能な変化を表す．価格式の2番目の要素 s_t は，ここでは当面アドホック的に単に残差あるいは攪乱として扱う．それは，取引価格がどれだけ黙示の効率的価格と乖離しているかを表す．

モデル (22.2.2) は序節において示した主たる分類の最初のそれを確立する (表22.1参照)．モデルの情報的側面は，m_t あるいは w_t によって特徴付けられる．非情報的性質は s_t によって示される．分類は直接には観測できないので，問題の実質的議論を行うには追加的構造を加える必要がある．各時点において w_t および s_t を (条件付けする情報セットの関数として)，それにそれらの分散である σ_w^2 および σ_s^2 を推定したり，これら分散の構成要素に関する確認を行うことは有益である．ある意味において，本章の大部分の議論は式 (22.2.2) の一般性をフルに考察することに充てられているといってよい．

w_t の目的およびその解釈は，ランダムウォーク・モデルの場合と本質的には同じである．ただ，定常過程の価格形成誤差が新しい要素として入っているだけである．この表現は，黙示の効率的価格と実際の取引価格の差が果たす役割に由来するものである．もし $s_t>0$ であるなら，買手が (効率的価格より多く支払うという意味において) 損をし，売手が得をするということになる．買手と売手を合わせると，s_t はゼロサ

ム・ゲームの性質をもつ．もし，s_t が買手と売手の間でランダムに分布しているとするなら，大数の法則により s_t の効果は無意味であると議論する誘惑に駆られるであろう．しかし，実際の市場ではトレーダーの同質性を仮定することはまったく適切でない．エージェントによって異なる特性(たとえば小規模と大規模トレーダーあるいはディーラー)は，彼らが売ったり買ったりで行う意志表示である価格の種類に大きな影響を及ぼす．したがって，価格誤差は分布において系統的な効果をもつ可能性が高い．

22.2.3　簡単なビッド-アスク・スプレッド・モデル

モデル(22.2.2)の有益な特殊ケースの1つは次のような取引過程から生ずる．つまり，黙示の効率的価格が市場参加者全員に周知されている場合である．ある特定の証券のマーケット・メーカーないしディーラーは，自分が買ってもよい気配値(ビッド)と売ってもよい気配値(オファーあるいはアスク)を市場にいつも開示している．これらのビッドやアスク市場引用価格をそれぞれ q_t^b と q_t^a で表し，それらの差を $S_t=q_t^a-q_t^b$ と表す．この差をスプレッドと呼ぶことにする．このスプレッドは経済的には，ディーラーのがカバーしなければならない固定取引コストあるいは通常の利益を意味する (Tinic (1972))．また，Cohen, Maier, Schwartz and Whitcomb (1981) のように，スプレッドは，ディーラーが行う市場の成行き (積極) と指値 (消極) のどちらで注文を出すかという選択から，内生的に決まるものとする考えもある．これらは非情報スプレッド・モデルと呼ばれるものであるが，以下では，これらとは異ったモデルも同時に考察する．

まず，スプレッドは S で一定と仮定する．次に，ビッドとアスクの気配値は黙示の効率的価格を挟んで対称に位置(つまり，$q_t^b=m_t-S/2$ そして $q_t^a=m_t+S/2$) し，さらに，それぞれの時点において，エージェントはディーラーに買いか売りのどちらかの注文(買いは q_t^b で売りは q_t^a で)を1単位だけ出すと仮定する．この場合のモデルは，

$$
\begin{aligned}
m_t &= m_{t-1}+w_t\\
p_t &= m_t+c_t\\
c_t &= \pm S/2
\end{aligned}
\qquad (22.2.3)
$$

で与えられる．c_t の振動は，「ビッド-アスク・バウンス」と呼ばれることがある．

市場メカニズムが意味するところに従い，c_t は，$\mathrm{E}c_t=0, \mathrm{E}c_t^2=\sigma_c^2, t\neq\tau$ に対して $\mathrm{E}c_tc_\tau=0$，またすべての t と τ に対して $\mathrm{E}c_tw_\tau=0$ の性質をもつ定常確率過程に従うものとする．このうち最初の3つの性質は，c_t が期待値0の均一分散，ゼロ自己相関の確率変数であることを意味する．4番目の性質は，c_t が情報過程とは無相関，すなわち，黙示の効率的価格の変化が取引とは関係しないことを保証するものである．このモデルと式(22.2.2)との比較から，$c_t=s_t$ (価格形成誤差) であることは明らかである．価格形成誤差の分散は，実際の取引価格がどれくらい正確に黙示の効率的価

格を具現しているかを知るうえで，非常に有益な要約的測度である．このモデルでは，$\sigma_s^2=\sigma_c^2=S^2/4$ である．

モデル(22.2.3)では，s_t は次に起こる(買いあるいは売りが主導する)取引の影響を受けることは明白である．今日のマイクロストラクチャーのデータセットからは，これらの取引(あるいは簡便化されたそれらの代理変数)がしばしば観察可能であり，それらをモデル化することが可能である．代表的な価格と取引の2変量モデルは，以下詳しく議論する．しかし，多くの旧い過去のデータセットは，取引価格に限定されている．したがって，ここではこれらの価格だけを用いてそれらの推論を展開する．

要するに，われわれは取引価格の中にある観測できない2つの構成要素，すなわち m_t と $s_t(=c_t)$ に関する推測を試みるのである．価格変化を

$$\Delta p_t=p_t-p_{t-1}=w_t+s_t-s_{t-1} \tag{22.2.4}$$

と表す．ここで，1次と2次の自己共分散は，それぞれ $\gamma_0=\mathrm{E}\Delta p_t^2=\sigma_w^2+2\sigma_s^2$ と $\gamma_1=\mathrm{E}\Delta p_t\Delta p_{t-1}$ で与えられる．それより高次の自己共分散はすべて0である．これら2次までの自己共分散(あるいはそれらの推定値)を用いて，未知数である σ_s^2 および σ_w^2 について解くことができる．また，もっと重要なことはスプレッドが

$$S=2\sigma_c=2\sigma_s=2\sqrt{-\gamma_1} \tag{22.2.5}$$

によって与えられることである．この表現は，Roll (1984) によるスプレッドの推定式としてよく知られいる．この式が $\gamma_1\leq 0$ を要求することは明白である．Harris (1990) はこの推定量がもつ統計的性質について議論している．

このモデルのもう1つの便利な特性は，価格変化が移動平均の形態を取ることである．ラグ1を超えたら自己共分散が0という場合，その変数の過程は次のように1次の移動平均(MA(1))で表される．

$$\Delta p_t=\varepsilon_t+\theta\varepsilon_{t-1} \tag{22.2.6}$$

ただし，ε_t は自己相関のない均一分散を取る増分である．式(22.2.4)と(22.2.6)から導かれる価格変化自己共分散を等しいとおくと，2つのパラメーター・セット間の対応関係が出てくる．1つの方向においては，$\sigma_w^2=(1+\theta)^2\sigma_\varepsilon^2$ と $\sigma_s^2=-\theta\sigma_z^2$ が確立される．

σ_w^2 という表現には，知っておくと便利な直感が隠されている．時系列モデルにおけるインパルス反応関数は，いかに変数が特定の初期ショックに対して反応するかを特定化するものである．たとえば，ここでラグを取った価格イノベーション ε_{t-1}, ε_{t-2}, … が0となった場合を想定してみよう．もし時間 t のイノベーションが0でないなら，式(22.2.6)により，現在および将来の期待価格変化は，$\mathrm{E}[\Delta p_t|\varepsilon_t]=\varepsilon_t$, $\mathrm{E}[\Delta p_{t+1}|\varepsilon_t]=\theta\varepsilon_t$ そして $\mathrm{E}[\Delta p_{t+1}|\varepsilon_t]=0$ (ただし，$k>1$) によってそれぞれ表される．したがって，累積での価格変化は，

$$\mathrm{E}[\Delta p_t+\Delta p_{t+1}+\Delta p_{t+2}+\cdots|\varepsilon_t]=(1+\theta)\varepsilon_t \tag{22.2.7}$$

となる．これは，イノベーションあるいはショックの長期での影響，つまり情報インパクトを表す．ここでは，$w_t=(1+\theta)\varepsilon_t$ もまた意味される．さらに，これよりに先

に記した σ_w^2 に関する表現がただちに導出される．ここからの議論では，しばしばインパルス反応関数を用いて構造モデルの動的性質の特徴付けが行われることを述べておく．

われわれにとって関心のある多くの経済仮説は，ランダムウォークと価格形成誤差の分散を考察することにより対処されうるが，その一方，ある特定の時点での w_t や s_t を知ることがしばしば望ましくなる．フィルターを通した推定値はその限りではないが，取引価格を基に，(たとえ t 以降現れる価格が条件として与えられたとしても) これらの数値は通常このモデルからは導き出されない．

22.2.4　ラグを伴う価格調整

価格変化に負の1次自己共分散が存在することを，簡単なビッド-アスク・モデルで予測することができる．実際，取引価格データ一般にこの性質があることはよく知られている．モデルは，調整ラグの考えを導入することによって，価格変化の2次以上の依存を許容するよう一般化されうるかもしれない．Goldman and Beja (1979) は，証券ディーラーが新しい情報に対し気配価格を即座に調整するするのではなく，徐々にそれを行うことを指摘している．

調整の遅れは，より一般的にいうと，情報の浸透やマーケット・メーカーによる価格のスムーズ化の遅延，そして価格の不連続性に起因して起こる．調整の遅れを明示的に取り入れた分析は，他にも，Amihud and Mendelson (1987), Beja and Goldman (1980), Damodaran (1992), そして Hasbrouck and Ho (1987) にある．

簡単な調整ラグ・モデルは

$$m_t = m_{t-1} + w_t$$
$$p_t = p_{t-1} + \alpha(m_t - p_{t-1}) \tag{22.2.8}$$

によって与えられる．ただし，α は調整速度パラメータである (スプレッドは，調整の遅れに焦点を当てるため，ここではあえて考慮の対象としない)．図 22.1 は，調整速度パラメータを $\alpha=0.5$ と仮定し，効率的価格における1単位のショック ($w_0=1$) の後で起こる価格への影響をえがいたものである．それぞれの段階で効率的価格に対してちょうど半分の調整がなされている．もし $0<\alpha<1$ なら，この調整は単調である．

式 (22.2.8) での代入操作によって，価格変化が1次自己回帰過程 (AR1)，$\Delta p_t = (1-\alpha)\Delta p_{t-1} + \alpha w_t$ によって生成されていることは自明である．もし推定されたモデルが $\Delta p_t = \phi\Delta p_{t-1} + \varepsilon_t$ であるなら，構造パラメータは，$\sigma_w^2 = \sigma_\varepsilon^2/(1-\phi)^2$ および $\alpha = 1-\phi$ と算出される．簡単なビッド-アスク・スプレッド・モデルの場合のように，ここでも σ_w^2 はインパルス反応関数として解釈されうる．ランダムウォーク・イノベーションは，初期攪乱項の各後続期の価格に対する影響を効果的に積み上げていったもので，$w_t = (1+\phi+\phi^2+\cdots)\varepsilon_t = (1-\phi)^{-1}\varepsilon_t$ により算出される．価格形成誤差は $s_t = p_t - m_t$ であり，このことは $s_t = (1-\alpha)s_{t-1} - (1-\alpha)w_t = \phi s_{t-1} - \phi w_t$ と $\sigma_s^2 = [\phi^2\sigma_\varepsilon^2]/[(1$

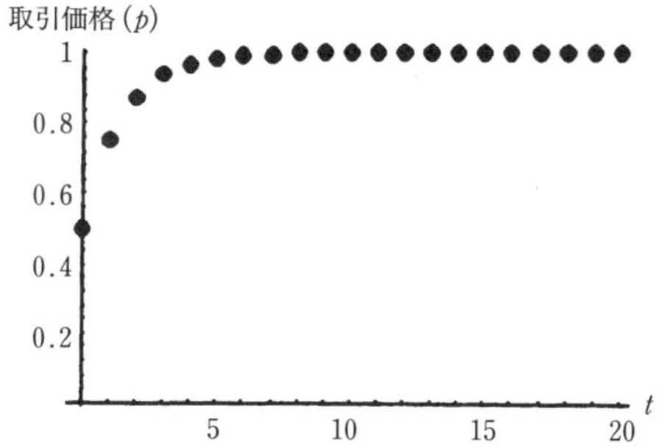

図 22.1 ラグ価格調整モデルのインパルス反応関数
効率的価格における+1初期ショックの後に続く取引価格 p の調整．モデルは式(22.2.8)で与えられるラグ価格調整モデル．ただし，パラメータは，$\alpha=0.5$.

$-\phi^2)(1-\phi)^2]$ を意味する．

このモデルは1つの攪乱要素 w_t によってのみ動かされるので，w_t と s_t の両方が価格レコードから取り出されうる．これは，簡単なビッド-アスク・スプレッド・モデルから導かれる結果よりも強力といえる．このことは，時系列の観点からいうと，モデルにおける定常要素が厳密に過去の w の線形結合であることと関係している．簡単なビッド-アスク・モデルでは，取引がビッドとアスクのどちらの価格で起こるか(つまり，s_t の価値)は，w_t と関係ない．

22.3 価格と取引に関する簡単な2変量モデル

これまで議論してきた1変量価格モデルは，マイクロストラクチャー現象を反映した動態を描写したり，あるいは序節で述べた最初のタイプの分類，すなわち，恒久(情報的)と一過性効果の区分を捉えることにおいて有益であった．この節で紹介するモデルは，価格変化を取引に関連したものかあるいはそれと関連しないものかという，2番目の分類を確立する場合重要となる取引も変数として組み込む．

22.3.1 在庫モデル

簡単なビッド-アスク・スプレッド・モデルでは，売手と買手は独立に，かつ同一の確率で取引を行うためにディーラーのもとに到着すると仮定する．x_t で符号付きの取引高を表す．もし到着するトレーダーがディーラーから買うなら正，反対にもしトレーダーが売るなら負の符号を取る．時間0から t までの累積取引高は，$\sum_{i=0}^{t} x_i$ で表される．「マイクロストラクチャー」という表現を初めて用いた論文は Garman (1976) であるが，そのなかで彼は，t とともに累積取引高は拡散していくと指摘している．これは，ディーラーが(ネットでみても)無限に売ったりあるいは買ったりすることを意味する．しかしながら，実務におけるディーラーには資本上の制約がある．また，彼らはリスク回避を指向し，1つの取引において大きなポジションを取ることを避ける行動に出る．このことから，何らかの在庫制御あるいはポジション管理の必用性が問題となる．

古典的なミクロ経済学における在庫制御問題は，発注と在庫不足から発生するコストを前提に行う，在庫仕入の戦略特定化の類である．一方，証券市場のディーラーは，呼値を動かすことによって買いと売りの注文の不均一を顕在化させ，在庫制御の目的を達成するものとと想定されてきた．この効果を扱う正式なモデルとしては，Amihud and Mendelson (1980)，Ho and Stoll (1981)，O'Hara and Oldfield (1986)，Stoll (1978) 等が挙げられる．

例として，呼値の建て方がディーラーの在庫ポジションに，また，流入する注文がそのときの呼値に依存するよう一般化した，次のような簡単なビッド-アスク・スプレッド・モデルを考えてみよう．

$$
\begin{aligned}
m_t &= m_{t-1} + w_t \\
q_t &= m_t - bI_{t-1} \\
I_t &= I_{t-1} - x_t \\
x_t &= -a(q_t - m_t) + v_t \\
p_t &= q_t + cx_t
\end{aligned}
\tag{22.3.1}
$$

最初の式は，効率的価格のランダムウォーク推移を記述する．呼値は，その中間値(ビッドとアスクの平均値) q_t によって要約される．この値は，2番目の式で表されるように，効率的価格を在庫制御要素で調整したものである．I_t は，t 期末におけるディーラーの在庫を表す．一般性を失うことなく，ディーラーの標的在庫は0と仮定する．q_t が呼値の中間で表されているので，$b>0$ とするなら，ロング・ポジションを取るディーラーは，その価格を引き下げる．ネットでの需要 x_t は，価格に感応する要素(ただし，$a>0$) とランダム要素からなる．在庫管理ツールとしての呼値ポジションの有用性は，需要の価格弾力性の考え方に依拠する．

ディーラーはすべてのトレーダーの相方であるとここでは仮定されているので，在庫の変化はネットでの需要の負値に一致する．取引価格は，最後の式に表されるように，呼値中間値にコスト要素 cx_t を足したものである．このコストは取引規模に比例する．つまり，ディーラーは，単なるビッドとアスクの価格というよりも，ビッドとアスクの線形関係を基に呼値を出す．$|x_t|$ だけ買いたいとするトレーダーは，アスク価格 $q_t^a = q_t + c|x_t|$ を許容することで取引を遂行することができる．また，$|x_t|$ だけ売りたいとするトレーダーはビッド価格 $q_t^a = q_t - c|x_t|$ を許容する必要がある．取引において発生するイノベーション v_t は，自己相関をもつが，w_t とはそのすべてのリードとラグにおいて無相関と仮定される．

ある特定のパラメータ値を使ったインパルス反応関数の実験を行うと，このモデルのもつもっとも重要な性質がわかる．$a=0.8, b=0.04$ そして $c=0.5$ とし，時間0

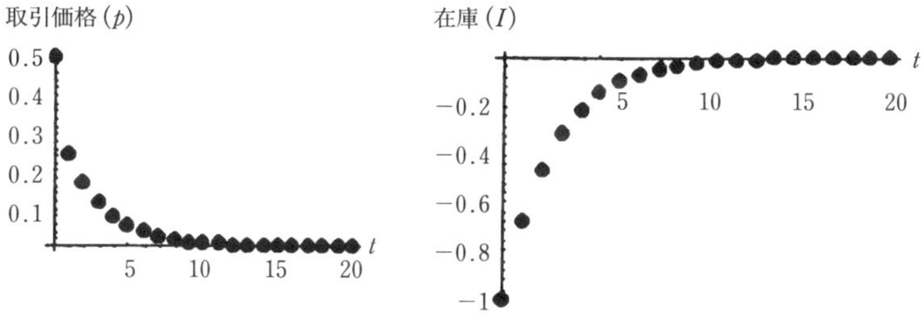

図 22.2 在庫モデルのインパルス反応関数
1単位の初期の買い後に続く取引価格 p とディーラー在庫 I の調整．モデルは式 (22.3.1) で与えられる在庫制御モデル．ただし，パラメータは，$a=0.8$, $b=0.04$，および $c=0.5$.

に起こった取引ショック $v_0=1$，つまりディーラーの1単位の買いが起こす価格と在庫への影響を考察してみよう．これらの2変数の時間経路が図22.2にえがかれる．この買いは，コスト要素を通して，即座に価格ジャンプを引き起こす．しかし，これに対する反転は即座には起こらない．この取引の後，ディーラーに在庫不足が生じ，彼は (トレーダーから) 売り注文を引き出すべく自分の表示する呼値を上げなければならなくなる．売り注文が届くにつれ (あるいはそれを期待し)，ディーラーは呼値をその初期レベルに向けて手直ししていく．在庫の経路は，初めは (ディーラーからの買いによって) 起った在庫の低下を，その後は (ディーラーが行う) 買いを反映する．調整過程の終点で，価格も在庫も完全に元の状態に復帰している．このモデルでは，取引と情報は関係してないため，取引による恒久価格変化は生じない．

完全に公的情報だけで起こる w_t が価格変化における恒久要素を構成する．価格形成誤差は，

$$s_t=p_t-m_t=cx_t-bI_{t-1} \qquad (22.3.2)$$

で表される．この誤差は完全に取引が引き起こすものである．簡単なビッド-アスク・スプレッド・モデルの場合と同様に，買手がスプレッドの半分である cx_t を支払う．最右辺第2項は，前期末におけるディーラーの在庫ポジションの影響を表す．その意味するところは，もしディーラーに在庫余剰が発生するなら，買手のコストは低下するということである．

もし p_t と I_t の両方が観測できるなら，モデルは，$\Delta p_t=-cI_t+(2c-b)I_{t-1}+(b-c)I_{t-2}+w_t$ と $I_t=(1-ab)I_{t-1}-v_t$ で表すことができる．この表現は，正式にいうと，最小2乗法で直接推定可能な同時再帰構造を内包する，2変量ベクトル自己回帰 (VAR) モデルである．ここに，w_t と s_t を現在および過去の観測値から発見するのに十分な構造が存在する．

しかし，利用可能な多くのマイクロストラクチャー・データの中で，在庫に関するものがもっとも入手困難といわれている．これらのデータには，ディーラーの取引戦略や取引利益が潜んでいる．いずれも通常は公開されることはない．もし I_t が未知

け小さくなる．ここでは，ディーラーが情報コスト g と追加的に発生する注文処理コストの両方を取り戻すべくスプレッドの半分を設定する．そのため，一般に，$c>g$ が仮定されうる．

リターンの系列は次のように与えられる．

$$\Delta p_t = p_t - p_{t-1} = u_t + cx_t - (c-g)x_{t-1} \tag{22.3.7}$$

もし取引と価格の両方が観測可能なら，このモデルは直接推定されるであろう．取引の価格への影響に関する初期の推定は，Marsh and Rock (1986), Glosten and Harris (1988) そして Hasbrouck (1988) 等の研究に見られる．

取引が観測されないときは，しかし，完全に取引価格だけに基づいて推測を行わなくてはならない．このモデルは，表面的には，22.2.3 項において考察した簡単なビッド-アスク・モデルに類似している．先のモデル同様，このモデルも式 (22.2.6) における MA(1) の形態を有する．しかし，構造モデルの 4 つのパラメータ $\{c, g, \sigma_u^2, \sigma_x^2\}$ を識別するうえで MA モデルの 2 つのパラメータ $\{\sigma_\varepsilon^2, \theta\}$ だけでは不十分である．ランダムウォークの分散は先の場合同様，$\sigma_w^2=(1+\theta)^2\sigma_\varepsilon^2=\sigma_u^2+g^2\sigma_x^2$ によって算定される．しかしながら，先のモデルとは対照的に，われわれはここで価格形成誤差が効率的価格の増分とゼロ相関であると仮定することはできない．

簡単なモデルとの関係は，式 (22.2.5) によって与えられたスプレッドの推定値を考察することによって例示される．注文における売買が同様に確からしいという仮定から $x_t \in \{-1, +1\}$, $\sigma_x^2=1$ とし，また c はスプレッドの半分 $(S/2)$ とする．式 (22.3.6) から，価格形成誤差の分散は $\sigma_s^2=(c-g)^2$ である．簡単なビッド-アスク・モデルが意味することは，スプレッドの推定値が一般には下方に偏ることである．現在議論しているモデルでは，1 次自己共分散が $\gamma_1=-c(c-g)\sigma_x^2=-c(c-g)$ となる．たとえば，もし $c=g$，つまりスプレッドがすべて情報に基づくものであるなら，取引価格の変化は自己相関をまったく伴わないし，簡単に行えるスプレッドの推定値は 0 になるであろう．

簡単なモデルにおける価格形成誤差と w_t (効率的価格の増分) は，統計的にいうと無相関である．現在のモデルでは $s_t=(c-g)x_t$ および $w_t=u_t+gx_t$ が成り立ち，この 2 つの変数は取引の影響をともに分かつのであるから，相関をもつ．$\sigma_u^2=0$，つまり，取引に関係しない公的情報の完全欠如という特殊な場合を除き，この相関は完全ではない．この特殊ケースは経済学的には魅力に乏しいが，観測されるリターン・モデルのパラメータ $\{\sigma_\varepsilon^2, \theta\}$ を一定に保持したときの w_t と s_t の間のすべての相関を考えた場合の σ_s^2 に対する下限を決めるという有益な性質をもつ．

式 (22.2.6) の移動平均の表現では，完全相関を仮定すれば，w_t と s_t との両者は，ε_t に比例する．w_t を攪乱の累積効果と等しくする (式 (22.2.7) に続く議論参照) ことにより，$w_t=(1+\theta)\varepsilon_t$ を得る．また，式 (22.2.2) から，$s_t=-\theta\varepsilon_t$ と $\sigma^2_{s,\text{lower boundary}}=\theta^2\sigma_\varepsilon^2$ を意味する $\Delta p_t=\varepsilon_t+\theta\varepsilon_{t-1}=(1+\theta)\varepsilon_t+s_t-s_{t-1}$ を得る．$-1<\theta<0$ であるから，この下限での分散は，簡単なモデルで示唆される σ_s^2 の推定値であ

る $-\theta\sigma_\varepsilon^2$ 以下である．この下限に関しては22.4節で一般化する．

要するに，このモデルのリターン過程のパラメータ(自己共分散，あるいは同じことであるが移動平均パラメータ)に基づき，われわれはランダムウォーク(黙示の効率的価格)の分散を算出することができる．しかし，価格形成誤差の分散もスプレッドのような観測数値はどちらも，何らかの制約条件を付け加えない限り識別することができない．残念ながら，上述した考察の中で用いた2つの識別化のための制約条件は，いずれも魅力に乏しい．なぜならば，それらを用いることはすべての公的情報か，あるいは反対にすべての私的情報を抑止しなければならないことになるからである．

22.3.3　非対称情報と在庫制御の両方をもつモデル

次のモデルは在庫制御と非対称情報を加算的に取り入れたものである．

$$
\begin{aligned}
m_t &= m_{t-1} + w_t \\
w_t &= u_t + g v_t \\
q_t &= m_{t-1} + u_t - b I_{t-1} \\
x_t &= -a(q_t - (m_{t-1} + u_t)) + v_t \\
I_t &= I_{t-1} - x_t \\
p_t &= q_t + c x_t
\end{aligned}
\qquad (22.3.8)
$$

m_t と w_t の表現は，前節の非対称情報モデルにおけると同じである．呼値中間値はここでは在庫制御要素を含む．情報が2つの起源からモデルに入ってくるとき，そのタイミングに特別の注意を払う必要がある．時間 t において，公的情報 u_t が到着し，呼値 q_t が決まり，そして取引を価格 p_t で行わしめる純需要 x_t が現れる．最後に，取引に含まれる情報を反映し，新しい効率的価格 m_t が決定される．効率的価格の増分は，単に取引の総量で決まるのではなく，取引イノベーション v_t によって引き起こされる(取引を誘引するどの新情報も取引イノベーションを通してモデルに入ってくる)．呼値中間値は，時間 t での取引から推論される(呼値が表示されるとき

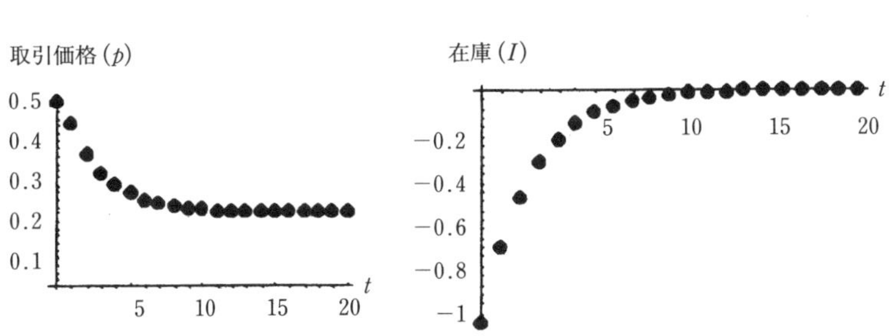

図22.4　在庫制御/非対称情報モデルのインパルス反応関数

1単位の初期の買いの後に続く取引価格 p とディーラー在庫 I の調整．モデルは式(22.3.8)で与えられる在庫制御/非対称情報モデル．ただし，パラメータは，$a=0.8$，$b=0.4$，$c=0.5$，および $g=0.2$．

にはまだ市場に知らされてない）私的情報ではなく，そのときの公的情報 u_t と在庫にどれくらい過不足が生じているかによって決まる．次いで決まる純需要は，そのときの呼値と公的情報を含む効率的価格により決まる．

このモデルのもっとも重要な性質をインパルス反応関数を用いて示す．純粋な在庫モデルを扱った図 22.2 ($g=0.2$) と同じパラメータ値をここでも使用する．図 22.4 は需要に起こる 1 単位のイノベーション ($v_0=1$，すなわち 1 単位のディーラーからの（トレーダーの）買い）が引き起こすショック後の経路をえがく．図 22.2 と本質的に異なり，ここでは価格反転が未完遂である．買い注文イノベーションの恒久価格効果は，$gv_t=0.2(1)$ で 1 より小さい．

価格形成誤差は，

$$s_t=p_t-m_t=cx_t-gv_t-bI_{t-1} \tag{22.3.9}$$

で表される．cx_t-gv_t の項は，純粋な非対称情報モデル (22.3.6) における価格形成誤差の $(c-g)x_t$ という表現と似通う．しかし，情報の更新は取引イノベーションによってのみ生起されるが，スプレッドの半分は取引全体に対して支払われる．$-bI_{t-1}$ 項の役割は，在庫制御モデルの場合とまったく同じである（式 (22.3.2) 参照)．これら両項は，取引によって引き起こされる．

リターンと在庫レベルの同時特定では，すべての構造パラメータが識別可能な 2 変量 VAR として記述されてよい．もし取引価格だけが利用可能なら，（価格形成誤差の分散ではなく）ランダムウォークの分散だけが誘導型から導出されるであろう．

在庫制御モデル（図 22.2)，非対称情報モデル（図 22.3）および連結モデル（図 22.4）の価格インパルス反応関数を比較すると，在庫と非対称情報からくる短期の価格効果がよく似ていることがわかる．純粋な在庫制御モデルでは，買い注文に反応して価格が上昇する．なぜならば，ディーラーは在庫が不足し，より多くの売り関心を引き付ける必要があるからである．非対称情報モデルでは，価格上昇は取引を通して現れる新しい情報を反映する．

在庫と情報効果から起こる短期価格反応の類似はこれら 2 つのモデルの区分けを非常に困難にする．在庫制御のパラダイムが最初に樹立されたので，価格に対する取引の正の影響を発見する初期研究が在庫効果の存在を確かめたことは自然である．（より最近の）情報非対称モデルの実証は，反応初期の価格上昇を取引に含まれる情報のせいにする傾向がある．

実践では，2 つのメカニズムの影響は，短期と長期効果の両方の動態分析によってのみ解明されうる．NYSE の株式ディーラー（スペシャリスト）の取引に関する諸研究は，在庫制御が実際に行われていることを示唆する．しかし，実際のメカニズムは，ここでの簡単なモデルで許容されるものよりはるかに複雑なものである．ここで扱われたインパルス反応関数は仮説的なものであり，せいぜい 12 取引というかなり急速な在庫調整の様子をえがく．取引は仮説上では負の自己相関，つまり，買いに続いて（期待において）空売りが起ってよい．しかし，現実には，取引は短期的には強い正の自己相関を示す(Hasbrouck and Ho (1987) および Hasbrouck (1988))．さらに，NYSE のスペシャリストが取るポジションには(週あるいは月の単位での)大きな長期要素が存在することが窺い知れる．在庫調整＝呼値一過性効果を支持するうえで，現在までの利用可能なデータ・サンプルは，これらのインターバルでは，その能力がかなり乏しいといわねばならない．たとえば，Hasbrouck and Sofianos (1993) および Madhavan and Smidt (1991, 1993) を参照．

既に述べたように，この単純なモデルは在庫と非対称情報効果を加算的に組み込む．しかし，インフォームド・トレーダーの需要(および市場による取引内包情報の査定)は，原則的には，ディーラーの在庫にも影響されるビッドとアスク呼値の状態に依存する．Madhavan-Smidt モデルは，これらの相互関係をよく説明する．

22.3.4　価格，在庫そして取引

これまでの分析が示唆することは，非対称情報あるいは非対称情報と在庫制御の組合せで価格変化を誘導型で特定化しても，そこから得られる結果が非常に乏しいということである．つまり，σ_w^2 は識別可能であるが，σ_s^2 はそうではない．しかし，また，ディーラーの在庫に関する正確なデータセットがほとんど利用できないということも，一方の事実である(著者が知る限り，現在までのところ一般に利用可能なデータセットは存在しない)．

もっとも，取引の系列 x_t に関し妥当と思われる代理変数をみつけることはしばしば可能である．取引価格と取引高が報告され，またビッドとアスクの呼値が利用できるときには，次のような代理操作が一般に行われる．

$$x_t=\begin{cases}+\,(\text{volume})_t, & \textit{if}\quad p_t>q_t\\ 0, & \textit{if}\quad p_t=q_t\\ -\,(\text{volume})_t, & \textit{if}\quad p_t<q_t\end{cases}\tag{22.3.10}$$

ただし，q_t は当該取引発生時に現れている呼値中間値を表す．22.3.2 項で考察した純粋な非対称情報モデルでは，この代理アプローチで十分である．

しかし，在庫制御があると事はより複雑になる．これまで議論してきたモデルは，定義により，ディーラー在庫を $I_t=I_{t-1}-x_t$ を通して取引に関連付けている．取引が，在庫レベルではなく，在庫変化に関する情報を伝達するので，これらは一般に適切な代理変数を形成しない．統計的見地からいうと，これは過剰階差(over-differencing)の問題である．証券価格のような変数がランダムウォーク要素を含んでいるときには，1次の階差(これまで行ってきたような価格変化)の形で定常モデルを定式化することは一般的である．しかし，もし既に定常状態にある変数の1次階差を取るなら，その1次階差は確かに定常であるが，収束自己回帰の表現を取らないのが普通である．過剰階差の変数は反転不能であるといわれる．マイクロストラクチャー・モデルにおける反転可能性の仮定のもつ一般的役割については，22.4.1 項で議論する．しかし，在庫制御モデル定式化に対する帰結はここで考察された簡単なモデルのいく

つかでもよく描写されうる．

先の 22.3.1 項では，純粋在庫制御モデルは式 (22.3.1) で与えられたが，そこでの在庫の特定化は在庫レベルの 1 変量表現 $I_t=(1-ab)I_{t-1}-v_t$ となることがわかるであろう．これは，簡単な 1 次自己回帰の表現を取り，容易に推定される．在庫の 1 階差 (負値) を取ることにより得られる取引の系列は，混在型自己回帰移動平均モデル (ARMA) の形を取る $x_t=(I_t-I_{t-1})=(1-ab)x_{t-1}+v_t-v_{t-1}$ で表される．代入操作の無限繰り返しをどう行っても，ここでは，減少する係数を伴う x_t の自己回帰表現を導き出しえない．価格変化をこれに加えても，$\{\Delta p_t, x_t\}$ に対し収束する VAR 表現が存在しないので，このジレンマは解消されない．また，ほとんどの手法が反転可能性を仮定しているため，x_t に与えられる ARMA での定式化を直接推定することは一般に簡便であるとはいえない (例外としては，最尤カルマン・フィルター法に基づくものが挙げられる．Hamilton (1994) を参照).

この警告的断りにもかかわらず，取引をベースにする多くのモデルは実際反転可能の性質をもつ．取引を特定化するうえでの反転不能は，取引シリーズが在庫系列 (多分定常) の 1 階差 (負) であるという事実から起こる．いくつかのデータセットでは，このケースが当てはまる．これは，取引は符号 (買いと売り) と取引相手で確認されるような場合である (たとえば，ロンドン証券取引所のデータを使った Neuberger (1992) や The Computerized Trade Reconstruction (CRT) データを用いた Manaster and Mann (1992))．特定のディーラーあるは特定のディーラーの所在での買いと売りのすべてを含む取引系列は，その定義そのものから，ディーラー在庫の 1 階差に一致し，ここで反転可能を仮定することはとても妥当とはいえない．

しかし，多くの市場では，ディーラーは外からの注文に対する不変の取引相手ではない．たとえば，NYSE では，ディーラー (スペシャリスト) が取引相手となる取引の割合は相対的に低い．しばしば，ビッドやアスクの呼値としてスペシャリスト以外の注文が表示される．ディーラーの在庫には，強力な平均回帰傾向があるとの憶測が存在する．しかし，効果的にビッドやアスクの呼値を提示するのは他のトレーダーで，彼らは大人数で多様性があり絶えず構成人員を変えるエージェントでもある．このグループの総取引が定常シリーズを完全なものに押し上げていることを疑う理由はなにもなく，したがって，取引が過剰階差や反転不能をもつ時系列を構成してもそれをあまり気にする必要はない．

在庫と非対称情報を組み入れたモデルのもつ重要な性質をなるべく多く理解するために，例として，次のようなアドホックなモデルを考案する．ただし，在庫には直接言及しないで，このモデルを，

$$m_t=m_{t-1}+w_t$$
$$w_t=u_t+gv_t$$
$$q_t=m_{t-1}+u_t+d(q_{t-1}-(m_{t-2}+u_{t-1}))+bx_t$$
$$x_t=a(q_t-(m_{t-1}+u_t))+v_t$$

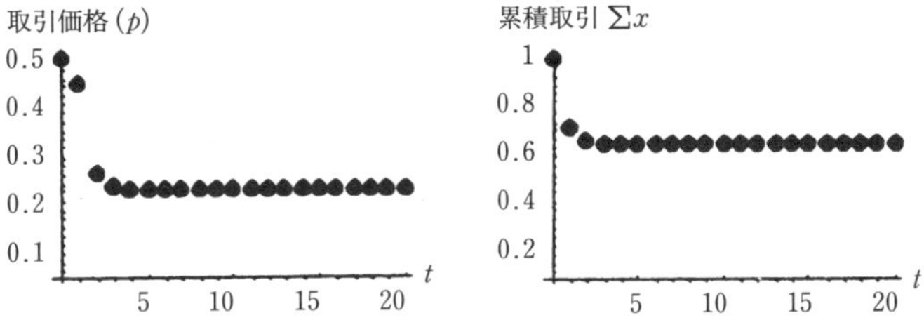

図 22.5　非対称情報/取引モデルのインパルス反応関数

1 単位の初期の買いの後に続く取引価格 p と累積取引 $\sum x$ の調整．モデルは式 (22.3.11) で与えられる非対称情報/取引モデル．ただし，パラメータは，$a=0.8$, $b=0.4$，$c=0.5$，および $d=0.2$.

$$p_t = q_t + cx_t \tag{22.3.11}$$

と表す．このモデルと式 (22.3.8) の基本的な違いは呼値中間値式の扱いにある．在庫の依存性は，在庫制御と関係した行動に似せた，明示的な平均回帰要素に取って代わられている．このモデルは，最初 Lawrence　Glosten によって提案され，Hasbrouck (1991) でも言及されている．

このモデルが在庫制御と非対称情報モデルの両方の性質を帯びていることは，1 単位の買いイノベーション以後のインパルス反応関数から見て取れる (図 22.5)．累積取引の系列は，(負の) 在庫水準に類似するものとしてえがかれる．ここで使用されているのは，$a=0.8$, $b=0.4$, $c=0.5$, $g=0.2$ そして $d=0.5$ のパラメータ値である．基本的な在庫制御モデルの場合同様，取引価格には減衰していく反転が認められる．また，非対称情報モデルの場合同様，価格反転は不完全である．

22.3.5　簡単な諸モデルの要点

本節および前節では，現代のマイクロストラクチャーの底流をなす経済パラダイムの基本形を提示した．これらは以下のように要約される．ビッド-アスク・スプレッドは固定コストと非対称情報要因を反映する．コスト効果は価格に短期での一過性「バウンス」をもたらす一方，非対称情報効果は相対的にみて急速かつ恒久的な取引の価格への影響と関係する．どちらの効果も必ずしも後続する取引に特別な変化をもたらさない．ラグを伴う価格調整と在庫制御はより長引く一過性効果の原因となる．前者によってもたらされる価格一過性は情報に対する反応を滑らかなものに調整するが，在庫制御が原因する一過性は価格の反転を結果としてもたらす．在庫制御はさらに後続の取引に内生効果 (変化) をもたらす．

22.4　一般的特定化

前節では，簡単な構造モデルを用いてマイクロストラクチャーの基本的概念を紹介した．これらのモデルは，経済学者の直感を方向付けるうえで有益であるが，一般に直接的な推定にはあまり適したものとはいえない．鍵となる変数(たとえばディーラーの保有する在庫)がたびたび観測されなかったり，構造がしばしば定型的モデルが示唆するよりももっと複雑であったり，効果がしばしば一斉に出てきたり，そしてさらには以下で議論する他の多くの事情(主として制度に関するもの)によって複雑化していく．よく定式化された理論モデルに立脚して統計モデルを構築することが望まれるが，これらの事情が達成できる成果に制限を加えることになる．

本節で議論するモデルは，対照的に，マイクロストラクチャー・データの非制約的な統計モデルである．広範でかつ頑健性のあるマイクロストラクチャー効果の性格付けを行うことを目指して，ここでは，構造パラメータの精緻な推定手法に関する展望をまず行う．序節で提示した恒久と一過性あるいは取引関連と非取引関連の分類に関する性格付けを行うことが，仮定をあまり設けなくても，なお可能ということである．このことは非常に重要である．

22.4.1　ベクトル自己回帰

ベクトル自己回帰(VAR：vector autoregressions)は，全変数の現在の値がそれらの過去の値に対して線形回帰で特定されたものである．前節で議論された在庫および非対称情報モデルは，たとえば，2変量ベクトル自己回帰として定式化されうる．推定においてラグの数を増やすことで，モデルはより一般的で融通性のあるものになる．VARでは，推定(最小2乗法で通常は十分)と(インパルス反応関数あるいは後述する変換によって)解釈が比較的容易となる．マイクロストラクチャーにおけるVARの価値は，しかし，一般的な時系列モデルを特徴付けるこの技法の能力に基づく．この一般性の基礎となる仮定と，それらがマイクロストラクチャーへの応用において満たされなくなる限界について，この時点で，概略しておくことは有益と思われる．

VARの広範な応用性は，究極的には，ウォルドの定理(Wold theorem)からきている．もし自己共分散が t に依存しない，すなわち，$\mathrm{E}y_t y'_{t-j} \equiv \Gamma_j$ であるなら，ゼロ平均ベクトル時系列 y_t は弱定常(共分散定常)であるといわれる．ウォルドの定理によると，ゼロ平均弱定常非決定過程は，収束ベクトル移動平均(VMA)過程(無限次元の可能性のある)

$$y_t = e_t + B_1 e_{t-1} + B_2 e_{t-2} + \cdots = B(L) e_t \qquad (22.4.1)$$

で表される．ただし，e_t は自己相関0で分散と共分散行列 Ω をもつ増分，そして，L は $L(\cdot)_t = (\cdot)_{t-1}$ を意味するラグ・オペレータである(Hamilton (1994) および Sargent (1987))．この式は，確率過程のイノベーション表現そのものである．本節では，ウォルドの定理が成立する条件が満たされていると仮定する．定常性仮定については，22.5節でもっと詳しく検討される．

ここで，われわれは価格変化と取引を問題にしていると想定する(22.3.4項でのモデルと同じ)．したがって，状態ベクトルは，

$$y_t=\begin{bmatrix}\Delta p_t\\ x_t\end{bmatrix},\ \text{および},\ e_t=\begin{bmatrix}u_t\\ v_t\end{bmatrix};\qquad \mathrm{Var}(e_t)=\Omega=\begin{bmatrix}\sigma_u^2 & 0\\ 0 & \sigma_u^2\end{bmatrix} \tag{22.4.2}$$

と表される．残差の無相関性は，同時因果関係が取引から取引価格へ流れるとする経済仮定に基づく．これがまさに前節で議論した簡単な構造モデルのすべてを特徴付ける．実際の市場構造においてこの仮定が満たされていないことは容易に想像されるが，しかし，それは多くの場合市場の近似となっている．

もし多項式 $\det(B(z))=0$ のすべての根が単位円の外側に存在するなら，VMA 表現は反転可能ということになる．すなわち，それは (無限次元の可能性のある) 収束 VAR 表現

$$y_t=A_1y_{t-1}+A_2y_{t-2}+\cdots+e_t=A(L)y_t+e_t \tag{22.4.3}$$

を与えることが証明できるであろう．マイクロストラクチャーへの応用では，反転可能仮定は過剰階差あるいは共和分によってしばしば成立しなくなる．22.3.4 項で述べたように，モデルは在庫を組み込むがデータが取引 (在庫の 1 階差に相当) だけを含むとき，過剰階差は現実問題となる．状態ベクトルが 1 つの証券に 2 つ以上の価格変数 (たとえばビッドとアスク呼値，あるいは取引価格とどちらかの呼値) を含むとき，共和分の問題が発生する．この問題は，さらに 22.8 節で深く議論される．これまでの節で扱われた簡単なモデルは，すべて式 (22.4.3) の形で表現可能である．

前節で扱った 2 変量 VAR モデルのすべてが両辺に同時の項をもつ $y_t=A_0^*y_t+A_1^*y_{t-1}+A_2^*y_{t-2}+\cdots+e_t^*$ で表されるので，多少の不便が発生する．$y_t=(1-A_0^*)^{-1}A_1^*y_{t-1}+(1-A_0^*)^{-1}A_2^*y_{t-2}+\cdots+(1-A_0^*)^{-1}e_t^*$ に直すことによって，これを式 (22.4.3) の形に簡単に補整できる．同時の項をもつ形で表されたモデルの推定は，推定される残差の独立性を確保するうえで簡便な方法である．しかし，ここでもそうであるが，ほとんどの計量経済学の教科書は式 (22.4.3) の形を採用している．VAR から VMA (22.4.1) を計算する場合いくつかの方法が存在する．概念的にもっとも簡単な手法は，1 単位のショック後のシステム行動に関するシミュレーションを行うことである (Hamilton (1994))．

22.4.2 ランダムウォーク分解

これまでの簡単なモデルでは，恒久と一過性の価格変化間の区別は式 (22.2.2) によってなされてきた．s_t の特定は，したがって，モデルの構造形態によって暗示されるだけであった．本項では，より統計的立場から，時系列特性を用いて m_t と s_t を定義する．モデルは，以下の 2 つの統計的仮定を式 (22.2.2) に付け加えることにより正式に定義される．

① m_t は均一分散ランダムウォークに従う．すなわち，$\mathrm{E}w_t=0, \mathrm{E}w_t^2=\sigma_w^2$ であり，すべての $t\neq\tau$ に対して $\mathrm{E}w_tw_\tau=0$ が成立．

② s_t は共分散定常な確率過程．

価格形成誤差に自己相関がない，あるいはこの誤差と w_t に相関がないとは仮定しな

い．このことは強調されてよい．ランダムウォーク分解(22.2.2)と(22.4.2)で記述されたVARとの関係を樹立するため，われわれはこれから価格変化に対応するVMA表現の構成要素を扱っていく．この場合，価格変化は，

$$\Delta p_t = b(L)e_t \tag{22.4.4}$$

で表される．ただし，$b(L)$は行列$B(L)$の第1行目である．ここで，価格形成誤差は現在および過去のe_t，そして同様の η_t(他の変動発生源を許容する)の線形結合であると仮定する．ここで，η_tはe_tと無相関の残差スカラーである．この仮定は，

$$s_t = c(L)e_t + d(L)\eta_t \tag{22.4.5}$$

で与えられる．ランダムウォーク分解のモデルに従うと，価格変化は，

$$\Delta p_t = (1-L)m_t + (1-L)s_t = w_t + (1-L)s_t \tag{22.4.6}$$

と表される．

ベクトル過程y_tの自己共分散母関数は，

$$h_y(z) = \cdots \Gamma_{-2}z^{-2} + \Gamma_{-1}z^{-1} + \Gamma_0 + \Gamma_1 z^1 + \Gamma_2 z^2 + \cdots \tag{22.4.7}$$

で表される．ただし，zは複素スカラーである(Hamilton (1994, p. 266))．式(22.4.1)のようなVMAでは，この確率過程は$h_y(z) = B(z)\Omega B(z^{-1})$となる．式(22.4.3)および(22.4.6)は，Δp_tの自己共分散生成関数に関する2つの代替記述を導く．第1のそれは，

$$h_{\Delta p}(z) = b(z)\Omega b(z^{-1}) = \sigma_w^2 + (1-z)h_s(z)(1-z^{-1}) \tag{22.4.8}$$

で表される．ただし，$h_{\Delta p}(z)$と$h_s(z)$は，Δpとsの自己共分散母関数をそれぞれ表す．$z=1$とおくことによって，

$$\sigma_w^2 = b(1)\Omega b(1)' \tag{22.4.9}$$

を得る．ランダムウォーク分散についてのこの表現は，観測されるモデルのパラメータにだけ依存し，常に識別される．たとえば，(非対称情報であってもなくても)ビッド-アスク・モデルは，式(22.2.2)で与えられる1次の移動平均モデルとして表現可能である．この場合，$b(L) = 1 + \theta L$と$\Omega = \sigma_\varepsilon^2$が成立し，これにより$\sigma_w^2 = (1+\theta)^2\sigma_\varepsilon^2$が意味される．

$b(L)$が$b(L) = [b_{\Delta p}(L), b_x(L)]$と分割されるものとし，価格変化と取引の2変量を扱う場合に戻ろう．Ωの対角構造を所与とすれば，ランダムウォーク分散は，

$$\sigma_w^2 = [b_{\Delta p}(1)]^2\sigma_u^2 + [b_x(1)]^2\sigma_v^2 \tag{22.4.10}$$

と分解可能である．2つの分散項は，効率的価格の分散に対する非取引と取引関連の貢献にそれぞれ対応する．式(22.3.5)で紹介した非対称情報の含有程度に関する要約尺度R^2は，

$$R_{w,x}^2 = [b_{\Delta p}(1)]^2\sigma_u^2/\sigma_w^2 \tag{22.4.11}$$

と一般化される．

次に価格形成誤差について議論する．この誤差に関する結果のほとんどは，構造を追加してさらなる理解を図る必要がある．もし価格形成誤差が完全にe_tに起因していると仮定されるなら，式(22.4.5)に従って$d(L)\eta_t$を推定してよい．この手続きに

より，$b(L)e_t = w_t + (1-L)c(L)e_t$ が得られるが，これは $w_t = [b(L) - (1-L)c(L)]e_t$ を意味する．この解は $w_t = b(1)e_t$ であるから，明らかに上記のランダムウォーク分散と整合的である．$b(L) = b(1) + (1-L)c(L)$ を解くことによって，多項式 $c(L)$ の係数が $c_i = -\sum_{j=i+1}^{\infty} b_j$ であることがわかる．いったん，多項式 $c(L)$ の係数が得られたなら，それぞれの時点での s_t の値，価格形成誤差の無条件分散，そしてこの誤差の取引および非取引構成要素を算出することができる．イノベーションの共分散行列が対角であるなら，これらは，上記 σ_w^2 の分析と同じ手続きに従って取引関連と非取引関連の構成要素に分解可能である．制約 $d(L)\eta_t = 0$ は，マクロ分析への応用を最初に行った Beveridge and Nelson (1981) によって提案されたものである．

もし価格形成誤差がランダムウォーク増分と直交すると仮定されるなら，式 (22.4.5) における $c(L)e_t$ 項は消滅する．この場合，多項式 $d(L)$ の係数は，自己共分散関数を因数分解することによって発見されるはずである．s_t の自己共分散母関数は，1 に基準化された d_0 をもつ $h_s(z) = d(z)\sigma_\eta^2 d(z^{-1})$ である．これは式 (22.4.8) に代入され，また，$d(L)$ の係数は因数分解によってみつけられるであろう．この識別上の制約は，Watson (1986) による．

Watson は，また，マイクロストラクチャーへの応用において有益とされるフィルタリングの結果をいくつか確立している．われわれは，観測される確率過程が VMA (式 (22.4.1)) をもつと仮定し，式 (22.4.5) によって与えられる価格形成誤差をもつ観測できない構成要素のモデル (式 (22.2.2)) への対応をここで樹立したいと考える．Watson は，定常要素 (価格形成誤差) の最良の片側線形推定値 (過去から現在の可能観測値の線形関数) は，Beveridge-Nelson の識別制約を取り入れた推定でなされうることを示した (式 (22.4.5) における η_t は e_t と直交するので，最良片側線形推定式は後者のみを含む)．価格形成誤差に関する片側線形推定，$\hat{s}_t$ は，

$$\hat{s}_t = \mathrm{E}^*[s_t | e_t, e_{t-1}, \cdots] = c(L)e_t \tag{22.4.12}$$

で表される．ただし，$c(L)e_t$ は既に与えたものである．

Hasbrouck (1993) は，片側線形推定における誤差の分散が，$\mathrm{E}(s_t - \hat{s}_t)^2 = \mathrm{E}s_t^2 - \mathrm{E}\hat{s}_t^2 \geq 0$ であるととくに言及している．ここで等号が成立するのは，射影誤差と射影が無相関，すなわち，$\mathrm{E}(s_t - \hat{s}_t)\hat{s}_t = 0$ だからである．したがって $\mathrm{E}s_t^2 \geq \mathrm{E}\hat{s}_t^2$ が意味される．つまり，片側 (Beveridge-Nelson) 射影の分散が価格形成誤差分散の下限を確立する．Eckbo and Liu (1993) は，関連した結果を議論する．

価格形成誤差分散の下限をどれだけきつくできるかは，観測されない構成要素モデルの特質と使用するデータに依存する．22.3.2 項の非対称情報モデルでは，もしモデルが価格と取引の両方で推定されるなら，この下限はもっともきついものとなる (真の価格形成誤差分散に一致する)．しかし，もしモデルが価格だけに基づいて推定されるなら，実際の分散は算出される下限を上回る．Hasbrouck (1993) は，実行上の考察を行う．

22.4.3 モデルの次数

これまでに議論したVARあるいはVMAでは，ラグの長さが無限である可能性をもっている．多くの応用で，これらは途中で切断された特定化で近似される．このことは，特定化においてラグをどれだけ取るべきかという問題を提起する．

そこで，われわれは，モデルの次数に関する通常の統計的検定に依存してしまおうとする誘惑に駆られる(Lutkepohl (1993)の第4章を参照)．マクロ経済への応用において，こうした検定は，普通(そして簡便的に)，比較的小さな次数のモデルを結果としてもたらしてきた．しかし，このことは，典型的なマクロ経済データセットにおいてこれらの検定を用いると，緩やかな長期依存性を識別する検出力を小さくするかもしれない．対照的に，マイクロストラクチャーへの応用では，非常に大きな数の観測値が存在するため，多くの場合，コンピュータ・プログラムの能力をほとんど上回る数のモデルのパラメータを推定することになるであろう程のラグにおいて，緩やかな依存関係の統計的有意性が示唆される．

多くの実証および理論考察では，実際，極端に長いラグを支持するように作用する．たとえば，いくつかの研究は，5～10年の単位で株式リターンに依存関係が存在することを報告している．取引レベルでの株価変動の正しい特定は，原則的に長期のホライズンで観測される行動をも同様に説明可能にすべきである．したがって，たとえば，5～10個の直近取引に限定される推定は，特定化においてかなりの過誤を含んでいるといってよい．

しかし，もし年あるいはもっと長い周期での株式リターン行動に関心があるのであれば，短期取引の研究における特定化の失敗は経済的に(マイクロストラクチャー上)無意味であると同時に，また程度において無視しうるくらい小さいと議論することが可能である．株価にみられる長期での振動は，一般に，期待リターンの変化を反映するものであるとされる．この振動は，おそらく，短期の取引特性とはほとんど何の関係もない．実体経済における景気変動の周期的要因のために起こるものである．マイクロストラクチャー現象は，定義により，ほとんど短期ホライズンに限定される．不完全な取引レベルでのモデルでは，一過性および恒久効果への正確な構成要素分解はなされないであろう．しかし，それにもかかわらず，そのモデルからは，マイクロストラクチャーと非マイクロストラクチャー効果への分解において，満足いく結果がもたらされないかもしれない．

しかし，マイクロストラクチャーと明らかに関連したホライズン(たとえば5つの取引期間)とマクロ経済と関連したそれ(たとえば5年)の間には，マイクロストラクチャー現象は重要であるが，みつけ出すのが簡単でない時間あるいは日単位のホライズンが存在する．ディーラーの在庫がしばしば長期構成要素を示すことは，よくいわれてきた．さらに，トレーダーは，時に，多日に分散させて注文を出すというような戦略を採用する．このような効果は，短期取引研究においては見出されないであろう．以下で議論するように，このことは，変数セットが非公的なデータを含んでいるときとくに顕著になる．

22.4.4 変数セットの拡張

22.2節および22.3節で考察したモデルは価格と取引，あるいは在庫のみを扱うので，議論は2変量VARに限定されていた．しかし，容易に想像されるように，追加変数を含む仮説が存在しうる．たとえば，Huang and Stoll (1994) は株式リターンの特定化に先物市場の変数を取り入れ，Hasbrouck (1996) は注文流入を，そしてLaux and Furbush (1994) はプログラム取引の変数をそこに加えている．これらの研究は，普通，取引過程と関連した特定のデータに含まれる情報内容に関する諸仮説を検定しようとするものである．これらのモデルの詳細は議論の対象に加えないが，ここでモデリングの哲学に関するいくつかの課題を取り上げておくことは適切である．

株価の特定化において変数を追加するとき，おそらくもっとも重要な問題は，それが公的知識であるかどうか，あるいはそれがどのような意味において公的知識であるかということである．取引過程の複雑さを所与とするなら，通常の状況はデータが一部のエージェントにだけ共有されているという曖昧なものである (22.2.1項参照)．取引レベルでのマイクロストラクチャーVARは，典型的に，比較的短いホライズンにおける変数のもつ説明力あるいは予測力を反映する．しかし，もしその変数がそのホライズンの期間内に公的情報セットに入ってないなら，その変数がもつ情報内容は正しく計測されないであろう．

たとえば，取引情報内容は短期の分析でより適正に査定される．ほとんどの市場において，取引は迅速に報告されるからである．しかし，ここで計量経済学者は，企業のインサイダーが収益発表の事前知識を基に非合法に行ったと (事実の何カ月か後で) わかる一連の取引を把握しているとしよう．もし，インサイダーが公式発表の1週間前に取引を行うなら，インサイダーの買いと1週間後に起こる価格上昇の間の関係は短期マイクロストラクチャーVARでは看破されないであろう．このVARは買い一般に関する情報内容を拾い上げるであろうが，しかし，「インサイダー」による買いのもつ追加的情報の内容を拾い上げることはできないであろう．

他の変数の追加は，別の点でも情報効果の帰属を不明瞭にする．簡単なモデルは，誤差項に対して逐次的な構造を課すのに通常は十分な明示的なタイミングの仮定とともに構築された．たとえば，非対称情報モデルでは，公的情報を反映して，それぞれの時間インターバルで修正され，取引が発生し，そして，期待が更新されていく．この逐次的な経済構造こそが，取引のイノベーションが公的情報と無相関であるという統計的性質をもたらし，その結果，取引情報効果と非取引情報効果が明確に区別されるのである．しかし，とくにデータが広く異なったソースから収集されるときしばしば起こる問題であるが，データに記された時間が，この逐次的な仮定を確実なものにしていくうえで十分に明確なものではない．計量経済学者がある特定の選択を押し付けると，仮定されている逐次関係の初めに出てくる変数の情報内容が誇張されてしまうかもしれない．

このような状況においては，モデルの振舞いは，他の異なった逐次関係の仮定をいくつか試すことによって点検されるべきである．たとえば，イノベーションの共分散行列のチョレスキー分解を用い式(22.4.10)のような表現で分散の構成要素分解を行うなら，その境界を確立することはしばしば可能である．Hamilton (1994) は，関連する一般原則を議論する．また，Hasbrouck (1995) は，それらのマイクロストラクチャーへの応用を提供する．

22.5　時　　間

ここまでの各節では，マイクロストラクチャー・モデルは，暗黙的に，マクロ計量経済学者が「暦時間」あるいはマイクロストラクチャー研究者が「柱時計時間」とよく呼ぶ実時間の枠組の中で議論されてきた．単純化のため，われわれは，暗黙の了解のもとで実際の時間における等間隔の時点の指標として下付添え字 t を用いてきた．つまり，統計的推測を支持するのに必要な定常性の仮定は，この時間指標に関して適用されると仮定した．

しかし，実際の市場では，時間に対する考え方ははるかに複雑である．通常，市場は連続的に運営されてない．原則的には1日24時間開かれている数少ない市場でも，活動にかなりの時間的集中がみられる．さらに，取引は通常，市場取引期間を通して確率的に発生する．本節は，より現実的な時間概念を統計モデルに組み込んでいく方法について議論する．

22.5.1　決定論的時間

市場における時間特性のいくつかは，マクロ時系列においてよくみられる規則性あるいは予測可能な季節性のように，決定論的 (deterministic) である．マイクロストラクチャー・データから関連したものを2つ例示するなら，市場の閉会間際と日中でのパターンが挙げられる．

ほとんどの市場において，取引は組織された取引期間を通して連続的に発生する．2つの取引期間の間に位置するのが非取引期間で，昼休み，夜間，週末あるいは祝日がその典型例である．もしわれわれの関心が取引期間中の取引行動にだけあるなら，われわれは標本から非取引期間の観測をすべて落としてもかまわない．すなわち，夜間非取引期間リターンを無視してしまうであろう．もし分析の中心テーマが取引および非取引期間を通して進展する市場の包括的モデルであるなら，計量経済研究者は，まず市場推移が時間均一かどうか，つまり価格（証券価値）が取引と非取引期間で同様な行動を取るとするかどうかの立場を決めなければならない．もし均一性が仮定されるなら，われわれは，標本の観測タイミングが，市場組織の行動とはまったく関係のない，標本抽出過程での人為的判断に依拠するという立場を取っていることになる．取引が中心的役割を果たすモデル（たとえば非対称情報を伴うモデル）にとって，時間均一性は明らかに魅力的な仮定ではない．しかし，あまり緻密でない仮説を検定する場合，そのような憶測は有力な実行可能な近似の1つにとどまる．このことは，時間均一性が，いかに実証的に吟味されるかを考える動機となるであろう．

マイクロストラクチャー・データにおける時間の役割に関するわれわれの知識のほとんどは，価格変動の（平均というよりも）分散の分析から得られたものである．この2次モーメントへの依存は，取引対非取引時間だけではなく取引期間中の価格推移に関する研究をも特徴付ける．ここでなぜ分散に主として依存するかは，22.2.1項で既に述べたとおりである．つまり，もし価格がランダムウォークに従うなら，より頻度の高い標本抽出によって，分散推定の精度は上がっても，平均のそれは上がらないからである．

少なくとも，アメリカの株式市場では，単位時間当たりのリターン分散が取引および非取引期間を通して一定とする仮説は容易に棄却される（Fama (1965)，Granger and Morgenstern (1970)，Oldfield and Rogalsky (1980)，そして Christie (1981) 参照）．日次でのクロージング価格を用いて算出されたリターンの分析から，French and Roll (1986) は，単位時間当たりの分散は，市場が閉鎖中より開催中の方で高くなることを，実際の推定に基づき報告している．これは，公的情報（たとえばニュース発表）生産活動がより一般的には日中の営業時間を通して行われるからである．しかし，このことはまた，取引の役割自体が価格発見過程にあるからと，いうこともできる．

取引あるいは非取引間での時間均一性は一般には棄却されることを考えると，そのことによって，取引期間中においても，日中での分析を支持するのに十分な程度で時間均一性が成立しているともはや仮定できそうもない．時間均一性と矛盾する証拠が多く見出されている．一般的ルールとして，マイクロストラクチャー・データは，取引期間の初めと終わりに非常に特徴的な動きを示す．もっとも注目されるのは，単位時間当たりのリターン分散がU字形に推移することである．つまり取引期間の両端で，分散が上昇する．日中での特徴的パターンは，また，取引規模，取引高，あるいはビッド-アスク・スプレッドのような取引活動の尺度にも現れる（Jain and Joh (1988)，McInish and Wood (1990, 1992)，そして Wood, McInish and Ord (1985) 参照）．

22.5.2 確率的時間効果

取引過程は連続時間で進展していくが，それは離散型の事象（たとえば，取引あるいは呼値の更新）によって記録される．これらの事象における発生時間の決定は，少なくとも，部分的に確率的である．それでは，純粋に統計的見地では，取引過程はいかに理想的にモデル化されるべきなのであろうか．さらに，発生時間はいかなる経済的意味をもつのであろうか．

2つの事象が起こる間隔を確率的に扱うことができる連続時間モデルの特定化は，むずかしい．しかし，不規則に区分された時系列の分析に関しては学問的には既に確立されている (Parzen (984)，Jones (1985)，そしてこれらが引用する文献参照)．これらのモデルは，不規則性は観測過程自体の特性であると通常は仮定する．すなわち，基礎をなす確率過程は現実の時間において同質的に動くのに対して，不規則な観測時間は固定されているか，少なくともこの過程の進化に対しては外生的であると仮定する．しかし，これらの仮定には，両方ともマイクロストラクチャーへの応用としては，問題がある．前者は日中ボラティリティ・パターンの存在より，後者はまだここまでに議論されてない理由において問題がある．それにもかかわらず，この種のアプローチは，簡単なモデルにおける離散および連続時間の統合的側面を捉えるうえで，一定の魅力をもつ．さらに，将来的には，これらのモデルを特定，そして推定するための技法は，より複雑な現実の状況に対応できるよう，一般化されていく可能性がある．

Garbade and Leiber (1976) は，単位時間当たりの黙示的ランダムウォーク分散については一定，取引インターバルを通してのランダムウォーク分散については取引にまたがる時間によって増減する (簡単なビッド-アスク・モデルの1変形) モデルを提案している．また，そこでは，取引間の時間は，同一・独立分布する指数確率変数 (すなわちポアソン取引到着確率過程) であると仮定する必要がある．彼らは，10営業日を通して行った，IBM と Potlatch の取引データを用いた研究で，このモデルのパフォーマンスを肯定的に報告している．しかし，実際には，仮定されたポアソン取引到着確率過程が示唆するものと比べ，データからはより程度の高い (10分少々のインターバルにおいて) 取引集中が発見されている．最近行われたより本格的な株式取引データの研究において，Engle and Russel (1994) も同様な集中現象を発見し，このことより自己回帰継続モデル (Autoregressive Duration Model) の適用を提案している．

Garbade-Lieber モデルは，在庫制御や情報非対称モデルより先に提案されたものであるが，これらの効果を容易に組み込むことができる．ここでの関係でいうと，このモデルの主たるアプローチ上の限界は，仮定された取引観測 (「取引生成」) 過程の独立性にある．同モデルは，たとえば取引発生確率と価値イノベーションの規模は独立であることを意味する．これは，たとえば，波乱のない8月のある午後にいる場合と比べ主要記者会見直後1分の間にいる場合が，取引発生の確率が同程度であることを意味する．このような独立性は非現実的である．

複数証券存在のもとでは，取引発生問題に対する代替アプローチが存在する．(ランダムウォークでは) 分散推定の精度が観測インターバルの細分化によって向上するという原則は，ここでも，標準ポートフォリオ選択問題において中心的役割を果たす共分散やベータの推定に適用される．加えて，ある種の応用，とくにリターン自己相関の推定においては，計測誤差を少なくするためポートフォリオのグループ化手法がよく適用される．しかし，それでも，日次終値の使用が一般的になるにつれ，取引と報告の実際がベータ推定に見過ごすことのできないほどの誤差やポートフォリオ・リターンに自己相関を生む，ということが認識されるようになってきた．

Campbell, Lo and MacKinlay (1993) によるこれらのアプローチの発展に関するオーバービューにみられるように，歴史的にみて，非同時取引および最終取引報告を含む応用は昔から研究の中心であった．Fisher (1966) は，株式指数の構築とその解釈のもつ意味について議論している．ベータと共分散に焦点を当てた分析は，Scholes and Williams (1977), Dimson (1979), Cohen, Hawawini, Maier, Schwartz and Whitcomb (1983 a, b) および Shanken (1987) にみられる．ポートフォリオのリターン相関への効果を強調する研究には，Atchison, Butler and Simonds (1987), Boudoukh, Richardson and Whitelaw (1994), Cohen, Maier, Schwartz and Whitcomb (1986), Conrad and Kaul (1989), Conrad, Kaul and Nimalendran (1991), Lo and MacKinlay (1988 a, b, 1990 a, b), McInish and Wood, そして Mech (1993) にみられる．

トレーダーはある特定の時期の市場を，「動きが鈍い」とか「動きが早い」とかいうように特徴付ける．このことは，価格変動のスピードだけに当てはまることではない．価格は確かに素早い市場環境では迅速に動く傾向があるが，そのときは注文到着と取引の発生頻度も同時に高い．それは，まるで「1時間の取引価値が5分間袋にパックされる」ようなものである．モデル化の観点からすると，これは決して大袈裟なことではない．それは，現実の時間と，過程が一定の割合で進化する時間尺度である営業時間とを区別する必要性を喚起させるに十分である．Stock (1988) は，これを時間変形 (time deformation) と記述している．

主題としての時間変形 (常にこの用法が使われてきたわけではない) は，数多くのマイクロストラクチャー実証研究を通して発展してきた．取引と価格の間の非対称情報関係が定形化されたのは最近のことであるが，価格の分散が取引活動に関係しているとする考えはもっと古くから存在している．Clark (1973) は，株価は，取引が時計代りに用いられる従属確率過程に従うということを提案している．他のいくつの研究では，一定の実時間インターバル (たとえば1日とか1時間) において，株価の分散が取引数および/あるいは取引高と正の相関をもつことが発見されている (Harris (1987), Tauchen and Pitts (1997) を参照). McInish and Wood (1991) および Jones, Kaul and Lipson (1994) は，リターン分散と取引頻度の関係の方が，リターン分散と取引高のそれよりも強いと報告する．

経済的見地から，市場データにみられる時間変形は，市場の「情報強度」ともいえる情報の発生源 (公的・私的シグナル) の進化率の変化から起こると仮定される．しかし，記者発表のように非常に具体的に定義される事象を除き，情報の発生源はほとんど観測されることがないので，実証にこれを応用することは困難である．また，ほとんどの理論モデルにおいては，情報の発生源は外生変数である．このことは，その結果である時間変形も外生であることを意味する．

しかし，他に，時間効果が内生であることを強く示唆する経済的考察が存在する．たとえば，マーケット・メーカーは単にビッド-アスク・スプレッド幅を広げることで，流入する注文の到着頻度を少なくすることができる．これは，とくに重要な情報の発表に反応して，よく行われることである．この例からもわかるように，情報強度の代わりに取引頻度を用いる計量経済学者は，大きく間違った統計的推測を行うかもしれないのである，Easley and O'Hara (1992)，Easley, Kiefer and O'Hara (1993，1994) そして Easley, O'Hara and Paperman (1995) は，これらの効果を議論したえうえで，検証手法を提案している．同様な取引頻度効果をもたらす戦略的な呼値設定行動に関する議論は，Leach and Madhavan (1992，1993) にみられる．

22.5.3　推　　奨

現実的な時間効果をモデルに入れるには，かなりの研ぎ澄まされた研究努力が要求され，困難な仕事といえる．しかし，もし時間自体が分析の焦点でないなら，計量経済学者は，適用する手法を直面する問題とデータにもっとも合ったものにする必要がある．市場データに内在する日中パターンやパターン間の相互関連に関する広範な仮説を扱う場合には，一定の時間インターバル(たとえば1時間)に集計されたデータを用いることで十分であると思われる．集計化により不明瞭になる可能性のある因果関係(たとえば取引の価格への影響)を検討するような場合には，計量経済学者は，純粋に事象時間に沿ったデータをモデル化すべきである．そこでは，時間に関する下付添え字 t が取引や呼値更新などを示すことになる．これは，日中パターン効果を和らげたり，あるいは，定形化された時間変形(事象が過程の「時計」になっていると仮定)からくる直感をいくぶんか取り入れているため，一般には，実時間でのモデル化より好ましいといえる．

22.6　離　散　性

ここまでのモデルでは，価格と数量が連続確率変数であるとして議論を進めてきたが，これらは両方とも実際には離散的である．もちろん，四捨五入と切り捨て誤差のもとで収集され報告されるという意味において，ほとんどの経済データからの変数は離散型である．しかし，第1に離散性が単に観測過程の人為的手段だけからくるのではなく，第2にそれが経済的に意味をもつということから，市場データは特殊である．たとえば，NYSE では，標準取引サイズである1「ラウンド・ロット」は 100 株からなる．この倍数でない場合，取引は執行されにくくなると同時に，それに比例して取引コストが上昇する．同様に，1株当たりの株価が5ドル以上の株式は，1/8 ドル(12.5 セント)の刻み(ティック)で取引される．参考まで述べておくが，機関投資家の場合，1株当たりの取引手数料はだいたい5セントである．

価格や数量を滑らかにする市場の調整能力欠如は，先の諸節で議論してきた簡単なモデルの背後にある概念的直感をだいなしにしてしまう．離散性は，エージェントが直面する意思決定を，比較的取り扱いやすい連続最適化問題から複雑な整数計画問題に，実質的に置き換える働きをする．たとえば，22.3.2項の簡単な非対称情報モデルでは，呼値を1ティックだけ上昇させたいディーラーは，次の買い注文が発生するまで呼値の変更を控えるであろう．離散性が動的効果を誘引することは，ほとんど避けがたいであろう．このような取引の離散的側面を組み込むモデルに，Bernhardt and Hughson (1990, 1992), Harris (1991, 1994), Chordia and Subrahmanyam (1992), そしてGlosten (1994)がある．

22.6.1　離散型統計モデル

離散性のもつ経済諸側面はそれ自体が重要な研究課題であるが，実証研究における離散性の扱いは伝統的に「迷惑効果」の類にすぎなかった．離散性は，しばしば，他の仮説を検討するときに，何らかの方法で方向付けか制御がなされなければならない，市場データに内在する1つの特性であるとみなされる．離散性に関するほとんどの先駆的研究は，オプション評価において，リターン分散を推定する必要に迫られて起ったものである．統計的見地からいうと，四捨五入(あるいは切り捨て，切り上げ)の誤差として，離散性をモデル化するともっとも便利である(Ball (1990), Cho and Frees (1988), Gottieb and Kalay (1985)およびHarris (1990)参照)．

一見すると，離散性は，線形特定を用いた限定的従属変数モデルの推定に関して計量経済学の教科書に通常記述されている理由で，22.3節の簡単なモデルや22.4節の一般化VARモデルでは，取り扱うのが困難な問題を引き起こすようである．最小2乗推定の一致性は残差の説明変数に対する独立性を要求しないが，その無相関性を要求する．多くの状況では，相関の欠如は，変数が連続であるという仮定に依存しないウォルドの定理に訴えることによって動機付けられうる．もし同時共分散定常仮定がモデルを特化する時間尺度(通常は壁時計か取引時間のいずれか)において妥当であるなら，離散性が，一般的なVARマイクロストラクチャー・モデルの推定および関連するインパルス反応関数や分散分解において問題を引き起こす特別な理由は何も存在しない．多くの問題に対しては，このアプローチで十分である．

しかし，このようにして得られる市場の特徴付けでは不十分である．意味されるインパルス反応関数は，たとえば，市場での期待推移を，離散型データの標本パスとは大きく異なった外見をもつ連続パスとして表してしまう．さらに，この見方は，離散性を示すパラメーター(たとえばティック・サイズ)を対象とする仮説の検討には向かないといえる．

Hausman, Lo and MacKinlay (1992)は，価格変動の順序プロビット・モデル(ordered probit model)を提示している．これは単一方程式モデルであるが，そこでは，取引と他の説明変数(とくに，取引間の時間を含む)が潜在的な連続価格変数を生み，そして，順序付けられた分岐点(これも推定される)を用いて次に離散価格セット上に写像される．説明変数の特定の値を条件とし，この種のモデルからの予測は，事前に特定された離散価格の確率として与えられる．

22.6.2 集　中

市場価格は，経済的に正当化するのがむずかしい整数と類似している．ほとんどの経済および統計モデルでは，離散性は，戦略あるいはその結果が表されなければならない格子として特定される．しかし，特別な性質が格子上の特定の点に付与されているわけではない．たとえば，1/8 ティックを基準にした離散型ランダムウォークでは，価格変化が +1/8 と −1/8 となる確率は同じである．もし現在の価格が 50 ⅛ であるなら，次の価格として 50 と 50 ¼ は同じ確率で起こらなければならない．しかし，Harris (1991) が指摘するように，「価格はより整った端数に集中して発生する．1/2 はその半分の 1/4 よりも発生しやすい．同様に，1/4 はその半分の 1/8 よりも発生しやすい．その他の端数は，ほとんど観測されないであろう．この現象はどの銘柄でも驚くほど頑健に現れる」．同様な効果は，NYSE における指値注文価格 (Neiderhoffer (1965, 1966))，NYSE における呼値 (Harris (1994))，そしてアメリカ National Market System における呼値 (Christie and Shultz) (1994 a, b)) においても報告されている．クラスタリングは，黙示的格子の存在を示唆する．この格子は，市場規則によって決まってくるものよりも粗いといえる．なぜこれらの取引慣行が発生，持続していくのか，その経済論理はまだよく理解されてない．

22.7 非 線 形 性

22.2～3 節に登場したモデルでは，現在の変数は過去の変数と残差の線形関数として表された．われわれは線形が適切である理論モデルを構築することはできるが，その要求は残念ながら実際の市場への対応としたら，制約的でありすぎる．本節では，非線形一般化への動機と接近法について議論する．

われわれがここまで試してきたすべてのマイクロストラクチャー・モデリングの諸側面の中で，正確な機能特定がもっとも重要とされる関係は，取引と価格変化を結び付けるそれである．この関係においては，取引から演繹される私的情報内容への写像と，また，取引から取引コストへの写像が暗黙的に与えられる．これらの写像が，個々のエージェントの発注戦略，すなわち，どれだけ取引するか，あるいは総量をどう分割注文にするか，の決定要因である．社会的見地からいうと，これらの写像が市場操作の可能性を許したり，あるいはそれを排斥することになる．

取引/価格間影響写像において非線形性を許容するほとんどの構造モデルは，仮定により取引が外生的で，市場動態の諸側面が明示的にモデル化されていない単一方程式によって価格変動を特定するものである．この典型モデルの1つに，Glosten and Harris (1988) がある．彼らが行った特定は，コストおよび情報関数に明示的に切片を加えるモデルであり，22.3.2 項で議論した非対称情報モデルの一般化とみなされうる．このモデルと類似したものは，George, Kaul and Nimalendran (1991), Neuberger and Roell (1991), Huang and Stoll (1994) そして Madhavan, Richardson and Roomans (1994) にみられる．

切片および他の非線形性は，22.4 節の一般的 VAR モデルにアドホックに組み込まれうる．もし価格変動と符号付取引が同時に定常であるなら，それらをいかに変換しても依然同時定常である．このことは，非線形変換を含むよう状態ベクトルを拡張することによって，動的 VAR モデルが一般化されうることを暗示する．Hasbrouck (1991 a, b, 1993) は，多項式を用いてこれを行っている．実変数の連続関数は一般に十分に高次の項を取ることによって近似されうるが，しかし，この近似が非常に倹約的である —— それは実際の応用で重要なことであるが —— という保証はなにもない．

このことは，ノンパラメトリック分析がもたらすような，より柔軟な取引-価格関係を特性化することへの考慮につながる．Algert (1992) は，局所的加重回帰を NYSE の価格と取引データに応用し，価格変動が取引の低次のべき乗にもっともよく当てはまると結論付けている．このことは，平方根変換の方が 2 次変換よりも好ましいことを示唆する．マイクロストラクチャー関係の特性化にノンパラメトリックおよびセミノンパラメトリック手法をさらに適用することは新たな解明につながるであろう．

主としてアメリカ株式市場における大規模(ブロック)取引の価格への影響に焦点を当てる，いくつかの関連した研究が存在する (Holthausen, Leftwich and Mayers (1987), Barclay and Warner (1933))．こうした大規模取引は，その規模だけでなく，取引メカニズムの視点においても興味深い．この点は次節で議論する．

22.8 複数の取引メカニズムと市場

本論文での基本的市場パラダイムは，忍耐力のある消極的トレーダー (ディーラーを含む) が株式市場のように取引が集中する場に，ビッドやオファー (アスク) 注文を持ち込むところにある．忍耐力のない積極的トレーダーがその場に到着し，これらの呼値に到達するとき，取引が発生すると考えられている．これがもっとも一般的なメカニズムであるが，実際の市場は，かなり多様な外観を呈している．連続時間でほとんどの場が立つ株式市場は，たとえば，取引セッションを開いたり，あるいは，大量の注文不均衡の処理を行うとき，一括のバッチ手続きに従う．大量取引を行うには特別なメカニズムが必要となる．究極的には，程度において異なった統合を行いながら，1つの証券に対して複数の市場が並行して運営されるということになる．このような状況での重要な経済課題は，代替的市場構造の利点と，市場間競争の本質と関連する（たとえば，Chowdhry and Nanda (1991) 参照）．実証上の挑戦は，当該の経済仮説の展開に耐えうるだけの構造を維持しながら，多様な取引メカニズムに対して十分一般性のあるモデルを特定できるかどうかにある．本節では，一定の共通状況を想定し，議論を進める．

22.8.1 コール・オークション

コール・オークションは，理想化された競争的市場において価格決定が説明されるときよく持ち出される．これは，ワルラシアン (Walrasian)・オークションをまねたものである．一定の注文受け付けの期間に，トレーダーは，特定の価格でどれだけ自分たちが買ったり売ったりしたいかを記した需要および供給計画を提出する．決済時間になると，総供給と総需要曲線の交点で与えられる価格で，注文の付け合わせが行われる．概念的には簡単であるが，実務面において些細とはいえない問題が存在する．それは，決済の前にどれだけ情報を開陳するかということから，注文の受付および取引サービス料の価格をどう設定するかということまで多岐にわたる．

コールおよび連続取引市場の経済分析には，多くの今日的問題が存在する．これは，多分，現在の通信技術のもとで初めて，地理的に分散した多くの参加者を同時に巻き込んだオークションが可能になることを，人びとが認識した結果であろう．コール・オークションを唱える者は，総需要・供給計画が個々の人びとの需要と彼らの市場への到着に存在する個別の変動性の影響を（大数の法則により）低減させるため，価格形成誤差が最小化されると議論するであろう (Mendelson (1982)，Schwartz and Economides (1995)，そして Schwartz (1996) 参照)．連続取引市場の推進者は，ヘッジや動的ポートフォリオ戦略においてとくに重要である，迅速な取引執行の可能性に大きな価値をおくであろう．

NYSE では，コールが連続取引を開始するに際して採用されている．また，取引の停止があった場合，それを再開する場合にもコールが用いられる．同時に，コール（「板寄せ」と呼ばれる）は，東京証券取引所においても，連続取引を開始する際用いられる (Lehmann and Modest (1994) および Hamao and Hasbrouck (1995) 参照)．フランクフルト証券取引所では，正午にコールが開かれ，ほとんどのドイツ株の小売り注文取引がこのとき行われる．

研究の主たる目的が（大部分の取引活動およびほとんどの価格変動分散が起こる）連続取引のメカニズム解明にあるのなら，われわれは，通常，始値（およびオーバーナイトでの価格変化）を分析から取り除いてしまう．しかし，2 つのメカニズムの連結的な動きを特定する仮説には，他の異なった手法が必要となる．

十分に特定化されたメカニズムがそれぞれにある場合，2 つのメカニズムが連結してモデル化されることは，実証研究ではまれである．その代わり，連結的なモデル化の利点は，通常，コール開始での価格と連続取引時間でのいくつかの価格を比較する

ことによって確かめられる．奇数時間 $t=1, 3, \cdots$ が市場の開始，そして偶数時間 $t=2, 4, \cdots$ が市場の閉会の価格（あるいは連続取引期間における他の時間での価格）に対応するように，時間指標 $t=1, 2, 3, 4, \cdots$ が準備されたとしよう．22.2.2 項で扱った基本ランダムウォーク分解モデルを適用すると，2 期間価格変動は $\Delta p_t^{|2|}=(w_t+w_{t-1})+s_t-s_{t-2}$ と記述される．w_t と s_t は，たがいに無相関で，そのおのおのは自己相関をもたないと仮定すれば，2 期間価格変動の分散は，

$$\mathrm{Var}(\Delta p_t^{|2|})=\mathrm{Var}(w_t)+\mathrm{Var}(w_{t-1})+\mathrm{Var}(s_t)+\mathrm{Var}(s_{t-2}) \tag{22.8.1}$$

と表される．

われわれは，ここで，この分散が t が奇数（始値から始値の価格変動）であるかあるいは偶数（終値から終値の価格変動）であるかにいかに依存するかを考える．2 つのランダムウォーク項が存在しているが，t と $t-1$ の 2 つのうちどちらか一方は偶数であり，その残りは奇数である．したがって，$\mathrm{Var}(w_t)+\mathrm{Var}(w_{t-1})$ は t が奇数（偶数）であるかどうかには依存しない．それは，効率的価格の 24 時間での分散である．他方，価格形成誤差の時間添え字は，両方奇数であるか両方偶数のどちらかである．したがって，

$$\begin{aligned}\mathrm{Var}(\Delta p_t^{\mathrm{open}})&=\mathrm{Var}(w_t)+\mathrm{Var}(w_{t-1})+2\mathrm{Var}(s_t^{\mathrm{open}})\\ \mathrm{Var}(\Delta p_t^{\mathrm{close}})&=\mathrm{Var}(w_t)+\mathrm{Var}(w_{t-1})+2\mathrm{Var}(s_t^{\mathrm{close}})\end{aligned} \tag{22.8.2}$$

が得られる．

これら 2 つの分散の格差は，したがって，オープニングとクロージングにおける価格形成誤差の分散格差の 2 倍ということになる．もしオープニング価格誤差の分散がクロージングのそれより大きいなら，この格差は正になる．オープニング価格誤差分散のクロージング価格誤差分散に対する比率は，この場合，1 より大きくなる．

Amihud and Mendelson (1987) および Stoll and Whalley (1990) は，NYSE 上場株式の分散比が実際に 1 より大きい（すなわち，オープニング・コールにおける価格形成誤差分散の方がより大きい）ことを発見している．しかし，この発見はメカニズムに関する論争に決着をつけるものではない．NYSE のオープニングにおける分散の上昇は，同取引所のコールの特殊性（すなわち，トレーダーの「再契約」選択能力，スペシャリストに与えられた注文最終移動特典等）のせいで起こるとする議論がずっとあるからである．同様に，夜間市場閉鎖期間が，コール・メカニズム自体とは関係しない，一過的な市場開始効果と関係しているという議論もあるからである．東京証券取引所における 1 日の取引は前場と後場に分けられ，それぞれの取引セッションはコールで開けられる．Amihud and Mendelson (1991) は，前場オープニング（コール）の分散は上昇（アメリカの結果と整合的）するが，後場のコールでは分散が上昇しないと報告する．これと関連した研究としては，Amihud, Mendelson and Murgia (1990；イタリア)，Gerety and Mulherin (1994；アメリカ長期)，そして Masulis and Ng (1991；ロンドン) が上げられる．Smith (1994) および Ronen (1994) は，これらの応用において，推定された分散比に関する統計上の一般的性質を議論する．Lee,

Ready and Seguin (1994) は，取引停止の後で行われるコールについて議論する．

価格系列がどの程度ランダムウォークから乖離しているのかを示す要約的尺度として，より一般的な形での別のタイプの分散比が存在する．この分散比は，マイクロストラクチャー研究の中で生まれたものである．増分の分散が，増分が計算される期間の長さの線形関数であることは，均一分散ランダムウォークのもつ1つの特性である．すなわち，簡単なランダムウォーク・モデル (22.2.1 項) では，1 期間価格変動の分散は $\mathrm{Var}(\Delta p_t)=\mathrm{Var}(p_t-p_{1-1})=\sigma_w^2$，2 期間価格変動の分散は $\mathrm{Var}(\Delta p_t^{|2|}=\mathrm{Var}(p_t-p_{t-2})=2\sigma_w^2$，そして，3 期間以上の価格変動の分散も同様に表される．期間の長さで基準化された尺度での分散比 $(\mathrm{Var}[\Delta p_t^{|2|}]/2)/\mathrm{Var}(\Delta p_t)$ は，1.0 である．より一般的には，n 期間価格変化から計算される (1 期間価格変動化に対する) 分散比は，

$$V_n=\frac{\mathrm{Var}(\Delta p_t^{|n|})}{n\,\mathrm{Var}(\Delta p_t)} \tag{22.8.3}$$

で表される．ランダムウォークのもとでは，すべての n に対して $V_n=1$ である．この分散比が 1 より乖離する程度は，その過程がどれだけランダムウォークと駆け離れているかを測る尺度として用いられる．

$\mathrm{Var}(\Delta p_t^{|n|})$ を価格変動自己共分散の形でまず展開し，これを $\mathrm{Var}(\Delta p_t)$ で除すことにより $V_n=1+2\sum_{i=1}^{n-1}\rho_i$ を得る．ただし，ρ_i はラグ i の価格変化自己相関を表す．この場合の V_n は，分散比の有益な代替型の1つである．このような形で記述すると，22.2.3 項の簡単なビッド-アスク・スプレッド・モデルにおいて 0 でない自己相関は $\rho_1<0$ だけであるから，1 より小さい分散比が導かれることは明白であろう．他方，正の自己相関 (多分調整の遅れに起因) は，1 より大きい分散比をもたらす可能性がある．正と負の自己相関が混合しているパターンは，価格変動過程がはっきりとランダムウォークとは異なる場合でも，分散比 1 をもたらしうる．

株式リターン・データに対し分散比の概念を初めて適用したのは，9 日対 1 日の株式リターン分散比にニューヨーク証券取引所のスペシャリスト (指定ディーラー) のパフォーマンス尺度として解釈を与えた Barnea (1974) である．Hasbrouck and Schwartz (1988) は，ニューヨークおよびアメリカン証券取引所そして National Market System (「店頭」) 市場で取引される株式の取引データを用いて分散比を推定している．Kaul and Nimalendran (1994) は，ビッド-アスクと過剰反応効果を解決するのに分散比を使用している．Lo and MacKinlay (1988) は，週次株式リターン・データでランダムウォーク仮説を検証する目的でこの比率を適用している．彼らは，帰無 (ランダムウォーク) 仮説のもとで分散比および関連する推定値の漸近的結果を報告している．彼らの論文は，また，統計および経済分野における分散比の適用に関する引用文献の面でも参考になる．

22.8.2 大規模取引メカニズム

取引コストはその規模と関係している．トレーダーが通常規模をはるかに超えた大

規模取引を行うとき，このコストは，きっと，注文を小口化し時間をかけて市場で消化させていくことによって，低減されるであろう．大規模取引の即刻完遂を希望するトレーダーにとっては，しかし，これとは異なった代替的取引手続きが存在しなければならず，実際そうした手続きがしばしば提供される．たとえば，NYSEでは，大規模(ブロック)取引は，典型的に「階上」(upstairs)市場で交渉され，その後正式に取引所で(「クロス」)取引されたものとして取引テープに報告される．この場合の経済的諸課題については，Burdett and O'Hara (1987)，Grossman (1992)，そしてSeppi (1990, 1992) によって考察されている．

前節で既に，ブロック取引が価格に及ぼす影響に関する文献を示した．異なったオープニング・メカニズムの場合同様，通常(「階下」(downstairs))市場と階上市場の違いを十分認識したうえで連結的な特定も行っている分析はどこにも存在してない．実際，どの取引が階上市場で交渉されたものなのかを，公的呼値表示および取引記録から判断することはほとんど不可能である．それゆえに，実証研究のほとんどは，交渉過程の詳細は無視し，ブロック取引を単なる「大規模」取引としてしか扱わないのである．

22.8.3　並行市場

オープニングでのコール・オークションやブロック取引を，(少なくともアメリカ市場では)単一市場での普通取引を補助する代替的メカニズムであるとみなすと便利である．証券に対する代替的取引メカニズムが顧客層，場所あるいは手続きにおいて大きく異なるとき，これらの代替を明確に異なった市場とみなすことは，より自然である．

たとえば，NYSEに上場されている株式は，同時に，アメリカの地方取引所でも取引されている．取引所間に電子情報リンクはあるが，取引および呼値表示にはそれらの間でかなりの差違が存在する．また，たとえば，パリ証券取引所はフランス株取引のかなりの部分を引き受けるが，その大規模取引はしばしばロンドン証券取引所にもっていかれる．取引を行おうとするトレーダーは両方の市場における価格を調べるはずであるが，これら2市場を正式な意味で統合するものは何も存在しない(de Jong, Nijman and Roell (1933))．Grunbichler, Longstaff and Schwartz (1992)は，ドイツ株のもつ複数市場性について議論している．取引活動における最近の分散化傾向は，とくに「断片化」(fragmentation)と名付けられている．

単一証券に関する複数市場価格データがより多く提供されるなら，われわれは，それらの市場データを「積み重ね」，単一の推定に統合することによって，複数市場にまたがる動態を推定できると期待されるかもしれない．もしデータが1つの証券に対して複数の価格系列を含んでいるなら，特定化がかなり面倒なものになってくる．単一証券が情報フローの不完全な2つの市場で取引されるとする簡単なモデルで，この場合の複雑性を記述する．黙示の効率的価格はランダムウォークに従うが，その増分

は情報としてそれぞれの市場に分離された形で「現れる」ものとする．そうすると，モデルは，

$$
\begin{aligned}
&m_t = m_{t-1} + w_t \\
&w_t = u_{1,t} + u_{2,t} \\
&p_{1,t} = m_{t-1} + u_{1,t} + (1-a_1)u_{2,t} = m_t - a_1 u_{2,t} \\
&p_{2,t} = m_{t-1} + u_{2,t} + (1-a_2)u_{1,t} = m_t - a_2 u_{1,t}
\end{aligned} \tag{22.8.4}
$$

で与えられる．それぞれの市場での価格式は，他方の市場で発生する情報に対するラグ調整と整合的である．第1番目の市場での価格は，たとえば，第2番目の市場で起こる同時価格増分のうち $(1-a_1)$ だけを反映する．残りの部分は，次期の価格に反映される．もし u_i が無相関であるなら，黙示の効率的価格変動の総分散は $\sigma_w^2 = \mathrm{Var}(u_{1,t}) + \mathrm{Var}(u_{2,t})$ である．Hasbrouck (1995) によって「情報占有率」(information share) と名付けられた，第 i 番目の市場の情報貢献度は $\mathrm{Var}(u_{i,t})/\sigma_w^2$ で表される．

価格変化の VMA 表現はこのモデルでも存在するが，反転不能である．つまり，価格変化には収束 VAR 表現は存在しない．これは，モデルの定型的性質のため起こるのではない．むしろ，それは，両方の価格シリーズがランダムウォーク構成要素(正式には単位根)を有していたとしても，価格間の差が定常であるという事実の反映である．そのようなシステムは共和分の関係にあるといわれる (Davidson, Hendry, Srba and Yeo (1978), Engle and Granger (1987), そして教科書レベルでは，Hamilton (1994) および Banerjee, Dolado, Galbraith and Hendry (1994) 参照)．

共和分関係をもつシステムはしばしば多くの代替的な仕方で表されうるが，解釈をするうえで有用なものがある一方，推定上で有用なものもある．本節での応用において，その中でとくに重要と思われるのが，ストック-ワトソン (Stock-Watson) の共通トレンド表現である．もし2系列の価格が共和分の関係にあるなら，それは，

$$
\begin{bmatrix} p_{1,t} \\ p_{2,t} \end{bmatrix} = \begin{bmatrix} 1 \\ 1 \end{bmatrix} m_t + \begin{bmatrix} s_{1,t} \\ s_{2,t} \end{bmatrix} \tag{22.8.5}
$$

と表されてよい．これは，恒久と一過的構成要素に区分する基本的2分法を，多変量に一般化したものである．ここで，2つの価格が同一の恒久要素を共有している点を強調しておく．

共和分関係があるシステムにおいては，価格変化の収束 VAR 表現は存在しえない．ただし，特定化において，多少の矯正を加えると，うまく行われるといわれている．これが，いわゆる誤差修正モデル (ECM) である．2価格モデルの典型的 ECM は，

$$
\Delta p_t = \boldsymbol{\alpha}(p_{1,t-1} - p_{2,t-1}) + A_1 \Delta p_{t-1} + A_2 \Delta p_{t-2} + \cdots + u_t \tag{22.8.6}
$$

で与えられる．ただし，A_t は (2×2) の係数行列，そして $\boldsymbol{\alpha}$ は (2×1) の係数ベクトルを表す．式 (22.8.6) から，価格変化の VMA 表現が回復されるであろう．このことは，次いで，先に述べた市場情報貢献度の計算を可能にするであろう (Hasbrouck (1995) 参照)．ECM は一般的な誘導型におけるモデル特定に頻繁に適用されるが，こ

のモデル表現の存在は保証されているわけではない．もし $\boldsymbol{\alpha}_1=\boldsymbol{\alpha}_2=1$ であるなら，式(22.8.4)で与えられるモデルは，状態空間推定の可能性を残すが，収束ECM表現をもたない．

マクロ経済応用では，共和分の存在と共和分ベクトルの係数（あるいは，これらのベクトルの線形基底）の存在がとくにやっかいである．マイクロストラクチャーの枠組においては，通常，この問題は簡単に解決される．共和分関係が同一証券の2つあるいはそれ以上の価格（たとえば，異なった市場での価格や同一市場でのビッドとアスク呼値）に及ぶとき，共和分ベクトルの基底は，先験的にもっともらしく特定されうる．もし1つの証券に n 個の価格変数があるなら，$n-1$ 個の線形独立な価格差変数が存在する．この場合の共和分ベクトルの棄却は，2個あるいはそれ以上多くの価格が，時間の経過とともに無限発散するのと同じことを意味する．もしすべての価格が単一の証券に帰属するのであれば，このことはほとんど起こりうることではない．Harris, McInish, Shoesmith and Wood (1992)，そしてHasbrouck (1995)は，これらの問題を議論すると同時に，アメリカ株式市場への応用に関して記述している．

複数価格が，同一証券ではなく，基本証券とそれに対応する先物やオプション契約のような派生証券に適用されるとき，似たような状況が存在する．派生証券と基本証券の間に裁定関係が通常存在しているので，多くの場合，基本証券価格と派生証券価格の何らかの関数との間に共和分関係が導かれるであろう．したがって，スポットと先物価格あるいは株式とそのオプション価格の研究においては，共和分の関係が発見されやすいといえる．

22.9　まとめと将来の課題

本章は，マイクロストラクチャー時系列モデリングに関する各種アプローチの展望を試みた．この要約を繰り返すよりも，これに動機を与える質問に戻る方がおそらくより有益である．序において，マイクロストラクチャーは，潜在的に，取引行動や市場組織のような狭義に限定された疑問と，また評価や情報の本質にかかわるような広義の課題の両方を試すことができると主張した．しかし，本章は，ほとんどもっぱら前者に焦点を当ててきた．この強調は，市場取引データを用いるどの研究も，市場の実体を反映する手法を採用しなければならない，という理由によって正当化されうる．しかし，実践上の問題として，証券評価の経済的重要性および実資産配分のもつ意味合いは，ほとんど確かに，証券の取引メカニズムの変更からくる福祉上の改善にまさる．したがって，簡単に，マイクロストラクチャー研究が，どのように企業財務の諸側面を解明するかという点に触れておくことは適切である．

古典的イベント・スタディーは，関連する証券の価格変化によって，公的情報イベントの影響を計測する．非対称情報モデルによる洞察は，「イベント」が取引であるとき，価格反応が取引の背後にある私的情報を要約するということである．したがって取引の価格影響，スプレッド，あるいは22.3.2項で紹介した要約的 $R^2_{w,x}$ 測度の研究は，非対称情報の強度に関する市場の信念を広く性格付ける．これらの信念は通常直接に計測できないので，マイクロストラクチャー・データによって提供された窓口が唯一展望のきくところである．企業情報発表の近隣の領域で非対称情報を探求する最近の研究は，Foster and Viswanathan (1995；買収発表) そして Lee, Mucklow and Ready (1993；収益発表) を含む．Neal and Wheatley (1994) は，クローズド・エンド・ファンドにおける非対称情報の性格を議論している．

ここで，狭義でのマイクロストラクチャー問題に立ち戻る．統計的観点からすると，現在の学問的水準は，まだまだ，取引データに対してかなりの説明力をもつモデル構築の域まで達していない．以前の各節の時間，離散性，非線形および複数市場の議論にざっと目を通した読者は，これらの領域でのモデル化への努力がまだ試験的でしかなく，将来に課題を残していると考えるだろう．しかし，この分野の統計モデルは，最終的には，経済的疑問に対する含意によって判断されなければならない．

経済的観点からすると，現在もなお続いている疑問は，情報はいかにして市場価格に浸透するのか，トレーダーはいかに行動すべきか (私的厚生)，そして市場はいかに組織されるべきか (社会的厚生) であるといえる．取引と価格行動に関する研究は，最初の疑問に対する一応の理解をもたらしてきた．取引が，価格変化の全部ではないが一部を説明するらしいということは，実証から得られた事実である．このことは，私的情報の存在を確認し，そしてまた，この情報の顕示あるいは浸透における取引の重要性を確立する．

残りの2つの基本的疑問に対する解答は，まだ曖昧なままである．ほとんどの市場における取引戦略は，依然，経験や勘に導かれる，つまり人の判断に委ねられる領域である．そのような取引戦略は，現存する規範的モデルの限度を超えたところにあり，「われわれの投資戦略は取引コストのネットでいくら儲けたか」というたぐいの非常に粗っぽいものを除けば，ほとんど，どの事後的パフォーマンス尺度の範疇にも収まらない．また，経済的に有効な取引調整を定義する努力も，今のところ，とくにうまくいっているということではない．われわれは，既存の市場の働きに関し多くの洞察を蓄積してきたが，これからさらに，代替的調整方法に優劣を与えることができる新基準を創造していかなければならない．これらの課題に対しては，研究者，実務家，それに為政者の間で，まだ合意が得られてない．改良される計量経済モデルから有益な考察がもたらされることを切望する．■

[平木多賀人・訳]

文　献

Algert, P. (1992). Estimates of nonlinearity in the response of stock prices to order imbalances. Working Paper, Graduate School of Management, University of California at Davis.

Amihud, Y. and H. Mendelson (1980). Dealership market: Market making with inventory. *J. Financ. Econom.* **8**, 31–53.

Amihud, Y. and H. Mendelson (1986). Asset pricing and the bid-ask spread. *J. Financ. Econom.* **17**, 223–49.

Amihud, Y. and H. Mendelson (1987). Trading mechanisms and stock returns. *J. Finance* **42**, 533–53.

Amihud, Y. and H. Mendelson (1991). Volatility, efficiency and trading: Evidence from the Japanese stock market. *J. Finance* **46**, 1765–89.

Amihud, Y., H. Mendelson and M. Murgia (1990). Stock market microstructure and return volatility. *J. Banking Finance* **14**, 423–40.

Atchison, M., K. Butler and R. Simonds (1987). Nonsynchronous security trading and market index autocorrelation. *J. Finance* 42, 533–53.

Banerjee, A., J. Dolado, J. W. Galbraith and D. F. Hendry (1994). Co-integration, Error-correction, and the Econometric Analysis of Non-stationary Data. Oxford University Press, London.

Barclay, M. J. and J. B. Warner (1993). Stealth trading and volatility: Which trades move prices. *J. Financ. Econom.* **34**, 281–306.

Barnea, A. (1974). Performance evaluation of New York Stock Exchange specialists. *J. Financ. Quant. Anal.* **9**, 511–535.

Beja, A. and M. Goldman (1980). On the dynamics of behavior of prices in disequilibrium. *J. Finance* **35**, 235–48.

Bernhardt, D. and E. Hughson (1990). Discrete pricing and dealer competition. Working Paper, California Institute of Technology.

Bernhardt, D. and E. Hughson (1992). Discrete pricing and institutional design of dealership markets. Working Paper, California Institute of Technology.

Beveridge, S. and C. R. Nelson (1981). A new approach to the decomposition of economic time series into permanent and transitory components with particular attention to the measurement of the 'business cycle'. *J. Monetary Econom.* **7**, 151–174.

Blume, M. and M. Goldstein (1992). Displayed and effective spreads by market. Working paper, University of Pennsylvania.

Boudoukh, J., M. P. Richardson and R. F. Whitelaw (1994). A tale of three schools: Insights on the autocorrelations of short-horizon stock returns. *Rev. Financ. Stud.* **7**, 539–73.

Burdett, K. and M. O'Hara (1987). Building blocks: An introduction to block trading. *J. Banking Finance* **11**, 193–212.

Campbell, J. Y., A. W. Lo and A. C. MacKinlay. The econometrics of financial markets Chapter 3: Aspects of market microstructure. Working Paper No. RPCF-1013–93, Research Program in Computational Finance, Sloan School of Management, Massachusetts Institute of Technology.

Cheng, M. and A. Madhavan (1994). In search of liquidity: Block trades in the upstairs and downstairs markets. Working Paper, New York Stock Exchange.

Cho, D. C. and E. W. Frees (1988). Estimating the volatility of discrete stock prices. *J. Finance* **43**, 451–466.

Chordia, T. and A. Subrahmanyam (1992). Off-floor market-making, payment-for-order-flow and the tick size. Working Paper, UCLA.

Chowdhry, B. and V. Nanda (1991). Multimarket trading and market liquidity. *Rev. Financ. Stud.* **4**, 483–512.

Christie, A. A. (1981). On efficient estimation and intra-week behavior of common stock variances. Working Paper, University of Rochester.

Christie, W. G. and P. H. Schultz (1994a). Why did NASDAQ market makers stop avoiding odd-eighth quotes? *J. Finance* **49**, 1841–60.

Christie, W. G. and P. H. Schultz (1994b). Why do NASDAQ market makers avoid odd-eighth quotes? *J. Finance* **49**, 1813–40.

Clark, P. K. (1973). A subordinated stochastic process model with finite variance for speculative prices. *Econometrica* **41**, 135–159.

Cohen, K., D. Maier, R. Schwartz and D. Whitcomb (1981). Transaction costs, order placement strategy and the existence of the bid-ask spread. *J. Politic. Econom.* **89**, 287–305.

Cohen, K., D. Maier, R. Schwartz and D. Whitcomb (1986). The microstructure of security markets. Prentice-Hall: Englewood Cliffs, NJ.
Cohen, K., G. Hawawini, S. Maier, R. Schwartz and D. Whitcomb (1983a). Friction in the trading process and the estimation of systematic risk. *J. Financ. Econom.* **29**, 135–148
Cohen, K., G. Hawawini, S. Maier, R. Schwartz and D. Whitcomb (1983b). Estimating and adjusting for the intervalling-effect bias in beta. *Mgmt. Sci.* **29**, 135–148.
Conrad, J. and G. Kaul (1989). Mean reversion in short-horizon expected returns. *Rev. Financ. Stud.* **2**, 225–40.
Conrad, J., G. Kaul and M. Nimalendran (1991). Components of short-horizon individual security returns. *J. Financ. Econom.* **29**, 365–84.
Copeland, T. and D. Galai (1983). Information effects and the bid-ask spread. *J. Finance* **38**, 1457–1469.
Damodaran, A. (1993). A simple measure of price adjustment coefficients. *J. Finance* **48**, 387–400.
Davidson, J. E. H., D. F. Hendry, F. Srba and S. Yeo (1978). Econometric modeling of the aggregate time series relationship between consumers' expenditure and income in the United Kingdom. *Econom. J.* **88**, 661–92.
De Jong, F., T. Nijman and A. Roell (1993). A comparison of the cost of trading French shares on the Paris Bourse and on SEAQ International. London School of Economics, Discussion Paper No. 169.
Dimson, E. (1979). Risk measurement when shares are subject to infrequent trading. *J. Financ. Econom.* **7**, 197.
Easley, D. and M. O'Hara (1987). Price, size and information in securities markets. *J. Financ. Econom.* **19**, 69–90.
Easley, D. and M. O'Hara (1991). Order form and information in securities markets. *J. Finance* **46**, 905–927
Easley, D. and M. O'Hara (1992). Time and the process of security price adjustment. *J. Finance* **47**, 577–606.
Easley, D., N. M. Kiefer and M. O'Hara (1993). One day in the life of a very common stock. Working Paper, Cornell University.
Easley, D., N. M. Kiefer and M. O'Hara (1994). Sequential trading in continuous time. Working Paper, Cornell University.
Easley, D., N. M. Kiefer, M. O'Hara and J. B. Paperman (1995). Liquidity, information and infrequently traded stocks. Working Paper, Cornell University.
Eckbo, B. E. and J. Liu (1993). Temporary components of stock prices: New univariate results. *J. Financ. Quant. Anal.* **28**, 161–176.
Engle, R. F. and C. W. J. Granger (1987). Co-integration and error correction: Representation, estimation and testing. *Econometrica* **55**, 251–76.
Engle, R. F. and J. R. Russell (1994). Forecasting transaction rates: The autoregressive conditional duration model. Working Paper No. 4966, National Bureau of Economic Research, Cambridge, MA.
Fama, E. F. (1965). The behavior of stock market prices. *J. Business* **38**, 34–105.
Fama, E. (1970). Efficient capital markets: A review of theory and empirical work. *J. Finance.*
Fisher, L. (1966). Some new stock market indexes. *J. Business* **39**, 191–225.
Foster, F. D. and S. Viswanathan (1990). A theory of the interday variations in volumes, variances and trading costs in securities markets. *Rev. Financ. Stud.* **3**, 593–624.
Foster, F. D. and S. Viswanathan (1995). Trading costs of target firms and corporate takeovers. In: Advances in Financial Economics, JAI Press.
French, K. R. and R. Roll (1986). Stock return variances: The arrival of information and the reaction of traders. *J. Financ. Econom.* **17**, 5–26
Garbade, K. and Z. Lieber (1977). On the independence of transactions on the New York Stock Exchange. *J. Banking Finance* **1**, 151–172.
Garman, M. (1976). Market microstructure. *J. Financ. Econom.* **3**, 257–275.
George, T. J., G. Kaul and M. Nimalendran (1991). Estimation of the bid-ask spread and its components: A new approach. *Rev. Financ. Stud.* **4**, 623–656.

Gerety, M. S. and J. H. Mulherin (1994). Price formation on the stock exchanges: The evolution of trading within the day. *Rev. Financ. Stud.* **7**, 609–29.

Glosten, L. (1987). Components of the bid-ask spread and the statistical properties of transaction prices. *J. Finance* **42**, 1293–1307.

Glosten, L. (1994). Is the electronic open limit order book inevitable? *J. Finance* **49**, 1127–1161.

Glosten, L. and L. Harris (1988). Estimating the components of the bid-ask spread. *J. Financ. Econom.* **21**, 123–142.

Glosten, L. R. and P. R. Milgrom (1985). Bid, ask and transaction prices in a specialist market with heterogeneously informed traders. *J. Financ. Econom.* **14**, 71–100.

Goldman, M. and A. Beja (1979). Market prices vs. equilibrium prices: Return variances, serial correlation and the role of the specialist. *J. Finance* **34**, 595–607.

Goodhart, C. A. E. and M. O'Hara (1995). High frequency data in financial markets: Issues and applications. Working Paper, London School of Economics.

Granger, C. W. J. and O. Morgenstern (1970). Predictability of stock market prices. Heath-Lexington, Lexington, MA.

Grossman, S. J. and M. H. Miller (1988). Liquidity and market structure. *J. Finance* **43**, 617–33.

Grossman, S. J. (1992). The informational role of upstairs and downstairs trading. *J. Business* **65**, 509–28.

Grunbichler, A., F. A. Longstaff and E. Schwartz (1992). Electronic screen trading and the transmission of information: An empirical examination. Working Paper, UCLA.

Hamao, Y. and J. Hasbrouck (1995). Securities trading in the absence of dealers: Trades and quotes on the Tokyo Stock Exchange. *Rev. Financ. Stud.*, to appear.

Hamilton, J. D. (1994). Time series analysis. Princeton University Press, Princeton.

Harris, F. H. deB., T. H. McInish, G. L. Shoesmith and R. A. Wood (1992). Cointegration, error correction, and price discovery on the New York, Philadelphia and Midwest Stock Exchanges. Working Paper, Fogelman College of Business and Economics.

Harris, L. (1990). Statistical properties of the Roll serial covariance bid/ask spread estimator. *J. Finance* **45**, 579–90.

Harris, L. (1991). Stock price clustering and discreteness. *Rev. Financ. Stud.* **4**, 389–415.

Harris, L. (1994). Minimum price variations, discrete bid-ask spreads and quotation sizes. *Rev. Financ. Stud.* **7**, 149–178.

Harvey, A. C. (1990). Forecasting, structural time series models and the kalman filter. Cambridge University Press.

Hasbrouck, J. and G. Sofianos (1993). The trades of market makers: An empirical analysis of NYSE specialists. *J. Finance* **48**, 1565–1593.

Hasbrouck, J. and T. S. Y. Ho (1987). Order arrival, quote behavior and the return-generating process. *J. Finance* **42**, 1035–1048.

Hasbrouck, J. (1988). Trades, quotes, inventories and information. *J. Financ. Econom.* **22**, 229–252.

Hasbrouck, J. (1991a). Measuring the information content of stock trades. *J. Finance* **46**, 179–207.

Hasbrouck, J. (1991b). The summary informativeness of stock trades: An econometric investigation, *Rev. Financ. Stud.* **4**, 571–95.

Hasbrouck, J. (1993). Assessing the quality of a security market: A new approach to measuring transaction costs. *Rev. Financ. Stud.* **6**, 191–212.

Hasbrouck, J. (1996). Order characteristics and stock price evolution: An application to program trading. *J. Financ. Econom.* **41**, 129–149.

Hasbrouck, J. (1995). One security, many markets: Determining the contributions to price discovery. *J. Finance* **50**,1175–1199.

Hasbrouck, J., G. Sofianos and D. Sosebee (1993). Orders, trades, reports and quotes at the New York Stock Exchange. NYSE Working Paper, Research and Planning Section.

Hausman, J., A. Lo and A. C. MacKinlay (1992). An ordered probit analysis of stock transaction prices. *J. Financ. Econom.* **31**, 319–379.

Ho, T. S. Y and H. R. Stoll (1981). Optimal dealer pricing under transactions and returns uncertainty. *J. Finance* **28**, 1053–1074.

Holthausen, R. W., R. W. Leftwich and D. Mayers (1987). The effect of large block transactions on security prices. *J. Financ. Econom.* **19**, 237–67.

Huang, R. D. and H. R. Stoll (1994a). Market microstructure and stock return predictions. *Rev. Financ. Stud.* **7**, 179–213.

Huang, R. D. and H. R. Stoll (1994b). The components of the bid-ask spread: A general approach. Working Paper 94–33, Owen Graduate School of Management, Vanderbilt University.

Jain, P. C. and G. H. Joh (1988). The dependence between hourly prices and trading volume. *J. Financ. Quant. Anal.* **23**, 269–83

Jones, R. H. (1985). Time series analysis with unequally spaced data. In: E. J. Hannan, P. R. Krishnaiah and M. M. Rao, eds., Handbook of Statistics, Volume 5, Time Series in the Time Domain, Elsevier Science Publishers, Amsterdam.

Karlin, S. and H. M. Taylor (1975). A first course in stochastic processes. Academic Press, New York.

Kaul, G. and M. Nimalendran (1990). Price reversals: Bid-ask errors or market overreaction. *J. Financ. Econom.* **28**, 67–93.

Kyle, A. S. (1985), Continuous auctions and insider trading. *Econometrica* **53**, 1315–1336.

Laux, P. and D. Furbush (1994). Price formation, liquidity, and volatility of individual stocks around index arbitrage. Working Paper, Case Western Reserve University.

Leach, J. C. and A. N. Madhavan (1992). Intertemporal discovery by market makers. *J. Financ. Intermed.* **2**, 207–235.

Leach, J. C. and A. N. Madhavan (1993). Price experimentation and security market structure. *Rev. Financ. Stud.* **6**, 375–404.

Lee, C. M. C. and M. Ready (1991). Inferring trade direction from intradaily data. *J. Finance* **46**, 733–746.

Lee, C. M. C., B. Mucklow and M. J. Ready (1993). Spreads, depths and the impact of earnings information: An intraday analysis. *Rev. Financ. Stud.* **6**, 345–374.

Lee, C. M. C., M. J. Ready and P. J. Seguin (1994). Volume, volatility and New York Stock Exchange trading halts. *J. Finance* **49**, 183–214

Lehmann, B. and D. Modest (1994). Trading and liquidity on the Tokyo Stock Exchange: A bird's eye view. *J. Finance* **44**, 951–84.

Lo, A. and A. C. MacKinlay (1988a). Stock prices do not follow random walks: Evidence from a simple specification test. *Rev. Financ. Stud.* **1**, 41–66.

Lo, A. and A. C. MacKinlay (1988b). Notes on a Markov model of nonsynchronous trading. Working Paper, Sloan School of Management, Massachusetts Institute of Technology.

Lo, A. and A. C. MacKinlay (1990a). An econometric analysis of nonsynchronous trading. *J. Econometrics* **45**, 181–212.

Lo, A. and A. C. MacKinlay (1990b). When are contrarian profits due to stock market overreaction. *Rev. Financ. Stud.* **3**, 175–205.

Lo, A. and A. C. MacKinlay (1990c). Data-snooping biases in tests of financial asset pricing models. *Rev. Financ. Stud.* **3**, 431–468.

Madhavan, A. and S. Smidt (1991). A Bayesian model of intraday specialist pricing. *J. Financ. Econom.* **30**, 99–134.

Madhavan, A. and S. Smidt (1993). An analysis of changes in specialist inventories and quotations. *J. Finance* **48**, 1595–1628.

Madhavan, A., M. Richardson and M. Roomans (1994). Why do security prices change? A transaction level analysis of NYSE stocks. Working Paper, Wharton School.

Manaster, S. and S. Mann (1992). Life in the pits: Competitive market making and inventory control. Working Paper, University of Utah.

Marsh, T. and K. Rock (1986). The transactions process and rational stock price dynamics. Working Paper, University of California at Berkeley.

Masulis, R. W. and V. K. Ng (1991). Stock return dynamics over intra-day trading and non-trading periods in the London stock market. Working Paper No. 91–33, Mitsui Life Financial Research Center, University of Michigan.

McInish, T. H. and R. A. Wood (1990). A transactions data analysis of the variability of common

stock returns during 1980-1984. *J. Banking Finance* **14**, 99–112
McInish, T. H. and R. A. Wood (1991a). Hourly returns, volume, trade size, and number of trades. *J. Financ. Res.* **14**, 303–15.
McInish, T. H. and R. A. Wood (1991b). Autocorrelation of daily index returns: Intraday-to-intraday vs. close-to-close intervals. *J. Banking Finance* **15**, 193–206.
McInish, T. H. and R. A. Wood (1992). An analysis of intraday patterns in bid/ask spreads for NYSE stocks. *J. Finance* **47**, 753–64.
Mech, T. (1993). Portfolio return autocorrelation. *J. Financ. Econom.* **34**, 307–44.
Mendelson, H. (1982). Market behavior in a clearing house. *Econometrica* **50**, 1505–24.
Merton, R. (1980). Estimating the expected rate of return, *J. Financ. Econom.* **8**, 323–62.
Naik, N. A. Neuberger and S. Viswanathan (1994). Disclosure regulation in competitive dealership markets: Analysis of the London Stock Exchange. Working Paper, London Business School.
Neal, R. and S. Wheatley (1994). How reliable are adverse selection models of the bid-ask spread. Working Paper, Federal Reserve Bank of Kansas City.
Neuberger, A. J. and A. Roell (1991). Components of the bid-ask spread: A Glosten-Harris approach. Working Paper, London Business School.
Neuberger, A. J. (1992). An empirical examination of market maker profits on the London Stock Exchange. *J. Financ. Serv. Res.*, 343–372.
Niederhoffer, V. and M. F. M. Osborne (1966). Market making and reversals on the stock exchange. *J. Amer. Statist. Assoc.* **61**, 897–916.
Niederhoffer, V. (1965). Clustering of stock prices. *Oper. Res.* **13**, 258–262.
Niederhoffer, V. (1966). A new look at clustering of stock prices. *J. Business* **39**, 309–313.
O'Hara, M. and G. S. Oldfield (1986). The microeconomics of market making. *J. Financ. Quant. Anal.* **21**, 361–76.
Oldfield, G. S. and R. J. Rogalski (1980). A theory of common stock returns over trading and non-trading periods. *J. Finance* **37**, 857–870.
Parzen, E., ed., (1984). Time series analysis of irregularly observed data. Springer-Verlag, New York.
Petersen, M. and S. Umlauf (1991). An empirical examination of intraday quote revisions on the New York Stock Exchange. Working Paper, Graduate School of Business, University of Chicago.
Roll, R. (1984). A simple implicit measure of the effective bid-ask spread in an efficient market. *J. Finance* **39**, 1127–1139.
Ronen, T. (1994). Essays in market microstructure: Variance ratios and trading structures. Unpub. Ph.D. Dissertation, New York University.
Samuelson, P. (1965). Proof that properly anticipated prices fluctuate randomly. *Indust. Mgmt. Rev.*
Sargent, T. J. (1987). Macroeconomic Theory. 2nd ed., Academic Press: Boston.
Scholes, M. and J. Williams (1977). Estimating betas from nonsynchronous data. *J. Financ. Econom.* **5**, 309.
Schwartz, R. A. and N. Economides (1995). Making the trade: Equity trading practices and market structure. *J. Port. Mgmt.* to appear.
Schwartz, R. A. (1988). Equity markets: Structure, trading and performance. Harper and Row, New York.
Schwartz, R. A. (1991). Reshaping the equity markets. Harper Business, New York.
Schwartz, R. A. (1996). Electronic call market trading. Symposium Proceeding, Irwin Professional.
Seppi, D. J. (1990). Equilibrium block trading and asymmetric information. *J. Finance* **45**, 73–94.
Seppi, D. J. (1992). Block trading and information revelation around quarterly earnings announcements. *Rev. Financ. Stud.* **5**, 281–305.
Shanken, J. (1987). Nonsynchronous data and the covariance-factor structure of returns. *J. Finance* **42**, 221–232.
Stock, J. (1988). Estimating continuous time processes subject to time deformation. *J. Amer. Statist. Assoc.* **83**, 77–85.
Stock, J. H. and M. W. Watson (1988). Testing for common trends. *J. Amer. Statist. Assoc.* **83**, 1097–

1107.

Smith, T. (1994). Econometrics of financial models and market microstructure effects. *J. Financ. Quant. Anal.* **29**, 519–540.

Stoll, H. R. (1978). The supply of dealer services in securities markets. *J. Finance* **33**, 1133–1151.

Stoll, H. R. (1989). Inferring the components of the bid-ask spread: Theory and empirical tests. *J. Finance* **44**, 115–34.

Tinic, S. (1972). The economics of liquidity services. *Quart. J. Econom.* **86**, 79–93.

U.S. Securities and Exchange Commission, 1971, Institutional Investor Study Report, Arno Press, New York.

Watson, M. W. (1986). Univariate detrending methods with stochastic trends. *J. Monetary Econom.* **18**, 49–75.

Wood, R. A., T. H. McInish and J. K. Ord (1985). An investigation of transactions data for NYSE stocks. *J. Finance* **40**, 723–39.

23

ポートフォリオ効率性の検定に関する統計的方法：分析*

Statistical Methods in Tests of Portfolio Efficiency : A Synthesis

Jay Shanken

本章は，安全資産があるときとない場合で，ポートフォリオの平均分散効率性を検定するための統計的方法についての展望を行っている．本章で取り扱う問題としては，期待リターンとベータとの間の線形関係を推定する場合の2段階方法の漸近的特性，2段階法における変数誤差問題，小標本特性，そしてベータと期待リターンとの線形関係についての多変量特性の経済的解釈，などが挙げられる．

23.1 はじめに

投資ポートフォリオの決定に当たって，リスクと期待リターンとの間のトレードオフは近代ポートフォリオ理論の中心である．この展望論文では，このトレードオフ関係とポートフォリオの効率性を評価するためにいかに統計的方法が用いられてきたかについて議論する．この論文の重点は実証研究で明らかにされた事実よりも，検証の方法論に中心をおいている．

ポートフォリオは1組の証券と合計すると1になるような資産の組み入れ比率(重み)で特徴付けられる．ポートフォリオのリターンはそれを構成する個々の証券のリターンの加重平均になっている．ここで，リターンはある期間の価格変化と期末に受け取るあらゆるキャシュフロー(利子あるいは配当)の合計を期首の価格で割ったものである．1期間の場合，投資の収益率が同時正規分布をしているならば，危険回避型の(強凸の効用関数をもつ)投資家は期待リターンを選好し，リターンの分散を回避しようとする[1]．期待効用を極大にするために，こうした投資家「効率的ポートフォリオ」，すなわち，① 期待リターンの水準が与えられると，もっとも小さい分散を，かつ ② その分散が与えられると可能な限り大きな期待リターンを有するポートフォリオを構成する証券の組合せを求める．より一般的には，条件 ① を満足するいかなるポートフォリオも「最小分散ポートフォリオ」と呼ばれる[2]．こうしたポート

---

* 本章の草稿段階において有益な助言をいただいたDave Chapman, Aditya Kaul, Jonathan Lewellen, John Long, Ane Tamayo, そしてGuofu Zhouに感謝する．

[1] より一般的な条件についてはChamberlain (1983) を参照のこと．

[2] この定義からグローバルな最小分散ポートフォリオ，すなわち期待リターンの大きさにかかわらず，最小の分散をもつポートフォリオを除外することが便利である．また以下の議論で，少なくとも2つのポートフォリオは異なる期待リターンをもっていることを仮定する．

フォリオがこの条件を満足するかどうかを検証するための統計的方法を考えてみよう．

N 銘柄からなる危険資産の1組とポートフォリオ p が与えられていると仮定しよう．期間 t の証券 i のリターンを R_{it} としよう．またポートフォリオのリターンを R_{pt} としよう．$N+1$ のリターンが1次独立であると仮定しよう．Fama (1976), Roll (1977), Ross (1977) が示したように，ポートフォリオ p は，個々の証券の期待リターンからなるベクトル，$r_1, \cdots, r_N$ が R_p についての証券ベータのベクトルの正確な線形関数であり，定数 γ_{0p} が存在するときに限り，最小分散ポートフォリオである，ということはよく知られている．つまり，

$$r_i = \gamma_{0p} + \beta_i(r_p - \gamma_{0p}), \qquad i=1, 2, \cdots, N \tag{23.1.1}$$

ここで，r_p はポートフォリオ p の期待リターンであり，ベータは，(実現された) 証券リターンを p のリターンに回帰させたときの時系列回帰の傾きを示す係数である．つまり，

$$R_{it} = \alpha_i + \beta_i R_{pt} + \varepsilon_{it}, \text{ かつ, } \mathrm{E}(\varepsilon_{it}) = \mathrm{E}(\varepsilon_{it} R_{pt}) = 0 \tag{23.1.2}$$

さらに，最小分散ポートフォリオ p は，追加条件である $r_p > \gamma_{0p}$ を満足したときに限り効率的である．ここで，「ゼロベータレート」γ_{0p} は p に対してベータ値が0であるようないかなる証券 (あるいはポートフォリオ) の期待リターンである．したがって，効率的なポートフォリオの場合，期待リターンはベータの増加関数である．

最小分散特性と期待リターン-ベータ関係とが等しいという点は，ベータ値が1つの証券のポートフォリオ p のトータルリスク (分散) に対する「限界」貢献度を決定するという事実から導かれる．2つの間が等しいという点は，ポートフォリオの効率性検定に当たって重要な意味をもっている．なぜかというと，この点が式 (23.1.2) の多変量線形回帰システムのパラメータに関する制約条件とみなすことができるからである．式 (23.1.1) と (23.1.3) を結合すると，次の仮説

$$H_{01}: \alpha_i = \gamma_{0p}(1-\beta_i), \qquad i=1, \cdots, N \tag{23.1.3}$$

は時系列回帰の切片と係数に関する同時制約条件を課している．この条件は，N 証券すべてについて成り立つはずの定数項と傾きとの間の関係を通じて，1つの数，γ_{0p} が存在することを主張している．もし投資家が既知のリスクフリーレート r_f で貸し借りができ，危険証券と安全資産の両方からなるすべてのポートフォリオに関し効率的であると仮定すると，$\gamma_{0p} = r_f$ が成り立つ[3)]．そうでない場合は，γ_{0p} は未知であり，推定されなければならない．

仮説 H_{01} に関して，$N-1$ 銘柄の証券について，アルファ (α_i) と1からベータを引いたもの $(1-\beta_i)$ に対する比は，残りの証券に対しても等しいことを意味している．したがって，$2N$ 個のパラメータ (アルファとベータ) は式 (23.1.3) で暗黙のうちに意味されているように，$N-1$ 個の制約条件のもとでは $N+1$ 個のパラメータ (ベー

3　安全資産について負のポジションを取ることは借り入れを意味し，リスクフリーレートは借り入れと貸し出しで同じであると仮定する．

タと γ_{0p}) 制約へと減らすことができる (Gibbons (1982)). γ_{0p} が未知の場合，この制約は統計的な意味で非線形である．なぜかというと，γ_{0p} と β_{ip} は掛け算の形で式 (23.1.3) に取り入れられており，この2つは推定されなければならないからである．

23.2　安全資産が存在する場合の効率性の検証

23.2.1　1変量検定

一般的なケースを論ずる前に，γ_{0p} が既知で，それが安全資産のリターンに等しいという簡単な場合に焦点を絞って議論しよう．このとき，方程式体系 (23.1.2) について「超過」リターンの形で示された場合を考えてみることが便利である．ここで，R_{it} をリスクフリーレートを超える証券 i のリターンであるとし，r_i をこの場合の期待リターンであるとしよう[4]．このように考えると，式 (23.1.1) の超過ゼロベータレートは0であり，式 (23.1.3) により，式 (23.1.2) の時系列回帰の切片も0になる．したがって，主たる仮説は次のようになる．

$$H_{02}: \alpha_i=0, \qquad i=1, \cdots, N \tag{23.2.1}$$

超過リターン回帰モデルに関するこの制約条件をめぐる検定は，与えられたポートフォリオが，安全資産の存在を仮定すると，最小分散特性を満足するかどうかの検定に等しい．

Black, Jensen and Scholes (1972) による初期の研究は1931～1965年の月次超過リターンを用いて計算された等加重の株式市場インデックスの効率性を検討した．等加重インデックスはすべての金融資産からなる時価で加重した市場ポートフォリオの代理である．後者のポートフォリオは Sharpe (1964) と Lintner (1965) による金融市場均衡理論である，資本資産価格決定モデル (CAPM) の仮定のもとでは，効率的ポートフォリオであることが予測される．Black, Jensen and Scholes は，10個の株式ポートフォリオの切片の t 値について報告しているが，10のうち2つの5%水準 (両側) で有意である．推定された切片は，相対的にみて高いベータをもつポートフォリオでは負の値を示し，低いベータをもつポートフォリオでは正の値を示した．

23.2.2　多変量検定

23.2.2.1　定数項に関する F 検定

最近に至り，Gibbons, Ross and Shanken (1989) は帰無仮説 H_{02} に関し，Black, Jensen and Scholes のデータを用いて，多変量 F 検定を適用したときに，切片がすべて0であるという同時仮説を棄却できなかった (関連した研究については，Jobson

---

4　この考え方では，すべて確率的な事象に関する記述はリスクのないレートのデータに関し条件付記述であるとみなされる．一般に，トータルリターンと超過リターンの時系列上の特定化は，リスクフリーレートが時間を通じて変化する場合には一致する必要はない．

and Korkie (1982, 1985) と MacKinlay (1987) を参照のこと)．F 検定を利用することは，式 (23.1.2) の分布が，時間に関し独立で，かつ毎期平均 0 で，リターンベクトル R_p の条件下で，非特異であるクロスセクション共分散行列 Σ の同時正規分布することを仮定している．T をこの N 資産とポートフォリオ p のリターン時系列データの長さであるとしよう．自由度 N と $T-N-1$ の F 統計量は $(T-N-1)N^{-1}(T-2)^{-1}$ と Hotelling の T^2 統計とを掛け合わせたものに等しい．

$$Q \equiv T\hat{\alpha}'\hat{\Sigma}^{-1}\hat{\alpha}/[1+\bar{R}_p^2/s_p^2] \tag{23.2.2}$$

ここで，$\bar{R}_p$ と s_p はポートフォリオ p の超過リターンの標本平均と標準偏差であり，$\hat{\alpha}$ は OLS によって得られた切片の N 次元ベクトル推定値であり，$\hat{\Sigma}$ は Σ の不偏推定値であり，OLS 残差ベクトルの積を $T-2$ で割って得る．

R_p が与えられると，アルファの推定値の条件付共分散行列は，R_p の関数である式 (23.2.2) の分母と残差共分散行列 Σ を T で割ったものとの積に等しい．したがって，T^2 統計は，アルファの推定共分散行列の逆行列によって加重された，アルファの 2 次形式になる．$N=1$ である場合，Q は切片に関する通常の 1 変量の t 値の 2 乗になる．より一般的には，Q はアルファの (1 変量の) 最大 2 乗 t 統計であることを示すことができる．ここで，最大値は N 個の資産からなるすべてのポートフォリオに関して計算されている[5]．

Q は無条件に同一分布であり，R_p に関し条件付分布であるから，F 検定は R_p が正規分布することを要求していない．しかし，誤差は同時正規分布していると仮定されている．Affleck-Graves and McDonald (1989) は残差が正規分布からずれているときでも多変量検定は頑健であるという結果を示しているが，MacKinlay and Richardson (1991) は条件付不均一分散に対して感応的であることを明らかにしている．Zhou (1993) は同様な結論を得ている．

われわれの仮定のもとでは，ゼロ切片をもつという制約条件は，N 資産の期待超過リターンが，無条件に，かつ R_p の「条件付き」で，ベータに比例していることを意味している．p の極端に高いあるいは低いリターンは，与えられた標本期間内で，切片が 0 であるかどうかについて何ら述べてはいない．したがって，式 (23.2.2) の検定統計量は，ポートフォリオ p の平均リターンに，その水準でなく，その 2 乗を通じて依存している．ポートフォリオ効率性は「事前」の平均超過リターン r_p が 0 以上であるという追加制約条件を課しているが，この仮説は標本平均 $\bar{R}_p$ に関する単純な t 検定により別個に検定できるし，また検定すべきである[6]．

23.2.2.2　F 検定の検出力と経済的解釈

Gibbons, Ross and Shanken (1989) は，F 統計についての興味深い経済的解釈を示

5　この関係についての証明ならびに経済的解釈については，Gibbons, Ross and Shanken 論文の第 6 節を参照のこと．

6　Q は効率性に関する帰無仮説のもとでは $\bar{R}_p$ と独立であるから，切片が 0 であり，かつ $r_p>0$ (これは，少なくとも 2 つの統計量の 1 つは分布の裾野の範囲にあるであろうという確率を意味する) という同時仮説の p 値は 2 つの p 値からその積を差し引いたものに等しい．

しているが，ここでそのために必要になるいくばくかの変数名の説明を行おう．sh(p)はポートフォリオ p の期待超過リターンとリターンの標準偏差の比 r_p/σ_p を示しており，sh(p)はその標本統計量を表している．これらの報酬/リスク測度は「シャープ比」として知られている．この専門用語を用いると，効率的ポートフォリオは最大の可能なシャープ比をもつポートフォリオであるという特徴をもっている．他方，最小分散ポートフォリオは 2 乗(絶対)シャープ比を最大にするポートフォリオである[7]．もしポートフォリオ p を，期待超過リターンを縦軸に，リターンの標準偏差を横軸においたグラフ上の点としてプロットすると，最小分散ポートフォリオの場合，シャープ比は原点から p に引かれた接線の傾きに等しい．Gibbons, Ross and Shanken は式(23.2.2)の Q が，

$$T[\mathrm{sh}(*)^2-\mathrm{sh}(p)^2]/[(1+\mathrm{sh}(p)^2] \qquad (23.2.3)$$

に等しいことを示した．ここで，sh($*$)はすべてのポートフォリオ中で最大標本 2 乗値をもつ標本シャープ比である．式(23.2.3)の分子から，他の条件が等しいとすると，最大の 2 乗標本比率と比較して，ポートフォリオ p の 2 乗シャープ比の値が低くなるにつれて，F 統計値は大きくなることが見て取れる．したがって，p が「事後的な」最小分散フロンティヤーから「遠くに」あるときに，F 統計量は大きくなる．

もちろん，どのような標本でも，ポートフォリオ p が真の「事前の」最小分散ポートフォリオであったとしても，「標本」シャープ比が p を優越する(dominate)するようなポートフォリオがありうるであろう．F 検定は，差，$\mathrm{sh}(*)^2-\mathrm{sh}(p)^2$ が，帰無仮説のもとで充分に，期待されるランダムな結果の範囲内にあるかどうかを推測するための基盤を提示している．その評価は当然アルファの推定値の精度に依存している．

上で述べた仮定のもとで，Gibbons, Ross and Shanken は，さらに F 統計が次の非心パラメータをもつ非心 F 分布していることを示した．

$$\lambda=T[\mathrm{sh}(*)^2-\mathrm{sh}(p)^2]/[1+\mathrm{sh}(p)^2] \qquad (23.2.4)$$

この分布は，時系列回帰モデルの独立変数である R_p の条件付分布であり，「事後的な」シャープ比を通じて R_p に依存している．この意味で，sh(p)は定数とみなすことができ，したがって式(23.2.4)の非心パラメータは，式(23.2.3)の標本統計，Q の(条件付)標本に対応するものに等しくなっている．p が最小分散ポートフォリオであるという帰無仮説のもとで，p は最大の 2 乗「事前」比率を達成する．このとき，λ は 0 に等しく，先に述べたように，非心 F 分布を得る．

F 検定の検出力は非心パラメータの増加関数であることが知られている．したがって，sh(p)が与えられると，最大 2 乗(標本)比率からの sh(p)の 2 乗から離れるほど，つまり事前の効率性からの乖離が大きくなるにつれて，検出力は大きくなる．事前の乖離を一定とすると，検出力は sh(p)を 2 乗した値が増加するにつれて増加す

7　Merton (1973 a) と Litzenberger and Huang (1988) を参考のこと．

る．これは標本の値が高い場合に推定された切片の(条件付)精度が低くなることを反映している．

F 検定を行うに当たって，残差の共分散行列，$\hat{\Sigma}$ 行列を計算することが必要である．このために，N はたかだか $T-2$ に等しい必要があるが，Gibbons, Ross and Shanken (1989) はより少ない N が検出力を最大にするために用いられるべきであるとしている．この点は，推定すべき共分散の数が，資産の数とともに急速に増加していくという事実に関連している．N の増加は式(23.2.4)の非心パラメータの値を増加させるが，最大シャープ尺度を増加させることにより，この利点は，最終的に Σ とその逆行列を推定するときの追加ノイズにより相殺されることは明白である．

数千銘柄にわたる株式が分析に当たり利用可能であるが，N が T より(かなり)小さくなければいけないので，資産の数を減らすための何らかの方法が必要である．株式の一部分のみを用いるわけであるが，検証は株式ポートフォリオに対して行われるのが普通である．株式銘柄数 N が与えられると，ポートフォリオを用いる方法は，残差分散を減らすことができるという利点があり，アルファの推定値の精度が増加する[8]．他方，Roll (1979) が示したように，個別の株式間の期待リターンの差はポートフォリオではたがいに相殺され，その結果統計的検出力は減少する．検定の期待検出力は，ポートフォリオの非効率性の源泉の程度に応じてた研究者の有する事前の確信度に依存していることになる[9]．

23.2.3　他の検定方法

尤度比検定(LRT)とラグランジュ乗数(Raoの評点)検定統計はともに式(23.2.2)の T^2 統計(修正Wald検定)の単調変換であり，F 検定と分けて考える必要はない[10]．とくに，

$$\mathrm{LRT}=T\ \ln[1+Q/(T-2)] \tag{23.2.5}$$

Lo and MacKinlay (1980) は多変量検定においてポートフォリオを組むことが，考えうるさまざまな企業を順位付ける変数を捜し求める努力とともに，相当な程度「データ探索」バイアス，すなわち，効率性に関する帰無仮説が正しい場合でも統計的には有意でありうること，を引き起こすことがある点を強調している．Affleck-Graves and McDonald (1990) によって提案されたこれに代わる多変量検定の対角バージョンは，グルーピングを必要としないという点で，興味深い．また，この方法を用いると，Roll が注目したポートフォリオを基にしたときの検定に関する問題点

8　ポートフォリオを用いることのもう1つの利点が存在する．長い時間の間には，新規上場銘柄が発行されるとともに，ある株式は市場から姿を消す．したがって，ポートフォリオを用いるとそうでない場合に比べ，長い期間のデータを用いることができる．また，ある種の経済特性に基づき毎期その順位に従って作成したポートフォリオのベータは，ポートフォリオ中の個々の銘柄のベータが不安定であったとしても，かなり安定的で「ありうる」．しかしこの場合であっても，個々のポートフォリオの内容は，時間を通じて変動することに注意．

9　MacKinlay (1995) で議論された検出力の分析を参考のこと．

10　Evans and Savin (1982) の関連成果を参照．

をそれなりに回避できる．対角検定はシミュレーションでは望ましい検出力特性を示しているように思えるが，検定統計の分布は未知である．この方法に対しある種の近似的な分布理論を考えることが有効であろう．

この項の残りの部分では，いくつかの多変量の分析を考えてみる．それらは，同時信頼区間，近似的な効率性の検証，効率性を検定するためのベイジアンアプローチ，そして条件付効率性の検定，などである．

23. 2. 3. 1　同時信頼区間

時として，何よりも個別銘柄でなく，指数の平均・分散効率性に関心がある場合がある．というのは，式(23.1.1)の線形関係を通じて，目的が資産の期待リターンの(統計的に)効率的な推定値を得ることでありうるからである．たとえば，資本予算の決定に当たり，一連の投資プロジェクトの要求割引率が，ある産業ポートフォリオの(財務レバレッジを調整した後で)期待リターンに等しいことがありうるであろう．こうした問題では，期待リターン-リスク関係からの乖離の大きさが重要である．Shanken (1990, p. 110) はアルファに関する同時信頼区間を求めることを提案した．なぜなら，F 検定の p 値はこの点に関しそれほど情報を含んでいないからである．

同時信頼区間アプローチは，先に述べたように，式(23.2.2)の T^2 統計がアルファの最大2乗1変量 t 値に等しという事実を明らかにしている．ここで，最大は所与の資産に対しすべて可能なポートフォリオに対して計算されている[11]．信頼区間はOLS推定値の k 標本標準誤差の範囲にアルファを含んでいる．ここで，定数 k は T^2 分布の適当な分位数であるか，同等のことであるが，$N(T-2)(T-N-1)^{-1}$ に自由度 N と $T-N-1$ の F 分布の適当な分位数を掛けたものに等しい．あるいは，Bonferroni のアプローチが，N 個のアルファに対する(保守的な)同時信頼区間を得るために用いることができるかもしれない．この場合，想定した誤差確率を N で割り，自由度 $T-2$ の t 分布に基づく便宜的な信頼区間を計算する．

23. 2. 3. 2　近似的な効率性検定

投資ポートフォリオでは，期待リターンそのものだけでなく，ポートフォリオがどの程度効率的でないかに関心があるかもしれない．非効率性は，アルファと残差共分散行列 Σ の両方に依存している式(23.2.4)の非心パラメータ λ に反映されていることを思い起こそう．Stambaugh (1987) と Shanken (1987 b) は「近似的な」効率性を検定するために多変量の枠組を利用した．この方法によると，平均-分散効率性からの「経済的に有意な」乖離を検証することが可能になる．また，この方法は，先に述べたように CAPM のような規範理論を検証するに当たっても有用である．

Roll (1977) は株式指数を代理変数としてその効率性を推測することは，資産価格決定理論が示すように，真の市場ポートフォリオが効率的であるかを検証することを意味してはいないという点を強調している．Kandel and Stambaugh，および Shan-

[11] 同時信頼区間については，Morrison (1976) の第4章を参照せよ．こうした方法の漸近的な方法(たとえば，Shanken (1990)) は χ^2 あるいは正規分布に基づいており，同様な方法で導かれる．

ken は真の市場ポートフォリオの効率性は，その代理変数と市場ポートフォリオとの相関係数について，事前の確信度に依存し，代理指標がどの程度非効率であるかについての上下限を示すために用いることができることを明らかにした．

たとえば，Shanken は，1953～1983 年の期間，市場ポートフォリオと等加重株式指数代理との相関係数が 0.7 を超えていたと仮定すると，市場ポートフォリオの効率性は棄却されることを示した．この点は，Roll によって提起された検証可能性に関する厳しい主張をいくばくかおさめることになった．というのは，Shanken は多くの代理指数は，真の市場ポートフォリオ (これが効率的であろうがなかろうが) と高い相関をもっていると推測しているからである．

23.2.3.3　効率性のベイジアン検定

最小分散特性の検定統計量の分布が，帰無仮説と代替仮説の両方のもとで知られているという事実を用いて，正規性の仮定のもとで，Shanken (1987 a) はポートフォリオの効率性を検定するためのベイジアンアプローチを明らかにした．Harvey and Zhou (1990) と Kandel, McCulloch and Stambaugh (1995) 等は，この分析を多変量回帰モデルのパラメータ空間上の完全な事前分布を考えることにより，さらに拡張した[12]．式 (23.2.4) はこの意味で非常に重要である．なぜなら，これにより，帰無仮説からの乖離の経済的有意性を評価することと，未知のパラメータの意味のある事前分布を定式化することが容易になるからである．

23.2.3.4　条件付効率性の検定

われわれはこれまで，資産のベータは時間を通じて一定であると仮定してきた．しかし，もし経済の異なる状態を特徴付ける変数を考えることができるとすると，ベータは変化しうる．状態変数，たとえば金利を考え，それとベータとの間の関数関係を決定できると，回帰分析手法はベータが変動する様子を捕えることができるように容易に拡張できる．

たとえば，単一の，定常な，平均 0 の状態変数，z_{t-1} 存在し，その期首の値が知られているとしよう．その条件付ベータは，

$$\beta_{it-1}=\overline{\beta}_i+c_i z_{t-1} \tag{23.2.6}$$

ここで，$\overline{\beta}_i$ は証券 i の長期平均ベータであり，c_i は i 番目の条件付ベータの状態変数の変化に対する感応度を示している．β_{it-1} を式 (23.1.2) の β_i に代入し，ε_{it} に関し z_{t-1} と R_{pt} の条件つき平均が 0 であると仮定すると，

$$R_{it}=\alpha_i+\overline{\beta}_i R_{pt}+c_i(z_{t-1}R_{pt})+\varepsilon_{it} \tag{23.2.7}$$

は，関連パラメータの推定を行うことを可能にする拡張回帰方程式であり，切片が 0 であるという制約条件をテストできる．この効率性検定に対するアプローチは，異時点間 CAPM (Merton (1973 b)) の考え方を基にして，Campbell (1985) そして Shanken (1990) によって拡張された[13]．

12　関連した成果については，また McCulloch and Rossi (1990) を参考のこと．
13　関連研究としては，Ferson, Kandel and Stambaugh (1987) および Harvey (1989) を参照．

時間とともに変化するベータに加えて，ポートフォリオ p の期待リターンやリスクは時間とともに変化しうる．しかし，この点は何も問題ない．というのは，先に述べたように，回帰分析は p のリターンの条件付きであるからである．同時0切片制約の F 検定は，もし式(23.2.7)の分布が R_{pt} と z_{t-1} に関し，条件付きの一定の分散をもつならば，依然として適切である．しかしながら，Shanken (1990)は，条件付残差不均一分散が生じているという強い証拠を示し，不均一分散に適合する切片の推定値の共分散行列による漸近的な χ^2 検定(White (1984))を用いた．このアプローチは，MacKinlay and Richardson (1991)によっても採用された．彼らは，R_p の同時実現値を条件付きとする残差不均一分散の影響を明らかにしている．

23.3 安全資産の存在しないときの効率性の検定

アメリカ国債は名目値ではリスクがないが，もし実質値(インフレ調整後)を考えるとポートフォリオの効率性を考えるときには，リスクのない資産が存在するという仮定は適切ではない．名目値で考えたときでさえ，借り入れに制約があるとき(Black (1972))，あるいは投資家が，リスクフリーレートがT-Billレートを超えているとき(Brennan (1971))，あるいは投資家のリスクのない借り入れレートがT-Billレートを超えているときには，効率的ポートフォリオのゼロベータ・レートはT-Billレートより大きく，それは推定されなければならない．この節では，γ_{0p} は未知のパラメータであるとし，式(23.1.3)の非線形制約の検定を考える．式(23.1.2)の回帰変数はトータルリターンあるいは超過リターンのいずれかであるとみなすことができ，後者の場合，γ_{0p} は超過ゼロベータ・レートである．

23.3.1 伝統的な2段階推定方法

式(23.1.3)の「双線形」(bilinear)特性(Brown and Weinstein (1983))により，直感に訴えるアプローチとしては，まず最初に，個々の証券について，式(23.1.2)の時系列回帰により α と β を推定し，次に γ_{0p} の値を推定するために，N 個のアルファに対し $1-N$ 個の β の推定値を(定数項なしで)クロスセクション回帰させる．これは，Black, Jensen and Scholes (1972)(関連したものとしては，Blume and Friend (1973))によるアプローチである．

その他のアプローチとしては，Fama and MacBeth (1973)によりその本質が述べられているが，クロスセクションの平均リターンを β と定数項に回帰させるものである[14]．このクロスセクション回帰(CSR)の切片は γ_{0p} の推定値であり，かつ β に関し傾きの係数は $\gamma_{1p}\equiv\gamma_p-\gamma_{0p}$ の推定値になっている[15]．この展望論文のこれ以降

---

[14] このアプローチにはいくつものタイプがある．ここで，われわれはそれぞれの証券の β は全期間にわたる単一の時系列回帰から得られた値を用いている．この種の文献の初期の発展については，Jensen (1972)を見よ．

の議論では主に Fama-MacBeth バージョンの 2 段階アプローチに焦点を合わせていく．なぜならば，研究論文でもっともこれがよく使われているアプローチであるからである[16]．

証券のリターンはたがいにクロスセクションで相関があることはよく知られている．なぜなら共通の市場および産業ファクターが存在し，そして不均一分散しているからである．たとえば，小企業のリターンは大企業のリターンより変動性が大きい傾向がある．その結果，標準誤差の通常の公式は，共分散行列がスカラーであるという仮定に基づくと，Black, Jensen and Scholes と Fama and MacBeth による OLS CSR には適切ではない．

この問題を認識して，Fama and MacBeth は，CSR を毎月計算し，γ_{1p} と γ_{0p} の両方の時系列推定値を得た．平均，標準誤差，そして「t 統計」がこれらの時系列から計算され，あたかもその時系列は独立かつ等しく分布しているかのように考え，通常の方法で推定が行われた．毎月の推定量の真の分散はリターンの共分散行列に依存しているから，クロスセクションの相関と不均一分散は月次推定値の時系列に反映されている．しかしながら，同じベータ推定値が毎月のクロスセクション回帰で用いられているので，月次の γ の推定値は時系列的にみて独立でない．この従属性は，伝統的な 2 段階方法では無視されている．

β の推定値に誤差により，月次のクロスセクション回帰に共通して誤差要素が存在するという事実のため，平均ガンマ推定量の小標本分布の評価が困難である．これは計量経済学の文献でしばしば「生成回帰変数」(generated regressor) 問題と呼ばれている (Pagan (1983))．ベータ推定値の一致性 ($T\to\infty$ になるにつれて) はガンマ推定値の一致性を意味するが，CSR 推定値の時系列から計算された「Fama-MacBeth の標準誤差」は一般に漸近的標準誤差の一致性をもたない推定値である (Shanken (1983, 1992))．

X は 1 と β からなる $N\times 2$ の行列 $[1_N, \beta]$ であり，$\hat{X}$ は推定 β を要素にもつ行列 $[1_N, \beta]$ である．R_t は期 t の N 次元ベクトルの証券リターンであり，$\overline{R}_t$ は期 t の N 次元ベクトルの標本平均リターンとしよう．こうした変数を用いると，式 (23.1.1) は，

$$R_t = X\Gamma + \text{error} = \hat{X}\Gamma[\text{error} - \gamma_{1p}(\hat{\beta} - \beta)] \tag{23.3.1}$$

ここで，$\Gamma \equiv (\gamma_{0p}, \gamma_{1p})'$ であり，「誤差」はリターンの予想しえない部分を表す．もし $A \equiv (X'X)^{-1}X'$ であり，A がそれに対応する推定量であるならば，γ の 2 段階推定

---

[15] γ_{1p} と γ_{0p} は異なったパラメータのように取り扱っているが，もし p が OLS CSR における N 個の資産からなる等加重のポートフォリオであるならば，$\gamma_{1p} \equiv \gamma_p - \gamma_{0p}$ という制約が暗黙に課せられている．Fama and MacBeth のアプローチはまた資産価格決定モデルの検定に用いることができる．ここで「ファクター」は，たとえばポートフォリオリターンというよりも，マクロ経済変数である (たとえば，Cox, Roll and Ross (1986) と Shanken and Weinstein (1990))，そうすると，γ に対する制約条件はもはや必要ない．

[16] ここで要約した多くの結果はすべて Black, Jensen and Scholes による特定化を直接拡張したものである．Shanken (1992) を見よ．

量は $\hat{\Gamma}\equiv(\hat{\gamma}_0, \hat{\gamma}_1)'\equiv\hat{A}\bar{R}$ となり，月次推定量の平均は hat $\Gamma\equiv\hat{A}\bar{R}$ である．

γ の推定値は資産のリターンの線形結合であるので，それは直感に訴えるポートフォリオ解釈を有している (Fama (1976, 第9章))．AX は 2×2 の単位行列であることに注意しよう．A の最初の行に注目すると，γ_{0p} の推定値は β (加重平均した資産 β) が 0 であるような標準的な (ウエイトが合計すると 1 になるという意味で) ポートフォリオの標本平均であることがわかる．同様にして，リスクプレミアム γ_{1p} の推定値は β が 1 であり，ゼロ投資 (ウエイトが合計すると 0 になる) ポートフォリオの平均リターンであり，同じ特性をリスクのない資産が存在する場合のポートフォリオ p の平均「超過」リターンとともにもっている．

式 (23.3.1) を用いて，Shanken (1992) は，Fama-MacBeth の標準誤差を計算するに当たって用いた $\hat{\Gamma}_t'$ の標本共分散行列が，$\Sigma A'+M$ に収束することを示した．ここで，M は σ_p^2 を右下隅に置き，後は 0 の要素をもつ 2×2 の行列である[17]．最初の項，$A\Sigma A'$ は式 (23.1.2) のリターンの残差から生じている．その対角要素はポートフォリオ推定量の残差分散を表現している．第 2 の項，M は R_p と比較して「組織的な」変動を捉えており，γ_{0p} と γ_p の推定値は，β が 0 と 1 のポートフォリオのリターンに等しいという事実を反映している．その結果，p の平均超過リターンの分散は，$\hat{\gamma}_t$ の分散の下限である．

前にも示したように，γ の推定値の標準誤差を計算する伝統的な方法は，ベータ推定値の誤差を無視していた．この測定誤差を認めると，$\hat{\Gamma}$ の漸近的共分散行列，すなわち $\sqrt{T}(\hat{\Gamma}-\Gamma)$ の極限多変量正規分布の共分散行列は，

$$(1+\gamma_{1p}^2/\sigma_p^2)A\Sigma A'+M \tag{23.3.2}$$

となる[18]．上の式 (23.3.2) で追加された項は，① $\hat{\beta}$ の漸近的共分散行列が Σ/σ_p^2 であり，② CSR 攪乱項に対して，$\hat{\beta}$ の測定誤差が与える影響が，式 (23.3.1) では，γ_{1p} に比例している，ということから導かれている．したがって，伝統的な標準誤差は，β の測定誤差が無関係であるとき，つまり γ_{1p} が 0 であるという帰無仮説のもとでは，あまりにも低すぎる[19]．したがって，γ について漸近的信頼区間は常に調整済みの標準誤差を必要とする．

漸近的にみて正しい標準誤差は，パラメータの一致性推定値を代入することにより，式 (23.3.2) から容易に得ることができる．γ_{0p} に関していえば，Fama-MacBeth 分散を変数誤差調整項 $(1+\hat{\gamma}_{1p}^2/s_p^2)$ に掛けることにより得られる．γ_{0p} に関していえば，調整項を乗ずる前に，s_p^2 が Fama-MacBeth 分散から差し引かれ，そして再

17　この点は，R_t の共分散行列が $\Sigma+\beta\beta'\sigma_p^2$ であり，$A\beta$ が M の第 2 列に当たることから導かれる．

18　Gibbons (1980) は，Shanken (1992) の特別な場合である Black, Jensen and Scholes 推定量の漸近分布を独立に導いた．

19　「マルチファクター」の範疇では，調整項はファクターリスクプレミアムのベクトルの 2 次形式である．このとき，加重行列はファクター共分散行列の逆行列に等しい．所与のファクターリスク・プレミアムが 0 であるという帰無仮説に対する漸近的「t 値」は調整項を必要とする．というのは，帰無仮説のもとではその他のファクタープレミアムが 0 である必要がないからである．

び加えられる.

23.3.2 特定の代替仮説に対する線形性の検定

これまでに述べてきた推定結果は，pが効率的なポートフォリオであるための必要条件である $\gamma_{1p}>0$ が満たされる限り有効な検定方法であった．この分析は期待リターンとリスクとの間の線形関係を「仮定」していが，この点は別に検証すべきである．もっとも簡単なアプローチは β に加えて，CSR で他の独立した変数を含め，この追加変数の回帰係数が 0 と有意に異なるかどうかを検定することである．もしこの点が確かめられるとするならば，β はもはや期待リターンのクロスセクションでの変動を決定するに当たって唯一の原因でなく，効率性が棄却される．この方法は，Fama and MacBeth (1973) によって用いられた方法であり，彼らは追加変数として，β の 2 乗と残差分散を用いた．彼らの実証結果は，正のリスクプレミアムをもち，β の線形性を保証するものであった Black, Jensen and Scholes (1972) に一致しており，γ_{0p} は短期国債利回りより統計的に有意に大きく，γ_{1p} は超過市場指数リターンの平均より小さかった．

問題を簡単にするために，追加されたクロスセクション変数は時間に関し一定であり，誤差をなくして推定されているとしよう．そうすると，上の漸近分析は容易に修正される．追加変数は X 行列に含まれ，行列 M の行と列に追加変数として 0 が追加される．したがって，拡張ガンマ推定量の分散共分散行列は式 (23.3.2) によって与えられる．しかし，β の測定誤差は，関連する独立変数に測定誤差がないとしても，その係数の標準誤差に影響を与えることに注意しよう．さらに，調整項，$(1+\gamma_{1p}^2/\sigma_p^2)$ は，γ_{1p} が線形性の過程のもとで 0 である必要がないので，線形性を検定する場合，常に含まれていなければならない．

多変量アプローチと比較して，この節で示された係数に基づく検定は，線形性に関し特定の代替仮説を示さなければならないことを要求する．これは，もし帰無仮説が棄却されるならば，利点がある．というのは，検定は線形性からの乖離に関する具体的な情報を提示しているからである．この検定方法の問題点は，潜在的にありうる代替仮説について，限定した検出力，あるいはまったく検出力がないことがありうるという点である．さらに，この方法では，データマイニングを行おうというそれ固有の誘惑がありうる．つまり，研究者がいろいろな代替案を試し，表面上は統計的有意性を得た結果のみを発表し，「失敗した」結果を打ち捨ててしまうという傾向である．

検定に関する多変量アプローチは，$T\rightarrow\infty$ になるにつれ 1 に収束する検出力で，期待リターンの線形性からの乖離を棄却しようとする潜在的な力がある．この「適合度のよさ」アプローチの一般的な特性は問題なしとはいえないが，より焦点を絞った検定方法に比較して，ある代替対案に対しては低い検出力でありうる．先に述べたように，これはまたデータマイニング問題をかかえている．

23.3.3 最尤法と修正回帰分析

Gibbons (1982) は β と γ を同時に推定するために伝統的な最尤推定法 (MLE) を用いることを提案した．MLE は，$(T \to \infty)$ になるにつれ漸近的に効率的であるので 2 段階法の効率性と MLE を比較することは興味深い．OLS を用いた 2 段階推定量の漸近的な分析は，これまでにも議論したように，分散共分散行列の標本推定値を用いた，加重最小 2 乗法 (WLS) あるいは一般化最小 2 乗法 (GLS) に対して容易に一般化できる[20]．事実，Γ の 2 段階 GLS 推定量は，Gibbons が計算を簡単にするために用いた 1 段階の Gauss-Newton の (線形化した) 方法と同一である．正確な MLE のための直接的な計算方法はこれ以後 Kandel (1984) により開発され，さらに Shanken (1992) により拡張された．

$(T \to \infty)$ につれ，2 段階法は一致性を有するが，クロスセクションでみて独立変数である β が誤差をもって推定されているため，2 段階法は変数誤差の問題を依然としてかかえている．したがって，傾き (リスクプレミアム) の推定値量は，0 に偏り，その偏りは証券の銘柄数が増えても，漸近的に除去できない．つまり，推定量は「N 一致性」を有しない[21]．この点を認めて，初期の研究は推定ベータの誤差分散を減らすために，証券をポートフォリオにグループ化したのである．効率性の低下がありうるという点に目を向けると，ポートフォリオ・ベータにかなりの散らばりがなければいけないという点を保証するためにより洗練された手法を用いる必要があろう．残差共分散行列が (近似的に) 対角行列であると仮定すると，Black, Jensen and Scholes (1972) は，結果が N 一致性を有する推定量になることを示した．

MLE 利用の提唱に当って，Gibbons (1982) は，β と γ の同時推定が変数誤差問題に対する解決方法を提示しているはずではないかと推測した．しかし，Amsler and Schmidt (1985) によるシミュレーション研究は，GLS CSR 推定量 (彼らはこれを "Newton-Raphson" と呼んでいるが) が，平均平方誤差で測った場合，MLE を超えていることを示した．GLS は上方の偏りを示したが，MLE は下方に偏りをもっていた．残差共分散行列が対角行列である MLE は N 一致性をもつという Gibbons の推測に対するいくばくかの支援が Shanken (1992) によって行われている．したがって，MLE の利点は，資産の数が大きいときに実現することができる．

β と γ の同時推定は，N 一致性を得るための 1 つの方法ではあるが，2 段階推定の修正版もまた N 一致性を有する (Litzenberger and Ramasway (1979) および Shanken (1992))．修正推定量は，2 段階推定量の一致性をもたないという点が $X'X$ 行列の下右半分の要素のシステマティックな偏りから引き起こされているという事実に基

[20] 事実，残差共分散行列あるいは (トータルな) リターンの共分散行列を用いようとも同じ結果が得られる．この結果は最初に Litzenberger and Ramasway (1979) によって示された．

[21] よりフォーマルには，「事後的な危険の価格」である p の標本平均リターンからゼロベータ・レートを差し引いた水準に収束しない．

づいている．ポートフォリオ p のリターンの時系列を条件とすると，

$$E(\hat{\beta}'\beta)=\beta'\beta+\mathrm{tr}(\Sigma)/(Ts_p^2) \tag{23.3.3}$$

が成りたつ．ここで，tr(·) は行列の対角要素の合計である．$X'X$ の下右半分の要素から $\mathrm{tr}(\hat{\Sigma}/(Ts_p^2)$ を差し引くと，Γ の N 一致性推定量を得ることができ，Σ は (近似的に) 対角行列になる[22]．推定量の漸近分布は，$T\to\infty$ になるにつれ，この修正によって影響を受けなくなる[23]．

伝統的な変数誤差問題を思い起こそう．傾きの推定量 $\hat{\gamma}_1$ は，真の独立変数の β の分散を，代理変数 $\hat{\beta}$ の分散で割った分だけ，0 に向かって減少する．この減衰ファクターは，後者の分散が真の分散と測定誤差の分散の合計であるために，1 より小さい．修正推定量の傾きの要素は，上で説明したように，回帰の傾きをこの減衰ファクターで割ったものに等しい[24]．

MLE と修正 CSR 推定の結果は，変数誤差問題を解決するための伝統的なポートフォリオ・グルーピング手法は必要ないであろうことを示している．他方，これまで十分に検討されてこなかった興味ある問題は，大標本が利用可能なときの (修正) OLS あるいは WLS の相対的な効率性の問題であり，さらに適度な数のポートフォリオがあり，すべての要素が非ゼロのもつ共分散行列が存在したときの MLE あるいは GLS 推定問題である．

23.3.4　多変量検定

23.3.4.1　尤度比検定と CSR の T^2 検定

線形性に対する多変量検定を試みた最初の研究は MacBeth (1975) であり，Fama-MacBeth の CSR からの残差が 0 から有意に乖離しているのかどうかを検定するために，Hotelling の T^2 検定の一変形を用いた．この検定は，存在するすべてのパラメータ不確実性を考慮に入れてはいないが，Gibbons (1982) は，iid の仮定，つまりリターンが独立かつ等しく同時正規分布しているという仮定のもとで，式 (23.1.3) の非線形制約の尤度比検定 (LRT) 方法を定式化した．したがって，推定は通常の漸近的 χ^2 分布に基づいている．MacBeth のアプローチと異なり，LRT は，少なくとも漸近的に，すべての関連するパラメータ不確実性を考慮している．後でわかるように，漸近的検定は深刻な小標本問題からの影響を被っている．

LRT と多変量の T^2 検定との間の関係は，Shanken (1985) によって明らかにされ

22　残念ながら，こうすると有限の標本では，負の対角要素が生じる．

23　修正 CSR 推定量の WLS と GLS バージョンが導かれた．誤差なくして推定された追加変数が 23.3.2 項で示されたように含まれている．先に示した参考文献を，この点について参考せよ．Kim (1995) は事前データから推定された β を用いるような MLE 法を開発した．修正回帰アプローチはまた事前データを用いることにより利用可能である．この場合，式 (23.3.3) に代入された T, S_p，そして残差分散推定値が β を推定するために用いた時系列回帰から得られる．

24　Banz (1981) は，クロスセクション回帰で β に加え，企業規模のような追加変数が考慮されたときに生じる変数誤差バイアスを考慮した．β に関する係数は依然として 0 に偏るが，「規模効果」は過大に推定される．

た．式(23.2.5)は，Qについて，以下の式を代入することで，依然として成立する．

$$Q_{\mathrm{MLE}} \equiv Te'\hat{\Sigma}^{-1}e/(1+\gamma_{1\,\mathrm{MEL}}^2/s_p^2) \qquad (23.3.4)$$

ここで，

$$e \equiv \bar{R} - \hat{X}\Gamma_{MLE}$$

$\hat{\Sigma}$ は残差共分散行列の不偏推定値であり，s_p^2はポートフォリオpのリターンの標本分散である．そして$\Gamma_{\mathrm{MLE}} \equiv (\gamma_{0\,\mathrm{MLE}}, \gamma_{1\,\mathrm{MLE}})'$は$\Gamma$のMLEである．Shankenは$\Gamma$のGLS CSR推定値に基づく検定をCSR検定(CSRT)と読んでいる[25]．

23.3.4.2 小標本推定

式(23.3.4)の検定統計は，式(23.2.2)のQについてのダイレクトな一般化である．というのは，リスクのない資産が存在するとして，リスクフリーレートとポートフォリオpの平均超過リターンを$\gamma_{0\,\mathrm{MLE}}$と$\gamma_{1\,\mathrm{MLE}}$のそれぞれに代入することにより，残差ベクトル$\boldsymbol{e}$から$\hat{a}$を得ることができるからである[26]．言い換えると，式(23.2.2)のQは式(23.3.4)のQ_{MLE}の制約付バージョンにほかならない．この点はT^2分布はLRTとCSRTの小標本分布を近似するときに有用であることを示している[27]．このロジックにより，$(T-N+1)(N-2)^{-1}(T-2)^{-1}Q_{\mathrm{MLE}}$(そして対応するCSRT統計)は自由度が$N-2$と$T-N+1$の近似的な$F$分布をする．したがって，リスクのない資産が存在する場合，2つの条件付クロスセクションパラメータ，γ_{0p}とγ_{1p}が推定されるので，$N-2$はNに置き換えられる．

Shanken(1985)は，さらに，CSRT「F値」を計算するに当たり，βの推定誤差を無視しかつ(式(23.3.4)の分母の)変数誤差修正項を考えに入れないとすると，検定に当たり正確なp値の下限を得ることができることを示した．他方で，Γ_{MLE}の推定誤差を無視し，γをあたかも既知であるかのように取り扱うと，真のp値の上限を得る．この場合，自由度Nと$T-N-1$をもつ「F統計」は，23.2.2.1目で示したようにして計算できる(Shanken(1986))．Zhou(1991)は，LRTの正確な分布を導き，それが推定すべき厄介なパラメータに依存することを発見した．未知のパラメータに依存しない最適な区間がまた提示された．

多変量検定の小標本分析に基づく推定は，漸近的なχ^2分布に基づくものとは非常に異なっている．Gibbons(1982)は，株式指数の効率性の検定に当たり，0.001以下の漸近的p値を得た．Shanken(1985)は真のp値の小標本下限は0.75であると報告している．この2つの間の差は，残差共分散行列の推定の誤差が極限χ^2分布に反映されていないという事実から生じている．残差共分散行列の「逆行列」の推定値は，小標本ではきわめてノイズが多く，資産の数Nが，時系列の長さTと比較して大きい場合かなり上方に偏りをもつ．Gibbonsの場合，検定は$N=40$で$T=60$である部

[25] Kandel(1984)とRoll(1985)はLRTとCSRTのそれぞれについて，幾何学的な展望を行っている．

[26] この点は，(時系列)回帰推定と回帰変数の平均との間の通常の関係から得られる．

[27] この点は後知恵の利点を有している．事実，γ_{0p}が未知である多くの多変量統計モデルに関する多くの研究は，リスクのない資産が存在する場合を検討する「以前に」行われた．

分期間に対して行われた．Jobson and Korkie (1982) は Bartlett の訂正ファクターを用いた Gibbons 検定に関し同様の結論を導いた (また Stambaugh (1982) を参照のこと)．Amsler and Schmidt (1985) はこの訂正と Shanken の CSRT はともに同時正規分布のもとできわめて良い結果を示すことをシミュレーションで示した．

23.4　関連した成果

大規模な資産集合の一部が与えられるとすると，それからなるポートフォリオが大規模な資産集合に関して最小分散ポートフォリオ特性を持つかどうかを問題とするのは当然のことであろう．この展望論文で考えた最少分散問題は，部分集合が単一のポートフォリオを構成するという特別な場合であったが，ここで議論した結果の多くは複数ポートフォリオあるいは「マルチファクター」の場合にそのまま拡張できる．

これに関連した問題は，所与の危険資産の部分集合が，より大きな集合の平均分散フロンティヤーに実際に「スパン」，つまり空間を張っているかどうかである．この条件はこれまで議論したよりも強い制約であり，Huberman and Kandel (1987) は「交差」(intersection) と呼んでいる．彼らは，スパンニング条件は，式 (23.1.2) のマルチファクター版で切片が 0 で，個々の資産の β の合計が 1 である，という両方の条件を満足することに等しいことを示し，小標本の F 統計を用いて検定された．

効率的ポートフォリオを観察されない「潜在変数」とみなす文献もある．条件付期待値の時系列モデルが定式化され，それが実際の証券のリターンの同時分布についての検定可能なクロスセクション制約を導くために用いられた．潜在変数モデルについての初期の例については，Gibbons and Ferson (1985) と Hansen and Hodrick (1983) を参照のこと．Zhou (1994) による最近の研究は，潜在変数モデルのための解析的一般化モーメント法を取り扱っており，以前では計算が不可能であった多くの資産に対しても分析を適用することが可能である．■

［森平爽一郎・訳］

文　　献

Amsler, C. and P. Schmidt (1985). A Monte Carlo investigation of the accuracy of CAPM tests. *Economics* **14**, 359–375.

Affleck-Graves, J. and B. McDonald (1989). Nonnormalities and tests of asset pricing theories. *J. Finance* **44**, 889–908.

Affleck-Graves, J. and B. McDonald (1990). Multivariate tests of asset pricing: The comparative power of alternative statistics. *J. Financ. Quant. Anal.* **25**, 163–183.

Banz, R. (1981). The relationship between return and market value of common stocks. *J. Financ. Econom.* **9**, 3–18.

Black, F. (1972). Capital market equilibrium with restricted borrowing. *J. Business* **45**, 444–455.

Brennan, M. (1971). Capital market equilibrium with divergent borrowing and lending rates. *J. Financ. Quant. Anal.* **6**, 1197–1205.

Black, F., M. C. Jensen and M. Scholes (1972). The capital asset pricing model: Some empirical tests. In: M. C. Jensen, ed., Studies in the theory of capital markets, Praeger, New York, NY.

Blume, M. and I. Friend (1973). A new look at the capital asset pricing model. *J. Finance* **28**, 19–34.

Brown, S. and M. Weinstein (1983). A new approach to testing asset pricing models: The bilinear paradigm. *J. Finance* **38**, 711–743.

Campbell, J. (1985). Stock returns and the term structure. NBER Working Paper.

Chamberlain G. (1983). A characterization of the distributions that imply mean-variance utility functions. *J. Econom. Theory* **29**, 185-2–1.

Chen, N. F., R. Roll and S. Ross (1986). Economic forces and the stock market. *J. Business* **59**, 383–403.

Evans, G. and N. Savin (1982). Conflict among the criteria revisited: The W, LR and LM tests. *Econometrica* **50**, 737–748.

Fama, E. F. (1976). *Foundations of Finance*. Basic Books, New York, NY.

Fama E. F. and J. MacBeth (1973). Risk, return, and equilibrium: Empirical tests. *J. Politic. Econom.* **81**, 607–636.

Ferson, W., S. Kandel and R. Stambaugh (1987). Tests of asset pricing with time-varying expected risk premiums and market betas. *J. Finance* **42**, 201–220.

Gibbons, M. (1980). Estimating the parameters of the capital asset pricing model: A minimum expected loss approach. Unpublished manuscript, Graduate School of Business, Stanford, University.

Gibbons, M. (1982). Multivariate tests of financial models: A new approach. *J. Financ. Econom.* **10**, 3–27.

Gibbons, M. and W. Ferson (1985). Testing asset pricing models with changing expectations and an unobservable market portfolio. *J. Financ. Econom.* **14**, 217–236.

Gibbons, M., S. Ross and J. Shanken (1989). A test of the efficiency of a given portfolio. *Econometrica* **57**, 1121–1152.

Hansen, L. and R. Hodrick (1983). Risk-averse speculation in the forward foreign exchange market: An econometric analysis of linear models. In: J. J. Frenkel ed., *Exchange rates and international macroeconomics*. Cambridge, MA: National Bureau of Economic Research, 113–146.

Harvey, C. (1989). Time-varying conditional covariances in tests of asset-pricing models. *J. Financ. Econom.* **24**, 289–317.

Harvey, C. and G. Zhou (1990). Bayesian inference in asset pricing tests. *J. Financ. Econom.* **26**, 221–254.

Huberman, G. and S. Kandel (1987). Mean-variance spanning. *J. Finance* **42**, 873–888.

Jensen, M. 1972, Capital markets: Theory and evidence. *Bell J. Econom. Mgmt. Sci.* **3**, 357–398.

Jobson, J. D. and B. Korkie (1982) Potential performance and tests of portfolio efficiency. *J. Financ. Econom.* **10**, 433–466.

Jobson, J. D. and B. Korkie (1985). Some test of linear asset pricing with multivariate normality. *Canad. J. Administ. Sci.* **2**, 114–138.

Kandel, S. (1984). The likelihood ratio test statistic of mean-variance efficiency without a riskless asset. *J. Financ. Econom.* **13**, 575–592.

Kandel, S. and R. F. Stambaugh (1987). On correlations and inferences about mean-variance efficiency. *J. Financ. Econom.* **18**, 61–90.

Kandel, S. R. McCulloch and R. F. Stambaugh (1995). Bayesian inference and portfolio efficiency. *Rev. Financ. Stud.* **8**, 1–53.

Kim, D. (1995). The errors in the variables problem in the cross-section of expected stock returns. *J. Finance* **50**, 1605–1634.

Lintner, J. (1965). The valuation of risk assets and the selection of risky investments in stock portfolios and capital budgets. *Rev. Econom. Statist.* **47**, 13–37.

Litzenberger, R. and K. Ramaswamy (1979). The effect of personal taxes and dividends on capital asset prices: Theory and empirical evidence. *J. Financ. Econom.* **7**, 163–195.

Litzerberger, R. and C-f Huang (1988). *Foundations for Financial Economics*. Elsevier Science Publishing Company, Inc., North Holland.

Lo, A. W. and A. C. MacKinlay (1990). Data-snooping biases in tests of financial asset pricing models. *Rev. Financ. Stud.* **3**, 431–467.

MacBeth, J. (1975). Tests of the two parameter model of capital market equilibrium. Ph.D. Dissertation, University of Chicago, Chicago, IL.

MacKinlay, A. C. (1987). On multivariate tests of the CAPM. *J. Financ. Econom.* **18**, 341–371.

MacKinlay, A. C. (1995). Multifactor models do not explain deviations from the CAPM. *J. Financ. Econom.* **38**, 3–28.

MacKinlay A. C. and M. Richardson (1991). Using generalized method of moments to test mean-variance efficiency. *J. Finance* **46**, 511–527.

McCulloch, R. and P. E. Rossi (1990). Posterior, predictive, and utility based approaches to testing the arbitrage pricing theory. *J. Financ. Econom.* **28**, 7–38.

Merton, R. (1973a). An analytic derivation of the efficient portfolio frontier. *J. Financ. Quant. Anal.*, 1851–1872.

Merton, R. (1973b). An intertemporal capital asset pricing model. *Econometrica* **41**, 867–887.

Morrison, D. (1976). Multivariate statistical methods. McGraw-Hill, New York.

Pagan, A. (1983). Econometric issues in the analysis of regressions with generated regressors. *Internat. Econom. Rev.* **25**, 221–247.

Press, S. J. (1982). *Applied Multivariate Analysis*. Robert E. Krieger Publishing Company, Malabar, Florida.

Roll, R. (1977). A critique of the asset pricing theory's test - Part 1: On past and potential testability of the theory. *J. Financ. Econom.* **4**, 129–176.

Roll, R. (1979). A reply to Mayers and Rice. *J. Financ. Econom.* **7**, 391–399.

Roll, R. (1985). A note on the geometry of Shanken's CSR T^2 test for mean/variance efficiency. *J. Financ. Econom.* **14**, 349–357.

Ross, S. (1977). The capital asset pricing model, short sales restrictions and related issues. *J. Finance* **32**, 177–183.

Shanken, J. (1983). An asymptotic analysis of the traditional risk-return model. Ph.D. Dissertation, Carnegie Mellon University, Chapter 2.

Shanken, J. (1985). Multivariate tests of the zero-beta CAPM. *J. Financ. Econom.* **14**, 327–348.

Shanken, J. (1986). Testing portfolio efficiency when the zero-beta rate is unknown: A note. *J. Finance* **41**, 269–276.

Shanken, J. (1987a). A Bayesian approach to testing portfolio efficiency. *J. Financ. Econom.* **19**, 195–215.

Shanken, J. (1987b). Multivariate proxies and asset pricing relations: Living with the Roll critique. *J. Financ. Econom.* **18**, 91–110.

Shanken, J. (1990). Intertemporal asset pricing: An empirical investigation. *J. Econometrics* **45**, 99–120.

Shanken, J. and M. Weinstein (1990). Macroeconomic variables and asset pricing: Further results. Working Paper, University of Rochester.

Shanken, J. (1992). On the estimation of beta-pricing models. *Rev. Financ. Stud.* **5**, 1–33.

Stambaugh, R. F. (1982). On the exclusion of assets from tests of the two-parameter model: A sensitivity analysis. *J. Financ. Econom.* **10**, 237–268.

Sharpe, W. F. (1964). Capital asset prices: A theory of market equilibrium under conditions of risk. *J. Finance* **19**, 425–442.

White H. (1984). *Asympototic theory for econometricians*. Academic Press, Orlando, Florida.

Zhou, G. (1991). Small sample tests of portfolio efficiency. *J. Financ. Econom.* **30**, 165–191.

Zhou, G. (1993). Asset pricing tests under alternative distributions. *J. Finance* **48**, 1927–1942.

Zhou, G. (1994). Analytical GMM tests: Asset pricing with time-varying risk premiums. *Rev. Financ. Stud.* **7**, 687–709.

索　　引

サ

マ

ヤ

ラ

ワ

A

B

T

U

V

W

X

監訳者略歴

小暮厚之（こぐれあつゆき）

1954年　群馬県に生まれる
1986年　イェール大学大学院修了
現　在　慶應義塾大学総合政策学部教授
Ph. D.（統計学）

森平爽一郎（もりだいらそういちろう）

1947年　群馬県に生まれる
1985年　テキサス大学（オースチン校）経営大学院博士課程修了
現　在　慶應義塾大学総合政策学部教授
Ph. D.（ファイナンス）

ファイナンス統計学ハンドブック　　定価は外函に表示

2004年9月25日　初版第1刷

監訳者　小暮厚之
　　　　森平爽一郎
発行者　朝倉邦造
発行所　株式会社 朝倉書店
東京都新宿区新小川町6-29
郵便番号　162-8707
電　話　03（3260）0141
FAX　03（3260）0180
http://www.asakura.co.jp

〈検印省略〉

中央印刷・渡辺製本

ISBN 4-254-29002-0 C 3050　　Printed in Japan